KB159663

일본어 한자 훈독訓讀 우리말로 풀이하다

일본어 한자 훈독訓讀 우리말로 풀이하다

김세택 지음

기파랑

•• 머리말 ••

일본어 한자는 음독(音讀)과 훈독(訓讀)으로 나뉘어 읽는다. 도(島)를 とう로 읽으면 음독이고 しま로 읽으면 훈독이 되어 이 훈독이 바로 고유 일본어, 즉 和語(화어 : わご)가 된다.

한자에 따라서는 예컨대 感(감 : かん)이나 舜(순 : しゅん)처럼 음독만 있고 훈독이 없는 경우도 있으나 대부분의 한자는 그 본래의 뜻에 걸맞는 만큼의 훈독을 거느리고 있다.

한자의 훈독으로 이루어진 和語는 비록 모태(母胎)는 한자(漢字)이나 표의문자(表意文字)인 한자의 뜻을 빌어 이를 仮名文字(가나문자)로 표음문자화(表音文字化)함으로써 오늘날 일본어의 고유성(固有性)과 다양성(多樣性)을 한껏 구현시킨다. 일본인이 아름다운(美しい) 일본말이라고 한결같이 자긍자애(自矜自愛)하는 것도 和語가 갖는 부드러운 표음력(表音力) 때문이라고 할 수 있다.

한자의 훈독은 인명훈독(人名訓讀)에서 더욱 그 진수(眞髓)를 내보인다. 明仁(あきひと) 현 천황, 裕仁(ひろひと) 전 천황의 이름을 비롯하여, 豊臣秀吉(とよとみひでよし), 伊藤博文의 博文(ひろぶみ : 伊藤는 음독), 岸信介(きしのぶすけ) 등 대부분의 인명(人名)은 훈독으로 표기된다. 이들 훈독은 일자일훈(一字一訓)이 아니라 일자다훈(一字

多訓)이 대부분으로, 明의 경우에는 인명훈독을 포함하면 무려 24개의 훈독을 갖는다.

한자(漢字) 한 글자가 여러가지로 훈독(一字多訓)되는 것은, 한자(漢字)의 뜻이 하나면 훈독도 하나(一字一訓)겠지만 애초에 뜻이 여럿 있는 경우(一字多義)에는 그에 따라 훈독도 다훈화(多訓化)되기 때문이고, 그래서 일본인 인명(人名)은 같은 한자(漢字)이면서도 저마다 다르게 여러 가지로 훈독하게 된다.

그러면 이들 훈독은 어떻게 이루어졌을까, 그 훈독의 연원(淵源)은 무엇일까? 본서(本書)는 그 물음에 답하고자 집필되었다. 본서는 그 훈독을 한국말로 풀어 읽을 때 비로소 和語의 본뜻을 찾을 수 있으며, 궁극적으로는 한국어와 일본어가 한 뿌리라고 풀이하고 있다.

고대 한일(韓日) 간에 각 분야에 걸쳐 활발한 교류가 있었음은 역사적 문헌이나 유물 · 유적 등을 통해 밝혀져 있거니와 일의대수(一衣帶水)의 가까운 거리에 있으면서 인적 · 물적 왕래가 빈번했으리라는 것은 쉽게 짐작할 수 있는 일이다.

1984년 히로히토(裕仁) 당시 천황은 '지난 6~7세기 고대국가 형성시 한반도에서 온 사람들이 큰 역할을 했다'고 말했고, 2001년 12월에는 아키히토(明仁) 천황은 '천황가에 백제의 혈통이 섞여 있으며 자신의 선조인 간무(桓武) 천황의 생모가 백제 무령왕(武寧王)의 손녀였다'고 밝힌 바 있다. 고래(古來)로 양안(兩岸) 간 관계가 매우 긴밀했음을 나타내는 뜻깊은 언급이라 생각한다.

교류가 활발한 이웃 국가 간에 언어가 닮을 수 밖에 없는 것은 자명한 이치이다. 오랜 세월이 흘러도 같이 쓰던 말의 뿌리(語根)는 변치 않는 법, 그것을 오늘에 되살리는 것(再構)이 결코 불가능한 일은 아니다. 필자는 再構(재구)의 가능성을 인명한자(人名漢字)의 훈독 풀이에서 찾을 수 있다고 본다. 즉 일본으로 건너간 한인(韓人)들은 한자의 여러 가지 뜻을 분명히 터득(攄得)하고 있었고, 그 뜻 하나 하나를 당시 사용하던 한국말로 풀이하여 본인 각자의 선택에 따라 그 중 하나를 자신의 이름으로 사용했다는 풀이가 된다.

부연하면, 인명(人名)으로 쓰이는 한자의 훈독은 작명자(作名者)의 자의적(恣意的) 훈독이 아니라 그 한자 본래의 뜻에 따른 훈독이며, 따라서 그 뜻의 수(數)만큼 다훈화(多訓化)되었다고 본다. 順(순 : じゅん)의 경우 상용훈독(常用訓讀 : 日常 쓰는 訓讀)은 하나인데 인명훈독은 11개나 되는 것이 그 사연(事緣)을 말해 준다.

일제강점기(日帝强占期)에 일본은 온갖 수단으로 한국인의 성명(姓名)을 일본식으로 창씨개명(創氏改名)하도록 강요하였고, 지금도 재일동포는 일본에 귀화(歸化)할 때 일본식 이름으로 바꾸도록, 즉 일본식으로 훈독되는 한자 이름을 쓰도록 직간접적으로 강요된다. 張本은 '장본'이 아니라 はりもと(하리모토)로, 正義는 '정의'가 아니라 마사요시(まさよし)로 읽으라고 한다. 본서의 풀이대로라면 이는 사실 한국인에게 한국식 이름을 쓰도록 강요한 셈이 되고, 결국 부지불식(不知不識) 간에 일본인은 한국식 이름을 쓰고 있다는 참으로 역설적(逆說的) 상황이 벌어지고 있는 셈이 된다.

시기를 특정(特定)할 수 없는 먼 옛날 여러 사정으로 일본열도로 건너간 우리 선조들이 쓰던 말들이 오늘날 일본 和語의 뿌리를 이룬다는 주장을 그저 지나친 가설(假說)이라고 치부해 버릴 수만은 없다고 본다. 일본말 속에 묻어 있는 선조들(그 선조들은 일본인의 선조이기도 하다)의 말을 찾아 오랜 세월에 걸쳐 맺어진 두 언어 간에 숙명적 관계를 조명하는데 본서가 조그만 계기(契機)가 될 수 있기를 바란다.

본서에 앞서 필자는 10년 전에 《일본말 속의 한국말》(2005년 기파랑 刊), 5년 전에 《일본으로 건너간 한국말》(2010년 기파랑 刊)을 펴낸 바 있다. 본서는 위 양서(兩書)를 밑바탕으로 하여 집필되었다. 양언어 간의 여러 관계와 본서의 훈독 풀이 성향(性向)을 이해하는데 도움이 되기를 바라는 마음에서 전기(前記) 양서(兩書)의 머리말과 해설편을 본서에 함께 실었다.

본서로 세 번째 졸저(拙著)가 기파랑의 출판도서 목록에 오르게 되었음을 자랑스럽게 생각하며 안병훈 사장에게 심심한 감사의 말씀을 드린다.

2015년 11월
김세택

자 료 : 《일본으로 건너간 한국말》의 머리말

증보판을 내면서

《일본말 속의 한국말》 초판이 발간된 지도 어언 4년이 넘었다. 필자는 한일 양국간의 지리적 근접성이나 역사적 관계로 보아 양언어간에는 특별한 관계가 있을 수밖에 없다고 늘 생각해 왔는데 이번에 제법 상당수의 표제어들을 새로이 묶어 《일본으로 건너간 한국말》이라는 이름으로 증보판을 내놓게 되었다. 표제어의 수가 불어나 책의 덩치가 커지기는 했지만 기본적으로 초판의 모습을 그대로 유지하고 있다.

그래서 이 증보판의 머리말도 초판의 그것으로 갈음하고자 한다. 본문을 펴기 전에 초판의 해설편과 함께 그 머리말도 일독해 주었으면 한다.

한일 두 언어는 그 구성면에 있어서도 그대로 닮아 있다. 한국어가 한자어, 고유어, 외래어 등으로 구성되어 있듯이 일본어도 한어(漢語), 화어(和語), 외래어로 되어 있다.

일본어에서는 고유어(固有語)라는 말 대신 '고유의 일본어'라는 뜻으로 '화어'라고 한다. 일본어에는 '고유'라는 말은 있어도 '고유어'라는 말은 쓰지 않고, 사전에도 실려 있지 않다. 아마 고유어 자체가 한어이기 때문인 듯하다.

일본어의 어원을 밝힌다는 것은 결국 '화어'의 훈독이 왜 그렇게 읽혀지는가를 밝히는 것이라고 필자는 생각한다. 生物은 음독으로 하면 '세이부쓰(せいぶつ)'가 되고, 훈독으로 하면 '나마모노(なまもの)'가 되는데 뜻이 서로 달라진다. 이 경우 음독의 生物은 살아 있는 '생물'을 뜻하는 한자어가 되고, 훈독의 生物은 '날 것'을 뜻하는 화어가 된다. 어원을 밝힐 때 한자어의 生物은 한자에서 유래함을 쉽게 알 수 있으나, 훈독의 生物, 즉 '나마모노'라는 화어의 어원은 어디에서 유래하는지 음독의 生物과는 전혀 다른 관점에서 밝혀져야 한다.

右側은 음독으로 하면 '우소쿠(うそく)', 훈독으로 하면 '미기가와(みぎがわ)'가 되는데, 生物과는 달리 음독과 훈독이 다 같은 뜻으로 쓰인다. 한국어에서 우측으로 음독하기도 하고, 오른쪽으로 훈독하기도 하는 것과 같은 모양새다. 이 경우 음독하는 右側(うそく)은 그 어원이 한자임을 쉽게 알 수 있으나, 훈독의 右側, 즉 화어의 '미기가와'의 어원은 음독의 右側과는 전연 다른 곳에 있다.

화어의 어원이 밝혀진 것은 얼마 되지 않는데 島(しま), 畑(ばたけ), 寺(てら), 村(むら) 등 주로 구상어(具象語) 중에서 얼마가 한국어에서 유입되었다고 인정하는 것이 고작이라고 할 수 있다. 화어의 한자가 굳이 그렇게 훈독되는 데에는 그럴 만한 사연과 근거가 있게 마련이다. 그 사연과 근거를 밝혀내는 것이 일본어 어원 찾기의 출발점이라고 생각한다.

그 사연과 근거는 이웃나라 말인 한국말에 있으며, 그 한국말을 찾아 한국말로 화어의 훈독을 풀어 읽을 때 화어의 본뜻이 무엇이며, 그 뿌리가 어디에서 왔음을 알 수 있게 된다고 필자는 믿는다.

일본의 지명과 인명도 쓰이는 한자가 훈독되는 경우가 많은데, 이것 또한 고유 한국어와 관계된다. 부산(釜山) 가까이 있는 對馬島가 'つしま'로 훈독되는 것(본서 표제어 참조)은 한반도의 역대 왕조와 대마도의 역사적 관계로 보아 그 훈독의 풀이가 한국어와 이어지는 것이 오히려 자연스럽게 보인다.

한국인에게는 원한의 대상이 되는 豊臣秀吉의 훈독(とよとみひでよし)도 고유 한국어로 풀어 읽을 때(각각의 표제어 참조) 그 본래의 뜻을 이해할 수 있으며, 伊藤博文의 博文(ひろぶみ)도 한국말로 풀이해야(각각의 표제어 참조) 그 본래의 뜻을 알 수 있다(伊藤은 いとう로 음독함). 이들 두 사람 이름이 본래의 뜻을 알고 작명한 것일까 생각하면 묘한 감정이 인다.

한국어가 한자의 조어력(造語力)에 눌리어 고유어의 어휘 수가 상대적으로 줄어드는 것과 마찬가지로 일본어도 한어에 비해 화어의 어휘수가 상대적으로 줄어드는 것은 두 언어 간의 공통점이라고 할 수 있다. 그러나 어휘 수의 절대 열세에도 불구하고 두 언어 모두 일상언어 생활에서의 고유어(화어)의 사용 빈도가 한자어(한어)를 제압하고 있다는 사실을 단순히 우연이라고만은 볼 수 없다.

다만 한국어에는 사라져 없어진 고유어가 적지 않아 안타깝다. 來日의 고유어는 물론, 東西南北의 고유어도 없다. 津波의 뿌리는 한국말인데 つなみ로 거듭나서(표제어 참조) 지금은 훌륭한 국제어로 통용된다.

고대에 한일 간에 정치, 경제, 문화 분야에서 빈번한 교류가 있었다는 것은 역사적 문헌이나 유물, 유적 등을 통해 밝혀지고 있거니와, 일의대수(一衣帶水)의 가까운 거리에 있으면서 인적, 물적 왕래가 활발했으리라는 것은 쉽게 짐작할 수 있는 일이다. 그 교류의 중심에 양측 공통의 언어가 자리잡아 소통 수단으로서의 윤활유 역할을 했을 것임은 당연한 이치이다.

그 당시 여러 사정으로 일본열도로 건너간 우리 조상들이 쓰던 말들이 오늘날 일본 화어의 뿌리를 이루고 있다는 주장이 지나친 가설만은 아니라고 본다. 본서가 일본어의 어원을 찾는다는 뜻에서가 아니라, 일본말 속에 묻어 있는 우리 조상들이 쓰던 말을 찾아 오랜 세월에 걸쳐 맺어진 두 언어 간의 숙명적인 관계를 조명하는데 조그만 계기가 되기를 바란다.

이 책을 내는데 가족과 친지들의 격려가 가장 큰 힘이 되었다. 특히 경희대학교 혜정박물관의 김혜정 관장을 비롯한 여러분들의 노고에 감사하며 그중 김현경 선생은 수년간, 정확히는 8년간 타자와 교정을 수없이 번갈아가며 수고해 주었다.

끝으로 기파랑의 안병훈 사장은 어려운 출판 환경에도 본서의 출판을 권장해 주었을 뿐만 아니라 《일본으로 건너간 한국말》이라는 책명까지 선사해 준 데 대해 심심한 감사를 드린다.

2010년 3월
김세택

자 료 : 《일본으로 건너간 한국말》의 머리말

책머리에

한국과 일본은 정말 가깝다. 그래서 일의대수(一衣帶水)의 거리에 있다고 한다. 부산 영도에서 육안으로 볼 수 있는 쓰시마 섬(對馬島)과의 거리는 겨우 50여 킬로미터에 불과하다. 최근에는 영국과 프랑스를 잇는 도버 해협의 유로 터널(Euro-tunnel)처럼 규슈의(九州)의 가라츠(唐津)에서 부산이나 거제도를 잇는 해저 터널을 뚫는 시굴 작업이 일본 쪽에서 실제로 진행되고 있다.

1만 여 년 전, 빙하 시대에는 얼음을 타고 도보로 왕래가 가능했거니와 해빙(解氷)된 후에도 동해를 넘는 데에는 일엽편주로도 충분했으리라. 일본의 고대사는 조몬 시대(縄文時代), 야요이 시대(弥生時代), 고분 시대(古墳時代), 아스카 시대(飛鳥時代), 나라 시대(奈良時代)로 이어지는데 어느 시대를 막론하고 한반도의 한국과 관련이 없었던 적이 없다. 그것은 가까운 지척에 서로 마주할 수밖에 없는 자연적 숙명 때문이었으리라. 그런데 대부분의 학자를 포함한 일본 지식인들은 한반도 한국인의 일본으로의 이주(移住: 일본 측에서 보면 도래)를 최소화시키거나 있어도 아주 미미했다고 주장하고 있다. 일본은 자신들만이 천황을 중심으로한 만세일계(萬世一系)의 전통을 세우고 외부와의 접촉 없이 오로지 일본인만의 순수 혈통을 오늘날까지 이어 왔다고 주장한다.

근래 들어서, 자연의 이치를 외면할 수 없었는지 한반도로부터의 도래를 어느 정도 수긍하는 학자들이 나오기 시작했다. 그러나 자세히 살펴보면 '한반도로부터 한국인이 아닌 대륙인'이 도래했다는 주장으로 일관한다. 그러한 주장이 발표되었을 때, 일본학계는 상당한 충격을 받았다고 한다. 그러나 결국은 황국사관(皇國史觀)의 벽을 뛰어넘지 못하고 '한국인의 도래'를 무실화(無實化)하려는 의도가 더 간교하게 음성적으로 도사리고 있음을 여러 정황을 통해 엿볼 수 있다.

이러한 주장의 근저에는 아무리 일의대수의 가까운 거리에 있다 해도 한반도 한국인은 천황 중심으로 이루어진 일본 역사의 무대에 조금도 근접할 수 없었고 따라서 아무런 영향도 줄 수 없었다는 역사 인식, 즉 일본 고유의 황국사관이 뿌리 깊게 깔려 있음을 감지할 수 있다.

더 나아가 일본의 학자 대부분은 지금도 야마토(大和) 정권이 신라를 정벌해서 임나일본부(任那日本府)를 한반도에 설치해 오랫동안 한반도를 지배했으며 특히 백제를 속국으로 지배했었다고 주장한다.

이와 같은 한반도 지배설은 단순한 역사 기록으로 끝나지 않고, 후에 그들이 의도한 대로 일본의 대(對) 한반도 종주국사관(宗主國史觀)으로까지 확립되어 일본 역사의 중심에 자리잡고 있었다는 데 문제가 있다.

그러한 역사관은 후에 도요토미 히데요시(豊臣秀吉)의 조선 침략, 구한말의 정한론자(征韓論者)들에 의한 한일병합(韓日併合)을 정당화시키는 역사적인 근거로 삼았으며, 급기야는 한반도 나아가 만주까지도 일본의 식민지배하에 둠으로써 그들의 오랜 세월에 걸친 영토적

야욕을 일시적이나마 충족시켰다. 오늘날까지도 천수백 년에 걸친 주장을 그대 로 펴고 있는 그들의 모습을 보면서 그 저의가 예사롭지 않음을 느끼게 된다.

《일본서기(日本書紀 : 720년)》에도 나오듯이 한반도에서 정치적인 격변이 있을 때마다 한인(韓人), 특히 백제인들은 집단적으로 일본 열도로 이주해 갔다. 5세기 초에는 고구려의 남하 정책으로 인한 수십 차례의 전쟁으로 전화(戰禍)에 시달린 백제의 지식층들이 집단으로 이주해 야마토 정권의 안정과 발전에 기여(야마토 정권 자체를 세웠다는 설도 한국 측에서 제기되고 있음)했고, 7세기 중엽에는 백제의 멸망으로 왕족을 포함한 지도층 인사들이 대거 망명해 일본(日本)이라는 국호를 정하고(삼국사기에 의하면 670년) 나라 시대의 기틀을 잡는데 주도적 역할을 수행했다는 것은 누구도 쉽게 부인하지 못할 것이다.

일본 천황들이 백제촌(百濟村)이 많은 야마토 지역의 백제강(百濟川) 부근에 백제궁(百濟宮)과 백제대사(百濟大寺)를 짓고 백제 음악(百濟樂)을 즐겼으며, 천황의 시체를 모시는 안치소 이름까지도 백제대빈(百濟大殯)이라고 했다는 《일본서기》의 기록을 보면 백제와 야마토 정권 간의 관계를 짐작할 수 있다. 더구나 백제가 망했다는 소식을 들은 사이메이(齊明) 천황이 '본방(本邦, 즉 本國)이 망(亡)하여 의지할 곳도 말할 곳도 없다'고 통곡했다는 것이나, 이미 항복한 백제를 구하기 위해 멀리 쓰쿠시(筑紫. 규슈의 다른 이름)까지 가서 객사하면서까지 부흥군 파견을 독려하고 준비했다는 기록 등은 어떻게 설명해야 할지.

결국 구원군 27,000명을 파병했지만 백촌강 전투에서 패배하고 백제가 영원히 멸망하자(663년) 야마토 조정의 국인(國人 : 신하)들은

'백제의 이름이 오늘로 끊겼으니 조상의 묘소에 어찌 다시 갈 수 있겠는가'라고 절규했다는 기록이 《일본서기》에 남아 있다.

위와 같은 역사 흐름의 정황을 도저히 부인할 수 없었음인지 일본 천황이 근래 드디어 침묵을 깼다. 1984년에 히로히토(裕仁) 전 천황이 '지난 6~7세기 고대국가 형성 때 한국에서 온 사람들이 큰 역할을 했다'고 말했고, 2001년 12월에는 아키히토(明仁) 현 천황이 '천황가에 백제의 혈통이 섞여 있으며 자신의 선조인 간무(桓武) 천황의 생모가 백제 무령왕(武寧王)의 손녀였다'고 힘들게 밝혔다. 한국인에게는 만족스럽지 못한 짧은 언급이었지만, 어떤 일본 지도자나 지식인보다 훨씬 앞선 자세를 보이고 있으며 왕으로서 할 수 있는 견해를 소신 있게 밝힌 것이라고 필자는 생각한다.

고대의 한국, 특히 백제와 일본의 관계가 앞에서 대략 언급한 것처럼 보통 관계를 뛰어넘는 특별한 관계였다면 그때 사용했던 의사소통 수단으로서의 언어는 어떠했을까 하는 문제가 당연히 제기된다. 이웃 나라끼리의 언어는 같거나 닮아야 하는 것이 자연스러운 이치이다. 그래서 언어학에서도 같은 지역 안의 언어는 대체로 비슷하다고 하여 같은 어족(語族)에 속한다고 한다. 유럽 언어를 보면 같은 유럽이라도 북부 지방은 비슷한 말을 쓰는 독일, 덴마크, 스웨덴, 노르웨이, 영국이 한 묶음이 되어 게르만 언어(Germanic) 그룹을 형성하고 있으며, 중남부에서는 이탈리아, 프랑스, 스페인, 포르투갈, 루마니아가 역시 한 묶음이 되어 이탈리아 언어(Italic) 그룹을 형성하고 있다. 앞에서 언급한대로 한국과 일본은 고대에 가깝게 접촉하면서 한 묶음이 되어 역사를 엮어 왔다는 것은 뻔한 것이므로, 서로 같은 언어를 썼거나 적어도 유사해야 하는 것은 이치로 보아 너무나 당연하다. 그런데 역사적으로 보아 그렇게 긴밀한 양국의 관계였는데도 양 언어간의 관계에 대해 일부 학자들이 알타이(Altai) 어계(語系)를 주장하는 것 외에는, 대체로 양 언어가 서로 무관하게 각자 독자적으로 오늘날까지 발전해 온 것으로 보고 있으니 참으로 어처구니없는 일이 아닐 수 없다. 소위 무관설(無關說)이나 독자설(獨自說)에 따르면 양 언어의 형태나 구문(構文)에 관해서는 유사성이 있음은 인정하지만, 고유어에서 같은 어족에 속한다고 할 만큼 유사어가 충분하지 않으므로 동계어(同系語)일 수 없다는 주장이다.

필자가 양 언어간의 관계에 대해 관심을 갖는 것은, 단순히 유사어를 찾아보자는 개인적인 호기심이나 언어학상의 어족 연구를 하기 위한 것이 아니다. 양국간의 역사적인 진실을 캐고 이를 토대로 왜곡된 역사를 바로잡아 미래의 역사를 올바르게 설계하는 데 조금이나마 도움이 되었으면 하는 기대 때문이다.

자고로 역사의 전개 양상으로 보아 인접국간의 역사는 서로 다양한 접촉을 통해 여러 가지 역사적 사건들을 연출해 낸다.

그 역사적 사건의 중심에는 항상 언어가 자리잡고 있어 무력에 의한 지배 못지않게 언어의 지배가 중요한 역할을 한다. 지배자의 힘 있는 언어는 피지배자의 힘 없는 언어를 지배하고 종국에는 사멸(死滅)시키기도 한다. 일제강점기에 일본이 조선어 말살 정책을 집요하게 획책한 것이나 유럽의 열강이 식민지에서 자국 언어 중심의 동화(同化) 정책을 강행한 것은 힘 있는 자들의 언어 지배를 설명해 준다.

2002년 유네스코가 세계 언어 6,528개 중 거의 절반이 사멸 위기에 있다고 경고한 바 있는데 '힘 없는 말'이 '힘 있는 말'에 눌려 사멸된다는 것은 동서고금의 진리인 것 같다.

일제강점기에 조선어는 그 모진 탄압에도 사멸되는 위기는 모면했지만 오늘날의 한국어 속에, 일본이 메이지유신(明治維新)을 통한 서구화 과정에서 만들어진(造語) 수많은 한자 조어가 아직까지 그대로 남아 있는 것은 언어 지배의 상흔을 말해 준다.

36년간의 비교적 짧은 기간 안에 한국어는 수많은 한자어를 수용한 예를 보도라도, 일본 지식인들의 주장처럼 고대사에서 일본이 임나일본부를 설치해 200여 년 동안 한반도를 지배하고 특히 백제를 속국으로 다스렸다면 당연히 일본어(야마토어)가 지배어로서 군림하면서 당시의 한국어는 '힘 없는 언어'로 사멸되었어야 한다는 이야기가 된다.

그러나 사멸되었어야 할 한국어는 오늘에 이어지고 있으며, 지배어로 군림했어야 할 야마토어는 오늘의 한국어 어디에도 그 자취를 찾아 볼 수 없다. 오히려 역사적 문헌이나 기록, 여러 가지 문화적 정황, 일본에 산재해 있는 유물이나 유적상의 자취, 일본 각지에 널려 있는 수 많은 한국 관계의 지명에서 한반도 세력이 주력(主力)이 되어 일본을 이끌어간 역사의 발자취를 찾아볼 수 있다.

그렇다면 마땅히 한국어가 지배 언어였을 것이고 그 뿌리가 일본어 어딘가에 남아 있다고 단정 지어 이야기해도 결코 무리가 아니다.

흘러가 버린 고대어를 추적해 오늘에 재생시키는 것은 불가능한 일이다. 그러나 한국어가 지배어였다면 천수백 년이 흘렀어도 오늘의 일본어 어딘가에는 반드시 남아 있을 것이다.

일본의 소설가 우다 노부오(宇田伸夫)는 그의 역사소설 《백제화원(百濟花苑)》에서 백제 멸망 전의 야마토 조정에서 천황이 법으로 정한 궁정어(宮庭語)가 백제어였다고 전하면서 일본인도 그것을 인정해야 할 것이라고 설파하고 있다.

필자는 외교관 생활 36년 동안 해외 근무를 주 일본대사관에서 시작해 주 오사카 총영사관에서 마감했다. 그동안 각국의 언어를 접하면서 세계 언어의 생태를 성찰할 수 있는 기회를 가졌던 것은 개인적으로 더할 나위 없는 축복이었다고 생각한다. 그러면서 느낀 것은 '말'은 사람의 그림자와 같아 사람과 더불어 살고, 변하면서 사라지는 생명체라는 점이다.

힘 없는 자, 힘 없는 국가의 말은 힘 있는 자, 힘 있는 국가의 말에 밀려 세상에서 사라진다.

예수, 공자, 석가모니의 말이 살아 있는 것은 그들의 말이 국가보다 힘이 있어 오늘날까지도 살아 움직이는 것이다. 영어가 오늘날 국제어로 쓰이는 것은 영국의 식민지배가 직접적 계기는 되었지만, 힘을 키운 미국 덕분이다.

일제강점기에 일본이 그렇게 '조선어 말살'을 기도했으나 조선어가 살아남을 수 있었던 것은 태곳적부터 이어온 한국어의 힘, 그리고 그 말 없이는 살아갈 수 없었던 한국인의 한국어에 대한 애착 때문이었으리라.

필자는 한국인과 더불어 일본으로 건너간 한국어가 자연의 이치대로라면 또 여러 가지 역사적 정황들이 보여 주는 대로라면 오늘날의 일본어에 남아 있어야 한다, 아니 남아 있을 것이라는 생각으로 그동안 '사전편'의 표제어들을 모아 한국어와의 '이음' 관계를 탐색해 왔다.

한국어와 일본어의 관계는 언어학에서 말하는 일반적인 '친족 관계' 탐색방법론을 통해서는 규명될 수 없다.

양 언어가 다같이 북방어족에 속하느냐 아니면 남방어족에 속하느냐 하는 문제와는 별도로 한국어와 일본어는 둘만의 특별한 관계가 있다고 보아야 한다.

예컨대 양 언어가 알타이어족에 속할 개연성이 있다는 견해를 보면, 이를 주장하는 일본 학자들은 물론, 이에 동조하는 한국 학자들도 양언어는 수천 년 전에 알타이어족의 조어(祖語)에서 분화되어, 제각각 아주 오랜 세월의 변화 과정을 거쳐서 오늘에 이르렀기 때문에, 그 조어를 재구(再構)할 수 없을 만큼 양 언어간의 유사성이 소멸되었다고 주장 한다.

한국어와 일본어의 관계가 아직까지도 정립되지 못하고 제자리걸음하는 것은 이러한 분화설이 양 언어간의 관계를 의식적으로 단절시켜, 소위 무관설 내지 독립설을 배태시켰기 때문이다.

한국어와 일본어는 일본 학자들이 주장하는 것처럼 5, 6천 년 전에 또는 야요이 시대가 시작되는 기원전 3세기 경에 공통조어(共通祖語)에서 분리되거나 분화된 그런 관계는 결코 아니라고 본다.

고대의 한국과 일본의 정치, 경제, 사회, 문화적 측면의 특별한 관계는 언어적 측면에서도 특별한 관계를 형성시켰다고 할 수 있다. 백제의 멸망은 신생국 일본으로 하여금 백제어의 일본화를 촉진시켰으며, 동시에 한반도에서는 백제어와 고구려어의 '신라어화(新羅語化)'가 한층 더 가속화되어 양 언어간의 표면적 이질화가 이루어지기 시작했다고 생각된다.

그러므로 일본어의 기원이 알타이어족에 속할 개연성이 있다고 해도 그 가설을 밝히기 위해서는 알타이어족에 직접 접근할 것이 아니라, 먼저 한국어에서 공통 요소를 찾은 다음에 그것을 몽골어나 퉁구스어에 대입(代入)해 보거나 비교해 보는 것이 순서일 것이다. 왜냐하면 일본어는 특별한 역사적 배경하에 한국어에서 변형된 언어이므로 단독으로는 도저히 조어(祖語)에 접근할 수 없게 되어 있다.

필자는 필경 일본 학자들도 그 점을 잘 알고 있으리라고 본다. 그러나 그것을 인정할 경우 오늘날에도 엄존(嚴存)하는 황국사관이나 식민사관, 대(對)한반도 종주사관에 정면으로 배치되기 때문에, 일부러 외면하거나 분화설 등을 내세워 양 언어의 관계를 의식적으로 호도하는 것이라고 본다. 따라서 일본 학자들이 끝까지 양 언어가 수천 년 전 어느 조어에서 분화되어 독자적으로 변화되는 과정을 거쳐 오늘에 이르렀을 것이라고 주장하는 한, 자국어의 뿌리를 찾아보겠다는 그들의 희망은 허구로 끝날 수밖에 없을 것이다. 진리는 가까이 있는 법, 우선 한국어 안으로 와서 옛 모습을 찾고 난 다음, 한국어와 더불어 북방으로 가든지 남방으로 가든지 해서 조어를 찾아내는 공동의 작업을 펼쳐야 할 것이다.

언어학에서 언어간의 관계를 밝히는 데에는 음운 대응이 중요한 역할을 한다. 그래서 본서에서는 한일 양 언어간의 이음 관계가 우연이나 자의적(恣意的)이지 않다는 것을 나타내기 위해 '해설편'에서 '음운 대응의 법칙'을 설정하고, 이에 따라 표제어와 그에 대응하는 한국어가 서로 '이어지는 관계'에 대해서 비교적 상세히 설명했다. 본서 '사전편'에서는 주로 음운, 의미, 어휘 면에서의 유사성을 제시했는데 양 언어가 공유하는 형태론상, 통사론상, 즉 문법론상의 유사성은 세계 어느 언어간의 그것보다 비교가 안 될 정도로 닮았다는 것을 특히 지적하지 않을 수 없다. 다른 언어와 달리 한국어와 일본어간에 말 그대로 동시통역이 가능한 것은 이와 같이 언어학상 모든 면에서 유사 요소를 공유하고 있기 때문이다.

두 언어가 이어진다는 것은 결국 서로가 닮았다는 뜻이며 그것은 서로 배우기 쉽다는 뜻도 된다.

표제어의 이음관계 설명에서 가급적 예문으로 제시하면서 한자어를 가나(仮名)로 표기한 것은 일본어를 한국어처럼 익히고자 하는 독자의 편의를 배려해서이다.

본서가 한일 양국의 왜곡된 과거사를 바로잡고 서로의 문화와 역사를 겸허히 이해하면서 진정한 의미에서 양국간 평화 우호 관계를 진작시키는 데 조금이나마 보탬이 된다면 필자로서는 더한 기쁨이 없겠다.

오랜 세월에 걸쳐 본서의 출간을 손꼽아 기다려 준 가족과 친지들에게 고마움을 전하고 출판을 맡아 준 안병훈 사장에게 감사를 드린다.

2005년 11월
김세택

차 례

라 252

마 302

바 347

사 416

아 546

하 970

•• 해설편 ••

Ⅰ. 한국어의 일본어화

말과 글은 한 몸이다. 글이 없을 때 구전(口傳)으로만 내려오는 말은 그런대로 상당 기간 동안 본래 모습대로 이어진다. 그런데 '글(文字)'이 등장하면 '말'은 그 '글대로' 변하게 마련이다.

가나(仮名)가 창제되기 전에는 상당히 오랫동안 한국어인 백제어가 지배 언어로 사용되어 왔을 것임을 책머리에서 언급한 바 있는데, 음절 문자(音節文字)인 가나가 8세기경부터 등장하면서 그때까지 쓰였던 한국어는 급격한 변화를 겪게 된다. 그것은 몇백 년 후 한반도 조선에서 훈민정음이 창제되면서 그때까지 쓰였던 조선어가 훈민정음에 따라 발음함에 따라 큰 변화를 겪은 것과 같은 이치이다. 서로가 다른 글(文字)이 나오면서 두 언어는 각각 두드러진 이질화 과정을 밟게 된 것 이다. 가나의 등장과 더불어 일어난 양 언어간 변화의 흐름을 보면 대략 다음과 같다.

1 가나는 음절문자로서 초성(初聲), 중성(中聲)만 있고 받침(終聲)은 없는 문자이다. 그러므로 받침이 있는 한국어를 표기할 수가 없다. 그럴 경우에는 받침을 아예 없애거나 아니면 받침을 따로

떼어내서 음절을 새로 만들어 내야 한다. 예컨대 물가에 쌓는 '둑(津)'을 표기하기 위해서는 받침 'ㄱ'을 없애서 '두'로 하든지 아니면 'ㄱ'을 떼어내어 별도의 음절을 만들든지 해야 한다(둑 : 두가, 두고). 그때 일본어는 전자를 택해 'ㄱ' 받침을 없애고 '둑'을 つ로 표기했다. 또한 '벌(原, 蜂)'을 표기하기 위해서는 'ㄹ'받침을 없애서 '버–바–は'로 하든지 아니면 'ㄹ'을 떼어내어 별도의 음절을 만들어야 한다. 그때 일본어는 후자를 택해 '벌(原)'은 '바라–はら'로 표기하고, '벌(蜂)'은 따로 '바지–はち'로 표기했다. 이와 같이 가나의 등장으로 종래 받침이 있던 한국말은 큰 변화를 일으켜 일본어화되었다.

2 가나로는 한국어 자음 ㅈ, ㅊ을 표기할 수 없다. 따라서 종래 ㅈ, ㅊ으로 시작되는 한국어는 さ행 또는 た행으로 표기되면서 일본어화되었다. 예컨대 '자잘(細)'하다의 방언인 '잘잘하다'는 한국어는 '사사라(ささら)'로 표기(앞의 '잘'은 ㄹ이 탈락되어 さ가 되고 뒤의 '잘'은 받침 ㄹ이 분절되어 さら가 됨)되고, 추운 것을 뜻하는 '참(寒)'은 さむい로 표기된다.

3 한국어의 ㄹ이 탈락하거나 또는 さ행, た행으로 분절되면서 다양한 일본어로 탈바꿈했다.

① '구름(雲)'이 '구루모–くも', '가려워(痒)'가 '가여워–かゆい', 파도를 뜻하는 '너울음(波)'이 '나루미–なみ'로 변한다. 2004년 12월 인도네시아에서 있었던 津波(つなみ)는 한국어 '둑(津)'과 '너울음(波)'의 합성어이다.

② '말(言)'이 '申(も)し', 풀을 뜻하는 '꼴(草)'이 '골–굴–くさ', '별

(星)'이 '볼－보시－ほし'로 변한다.

③ '꼴(型, 形)'이 '갈－가다－かた', 여럿을 뜻하는 '들(達)'이 '달－たち', ' 벌(蜂)'이 '발－바찌－はち'로 변한다.

고유 한국어의 ㄹ받침이 고유 일본어에서 さ행 또는 た행으로 분절되어 발음되는 것은 한국어에서 ㄹ받침을 갖는 한자어가 일본어에서 つ 또는 ち로 분절되어 음독되는 것과 맥을 같이하는 것은 흥미롭다.

예컨대 발달(發達)은 はったつ, 결실(結實)은 けつじつ, 길(吉)은 きち 또는 きつ로 음독된다. 한편, 한국어에서의 한자어 받침 ㅇ, ㅂ은 일본어 한자어에서 몇몇 경우를 제외하고는 원칙적으로 묵음된다. 예컨대 농업(農業)은 のうぎょう, 공업(工業)은 こうぎょう, 합법성(合法性)은 ごうほうせい로 음독된다.

4 모음 ㅓ와 ㅡ의 소멸은 한국어가 일본어화하는 과정에서 큰 변화를 겪었다 할 수 있다. 예컨대 '법을 어겨서'에서 '어겨서'를 한국어 발음대로 가나 표기하는 것은 불가능하다. 먼저 '어겨서'를 가나에 맞게 변음시켜야 한다. '어겨서'라고 동사화했기 때문에 '서'를 일단 す로 변음시켰지만 '어겨'에 대한 가나는 여러 가지로 조합해서 표기할 수 있다. 아가, 아기, 이구, 이게, 이고, …오가, 오기, 오구, 오게, 오고 등 무려 25개의 조합이 가능하다. 이러한 조합은 원칙이 없으며 순전히 자의적이라 할 수 있다. 이 조합 중 '어겨서'와 대응되는 가나로 おかす(侵す · 犯す · 冒す)가 선택된 셈이다. 본서 사전편에서 한국어의 모음이 변음된 형태로 일본어와 이어지는 것은 바로 이러한 이유가 있기 때문이다. 한국어 자체도 오늘날 문법 기준으로 하나의 표준어를 사용하고 있지만 일

상회화에서 일일이 모음 표기를 분명하게 발음하는 경우는 드물다고 할 수 있다.

상대를 뜻하는 '너'를 '니'로 발음하고 '먹어라'를 '묵어라'로 발음하며 '할꺼냐'가 '헐꺼니', '그것'이 '고거', '저놈'이 '지놈', '마을'이 '모을', '하다'의 명령형을 '하라', '해라', '허라', '히라'로 발음하는 등 일상회화에서의 모음 변화는 다양하게 이루어 진다. 현재에도 이럴진대 문법과 글자가 없었던 옛날에 여러 가지 사정과 사람, 지역에 따라 한국어의 모음이 다르게 발음된 것은 너무나 당연한 일이라 할 수 있다. 더구나 이렇게 다양한 모음 발음은 한국어의 일본어화 과정에서 가나화하는데 더욱 당연한 모음변화를 일으켰으리라는 것은 쉽게 짐작할 수 있을 것이다.

5 한국어와 일본어 간의 유사성은 음운 대응의 법칙에 따라 서로 연결되고 있지만 한편으로는 독자적인 일본화의 길을 걸어왔다고 할 수 있다. 그러나 모태는 한국어이므로 언어학에서 말하는 '의미자질(意味資質)', 즉 언어의 속성면에서는 공통점을 갖고 있다.

예컨대 일본어 かく(書く)와 한국어 '쓰다'는 음운 대응의 법칙에 따라서는 전연 연결되지 않는다. 그런데 '쓰다'라는 말의 의미자질인 속성에는 '긁다'라는 자질이 있다. 한국어에서는 글을 쓰는 것을 나타내는 속어로 '몇 자 긁었다'라고도 한다. 이러한 공통적 의미 자질로 일본어 書(か)く는 한국어 '긁어-かく'로 이어질 수 있다. 描く, 畵く도 かく로 훈독하는데 고대에는 대체로 글이나 그림을 갑골(甲骨)이나 벽, 암석에 뾰족한 것으로 '긁어' 그렸다는 것은 다 아는 사실이다. 한국어의 '글'이나 '그림'도 '긁다'에서 유래했다.

'돈'도 그 의미자질로 보아서는 '돈다'라는 기능적 자질과 '갖는다' 라는 소유적 자질이있다. '갖는다'라는 자질에서 '갇네–かね' 로 한국어와 일본어가 연결된다.

6 본래의 한국어에 접두어, 접미어가 붙어 일본어화되었다. 따라서 외견상으로는 일본어화되었지만 그 접두어, 접미어를 떼면 두 언어는 다시 이어진다(본서의 '음운대응의 법칙' 참조).

① **접두어**_暖(あたた)かい, 温(あたた)かい에서 접두어 あ를 떼면 たたかい인데 이것은 한국어 '따가워'에서 '다다거워–たたかい'로 이어지고 熱(あつ)い, 暑(あつ)い에서 あ를 떼면 つい인데 이것은 한국어 '더워'에서 '두어–두이–つい'로 이어진다.

② **접미어**_ふね(船)에서 ね를 떼면 ふ인데 이것은 한국어 '배'에서 '배–부–ふ'로 이어지고 みね(峰, 嶺)는 ね를 떼면 み인데 이것은 한국어 '뫼'에서 '매–み'로 이어진다.

7 일상회화에서의 한국어 동사 어미는 그대로 일본어 동사 어미가 되었다. 예컨대 그렇게 했다우에서 '우', 그렇게 했구에서 '구', 그렇게 했수에서 '수', 의문형인 그렇게 했쑤에서 '쑤', 그렇게 밟아–발바–발부에서 '부', 그렇게 했음–해슴–해수무에서 '무', 그렇게 하거라–하가루에서 '루'와 같이 한국어 어미 동사는 그대로 일본화되어 일본어 동사의 어미로 되었다. あう의 う, かく의 く, おこす의 す, たつ의 つ, あそぶ의 ぶ, のぞむ의 む, かける의 る는 한국어의 어미 동사 우, 구, 수, 쑤, 부, 무, 라–루와 그대로 대응된다.

지금은 한국어 문법이 체계화되어 동사의 기본형이 '다'의 어미를 갖는 것으로 문법화되었지만 예나 지금이나 일상회화에서는 앞에 언급한 어미, 그 중에도 명령형의 라-루, 연용형의 수, 구, 우가 대종을 이루고 있다. 이러한 것들이 그대로 일본어에서도 동사 어미의 대종을 이루고 있다. 일본어 동사 어미는 그 어느 나라 언어에서도 볼 수 없는 다양한 형태를 띠고 있는데, 그것은 '다'로 끝나는 한국어 동사 어미가 활용된 형태를 기본형으로 해서 다시 활용된 것이 일본 동사의 어미 활용이라고 볼 수 있다.

II. 본서에서 적용되는 음운 대응의 법칙

본서에서는 다음과 같은 음운대응 또는 변화의 법칙에 따라 고유 한국어(이하 한국어라 함)와 고유 일본어(和語, 이하 일본어라 함)가 서로 이어진다.

1 한국어의 초성(初聲)이 같은 음가를 나타내는 오십음도(五十音圖) 각 행의 일본어와 이어지는 경우

ㄱ(ㄲ), ㄴ, ㄷ(ㄸ · ㅌ), ㅁ, ㅂ(ㅃ · ㅍ · ㅎ), ㅅ(ㅆ · ㅈ · ㅊ), ㅇ을 초성으로 하는 한국어가 か행, な행, た행, ま행, は행, さ행, あ행의 일본어와 이어지는 경우를 말한다.

가. 초성 ㄱ(ㄲ)으로 시작되는 한국어

'갈아라', '깎고(긁고)', '걸어라' 등은 일본어에서 ㄱ음가를 가진 か행의 'かえる(変える · 代える · 換える · 替える)', 'かく(書く · 描く · 畫く)', 'かける(掛ける · 架ける · 懸ける · 賭ける)' 등과 이

어진다.

나. 초성 ㄴ으로 시작되는 한국어

'남겨서', '노려', '누워라' 등은 일본어에서 ㄴ음가를 가진 な행의 'のこす(殘す · 遺す)', 'ねらう(狙う)', 'ねる(寢る · 寐る)' 등과 이어진다.

다. 초성 ㄷ(ㄸ, ㅌ)으로 시작되는 한국어

'다투고', '때고(태우고)' 등은 일본어에서 ㄷ(ㄸ · ㅌ)음가를 가진 た행의 'たたかう(戦う · 鬪う)', ' たく(焚 · 炊く)' 등과 이어진다.

라. 초성 ㅁ으로 시작되는 한국어

'맡겨서', '말고', '메(밥)' 등은 일본어에서 ㅁ음가를 가진 ま행의 'まかす(委す · 任す)', 'まく(巻く · 捲く)', 'めし(飯)' 등과 이어진다.

마. 초성 ㅂ(ㅃ · ㅍ · ㅎ)으로 시작되는 한국어

'벗겨서', '팔딱팔딱', '빼거라', '헐어버려' 등은 일본어에서 ㅂ(ㅃ · ㅍ · ㅎ) 음가를 가진 は행의 'はがす(剝がす)', 'ばたばた', 'はくる', 'ほろびる(滅びる · 亡びる)' 등과 이어진다.

바. 초성 ㅅ(ㅆ · ㅈ · ㅊ)으로 시작되는 한국어

'섬', '쏟고', '쏘아', '쪼고', '찢고', '찾고서' 등은 일본어에서 ㅅ(ㅆ · ㅈ · ㅊ) 음가를 가진 さ행의 'しま(島)', 'さす(注す · 点す · 射す · 刺す · 差す)', 'さく(裂く · 割く)', 'さがす(探す · 捜す)' 등

과 이어진다.

사. 초성 ㅇ으로 시작되는 한국어

'열거라', '알려서', '어겨서' 등은 일본어에서 ㅇ음가를 가진 あ행의 'あける(明ける)', 'あらわす(表す · 現す · 著わす)', 'おかす(侵す · 犯す · 冒す)' 등과 이어진다.

2 한국어의 초성이 유사한 음가를 나타내는 일본어와 이어지는 경우 ㄷ, ㅅ, ㅈ, ㅊ을 초성으로 하는 한국어가 구개음화와 유사한 변화를 일으켜 さ행 또는 た행으로 변음되는 경우를 말한다.

가. ㅅ, ㅈ, ㅊ을 초성으로 하는 한국어가 た행으로 이어지는 경우

'서다'의 연용형 '서서'가 'たつ(建つ · 立つ)'로, 주는 것을 뜻하는 '줌'이 'たまう(賜う · 給う)'로, '참아라'가 'たえる(堪える · 耐える)'로 이어진다.

나. ㄷ, ㅈ, ㅊ을 초성으로 하는 한국어가 さ행으로 이어지는 경우

'닫다'에서 '鎖(さ)す'로, 차가운 것을 뜻하는 '참'에서 '寒(さむ)い'로, '짜다'의 '짜오'에서 'しお(塩 · 潮 · 汐)'로 이어진다.

3 한국어 초성 'ㄴ'이 あ행과 이어지고 역(逆)으로 한국어 초성 'ㅇ'이 な행과 이어지는 경우

한국어에서 '님금'이 '임금'으로, '녀름'이 '여름'으로 변음되고, 반대로 '임자'가 '님자'로, '일곱'이 '닐곱'으로 발음되는 것과 마찬가지로 '남다'의 '남아서'가 '나마서-아마수-余(あま)す'로 이어지

고, 반대로 '울다'의 '울구'에서 '우구–아구–나구–なく'로 이어지는 경우를 말한다.

가. 한국어 초성 ㄴ이 あ행과 이어지는 경우

① 낡아_나가–아가–あか(垢)

② 노세_노소–오소–아소–あそぶ(遊ぶ)

③ 날(것)_나라–아라–あら(新・粗・荒)

④ 눌러_눌–울–うつ(打つ・射つ・撃つ)

⑤ 내_내–애–え(江)

⑥ 늙어_울어–우이–おい(老い)

⑦ 널_얼–일–いた(板)

⑧ 놓구_노쿠–おく(置く・措く・擱く)

⑨ 늦어_늣어–느서–으서–오소–おそい(遅い)

⑩ 내리라_애리라–오리라–おりる(下りる)

나. 한국어 초성 ㅇ이 な행과 이어지는 경우

① 아니_안이–아이–나이–ない

② 없어_어어–아어–아이–나이–ない(無い)

③ 없고서_어고서–아구수–나구수–なくす(亡くす・無くす)

④ 없지_어지–아지–なし(無し)

⑤ 어째_어재–아재–아조–なぞ(謎)

⑥ 여름_열음–열–녈–녀쓰–なつ(夏)

⑦ 어느_어니–아니–なに

⑧ 익음_닉음–니그미–にこみ(煮込み)

⑨ 여보_녀보–にょうぼう

⑩ (빼)앗음_앗음-아수무-나수무-ぬすむ(盜む)

⑪ 옮겨라_오겨라-오게루-のける(退ける・除ける)

⑫ 없애구_오세구-오소구-のぞく(除く)

⑬ 앉음_아주무-오조무-노조무-のぞむ(臨む)

4 한국어 초성 ㅂ, ㅎ이 あ행과 이어지고 초성 ㅁ이 あ행으로 이어지는 경우

일본어에서 주격 조사인 は가 '와'로 발음되고 방향을 나타내는 조사 へ는 '에'로 발음되듯이 한국어 초성 ㅎ이 あ행으로 이어지는 경우를 말한다. 또한 '맛'에서 '맞-마지-あじ(味)'로 이어지듯이 한국어 초성 ㅁ이 あ행과 이어진다.

가. 한국어 초성 ㅂ과 ㅎ이 あ행과 이어지는 경우

① 발_바시-あし(足)

② 빨다의 '빨'_빠라-바라-아라-あらう(洗う)

③ 발(足)_바로-바루-아루(동사화)-あるく(歩く)

④ '뻐겨라'_버거루-보고루-おごる(奢る・驕る・傲る・倨る)

⑤ 빠개라_바개라-바가라-바가래-아가래-わかれ(分れ・別れ)

⑥ 바다(海)_아다-와다-와다루(동사화)-わたる(渡る)

⑦ 빠개라_바개라-바라-아라-わる(割る)

⑧ 사발_사알-살-さら(皿)

⑨ 헛_허소-후소-うそ(嘘)

⑩ 헛_허사-어아사-うわさ(噂)

⑪ 훌륭_우륭-우루-에루-えらい(偉い・豪い)

⑫ 하아(제주 방언)_아아-오아-오이-おおい(多い) 또는

'허구한(날)'에서 어구–오구–오오구–おおく(多く)

⑬ 하고_아고–오고–おこなう(行う)

나. 한국어 초성 ㅁ이 あ행과 이어지는 경우

① 맛_마지–あじ(味)

② 모시라_마시라–아시라–あしらい

③ 맡겨라_마주거라–아주가루–あずかる(預かる)

④ 맞대라_마다라–아다라–あたる(当たる)

⑤ 맞대라_마데라–아데라–あてる(当てる)

⑥ 맞추다_마쯔다–마쯔라에루–あつらえる(誂える)

⑦ 모둠_모두마–마두마–아쯔마–あつまり(集まり)

⑧ 맞(장구)_마도–あど

5 한국어 받침의 일본어에서의 변화

한국어 받침이 일본어에서는 탈락되고 ㄹ, ㄷ, ㅅ, ㅈ받침은 경우에 따라 분절된다.

가. 받침이 탈락되는 경우

① 열구_여구–아구–あく(開く・明く・空く)

② 아침_아치–아차–あさ(朝)

③ 걸어라_거거루–가게루–かける(架ける・掛ける・懸ける・賭ける)

④ 굴뚝_구두–くど

⑤ 상앗대_상아–사아–さお(竿・棹)

⑥ 질(길)_지–じ(路)

⑦ 업어_어어-おう(負う)

나. ㄹ받침의 변화

한국어의 ㄹ받침은 세 가지로 변화되어 일본어와 이어진다.

① ㄹ받침이 그대로 분절되는 경우

벌(原)_바라-はら

골(꼴)(柄)_고라-가라-から

절(寺)_저라-더라-데라-てら

② ㄹ받침이 さ행 또는 た행으로 변화하는 경우

발달(發達)이 はったつ로 되는 것처럼 고유 한국어의 ㄹ받침이 さ행 또는 た행으로 변화한다.

벌(蜂)_바찌-はち

꼴(形 · 型)_고다-가다-かた

올(날 : 明日)_오사-あさ 또는 오시다-아시다-あした

별(星)_벌-버시-보시-ほし

③ ㄹ받침이 き 또는 け로 분절되는 경우(접미어화)

한국어에서 '닭'은 일본어에서 とり로 변했지만 아직도 한국어에서는 '달' 또는 '닥'으로 발음된다. '닭이 운다'는 '달기 운다' 또는 '닥이 운다'라고 두 가지로 발음(어느 것이 표준음이냐는 별문제)되는데, 고대에는 '굴', '달', '술', '밀'도 '닭'과 같이 두 가지로 발음되었을 수도 있다. 받침 ㄹ이 き 또는 け로 분절되는 예는 다음과 같다.

굴(牡蠣)_구기-가기-かき

술(酒)_수개-사개-さけ

달(月)_다기-두기-つき

밀(麥)_미기–무기–むぎ

다. ㄷ, ㅅ, ㅈ 받침의 변화

한국어에서 ㄷ, ㅅ, ㅈ 받침의 발음은 거의 같으므로 일본어에서는 발음 편의에 따라 さ행, た행으로 분절된다.

① 것(事)_거도–고도–こと

② 갓(笠)_가사–かさ

③ 젖(乳)_저지–じじ

④ 옛(後 · 跡 · 迹)_에도–아도–あと

⑤ 붓(筆)_부데–후데–ふで

6 한국어에서 중간음의 초성 ㄹ이 탈락하는 경우

한국어의 ㄹ이 발음의 편의상 일본어에서 탈락되는 경우를 말한다.

① 구름(雲)_굴음–구음–굼–くも

② 씨름(相撲)_실음–시음–심–숨–수모–すもう

③ 오름(山)_올음–오음–옴–오마–やま

④ 사람(人 · 民)_살암–사암–삼–사미–다미–たみ

⑤ 우러름(敬)_울어움–우어움–우엄–우어마–우야마–うやまう

⑥ 우러룸(羨)_우러움–우라움–우라우마–우라야마–うらやま

⑦ 가려워(痒)_갈여이–가여이–かゆい

7 あ행, や, わ가 접두어로 붙는 경우

본래의 일본어가 그대로 한국어로 이어지는데 접두어 あ행, や, わ가 붙어 양 어간의 연관 관계가 애매모호하게 된 경우, 바꾸어

말하면 이들 접두어를 떼고 나면 바로 양 언어가 이어지는 경우를 말한다.

① 暖(あたた)かい, 溫(あたた)かい_あ+따뜻-あ다다-あたたかい

② 熱(あつ)い, 暑(あつ)い_あ+더워-あ두어-あ두이-あつい

③ 溢(あふ)れる_あ+흘러-あ흐레-あふれる

④ 泉(いずみ)_い+샘-い재미-い주미-いずみ

⑤ 牛(うし)_う+소-う시-うし(うま도 동일함)

⑥ 緒締(おじ)め_お+죔-お짐-お지매-おじめ

⑦ 劣(おと)る_お+떨어-お더러-お도로-おとる

⑧ 躍(おど)る_お+돌아-お도라-おどる

⑨ 易(やす)い_や+쉬워-や수어-やすい

安(やす)い_や+싸-や사-や수-やすい

休(やす)み_や+쉼-や수무-やすみ

⑩ 分(わか)れ, 別(わか)れ_わ+갈려-わ가레-わかれ

⑪ (わ)びる_わ+빌어-わ비러-わびる

8 ね, め가 접미어로 붙는 경우

본래 단음절인 한국어에 ね가 접미어로 붙은 경우이다. 2음절인 한국어에 붙는 경우도 있다. 몇 가지 예를 들면 다음과 같다.

① 稻(いね)_이(밥 · 쌀)-이-いね

② 實, 核(さね)_씨-시-사-さね

③ 種(たね)_씨-시-사-다-たね

④ 船(ふね)_배-부-후-ふね

⑤ 骨(ほね)_뼈-벼-보-ほね

⑥ 胸(むね)_맘-마-무-むね

⑦ 峰 · 嶺(みね)_뫼-미-みね

⑧ 龜(かめ)_거(북)-거-가-かめ

⑨ 燕(つばめ)_제비-주비-주바-つばめ

⑩ つめ(爪)_(손, 발)톱-토-투-쑤매(つめ)

⑪ 雀(すずめ)_참새-차새-사새-수수-수주-すずめ

⑫ 沼(ぬま)_늪-누-ぬま

9 한국어 앞말이 생략되어 뒷말과 이어지는 경우

대체로 2음절 한국어 중에서 첫음절이 생략되어 일본어와 이어지는 경우이다.

① 언덕의 '덕'_석-삭-사가-さか(坂)

② 이빨의 '빨'_발-바-ば-は(歯)

③ 이파리의 '파리-팔'_발-바-ば-は(葉)

④ 깃발의 '발'_발-바다-はた(旗)

⑤ 눈매의 '매'_매-め(目)

⑥ 열매의 '매'_매-미-み(實)

10 신체 부위를 가리키는 한국어 명사가 일본어에서 동사화되어 이어지는 경우

① 눈매-매-미루-みる(見る)

② 귀-기-기구-きく(聽く, 聞く)

③ 코-고무-かむ(擤む)

④ 배-배라-바라-はらむ(孕む)

⑤ 발-발로-바루-아루-あるく(步く)

⑥ 발-바시-하시-하시루-はしる(走る)

⑦ (이)빨–바–하–はむ(食む)

Ⅲ. 한자의 훈독과 음운 대응

일본의 한자어는 당연히 모두 한자로 표기되지만 대부분의 고유어도 한자로 표기된다. 단지, 한자어인 경우에는 대체로 음독(훈독되는 경우도 있음)되고, 고유어인 경우에는 훈독되는 이중적 구조를 갖는다.

고유어는 한자가 다르면서 훈독이 같은 동훈이자(同訓異字)와 한자가 같으면서 훈독이 다른 이훈동자(異訓同字)로 크게 나눌 수 있다. 어느 것이나 음운이나 뜻에 고유 한국어의 음운이나 뜻이 그대로 반영되어 있는데 이것은 음운론상으로나 의미론상으로 두 고유어가 체계적으로 밀접하게 연관되어 있음을 시사해 준다.

1. 동훈이자(同訓異字)와 음운 대응

고유 일본어에는 한자가 다르면서(異字) 훈독이 같은(同訓) 동훈이자가 상당히 많다. 이 동훈이자는 뜻이 같은(비슷한) 경우도 있고 서로 다른 경우도 있다. 뜻이 같거나 비슷한 경우는 동훈이자(同訓異字) 동의어(同義語)라 할 수 있고, 뜻이 다른 경우는 동훈이자(同訓異字) 이의어(異義語)라 할 수 있다.

어느 것이든 동훈이자의 상당수가 일정한 음운 대응의 법칙에 따라 고유 한국어와 이어지고 있다. 동훈이자가 뜻이 같을 경우에는 비록 다른 한자로 표기되지만 각 한자의 뜻이 어느 고유 한국어와 뜻을 같이함을 알 수 있다. 예컨대 표시(標示)를 나타내는 しるし는 각각 다른 한자 인(印), 기(記), 표(標), 징(徵)으로 표기되고 있지만 각 한자의 뜻은 고유 한국어 '찔러서'의 뜻을 의미자질로 하여 '지러서-지루시-しるし'로 이어진다.

한편, 동훈이자가 뜻을 달리하는 경우에는 그 이자(異字)가 음운이 유사하면서도 각각 뜻을 달리하는 고유 한국어와 이어짐을 알 수 있다. 예컨대 달(達), 질(質)은 둘 다 たち로 훈독되는데 각각 음운이 유사하면서도 뜻이 다른 '들'과 '틀'로 이어진다. 말하자면 달(達)을 뜻하는 '들'과 질(質)을 뜻하는 '틀'이 서로 유사한 음운을 가졌기 때문에 たち로 같은 훈독(訓讀)이 되는 것이다.

즉 동훈이자(同訓異字) 동의어(同義語)인 경우에는 의미의 공통성을 기초로 하여 한국어와 일본어가 이어지고 동훈이자(同訓異字) 이의어(異義語)인 경우에는 음운의 공통성을 기초로 양 언어가 이어지고 있다. 몇 가지 예를 들면 다음과 같다.

가. 동훈이자(同訓異字)가 동의어(同義語)일 경우

合う, 会う, 逢う, 遭う, 遇う, 嫁う는 모두 あう로 훈독되는데 만나서 '아우르다'와 '어우르다'를 공통의 기본 의미로 한다. 한국어 '만나다'와 일본어 'あう'는 음운상으로는 전혀 대응 관계를 이루지 못하지만 '아우르다'와 '어우르다'를 의미자질, 즉 속성으로 하고 있으므로 의미상의 공통성을 기초로 서로 이어진다. 歌う, 謠う, 唄う, 詠う, 謳う는 한국어 '노래'의 의미자질의 하나인 '읊다'를 공통 의미로 하기 때문에 うた로 이어지고, 侵す, 犯す, 冒す는 한국어 '어겨서'를 공통 의미로 하기 때문에 おかす와 이어진다. 架ける, 掛ける, 懸ける, 賭ける, 駆ける도 한국어 '걸다-걸어라'를 공통 의미로 하므로 '걸거라-가게라-かける'로 이어진다.

서로 다른 음독을 가진 한자가 같은 음운으로 훈독되고 뜻도 같거나 비슷한 것은 결코 우연이거나 자의적인 것이 아니라고 본다. 이것은 한국어의 일본어화 과정에서 유사한 뜻을 가진, 즉 의미자질을 공유하는 한자들을 하나로 묶어 그 뜻에 가장 부합하는 한국어를 뽑아 그 어간으로 훈독시킨 것이라고 본다.

나. 동훈이자(同訓異字)가 이의어(異義語)일 경우

書く, 描く, 畵く, 搔く, 欠く, 斯く, 繫く, 構く 등 8개 한자는 모두 かく로 훈독된다. 이들은 음운이 유사하면서도 뜻이 서로 다른 한국어와 이어지고 있다.

書く, 描く, 畵く는 글이나 그림을 갑골이나 벽, 암석에 긁어서 적거나 그렸기 때문에 한국어 '긁다'에서 '구고-가구-かく'로 이어진다. 한편 搔く는 긁는 행위로 이어지는 점에서는 書く(描く · 畵く)와 같지만, 머리나 등을 긁는 행위에 한정하므로 서로 뜻이 다르게 된다. 또한 欠く는 '깨다'에서, 斯く는 '같다'에서, 繫く와 構く는 '걸다'에서 서로 이어지는데 유사한 음운 '깨고', '같고', '걸고'에서 かく를 공통 음운으로 하고 있다.

つく(づく), さす, すく(すくう) 등으로 훈독되는 많은 한자가 뜻을 달리하면서도 훈독을 같이하는 것은 결코 우연이거나 자의적인 것이 아니라고 본다. 이것 또한 한국어의 일본어화 과정에서 유사한 음운을 가진 한국 고유어를 하나로 묶어 그 중 つく, さす, すく(すくう)를 공통 음운으로 훈독시킨 것으로 보아야 한다.

2. 이훈동자(異訓同字)와 음운 대응

일본어에는 한자가 같으면서(同字) 훈독이 다른(異音) 이훈동자(異訓同字)도 상당수 있다. 이 이훈동자도 뜻이 같거나 비슷한 경우도 있고 서로 다른 경우도 있다. 뜻이 같거나 비슷한 경우는 이훈동자(異訓同字) 동의어(同義語)라 할 수 있고, 뜻이 다른 경우는 이훈동자(異訓同字) 이의어(異義語)라 할 수 있다. 어느 경우나 일정한 음운 대응의 법칙에 따라 한국어와 이어진다.

가. 이훈동자(異訓同字)가 동의어(同義語)인 경우

명일(明日)을 あした 또는 あす라고 훈독하는데 명일(明日)은 내일(來日), 즉 '올 날'이다. 여기서 '날'을 탈락시키면 '올'이 된다. '올'에 음운 대응 법칙을 적용시키면 '알-아수' 또는 '알-あした'로 이어진다. 형(形)이 かた, かたち로 훈독하는데 이것도 '골'에서 '갈-가다' 또는 '갈-かたち'로 이어진다.

의고지(意固地) 또는 의호지(依地)를 いこじ 또는 えこじ로 훈독되는데 그것은 한국어 '외고집'이 '이고지' 또는 '에고지'로 발음할 수 있음을 말해 준다.

극(極)은 きめる, きわめる처럼 き나 きわ로 훈독되는데 모두 한국어 '끝', '가'와 이어지고 있고, 박(迫)도 せる, せまる처럼 せ 또는 せま로 훈독되는데 그것은 한국어 '조이다'에서 '죄다-재다-새루-せる' 또는 '죄메라-세메라-세마라-せまる'로 이어짐으로 해서 이훈동자가 동의어가 되고 있다고 보아야 한다.

나. 이훈동자(異訓同字)가 이의어(異義語)일 경우

(1) 이훈동자 이의어의 대표적인 예로 '생(生)'을 들 수 있다. 생(生)은 음독, 훈독을 합치면 10개는 족히 된다. 음독은 せい, ぜい, しよう, じよう 등이 있는데 음독은 별도로 하고 훈독을 보면 모두 한국어와 절묘하게 이어진다. 생(生)의 훈독을 한국어와 관

련하여 풀이하면 다음과 같다.

① いかす(生かす), いき(生き), いきる(生きる), いける(生ける)_모두 한국어 '있다'에서 연용형 '있고서', 종지형 '있지', 명령형 '있거라'와 각각 이어진다.

② なす(生す), なる(生る)_한국어 '낳다'의 '나서', '나라'에서 なす, なる로 이어진다.

③ うむ(生む), うまれる(生まれる)_한국어 '움트다'의 '움'에서 うむ로 이어진다.

④ なま(生)_'날것'의 '날' 명사형 '남'에서 なま로 이어진다.

⑤ き(生)_다른 것이 섞이지 않은 있는 그대로의 '그'에서 き로 이어진다.

⑥ はえる(生える), はやす(生やす)_'뻗다'의 명령형 '뻗어라'에서 はえる, 연용형 '뻗어서'에서 はやす로 이어진다.

(2) '生' 이외에도 請(こ)う와 請(う)ける, 被(こう)むる와 被(おお)う, 熟(いな)す와 熟(う)む, 下(さ)がる와 下(お)りる 등도 이훈동자 이의어인데 모두 고유 한국어와 이어진다.

3. 한국어 '뜨다'와 음운 대응

한국어 '뜨다'는 어떠한 행위나 사물과 어울려 쓰이는 대표적인 동훈이의어이다. '뜨다'를 의미하는 일본 고유어 역시 상당히 많은데 흥미로운 것은 '뜨다'를 본서에서 설정한 '음운 대응의 법칙'에 적용하면 '뜨다'를 의미하는 일본어와 그대로 이어진다는 점이다. 한국어 '뜨다'의 의미에 상응하는 일본어와의 이어짐을 살펴본다.

가. 起(た)つ, 發(た)つ, 建(た)つ, 裁(た)つ를 뜻하는 '뜨다'_急(い

そ)いで座(ざ) をたった 하면 급히 자리를 '떴다'는 뜻이고, 明日(あす)はソウルにたつ豫定(よてい)です 하면 내일은 서울로 '뜰' 예정이라는 뜻이다. 또한 高層(こうそう)ビルが建つ 하면 고층 건물이 '뜬다'는 뜻이고, 裁ち落(おと)す 하면 떼내는 것을 뜻한다. 모두 '뜨다'에서 '다-たつ'로 이어진다.

나. 解(と)く, 融(と)く를 뜻하는 '뜨다'_髮(かみ)を融く 하면 머리를 뜨듯이 빗질하는 것을 뜻하고, 包(つつ)みを解く 하면 보따리를 뜨는 것을 뜻한다. '뜨다'에서 '도-とく'로이어진다.

다. 退(ど)く를 뜻하는 '뜨다'_ちよっとどいてちょうだい 하면 자리를 좀 뜨라는 뜻이다. '뜨다'에서 '도-どく'로 이어진다.

라. 飛(と)ぶ, 跳(と)ぶ를 뜻하는 '뜨다'_飛ぶ와 跳ぶ는 둘 다 위로 뜨는 것을 공통 의미로 한다. '뜨다'에서 '도-とぶ'로 이어진다.

마. 높이(高) 뜨는 것을 뜻하는 '뜨다'_'높다(高)'라는 의미에는 '뜬다'라는 의미자질이 중요한 속성으로 기능한다. '뜨다'에서 '드고-다 고-다가-たか'로 이어진다.

바. 覺(さと)る, 悟(さと)る를 뜻하는 '뜨다'_覺る, 悟る는 불교에서는 득도(得道)하는 것을 뜻한다. 득도한다는 것은 눈을 뜨는 것(開眼)을 의미한다. '뜨다'의 명령형 '떠라'에서 '따라-다다루-다도루'로 이어지고 '다'가 '사'로 변음되어 さとる로 이어진다.

사. 剝(す)く, 結(す)く, 梳(す)く, 漉(す)く, 抄(す)く, 鋤(す)く를 뜻하는 '뜨다'_ 剝く는 가죽을 뜯는 것, 結く는 그물을 뜨는 것, 梳く는 머리를 뜨듯이 빗질하는 것, 漉く는 김 등을 뜨는 것, 抄く는 초본 등을 뜨는 것, 鋤く는 흙을 뜨는 것을 뜻한다. 모두 '뜨다'에서 '두고-두구'로 이어지고 ㄷ이 ㅅ으로 변음되어 '두구-すく'로 이어진다.

아. (すく)う를 뜻하는 '뜨다'_金魚(きんぎょ)をすくう 하면 어항에서 금붕어를 뜨는 것을 뜻한다. すく처럼 '뜨다'에서 すくう로 이어 진다.

자. 据(す)える를 뜻하는 '뜨다'_灸(きゅう)をすえる 하면 뜸을 뜨는 것을 뜻한다. '뜨다'에서 '떠어라-두에루-すえる'로 이어진다.

차. (すき), 鋤(す)き를 뜻하는 '뜨다'_ 犂나 鋤き나 모두 흙을 뜨는 농기구이다. '뜨다'에서 '두기-すき'로이어진다.

카. 岳(たけ), 巖(たけ)를 뜻하는 '뜨다'_たけ는 높이 떠 있는 산, 산봉우리를 뜻한다. 高(たか)い처럼 '뜨다'에서 '두고-다고-たけ'로 이어진다.

타. 出(だ)す를 뜻하는 '뜨다'_湖水(みずうみ)に舟(ふね)がだす 하면 호수에 배가 떠있음을 뜻한다. '뜨다'에서 '다-だす'로 이어진다. 新聞(しんぶん)に記事(きじ)かだす 하면 신문에 기사가 떠 유명세를 탄다는 뜻이 된다.

파. 出(で)る를 뜻하는 '뜨다'_でる는 뜨는 것을 의미한다. 해, 달, 별이 뜨는 것에서부터 자리를 뜨는 것, 배가 뜨는 것, 신문이나 잡지에 이름이 뜨는 것 등, 모두 でる로 받는다. '뜨다'에서 '드라－데라－でる'로 이어진다.

하. 取(と)る, 撮(と)る를 뜻하는 '뜨다'_魚(さかな)を取る 하면 고기를 뜨는 것을 뜻하고, 書類(しょるい)を撮る 하면 서류의 사본을 뜨는 것을 뜻한다. '뜨다'에서 '도－とる'로 이어진다.

•• 일러두기 ••

1 본서에 수록된 총자수(總字數)는 4000여 자로, 교육한자(教育漢字)를 포함한 상용한자(常用漢字), 일본국자(日本国字) 및 일상적으로 쓰는 한자(漢字) 중 훈독(訓讀)을 수반하는 글자를 선정하였다.

2 본서는 한자의 훈독을 한국어로 풀이하기 위한 것이므로 음독(音讀)만 있고 훈독을 수반하지 않는 한자는 제외(除外)하였다. 예컨대 感(감 : かん)은 상용한자이지만 훈독이 없으므로 제외하였고, 舜(순 : しゅん)은 일반훈독(상용훈독)은 없으나 인명훈독(人名訓讀)은 있으므로 수록하였다.

3 표제한자(標題漢字)는 가나다 순으로 배열하고, 음(音)이 같은 경우에는 그 자(字)의 총획수에 따라 배열하였다.

4 우리말 음(音)의 표기가 2개 이상인 경우에는 표제어(標題語) 밑에, 그에 상응하는 일본어(日本語)의 음독을 [音読]란에 표기하였다.

5 [訓読]란에는 일반적으로 쓰는 상용(常用)훈독을 실었고, [人名訓読]란에는 인명(人名)에만 쓰는 훈독을 실었다.

6 よい・よし처럼 어간(語幹)이 같은 훈독은 함께 묶어 풀이하였다.

7 동훈이자(同訓異字)의 경우에는 〔参考〕란에 이음 관계가 같거나 유사함을 나타내고, 기타 참고 사항이 있을 경우에도 〔参考〕란에 부연 설명하였다.

8 [訓読풀이]에서는 인용(引用)된 한자례(漢字例), 예컨대 可에서 "子曰可也 : 論語 (자왈가야 : 논어)" 등은 훈독 풀이가 자의적(恣意的)이 아님을 보이기 위해 인용한 것이다.

9 [人名訓読例]에 실린 인명은 더 많은 사례가 있더라도 편의상 6개 이하로 골라 수록하였다.

加 가	訓読	くわえる· くわわる
	人名訓読	ます
	音読	カ

訓読풀이

① くわえる · くわわる : 仲間(なかま)に加(くわ)える 하면 패거리 속에 끼어들어 한패가 되는 것을 뜻한다.
'끼우다'에서 '끼워—기아—구아—くわえる'로 이어진다.

② ます : 加한다는 것은 그 만큼 많아지는 것을 뜻한다.
'많지'에서 '마지—마주—ます'로 이어진다.
〔参考〕 増(증 : ま)す와 이음을 같이한다.

人名訓読例

• ます : 加孔(ますよし), 加夫(ますお), 加也(ますや), 加子(ますこ).

可 가	訓読	べし·べき·べく· よい·よし
	人名訓読	あり·とき
	音読	カ

訓読풀이

① べし : ㉮ 可(べ)し는 할 수 있음(가능), 할 예정, 해야 할 것(의지, 명령, 당연) 등을 나타낸다. '할'에서 '하시(받침ㄹ—'시'로 분절)—해시—べし'로 이어진다. ㉯ 逢(あう)べし 하면 다시 만나도록 하지라는 뜻이고, 明日(あす)必(かなら)ず行(い)くべし 하면 내일은 꼭 떠나도록 하지라는 뜻이다. '하지'에서 '해지—べし'로 이어진다.

② べき · べく : 可(べ)き와 可(べ)く는 口語(구어)에서 ①의 可(べ)し에 비하여 다소 형식적인 문체에 흔히 쓰이는 것으로 되어 있다. ①의 예문에서 逢(あう)べし는 만나기로 하기 또는 만나기로 하구로 쓰일 수 있으며 다 같이 가능, 예정, 의지, 명령, 당연의 뜻을 갖고 있다.
'하기—하구'에서 '헤기(헤구)—べき(べく)'로 이어진다.

③ よい · よし : 可는 올바름을 뜻한다〈子曰可也 : 論語 (자왈가야 : 논어)〉. 可決(가결)은 옳다고 하여 결정함을 뜻한다.
'올'에서 '오시(받침ㄹ—'시'로 분절)—よし'로, '옳아'에서 '오아—오이—よい'로 이어진다.

④ あり : 可는 할 수 있음(가능) 또는 할 것임(예정)을 나타낸다.
'할'에서 '알(ㅎ—ㅇ으로 변음)—아리—あり'로 이어진다.

⑤ とき : 可는 좋다를 뜻한다〈可與否 : 史記 (가여부 : 사기), 子曰可也 : 論語 (자왈가야 : 논어)〉.
'좋다'에서 '좋구—조구—도구—도기—とき'로 이어진다.

人名訓読例

① べく : 可之助(べくのすけ).
② よし : 可明(よしあき), 可成(よしなり), 可信(よしのぶ), 可安(よしやす), 可洋(よしひろ), 可直(よしなお).
③ あり : 可重(ありしげ · よししげ).

④ とき：可薫(ときしげ).

仮(假) 가	訓読	かり
	音読	カ·ケ

訓読풀이

• かり ：仮(가)는 진짜를 가리고 거짓으로 꾸미거나 행세하는 것을 뜻한다. 仮面(가면)은 진짜 얼굴을 가리고 탈을 쓰는 것을 뜻하고 仮名(가명)은 진짜 이름을 가리고 가짜 이름을 쓰는 것을 뜻한다.

'가리다'에서 '가리–かり'로 이어진다.

人名訓読例

• かり ：仮家(かりや), 仮谷(かりや), 仮屋(かりや).

伽 가	訓読	とぎ
	音読	カ·ガ·キャ

訓読풀이

• とぎ ：伽는 지루함을 위로하는 말벗, 병자를 도와주는 사람을 뜻한다. 즉 도우미(돕기)가 되어주거나 짝이 되어주는 것을 말한다. ㉮ '돕기'에서 '도기–とぎ'로 이어진다. ㉯ '짝'에서 '닥–독–도기–とぎ'로 이어진다.

人名訓読例

• とぎ：伽屋(とぎや).

価(價) 가	訓読	あたい
	音読	カ

訓読풀이

• あたい ：称賛(しょうさん)にあたいする 하면 칭찬할 만 하다는 뜻이고 一読(いちとく)にあたいする 하면 일독할 만 하다는 뜻이다.

할 만하다, 즉 할 만한 가치가 있다는 뜻에서 '할–알(ㅎ–ㅇ으로 변음)–아다(받침ㄹ–'다'로 분절)–あたい'로 이어진다.

人名訓読例

• あたい：価(외자 名).

佳 가	訓読	よい·よし
	音読	カ·ケ

訓読풀이

• よい · よし ：佳(가)는 옳고 좋은 것을 나타낸다. 佳名(가명)은 옳은 일로 하여 얻은 훌륭한 평판을 뜻한다.

'옳다'에서 '올아–오이–おい'로, '올'에서 '오시(받침ㄹ–'시'로 분절)–よし'로, '옳지'에서 '오지–よし'로 이어진다.

人名訓読例

• よし ：佳寛(よしひろ), 佳紀(よしのり), 佳年(よしとし), 佳文(よしふみ), 佳延(よしのぶ), 佳典(よしのり · よしふみ).

呵 가	訓読	しかる
	音読	カ

訓読풀이

• しかる：呵(가)는 아랫사람이 잘못했을 때 꾸짖는 것을 뜻한다. 꾸짖다의 '짓다'에서 '짓거라–지가라–시가루–しかる'로 이어진다.

〔参考〕叱(질：しか)る와 이음을 같이한다.

架 가	訓読	かかる·かける·たな
	人名訓読	はさ·はざ
	音読	カ

訓読풀이

① かかる · かける ：川(かわ)に橋(はし)

を架(か)ける 하면 강에 다리를 걸쳐 놓는 것(架設 : 가설)을 뜻한다.

'걸다'에서 '걸거라－거게라－가게루－かける'로 이어진다.

② たな : 架(가)는 선반, 시렁을 뜻한다. 선반, 시렁은 물건을 두기 위해 벽 같은 곳에 '단(걸어 멘)' 넓고 긴 나무 쪽을 말한다.

'단(달다)'에서 '다나－たな'로 이어진다. 다는 것과 ①의 거는 것은 같은 뜻이 된다.

〔参考〕 棚(붕 : たな)와 이음을 같이한다.

③ はさ · はざ : 架는 걸려서 또는 메어 달려서 거기에 붙어 있는 것을 말한다.

'붙다'에서 '붓－밧－바사－はさ · はざ'로 이어진다.

人名訓読例

① かけ : 架光(かけみつ).

② はさ · はざ : 架間(はざま), 架谷(はさたに), 架場(はさば).

枷 가	訓読	かせ
	人名訓読	はさ·はざ
	音読	カ

訓読풀이

① かせ : 枷(가)는 옛날 형구(刑具)의 일종으로 손이나 발에 걸어 차게 했던 고랑을 뜻한다. 요즘 성범죄자 등에게 걸게 하는 전자발찌와 유사한 것이라 볼 수 있다.

'걸다' 또는 '걸어 차'에서 '걸－갈－가세(받침ㄹ－'세'로 분절)－かせ'로 이어진다. 또한 '걸어 차'에서 '걸차－거사－가사－가세－かせ'로 이어진다.

〔参考〕 발에 걸어 차게 하는 것을 あしかせ(足枷 : 족가), 손에 걸어 차게 하는 것을 てかせ(手枷 : 수가), 목에 걸어 차게 하는 것을 くびかせ(首枷 : 수가)라 한다.

② 伽는 발, 손, 목에 항상 붙어 걸어 차게 되어 있다.

'붙다'에서 '붓－밧－바사－はさ · ばさ'로 이어진다.

人名訓読例

① かせ : 枷場(かせば).

② はさ·はざ : 枷場(はさば), 枷間(はざま).

苛 가	訓読	いじめる·いらたつ·いらつ·さいなむ
	音読	カ

訓読풀이

① いじめる : 弟(おとうと)を苛(いじ)める, 動物(どうぶつ)をいじめる 하면 발길로 치(차)면서 괴롭히는 것을 뜻한다.

'치(차)다'에서 '침－치메－시메－しめる'로 이어지고, 접두어 い가 붙어 いじめる로 이어진다.

〔参考〕 虐(학 : いじ)める와 이음을 같이 한다.

② いらたつ · いらつ : 苛(いら)つ는 초조해 하는 것, 속으로 애가 타서 앓는 것을 뜻한다.

'앓다'에서 '알－일－이라－いらたつ · いらつ'로 이어진다.

③ さいなむ : 継子(ままこ)を責(せ)め苛(さいな)む 하면 의붓자식에게 항상 성을 내며 못살게 구는 것을 뜻한다.

'성 내다'에서 '성냄－성이내무－서이나무－사이나무－さいなむ'로 이어진다.

〔参考〕 嘖(책 : さいな)む와 이음을 같이 한다.

人名訓読例

• いら：苛原(いらはら).

哥 가	訓読	うた·うたう
	音読	カ

訓読풀이

• うた · うたう：歌(가) 참조.

人名訓読例

• うた ： 哥沢(うたざわ), 哥丸(うたまる), 哥子(うたこ).

家 가	訓読	いえ·や·うち
	音読	カ·ケ

訓読풀이

① いえ ： ㉮ 家(가)는 집을 뜻한다. 한국어 '집'은 옛날에 지붕을 '짚'으로 이어 만든다 해서 지어진 말이라 풀이 된다. 짚과 같은 말로 이엉이 있다. 이엉도 짚과 마찬가지로 초가집의 지붕을 만들기 위해 엮은 짚을 뜻한다. '이어'에서 '이어-이에-いえ'로 이어진다. ㉯ 짚으로 이엉을 엮을 때는 끝없이 이어진다. 제주 방언에서 '짚을 이엉(이어) 집을 짓는다'고 하는데 이엉이라는 말 자체가 엮음, 이음을 뜻한다. 즉 집은 짚으로 이어 만든 '이에(いえ ： 家)'가 된다. ㉰ 家는 단순히 사는 거처(居處)로서의 집만 아니라 대대(代代)로 이어져 내려오는 家系(가계), 家譜(가보), 家門(가문) 등을 포괄하여 일컫는다. 즉 어느 집안이라고 지칭할 때는 살고 있는 家屋(가옥)으로서의 家보다는 이제까지 이어져 내려온 家系(가계)로서의 家가 중시된다. 여기서도 '이어'에서 '이에-いえ'로 이어진다.

② や：①에서와 같이 '이어'에서 '여-야-や'로 이어진다.

〔参考〕屋(옥), 舍(사)와 이음(や)을 같이 한다.

③ うち：家의 본뜻은 돼지(豕 ： 시)의 '우리'(宀 ： 면)를 뜻한다.

'우리'에서 '울-우찌(받침ㄹ-'찌'로 분절)-うち'로 이어진다.

人名訓読例

① いえ ： 家康(いえやす), 家継(いえつぐ), 家寛(いえひろ), 家基(いえもと), 家範(いえのり), 家長(いえなが · いえぎみ).

② や：家高(やたか), 家内(やうち), 家島(やじま), 家名田(やなだ), 家森(やもり), 家弓(やゆみ).

痂 가	訓読	かさぶた
	音読	カ

訓読풀이

• かさぶた ： 痂(가)는 부스럼 딱지를 뜻한다. 부스럼 딱지는 피부, 살갗(살갓)에 붙어 있는 종기이다.

'살갗(갓)'에서 '갗(갓)-가사-かさ'로 이어지고, '붙다'에서 '부다-ぶた'로 이어져 かさぶた로 합성된다.

街 가	訓読	まち
	音読	ガイ·カイ

訓読풀이

• まち：街(가)는 거리, 시가(市街)를 뜻한다. 마을을 뜻하는 町(정)이나 거리를 뜻하는 街(가)나 다같이 まち로 훈독되는데, 이것은 마을이나 거리나 다 같이 마을임을 말해준다.

'마을'에서 '말-마찌(받침ㄹ-'찌'로 분절)-まち'로 이어진다.

〔参考〕村(촌)은 '마을'에서 '말-물-무

라－むら'로 이어진다. '벌'에서 はち(蜂), はら(原)로 나뉘어 훈독되는 것과 같은 이치이다.

人名訓読例

• まち : 街原(まちはら), 街田(まちだ), 街子(まちこ).

嫁 가	訓読	かたづく·とつぐ·よめ
	音読	カ

訓読풀이

① かたづく : かたづく는 본래 끝을 마무리한다. 정리한다는 뜻으로 片付く로 표기 되나 嫁く로도 표기되어 시집가는 것, 출가(出嫁)하는 것을 뜻한다. 즉 처녀로서 또는 과부로서의 독신생활에 끝맺음(끝대다 · 끝짓다)을 한다는 뜻에서 片付く를 시집간다는 뜻의 嫁(かたづ)く로도 표기된다.

'끝(을) 대다'에서 '끝대구－같두구－가타두구－かたづく'로, '끝짓다'에서 '끝지구－같주구－가타주구－かたづく'로 이어진다.

② とつぐ : 嫁(とつ)ぐ日(ひ)는 시집가는 날을 뜻한다. 한국에서는 예부터 시집간 여인을 출가외인(出嫁外人)이라 한다. 출가시킨다함은 딸을 시집(嫁)으로 내좇는다는 뜻이다. 嫁는 責任轉嫁(책임전가)라는 말이 있는 바와 같이 다른 사람에게로 덮어씌우는 것, 떠넘기는 것, 즉 좇아 넘긴다는 뜻도 갖는다. 따라서 시집 보낸다함은 딸자식을 좇아내어 시가(媤家)로 떠넘긴다는 뜻이 된다.

'좇다'에서 '조추구－도추구－とつぐ'로 이어진다.

③ よめ : 嫁(よめ)는 신부, 며느리를 뜻한다. '아름'다운 신부에서 '아름－알음－아음－암－욤－요메－よめ'로 이어진다.

人名訓読例

• よめ : 嫁兼(よめかね), 嫁威(よめおどし), 嫁田(よめた).

暇 가	訓読	いとま·ひま
	音読	カ

訓読풀이

① いとま : 寝(ね)るいとまもない 하면 잠잘 틈도 없다는 뜻이다.

'틈'에서 '틈－톰－토마－とま'로 이어지고, 접두어 い가 붙어 いとま로 이어진다.

② ひま : 暇(가)는 휴가, 쉼을 뜻한다. 휴가, 쉼은 연속되는 시간 중에 틈, 즉 홈이 생겨 잠시 시간적 여유를 갖게 됨을 뜻한다.

'홈'에서 '호마－히마－ひま'로 이어진다.

〔参考〕 隙(극 : ひま)와 이음을 같이한다.

葭 가	訓読	あし·よし
	音読	カ

訓読풀이

① あし : 葭(가)는 갈대를 뜻한다. 갈대는 볏과의 다년초로 줄기는 단단하고 속은 얇은 막(갈대청)으로 되어 있다. 그래서 갈대청(葭莩 : 가부)은 얇은(엷은) 것의 비유어(比諭語)로 쓰인다. 葭莩之親(가부지친)은 갈대청처럼 관계가 엷은 먼 친척을 뜻한다.

'얇 · 엷 · 얕'에서 '얕(얏)－야시－아시－あし'로 이어진다.

② よし : 葭가 悪(あ)し와 같은 음이므로 이를 피하기 위하여 良し와 같은 よし로

도 쓴다.

人名訓読例

① あし : 葭浜(あしはま), 葭山(あしやま · よしやま), 葭田(あしだ · よしだ).

② よし : 葭本(よしもと), 葭森(よしもり), 葭原(よしはら), 葭江(よしえ), 葭内(よしうち), 葭子(よしこ).

嘉 가	訓読	よい·よし·よみ·よみする
	音読	カ

訓読풀이

① よい · よし : 嘉賞(가상)은 칭찬한다는 뜻으로 옳은 것, 좋은 것을 칭찬한다는 뜻이고, 嘉靖(가정)은 나라를 옳게 다스려 백성을 편안하게 한다는 뜻이다.

'옳다'에서 '올아−오아−오이−よい'로 이어지고, '올'에서 '오시(ㄹ받침−'시'로 분절)−よし'로 이어진다.

② よみ · よみする : 嘉는 아름다움과 옳음을 나타낸다.

'아름답다'에서 '아름−알음−암−욤−요미−よみ'로 이어지고, '옳음'에서 '오음−옴−오미−よみ'로 이어진다.

よみ에서 동사화 되어 칭찬한다는 뜻의 よみする가 된다.

人名訓読例

• よし : 嘉寛(よしひろ), 嘉基(よしもと), 嘉徳(よしのり), 嘉明(よしあき), 嘉文(よしふみ), 嘉純(よしずみ).

歌 가	訓読	うた·うたう
	音読	カ·ガ

訓読풀이

• うた · うたう : ㉮ 노래는 놀다의 '놀'에서 유래하는 것으로 풀이된다. '놀'에서 '놀(ㄴ−ㅇ으로 변음)−울−우다(받침ㄹ−'다'로 분절)−うた'로 이어지고, '놀다'에서 '노다−누다−우다−うた'로 이어진다. ㉯ 지금도 한국어에서는 노래 부르는 것을 읊는다고도 한다. '읊다'에서 '우다−うた(う)'로 이어진다. ㉰ '(노래)부르다'에서 '불−울(ㅂ−ㅇ으로 변음)−우다(받침ㄹ−'다'로 분절)−うた(う)'로 이어진다.

人名訓読例

• うた : 歌路(うたじ), 歌書(うたがき), 歌原(うたはら), 歌村(うたむら), 歌枕(うたまくら), 歌沢(うたざわ).

稼 가	訓読	かせぐ·うえる
	音読	カ

訓読풀이

① かせぐ : 学費(がくひ)を稼(かせ)ぐ 하면 학비를 갖기(벌기) 위해 일하는 것을 뜻하고, 時間(じかん)をかせぐ 하면 시간의 여유를 갖게(얻게) 되는 것을 뜻한다.

'갖다'에서 '가지구−가제구−가세구−かせぐ'로 이어진다.

② うえる : ㉮ 갖게 되는 것은 얻게 되는 것을 뜻한다. '얻다'에서 '얻어라−어어루−우에루−うえる'로 이어진다. ㉯ 稼는 곡식을 심어 농사짓는 것을 뜻한다. 심는다는 것은 씨나 뿌리를 땅속으로 넣는 것을 말한다. '넣다'에서 '넣어라−너어루−어어루(ㄴ−ㅇ으로 변음)−우에루−うえる'로 이어진다.

人名訓読例

• かせぎ : 嫁(외자 名).

【각】

各 각	訓読	おのおの
	音読	カク

訓読풀이

• おのおの : クラスのおのおのが責任(せきにん)をもて 하면 한 반의 한 사람 한 사람, 즉 하나하나가 각자 책임을 진다는 뜻이다.

'하나하나'에서 '아나아나(ㅎ-ㅇ으로 변음)-오노오노-おのおの'로 이어진다.

却 각	訓読	かえって·しりぞく·しりぞける
	音読	キャク

訓読풀이

① かえって : ㉮ 却(かえ)っては 반대로, 거꾸로 되는 것을 뜻한다. かえって損(そん)をする 하면 거꾸로 손해를 본다는 뜻이고, 親(おや)がかえって教(おし)えられる 하면 부모가 거꾸로 자식에게 배운다는 뜻이다. '거꾸로'에서 '걱우-거우-가에-かえ-(부사화 되어)かえって'로 이어진다. ㉯ 거꾸로 된다는 것은 종전의 것이 갈리어(바뀌어) 다른 것이 된다는 뜻이다. 이 경우에는 変(か)える, 反(かえ)る와 마찬가지로 '갈다'에서 '갈아-가아-가에-かえ-(부사화 되어)かえって'로 이어진다.

② しりぞく · しりぞける : 後(うしろ)にしりぞく 하면 뒤로(물러)선다는 뜻이다.

'뒤로 서다'에서 '디로서구-디로소구-시리조구-しりぞく'로 이어진다. 또한 却은 뒤로 쫓겨나는 것을 뜻한다. '뒤로 쫓다'에서 '뒤로조구-디로조구-시리조구-しりぞく'로 이어진다.

〔参考〕退(퇴 : しりぞ)く와 이음을 같이 한다.

角 각	訓読	かど·すみ·つの
	音読	カク

訓読풀이

① かど : 角(かど)のたばこ屋(や)는 길모퉁이에 있는 담배 가게를 뜻하는데 길모퉁이 또는 길 모서리는 길의 끝에 있게 마련이다. 角番(かどばん)은 장기, 바둑, 씨름 등에서 승패를 결정하는 마지막 판, 즉 끝판을 뜻한다.

'끝'에서 '갇-가토-かど'로 이어진다.

② すみ : 角(각)은 모퉁이, 구석을 뜻한다. 모퉁이나 구석은 각도(角度)를 이루는 곳이다. 각도란 한 점에서 나간 두 직선 사이의 벌어진 틈을 뜻한다. 角(すみ)から角まで捜(さが)す 하면 모든 틈, 구석을 뒤지며 찾는다는 뜻이고, 四(よ)の角(すみ)하면 네 귀퉁이의 틈, 구석을 뜻한다.

'틈'에서 '툼-숨-수미-すみ'로 이어진다.

〔参考〕隅(우 : すみ)와 이음을 같이한다.

③ つの : 角은 뿔을 뜻한다. 즉 동물의 머리에 돋은, 또는 이들 동물이 머리에 쓴 뿔을 말한다.

'돋은(솟은)'에서 '도운-두운-둔-두노-つの', 또한 '쓴'에서 '쑤는-쑨-쑤노-つの'로 이어진다.

人名訓読例

① かど : 角谷(かどたに · かどや · すみたに · すみや · つのたに · つのや), 角島(かどしま), 角道(かどみち), 角本(かど

もと), 角上(かどかみ), 角野(かどの · すみの · つの).

② すみ : 角木(すみき), 角田(すみた · かどた · つのた), 角川(すみかわ · かどかわ · つのかわ), 角村(すみむら), 角花(すみはな), 角子(すみこ).

③ つの : 角岡(つのおか), 角掛(つのかけ), 角山(つのやま), 角邑(つのむら), 角替(つのかえ), 角宮(つのみや · かどみや).

刻 각	訓読	きざむ·とき
	音読	コク

訓読풀이

① きざむ : ㉮ 刻(각)은 새긴 것, 새긴 자국을 뜻한다. 木(き)の幹(みき)にきざみをいれる 하면 나무줄기에 칼이나 뾰족한 것으로 그어서 자국을 내는 것을 뜻한다. '긋다'에서 '그심–그시무–기시무–기사무–きざむ'로 이어진다. ㉯ 한편 나무줄기를 칼이나 뾰족한 것으로 그으면 깨지게 된다. 刻은 彫刻(조각)에서처럼 나무나 돌을 깨어 모형을 만드는 것을 나타낸다. '깨지다'에서 '깨짐–깨지무–기자무–'로 이어진다.

② とき : 刻은 때 · 時刻(시각)을 뜻한다. 때를 뜻하는 '적'(어릴 적, 아플 적 등)에서 '덕–독–도기–とき'로 이어진다.

咯 각	訓読	はく
	音読	カク

訓読풀이

• はく : 咯血(각혈)은 피를 토(吐)하는 것, 즉 피를 뱉어 내는 것을 뜻한다. '뱉다'에서 '배구–바구–はく'로 이어진다.

〔参考〕 吐(토), 喀(객)과 이음(はく)을 같이한다.

恪 각	訓読	つつしむ
	人名訓読	つとむ
	音読	カク

訓読풀이

① つつしむ : 恪(각)은 언행에 조심하고 삼가도록 恪別(각별)히 (애)쓰심을 뜻한다. '(애)쓰심'에서 '쓰심–수수심–수수시무–つつしむ'로 이어진다.

② つとむ : ①의 '(애)쓰심'에서 '(애)씀–수수무–수도무–つとむ'로 이어진다.

〔参考〕 謹(근), 慎(신)과 이음(つつしむ)을 같이한다.

人名訓読例

• つとむ : 恪(외자 名).

脚 각	訓読	あし
	音読	キャク·キャ·カク

訓読풀이

• あし : 脚(각)은 발, 다리를 뜻한다. '발'에서 '알(ㅂ–ㅇ으로 변음)–아시(받침ㄹ–'시'로 분절)–あし'로 이어진다.

〔参考〕 足(족 : あし)와 이음을 같이한다.

人名訓読例

• あし : 脚身(あしみ), 脚咋(あしくい).

殼(殻) 각	訓読	から
	音読	カク

訓読풀이

• から : ㉮ 殼(각)은 껍질, 껍데기를 뜻한다. 껍질, 껍데기는 속이 곯아(비어)있다. '곯아'에서 '고라–가라–から'로 이어진다. ㉯ 딱딱한 껍질은 거북이 등껍질

처럼 갈라진다. '갈라'에서 '가라-から'로 이어진다. 空(공)이 からろ로도 훈독되는 것은 하늘이 갈라져 비어 있음을 뜻하고, 거북이도 등껍질이 갈라져 있어서 '갈림-가임-감-가메-かめ'로 이어진다.

〔参考〕 空(공), 幹(간)과 이음(から)을 같이한다.

覚(覺) 각	訓読	おぼえる·さます·さめる·さとる
	人名訓読	あきら·ただし
	音読	カク

訓読풀이

① おぼえる : 깨닫는 것, 기억하는 것, 알게 되는 것, 익히는 것 등을 뜻한다. 즉 배우는 것을 기본 의미로 한다. 要領(ようりょう)をおぼえる 하면 요령을 배워서 알게 되었다는 뜻이다.
'배우다'에서 '배워라-보에라-보에루-ぼえる'로 이어지고, 접두어 お가 붙어 おぼえる로 이어진다.

② さます·さめる : 雨(あめ)の音(おと)に目(め)をさました 하면 빗소리에 눈을 떴다는 뜻이고, 眠(ねむ)りからさめる 하면 잠에서 눈을 떴다는 뜻이다.
'뜨다'에서 '뜸-담-다마-사마-さます·さめる'로 이어진다.
〔参考〕 醒(성 : さま)す와 이음을 같이한다.

③ さとる : 覚(さと)る는 불교에서 말하는 득도(得道)를 말한다. 득도는 진리를 깨닫는 것으로 눈을 뜨는 것, 즉 개안(開眼)을 뜻한다. 世(よ)の無常(むじょう)をさとる 하면 세상의 무상함에 눈을 뜨는 것을 뜻하고, 我(わ)が身(み)の愚(おろ)かさをさとる 하면 스스로의 어리석음을 눈을 떠서 알게 되었음을 뜻한다.
'뜨다'에서 '뜨더라'에서 '드더루-다더루-사도루-さとる'로 이어진다.

④ あきら : ㉮ 覚은 깨달아 밝히는 것을 뜻한다. '밝히다'에서 '발키라-아키라(ㅂ-ㅇ으로 변음)-あきら'로 이어진다. ㉯ 覚은 개안(開眼)하여 세상사를 알게됨을 뜻한다. '알거라-아기라-あきら'로 이어진다. ㉰ 覚은 눈을 열고(뜨고) 깨닫게 됨을 뜻한다. '열다'에서 '열거라-여기라-아기라-あきら'로 이어진다.

⑤ ただし : ㉮ 覚은 눈을 떠 옳은 이치를 깨닫고 떳떳해짐을 뜻한다. '떳떳'에서 '다다-ただ(し)'로 이어진다. ㉯ 이치를 깨닫고 옳고 그름(是非 : 시비)을 따지게 됨을 뜻한다. '따지다'에서 '따저-다다서-ただし'로 이어진다.

人名訓読例

① あきら·さとる·ただし : 覚(외자 名).
② あき : 覚弘(あきひろ·さとひろ).
③ さと : 覚弘(さとひろ).

擱 각	訓読	おく
	音読	カク

訓読풀이

• おく : 筆(ふで)を擱(お)く하면 붓을 놓는다, 즉 글 쓰는 일을 그만 놓는다는 뜻이다.
'놓다'에서 '노구-오구(ㄴ-ㅇ으로 변음)-おく'로 이어진다.
〔参考〕 措(조), 置(치)와 이음(おく)을 같이한다.

【간】

干 간	訓読	ほす·ひる· おかす·たて· あずかる· もとめる·もとむ
	人名訓読	かず
	音読	カン

訓読풀이

① ほす : 干(간)은 물을 빼서 말리는 것을 뜻한다〈干拓(간척)〉. 洗濯物(せんたくもの)を干(ほ)す 하면 세탁물을 물 빼고 말린다는 뜻이다.
'빼다'에서 '빼서–배수–보수–ほす'로 이어진다.
〔参考〕 乾(건 : ほ)す와 이음을 같이한다.

② ひる : 干은 괴었던 물이 빠지는 것을 뜻한다〈干潮(간조)〉. 괸 물이 빠지는 것을 '삐다'라고도 한다.
'삐다'에서 '비루–ひる'로 이어진다.

③ おかす : 干은 어기는 것, 범(犯)하는 것(干犯 : 간범)을 뜻한다〈以干闔閭 : 公洋傳 (이간합려 : 공양전)〉.
'어기다'에서 '어가–오가–おかす'로 이어진다.
〔参考〕 犯(범 : おか)す와 이음을 같이한다.

④ たて : たて(干)にする 하면 무엇을 내세워 방패로 삼는 것을 뜻한다.
'서다(세우다)'에서 '사다–다다–다데–たて'로 이어진다.
〔参考〕 盾(순), 楯(순)과 이음(たて)을 같이한다.

⑤ あずかる : 干은 간여(干與)하는 것, 무엇을 얻는 것을 뜻한다. 工場(こうじょう)建設(けんせつ)の計画(けいかく)にあずかる 하면 공장건설계획에 간여하여 이익을 얻게 됨을 뜻한다.
'얻다'에서 '앋–앚–아주–あずかる'로 이어진다.
〔参考〕 与(여 : あず)かる와 이음을 같이한다.

⑥ もとめる · もとむ : 干은 구하는 것, 즉 묻는 것을 뜻한다.
'묻다'에서 '묻–몯–모도–もとめる'로 이어진다.

⑦ かず : 干은 ⑤ 및 ⑥의 결과로 갖게 됨을 뜻한다.
갖다의 '갖'에서 '가주–かず"로 이어진다.

人名訓読例

① もとむ : 干(외자 名).
② たて : 干夫(たてお), 干城(たてき), 干雄(たてお), 干尹(たてまさ).
③ ひ : 干潟(ひがた), 干舃(ひかた · ひがた), 干刈(ひかり), 干盡(ひずくし), 干川(ひかわ), 干河岸(ひがし).
④ ほし : 干野(ほしの), 干泥(ほしどろ · ひどろ), 干場(ほしば), 干田(ほしだ), 干種(ほしだね), 干川(ほしかわ).
⑤ かず : 干美(かずみ).

刊 간	訓読	きざむ·けずる
	音読	カン

訓読풀이

① きざむ : 刊(간)은 책을 펴내는 것(出刊 : 출간)을 뜻하는데, 옛날에는 돌이나 갑골 등에 새기거나 그어서 기록을 남긴다는 말이었다.
'긋다'에서 '그심–기심–기사무–きざむ'로 이어진다.

〔参考〕刻(각 : きざ)む와 이음을 같이한다.

② けずる : ①에서 새기거나 그으면 그 부분은 까져 없어진다(꺼진다).
'까지다(꺼지다)'에서 '가지라(거지라)–게주라–けずる'로 이어진다.
〔参考〕消(소 : けず)る와 이음을 같이한다.

奸 간	訓読	おかす
	音読	カン

訓読풀이

• おかす : 奸(간)은 어기는 것, 범(犯)하는 것을 뜻한다.
'어기다'에서 '어가–오가–おかす'로 이어진다.
〔参考〕犯(범 : おか)す와 이음을 같이한다.

艮 간	訓読	うしとら
	人名訓読	かたし
	音読	カン

訓読풀이

① うしとら : 艮(간)은 둘째 地支(지지)인 소띠를 나타내는 丑(축)과 셋째 지지인 호랑이를 나타내는 寅(인) 사이를 말한다. 시간으로는 丑時(축시)인 1시~3시와 寅時(인시)인 3시~5시 사이인 2시~4시이고, 방위로는 丑의 북동(北東), 寅의 동북(東北) 사이에 위치한다.
소를 뜻하는 うし(牛)와 호랑이를 뜻하는 とら(虎)가 합성되어 うしとら로 이어진다. 〈牛(우 : うし), 虎(호 : とら) 참조〉.

② かたし : 艮은 견고(堅固) 함을 뜻한다.
'굳다'에서 '굳–갇–가다–かた(し)'로 이어진다.
〔参考〕堅(견), 固(고)와 이음(かた)을 같이한다.

人名訓読例

• うしとら · かたし : 艮(외자 名).

侃 간	訓読	つよい·ただしい
	人名訓読	あきら·すなお·ただし·ただす·つよし·なおし·まこと
	音読	カン

訓読풀이

① つよい · つよし : 侃(간)은 센 것, 강직한 것을 뜻한다.
'세다'에서 '쎄어–쎄요–쑤요–つよい · つよし'로 이어진다.

② ただしい · ただし · ただす : ㉮ 侃侃諤諤(간간악악)은 권세에 굴하지 않고 떳떳하게 옳은 것을 밝히는 모양을 나타낸다. '떳떳'에서 '떠떳–더덧–다다시–ただし'로 이어진다. ㉯ 侃은 옳고 그름을 따지는 것을 뜻한다. '따져서'에서 '다다서–다다시–ただし'로 이어진다.

③ あきら : 侃은 옳은 것을 밝히는 것을 뜻한다.
'밝히다'에서 '바키라–아키라(ㅂ–ㅇ으로 변음)–あきら'로 이어진다.

④ すなお : 있는 그대로의 모습을 뜻하는 '숫–수–す(素)'와 나아짐을 뜻하는 なお(直 : 직)가 합성되어 すなお(素直)로 이어진다.

⑤ なおし : 侃은 나아짐, 옳게 됨을 뜻한다.
'나아지다'에서 '나아지–나오지–なおし'로 이어진다.

⑥ まこと : 侃은 맞는 것, 옳은 것을 뜻한다.

'맞는 것'에서 '맞것-마걷-마곧-마고도-まこと'로 이어진다.

人名訓読例

① あきら · すなお · ただし · ただす · つよし · なおし · まこと : 侃(외자 名).

② ただ : 侃克(ただかつ), 侃男(ただお), 侃利(ただとし), 侃夫(ただお), 侃右(ただてる), 侃子(ただこ).

③ なお : 侃一(なおかず), 侃左(なおすけ).

姦 간	訓読	かしましい·よこしま
	音読	カク

訓読풀이

① かしましい : 女(おんな)三人(さんにん)よればかしましい는 여자 셋(姦)이 모이면 시끄럽다는 뜻이다. 시끄러운 것은 궂은 일 중의 하나로 볼 수 있다.

'궂임'에서 '구지무-가지무-가시마-かしましい'로 이어진다.

〔参考〕 囂(효 : かしま)しい와 이음을 같이한다.

② よこしま : 姦은 어긋나는 일(姦惡 : 간악) · 속이는 일(姦邪 : 간사)을 나타낸다.

'어긋 · 속임'에서 '어그소임-요고솜-요고심-요고시마-よこしま'로 이어진다.

〔参考〕 邪(사 : よこしま)와 이음을 같이한다.

看 간	訓読	みる
	音読	カン

訓読풀이

• みる : 看(간)은 손(手)을 눈 위(目)에 얹고 유심히 바라봄을 뜻한다.

눈매의 '매'에서 '매-미-みる'로 동사화된다. '귀'에서 '귀-기-きく(聞く)', '코'에서 '코-카-かむ(擤む)'로 이어지는 것과 같은 이치이다.

人名訓読例

• み : 看谷(みたに), 看初(みそめ).

竿 간	訓読	さお
	音読	カン

訓読풀이

• さお : 流(なが)れにさおをする 하면 흐르는 물에 상앗대질을 한다(일이 순조로이 진행됨을 뜻함)는 뜻이다.

'상앗대'에서 '사아-사오-さお'로 이어진다.

〔参考〕 棹(도)와 이음(さお)을 같이한다.

人名訓読例

• さお : 竿代(さおしろ), 竿田(さおだ), 竿漕(さおこぎ).

栞 간	訓読	しおり
	音読	カン

訓読풀이

• しおり : 栞(간)은 도표(道標), 서표(書標), 안내서(案内書)를 뜻한다. 旅行(りょこう)のしおり는 여행안내서인데, 이 안내서를 보고 좇아 길을 잘 찾으라는 뜻이 담겨있다. ㉮ '좇다'에서 '좇아라-조오리-지오리-しおり'로 이어진다. ㉯ '찾다'에서 '찾아라-차오리-치오리-시오리-しおり'로 이어진다. ㉰ 栞은 산길, 황야 등에서 나뭇가지(枝)를 오려(折) 통과한 길을 표시하는 것도 뜻한다. 枝(지)의 음독 し와 '오려'에서의 おり가 합성되어 しおり로도 이어진다.

人名訓読例

• しおり：栞(외자 名).

桿 간	訓読	てこ
	音読	カン

訓読풀이

• てこ：桿(간)은 막대기, 지레를 뜻한다. てこで石(いし)を転(ころ)がす 하면 막대기 등을 지레로 삼아 돌을 굴린다는 뜻으로, 그것은 지레를 돌 밑에 대고 굴린다는 뜻이다.
'대고'에서 てこ로 이어진다.
〔参考〕梃(정：てこ)와 이음을 같이한다.

稈 간	訓読	わら
	音読	カン

訓読풀이

• わら：稈(간)은 짚, 볏짚, 보리 짚을 뜻한다. わら屋根(やね)는 짚으로 이은 초가지붕을 의미하며, 짚은 잇는 기능을 한다.
'잇다'의 명령형 '이라'에서 '아라–わら'로 이어진다. 家(いえ・や), 屋(や)가 '짚'으로 '이어'져서 いえ, や로 이어지는 것과 맥을 같이한다.
〔参考〕藁(고)와 이음(わら)을 같이한다.

間(閒) 간	訓読	あい·あいだ·ま·はざま
	音読	カン·ケン

訓読풀이

① あい：間(간)은 시간적 공간적으로 열려 있는 사이나 틈을 뜻한다. 間紙(あいかみ)는 물건 사이로 열려 있는 공간에 끼우는 종이를 뜻한다.
'열다'에서 '열어–여–아이–あい'로 이어진다.

② あいだ：親子(おやこ)の間(あいだ)がうまくいかない 하면 부모와 자식 사이가 열려 있음, 즉 틈이 생겨 원만치 못함을 나타낸다.
'열다'에서 '열–여얼–아일–아이다(받침ㄹ–'다'로 분절)–あいだ'로 이어진다.

③ ま：ま로 훈독되는 間은 맞다(마주하다), 맞추다의 '맞'에서 '마–ま'로 이어진다. ㉮ 공간적인 사이・틈：木(こ)のま는 나무와 나무 사이인데 이것은 나무들이 서로 마주하는 공간(사이)을 뜻하고, まを置(お)く 하면 마주할 공간(사이)을 둔다는 뜻이다. ま는 방(房), 장소도 뜻하는데, 応接間(おうせつま)는 사람들과 마주하여 응접하는 장소를 뜻한다. '마주'에서 '마–ま'로 이어진다. ㉯ 시간적인 사이・틈：間(ま)に合(あ)わせる 하면 시간에 맞추어 일을 해낸다는 뜻이다. '맞추다'에서 '마–ま'로 이어진다.

④ はざま：間은 사이・틈을 뜻하면서 골, 골짜기도 뜻한다. 산 사이에 낀 골짜기의 모양이 양측(兩側)에 있는 산의 끝에 매달려 붙어 있는 형상을 만들고 있기 때문으로 보인다.
'붙다'에서 '붙임–부침–바치마–바자마–はざま'로 이어진다.
〔参考〕はざま는 狭間(협간), 迫間(박간)으로도 표기된다.

人名訓読例

① あいだ・はざま：間(외자 名).
② あい：間馬(あいば), 間山(あいやま・まやま), 間野(あいの・まの), 間場(あいば), 間田(あいだ・まだ), 間地(あいじ・あいち).
③ ま：間橋(まばし), 間島(ましま・まじ

ま), 間立(まだて), 間室(まむろ), 間中(まなか), 間下(ました · ましも).

幹 간	訓読	みき·から
	人名訓読	もと
	音読	カン

訓読풀이

① みき : 幹(간)은 사물의 근본, 즉 몸의 기둥을 뜻한다. ㉮ '몸'에서 '모-미-み'로 이어지고, '기둥'에서 '기-き'로 이어져 'みき'로 합성된다. ㉯ '몸'을 뜻하는 み와 '줄기'의 '기-き'가 합성되어 みき로도 이어진다.

② から : 幹은 줄기, 대 또는 자루를 뜻한다. ㉮ 외형상으로는 줄기 자체가 꼿꼿하게 기둥 역할을 하나 속으로는 竹(たけ)のから、麦(みぎ)のから처럼 곯아(비어) 있다. '곯아'에서 '고라-가라-から'로 이어진다. ㉯ 줄기의 속은 갈라져 비어 있다. '갈라'에서 '가라-から'로 이어진다.
〔参考〕空(공), 殼(각)과 이음(から)을 같이한다.

③ もと : 幹은 사물의 근본, 밑바탕을 뜻한다〈生之幹也 : 淮南子 (생지간야 : 회남자)〉.
'밑바탕'에서 '밑-뫁-모토-もと'로 이어진다.

人名訓読例

① みき : 幹高(みきたか), 幹紀(みきのり), 幹明(みきあき · もとあき), 幹世(みきよ), 幹子(みきこ · もとこ), 幹正(みきまさ).

② もと : 幹広(もとひろ), 幹嗣(もとつぐ), 幹章(もとあき), 幹重(もとしげ), 幹忠(もとただ), 幹興(もとおき).

慳 간	訓読	おしむ·やぶさか
	音読	ケン

訓読풀이

① おしむ : 慳吝(간린)은 인색한 것, 즉 남에게 주거나 베푸는 것을 아쉬워 하는 것을 뜻한다.
'아쉬움'에서 '아쉼-오심-오시무-おしむ'로 이어진다.
〔参考〕惜(석 : お)しむ와 이음을 같이한다.

② やぶさか : 慳은 얄팍한 것, 망설이는 것 등을 나타낸다.
'얄팍'에서 '야파-야부-やぶ(さか)'로 이어진다.
〔参考〕吝(인 : やぶさ)か와 이음을 같이 한다.

澗 간	訓読	たに
	音読	カン

訓読풀이

• たに : 谷(곡 : たに) 참조.

人名訓読例

• たに : 澗岡(たにおか), 澗生(たにお), 澗雄(たにお).

墾 간	訓読	ひらく·はる
	人名訓読	あきら·つとむ
	音読	コン

訓読풀이

① ひらく : 墾(간)은 따비질, 즉 밭갈이를 뜻한다. 밭갈이 한다는 것은 쟁기 같은 농구(따비)로 흙을 갈라 놓는 것, 즉 흙을 벌려 놓는 것을 말한다〈開墾(개간)〉. ㉮ '벌리다'에서 '버리구-비라구-ひらく'로 이어진다. ㉯ '흙을 파다'에서 '파라-피라-히라-ひらく'로 이어진다.

〔参考〕開(개 : ひら)く와 이음을 같이한다.

② はる : ①의 '벌리다'에서 '벌-발-바루-はる'로 이어진다.

〔参考〕張(장 : は)る와 이음을 같이한다.

③ あきら : 벌린다는 것은 열어 놓는 것을 뜻한다.

'열다'에서 '열거라-여기라-아기라-あきら'로 이어진다.

④ つとむ : 墾은 애쓰는 것, 힘쓰는 것을 뜻한다.

'(애 · 힘)씀'에서 '쓰쓰무-쑤도무-つとむ'로 이어진다.

人名訓読例

• あきら · つとむ · ひらく : 墾(외자 名).

諫 간	訓読	いさめる·いさむ
	人名訓読	いさお
	音読	カン

訓読풀이

① いさめる · いさむ : ㉮ 諫(간)은 임금의 잘못을 고치기 위하여 죽음을 각오하고(諫死 : 간사) 애쓰(힘쓰)는 諫臣(간신)의 諫言(간언)을 뜻한다. '애쓰다(힘쓰다)'에서 '애씀(힘씀)-이씀-이삼-이사무-いさむ'로 이어진다. ㉯ 諫은 임금의 잘못을 고치기 위하여 말(諫言)로 싸우는(諫諍 : 간쟁, 諫爭 : 간쟁) 것을 뜻한다. 한국어 싸우다는 무슨 목표를 이루기 위하여 힘을 모아 애쓰는 일을 뜻하기도 한다. '싸우다'에서 '싸움-삼-사무-さむ'로 이어지고, 접두어 い가 붙어 いさむ가 된다. ㉰ 왕정(王政)이나 독재 정권 하에서 諫한다는 것은 죽음까지 각오하는 勇氣(용기 : いさみ)가 있어야 한다. 勇(いさ)む와 마찬가지로 '(용기) 솟다'에서 '솟음-소음-솜-삼-사무'로 이어지고 접두어 い가 붙어 いさむ로 이어진다.

② いさお : ①의 ㉮에서 '애써-이서-이사-いさお'로, ㉯에서 '싸워-사어-사오-いさお(い는 접두어)'로, ㉰에서 '솟아-소오-사오-いさお(い는 접두어)'로 이어진다.

人名訓読例

① いさお · いさむ : 諫(외자 名).

② いさ : 諫見(いさみ), 諫武(いさたけ), 諫山(いさやま), 諫早(いさはや · いさはら).

懇 간	訓読	ねんころ
	人名訓読	まこと
	音読	コン

訓読풀이

① ねんころ : 懇(간 : ねんこ)ろ는 ねもころ에서 변한 말이다. ねんころにもてなす 하면 정성을 다하여 높여 대접하는 것을 뜻하고, ねんころなお手紙(てがみ)는 상대방을 높여 정중히 쓴 편지를 뜻한다.

'높이다'에서 '높임-노임-놈-냄-내모-ねもころ'로 이어지고, ねんころ로 변한다.

② まこと : 懇은 예의에 맞게 정성을 다하는 것을 뜻한다.

'맞게'에서 '마걷-마곧-마고도-まこと'로 이어진다.

人名訓読例

• まこと : 懇(외자 名).

艱 간	訓読	かたい
	音読	カン

訓読풀이

- かたい : 艱(간)은 어려운 것을 뜻한다. 굳은 돌은 깨기 어렵고 굳어 버린 습관은 고치기 힘들다.
  '굳다'에서 '구다-가다-かたい'로 이어진다.
  〔参考〕固(고), 堅(견), 難(난)과 이음(かた)을 같이한다.

箇 간	訓読	ふだ
	人名訓読	あきら·いさむ·ふみ·ひろ·やすし
	音読	カン

訓読풀이

① ふだ : ㉮ 箇(간)은 종이가 없던 옛날 글을 쓰던 댓조각(대쪽)을 뜻한다. 대나무를 얇게 깎아 서로 이어 붙여 그 위에 글이나 편지를 썼다. 竹箇(죽간), 箇札(간찰), 書箇(서간)은 이를 지칭한다. '붙다'에서 '부다-ふだ'로 이어진다. ㉯ 글은 붓으로 쓴다. '붓'에서 '붇-부다-ふだ'로 이어진다.

② あきら : 箇은 밝은 것(箇明 : 간명)을 뜻한다.
'밝히다'에서 '바키라-아키라(ㅂ-ㅇ으로 변음)-あきら'로 이어진다.

③ いさむ : 箇은 諫과 통용된다〈諫(간) 참조〉.

④ ふみ : 옛날에는 竹間 등에 쓰인 글로 배웠다.
'배우다'에서 '배움-부움-붐-부미-ふみ'로 이어진다.
〔参考〕文(문), 書(서)와 이음(ふみ)을 같이한다.

⑤ ひろ : ①의 댓조각(대쪽)을 만들려면 대를 쪼개 벌려야 한다.
'벌리다'에서 '벌-빌-비로-ひろ'로 이어진다.

⑥ やすし : 箇은 간단하고 쉽다는 뜻을 가진다〈箇易(간이), 箇明 (간명)〉.
'쉽다'에서 '쉬-수-す'로 이어지고, 접두어 や가 붙어 やす(し)가 된다.

人名訓読例

① あきら · いさむ · ふだ · やすし : 箇(외자 名).

② ふみ · ひろ : 箇子(ふみこ · ひろこ).

【갈】

喝 갈	訓読	しかる
	音読	カツ

訓読풀이

- しかる : 喝(갈)은 큰소리로 꾸짖는 것을 뜻한다.
  꾸짖다의 '짖다'에서 '짖거라-지가루-しかる'로 이어진다.
  〔参考〕叱(질 : しか)る와 이음을 같이한다.

渇(渴) 갈	訓読	かれる·かわく
	音読	カツ·ケツ

訓読풀이

- かれる · かわく : 渇(갈)은 목이 마르는 것, 목이 말라 갈라지듯 渇症(갈증)을 느끼는 것을 뜻한다. ㉮ '갈라지다'에서 '갈라-가라-가레-かれる'로 이어진다. ㉯ '갈라지다'에서 '갈아-가아-かわく'로 이어진다.
  〔参考〕枯 · 涸(か)れる, 乾(かわ)く와 이음을 같이한다.

葛 갈	訓読	かずら·くず·つづら
	人名訓読	かつら·ふじ
	音読	カツ

訓読풀이

① かずら・かつら : 葛(갈)은 칡을 뜻한다. 칡은 콩과의 낙엽 활엽 덩굴성 식물로 산이나 들에 흔히 나는데, 이것이 군집한 곳은 덩굴(넝쿨)풀을 이루어 서로 거칠게 얽혀 근접하기 어렵다. 또한 칡을 원료로 갈포(葛布), 갈건(葛巾) 등을 만드는데 이 또한 거칠다(葛 자체가 거친 베, 즉 葛布를 뜻함).
'거칠다'에서 '거치러–가추라–かずら・かつら'로 이어진다.

② くず : ㉮ 葛은 덩굴(넝쿨)을 뜻한다. 덩굴(넝쿨)의 '굴(쿨)'에서 '구주(받침 ㄹ–'주'로 분절)–くず'로 이어진다. ㉯ 덩굴・넝쿨은 굴레처럼 얽매는 것을 뜻한다. '굴레'에서 '굴–구주(받침 ㄹ–'주'로 분절)–くず'로 이어진다. ㉰ 칡넝쿨이나 칡덤불 등은 산행(山行)을 할 때 궂은 방해물이 되며, 세상의 궂은 번뇌, 분규를 갈등(葛藤)으로 표현하기도 한다. '궂다'에서 '궂–구주–くず'로 이어진다.

③ つずら・つづら : '칡'에서 '칠–출–추라–주주라–つずら・つづら'로 이어진다.

④ ふじ : 덩굴(넝쿨)풀은 서로 얽혀 붙어 있다.
'붙다'에서 '붙–부티–부지–ふじ'로 이어진다.

人名訓読例

① かずら・かつら・くず・ふじ : 葛(외자 名).

② かずら : 葛山(かずらやま・かつらやま・くずやま・つずやま).

③ かつら : 葛巻(かつらまき・くずまき), 葛山(かつらやま), 葛城(かつらぎ), 葛野(かつらの), 葛原(かつらはら), 葛井(かつらい・くずい・ふじい).

④ くず : 葛古(くずふる), 葛谷(くずたに・くずや), 葛貫(くずぬき), 葛本(くずもと), 葛田(くずた・くずだ), 葛村(くずむら).

⑤ つず・つずら : 葛籠(つずら), 葛山(つずやま・くずやま), 葛原(つずはら・つずらはら).

⑥ ふじ : 葛江(ふじえ), 葛貫(ふじぬき), 葛原(ふじわら), 葛井(ふじい), 葛津(ふじつ).

稭 갈	訓読	しべ
	音読	カイ

訓読풀이

• しべ : 稭(갈)은 짚, 부스러기를 뜻한다.
'짚'에서 '지페–시베–しべ'로 이어진다.

竭 갈	訓読	つきる·つくす
	音読	ケツ

訓読풀이

• つきる・つくす : 尽(진) 참조.

【감】

甘 감	訓読	あまい·うまい
	人名訓読	つずら
	音読	カン

訓読풀이

① あまい : 甘(감)은 달다, 무르익다를 뜻한다. 음식은 무르익으면 단맛이 나게 되어 있다.

'익다'에서 '익음-이음-임-암-아마-あまい'로 이어진다.

너무 익은 음식은 무르게 되어 있다. 人(ひと)があまい 하면 사람이 세상사에 너무 익어 물렁하게 되었다는 뜻이 된다.

② うまい : うまい料理(りょうり)는 맛있는 요리라는 뜻이다.

あまい와 마찬가지로 '익다'에서 '익음-이음-임-움-우마-うまい'로 이어진다.

재주, 솜씨는 오래 익힐수록 좋아진다. 그래서 うまい는 솜씨가 좋다는 뜻도 갖는다. 絵(え)がうまい 하면 오래 익혀 그림솜씨가 좋다는 뜻이다.

〔参考〕巧(교), 旨(지)와 이음(うまい)을 같이한다.

③ つずら : 甘은 맛이 좋다, 기분이 좋다 등, 좋은 것을 나타낸다.

'좋다'에서 '조투라-주투라-つずら'로 이어진다.

人名訓読例

① あま : 甘味(あまみ), 甘縄(あまなわ), 甘索(あまなわ), 甘田(あまだ), 甘竹(あまたけ), 甘泉(あまいずみ).

② うま : 甘美内(うましうち).

③ つずら : 甘原(つずらはら).

坎 감	訓読	あな
	音読	カン

訓読풀이

• あな : 坎(감)은 구덩이를 뜻한다. 구덩이는 땅이 안으로 움푹하게 팬 곳을 뜻한다.

'안'에서 '아나-あな'로 이어진다.

〔参考〕穴(혈), 孔(공)과 이음(あな)을 같이한다.

勘 감	訓読	かんがえる
	人名訓読	さたむ·のり
	音読	カン

訓読풀이

① かんがえる : 何(なに)をかんがえてるの 하면 무엇을 그렇게 곰곰이 생각하고 있느냐는 뜻이다. 곰곰은 여러모로 깊이 생각함을 나타내는 부사로서, 곰곰하면 바로 생각으로 이어진다.

'곰곰'에서 '곰고-감가-간가-かんがえる'로 이어진다.

② さたむ : ㉮ 勘(감)은 곰곰이 생각하며 바로 잡아 나가는 것을 뜻한다〈勘校(감교)〉. '잡다'에서 '자다-사다-さたむ'로 이어진다. ㉯ 勘은 잘되도록 살피는 것을 뜻한다. '잘 되다'에서 '잘됨-자담-자다무-さたむ'로 이어진다.

③ のり : 勘은 옳게 헤아려 나감을 뜻한다. '옳다'에서 '올-놀(ㅇ-ㄴ으로 변음)-노리-のり'로 이어진다.

人名訓読例

① さたむ : 勘(외자 名).

② のり : 勘文(のりふみ), 勘勝(のりかつ).

淦 감	訓読	あか
	音読	カン

訓読풀이

• あか : 淦(감)은 배 밑바닥에 앙금처럼 괸 물을 뜻한다.

'앙금'에서 '아그-아가-あか'로 이어진다.

堪 감	訓読	こたえる·こらえる·たえる·たまる
	音読	カン·タン

訓読풀이

① こたえる：堪(감)은 견디는 것, 참는 것을 뜻한다.

'견디다'에서 '견디어라－거데에루－고다에루－こたえる'로 이어진다.

② こらえる：堪은 시간 등을 끌면서 견딘다는 뜻이다. 涙(なみだ)をこらえる 하면 눈물을 참는다는 뜻으로, 예컨대 눈을 감아 시간을 끌면서 눈물 나는 것을 참는 행동을 말한다.

'끌다'에서 '그러어라－고라어라－こらえる'로 이어진다.

③ たえる：堪은 참는 것을 뜻한다.

'참다'에서 '참아라－차에루－다에루－たえる'로 이어진다.

④ たまる：③의 '참아라'에서 '차마라－차마루－다마루－たまる'로 이어진다.

人名訓読例

• たえ：堪子(たえこ).

減 **감**	訓読	へす·へらす·へる
	音読	ゲン

訓読풀이

• へす・へらす・へる：減(감)은 빼는 것, 줄이는 것을 뜻한다.

'빼다'에서 '빼라－へらす・へる・へす'로 이어진다.

敢 **감**	訓読	あえて
	人名訓読	いさむ·すすむ
	音読	カン

訓読풀이

① あえて：敢(あ)えて는 무엇을 敢(감)히 하여서 어떤 결과가 나오는 것을 나타낸다. あえて危険(きけん)をおかす 하면 무슨 일을 하여서 위험을 일으키는 것을 뜻하고, 正(ただ)しいと信(しん)ずるので、あえてこの手段(しゅだん)を取(と)ることにした 하면 옳다고 믿기 때문에 그리 하여서 이 방법을 취하기로 했다는 뜻이다.

'하여서'에서 '아에서(ㅎ－ㅇ으로 변음)－아에데－あえて'로 이어진다.

② いさむ：㉮ 敢은 감히 애쓰는 것을 뜻한다. '애쓰다'에서 '애씀－이삼－이사무－いさむ'로 이어진다. 또한 '힘씀－히삼－이사무(ㅎ－ㅇ으로 변음)－いさむ'로 이어진다. ㉯ 敢은 굳세게 나가는 것을 뜻한다. '세다'에서 '셈－삼－사무－さむ'로 이어지고 접두어 い가 붙어 いさむ로 이어진다. ㉰ 敢은 용기(勇氣) 등이 솟아남을 뜻한다〈勇敢(용감)〉. '솟다'에서 '솟음－소음－솜－삼－さむ'로 이어지고, 접두어 い가 붙어 いさむ로 이어진다.

〔参考〕 勇(용：いさ)む와 이음을 같이한다.

③ すすむ：㉮ 애씀, 힘씀에서 '씀－수수무－すすむ'로 이어진다. ㉯ 敢은 과단성 있게 앞으로 뛰어나감을 뜻한다. '뛰다'에서 '뜀－뚬－씀－수수무－すすむ'로 이어진다. ㉰ '솟다'에서 '소숨－수숨－수수무－すすむ'로 이어진다.

人名訓読例

① あえ・いさむ・すすむ：敢(외자 名).

② あえ：敢石部(あえいそべ).

③ あや(あえ의 변음)：敢国(あやくに).

酣 **감**	訓読	たけなわ
	音読	カン

訓読풀이

• たけなわ：酣(감)은 酒宴(주연)이 한창 무르익을 때가 막 넘어선 무렵을 뜻한다.

때를 뜻하는 (어릴) '적'에서 '덕-닥-다게-たけ'로 이어지고, '넘다'에서 '넘어-너어-나아-なわ'로 이어져 たけなわ로 합성된다.

〔参考〕 闌(란 : たけなわ)와 이음을 같이 한다.

監 감	訓読	みる
	人名訓読	かた
	音読	カン·ケン·ゲン

訓読풀이

① みる : 監(감)은 見(견 : み)る와 마찬가지로 보는 것을 뜻한다.
눈매의 '매'에서 '매-미-み'로 이어지고, みる로 동사화 된다.

② かた : 監은 굳게 監視(감시), 警戒(경계)하는 것을 뜻한다.
'굳다'에서 '굳-갇-가다-かた'로 이어진다.
〔参考〕 堅(견), 固(고)와 이음(かた)을 같이한다.

人名訓読例

• かた : 監浜(かたはま).

憾 감	訓読	うらむ
	音読	カン

訓読풀이

• うらむ : 天(てん)をうらんでも始(はじ)まらない 하면 하늘을 원망(怨望)해 본들 소용없다는 뜻으로 울음이 터져 나올 정도로 한(恨)스럽다는 뜻이다.
'울음'에서 '우름-우라무-うらむ'로 이어진다.
〔参考〕 怨(원), 恨(한)과 이음(うらむ)을 같이한다.

瞰 감	訓読	みる·みおろす
	人名訓読	あきら
	音読	カン

訓読풀이

① みる : 瞰(감)은 보는 것을 뜻한다.
見(견 : み)る와 마찬가지로 '눈매'에서 '매-미-みる'로 동사화 된다.

② みおろす : 瞰은 높은 곳에서 아래로 내려다보는 것을 뜻한다(鳥瞰 : 조감).
みる의 み와 '아래(로)'에서의 '아래-오래-오로-おろす(下ろす)'가 합성되어 みおろす로 이어진다.

③ あきら : 瞰은 물고기의 눈이 감기지 않고 항상 열려 뜨고 있음을 뜻한다〈魚瞰鷄睨 : 埤雅 (어감계예 : 비아)〉.
'열다'에서 '열거라-아거라-아기라-あきら'로 이어진다.

人名訓読例

① あきら : 瞰(외자 名).
② みる : 瞰野(みるの).

鑑 감	訓読	かがみ· かんがみる
	人名訓読	あきら·のり
	音読	カン

訓読풀이

① かがみ : 鑑(감)은 거울을 뜻한다. 거울은 어디엔가 걸어 놓고 보게 되어 있다.
'걸다'에서 '걸고-거고-가가-かが'로 이어지고, 본다는 みる(見る)의 み가 합성되어 かがみ로 이어진다.

② かんがみる : 鑑은 선례나 실례를 거울삼아 곰곰이 보아(みる)가면서 성찰하는 것을 뜻한다.
かんがえる(考える)와 마찬가지로 '곰곰(깐깐)'에서 '곰고-감가-かんが'로 이어

지고, 보다의 みる(見る)와 합성되어 かんがみる로 이어진다.

③ あきら : 鑑은 善惡(선악), 眞僞(진위), 良否(양부) 등을 밝히는 것을 뜻한다.
'밝히다'에서 '바키라-아기라(ㅂ-ㅇ으로 변음)-あきら'로 이어진다.

④ のり : 鑑은 옳은 것을 가르치는 교훈, 규감(規鑑)을 뜻한다.
'옳다'에서 '올-놀(ㅇ-ㄴ으로 변음)-노리-のり'로 이어진다.

人名訓読例

① あきら · かがみ : 鑑(외자 名).
② あき : 鑑基(あきもと), 鑑寛(あきとも), 鑑理(あきただ), 鑑備(あきのぶ), 鑑速(あきはや), 鑑正(あきまさ).
③ のり : 鑑高(のりたか).

鑒 감	訓読	かがみ·かんがみる
	人名訓読	あきら·のり
	音読	カン

訓読풀이

• かがみ · かんかみる : 鑑(감) 참조.

人名訓読例

① あきら : 鑒(외자 名).
② のり : 鑒江(のりえ).

【갑】

甲 갑	訓読	かぶと·よろい
	人名訓読	はじめ·まさる
	音読	コウ·カン

訓読풀이

① かぶと : 甲(갑)은 투구, 갑옷을 뜻한다.
㉮ 투구나 갑옷은 거북이 등의 등딱지처럼 '껍데기(껍질)'역할을 하여 군인이 전투할 때 머리나 몸을 보호하여 준다. '껍데기'에서 '겁데-거부데-가부도-かぶと'로 이어진다. ㉯ 껍데기는 까풀과 같다. '까풀'에서 '가불-가부도(받침ㄹ-'도'로 분절)-かぶと'로 이어진다.

② よろい : 투구나 갑옷은 갑옷 미늘로 이루어진다. 투구나 갑옷을 만들 때 쇠를 위로 올려 누르면서 위쪽의 아래 끝이 아래쪽의 위 끝을 덮어 누르도록 꾸민다.
'올리다(누르다)'에서 '오려어(누르어)-오로이(노로이)-요로이-よろい'로 이어진다.

③ はじめ : 甲은 天干(천간)의 첫째로 처음을 뜻한다.
처음을 뜻하는 '햇'(햇감자 · 햇곡식 등)에서 '핫-하지-はじめ'로 이어진다.

④ まさる : 甲은 甲第(갑제 : 첫째로 급제하는 것), 甲富(갑부 : 첫째가는 부자)처럼 어느 분야에서 가장 뛰어나 그에게만 맞는 것을 뜻한다.
'맞다'에서 '맞-마자-まさる'로 이어진다.
〔参考〕優(우 : まさ)る와 이음을 같이한다.

人名訓読例

① かぶと · よろい · はじめ · まさる : 甲(외자 名).
② かぶと : 甲谷(かぶとだに · かぶとや), 甲木(かぶとぎ), 甲山(かぶとやま), 甲子(かぶとこ).

匣 갑	訓読	はこ·くしげ
	音読	コウ

訓読풀이

① はこ : 匣(갑)은 상자, 즉 바구니를 뜻한다.

'바구니'에서 '바구–바고–はこ'로 이어진다.

〔参考〕箱(상)과 이음(はこ)을 같이한다.

② くしげ : 匣은 빗 · 화장도구 등을 넣는 것을 뜻한다. 빗을 뜻하는 くし(꽂다–곶–곷–구시–くし)와 넣는 '것'에서 '거–게–げ'가 합성되어 くしげ로 이어진다.

〔参考〕櫛笥(くしげ)로도 표기된다.

岬 갑	訓読	みさき·さき
	音読	コウ

訓読풀이

① みさき : 岬(갑)은 물 쪽으로 좁게 뻗은 곶(串)을 뜻한다. ㉮ '물'의 み와 '물 쪽'의 '쪽–작–자기–さき'가 합성되어 みさき로 이어진다. ㉯ '물'의 み와 '좁게'에서의 '조게–자게–자기–さき'가 합성되어 みさき로 이어진다. ㉰ '물 쪽'은 '물이 있는 저기(저쪽)'을 말한다. 물의 み와 '저기'에서의 '자기–さき'가 합성되어 みさき로 이어진다.

② さき : みさき의 준말.

人名訓読例

① みさき : 岬子(みさきこ).

② さき : 岬川(さきかわ), 岬女(さきじょ).

閘 갑	訓読	とじる
	音読	コウ

訓読풀이

• とじる : 閘(갑)은 門(문)을 닫는 것을 뜻한다.
'닫다'에서 '닺–돚–도지–とじる'로 이어진다.
〔参考〕閉(폐 : と)じる와 이음을 같이한다.

【강】

江 강	訓読	え
	音読	コウ·ゴウ

訓読풀이

• え : 江(강)은 큰 '내'를 뜻한다.
'내'에서 '내–애(ㄴ–ㅇ으로 변음)–え'로 이어진다.

人名訓読例

• え : 江山(えやま), 江上(えがみ), 江村(えむら), 江川(えがわ), 江波(えなみ), 江原(えはら · えばら).

岡 강	訓読	おか
	音読	コウ

訓読풀이

• おか : 岡(강)은 언덕을 뜻한다.
'언덕'에서 '어덕–오더가–오가('더'가 탈락)–おか'로 이어진다.
〔参考〕丘(구), 陸(륙), 陵(릉)과 이음(おか)을 같이한다.

人名訓読例

• おか : 岡橋(おかはし), 岡山(おかやま), 岡元(おかもと), 岡安(おかやす), 岡田(おかだ), 岡沢(おかざわ).

剛 강	訓読	つよい·こわい
	人名訓読	かたし·こわし·たかし·たけし·つね·つよし·まさ·よし
	音読	ゴウ

訓読풀이

① つよい · つよし : 剛(강)은 (굳)센 것을 뜻한다.
'세다'에서 '쎄어–쓰어–쓰요–つよい ·

つよし'로 이어진다.

② こわい · こわし : 剛은 굳고 단단한 것을 뜻한다. こわい飯(めし)는 굳은 밥, 즉 된밥을 뜻하고 こわい髪(かみ)는 머리털이 뻣뻣하게 굳어 있는 것을 뜻한다.

'굳어'에서 '구어-고아-こわい · こわし'로 이어진다.

〔参考〕 強(강 : こわ)い와 이음을 같이한다.

③ かたし : 剛은 굳은 것을 뜻한다.

'굳다'에서 '굳-갇-가다-かたい · かたし'로 이어진다.

④ たかし : 剛은 높이 떠서 세상을 다스리는 임금을 뜻한다〈得中而應乎剛 : 易經(득중이응호강 : 역경)〉.

'뜨다'에서 '뜨고-따가-たかい · たかし'로 이어진다.

⑤ たけし : 剛은 힘차고 용감하게 (날)뛰는 것을 나타낸다(剛勇 : 강용).

'뛰다'에서 '뛰게-따게-たけし'로 이어진다.

⑥ つね : 剛은 이제나, 저제나, 언제나 굳세고 강건함을 뜻한다.

'제나'에서 '주나-주네-つね'로 이어진다.

⑦ まさ : 剛은 도리에 맞는 것에 剛直(강직)함을 뜻한다.

'맞다'에서 '맞-마자-まさ'로 이어진다.

⑧ よし : 剛은 올바름을 좇는 것을 뜻한다.

'올'에서 '올-오시(받침ㄹ-'시'로 분절)-よし'로 이어진다.

人名訓読例

① かたし · こわし · たかし · たけし · つよし : 剛(외자 名).

② かた : 剛山(かたやま), 剛雄(かたお · たけお · つよお · よしお).

③ たか : 剛嘉(たかよし), 剛寛(たかひろ · よしひろ), 剛章(たかあき), 剛靖(たかやす), 剛直(たかなお), 剛彰(たかあき).

④ たけ : 剛教(たけのり), 剛博(たけひろ), 剛延(たけのぶ), 剛義(たけよし), 剛子(たけこ), 剛賢(たけよし).

⑤ つね : 剛幸(つねゆき).

⑥ つよ : 剛士(つよし · たかし · たけし), 剛司(つよし · たけし), 剛雄(つよお), 剛史(つよし · たかし · たけし · よしふみ).

⑦ まさ : 剛彦(まさひこ · たかひこ · たけひこ · よしひこ).

⑧ よし : 剛康(よしやす), 剛啓(よしひろ), 剛史(よしふみ), 剛正(よしまさ · たけまさ), 剛之(よしゆき), 剛孝(よしたか).

降 강·항	訓読	おりる·おろす· ふる·くだす· くだる
	音読	コウ·ゴウ

訓読풀이

① おりる · おろす : 山(やま)をおりる하면 아래로 내려오는 것을 뜻한다. ㉮ '아래로'에서 '아리-오리루-おりる'로 이어진다. ㉯ '내리다'에서 '내리-오리루(ㄴ-ㅇ으로 변음)-おりる'로 이어진다.

〔参考〕 下(하 : お)りる와 이음을 같이한다.

② ふる : 降(강)은 뿌리는 것을 뜻한다. 雨(あめ)が降(ふ)る 하면 비가 뿌려지는 것을 뜻한다.

'뿌리다'에서 '뿌려-부루-ふる'로 이어

진다.

③ くだす・くだる：降(항)은 降伏(항복)하는 것을 뜻한다. 항복한다는 것은 적에게 목과 허리를 굽혀 굴복한다는 뜻이다.
'굽다'에서 '구다―くだす・くだる'로 이어진다.

人名訓読例

① お：降り畑(おりはた).
② ふり：降旗(ふりはた・ふるはた), 降矢(ふりや・ふるや), 降幡(ふりはた).
③ ふる：降旗(ふるはた), 降籏(ふるはた), 降井(ふるい).

康 강	訓読	やすい
	人名訓読	みち・のぶ・さだ
	音読	コウ

訓読풀이

① やすい：康(강)은 편안히 쉬는 것을 뜻한다.
'쉬다'에서 '수―す'로 이어지고, 접두어 や가 붙어 やすい로 이어진다.
② みち：康은 오거리, 五達(오달)하는 길을 뜻한다〈遊於康衢(衢는 네거리)：列子 (유어강구：열자)〉. 오거리는 마을의 중심거리로 마을이나 다름없다.
'마을'에서 '말―밀―미찌(받침ㄹ―'찌'로 분절)―みち'로 이어진다.
③ のぶ：康은 넓고 큰 것을 뜻한다.
'넓다'에서 '너버―노부―のぶ'로 이어진다.
④ さだ：康은 모든 것이 잘 됨을 뜻한다〈天下康寧：易林 (천하강녕：역림)〉.
'잘 되'에서 '자대―사다―さだ'로 이어진다.

人名訓読例

① やす：康寛(やすひろ), 康貴(やすたか), 康道(やすみち), 康東(やすはる), 康範(やすのり), 康熙(やすのり).
② みち：康文(みちのり・やすふみ), 康代(みちよ), 康夫(みちお), 康詞(みちのり), 康雄(みちお), 康玄(みちはる・やすは).
③ のぶ：康光(のぶあき・やすみつ).
④ さだ：康子(さだこ・みちこ・やすこ).

強(强) 강	訓読	つよい・つよまる・ つよめる・しいる・ あながち・こわい
	音読	キョウ・ゴウ

訓読풀이

① つよい・つよまる・つよめる：強(강)은 힘이 센 것을 뜻한다.
'세다'에서 '쎄어―쓰어―쓰요―つよい'로 이어지고, つよまる・つよめる로 동사화 된다.
② しいる：強(し)いる는 억지로 시키는 것을 뜻한다. 食事(しょくじ)をしいる 하면 식사를 억지로 시키는 것(권하는 것)을 뜻하고, 娘(むすめ)に結婚(けっこん)をしいる 하면 딸에게 결혼을 억지로 시키는 것을 뜻한다.
'시키다'에서 '싴이―시이―しいる'로 이어진다.
③ あながち：強(あなが)ち는 뒤에 부정의 말이 붙어 반드시, 하나같이, 일률적으로 그렇지 않다는 것을 나타낸다. あながち悪(わる)いことばかりは言(い)えない 하면 반드시 또는 하나같이 나쁘다고만 할 수 없다는 뜻이다.
'하나같이'에서 '아나가치(ㅎ―ㅇ으로 변음)―あながち'로 이어진다.

④ こわい : 強은 굳고 억센 것을 뜻한다. 強(こわ)い飯(めし)는 굳은 밥, 즉 된밥을 뜻한다.
'굳다'에서 '굳어-구어-고아-こわい'로 이어진다.

人名訓読例

① つよ : 強口(つよくち · こわくち), 強瀬(つよせ · こわせ), 強史(つよし), 強司(つよし), 強勝(つよかつ), 強志(つよし).
② こわ : 強口(こわくち), 強瀬(こわせ), 強首(こわくび).

腔 강	訓読	うつろ
	音読	コウ

訓読풀이

• うつろ : 腔(강)은 비어 있는 속, 즉 빈 속을 뜻한다. 비어 있는 속은 열려 있음을 뜻한다〈口腔(구강) · 鼻腔(비강)〉.
'열리다'에서 '열려-열로-울로-우쑤로(받침ㄹ-'쑤'로 분절)-うつろ'로 이어진다.
〔参考〕 空(공), 虚(허)와 이음(うつろ)을 같이한다.

絳 강	訓読	あか
	音読	コウ

訓読풀이

• あか : ㉮ 絳(강)은 밝은 색을 뜻한다. '밝'에서 '박-악(ㅂ-ㅇ으로 변음)-아가-あか'로 이어진다. ㉯ 감 · 사과 등 식물의 열매는 익으면 빨갛게 된다. '익다'에서 '익-악-아가-あか'로 이어진다.

綱 강	訓読	つな
	音読	コウ

訓読풀이

• つな : ㉮ 綱(강)은 굵은 줄, 벼리, 벼릿줄을 뜻한다. '줄'에서 '주-つ'로 이어지고 접미어 な가 붙어 つな로 이어진다. 横綱(よこつな)는 일본씨름에서 최강자가 씨름판에서 옆구리에 매는 줄로, '옆구리'의 '여구-요고-よこ'와 합성되어 よこつな로 이어진다. ㉯ 綱은 줄을 치는 것을 뜻한다〈綱紀四方 : 詩經 (강기사방 : 시경)〉. '치다'에서 '치는-추는-춘-추나-つな'로 이어진다. ㉰ 綱은 줄을 대는 것을 뜻한다. '대다'에서 '대는-두는-두나-つな'로 이어진다. 棚(붕 : たな)와 이음의 맥을 같이한다.

人名訓読例

• つな : 綱川(つなかわ), 綱村(つなむら), 綱取(つなとり), 綱寛(つなひろ), 綱平(つなひら), 綱豊(つなとよ).

彊 강	訓読	つよい
	人名訓読	かたし · つとむ · つよし
	音読	キョウ

訓読풀이

① つよい · つよし : 彊(강)은 센 것을 뜻한다.
'세다'에서 '쎄어-쑤어-쑤요-つよい · つよし'로 이어진다.
〔参考〕 強(강 : つよ)い와 이음을 같이한다.
② かたし : 彊은 굳은 것을 뜻한다.
'굳다'에서 '갇-가다-かたし'로 이어진다.
〔参考〕 固(고), 堅(견)과 이음(かた)을 같이한다.
③ つとむ : 彊은 힘쓰는 것, 애쓰는 것을

뜻한다.
'애(힘)쓰다'에서 '씀-스슴-수돔-수도무-つとむ'로 이어진다.
〔参考〕勤(근), 務(무)와 이음(つとむ)을 같이한다.

人名訓読例

- かたし · つとむ · つよし : 彊(외자 名).

鋼 강	訓読	ねりがね
	音読	コウ

訓読풀이

- ねりがね : 鋼(강)은 강한 철, 즉 剛(강)한 金(금 · 쇠)을 뜻한다. 강철은 무쇠를 빨갛게 달구어 누르거나 두드려 만든다. '누르다'에서 '누루-내루-ねる · ねり'로 이어지고 쇠를 뜻하는 かね(金)와 합성되어 ねりがね로 이어진다〈金(금) 참조〉.

人名訓読例

- ねりがね : 鋼(외자 名).

橿 강	訓読	かし
	音読	キョウ

訓読풀이

- かし : ㉮ 橿(강)은 갈나무(떡갈나무의 준말), 갈(갈나무의 준말)을 뜻한다. '갈'에서 '가시(받침ㄹ-'시'로 분절)-かし'로 이어진다. ㉯ 북가시나무라고도 한다. '북가시'에서 '가시-かし'로 이어진다.

人名訓読例

- かし : 橿尾(かしお), 橿淵(かしぶち), 橿原(かしはら), 橿村(かしむら), 橿夫(かしお).

繈 강	訓読	むつき
	音読	キョウ

訓読풀이

- むつき : 繈(강)은 띠 같은 것(糸)으로 세게(強) 맺어(묶어) 어린아이를 업는(메는) 포대기 또는 기저귀를 뜻한다. '맺다'에서 '맺-뭊-무쑤-むつ'로 이어지고, '포대기' 또는 '기저귀'에서의 '기-き'와 합성되어 むつき로 이어진다.
〔参考〕御繈褓(어강보 : おむつ)와 이음을 같이한다.

糠 강	訓読	ぬか
	音読	コウ

訓読풀이

- ぬか : 糠(강)은 쌀겨 · 겨를 뜻한다. 겨는 볏과의 곡식을 찧어서 벗겨 낸 껍질을 통틀어 이르는 말이다.
벗겨내다의 '내다'에서 '내고-내가-누가-ぬか'로 이어진다.
〔参考〕抜(발 : ぬ)く, 葱(총 : ねぎ)와 이음을 같이한다.

人名訓読例

- ぬか : 糠谷(ぬかや), 糠信(ぬかのぶ), 糠野(ぬかの), 糠塚(ぬかずか), 糠沢(ぬかざわ), 糠子(ぬかこ).

疆 강	訓読	さかい
	音読	キョウ

訓読풀이

- さかい : 疆(강)은 境界(경계)를 뜻한다. ㉮ 疆域(강역)은 한 나라의 통치권 속(안)에 있는 지역을 뜻하고, 疆土(강토)는 나라의 국경(国境) 속에 있는 영토(領土)를 뜻한다. '속'에서 '삭-사가-さかい'로 이어진다. ㉯ 강토 · 영토는 성을 쌓고 경계를 만든다. '쌓고'에서 '싸가-さか(い)'로 이어진다.

人名訓読例

• さか：疆手(さかて).

【개】

介 개	訓読	すけ·たすける
	人名訓読	かたし·たすく
	音読	カイ

訓読풀이

① すけ：介(개)는 돕는 것을 뜻한다.
'돕다'에서 '돕게–도게–두게–수게–すけ'로 이어진다.
介는 장관을 돕는 자, 즉 차관(次官)을 뜻한다.
〔参考〕副·輔·弼·亮·祐·助 등도 모두 すけ로 훈독되며, 次官(차관 : すけ)의 뜻을 갖는다.

② たすける·たすく：㉮ 介는 어려울 때 돕고 보살펴 주는 것을 뜻한다. '도아서'에서 '돠서–다수–たすける'로 이어진다. ㉯ 家業(かぎょう)をたすける､貧者(ひんじゃ)をたすける 하면 집안이 어려울 때, 가난한 사람이 어려울 때 도와줌으로 해서 가업이나 가난한 사람을 잘 다스려 나감을 뜻한다. '다스리다'에서 '다수–たすける'로 이어진다.

③ かたし：介는 굳음, 굳은 지조를 뜻한다. 介心(개심)은 굳은 마음, 介立(개립)은 굳게 지조를 지키는 것을 뜻한다.
'굳다'에서 '굳–갇–가다–かた(し)'로 이어진다.

人名訓読例

① かたし·たすく：介(외자 名).

② すけ：介川(すけかわ), 介計(すけかず), 介常(すけつね), 介石(すけいし), 介成(すけなり), 介寿(すけとし).

价 개	訓読	よし
	音読	カイ

訓読풀이

• よし：价(개)는 옳은 것, 착한 것을 뜻한다.
'옳다'에서 '올–오시(받침ㄹ–'시'로 분절)–よし'로 이어지고, 또한 '옳지'에서 '오지–오시–よし'로 이어진다.

人名訓読例

• よし：价子(よしこ), 价泰(よしひろ), 价弘(よしひろ).

改 개	訓読	あらためる·あらたまる
	音読	カイ

訓読풀이

• あらためる·あらたまる：㉮ 改(개)는 옳게 고치는 것을 뜻한다. 改作(개작)은 옳게 다시 짓거나 만드는 것을 뜻하고 改過(개과)는 잘못된 것을 옳게 고치는 것을 뜻한다. '옳다'에서 '올–알–아라–あら'로 이어지고 あらためる로 동사화 된다. ㉯ 改는 새롭게 고치는 것을 뜻한다. 현재의 구태의연한 모습을 고치어 날것(生)처럼 새로운 것으로 탈바꿈하는 것을 말한다. '날'에서 '알(ㄴ–ㅇ으로 변음)–아라–あら'로 이어지고 あらためる로 동사화 된다.

人名訓読例

• あら：改奇(あらき).

皆 개	訓読	みな·みんな
	音読	カイ

訓読풀이

• みな·みんな：皆(개)는 전부, 몽땅, 모두를 뜻한다. みなでいくらですか 하면

몽땅 얼마입니까라는 뜻이다.

'몽땅'에서 '몽–밍–민–미나–みな'로 이어진다(みんな는 口語임). 제주방언에서 전부를 '몬, 민짝' 또는 '몬짝'이라고도 한다.

人名訓読例

• みな : 皆本(みなもと), 皆実(みなみ), 皆越(みなこし), 皆川(みなかわ), 皆村(みなむら), 皆子(みなこ).

凱 **개**	訓読	たのしむ
	人名訓読	かつ·よし
	音読	ガイ

訓読풀이

① たのしむ : 凱(개)는 승리의 단맛을 즐기는 것을 뜻한다.
'단'에서 '다노–たのしい'로 이어진다.
〔参考〕楽(락 : たの)しい와 이음을 같이 한다.

② かつ : 凱는 싸움에 이기고 모든 것(전리품 등)을 갖고 오는 凱旋將軍(개선장군)을 뜻한다.
'갖다'에서 '가저–가즈–かつ'로 이어진다.
〔参考〕勝(승 : か)つ와 이음을 같이한다.

③ よし : 凱는 옳은 싸움에 이기게 됨을 즐기는 것을 뜻한다.
'옳다'에서 '올–오시–よし'로 이어지고, 또한 '옳지'에서 '오지–오시–よし'로 이어진다.

人名訓読例

① たのし : 凱(외자 名).

② かつ : 凱二(かつじ), 凱子(かつこ · よしこ).

③ よし : 凱寛(よしひろ), 凱令(よしのり), 凱文(よしふみ), 凱宣(よしのぶ), 凱章(よしあき), 凱昌(よしまさ).

開 **개**	訓読	あく·あける· ひらく·ひらける
	人名訓読	さとる·はる
	音読	カイ

訓読풀이

① あく · あける : 開(개)는 여는 것, 열리는 것을 뜻한다.
'열다'에서 '열구–여구–아구–あく'로 이어진다.
〔参考〕明(명), 空(공)과 이음(あける)을 같이한다.

② ひらく · ひらける : 開는 벌려서 여는 것을 뜻한다. 벌린다는 것은 열린다는 뜻이 된다.
'벌리다'에서 '벌리구–비라구–ひらく'로 이어진다.

③ さとる : 開는 막힌 것, 닫힌 것이 트이는 것, 눈이 뜨여 깨닫는 것(開眼 : 개안)을 뜻한다.
'트다'에서 '트–드드–다도–사도–さとる'로 이어지고, 또한 '뜨다'에서 '드드–다도–사도–さとる'로 이어진다.

④ はる : 開는 벌리는 것, 펴는 것, 꽃이 피는 것을 뜻한다.
'벌(펴 · 피)'에서 '버(펴)–바–하–はる'로 이어진다.

人名訓読例

① さとる · ひらき · ひらく : 開(외자 名).

② あけ : 開沼(あけぬま).

③ あく : 開戸(あくと).

④ はる : 開生(はるお), 開城(はるき).

⑤ ひら : 開聞(ひらぎき).

⑥ ひらき : 開口(ひらきぐち), 開田(ひら

きだ).

慨(慨) 개	訓読	なげく
	音読	ガイ

訓読풀이

• なげく : 慨(개)는 슬퍼서 울게 되는 것을 뜻한다.
'울게'에서 '누게(ㅇ-ㄴ으로 변음)-나게-なげる'로 이어진다.
〔参考〕 嘆(탄), 歎(탄)과 이음(なげく)을 같이한다.

愷 개	訓読	たのしむ
	人名訓読	やすい·やすし·よい·よし
	音読	カイ·ガイ

訓読풀이

① たのしむ : 愷(개)는 단 음식을 먹듯이 즐거워하는 것을 뜻한다.
'달다'에서 '단-다노-たのしむ'로 이어진다.
〔参考〕 楽(락 : たの)しむ와 이음을 같이한다.

② やすい · やすし : 愷는 편안한 것, 쉬는 것을 뜻한다.
'쉬다'에서 '쉬-수-す'로 이어지고, 접두어 や가 붙어 やすい · やすし가 된다.

③ よい · よし : 愷는 옳고 바른 마음을 갖고 화락(和樂)함을 뜻한다.
'옳다'에서 '올-오시(받침ㄹ-'시'로 분절)-よし'로 이어지고, '옳아'에서 '오아-오이-よい'로 이어진다.

人名訓読例

① やす : 愷男(やすお), 愷夫(やすお), 愷子(やすこ · よしこ), 愷親(やすちか).
② よし : 愷子(よしこ).

蓋 개·합	訓読	おおう·ふた·けだし
	人名訓読	かさ
	音読	ガイ

訓読풀이

① おおう : 蓋(개)는 덮는 것, 즉 입혀서 가리는 것을 뜻한다. 雪(ゆき)におわれた山(やま)는 눈으로 온통 입힌(덮힌) 산이라는 뜻이고, 真相(しんそう)をおおう 하면 진상을 덮는다는 뜻인데 그것은 다른 것으로 거짓을 입히어(덮어) 사실을 숨긴다는 뜻이다.
'입다(업다)'에서 '입어-이어-오어-오오-おおう'로 이어진다.
〔参考〕 覆(복), 掩(엄), 蔽(폐), 被(피)와 이음(おおう)을 같이한다.

② ふた : ㉮ 蓋는 덮는 뚜껑, 덮개를 뜻한다. '덮다'에서 '더피-더푸-다푸-たふ'로 이어지고 도치(倒置)되어 ふた로 된다. ㉯ 蓋는 부들자리를 뜻한다. 부들은 부들과의 다년초(多年草)로 잎으로는 방석이나 덮개, 줄기로는 부채를 만들기도 한다. '부들'에서 '부두-부다-ふた'로 이어진다. ㉰ 덮개는 밖으로 감싸 '붙어'있다. '붙다'에서 '부다-ふた'로 이어진다.

③ けだし : 蓋(합)은 생각컨데, 아마도, 만일 등을 뜻하는데 '글쎄, 그렇지 않을까'라는 개연성(蓋然性)을 나타낸다. けだし(蓋し)要求(ようきゅう)には添(そ)えまい 하면 '글쎄, 요구에는 응할 수 없지 않을까'라는 뜻이다.
'글쎄'에서 '그다세(받침ㄹ-'다'로 분절)-게다시-けだし'로 이어진다.

④ かさ : 蓋는 햇빛을 가려 주는(덮어 주는) 양산(陽傘)을 뜻하며 경우에 따라 우산(雨傘)도 뜻한다〈雨而無蓋 : 孔子家

語 (우이무개 : 공자가어)〉.

옛날 비가 오거나 햇빛이 내리 쬐일 때 쓰던 '갓'에서 '가사-かさ'로 이어진다.

〔参考〕笠(립), 傘(산)과 이음(かさ)을 같이한다.

人名訓読例

① かさ : 蓋縫(かさぬい).

② ふた : 蓋平(ふたひら).

鎧 개	訓読	よろい
	音読	ガイ

訓読풀이

- よろい : 鎧(개)는 갑옷을 뜻한다. 갑옷을 만들 때 쇠를 위로 올려 누르면서 위쪽의 아래 끝이 아래쪽의 위 끝을 덮어 누르도록 꾸민다.

  '올리다(누르다)'에서 '오려어(누려어)-오로이(누로이)-요로이('누루이'인 경우에는 ㄴ-ㅇ으로 변음)-よろい'로 이어진다.

  〔参考〕甲(갑 : よろい)와 이음을 같이한다.

人名訓読例

- よろ · よろい : 鎧屋(よろや), 鎧田(よろいだ), 鎧塚(よろいずか).

【객】

客 객	訓読	まれびと·まろうど
	音読	キャク·カク

訓読풀이

- まれびと · まろうど : 客(객)은 드물게 오는 사람이라는 뜻에서 손님, 나그네를 뜻한다. 드물다는 것은 밀도나 농도에 있어 묽은 것을 뜻하므로, 묽다는 것은 흔치 않음을 뜻한다.

  '묽다'에서 '물-무레-마레-まれ'로 이어지고, 사람을 뜻하는 ひと(びと)와 합성되어 まれびと로 이어진다. まろうど는 まれびと가 변한 말이다〈人(인) 참조〉.

人名訓読例

① まろうど : 客(외자 名).

② まろう : 客人(まろうど).

喀 객	訓読	はく
	音読	カク

訓読풀이

- はく : 喀(객)은 뱉는다는 뜻이다. つばをはく 하면 침을 뱉다, 血(ち)をはく 하면 피를 뱉는(토하는) 것이다.

  '뱉다'에서 '배구-바구-はく'로 이어진다.

  〔参考〕吐(토 : は)く와 이음을 같이한다.

【갱】

坑 갱	訓読	あな
	音読	コウ

訓読풀이

- あな : 坑(갱)은 구덩이를 뜻한다. 구덩이는 안으로 뚫려 있다.

  '안'에서 '아나-あな'로 이어진다.

  〔参考〕孔(공), 穴(혈)과 이음(あな)을 같이한다.

更 갱·경	訓読	さら·ふかす· ふける·あらたまる· あらためる·かえる
	音読	コウ

訓読풀이

① さら : 更(さら)に説明(せつめい)しま

す 하면 새로(다시) 설명하겠다는 뜻이다.
'새로'에서 '사로-사라-さら'로 이어진다.
〔参考〕 新(신 : さら)와 이음을 같이한다.

② ふかす · ふける : 更(갱 · 경)은 바꾸는 것을 뜻한다. 更少年(갱소년)은 늙은이의 몸과 마음이 바뀌어 다시 젊어짐을 뜻하고, 更新(경신)은 옛것을 바꾸어 새롭게 함을 뜻한다.
옛날에는 밤 시각을 해질 무렵의 初更(초경)부터 새벽의 오경(五更)까지 다섯으로 나누었으므로 遊(あそ)びで夜(よ)を更(ふか)す 하면 노느라고 밤 시각 更을 바꾸면서 자지 않는다는 뜻이 된다.
'바꾸다'에서 '바꿔서-바가서-부가수-ふかす'로 이어진다.

③ あるたまる · あるためる : 改(개) 참조.

④ かえる : 更(갱)은 가는 것, 바꾸는 것을 뜻한다.
'갈다'에서 '갈아-가아-가에- かえる'로 이어진다.
〔参考〕 変(변), 代(대), 替(체), 換(환)과 이음(かえる)을 같이한다.

【거】

巨 거	訓読	おおきい
	人名訓読	おう(きい)·ひろ·のり·まさ
	音読	キョ·コ

訓読풀이

① おおきい · おう(きい) : 巨(거)는 큰 것을 뜻한다. 우선 많다는 것은 큰 것을 나타낸다.
많은 것을 나타내는 '하아'에서 '아아-오오-おお(大)'로 이어지고, '크다'에서 '커-키-き'가 합성되어 おおきい로 이어진다. おうきい로도 발음된다.

② ひろ : 巨는 넓고 큰 것을 뜻한다. 巨視的(거시적)이라 함은 넓게 펼쳐 본다는 뜻이다.
'펼치다(벌리다)'에서 '펼(벌)-필-비로-ひろ'로 이어진다.

③ のり : 巨는 본래 周尺(주척), 曲尺(곡척) 등 자를 뜻한다. 자는 사물을 올바르게 재는 기능을 한다.
'올'에서 '놀(ㅇ-ㄴ으로 변음)-노리-のり'로 이어진다.
〔参考〕 巨는 矩(구 : のり)와 뜻을 같이한다.

④ まさ : ③의 올바름은 맞음을 뜻한다.
'맞'에서 '마자-まさ'로 이어진다.

人名訓読例

① おお(おおきい의 준말) : 巨砲(おおずつ), 巨老(おおおゆ), 巨樹(おおき).
② おう(おうきい의 준말) : 巨島(おうしま), 巨椋(おうくら), 巨釜(おうがま), 巨野(おうの), 巨田(おうた), 巨海(おうみ).
③ ひろ : 巨剛(ひろたか), 巨明(ひろあき), 巨夫(ひろお), 巨士(ひろし), 巨守(ひろもり).
④ のり : 巨人(のりど).
⑤ まさ : 巨節(まさのり).

去 거	訓読	さる
	音読	キョ·コ

訓読풀이

• さる : 去는 사라져 없어지는 것을 뜻한다.

'사라지다'에서 '사라–사루–さる'로 이어진다.

人名訓読例

- さ・さり・さる：去渡(さわたり・さるわたり), 去返(さるはね), 去川(さりがわ・さるかわ).

居 거	訓読	いる·おる
	人名訓読	すえ
	音読	コ

訓読풀이

① いる：ずっと東京(とうきょう)に居(い)る 하면 도쿄에 쭉 있다는 뜻이다.
있다의 '있'에서 '이–いる'로 이어진다.

② おる：おる는 ①의 いる에 비하여 약간 방언투이며 공손한 뜻을 갖는다.
'있다'에서 '이–오–おる'로 이어진다.

③ すえ：㉮ 居는 일정한 곳에 사는 것을 뜻한다〈舜之居深山之中：孟子 (순지거심산지중：맹자)〉. '살다'에서 '살아–사아–수에–すえ'로 이어진다. ㉯ 居는 재화(財貨) 등을 쌓는 것, 축재하는 것을 뜻한다〈奇貨可居：史記 (기화가거：사기)〉. '쌓다'에서 '싸아–사아–수에–すえ'로 이어진다. ㉰ 居는 자리를 잡아 앉는 것을 뜻한다. '잡아'에서 '자아–주아–주에–すえる'로 이어진다.
〔参考〕据(거：すえ)る와 이음을 같이한다.

人名訓読例

① い：居谷(いたに), 居串(いぐし), 居林(いばやし), 居山(いやま), 居城(いしろ), 居初(いそめ).

② おり：居島(おりしま), 居本(おりもと), 居石(おりいし・すえいし).

③ おる：居戸(おると).

④ すえ：居石(すえいし), 居樹(すえき), 居積(すえずみ), 居田(すえだ・いだ).

拒 거	訓読	こばむ·ふせぐ
	音読	キョ

訓読풀이

① こばむ：要求(ようきゅう)をこばむ 하면 요구를 거부한다는 뜻으로, 거부함으로써 상대방을 굽게 하는(굽히는) 것을 뜻한다.
'굽다'에서 '구붐–고밤–고바무–こばむ'로 이어진다. 또한 '굽힘'에서 '구핌–고밤–고바무–こばむ'로 이어진다.

② ふせぐ：拒는 막는 것을 뜻한다. 行(ゆ)く手(て)をこばむ 하면 가는 길을 붙잡고 막는다는 뜻이다.
'붙잡고'에서 '부자구–부세구–ふせぐ'로 이어진다.
〔参考〕防(방), 禦(어)와 이음(ふせぐ)을 같이한다.

拠(據) 거	訓読	よる
	音読	キョ·コ

訓読풀이

- よる：労働(ろうどう)による所得(しょとく) 하면 노동으로 얻은 소득이고, 充分(じゅうぶん)討論(とうろん)による結論(けつろん) 하면 충분한 토론으로 얻은 결론이라는 뜻이다.
수단, 의존, 근거 등을 나타내는 후치사(後置詞) '....으로'가 동사화 되어 '으로–요루–よる'로 이어진다.

炬 거	訓読	たき·ひ
	音読	キョ·コ

訓読풀이

① たき：炬(거)는 불 때는 것을 뜻한다.
'때다'에서 '때구-다구-たく · たき'로 이어진다.
〔参考〕焚(분),炊(취),炷(주), 薫(훈)과 이음(たき)을 같이한다.

② ひ：炬는 횃불, 등불을 뜻한다.
'불'에서 '부-비-ひ'로 이어진다.
〔参考〕火(화：ひ)와 이음을 같이한다.

人名訓読例

- たき · ひ：炬口(たきぐち · ひぐち)

倨 거	訓読	おごる
	音読	キョ

訓読풀이

- おごる：倨(거)는 倨慢(거만)을 부리는 것으로 남에게 뻐기는 것을 말한다. 富(とみ)におごる者(もの) 하면 돈 있는 것을 자랑으로 뻐기는 자를 뜻한다.
'뻐기다'에서 '버기-버고-보고-오고(ㅂ-으로 변음)-おごる'로 이어진다.
〔参考〕驕(교), 傲(오), 奢(사)와 이음 (おごる)을 같이한다.

挙(擧) 거	訓読	あがる·あげる·こぞる
	人名訓読	しげ·たか·たつ
	音読	キョ

訓読풀이

① あがる · あげる：㉮ 挙(거)는 높이 들어 올리는 것을 뜻한다. '올리다(올라가다)'에서 '올라가라-올가라-오가라-아가루-あがる'로 이어진다. ㉯ '오르다'의 어간 '오'에서 '오-아-あ'로 이어지고, 동사어미 がる가 붙어 あがる가 된다.
〔参考〕上(상), 騰(등), 揚(양)과 이음(あがる)을 같이한다.

② こぞる：挙는 다 갖추는 것, 모두 모이는 것을 뜻한다.
'갖추다'에서 '가추-가조-고조-こぞる'로 이어진다.

③ しげ：挙는 물건을 많이 사들여 쌓는 것(차게 하는 것)을 뜻한다.
'쌓다'에서 '쌓게-사게-시게-しげ'로 이어진다. 또한 '차다'에서 '차게-사게-시게-しげ'로 이어진다.
〔参考〕茂(무：しげ)る와 이음을 같이한다.

④ たか：㉮ 挙는 높이 떠 올리는 것을 뜻한다. '뜨다'에서 '뜨고-다고-다가-たか'로 이어진다. ㉯ 挙는 두 손으로 물건을 높이 들어 올리는 것을 뜻한다. '들다'에서 '드고-다고-다가-たか'로 이어진다.

⑤ たつ：㉮ 挙는 다하는 것을 뜻한다. '다하다'에서 '다-たつ'로 이어진다. ㉯ 挙는 물건을 손에 드는 것을 뜻한다. '드'에서 '드-다-たつ'로 이어진다.

人名訓読例

① あげ：挙田(あげた).
② しげ：挙直(しげなお).
③ たか：挙誠(たかのぶ), 挙子(たかこ), 挙周(たかちか).
④ たつ：挙雄(たつお).

据 거	訓読	すえる·すわる
	音読	キョ

訓読풀이

① すえる：㉮ 据(거)는 세우는 것, 설치하는 것을 뜻한다. '세우다'에서 '세우-수우-수에-すえる'로 이어진다. ㉯ 据는 자리를 잡는 것을 뜻한다. '잡다'에서 '잡아-자에-주에-수에-すえる'로 이어진

다. ㉰ 据는 뜸을 뜨는 것을 뜻한다. '뜨다'에서 '뜨어–수어–수에–すえる'로 이어진다. ㉱ 据는 도장을 찍는 것을 뜻한다. '찍다'에서 '직어–지어–주어–수에–すえる'로 이어진다. ㉲ 据는 차려 놓는 것을 뜻한다. '차려'에서 '찰여–차에–추에–수에–すえる'로 이어진다.

② すわる : 据는 자리를 잡아 침착해지는 것, 안정되는 것을 뜻한다.
'잡다'에서 '잡아–자아–주아–수아–すわる'로 이어진다.
〔参考〕座(좌), 坐(좌)와 이음(すわる)을 같이한다.

渠 거	訓読	みぞ
	音読	キョ

訓読풀이

- みぞ : ㉮ 渠(거)는 물이 흘러가게 만든 도랑을 뜻한다. '물도랑'에서 '물도–미도–미조–みぞ'로 이어진다. ㉯ 渠는 수채, 즉 물채를 뜻한다. '물채'에서 '미채–미초–미조–みぞ'로 이어진다.

人名訓読例

- みぞ : 渠口(みぞぐち).

距 거	訓読	へだたる·へだてる
	音読	キョ

訓読풀이

- へだたる · へだてる : 距(거)는 공간적으로 거리가 있음을 뜻한다. 거리가 있다함은 사물 간에 간격, 틈이 벌어져 그 사이에 무엇인가 빠뜨러진 것이 있음을 말한다. ㉮ '빠뜨리다'에서 '바뜨러–배따러–배다다루–へだたる'로 이어진다. ㉯ '벌어지다'에서 '벌어–벨–베다(ㄹ–'다'로 분절)–へだたる'로 이어진다.

〔参考〕隔(격 : へだ)たる와 이음을 같이한다.

裾 거	訓読	すそ
	人名訓読	つま
	音読	キョ

訓読풀이

① すそ : 裾(거)는 소매, 주머니를 뜻한다. 소매는 저고리나 두루마기에서 윗옷의 팔을 꿰는 부분을 말하는데 통상 주머니(衣囊 : 의낭) 아래로 드리워 있다.
주머니의 '주'에서 す로 이어지고, 소매의 '소'에서 そ로 이어져 すそ로 합성된다.

② つま : 裾는 윗저고리의 아래로 드리운 옷자락을 뜻한다. 윗저고리를 집으로 비유하면 옷자락이나 소매는 집의 처마에 해당하는 부분이다.
'처마'에서 '추마–つま'로 이어진다.
〔参考〕端(단 : つま)와 이음을 같이한다.

人名訓読例

① すそ : 裾分(すそわけ), 裾巳(すそみ).
② つま : 裾坂(つまさか).

筥 거	訓読	はこ
	音読	キョ

訓読풀이

- はこ : 筥(거)는 광주리 · 상자 · 궤짝, 즉 바구니를 뜻한다.
'바구니'에서 '바구–바고–はこ'로 이어진다.
〔参考〕箱(상 : はこ)와 이음을 같이한다.

人名訓読例

- はこ : 筥崎(はこざき), 筥部(はこべ), 筥室(はこむろ).

鉅 거	訓読	おおきい·おうきい
	人名訓読	たけし·つよし
	音読	キョ

訓読풀이

① おおきい · おうきい : 巨(거) 参조.

② たけし : 鉅(거)는 날쌔게 뛰는 것을 뜻한다.
'뛰다'에서 '뛰게-두게-다게-たけし'로 이어진다.
〔参考〕猛(맹 : たけ)る와 이음을 같이한다.

③ つよし : 鉅는 센 것, 강한 것을 뜻한다.
'세다'에서 '쎄어-쓰어-쑤요-つよし'로 이어진다.
〔参考〕強(강 : つよ)와 이음을 같이한다.

人名訓読例

① おう · おお : 鉅鹿(おうか · おうしか · おおか).

② たけし · つよし : 鉅(외자 名).

踞 거	訓読	うずくまる· つくばる
	人名訓読	つく
	音読	キョ

訓読풀이

① うずくまる : 踞(거)는 쭈그리고 앉은 모습을 나타낸다.
'쭈그리다'에서 '쭈구-ずく'로 이어지고, 접두어 う가 붙어 うずくまる로 이어진다.
〔参考〕蹲(준 : うずくま)る와 이음을 같이한다.

② つくばる : '쭈그리다'에서 '쭈구-つくばる'로 이어진다.
〔参考〕蹲(준 : つくば)る와 이음을 같이한다.

③ つく : ② つくばる의 준말.

人名訓読例

• つく : 踞尾(つくお · つくのお).

遽 거	訓読	あわただしい
	音読	キョ

訓読풀이

• あわただしい : 慌(황) 参조.

襷 거	訓読	たすき
	音読	日本国字

訓読풀이

• たすき : 襷(たすき)는 멜빵, 어깨띠, 즉 일본옷의 소매를 달아매는 가늘고 긴 끈을 뜻한다.
'달다'에서 '달기-다수기(받침ㄹ-'수'로 분절)-たすき'로 이어진다.

人名訓読例

• たすき : 襷(외자 名).

【건】

巾 건	訓読	はば
	音読	キン·コ

訓読풀이

• はば : 巾(건)은 목, 너비를 뜻하고 나아가 위세, 세력을 말한다. 川(かわ)のはばか広(ひろ)い 하면 강물이 부풀어 강의 너비가 넓어졌음을 뜻하고, はばがきく 하면 세력이 부풀어 위세가 있음을 뜻한다.
'부풀다'에서 '부푸-부부-바바-はば'로 이어진다.
〔参考〕幅(폭 : はば)와 이음을 같이한다.

人名訓読例

- はば：巾上(はばかみ).

件 건	訓読	くだり
	音読	ケン

訓読풀이

- くだり：件(건)은 어떤 것(事)을 뜻한다. 事事件件(사사건건)은 이것, 저것, 모든 것을 뜻한다. このくだりがわからない 하면 이것(이 부분)을 모르겠다는 뜻이다.
  '것'에서 '걷–굳–구다–くだ(り)'로 이어진다.
  〔参考〕条(조：くだり)와 이음을 같이한다.

建 건	訓読	たつ·たてる
	音読	ケン·コン

訓読풀이

- たつ·たてる：建(건)은 立(た)つ, 立(た)てる가 갖는 여러 의미 중 특히 建物(건물) 등이 서는(되는) 것(建つ), 서게(되게) 되는 것(建てる)을 나타낸다. ㉮ '서다'에서 '서–사–다–たつ'로 이어진다. 또한 '되다'에서 '되–다–たつ'로 이어진다. ㉯ '서게 되다'에서 '서되–사대–다대–たてる'로 이어진다. 또한 '되다'에서 '다다–다데–たてる'로 이어진다.

人名訓読例

① たつ：建男(たつお), 建郎(たつろう), 建美(たつみ), 建夫(たつお), 建成(たつなり), 建彦(たつひこ).

② たて：建島(たてじま), 建林(たてばやし), 建野(たての), 建元(たてもと), 建川(たてかわ), 建明(たてあき).

虔 건	訓読	つつしむ
	人名訓読	まさ
	音読	ケン

訓読풀이

① つつしむ：虔(건)은 애써 조심하는 것, 삼가는 것을 뜻한다.
'애쓰시다'에서 '(애)쓰심–수수심–つつしむ'로 이어진다.
〔参考〕謹(근), 慎(신)과 이음(つつしむ)을 같이한다.

② まさ：虔은 도리에 맞게 행동하는 것을 뜻한다.
'맞다'에서 '맞–마사–まさ'로 이어진다.

人名訓読例

① まさし：虔(외자 名).

② まさ：虔夫(まさお).

乾 건	訓読	かわく·かわかす·からびる·そら·ひる·ほす
	人名訓読	きみ·すすむ·たけし·つとむ
	音読	カン·ケン

訓読풀이

① かわく·かわかす：乾(건)은 마르고 건조(乾燥)한 것을 뜻한다. かわいた砂(すな) 하면 모래알이 갈라질 정도로 건조함을 나타낸다.
'갈라'에서 '갈아–가아–かわく'로 이어진다.
〔参考〕渇(갈：かわ)く와 이음을 같이한다.

② からびる：からびた葉(は)는 바싹 말라 갈라진 잎을 뜻한다.
'갈라'에서 '가라–からびる'로 이어진다.
〔参考〕涸(고：から)びる와 이음을 같이

한다.

③ そら : 乾은 하늘을 뜻한다. 하늘은 뚫리어 훤히 트여(터) 있다.

'트다'에서 '트라－토라－소라－そら'로 이어진다. 또한 '뚫려'에서 '두려－도라－소라－そら'로 이어진다.

〔参考〕空(공 : そら)와 이음을 같이한다.

④ ひる : 乾은 물이 빠져 마르는 것을 뜻한다. 물이 빠진 것을 삐다라고 한다.

'삐다'에서 '비라－비루－ひる'로 이어진다. 또한 물을 '빼다'에서 '배－비－ひる'로 이어진다.

〔参考〕干(간 : ひ)る 와 이음을 같이한다.

⑤ ほす : 乾은 물을 빼서 말리는 것을 뜻한다.

'빼다'에서 '빼－배－보－ほす'로 이어진다.

〔参考〕干(간 : ほ)す와 이음을 같이한다.

⑥ きみ : 乾은 君(군), 天子(천자)를 뜻한다.

神(かみ)가 곰과 이어지듯 君(きみ)도 옛날 곰 숭배 신앙에서 '곰－고미－기미－きみ'로 이어진다.

⑦ すすむ : 乾은 굳세고 부지런함을 뜻한다〈乾健也 建行不息也 : 釋名 (건건야 건행불식야 : 석명)〉. ㉮ 부지런히 '뛰다'에서 '뜀－뚬－숨－수수무－すすむ'로 이어진다. ㉯ 부지런히 '애쓰다'에서 '씀－수숨－すすむ'로 이어진다. ㉰ '세다'에서 '셈－숨－수수무－すすむ'로 이어진다.

⑧ たけし : ⑦의 '뛰다'에서 '뛰게－따게－たけし'로 이어진다.

⑨ つとむ : 乾은 부지런히 '애쓰는 것(힘쓰는 것)'을 뜻한다.

'애씀(힘씀)'에서 '씀－뜸－드듬－두도무－つとむ'로 이어진다.

人名訓読例

① すすむ · たけし · つとむ : 乾(외자 名).

② きみ : 乾夫(きみお), 乾雄(きみお).

③ ほし : 乾野(ほしの), 乾川(ほしかわ).

健 건	訓読	すこやか·たけし·たける·たけぶ·つよい·つよし
	人名訓読	かつ·きよし·こわい·たつ·たて·まさ·まさる
	音読	ケン

訓読풀이

① すこやか : 健(건)은 튼튼함, 건강함, 즉 센 것을 뜻한다.

'세다'에서 '세고－수고－すこやか'로 이어진다.

② たけし · たける · たけぶ : 健은 힘이 세어 사납게 날뛰는 것을 뜻한다.

'뛰다'에서 '뛰게－따게－たけし · たける · たけぶ'로 이어진다.

〔参考〕猛(맹 : たけ)와 이음을 같이한다.

③ つよい · つよし : 健은 힘이 센 것을 뜻한다.

'세다'에서 '쎄어－쓰어－쑤요－つよい'로 이어진다.

④ かつ : 健은 힘센 군사가 전투에 이기는 것을 뜻한다〈健戰(건전), 健鬪(건투), 健勝(건승)〉. 전투에 이긴다는 것은 적의 영토, 전리품 등을 '갖'는다는 뜻이다.

'갖'에서 '가주－かつ'로 이어진다.

〔参考〕勝(승 : か)つ와 이음을 같이한다.

⑤ きよし：健은 깨끗하고 고운 것을 뜻한다(淸健：청건). ㉮ '깨끗'에서 '객읏-개으-기오-きよ(し)'로 이어진다. ㉯ '고와'에서 '기아-기오-きよ(し)'로 이어진다.

〔参考〕淸(청：きよ)い와 이음을 같이한다.

⑥ こわい：健은 굳은 것을 뜻한다〈健壯(건장)〉.

'굳다'에서 '굳어-구어-고아-こわい'로 이어진다.

〔参考〕強(강：こわ)い와 이음을 같이한다.

⑦ たつ·たて：㉮ 健을 建(た)つ, 建(た)てる의 建(건)과 같은 뜻으로 보고 たつ·たて(る)로 훈독한 것으로 풀이된다〈建(건) 참조〉. ㉯ 健은 잘·매우를 뜻한다. 健食(건식)은 잘 먹는 것, 健在(건재)는 잘 있는 것, 健忘(건망)은 잘 잊어버리는 것을 뜻한다. '잘'에서 '잘-달-다쓰·다데(받침ㄹ-'쓰' 또는 '데'로 분절)-たつ·たて'로 이어진다.

⑧ まさ·まさる：健은 도리에 맞는 것을 뜻한다.

'맞다'에서 '마자-まさ·まさる'로 이어진다.

人名訓読例

① きよし·たけし·たける·たつ·つよし·まさる：健(외자 名).

② たけ：健康(たけやす), 健明(たけはる), 健文(たけふみ), 健勝(たけかつ), 健博(たけひろ), 健邦(たけくに).

③ つよ：健志(つよし·たけし).

④ かつ：健普(かつあき), 健晋(かつあき).

⑤ こわ：健岑(こわみね).

⑥ たつ：健男(たつお·たてお), 健夫(たつお·たてお·たけお).

⑦ たて：健男(たてお), 健代(たてよ), 健郎(たてお), 健夫(たてお), 健雄(たておお·たけお).

⑧ まさ：健資(まさすけ).

腱 건	訓読	すじ
	音読	ケン

訓読풀이

• すじ：腱(건)은 힘줄을 뜻한다.

힘줄의 '줄'에서 '줄-술-수지(받침ㄹ-'지'로 분절)-すじ'로 이어진다.

蹇 건	訓読	あしなえ·なえぐ·なやむ
	音読	ケン

訓読풀이

① あしなえ：蹇(건)은 절뚝발이를 뜻한다. ㉮ 절뚝발이는 발이 낡아 온전치 못한 사람을 뜻한다. '발'에서 '알(ㅂ-ㅇ으로 변음)-아시(ㄹ-'시'로 분절)-あし'로 이어지고, '낡아'에서 '나아-나에-なえ'로 이어져 あしなえ로 합성된다. 足萎(족위：あしなえ)로도 표기된다. ㉯ 낡은 것은 쇠하여 느른해짐을 뜻한다. '느른'에서 '늘으-느으-나에-なえ'로 이어지고, あし와 합성되어 あしなえ로 이어진다.

② なえぐ：㉮ '낡다'에서 '나아-나에-なえぐ'로 이어진다. ㉯ '느른'에서 '늘은-느으-느에-나에-なえぐ'로 이어진다.

③ なやむ：㉮ '낡아'에서 '나아-나야-なやむ'로 이어진다. ㉯ '느른'에서 '늘음-느음-나암-나야무-なやむ'로 이어진다.

鍵 건	訓読	かぎ
	音読	ケン

訓読풀이

• かぎ : 鍵(건)은 열쇠를 뜻한다. ㉮ 열쇠는 쇠(鐵 : 철)가 나온 다음에는 자물쇠를 열거나 잠그는 쇠로 만들어졌지만, 그 이전에는 대문 안쪽에 빗장을 걸고 여닫았다. '걸다'에서 '걸기–거기–가기–かぎ'로 이어진다. ㉯ 옛날에는 도둑을 막기 위해서라기보다 주인이 없으니 들어오지 말라는 뜻에서 빗장이나 막대기를 걸고 그 막대기가 열쇠 역할을 하는 풍습이 있었다. ㉮와 마찬가지로 '걸다'에서 かぎ로 이어진다.

人名訓読例

• かぎ : 鍵本(かぎもと), 鍵山(かぎやま), 鍵屋(かぎや), 鍵野(かぎの), 鍵田(かぎた · かぎだ), 鍵子(かぎこ).

【걸】

乞 걸	訓読	こい·こう
	音読	キツ·コツ

訓読풀이

① こい · こう : 乞(걸)은 그리워 비는 것을 말한다. 乞期待(걸기대)는 무엇이 있기를 그리워 기대하는 것을 뜻한다.
'그리워'에서 '굴이어–그이–고이–こい'로 이어진다.
〔参考〕 請(청), 恋(연)과 이음(こう)을 같이한다.

桀 걸	訓読	あらい·とまりぎ
	音読	ケツ

訓読풀이

① あらい : 桀(걸)은 사나운 것, 거친 것, 즉 날강도처럼 날뛰는 것을 뜻한다.
'날'에서 '나라–아라(ㄴ–으로 변음)–あらい'로 이어진다.
〔参考〕 荒(황 : あら)い와 이음을 같이한다.

② とまりぎ : 桀은 닭장 따위에 가로질러 놓은 막대기로, 닭들이 그 위에서 자거나 쉬게 되어 있다. ㉮ '쉼 · 잠'에서 '담–돔–도마–とま(り)'로 이어지고, '막대기'의 '기'에서 ぎ로 이어져 とまりぎ로 합성된다. ㉯ とまり와 나무를 뜻하는 ぎ가 합성되어 とまりぎ로 이어진다〈木(목) 참조〉.

傑 걸	訓読	すぐれる
	人名訓読	すぐる·たかし·たけし·ひで
	音読	ケツ

訓読풀이

① すぐれる · すぐる : 優(우), 勝(승) 참조.

② たかし : 傑出(걸출)하다함은 높이 떠 있는 인물을 뜻한다.
'뜨다'에서 '뜨고–따고–따가–たか(し)'로 이어진다.

③ たけし : 傑은 남보다 뛰어남을 뜻한다.
'뛰게–따게–たけ(し)'로 이어진다.

④ ひで : 傑은 남보다 빼어남을 뜻한다.
'빼다'에서 '베다–비데–ひで'로 이어진다.

⑤ まさ · まさる : 傑은 도리에 맞는 인성을 갖춘 傑出(걸출)한 사람을 뜻한다.
'맞다'에서 '마자–まさ(る)'로 이어진다.

人名訓読例

① すぐる · たかし · たけし · まさる : 傑(외자 名).

② ひで : 傑人(ひでと).

③ まさ : 傑将(まさかつ), 傑俊(まさとし).

【검】

倹(儉) 검	訓読	つつましい
	音読	ケン

訓読풀이

- つつましい : 倹(つつ)ましい生活(せいかつ) 하면 倹素(검소)한 생활, 즉 수수하게 살아간다는 뜻이다.
  '수수'에서 'つつましい'로 이어진다.
  〔参考〕慎(신 : つつ)ましい와 이음을 같이한다.

剣(劍) 검	訓読	つるぎ
	音読	ケン

訓読풀이

- つるぎ : 剣(검)은 칼을 뜻한다. 칼은 적을 찌르는 싸움기구(器具)이다. ㉮ '찌르다'에서 '찌루기-쭈루기-つるぎ'로 이어진다. ㉯ '찌르는 기구'에서 '찌루기-쭈루기-つるぎ'로 이어진다.

人名訓読例

- つるぎ : 剣名(つるぎな), 剣山(つるぎざん).

検(檢) 검	訓読	しらべる·あらためる
	音読	ケン

訓読풀이

① しらべる : 検(검)은 이것저것 살피는 것을 뜻한다.
'살피다'에서 '살피라-사라베루-しらべる'로 이어진다.
〔参考〕調(조 : しら)べる와 이음을 같이한다.

② あらためる : 検은 이것저것 알아보고 사실을 찾아내는 것을 뜻한다.
'알아찾다'에서 '아라찾음-아라참-아라담-아라다메-あらためる'로 이어진다.

瞼 검	訓読	まぶた
	音読	ケン

訓読풀이

- まぶた : 瞼(검)은 눈꺼풀(까풀)을 뜻한다. 눈꺼풀은 눈의 위아래에 붙어 움직이는 꺼풀을 뜻한다.
  '눈매'에서 '매-마-ま'로 이어지고, '붙다'에서 '부다-ぶた'로 이어져 まぶた로 합성된다.

【겁】

劫 겁	訓読	おびえる·おびやかす
	音読	ゴウ·コウ·キョウ

訓読풀이

- おびえる · おびやかす : ㉮ 雷(かみなり)におびえる 하면 천둥(벼락)이 무서워서 벌벌 떠는 모습을 뜻한다. '벌벌'에서 '버얼-비어루-びえる'로 이어지고 접두어 お가 붙어 おびえる로 이어진다. おびやかす는 おびえる의 타동사로 벌벌 떨게 하는 것, 위협 · 공갈하는 것을 뜻한다. ㉯ 劫은 겁을 주어 남의 것을 빼앗는 것을 뜻한다〈剽劫行者 : 漢書(표겁행자 : 한서)〉. '빼앗다'에서 '빼아-비아-びえ · びや'로 이어지고 접두어 お가 붙어 おびえる · おびやかす로 이어진다.
  〔参考〕劫은 힘(力)으로써 물건을 빼앗아 간다(去)는 뜻을 갖는다〈劫奪(겁탈)〉.

怯 겁	訓読	おそれる·おびえる·ひるむ
	音読	キョウ

訓読풀이

① おそれる : 怯(겁)은 겁내는 것, 놀라는 것을 뜻한다.
'놀라다'에서 '놀-올-오소(받침ㄹ-'소'로 분절)-おそれる'로 이어진다.
〔参考〕 恐(공), 怖(포), 畏(외), 慴(습)과 이음(おそれる)을 같이한다.

② おびえる : ㉮ 怯은 무서워 벌벌 떠는 것을 뜻한다. '벌벌'에서 '버얼-비어루-びえる'로 이어지고 접두어 お가 붙어 おびえる로 이어진다. ㉯ 怯은 기를 빼앗겨(기가 죽어) 무서워하는 것을 뜻한다. '빼앗다'에서 '배아-비에-びえる'로 이어지고 접두어 お가 붙어 おびえる로 이어진다.
〔参考〕 劫(겁 : おび)える와 이음을 같이한다.

③ ひるむ : ㉮ 敵(てき)の大軍(たいぐん)を見(み)てひるむ 하면 적의 대군을 보고 비겁하게 싸울 용기를 버리는 것을 뜻하고, 勇士不怯(용사불겁)은 용기를 버리지 않음을 뜻한다. '버리다'에서 '버림-버리무-비루무-ひるむ'로 이어진다. ㉯ '벌벌' 떨다에서 '벌-빌-비루-ひる'로 이어지고 ひるむ로 동사화 된다.

【게】

掲(揭) 게	訓読	かかげる
	音読	ケイ

訓読풀이

• かかげる : 掲(게)는 거는 것을 뜻한다. '걸다'의 명령형 '걸거라'에서 '걸거-거거-가가-かかげる'로 이어진다.

憩 게	訓読	いこい·いこう
	音読	ケイ

訓読풀이

• いこい · いこう : 憩(게)는 쉬는 것을 뜻한다. 쉰다는 것은 어느 기간 동안 웃고 놀고 한다는 말이다. ㉮ '웃고'에서 '우고-이고-いこい · いこう'로 이어진다. ㉯ '놀고'에서 '노고-니고-이고(ㄴ-ㅇ으로 변음)-いこい · いこう'로 이어진다.

人名訓読例

• いこい : 憩(외자 名).

【격】

格 격·각	訓読	いたる·ただす
	人名訓読	あきら·かど·きわめ·つとむ·とおる·のり·わたる
	音読	カク·コウ·キャク

訓読풀이

① いたる : ㉮ 格(격)은 어느 장소나 시간에 닿는 것, 도달을 뜻한다. '닿다'에서 '다-たる'로 이어지고 접두어 い가 붙어 いたる로 이어진다. ㉯ 格은 잇따르는 것을 뜻한다. '잇따르다'에서 '이다루-いたる'로 이어진다. ㉰ 格은 와 닿는 것을 뜻한다. '와 닿다'에서 '와다-이다-いたる'로 이어진다.
〔参考〕 致(치), 到(도)와 이음(いたる)을 같이한다.

② ただす : ㉮ 格은 시시비비를 따져 바르게 하는 것을 뜻한다〈格君心之非 : 孟子 (격군심지비 : 맹자)〉. '따지다'에서 '따저-다더-다다-ただす'로 이어진다. ㉯ 格은 옳은 것, 바른 것을 뜻한다. 옳

은 마음(格心 : 격심)을 가진 자는 떳떳하다. '떳떳'에서 '더더–다다–ただす'로 이어진다.

③ あきら : 格은 잘 · 잘못을 밝히어 바르게 함을 뜻한다.
'밝히다'에서 '바키라–아키라(ㅂ–ㅇ으로 변음)–あきら'로 이어진다.

④ かど : 格(각)은 가지 · 나뭇가지를 뜻한다〈有枝格如角 : 史記 (유지각여각 : 사기)〉. ㉮ 가지는 끝을 뜻한다. '끝'에서 '굳–갇–가도–かど'로 이어진다. ㉯ 가지는 곁(갓)으로 나와 있다. '갓'에서 '갇–가도–かど'로 이어진다.
〔参考〕 角(각 : かど)와 이음을 같이한다.

⑤ きわめ : ④의 ㉮ '끝' 및 ㉯의 '갓'에서 '가아–기아–きわ'로 이어지고, きわ(める · まる)로 동사화 된다.
〔参考〕 窮(궁), 極(극), 究(구)와 이음(きわめる)을 같이한다.

⑥ つとむ : 格은 애써(힘써) 窮究(궁구)하는 것, 研究하는 것을 뜻한다.
'애쓰다'에서 '씀–뚬–두두무–두도무–つとむ'로 이어진다.

⑦ とおる : 格은 뚫리는 것, 통하는 것을 뜻한다〈格于皇天 : 書經 (격우황천 : 서경)〉.
'뚫다'에서 '둘–두울–도올–とおる'로 이어진다.

⑧ のり : 格은 옳은 행동지침을 담은 법 · 법칙 · 규범을 뜻한다.
'옳다'에서 '올–놀(ㅇ–ㄴ으로 변음)–노리–のり'로 이어진다.

⑨ わたる : 格은 오는 것, 오게 하는 것, 즉 와 닿음, 잇따름을 뜻한다〈神知格思 : 中庸 (신지격사 : 중용), 格于上下 : 書經 (격우상하 : 서경)〉. ㉮ '와 닿다'에서 '와다–わたる'로 이어진다. ㉯ '잇따라'에서 '이다루–와다루–わたる'로 이어진다.

人名訓読例

① あきら · いたる · きわめ · ただし · ただす · つとむ · とおる · わたる : 格(외자 名).

② ただ : 格文(ただふみ), 格生(ただお), 格安(ただやす), 格彦(ただひこ).

③ かど : 格谷(かどや).

④ のり : 格子(のりこ), 格知(のりとも).

隔 격	訓読	へだたる · へだてる
	音読	カク

訓読풀이

- へだたる · へだてる : 隔(격)은 틈, 사이를 뜻한다. 틈이 생긴다는 것은 그 사이에 무엇인가 빠뜨러진 것이 있어 간격(間隔)이 벌어졌음을 나타낸다. ㉮ '빠뜨리다'에서 '빠뜨러–바따러–배다다루–へだたる'로 이어진다. ㉯ '벌어지다'에서 '벌어–벨–베다(받침 ㄹ–'다'로 분절)–へだたる'로 이어진다.
〔参考〕 距(거 : へだ)たる와 이음을 같이한다.

擊 격	訓読	うつ · ぶつ
	音読	ゲキ

訓読풀이

① うつ : ㉮ 擊(격)은 공격하는 것, 즉 적을 무력으로 누르는 것을 뜻한다. '누르다'에서 '눌으다–눌–울(ㄴ–ㅇ으로 변음)–うつ(받침 ㄹ–'쑤'로 분절)'로 이어진다. ㉯ ビストルを擊(う)つ 하면 권총을 쏜다는 것인데 쏘기 위해서는 방아쇠를 눌

러야 한다. '눌'에서 '눌-울-우쑤-うつ'로 이어진다.

〔参考〕打(타), 討(토)와 이음(うつ)을 같이한다.

② ぶつ : ㉮ 撃은 치는 것, 때리는 것, 즉 패는 것을 뜻한다. 尻(しり)をぶつ 하면 궁둥이를 팬다는 뜻이다. '패다'에서 '패-푸-ぶつ'로 이어진다. ㉯ 撃은 때려 부수는 것을 뜻한다. '부수다'에서 '부수-ぶつ'로 이어진다. ㉰ 撃은 속어로 거칠게 말하는 것을 뜻한다. 한국어에서도 말을 함부로 하는 것을 뱉는다고 한다. '뱉다'에서 '뱉-붙-부투-ぶつ'로 이어진다.

〔参考〕打(타), 撲(박)과 이음(ぶつ)을 같이한다.

激 격	訓読	はげしい·たぎつ·たぎる
	音読	ゲキ

訓読풀이

① はげしい : 激(격)은 정도가 심한 것(激甚 : 격심)을 뜻한다. はげしい痛(いた)み는 빠게지는 고통이라는 뜻이다.
'빠게지다'에서 '바게지-はげしい'로 이어진다.

〔参考〕烈(열), 劇(극)과 이음(はげしい)을 같이한다.

② たぎつ · たぎる : 激은 물(氵)이 들끓는 것을 뜻한다〈水石相衝激 : 元結 (수석상충격 : 원결)〉.
'들끓다'에서 '들글-드글-다길-たぎる · たぎつ'로 이어진다.

〔参考〕滾(곤 : たぎ)る와 이음을 같이한다.

【견】

見 견	訓読	みる
	人名訓読	あき
	音読	ケン·ゲン

訓読풀이

① みる : 見(견)은 보는 것을 뜻한다. '눈매'에서 '매-미-み'로 이어지고, みる로 동사화 된다. 귀에서 聞(き)く, 코에서 擤(か)む로 이어지는 것과 같은 이치이다.

② あき : 見은 눈을 열고(뜨고) 보는 것을 말한다.
'열다'에서 '열기-여기-아기-あき'로 이어진다.

〔参考〕開(개 : あ)く와 이음을 같이한다.

人名訓読例

① み : 見光(みてる), 見本(みもと), 見上(みかみ), 見田村(みたむら), 見塩(みしお), 見波(みなみ).

② あき : 見次(あきつぐ · みつぎ).

肩(肩) 견	訓読	かた
	音読	ケン

訓読풀이

• かた : 肩(견)은 어깨를 뜻한다. 어깨는 몸통의 위쪽 모서리 끝(곁 · 갓)에 있다. 도로의 양 끝(곁 · 갓)을 路肩(ろかた)라 하고 카드의 귀퉁이 끝도 かた라 한다.
'끝(곁-갓)'에서 '그테(겨테 · 갇)-가다-かた'로 이어진다.

〔参考〕片(편)과 이음(かた)을 같이한다.

人名訓読例

• かた : 肩背(かたせ), 肩野(かたの).

牽 견	訓読	ひく
	音読	ケン

訓読풀이

- ひく : 牽(견)은 뽑는 것, 빼는 것을 뜻한다.
  '뽑다(빼다)'에서 '배구-비구-ひく'로 이어진다.
  〔参考〕 引(인), 曳(예)와 이음(ひく)을 같이한다.

堅 견	訓読	かたい
	人名訓読	たて
	音読	ケン

訓読풀이

① かたい : 堅(견)은 굳은 것을 뜻한다.
'굳다'에서 '굳-갇-가다-かたい'로 이어진다.
〔参考〕 固(고), 難(난)과 이음(かた)을 같이한다.

② たて : ㉮ 堅은 단단한 것을 뜻한다. '단단'에서 '다다-다데-たて'로 이어진다. ㉯ 堅은 굳세게 서서 견디는 것을 뜻한다. '서다'에서 '더다-다데-たて'로 이어진다.

人名訓読例

① かた : 堅山(かたやま), 堅石(かたいし), 堅田(かたた · かただ), 堅磐(かたしわ), 堅綱(かたつな), 堅実(かたみ).

② たて : 堅帯(たてわき), 堅本(たてもと), 堅川(たてかわ).

遣(遣) 견	訓読	つかう·つかわす·やり·やる·よこす
	音読	ケン

訓読풀이

① つかう · つかわす : 遣(견)은 쓰는 것을 뜻한다.
'쓰다'에서 '쓰고-쓰가-つかう'로 이어진다.
〔参考〕 使(사 : つか)う와 이음을 같이한다.

② やり · やる : ㉮ 遣은 일 · 동작을 뜻한다. 船(ふな)をやる 하면 뱃일을 한다는 뜻이고 勉強(べんきょう)をやる 하면 공부일을 한다는 뜻이다. '일'에서 '알-얄-やる'로 이어진다. ㉯ 遣은 일을 하는 것을 뜻한다. '하다'의 명령형 '하라'에서 '아라(ㅎ-ㅇ으로 변음)-아루-やる'로 이어진다.

③ よこす : 遣은 놓아주는 것, 넘겨주는 것을 뜻한다. ㉮ '놓다'에서 '노고서-노고수-오고수(ㄴ-ㅇ으로 변음)-よこす'로 이어진다. ㉯ '넘기다'에서 '넘겨서-너고수-노고수-오고수-よこす'로 이어진다.

人名訓読例

- やり : 遣田(やりた), 遣沢(やりさわ).

絹 견	訓読	きぬ
	音読	ケン

訓読풀이

- きぬ : 絹(견)은 명주실로 바탕을 좀 거칠게 깁은(꿴) 무늬 없는 비단을 뜻한다. '깁'이라고도 한다.
  '깁다(꿰다)'에서 '긴(꿴)-기누(게누)-きぬ'로 이어진다.
  〔参考〕 衣(의 : きぬ)와 이음을 같이한다.

人名訓読例

- きぬ : 絹谷(きぬたに), 絹巻(きぬまき), 絹分(きぬわけ), 絹原(きぬはら), 絹川(きぬかわ), 絹村(きぬむら).

樫 견	訓読	かし
	音読	日本国字

訓読풀이

• かし : 樫(かし)는 떡갈나무를 뜻한다. 줄인 말로 갈나무 또는 갈이라 한다.
'갈'에서 '가시(받침 ㄹ-'시'로 분절)-かし'로 이어진다.

人名訓読例

• かし : 樫林(かしばやし), 樫本(かしもと), 樫葉(かしば), 樫村(かしむら), 樫田(かした), 樫塚(かしずか).

羂 견	訓読	わな
	音読	ケン

訓読풀이

• わな : 羂(견)은 덫, 올가미, (실 따위로 맨) 고를 뜻한다. 이들은 모두 실이나 사슬로 얽어(옭아매) 만든다.
'얽다'에서 '얽는-어는-안-아나-わな'로 이어진다.

譴 견	訓読	せめる
	音読	ケン

訓読풀이

• せめる : ㉮ 譴(견)은 죄과나 허물에 대하여 치거나 때리는 등 응징을 가하는 것을 뜻한다. '치다'에서 '침-심-셈-세메-せめる'로 이어진다. ㉯ 譴은 주로 아랫사람의 잘못을 엄하게 꾸짖는 것을 뜻한다(譴責 : 견책). '꾸짖다'에서 '짖음-지음-짐-젬-제메-せめる'로 이어진다.
〔参考〕 攻(공), 責(책)과 이음(せめる)을 같이한다.

鑓 견	訓読	やり
	音読	日本国字

訓読풀이

• やり : 鑓(やり)는 창을 뜻한다. 창은 큰 날로 되어 있다.
'날'에서 '알(ㄴ-ㅇ으로 변음)-아리-やり'로 이어진다.
〔参考〕 槍(창), 鎗(추)와 이음(やり)을 같이한다.

人名訓読例

• やり : 鑓光(やりみつ), 鑓目(やりのめ), 鑓水(やりみず), 鑓田(やりた).

【결】

欠(缺) 결·흠	訓読	かく·かける·あくび
	音読	ケツ·カン·ケン

訓読풀이

① かく・かける : ㉮ 欠(결)은 물건의 일부를 깨는 것을 말한다. 茶(ちゃ)わんのふちを欠(か)く 하면 찻잔의 이를 깬다는 뜻이고, 義理(ぎり)を欠く 하면 의리를 깨는(버리는) 것을 뜻한다. 깨진 부분만큼 모자라게 되어 欠く는 부족하다는 뜻도 갖는다. '깨다'에서 '깨구-개구-가구-かく'로 이어진다. ㉯ 식사를 거르는 것을 食事(しょくじ)をかく라고 하는데, 이 경우에는 '거르다'에서 '걸고-거고-가구-かく'로 이어진다.

② あくび : ㉮ 欠은 하품을 뜻한다. 欠伸(あくび・けんしん)이라고도 한다. 欠은 틈, 빈틈을 뜻하는데, 하품이나 기지개를 할 때는 입을 열고(벌리고) 하게 되니 입속이 비어 틈이 생기게 된다. '열고(벌리고)'에서 '열고-여고-아구-あく'로 이어지고, '하품'에서 '하-히-비-び'와

합성되어 あくび로 이어진다. ㉯ 欠(흠)은 몸을 구부리는 것을 뜻한다〈欠身(흠신)〉. '굽다'에서 '구비–くび'로 이어지고, 접두어 あ가 붙어 あくび가 된다.

人名訓読例

① かく : 欠畑(かくはた · かけはた).

② かけ : 欠端(かけはた), 欠田(かけだ), 欠畑(かけはた), 欠塚(かけずか).

抉 결	訓読	えぐる·くじる·こじる
	音読	ケツ

訓読풀이

① えぐる : 칼로 무엇을 도려내는 것을 칼로 엔다라고 한다. えぐるような痛(いた)み 하면 칼로 에는 듯한 고통을 뜻한다.

'에다'에서 '에거라–에구루–えぐる'로 이어진다.

〔参考〕 剞(고 : えぐ)る와 이음을 같이한다.

② くじる : 抉出(결출)은 후벼서 속의 것을 끄집어내는 것을 뜻한다. 耳(みみ)の穴(あな)をくじる 하면 귀속을 후벼 귀지 등을 끄집어낸다는 뜻이다.

'끄집다'에서 '구지–くじる'로 이어진다.

③ こじる : ㉮ '끄집다'에서 '고지–こじる'로 이어진다. ㉯ 抉은 남의 약점을 꼬집어(들추어) 내는 것을 뜻한다〈構抉過失 : 唐書 (구결과실 : 당서)〉. '꼬집다'에서 '고지–こじる'로 이어진다.

決 결	訓読	きまる·きめる·さくる
	人名訓読	さだむ
	音読	ケツ

訓読풀이

① きまる · きめる : 決(결)은 끝맺는 것, 매듭짓는 것을 뜻한다.

'끝맺다'에서 '끄메–기메–きめる'로 이어진다.

〔参考〕 極(극 : き)める와 이음을 같이한다.

② さくる : 決(결)은 쪼개는 것을 뜻한다. 쪼개면 틈이 생긴다. 그래서 決은 쪼개진 틈을 뜻하기도 하고(決隙 : 결극), 나누는 것, 헤어지는 것(決別 : 결별)을 뜻하기도 한다.

'쪼개다'에서 '조개–자게–자구–さくる'로 이어진다.

〔参考〕 決(결), 剞(고)와 이음(さくる)을 같이한다.

③ さだ : ㉮ 決断(결단), 決心(결심), 決裁(결재), 決定(결정)에 나타나는 決은 위 ②에 설명된 쪼개진 것, 나누어진 것(決) 중에서 어느 한쪽을 옳고 좋다고 결정(決定)함을 뜻한다. '좋다'에서 '조다–자다–사다–さだ'로 이어진다. ㉯ '좋다'란 잘 되었음을 뜻한다. '잘 되'에서 '자대–자다–사다–さだ'로 이어진다. ㉰ '잘'에서 '살–사다(받침 ㄹ–'다'로 분절)–さだ'로 이어진다.

〔参考〕 定(정 : さだ)む와 이음을 같이한다.

人名訓読例

① さだむ : 決(외자 名).

② さだ : 決隆(さだたか), 決子(さだこ).

訣 결	訓読	わかれる
	音読	ケツ

訓読풀이

• わかれる : 訣(결)은 헤어지는 것, 갈리는 것을 뜻한다. ㉮ 헤어진다는 것은 빠

개지는 것을 뜻한다. '빠개다'에서 '바개-아개(ㅂ-ㅇ으로 변음)-아가-わかれる'로 이어진다. ㉯ '갈리다'에서 '갈-가레-かれる'로 이어지고 접두어 わ가 합성되어 わかれる로 이어진다.

〔参考〕 分(분), 別(별)과 이음(わかれる)을 같이한다.

結 결	訓読	むすぶ·ゆう·ゆわえる·すく
	人名訓読	ひとし
	音読	ケツ·ケチ

訓読풀이

① むすぶ : 帯(おび)の結(むす)びをなおす 하면 허리띠의 매듭을 고쳐 매는 것이고, むすびの言葉(ことば)는 매듭짓는 말을 뜻한다.
'매듭'에서 '매두부-무수부-むすぶ'로 이어진다. 또한 '맺다'에서 '맺-뭊-무수-むすぶ'로 이어진다.

② ゆう · ゆわえる : ㉮ 結은 잇는 것을 뜻한다. 結婚(결혼)은 두 사람이 부부관계로 이어짐을 뜻한다. '잇다'에서 '이-유-ゆう'로 이어진다. ㉯ 結은 얽매임을 뜻한다(結束 : 결속). '얽다'에서 '얽어어라-어어에라-유아에루-ゆわえる'로 이어진다. ㉰ 結은 엮음을 뜻한다(結構 : 결구). '엮다'에서 '여-유-ゆう'로 이어진다.

③ すく : 編(あみ)を結(す)く 하면 그물을 뜨는 것을 뜻한다.
'뜨다'에서 '두구-수구-すく'로 이어진다.

④ ひとし : 結은 맺거나 이어 하나로 만드는 것을 나타낸다.
하나를 뜻하는 '홀'에서 '힐-히도(받침ㄹ-'도'로 분절)-ひと(し)'로 이어진다.

人名訓読例

① むすび · ひとし · ゆい : 結(외자 名).

② ゆ : 結可(ゆか), 結実子(ゆみこ), 結香(ゆか), 結花(ゆか).

③ ゆい : 結崎(ゆいさき), 結南(ゆいなみ), 結束(ゆいつか), 結縄(ゆいなわ), 結川(ゆいかわ), 結解(ゆいげ).

④ ゆう : 結岡(ゆうおか), 結崎(ゆうさき), 結木(ゆうき), 結城(ゆうき), 結実(ゆうみ), 結縁(ゆうえん).

潔(潔) 결	訓読	きよい
	人名訓読	よし
	音読	ケツ

訓読풀이

① きよい : ㉮ 潔(결)은 깨끗한 것을 뜻한다. '깨끗'에서 '객읏-개오-기오-きよい'로 이어진다. ㉯ 潔은 맑고 갠 것을 뜻한다. '개다'에서 '개어-기어-기요-きよい'로 이어진다. ㉰ 潔은 고은 것을 뜻한다. '고아'에서 '기아-기오-きよい'로 이어진다.
〔参考〕 清(청), 浄(정)과 이음(きよい)을 같이한다.

② よし : 潔은 행실이 올바름을 뜻한다.
'옳다'에서 '올-오시(받침ㄹ-'시'로 분절)-よし'로 이어진다.

人名訓読例

① きよ : 潔綱(きよつな), 潔明(きよあき), 潔茂(きよもと), 潔昭(きよあき), 潔子(きよこ), 潔和(きよかず).

② よし : 潔雄(よしお).

【겸】

兼(兼) 겸	訓読	かねる
	音読	ケン

訓読풀이

- かねる : ㉮ 書店(しょてん)と文房具店(ぶんぼうぐてん)を兼ねる 하면 서점과 문방구를 겸한다, 즉 같이 운영한다는 뜻이고, 天分(てんぶん)と経験(けいけん)をかねて具(そな)える 하면 천분과 경험을 같이 갖춘다는 뜻이다. '같다'에서 '같네–가네–かねる'로 이어진다. ㉯ 兼ねる는 동사의 연용형에 붙어 사정이 그렇게 하기 어려움, 할 수 없음을 나타낸다. 言(い)い出(だ)しかねる 하면 더 말할 수 없다, 이쯤 '끝내기'로 하자는 뜻이고 決(き)めかねる 하면 결정할 수 없다, 이쯤해서 '끝내기'로 하자는 뜻이다. '끝내다'에서 '끄내–가내–かねる'로 이어진다.

人名訓読例

- かね : 兼寛(かねひろ), 兼基(かねもと), 兼文(かねふみ), 兼信(かねのぶ), 兼任(かねとう), 兼直(かねなお).

謙(謙) 겸	訓読	へりくだる
	人名訓読	かね·のり·よし
	音読	ケツ

訓読풀이

① へりくだる : ㉮ 謙(겸)은 겸손함을 뜻하면서 빼는 것, 감(減)하는 것을 뜻한다 〈爵位不謙 : 逸周書 (작위불겸 : 일주서)〉. 겸손(謙遜)함은 예컨대 벼슬 가진 자가 그 벼슬의 높이를 낮추면서, 즉 빼면서(減 하면서) 허리를 굽히는 것을 말한다. 요즘의 표현으로는 '목에 힘을 빼고 허리를 굽힌다'는 뜻이 된다. 減(へ)る와 마찬가지로 '빼다'에서 '배–へる(へり)'로 이어지고, '굽다'에서 '구다–くだる'로 이어져 へりくだる로 합성된다. 減(へ)り下(くだ)る 또는 減り降(くだ)る인 셈이다. ㉯ '허리 굽다'에서 '허리구다–헤리구다루–へりくだる'로도 이어진다.

② かね : 謙을 兼(겸 : かね)와 同字로 보고 かね로 人名訓読한 것으로 풀이된다 〈兼(겸) 참조〉.

③ のり : 謙은 행실이 옳고 겸손함을 나타낸다.
'옳다'에서 '올–놀(ㅇ–ㄴ으로 변음)–노리–のり'로 이어진다.

④ よし : ③의 '올바르다'에서 '올–오시(받침ㄹ–'시'로 분절)–よし'로 이어진다.

人名訓読例

① かね : 謙光(かねみつ), 謙徳(かねのり), 謙敏(かねとし), 謙忠(かねただ).
② のり : 謙宏(のりひろ), 謙邦(のりくに), 謙昌(のりまさ), 謙和(のりかず).
③ よし : 謙亮(よしあき), 謙夫(よしお), 謙雄(よしお), 謙之(よしゆき), 謙知(よしとも).

鎌(鎌) 겸	訓読	かま
	音読	レン

訓読풀이

- かま : 鎌(겸)은 낫을 뜻한다. 낫은 낫자루에 휘어 감은 쇠, 즉 낫감기(낫갱기)를 뜻한다.
'낫감기'의 '감기'에서 '감–가마–かま'로 이어진다.
かまひげ(鎌髭 : 겸자)는 낫 모양으로 양쪽 끝이 위로 감겨 올라간 수염을 뜻

하는데, 鎌의 특징이 감겨 구부러진 것임을 나타낸다.

人名訓読例

- かま : 鎌本(かまもと), 鎌原(かまはら), 鎌足(かまたり), 鎌倉(かまくら), 鎌村(かまむら), 鎌塚(かまつか).

【겹】

袷 겹	訓読	あわせ
	音読	コウ

訓読풀이

- あわせ : 袷(겹)은 겹옷을 뜻한다. 겹옷은 홑옷처럼 한 겹이 아니라 속에 솜을 넣지 않고 겹으로 서로 어울(合)리게 해서 지은 옷(衤+合=袷)을 말한다.
  '어울'에서 '아울-아왈-아와세(받ㄹ-'세'로 분절)-あわせ'로 이어진다.

【경】

更 경	⇨	更 갱

京 경	訓読	みやこ
	人名訓読	たか·たかし·ひろし
	音読	キョウ·ケイ·キン

訓読풀이

① みやこ : 京(경)은 宮(みや)이 있는 곳, 즉 서울, 수도(首都)를 뜻한다.
'みや(있는) 곳'에서 '미야곳-미야고-みやこ'로 이어진다〈宮(궁) 참조〉.
〔参考〕 都(도)와 이음(みやこ)을 같이한다.

② たか·たかし : 京은 백성들이 높이 떠받드는 천자, 천황이 거처하는 宮城(궁성)이 있는 곳이다.
'뜨다'에서 '뜨고-따고-다가-たか'로 이어진다.

③ ひろし : 수도, 서울은 사방으로 널리 펼쳐져 있다.
'펼쳐'에서 '펄-필-피로-ひろ(し)'로 이어진다.

人名訓読例

① たかし·ひろし·みやこ : 京(외자 名).
② たか : 京生(たかお), 京子(たかこ).

庚 경	訓読	か·かね
	音読	コウ

訓読풀이

- か·かね : 庚(경)은 일곱째 천간(天干)으로 五行으로는 金(かね : 금)을 뜻한다. 金은 갖는 물건의 상징이다.
  '갖는'에서 '간느-가네-かね'로 이어진다. かは かね의 준말이다〈金(금) 참조〉.

人名訓読例

① か : 庚午次郎(かまじろ : 午가 ま로 훈독되는 것은 午가 십이간에서 말띠를 뜻하기 때문), 庚午太郎(かごたろう), 庚子男(かしお).
② かね : 庚塚(かねつか).

径(徑) 경	訓読	みち·こみち
	音読	ケイ

訓読풀이

① みち : 径(경)은 길 · 도로를 뜻한다. 모든 길은 마을로 통하고 길 즉 마을이라 할 수 있다.
'마을'에서 '말-밀-미찌(받침ㄹ-'찌'로

분절)–みち'로 이어진다.

〔参考〕道(도 : みち)와 이음을 같이한다.

② こみち : 径은 작은 길, 지름길을 뜻한다.

작은 것을 나타내는 '꼬마'의 '고–こ'와 みち가 합성되어 こみち로 이어진다.

人名訓読例

• みち : 径男(みちお), 径子(みちこ), 径草(みちくさ).

耕(耕) 경	訓読	たがやす
	人名訓読	たか·すき·やす
	音読	コウ

訓読풀이

① たがやす : 耕(경)은 논밭, 즉 땅을 갈아 농사 짓는 것을 뜻한다〈耕田(경전), 耕地(경지)〉.

'땅 갈다'에서 '따갈아서–따가아수–たがやす'로 이어진다.

② たか : たがやす의 준말.

③ すき : 쟁기(犂 : 려)와 가래(鍬 : 서)를 다같이 すき라고 훈독하는데, 경작(耕作)하는데 필요한 흙을 갈고 뜨는 농기구이다.

'뜨다'에서 '뜨기–두기–すき'로 이어진다.

④ やす : たがやす의 やす를 人名訓読으로 쓰인 것으로 보인다. 耕은 康(やす), 安(やす)와 같이 쉰다는 뜻은 없고 오히려 (쉬지 않고) 농사에 힘쓴다는 뜻으로 쓰인다〈三年耕必有一年之食 : 禮記 (3년경필유일년지식 : 예기)〉.

人名訓読例

① たか : 耕穎(たかすえ), 耕春(たかはる).

② すき : 耕男(すきお).

③ やす : 耕也(やすなり), 耕雄(やすお), 耕子(やすこ).

耿 경	訓読	あきら
	人名訓読	てる
	音読	コウ

訓読풀이

① あきら : 耿은 훤하게 밝히는 것을 뜻한다.

'밝히다'에서 '바키라–아키라(ㅂ–ㅇ으로 변음)–あきら'로 이어진다.

② てる : 耿은 빛을 쬐는 것을 뜻한다. '쬐다'에서 '째루–데루–てる'로 이어진다.

人名訓読例

① あきら : 耿(외자 名).

② あき : 耿郎(あきろう), 耿子(あきこ), 耿彦(あきひこ).

③ てる : 耿子(てるこ).

梗 경	訓読	ふさぐ
	音読	コウ·キョク

訓読풀이

• ふさぐ : 梗(경)은 붙잡혀 막히는 것을 뜻한다(梗塞 : 경색).

'붙잡다'에서 '부자–ふさぐ'로 이어진다.

〔参考〕塞(색 : ふさ)ぐ와 이음을 같이한다.

竟 경	訓読	おわる·ついに
	人名訓読	きわむ
	音読	キョウ

訓読풀이

① おわる : 終(종) 참조.

② つにい : 彼(かれ)は竟(つい)に結婚(けっこん)した 하면 그는 드디어 결혼했다는 뜻이다.

'드디어'에서 '듣이-드이-ついに'로 이어진다.

〔参考〕終(종), 遂(수)와 이음(ついに)을 같이한다.

③ きわむ : 竟은 끝남을 뜻한다. '끝남'에서 '근암-긴암-기암-기와무-きわむ'로 이어진다.

〔参考〕窮(궁), 極(극)과 이음(きわむ)을 같이한다.

人名訓読例

• きわむ : 竟(외자 名).

経(經) 경	訓読	たつ·つね·へる
	人名訓読	おさむ·たて·のぶ·のり·よし
	音読	ケイ·キョウ·キン

訓読풀이

① たつ : ここに移(うつ)り住(す)んでから三年(さんねん)たった 하면 여기로 이사를 온지 3년이 닿았다(지났다)는 뜻이다.

'닿다'에서 '다-たつ'로 이어진다.

② つね : 経은 이제나 저제나 언제나 변치 않은 진리와 도리를 가리킨다.

'제나'에서 '주나-주네-つね'로 이어진다.

〔参考〕常(상)과 이음(つね)을 같이한다.

③ へる : 経(へ)る는 시간이 흐르는 것을 뜻하고, 흘러가면서 어느 과정을 거치는 것을 나타낸다.

3年をへた 하면 3년을 흘러 보냈다는 뜻이고, 幾多(いくた)の困難(こんなん)をへて完成(かんせい)した 하면 허다한 곤난을 거쳐 흐르면서 완성했다는 뜻이다.

'흐르다'에서 '흘러-흐루-헤루-へる'로 이어진다.

④ おさむ : 経国은 나라를 꽉 잡아 다스리는 것을 뜻하고, 経世는 세상을 잡아 다스리는 것을 뜻한다.

'잡다'에서 '잡음-잠-사무-さむ'로 이어지고, 접두어 お가 붙어 おさむ가 된다.

⑤ たて : 経은 세로, 수직, 상하로 서 있는 것을 나타낸다.

'서다'에서 '사다-다다-다데-たて'로 이어진다.

〔参考〕縦(종), 竪(수), 盾(순), 楯(순)과 이음 (たて) 을 같이한다.

⑥ のぶ : 経은 끝없이 높고 넓음을 나타낸다〈經而無絶 : 周禮 (경이무절 : 주례)〉.

'높다'에서 '노푸다-노부-のぶ'로 이어지고, '넓다'에서 '널부다-너부-노부-のぶ'로 이어진다.

⑦ のり : 経은 옳고 바른 진리, 도리, 법을 뜻한다. '옳다'에서 '올-놀(ㅇ-ㄴ으로 변음)-노리-のり'로 이어진다.

⑧ よし : '옳다'에서 '올-오시(받침ㄹ-'시'로 분절)-よし'로 이어지고, '옳지'에서 '오지-よし'로 이어진다.

人名訓読例

① おさむ · たて · つね : 経(외자 名).

② つね : 経道(つねみち), 経政(つねまさ), 経国(つねくに), 経基(つねもと), 経世(つねよ), 経済(つねなり).

③ のぶ : 経彦(のぶひこ · つねひこ), 経惟(のぶよし).

④ のり : 経明(のりあき), 経武(のりたけ), 経保(のりやす), 経勝(のりかつ), 経裕(のりひろ), 経人(のりひと).

⑤ よし : 経郎(よしお · つねお).

頃 경	訓読	ころ
	音読	ケイ·キョウ

訓読풀이

- ころ : 頃(경)은 시간을 나타내는 말로 '무렵 · 쯤'을 말한다. 제주방언에 '해질 고래'라 하면 해가 질 무렵이라는 뜻이고, '비가 올 고래' 하면 비가 올 무렵이라는 뜻이다.

  '고래'에서 '고로-ころ'로 이어진다.

人名訓読例

- ころ : 頃末(ころすえ), 頃安(ころやす).

景 경	訓読	かげ
	人名訓読	あきら·ひろ
	音読	ケイ·エイ

訓読풀이

① かげ : 景(경)은 影(경)과 마찬가지로 그림자를 뜻한다. 사람 그림자는 항상 본체인 사람에게 걸려 있는 것처럼 따라다닌다.

'걸다'에서 '걸게-거게-가게-かげ'로 이어진다.

〔参考〕影(경), 陰(음), 蔭(음), 掛(괘)와 이음(かげ)을 같이한다.

② あきら : 景은 밝히는 것을 뜻한다. '밝히다'에서 '바키라-아키라(ㅂ-으로 변음)-あきら'로 이어진다.

③ ひろ : 景은 그림자가 널리 펼쳐지는 것을 뜻한다〈汎汎其景 : 詩經 (범범기경 : 시경)〉.

'펼치다'에서 '펄-벌-빌-비로-ひろ'로 이어진다.

人名訓読例

① あきら : 景(외자 名).

② かげ : 景山(かげやま), 景安(かげやす), 景平(かげひら), 景浦(かげうら), 景文(かげふみ · かげぶみ), 景範(かげのり).

③ あき : 景代(あきよ).

④ ひろ : 景子(ひろこ).

敬 경	訓読	うやまう
	人名訓読	たか·のり· ひろ·よし
	音読	ケイ·キョウ

訓読풀이

① うやまう : 師(し)を敬(うやま)う 하면 스승을 존경하고, 神(かみ)をうやまう 하면 신을 공경한다는 뜻이다. ㉮ 존경 · 공경한다는 것은 우러러 모신다는 뜻이다. '우러름'에서 '울엄-우엄-우아마-うやまう'로 이어진다. ㉯ 우러러 모심은 높이 올려 모심을 뜻한다. '올림'에서 '올임-오임-우암-우아마-うやまう'로 이어진다.

② たか : 敬은 높이 떠 받쳐 공경하는 것을 뜻한다.

'뜨다'에서 '뜨고-따고-다가--たか'로 이어진다.

③ のり : 敬은 옳은 일에 존경을 표함을 뜻한다.

'옳다'에서 '올-놀(ㅇ-ㄴ으로 변음)-のり'로 이어진다.

④ ひろ : 敬은 살아가면서 尊敬之心(존경지심)을 펴나감을 뜻한다〈遣生送敬 : 史記 (견생송경 : 사기)〉.

'펴다'에서 '펴라-피로-ひろ'로 이어진다.

⑤ よし : '옳다'에서 '올-오시(ㄹ-'시'로 분절)-よし'로 이어지고, '옳지'에서 '오지-よし'로 이어진다.

人名訓読例

① うや : 敬川(うやかわ).
② たか : 敬大(たかひろ), 敬文(たかふみ), 敬世(たかよ), 敬純(たかずみ), 敬信(たかのぶ), 敬仁(たかひと).
③ のり : 敬佳(のりよし), 敬泰(のりやす), 敬道(のりみち), 敬勝(のりかつ), 敬彦(のりひこ), 敬友(のりとも).
④ ひろ : 敬明(ひろあき), 敬章(ひろあき), 敬彰(ひろあき), 敬直(ひろなお), 敬忠(ひろただ), 敬和(ひろかず).
⑤ よし : 敬基(よしもと), 敬徳(よしのり), 敬文(よしふみ), 敬寿(よしとし), 敬人(よしひと), 敬豊(よしとよ).

痙 경	訓読	ひきつる
	音読	ケイ

訓読풀이

• ひきつる : 痙(경)은 痙攣(경련)이 일어나는 것, 즉 심줄이 삐는 것을 뜻한다.
'심줄'에서 '줄–주루–つる'로 이어지고 '삐다'에서 '비구–ひく · ひき'로 이어져 ひきつる로 합성된다.
〔参考〕 引(인 : ひき)攣(련 : つ)る로도 표기된다.

硬 경	訓読	かたい
	音読	コウ

訓読풀이

• かたい : 硬(경)은 굳은 것, 단단한 것을 뜻한다.
'굳다'에서 '굳–갇–가다–かたい'로 이어진다.
〔参考〕 固(고 : かた)い와 이음을 같이한다.

人名訓読例

• かたし : 硬(외자 名).

軽(輕) 경	訓読	かるい
	音読	ケイ·キン·キョウ

訓読풀이

• かるい : ㉮ 軽(경)은 가벼운 것을 뜻한다. 지금은 더 가벼운 것이 많지만 옛날에는 가시적(可視的)으로 가벼운 것은 뭐니 뭐니 해도 가루였을 것이다. '가루'에서 '가루–かるい'로 이어진다. ㉯ 누구를 업신여길 때 '깔본다'고 한다. 그것은 그의 행실이 가볍고(軽率 : 경솔) 얄팍함을 나타낸다. '깔'에서 '갈–가루–かるい'로 이어진다.

人名訓読例

• かる : 軽磨(かるま), 軽米(かるまい), 軽部(かるべ), 軽石(かるいし), 軽我孫(かるあびこ), 軽海(かるみ).

傾 경	訓読	かしぐ·かしげる·かたげる·かたむく·かたむける·かたぶく
	音読	ケイ

訓読풀이

① かしぐ · かしげる : 船(ふね)が傾(かし)ぐ하면 배가 한쪽으로 기운다는 뜻이다. 기운다는 것은 한쪽 갓(곁 · 끝)으로 기운다는 뜻이다.
'갓(곁 · 끝)'에서 '가시–かしぐ'로 동사화된다.
② かたげる : 小首(こくび)を傾(かた)げる하면 고개를 갸웃거리는 것, 즉 고개를 좌우 한쪽 갓(곁 · 끝)으로 기울여 움직이는 것을 뜻한다.
'갓(곁 · 끝)'에서 '갇–가다–かたげる'로 이어진다.
〔参考〕 担(담 : かた)げる와 이음을 같이한다.

③ かたむく・かたむける：'갓(곁·끝)'에서 '갇–가다–かた(片·肩)'로 이어지고, '맞다(마주하다)'에서 '마–무–むく(向く)'와 합성되어 かたむく로 이어진다.

④ かたぶく：한쪽 갓(곁·끝)으로 기운다는 것은 한쪽 갓으로 붙는다는 뜻이다. かた와 '붙다'에서의 '붙구–부구–ぶく'가 합성되어 かたぶく로 이어진다.

人名訓読例

- かたぶ：傾子(かたぶこ)

境 **경**	訓読	さかい
	音読	キョウ·ケイ

訓読풀이

- さかい：㉮ 境(경)은 境界(경계)를 뜻한다. 国境線(국경선)은 인접국가와 국토를 가르는 限界線(한계선)으로 그 안 지역은 그 나라의 통치권 속에 있음을 뜻한다. '속'에서 '삭–사가–さかい'로 이어진다. ㉯ 국경선은 성(城) 등을 쌓고 이루어진다. '쌓고'에서 '싸가–さかい'로 이어진다.
  〔参考〕界(계), 疆(강)과 이음(さかい)을 같이한다.

人名訓読例

- さかい：境木(さかいぎ), 境山(さかいやま), 境野(さかいの), 境屋(さかいや), 境田(さかいだ), 境川(さかいがわ).

慶 **경**	訓読	よろこぶ
	人名訓読	よし
	音読	ケイ

訓読풀이

① よろこぶ：慶(경)은 옳은 일을 보고 기뻐하는 것을 뜻한다.
'옳은 일 기뻐하다'에서 '올기뻐–오로기부–요로고부–よろこぶ'로 이어진다.
〔参考〕喜(희), 悦(열)과 이음(よろこぶ)을 같이한다.

② よし：慶은 옳은 일(善行：선행)을 뜻한다〈一人有慶：書經 (일인유경：서경)〉.
'옳다'에서 '올–오시(받침ㄹ–'시'로 분절)–よし'로 이어지고, '옳지'에서 '오지–よし'로 이어진다.

人名訓読例

- よし：慶幹(よしもと), 慶兼(よしかね), 慶寛(よしとも), 慶基(よしき), 慶文(よしふみ·よしぶみ), 慶民(よしたみ).

憬 **경**	訓読	さとる· あこがれる
	音読	ケイ

訓読풀이

① さとる：憬(경)은 눈이 뜨이어 사물의 이치를 깨닫는 것, 즉 개안(開眼)하여 득도(得道)에 이름을 뜻한다.
'뜨다'에 종결 어미가 붙은 '뜨더라'에서 '다도라–사도루–さとる'로 이어진다.

② あこがれる：憬은 무엇을 그리워 아까워하는 것을 뜻한다. あこがれるドレス는 입어서 항상 아까워하는 드레스를 뜻한다.
'아끼다(아까워하다)'에서 '아끼고–아고가–あこがれる'로 이어진다.
〔参考〕憧(동：あこが)れる와 이음을 같이한다.

人名訓読例

- さとり·さとる：憬(외자 名).

頸 **경**	訓読	くび
	音読	ケイ

訓読풀이

- くび : 頸(경)은 목을 뜻한다. 목은 머리와 몸통을 잇는 부분으로 머리를 구부리게 하는 기능을 가진다.
  '굽다'에서 '굽-구비-くび'로 이어진다.
  〔参考〕 首(수)와 이음(くび)을 같이한다.

人名訓読例

- くび : 頸城(くびき).

瓊 경	訓読	たま
	音読	ケイ

訓読풀이

- たま : 玉(옥) 참조.

人名訓読例

- たま : 瓊田(たまだ), 瓊光(たまみつ), 瓊玖(たまき).

警 경	訓読	いましめる
	音読	ケイ·キョウ

訓読풀이

- いましめる : 警(경)은 훈계, 타이르는 것을 뜻한다. 즉 이치에 맞는 말로 이르는(타이르는) 것을 뜻한다. 医者(いしゃ)のいましめを守(まも)る 하면 맞은 음식, 맞은 운동을 하라는 의사의 이름(타이름)을 지킨다는 뜻이 된다. ㉮ '이르다'는 뜻의 言(い)う의 い와 '맞음'에서의 '마짐-마지메-ましめ'가 합성되어 いましめ로 이어진다. ㉯ '맞음'에서 '마지메-ましめ'로 이어지고, 접두어 い가 붙어 いましめる로 이어진다.
  〔参考〕 戒(계 : いまし)める와 이음을 같이한다.

鏡 경	訓読	かがみ
	人名訓読	あき·あきら·かね·まこ
	音読	キョウ

訓読풀이

① かがみ : 鏡(경)은 거울을 뜻한다. 手(て)かがみ처럼 손에 들고 보는 거울도 있지만 대체로는 어디엔가 걸어서 보게 된다.
'걸다'에서 '걸고-거고-가가-かが'로 이어지고, 본다는 みる의 み가 합성되어 かがみ로 이어진다.

② あき · あきら : 鏡은 밝히는 것을 뜻한다〈榮鏡宇宙 : 後漢書 (영경우주 : 후한서〉.
'밝다'에서 '바키라-아키라(ㅂ-ㅇ으로 변음)-あきら'로 이어진다.

③ かね : 鏡은 본받아 같이 닮아가는 것을 뜻한다.
'같다'에서 '같네-가네-かね'로 이어진다.

④ まこ · まこと : 鏡은 옳고 맞은 것을 거울삼아 본받는 것을 뜻한다.
'맞은 것'에서 '마(즌)걷-마걷-마곧-마고도-まこ · まこと'로 이어진다.

人名訓読例

① あきら · かがみ : 鏡(외자 名).
② あき : 鏡夫(あきお), 鏡生(あきお), 鏡聖(あきまさ).
③ かがみ : 鏡島(かがみしま · かがしま), 鏡里(かがみさと), 鏡山(かがみやま), 鏡岩(かがみいわ), 鏡屋(かがみや), 鏡原(かがみはら).
④ かね : 鏡湖(かねこ).
⑤ まこ(まこと의 준말) : 鏡人(まこと).

鯨 경	訓読	くじら
	人名訓読	いさ·とき
	音読	ゲイ

訓読풀이

① くじら : 鯨(경)은 고래를 뜻한다. 고래는 대단히 크다. 크다는 것을 '크더라 · 크지라'라고도 말한다.
'크지라'에서 '쿠지라–くじら'로 이어진다.

② いさ : ㉮ 鯨은 들어 올리는 것, 즉 고래의 큰 몸뚱이가 위로 솟아오르는 것을 뜻한다〈鯨牙低族 心平望審 : 潘岳 (경아저족 심평망심 : 반악)〉. '솟다'에서 '솟–소–사–さ'로 이어지고, 접두어 い가 붙어 いさ로 이어진다. ㉯ 고래가 위로 솟아오를 때는 몸뚱이가 위로 바로 선다. '서다'에서 '서–사–さ'로 이어지고 접두어 い가 붙어 いさ로 이어진다.
〔参考〕 용기가 솟는 것을 뜻하는 いさむ(勇む)와 이음을 같이한다.

③ とき : ㉮ 위 ②의 '들어 올리다'에서 '들기–두기–도기–とき'로 이어진다. ㉯ とき(鯨波 : 경파)는 전쟁터에서 사기를 돋구는 함성을 뜻한다. ときは 鬨(홍), 鯨波(경파)로도 표기된다. 고래가 큰 몸뚱이를 들어 솟구칠 때 나는 소리(鬨), 그 때 일어나는 파도소리(鯨波)가 전쟁터에서의 함성처럼 들린 것으로 풀이된다. ㉮와 마찬가지로 '들다'에서 '들기–두기–도기–とき'로 이어진다.
〔参考〕 鬨(홍), 鯨波(경파)와 이음(とき)을 같이한다.

人名訓読例

① くじら : 鯨岡(くじらおか), 鯨井(くじらい), 鯨伏(くじらふし · いさふし).
② いさ : 鯨伏(いさふし), 鯨野(いさの).
③ とき : 鯨津(ときつ).

競 경	訓読	きおう·きそう· くらべる·せる
	音読	キョウ·ケイ

訓読풀이

① きおう : ㉮ 競(경)은 지지 않으려고 서로 겨루는 것을 뜻한다. '겨루다'에서 '결우어–겨우어–기오우–きおう'로 이어진다. ㉯ きおう는 気負(きお)う로도 표기된다. 즉 気(き)를 업고(負) 무엇을 해내려고 분발하는 것을 뜻한다. '기 업어'에서 '기어어–기오우–きおう'로 이어진다.

② きそう : 競(きそ)う는 기(気)싸움하는 것을 뜻한다.
'기 싸워'에서 '기사우–기소우–きそう'로 이어진다.

③ くらべる : 力(ちから)を競(くら)べる 하면 힘을 겨루어 보는 것이고, 身長(しんちょう)をくらべる 하면 신장을 겨루어 보는 것이다.
'겨뤄 보다'에서 '겨러보라–구라보루–구라베루–くらべる'로 이어진다.

④ せる : 競(せ)る는 경쟁에서 상대방을 치는 것을 뜻한다.
'치다'에서 '치라–시루–세루–せる'로 이어진다.

人名訓読例

• きおい · きそい · きそう : 競(외자 名).

驚 경	訓読	おどろかす· おどろく
	音読	キョウ

訓読풀이

• おどろかす · おどろく : 驚(경)은 놀라는 것을 뜻한다.

'놀라다'에서 '놀라–올라(ㄴ–ㅇ으로 변음)–오도로(받침ㄹ–'도'로 분절)–おどろく'로 이어진다.

〔参考〕恐(공 : おそ)れ가 '놀라'에서 '올라(ㄴ–ㅇ으로 변음)–오소래(받침ㄹ–'소'로 분절)–おそれ'로 이어지는 것과 이치를 같이한다.

人名訓読例

• おどろ : 驚(외자 名).

【계】

戒 계	訓読	いましめる
	人名訓読	えびす·さと
	音読	カイ

訓読풀이

① いましめる : 警(경) 참조.

② えびす : 戒(계)를 오랑캐를 뜻하는 戎(융)과 같은 글자로 보고 인명(人名)에서 えびす로 훈독한 것으로 풀이된다. 오랑캐는 업신여기는 대상이다.
'업신'에서 '업시–어비수–에비수–えびす'로 이어진다〈戎(융) 참조〉.

③ さと : 戒는 훈계하여 상대방의 눈을 뜨게(깨닫게) 하는 것을 뜻한다.
'뜨다'에서 '떠–더더–다도–사도–さと'로 이어진다.

人名訓読例

① えびす : 戒屋(えびすや).

② さと : 戒田(さとだ).

系 계	訓読	つなぐ
	人名訓読	いと
	音読	ケイ

訓読풀이

① つなぐ : ㉮ 系(계)는 핏줄, 혈통을 뜻한다. '핏줄'에서 '줄–주–つ'로 이어지고 접미어 な가 붙어 つな가 되면서 つなぐ로 동사화 되어 '잇다'라는 뜻을 갖는다. ㉯ 系는 서로 대고 이어가는 것을 뜻한다. '대다'에서 '대는–댄–대나–두나–つなぐ'로 이어진다.
〔参考〕綱(강 : つな), 繫(계 : つな)ぐ와 이음(つな)을 같이한다.

② いと : 系는 잇는 것을 뜻한다.
'잇다'에서 '읻–이도–いと'로 이어진다.
〔参考〕絲(사)와 이음(いと)을 같이한다.

人名訓読例

• いと : 系(외자 名).

季 계	訓読	すえ
	人名訓読	とし·とき
	音読	キ

訓読풀이

① すえ : 季秋(계추)는 뒤에 오는 늦가을(晩秋 : 만추)을 뜻하고, 季女는 뒤에 낳은 막내딸을 뜻한다.
'뒤에'에서 '두에–수에–すえ'로 이어진다.
〔参考〕末(말 : すえ)와 이음을 같이한다.

② とし : ㉮ 季(계)는 철을 뜻한다. 철은 모내기 철처럼 한해 가운데 무엇을 하기에 알맞은 때를 말한다. '철'에서 '덜–돌–도시(받침ㄹ–'시'로 분절)–とし'로 이어진다. ㉯ 모내기 철이나 제철은 한해에 한 번 있는 모처럼의 철이기 때문에 돌이나 다름없다. '돌'에서 '도시(받침ㄹ–'시'로 분절)–とし'로 이어진다.
〔参考〕年(년), 歳(세)와 이음(とし)을 같이한다.

③ とき : 철은 때를 뜻한다. 때를 어릴 적

(때)처럼 '적'이라고도 한다.

'적'에서 '덕-독-도기-とき'로 이어진다.

人名訓読例

① すえ : 季兼(すえかね), 季昭(すえあき), 季秋(すえあき), 季熊(すえくま), 季暉(すえてる), 季熙(すえひろ).

② とし : 季良(としよし · すえはる), 季信(としのぶ · すえのぶ), 季衣(としえ), 季之(としゆき).

③ とき : 季次(ときつぐ · すえつぐ).

届(屆) 계	訓読	とどく · とどける
	音読	カイ

訓読풀이

• とどく · とどける : 手紙(てがみ)が届(とど)く 하면 편지가 도착하는 것을 뜻한다. 도착한다는 것은 어디에 '다다'름(닿음)을 말한다.

'다다르다'에서 '다다-도도-とどく'로 이어진다.

係 계	訓読	かがる · かがわる
	音読	ケイ

訓読풀이

① かがる : 人命(じんめい)に係(かが)ること 하면 사람 목숨이 걸린 중대한 일이라는 뜻이다.

'걸다'에서 '걸거라-거거라-가가루-かがる'로 이어진다.

〔参考〕 掛(괘), 懸(현), 罹(리)와 이음(かがる)을 같이한다.

② かがわる : 命(いのち)に係(かが)わることだ 하면 목숨이 걸려 있다는 뜻이다. 위 ①과 마찬가지로 '걸다'에서 かがわる로 이어진다.

〔参考〕 関(관 : かが)わる와 이음을 같이 한다.

契(契) 계	訓読	ちぎり · ちぎる
	音読	ケイ · キツ · セツ

訓読풀이

• ちぎり · ちぎる : 二世(にせ)の契(ちぎ)り 하면 내세까지도 변하지 말고 지키자는 부부 간 언약을 뜻한다.

'지키다'에서 '지키루-ちぎる'로 이어진다.

人名訓読例

• ちぎり · ちぎる : 契(외자 名).

界 계	訓読	さかい
	音読	カイ

訓読풀이

• さかい : ㉮ 界(계)는 공통적 특징을 갖는 집단이나 지역의 속을 구분하는 경계(境界), 한계(限界)를 나타낸다. 예컨대 문화계(文化界)는 문화와 관련된 공통적 특징을 갖는 세력 · 집단의 속(안)을 말한다. '속'에서 '삭-사가-さかい'로 이어진다. ㉯ 경계는 벽이나 공통체적 의식으로 쌓여 외부와 구분된다. '쌓다'에서 '싸고-싸가-さかい'로 이어진다.

〔参考〕 境(경), 疆(강), 堺(계)와 이음(さかい)을 같이한다.

人名訓読例

• さかい : 界 (외자 명), 界沢(さかいざわ).

計 계	訓読	はかり · はかる · かぞえる
	人名訓読	かず · かずえ · かずし
	音読	ケイ

訓読풀이

① はかり · はかる : 計(계)는 계산(計算)하는 것, 즉 헤아리는(헤는) 것, 세는 것을 뜻한다.
'헤아리다(헤다)'에서 '헤거라-하가루-はかる'로 이어진다.
〔参考〕 測(측), 量(량)과 이음(はかる)을 같이한다.

② かず · かぞえる : 計는 가짓수(數)를 센다는 뜻이다.
'가지가지 · 여러가지'에서 '가지-가주-かず'로 이어지고 동사화 되어 かぞえる로 이어진다.

人名訓読例

① かずえ · かずし · はかり · はかる : 計(외자 名).

② はかり : 計麦(はかりむき), 計屋(はかりや).

③ かず : 計広(かずひろ), 計富(かずとみ), 計子(かずこ), 計重(かずしげ), 計真(かずま), 計豊(かずとよ).

桂 계	訓読	かつら
	音読	カイ

訓読풀이

• かつら : 桂(계)는 桂樹(계수), 계수나무를 뜻하고 달 속에 있다는 상상의 나무를 지칭하기도 한다. 계수나무는 녹나무과의 늘 푸른 큰 키 나무에 속한다. 나무가 클뿐만 아니라 달 속에 있다는 상징성으로 동서양을 불문하고 큰 인물에 비유되기도 한다(月桂冠 · 桂冠詩人 : 월계관 · 계관시인).
'크다'에서 '크더라-가더라-가두라-かつら'로 이어진다. くじら(鯨 : 고래)가 '크더라'에서 くじら로, かしら(頭 : 두)가 '크지라'에서 かしら로 이어지는 것과 같은 이치이다.

人名訓読例

• かつら : 桂宮(かつらみや), 桂島(かつらしま), 桂山(かつらやま), 桂樹(かつらぎ), 桂川(かつらがわ), 桂村(かつらむら).

啓 계	訓読	ひらき · ひらく · もうす
	人名訓読	あき · あきら · さとし · さとる · たか · のぶ · のり · はじめ · はる · ひろ · ひろし · ひろむ · ふみ · みち · よし
	音読	ケイ

訓読풀이

① ひらき · ひらく : 啓(계)는 닫힌 것을 벌려(펼쳐) 여는 것을 뜻한다.
'벌리다'에서 '벌려-버러-비라-ひらく'로 이어진다.
〔参考〕 開(개 : ひら)く와 이음을 같이한다.

② もうす : 啓는 윗사람에게 아뢰는 것, 즉 말씀 올리는 것을 뜻한다.
'말'에서 '마알-모아-모우-もうす'로 이어진다.
〔参考〕 申(신 : もう)す와 이음을 같이한다.

③ あき · あきら : ㉮ 啓는 여는 것을 뜻한다〈啓予手 啓予足 : 論語 (계여수 계여족 : 논어)〉. '열다'에서 '열거라-여거라-아기라-あきら'로 이어진다. ㉯ 啓는 동이 트고 날이 밝는 것을 뜻한다(啓明 : 계명). '밝히다'에서 '바키라-아키라(ㅂ-ㅇ으로 변음)-あきら'로 이어진다.

〔参考〕明(명 : あき)らか와 이음을 같이한다.

④ さとし · さとる : 啓는 세상 이치에 눈을 뜨게 되는 것을 뜻한다〈啓蒙(계몽)〉.
'뜨다'에서 '떠-더더-다도-사도-さとし · さとる'로 이어진다.

⑤ たか : 啓는 운이 높이 뜨는(돋는 · 솟는) 것을 뜻한다.
'뜨다(돋다)'에서 '뜨고(돋고)-따가(다가)-たか'로 이어진다.

⑥ のぶ : 啓는 양기(또는 운)가 넓게, 높게 뜨는 것을 뜻한다.
'넓다'에서 '널버-너버-노부-のぶ', '높다'에서 '노파-노부-のぶ'로 이어진다.

⑦ のり : 啓는 옳은 이치를 깨닫게 하는 것을 뜻한다.
'옳다'에서 '올-놀(ㅇ-ㄴ으로 변음)-노리-のり'로 이어진다.

⑧ はじめ : 啓는 처음 시작하는 것을 뜻한다.
처음을 뜻하는 '햇'(햇곡식, 햇나물 등)에서 '해지-하지-はじめ'로 이어진다.
〔参考〕始(시), 初(초)와 이음(はじめ)을 같이한다.

⑨ はる : 啓는 밝은 계절, 입춘(立春)무렵을 뜻한다.
'밝다'에서 '밝-발-바루-はる'로 이어진다.
〔参考〕春(はる)와 이음을 같이한다.

⑩ひろ · ひろし · ひろむ : 啓는 벌리어 여는 것을 뜻한다.
'벌리다'에서 '벌려-빌러-비로-ひろ · ひろし · ひろむ'로 이어진다.

⑪ ふみ : 啓는 깨달아 배우는 것을 뜻한다.
'배우다'에서 '배움-뱀-붐-부미-ふみ'로 이어진다.

⑫ みち : 啓는 길을 선도(先導)하는 것을 뜻한다〈啓行(계행)〉. 길은 마을을 만들고 마을 자체가 길이다.
'마을'에서 '말-밀-미찌(받침ㄹ-'찌'로 분절)-みち'로 이어진다.
〔参考〕道(도 : みち)와 이음을 같이한다.

⑬ よし : '옳다'에서 '올-오시(ㄹ-'시'로 분절)-よし'로 이어지고, '옳지'에서 '오지-よし'로 이어진다.

人名訓読例

① あきら · さとる · はじめ · ひらき · ひらく · ひろ · ひろし · ひろむ : 啓(외자 名).
② あき : 啓次(あいつぐ · ひろつぐ)
③ さとし : 啓子(さとしこ · ひろこ).
④ たか : 啓茂(たかしげ), 啓行(たかゆき · ひろゆき).
⑤ のぶ : 啓雄(のぶお · ひろお), 啓義(のぶよし · ひろよし).
⑥ のり : 啓純(のりよし).
⑦ はる : 啓徳(はるのり · ひろのり).
⑧ ひら : 啓久(ひらく).
⑨ ひろ : 啓貫(ひろぬき), 啓基(ひろもと), 啓文(ひろぶみ), 啓正(ひろまさ), 啓峰(ひろみね), 啓靖(ひろやす).
⑩ ふみ : 啓夫(ふみお · ひろお · よしお).
⑪ みち : 啓代(みちよ).
⑫ よし : 啓亙(よしのぶ), 啓道(よしみち), 啓博(よしひろ), 啓晶(よしあき).

悸 계	訓読	おそれる
	音読	キ

訓読풀이

• おそれる : 悸悸(계계)는 놀라는 것, 두려워하는 것을 뜻한다.
'놀라'에서 '올레(ㄴ-ㅇ으로 변음)-오소레(받침ㄹ-'소'로 분절)-おそれる'로 이어진다.

渓(溪) 계	訓読	たに
	音読	ケイ

訓読풀이

- たに : 渓(계)는 渓谷(계곡), 골짜기를 뜻한다. 《삼국사기지리지》에 十谷懸 一云 德頓忽(십곡현 일운 덕돈홀)이라 해서 골짜기를 뜻하는 谷을 頓으로도 불렀다고 한다〈頓 외에 旦(단), 呑(탄)으로도 불림〉.
  '돈'에서 '단–다니–たに'로 이어진다.
  〔参考〕 谷(곡 : たに)와 이음을 같이한다.

人名訓読例

- たに : 渓間(たにま), 渓口(たにぐち), 渓内(たにうち), 渓神(たにかみ), 渓中(たになか), 渓男(たにお).

堺 계	訓読	さかい
	音読	カイ

訓読풀이

- さかい : 界(계) 참조.

人名訓読例

- さかい : 堺谷(さかいたに · さかいや), 堺藤(さかいとう), 堺屋(さかいや), 堺田(さかいだ · さかた), 堺沢(さかいざわ).

笄 계	訓読	こうがい
	音読	ケイ

訓読풀이

- こうがい : 笄(계)는 상투를 짠 뒤에 풀어지지 않게 꽂는 비녀, 동곳을 뜻한다.
  '꽂다'에서 '꽂–고–고우–こう'로 이어지고, 동곳의 '곳'에서 '고–가–가이–がい'로 이어져 こうがい로 합성된다.

継(繼) 계	訓読	つぎ·つぐ·まま
	音読	ケイ

訓読풀이

① つぎ · つぐ : ㉮ (계)는 継承(계승), 즉 뒤를 대는 것, 잇대는 것을 뜻한다. 家業(かぎょう)を継(つ)ぐ 하면 가업을 자식이 대를 이어 대어(잇대어) 간다는 뜻이다. '대다'에서 '대구–두구–つぐ'로 이어진다. ㉯ 가업을 대어 간다는 것은 아버지 뒤를 좇아 가업을 이어 간다는 뜻이 된다. '좇다'에서 '좇구–조구–주구–つぐ'로 이어진다.
〔参考〕 承(승 : つ)ぐ와 이음을 같이한다.

② まま : 継는 명사 앞에 붙어 본래의 혈통이 이어지지 않아 외부에서 사람을 들여와 새로운 관계를 '맺는' 것을 뜻한다. 継父(ままちち : 계부), 継母(ままはは : 계모), 継子(ままこ : 계자)는 모두 본래의 혈통을 갖지 아니하고 외부에서 계부, 계모, 계자로 들여와 새로운 관계를 '맺는' 경우이다.
'맺다'에서 '맺음–매음–맴–맘–마마–まま'로 이어진다.

人名訓読例

① つぎ : 継谷(つぎたに), 継橋(つぎはし), 継路(つぎじ), 継方(つぎかた), 継信(つぎのぶ), 継彦(つぎひこ).

② つぐ : 継山(つぐやま), 継田(つぐた), 継枝(つぐえだ), 継道(つぐみち), 継人(つぐひと), 継子(つぐこ).

禊 계	訓読	みそぎ·みそぐ
	音読	ケイ

訓読풀이

- みそぎ · みそぐ : 禊(みそ)ぎ는 죄나 부

정을 씻기 위해 냇물이나 강물로 몸을 씻는 것을 말한다. ㉮ '물(み)로 씻기'에서 '미시기–미소기–みそぎ'로 이어진다. ㉯ '몸(み) 씻기'에서 '미시기–미소기–みそぎ'로 이어진다.

人名訓読例

• みそぎ : 禊(외자 名).

髻 계	訓読	みずら·もとどり
	人名訓読	たぶさ
	音読	ケイ

訓読풀이

① みずら : 髻(계)는 일본식 상투를 뜻한다. 상투는 머리털을 한데 모아 끌어 올려서 정수리 위에 틀어 맨 것을 말한다.
'맺다'에서 '매주라–미주라–みずら'로 이어진다.

② もとどり : 髻는 머리털을 한데 '몯아'('모이다'의 옛말) '틀어' 맨 것을 말한다.
'몯아'에서 '모다–모도–もと'로 이어지고, '틀다'에서 '트러–도러–도리–どり'로 이어져 もとどり로 합성된다.

③ たぶさ : 髻는 머리'털'을 한데 '붙여서' 틀어 맨 것을 말한다.
'털'에서 '터–타–た'로 이어지고, '붙다'에서 '붙–붓–부사–ぶさ'로 이어져 たぶさ로 합성된다.

人名訓読例

• たぶさ · もとどり : 髻(외자 名).

谿 계	訓読	たに
	音読	ケイ

訓読풀이

• たに : 渓(계) 참조.

人名訓読例

• たに : 谿(외자 名).

繫 계	訓読	かかる·かく·つながる·つなぐ
	音読	ケイ

訓読풀이

① かかる : 船(ふね)がかかる 하면 배가 닻줄을 '걸고' 정박해 있음을 뜻한다.
'걸다'에서 '걸거라–거거루–가가루–かかる'로 이어진다.
〔参考〕掛(괘), 懸(현), 架(가), 係(계)와 이음(かかる)을 같이한다.

② かく : ふんどしをかく 하면 훈도시를 걸쳐 입는 것을 뜻한다.
'걸다'에서 '걸구–거구–가구–かく'로 이어진다.
〔参考〕構(구 : か)く와 이음을 같이한다.

③ つながる · つなぐ : ㉮ 繫(계)는 서로가 연결 · 연계 되어 있음을 뜻한다. 그러기 위하여는 서로를 이어주는 줄이 있어야 한다. 彼(かれ)とは血(ち)のつながりがある 하면 그와는 핏줄, 즉 혈연관계가 있다는 뜻이다. '줄'에서 접미어 な가 붙어 '주–주나–つな'로 이어지고 동사화 되어 つながる · つなぐ로 된다. ㉯ 繫는 줄을 '대는' 것을 뜻한다. '대는'에서 '두는–두나–つな'로 이어지고 つながる · つなぐ로 동사화된다.

人名訓読例

① つなぎ · つなぐ : 繫(외자 名).
② つな : 繫子(つなこ).

鶏(鷄) 계	訓読	にわとり·とり
	音読	ケイ

訓読풀이

① にわとり : にわとり(鶏 : 계)는 정원을 뜻하는 にわ(庭)와 새와 같은 '닭'을 뜻하

는 とり가 합성되어 にわとり로 이어진다. 즉 '닭'을 일반 새(とり : 鳥)와 구별하여 집(정원)에서 키우는 새라고 한 것이다.

'넓은' 정원에서 '넓어－너어－니어－니아－にわ'로 이어지고, '닭'에서 '달－돌－도리－とり'로 이어져 にわとり로 합성된다.

② とり : 鳥(조)는 새의 총칭인데 조류(鳥類)에는 닭도 포함된다. 사람에 가장 가까운 새로서의 '닭'에서 '달－돌－도리－とり'로 이어진다.

人名訓読例

• とり : 鶏冠井(とりかむい), 鶏足(とりたり), 鶏郎(とりろう).

【고】

古 고	訓読	ふるい·ふるす·ふるびる·いにしえ
	人名訓読	ひさ·ひさし
	音読	コ

訓読풀이

① ふるい : 古(고)는 헌 것, 낡은 것, 오래된 것을 뜻한다. 古(ふる)い車(くるま)는 헌 차를 뜻한다.

'헐다'에서 '헐－훌－후루－ふるい'로 이어진다.

〔参考〕 旧(구 : ふる)い와 이음을 같이한다.

② ふるす : 古(ふる)す는 동사의 연용형에 붙어 오래 써서 헐게 되는 것을 뜻한다. 着(き)ふるした洋服(ようふく)는 오래 입어 헐게 된(낡은) 양복이라는 뜻이고, 言(い)いふるされた言葉(ことば)는 늘 말하여 헐게 된(진부해진) 말이라는 뜻이다.

③ ふるびる : 古(ふる)びる는 헐게 되는 것, 헐어 버리는 것을 뜻한다.

'헐어 버리다'에서 '허러버리－후루비루－ふるびる'로 이어진다.

④ いにしえ : いにしえ는 雅語(아어)로 '옛날 · 왕시(往時)'를 뜻한다.

'옛날에'에서 '여날에－이닐에－이니시에(받침 ㄹ－'시'로 분절)－いにしえ'로 이어진다.

⑤ ひさ · ひさし : '헐다'란 '해어지다'－옷이나 신을 오래 입거나 신어 낡아지는 것, 즉 헐어지는 것을 뜻한다. ㉮ '해어지다'에서 '해어져－해저－히자－히사－ひさ · ひさし'로 이어진다. ㉯ '헐'에서 '힐－히사(받침 ㄹ－'사'로 분절)－ひさ · ひさし'로 이어진다.

人名訓読例

① ひさし · ふる : 古(외자 名).

② ひさ : 古文(ひさふみ), 古博(ひさひろ), 古寿(ひさとし), 古信(ひさのぶ), 古風(ひさかぜ), 古子(ひさこ · ふさこ).

③ふる : 古家(ふるえ · ふるや), 古郡(ふるごおり), 古群(ふるむれ), 古金(ふるかね), 古年(ふるとし), 古里(ふるさと).

叩 고	訓読	たたき·たたく
	人名訓読	ぬか
	音読	コウ

訓読풀이

① たたき · たたく : 叩(고)는 두들기는 것, 두드리는 것을 뜻한다.

'두들기다'에서 '두드기－다드기－다다기－たたき'로 이어진다.

〔参考〕 敲(고 : たた)く와 이음을 같이한다.

② ぬか : 叩는 이마(額 : 액)를 땅에 대고 조아리는(두드리는) 것을 뜻한다〈叩頭(고두), 叩首(고수)〉.

〔参考〕 額(액 : ぬか)와 이음을 같이한다.

人名訓読例

• ぬか : 叩手(ぬかじ · ぬかで).

尻 **고**	訓読	しり
	音読	コウ

訓読풀이

• しり : 尻(고)는 뒤 · 엉덩이 · 끝을 뜻하고 '뒤로' 자리를 잡는 것, 즉 엉덩이를 땅에 대고 앉는 것을 뜻한다〈昻首尻座作伏獅狀 : 名山記 (앙수고좌 작복사장 : 명산기)〉.

'뒤로'에서 '두리–디리–시리–しり'로 이어진다.

人名訓読例

• し · しり : 尻高(しったか), 尻無(しなし · しりない · しりなし), 尻無浜(しなはま), 尻釜(しりがま), 尻枝(しりえだ).

考 **고**	訓読	かんがえる
	人名訓読	たか · たかし
	音読	コウ

訓読풀이

① かんがえる : 何(なに)をかんがえてるの 하면 '무엇을 그렇게 곰곰이 생각하고 있니'라는 뜻이다. 한국어 '곰곰'은 여러모로 깊이 생각하는 모습을 연상시킬 정도로 '곰곰'과 생각은 동의어나 마찬가지이다.

'곰곰'에서 '곰고–감고–감가–かんがえる'로 이어진다.

② たか · たかし : 考는 뜨거나 솟아(돋아) 오르는 것을 뜻한다〈考降無有近悔 : 儀禮 (고강무유근회 : 의례)〉.

'뜨다(솟다 · 돋다)'에서 '뜨고–따고–다가–たか'로 이어진다.

人名訓読例

① たかし : 考(외자 名).

② たか : 考史(たかし · たかふみ).

告 **고**	訓読	つぐ · つげる · のる
	人名訓読	しめす
	音読	コク · コウ

訓読풀이

① つぐ · つげる : ㉮ 告(고)는 여러 가지 관련 자료나 사항을 '들어(들이대고)' 알리거나 따지는 것을 뜻한다. '들다'에서 '둘구–두구–つぐ'로 이어진다. ㉯ '들이대다'에서 '대구–두구–つぐ'로 이어진다.

② のる : ㉮ 告는 ①에서처럼 '알'리는 것을 뜻한다. '알'에서 '올–놀(ㅇ–ㄴ으로 변음)–노루–のる'로 이어진다. ㉯ 告는 타이르는 것을 뜻한다〈上敕下曰告 : 釋名 (상칙하왈고 : 석명)〉. '타이르다'에서 '이루–니루(ㅇ–ㄴ으로 변음)–노루–のる'로 이어진다.

③ しめす : 告는 ①에서처럼 '들이대는' 것을 뜻한다.

'대다'에서 '댐–샘–심–시매–しめす'로 이어진다. 또한 '들다(들이대다)'에서 '듬–딤–심–시매–しめす'로 이어진다.

〔参考〕 示(시 : しめ)す와 이음을 같이한다.

人名訓読例

① しめす · つげ · のり : 告(외자 名).

② つげ : 告森(つげもり), 告井(つげい), 告也(つげなり).

刳 고	訓読	えぐる·くる
	音読	コ

訓読풀이

① えぐる : ㉮ 刳(고)는 칼로 도려내는 것, 즉 '에어'내는 것을 뜻한다. '에다'의 명령형 '에거라'에서 '에구루-えぐる'로 이어진다. ㉯ 刳는 칼로 파내는 것, 즉 '일구어'내는 것을 뜻한다. '일구다'에서 '일구라-이구루-에구루-えぐる'로 이어진다.

② くる : ㉮ 刳는 가르는 것, 긁어내는 것을 뜻한다. 丸木(まるき)をくる 하면 통나무를 가르는 것을 뜻한다. '갈다'에서 '갈라-굴러-구루-くる'로 이어진다. ㉯ '긁어내다'에서 '긁-굴-구루-くる'로 이어진다. ㉰ 刳는 파내는 것, 즉 '캐'내는 것을 뜻한다. '캐다'에서 '캐라-쿠라-쿠루-くる'로 이어진다.

固 고	訓読	かたい·かたまる·かためる·もとより
	人名訓読	ちなみ
	音読	コ

訓読풀이

① かたい · かたまる · かためる : 固(かた)い石(いし)는 굳은 돌이고, 固い信念(しんねん)은 굳은 신념을 뜻한다.
'굳다'에서 '굳-갇-가다-かたい'로 이어진다.
〔参考〕堅(견), 難(난)과 이음(かた)을 같이한다.

② もとより : 固는 본디부터, '밑으로'부터 그러함을 뜻한다.
'밑으로'에서 '미토오리-모토요리-もとより'로 이어진다.

③ ちなみ : 固는 口 속에 오랫동안(古) 같이 '지내면서' 굳건한 因(인연 : 因緣)을 맺은 것을 나타낸다〈因其固然 : 莊子(인기고연 : 장자)〉.
'지내다'에서 '지남-지나미-ちなみ'로 이어진다.
〔参考〕因(인 : ちなみ)와 이음을 같이한다.

人名訓読例

① かたし · かたむ · ちなみ : 固(외자 名).

② かた : 固山(かたやま), 固城(かたしろ), 固志(かたし).

③ もと : 固功(もとよし), 固弘(もとひろ).

孤 고	訓読	ひとり·みなしご
	音読	ク

訓読풀이

① ひとり : 孤(고)는 '홀로' 있음을 뜻한다.
'홀로'에서 '홀리-힐리-히도리(받침 ㄹ-'도'로 분절)-ひとり' 이어진다.

② みなしご : 孤는 孤児(고아)를 뜻한다. 고아는 '봐'(みる : 見る)줄 사람 '없는'(없지-어지-나지(ㅇ-ㄴ으로 변음)-なし) '꼬마'(고-ご)를 말한다. みる의 み, なし, ご가 합성되어 みなしご로 이어진다. 즉 見無子인 셈이다.

苦 고	訓読	くるしい·くるしむ·くるしめる·にがい·にがる·にがむ·にがめる
	音読	ク

訓読풀이

① くるしい · くるしむ · くるしめる : 苦

(くる)しい立場(たちば), 苦しい生活(せいかつ)는 각각 괴로운 처지, 괴로운 생활을 나타낸다.

'괴롭다'에서 '괴로-구로-くるしい'로 이어진다.

② にがい · にがる · にがむ · にがめる : にがくて食(た)べられない 하면 '느끼' 해서 또는 '느글'거려서 먹을 수 없음을 나타낸다.

'느끼(느글)'에서 '느기(느구)-니가-にがい'로 이어진다.

人名訓読例

① くる : 苦林野(くるりの).

② にが : 苦瓜(にがうり), 苦桃(にがもも), 苦木(にがき), 苦竹(にがたけ).

股 고	訓読	また
	音読	コ

訓読풀이

• また : 股(고)는 가랑이(밑 · 끝이 갈라진 부분), 다리가랑이를 뜻한다. 가랑이는 몸통의 가장 '밑(끝)' 부분으로 거기에서 두다리가 갈라진다. 수레의 바퀴통에 가까운 '밑'부분도 股라고 한다.

'밑'에서 '맡-마다-また'로 이어진다.

人名訓読例

• また : 股野(またの), 股村(またむら), 股合(またあい · またい).

杲 고	訓読	あきらか
	人名訓読	あき·たか·たかし
	音読	コウ

訓読풀이

① あき · あきらか : 杲(고)는 햇빛이 환하게 밝은 것을 나타낸다.

'밝히다'에서 '바키라-아키라(ㅂ-ㅇ으로 변음)-あきら'로 이어진다.

② たか · たかし : 杲는 나무(木) 위에 해(日)가 높이 떠(돋아 · 솟아) 있음을 뜻한다.

'뜨다(돋다 · 솟다)'에서 '돋고(뜨고)-다고(따고)-다가-たか'로 이어진다.

人名訓読例

① あきらか · たかし : 杲(외자 名).

② あき : 杲雄(あきお), 杲弘(あきひろ).

③ たか : 杲也(たかや).

拷 고	訓読	うつ
	音読	ゴウ

訓読풀이

• うつ : 拷(고)는 눌러 때리는 것을 뜻한다 (拷問 : 고문).

'누루다'에서 '눌-울(ㄴ-으로 변음)-우쑤(받침ㄹ-'쑤'로 분절)-うつ'로 이어진다.

〔参考〕 打(타), 討(토), 撃(격)과 이음(うつ)을 같이한다.

故 고	訓読	ふるい·もと·ゆえ
	音読	コ

訓読풀이

① ふるい : 故(고)는 옛 것, 오래된 것, 낡은 것, 즉 헌 것을 뜻한다.

'헐다'에서 '헐-훌-후루-ふるい'로 이어진다.

〔参考〕 古(고 : ふる)와 이음을 같이한다.

② もと : 故는 밑바탕이 되는 도리, 사리를 뜻한다.

'밑'에서 '몯-모토-もと'로 이어진다.

〔参考〕 元(원), 本(본) 등과 이음(もと)을 같이한다.

③ ゆえ : 故는 까닭, 이유를 뜻한다. ゆえがある 하면 '왜' 그런지 이유가 있다는 뜻이다.
'왜'에서 '우에-ゆえ'로 이어진다.

人名訓読例

① ふる : 故里(ふるさと), 故木(ふるき · もとき), 故市(ふるいち).
② もと : 故木(もとき).

枯 **고**	訓読	からす·かれる
	音読	コ

訓読풀이

• からす · かれる : 枯(고)는 나무(木)가 오래(古) 되어 갈라지면서 말라죽는 것을 뜻한다.
'갈라지다'에서 '갈라-가라-からす'로 이어진다.
〔参考〕 涸(고), 嗄(사)와 이음(からす)을 같이한다.

人名訓読例

• かれ : 枯木(かれき).

柧 **고**	訓読	かど
	音読	コ

訓読풀이

• かど : 柧(고)는 모 · 모서리를 뜻한다. 모는 모가 난 끝부분을 말한다.
'끝'에서 '갇-가도-かど'로 이어진다.
〔参考〕 角(각 : かど)와 이음을 같이한다.

庫 **고**	訓読	くら
	音読	コ·ク

訓読풀이

• くら : ㉮ 庫(고)는 곳간, 창고를 뜻한다. 옛날에는 굴을 파서 곡식, 귀중품 등을 보관했을 것이다. '굴'에서 '구라-くら'로 이어진다. ㉯ 곳간이나 창고는 귀중품 등을 '가리어' 보관하는 곳이다. '가리다'에서 '가려-가라-구라-くら'로 이어진다. 곳간을 뜻하는 蔵(장)도 くら로 훈독되는데 한국 천자문에서는 '감출 장'이라고 읽는다. 감춘다는 것은 '가리어' 보관한다는 뜻이다.
〔参考〕 倉(창), 蔵(장)과 이음(くら)을 같이한다.

人名訓読例

• くら : 庫本(くらもと), 庫田(くらた), 庫子(くらこ), 庫之助(くらのすけ), 庫彦(くらひこ), 庫吉(くらきち).

羔 **고**	訓読	こひつじ
	音読	コウ

訓読풀이

• こ : 羔(고)는 새끼 양, 즉 꼬마 양을 뜻한다. 새끼를 나타내는 '꼬마'에서 '꼬-こ'로 이어지고 양(羊)을 뜻하는 ひつじ가 합성되어 こひつじ로 이어진다〈羊(양) 참조〉.

人名訓読例

• こひつじ : 羔(외자 名).

高 **고**	訓読	たか·たかい· たかまる·たかめる
	人名訓読	まさる
	音読	コウ

訓読풀이

① たか · たかい : 高는 높이 떠 있는 것, 높이 돋는 것, 높이 솟는 것, 높이 쌓는 것을 뜻한다. ㉮ 높이 '뜨다'에서 '뜨고-따고-다가-たか'로 이어진다. ㉯ 높이 '돋다'에서 '돋고-도고-다고-다가-た

か'로 이어진다. ㉰ 높이 '솟다'에서 '솟고-소고-다고-다가-たか'로 이어진다. ㉱ 높이 '쌓다'에서 '싸고-다고-다가-たか'로 이어진다.

② たかまる · たかめる : たか에서 たかまる · たかめる로 동사화 된다.

③ まさる : 高는 행실이 高尙(고상), 高潔(고결)하여 옳고 '맞음'을 뜻한다.
'맞다'에서 '마자-まさる'로 이어진다.

人名訓読例

① たか · たかし · まさる : 高(외자 名).

② たか : 高橋(たかはし), 高島(たかしま), 高塚(たかつか), 高寛(たかのり · たかひろ), 高基(たかき · たかもと), 高文(たかふみ · たかぶみ).

皐 고	訓読	さわ·さつき
	音読	コウ

訓読풀이

① さわ : 皐(고)는 물이 얕게 괴고 풀이나 잡목이 난 늪, 습지를 뜻한다. 제주도에는 이와 같은 さわ가 상당이 넓게 분포되어 있고, 이를 제주방언으로 '자왈', '곶자왈'이라 한다.
'자왈'에서 '자와-さわ'로 이어진다.
〔参考〕 沢(택 : さわ)와 이음을 같이한다.

② さつき : 皐(고)는 五月의 다른 이름인데 五(다섯)를 さ로 표기하고 있다. '다섯'의 '다'에서 さ로 이어지고 月을 뜻하는 つき〈月(월) 참조〉가 합성되어 さつき로 이어진다. こうげつ(五月)로도 음독된다.

人名訓読例

① さわ : 皐夫(さわお).

② さつき : 皐月(さつき).

袴 고	訓読	はかま
	音読	コ

訓読풀이

• はかま : 袴(고)는 본래 나무나 풀의 줄기를 감아 싸고 있는 껍질을 뜻하는데, 의미가 확대되어 일본옷의 겉(식물로 치면 줄기껍질)에 감아 입는 아래옷을 말한다.
나무의 '이파리' 또는 '풀'(풀도 '이파리'로 볼 수 있음)에서 '파-하-は'로 이어지고, '감다'에서 '가마-かま'로 이어져 はかま로 합성된다.
〔参考〕 羽織(はおり)는 일본 옷 위에 입는 겉옷을 뜻한다. 袴(はかま)가 아래쪽(식물로 치면 줄기)에 입는 겉옷임에 반하여 はおり는 위쪽(식물로 치면 이파리쪽)에 입도록 '오려'(엮어) 만든 옷을 말한다. '이파리(풀)'에서 '파-하-は'로 이어지고 '오려'(엮어라)에서 '오리-おり'로 이어져 はおり로 합성된다.

人名訓読例

• はかま : 袴谷(はかまや), 袴田(はかまた · はかまだ), 袴塚(はかまずか).

菰 고	訓読	こも
	音読	コ

訓読풀이

• こも : 菰(고)는 거적, 까는 풀을 뜻한다. 거적이나 까는 풀은 '깔고' 자거나 쉬는 용도로 쓰인다.
'깔다'에서 '깜-감-곰-고모-こも'로 이어진다.
〔参考〕 薦(천 : こも)와 이음을 같이한다.

人名訓読例

• こも : 菰口(こもくち), 菰野(こもの), 菰淵(こもぶち), 菰原(こもはら), 菰田

(こもた), 菰池(こもいけ).

雇(雇) 고	訓読	やとう
	音読	コ

訓読풀이

• やとう : 雇(고)는 품을 주고 일을 시키는 것(雇傭 : 고용)을 뜻한다.
'일'에서 '알−아도(받침ㄹ−'도'로 분절)−やとう'로 이어진다.
〔参考〕 傭(용 : やと)う와 이음을 같이한다.

痼 고	訓読	しこる
	音読	コ

訓読풀이

• しこる : 痼(고)는 오래도록 질기고 굳어(固) 고치기 힘든 병(疒)을 뜻한다. 肩(かた)が痼(しこ)る 하면 어깨근육이 단단하게 응어리져 질기게 된다는 뜻이다.
'질기다'에서 '질기라−지기루−시고루−しこる'로 이어진다.
〔参考〕 凝(응 : しこ)る와 이음을 같이한다.

賈 고·가	訓読	あきない·あきなう·あたい
	音読	カ·コ

訓読풀이

① あきない · あきなう : ㉮ 賈(고)는 장사를 하면서 이득(利得)을 '얻는' 것을 뜻한다. 특히 坐商(좌상)을 뜻한다〈坐賣曰賈 : 漢書 (좌매왈고 : 한서)〉. '얻다'에서 '얻기−어기−아기−あきない · あきなう'로 이어진다. ㉯ 賈는 속여서 부당하게 손에 '넣는' 것을 뜻한다〈用此以賈害 : 左氏傳 (용차이고해 : 좌씨전)〉. '넣다'에서 '넣기−너기−아기(ㄴ−ㅇ으로 변음)−あきなう'로 이어진다.
〔参考〕 商(상 : あいな)う와 이음을 같이한다.

② あたい : 賈(가)는 무슨 행위를 할 만한 값 · 값어치가 있음을 뜻한다. 称賛(しょうさん)にあたいする 하면 칭찬할 만한 값어치가 있음을 뜻하고, 一読(いちどく)にあたいする 하면 일독할 만한 값어치가 있음을 뜻한다.
'할'에서 '알(ㅎ−ㅇ으로 변음)−아다(받침ㄹ−'다'로 분절)−あたい'로 이어진다.
〔参考〕 価(가), 値(치)와 이음(あたい)을 같이한다.

鼓 고	訓読	つづみ
	人名訓読	つす·つず·つつ
	音読	コ

訓読풀이

① つづみ : 鼓(고)는 북을 두드리는 것, 치는 것을 뜻한다. ㉮ '두드리다'에서 '두드−두두−つづみ'로 이어진다. ㉯ '치다'에서 '침−춤−쑤쑤미−つづみ'로 이어진다.

② つすみ · つずみ · つつみ : 각각 つづみ의 변음이다.

人名訓読例

① つすみ · つずみ : 鼓(외자 名).
② つずみ : 鼓谷(つずみたに), 鼓田(つずみた), 鼓内(つずみうち).
③ つつみ : 鼓田(つつみだ).

敲 고	訓読	たたく
	音読	コウ

訓読풀이

• たたく : 敲(고)는 '두들기는' 것을 뜻한다.

'두들기다'에서 '두드-두다-다다-たたく'로 이어진다. 에도(江戸)시대에는 百(ひゃく)たたきの刑(けい)라고 하여 곤장으로 엉덩이를 백번 두들기는 태형(笞刑)이 있었다.

〔参考〕 叩(고 : たた)く 와 이음을 같이 한다.

膏 고	訓読	あぶら
	音読	コウ

訓読풀이

• あぶら : 膏(고)는 기름을 뜻한다(액체인 경우는 油, 고체인 것은 指 · 膏로 씀). 髮(かみ)にあぶらをつける 하면 머리에 기름을 바른다는 뜻이고, 膏藥(고약)은 피부에 생긴 상처 등에 바르는 약이다.

'바르다'에서 '발-바라-부라-ぶら'로 이어지고 접두어 あ가 붙어 あぶら로 이어진다.

〔参考〕 油(유), 脂(지)와 이음(あぶら)을 같이한다.

誥 고	訓読	つげる
	音読	コウ·コク

訓読풀이

• つげる : 誥(고)는 사람에 '대고' 알리는 것, 가르치는 것, 훈계하는 것〈會同曰誥 : 書經 (회동왈고 : 서경)〉을 뜻한다. '대다'에서 '대거라-두게루-つげる'로 이어진다.

〔参考〕 告(고 : つ)げる와 이음을 같이한다.

稿 고	訓読	わら
	音読	コウ

訓読풀이

• わら : 稿(고)는 볏짚을 뜻한다. わら屋根(やね)는 짚으로 '이은' 초가지붕을 뜻하는데 옛날에는 짚이 집을 짓는(이는) 데 중요한 재료로 쓰였다.

家(가)가 짚으로 '이어' 만들어져서 '이어-여-야-や'로 이어지고, 또한 '이어-이에-いえ'로 이어지듯이, 한국어 家는 '짚'으로 '이어져' 지어졌기 때문에 '집'으로 일컬어진다. 짚의 주요한 기능인 '이다'의 명령형 '이라'에서 '아라-わら'로 이어진다.

짚의 섬유를 원료로 만든 종이는 질이 좋지 않아 초고(草稿)를 쓰는데 이용했으므로 稿는 초고, 초안, 원고라는 뜻도 갖는다.

〔参考〕 藁(고 : わら)와 이음을 같이한다.

人名訓読例

• わら : 稿科(わらしな), 稿井(わらい).

靠 고	訓読	たがう·もたれる
	音読	コウ

訓読풀이

① たがう : 靠(고)는 어긋남, 즉 '다르게' 됨을 뜻한다.

㉮ '다르다'에서 '다르게-달가-다가-たがう'로 이어진다. ㉯ '달으다'에서 '달-다가(받침 ㄹ-'가'로 분절 : 月(달)이 つき, 酒(술)이 さけ가 되는 예)-たがう'로 이어진다.

〔参考〕 違(위 : たが)う와 이음을 같이한다.

② もたれる : 靠는 기대는 것, 의지하는 것, 즉 남에게 자기를 맡기는 것을 뜻한다.

'맡기다'에서 '맡-뫁-もたれる'로 이어진다.

〔参考〕凭(빙 : もた)れる와 이음을 같이 한다.

錮 고	訓読	ふさぐ
	音読	コ

訓読풀이

• ふさぐ : 錮(고)는 붙잡아 두는 것을 뜻한다〈其在位者 免官禁錮 : 後漢書 (기재위자 면관금고 : 후한서)〉.
'붙잡다'에서 '부자구–ふさぐ'로 이어진다.
〔参考〕塞(색 : ふさ)ぐ와 이음을 같이한다.

藁 고	訓読	わら
	音読	コウ

訓読풀이

• わら : 藁(고)는 벼 · 보리의 짚을 가리킨다. 옛날에 '짚'은 집을 짓는(이는) 데 중요한 재료로 쓰였다. 家(가)가 짚으로 '이어' 지었기 때문에 '이어–여–야–や'로 이어지고, 또한 '이에–いえ'로 이어지듯이 '짚'의 중요한 기능인 '이다'의 명령형 '이라'에서 '아라–わら'로 이어진다.
藁紙(わらがみ)는 짚을 원료로 해서 만든 질이 좋지 않은 종이이다. 맨 처음 草稿(초고)나 草案(초안)을 쓸 때 わらがみ를 이용하였으므로 藁는 原稿(원고), 草案이라는 뜻도 있다.
〔参考〕稿(고 : わら)와 이음을 같이한다.

人名訓読例

• わら : 藁谷(わらや), 藁科(わらしな), 稿粥(わらがゆ), 稿萱(わらがや).

顧 고	訓読	かえりみる
	音読	コ

訓読풀이

• かえりみる : 幼(おさな)いことを顧(かえりみ)る 하면 어린 시절을 회고(回顧)한다는 뜻으로, 이는 오늘의 나를 어린 시절의 나로 갈아 뒤돌아 본다는 뜻이다.
'갈다'에서 '갈아라–가에라–가에리–かえり'로 이어지고, 본다는 뜻의 みる가 합성되어 かえりみる로 이어진다.

【곡】

曲 곡	訓読	まかる · まげる · くせ
	人名訓読	くる · そり
	音読	キョク

訓読풀이

① まがる · まげる : 曲(곡)은 말아서 굽은 것을 뜻한다. 두루마리, 멍석, 이불 등을 말면 구부러지게 되어 있다.
'말다'에서 '말거라–마게라–마게루–まげる'로 이어진다.

② くせ : 曲은 바르지 않은 것, 궂은 것을 뜻한다. 曲士(곡사)는 마음이 궂은 사람, 曲解(곡해)는 궂은 뜻으로 해석하는 것을 뜻한다.
'궂다'에서 '궂–구제–くせ'로 이어진다.

③ くる : 曲은 '굴려서' 한쪽으로 굽게, 휘게 하는 것을 뜻한다.
'굴리다'에서 '굴–구루–くる'로 이어진다.

④ そり : 굽게 하는 것은 한쪽으로 쏠리게 하는 것을 뜻한다.
'쏠리다'에서 '솔–소리–そり'로 이어진다.

人名訓読例

① そり · まげり : 曲(외자 名).

② まが：曲谷(まがたに・まがや), 曲木(まがき), 曲田(まがた).
③ まがり：曲瀬(まがりぶち), 曲尾(まがりお), 曲沢(まがりさわ).
④ まげ：曲田(まげた), 曲川(まげかわ), 曲村(まげむら).
⑤ くる：曲輪(くるわ).
⑥ そり：曲畑(そりはた).

谷 곡	訓読	たに·や·きわまる
	人名訓読	はざま·はせ·せ·やつ
	音読	コク

訓読풀이

① たに：谷(곡)은 골짜기를 뜻한다.《삼국사기지리지》에 十谷懸 一云 德頓忽(십곡현 일운 덕돈홀)이라 하여 谷을 頓으로 훈독하여 谷(곡)이 頓(돈)과 같음을 나타내고 있다.
頓에서 '돈–단–다니–たに'로 이어진다. 같은 기록에 十(십)을 德(덕)으로 훈독하여 10이 '덕'에서 '더–도–と'로 이어지는 근거가 된다.

② や·やつ：㉮ 谷은 골짜기를 뜻하면서 골짜기 모양을 이루는 것도 가리킨다. 골짜기는 산과 산 사이에 깊숙이 패어 들어간 곳으로 그것은 두 개 또는 그 이상의 산들의 사면(斜面)이 '이어'지는 곳(골)을 뜻한다. '이어'에서 '여–야–や'로 이어진다. 사람 몸으로 치면 겨드랑이나 샅도 谷이라 하는데 겨드랑이는 팔과 몸체가 이어지는 오목한 곳, 샅은 아랫배와 두 허벅다리가 이어진 어름을 뜻한다. '어름'에서도 '어–아–야–や'로 이어진다. ㉯ '잇다'에서 '잇–얏–야수–やつ'로 이어진다.

③ きわまる：谷(きわ)まる는 골짜기의 끝 벼랑에 서 있는 것처럼 꼼짝 못할 상태에 있음을 나타낸다〈進退維谷：詩經(진퇴유곡：시경)〉.
'끝(가)'에서 '끝에(가에)–기에–기아–きわまる'로 이어진다.
〔参考〕 窮(궁), 極(극)과 이음(きわまる)을 같이한다.

④ はざま·はせ：㉮ 골짜기는 둘 이상의 산들에 '붙어' 있고 샅은 몸체와 양 허벅다리가 붙어 이어지는 어름이다. '붙다'에서 '붙음–붗암–바잠–바자마–はざま'로 이어진다. ㉯ '붙다'에서 '붓–밧–바세–はせ'로 이어진다.

⑤ せ：谷은 사람의 몸 중 샅(사타구니)을 뜻한다. '샅'에서 '사–세–せ'로 이어진다.

人名訓読例

① たに·はざま·やつ：(외자 名).
② たに：谷道(たにみち), 谷山(たにやま), 谷水(たにみず), 谷屋(たにや), 谷沢(たにざわ·やざわ), 谷下(たにした).
③ や：谷口(やぐち), 谷島(やじま·たにじま), 谷上(やがみ·たにがみ), 谷野(やの·たにの), 谷中(やなか·たになか), 谷村(やむら·たにむら).
④ やつ：谷田(やつだ·たにだ·やだ), 谷井(やつい·たにい·やい).
⑤ はせ：谷部(はせべ·やべ).
⑥ せ：谷川(せがわ·たにがわ·やつがわ), 長谷川(はせがわ).

哭 곡	訓読	なく
	音読	コク

訓読풀이

• なく：哭(곡)은 통곡하는 것, 즉 우는 것

을 뜻한다.

'울다'에서 '울구-우구-아구-나구(ㅇ-ㄴ으로 변음)-なく'로 이어진다.

〔参考〕 泣(읍), 鳴(명)과 이음(なく)을 같이한다.

穀 곡	人名訓読	くろ·のぶ·よし
	音読	コク

訓読풀이

① くろ : 穀(곡)은 기르는 것을 뜻한다〈以穀我士女 : 詩經 (이곡아사녀 : 시경)〉.
'기르다'에서 '길어-기러-기로-구로-くろ'로 이어진다.

② のぶ : 穀은 널리(넓히어) 알리는 것을 뜻한다. 告(고)와 같은 뜻을 나타낸다〈齊穀王姬之喪 : 禮記 (제곡왕희지상 : 예기)〉.
'넓히다'에서 '널펴-너버- 노부-のぶ'로 이어진다.

③ よし : 穀은 올바른 것, 착한 것을 뜻한다〈不至於穀 : 論語 (불지어곡 : 논어)〉.
'옳다'에서 '올-오시(받침ㄹ-'시'로 분절)-よし'로 이어지고, '옳지'에서 '오지-よし'로도 이어진다.

人名訓読例

① くろ : 穀谷(くろたに).
② のぶ : 穀男(のぶお).
③ よし : 穀美(よしみ), 穀定(よしさだ).

髷 곡	訓読	まげ
	音読	キョク

訓読풀이

• まげ : 髷(곡)은 상투 또한 머리털을 정수리에서 말아 묶고 그 끝을 모아 튼 상투머리를 말한다.
'말고 묶은' 머리에서 '마고-마게-まげ'로 이어진다.

人名訓読例

• まげ : 髷尾(まげお).

鵠 곡	訓読	くぐい·まと
	人名訓読	くげ
	音読	コク·コウ

訓読풀이

① くぐい : ㉮ 鵠(곡)은 꼿꼿이 꽂이는 과녁의 한가운데, 正鵠(정곡)을 뜻한다.
'꼿꼿이'에서 '고고이-구구이-くぐい'로 이어진다. ㉯ 鵠은 곧은 것, 꼿꼿한 것을 나타낸다〈鵠者 覺也 直也 : 詩經 (곡자 각야 직야 : 시경)〉. 鵠侍(곡시)는 고니처럼 꼿꼿이 서서 곁에서 모시는 것을 뜻한다〈從官皆鵠侍於中外 : 重越 (종관개곡시어중외 : 중월)〉. ㉮와 마찬가지로 '꼿꼿이'에서 '고고이-구구이-くぐい'로 이어진다.

② まと : 鵠은 과녁, 목표를 뜻한다. 과녁은 맞히는 목표를 뜻한다.
'맞'에서 '맏-마도-まと'로 이어진다.

③ くげ : 꼿꼿이 선다는 것은 굳게 선다는 뜻이다.
'굳게'에서 '구게-くげ'로 이어진다.

人名訓読例

① くぐい : 鵠戸(くぐいと).
② くげ : 鵠沼(くげぬま).

【곤】

丨 곤	訓読	たていち
	音読	コン

訓読풀이

• たていち : 丨(곤)은 위 아래로 하나(丨

: 일)로 서 있음을 나타낸다.

'서다'에서 '더다–다데–たて'로 이어지고, '일(丨)'에서 '이찌(받침ㄹ–'찌'로 분절)–いち'로 이어져 たていち로 합성된다.

人名訓読例

• たていち : 丨(외자 名).

困 곤	訓読	こまる
	音読	コン

訓読풀이

• こまる : 困(곤)은 괴로움, 어려움을 뜻한다.
'괴로움'에서 '괴롬–괼옴–괴옴–굄–곰–고마–こまる'로 이어진다.

悃 곤	訓読	まこと
	音読	コン

訓読풀이

• まこと : 悃(곤)은 도리에 맞는 것, 올바른 것, 정성스러운 것을 뜻한다.
'맞는 것'에서 '맞걷–마곧–마고도–まこと'로 이어진다.

人名訓読例

• まこと : 悃(외자 名).

梱 곤	訓読	こり·こる
	音読	コン

訓読풀이

• こり · こる : ㉮ 梱(곤)은 고리 · 고리짝을 뜻한다. '고리'에서 こり로 이어진다.
㉯ 梱은 꾸린 짐짝을 뜻한다. '꾸리다'에서 '구리–고리–こり · こる'로 이어진다.

滾 곤	訓読	たぎる
	音読	コン

訓読풀이

• たぎる : やかんの湯(ゆ)がたぎる 하면 주전자의 물이 들끓는 것을 뜻한다.
'들끓어'에서 '드그러–다그러–다기루–たぎる'로 이어진다.

【골】

骨 골	訓読	ほね
	音読	コツ

訓読풀이

• ほね : 骨(골)은 뼈를 뜻한다.
'뼈'에서 '벼–보–ほ'로 이어지고, 접미어 ね가 붙어 ほね로 이어진다. '배(船)'에서 ふね, 마음(胸)에서 むね, 뫼(峰)에서 みね로 이어지는 것과 같은 이치이다.

人名訓読例

• ほね : 骨皮(ほねかわ).

榾 골	訓読	ほだ
	音読	コツ

訓読풀이

• ほだ : 榾(골)은 불을 때기 위한 나무의 잔가지나 줄거리, 장작개비를 뜻한다.
'불'에서 '불–보다(받침ㄹ–'다'로 분절)–ほだ'로 이어진다. 또한 '불 때(다)'에서 '불대–부다–보다–ほだ'로 이어진다.

人名訓読例

• ほだ : 榾郎(ほだろう).

【공】

工 공	訓読	たくみ
	人名訓読	きぬぬい· つとむ·のり
	音読	コウ·ク

訓読풀이

① たくみ : 工(공)은 장인(匠人), 솜씨, 기량 등을 뜻한다. 장인이 되려면 오랜 기간 끊임없는 노력으로 기량을 닦아 나아가야 한다.
'닦다'에서 '닥음–다굼–다구미–たくみ'로 이어진다.
〔参考〕 匠(장), 巧(교)와 이음(たくみ)을 같이한다.

② きぬぬい : きぬぬい는 きぬ(絹)와 ぬい(縫い)의 합성어이다.
きぬ는 '깁다'에서 '긴–きぬ'로 이어지고, ぬい는 '누비다'에서 '눕여–누어–누이–ぬい'로 이어져 きぬぬい로 합성된다. 옛날에는 비단을 잘 누비는(짜는) 일이 장인으로서 으뜸가는 기량이었을 것을 쉽게 이해할 수 있다

③ つとむ : 장인은 기량을 쌓기 위하여 오랜 기간 애쓰고 힘써야 한다.
'(애)씀'에서 '씀–수수무–수두무–수도무–つとむ'로 이어진다.

④ のり : 工은 천지 사이(二)에 사람이 서서(丨) 법도에 맞게 옳은 일을 함을 나타내는 것으로 풀이된다.
'옳다'에서 '올–놀(ㅇ–ㄴ으로 변음)–노리–のり'로 이어진다.

人名訓読例

① きぬぬい · たくみ · つとむ : 工(외자 名).

② きぬぬい : 工匠(きぬぬい · たくみ), 工造(きぬぬい).

③ たく : 工広(たくひろ), 工匠(たくみ · きぬぬい).

④ のり : 工恵(のりえ).

公 공	訓読	おおやけ·きみ
	人名訓読	あきら·たか· とおる·とし·とも· ひろ·まさ·よし
	音読	コウ·ク

訓読풀이

① おおやけ : 公(공)은 대표적 공공(公共) 시설인 공공건물, 즉 관청(官廳)을 뜻하고 관청은 일반인에게 큰집을 가리키는 大家(おおやけ), 大宅(おおやけ)을 뜻하게 된다.
크고 많은 것을 뜻하는 '하다'에서 '하아–아아–오오–おお'로 이어지고, 집을 뜻하는 や(家)가 합성되어 おおや로 이어지면서 家의 音読 け가 첨가되어 おおやけ로 이어진다.

② きみ : 公은 임금, 천자를 뜻하는데, 5爵(公侯伯子男 : 공후백자남) 중에서도 公爵(공작)은 첫째이다. 곰(熊)을 신성시하는 숭배사상에서 神(かみ)가 곰과 이어지 듯, 公으로 일컬어지는 임금, 천자, 고관, 어른 등도 곰처럼 숭상(崇尙)하는 의식에서 '곰–김–기미–きみ'로 이어진다.
〔参考〕 君(군 : きみ)와 이음을 같이한다.

③ あきら : 公은 숨기지 않고 밝히는 것을 뜻한다(公公然 : 공공연).
'밝히다'에서 '바키라–아키라(ㅂ–ㅇ으로 변음)–あきら'로 이어진다.

④ たか : 公으로 나타나는 임금, 천자, 제

후 등은 우뚝 솟은(돋은) 자리에 앉아 백성들의 떠받침을 받는다.

'뜨다(돋다 · 솟다)'에서 '뜨고－따고－다가－たか'로 이어진다.

⑤ ただ：公은 公正(공정)하여 옳음을 뜻하고 따라서 떳떳함을 나타낸다.

'떳떳'에서 '더더－다다－ただ'로 이어진다.

⑥ とおる：公은 숨기지 않고 투명함, 즉 뚫려 있음을 뜻한다.

'뚫려'에서 '두우러－두오루－도오루－とおる'로 이어진다.

〔参考〕 透(투), 通(통)과 이음(とおる)을 같이한다.

⑦ とし：④의 '돋다 · 솟다'에서 '돋－돗－도시－とし'로 이어진다.

⑧ とも：公은 동배(同輩), 동무의 호칭을 나타낸다. 예를 들어, 한국에서는 동배 간에 김 아무개를 金公이라고도 부른다.

'동무'에서 '도무－도모－とも'로 이어진다.

⑨ ひろ：公은 여러 사람, 여러 사안과의 관계가 넓게 펼쳐 있음을 나타낸다〈天下爲公：禮記 (천하위공：예기), 奉公(봉공), 公事(공사)〉.

'펼쳐'에서 '펼－필－빌－비로－ひろ'로 이어진다.

⑩ まさ：公은 법도에 따라 맞게(公正) 처리함을 뜻한다.

'맞다'에서 '마자－まさ'로 이어진다.

⑪ よし：公은 옳게 처리함을 뜻한다.

'옳음'에서 '올－오시(받침 ㄹ－'시'로 분절)－よし', '옳지'에서 '오지－よし'로 이어진다.

人名訓読例

① あきら · きみ · たかし · ただし · とおる · ひろし · ひろむ：公(외자 名).

② おうやけ(おおやけ의 변음)：公宅(おうやけ).

③ きみ：公平(きみひら · たかひら), 公理(きみみち · まさとし), 公明(きみあき · たかあき · ひろあき · まさあき), 公文(きみふみ · ひろふみ), 公子(きみこ · ともこ), 公正(きみまさ).

④ たか：公誉(たかよし), 公任(たかのり), 公張(たかとも), 公直(たかなお · きみなお), 公平(たかひら), 公明(たかあき).

⑤ ただ：公徳(ただのり · きみのり), 公敏(ただはる · きみとし), 公信(ただのぶ · きみのぶ), 公延(ただのぶ), 公康(ただやす · きみやす), 公彦(ただひこ · きみひこ).

⑥ とし：公邦(としくに).

⑦ とも：公一(ともかず · きみかず), 公子(ともこ).

⑧ ひろ：公道(ひろのり · まさみち), 公昭(ひろあき), 公毅(ひろたけ), 公靖(ひろやす), 公明(ひろあき), 公文(ひろふみ).

⑨ まさ：公光(まさひろ), 公軌(まさのり), 公雄(まさお), 公歴(まさつぐ), 公理(まさとし), 公義(まさよし · まさのり).

⑩ よし：公麻呂(よしまろ · きみまろ).

孔 공	訓読	あな
	人名訓読	たかし·とおる·ただ·よし
	音読	コウ·ク

訓読풀이

① あな：孔(공)은 구멍을 뜻한다. 구멍은

'안'으로 뚫려 있다.

'안'에서 '아나–あな'로 이어진다.

② たかし : 孔은 孔子의 약칭이다. 孔子는 훌륭한 가르침으로 높게 떠받혀 모셔진다.

'뜨다'에서 '뜨고–따고–다가–たか(し)'로 이어진다.

③ とおる : ㉮ 구멍은 안으로 뚫어져 있다. '뚫어'에서 '두우루–도오루–とおる'로 이어진다. ㉯ 孔子는 천하를 두루 주유하며 그의 도(孔道)를 가르쳤다. '두루'에서 '도오루–とおる'로 이어진다.

④ ただ : 孔子는 평생 훌륭하고 떳떳한 삶을 살았다. 또한 중생들에게 옳고 떳떳한 삶을 살라고 가르쳤다.

'떳떳'에서 '더더–다다–ただ'로 이어진다.

⑤ よし : 孔子는 여러 나라를 돌아다니며 치국(治国)의 옳은 길을 유세하였다.

'옳다'에서 '올–오시(받침ㄹ–'시'로 분절)–よし'로, '옳지'에서 '오지–よし'로 이어진다.

人名訓読例

① あな · たかし · とおる : 孔(외자 名).

② あな : 孔大寺(あなほでら), 孔生部(あなおべ), 孔王(あなお), 孔王部(あなほべ).

③ ただ : 孔敏(ただとし).

④ よし : 孔巧(よしのり), 孔明(よしあき), 孔士(よしひと), 孔洋(よしひろ), 孔子(よしこ), 孔一(よしかず).

功 공	訓読	いさお
	人名訓読	かつ·かず·こと·なる·のり·まさ·よし
	音読	コウ·ク

訓読풀이

① いさお : ㉮ 功(공)은 일(事) · 직무 · 사업을 뜻하면서〈婦容 婦功 : 周禮 (부용 부공 : 주례)〉 功績(공적) 등을 쌓는 것을 뜻한다. '일(을) 쌓다'에서 '일싸아–이사오–いさお'로 이어진다. ㉯ 功은 공훈을 세우는 것을 뜻한다. '세워'에서 '사아–사오–さお'로 이어지고 접두어 い가 붙어 いさお로 이어진다.

〔参考〕 勲(훈 : いさお)와 이음을 같이한다.

② かつ · かず : 功은 공적을 통하여 명예(功名 : 공명), 훈장(功勳 : 공훈), 벼슬(功臣 : 공신) 등을 얻는 것, 즉 갖게 되는 것을 뜻한다.

'갖다'에서 '갖–가주–かつ · かず'로 이어진다.

③ こと : 功은 일 · 직무 · 사업, 즉 어떤 것을 이루는 '것'을 뜻한다.

'것'에서 '걷–곧–고도–こと'로 이어진다.

〔参考〕 事(사 : こと)와 이음을 같이한다.

④ なる : 功은 공적, 업적 등을 이루는 것, 결과를 낳는 것을 뜻한다〈成功(성공)〉. ㉮ '이루다'에서 '이루–아루–나루(ㅇ–ㄴ으로 변음)–なる'로 이어진다. ㉯ '낳다'에서 '나라–나루–なる'로 이어진다.

〔参考〕 成(성 : な)る와 이음을 같이한다.

⑤ のり : 功罪(공죄)가 옳은 일과 나쁜 일

을 가리키듯이 功은 옳음을 뜻한다.
'옳다'에서 '올-놀(ㅇ-ㄴ으로 변음)-노리-のり'로 이어진다.

⑥ まさ : 功은 도리에 맞게 공적을 쌓는 것을 뜻한다.
'맞다'에서 '마자-まさ'로 이어진다.

⑦ よし : ⑤의 '옳다'에서 '올-오시(받침ㄹ-'시'로 분절)-よし'로 이어지고, '옳지'에서 '오지-よし'로 이어진다.

人名訓読例

① いさお : 功(외자 名).
② いさ : 功光(いさみつ), 功峰(いさみね), 功緒(いさお), 功身(いさみ), 功長(いさなが), 功子(いさこ · ことこ · のりこ · よしこ).
③ かつ : 功汎(かつひろ), 功修(かつのぶ), 功典(かつのり · よしのり), 功恵(かつよし), 功浩(かつひろ), 功弘(かつひろ).
④ かず : 功泰(かずやす).
⑤ こと : 功康(ことやす), 功茂(ことしげ), 功子(ことこ).
⑥ なる : 功義(なるよし).
⑦ のり : 功孔(のりよし), 功光(のりあき · いさみつ), 功芳(のりよし), 功子(のりこ), 功行(のりゆき), 功冶(のりや).
⑧ まさ : 功位(まさのり).
⑨ よし : 功啓(よしひろ), 功博(よしひろ), 功人(よしひと), 功子(よしこ), 功典(よしのり), 功統(よしのり).

共 공	訓読	とも·ども
	人名訓読	みな
	音読	キョウ

訓読풀이

① とも · ども : 共(공)은 함께함을 뜻한다〈與朋友共 : 論語 (여붕우공 : 논어)〉. 한국어에서 함께하는 것을 동무한다고 한다.
'동무'에서 '도무-도모-とも · ども'로 이어진다.
〔参考〕友(우), 朋(붕)과 이음(とも)을 같이한다.

② みな : 共은 모두, 전부를 뜻한다〈天下共立義帝 : 史記 (천하공립의제 : 사기)〉. 모두를 뜻하는 '몽땅 · 몬(제주방언)'에서 '몬-민-미나-みな'로 이어진다.
〔参考〕皆(개 : みな)와 이음을 같이한다.

人名訓読例

① とも : 共邦(ともくに), 共福(ともさち), 共成(ともなり), 共惟(ともただ), 共昌(ともまさ), 共和(ともかず).
② みな : 共子(みなこ · ともこ).

攻 공	訓読	せめる
	音読	コウ

訓読풀이

• せめる : 城(しろ)を攻(せ)める 하면 성을 치는 것을 뜻한다.
'치다'에서 '침-심-셈-세메-せめる'로 이어진다.
〔参考〕責(책 : せ)める와 이음을 같이한다.

供 공	訓読	そなえる·とも·ども
	音読	キョク·ク·グ

訓読풀이

① そなえる : 供(공)은 대어 주는 것을 뜻한다. 供給(공급)은 수요에 응하여 물품

을 대어 주는 것을 뜻하고, 供物(공물)은 신불 앞에 주는(바치는) 물건을 뜻한다. '준다'에서 '준-존-조나-そなえる'로 이어진다. 또한 '대다'에서 '대는-도는-도나-조나-そなえる'로 이어진다.

② とも · ども : 供은 함께 하는 것, 즉 동무하는 것을 뜻한다. 山(やま)をともに登(のぼ)る 하면 동무해서 등산을 같이 한다는 뜻이다.
'동무'에서 '도무-도모-とも'로 이어진다.

人名訓読例

• とも : 供愛(ともなる), 供子(ともこ), 供弘(ともひろ), 供丸斎(ともまるさい), 供丸姫(ともまるひめ).

空 공	訓読	そら·あく·あける·から·うつ·うつけ·すく·むなしい
	音読	クウ

訓読풀이

① そら : 空(공)은 하늘을 뜻한다. 하늘은 확 뚫리어(트이어) 속이 비어 있다. ㉮ '뚫려'에서 '둘-돌-솔-소라-そら'로 이어진다. ㉯ '트다'에서 '트라-토라-소라-そら'로 이어진다.

② あく · あける : 空은 열려 있음을 뜻한다.
'열다'에서 '열구-여구-아구-あく'로 이어진다.
〔参考〕開(개 : あ)く와 이음을 같이한다.

③ から : ㉮ 空(から)는 속이 비어 있음, 즉 속이 곯아 있는 상태를 뜻한다. '곯아'에서 '고라-가라-から'로 이어진다. 空(から)는 접두어로 쓰여 곯아(비어) 있는 상태를 나타낸다. 空財布(からさいふ), 空手(からて), 空勇気(からゆき), 空手形(からてかた) 등이 있다. ㉯ 하늘이 뚫리어(트여) 있다함은 갈라져 비어 있음을 뜻한다. '갈라'에서 '가라-から'로 이어진다.
〔参考〕殻(각), 幹(간)과 이음(から)을 같이한다.

④ うつ · うつけ : 空(うつ · うつけ)은 속이 열려 텅 비어 있음을 뜻한다.
'열다'에서 '열-울-우쑤(받침 ㄹ-'쑤'로 분절)-うつ · うつけ'로 이어진다.
속이 비어 있다는 것은 멍청함을 뜻한다. 그래서 うつけ는 바보, 멍청이도 뜻하게 된다.
〔参考〕虚(허 : うつ)와 이음을 같이한다.

⑤ すく : 腹(はら)が空(す)く 하면 배가 고프다는 뜻으로, 배가 고프다는 것은 배가 트여 비어 있음을 뜻한다.
'트다'에서 '투구-수구-すく'로 이어진다.
〔参考〕透(투 : す)く 와 이음을 같이한다.

⑥ むなしい : 空(むな)しい는 아무 것도 없음을 뜻한다. 空しい話(はなし)는 내용이 없는 이야기라는 뜻으로, 내용이 '無(무) · 없다'라는 뜻이다.
'무 없다'에서 '무없지-무어지-무아지-무나시(ㅇ-ㄴ으로 변음)-むなしい'로 이어진다.
〔参考〕虚(허 : むな)しい와 이음을 같이한다.

人名訓読例

① うつ : 空木(うつぎ), 空蝉橋(うつせみばし), 空穂(うつぼ), 空夜(うつや).

② そら : 空岡(そらおか), 空本(そらもと), 空飛(そらとび), 空山(そらやま), 空速(そらばや), 空中(そらなか).

拱 공	訓読	こまぬく·こまねく
	音読	キョウ·コウ

訓読풀이

• こまぬく · こまねく : 拱(공)은 두 손(扌)을 마주(共) 끼어 잡아 있는 것(팔짱 낌)을 나타낸다. 手(て)をこまぬいている 하면 팔짱 끼고 수수방관(袖手傍観)하면서 어려운 상황에서 빠져 나갈 궁리만 하는 자세를 뜻한다.
팔장 '낀' 상태와 빠져 '나갈' 자세가 합성되어, '낌나가–기마나가–고마누구–こまぬく · こまねく'로 이어진다.

恐 공	訓読	おそれる·おそろしい·おそらく·こわい
	音読	キョウ

訓読풀이

① おそれる · おそろしい : 恐(おそ)れて口(くち)もきけない 하면 놀라서 말도 못한다는 뜻이고, 恐(おそ)ろしい話(はなし) 하면 놀랄 정도로 무서운 이야기라는 뜻이다.
'놀라'에서 '놀–올(ㄴ–ㅇ으로 변음)–오소(받침ㄹ–'소'로 분절)–おそれる · おそろしい'로 이어진다.
〔参考〕 怖(포), 畏(외), 慴(습)과 이음(おそれる)을 같이한다.

② おそらく : 恐(おそ)らく来(こ)ないだろう 하면 어쩌면 놀랍게도 오지 않을 것이다라는 뜻으로, 오는 것이 당연한데 놀랍게도 오지 않을 것이라는 말이다.
①에서와 같이 '놀라'에서 '놀–올–오소–おそらく'로 이어진다.

③ こわい : 恐(こわ)い目(め)にあう 하면 고약한(무서운) 꼴을 당한다는 뜻이다.
'고약'에서 '고야–고와–こわい'로 이어진다.
〔参考〕 怖(포 : こわ)い와 이음을 같이한다.

恭 공	訓読	うやうやしい·つつしむ
	人名訓読	すみ·たか·やす·よし
	音読	キョウ

訓読풀이

① うやうやしい : 恭(うやうや)しく一礼(いちれい)する 하면 공손히 절 '올리는' 것을 뜻한다.
윗분, 돌아가신 분들을 위해 절을 '올리고 또 올리면서' 공경심을 보인다는 뜻에서 '올려올려–올여올여–오여오여–우야우야–うやうやしい'로 이어진다.

② つつしむ : 恭(공)은 공경하고, 공손하고, 근신하기 위하여 애쓰심(힘쓰심)을 뜻한다.
'(애 · 힘)쓰심'에서 '수수심–つつしむ'로 이어진다.
〔参考〕 謹(근), 慎(신)과 이음(つつしむ)을 같이한다.

③ すみ : 恭(공)은 직분을 다하는 것을 뜻한다〈允恭克謹 : 書經 (윤공극근 : 서경)〉.
'다하다'에서 '다하다–다함–담–둠–두미–すみ'로 이어진다.

④ たか : 恭은 높이 떠받들어 공경하는 것을 뜻한다.
'뜨다(돋다)'에서 '뜨고–따고–다가–た

か'로 이어진다.

⑤ やす：㉮ 恭은 윗분을 잘 모시어 편안히 쉬게 하는 것을 뜻한다. '쉬다'에서 '수-す'로 이어지고 접두어 や가 붙어 やす로 이어진다. ㉯ 恭은 얌전하여 공손하고 어렵성 있는 것을 뜻한다. '얌전'에서 '야저-야주-やす'로 이어진다.

⑥ よし：恭은 여러 가지로 옳고 바른 행실을 나타낸다.
'옳다'에서 '올-오시(받침ㄹ-'시'로 분절)-よし'로 이어지고, '옳지'에서 '오지-よし'로 이어진다.

人名訓読例

① うや：恭子(うやこ · やすこ).

② すみ：恭代(すみよ · やすよ).

③ たか：恭敬(たかひろ · やすたか), 恭慶(たかよし), 恭道(たかみち), 恭史(たかふみ · やすのぶ), 恭晟(たかあき), 恭芳(たかよし).

④ やす：恭教(やすのり), 恭徳(やすのり), 恭明(やすあき), 恭博(やすひろ), 恭範(やすのり), 恭崇(やすたか).

⑤ よし：恭志(よしゆき).

貢 공	訓読	みつぐ
	人名訓読	つぐ
	音読	コウ·ク

訓読풀이

① みつぐ：㉮ 옛날 중국에서의 貢賦(공부) 제도에서 貢(貢物：공물)은 밑(백성)에서 나라에 대는(바치는) 것, 賦(賦稅：부세)는 위(나라)에서 거두는 것을 뜻한다. '밑(에서) 대다'에서 '미대구-미두구-みつぐ'로 이어진다. ㉯ 공물은 나라를 상징하는 군주에게 바친다는 뜻에서 군주를 뜻하는 きみ의 み와 つぐ가 합성되어 みつぐ로 이어진다.

② つぐ：みつぐ의 준말.
'대다'에서 '대구-두구-つぐ'로 이어진다.

人名訓読例

① みつ：貢雄(みつお), 貢子(みつこ), 貢正(みつまさ).

② つぐ：貢功(つぐのり), 貢代(つぐよ), 貢明(つぐあき).

控 공	訓読	ひかえる·ひく
	人名訓読	うつ·うと
	音読	コウ

訓読풀이

① ひかえる：㉮ 父(ちち)のうしろで控(ひか)える 하면 아버지 뒤에 비켜서서 조심스럽게 기다리는 자세를 뜻하고, たばこをひかえる、食事(しょくじ)をひかえる 하면 담배나 식사를 너무 즐기지 않고 비키는(피하는) 자세를 나타낸다. '비키다'에서 '비켜라-비가에라-비가에루-ひかえる'로 이어진다. ㉯ 要点(ようてん)をひかえておく 하면 요점을 베끼는 것을 뜻하고 控(ひか)え帳(ちょう)는 후일을 대비해서 베껴 둔 장부를 뜻한다. '베끼다'에서 '베기어라-비가에라-비가에루-ひかえる'로 이어진다.

② ひく：控(ひ)く는 控際(공제), 즉 빼는 것을 뜻한다.
'빼다'에서 '배구-비구-ひく'로 이어진다.
〔参考〕 引(인：ひ)く와 이음을 같이한다.

③ うつ · うと：控制(공제)는 남의 자유를 누루는 것, 控御(공어)는 눌러 단속하는 것을 뜻한다.

'누르다'에서 '눌-울(ㄴ-ㅇ으로 변음)-우쑤 · 우도(받침 ㄹ-'쑤' 및 '도'로 분절)-うつ · うと'로 이어진다.

〔参考〕打(타 : う)つ와 이음을 같이한다.

人名訓読例

① うつ : 控木(うつぎ · うとぎ), 控井(うつい).

② うと : 控木(うとぎ).

跫 공	訓読	あしおと
	音読	キョウ

訓読풀이

• あしおと : 跫(공)은 발자국 소리, 즉 발(자국) 울리는 소리를 뜻한다.
'발 울리다'에서 '발울-알올(ㅂ-ㅇ으로 변음)-아시오도(받침ㄹ-'시' 및 '도'로 분절)-あしおと'로 이어진다.

槓 공	訓読	てこ
	音読	コウ

訓読풀이

• てこ : 槓(공)은 지렛대, 공간(槓杆)을 뜻한다. 지렛대는 무거운 물건의 밑에 대고 작은 힘으로 큰 힘을 내는데 쓰인다. てこで石(いい)を転(ころ)がす 하면 지렛대를 돌 밑에 대고 굴린다는 뜻이다.
'대고'에서 てこ로 이어진다.
〔参考〕梃(정), 梃子(정자)와 이음(てこ)을 같이한다.

【곶】

串 곶·관	訓読	くし·つらぬく
	音読	カン·セン

訓読풀이

① くし : ㉮ 한국어에서 串(곶)은 音読이면서 訓読이다. 곶은 바다나 호수로 가늘게 뻗어 있는 육지의 끝 부분을 뜻한다. 곶은 꼬챙이, 꼬치처럼 생겼다. '곶'에서 '궂-구지-くし'로 이어진다. ㉯ 串(관)은 꼬챙이, 꼬치를 뜻한다. '고치'에서 '고치-구시-くし'로 이어진다. 또한 꼬치는 음식물 등을 꽂는 긴 막대기를 뜻하고 ㉮의 곶과 흡사하게 생겼다. '꽂' 또는 '곶'에서 '궂-구지-くし'로 이어진다.

② つらぬく : 꼬치에 물건을 꽂거나 꿸 때는 한 줄로 뚫고 나간다. ㉮ '뚫어나가다(내다)'에서 '뚫어나가(내구)-두루내구-두라누구-つらぬく'로 이어진다. ㉯ '줄처럼 뚫어내다'에서 '줄-주라-つら'로 이어지고, 뚫어 '내다'에서 '내구-누구-ぬく'로 이어져 つらぬく로 합성된다. 이 경우 ぬく는 抜(ぬ)く의 뜻을 갖는다.

人名訓読例

① くし · つらぬく : 串(외자 名).

② くし : 串間(くしま), 串橋(くしはし), 串宮(くしみや), 串上(くしがみ), 串原(くしはら), 串村(くしむら).

【과】

戈 과	訓読	ほこ
	音読	カ

訓読풀이

• ほこ : 戈(과)는 창(槍)을 뜻한다. 창은 길게 쭉 뻗은 나무에 뾰족하고 날카로운 쇳조각을 박고(붙이고) 적과 싸우는데 쓰는 무기의 일종이다.

창의 특징인 길게 '뻗은' 나무에서 '뻗고-버고-보고-ほこ', 쇳조각을 '박고'에서 '바고-보고-ほこ', '붙이다'에서 '붙고-부고-보고-ほこ'로 이어진다.

〔参考〕 矛(모 : ほこ)와 이음을 같이한다. 戈(과)는 날 한쪽에 가지가 붙어 있는 창, 矛(모)는 날에 가지가 없는 창을 말한다.

果 과	訓読	くだもの·はたす·はてる·はて
	音読	カ

訓読풀이

① くだもの : 果(과)는 과실 · 과일을 뜻한다. 果物(과물 : くだもの)의 果는 果敢(과감), 果断(과단)처럼 '굳다 · 굳세다'라는 뜻을 갖는다〈行必果 : 論語 (행필과 : 논어)〉. 과일은 채소와 달리 씨를 보호하기 위하여 굳은 껍데기로 싸여 있다. ㉮ '굳다'에서 '굳-구다-くだ'로 이어지고 ㉯ '껍데기'에서 '거데-거다-구다-くだ'로도 이어져 もの와 합성된다〈物(물) 참조〉.

② はたす : 果는 해내는 것, 즉 '하다'를 뜻한다〈善者果已而 : 老子 (선자과이이 : 노자)〉. 任務(にんむ)を果(は)たす 하면 임무를 (다)하는 것을 뜻한다.
'하다'에서 はたす로 이어진다.

③ はてる : 果(は)てる는 자동사로 다하는 것, 즉 (다)하게 되는 것을 뜻한다.
'하게 되'에서 '하되-하데-はてる'로 이어진다. 죽음은 목숨이 다하게 되는 것이므로 果てる는 죽는 것도 뜻하게 된다.

④ はて : 果(は)て는 끝을 뜻한다. 끝이란 무엇을 다하는 것(하다) 또는 다했음(했다)를 뜻한다.
'하다(했다)'에서 '하데-はて'로 이어진다.

人名訓読例

• はた : 果安(はたやす), 果之(はたし), 果志(はたし).

科 과	訓読	とが
	音読	カ

訓読풀이

• とが : 科(과)는 허물 · 잘못, 즉 탓 · 탈을 뜻한다. ㉮ '탓'에서 '톳-토쑤-토가(쑤-'가'로 촉음화 분절)-とが'로 이어진다. '토쑤(とつ)'가 '토가(とが)'로 변음 되는 것은 国家(こっか)의 こっ가 国民(こくみん)의 こく로 변음 되는 것과 같은 이치이다. ㉯ '탈'에서 '톨-토쑤(받침ㄹ-'쑤'로 분절)'-로 이어지고 ㉮에서와 같이 '쑤'가 '가'로 변음 되어 とが로 이어진다. ㉰ '달(月)'에서 つき, '굴(조개)'에서 かき, '밀(麦)'에서 むき가 되듯이 '탈'에서 '톨-토가(ㄹ-'가'로 변음)-とが'로 이어진다.

〔参考〕 咎(구 : とか)와 이음을 같이한다.

胯 과	訓読	また
	音読	コ·カ

訓読풀이

• また : 胯(과)는 가랑이, 다리가랑이를 뜻한다. 가랑이(샅 · 사타구니)는 몸통의 밑부분으로 거기에서 두 다리가 갈라진다.
'밑'에서 '맡-마타-また'로 이어진다. またぐら(胯座)는 다리가랑이를 뜻하는데 '가랑이'에서 '가라-구라-ぐら'로 이어지고 また와 합성되어 またぐら로 이어진다.

菓 과	訓読	くだもの
	音読	カ

訓読풀이

• くだもの : 菓(과)는 果(과)와 같은 뜻(과일)을 갖는다〈果(과) 참조〉.

過(過) 과	訓読	すぎる·すごす· あやまつ· あやまち·よぎる
	人名訓読	ぬぎ
	音読	カ

訓読풀이

① すぎる · すごる : 過(과)는 지나가는 것을 뜻한다. 지나간다는 것은 어떤 지점을 뚫고 지나가는 것을 뜻한다. 森(もり)をすぎる 하면 숲을 뚫고 지나가는 것, 毎日(まいにち)を無事(ぶじ)にすごす 하면 매일 무사히 난관을 뚫고 지나가는 것을 뜻한다.
'뚫다'의 명령형 '뚫거라'에서 '두커라－주키루－すぎる'로 이어진다.

② あやまつ · あやまち : ㉮ 過는 선을 넘어(지나쳐) 과실(過失), 과오(過誤)를 저지르는 것을 뜻한다. '넘다'에서 '넘음－너움－나암－아아마(ㄴ－ㅇ으로 변음)－あやまつ'로 이어진다. ㉯ 과실 · 과오는 옳지 않음을 뜻한다. '않음(안이야)'에서 '안음－아음－아암－아아마－あやまつ'로 이어지고, '안이야'에서 '아이야－아야－あやまつ'로 이어진다.

③ よぎる : 過는 넘는 것을 뜻한다〈過度(과도), 過半(과반)〉.
'넘다'에서 '넘기라－엄기루(ㄴ－ㅇ으롭변음)－어기루－요기루－よぎる'로 이어진다.

④ ぬぎ : ③의 '넘다'에서 '넘기－너기－누기－ぬぎ'로 이어진다.

人名訓読例

• すぎ · ぬぎ · よぎ : 過足(すぎあし · ぬぎあし · よぎあし).

誇 과	訓読	ほこり·ほこる
	音読	コ

訓読풀이

• ほこり · ほこる : 才能(さいのう)を誇(ほこ)る 하면 뻐기는 것, 뽐내는 것을 뜻한다.
'뻐기다'에서 '버기리－보고리－ほこり'로 이어진다.

人名訓読例

• ほこる : 誇(외자 名).

跨 과	訓読	またがる·またげる· またぐ
	音読	コ

訓読풀이

• またがる · またげる · またぐ : 跨(과)는 胯(과)와 마찬가지로 가랑이 · 사타구니 · 샅을 뜻한다. 사타구니는 몸통의 밑 부분으로 다리가 갈라지는 부분이다(그래서 '가랑이'라고도 함).
'밑'에서 '맡－마타－마다－また'로 이어지고, またがる · またげる · またぐ로 동사화 되어 사타구니를 벌리고 타는 모습, 양다리 걸치는 모습 등을 타나낸다. 또한 '밑 갈라'에서 '밑갈－맡가루－마타가루－またがる'로도 이어진다.
〔参考〕胯(과 : また)がる와 이음을 같이 한다.

寡 과	訓読	すくない·やもめ
	音読	カ

訓読풀이

① すくない : 寡黙(과묵)은 말이 적음을 뜻하고 寡聞(과문)은 見聞(견문)이 적음을 뜻한다.
'적다'에서 '적고-저고-주구-すく(ない)'로 이어진다.
〔参考〕少(소 : すく)ない와 이음을 같이 한다.

② やもめ : 寡(과)는 寡婦(과부), 즉 남편을 여읜(잃은) 홀어미를 뜻한다.
'여의다(잃다)'에서 '여임(일음)-염(임)-얌-야모-やも'로 이어지고, 사람을 지칭하는 명사 어미 め가 붙어 やもめ로 이어진다. 홀아비(寡男 : 과남)도 やもめ라 하는데, 寡婦를 おんなやもめ,寡男을 おとこやもめ라고 구분하기도 한다.

裹 과	訓読	つつむ
	音読	カ

訓読풀이

• つつむ : 裹(과)는 싸는 것을 뜻한다.
'싸다'에서 '쌈-쑴-수수무-つつむ'로 이어진다.
〔参考〕包(포 : つつ)む와 이음을 같이한다.

鍋 과	訓読	なべ
	音読	カ

訓読풀이

• なべ : 鍋(과)는 냄비를 뜻한다.
'냄비'에서 '내비-나베-なべ'로 이어진다.

人名訓読例

• なべ : 鍋島(なべしま), 鍋釜(なべかま), 鍋山(なべやま), 鍋田(なべた), 鍋川(なべかわ), 鍋沢(なべさわ).

【곽】

郭 곽	訓読	くるわ
	人名訓読	ひろ
	音読	カク

訓読풀이

① くるわ : 郭(곽)은 성(城)이나 성채(城砦)의 둘레에 흙이나 돌로 울타리를 쳐 놓은 지역을 뜻한다. 郭은 曲輪(곡륜 : くるわ)로도 표기되는데, 울타리를 쳐놓은 지역의 모습이 둥글게 구부러져(曲) 굴러 가는 수레바퀴(輪)의 테가 에워 싼 부분과 흡사하다.
'굴러'와 '에워'가 합성되어 '굴러에워-구루에워-구루와-くるわ'로 이어진다.

② ひろ : 郭은 도읍을 둘러싼 외성(外城)으로 널리 펼쳐 있다.
'펼'에서 '필-힐-히로-ひろ'로 이어진다.

人名訓読例

• ひろ : 郭人(ひろひと), 郭子(ひろこ), 郭志(ひろし), 郭和(ひろかず).

廓 곽	訓読	くるわ
	音読	カク

訓読풀이

• くるわ : 廓(곽)은 郭(곽)과 같은 뜻으로, 지금은 郭으로 쓰인다〈郭(곽) 참조〉.

【관】

串 관·곶	訓読	くし·つらぬく
	音読	カン·セン

訓読풀이

• くし · つらぬく : 串(곶) 참조.

官 관	訓読	おおやけ·つかさ
	人名訓読	ひろ
	音読	カン

訓読풀이

① おおやけ : 官(관)은 관청, 관공서, 조정, 정부를 뜻하고 일반인에게는 큰집을 뜻하는 大家(대가), 官家(관가)를 뜻하게 된다.
크고 많은 것을 뜻하는 '하다'에서 '하아-아아-おお'로 이어지고, 집을 뜻하는 や(家)가 합성되어 おおや로 이어지면서 家의 음독 け가 첨가되어 おおやけ가 된다.
〔参考〕 公(공 : おおやけ)와 이음을 같이 한다.

② つかさ : 官은 관리, 직무를 뜻한다. 옛날 특히 신정일체(神政一體)의 시대에는 관리의 직책은 신(神)과 왕(王)을 섬기는 것이 제일의 직무였을 것이다(오늘날에는 국민을 섬기는 것).
'섬기다'에서 '섬겨서-서가사-수가사-つかさ'로 이어진다.
〔参考〕 司(사 : つかさ)와 이음을 같이한다.

③ ひろ : 官의 행정업무는 전국적으로 펼쳐진다.
'펼'에서 '필-힐-히로-ひろ'로 이어진다.

人名訓読例

① つかさ : 官(외자 名).
② ひろ : 官川(ひろかわ), 官佳(ひろよし).

冠 관	訓読	かむり·かんむり·かぶる
	音読	カン

訓読풀이

① かむり · かんむり : 冠(관)은 갓 쓴 머리를 뜻한다.
'갓 머리'에서 '가머리-가무리-かむり'로 이어진다. 관 쓴 머리에서 '관 머리-간무리-かんむり'로도 읽는다. '갓 머리'는 '간머리-간무리-かんむり'로도 읽힌다.

② かぶる : 冠은 갓을 쓰는 것, 덮는 것을 뜻한다〈冠南山 : 張衡 (관남산 : 장형)〉. 덮어 씌우는 것을 꺼풀(까풀)진다라고 한다.
'꺼풀'에서 '거부루-가부루-かぶる'로 이어진다.

人名訓読例

① かぶ : 冠木(かぶき), 冠石野(かぶしの), 冠城(かぶき).
② かぶら : 冠城(かぶらぎ), 冠木(かぶらき).
③ かむら : 冠木(かむらき), 冠城(かむらぎ).

貫 관	訓読	つらぬく·ぬく
	人名訓読	とおる
	音読	カン

訓読풀이

① つらぬく : 貫(관)은 관철한다는 뜻으로, 한 줄로 뚫어낸다는 뜻이다. ㉮ '줄'에서 '주라-つらぬく'로 이어진다. ㉯ '뚫다'에서 '뚤-둘-두라-つらぬく'로 이어진다. ㉰ '뚫어내다'에서 '뚜러내구-두라누구-つらぬく'로 이어진다.

② ぬく : ①의 ㉰의 '뚫어내다'에서 '내구-

누구–ぬく'로 이어진다. 이 경우 ぬく는 抜(ぬ)く의 뜻을 갖는다.

③ とおる : '뚫어내다'에서 '뚫–둘–두우루–도오루–とおる'로 이어진다.

人名訓読例

① つらぬき · ぬき · とおる : 貫(외자 名).

② つら : 貫紀(つらぬき), 貫道(つらみち), 貫城(つらき), 貫義(つらよし), 貫長(つらなが), 貫之(つらゆき).

③ ぬき : 貫名(ぬきな), 貫山(ぬきやま), 貫塩(ぬきしお), 貫場(ぬきば), 貫田(ぬきた).

④ ぬく : 貫見(ぬくみ), 貫前(ぬくさき), 貫井(ぬくい).

款 관	訓読	まこと·きざむ
	音読	カン

訓読풀이

① まこと : 款(관)은 사리에 맞는 것, 정성을 뜻한다.
'맞는 것'에서 '맞것–마곧–마고도–まこと'로 이어진다.

② きざむ : 款은 陰字(음자), 즉 금석 등에 陰刻(음각)한 글자, 도장 등을 뜻한다(落款 : 낙관). 음각은 새기는 것, 뾰족한 것으로 긋는 것을 뜻한다.
'긋다'에서 '그심–기삼–기사무–きざむ'로 이어진다.
〔参考〕刻(각 : きざ)む와 이음을 같이한다.

菅 관	訓読	すが·すげ
	音読	カン

訓読풀이

• すが · すげ : 菅(관)은 莎草(사초)를 뜻한다.
사초로 갓을 만들어 '삿(초)갓'이 되고, '삿갓'에서 '사가–수가–すが · すげ'로 이어진다〈白華野菅 : 爾雅 (백화야관 : 이아)〉.

人名訓読例

① すが : 菅本(すがもと), 菅山(すがやま), 菅原(すがはら · すがわら), 菅村(すがむら), 菅沢(すがさわ · すがざわ), 菅子(すがこ).

② すげ : 菅谷(すげのや · すがや), 菅野(すげの · すがの), 菅田(すげた · すがた), 菅川(すげかわ).

寛(寬) 관	訓読	くつろぐ·ひろい·ゆたか·ゆるやか
	人名訓読	あきら·すみ·とみ·とも·のぶ·のり·ひろし
	音読	カン

訓読풀이

① くつろぐ : 寛(관)은 크고 너그러움을 나타낸다. 寛大(관대)는 마음 크게 사람을 편하게 하는 것을 뜻하고 寛用(관용)은 마음 크게 인정이 후함을 뜻한다.
'크다'에서 '크드라구–구두로구–くつろぐ'로 이어진다.

② ひろい · ひろし : ㉮ 寛은 마음이 넓게 벌려(열려) 있음을 뜻한다. '벌리다'에서 '벌–빌–비로–ひろい'로 이어진다. 또한 '열다'에서 '열–일–빌(ㅇ–ㅂ으로 변음)–비로–ひろい'로 이어진다. ㉯ 寛은 寛用을 널리 펼치는 것을 뜻한다. '펼'에서 '벌–빌–비로–ひろい'로 이어진다.

③ ゆたか : 寛은 古語에서 여유 있는 것, 즉 유들유들함을 나타낸다.
'유들'에서 '유드–유다–ゆたか'로 이어진

다.

〔参考〕 여유를 뜻하는 ゆとり(유둘–유돌–유도리)와 이음을 같이한다.

④ ゆるやか：寛은 느린 것, 느슨한 것을 뜻한다.

'느리다'에서 '누려어–누루어–유루아(ㄴ–ㅇ으로 변음)–ゆるやか'로 이어진다.

〔参考〕 緩(완：ゆる)やか와 이음을 같이한다.

⑤ あきら：寛은 마음을 열고 받아들이는 것(寛容：관용)을 뜻한다.

'열다'에서 '열기라–여기라–아기라–あきら'로 이어진다.

⑥ すみ：寛은 다 되어 떠나는 것을 뜻한다.

'되다 · 떠나다(뜨다)'에서 '됨(뜸)–둠–숨–수미–すみ'로 이어진다.

⑦ とみ：寛은 관대(寛大)하게 모두 받아들이는 것, 담는 것을 뜻한다.

'들이다'에서 '듬–돔–도미–とみ'로, '담다'에서 '담–돔–도미–とみ'로 이어진다.

⑧ とも：寛은 너그럽게 타인과 동무해 주면서 편안하게 해주는 것을 나타낸다.

'동무'에서 '도무–도모–とも'로 이어진다.

⑨ のぶ：寛은 도량이 넓은 것을 뜻한다.

'넓다'에서 '너버–노부–のぶ'로 이어진다.

⑩ のり：㉮ '넓다'에서 '널–놀–노리–のり'로 이어진다. ㉯ 寛으로 표기되는 모든 단어는 옳음을 나타낸다〈寛大(관대), 寛恕(관서), 寛容(관용), 寛厚(관후), 寛仁(관인) 등〉. '옳다'에서 '올–놀–노리–のり'로 이어진다.

人名訓読例

① あきら · ひろし · ゆたか：寛 (외자 名).

② ひろ：寛国(ひろくに), 寛徳(ひろのり), 寛道(ひろみち), 寛明(ひろあき), 寛文(ひろふみ), 寛子(ひろこ), 寛豊(ひろとよ).

③ すみ：寛夫(すみお · のりお · ひろお).

④ とみ：寛祐(とみまさ), 寛裕(とみまさ · ひろやす).

⑤ とも：寛仁(ともひと), 寛治(ともはる · ひろはる).

⑥ のぶ：寛雄(のぶお · ひろお).

⑦ のり：寛夫(のりお · すみお · ひろお).

慣 관	訓読	ならす·なれる
	音読	カン

訓読풀이

• ならす · なれる：㉮ 慣(관)은 늘 같은 것을 반복함으로써 학식이 늘다, 기술이 늘다 처럼 나아지는 것, 익숙해지는 것을 뜻한다. '늘다'에서 '늘–날–나라–ならす · なれる'로 이어진다. ㉯ 慣은 늘 같은 것을 반복해서 慣例化(관례화) 되는 것을 뜻한다. '늘'에서 '날–나라–ならす · なれる'로 이어진다.

人名訓読例

• なれる：慣(외자 名).

管 관	訓読	くだ·ふえ
	人名訓読	すが
	音読	カン

訓読풀이

① くだ：管(관)은 속이 비고 둥글며 기체나 액체를 보내는데 쓰이는 도구로 기체나 액체를 보내는 쪽이나 받는 쪽에 꽂게 되어 있다. 예컨대 지하수를 뽑아 올리려면 관을 꽂아서 끌어 올리게 마련이다.

'꽂다'에서 '곧–굳–구다–くだ'로 이어진다.

② ふえ：管은 부는 것, 취주(吹奏)를 뜻하고 管樂器(관악기)의 하나인 피리를 뜻한다.
'불다'에서 '불어-부어-부에-ふえ'로 이어진다.

③ すが：管을 人名訓読에서 すが로 쓰이는데, 이는 菅(관：すが)과 같은 字로 보고 すが로 훈독하는 것으로 풀이된다〈菅(관) 참조〉.

人名訓読例

① くだ：管山(くだやま), 管綜(くだえ).

② すが：管谷(すがたに), 管木(すがき), 管野(すがの), 管原(すがはら).

綰 관	訓読	すべる·たく· たがねる·わげる
	音読	ワン

訓読풀이

① すべる：綰(관)은 다스리는 것, 지배하는 것을 뜻한다. 다스린다는 것은 권력을 잡고 지배함을 뜻한다.
'잡다'에서 '잡으라-자브라-주베라-수베루-すべる'로 이어진다.
〔参考〕総(총), 統(통)과 이음(すべる)을 같이한다.

② たく：髪(かみ)をたく 하면 머리를 땋아 묶는 것을 뜻한다.
'땋다'에서 '따구-たく'로 이어진다.

③ たがねる：②의 綰(た)く와 마찬가지로 '땋다'에서 '따가-たがねる'로 이어진다.

④ わげる：綰(わ)げる는 노송나무, 삼나무 등의 얇은 판자를 구부려 엮어(얽어)서 원통형 용기(わげもの：綰物)를 만드는 것을 뜻한다.
'엮다(얽다)'에서 '여거-아거-와게-わげる'로 이어진다.

関(關) 관	訓読	せき·かかる
	音読	カン

訓読풀이

① せき：関(관)은 빗장을 뜻한다. 빗장은 잠그는 기능을 한다〈城郭不關：淮南子(성곽불관：회남자)〉. 関門(관문)은 중요한 요소에 문을 설치하고 그 문을 잠가두어 필요할 때 열어 출입을 허락함을 뜻하고, 税関(세관)은 수입품을 일단 보세 창고 등에 잠궈 두었다가 세금(관세)을 받고 내주는 것이다.
'잠궈'에서 '잠가-자가-자기-제기-せき'로 이어진다.

② かかる：命(いのち)に関(かか)ることだ 하면 목숨이 걸려 있다는 뜻이다.
'걸다'에서 '걸거라-거거루-가가루-かかる'로 이어진다.
〔参考〕係(계：かか)る와 이음을 같이한다.

人名訓読例

- せき：関口(せきぐち), 関本(せきもと), 関原(せきはら), 関川(せきかわ), 関沢(せきさわ), 関脇(せきわき).

館(館) 관	訓読	たて·たち
	音読	カン

訓読풀이

① たて：館(관)은 큰 建物(건물)을 뜻한다〈成均館(성균관), 大使館(대사관), 博物館(박물관)〉.
建物을 뜻하는 たてもの에서 たて(建)가 館을 뜻한다. たて(建)가 '서다'에서 '사다-다다-다데-たて'로 이어지는 것과 같은 이치이다.

② たち：'서다'에서 '서지-사지-다지-たち'로 이어진다.

人名訓読例

- たて：館内(たてうち), 館山(たてやま), 館長(たてなが), 館田(たてだ), 館川(たてかわ), 館浦(たてうら)

舘 관	訓読	たて·たち
	音読	カン

訓読풀이

- たて · たち：館(관) 참조.

人名訓読例

- 館과 마찬가지로 たて 또는 たち로 쓰인다.

観(觀) 관	訓読	しめす·みる
	音読	カン

訓読풀이

① しめす：観(관)은 증거 · 자료 등을 대면서 명시(明示)하는 것을 뜻한다〈以觀欲天下：漢書 (이관욕천하：한서)〉.
'대다'에서 '댐–딤–심–시메–しめす'로 이어진다.
〔参考〕示(시：しめ)す와 이음을 같이한다.

② みる：観은 보는 것을 뜻한다.
'눈매'에서 '매–미–み'로 이어지고, みる로 동사화 된다.
〔参考〕見(견：み)る와 이음을 같이한다.

人名訓読例

① しめす：観(외자 名).
② み：観山(みやま).

灌 관	訓読	そそぐ
	音読	カン

訓読풀이

- そそぐ：㉮ 灌(관)은 물 따위를 쏟는 것을 뜻한다. 灌漑(관개)는 논밭에 물을 쏟아 대는 것을 뜻한다. '쏟다'에서 '쏟구–소소구–そそぐ'로 이어진다. ㉯ 灌은 손을 씻는 것을 뜻한다. '씻다'에서 '씻구–시시구–소소구–そそぐ'로 이어진다.
〔参考〕注(주), 濯(탁)과 이음(そそぐ)을 같이한다.

顴 관	訓読	ほおぼね
	音読	カン·ケン

訓読풀이

- ほおぼね：顴(관)은 광대뼈, 즉 볼에 튀어나온 뼈를 뜻한다.
'볼'에서 '보오–ほお'로 이어지고, '뼈'에서 '베–보(내)–ぼね'로 이어져 ほおぼね로 합성된다. 頬骨(ほおぼね)로도 표기된다〈頬(협：ほお) 및 骨(골：ほね) 참조〉.

鸛 관	訓読	こうのとり
	人名訓読	つる
	音読	カン

訓読풀이

① こうのとり：鸛(관)은 황새(黃새)를 뜻한다. 黃(황)의 음독 こう와 새를 뜻하는 とり(닭–달–돌–도리)가 합성되어 こうのとり로 이어진다.

② つる：황새와 두루미는 여러 면에서 비슷하다(황새는 천연기념물 199호, 두루미는 202호). 몸길이나 날개길이는 두루미가 크지만 둘 다 다리와 부리가 길고 습지에서 작은 물고기 등을 잡아먹고 살며 외형상으로 같은 과의 새로 보여서 鸛도 人名訓読에서 두루미와 같이 つる(鶴)로 읽은 것으로 풀이된다.
'두루미'에서 '두루–つる'로 이어진다.

人名訓読例

• つる：鶴本(つるもと).

【괄】

刮 괄	訓読	けずる·こそぐ·こそげる
	音読	カツ

訓読풀이

① けずる：㉮ 刮(괄)은 갈아서 닳게 하는 것, 긁어내는 것을 뜻한다. '갈다(긁다)'에서 '갈-겔-게주(받침ㄹ-'주'로 분절)-けずる'로 이어진다. ㉯ 刮은 닳아 꺼지는 것을 뜻한다. '꺼지다'에서 '깨져-개주-けずる'로 이어진다.

〔参考〕削(삭：けず)る와 이음을 같이한다.

② こそぐ·こそげる：'긁어내다'에서 '글-골-고소(받침ㄹ-'소'로 분절)-こそぐ·こそげる'로 이어진다.

括 괄	訓読	くくる·くびる·くびれる
	音読	カツ

訓読풀이

① くくる：荷(に)を括(くくる) 하면 짐을 꾸린다는 뜻이다.

'꾸리다'에서 '구구리-구구루-くくる'로 이어진다.

② くびる·くびれる：括(괄)은 졸라매어 목처럼 구부러지는 것, 잘록해지는 것을 뜻한다.

'굽히다'에서 '굽-구비-くびれる'로 이어진다. 또한 목을 뜻하는 くび에서 くびれる로 동사화 된다.

〔参考〕縊(액：くび)れる와 이음을 같이 한다. 括れる는 腰(こし)がくびれている처럼 졸라매어 구부러지는(잘록해지는)데 끝나지만, 縊れる는 목 매달아(목이 구부러져) 죽는 것(縊死：액사)을 뜻한다.

筈 괄	訓読	はず
	音読	カツ

訓読풀이

• はず：筈(괄)은 할 예정, 할 리(없다), 할 터, 당연히 ~할, 등 미래를 예정하는 '할'에서 '하주(받침ㄹ-'주'로 분절)-はず'로 이어진다.

人名訓読例

• はず：筈見(はずみ), 筈高(はずたか).

【광】

広(廣) 광	訓読	ひろい·ひろまる·ひろめる·ひろがる·ひろげる
	音読	コウ

訓読풀이

• ひろい·ひろまる·ひろめる·ひろがる·ひろげる：㉮ 広(광)은 벌리어 넓어지는 것을 뜻한다. 裾(すそ)のひろがったズボン은 자락이 벌어져 넓어진 바지이고, 勢力(せいりょく)をひろめる 하면 세력을 벌려 넓혀 가는 것을 뜻한다. '벌리다'에서 '벌-빌-비로-ひろい'로 이어진다. ㉯ 広은 펼치는 것을 뜻한다. 勢力をひろげる 하면 세력을 펼친다는 뜻이다. '펼치다'에서 '펼-필-힐-히로-ひろい'로 이어진다.

人名訓読例

• ひろ：広場(ひろば), 広津(ひろつ), 広寛(ひろとも), 広基(ひろもと), 広文(ひろぶみ), 広義(ひろよし).

光 광	訓読	ひかり·ひかる
	人名訓読	あきら·てる· ひろし·みつ· みつる·さかえ
	音読	コウ

訓読풀이

① ひかり · ひかる : 光(광)은 빛 · 빛깔을 뜻한다.
'빛깔'에서 '비가리–ひかり'로 이어진다.

② あきら : 光은 훤히 밝히는 것을 뜻한다.
'밝히다'에서 '바키라–아키라(ㅂ–ㅇ으로 변음)–あきら'로 이어진다.

③ てる : 光은 빛을 쬐는 것을 뜻한다.
'쬐다'에서 '쬐라–제라–데라–데루–てる'로 이어진다.

④ ひろ · ひろし : 光은 빛이나 명성, 은덕이 널리 펼쳐지는 것을 뜻한다.
'펼'에서 '필–힐–히로–ひろ · ひろし'로 이어진다.

⑤ みつ · みつる : 光은 빛이나 명성, 부처의 덕광(德光), 천자(天子)의 덕이 온 천하에 미치어 물처럼 가득참을 뜻한다〈元功盛勳光光如彼 : 阮籍 (원공성훈광광여피 : 완적)〉, 〈天道下濟而光明 : 易經(천도하제이광명 : 역경〉, 〈光宅天下 : 書經 (광택천하 : 서경)〉. ㉮ '미치다'에서 '미치–미추–みつ · みつる'로 이어진다. ㉯ '물(처럼)차다'에서 '물차–미차–미추–みつ · みつる'로 이어진다.
〔参考〕 満(만), 充(충)과 이음(みつ · みつる)을 같이한다.

⑥ さかえ(る) : ⑤의 '차다'에서 '차거라–사거어루–사가에루–さかえ(る)'로 이어진다.
〔参考〕 盛(성 : さか)る, 栄(영 : さか)える와 이음을 같이한다.

人名訓読例

① あきら · さかえ · ひかり · ひかる · ひろし · みつ · みつる : 光(외자 名)

② あき : 光利(あきとし), 光信(あきのぶ · みつのぶ), 光洋(あきひろ · みつひろ).

③ てる : 光基(てるもと · みつもと), 光明(てるあき · みつあき), 光昭(てるあき · みつあき · みつてる), 光雪(てるゆき), 光子(てるこ · ひろこ · みつこ) 光積(てるざわ).

④ ひろ : 光雲(ひろも), 光子(ひろこ).

⑤ ひかり : 光物(ひかりもの), 光山(ひかりやま · みつやま).

⑥ みつ : 光国(みつくに), 光満(みつみ), 光文(みつふみ), 光成(みつなり · てるしげ), 光村(みつむら), 光沢(みつざわ).

匡 광	訓読	ただす
	人名訓読	まさ
	音読	キョウ

訓読풀이

① ただす : ㉮ 匡(광)은 따져서 바로 잡는 것을 뜻한다. '따져서'에서 '다저서–다다수–ただす'로 이어진다. ㉯ 匡은 바로 잡아 떳떳해 짐을 뜻한다. '떳떳'에서 '더더–다다–ただす'로 이어진다.
〔参考〕 正(정), 質(질), 糾(규)와 이음(ただす)을 같이한다.

② まさ : 匡은 바로잡아 맞도록 하는 것을 뜻한다.
'맞'에서 '마자–まさ'로 이어진다.
〔参考〕 正(정 : まさ)와 이음을 같이한

다.

人名訓読例

① ただ : 匡宏(ただひろ), 匡徳(ただのり · まさのり), 匡繁(ただしげ), 匡平(ただひら · まさひら), 匡明(ただあき · まさあき), 匡弘(ただひろ · まさひろ).

② まさ : 匡文(まさふみ), 匡世(まさよ), 匡子(まさこ), 匡忠(まさただ), 匡豊(まさとよ), 匡昭(まさあき).

狂 광	訓読	くるい·くるう
	音読	キョウ

訓読풀이

• くるい · くるう : 狂(광)은 사람이나 물건이나 일이 글러 있는(잘못된) 상태를 나타낸다. くるい花(はな)는 제철이 아닌데 피는 뭔가 글러 있는 꽃이라는 뜻이고, 順序(じゅんじょ)のくるいに気(き)がつかなかった 하면 순서가 글렀는데 알아차리지 못했다는 뜻이다.
'그르다'에서 '글러–구러–구루–くるう'로 이어진다.

人名訓読例

• くる : 狂人(くると).

眶 광	訓読	まぶち
	音読	キョウ

訓読풀이

• まぶち : 眶(광)은 눈가 · 눈언저리를 뜻한다. 눈가는 눈의 상하좌우로 '붙'어 있는 부위이다.
눈을 뜻하는 '눈매–매–마–ま'와 '붙'에서 '부티–ぶち'로 이어져 まぶち로 합성된다. 目縁(목연 : まぶち)로도 표기된다.

〔参考〕 눈꺼풀을 뜻하는 まぶた(瞼 · 目蓋)와 이음의 이치를 같이한다.

絖 광	訓読	わた·ぬめ
	音読	コウ

訓読풀이

① わた : 絖(광)은 솜을 뜻한다. 솜은 가늘고 길게 연속적으로 이어진다.
'잇다'에서 '이다–아다–わた'로 이어진다.
〔参考〕 綿(면 : わた)와 이음을 같이한다. 綿綿은 계속 이어짐을 뜻한다.

② ぬめ : 絖은 바탕이 얇고 보드라운 명주를 뜻한다. 명주, 무명, 모시 따위를 잿물에 삶아 물에 빨아서 희고 보드랍게 만드는 것을 '누이다'라고 한다.
'누이다'에서 '누임–눔–누메–ぬめ'로 이어진다.

人名訓読例

• ぬめ : 絖子(ぬめこ).

筐 광	訓読	かご·かたみ
	人名訓読	こばこ
	音読	キョウ

訓読풀이

① かご : 筐(광)은 바구니, 광주리를 뜻한다. 바구니, 광주리는 대오리나 싸오리로 감겨 있다.
'감다'에서 '감고–가고–かご'로 이어진다.
〔参考〕 籠(롱 : かご)와 이음을 같이 한다.

② かたみ : 筐이나 籠(롱)은 물건 · 닭 등을 담아 가두는 상자이다.
'가두다'에서 '가둠–가담–가다미–かたみ'로 이어진다.

③ こばこ : 筐은 작은 바구니를 뜻한다.
작은 것을 뜻하는 こ(꼬마-고-こ)와 바구니를 뜻하는 はこ(바구니-바구-바고-はこ)가 합성되어 こばこ로 이어진다.

人名訓読例

• こばこ : 筐(외자 名).

鉱(鑛) 광	訓読	あらかね
	人名訓読	かね·ひろ
	音読	コウ

訓読풀이

① あらかね : 鉱(광)은 쇳돌, 粗鉱(조광)을 뜻한다. 즉 精練(정련)되지 아니한 날것 그대로의 천연적인 광물을 뜻한다.
날것에서 '날-알(ㄴ-ㅇ으로 변음)-아라-あら'로 이어지고, 광물 중 대표적인 金(금)을 뜻하는 かね(갖다-갖네-가네-かね)가 합성되어 あらかね로 이어진다〈粗(조) 및 金(금) 참조〉.

② かね : あらかね의 준말.

③ ひろ : 鉱을 広(광 : ひろ)과 같은 뜻으로 보아 人名訓読에서 ひろ로 훈독한 것으로 풀이된다.

人名訓読例

① あらかね · ひろし : 鉱金(あらかね), 鉱(외자 名).

② かね : 鉱康(かねやす · ひろやす), 鉱三郎(かねさぶろ), 鉱子(かねこ).

誆 광	訓読	たらす
	音読	キョウ

訓読풀이

• たらす : 子供(こども)を誆(たら)す 하면 어린애를 달랜다는 뜻이고, 女(おんな)をたらす 하면 여자를 달래어 유혹한다는 뜻이다.
'달래다'에서 '다래-다라-たらす'로 이어진다.

壙 광	訓読	あな
	音読	コウ

訓読풀이

• あな : 壙(광)은 구덩이, 무덤을 뜻한다.
구덩이나 무덤은 안으로 판다.
'안'에서 '아나-あな'로 이어진다.
〔参考〕 穴(혈 : あな)와 이음을 같이한다.

曠 광	訓読	あきら·ひろい·ひろし
	音読	コウ

訓読풀이

① あきら : 曠(광)은 밝히는 것을 뜻한다.
'밝히다'에서 '바키라-아키라(ㅂ-ㅇ으로 변음)-あきら'로 이어진다.

② ひろい · ひろし : 曠은 널리 펼치는 것을 뜻한다〈曠野(광야), 曠闊(광활)〉.
'펼치다'에서 '펼-필-힐-히로-ひろい · ひろし'로 이어진다.

人名訓読例

① あきら · ひろし : 曠(외자 名).

② ひろ : 曠詞(ひろし), 曠昭(ひろあき), 曠二(ひろじ), 曠之(ひろゆき).

【괘】

掛 괘	訓読	かかる·かける
	音読	カ·カイ·ケ

訓読풀이

• かかる · かける : 帽子(ぼうし)を壁(かべ)に掛(か)ける 하면 모자를 벽에 거는 것을 뜻하고, 言葉(ことば)をかける 하

면 말을 거는 것을 뜻한다.
'걸다'의 명령형 '걸거라'에서 '거거라-가가루-かかる · かける'로 이어진다.
〔参考〕架(가), 懸(현), 賭(도) 등과 이음(かける)을 같이한다.

人名訓読例

• かけ : 掛江(かけえ), 掛橋(かけはし), 掛巣(かけす), 掛井(かけい), 掛川(かけかわ), 掛村(かけむら).

【괴】

怪 괴	訓読	あやしい
	音読	カイ·ケ

訓読풀이

• あやしい : 怪物(괴물), 怪異(괴이), 怪漢(괴한) 등 怪(괴)는 이상(異常)한 것, 즉 정상(正常)이 아닌 것을 나타낸다.
'아니다'에서 '아니야-안야-아야-あやしい'로 이어진다.

拐 괴	訓読	かたる
	音読	カイ

訓読풀이

• かたる : 拐(괴)는 誘拐(유괴), 즉 꾀어내는 것을 뜻한다.
'꾀다'에서 '게다-가다-かたる'로 이어진다.
〔参考〕騙(편 : かた)る와 이음을 같이한다.

傀 괴	訓読	くぐつ
	音読	カイ

訓読풀이

• くぐつ : 傀(괴)는 꼭두각시를 뜻한다.
'꼭두'에서 '고구두-구구두-くぐつ'로 이어진다.

塊 괴	訓読	かたまり·くれ
	音読	カイ

訓読풀이

① かたまり : 塊(괴)는 덩어리를 뜻한다. 肉(にく)の塊(かたまり), 砂糖(さとう)のかたまり는 고기나 사탕이 '굳어져' 덩어리로 말아 있음을 뜻한다.
'굳다'에서 '굳-구다-가다-かた'로 이어지고, '말아'에서 '마라-마리-まり'로 이어져 かたまり로 합성된다.
〔参考〕固(고)まり로도 표기되는데 固(かた)まる의 명사형으로도 볼 수 있다.

② くれ : 塊는 흔히 명사 끝에 붙어 '덩이'를 나타낸다. 덩이는 갈라낸 부분을 말한다. 石塊(いしくれ)는 바위에서 갈라낸 돌덩어리를 뜻하고, 土塊(つちくれ)는 땅(흙)에서 갈라낸(긁어낸) 흙덩어리를 뜻한다.
'갈라(긁어)'에서 '가라-구라-구레-くれ'로 이어진다.

愧 괴	訓読	はじ·はじる
	音読	キ

訓読풀이

• はじ · はじる : 愧(괴)는 부치러움(제주방언), 부끄러움을 뜻한다. 愧死(괴사)는 너무 부치러워 죽는 것을 뜻한다. '부치'에서 '바치-はじ · はじる'로 이어진다.
〔参考〕羞(수), 恥(치)와 이음(はじ · はじる)을 같이한다.

魁 괴	訓読	かしら
	音読	カイ

訓読풀이

• かしら : 魁(괴)는 큰 것, 우두머리를 뜻한다. 魁梧(괴오)는 몸집이 크고 훌륭함을 뜻하고, 魁首(괴수)는 제일 큰 자리에 있는 우두머리를 뜻한다.
'크다'에서 '크지라－카지라－かしら'로 이어진다.
〔参考〕頭(두 : かしら)와 이음을 같이한다.

壊(壞) 괴	訓読	こわす·やぶる
	音読	カイ·エ

訓読풀이

① こわす : 壊(괴)는 破壊(파괴)하는 것, 즉 깨는 것을 뜻한다. 計画(けいかく)を壊(こわ)す 하면 계획을 깨는 것을 뜻하고, 縁談(えんだん)をこわす 하면 혼담을 깨는 것이다.
'깨다'에서 '깨어서－개아서－고아수－こわす'로 이어진다.
〔参考〕毀(훼 : こわ)す와 이음을 같이한다.

② やぶる : 壊滅(괴멸)은 적을 (뒤)엎는 것을 뜻하고, 壊亂(괴란)은 사회질서 등을 (뒤)엎어 무너뜨리는 것을 뜻한다.
'엎다'에서 '어퍼라－아부라－やぶる'로 이어진다.
〔参考〕破(파 : やぶ)る와 이음을 같이한다.

【괵】

摑 괵	訓読	つかまる·つかむ
	音読	カク

訓読풀이

• つかまる · つかむ : 摑(괵)은 쥐는 것, 잡는 것을 뜻한다. 腕(うで)を摑(つか)む 하면 팔을 쥐는 것(잡는 것)을 뜻하고, 機会(きかい)をつかむ 하면 기회를 쥐는 것(잡는 것)을 뜻한다.
'쥐다(잡다)'의 연용형 '쥐고(잡고)'에서 '주고－주가－つかむ'로 이어진다.
〔参考〕捕(포), 捉(착), 攫(확)과 이음을 같이한다.

【굉】

宏 굉	訓読	ひろい
	音読	コウ

訓読풀이

• ひろい : 宏(굉)은 널리 펼쳐 있는 것, 넓은 것을 뜻한다. '펼치다'에서 '펼－필－힐－ひろい'로 이어진다.
〔参考〕広(광 : ひろ)い와 이음을 같이한다.

人名訓読例

• ひろ : 宏年(ひろとし), 宏明(ひろあき), 宏文(ひろふみ · ひろぶみ), 宏範(ひろのり), 宏要(ひろもと), 宏訓(ひろのり).

肱 굉	訓読	ひじ
	音読	コウ

訓読풀이

• ひじ : 肱(굉)은 팔꿈치를 뜻한다.
'팔꿈치'에서 '꿈'이 탈락, '팔치－파치－피치－히지－ひじ'로 이어진다. 膝(ひざ : 슬)가 발꿈치(무릎)에서 '꿈'이 탈락, ひざ로 이어지는 것과 같은 이치이다.
〔参考〕肘(주), 臂(비)와 이음(ひじ)을 같이한다.

人名訓読例

• ひじ : 肱岡(ひじおか), 肱黒(ひじくろ).

紘 굉	訓読	あや·ひろい
	音読	コウ

訓読풀이

① あや : 紘(굉)은 끈, 줄을 뜻하고 끈 · 줄의 기능에 따라 잇는다는 뜻을 갖는다〈紘宇宙而彰三光 : 淮南子 (굉우주이창삼광 : 회남자)〉.
'잇다'에서 '이어-아어-아야-あや'로 이어진다.

② ひろい : 紘은 널리 펼쳐지는 것을 뜻한다.
'펼치다'에서 '펼-필-힐-히로-ひろい'로 이어진다.
〔参考〕広(광 : ひろ)い와 이음을 같이한다.

人名訓読例

① あや : 紘子(あやこ · ひろこ).
② ひろ : 紘基(ひろき), 紘文(ひろふみ), 紘昭(ひろあき), 紘直(ひろなお), 紘和(ひろかず), 紘史(ひろふみ).

轟 굉	訓読	とどろ·とどろかす·とどろく
	音読	ゴウ

訓読풀이

• とどろ · とどろかす · とどろく : 轟(굉)은 수레(지금은 車) 3대 이상이 轟音(굉음)을 터트리는 모양이 몹시 떠드는 것과 같음을 나타낸다. 名声(めいせい)を天下(てんか)にとどろく 하면 명성을 천하에 터트리는 것을 뜻하고, 雷鳴(らいめい)がとどろく 하면 천둥이 '떠들석' 울려 퍼진다는 뜻이다.
'떠들어' 또는 '터트려'에서 '더드러-도도로-とどろ', 또는 '터트러-더도로-도도로-とどろ'로 이어지고 とどろかす · とどろく로 동사화 된다.

人名訓読例

① とどろ · とどろき : 轟(외자 名).
② とどろ : 轟木(とどろき).

【교】

巧 교	訓読	うまい·たくみ·たくむ
	人名訓読	よし
	音読	コウ

訓読풀이

① うまい : ㉮ 巧(うま)い料理(りょうり)는 맛있는 요리라는 뜻이다. 요리는 잘 익으면 맛이 있기 마련이다. '익다'에서 '익음-이음-임-움-우마-うまい'로 이어진다. ㉯ '맛이 있다'에서 '맛-마-ま'로 이어지고 접두어 う가 붙어 うまい로 이어진다.
〔参考〕甘(감 : うま)い와 이음을 같이한다.

② たくみ · たくむ : 巧(교)는 솜씨, 기량 등을 뜻한다. 솜씨, 기량은 오랜 기간 끊임없는 노력으로 닦아 나가야 간다.
'닦다'에서 '닥음-다굼-다구미-たくみ'로 이어진다.
〔参考〕匠(장), 工(공)과 이음(たくみ)을 같이한다.

③ よし : 巧는 옳고 바른 솜씨, 기량을 갖고 있음을 뜻한다.
'옳다'에서 '올-오시-よし'로 이어지고, '옳지'에서 '오시-よし'로 이어진다.

人名訓読例

① たくみ : 巧(외자 名).
② よし : 巧房(よしふさ), 巧尚(よしなお), 巧升(よしのり), 巧彦(よしひこ),

巧子(よしこ), 巧輝(よしき).

交 교	訓読	かわす·まざる· まじえる·まじる· まじわる·まぜる· こもごも
	人名訓読	かた·とも
	音読	コウ·キョウ

訓読풀이

① かわす：交(교)는 교환하는 것, 즉 서로 갈아 바꾸는 것을 뜻한다.
'갈다'에서 '갈아-가아-かわす'로 이어진다.

② まざる·まじえる·まじる·まじわる·まぜる：이들은 각각 마주해서(맞이해서) 사귀는 것, 섞여서 마주하게 되는 것을 공통의미로 한다. ひざをまじえて語(かた)り合(あ)う 하면 무릎을 마주 하고 이야기 하는 것을 뜻하고, 男(おとこ)にまじって練習(れんしゅう)する 하면 남자를 맞이 해서(섞여서) 연습한다는 뜻이다.
'마주(맞이)하다'에서 '마자-まざる' 등으로 이어진다.

③ こもごも：交交(こもごも)는 번갈아(갈마들며) 일이 벌어지는 것을 뜻한다. 内憂外患(ないゆうがいかん)こもごも至(いた)る 하면 내우외환이 갈마든다는 말이다.
'갈마'에서 '가마-고모-こもごも'로 이어진다. 또한 '갈다'에서 '감-곰-고모-こもごも'로 이어진다.

④ かた：③의 '갈다'에서 '갈-가다(받침ㄹ-'다'로 분절)-かた'로 이어진다. '골(꼴)'에서 かた(形·型)로 이어지는 것과 같은 이치이다.

⑤ とも：交는 서로·함께 하는 것, 즉 동무하는 것을 뜻한다.
'동무'에서 '도무-도모-とも'로 이어진다.

人名訓読例

① とも：交(외자 名).
② かた：交久瀬(かたくせ), 交野(かたの).
③ まじ·まじり：交田(まじた), 交川(まじかわ), 交吉(まじりよし).
④ まず：交楽(まずら).
⑤ まぜ：交川(まぜかわ), 交田(まぜた).
⑥ こも：交川(こもかわ).

咬 교	訓読	かむ
	音読	コウ

訓読풀이

• かむ：咬(교)는 깨무는 것을 뜻한다.
'깨물다'에서 '깨뭄-개무-가무-かむ'로 이어진다.
〔参考〕嚙(교：か)む와 이음을 같이한다.

狡 교	訓読	こすい·ずるい
	音読	コウ

訓読풀이

① こすい：狡(교)는 교활(狡猾)한 것을 뜻한다. 꾀둥이 또는 꾀쟁이 같은 것을 가리킨다.
'꾀둥이(꾀쟁이)'에서 '고두이(고재이)-고수이-こすい'로 이어진다(둥이는 귀염둥이, 바람둥이처럼 쓰이고 쟁이는 거짓말쟁이, 노름쟁이처럼 쓰인다).

② ずるい：ずる休(やす)み는 슬슬 꾀를 부려 쉬는 것을 뜻하고, ずるそうな目(め)つき는 슬슬 꾀나 부리는 듯한 교활한 눈매를 뜻한다.

'슬슬'에서 '술-줄-주루-ずるい'로 이어진다.

校 교	訓読	くらべる
	人名訓読	ただす
	音読	コウ·キョウ

訓読풀이

① くらべる : 校(교)는 책을 비교, 대조하여 겨루어 보면서 정오(正誤)를 따져 바로 잡는 것을 뜻한다〈校書(교서), 校正(교정), 校定(교정)〉.
'겨루다'에서 '겨루-구라-くらべる'로 이어진다.
〔参考〕 比(비), 較(교), 競(경)과 이음(くらべる)을 같이한다.

② ただす : 校는 ①에서처럼 따져서 떳떳하게 바로 고치는 것을 뜻한다. ㉮ '따져서'에서 '따다서-다다수-ただす'로 이어진다. ㉯ '떳떳'에서 '더덧-다다수-ただす'로 이어진다.

人名訓読例

• ただす : 校(외자 名).

教(敎) 교	訓読	おしえる·おそわる
	人名訓読	のり·みち
	音読	キョウ

訓読풀이

① おしえる · おそわる : ㉮ 道(みち)をおしえる 하면 보통 한국어로는 길을 알려주는 것, 가르쳐 주는 것을 뜻하나, 공손한 말로는 어느 길로 갈지를 가르쳐 주기를 여쭈는 것이다. '여쭈다'에서 '여쭈어라-여지어라-오지에루-おしえる'로 이어진다. ㉯ '알리다'에서 '알여-올에-오시에(받침 ㄹ-'시'로 분절)-おしえる'로 이어진다.

② のり : 教는 올바른 道理(도리), 理致(이치)를 가르치는 것을 뜻한다.
'올바르다(옳다)'에서 '올-놀(ㅇ-ㄴ으로 변음)-노리-のり'로 이어진다.

③ みち : ②에서 道理는 올바른 길을 말한다. 길은 마을로 통하고 마을 자체가 길로 이루어진다.
'마을'에서 '말-밀-미찌(받침 ㄹ-'찌'로 분절)-みち'로 이어진다〈道(도) 참조〉.

人名訓読例

① おしえ : 教(외자 名).

② のり : 教寛(のりひろ), 教基(のりもと), 教文(のりぶみ), 教世(のりよ), 教子(のりこ · みちこ), 教正(のりまさ).

③ みち : 教男(みちお · のりお), 教大(みちお), 教子(みちこ), 教雄(みちお).

喬 교	訓読	たかい
	音読	キョウ

訓読풀이

• たかい : ㉮ 喬(교)는 높은 곳에 우뚝 떠 있음을 나타낸다. '떠(뜨다)'에서 '뜨고-따고-다가-たか'로 이어진다. ㉯ 喬木(교목)은 위로 우뚝하게 '돋은(솟은)' 나무를 뜻한다. '돋다(솟다)'에서 '돋고-다고-다가-たか'로 이어진다.

人名訓読例

• たか : 喬求(たかもと), 喬登(たかのり), 喬言(たかこと), 喬子(たかこ), 喬俊(たかとし), 喬知(たかとも).

窖 교	訓読	あなくら
	音読	コウ

訓読풀이

• あなくら : 窖(교)는 움 · 움막을 뜻한다. 움막은 안에 있어 외부와 가려져 있다.

'안'에서 '아나-あな'로 이어지고, '가려'에서 '가라-구라-くら'로 이어져 あなくら로 합성된다.

絞 교	訓読	しぼる·しまる·しめる
	音読	コウ

訓読풀이

① しぼる : 牛(うし)の乳(ちち)をしぼる하면 소젖을 잡아 젖을 짜는 것을 뜻한다.
'잡다'에서 '자바라-지보루-しぼる'로 이어진다.
〔参考〕縛(박 : しば)る와 이음을 같이한다.

② しまる · しめる : 絞(교)는 쥐어짜는 것, 조르는 것(죄는 것)을 뜻한다. ㉮ '쥐다'에서 '쥠-짐-시마-しまる'로 이어진다. ㉯ '짜다'에서 '짬-짐-시마-しまる'로 이어진다. ㉰ '조르다'에서 '조름-조음-짐-시마-しまる'로 이어진다. ㉱ '죄다'에서 '죔-짐-시마-しまる'로 이어진다.
〔参考〕締(체 : しま)る와 이음을 같이한다.

較 교	訓読	くらべる
	音読	カク·キョウ·コウ

訓読풀이

• くらべる : 較(교)는 比較(비교)하는 것, 즉 겨루어 보는 것, 견주는 것을 뜻한다.
'겨루다'에서 '겨루-구라-くらべる'로 이어진다.
〔参考〕比(비), 校(교)와 이음(くらべる)을 같이한다.

膠 교	訓読	にかわ
	音読	コウ

訓読풀이

• にかわ : 膠(교)는 아교(阿膠), 갖풀을 뜻한다. 갖풀은 쇠가죽을 진하게 고아서 식혀 굳힌 아교풀로 목재 등을 잇는데(붙이는데) 쓰인다. 따라서 にかわ는 가죽(かわ : 革)을 고아서 식혀 만든 목재를 잇는 접착제(接着劑)를 말한다.
'잇다'에서 '이'(이-니-に)와 가죽의 かわ가 합성되어 にかわ로 이어진다〈革(혁), 皮(피) 참조〉.

人名訓読例

• にかわ : 膠手(にかわで).

橋 교	訓読	はし
	音読	キョウ

訓読풀이

• はし : 橋(교)는 다리를 뜻한다. 한국어 '다리'에는 橋(はし)를 뜻하는 다리와 足(あし)을 뜻하는 다리가 있다. 足을 뜻하는 다리는 다른 말로 발이라 한다.
'발'이 橋를 뜻하는 '다리'가 되어 '발-바시(받침ㄹ-'시'로 분절)-はし'로 이어진다.

人名訓読例

• はし : 橋頭(はしもと), 橋本(はしもと), 橋富(はしとみ), 橋山(はしやま), 橋上(はしかみ), 橋村(はしむら).

矯 교	訓読	ためる
	人名訓読	いさみ·いさむ·ただ·たけし·つよし
	音読	キョウ

訓読풀이

① ためる : 松(まつ)の枝(えだ)を矯(た)め

る 하면 소나무가지를 바로 세워 잘 다듬는 것을 뜻한다.
'다듬다'에서 '닫음－담－다메－ためる'로 이어진다.

② いさみ·いさむ : ㉮ 矯(교)는 바로 잡으려고 애쓰는(힘쓰는) 것을 뜻한다. '애씀(힘씀)'에서 '애씀－이쌈－이사미－いさみ'로 이어진다. ㉯ 矯는 굳센 것을 뜻한다〈强哉矯 : 中庸 (강재교 : 중용)〉. '굳세다'에서 '셈－삼－사미－さみ'로 이어지고 접두어 い가 붙어 いさみ로 이어진다. ㉰ 굳센 것은 용기가 솟아남을 뜻한다. '솟다'에서 '솟음－솜－삼－사미－さみ'로 이어지고 접두어 い가 붙어 いさみ로 이어진다.
〔参考〕 勇(용 : いさ)み와 이음을 같이한다.

③ ただ : ㉮ 矯는 따져서 바로잡는 것을 뜻한다(矯正 : 교정). '따져서'에서 '다저－다다－ただ'로 이어진다. ㉯ 矯는 바로잡아 떳떳하게 함을 뜻한다. '떳떳'에서 '더더－다다－ただ'로 이어진다.

④ たけし : 矯는 날뛰는 것, 날쌘 것을 뜻한다.
'뛰다'에서 '뛰게－따게－たけし'로 이어진다.
〔参考〕 猛(맹 : たけ)る와 이음을 같이한다.

⑤ つよし : 矯는 센 것을 뜻한다.
'세다'에서 '쎄어－쑤어－쑤요－つよい·つよし'로 이어진다.

人名訓読例

① いさみ·いさむ·たけし·つよし : 矯(외자 名).
② ただ : 矯次(ただじ).
③ たけ : 矯夫(たけお).

噛 **교**	**訓読**	**かじる·かむ**
	音読	**ゴウ**

訓読풀이

① かじる : 噛(교)는 이(齒 : 치)로 갉는 것을 뜻한다. りんごをかじる 하면 사과를 갉아 먹는다는 뜻이다.
'갉다'에서 '갉－갈－가지(받침 ㄹ－'지'로 분절)－かじる'로 이어진다.

② かむ : 噛는 깨무는 것을 뜻한다.
'깨물다'에서 '깨뭄－갬－감－가무－かむ'로 이어진다.

轎 **교**	**訓読**	**かご**
	音読	**ギョウ**

訓読풀이

• かご : 轎(교)는 교자(轎子), 가마를 뜻한다. 꽃가마는 꽃으로 감겨 있고, 비단가마는 비단으로 둘러 감겨 있다.
'감다'에서 '감고－가고－かご'로 이어진다.
〔参考〕 籠(롱 : かご)와 이음을 같이한다.

驕 **교**	**訓読**	**おごる**
	音読	**キョウ**

訓読풀이

• おごる : 驕(교)는 驕慢(교만), 傲慢(오만), 倨慢(거만)을 부리는 것으로 남에게 뻐기는 것을 뜻한다. 富(とみ)に驕(おご)る者(もの) 하면 돈이 있음을 자랑으로 뻐기는 사람을 뜻한다.
'뻐기다'에서 '버기라－보기라－오고루(ㅂ－ㅇ으로 변음)－おごる'로 이어진다.
〔参考〕 傲(오), 倨(거)와 이음(おごる)을 같이한다.

攪 교	訓読	みだす·ほだてる
	音読	カク·コウ

訓読풀이

① みだす：攪(교)는 엉망인 상태, 못된 상태를 나타낸다. 心(こころ)をみだす 하면 마음 상태가 못 되어 있음을 나타내고, 秩序(ちつじょ)をみだす 하면 질서가 엉망으로 못 되어 있는 상태를 나타낸다.

'못 되'에서 '몯-믿-미다-みだす'로 이어진다.

〔参考〕乱(란：みだ)す와 이음을 같이한다.

② ほだてる：攪는 휘젓는 것, 휘저어 섞는 것을 뜻한다. 掃除(そうじ)をするのじゃなくて埃(ほこり)をほだててばかりいる 하면 청소하는 것이 아니라 먼지를 휘젓기만 하고 있다는 말이다.

'휘젓다'에서 '휘저-호저-호다-ほだてる'로 이어진다.

【구】

九 구	訓読	ここの·ここのつ
	人名訓読	かず
	音読	キュウ·ク

訓読풀이

① ここの·ここのつ：鷄林類事(계림유사)에서 9를 '鴉好(아호：아홉의 한자 표기)'라고 기록하고 있다. 鴉好를 '가나'로 음독하면 'かこ'로 표기된다.

'かこ'에서 'ここ-ここの·ここのつ'로 이어진다.

② かず：九(구)는 數字(수자) 중 끝수로(그 이상 없다는 뜻) 많음을 뜻한다〈天地之至數始於一終於九焉：素問 (천지지지수시어일종어구언：소문)〉. 많음을 나타내는 말로 '여러가지·갖가지'가 있다.

'가지'에서 '가주-かず'로 이어진다.

人名訓読例

① ここの：九井(ここのい), 九重(ここのえ), 九戸(ここのへ).

② かず：九穂(かずお).

久 구	訓読	ひさしい
	音読	キュウ·ク

訓読풀이

① ひさしい：㉮ 便(たよ)りが絶(たえ)てひさしい 하면 소식이 끊어진지 오래되었다는 말로, 서로가 오랫동안 헤어져(흩어져서) 지내고 있다는 뜻이 된다. ひさしくごぶさた(御無沙汰)いたしました 하면 헤어지고 오랫동안 격조했다는 뜻이다. '헤어져서'에서 '헤저서-히자서-히사시-ひさしい'로 이어진다. ㉯ 久(구)는 헤어져 한참되었음을 뜻한다. '한참'에서 '하사-히사-ひさしい'로 이어진다. ㉰ 久는 세월이 '흘러' 오래된 것을 뜻한다〈長久(장구), 永久(영구)〉. '흘러'에서 '헐-히사(받침ㄹ-'사'로 분절)-ひさし'로 이어진다.

② ひさしぶり(久し振)：ひさしぶりの再会(さいかい)는 헤어져 오랜 시간이 흘러 재회한다는 뜻이다.

'헤저서흘(러)'에서 '히자시후리-ひさしぶり'로 이어진다. 또한 '한참 흘러'에서 '하사후리-히사후리-ひさしぶり'로 이어진다.

人名訓読例

• ひさ：久貫(ひさつら), 久寛(ひさひろ), 久基(ひさもと), 久範(ひさのり),

久世(ひさよ・ひさや), 久貞(ひささだ).

口 구	訓読	くち
	人名訓読	あき
	音読	コウ・ク

訓読풀이

① くち：口(구)는 입을 뜻하면서 窟(굴)과 마찬가지로 구멍도 뜻한다. 입이나 굴이나 다 같이 구멍처럼 열려 속이 뚫린 형상을 하고 있기 때문으로 보인다.
窟의 한국어 음독 '굴'에서 '구찌(받침ㄹ-'찌'로 분절)-くち'로 이어진다.

② あき：口는 음식을 받아들이고 소리를 내기 위하여 열려 있는 신체 기관이다. 口는 말한다는 뜻도 갖는데〈吾爲子口隱矣：公洋傳 (오위자구은이 : 공양전)〉, 말하는 것을 입을 '열다'라고 한다.
'열다'에서 '열기-여기-아기-あき'로 이어진다.

人名訓読例

① くち：口石(くちいし), 口野(くちの), 口羽(くちば), 口元(くちもと), 口中(くちなか), 口村(くちむら).
② あき：口人(あききよ).

仇 구	訓読	あだ・かたき
	人名訓読	あだし
	音読	キュウ

訓読풀이

① あだ・あだし：仇(구)는 원수・적을 뜻한다. 적수나 적은 본래 자기 처지에서 보면 안 된 놈들이다. 親(おや)のあだを討(う)つ 하면 부모에게 안 된 짓을 한 원수를 보복한다는 뜻이다.
'안돼'에서 '안데-아다-あだ'로 이어진다. 또한 '못된 놈'에서 '못-맏-앋(ㅁ-ㅇ으로 변음)-아다-あだ'로 이어진다.
〔参考〕徒(도), 寇(구), 賊(적), 讐(수)와 이음(あだ)을 같이한다.

② かたき：仇는 경쟁할 짝, 상대를 뜻한다. 경쟁 상대는 고약하거나 궂은 놈일 수밖에 없다. '고약・궂다'에서 '고-가-か'로 이어지고 '짝'에서 '닥-다기-たき'로 이어져 かたき로 합성된다.
〔参考〕敵(적：かたき)와 이음을 같이한다.

人名訓読例

• あだし：仇野(あだしの).

勾 구	訓読	まがり・まがる・かどわかす
	人名訓読	さき・におい
	音読	コウ

訓読풀이

① まがり・まがる：勾(구)는 말아서 굽은 것을 뜻한다. 勾欄(구란)은 궁중 등의 건물 주위나 복도 등에 있는 끝을 말아 올린 난간을 말하고, 勾玉(まがたま)는 말아 굽은 曲玉(곡옥)을 말한다.
'말다'에서 '말거라-마가라-마가루-まがる'로 이어진다.
〔参考〕曲(곡：ま)がる와 이음을 같이한다.

② かどわかす：勾는 유인해서 가두는 것을 뜻한다〈勾留(구류)〉.
'가두다'에서 '가두어-가도와-かどわかす'로 이어진다.

③ さき：勾는 잡는 것을 뜻한다. 拘(구)와 같은 뜻으로 쓰인다(勾留：구류, 勾引：구인).
'잡다'에서 '잡기-자기-さき'로 이어진

다.

④ におい：匂를 人名에서 におい로 訓読하는 것은 냄새를 뜻하는 匂(におい：日本国字)와 同字로 본 것으로 풀이된다.

におい는 '내음–니오–におい'로 이어진다.

〔参考〕匂에는 냄새를 뜻하는 におい(匂)의 뜻이 없다.

人名訓読例

① まがり：匂(외자 名).

② まが・まがり：匂田(まがた・まがりた), 匂金(まがりかね), 匂藤(まがりふじ), 匂坂(まがりさか).

③ さき・さぎ：匂坂(さきさか・さぎさか).

④ にお：匂子(におこ).

区(區) 구	訓読	まち
	音読	ク

訓読풀이

• まち：区(구)는 어느 마을을 행정구역의 하나로 정한 것을 뜻한다.
'마을'에서 '말–마찌(받침 ㄹ–'찌'로 분절)–まち'로 이어진다.
〔参考〕町(정：まち)와 이음을 같이한다.

丘 구	訓読	おか
	音読	キュウ・ク

訓読풀이

• おか：丘(구)는 언덕을 뜻한다.
'언덕'에서 '어덕–오덕–오더가–오가('더' 탈락)–おか'로 이어진다.
〔参考〕岡(강), 陸(륙), 陵(릉)과 이음을 같이한다.

人名訓読例

• おか：丘谷(おかたに), 丘本(おかもと), 丘山(おかやま), 丘野(おかの), 丘村(おかむら), 丘沢(おかざわ).

旧(舊) 구	訓読	ふるい・もと
	人名訓読	うつ
	音読	キュウ・ク

訓読풀이

① ふるい：旧(구)는 오래되어 헐게 된 것을 뜻한다. ふる着(き)는 오래 입어 헐고 낡은 옷을 뜻한다.
'헐다'에서 '헐–훌–후루–ふるい'로 이어진다.
〔参考〕古(고：ふる)い와 이음을 같이한다.

② もと：옛것은 오늘에 있게 된 것의 밑바탕이 된다.
'밑'에서 '밑–몯–모토–もと'로 이어진다.
〔参考〕本(본), 基(기), 元(원), 原(원) 등과 이음(もと)을 같이한다.

③ うつ：㉮ 旧는 옛 것을 말한다. 옛에서 '옷–우수–うつ'로 이어진다. ㉯ 旧는 늙은 것을 가리킨다. '늙'에서 '눌–울(ㄴ–ㅇ으로 변음)–우쑤(받침 ㄹ–'쑤'로 분절)–うつ'로 이어진다. ㉰ 旧는 '오래(올애)'된 것을 말한다. '오래(올애)'에서 '올(애)–울–우쑤–うつ'로 이어진다.

人名訓読例

① ふる：旧田(ふるた), 旧井(ふるい).

② もと：旧鑒(もとみ).

③ うつ：旧井(うつい・ふるい).

臼 구	訓読	うつ
	音読	キュウ

訓読풀이

- うつ : 臼(구)는 절구를 뜻한다. 절구는 절굿공이(杵 : 저)로 곡식을 눌러 찧는 기구이다.
  '눌러'에서 '눌-울-우쑤(받침ㄹ-'쑤'로 분절)-うつ'로 이어진다.

人名訓読例

- うつ : 臼谷(うつたに), 臼木(うつき), 臼杵(うつきね), 臼田(うつだ), 臼井(うつい), 臼倉(うつくら).

求 구	訓読	もとめる·もとめ·もとむ
	人名訓読	つとむ·まさ
	音読	キュウ·グ

訓読풀이

① もとめる·もとめ·もとむ : 求(구)는 물어 찾는 것을 뜻한다. 求道(구도)는 바른 道理(도리)를 물어 찾는 것을 뜻하고, 求法(구법)은 물어가면서 불법(佛法)을 탐구하는 것을 뜻한다.
'묻다'에서 '묻음-모듬-모도무-もとむ'로 이어진다.

② つとむ : 求는 (힘)쓰는 것, (애)쓰는 것을 뜻한다〈君子行禮 不求變俗 : 禮記(군자행예 불구변속 : 예기)〉.
'쓰다'에서 '씀-수수무-수두무-수도무-つとむ'로 이어진다.

③ まさ : 求는 맞고 옳은 것을 구하려고 힘쓰는 것을 뜻한다.
'맞다'에서 '맞-마자-まさ'로 이어진다.

人名訓読例

① つとむ·もとむ·もとめ : 求(외자 名).

② まさ : 求周(まさちか).

③ もと·もとめ : 求己(もとみ), 求馬(もとめ), 求枝(もとえ), 求和(もとかず), 求草(もとめぐさ).

灸 구	訓読	やいと
	音読	キュウ

訓読풀이

- やいと : 灸(구)는 뜸을 뜻한다. 日本語사전에서는 焼処(やきと)의 音便이라고 풀이한다. 즉 불로 '익힌 데'라는 뜻으로 한방에서 뜸쑥에 불을 붙여 (익혀) 치료할 데(곳)를 뜨겁게 하는 자극요법의 한 가지를 일컫는다.
  '익힌(익은) 데'에서 '익이도-이이도-야이도-やいと'로 이어진다.

究 구	訓読	きわまる·きわみ·きわめる
	音読	キュウ·ク

訓読풀이

- きわまる·きわみ·きわめる : 天地(あめつち)のきわみ는 하늘과 땅의 끝(가)을 뜻하고, 真相(しんそう)を究(きわ)める 하면 진상을 끝(가)까지 구명(究明)한다는 뜻이다.
  '끝(가)'에서 '끝에(가아)-그아-기아-きわまる'로 이어진다.
  〔参考〕際(제), 極(극)과 이음(きわまる)을 같이한다.

具(具) 구	訓読	そなえる·そなわる·つぶさに
	人名訓読	かね·とも
	音読	グ

訓読풀이

① そなえる·そなわる : ㉮ 具(구)는 갖추어 두는 것(具備 : 구비)을 뜻한다. '두는(둔다)'에서 '둔-돈-도나-소나-そな

える'로 이어진다. ㊁ 갖추어 둔다는 것은 지니고 있음을 뜻한다. 徳(とく)をそなえる 하면 덕을 지니고 있음을 나타낸다. '지니다'에서 '지니–조나–そなえる'로 이어진다.

〔参考〕 備(비), 供(공)과 이음(そなえる)을 같이한다.

② つぶさに : つぶさに調(しら)べる하면 죄다(죕다 : 방언) 철저히 조사한다는 뜻이다.

'죕다'에서 '죄부다–주부다–つぶさに'로 이어진다.

〔参考〕 備(비), 悉(실)과 이음(つぶさに)을 같이한다.

③ かね : 具는 늘 갖고(갖추고) 있으면서 대비해 두는 것을 뜻한다.

'갖다(갖추다)'에서 '갖네–가네–かね'로 이어진다.

〔参考〕 金(금)과 이음(かね)을 같이한다.

④ とも : 具는 함께 동무하는 것을 뜻한다〈莫怨具慶 : 詩經 (막원구경 : 시경)〉.

'동무'에서 '도무–도모–とも'로 이어진다.

人名訓読例

① かね : 具慶(かねやす · ともやす), 具集(かねあい).

② とも : 具方(ともまさ), 具元(とももと), 具子(ともこ), 具忠(ともただ), 具弘(ともひろ), 具訓(とものり).

咎 구	訓読	とが·とがめ·とがめる
	音読	キュウ

訓読풀이

• とが · とがめ · とがめる : 咎(구)는 탓, 탈, 허물, 과오, 죄 등을 뜻한다. だれのとがでもない 하면 누구의 탓도 아니라는 뜻이다.

'탓'에서 '톳–토쑤–토가('쑤'–'가'로 촉음화)–とが로 이어지고 とがめる로 동사화 된다. '토쑤'(とつ)가 '토가'(とが)로 변음 되는 것은 쑤(つ)가 촉음화 되어 国家(こっか)의 こっ가 国民(こくみん)의 こく로 변음 되는 것과 같은 이치이다.

〔参考〕 科(과 : とが)와 이음을 같이한다.

拘 구	訓読	かかわる·かかわらず·こだわる
	音読	コウ

訓読풀이

① かかわる · かかわらず : 命(いのち)にかかわることだ 하면 목숨이 걸려있다는 뜻이다.

'걸다'에서 '걸거라–가가라–가가아루–かかわる'로 이어진다. それにもかかわらず 하면 그럼에도 不拘(불구)하고라는 뜻으로, 그럼에도 'かかわる잖다'라고 할 수 있다. 즉 かかわる에 부정의 뜻을 갖는 ず(잖)가 붙어 걸려 있잖은(있지 않은) 것을 나타낸다.

〔参考〕 関(관), 係(계)와 이음(かかわる)을 같이한다.

② こだわる : こだわる는 일이 방해물에 걸려 진행되지 않고 거두어지는 것, 구애(拘礙)받는 것을 뜻한다. ㉮ '거두다'에서 '거두어라–고다아루–こだわる'로 이어진다. ㊁ '걸리다'에서 '걸–골–고다(받침ㄹ–'다'로 분절)–こだわる'로 이어진다.

欧(歐) 구	訓読	はく
	音読	オウ

訓読풀이

• オウ : 欧(구)는 뱉는 것, 토(吐)하는 것을 뜻한다.
'뱉다'에서 '뱉고–배구–바구–はく'로 이어진다.
〔参考〕吐(토 : は)く와 이음을 같이한다.

殴(毆) 구	訓読	なぐる·うつ
	音読	オウ

訓読풀이

① なぐる : ㉮ 殴(구)는 세게 치는 것을 뜻한다. 세게 친다는 것은 짓눌러 상대방을 육체적, 심리적으로 압박을 가한다는 뜻이다. 짓누르다의 명령형 '(짓)누르거라'에서 '눌거라–누구루–나구루–なぐる'로 이어진다. ㉯ 殴는 상대방을 쳐서 누그러뜨리는 것을 뜻한다. '누그러'에서 '나구루–なぐる'로 이어진다. ㉰ 殴(なぐ)る는 書(か)き殴(なぐ)る처럼 동사의 연용형에 붙어 일을 함부로 아무렇게나 날려서 하는 것을 나타낸다. '날리다'의 명령형 '날리거라'에서 '날거루–나구루–なぐる'로 이어진다.
〔参考〕撲(박), 擲(척)과 이음(なぐる)을 같이한다.

② うつ : ①에서의 짓'눌러'에서 '눌–울–우쑤(받침ㄹ–'쑤'로 분절)–うつ'로 이어진다.

疚 구	訓読	やましい·やむ
	音読	キュウ

訓読풀이

• やましい · やむ : 疚(구)는 오래(久) 앓음(疒)을 뜻한다.
'앓음'에서 '알음–암–아마–やましい'로 이어진다.
'앓음'에서 뜻이 확대되어 앓은 것 같은 느낌이 있는 것, 즉 꺼림칙한 것, 뒤가 켕기는 것을 뜻하게 된다. やましいことは何(なに)もしていない 하면 뒤가 '앓'은 것 같은 켕기는 일, 말하자면 양심의 가책을 받을 일은 하고 있지 않다는 뜻이 된다.
〔参考〕疾(질 : やま)しい와 이음을 같이한다.

垢 구	訓読	あか
	人名訓読	あく
	音読	コウ

訓読풀이

① あか : 垢(구)는 때, 더러움을 뜻한다. 세상사는 낡아지면 때가 묻고 더러워지게 마련이다.
'낡다'의 연용형 '낡아'에서 '날가–나가–아가(ㄴ–ㅇ으로 변음)–あか'로 이어진다.

② あく : あく는 あか의 변음 또는 あくた(芥)의 준말이다.
'낡다'에서 '낡구–나구–아구–あく'로 이어지고, 또한 '낡다'에서 '날구다–아구다–あくた'로 이어져서 あく로 준말이 된다.

人名訓読例

① あか : 垢木(あかき), 垢染(あかぞめ), 垢潜(あかひそ).
② あく : 垢田(あくた).

柩 구	訓読	ひつぎ
	音読	キュウ

訓読풀이

• ひつぎ : 柩(구)는 널, 관(棺)을 뜻한다. 널은 나무를 넓게 펼쳐 켜낸 나무판을

말한다.

'펼치다'에서 '펼–필–힐–히쑤(받침 ㄹ–'쑤'로 분절)–ひつ'로 이어지고, 나무를 뜻하는 ぎ와 합성되어 ひつぎ로 이어진다.

苟 구	訓読	いやしくも
	音読	コウ

訓読풀이

- いやしくも : 苟(구)는 '다른 것은 아니어도 적어도 그것이라면(그것만은)'이라는 뜻을 갖는다. いやしくも良識(りょうしき)ある人間(にんげん)ならすべきことではない 하면 다른 것은 아니어도 적어도 양식 있는 인간이라면 할 일이 아니라는 뜻이다.
  '아니어도'에서 '안야–아야–이야–いや'로 이어지고, 부사어미 しくも가 붙어 いやしくも로 이어진다.

倶 구	訓読	ともに
	音読	グ·ク

訓読풀이

- ともに : 倶(구)는 함께 동무하는 것을 뜻한다.
  '동무'에서 '도무–도모–とも'로 이어진다.

人名訓読例

- とも : 倶久(ともひさ), 倶也(ともや), 倶往(ともみち), 倶義(ともよし), 倶子(ともこ), 倶之(ともゆき).

矩 구	訓読	さしがね·かな·かね·のり·つね
	人名訓読	ただし·ただす
	音読	ク

訓読풀이

① さしがね : 矩(구)는 挿し金(さしがね), 즉 곡척(曲尺)·곱자를 뜻한다. 곡척·곱자는 길이를 재는(세는) 기구의 하나로 쇠붙이(金)로 만들어진다.
'재다(세다)'에서 '세–사–さし(差し)'로 이어지고, 쇠를 뜻하는 かね(金)와 합성되어 さしかね로 이어진다.

② かな·かね : さしかね(差し金)의 준말.

③ のり : 矩는 矩度(구도), 法度(법도)를 뜻한다. 구도·법도는 준수해야 할 올바른 道理(도리)를 정한다.
'올'에서 '오리–노리(ㅇ–ㄴ으로 변음)–のり'로 이어진다.

④ つね : 矩度·法度는 이제나 저제나, 언제나 지켜야 할 법칙을 말한다〈矩度有常 : 宋史(구도유상 : 송사)〉.
'(언)제나'에서 '주나–주네–つね'로 이어진다.
〔参考〕常(상 : つね)와 이음을 같이한다.

⑤ ただし·ただす : 곱자로 길이를 잴 때는 꼼꼼이 따져서 잰다.
'따져서'에서 '따다시–ただし'로 이어진다.

人名訓読例

① かね·ただし·ただす : 矩(외자 名).

② つね : 矩夫(つねお·のりお), 矩次郎(つねじろう).

③ のり : 矩広(のりひろ), 矩明(のりあき), 矩方(のりまさ), 矩子(のりこ), 矩典(のりつね), 矩貞(のりさだ).

寇 구	訓読	あだ
	音読	コウ

訓読풀이

• あだ：仇(구) 참조.

救 구	訓読	すくう·たすく
	音読	キュウ·グ

訓読풀이

① すくう：㉮ 救(구)는 살려 주고(救命：구명), 입혀 주고(衣：의), 먹여 주고(食：식), 재워 주고(住：주) 하면서 도움을 '주는' 것을 뜻한다. '주다'에서 '주구－すくう'로 이어진다. ㉯ 救는 도와 주는 것을 뜻한다. '돕다'에서 '돕구－두구－두구－수구－すくう'로 이어진다.

② たすく：'돕다'에서 '도아서－돠서－다수－たすく'로 이어진다.

人名訓読例

• すくい·たすく：救(외자 名).

毬 구	訓読	まり
	音読	キュウ

訓読풀이

• まり：毬는 던지면서 노는 공을 뜻하며 겉을 털(毛)로 말아서 만들었다.
'말아'에서 '마라－마리－まり'로 이어진다.
가죽(革)으로 만든 공을 鞠(국)이라하고 鞠(まり)를 굴리는 놀이를 蹴鞠(축국：'굴마리－구마리－개마리－けまり')이라 했다.
〔参考〕鞠(국)과 이음(まり)을 같이한다.

人名訓読例

• まり：毬谷(まりや), 毬山(まりやま), 毬藻(まりも), 毬村(まりむら), 毬夫(まりお), 毬子(まりこ).

球 구	訓読	たま
	人名訓読	まり
	音読	キュウ

訓読풀이

① たま：球(구)는 둥근 것을 뜻한다. 지구도 둥글어서 地球라 한다. 둥근 것, 공은 어디서 보나 닮은 꼴로 전후, 좌우, 상하가 따로 없다.
'닮다'에서 '달마－다마－たま'로 이어진다.
〔参考〕玉(옥), 珠(주), 弾(탄) 등과 이음(たま)을 같이한다.

② まり：공은 가죽이나 털을 둘둘 말아서 만든다. 같은 まり라도 毬(まり：구)는 털(毛)을 말아서 만들고 鞠(まり：국)은 가죽(革)을 말아서 만든다.
'말다'에서 '말－마리－まり'로 이어진다.
〔参考〕毬(구), 鞠(국)과 이음(まり)을 같이한다.

人名訓読例

① たま：球生(たまお), 球雄(たまお), 球子(たまこ), 球恵(たまえ).

② まり：球山(まりやま).

鉤 구	訓読	かぎ
	音読	コウ

訓読풀이

• かぎ：鉤(구) 참조.

傴 구	訓読	かがむ
	音読	ウ

訓読풀이

• かがむ：傴(구)는 구부리는 것을 뜻한다. 僂(루)보다 구부리는 정도가 심한, 즉 꾸부리는 것을 말한다〈一命而僂 再命而傴 三命而俯 循牆而走：左氏傳

(일명이루 재명이구 삼명이부 순장이주 : 좌씨전)〉. 傴는 허리가 굽은 곱사둥이, 꼽추를 뜻하기도 한다.

'꾸부리다'에서 '꾸붐-꿉음-꾸음-꿈-깜-가가무-かがむ'로 이어진다.

〔参考〕屈(굴 : かが)む와 이음을 같이한다.

溝(溝) 구	訓読	みぞ·どぶ
	音読	コウ

訓読풀이

- みぞ : 溝(구)는 도랑을 뜻한다. 도랑은 빗물이나 허드렛물이 흘러가도록 만든 시설을 말한다.
  '물'에서 '밀-미-み'로 이어지고, '도랑'에서 '도-조-ぞ'로 이어져 みぞ로 합성된다.

② どぶ : 溝(どぶ)는 시궁창, 하수구를 뜻한다. 더러운 물이 흘러가도록 되어 있으므로 윗부분은 덮게 마련이다. どぶいた(溝板)는 시궁창, 하수구를 덮는 널빤지를 뜻한다.
'덮다'에서 '더퍼-도푸-どぶ'로 이어진다.

人名訓読例

- みぞ : 溝江(みぞえ), 溝内(みぞうち), 溝本(みぞもと), 溝上(みぞかみ), 溝田(みぞた), 溝川(みぞかわ).

鉤 구	訓読	かぎ
	音読	コウ

訓読풀이

- かぎ : ㉮ 鉤(구)는 갈고리를 뜻한다. '갈고리'에서 '가고-가기-かぎ'로 이어진다. ㉯ 갈고리는 거는 기능을 한다. かぎで引(ひ)っかける 하면 갈고리로 건다는 뜻이다. '걸다'에서 '걸고-거기-가기-かぎ'로 이어진다.
  〔参考〕鍵(건)과 이음(かぎ)을 같이한다.

鳩 구	訓読	はと
	人名訓読	おさむ·やす
	音読	キュウ

訓読풀이

① はと : 鳩(구)는 비둘기를 뜻한다.
'비둘기'에서 '비두-바도-はと'로 이어진다. '두루미'에서 '미'가 탈락되어 '두루-つる'로 되는 것과 같은 이치이다.

② おさむ : ㉮ 鳩는 재산 등을 모아 창고 등에 채우는 것을 뜻한다. '차다'에서 '참-삼-사무-さむ'로 이어지고 접두어 お가 붙어 おさむ로 이어진다. ㉯ 채운다는 것은 담는 것을 뜻한다. '담다'에서 '담-삼-さむ'로 이어지고 접두어 お가 붙어 おさむ로 이어진다. ㉰ 재산 등을 모은다는 것(鳩財 : 구재)은 재산을 얻는다는 뜻이다. '얻다'에서 '엇-옷-오사-おさむ'로 이어진다.
〔参考〕收(수), 納(납) 등과 이음(おさむ)을 같이한다.

③ やす : 鳩는 편안히 쉬는 것을 뜻한다. 그래서 鳩는 평화를 상징한다.
'쉬다'에서 '쉬-수-す'로 이어지고 접두어 や가 붙어 やす로 이어진다.
〔参考〕康(강 : やす)い와 이음을 같이한다.

人名訓読例

① はと · おさむ : 鳩(외자 名).

② はと : 鳩谷(はとたに · はとや), 鳩山(はとやま), 鳩子(はとこ), 鳩野(はとの), 鳩沢(はとざわ), 鳩貝(はとがい).

③ やす : 鳩彦(やすひこ).

煦 구	訓読	あたためる
	音読	ク

訓読풀이

• あたためる：煦(구)는 햇빛이 비추어, 또는 은혜 등을 베풀어 따뜻하게 하는 것을 뜻한다.
'따뜻'에서 '따따－たためる'로 이어지고 접두어 あ가 붙어 あたためる로 이어진다.

嘔 구	訓読	はく
	音読	オウ

訓読풀이

• はく：嘔(구)는 뱉는 것, 토(吐)하는 것을 뜻한다.
'뱉다'에서 '뱉고－배구－바구－はく'로 이어진다.
〔参考〕吐(토：は)く와 이음을 같이한다.

構 구	訓読	かまえる·かまう
	音読	コウ

訓読풀이

• かまえる・かまう：構(구)는 꾸미는 것을 뜻한다.
'꾸미다'에서 '꾸며－가머－가마－かまえる・かまう'로 이어진다.

人名訓読例

① かまい・かまえ：構(외자 名).
② かま：構司(かまつか), 構井(かまい).

駆(驅) 구	訓読	かける·かる
	音読	ク

訓読풀이

① かける：㉮ 駆(구)는 몰고 가게 하는 것, 빨리 가게 하는 것, 쫒아내어 가게 하는 것(駆逐：구축), 가게 해서 없애는 것을 뜻한다(駆除：구제). '가게 하다'에서 '가게－かける'로 이어진다. ㉯ 駆는 말 위에 걸터 앉아 달리는 것을 뜻한다. '걸다'에서 '걸거라－거거라－가게루－かける'로 이어진다.
② かる：㉮ ①에서 가게 하는 것은 가라는 뜻이다. '가라'에서 '가루－かる'로 이어진다. ㉯ '걸어앉다(걸터앉다)'에서 '걸－갈－かる'로 이어진다. ㉰ '끌어내다'에서 '글－갈－かる'로 이어진다.

駒 구	訓読	こま
	音読	ク

訓読풀이

• こま：駒(구)는 망아지를 뜻한다. 망아지는 새끼 말, 즉 꼬마 말이다.
'꼬마 말'에서 '고말－고마－こま'로 이어진다.

人名訓読例

• こま：駒基(こまき), 駒橋(こまはし), 駒嶺(こまみね), 駒宮(こまみや), 駒原(こまはら), 駒沢(こまざわ).

駈 구	訓読	かける·かる
	音読	ク

訓読풀이

• かける・かる：駆(구) 참조.

人名訓読例

• かけ：駈坂(かけさか).

窶 구	訓読	やつす·やつれる
	音読	ク·ロウ

訓読풀이

• やつす・やつれる：窶(구)는 애태우는

것, 번민하는 것을 뜻한다. かなわぬ恋(こい)に身(み)をやつす 하면 이룰 수 없는 사랑으로 애태운다는 뜻이고, 心配(しんぱい)でやつれた顔(かお)는 근심으로 애타서 초췌해진 얼굴을 뜻한다. '애타서'에서 '애타-애투-야투-やつす·やつれる'로 이어진다.
〔参考〕俏(초 : やつ)す와 이음을 같이한다.

購(購) 구	訓読	あがなう
	音読	コウ

訓読풀이

- あがなう : 図書(としょ)を購(あが)なう 하면 도서를 구입해서 얻는 것을 뜻한다.
  '얻다'에서 '얻고-어가-아가-あがなう'로 이어진다.
  〔参考〕贖(속 : あが)なう와 이음을 같이한다.

謳 구	訓読	うたう
	音読	オウ

訓読풀이

- うたう : ㉮ 謳(구)는 읊는 것, 노래하는 것을 뜻한다. '읊다'에서 '읊-울-우다(받침ㄹ-'다'로 분절)-うたう'로 이어진다.
  ㉯ '노래'에서 '놀-눌-울-우다(받침ㄹ-'다'로 분절)-うたう'로 이어진다.
  〔参考〕歌(가), 謡(요), 唄(패), 詠(영) 등과 이음(うたう)을 같이한다.

軀 구	訓読	からだ
	音読	ク

訓読풀이

- からだ : 軀(구)는 몸, 신체, 체구를 뜻한다. 사람의 겉모양(外形 : 외형)을 나타내는 '꼴'에서 '골-갈-가라-から(柄)'가 되며, 다른 한편으로는 '골-갈-가다(받침ㄹ-'다'로 분절)-かた(形)'로 이어져 から·かた가 からた(軀)로 합성된다.
  〔参考〕体(체), 身体(신체)와 이음(からだ)을 같이한다.

懼 구	訓読	おそれる
	音読	ク

訓読풀이

- おそれる : 懼(구)는 두려워 하는 것, 즉 놀래는 것을 뜻한다.
  '놀래다'에서 '놀래-올래(ㄴ-ㅇ으로 변음)-오소래(받침ㄹ-'소'로 분절)-おそれる'로 이어진다.
  〔参考〕恐(공), 怖(포), 畏(외) 등과 이음(おそれる)을 같이한다.

鴎 구	訓読	かもめ
	音読	オウ

訓読풀이

- かもめ : 鴎(구)는 갈매기를 뜻한다.
  '갈매'에서 '가매-가모-かも'로 이어지고 접미어 め가 붙어 かもめ로 이어진다.

人名訓読例

- かもめ : 鴎(외자 名).

衢 구	訓読	ちまた
	音読	ク

訓読풀이

- ちまた : 衢(구)는 네거리·갈림길을 뜻한다. 네거리나 갈림길에는 모퉁이가 있게 마련이다.

'길'에서 '질-지-ち'로 이어지고, '모퉁이'에서 '모투-마투-마타-また'로 이어져 ちまた로 합성된다.

〔参考〕巷(항), 岐(기)와 이음(ちまた)을 같이한다.

【국】

局 국	訓読	つぼね
	音読	キョク

訓読풀이

- つぼね : 局(국)은 좁게 국한(局限)시키는 것을 나타낸다. 궁중의 局은 궁녀들이 거처한 좁고 작은 칸막이 방이며, 局見(국견)은 좁은 소견, 局節(국절)은 좁고 작은 법도를 뜻한다.
  '좁다'에서 '좁은-조본-주본-주보네-つぼね'로 이어진다.
  〔参考〕窄(착 : つぼ)む와 이음을 같이한다(窄도 좁음을 뜻함).

人名訓読例

- つぼね : 局(외자 名).

国(國) 국	訓読	くに
	音読	コク

訓読풀이

- くに : '百済(くだら)는 크더라'에서 くだら, '고래 덩치가 크지라(크더라)'에서 くじら로 이어지듯이 '百済国(くだらくに)은 큰 나라'에서 '큰-크네-쿠니-くに'로 이어진다.

人名訓読例

- くに : 国家(くにいえ), 国寛(くにひろ), 国基(くにもと), 国民(くにたみ), 国範(くにのり), 国世(くによ).

掬 국	訓読	すくう
	音読	キク

訓読풀이

- すくう : 金魚(きんぎょ)を掬(すく)う 하면 항아리에서 금붕어를 떠내는 것을 뜻한다.
  '뜨다'에서 '뜨고-두고-두구-수구-すくう'로 이어진다.

跼 국	訓読	かがむ·くぐまる
	音読	キョク

訓読풀이

① かがむ : 跼(국)은 허리를 꾸부리는 것을 뜻한다.
'꾸부리다'에서 '꾸붐-꿉음-꾸움-꿈-깜-가가무-かがむ'로 이어진다.
〔参考〕傴(구), 屈(굴)과 이음(かがむ)을 같이한다.

② くぐまる : ①의 '꾸부리다'에서 '꾸붐-꾸음-꿈-구구마-くぐまる'로 이어진다.
〔参考〕屈(굴 : くぐ)まる와 이음을 같이한다.

鞠 국	訓読	まり·けまり·やしなう
	音読	キク

訓読풀이

① まり : 鞠(국)은 발로 굴리는 공으로 겉을 가죽(革)으로 말아서 만들었다. 던지며 노는 공은 毬(구)이며 이것은 털(毛)로 말아서 만들었다.
'말아'에서 '마라-마리-まり'로 이어진다.
〔参考〕毬(구 : まり)와 이음을 같이한다.

② けまり : 鞠(まり)를 발로 굴리며 노는

것을 蹴鞠(축국 : けまり)이라 한다.
'굴리다'의 '굴'에서 '구-게-け'로 이어지고 まり와 합성되어 けまり로 이어진다.

③ やしなう : 鞠은 아이를 낳고 기르는 것을 뜻한다〈母兮鞠我 : 詩經 (모혜국아 : 시경)〉. 아이를 녀석이라고도 한다.
'아이(녀석) 낳다'에서 '녀석나아-야서나우(ㄴ-ㅇ으로 변음)-やしなう'로 이어진다.
〔参考〕養(양 : やしな)う와 이음을 같이 한다.

人名訓読例

• まり : 鞠谷(まりたに · まりや), 鞠部(まりべ), 鞠山(まりやま), 鞠子(まりこ), 鞠川(まりかわ), 鞠江(まりえ).

【군】

君 군	訓読	きみ
	音読	クン

訓読풀이

• きみ : 君(군)은 임금, 군주(君主)를 뜻한다. 神(かみ)가 곰과 이어지듯, 君(きみ)도 옛날 神의 상징이었던 '곰'에서 '김-기미-きみ'로 이어진다. 君(きみ)가 신의 상징인 熊(くま)를 대신하는 것으로 보고 くま와 유사한 부름을 붙인 것으로 본다. 임금, 군주를 上(かみ)라고도 하는 것으로 보아 きみ(君)와 かみ(上)도 이음을 같이한다고 본다〈神(신 : かみ) 참조〉.

人名訓読例

• きみ : 君島(きみしま), 君山(きみやま), 君原(きみはら), 君津(きみつ), 君川(きみかわ), 君村(きみむら).

軍 군	訓読	いくさ
	人名訓読	いさお
	音読	グン

訓読풀이

① いくさ : 軍(군)은 軍隊(군대), 軍士(군사)를 뜻한다. 군대, 군사는 싸움에 반드시 이겨야 한다(必勝 : 필승). ㉮ '이기는 싸움'에서 '이겨싸움-이겨싸-이구싸-いくさ'로 이어진다. 오늘날 Fighting을 외치는 것과 흡사하다. ㉯ '이기다'에서 '이기자-이구사-いくさ'로 이어진다. 官 · 司 등이 '섬기다'에서 '서가수-수가사-つかさ'로 이어지는 것과 맥을 같이 한다. 즉 軍은 싸움에 '이겨서' 天子, 王 등을 '섬기'는 것이다.

② いさお : 軍은 전투에서 공을 세우는(쌓는) 것을 뜻한다〈韓王成無軍功 : 史記 (한왕성무군공 : 사기)〉. ㉮ '세워(쌓아)'에서 '싸아-사오-さお'로 이어지고 접두어 い가 붙어 いさお로 이어진다. ㉯ '(큰)일을 세워(쌓아)'에서 '일싸아-이사아-이사오-いさお'로 이어진다.
〔参考〕功(공), 勲(훈)과 이음(いさお)을 같이한다.

③すすむ : 軍은 진(陳)을 치는 것을 뜻한다〈晋之餘師不能軍 : 左氏傳 (진지여사불능군 : 좌씨전)〉.
'치다'에서 '침-춤-추무-수수무-すすむ'로 이어진다.

人名訓読例

① すすむ : 軍(외자 名).
② いくさ : 軍川(いくさがわ).
③ いさ : 軍夫(いさお), 軍雄(いさお).

郡 군	訓読	こおり
	人名訓読	くに
	音読	グン

訓読풀이

① こおり : 郡(군)은 '고을'을 뜻한다. '고을'에서 '고으리–고오리–こおり'로 이어진다.

② くに : 漢(한)대에 郡国(군국)제도를 병용하여 天子(천자)에 직속한 땅은 郡, 제후의 땅은 国이라 불렀다. 郡이나 国이나 호칭만 다를 뿐 다같이 '큰(넓은)' 땅이다. 国(くに)와 마찬가지로 '큰'에서 '크네–쿠네–쿠니–くに'로 이어진다.

人名訓読例

① こおり : 郡(외자 名), 郡山(こおりやま), 郡場(こおりば · こりば).

② こうり(こおり의 변음) : 郡谷(こうりや).

③ くに : 郡昭(くにてる), 郡寿(くにひさ), 郡秀(くにひで), 郡孝(くにたか), 郡戸(くにと).

窘 군	訓読	たしなめる
	音読	キン

訓読풀이

• たしなめる : 窘(군)은 따져 나무라는 것을 뜻한다. 無礼(ぶれい)をたしなめる 하면 무례를 따져 나무란다는 뜻이다. '따져 나무라다'에서 '따지나무러–たしなめる'로 이어진다.

群 군	訓読	むら·むらがる·むれ·むれる
	人名訓読	とも
	音読	グン

訓読풀이

① むら · むらがる : 群(군)은 무리지어 몰려다니는 떼를 뜻한다. むらすずめ는 참새 떼, 竹(たけ)むら는 대나무 숲, むら雲(ぐも)는 떼구름이다.
'무리'에서 '무라–むら'로 이어진다. むら에서 むらがる로 동사화 되어 広場(ひろば)にむらがる群衆(ぐんしゅう) 하면 광장에 '무리'로 '몰려' 있는 군중을 뜻한다.
〔参考〕叢(총 : むら)와 이음을 같이한다.

② むれ · むれる : ①의 '무리'에서 '무레–むれ'로 이어진다.

③ とも : 群은 함께 동무가 되어 무리로 몰려다니는 것을 뜻한다.
'동무'에서 '도무–도모–とも'로 이어진다.

人名訓読例

① むら · むれ : 群(외자 名).

② むら : 群岡(むらおか), 群樹(むらき).

③ むれ : 群嗣(むれつぐ), 群喜(むれよし).

④ とも : 群巳(ともみ), 群子(ともこ).

皸 군	訓読	あかぎれ
	音読	クン

訓読풀이

• あかぎれ : 皸(군)은 외부, 특히 손발의 튼 곳을 뜻한다. 틈은 열리고 갈라지고 하면서 생긴다.
'열고 갈라'에서 '아고가라–아가기레–あかぎれ'로 이어진다.
〔参考〕皹(군 : あかぎれ)와 이음을 같이한다.

【굴】

屈 굴	訓読	かがむ·かがまる·かがめる·くぐまる·こごまる
	音読	クツ

訓読풀이

① かがむ · かがまる · かがめる : 屈(굴)은 꺾는 것, 구부리는(꾸부리는) 것을 뜻한다. ㉮ '꺾다'에서 '꺾음-깍음-깜-가가무-かがむ'로 이어진다. ㉯ '구부리다(꾸부리다)'에서 '꾸붐-꿉음-꾸음-끔-깜-かがむ'로 이어진다.

② くぐまる · こごまる : ㉮ '꺾다'에서 '꺾음-꺼-꿈-구굼-くぐまる · こごまる'로 이어진다. ㉯ '꾸부리다'에서 '꾸붐-꿉음-꿈-구굼-くぐまる · こごまる'로 이어진다.

堀 굴	訓読	ほり
	音読	クツ

訓読풀이

• ほり : 堀(굴)은 땅을 파서 만든 水路(수로) 또는 성 둘레에 판 垓字(해자)를 뜻한다.
'파다'에서 '파리-포리-호리-ほり'로 이어진다.
〔参考〕濠(호 : ほり)와 이음을 같이한다.

人名訓読例

• ほり : 堀筋(ほりすじ), 堀本(ほりもと), 堀杉(ほりすぎ), 堀場(ほりば), 堀之内(ほりのうち), 堀川(ほりかわ).

掘 굴	訓読	ほる
	音読	クツ

訓読풀이

• ほる : 掘(굴)은 땅을 파는 것을 뜻한다. 나무와 돌을 파서 조각하는 것은 彫(ほ)る로 표기한 다.
'파다'에서 '파라-포루-호루-ほる'로 이어진다.
〔参考〕彫(조 : ほ)る와 이음을 같이한다.

人名訓読例

• ほり : 掘口(ほりくち), 掘越(ほりこし).

窟 굴	訓読	いわや
	音読	クツ

訓読풀이

• いわや : 窟(굴)은 바위를 뚫어 만든 집을 뜻한다.
'바위'에서 '바아-비아-이아(ㅂ-ㅇ으로 변음)-いわ'로 이어지고, 집을 뜻하는 や〈屋(옥) 참조〉와 합성되어 いわや로 이어진다.
〔参考〕岩屋(암옥 : いわや)로도 표기된다.

人名訓読例

• いわや : 窟(외자 名).

【궁】

弓 궁	訓読	ゆみ
	音読	キュウ

訓読풀이

• ゆみ : 弓(궁)은 활을 뜻한다. 활은 곡선처럼 구부러진 弧(호)와 그 두 끝 부분에 활시위(弦 : つる)를 이어 화살(矢 : や)을 쏘게 만든 무기이다. 즉 활은 弧와 弦의 이음을 뜻한다.

'이음'에서 '임—윰—유미—ゆみ'로 이어진다.

人名訓読例

• ゆみ : 弓山(ゆみやま), 弓場(ゆみば), 弓田(ゆみた), 弓倉(ゆみくら), 弓木(ゆみき), 弓子(ゆみこ).

宮 궁	訓読	みや
	音読	キュウ

訓読풀이

• みや : 宮은 신(神)을 모신 건물 또는 천황의 거처, 즉 かみや(神屋)를 뜻한다. 神의 상징인 '곰'에서 '곰—감—가미—かみ'로 이어지고, 집(家 · 屋)을 뜻하는 や가 합성되어 'かみや—みや'로 이어진다〈神(신), 家(가), 屋(옥) 참조〉.

人名訓読例

• みや : 宮橋(みやはし), 宮国(みやくに), 宮里(みやさと), 宮本(みやもと), 宮森(みやもり), 宮処(みやこ).

躬 궁	訓読	み·みずから
	人名訓読	もと
	音読	キュウ

訓読풀이

① み : 躬(궁)은 몸 · 자신(自身)을 뜻한다.
'몸'에서 '모—미—み'로 이어진다.
〔参考〕 身(신 : み)와 이음을 같이한다.

② みずから : 躬行(궁행)은 '몸소' 행함을 뜻한다.
'몸소'에서 '모소—미수—みず"로 이어지고, 출처 · 원인을 나타내는 から와 합성되어 みずから로 이어진다〈自(자) 참조〉.

③ もと : 躬은 '몸소 · 몸소 행함'을 뜻한다.
'몸소'에서 '모소—모도—もと'로 이어진다.

人名訓読例

① み : 躬国(みくに), 躬澄(みすみ), 躬則(みのり), 躬恒(みつね), 躬行(みゆき), 躬弦(みつる).

② もと : 躬治(もとはる · みはる), 躬行(もとゆき · みゆき).

窮 궁	訓読	きわまる· きわめる·きわむ
	人名訓読	くぼ
	音読	キュウ

訓読풀이

① きわまる · きわめる · きわむ : 窮(궁)은 끝을 뜻한다. 永世無窮(영세무궁)은 영원히 끝없이 이어갈 것임을 뜻하고 窮究(궁구)는 끝까지 파고들어 연구함을 뜻한다.
'끝에'서 '끝에—그아—기아—きわむ'로 이어진다.
〔参考〕 極(극), 究(구)와 이음(きわまる · くわめる · くわむ)을 같이한다.

② くぼ : 제주방언에 끝을 보는 것을 '굽보다 · 굽틀다'라고 한다.
'굽'에서 '구보—くぼ'로 이어진다.

人名訓読例

① きわむ : 窮(외자 名).

② くぼ : 窮田(くぼた).

【권】

巻(卷) 권	訓読	まき·まく·まがる
	音読	カン·ケン

訓読풀이

① まき · まく : ㉮ 巻(권)은 책을 뜻한다. 옛날에는 댓조각이나 나무 조각에 글을 써서 꿰어 말았다. '말다'에서 '말기—

마기−まき'로 이어진다. ㉯ 巻(ま)き上(あ)げる는 말아(감아) 올리는 것을 뜻하고, 巻煙(권연 · 궐련)은 말아 놓은 담배를 뜻한다. '말다'에서 '말구−마구−まく'로 이어진다.

② まがる : '말다'에서 '말거라−마가라−마가루−まがる'로 이어진다.

人名訓読例

- まき : 巻島(まきしま), 巻上(まきがみ), 巻野(まきの), 巻田(まきた), 巻出(まきで), 巻下(まきした).

倦 권	訓読	うむ
	音読	ケン

訓読풀이

- うむ : 生活(せいかつ)に倦(う)む 하면 생활에 지친다는 뜻으로, 생활에 희망을 잃었거나 활력을 잃어 싫증을 느낀다는 말이다. 長旅(ながたび)にうむ 하면 오랜 여행으로 기운을 잃어 지친 상태를 나타낸다.
  '잃다'에서 '잃음−일음−이음−움−うむ'로 이어진다.

拳(拳) 권	訓読	こぶし
	人名訓読	かたし·つとむ·つよし
	音読	ケン·ゲン

訓読풀이

① こぶし : 拳(권)은 굽는 것, 감는 것을 뜻한다〈其技則拳曲 : 莊子 (기기즉권곡 : 장자)〉. 拳跼(권국)은 허리 따위가 굽어 자유롭지 못한 모양을 나타낸다.
'굽다'에서 '구버서−구부시−고부시−こぶし'로 이어진다.

② かたし : 주먹은 센 것, 즉 굳고 단단한 것을 나타낸다.
'굳다'에서 '갇−가다−かたし'로 이어진다.
〔参考〕固(고), 堅(견) 등과 이음(かた)을 같이한다.

③ つとむ : 拳은 힘(애)쓰는 것을 뜻한다〈違慈母之拳拳乎 : 後漢書 (위자모지권권호 : 후한서)〉.
'쓰다'에서 '씀−수수무−수소무−수도무−つとむ'로 이어진다.

④ つよし : 특히 남자의 주먹은 센 것을 상징한다(強拳 : 강권).
'세다'에서 '쎄어−쑤오−つよし'로 이어진다.

人名訓読例

① かたし · つとむ · つよし : 拳(외자 名).
② こぶし : 拳が池(こぶしがいけ).

捲 권	訓読	まき·まくる
	音読	ケン

訓読풀이

- まく · まくる : 捲(권)은 巻(권)과 마찬가지로 마는 것을 뜻한다. 捲土重來(권토중래)는 흙을 말아 쌓아 쳐들어온다는 뜻으로 한번 패한 자가 힘을 가다듬어 다시 시작함을 뜻한다.
  '말다'에서 '말구−마구−まく'로 이어진다.

勧(勸) 권	訓読	すすめる·すすむ
	人名訓読	つとむ
	音読	カン·ケン

訓読풀이

① すすめる · すすむ : ㉮ 勧(권)은 힘(애)쓰는 것을 뜻한다. '애쓰다'에서 '씀−수숨−수수무−すすむ'로 이어진다. ㉯ 勧

은 勧奨(권장)하는 것, 즉 북돋아주는 것을 뜻한다. '북돋다'에서 '돋음–도둠–두둠–수숨–수수무–すすむ'로 이어진다.

② つとむ : ㉮ ①의 '애쓰다'에서 '씀–수수무–수도무–つとむ'로 이어진다. ㉯ '북돋다'에서 '돋음–도둠–두돔–두도무–つとむ'로 이어진다.

人名訓読例

① すすむ · つとむ : 勧(외자 名).

② すす : 勧山(すすやま).

権(權) 권	訓読	はかり·はかる
	人名訓読	いさむ·ちから·はじめ·のり·よし
	音読	ケン·ゴン

訓読풀이

① はかり · はかる : 権(권)은 저울, 저울로 다는 것, 즉 저울로 무게를 헤아리는 것을 뜻한다〈權然後知輕重 : 孟子 (권연후지경중 : 맹자)〉.
'헤아리다(헤다)'의 어간 '헤'에서 '헤거라–하거라–하가루–はかる'로 이어진다.
〔参考〕 計(계), 測(측), 量(량) 등과 이음(はかる)을 같이한다.

② いさむ : 権은 쥐는 것, 잡는 것을 뜻한다.
'쥐다'에서 '쥠–잠–자무–さむ'로 이어지고 접두어 い가 붙어 いさむ로 이어진다.

③ ちから : 権은 힘, 센 것을 뜻한다. 센 것은 '질기'다.
'질기다'에서 '질겨라–지거라–지가라–ちから'로 이어진다.
〔参考〕 力(력 : ちから)와 이음을 같이한다.

④ はじめ : 権은 시초를 뜻한다〈百草權輿 : 大戴禮 (백초권여 : 대대례)〉.
처음을 뜻하는 '햇'(햇감자, 햇보리 등)에서 '핮–하지–하지메–はじめ'로 이어진다.

⑤ のり : 저울의 눈금이나 저울질은 올바르게 이루어져야 한다.
'올'에서 '놀(ㅇ–ㄴ으로 변음)–노리–のり'로 이어진다.

⑥ よし : ⑤의 '올바르다'에서 '올–오시(ㄹ–'시'로 분절)–よし'로 이어진다.

人名訓読例

① いさむ · ちから · はかる · はじめ : 権(외자 名).

② のり : 権明(のりあき), 権士(のりお), 権和(のりかず).

③ よし : 権昭(よしあき).

【궐】

闕 궐	訓読	かける
	音読	ケツ

訓読풀이

• かける : ㉮ 闕(궐)은 깎아서 줄어드는 것, 부족한 것을 뜻한다(闕員 : 궐원).
'깎다'에서 '깍거라–가게라–가게루–かける'로 이어진다. ㉯ 茶(ちゃ)わんの口(くち)がかける 하면 밥그릇의 이가 깨져 빠진 것을 뜻하고, 義理(ぎり)がかける 하면 의리가 깨져 없는 것을 뜻한다.
'깨다'에서 '깨거라–가거라–가게루–かける'로 이어진다.
〔参考〕 欠(결), 缺(결)과 이음(かける)을 같이한다.

蹶 궐	訓読	つまずく·たおれる
	人名訓読	くえ
	音読	ケツ

訓読풀이

① つまずく : 蹶(궐)은 무엇에 채이어 넘어지는 것을 뜻한다. 채인다는 것은 실패한다는 말도 되어 緒戦(しょせん)で つまずく 하면 첫 번째 싸움에서 적에게 채여 실패한다는 뜻이 된다.
'채이다'에서 '채임－추임－춤－추마－つまずく'로 이어진다. 또한 つま와 '넘어지다'의 '지다'에서 '지구－주구－ずく'로 이어져 つまずく로 합성된다.
〔参考〕躓(질 : つま)ずく와 이음을 같이 한다.

② たおれる : 蹶은 떨어져 넘어지는 것을 뜻한다.
'떨어지다'에서 '떨어－더어러－다오레－たおれる'로 이어진다.
〔参考〕倒(도 : たお)れる와 이음을 같이 한다.

③ くえ : 蹶은 기울어지는 것, 무너지는 것을 뜻한다〈天下財産 下得不蹶 : 漢書(천하재산 하득불궐 : 한서)〉.
'기울다'에서 '기우－구우－구에－くえ'로 이어진다.
〔参考〕壊(괴 : くえ)る와 이음을 같이한다.

人名訓読例

• くえ : 蹶速(くえはや).

【궤】

凧 궤	訓読	たこ
	音読	日本国字

訓読풀이

• たこ : 凧(たこ)는 연을 뜻한다. 연은 낙지나 문어처럼 납작하게 달구질 한 것처럼 만들어졌다.
'달구(질)'에서 '달구－다구－다고－たこ'로 이어진다.
〔参考〕蛸(소 : たこ)와 이음을 같이한다.

軌 궤	訓読	のり
	音読	キ

訓読풀이

• のり : 軌(궤)는 사람이 좇아야 할 올바른 도리, 법도를 뜻한다. 軌道(궤도)는 올바른 길을 뜻하고 軌範(궤범)은 선인(先人)의 올바른 행적, 모범을 뜻한다.
'올바르다'에서 '올－놀(ㅇ－ㄴ으로 변음)－노리－のり'로 이어진다.

人名訓読例

• のり : 軌光(のりみつ), 軌夫(のりお), 軌秀(のりひで), 軌一(のりかず), 軌正(のりまさ), 軌幸(のりゆき).

詭 궤	訓読	いつわる
	音読	キ

訓読풀이

• いつわる : 詭(궤)는 속이는 것을 뜻한다.
'속이다'에서 '속여라－속아라－소아루－수와루－つわる'로 이어지고 접두어 い가 붙어 いつわる로 이어진다.

跪 궤	訓読	ひざまずく
	音読	キ

訓読풀이

• ひざまずく : 跪(궤)는 무릎을 꿇는 것, 즉 발꿈치를 맞대고 앉는 것을 뜻한다.

'발꿈치'에서 '발치—빌자—비자—ひざ'로 이어지고〈膝(슬 : ひざ) 참조〉, '맞대다'에서 '맞—마주—まずく'로 이어져 ひざまずく로 합성된다.

潰 궤	訓読	ついえる·つぶす
	人名訓読	つえ
	音読	カイ

訓読풀이

① ついえる : ㉮ 潰(궤)는 적을 쓸어서 潰滅(궤멸)시키는 것을 뜻한다. '쓸다'에서 '쓸어—쑤어—쑤이—ついえる'로 이어진다. ㉯ 潰는 적을 쳐서 무너뜨리는 것을 뜻한다. '쳐서'에서 '쳐어—추어—추이—ついえる'로 이어진다.

② つぶす : 潰는 적을 쳐부수는 것을 뜻한다.
'쳐부수다'에서 '쳐부서—추부수—つぶす'로 이어진다.

③ つえ : ①ついえる에서의 つい의 변음이다.

人名訓読例

① つい : 潰田(ついた · つえた).

② つえ : 潰田(つえた), 潰滝(つえたき).

【귀】

帰(歸) 귀	訓読	かえる·かえす
	人名訓読	もと·より
	音読	キ

訓読풀이

① かえる · かえす : ㉮ 故郷(こきょう)に帰(かえ)る 하면 현재의 객지생활을 갈아치우고(청산하고) 고향으로 돌아간다는 뜻이다. '갈다'에서 '갈아라—가아라—가에루—かえる'로 이어진다. ㉯ 帰(귀)는 (돌아)가는 것을 뜻한다. 貴家(귀가)는 집으로 (돌아)가는 것, 帰任(귀임)은 임지로 (돌아)가는 것을 뜻한다. '가다'에서 '가아라—가에루—かえる'로 이어진다.

② もと(る) : 帰는 根本(근본), 밑바탕으로 돌아감을 뜻한다〈天下歸仁焉 : 論語(천하귀인언 : 논어)〉.
'밑바탕'에서 '밑—뫁—모토—もと(る)'로 이어진다.

③ より : 帰는 '~(으)로' 돌아가는 것을 뜻한다. '으로'에서 '요로—요리—より'로 이어진다.

人名訓読例

① かえり · かえる : 帰山(かえりやま · かえるやま).

② もと : 帰厚(もとあつ).

③ より : 帰之(よりゆき).

鬼 귀	訓読	おに
	音読	キ

訓読풀이

• おに : 鬼(귀)는 죽은 사람의 넋, 즉 혼(魂), 혼령(魂霊), 혼백(魂魄)을 뜻한다. 魂의 한국어 발음 '혼'에서 '온(ㅎ—ㅇ으로 변음)—오니—おに'로 이어진다.

人名訓読例

• おに : 鬼山(おにやま), 鬼熊(おにくま), 鬼倉(おにくら), 鬼川(おにかわ), 鬼村(おにむら), 鬼丸(おにまる).

亀(龜) 귀·구·균	訓読	かめ
	音読	キ·キン

訓読풀이

• かめ : 亀(귀)는 거북을 뜻한다. 또한 亀(균)은 갈라져 터지는 것도 뜻한다(亀裂 : 균열). 이 경우 亀는 '균 · キン'으로 음

독된다.

'갈라지다'에서 '갈음–가음–감–가메–かめ'로 이어진다. 거북의 등이 갈라진 데서 나온 것으로 풀이된다.

人名訓読例

- かめ : 亀崎(かめさき), 亀島(かめしま), 亀渡(かめわた), 亀頭(かめがしら), 亀山(かめやま), 亀村(かめむら).

貴 귀	訓読	たっとぶ·とうどぶ
	人名訓読	たか·よし
	音読	キ

訓読풀이

① たっとぶ : 貴(귀)는 존경, 즉 사람을 높이 떠받치는 것을 뜻한다.
'떠받치다'에서 '떠받–떠바다–따부도–たふと'로 이어지고, 동사어미 ぶ가 붙어 たふどぶ로 이어진다. たっとぶ는 たふとぶ의 音便形이다.

② とうどぶ : ①의 '떠받치다'에서 '떠바–더더바–도도부–도우도부–とうどぶ'로 이어진다.
〔参考〕 尊(존 : とうど)ぶ와 이음을 같이 한다.

③ たか : 貴는 높이 떠받치는 것을 뜻한다.
'뜨다'에서 '뜨고–따고–다가–たか'로 이어진다.

④ よし : 윗 어른을 존경하고 떠받치는 일은 사람이 지켜야 할 올바른 도리이다.
'올바르다'에서 '올–오시(받침ㄹ–'시'로 분절)–よし'로 이어진다.

人名訓読例

① たか : 貴文(たかふみ), 貴邦(たかくに), 貴盛(たかもり), 貴祐(たかひろ), 貴人(たかと), 貴重(たかしげ).

② よし : 貴光(よしてる · たかみつ), 貴道(よしみち · たかみち), 貴夫(よしお), 貴昭(よしあき · たかあき), 貴和(よしかず · たかかず · たかより), 貴孝(よしのり).

【규】

叫 규	訓読	さけぶ·おらぶ
	音読	キュウ

訓読풀이

① さけぶ : 世界平和(せかいへいわ)を叫(さけ)ぶ 하면 세계평화를 (부르)짖는다는 뜻이다.
'짖다'에서 '지게–자게–さげぶ'로 이어진다.

② おらぶ : おらぶ는 고어로서 울부짖는 것을 뜻한다.
'울부'에서 '우라부–오라부–おらぶ'로 이어진다.

圭 규	訓読	たま
	人名訓読	きよ·はかり·よし
	音読	ケイ

訓読풀이

① たま : 圭(규)는 천자(天子)가 제후(諸侯)를 봉할 때 내리던 옥(玉)으로 만든 홀(笏)을 뜻한다. 玉은 둥근 모양으로 상징된다. 둥근 모양의 물건들, 즉 玉(옥), 珠(주), 球(구), 彈(탄) 등은 어디로 보거나 둥글어 서로 닮은 꼴이며 전후 상하 좌우가 따로 없다.
'닮다'에서 '닮아–다마–たま'로 이어진다.

② きよ : 圭는 깨끗함, 고움을 뜻한다. ㉮ '깨끗'에서 '객읏–개오–기오–きよ'로 이

어진다. ㉯ '곱다'에서 '고아-기아-기오-きよ'로 이어진다.

③ はかり : 圭는 부피나 무게를 헤아리는 단위로서 원래 좁쌀 10알의 부피에 해당한다.
'헤아리다(헤다)'의 어간 '헤'에서 '헤거라-하가라-하가리-はかり'로 이어진다.

④ よし : 부피나 무게를 헤아림에는 올바른 잣대를 써야한다.
'올바르다'에서 '올-오시(받침ㄹ-'시'로 분절)-よし'로 이어진다.

人名訓読例

① きよし · はかり : 圭(외자 名).

② たま : 圭室(たまむら · たまむろ), 圭基(たまき), 圭代(たまよ), 圭美(たまみ), 圭雄(たまお), 圭恵(たまえ).

③ きよ : 圭文(きよふみ), 圭資(きよすけ).

④ よし : 圭江(よしえ), 圭敦(よしのぶ), 圭昭(よしあき), 圭章(よしあき), 圭正(よしまさ), 圭弘(よしひろ).

糺 규	訓読	あざなう·ただす
	音読	キュウ

訓読풀이

• あざなう · ただす : 糾(규) 참조.

奎 규	訓読	ふみ·よし
	音読	ケイ

訓読풀이

① ふみ : 奎(규)는 별이름 奎星(규성)을 뜻한다. 奎星은 28숙(宿) 가운데 文章(문장)을 관장하는 별이다. 文章을 통하여 배움을 익힌다.
'배움'에서 '뱀-붐-부미-ふみ'로 이어진다.
〔参考〕 文(문 : ふみ)와 이음을 같이한다.

② よし : 奎星이 관장하는 文章 · 學問은 올바른 배움을 가르쳐 준다.
'올바르다'에서 '올-오시(받침ㄹ-'시' 분절)-よし'로 이어진다.

人名訓読例

① ふみ : 奎彦(ふみひこ · ふみこと · よしひこ).

② よし : 奎彦(よしひこ).

糾 규	訓読	あざなう·ただす
	人名訓読	おさむ
	音読	キュウ

訓読풀이

① あざなう : ㉮ 糾(규)는 새끼를 잇는(꼬는) 것을 뜻한다. '잇다'에서 '잇-앗-아자-あざなう'로 이어진다. ㉯ 糾는 얽힌 것을 나타낸다〈糾糾葛屨 : 詩經 (규규갈구 : 시경)〉.
'얽'에서 '얼-알-아자(받침ㄹ-'자'로 분절)-あざなう'로 이어진다.

② ただす : 糾는 따져서 바로잡는 것을 뜻한다〈糾明(규명), 糾問(규문), 糾正(규정)〉.
'따져서'에서 '다다서-다다수-ただす'로 이어진다.
〔参考〕 質(질), 正(정)과 이음(ただす)을 같이한다.

③ おさむ : 糾는 모아 담는 것을 뜻한다〈收離糾散 : 後漢書 (수리규산 : 후한서)〉.
'담다'에서 '담-삼-사무-さむ'로 이어지고 접두어 お가 붙어 おさむ로 이어진다.
〔参考〕 收(수 : おさ)む와 이음을 같이한다.

人名訓読例

① おさむ・ただし・ただす：糾(외자 名).

② ただ：糾谷(ただや), 糾民(ただたみ), 糾明(ただあき), 糾義(ただよし), 糾至(ただし), 糾次(ただつぐ).

赳 규	訓読	たけし
	人名訓読	いさむ
	音読	キュウ

訓読풀이

① たけし：赳(규)는 힘이 세고 헌걸차게 항시 뛰는 것을 뜻한다.
'뛰다'에서 '뛰게－따게－たけ(し)'로 이어진다.

② いさむ：赳는 힘과 용기가 용솟음치는 것을 뜻한다.
'솟다'에서 '솟음－소음－솜－삼－사무－さむ'로 이어지고, 접두어 い가 붙어 いさむ로 이어진다.
〔参考〕勇(용：いさ)む와 이음을 같이한다.

人名訓読例

① いさむ・たけし：赳(외자 名).

② たけ：赳男(たけお・いさお), 赳夫(たけお・いさお), 赳城(たけき), 赳郷(たけさと).

③ いさ：赳男(いさお), 赳夫(いさお).

規 규	訓読	ただす・のり
	人名訓読	さだ・もと
	音読	キ

訓読풀이

① ただす：規(규)는 시비를 따져서 바로잡는 것을 뜻한다〈子寧以他規我：左氏傳(자녕이타규아：좌씨전)〉.
'따져서'에서 '따더서－다다서－다다수－ただす'로 이어진다.

② のり：規는 올바른 지침을 규정한 법, 법칙을 뜻한다.
'올바르다'에서 '올－놀(ㅇ－ㄹ으로 변음)－노리－のり'로 이어진다.

③ さだ：㉮ 規는 바로(잘) 잡는 것을 뜻한다. '잡다'에서 '자다－사다－さだ'로 이어진다. ㉯ '잘(잡다)'에서 '잘－자다(받침ㄹ－'다'로 분절)－さだ'로 이어진다.
〔参考〕定(정：さだ)める와 이음을 같이 한다.

④ もと：規는 사람이 지켜야 할 밑바탕이 되는 規則(규칙), 規準(규준)을 가리킨다.
'밑바탕'에서 '밑－뫁－모토－もと'로 이어진다.

人名訓読例

① ただし・ただす：規(외자 名).

② ただ：規玄(ただひろ).

③ のり：規敬(のりたか), 規博(のりひろ), 規方(のりかた), 規正(のりまさ), 規靖(のりやす), 規清(のりきよ).

④ さだ：規碩(さだみつ).

⑤ もと：規矩(もとのり・のりかね・のりつね).

揆 규	訓読	はかる
	音読	キ

訓読풀이

• はかる：揆(규)는 헤아리는 것(商量：상량), 일을 꾀하는 것(謀事：모사)을 뜻한다.
'헤아리다(헤다)'의 어간 '헤'에서 '헤거라－하거라－하가루－はかる'로 이어진다.
〔参考〕量(량), 謀(모)와 이음(はかる)을

같이한다.

葵 규	訓読	あおい
	人名訓読	まもり·まもる
	音読	キ

訓読풀이

① あおい : 葵(규)는 아욱과에 속하는 당아욱 · 접시꽃 · 동규(冬葵) 등의 총칭이다. '아욱'에서 '아우-아오-あおい'로 이어진다.

② まもり · まもる : 葵는 해바라기, 즉 葵花(규화)를 뜻한다. 葵傾(규경), 葵向(규향), 葵心(규심)은 해바라기가 항상 해를 향해 있듯이 백성이 임금의 덕을 흠모하여 모든 정성을 다하고 임금을 지키려는 뜻을 나타낸다. 지킨다는 것은 적의 침입을 막는 것, 침입하지 못하도록 말리는 것을 말한다. ㉮ '막다'에서 '막음-마음-맘-마모-まもり'로 이어진다. ㉯ '말리다'에서 '말림-말임-마임-맘-마모-まもり'로 이어진다.

〔参考〕 守(수), 護(호)와 이음(まもる)을 같이한다.

人名訓読例

① あおい · まもり · まもる : 葵(외자 名).

② あおい : 葵川(あおいかわ), 葵子(あおいこ), 葵助(あおいのすけ), 葵太夫(あおいだゆう).

閨 규	訓読	ねや
	音読	ケイ

訓読풀이

• ねや : 閨(규)는 閨房(규방), 즉 부녀자의 침실을 뜻한다.
'눕다'에서의 '누-내-ね'와 집 · 방을 뜻하는 や가 합성되어 ねや로 이어진다.

人名訓読例

• ねや : 閨谷(ねやたに), 閨口(ねやぐち).

窺 규	訓読	うかがう·のぞく
	音読	キ

訓読풀이

① うかがう : 窺(규)는 무엇을 알려고 엿보는 것, 살피는 것을 뜻한다. 人(ひと)の顔色(かおいろ)をうかがう 하면 사람의 안색을 엿보아(살펴) 뭔가를 알려는 것을 뜻한다.
'알다'에서 '알고-아고-우고-우가-うかがう'로 이어진다.

② のぞく : 窺는 엿보기를 뜻한다. 窓(まど)からのぞく 하면 창문으로 엿본다는 말이다.
'엿보다'에서 '엿-옺-오조-노조(ㅇ-ㄴ으로 변음)-のぞく'로 이어진다.
〔参考〕 覗(사), 覘(점)과 이음(のぞく)을 같이한다.

【균】

均 균	訓読	ならす·ひとしい
	人名訓読	ひら
	音読	キン

訓読풀이

① ならす : 均(균)은 무엇을 누르면서 고르게 만드는 것을 뜻한다. 道(みち)をならす 하면 흙을 눌러 길을 고르게 하는 것(平地)을 말한다.
'누르다'에서 '눌러서-누러서-나라서-ならす'로 이어진다.
〔参考〕 平(평 : なら)す와 이음을 같이한다.

② ひとしい : 고르게 한다는 것은 하나같

이, 한 일(一)자처럼 평평하게 만든다는 뜻이다.

하나를 뜻하는 '홀'에서 '힐–히도(받침ㄹ–'도'로 분절)–ひとしい'로 이어진다.

〔参考〕等(등), 斉(제)와 이음(ひとしい)을 같이한다.

③ ひら : 均은 울퉁불퉁한 것을 펴서 고르게 만듬을 뜻한다.

'펴다'에서 '펴라–피라–ひら'로 이어진다.

〔参考〕平(평 : ひら)와 이음을 같이한다.

人名訓読例

① ひとし : 均(외자 名).

② ひと : 均之(ひとし).

③ ひら : 均光(ひらみつ).

菌 균	訓読	かび
	人名訓読	たけ
	音読	キン

訓読풀이

① かび : 菌(균)은 黴菌(미균), 즉 곰팡이를 뜻한다.

'곰팡이'에서 '고파–가바–가비–かび'로 이어진다.

〔参考〕黴(미 : かび)와 이음을 같이한다.

② たけ : 菌은 竹筍(죽순)을 뜻한다. 죽순은 대의 땅속 줄기에서 돋는 어리고 연한 싹을 말한다. ㉮ 竹(たけ)와 마찬가지로 '대'에서 '대–다–た'로 이어지고, 접미어 け가 붙어 たけ로 이어진다. ㉯ '싹'에서 '닥–다게–たけ'로 이어진다. ㉰ '돋다'에서 '돋게–도게–다게–たけ'로 이어진다〈竹(죽) 참조〉.

人名訓読例

• たけ : 菌田(たけだ).

鈞 균	訓読	ひとしい
	音読	キン

訓読풀이

• ひとしい : 鈞(균)은 울퉁불퉁한 것을 하나같이(한一자처럼) 평평하게 고르는 것을 뜻한다.

하나를 뜻하는 '홀'에서 '힐–히도(받침ㄹ–'도'로 분절)–ひとしい'로 이어진다.

〔参考〕均(균 : ひと)しい와 이음을 같이한다.

人名訓読例

• ひとし : 鈞(외자 名).

筠 균	訓読	たけ
	音読	イン·ウン

訓読풀이

• たけ : 筠(균)은 대나무의 한 가지를 가리킨다. 筠心(균심)은 대나무처럼 곧은 마음을 뜻한다. ㉮ 대나무의 '대'에서 '다–た'로 이어지고 접미어 け가 붙어 たけ로 이어진다. ㉯ 대나무가 위로 쭉 '돋'아난다에서 '돋게–도게–다게–たけ'로 이어진다. ㉰ '쭉' 돋아 난다에서 '죽–둑–닥–다게–たけ'로 이어진다.

人名訓読例

• たけ : 筠彦(たけひこ).

【귤】

橘 귤	訓読	たちばな
	音読	キツ

訓読풀이

• たちばな : 橘(귤)은 귤나무를 뜻한다. 귤은 糖度(당도), 즉 단맛이 높아야 귤로

서의 값어치가 있다. '달다'에서 '달−다치(받침ㄹ−'치'로 분절)−たち'로 이어지고 꽃을 뜻하는 はな('훤하다'에서 '훤−한−하나−はな')가 합성되어 たちばな로 이어진다. '달'이 たち가 되는 것은 '벌(蜂)'이 はち가 되는 것과 같은 이치이다.

人名訓読例

• たちばな : 橘家(たちばなや), 橘木(たちばなき), 橘屋(たちばなや).

【극】

克 극	訓読	かつ·よく
	人名訓読	まさ·よし
	音読	コク

訓読풀이

① かつ : 克(극)은 이기는 것을 뜻한다. 약육강식(弱肉强食)의 힘만이 지배하던 태고적에 이긴 자만이 살고 모든 것을 독식(獨食), 쟁취(爭取)하는 것, 즉 홀로 갖는 것은 당연한 삶의 양태였다고 생각된다.
이기면 모두 '갖는다'는 발상에서 '갖−가주−かつ'로 이어진다.
〔参考〕勝(승 : か)つ와 이음을 같이한다.

② まさ : 克은 도리에 맞게 행함을 뜻한다. '맞다'에서 '맞−마자−まさ'로 이어진다.

③ よく·よし : 克은 옳게 견디어 이기는 것을 뜻한다.
'옳게'에서 '오게−오구−よく'로 이어진다. 또한 '옳'에서 '올−오시(받침ㄹ−'시'로 분절)−よし'로 이어진다.

人名訓読例

① かつ : 克寛(かつひろ·よしひろ), 克明(かつあき·まさあき·よしあき), 克法(かつのり), 克仁(かつひと), 克正(かつまさ), 克直(かつなお).

② まさ : 克明(まさあき), 克雄(まさお), 克忠(まさなお·かつただ).

③ よし : 克幹(よしまさ), 克礼(よしのり), 克成(よしなり), 克洋(よしひろ), 克知(よしあきら), 克則(よしのり).

剋 극	訓読	かつ
	音読	コク

訓読풀이

• かつ : 剋(극)은 克(극)과 마찬가지로 싸움에 이기고 적의 것을 자기 것으로 갖는 것(爭取 : 쟁취)을 뜻한다.
'갖다'에서 '갖−가주−かつ'로 이어진다.
〔参考〕勝(승 : か)つ와 이음을 같이한다.

人名訓読例

• かつ : 剋佳(かつよし), 剋三(かつぞう).

戟 극	訓読	ほこ
	音読	ゲキ

訓読풀이

• ほこ : 戟(극)은 고대 중국에서 끝이 세 갈래로 된 창을 뜻한다. 창이란 쭉 뻗은 나무에 뾰족하게 날카로운 쇳조각을 박고서(붙이고서) 적과 싸우는데 쓰이는 무기의 일종이다.
창의 특징인 길게 쭉 '뻗은 것(벋고)', 쇳조각을 '박은 것(박고)', '붙인 것(붙고)'에서 '버고(바고·부고)−보고−ほこ'로 이어진다.
〔参考〕矛(모), 戈(과)와 이음(ほこ)을 같이한다.

極 극	訓読	きわまる·きわめる· きまる·きめる
	音読	キョク·ゴウ

訓読풀이

① きわまる · きわめる : 極(극)은 끝을 뜻한다. 極東(극동)은 동쪽 끝을 뜻하고 極端(극단)은 맨 끝을 뜻한다. 끝과 같은 뜻의 말로 '가'가 있다. ㉮ '끝(가)'에서 '끝에(가에)–기에–기아–きわ'로 이어지고 きわまる · きわめる로 동사화 된다. 真相(しんそう)をきわめる 하면 끝까지 진상을 규명한다는 뜻이 된다.

〔参考〕 窮(궁), 究(구)와 이음(きわめる)을 같이한다.

② きまる · きめる : '끝' 및 '가'에서 '그(가)–기–きまる · きめる'로 이어져 '끝' 내는 것, 결정(決定)하는 것을 뜻한다.

〔参考〕 決(결 : き)まる와 이음을 같이한다.

人名訓読例

① きわむ · きわめ : 極(외자 名).

② きわ : 極子(きわこ).

棘 극	訓読	いばら·おどろ·とげ
	人名訓読	ばら
	音読	キョク

訓読풀이

① いばら : 棘(극)은 가시가 돋힌 나무의 총칭이다. 가시는 바늘처럼 뾰족하게 돋아난 것을 가리킨다.

'바늘'에서 '반을–바을–발–바라–ばら'로 이어지고 접두어 い가 붙어 いばら로 이어진다.

② おどろ : 棘은 덤불 등 흐트러진 상태를 나타낸다. おどろの髪(かみ)는 흐트러진(헝클어진) 머리를 뜻한다.

'흐트러진'에서 '흐드러–호도로–오도로(ㅎ–ㅇ으로 변음)–おどろ'로 이어진다.

③ とげ : 棘은 가시를 뜻한다. とげのある言(い)い方(かた)는 가시 돋친 말투를 뜻한다. 가시는 바늘처럼 뾰족하게 돋아난 것을 가리킨다.

'돋다'에서 '돋고–도고–도게–どげ'로 이어진다.

④ ばら : ①의 '바늘'에서 '반을–바을–발–바라–ばら'로 이어진다(いばら에서 접두어 い가 없음).

人名訓読例

• いばらぎ · ばらき : 棘(외자 名).

隙 극	訓読	すき·ひま
	音読	ゲキ

訓読풀이

① すき : 隙(극)은 틈을 뜻한다. 戸(と)のすきから手(て)を出(だ)す 하면 문틈으로 손을 내민다는 말로, 문틈이란 문사이가 트여 있거나 뚫려 있음을 뜻한다.

'트다' 또는 '뚫다'에서 '투기(뚜기)–수기–すき'로 이어진다.

② ひま : 隙은 틈, 여가, 겨를을 뜻한다. ㉮ 틈, 여가는 연속되는 시간 중에 틈, 즉 빈 시간이 생겨 여가, 겨를이 생김을 뜻한다. '비다'에서 '빔–힘–히마–ひま'로 이어진다. ㉯ 틈이 생긴다는 것은 두 개의 물체 간, 또는 시간 중에 홈이 생기는 것을 뜻한다.

'홈'에서 '힘–히마– ひま'로 이어진다.

劇 극	訓読	はげしい
	音読	ゲキ

訓読풀이

• はげしい : ㉮ 劇(극)은 상황이 보통 정

도를 지나 힘껏 모든 것을 바쳐야 할 정도로 심한 것을 나타낸다. 싸움이 劇烈(극렬)하다함은 서로가 힘껏 치고받는 激烈(격렬)한 싸움을 말한다. '힘껏'에서 '히거시-하거시-하게시-はげしい'로 이어진다. ㉯ はげしい痛(いた)みは 劇甚(극심)한 고통, 즉 빠개지는 고통을 뜻한다. '빠개지다'에서 '바개지-하개시-はげし'로 이어진다.

〔参考〕 激(격), 烈(렬)과 이음(はげしい)을 같이한다.

【근】

近(近) 근	訓読	ちかい
	音読	キン·コン

訓読풀이

• ちかい : ㉮ 近(근)은 거리나 시간이 짧은 것을 나타낸다. 近(ちか)い距離(きょり)는 짧은 거리를 뜻하고, 図書館(としょかん)は公園(こうえん)にちかい 하면 도서관은 공원에서 짧은(가까운) 거리에 있다는 뜻이다. '짧다'에서 '짧고-자고-지고-지가-ちかい'로 이어진다. ㉯ 제주방언에 가까운 것을 '조곧에'라고 하는데, '조고에-조고이-지가이-ちかい'로도 이어진다.

人名訓読例

① ちかし : 近(외자 名).

② ちか : 近寛(ちかひろ), 近文(ちかふみ·ちかぶみ), 近範(ちかのり), 近末(ちかすえ), 近源(ちかもと), 近川(ちかがわ).

觔 근	訓読	すじ
	音読	キン

訓読풀이

• すじ : 觔(근)은 힘줄을 뜻한다. '줄'에서 '주지(받침 ㄹ-'지'로 분절)-수지-すじ'로 이어진다.

根 근	訓読	ね
	人名訓読	もと
	音読	コン

訓読풀이

① ね : 根(근)은 초목의 뿌리로 다음 네 가지로 풀이할 수 있다. ㉮ 사물의 근본으로 가장 밑 부분에 뿌리가 내려 있다〈根付(ねつき)〉. '내리다'에서 '내-ね'로 이어진다. ㉯ 뿌리째 뽑아내는 것을 뜻한다〈根抜け(ねぬけ)〉. '내다'에서 '내-ね'로 이어진다. ㉰ 뿌리는 만들어 내놓는 胎生的(태성적) 능력을 뜻한다〈根生(ねおい)〉. 男根이라 함은 자손을 낳을 수 있는 뿌리를 뜻한다. '내다(낳다)'에서 '내(나)-ね'로 이어진다. ㉱ 뿌리는 식물의 몸통과 땅을 이어 주는 역할을 한다〈根継(ねつ)ぎ〉. '이다(잇다)'에서 '이-에-네(ㅇ-ㄴ으로 변음)-ね'로 이어진다.

② もと : 根은 모든 사물의 밑바탕이 된다. '밑'에서 '몯-모토-もと'로 이어진다.

人名訓読例

① ね : 根道(ねみち), 根木(ねぎ·ねのぎ·ねもと·もとぎ), 根部(ねとり), 根深(ねぶか), 根元(ねもと), 根住(ねすみ).

② もと : 根木(もとぎ·ねぎ·ねのぎ·ねもと).

勤 근	訓読	いそしむ·つとまる·つとめる·つとむ
	音読	キン·ゴン

訓読풀이

① いそしむ : 勉学(べんがく)にいそしむ하면 면학에 애쓰는 것, 힘쓰는 것을 뜻한다.
'애(힘)쓰다'에서 '애씀-애수수무-이소시무-いそしむ'로 이어진다.

② つとまる · つとめる · つとむ : ①의 '애(힘)쓰다'에서 '씀-수수무-수소무-수도무-つとむ'로 이어진다.

人名訓読例

① いそし · つとむ : 勤(외자 名).
② いそ : 勤子(いそこ).

筋 근	訓読	すじ
	音読	キン

訓読풀이

- すじ : 手(て)のすじ는 손금(손의 줄)이고, 洋服(ようふく)の赤(あか)いすじ는 양복의 빨간 줄무늬를 뜻한다.
'줄'에서 '주지(받침ㄹ-'지'로 분절)-すじ'로 이어진다.

人名訓読例

- すじ : 筋誠(すじかい), 筋師(すじし), 筋野(すじの).

僅 근	訓読	わずか
	音読	キン

訓読풀이

- わずか : 僅(근)은 하찮은 것, 근소(僅少)한 것을 나타낸다. わずかの金(かね)는 얼마 안 되는 하찮은 돈, わずかの事(こと)는 하찮은 일을 뜻한다.
'하찮다'에서 '하찬고-아차가(ㅎ-ㅇ으로 변음)-아추가-わずか'로 이어진다.

跟 근	訓読	くびす·きびす·かかと
	音読	コン

訓読풀이

① くびす · きびす : 跟(근)은 발뒤꿈치, 즉 굽을 뜻한다.
'굽'에서 '구비(기비)-くびす · きびす'로 이어진다.

② かかと : 발(뒤)꿈치는 다리와 거의 직각의 형태로 구부러지는 부위이다.
'꼽음'에서 '꾸-까-가가-かか'로 이어지고, 부위 · 부분을 나타내는 '데'가 '데-도-と'로 이어져서 かかと로 합성된다.
〔参考〕 踵(종 : くびす · きびす · かかと)와 이음을 같이한다.

謹(謹) 근	訓読	つつしむ
	人名訓読	すすむ·ちか·のり
	音読	キン

訓読풀이

① つつしむ : 謹(근)은 잘못을 저지르지 않으려고 (애)쓰시는 것을 뜻한다(애쓰다의 높임말).
'쓰시다'에서 '쓰심-수수시무-つつしむ'로 이어진다.

② すすむ : ①의 '(애)'쓰다에서 '씀-수수무-すすむ'로 이어진다.

③ ちか : 謹은 약속을 지키는 것을 뜻한다〈各謹其所聞 : 荀子 (각근기소문 : 순자)〉.
'지키다'에서 '지키-지카-ちか'로 이어진다.
〔参考〕 誓(서 : ちか)う와 이음을 같이한다.

④ のり : 謹은 올바른 행실을 취함을 뜻한다.
'올바르다'에서 '올-오리-노리(ㅇ-ㄴ으

로 변음)–のり'로 이어진다.

人名訓読例

① すすむ：謹(외자 名).

② ちか：謹度(ちかのり).

③ のり：謹幸(のりゆき).

【금】

今 금	訓読	いま
	音読	コン·キン

訓読풀이

- いま : 今(금)은 지금, 현재를 뜻한다. '이맘때면 사람들이 밖으로 나오지' 하면 지금(쯤) 사람들이 퇴근하느라 밖으로 나온다는 뜻이다.
  '이맘'에서 '이마–いま'로 이어진다.

人名訓読例

- いま : 今島(いまじま), 今道(いまみち), 今明(いまあけ), 今方(いまかた), 今川(いまがわ), 今春(いまはる).

金 금	訓読	かね·かな
	音読	キン·コン

訓読풀이

- かね·かな : 한국어 '돈'은 '돌고 도는'에서 유래한 단어라고 일반적으로 인식하고 있다. 일본어에서도 金(かね)は天下(てんか)のまわり物(もの)처럼 '돈은 돌고 도는 것'이라는 표현이 있는 것을 보면, 양어간(兩語間)에 돈의 기능에 대한 기본 인식은 같다고 볼 수 있다. 그러나 일본어에서의 돈에 대한 인식은 더 구제척이고 직설적인 것으로, 돈이란 누군가가 갖게 되는(갖는) 소유의 개념으로 인식되고 있다고 본다. 인간사에서 갖는 것(소유)만큼 중요한 것은 없다. 소유를 가능케 하는 매체(媒體)인 돈을 한국어에서는 '돌고 도는 돈'이라고 교환기능 측면에서 보았고, 일본어에서는 소유기능 측면에서 '갖게 되는 가네(갖네)'라고 부르게 되었다고 본다.
  '갖다'에서 '갖는(갖네)–가느(가네)–가네–かね·かな'로 이어진다.

人名訓読例

- かな·かね : 金島(かなしま·かねしま), 金本(かなもと·かねもと), 金山(かなやま·かねやま), 金田(かなた·かねた), 金村(かなむら·かねむら), 金丸(かなまる·かねまる).

衿 금	訓読	えり
	音読	キン

訓読풀이

- えり : 衿(금)은 옷깃, 깃을 뜻한다. 옷깃은 저고리나 두루마기의 윗부분을 오려내여 다른 천으로 붙인 부분이다.
  '오려'에서 '오리–에리–えり'로 이어진다.
  〔参考〕折(절 : お)る와 이음을 같이한다.

人名訓読例

- 衿(えり) : 衿立(えりたて), 衿子(えりこ).

琴 금	訓読	こと
	音読	キン·ゴン

訓読풀이

- こと : 琴(금)은 거문고를 뜻한다. 본래는 현악기(絃樂器)의 총칭이다. 현악기에서는 줄(絃)이 생명이다. 거문고는 오동나무로 길게 만든 공명관(共鳴管)위에 6줄의 絃이 걸치도록 되어 있고 가야금

은 12줄, 箏(쟁)은 13줄의 絃이 걸려 있다.

'걸다'에서 '거다-고다-고도-こと'로 이어지고, 또한 어간 '걸'에서 '골-고도(받침ㄹ-'도'로 분절)-こと'로 이어진다.

人名訓読例

- こと：琴錦(ことにしき), 琴寄(ことより), 琴代(ことしろ・ことよ), 琴桜(ことざくら), 琴塚(ことずか), 琴風(ことかぜ).

禁 금	訓読	とどめる
	人名訓読	しめ
	音読	キン

訓読풀이

① とどめる：禁門(금문)은 문을 닫고 출입을 禁하는 것을 뜻하고, 禁男(금남)은 문을 닫고 남자의 출입을 금하는 것을 뜻한다.

'닫다'에서 '닫음-다돔-도돔-도도메-とどめる'로 이어진다.

〔参考〕止(지：とど)める와 이음을 같이 한다.

② しめ(る)：㉮ 禁(금)은 문을 닫는 것을 뜻한다. '닫다'에서 '담-삼-심-시메-しめる'로 이어진다. ㉯ 禁은 서게 하는 것을 뜻한다. '서다'에서 '섬-심-시메-しめ(る)'로 이어진다.

〔参考〕閉(폐：し)める와 이음을 같이한다.

人名訓読例

- しめ：禁野(しめの).

噤 금	訓読	つぐむ
	音読	キン

訓読풀이

- つぐむ：口(くち)を噤(つぐ)む하면 입(口)을 다무는 것, 즉 잠그는 것(禁)을 뜻한다. '잠그다'에서 '잠금-자굼-자구무-주구무-つぐむ'로 이어진다.

襟 금	訓読	えり
	音読	キン

訓読풀이

- えり：衿(금) 참조.

人名訓読例

- えり：襟立(えりたて), 襟谷(えりたに), 襟裳(えりも), 襟川(えりかわ).

【급】

及 급	訓読	およぶ・しく・しき
	人名訓読	いたる・いい・おい・おろ・のぞ・ふた
	音読	キュウ

訓読풀이

① およぶ：㉮ 及(급)은 넓혀 나감을 뜻한다(波及). '넓혀'에서 '널버-너얼부-노올부-노오부-오요부(ㄴ-ㅇ으로 변음)-およぶ'로 이어진다. ㉯ 及은 어느 지점, 시간까지 이어져 나감을 뜻한다〈未及期日：禮記 (미급기일：예기)〉.

'이어'에서 '오어-오요-およぶ'로 이어진다.

② しく・しき：及은 무엇을 뒤좇아 따라감, 즉 필적할만함을 뜻한다〈彼不及此(피불급차)〉. '좇다'에서 '조구-지구-しく'로 이어진다.

③ いたる：及은 잇따라 다다르는 것을 뜻한다〈賓人及庭：儀禮 (빈인급정：의례)〉.

'잇따라'에서 '이다라-이다루-いたる'로

이어진다.

④ いい·おい : ①의 ㉯ '이어'에서 '이이—いい', '어이—오이—おい'로 이어진다.

⑤ おろ : ①의 ㉮ '널버'에서 '널—놀—올(ㄴ—ㅇ으로 변음)—おろ'로 이어진다.

⑥ のぞ : ①의 ㉮ '널버'에서 '널—놀—노조(받침ㄹ—'조'로 분절)—のぞ'로 이어진다.

⑦ ふた : 及은 함께 붙는 것을 뜻한다〈予及汝偕亡 : 孟子 (여급여해망 : 맹자)〉.
'붙다'에서 '부다—ふた'로 이어진다.

人名訓読例

① いたる : 及(외자 名).
② およ : 及部(およべ), 及川(およかわ·ふたかわ·いいかわ·おいかわ).
③ および : 及木(およびき·のぞき).
④ しき : 及淵(しきのぶ·しきふち).
⑤ いい : 及川(いいかわ).
⑥ おい : 及川(おいかわ), 及田(おいだ).
⑦ おろ : 及位(おろい·のぞき).
⑧ ふた : 及川(ふたかわ).
⑨ のぞ : 及木(のぞき), 及野(のぞき), 及位(のぞき).

扱 급	訓読	あつかう·こく·しごく
	音読	キュウ·ソウ

訓読풀이

① あつかう : 機械(きかい)を扱(あつか)う 하면 기계를 잘 쓴다(다룬다)는 뜻이고, 職員(しょくいん)として扱(あつか)われている 하면 직원으로서 잘 쓰임 받고(대접 받고) 있다는 뜻이다.
'쓰다'의 연용형 '쓰고'에서 '쓰가—つかう'로 이어지고 접두어 あ가 붙어 あつかう로 이어진다.

② こく : 稲(いね)を扱(こ)く 하면 벼를 끌어당기는(훑는) 것을 뜻한다.
'끌다'에서 '끌고—그고—고구—こく'로 이어진다.

③ しごく : しごく는 세게 끌어 당기는 것을 뜻한다.
'세게 끌다'에서 '세글고—시그고—시고구—しごく'로 이어진다.

汲 급	訓読	くみ·くむ
	音読	キュウ

訓読풀이

• くみ·くむ : ポンプで井戸水(いどみず)を汲(く)む 하면 물을 긷는 것을 뜻한다.
'긷다'에서 '김—기무—구무—くむ'로 이어진다.

人名訓読例

• くみ : 汲田(くみた), 汲川(くみかわ), 汲事(くみじ), 汲子(くみこ).

急 급	訓読	いそぐ·せく
	音読	キュウ

訓読풀이

① いそぐ : 完成(かんせい)を急(いそ)ぐ 하면 빨리 끝내려고 어서어서 서두르는 것을 나타낸다. 한국어에서는 빨리 하라는 것을 '어서', '어서어서' 또는 '어서 서둘게나'라고 하고 제주방언에는 '어서게'라고 한다.
'어서(어서)'에서 동사화 되어 '어서—이서—이소—いそぐ'로 이어진다.

② せく : 急은 '죄는' 것을 뜻한다〈鷄被縛急相喧爭 : 杜甫 (계피박급상선쟁 : 두보)〉.
'죄다'에서 '죄구—재구—せく'로 이어진다.

笈 급	訓読	おい
	音読	キュウ

訓読풀이

① おい : 笈(급)은 수도자, 행각승(行脚僧) 등이 불구(佛具), 의복, 식기 등을 넣고 업어(지고, 메고) 다니던 상자를 뜻한다. ㉮ '업어'에서 '어어—어이—おい'로 이어진다. ㉯ '넣어'에서 '너어—노이—오이(ㄴ—ㅇ으로 변음)—おい'로 이어진다.

人名訓読例

• おい : 笈西(おいにし), 笈沼(おいぬま), 笈入(おいり), 笈田(おいだ), 笈川(おいかわ).

給 급	訓読	たまう·たまわる
	音読	キュウ

訓読풀이

• たまう · たまわる : 給(급)은 주는 것, 대는 것을 뜻한다. ㉮ '주다'에서 '줌—잠—담—다마—たまう'로 이어진다. ㉯ '대다'에서 '댐—담—다마—たまう'로 이어진다.

〔参考〕 賜(사 : たま)う와 이음을 같이한다.

人名訓読例

• たま : 給田(たまだ).

【긍】

亘 긍·선	訓読	わたり·わたる
	人名訓読	のぶ·ひろ
	音読	コウ·セン

訓読풀이

① わたり · わたる : ㉮ 亘(긍)은 해(日)가 바다를 가운데 걸치고(두고) 두 육지(二)를 건너 왔다갔다 하는 것을 형상화 하고 있다. 渡(わた)る와 마찬가지로 '바다를 건너다'에서 '바다—와다(ㅂ—ㅇ으로 변음)—わた' 이어지고 わたる로 동사화 된다. ㉯ 亘은 뻗는 것을 뜻한다〈延亘十餘里 : 李薦 (연긍십여리 : 이천)〉. '뻗다'에서 '버다—바다—와다(ㅂ—ㅇ으로 변음)—わたる'로 이어진다. ㉰ 亘은 잇닿는 것을 뜻한다〈第舍聯亘 : 唐書 (제사연긍 : 당서)〉. '잇달아'에서 '잇다라—아다라—와다루—わたる'로 이어진다.

② のぶ : 亘(선)은 넓게 알리는 것을 뜻한다. '넓'에서 '너버—노부—のぶ'로 이어진다.

〔参考〕 宣(선 : のべ)る와 이음을 같이한다.

③ ひろ : 亘(선)은 널리 펴는 것을 뜻한다. '펴다'에서 '피라—피로—히로—ひろ'로 이어진다.

人名訓読例

① わた : 亘理(わたり), 亘利(わたり), 亘太郎(わたたろ).

② のぶ : 亘幹(のぶよし), 亘康(のぶやす), 亘啓(のぶひろ), 亘璋(のぶあき), 亘孝(のぶたか), 亘輝(のぶてる).

③ ひろ : 亘国(ひろくに), 亘章(ひろあき).

肯 긍	訓読	うけがう·うべなう·うなずく
	音読	コウ

訓読풀이

① うけがう : 肯(긍)은 옳게 깨달아 首肯하는 것을 뜻한다〈高祖數讓 衆莫肯爲 : 漢書 (고조수양 중막긍위 : 한서)〉.
'옳게 깨닫다'에서 '올게깨—오게가—우게가—うけがう'로 이어진다.

〔参考〕首肯(수긍), 諾(낙)과 이음(うけがう)을 같이한다.

② うべなう : 肯은 '옳아요'(알았소 · 좋아요) 하고 승낙(承諾)하는 것을 뜻한다.
'옳다'에서 '올하-우헤-우베-うべなう'로 이어진다.
〔参考〕宜(의), 諾(낙)과 이음(うべなう)을 같이한다.

③ うなずく(首肯く) : ①의 肯(うげが)う는 首肯(うなず)く로도 훈독된다. 首肯(수긍)한다는 것은 상대방에 대하여 옳다고 머리(위 · 우)를 낮추는 것을 말한다. ㉮ '웃(머리)낮추구'에서 '우나추구-うなずく'로 이어진다. ㉯ '낮추다'에서 '나추구-なずく'로 이어지고 접두어 う가 붙어 うなずく가 된다.

矜 긍	訓読	ほこる
	音読	キュウ·キン

訓読풀이

• ほこる : 矜(긍)은 자랑하는 것, 즉 뻐기는 것을 뜻한다.
'뻐기다'의 명령형 '뻐겨라'에서 '버거루-보고루-ほこる'로 이어진다.

兢 긍	訓読	おそれる
	音読	キュウ

訓読풀이

• おそれる : 兢兢(긍긍)은 놀라고 두려워 끙끙거리는 것을 뜻한다.
'놀라'에서 '올라-올레-오소레(받침 ㄹ-'소'로 분절)-おそれる'로 이어진다.

【기】

己 기	訓読	うぬ·おの·おのれ·み
	音読	キ·コ

訓読풀이

① うぬ : うぬ(己)는 상대를 욕하며 부르는 속어이다. 요놈, 이놈, 네놈을 가리킨다.
'요놈(이놈, 네놈)'에서 '요노(이노 · 에노)-우노-우누-うぬ'로 이어진다.

② おの : おの(己)는 나, 즉 자기를 '이놈, 요놈'이라 부르고 있음을 나타낸다.
'이놈(요놈)'에서 '요노-오노-おの'로 이어진다.

③ おのれ : ②의 おの에 れ가 붙어 おのれ로 이어진다. 일부 방언에서 '나래'라고 하는데 '나로 말하면'이라는 뉘앙스를 갖는다.

④ み : 己(기)는 몸을 뜻한다. '몸'에서 '모-미-み'로 이어진다.
〔参考〕身(신 : み)와 이음을 같이한다.

人名訓読例

• み : 己紀(みき), 己里(みさと), 己書(みがき), 己知男(みちお), 己幸(みゆき), 己好(みよし).

企 기	訓読	くわだてる·たくむ·たくらむ
	音読	キ

訓読풀이

① くわだてる : 企(기)는 무슨 일을 꾀하여 계획을 세우는 것을 뜻한다.
'꾀다'의 연용형 '꾀어'와 '세우다(서다)'의 '서다-더다-다데-立てる'의 たてる가 합성되어 '꾀어たてる-구아たてる-くわだてる'로 이어진다.

② たくむ · たくらむ : 企는 企図(기도),

企畫(기획)을 뜻한다. 企図, 企畫이 성공하려면 관련 사항들을 잘 닦아 두어야 한다.

'닦다'에서 '다굼–다구무–たくむ · たくらむ'로 이어진다.

〔参考〕工(공), 巧(교)와 이음(たくむ)을 같이한다.

伎 기	訓読	わざ
	音読	キ·ギ

訓読풀이

- わざ : 技(기) 참조.

肌 기	訓読	はだ
	音読	キ

訓読풀이

- はだ : 肌(기)는 피부를 뜻한다. 피부는 살 위에 붙어 있는 부분이다. '붙다'에서 '붙–부다–바다–はだ'로 이어진다.

  〔参考〕膚(부 : はだ)와 이음을 같이한다.

人名訓読例

- はだ : 肌勢(はだせ).

岐 기	訓読	ちまた·わかれる·わかれみち
	人名訓読	また·みち
	音読	キ·ギ

訓読풀이

① ちまた : 岐(기)는 갈림길, 즉 길모퉁이를 뜻한다.
'길모퉁이'에서 '길'을 뜻하는 ち(길–질–지–ち)와 '모퉁이'에서의 '모투–마타–また'가 합성되어 ちまた로 이어진다.

② わかれる : 岐는 길이 갈라지는 것을 뜻한다(岐路 : 기로). ㉮ '갈라지다'에서 '가라–가래–かれる로 이어지고 접두어 わ가 붙어 わかれる로 이어진다. ㉯ 갈라지는 것을 빠개진다고 한다. '빠개다'에서 '바개–아개(ㅂ–ㅇ으로 변음)–아가–わかれる'로 이어진다.
〔参考〕分(분), 別(별)과 이음(わかれる)을 같이한다.

③ わかれみち : ②의 わかれ와 길을 뜻하는 みち가 합성되어 わかれみち로 이어진다.

④ また : ①의 '모퉁이'에서 '모투–마타–また'로 이어진다.

⑤ みち : 길은 마을이나 다름없다. '마을'에서 '말–밀–미찌(받침ㄹ–'찌'로 분절)–みち'로 이어진다.

人名訓読例

① ちまた · また · みち : 岐(외자 名).

② みち : 岐美(みちよし), 岐男(みちお), 岐夫(みちお).

技 기	訓読	わざ
	音読	ギ

訓読풀이

- わざ : 技(기)는 기예, 기술을 뜻한다. 기예, 기술은 반복 연마한 '일'의 결과이다. '일'에서 '일–알–아자(받침ㄹ–'자'로 분절)–わざ'로 이어진다.

  〔参考〕業(업 : わざ)와 이음을 같이한다.

人名訓読例

- わざ : 技益(わざます), 技美(わざよし).

忌 기	訓読	いみ·いむ·いまわしい
	音読	キ

訓読풀이

① いみ · いむ : 忌(기)는 꺼리는 것, 미워하는 것, 두려워 하는 것 등 하고 싶지 아니 한 것, 하여서는 아니 되는 것을 망라한다. 不正(ふせい)をいむ 하면 부정은 해서는 아니 될 증오의 대상이 된다는 뜻이다.
'아니다'에서 '아님-안임-아임-암-임-이무-いむ'로 이어진다.

② いまわしい : ①의 '아님'에서 '아임-암-임-이마-いまわしい'로 이어진다.

人名訓読例

① い(いみ의 준말) : 忌藤(いとう), 忌浪(いなみ · いみなみ).

② いみ : 忌浪(いみなみ), 忌木(いみき), 忌部(いみべ).

③ いまわ : 忌野(いまわの).

奇 기	訓読	あやしい·めずらしい
	音読	キ

訓読풀이

① あやしい : 奇(기)는 奇異(기이)한 것, 奇怪(기괴)한 것, 즉 정상이 아닌 것을 뜻한다.
'아니다'에서 '아냐-아야(ㄴ-ㅇ으로 변음)-あやしい'로 이어진다.
〔参考〕怪(괴 : あや)しい와 이음을 같이 한다.

② めずらしい : 奇景(기경)은 보기 드문 경치를 뜻하고 奇巧(기교)는 보기 드문 재주를 뜻한다. 드물다 함은 모자람을 말한다.
'모자라다'에서 '모자라서-매주라서-めずらし'로 이어진다.
〔参考〕珍(진 : めず)らしい와 이음을 같이한다.

祈(祈) 기	訓読	いのり·いのる
	人名訓読	もとむ
	音読	キ

訓読풀이

① いのり · いのる : 祈(기)는 祈願(기원)하는 것, 비는 것을 뜻한다. 神(かみ)の加護(かご)をいのる 하면 신의 가호를 빈다는 뜻으로 더 정중하게 표현하면 신의 가호를 위해 기원을 올린다는 뜻이 된다. 불교에서는 불공을 올리며 기원을 올리고, 기독교에서는 예배를 올리고 찬송과 기도를 올리면서 신의 가호를 비는 기원을 올린다.
'올린다'에서 '올-오루-노루(ㅇ-ㄴ으로 변음)-のる'로 이어지고, 접두어 い가 붙어 いのる로 이어진다.

② もとむ : 祈는 신에게 빌어 가호를 구하는 것, 즉 묻는 것을 뜻한다. '묻다'에서 '묻-몯-모도-もとむ'로 이어진다.
〔参考〕求(구 : もと)む와 이음을 같이한다.

人名訓読例

• いのり · いのる · もとむ : 祈(외자 名).

紀 기	訓読	おさむ·おさめる·しるす·のり
	人名訓読	あき·かず·かなめ·すみ·ただし·ただす·たつ·つな·とし·はじめ·まさ·みち·もと·よし
	音読	キ

訓読풀이

① おさむ · おさめる : 紀(기)는 紀綱(기강)을 잡고(쥐고) 다스리는 것을 뜻한다〈綱紀四方 : 詩經 (강기사방 : 시경)〉.
'잡다(쥐다)'에서 '잡음(쥠)-자음-잠-

삼–사무–さむ'로 이어지고, 접두어 お가 붙어 おさむ로 이어진다.

② しるす : 紀는 종이나 가죽에 뾰족한 것으로 찔러 기록함을 뜻한다.
'찌르다'에서 '질러서–지루수–しるす'로 이어진다.
〔参考〕 印(인), 標(표), 記(기)와 이음(しるす)을 같이한다.

③ のり : 紀는 사람이 좇아야 할 올바른 제도, 인도(人道)를 뜻한다.
'올바르다'에서 '올–놀(ㅇ–ㄴ으로 변음)–노리–のり'로 이어진다.

④ あき : 紀는 막힌 것이 열리어 통하게 됨을 뜻한다〈經紀山川 : 淮南子 (경기산천 : 회남자)〉.
'열리다'에서 '열기–알기–아기–あき'로 이어진다.

⑤ かず : 紀는 數(수)를 뜻한다. 數는 여러 가지를 말한다〈飭喪紀 : 呂覽 (칙상기 : 여람)〉.
'가지'에서 '가주–かず'로 이어진다.
〔参考〕 数(수 : かず)와 이음을 같이한다.

⑥ かなめ : 紀는 중요함, 종말, 궁극(窮極)을 뜻한다. 즉 중요한 것을 마무리 짓고 끝냄을 뜻한다.
'끝남'에서 '그나메–가나메–かなめ'로 이어진다.
〔参考〕 要(요 : かなめ)와 이음을 같이한다.

⑦ すみ : 紀는 일이 끝남, 즉 일이 다 됨을 뜻한다.
'됨'에서 '둠–숨–수미–すみ'로 이어진다.
〔参考〕 済(제 : す)み와 이음을 같이한다.

⑧ ただし・ただす : 紀는 규칙・법・기율(紀律) 등을 뜻한다. 모두 사람의 행위, 선악, 정사(正邪)를 따진다.
'따지다'에서 '다저–다더–다다–ただし'로 이어진다.
〔参考〕 糾(규), 糺(규), 正(정), 質(질)과 이음(ただす)을 같이한다.

⑨ たつ : 紀는 해와 달이 만나 닿는 것을 나타낸다〈月窮于紀 : 禮記 (월궁우기 : 예기)〉.
'닿다'에서 '다–たつ'로 이어진다.
⑩ つな : ㉮ 紀는 綱(강)과 마찬가지로 벼리를 뜻한다. 벼리는 그물의 위쪽 코를 꿰어 오므렸다 폈다 하는 벼릿줄을 뜻한다. 紀가 법・규칙・기강(紀綱)을 뜻하는 것은 법・기강 등이 벼릿줄 역할을 함으로써 통제의 수단으로 쓰는 줄(질서유지)을 준수하여 그 줄밖으로 일탈하지 말도록 규제하기 때문이다. 법을 만드는 것, 즉 줄을 만드는 것을 '줄을 친다, 줄을 댄다'라고 한다. '친(댄)다'에서 '치는(대는)–추는(두는)–추나(두나)–つな'로 이어진다. ㉯ 벼릿줄의 '줄'에서 '주–つ'로 이어지고 접미어 な가 붙어 つな로 이어진다.
〔参考〕 綱(강 : つな)와 이음을 같이한다.

⑪ とし : 紀는 사물의 요점, 중요한 부분으로 가장 돋보이는 것을 나타낸다.
'돋보이다'에서 '돋–돗–도시–とし'로 이어진다.

⑫ はじめ : 紀는 발단, 단서, 사물의 시작을 뜻한다.
시작을 뜻하는 '햇'(햇감자, 햇보리 등)에서 '핮–하지–はじめ'로 이어진다.
〔参考〕 始(시), 初(초)와 이음(はじめ)을

같이한다.

⑬ まさ：紀는 올바른 도리, 인도(人道), 즉 맞는 이치를 나타낸다.
'맞다'에서 '마자–まさ'로 이어진다.
〔参考〕正(정 : まさ)와 이음을 같이한다.

⑭ みち：紀는 사람이 지켜야 할 도리, 인도, 길을 뜻한다. 길은 항상 마을과 이어진다.
'마을'에서 '말–밀–미찌(받침ㄹ–'찌'로 분절)–みち'로 이어진다.

⑮ もと：紀는 근본, 밑바탕을 뜻한다.
'밑'에서 '몯–모토–もと'로 이어진다.
〔参考〕基(기), 本(본), 元(원) 등과 이음(もと)을 같이한다.

⑯ よし：③ 및 ⑬의 '올바르다'에서 '올–오시(받침ㄹ–'시'로 분절)–よし'로 이어진다.

人名訓読例

① おさむ・かなめ・しるす・ただし・ただす・とし・のり・はじめ：紀(외자 名).
② あき：紀生(あきお・としお・のりお), 紀元(あきもと・としもと・のりもと・まさもと).
③ おさ：紀季(おさすえ).
④ のり：紀綱(のりつな), 紀基(のりもと), 紀文(のりふみ), 紀正(のりまさ), 紀貞(のりさだ), 紀和(のりかず).
⑤ かず：紀子(かずこ・としこ・のりこ・みちこ・もとこ).
⑥ すみ：紀夫(すみお・ただお・としお・のりお・みちお), 紀人(すみと).
⑦ ただ：紀男(ただお), 紀夫(ただお), 紀昭(ただあき・としあき・のりあき), 紀勝(ただかつ・としかつ・のりかつ), 紀存(ただあり), 紀知(ただのり).
⑧ たつ：紀盛(たつもり).
⑨ つな：紀雄(つなお・のりお・みちお).
⑩ とし：紀明(としあき・のりあき), 紀元(としもと), 紀人(としひと・すみと), 紀正(としまさ・のりまさ), 紀春(としはる), 紀道(としみち).
⑪ まさ：紀元(まさもと・あきもと・としもと).
⑫ みち：紀彦(みちひこ・ただひこ・としひこ・のりひこ・もとひこ), 紀雄(みちお), 紀暢(みちのぶ).
⑬ もと：紀公(もとひろ), 紀光(もとみつ・としみつ・のりみつ), 紀子(もとこ), 紀英(もとふさ), 紀彦(もとひこ).
⑭ よし：紀男(よしお・ただお・としお・のりお).

既(旣) 기	訓読	すでに
	音読	キ

訓読풀이

• すでに：㉮ 既(기)는 이미 다 되었음을 나타낸다. 既決(기결)은 이미 결정되었음을 뜻하고 既成(기성)은 이미 되었음, 이루어졌음을 뜻한다. '되다'의 과거형 '됐다'에서 '댇–둗–두데–수데–すでに'로 이어진다. ㉯ すでに는 어떤 일이 과거 또는 현재 어느 시점에 드디어 벌어지거나 끝났음을 뜻하고, 또는 그로 인해 다른 일이 연관되어 일어남을 나타낸다. 終電(しゅうでん)はすでにでてしまった 하면 막차가 드디어(이미) 떠났다는 뜻이고, すでに死(し)ぬところだった 하면 드디어 죽는구나 했는데 구사일생으로 살아났다는 뜻이다.
'드디어'에서 '두디너(ㅇ–ㄴ으로 변음)–

수데니-すでに'로 이어진다.

耆 기	訓読	としより
	音読	キ·ギ·シ

訓読풀이

- としより : 耆(기)는 늙은이를 뜻한다. 늙은이는 돌(나이)이 늘어난(많아진) 노인을 뜻한다.
  '돌'에서 '도시(받침ㄹ-'시'로 분절)-とし'로 이어지고, '늘다'에서 '늘-올(ㄴ-ㅇ으로 변음)-오리-より'로 이어져 としより로 합성된다.

記 기	訓読	しるす
	人名訓読	のり·ふみ
	音読	キ

訓読풀이

① しるす : 記(기)는 적는 것, 표시 하는 것을 뜻한다. 地図(ちず)に丸(まる)を記(しる)す 하면 지도에 동그라미를 표시한다는 말로, 동그라미를 그리려면 뾰족한 것으로 찌르면서 그리게 된다.
'찌르다'에서 '질러서-지러수-しるす'로 이어진다.
〔参考〕 印(인), 標(표)와 이음(しるす)을 같이한다.

② のり : 記는 옳은 것을 上奏(상주)하는 奏狀(주장), 일의 내력을 올바르게 적은 문서를 뜻한다.
'올'에서 '오시(받침ㄹ-'시'로 분절)-よし'로 이어진다.

③ ふみ : 記는 적은 것(記)을 통하여 배우는 것, 외우는 것을 뜻한다〈撻以之記 : 書經 (달이지기 : 서경)〉.
'배우다'에서 '배움-뱀-붐-부미-ふみ'로 이어진다.

人名訓読例

① しるす : 記(외자 名).
② のり : 記久(のりひさ), 記与(のりよ), 記義(のりよし), 記之(のりゆき).
③ ふみ : 記彦(ふみひこ).

豈 기·개	訓読	あに
	人名訓読	ただ·やす
	音読	キ·カイ

訓読풀이

① あに : 豈(기)는 의문 · 반어로 쓰인다. 즉 ㉮ 어찌 ~인가(아니다) ㉯ 어찌 할 수 있겠는가(아니다) ㉰ 결코 ~뿐 만은(아니다) ㉱ 어찌 ~가 아니겠는가, 라고 쓰인다. 幸(しあわ)せはあに結婚(けっこん)のみにあるのか 하면 행복이란 것이 '아니' 결혼에만 있는가 라는 뜻이다.
'아니'에서 あに로 이어진다.

② ただ : 豈는 ①에서와 같이 '어찌 ~그럴 수 있는가(아니다)' 하며 따지는 형태를 나타낸다.
'따지다'에서 '따저-다더-다다-ただ'로 이어진다.

③ やす : 豈(개)는 즐기며 쉬는 것, 쉬면서 즐기는 것을 뜻한다.
'쉬다'에서 '수-す'로 이어지고 접두어 や가 붙어 やす로 이어진다.

人名訓読例

① やす : 豈夫(やすお), 豈任(やすひで).
② ただ : 豈司(ただし).

起 기	訓読	おきる·おこす·おこる·たつ
	人名訓読	かず·かつ
	音読	キ

訓読풀이

① おきる · おこす · おこる : ㉮ 起(기)는 일다, 일어나다, 일으키다는 뜻을 갖는다. '일'에서 '이-오-おきる · おこす · おこる'로 이어진다. ㉯ 起는 起用(기용)되어 출세하는 것, 즉 지위가 오르는 것, 값이 오르는 것을 뜻한다. '오르다'에서 '오-おきる · おこす · おこる'로 이어진다. ㉰ 起는 일구는 것, 짓는 것, 세우는 것을 뜻한다. '일구다'에서 '이구-오구-오기-おきる'로 이어진다.

② たつ : 起는 ㉮ 자리에서 일어나 뜨는 것을 뜻한다. '뜨다'에서 '드-다-たつ'로 이어진다. ㉯ 자리에서 서는 것을 뜻한다. '서다'에서 '서-더-다-たつ'로 이어진다.

③ かず · かつ : ㉮ 起는 더불어 같다라는 뜻을 갖는다〈起敬起孝 : 禮記 (기경기효 : 예기)〉. '같다'에서 '같-갗-가추-かつ · かず'로 이어진다. ㉯ 起는 병을 고치는 것을 뜻한다〈起廢疾 : 後漢書 (기폐질 : 후한서), 緊起死人 : 國語 (긴기사인 : 국어)〉. '고치다'에서 '고추-가추-かず · かつ'로 이어진다.

〔参考〕 且(차 : かつ)와 이음을 같이한다.

人名訓読例

① おきる · おこし · おこす · たつ : 起(외자 名).

② おき : 起道(おきみち), 起世(おきつぐ), 起賢(おきかた), 起弘(おきひろ), 起田(おきた), 起塚(おきずか).

③ たつ : 起男(たつお), 起央(たつお).

④ かず · かつ : 起子(かずこ · かつこ).

飢(飢) 기	訓読	うえる
	音読	キ

訓読풀이

• うえる : 飢(기)는 주리는 것, 즉 굶어 여위어 있음을 뜻한다〈飢餓不能出門戶 : 孟子 (기아불능출문호 : 맹자)〉.
'여위다'에서 '여위-우어-우에-うえる'로 이어진다.

基 기	訓読	もと·もとづく
	人名訓読	おさむ·はじむ·はじめ
	音読	キ

訓読풀이

① もと · もとづく : 基(기)는 基礎(기초)가 되는 밑바탕을 뜻한다.
'밑'에서 '몯-모토-もと'로 이어진다. もと에서 もとづく로 동사화 된다.
〔参考〕 原(원) · 本(본) · 元(원) · 素(소) 등과 이음(もと)을 같이한다.

② おさむ : 基는 밑바탕을 잡는 것, 세우는 것을 뜻한다. ㉮ '잡다'에서 '잡음-자음-잠-자무-さむ'로 이어지고 접두어 お가 붙어 おさむ로 이어진다. ㉯ '세우다'에서 '세움-셈-삼-사무-さむ'로 이어지고 접두어 お가 붙어 おさむ로 이어진다.

③ はじむ · はじめ : 基는 시초, 비롯함을 뜻한다.
시초 · 처음을 뜻하는 '햇'(햇감자 · 햇보리 등)에서 '핮-하지-はじむ · はじめ'로 이어진다.

人名訓読例

① おさむ · もと · はじむ · はじめ : 基(외자 名).

② もと : 基寛(もとひろ), 基文(もとふみ), 基範(もとのり), 基世(もとよ), 基貞(もとさだ), 基子(もとこ).

寄 기	訓読	よる·よせる
	音読	キ

訓読풀이

• よる · よせる : ㉮ 寄(기)는 ~으로 이루어지는 행위를 나타낸다. 寄食(기식)은 누구 집으로 가서 식객 노릇을 하는 것을 뜻하고, 寄書(기서) · 寄矯(기교)는 누구 앞으로 편지나 원고를 보내는 것을 뜻한다. 방향을 나타내는 후치사(後置詞) '으로(에로)'가 동사화 되어 '요로–요루–よる'로 이어진다. 側(そば)による 하면 곁으로 다가서는 것이고 道路(どうろ)の右側(みぎがわ)による 하면 도로의 우측으로 비키는 것을 뜻한다. ㉯ 寄(よ)る는 많아지는 것, 즉 늘어나는 것을 뜻한다. 年(とし)がよる 하면 나이가 늘어나는 것, しわがよる 하면 주름이 느는 것을 뜻한다. '늘다'에서 '늘–놀–올(ㄴ–ㅇ으로 변음)–오루–よる'로 이어진다.

人名訓読例

• より : 寄藤(よりふじ), 寄本(よりもと), 寄田(よりた), 寄増(よります), 寄村(よりむら), 寄子(よりこ).

崎 기	訓読	けわしい·さき
	音読	キ

訓読풀이

① けわしい : 崎嶇(きく)な運命(うんめい)는 험하고 고약한 운명을 뜻한다. 崎는 험한 것, 고약한 것을 뜻한다.
'고약'에서 '고야–개야–개와–けわしい'로 이어진다.
〔参考〕 険(험 : けわ)しい와 이음을 같이 한다.

② さき : ㉮ 崎는 岬(갑), 곶을 뜻한다. 岬은 육지나 바다, 호수 저기(저쪽)으로 죽 튀어나온 곶(串)을 뜻한다. '저기'에서 '자기–사기–さき'로 이어진다. ㉯ 한편 바다, 호수 저쪽으로 '죽(쭉)' 뻗어나간 모양에서 '쭉–죽–작–자기–さき'로 이어진다.
〔参考〕 선(先), 岬(갑), 串(곶 · 관) 등과 이음 (さき)을 같이한다.

人名訓読例

• さき : 崎谷(さきたに · さきや), 崎山(さきやま), 崎浜(さきはま), 崎元(さきもと), 崎川(さきかわ), 崎村(さきむら).

跂 기·지	訓読	つまだてる
	音読	キ·シ

訓読풀이

• つまだてる : 跂(기 · 지)는 힘써 발(足) 돋음(支)하는 것을 뜻한다. '힘쓰다'(跂는 '지', シ로 읽음)에서 '씀–쑤마–つま'로 이어지고 '발돋다'(跂는 '기', キ로 읽음)에서 '돋–닫–다데–だてる'로 이어져 つまだてる로 합성된다.

幾(幾) 기	訓読	いく
	音読	キ

訓読풀이

• いく : ㉮ 幾(기)는 명사에 붙어 수량, 정도가 불확실함을 나타낸다. 幾人(いくたり · いくにん)는 얼마 되는 사람, 幾程(いくほと)는 얼마 정도라는 뜻이다. '얼마'에서 '얼–일–이구(받침ㄹ–'구'로 분절)–いく'로 이어진다. '달(月)'에서 '달–둘–두기–つき'로, '밀(麦)'에서 '물–무기–むぎ'로 이어지는 것과 같은 이치이다. ㉯ 幾는 수량, 정도가 '여럿, 많음'을

나타낸다. 幾年(いくねん)은 여러 해, 幾重(いくえ)는 여러 겹, 幾度(いくたび)는 여러 번을 뜻한다. '여러'에서 '열-일-이구-いく'로 이어진다.

人名訓読例

• いく：幾代(いくしろ · いくよ), 幾島(いくしま), 幾山(いくやま), 幾野(いくの), 幾田(いくた), 幾子(いくこ).

期 **기**	訓読	とき
	音読	キ

訓読풀이

• とき：期(기)는 때를 뜻한다. 어렸을 때를 어렸을 적, 갈 때 · 올 때를 갈 적 · 올 적' 라고도 한다.
'적'에서 '덕-독-도기-とき'로 이어진다.

人名訓読例

• とき：期雄(ときお).

欺 **기**	訓読	あざむく
	音読	キ

訓読풀이

• あざむく：㉮ 欺(기)는 업신여기는 것을 뜻한다. '업신여기다'에서 '업신-어심-아삼-아자무-あざむく'로 이어진다. ㉯ 欺는 업신여기고 속이는 것을 뜻한다. '속(이)다'에서 '속임-소임-솜-삼-사무-ざむ'로 이어지고 접두어 あ가 붙어 あざむく로 이어진다.

嗜 **기**	訓読	たしなむ
	音読	シ

訓読풀이

• たしなむ · たしなみ：嗜(たしな)みのよい服装(ふくそう)는 점잖은 옷차림을 뜻하고, 紳士(しんし)のたしなみを身(み)につける 하면 점잖음(예의)을 몸에 익힌다는 뜻이다. 嗜는 嗜好(기호), 취미도 뜻하는데 그것은 단순한 기호, 취미가 아니라 그 속에 들어있는 内實(내실), 즉 점잖음이 담겨 있는 기호, 취미를 뜻한다.
'점잖음'에서 '점자늠-저지남-다지나미-たしなみ'로 이어진다.

棄 **기**	訓読	すてる
	音読	キ

訓読풀이

• すてる：棄(기)는 던져버리는 것을 뜻한다. 生命(せいめい)を棄(すて)る 하면 생명을 던지는 것을 뜻하고, ごみをすてる 하면 쓰레기를 던져 버리는 것을 뜻한다.
'던지다'에서 '던져-더더-두더-수데-すてる'로 이어진다.
〔参考〕捨(사：す)てる와 이음을 같이한다.

人名訓読例

• すて：棄子(すてこ).

旗 **기**	訓読	はた
	音読	キ

訓読풀이

• はた：㉮ 旗(기)는 바탕이 천이나 종이로 된 널따란 부분, 즉 깃발이다. '깃발(旗발)'에서 '발-바다(받침ㄹ-'다'로 분절)-はた'로 이어진다. ㉯ 깃발은 깃대에 매어 '붙어' 있다. '붙다'에서 '붙-밭-바다-はた'로 이어진다.
〔参考〕端(단), 側(측), 傍(방)과 이음(はた)을 같이한다.

人名訓読例

• はた；旗谷(はたや), 旗手(はたて · はたで), 旗野(はたの), 旗田(はただ), 旗持(はたもち), 旗村(はたむら).

箕 기	訓読	み
	人名訓読	みの
	音読	キ

訓読풀이

• み · みの : ㉮ 箕(기)는 키를 뜻한다. みでふるう 하면 키로 까부르는 것을 뜻한다. 키는 곡식을 바람에 밀어 날리는 기능을 한다. '밀다'에서 '밀-미-み'로 이어진다. ㉯ 箕는 두 다리를 쭉 밀어 뻗고 앉은 모양을 나타낸다〈立毋跛坐毋箕 : 禮記 (입무파좌무기 : 예기)〉. '밀다'에서 '밀-미-み'로 이어진다. ㉰ 箕裘(기구)는 갖옷(가죽옷)을 후대에 물려 주는 것으로 아버지의 유업을 물려받는 것을 뜻한다. '물리다'에서 '물-무-미-み'로 이어진다. ㉱ 人名에서 み는 みの로도 표기된다. '밀다'에서 '미는-미느-미노-みの'로 이어진다.

人名訓読例

① み · みの : 箕口(みぐち · みのぐち), 箕島(みしま · みのしま), 箕田(みた · みのだ), 箕川(みかわ · みのかわ), 箕浦(みうら · みのうら).

② み : 箕月(みつき), 箕作(みつくり), 箕造(みずくり).

③ みの : 箕原(みのはら), 箕村(みのむら).

綺 기	訓読	あや
	音読	キ

訓読풀이

• あや : ㉮ 綺(기)는 무늬가 예쁘게 엮어진 비단을 뜻한다. '엮어'에서 '여어-아여-아야-あや'로 이어진다. ㉯ 綺는 예쁨(어여쁨)을 나타낸다. 綺談(기담)은 예쁜(아름다운) 이야기를 뜻하고, 綺麗(기려 : きれい)는 예쁨, 아름다움을 뜻한다. '어여쁘다(예쁘다)'에서 '어여-아여-아야-あや'로 이어진다.

〔参考〕 文(문) · 彩(채) · 綾(능)과 이음(あや)을 같이한다.

人名訓読例

• あや : 子(あやこ).

器(噐) 기	訓読	うつわ
	人名訓読	のり
	音読	キ

訓読풀이

① うつわ : 器(기)는 넣을 기이다. 食器(식기)는 음식 넣는 그릇, 酒器(주기)는 술 넣는 그릇이다.

'넣을'에서 '널-눌-울(ㄴ-ㅇ으로 변음)-우쑤(받침ㄹ-'쑤'로 분절)-うつ'로 이어지고 명사어미 わ가 붙어 うつわ로 된다.

② のり : 器는 인재 등을 적재적소에 올바르게 쓰는 것을 뜻한다〈其使人器之 : 論語 (기사인기지 : 논어)〉.

'올'에서 '오리-노리(ㅇ-ㄴ으로 변음)-のり'로 이어진다.

人名訓読例

① うつわ : 器(외자 名).

② のり : 器征(のりゆき).

機 기	訓読	はた·からくり
	音読	キ

訓読풀이

① はた：機(기)는 베를 짜는 '베틀'을 뜻한다. '베틀'에서 '베투-베타-바타-はた'로 이어진다.

② からくり：からくり는 絡繰り, 機関으로도 표기된다. からくり는 실 같은 것을 무엇에 걸고 당겼다 놓았다 하면서 굴러 가게 하는 것을 말한다. 時計(とけい)の内部(ないぶ)のからくり는 시계 내부의 장치(기관)라는 뜻으로, 태엽이 서로 걸려 시계가 굴러 가는 장치임을 나타낸다.
'걸려 굴러'에서 '거러구러-가라구리-からくり'로 이어진다.

人名訓読例

• はた：機(외자 名).

磯 기	訓読	いそ
	音読	キ

訓読풀이

• いそ：磯(기)는 바위나 돌 따위가 삐죽삐죽 나온 바닷가 너설(바위너설)을 뜻하고 바위(石)가 많음(幾)을 나타낸다.
'너설'에서 '니설-니서-니소-이소(ㄴ-ㅇ으로 변음)-いそ'로 이어진다.

人名訓読例

• いそ：磯端(いそばた), 磯辺(いそべ), 磯沼(いそぬま), 磯前(いそまえ), 磯風(いそかぜ), 磯足(いそたり).

騎 기	訓読	のる
	音読	キ

訓読풀이

• のる：騎(기)는 말에 올라 타는 것을 뜻한다.
'올라'에서 '올-놀(ㅇ-ㄴ으로 변음)-노루-のる'로 이어진다.

譏 기	訓読	そしる
	音読	キ

訓読풀이

• そしる：譏(기)는 욕하는 것, 꾸짖는 것을 뜻한다. ㉮ '꾸짖다'의 '짖다'에서 '짖어-지저-조저-조지-そしる'로 이어진다. ㉯ 욕한다는 것은 입으로 '조지'는 것을 뜻한다. '조지다'에서 '조지-소지-そしる'로 이어진다.
〔参考〕 誹(비), 謗(방)과 이음을 같이한다.

饑 기	訓読	うえる
	音読	キ

訓読풀이

• うえる：饑(기)는 굶주려 여위어 있음을 뜻한다.
'여위다'에서 '여워-우어-우에-うえる'로 이어진다.
〔参考〕 飢(기：うえ)る와 이음을 같이한다.

鰭 기	訓読	ひれ·はた
	音読	キ

訓読풀이

① ひれ：鰭(기)는 지느러미를 뜻한다. 지느러미는 가슴지느러미(むなびれ), 등지느러미(せびれ), 배지느러미(はらびれ) 등 가슴, 등, 배, 꼬리 등에 붙어 이것을 놀려서 움직이거나 균형을 유지하고 또한 몸통이 불어나 크게 보이도록 한다.
話(はなし)にひれがつく 하면 내용을 과장해서 부풀리는(불리는) 이야기를 비유한 표현이고, 살이 쪄서 양옆으로 몸이 불어난 사람도 ひれ, 냉각기의 열을 발산하기 위하여 파이프 주위에 붙인 돌

출부(불어난 곳)도 ひれ라고 한다.

'불어나다'에서 '불－빌－비레－ひれ'로 이어진다.

② はた : 지느러미는 등, 배, 가슴, 꼬리 등에 붙어 몸을 불린다. ㉮ '붙다'에서 '붙－밭－바다－はた'로 이어진다. ㉯ '불리다'에서 '불－발－바다(받침ㄹ－'다'로 분절)－はた'로 이어진다.

人名訓読例

- ひれ : 鰭崎(ひれさき · ひれざき).

【긴】

緊 긴	訓読	しまる·しめる
	音読	キン

訓読풀이

- しまる · しめる : 緊(긴)은 쥐는 것, 얽는 것을 뜻한다.

  '죄다'에서 '죔－짐－지마－しまる'로 이어진다.

  〔参考〕締(체 : しま)る와 이음을 같이한다.

【길】

吉 길	訓読	よい·よし
	音読	キチ·キツ

訓読풀이

- よい · よし : 吉(길)은 옳음, 좋음을 나타낸다.

  '옳다'에서 '올아－오아－오이－よい'로 이어지고 '옳지'에서 '오지－오시－よし'로 이어진다.

  〔参考〕良(량), 善(선), 好(호), 佳(가) 등과 이음(よい · よし)을 같이한다.

人名訓読例

- よし : 吉本(よしもと), 吉森(よしもり), 吉田(よした · よしだ), 吉村(よしむら), 吉永(よしなが), 吉憲(よしのり).

拮 길·갈	訓読	はたらく
	音読	キツ·ケツ

訓読풀이

- はたらく : ㉮ 拮(길)은 일하다를 뜻한다. '하다'에서 'はたらく'로 이어진다. ㉯ 拮은 '일 할 拮(길) 자'이다. '할'에서 '하다(받침ㄹ－'다'로 분절)－はたらく'로 이어진다. ㉰ 拮(갈)은 무엇을 하라고 다그치는 것을 뜻한다. '(무엇을)하더라구', '(빨리)하더라구' 하면 강요하거나 독촉하는 것을 나타낸다. '하더라구'에서 はたらく로 이어진다.

拿 나	訓読	とる
	音読	ダ·ナ

訓読풀이

• とる : 拿捕(나포)는 붙잡는 것을 뜻한다.
'잡다'에서 '자–조–도–とる'로 이어진다.
〔参考〕 捕(포 : と)る와 이음을 같이한다.

懦 나	訓読	よわい
	音読	ダ

訓読풀이

• よわい : 懦(나)는 懦弱(나약)한 것, 즉 여위어 약한 것을 뜻한다.
'여위다'에서 '여어–요어–요아–よわい'로 이어진다.
〔参考〕 弱(약 : よわ)い와 이음을 같이한다.

糯 나	訓読	もち·もちごめ
	音読	ダ

訓読풀이

① もち : 糯(나)는 찹쌀을 뜻한다. 찹쌀로 '맷'밥을 만든다.
'맷'에서 '뫃–모지–もち'로 이어진다.
〔参考〕 餅(병 : もち)와 이음을 같이한다.

② もちこめ : 糯는 맷밥을 만드는 쌀이다. 맷밥의 '맷'(もち)과 쌀을 뜻하는 ごめ〈米(미) 참조〉가 합성되어 もちごめ로 이어진다.

人名訓読例

• もち : 糯米(もちまい), 糯田(もちだ).

【낙】

諾 낙	訓読	うべなう
	音読	ダク

訓読풀이

• うべなう : 諾(낙)은 옳아요(알았소 · 좋아요) 하고 承諾(승낙)하는 것을 뜻한다.
'옳아'에서 '오하아–우헤아–우베아–우베나(ㅇ–ㄴ으로 변음)–うべなう'로 이어진다.
〔参考〕 肯(긍), 宜(의)와 이음(うべなう)을 같이한다.

【난】

暖(暖) 난·훤	訓読	あたたかい· あたたまる· あたためる
	人名訓読	はる
	音読	ダン·ノン·ケン

訓読풀이

① あたたかい · あたたまる · あたためる : 暖(난)은 따뜻함을 뜻한다.
'따뜻'에서 '따뜨–따따–たためる'로 이어지고 접두어 あ가 붙어 あたためる로 이어진다.

② はる : 暖(훤)은 밝고(훤하고) 온순한 모습을 나타낸다. 暖姝(훤주)는 밝고 애교 있는 모습을 뜻한다〈有暖姝者 : 莊子

〈유휜주자 : 장자)〉.

'밝다'에서 '발-바루-はる'로 이어진다.

〔参考〕 春(춘 : はる)와 이음을 같이한다.

人名訓読例

• はる：暖子(はるこ).

煖 난	訓読	あたたかい·あたためる
	音読	ダン·ゲン

訓読풀이

• あたたかい · あたためる：暖(난) 참조.

難(難) 난	訓読	かたい·むずかしい
	音読	ナン

訓読풀이

① かたい：難(난)은 너무 굳어 힘든 것을 뜻한다.

'굳다'에서 '구다-가다-かたい'로 이어진다.

〔参考〕 堅(견), 固(고)와 이음(かたい)을 같이한다.

② むずかしい：㉮ 難은 힘들어 못 하는 것을 뜻한다. '못 하다'에서 '못-뭇-무주-むずかしい'로 이어진다. ㉯ 難은 못마땅한 상황을 나타낸다 '못'에서 '뭇-무주-むずかしい'로 이어진다.

【날】

捏 날	訓読	こねる
	音読	ネツ·デツ

訓読풀이

• こねる：捏(날)은 반죽, 즉 개는 것, 이기는 것을 뜻한다.

'개다'에서 '개는-고는-고느-고내-こねる'로 이어진다.

捏造(날조)는 흙을 개어(이겨) 물건의 형상을 만들어 낸다는 뜻으로, 터무니 없는 사실을 꾸며 내는 것을 말한다.

捺 날	訓読	おす
	音読	ナツ·ナ

訓読풀이

• おす：捺印(날인)은 도장을 눌러 찍는 것을 뜻한다. ㉮ '누르다'에서 '누-노-오(ㄴ-ㅇ으로 변음)-おす'로 이어진다. ㉯ '눌러'에서 '눌-놀-올(ㄴ-ㅇ으로 변음)-おす(받침ㄹ-'수'로 분절)'로 이어진다.

【남】

男 남	訓読	お·おとこ·おのこ
	音読	ダン·ナン

訓読풀이

① お：男(남)은 아들을 뜻한다.

'아들'에서 '아-오-お'로 이어진다.

② おとこ：男은 아들 꼬마, 사내아이를 뜻한다.

'아들 꼬마'에서 '아들고-아도고-오도고-おとこ'로 이어진다.

③ おのこ：'아들의 꼬마'에서 '아(들)의 고(마)-아의고-오의고-오노고('의'에서 이-오-노)-おのこ'로 이어진다.

人名訓読例

① お：男谷(おたに), 男庭(おにわ), 男虎(おとら), 男梶(おかじ), 男玉(おたま), 男足(おたり).

② おと：男川(おとがわ), 男也(おとや).

③ おとこ：男(おとこ), 男沢(おとこざわ · おざわ).

喃 남	訓読	しゃべる
	音読	ナン

訓読풀이

- しゃべる：喃(남)은 시부렁거리는 것, 재잘거리는 것을 뜻한다.
  '시부렁'에서 '시부러-사베루-しゃべる'로 이어진다.
  〔参考〕喋(첩：しゃべ)る와 이음을 같이 한다.

【납】

納 납	訓読	おさまる·おさむ·おさめる·いり·いる
	人名訓読	のり
	音読	ナツ·ナ·ナン·ノウ·トウ

訓読풀이

① おさまる·おさむ·おさめる：㉮ 荷物(にもつ)を蔵(くら)におさめる 하면 짐을 창고에 담는(넣는) 것을 뜻한다. 格納庫(격납고)는 비행기를 담아(넣어) 두는 창고이다. '담다'에서 '담-삼-사무-さむ'로 이어지고 접두어 お가 붙어 おさむ로 이어진다. ㉯ 納은 재물·물건을 쌓는 것을 뜻한다. '쌓다'에서 '쌈-싸무-さむ'로 이어지고 접두어 お가 붙어 おさむ로 이어진다.

② いり·いる：'넣다'에서 '너라-니루-이루(ㄴ-ㅇ으로 변음)-いる'로 이어진다.
〔参考〕入(입：い)り와 이음을 같이한다.

③ のり：'넣다'에서 '너리-노리-のり'로 이어진다.
〔参考〕載(재：の)る와 이음을 같이한다.

人名訓読例

① いり·いる·おさむ·おさめ：納(외자 名).
② いり：納部(いりべ), 納富(いりとみ), 納薩(いりさ), 納屋(いりや), 納村(いりむら).
③ おさむ：納内(おさむない).
④ のり：納寛(のりひろ), 納子(のりこ).

【낭】

嚢 낭	訓読	ふくろ
	音読	ノウ

訓読풀이

- ふくろ：嚢(낭)은 주머니, 자루, 봉지를 뜻한다. 모두 물건을 품어 두는(담아 두는) 역할을 한다.
  '품다'에서 '품거라-푸구라-푸구로-ふくろ'로 이어진다.

【내】

乃 내	訓読	すなわち·の
	音読	ダイ·ナイ·アイ

訓読풀이

① すなわち：即(즉) 참조.
② の：乃(내)는 2인칭 대명사 '너'를 뜻한다〈乃祖乃父：書經 (내조내부：서경)〉.
'너'에서 '노-の'로 이어진다.

人名訓読例

- の：乃木子(のぎこ), 乃村(のむら), 乃里子(のりこ), 乃武子(のぶこ), 乃富子(のぶこ), 乃枝(のえ).

内(內) 내	訓読	うち·いる
	音読	ナイ·ダイ

訓読풀이

① うち : ㉮ 内(내)는 집안, 즉 울 안을 뜻한다. '울'에서 '울-우치(받침ㄹ-'치'로 분절)-うち'로 이어진다. ㉯ 内(うち)の会社(かいしゃ), 内(うち)の先生(せんせい)처럼 内가 '우리'를 뜻하는데 이 경우의 うち는 '우리(we)'에서 '울-うち'로 이어진다.

② いる : 内는 지붕 모양(冂)과 입(入)을 합치어 안으로(받아) 넣음을 뜻한다.
'넣다'에서 '너라-니라-니루-이루(ㄴ-으로 변음)-いる'로 이어진다.
〔参考〕 入(입 : い)る와 이음을 같이한다.

人名訓読例

- うち : 内宮(うちみや), 内島(うちじま), 内部(うちべ), 内野(うちの), 内基(うちもと), 内政(うちまさ).

匂 내	訓読	におい·におう
	音読	日本国字

訓読풀이

- におい·におう : 匂(にお)い는 내음(냄새)을 뜻한다.
'내음'에서 '내우-니오-におい'로 이어진다.
같은 におい라도 좋은 냄새는 匂い, 나쁜 냄새는 臭(にお)い로 구별된다.

耐 내	訓読	たえる
	人名訓読	つよし
	音読	タイ

訓読풀이

① たえる : 耐(내)는 참는 것을 뜻한다(忍耐 : 인내).
'참다'에서 '참아-담아-다아-다에-たえる'로 이어진다.
〔参考〕 堪(감 : たえ)る와 이음을 같이한다.

② つよし : 耐然(내연)은 열에 센 것을 뜻하고, 耐壓(내압)은 압력에 세게 견디는 것을 뜻한다.
'세다'에서 '쎄요-쑤요-つよい(つよし)'로 이어진다.

人名訓読例

- たえ·たえる·つよし : 耐(외자 名).

【녀】

女 녀	訓読	おんな·め·むすめ
	音読	ジョ·ニョ·ニョウ

訓読풀이

① おんな : 女(녀)는 女子(여자)를 뜻한다.
여자를 낮추어 부를 때 '년'이라 하여 '나쁜 년' 등으로 쓰인다.
'년'에서 '연(ㄴ-ㅇ으로 변음)-여나-오나-おんな'로 이어진다.

② め : 엄마, 어머니, 어멈, 어미, 할매, 할머니, 할멈, 할미, 마누라, 마님, 며느리 등 '마·머·멈·미·매·며'는 여성임을 나타내며 각각 め와 이어진다. メ와 め는 한자 女에서 유래한다.

③ むすめ : 일본어 사전에서는 むすめ를 '産(む)す女(め)'의 뜻으로, むすこ를 '産す子(こ)' 의 뜻으로 풀이하고 있다. 즉 むすめ는 '묻어서 난 女(め)', むすこ는 '묻어서 난 子(こ)'라는 뜻이 된다. '묻어난다' 함은 부모의 氣(기)에 묻어 태어난다는 뜻일 수도 있고 피에 묻어 태어난다는 뜻일 수도 있다.

'묻어나다'에서 '뭇-무수-むす'로 이어지고 め와 합성되어 むすめ로 이어진다.

人名訓読例

① おな : 女供(おなとも), 女部田(おなぶた), 女屋(おなや), 女井(おない), 女川(おながわ), 女形谷(おながだに).

② おんな : 女川(おんながわ), 女沢(おんなざわ).

③ め : 女良(めら), 女米内(めめない), 女美川(めみがわ), 女叉(めまた), 女池(めいけ), 女村(めむら).

【년】

年 년	訓読	とし
	人名訓読	すすむ·みのる·かず
	音読	ネン

訓読풀이

① とし : 年(년)은 나이, 해, 주년 등을 뜻한다. ㉮ 한 해가 지나면 한 돌이 지났다 하고, 주년(周年)도 3·1운동 90주년을 90돌이라 한다. '돌'에서 '도시(받침 ㄹ-'시'로 분절)-とし'로 이어진다. ㉯ 나이를 셀 때 한 살, 열 살이라고 한다. '살'에서 '달-돌-도시-とし'로 이어진다.

② すすむ : 年은 나이가 차는(드는) 것을 뜻한다〈五穀皆孰爲有年 : 穀涤傳 (오곡개숙위유년 : 곡약전)〉. ㉮ '들다'에서 '둠-숨-수수무-すすむ'로 이어진다. ㉯ '차다'에서 '참-춤-수숨-수수무-すすむ'로 이어진다.

③ みのる : 年은 나이가 들면서 익는 것, 즉 열매 맺는 것을 뜻한다. ㉮ 열매에서 '매-み'로 이어지고 みのる로 동사화 된다. ㉯ '맺다'에서 '매는-미는-미노-みのる'로 이어진다.

〔参考〕 実(실 : みの)る와 이음을 같이한다.

④ かず : 年은 나이 수(數)를 뜻한다. 数를 뜻하는 '가지가지(数数)'에서 '가주-かず'로 이어진다.

人名訓読例

① すすむ·とし·みのる : 年(외자 名).

② とし : 年末(としすえ), 年基(としもと), 年文(としぶみ), 年世(としよ), 年足(としたり), 年子(としこ).

③ かず : 年雄(かずお·としお).

撚 년	訓読	ひねる·より·よる
	音読	ネン

訓読풀이

① ひねる : 撚紙(연지)는 종이를 비비어 꼬는 것, 손끝으로 비비어 꼰 종이끈을 뜻한다. ひげをひねる하면 수염을 비비어 꼰다는 뜻이다.

'비비다'에서 '비비는-비는-비네-ひねる'로 이어진다.

〔参考〕 拈(념), 捻(념)과 이음(ひねる)을 같이한다.

② より·よる : 糸(いと)がよれる 하면 일이 '얽어' 있는 것을 뜻한다.

'얽어'에서 '얼-올-오루-よる'로 이어진다.

〔参考〕 縒(치 : よ)る와 이음을 같이한다.

人名訓読例

• より : 撚糸(よりいと).

碾 년	訓読	ひく
	音読	テン

訓読풀이

• ひく : 碾(년)은 맷돌로 빻는 것을 뜻한

다. ひきうすで豆(まめ)を碾(ひ)く 하면 맷돌로 콩을 빻는다는 뜻이다. '빻다'에서 '빠–바–비–ひく'로 이어진다.

【념】

拈 념·점	訓読	ひねる·つまむ
	音読	ネン

訓読풀이

① ひねる：撚(년) 참조.

② つまむ：㉮ 拈出(염출)은 집어내는 것(쥐는 것, 잡는 것)을 뜻한다. '쥐다'에서 '쥠–줌–주마–つまむ'로 이어진다. ㉯ 拈은 꽃이나 뽕잎 등을 따는 것을 뜻한다. '따다'에서 '땀–둠–두마–つまむ'로 이어진다.

念 념	訓読	おもう
	音読	ネン

訓読풀이

• おもう：㉮ 念(념)은 마음에 새겨 알고 있음을 뜻한다. '알다'에서 '암–옴–오모–おもう'로 이어진다. ㉯ 念은 외는 것을 뜻한다〈口念心禱而求者：杜牧 (구념심도이구자：두목)〉. '외다'에서 '욈–옴–오모–おもう'로 이어진다.

恬 념	訓読	やすらか
	音読	テン

訓読풀이

• やすらか：恬(념)은 편안한 것, 쉬는 것을 나타낸다.
'쉬다'에서 '쉬–수–す'로 이어지고 접두어 や가 붙어 やすらか로 된다.

唸 념	訓読	うなる
	音読	テン

訓読풀이

• うなる：傷(きず)の痛(いた)みで唸(うな)る 하면 상처의 통증으로 신음하는 것, 즉 앓는 소리를 내는 것을 뜻한다.
'앓는' 소리에서 '알는–아는–우는–우나–うなる'로 이어진다. 또한 '운다'에서 '운–우나–うなる'로 이어진다.

捻 념	訓読	ねじる·ねじれる·ひねる
	音読	ネン

訓読풀이

① ねじる·ねじれる：戸(と)がねじれて開(あ)かない 하면 문이 이지러져 열리지 않는다는 뜻이다.
'이지러지다'에서 '이지러–니지러(ㅇ–ㄴ으로 변음)–내지루–ねじる'로 이어진다.
〔参考〕捩(렬：ねじ)る와 이음을 같이한다.

② ひねる：捻(념)은 비비는 것, 비트는 것, 꼬는 것을 뜻한다. ㉮ '비비다'에서 '비비는–비는–비네–ひねる'로 이어진다. ㉯ '비틀다'에서 '빝으는–빝는–비는–비네–ひねる'로 이어진다.
〔参考〕撚(년：ひね)る와 이음을 같이한다.

人名訓読例

① ねじ：捻金(ねじかね).

② ひねり：捻橋(ひねりばし).

【녕】

佞 녕	訓読	へつらう
	音読	ネイ

訓読풀이

• へつらう：佞(녕)은 남에게 잘 보이려고 '붙어' 아첨하는 것을 뜻한다.
'붙다'에서 '부투라우-베투라우-へつらう'로 이어진다.
〔参考〕諂(첨：へつら)う와 이음을 같이 한다.

寧 녕	訓読	むしろ·やすい
	人名訓読	さた
	音読	ネイ

訓読풀이

① むしろ：寧(むし)ろ는 보통 より와 붙어 앞부분은 말고 차라리 뒷부분을 하겠다는 등의 의사를 나타낸다. 議論(ぎろん)と言(い)うよりはむしろけんかだ 하면 의론이라고 하는 것은 말지 차라리 싸움이다라는 뜻이고, 名(な)よりむしろ実(じつ)を撰(えら)ぶ 하면 명분은 말지 차라리 실리를 택하지라는 뜻이다.
'말지'에서 '말지럴-마지러-무시로-むしろ'로 이어진다.

② やすい：寧(녕)은 安寧(안녕)히 잘 쉬고 있음을 뜻한다.
'쉬다'에서 '수-す'로 이어지고 접두어 や가 붙어 やすい로 이어진다.

③ さた：寧은 매사가 잘 있고 좋게 잘 되어 가고 있음을 뜻한다. ㉮ '잘'에서 '자다(받침 ㄹ-'다'로 분절)-さた'로 이어진다. ㉯ '잘되'에서 '자되-자다-さた'로 이어진다. ㉰ '좋다'에서 '좋다-자다-さた'로 이어진다.

人名訓読例

① やす · やすし：寧(외자 名).
② やす ：寧綱(やすつな), 寧子(やすこ), 寧吉(やすよし), 寧昭(やすあき), 寧治(やすはる), 寧親(やすちか).
③ さだ：寧男(さだお).

擰 녕	訓読	わるい
	音読	ドウ

訓読풀이

• わるい：擰(녕)은 성질이 모질고 사나워 상대하기 어려움을 뜻한다.
'여려워'에서 '아러어-わるい'로 이어진다.
〔参考〕悪(악：わる)い와 이음을 같이한다.

【노】

奴 노	訓読	やつ·やっこ
	音読	ド·ヌ

訓読풀이

① やつ ：奴(노)는 녀석, 놈, 자식을 뜻한다.
'녀석'에서 '녓-냣-얏(ㄴ-ㅇ으로 변음)-やつ'로 이어진다.
② やっこ ：'녀석'에서 '녓억-녓어고-얏고(ㄴ-ㅇ으로 변음)-やっこ'로 이어진다.

人名訓読例

• やっこ ：奴(やっこ), 奴亭(やっこてい).

努 노	訓読	つとめる·つとむ
	音読	ド

訓読풀이

• つとめる · つとむ ：努(노)는 힘쓰는

것, 애쓰는 것, 즉 努力(노력)하는 것을 뜻한다.

'쓰다'에서 '씀-수수무-수두무-수도무-つとむ'로 이어진다.

人名訓読例

- つとむ : 努(외자 名).

怒 노	訓読	いかり·いかる·おこる
	音読	ド·ヌ

訓読풀이

- いかり · いかる · おこる : 怒(노)는 골내는 것을 뜻한다.
  '골'에서 '동사화 되어 かる, こる로 이어지고 접두어 い, お가 붙어 いかる, おこる로 이어진다.

人名訓読例

① いかり : 怒谷(いかりや).
② いかる : 怒木(いかるぎ).

駑 노	訓読	にぶい
	音読	ド

訓読풀이

- にぶい : 駑(노)는 늘보, 느림보를 뜻한다.
  '늘보'에서 '느보-니보-니부-にぶい'로 이어진다.
  〔参考〕 鈍(둔 : にぶ)い와 이음을 같이한다.

【농】

農 농	訓読	たがやす
	人名訓読	あつ·みのる
	音読	ノウ

訓読풀이

① たがやす : ㉮ 農(농)은 耕作(경작)하는 것, 즉 땅이나 논을 갈아 닦아서 곡식을 거두어들이는 農業(농업), 農事(농사)를 뜻한다. '닦다'의 연용형 '닦아서'에서 '다가아서-たがやす'로 이어진다. ㉯ '땅 갈아서'에서 '다가아수-たがやす'로 이어진다.
〔参考〕 耕(경 : たがや)す와 이음을 같이 한다.

② あつ : 農은 곡식을 거두어 가득 채우는 것을 뜻한다.
'(가득)차다'에서 '차-추-つ'로 이어지고 あ가 붙어 あつ로 이어진다.
〔参考〕 集(집 : あつ)まり와 이음을 같이 한다.

③ みのる : 農은 열매를 맺도록 하는 것을 뜻한다. ㉮ 열매의 '매'에서 み로 이어지고 みのる로 동사화 된다. ㉯ '맺다'에서 '맺는-매는-미는-미노-みのる'로 이어진다.
〔参考〕 実(실 : みの)る와 이음을 같이한다.

人名訓読例

① みのる : 農(외자 名).
② あつ : 農也(あつや), 農人(あつと), 農子(あつこ).

濃 농	訓読	こい·こまやか
	人名訓読	あつ
	音読	ノウ

訓読풀이

① こい : 濃(농)은 빛깔 · 맛 · 냄새가 짙은 것을 나타낸다. こい緑(みどり)는 짙은 초록색이고 こい香(かお)り는 짙은 향내를 뜻한다. 무엇이든 '고이'면 짙을 수 밖에 없다.
'고이다'에서 '고이-こい'로 이어진다.

② こまやか：濃(こま)やかな夫婦愛(ふうふあい)는 정이 깊이 '고인' 부부애라는 뜻이다.
'고이다'에서 '고임–곰–고마–こまやか'로 이어진다.

③ あつ：濃은 고여서 꽉 찬 것을 뜻한다.
'차다'에서 '차–추–つ'로 이어지고 접두어 あ가 붙어 あつ로 이어진다.

人名訓読例

① あつし：濃(외자 名).
② こい：濃見(こいみ), 濃沼(こいぬま), 濃野(こいの).
③ あつ：濃子(あつこ).

膿 농	訓読	うみ·うむ
	音読	ノウ

訓読풀이

• うみ・うむ：すてきが膿(う)む 하면 종기가 무루익어 곪아 터짐을 뜻한다.
'익음'에서 '임–이무–우무–うむ'로 이어진다.
〔参考〕熟(숙 : う)む와 이음을 같이한다.

穠 농	人名訓読	あつ·あつし·しげる
	音読	ジョウ

訓読풀이

① あつ・あつし：穠(농)은 벼(禾)가 밭이나 마당에 가득 '차' 있는 것을 나타낸다.
'차다'에서 '차–추–つ'로 이어지고 접두어 あ가 붙어 あつ(し)로 이어진다.

② しげる：穠은 茂盛(무성)하게 차 있음을 뜻한다(繁穠：번농).
'차다'에서 '차거라–치거라–시게라–しげる'로 이어진다.
〔参考〕茂(무), 繁(번)과 이음(しげる)을 같이한다.

【뇌】

悩(惱) 뇌	訓読	なやむ·なやます
	音読	ノウ

訓読풀이

• なやむ・なやます：悩(뇌)는 苦悩(고뇌), 煩悩(번뇌), 苦痛(고통), 苦悶(고민) 등 사람에게 있어서는 '아니' 될 슬픔과 괴로움을 망라한다.
'아니다'에서 '아님–안임–아암–아야무–나야무(ㅇ–ㄴ으로 변음)–なやむ'로 이어진다.

【뇨】

尿 뇨	訓読	ばり·いばり·ゆばり·しい·しし
	音読	ニョウ

訓読풀이

① ばり：尿(뇨)는 몸(尸)에서 흘러나오는 액체(水), 즉 오줌을 나타낸다. 尿道(요도)는 오줌이 흘러나오는 기관을 일컫는다.
'흘러'에서 '흐러–하러–하리–ばり'로 이어진다.

② いばり・ゆばり：ばり에 접두어 い, ゆ가 붙어 いばり, ゆばり로 이어진다.

③ しい・しし：한국에서는 어린아이에게 오줌을 뉘일 때 '시이(しい)하자, 또는 시시(しし)하자'라고 한다.

撓 뇨	訓読	いためる·しわる· たわむ·たわわ
	音読	ドウ·トウ

訓読풀이

① いためる : 撓(いた)める는 가죽을 아교풀에 담갔다가 두들겨 굳히는 것을 뜻한다.
'담다'에서 '담-다메-ため'로 이어지고 접두어 い가 붙어 いためる로 이어진다.

② しわる : 竹(たけ)が雪(ゆき)の重(おも)みで撓(しわ)る 하면 대나무가 눈 무게로 휘어진다는 뜻으로, 눈 무게 때문에 한쪽으로 '쏠리'는 것을 나타낸다.
'쏠리다'에서 '쏠려-실려-실여-시어-시아-しわる'로 이어진다.

③ たわむ : 雪(ゆき)で木(き)の枝(えだ)が撓(たわ)む 하면 눈 때문에 나뭇가지가 틀어지는(휘어지는) 것을 뜻한다.
'틀어지다'에서 '틀음-드음-다음-다와무-たわむ'로 이어진다.
〔参考〕 たわむ는 たゆむ로도 읽는다.

④ たわわ : '틀어지다'에서 '틀어어-드아아-다와와-たわわ'로 이어진다.

人名訓読例

① たわ : 撓(외자 名).
② たえ(たわ의 변음) : 撓原(たえはら).

嬲 뇨	訓読	なぶる
	音読	ジョウ

訓読풀이

• なぶる : ㉮ 嬲(뇨)는 남자 둘이가 여자 한명을 가운데 두고 괴롭히고 놀리는 것을 나타낸다. 嬲(なぶ)り殺(ごろ)し는 당장에 죽이지 않고 괴롭히면서 놀리다가 죽이는 것을 뜻하고, 人前(ひとまえ)なぶる 하면 사람들 앞에서 재미삼아 놀리는 것을 뜻한다. 나쁜 행실의 전형을 보여준다. '나쁘다'에서 '나부-なぶる'로 이어진다. ㉯ 나쁜 행실의 인간을 '나부랭이'라 한다(강패 나부랭이, 건달 나부랭이 등). '나부랭이'에서 '나부레-나부루-なぶる'로 이어진다.

鐃 뇨	訓読	どら
	音読	ドウ·ニョウ

訓読풀이

• どら : 鐃(뇨)는 구리(銅)로 만든 징(鑼)을 뜻한다.
동(銅)에서 ど, 라(鑼)에서 ら로 되어 どら로 이어진다.
〔参考〕 銅鑼(동라 : どら)로도 표기된다.

【눌】

吶 눌	訓読	どもる
	音読	トツ

訓読풀이

• どもる : 吶(눌)은 말을 더듬는 것을 뜻한다.
'더듬'에서 '덛음-더음-덤-돔-도모-どもる'로 이어진다.
〔参考〕 吃(흘), 訥(눌)과 이음(どもる)을 같이한다.

訥 눌	訓読	どもる
	音読	トツ

訓読풀이

• どもる : 訥(눌)은 말을 더듬는 것을 뜻한다.
'더듬다'에서 '덛음-더음-덤-돔-도모-どもる'로 이어진다.
〔参考〕 吶(눌)과 이음(どもる)을 같이한다.

【뉴】

紐 뉴	訓読	ひも
	音読	チュウ

訓読풀이

- ひも : ㉮ 紐(뉴)는 끈을 뜻한다. 한국어 끈은 꼬아서 만들고 일본어 ひも는 비벼서 만든다. '비비다'에서 '비빔–빔–비모–ひも'로 이어진다. ㉯ 끈은 매어 붙게 하는 기능을 한다. ひも는 기둥서방도 뜻하는데, 그것은 여자에게 붙어 돈을 뜯는 정부(情夫)라는 뜻이다. '붙다'에서 '붙임–부임–붐–빔–비모–ひも'로 이어진다.

人名訓読例

- ひも : 紐差(ひもさし).

鈕 뉴	訓読	つまみ
	音読	チュウ

訓読풀이

- つまみ : 鈕(뉴)는 손잡이 · 단추를 뜻한다.
  '잡다 · 쥐다 · 집다'에서 '쥠–줌–주마–つまみ'로 이어진다.
  〔参考〕 撮(촬), 摘(적)과 이음(つまみ)을 같이한다.

【뉵】

忸 뉵	訓読	はじる
	音読	ドク

訓読풀이

- はじる : 忸(뉵)은 부끄러워 하는 것, 제주방언으로 부치러워 하는 것을 뜻한다.
  '부치러워'에서 '부치러–바치루–바지루–はじる'로 이어진다.
  〔参考〕 羞(수), 恥(치)와 이음(はじる)을 같이한다.

【능】

能 능	訓読	あたう·よい·よく·よし
	人名訓読	たか·ちから·のり·みち
	音読	ノウ

訓読풀이

① あたう : 能(あた)う限(かぎ)りの努力(どりょく)는 할 수 있는 한의 노력이라는 뜻이다. 한국어에서 '나는 한다(우)' 하면 단순히 '한다'가 아니라 할 수 있다는 능력과 의지를 나타낸다.
'한다'에서 '하다–아다(ㅎ–ㅇ으로 변음)–あたう'로 이어진다.

② よい · よく · よし : 能文(능문), 能手(능수), 能才(능재), 能筆(능필) 등 能은 각 분야에서 옳게 일을 수행할 수 있는 능력을 나타낸다.
'옳'에서 '올아–오아–오이–よい', '옳게'에서 '오구–よく', '옳지'에서 '오시–よし'로 이어진다.

③ たか : 能은 보통 이상 才能이 뛰어넘고(뜨고) 있음을 나타낸다〈唯聖者能之 : 中庸 (유성자능지 : 중용)〉.
'뜨다'에서 '뜨고–다고–다가–たか'로 이어진다.

④ ちから : 能은 질기게 버틸 수 있는 能力을 뜻한다.
'질기다'에서 '지기라–지가라–ちから'로 이어진다.
〔参考〕 力(력 : ちから)와 이음을 같이한다.

⑤ のり : ②의 '옳다'에서 '올-놀(ㅇ-ㄴ으로 변음)-노리-のり'로 이어진다.

⑥ みち : 能은 어떤 일의 영향이 미치는 것을 뜻한다〈不能被德承澤 : 淮南子 (불능피덕승택 : 회남자)〉.

'미치다'에서 '미치-みち'로 이어진다.

人名訓読例

① あとう(あたう), ちから : 能(외자 名).

② あた : 能木(あたき).

③ よし : 能山(よしやま), 能田(よしだ), 能光(よしてる), 能道(よしみち · よしのり), 能範(よしのり), 能仁(よしひと).

④ たか : 能義(たかよし).

⑤ ちから : 能力(ちから).

⑥ のり : 能子(のりこ · よしこ), 能弘(のりひろ · よしひろ), 能正(のりただ · よしまさ).

⑦ みち : 能達(みちただ · よしさと).

【니】

尼 니	訓読	あま
	音読	ニ·ジ

訓読풀이

• あま : 尼(니)는 여승을 뜻하는 접두어로 쓰인다. 尼君(あまぎみ)는 귀한 신분으로 여승이 된 여자를 뜻하고, 尼法師(あまほうし)는 여승, 尼寺(あまでら)는 여승방을 뜻한다. 尼っ子(あまっこ)는 여자를 욕하는 말로 다른 표현으로는 '암컷'이 된다.

'암'에서 '아마-あま'가 되고, '암컷'에서 '아마코-あまっこ'로 이어진다. 한국어에서도 '암'은 ㄱ · ㄷ · ㅂ앞에서 ㅎ음을 동반하여 암캉아지, 암퇘지처럼 변형되듯이, あまっこ에서 こ 앞에 っ가 붙어 '아마코(あまっこ)가 되는 것도 같은 이치이다.

泥 니	訓読	どろ·なずむ
	人名訓読	ひじ
	音読	デイ

訓読풀이

① どろ : 泥(니)는 시궁창의 더러운 물을 뜻한다.

'더러워'에서 '더러-도로-どろ'로 이어진다.

〔参考〕 どろぼう(泥棒 · 泥坊)는 '더러운' 짓(도둑질)에서 '더러-도로-どろ'로 이어지고, 나쁜 버릇을 가진 사람을 뜻하는 접미어 '보'(느림보, 술보, 울보 등)에서 '보-ぼう'가 합성되어 どろぼう로 이어진다.

② なずむ : 行(ゆ)きなずむ 하면 진행이 늦어짐을 뜻한다〈致遠恐泥 : 論語 (치원공니 : 논어)〉.

'늦음'에서 '낮움-나주무-なずむ'로 이어진다.

③ ひじ : 泥은 진흙을 뜻한다.

진흙의 '흙'에서 '흘-힐-히지(받침ㄹ-'지'로 분절)-ひじ'로 이어진다.

人名訓読例

① どろ : 泥谷(どろたに), 泥近(どろちか), 泥部(どろぶ), 泥之助(どろのすけ).

② ひじ : 泥江(ひじえ), 泥方(ひじかた), 泥屋(ひじや).

【닉】

匿 닉	訓読	かくす·かくまう
	音読	トク

訓読풀이

• かくす · かくまう : 匿(닉)은 예컨대 이불 같은 것으로 '감고' 숨긴다는 뜻이다.
'감다'에서 '감구–가구–かくす · かくまう'로 이어진다.

搦 닉	訓読	からめる
	音読	ジャク

訓読풀이

• からめる : 搦(닉)은 걸어서 얽어매는 것을 뜻한다. たこ糸(いと)が電線(でんせん)にからまる 하면 연실이 전선에 '걸려' 얽혀 있는 것을 뜻한다.
'걸려'에서 '걸라–거라–가라–からめる'로 이어진다.
〔参考〕 絡(락 : から)める와 이음을 같이 한다.

人名訓読例

• からめ : 搦手(からめて), 搦手町(からめてまち).

溺 닉 · 뇨	訓読	おぼれる
	人名訓読	ぬき
	音読	デキ · ニョウ

訓読풀이

① おぼれる : 溺(닉)은 빨리는 것, 빠지는 것을 뜻한다. 水(みず)におぼれる는 물에 빨려 들어가는 것, 酒色(しゅしょく)におぼれる 하면 주색에 빨리는 것을 뜻한다.
'빨리다'에서 '발–바레–보레–ぼれる'로 이어지고 접두어 お가 붙어 おぼれる로 이어진다.

② ぬき : 溺(뇨)는 오줌 누는 것을 뜻한다〈賓客飲者醉 更溺睢 : 史記 (빈객음자수 갱뇨수 : 사기)〉.
'누다'에서 '누기–ぬき'로 이어진다.
〔参考〕 尿(뇨)와 같은 뜻을 갖는다.

人名訓読例

• ぬ(き) : 溺城(ぬき).

【닐】

昵 닐 · 직	訓読	ちかづく · なじむ
	人名訓読	むつび · むつみ
	音読	ジツ · ジョク

訓読풀이

① ちかづく : 昵(닐)은 친함, 친한 사람을 뜻한다. 친하다함은 항상 곁에 두고 지냄을 뜻한다.
'곁'을 뜻하는 제주방언 '조곹(에)'와 '두고'가 합성되어 '조곹두고–조가두구–지가두구–ちかづく'로 이어진다.
〔参考〕 近付(근부 : ちかづ)く와 이음을 같이 한다.

② なじむ : 靴(くつ)が足(あし)になじむ 하면 구두가 발과 친숙해져 걷기가 나아짐을 뜻한다.
'나(아)지다'에서 '나짐–나지무–なじむ'로 이어진다.
〔参考〕 馴染(훈염 : なじ)む와 이음을 같이한다.

③ むつび · むつみ : 昵(직)은 풀 · 아교 · 접착제를 뜻한다. 풀은 맺어주는 역할을 한다.
'맺다'에서 '매줌–무줌–무주–むつび · むつむ'로 이어진다.
〔参考〕 結(결 : むす)び, 睦(목 : むつ)む와 이음을 같이한다.

人名訓読例

• むつび · むつみ : 昵(외자 名).

多 다	訓読	おおい
	人名訓読	いさお·かず· とみ·さわ·まさる
	音読	タ

訓読풀이

① おおい : 多(다)는 많은 것을 뜻한다. 많은 것을 '하다', '하아'(제주방언으로는 '하영')라고 한다.
'하아'에서 '아아(ㅎ-ㅇ으로 변음)-오오-おおい'로 이어진다.

② いさお : 多(다)는 戰功(전공), 功勳(공훈)을 뜻한다〈治功曰力 戰功曰多 : 周禮 (치공왈력전공왈다 : 주례)〉. ㉮ 전공은 적을 치어 공을 세우는(쌓는) 것을 뜻한다. '치어'에서 '차오-사오-さお'로 이어지고 접두어 い가 붙어 いさお로 이어진다. ㉯ 공(功)을 세운다고 한다. '세워'에서 '사어-사오-さお'로 이어지고 접두어 い가 붙어 いさお로 이어진다. ㉰ '일'을 통해 공을 세운다. '일 세워'에서 '이사어-이사오-いさお'로 이어진다.
〔参考〕 功(공), 勲(훈)과 이음(いさお)을 같이한다.

③ かず : 多는 여러 가지로 많음을 뜻한다(多數 : 다수).
'여러가지'에서 '가지-가주-かず'로 이어진다.
〔参考〕 数(수 : かず)와 이음을 같이한다.

④ とみ : 多는 富(부)를 많이(가득히) 담아 쌓는 것을 뜻한다. ㉮ '담다'에서 '담-돔-도미-とみ'로 이어진다. ㉯ '쌓다'에서 '쌈-담-돔-도미-とみ'로 이어진다.
〔参考〕 富(부 : とみ)와 이음을 같이한다.

⑤ さわ : 多는 좋은 것, 뛰어난 것을 뜻한다〈孰與仲多 : 史記 (숙여중다 : 사기)〉.
'좋다'에서 '조아-자아-さわ'로 이어진다.

⑥ まする : 多는 맞다고 치하 · 칭찬하는 것을 뜻한다〈朕甚多之 : 漢書 (짐심다지 : 한서)〉.
'맞다'에서 '마자-まさる'로 이어진다.

人名訓読例

① いさお · おお · おおし · まさる : 多(외자 名).
② おお : 多真(おおま).
③ かず : 多良(かずよし), 多子(かずこ · さわこ · まさるこ), 多章(かずあき).
④ とみ : 多栄(とみひで).
⑤ さわ : 多子(さわこ).
⑥ まさる : 多子(まさるこ).

【단】

丹 단	訓読	あか·に
	人名訓読	あきら·まこと
	音読	タン

訓読풀이

① あか : ㉮ 丹(단)은 빨강색 · 붉은색을 뜻한다. '빨강(발강)'에서 '바가-아가(ㅂ-ㅇ으로 변음)-あか'로 이어진다. ㉯ '붉다'에서 '불거-바거-바가-あか'로 이어

진다. ㉰ 감 · 사과 등 열매는 익으면 발갛게 된다. '익다'에서 '익–악–아가–あか'로 이어진다.

〔参考〕赤(あか : 적)와 이음을 같이한다.

② に : '익다'에서 '익–이–니(ㅇ–ㄴ으로 변음)–に'로 이어진다.

③ あきら : 丹은 밝은 빛으로 밝히는 것을 뜻한다.

'발갛다'에서 '바키라–아키라(ㅂ–ㅇ으로 변음)–あきら'로 이어진다.

④ まこと : 丹은 도리에 맞는 정성스런 마음을 뜻한다(丹心 : 단심).

'맞는 것'에서 '맞것–마곧–마고도–まこと'로 이어진다.

人名訓読例

① あかし · あきら · まこと : 丹(외자 名).

② あか : 丹下(あかした), 丹川(あかがわ).

③ に : 丹路(にろ), 丹原(にはら), 丹代子(によこ), 丹敷(にしき), 丹村(にむら), 丹伊田(にいた).

旦 단	訓読	あさ·あした
	人名訓読	あきら·ただし·のぼる·はじめ
	音読	タン·ダン

訓読풀이

① あさ · あした : 旦(단)은 아침을 뜻한다.

'아침'에서 '아치–아차–아사–あさ · あした'로 이어진다.

② あきら : 旦은 지평선(一) 위로 해(日)가 떠 밝아지는 모양을 나타낸다.

'밝히다'에서 '바키라–아키라(ㅂ–ㅇ으로 변음)–あきら'로 이어진다.

③ ただし : 旦은 정성스럽고 떳떳한 모양을 나타낸다(旦旦 : 단단).

'떳떳'에서 '더더시–다다시–ただし'로 이어진다.

④ のぼる : 旦은 아침 해가 높이 떠오르는 것을 뜻한다.

높이의 '높'에서 '노보–のぼる'로 이어진다.

⑤ はじめ : 旦은 하루가 시작됨을 뜻한다.

시작 · 처음을 뜻하는 '햇'에서 '핮–하지–はじめ'로 이어진다.

人名訓読例

① あきら · あさ · ただし · のぼる · はじめ : 旦(외자 名).

② あさ : 旦開(あさけ), 旦丘(あさおか), 旦尾(あさお), 旦岳(あさおか), 旦夫(あさお).

团(團) 단	訓読	まるい
	音読	ダン·トン

訓読풀이

• まるい : 团(단)은 둥근 것을 뜻한다. 말면 둥글게 된다.

'말다'에서 '말–마루–まるい'로 이어진다.

〔参考〕丸(환), 円(원)과 이음(まるい)을 같이한다.

但 단	訓読	ただし·ただ
	音読	ダン

訓読풀이

• ただし · ただ : 但(단)은 앞의 문장에 대해 조건이나 예외를 나타내는데, 일반 사항에 대해 특수한 사항을 설명한다. 入場料(にゅうじょうりょう)千円(せんえん)但(ただ)しこどもは半額(はんが

く) 하면 일반적으로 입장료가 천원이지만 어린이라는 특수사정을 '따져서' 반액으로 바르게(ただ (正)しく)정해준다는 뜻이다.

'따지다'에서 '따져서-다더서-다다시-ただし'로 이어진다.

〔参考〕 質(질), 糾(규), 正(정)과 이음(ただす)을 같이한다.

人名訓読例

① ただし : 但(외자 名).

② ただ : 但吉(ただよし), 但木(ただき), 但本(ただもと), 但野(ただの), 但夫(ただお).

單 단	訓読	ひとつ
	音読	ダン

訓読풀이

- ひとつ : 單(단)은 하나를 뜻한다.
  하나를 뜻하는 '흩·홀'에서 '힡-히도-ひとつ'로 이어지고, 또한 '홀'에서 '힐-히도(받침ㄹ-'도'로 분절)-ひとつ'로 이어진다.

人名訓読例

- ひと : 單志(ひとし).

断(斷) 단	訓読	たつ·ことわる
	音読	ダン

訓読풀이

① たつ : 断(단)은 자르는 것(断裁 : 단재), 떼는 것(断乳 : 단유), 그만 두는 것(断交 : 단교)을 뜻한다. ㉮ '자르다'에서 '자-다-たつ'로 이어진다. ㉯ '떼다'에서 '떼-따-たつ'로 이어진다. ㉰ '두다'에서 '두-다-たつ'로 이어진다.

〔参考〕 絶(절), 裁(재)와 이음(たつ)을 같이한다.

② ことわる : ㉮ 断은 그만두고 거두어 들이는 것을 뜻한다. '거두어 들이다'에서 '거두어라-고도아루-ことわる'로 이어진다. ㉯ 断은 약속 등을 깨뜨리는 것을 뜻한다. '깨뜨리다'에서 '깨드러-고도어러-고도아루-ことわる'로 이어진다.

短 단	訓読	みじかい
	音読	タン

訓読풀이

- みじかい : ㉮ 短(단)은 몸(키)이 작은 것을 뜻한다〈帝堯長 帝舜短 : 荀子 (제요장제순단 : 순자)〉. '몸'에서 '모-미-み'로 이어지고 '작다(적어)'에서 '자가-지가-じか'로 이어져 みじかい로 합성된다. ㉯ 短은 모자란 것을 뜻한다〈短見(단견), 短氣(단기)〉. '모자르고'에서 '모잘고-모자고-미지고-미지가-みじかい'로 이어진다.

端 단	訓読	はし·はた·はした·は
	人名訓読	ただし·ただす·はじめ·まさ
	音読	タン

訓読풀이

① はし·はた·はした·は : ㉮ 端(단)은 가장자리·가·끝을 뜻한다. 道(みち)の端(はし)에서 端은 중심부에 떨어져 끝에 붙어 있는 부분이다. '붙다'에서 '붓-밧-바시-はし'로 이어진다. ㉯ 道(みち)の端(はし)는 はた(端)로도 읽는다. '붙다'에서 붙-밭-바다-はた'로 이어진다. ㉰ 端(はした)는 はし, はた와 마찬가지로 끝을 뜻하는데 특히 숫자에서 끝수·단수(端數)를 뜻한다. 끝수는 끝

에 '붙어' 있는 숫자를 말한다. 10を3で割(わ)るとはしたが1である 하면 10을 3으로 나누면 끝에 붙어 남는 수는 1이라는 뜻이다. '붙다'에서 '봇다-바시다-はした'로 이어진다. ㉣ はは はし・はた・はした의 준말이다.

② ただし・ただす : ㉮ 端은 따져서 바르게 함을 뜻한다(端正 : 단정). '따지다'에서 '따저서-다다서-다다시-ただし'로 이어진다. ㉯ 端은 떳떳한 자세를 뜻한다(端坐 : 단좌). '떳떳'에서 '더덧-다닷-ただし'로 이어진다.

③ はじめ : 端은 처음을 뜻한다〈仁之端也 : 孟子 (인지단야 : 맹자), 發端(발단)〉. 처음을 뜻하는 '햇'에서 '핮-하지-はじめ'로 이어진다.

④ まさ : 端은 도리에 맞는 것을 뜻한다. '맞다'에서 '맞-마자-まさ'로 이어진다.

人名訓読例

① ただし・ただす・はし・はた・はじめ : 端(외자 名).

② はし : 端館(はしだて), 端山(はしやま・はたやま・はやま), 端盛(はしもり), 端野(はしの), 端田(はしだ), 端詰(はしずめ).

③ はた : 端端(はたばた), 端山(はたやま).

④ は : 端山(はやま).

⑤ ただ : 端夫(ただお・まさお).

⑥ まさ : 端連(まさつら), 端夫(まさお).

檀 단	訓読	まゆみ
	音読	ダン

訓読풀이

• まゆみ : 檀(단)은 활(弓 : 궁)의 미칭(美稱)이면서 참빗살나무 또는 참빗살나무로 만든 활을 뜻한다.

'참'의 다른 뜻 '맞음'에서 '맞-마-ま'로 이어지고, 활을 뜻하는 ゆみ〈弓(궁) 참조〉와 합성되어 まゆみ로 이어진다.

〔参考〕 真弓(진궁 : まゆみ)로도 표기된다.

人名訓読例

• まゆみ : 檀田(まゆみた).

鍛 단	訓読	きたえる
	人名訓読	かじ・かたし・か
	音読	タン

訓読풀이

① きたえる : ㉮ 心身(しんしん)を鍛(きた)える 하면 심신을 단련(鍛錬)한다는 뜻으로 운동 또는 修錬(수련)을 통해서 몸과 마음을 '굳혀' 나가는 것을 뜻한다. '굳히다(굳다)'에서 '굳-긷-기다-きたえる'로 이어진다. ㉯ 단련은 어려움을 견디는 것을 뜻한다. '견디다'에서 '견디어라-거디어라-기다에루-きたえる'로 이어진다.

② かじ : '굳히다(굳다)'에서 '굳-갖-가지-かじ'로 이어진다.

③ かたし : '굳다'에서 '굳어-구더-가다-かた(し)'로 이어진다.

〔参考〕 堅(견), 固(고)와 이음(かたい)을 같이한다.

人名訓読例

① かじ・かたし・きたい・きたえ : 鍛(외자 名).

② かじ : 鍛原(かじはら・かじわら).

③ か(かじ・かたし의 준말) : 鍛代(かじろ・きたい), 鍛島(かじま), 鍛治本(かじもと), 鍛治屋(かじや).

다

【달】

達(達) 달	訓読	とおる
	人名訓読	いたる·さとし· さとる·すすむ· みち
	音読	タツ·タチ·ダチ

訓読풀이

① とおる：達(달)은 뚫어 나감을 뜻한다. '뚫어'에서 '두어–도오–とおる'로 이어진다.

〔参考〕通(통：とお)る와 이음을 같이한다.

② いたる：達은 잇따르는 것을 뜻한다. '잇따르다'에서 '이다루–いたる'로 이어진다.

〔参考〕到(도：いた)る와 이음을 같이한다.

③ さとし·さとる：㉮ 達은 깨달음이 높은 경지에 다다름(미침)을 뜻한다(通達：통달). '다다르다'에서 '다다–사다–사도–さとる'로 이어진다. ㉯ 눈을 '떠' 깨달음을 뜻한다. '떠'에서 '따–다다–사다–사도–さとる'로 이어진다.

〔参考〕覚(각), 悟(오)와 이음(さとる)을 같이한다.

④ すすむ：㉮ 達은 사리(事理)를 꿰뚫고 있음을 뜻한다(通達：통달). '뚫다'에서 '뚫음–뚜음–쑤움–쑴–수수무–すすむ'로 이어진다. ㉯ 達은 눈트는 것, 새싹이 돋아남을 뜻한다〈驛驛其達：詩經 (역역기달：시경)〉. '돋다'에서 '도둠–두두무–수수무–すすむ'로 이어진다.

⑤ みち：達은 마을길이 통(通)함을 뜻한다. 마을은 길이다(四通八達：사통팔달). '마을'에서 '말–밀–미찌(받침ㄹ–'찌'로 분절)–みち'로 이어진다.

〔参考〕道(도：みち)와 이음을 같이한다.

人名訓読例

① いたる·さとし·さとる·すすむ·とおる：達(외자 名).

② さと：達敬(さとよし), 達広(さとひろ), 達道(さとみち), 達安(さとやす), 達子(さとこ·みちこ), 達孝(さとたか).

③ みち：達明(みちあき), 達夫(みちお), 達安(みちやす), 達彦(みちひこ), 達長(みちなが), 達直(みちなお).

【담】

担(擔) 담	訓読	かつぐ·かたぐ· かたげる·になう
	音読	タン

訓読풀이

① かつぐ：㉮ 担(담)은 어깨에 걸쳐 메는 것을 뜻한다. '걸치다'에서 '걸치구–거추구–가추구–かつぐ'로 이어진다. ㉯ '걸치다'에서 '걸–갈–가추(받침ㄹ–'추'로 분절)–かつぐ'로 이어진다. ㉰ 어깨는 팔위에 있는 몸통의 갓(끝)부분이다. 어깨에 메는 것은 물건을 어깨에 드는 것을 말한다. '갓–가–か'로 이어지고, '들다'에서 '두–つぐ'로 이어져 かつぐ'로 합성된다.

② かたぐ·かたげる：㉮ '걸치다'에서 '걸–갈–가다(받침ㄹ–'다'로 분절)–かたぐ'로 이어진다. ㉯ '갓(끝)'에서 '갇–가다–かたぐ'로 동사화된다.

〔参考〕傾 (경：かた)げる와 이음을 같

이한다.

③ になう : 担은 짐을 지는 것, 즉 짐을 '이는' 것을 뜻한다.
'이는'에서 '이난–이나–니나(ㅇ–ㄴ으로 변음)–になう'로 이어진다.
〔参考〕 荷(하 : に)なう와 이음을 같이한다.

淡 담	訓読	あわい
	音読	タン

訓読풀이

• あわい : 淡(담)은 색, 맛, 향기 등이 진하지 않은 것, 즉 엷은 것을 뜻한다. 淡(あわ)い雲(くも)는 엷은 구름을 뜻한다.
'엷다'에서 '엷어–여어–아아–あわい'로 이어진다.

人名訓読例

• あわ : 淡谷(あわや), 淡口(あわぐち), 淡島(あわしま), 淡路(あわじ), 淡山(あわやま), 淡野(あわの).

湛 담·잠·침	訓読	たたえる
	人名訓読	あつ(し)·きよ·たたう·ふかし·やす(し)·よし
	音読	タン·シン·チン

訓読풀이

① たたえる : 湛(담)은 물을 가득 채우는 것, 담는 것을 뜻한다.
'담다'에서 '다다–たたえる'로 이어진다.

② あつ(し) : 湛(잠)은 차고 넘치는 것을 뜻한다〈酒湛溢 : 淮南子 (주잠일 : 회남자)〉.
'차다'에서 '차–추–つ'로 이어지고, 접두어 あ가 붙어 あつ(し)로 이어진다.

③ きよ : 湛(잠)은 물이 곱게, 깨끗하게 괴는 것을 뜻한다〈水木湛清華 : 謝混 (수목잠청화 : 사혼)〉. ㉮ '곱다'에서 '고아–기오–きよ'로 이어진다. ㉯ '깨끗'에서 '깩읏–개으–기오–きよ'로 이어진다.
〔参考〕 清(청), 浄(정)과 이음(きよい)을 같이한다.

④ たたう : たたえる의 文語.

⑤ ふかし : 湛(침)은 푹 깊이 잠기는 것을 뜻한다〈我湛憂而深懷兮 : 張衡 (아침우이심회혜 : 장형)〉.
'푹'에서 '푸가–후가–ふか(し)'로 이어진다.
〔参考〕 深(심 : ふか)い와 이음을 같이한다.

⑥ やす : 湛(잠)은 편안히 쉬는 것을 뜻한다.
'쉬다'에서 '수–す'로 이어지고 접두어 や가 붙어 やす로 이어진다.

⑦ よし : 湛(잠)은 맑고 올바름을 뜻한다.
'올'에서 '오시(받침ㄹ–'시'로 분절)–よし'로 이어진다.

人名訓読例

① あつし · たたう · たたえ · ふかし · やすし : 湛(외자 名).
② ただ : 湛井(ただい).
③ あつ : 湛夫(あつお).
④ きよ : 湛子(きよこ).
⑤ よし : 湛和(よしかず).

談 담	訓読	かたり·かたる
	音読	ダン

訓読풀이

• かたり · かたる : 語(어) 참조.

人名訓読例

• かたり : 語(외자 名).

曇 담	訓読	くもる
	音読	ドン

訓読풀이

- くもる：曇(담)은 구름(雲：운)이 끼어 날씨가 흐린 것을 뜻한다.
  '구름'에서 '구음–굼–구무–くもる'로 동사화 된다.

【답】

沓 답	訓読	くつ
	音読	トウ

訓読풀이

- くつ：沓(답)은 구두, 신발을 뜻한다.
  '구두'에서 くつ로 이어진다.
  〔参考〕 靴(화：くつ)와 이음을 같이한다.

人名訓読例

- くつ：沓掛(くつかけ), 沓係(くつかけ), 沓名(くつな), 沓抜(くつぬぎ), 沓脱(くつぬぎ), 沓沢(くつさわ).

答 답	訓読	こたえる·こたえ
	人名訓読	こたう
	音読	トウ

訓読풀이

① こたえる·こたえ：答禮(답례)는 받은 禮를 갚는 것, 報答(보답)은 은혜 등을 갚는 것, 答辯(답변)은 물음에 대하여 말로 갚는 것을 뜻한다.
'갚다'에서 '가다–고다–こたえる'로 이어진다.
〔参考〕 応(응：こた)える와 이음을 같이 한다.

② こたう：こたえる의 文形.

人名訓読例

- こたう：答(외자 名).

踏 답	訓読	ふみ·ふむ
	音読	トウ

訓読풀이

- ふみ·ふむ：ペダルを踏(ふ)む는 자전거 페달을 밟는다, 正(ただ)しい手続(てつづ)きをふむ 하면 정당한 절차를 밟는 것을 뜻한다.
  '밟다'에서 '밟음–바음–밤–붐–부미–ふみ·ふむ'로 이어진다.

人名訓読例

- ふみ：踏屋(ふみや), 踏入(ふみいれ), 踏絵(ふみえ).

蹋 답	訓読	ふむ
	音読	トウ

訓読풀이

- ふむ：蹋(답)은 여러번 밟는 것을 뜻한다.
  '밟다'에서 '밟음–바음–밤–붐–부무–ふむ'로 이어진다.

【당】

当(當) 당	訓読	あたり·あたる·あて·あてる·まさ
	人名訓読	まさる
	音読	トウ

訓読풀이

① あたり·あたる：㉮ 当(당)은 정면으로 맞서기, 맞대기를 뜻한다〈兩敵相當：馬融 (양적상당：마융)〉, 〈一騎當千 (일기당천)〉. '맞서(맞대)'에서 '마대–마다–아다(ㅁ–ㅇ으로 변음)–あたる'로 이어진다. ㉯ 当은 맞는 것을 뜻한다. 弾(たま)

に当(あた)る 하면 총알에 맞는 것을 뜻한다. '맞다'에서 '맏-마다-아다-あたる'로 이어진다. ㉰ 当은 들어맞는 것을 뜻한다〈必當其位 : 呂覽 (필당기위 : 여람)〉. ㉱ 当은 책임 등을 (떠)맡는 것을 뜻한다〈當國秉政 : 左氏傳 (당국병정 : 좌씨전)〉. '맡다'에서 '마타-아다-あたる'로 이어진다. ㉲ 위 ㉮의 맞서기, 맞대기는 서로 대는 것을 뜻한다. '대다'에서 '대-다-たる'로 이어지고 접두어 あ가 붙어 あたる로 이어진다.

② あて · あてる : ㉮ 当(あて)는 어디에 대어(기대어) 의지하는 것을 뜻한다. 当(あて)にならない人(ひと) 하면 (기)댈 수 없는(믿을 수 없는) 사람이라는 뜻이고, 当(あ)てを 当(あ)てる 하면 받침대를 대는 것을 뜻한다. '대다'에서 '대-て'로 이어지고 접두어 あ가 붙어 あて · あてる로 이어진다. ひじ当(あ)て는 팔꿈치에 대는 바대이고, 肩(かた)当(あ)て는 어깨에 대는 어깨 바대를 뜻하는데 이 경우에는 '바대'에서 '아대(ㅂ-ㅇ으로 변음)-あて'로 이어진다. ㉯ 体温計(たいおんけい)を当(あ)てる 하면 체온계를 댄다는 뜻이고, 壁(かべ)に耳(みみ)をあてる 하면 벽에 귀를 댄다는 뜻이다. '대다'에서 '대-てる'로 이어지고 접두어 あ가 붙어 あてる로 이어진다.

〔参考〕 充(충), 中(중)과 이음(あてる)을 같이한다.

③ まさ · まさる : 当은 마땅한 것, 도리에 맞는 것을 뜻한다〈当然(당연), 該当(해당), 当爲(당위)〉. ㉮ '마땅'에서 '마다-마사-まさ(る)'로 이어진다. ㉯ '맞다'에서 '마자-まさ(る)'로 이어진다.

人名訓読例

① あたり · あたる · まさ · まさる : 当(외자 名).

② あたり : 当木(あたりぎ · まさき), 当山(あたりやま · まさやま).

③ あて : 当浜(あてはま), 当日(あてび).

④ まさ : 当道(まさみち), 当山(まさやま), 当起(まさおき), 当尚(まさなお), 当時(まさとき), 当子(まさこ).

撞 **당**	訓読	つく
	音読	ドウ

訓読풀이

• つく : 撞球(당구)는 공을 치는 것, 즉 たまつき를 뜻한다.
'치다'에서 '치-추-つく'로 이어진다.

人名訓読例

• つく : 撞井(つくい).

瞠 **당**	訓読	みはる
	音読	ドウ

訓読풀이

• みはる : 瞠(당)은 눈을 크게 벌리고(뜨고) 놀라는 표정을 나타낸다.
'눈매'에서의 '매-미-み'와 '벌리다'에서의 '벌-발-할-はる'가 합성되어 みはる로 이어진다.
〔参考〕 見張(견장 : みは)る와 이음을 같이한다.

磄 **당**	訓読	はたと
	音読	トウ

訓読풀이

• はたと : 磄(はた)と大事(だいじ)なことを思(おも)い出(だ)す 하면 '퍼뜩' 중대한 일이 생각난다는 뜻이다.

다

'퍼뜩(펀득)'에서 '파닥-하다-はた(と)'로 이어진다.

襠 당	訓読	まち
	音読	ウ

訓読풀이

- まち : 襠(당)은 옷감의 폭이 모자랄 때 이어 '맺'는 천 조각을 뜻한다.
  '맺다'에서 '맺-맞-마지-まち'로 이어진다.

【대】

大 대	訓読	おお·おおきい
	人名訓読	あつ·たかし·たけし·はじめ·はる·ひろし·ふとし·まさる·もと·ゆたか
	音読	ダイ·タイ·ダ·タ

訓読풀이

① おお : 大(대)는 많은 것을 뜻한다〈大衆(대중), 大食(대식)〉.
많은 것을 뜻하는 '하다(하영 : 제주방언)'에서 '하아-아아-오오-おお'로 이어진다.
〔参考〕 多(다 : おお)い와 이음을 같이한다.

② おおきい : 大(대)는 많으면서 큰 것을 뜻한다〈大軍(대군), 大戰(대전)〉.
많은 것을 뜻하는 ①에서의 おお와 '크다'에서의 '커-키-きい'가 합성되어 おおきい로 이어진다.

③ あつ : 大는 많아서 차는 것을 뜻한다.
'차다'에서 '차-추-つ'로 이어지고 접두어 あ가 붙어 あつ(い)로 이어진다.

④ たかし : 大는 높은 자리〈大德不至仁 : 管子 (대덕부지인 : 관자)〉, 지덕(智德)이 높은 자〈大德(대덕), 大賢(대현)〉을 뜻한다.
'(높이) 뜨다', '돋다', '솟다'에서 '뜨고(돋고 · 솟고)-따가-たか(し)'로 이어진다.

⑤ たけし : 大는 뛰어나게 좋은 곳(大處 : 대처), 뛰어나게 훌륭함(大聖 : 대성) 등을 뜻한다.
'뛰어나게'에서 '뛰게-따게-たけ(し)'로 이어진다.

⑥ はじめ : 大는 사물의 처음을 나타낸다〈大宗(대종), 大君(대군)〉.
처음을 뜻하는 '햇'에서 '핫-하지-はじめ'로 이어진다.

⑦ はる : 大는 크게 벌리어지는 것, 펼쳐지는 것을 뜻한다.
'벌리다(펼치다)'에서 '벌-발-はる'로 이어진다.

⑧ ひさ : '벌리다'에서 '벌-빌-비사(받침ㄹ-'사'로 분절)-ひさ'로 이어진다.

⑨ ひろし : 위 ⑦의 '벌리다(펼치다)'에서 '벌-빌-ひろ(し)'로 이어진다.

⑩ ふとし : 大는 크게 불어나는 것을 뜻한다(肥大 : 비대) .
'불다'에서 '불-부도(받침ㄹ-'도'로 분절)-ふと(し)'로 이어진다.
〔参考〕 太(태)い, 肥(비)る와 이음(ふと)을 같이한다.

⑪ まさる : 大는 大德(대덕), 大聖(대성), 大賢(대현) 등 도리에 맞는 훌륭한 모범(大倫 : 대륜)을 보여준 인물들을 나타낸다.
'맞다'에서 '마자-まさる'로 이어진다.

⑫ もと : 大는 든든한 밑바탕을 근거로 하여 크게 됨을 뜻한다(大器晩成 : 대기만성).

'밑바탕'에서 '밑–몯–모토–もと'로 이어진다.

⑬ ゆたか : 大는 풍부(豊富)하게 많이 있음을 뜻한다.
'있다'에서 '있다고–이다가–유다가–ゆたか'로 이어진다.
〔参考〕 豊(풍 : ゆたか)와 이음을 같이한다.

人名訓読例

① おおき · たかし · たけし · はじめ · ひろし · ふとし · まさる · ゆたか : 大(외자 名).
② おお : 大谷(おおたに · おおや), 大関(おおせき), 大国(おおくに), 大端(おおはた), 大林(おおばやし), 大成(おおなり).
③ あつ : 大瘦(あつぱた).
④ たか : 大雄(たかお · ひろお).
⑤ はる : 大夫(はるお · ひろお).
⑥ ひさ : 大澄(ひさずみ).
⑦ ひろ : 大道(ひろみち · おおみち), 大文(ひろふみ), 大昭(ひろあき), 大信(ひろのぶ), 大義(ひろよし), 大学(ひろさと).
⑧ ふと : 大三(ふとみ).
⑨ まさ : 大元(まさもと), 大仁(まさひと), 大蹤(まさよし).
⑩ もと : 大生(もとお), 大英(もとふさ), 大博(もとひろ), 大樹(もとき · ひろき).

代 대	訓読	かえる·かわる·しろ·よ
	音読	ダイ·タイ

訓読풀이

① かえる · かわる : 代(대)는 다른 것으로 갈아 바꾸는 것, 갈음하는 것을 뜻한다〈代替(대체), 代案(대안)〉.
'갈다'에서 '갈아–가아–かえる · かわる'로 이어진다.
〔参考〕 変(변), 替(체), 換(환) 등과 이음(かえる)을 같이한다.

② しろ : ㉮ 代는 새로운 것으로 가는 것을 뜻한다. 代官(대관)은 교체되어 온 관리, 즉 새로운 新官(신관)을 뜻한다. '새로운'에서 '새로–시로–しろ'로 이어진다. ㉯ 代는 다른 것으로 (달리) 바꾸는 것을 뜻한다. 代用(대용)은 다른 용도로 쓴다는 뜻이고 代理(대리)는 다른 사람이 본인을 대신하여 일을 처리한다는 뜻이다. '다르다'에서 '다로–디로–시로–しろ'로 이어진다. 또한 '달리'에서 '다리–다로–디로–시로–しろ'로 이어진다. ㉰ 代馬(しろうま)는 써레질에 쓰는 말, 代田(しろた)는 써레질을 끝낸 모내기가 준비된 논을 뜻한다. '써레'에서 '서로–시로–しろ'로 이어진다.

③ よ : 代는 새로이 이어지는 세대(世代), 새로이 이어지는 가계의 혈통을 뜻한다〈代代孫孫(대대손손), 代位(대위)〉.
'이어'에서 '여–요–よ'로 이어진다.
〔参考〕 世(세 : よ)와 이음을 같이한다.

人名訓読例

① かわる · しろ : 代(외자 名).
② しろ : 代谷(しろや), 代市(しろいち), 代蔵(しろくら), 代田(しろた).
③ よ : 代継(よつぎ), 代次(よつぎ), 代代木(よよぎ), 代明(よあきら), 代市(よいち), 代子(よこ).

台(臺) 대	訓読	うてな
	音読	ダイ·タイ

訓読풀이

※ 台는 한국어 音으로는 '태'이나 일본어에서는 台(대)의 代用字로 쓰인다.

• うてな : 台(대)는 물건을 올려 두는(놓는) 대를 뜻한다. 위로 높게 세워 놓았다는 점에서 棚(붕 : たな)와도 유사한 기능을 갖는다. ㉮ '위'를 뜻하는 '우'에서 う로 이어지고 '두는'에서 '다는-단-덴-데나-てな'로 이어져 うてな로 합성된다. ㉯ 台는 '위'에 매단 시렁이나 선반과 유사하다. '위 (매)단'에서 '우단-우덴-우데나-うてな'로 이어진다.

〔参考〕 台는 墩臺(돈대)도 뜻한다. 돈대는 사방을 관망할 수 있게 흙을 높이 쌓아 위를 평평하게 한 곳을 말한다. 바다의 大陸棚(대륙붕)을 たな라 하는데 台는 육상의 たな, 즉 うたな(上棚)라고 할 수 있다〈棚(붕 : たな) 참조〉.

人名訓読例

• うてな : 台(외자 名).

対(對) 대	訓読	こたえる·むかう
	音読	タイ·ツイ

訓読풀이

① こたえる : 対(대)는 상대방의 행위에 대하여 은혜를 갚거나 원한을 갚거나 하는 방법으로 대응하는 것을 뜻한다.
'갚다'에서 '가다-고다-こたえる'로 이어진다.
〔参考〕 応(응), 答(답)과 이음(こたえる)을 같이한다.

② むかう : 対는 서로 마주하고(맞고) 있음을 뜻한다.
'맞다'에서 '맞고-마가-무가-むかう'로 이어진다.
〔参考〕 向(향 : む)かう와 이음을 같이한다.

待 대	訓読	まち·まつ
	音読	タイ

訓読풀이

• まち · まつ : 待(대)는 움직이지 않고 가만히 멎어 기다리는 것을 뜻한다.
'멎다'에서 '맞-마주-まつ'로 이어진다.

人名訓読例

① まち : 待寺(まちてら), 待山(まちやま), 待場(まちば), 待田(まちだ), 待鳥(まちとり), 待夫(まちお).

② まつ : 待乳(まつち), 待代(まつよ), 待也(まつや), 待子(まつこ · まちこ).

帯(帶) 대	訓読	おび·おびる
	人名訓読	たらし
	音読	タイ

訓読풀이

① おび · おびる : ㉮ 帯(대)는 띠를 뜻한다. 띠는 옷을 입거나 아기를 업을때 허리에 감거나 둘러메는 좁고 기다란 물건이다. '입다(업다)'에서 '입-옵-오비-おび'로 이어진다. ㉯ おび(帯)에서 お(帯)びる로 동사화 된다. 勲章(くんしょう)を帯びる 하면 훈장을 인다(입는다)는 뜻이다. '이다(입다)'에서 おびる로 이어진다.

② たらし : 古事記(こじき)의 저자 太安萬呂(おおやすのまろ)는 서문에서 '본문에서 이름에 쓰이는 帯를 多羅斯(たらし)라고 훈독하고 있다'고 밝히고 있다. 帯는 허리에 달려 있기 때문에 '달아서'에서 '다라서-たらし'로 훈독한 것으로 풀이된다.

人名訓読例

① おび : 帯(외자 名).

② おび : 帯谷(おびたに · おびや), 帯金

(おびがね), 帯刀(おびなた), 帯名(おびな), 帯盛(おびもり), 帯屋(おびや).
③ たらし : 帯子(たらしこ · おびこ), 帯壬(たらしこ · たらしろ), 帯士(たらしこ).

袋 대	訓読	ふくろ
	音読	タイ

訓読풀이

• ふくろ : 袋(대)는 주머니 · 자루 · 봉지를 뜻하는데 물건을 품어 넣는 것이다.
'품다'에서 '품구-푸구-ふく'로 이어지고, 품는다는 뜻의 籠(롱)의 ろう가 합쳐져 ふくろ로 이어진다.
〔参考〕 含(함 : ふく)む와 이음을 같이한다.

人名訓読例

① ふくろ : 袋口(ふくろぐち), 袋屋(ふくろや), 袋井(ふくろい).
② ふく : 袋畠(ふくはた).

貸 대	訓読	かす
	音読	タイ

訓読풀이

• かす : 金(かね)を貸(か)す 하면 돈을 꾸어(빌려) 주는 것이고, 金(かね)を借(か)りる 하면 돈을 꾸는(빌리는) 것을 뜻한다.
'꾸다'의 연용형 '꾸어서'에서 '꿔서-까수-かす'로 이어진다.
貸借(대차)관계에서 貸主는 '꿔라, 빌려라'라는 借主의 요청에 따라 꿔주거나 빌려준다. 이에 따라 借りる는 '꾸다'의 명령형 '꿔라'에서 '구라-가리-かりる'로 이어진다고 본다.

人名訓読例

• かし : 貸谷(かしや), 貸川(かしかわ).

碓 대	訓読	うす·からうす
	音読	タイ

訓読풀이

① うす : 碓(대)는 방아 · 디딜방아를 뜻한다. 디딜방아는 발로 눌러(디디며) 곡식을 찧는 재래식 방아이다(踏臼 : 답구).
'눌-울-우수(받침ㄹ-'수'로 분절)-うす'로 이어진다.
〔参考〕 臼(구 : うす)와 이음을 같이한다.
② からうす : 碓는 발로 곡식을 굴리면서 눌러 찧는다.
'굴리다'에서 '구러-가라-から'로 이어지고, '눌'에서 うす로 이어져 からうす로 합성된다.

人名訓読例

• うす : 碓氷(うすい), 碓田(うすだ), 碓井(うすい), 碓男(うすお).

擡 대	訓読	もたげる
	音読	タイ

訓読풀이

• もたげる : 擡(대)는 머리를 드는 것을 뜻한다(擡頭 : 대두). 反対(はんたい)の世論(せろん)が頭(あたま)をもたげる 하면 반대여론이 머리(고개)를 든다는 뜻이다.
'머리 들다'에서 '머들게-모드게-모다게-もたげる'로 이어진다.

戴 대	訓読	いただく
	音読	タイ

訓読풀이

• いただく : 戴(대)는 이는 것(戴冠 : 대

관), 받드는 것(推戴 : 추대)을 뜻한다. 先頭(せんとう)に優勝旗(ゆうしょうき)をいただいて行進(こうしん)をする 하면 선두에 우승기를 이어 들고 행진하는 것을 뜻한다.

'이다(받)들다'에서 '이다들구-이다두구-이다다구-いただく'로 이어진다.

〔参考〕 頂(정 : いただ)く와 이음을 같이한다.

人名訓読例

• いただき : 戴(외자 名).

【덕】

徳(德) 덕	人名訓読	なる·のり·よし
	音読	トク

訓読풀이

① なる : 徳(덕)은 타고 난 本性(본성) · 徳性(덕성)을 뜻하고〈有天徳 · 有地徳 · 有人徳 · 此謂三徳 : 大戴禮 (유천덕 · 유지덕 · 유인덕 · 차위삼덕 : 대대례)〉, 徳潤身(덕윤신)은 徳을 쌓으면 반드시 몸에 윤택함을 낳는다는 뜻이다.

'나다(낳다)'에서 '나-なる'로 이어진다.

〔参考〕 生(생), 成(성), 為(위)와 이음(なる)을 같이한다.

② のり : 徳은 人徳(인덕)을 닦아 올바른 人倫之徳(인륜지덕)을 세우는 것을 뜻한다.

'올바르다'에서 '올-놀(ㅇ-ㄴ으로 변음)-노리-のり'로 이어진다.

③ よし : '올바르다'에서 '올-오시(받침ㄹ-'시'로 분절)-よし'로 이어진다.

人名訓読例

① なる : 徳人(なるひと).

② のり : 徳国(のりくに), 徳道(のりみち), 徳文(のりふみ), 徳善(のりよし), 徳子(のりこ · よしこ), 徳正(のりまさ).

③ よし : 徳光(よしみつ · のりみつ), 徳明(よしあき), 徳樹(よしき), 徳信(よしのぶ), 徳子(よしこ), 徳晴(よしはる).

【도】

刀 도	訓読	かたな
	人名訓読	つる(ぎ)·なた
	音読	トウ

訓読풀이

① かたな : 刀(도)는 칼 · 칼날을 뜻한다.

'칼날'에서 '칼나-카다나(받침ㄹ-'다'로 분절)-かたな'로 이어진다.

② つる(ぎ) : 刀는 찌르는 기구이다.

'찌루기'에서 '쭈루기-つるぎ"로 이어진다.

〔参考〕 剣(검 : つるぎ)와 이음을 같이한다.

③ なた : 칼날의 '날'에서 '나다(받침ㄹ-'다'로 분절)-なた'로 이어진다.

人名訓読例

① かたな : 刀(외자 名).

② つる(ぎ) : 刀儀(つるぎ).

③ なた : 刀井(なたい).

図(圖) 도	訓読	はかる·はからう
	音読	ズ·ト

訓読풀이

• はかり · はかる · はからう : ㉮ 図(도)는 図謀(도모) · 企図(기도) · 意図(의도)하는 것을 뜻한다. 모두 어떤 목적을 위하여 어떤 일을 하려고 꾸미는 것이며, 安全(あんぜん)を図(はか)る 하면 안전

을 위하여, 悪事(あくじ)をはかる 하면 악한 짓을 위하여 무슨 일을 하려고 꾸민다는 말한다. '하다'의 명령형 '하거라'에서 '하가루-はかる'로 이어진다. ㉯ 어떤 일을 하려고 꾸민다는 것은 그 일의 성사를 위하여 여러 상황을 헤아려 본다는 뜻이 된다. '헤아리다(헤다)'에서 '헤거라-하거라-하가루-はかる'로 이어진다.

〔参考〕計(계), 謀(모), 議(의)와 이음(はかる)을 같이한다.

人名訓読例

• はかり · はがる : 図(외자 名).

到 도	訓読	いたす·いたる
	音読	トウ

訓読풀이

• いたす · いたる : ㉮ 到(도)는 이르는 것, 다다르는 것을 뜻한다. '이르다'의 '이'와 '다다르다'의 '다'가 합성되어 '이다-いたす · いたら'로 이어진다. ㉯ 悲喜(ひき)こもごもいたる 하면 희비가 잇따라 닥치는 것을 뜻한다. '잇따라'에서 '이다라-いたる'로 이어진다.

人名訓読例

① いたる : 到(외자 名).

② いた : 到津(いたつ).

度 도·탁	訓読	たび·のり·はかる·わたる
	音読	ド·ト·タク

訓読풀이

① たび : 度(도)는 때를 뜻한다. 外出(がいしゅつ)のたびに立(た)ち寄(よ)る 하면 외출할 때 마다 들른다는 뜻이다.
'때'에서 '대-다-た'로 이어지고 명사 어미 び가 붙어 たび로 이어진다.

② のり : 度(도)는 올바른 法度(법도), 制度(제도)를 뜻한다〈度不可改 : 左氏傳(도불가개 : 좌씨전)〉.
'올'에서 '놀(ㅇ-ㄴ으로 변음)-노리-のり'로 이어진다.

③ はかる : ㉮ 度(탁)은 헤아리는 것을 뜻한다〈謀度而行 : 國語 (모탁이행 : 국어)〉. '헤아리다(헤다)'의 어간 '헤'의 명령형 '헤거라'에서 '하거라-하가루-はかる'로 이어진다. ㉯ 度은 무엇을 하려고 꾸미는 것을 뜻한다. '하다'에서 '하거라-하가루-はかる'로 이어진다.

④ わたる : 度(도)는 본래 바다를 건너가는 것을 뜻한다. アメリカにわたる 하면 바다 건너 미국으로 가는 것을 뜻하고, 船(ふね)で島(しま)へわたる하면 배로 바다 건너 섬으로 간다는 뜻이다.
'바다'에서 '아다(ㅂ-ㅇ으로 변음)-わたる'로 이어진다. '발(足)'에서 '바루-아루(ㅂ-ㅇ으로 변은)-ある'로 이어지고 足(ある)く로 동사화 되는 것과 같은 이치이다.

〔参考〕渡(도 : わた)る와 이음을 같이한다.

人名訓読例

① わたり · わたる : 度(외자 名).

② のり : 度正(のりまさ).

③ わたり : 度守(わたりもり), 度合(わたらい), 度会(わたらい).

挑 도	訓読	いどむ
	音読	チョウ

訓読풀이

• いどむ : ㉮ 挑(도)는 심지를 돋우는 것, 나아가 기분 · 의욕 등을 돋우는 것, 부

추기는 것을 뜻한다. '돋우다'에서 '돋음-돔-도무-どむ'로 이어지고 접두어 い가 붙어 いどむ로 이어진다. ㉯ 挑는 덤비는 것을 뜻한다. 強敵(きょうてき)に挑(いど)む 하면 강적에게 '덤비다', 女(おんな)にいどむ 하면 여자에게 막무가내로 '덤비다'는 뜻이다. '덤비다'에서 '덤-돔-도무-どむ'로 이어지고 접두어 い가 붙어 いどむ로 이어진다.

逃(逃) 도	訓読	にがす·にげる·のがす·のがれる
	音読	トウ·チョウ

訓読풀이

① にがす・にげる : 犯人(はんにん)を逃(に)がす 하면 범인을 놓치다, 機会(きかい)をにがす 하면 기회를 놓치다는 말이다. にげる는 놓쳐서 도망가게 하는 것을 뜻한다.
'놓다'에서 '노고-니가-にがす・にげる'로 이어진다.

② のがす・のがれる : 逃(のが)す도 ①에서와 같이 놓아주는 것, 도망가는 것을 뜻한다.
'놓다'에서 '노고-노가-のがす・のがれる'로 이어진다.

倒 도	訓読	たおす·たおれる
	音読	トウ

訓読풀이

• たおす・たおれる : ㉮ 倒(도)는 政府(せいふ)を倒(たお)す, 花瓶(かびん)を倒(たお)す처럼 떨어뜨리는 것을 뜻한다. '떨어지다'에서 '떨어-더오-다오-たおす・たおれる'로 이어진다. ㉯ 무너뜨리다, 넘어뜨리다, 쓰러뜨리다, 떨어뜨리다, 거꾸러뜨리다 등에서의 '뜨리다'에서 '뜰어-두오-다오-たおす・たおれる'로 이어진다. ㉰ 倒는 거꾸로 틀어지는 것을 뜻한다〈倒道(도도), 倒想(도상)〉. '틀어'에서 '투오-타오-たおす・たおれる'로 이어진다.

島 도	訓読	しま
	音読	トウ

訓読풀이

• しま : 島(도)는 섬을 뜻한다.
'섬'에서 '심-시마-しま'로 이어진다.

人名訓読例

• しま : 島根(しまね), 島森(しまもり), 島野(しまの), 島田(しまだ), 島村(しまむら), 島足(しまたり).

徒 도	訓読	あだ·いたずらに·かち·ただ·むだ
	音読	ト

訓読풀이

① あだ : 徒(도)는 결과가 잘 안되었음을 나타낸다. せっかくの親切(しんせつ)があだになった 하면 모처럼 친절을 베풀었는데도 일이 잘 안되었음을 뜻하고, あだの夢(ゆめ) 하면 실현 안 될(덧없는) 꿈이라는 뜻이다.
'안되'에서 '안대-아다-あだ'로 이어진다.
〔参考〕 空(공 : あだ)와 이음을 같이한다.

② いたずらに : 徒는 하여서는 안 될 못된 질을 뜻한다.
'안될 질(지랄)'에서 '안대질-아대지라-이다주라-いたずら(に)'로 이어진다.
〔参考〕 悪戯(악희 : いたずら)와 이음을

같이한다.

③ かち : かち(徒)는 걷는다(走行 : 주행)는 뜻의 예스러운 말이다. かちで百里(ひゃくり)を行(い)く 하면 걸어서 백리를 간다는 뜻이다.
'걷다'에서 '걷-갖-가지-かち'로 이어진다.

④ ただ : 徒(ただ)の人(ひと)는 보통사람, 즉 일꾼, 인부 등 덤덤한 일반인을 뜻한다. 徒事(ただごと : 도사)는 덤덤한 것, 즉 보통일, 다반사(茶飯事)를 뜻한다.
'덤덤'에서 '더더-다다-ただ'로 이어진다.

⑤ むだ : 徒는 못됨, 쓸데없음을 뜻한다. 徒口(むだぐち)는 쓸데없는 말이라는 뜻으로 못된 말을 뜻한다.
'못되다'에서 '못돼-모대-무다-むだ'로 이어진다.

人名訓読例

① あだ(し) : 徒野(あだしの).
② かち : 徒町(かちまち).

途(途) 도	訓読	みち
	音読	ト·ズ

訓読풀이

• みち : 途(도)는 길을 뜻한다. 모든 길은 마을로 통한다. 마을 즉 길이 된다. '마을'에서 '말-밀-미찌(받침ㄹ-'찌'로 분절)-みち'로 이어진다〈道(도) 참조〉.

人名訓読例

• みち : 途宏(みちひろ), 途男(みちお), 途也(みちや), 途子(みちこ).

悼 도	訓読	いたむ
	音読	トウ

訓読풀이

• いたむ : 友人(ゆうじん)の死(し)を悼(いた)む 하면 벗의 죽음을 마음 앓아 하는 것을 뜻한다〈哀悼(애도), 痛悼(통도)〉.
'앓다'에서 '알음-아다음(받침ㄹ-'다'로 분절)-이다음-이담-이다무-いたむ'로 이어진다.
〔参考〕 痛(통), 傷(상)과 이음(いたむ)을 같이한다.

掉 도	訓読	ふるう
	音読	チョウ·トウ

訓読풀이

• ふるう : ㉮ 掉尾(도미)는 끝판에 기세를 펼치는 것을 뜻한다. '펼치다'에서 '펼-풀-푸루-ふるう'로 이어진다. ㉯ 掉는 남을 흔들며 부리는 것을 뜻한다〈大能掉小 : 國語 (대능도소 : 국어)〉. '부리다'에서 '부려-부루-ふるう'로 이어진다. ㉰ 掉는 바로잡는 것을 뜻한다〈掉鞅而還 : 左氏傳 (도앙이환 : 좌씨전〉. '바로'에서 '바루-부루-ふるう'로 이어진다.

掏 도	訓読	する
	音読	トウ

訓読풀이

• する : ㉮ 掏(도)는 움켜쥐는 것을 뜻한다. '쥐다(잡다)'에서 '주-수-する'로 이어진다. ㉯ 掏는 소매치기를 뜻한다. 소매치기는 남의 옷에 손을 넣어 물건을 쥐어 빼앗는 것을 뜻한다. 그래서 する의 명사 すり는 소매치기를 뜻하게 된다.

淘 도	訓読	ゆる·よなぐ·よなげる
	音読	トウ

訓読풀이

① ゆる : 米(こめ)を淘(ゆ)る, 砂金(さきん)を淘る 하면 쌀이나 사금을 이는 것을 뜻한다. '일다'에서 '일-율-유루-ゆる'로 이어진다.

〔参考〕 揺(요), 汰(태)와 이음(ゆる)을 같이한다.

② よなぐ · よなげる : 쌀 · 사금을 '인다'에서 '이는-이나-요나-よなぐ · よなげる'로 이어진다.

人名訓読例

• ゆる : 淘江(ゆるえ), 淘綾(ゆるぎ).

陶 도	訓読	すえ
	人名訓読	のぶ
	音読	トウ

訓読풀이

① すえ : 陶(도)는 쇠처럼 단단하게 구운 질그릇 (陶器 : すえき)을 뜻한다.

'쇠'에서 '쇄-소애-수애-すえ'로 이어진다.

② のぶ(り) : 陶器는 높은 온도에서 구어진다.

'높다'에서 '놉-노부-のぶ'로 이어진다.

〔参考〕 陶器(すえき : 須恵器)에 관한 日本語大辞典(講談社)의 풀이 : 고분(古墳)시대 후반기부터 나라 · 헤이안(奈良 · 平安)시대에 만들어진 도질(陶質)의 토기(土器). 도래인(渡来人)에 의하여 朝鮮으로부터 기술이 전해졌다. 도르래를 사용하여 높이 오르내리는 가마에서 고온의 환원염(還元炎)으로 구어지고 회색, 회묵색(灰墨色)을 나타낸다.

人名訓読例

① すえ : 陶部(すえべ · すえつくりべ), 陶山(すえやま), 陶守(すえもり), 陶形(すえかた), 陶彦(すえひこ), 陶治(すえはる).

② のぶ : 陶夫(のぶお · すえお).

都 도	訓読	みやこ·すべて
	人名訓読	くに
	音読	ト·ツ

訓読풀이

① みやこ : 都(도)는 宮(みや)이 있는 곳, 즉 수도(首都)를 뜻한다. 宮(궁 : みや)은 神(신 : かみ)을 모신 건물 또는 천황의 거처를 뜻한다. 즉 神屋(かみや)를 말하게 된다. 'みや 있는 곳'에서 'みや 곳-みや고-みやこ'로 이어진다.

② すべて : 都는 권력 등을 모두 잡아 통령(統領), 총리(總理)함을 뜻한다〈都督中外諸軍事 : 晋書 (도독중외제군사 : 진서)〉.

'잡다'에서 '자바서-주베서-수베데-すべて'로 이어진다.

〔参考〕 総(총), 全(전), 凡(범)과 이음(すべて)을 같이한다.

③ くに : 都는 首都(수도), 천황의 거처가 있는 곳으로 나라(国 : くに) 자체이다. 国(くに)와 마찬가지로 '크다'에서 '쿠네-쿠니-くに'로 이어진다.

人名訓読例

① くに · みや : 都(외자 名).

② みやこ : 都川(みやこがわ), 都太夫(みやこだゆう), 都城(みやこのじょう · みやしろ), 都沢(みやこざわ), 都路(みやこじ), 都田(みやこだ).

③ くに : 都江(くにえ), 都美(くによし), 都昭(くにあき), 都子(くにこ · みや

こ), 都治(くにはる), 都通(くにみつ).

盜 도	訓読	ぬすむ
	音読	トウ

訓読풀이

• ぬすむ : 盜(도)는 훔치는 것, 빼앗는 것을 뜻한다. 金(かね)をぬすむ 하면 돈을 '(빼)앗아' 가는 것을 뜻한다.
'(빼)앗다'에서 '아숨-나숨(ㅇ-ㄴ으로 변음)-누숨-누수무-ぬすむ'로 이어진다.

堵 도	訓読	かき
	音読	ト

訓読풀이

• かき : 堵(도)는 울타리 · 담을 뜻한다. 垣(원)과 이음을 같이한다〈垣(원) 참조〉.

人名訓読例

• かき : 堵子(かきこ).

屠 도	訓読	ほふる
	音読	ト

訓読풀이

• ほふる : 屠(도)는 새나 짐승을 잡는 것을 뜻한다. 牛(うし)を屠(ほふ)る 하면 칼로 소의 배를 베어 죽이는 것을 뜻한다. 뜻이 확대되어 적을 물리치는 것을 말한다.
'배 베다'에서 '배베-베부-보부-호후-ほふる'로 이어진다.

道 도	訓読	みち·いう
	人名訓読	おさむ·おさめ·ただし·ただす·ちなおし·まこと·もとい·わたる
	音読	ドウ·ダウ

訓読풀이

① みち : 道(도)는 길을 통한다. 모든 길은 마을로 통한다. 길 즉 마을이 된다.
'마을'에서 '말-밀-미찌(받침'ㄹ'-'찌'로 분절)-みち'로 이어진다.
〔参考〕 '마을'에서 '말-물-무라-むら(村)'로 이어지고, '말-마찌-まち(町)'로 이어진다.

② いう : 道는 말하는 것, 이르는 것을 뜻한다〈故君子道其常而小人道其怪 : 荀子 (고군자도기상이소인도기괴 : 순자)〉.
'이르다'에서 '일어-이어-이우-いう'로 이어진다.
〔参考〕 言(언), 云(운), 謂(위)와 이음(いう)을 같이한다.

③ おさむ · おさめ : 道는 정권 등을 잡아 나라를 다스리는 것을 뜻한다〈道千乘之國 : 論語 (도천승지국 : 논어)〉.
'잡다'에서 '잡음-자음-잠-さむ'로 이어지고 접두어 お가 붙어 おさむ로 이어진다.

④ ただし · ただす : 道는 이치를 따지며 선을 가르치는 것을 뜻한다〈智者之道善也 : 國語 (지자지도선야 : 국어)〉.
'따지다'에서 '따저-다다-ただし · ただす'로 이어진다.

⑤ ち : 道는 길을 뜻한다.
길을 뜻하는 방언 '질'에서 '지-ち'로 이어진다.

⑥ なおし : 道는 언행이 나아지게 되는 이치 · 도리를 깨닫게 함을 뜻한다〈敎之詩而爲之道 : 國語 (교지시이위지도 : 국어)〉.
'나아지다'에서 '나아저-나오지-なおし'로 이어진다.

〔参考〕直(직 : なお)し와 이음을 같이한다.

⑦ まこと : 道는 올바른 것, 맞는 것을 터득하는 길을 뜻한다.

'맞는 것'에서 '맞것–마곧–마고도–まこと'로 이어진다.

〔参考〕誠(성), 真(진), 実(실)과 이음(まこと)을 같이한다.

⑧ もとい : 道는 근본 · 근원 · 우주의 본체, 즉 만물의 밑바탕을 뜻한다〈道者萬物之始 : 韓非子 (도자만물지시 : 한비자)〉.

'밑'바탕에서 '밑–뫁–모토–もと(い)'로 이어진다.

⑨ わたる : 道는 가는 것, 건너가는 것을 뜻한다〈道涉山谷 : 史記 (도섭산곡 : 사기), 九河既道 : 書經 (구하기도 : 서경)〉. 〈渡(도) 참조〉.

人名訓読例

① おさむ · おさめ · ただし · ただす · なおし · まこと · みち · もとい · わたる : 道(외자 名).

② みち : 道立(みちたち), 道場(みちば), 道徳(みちのり), 道文(みちふみ), 道子(みちこ), 道足(みちたり).

③ ち : 道祖土(ちまた), 道別(ちわき).

渡 도	訓読	わたす·わたる
	音読	ト·ド

訓読풀이

• わたす · わたる : 渡(도)는 본래 바다(氵)를 건너가는 것을 뜻한다(渡海 : 도해) . アメリカに渡(わた)る 하면 바다 건너 미국으로 가는 것을 뜻하고, 船(ふね)で島(しま)へわたる 하면 배로 바다 건너 섬으로 간다는 뜻이다. 그 의미가 확대되어 道(みち)をわたる, 川(かわ)をわたる처럼 바다가 아닌 곳을 건너가는 것도 뜻하게 된다.

'바다'에서 '아다(ㅂ–ㅇ으로 변음)–わたる'로 이어진다. '발(足)'에서 '바루–아루(ㅂ–ㅇ으로 변음)–ある'로 이어지고 足(ある)く로 동사화 되는 것과 같은 이치이다.

人名訓読例

① わたり · わたる : 渡(외자 名).

② わた : 渡谷(わただに), 渡鍋(わたなべ), 渡辺(わたなべ), 渡部(わたなべ · わたのべ · わたべ), 渡海(わたうみ · わたかい), 渡江(わたがわ).

③ わたり : 渡口(わたりぐち), 渡野(わたりの), 渡田(わたりだ), 渡之助(わたりのすけ).

④ わたる : 渡子(わたるこ).

棹 도	訓読	さお
	音読	トウ

訓読풀이

• さお : 棹(도)는 상앗대 · 삿대를 뜻한다.

'상앗대'에서 '사아–사오–さお'로 이어진다.

人名訓読例

• さお : 棹(외자 名), 棹見(さおみ).

塗 도	訓読	ぬる·ぬり·まみれる·みち·まぶす
	人名訓読	うるし
	音読	ト

訓読풀이

① ぬる · ぬり : 塗(도)는 칠이나 약을 눌러 바르는 것, 죄 · 책임 등을 눌러 덮는 것

을 뜻한다.
'누르다'에서 '누루-ぬる'로 이어진다.

② まみれる : 汗(あせ)が塗(まみ)れる 하면 땀투성이가 된다는 뜻이다. 투성이가 된다는 것은 무엇이 몸이나 옷에 묻는 것을 뜻한다.
'묻다'에서 '묻음-무음-뭄-맘-마미-まみれる'로 이어진다.

③ みち : 塗는 길을 뜻한다〈遇諸塗 : 論語(우제도 : 논어), 塗說(도설)〉. 모든 길은 마을로 통한다. 길 즉 마을이다.
'마을'에서 '말-밀-미찌(받침ㄹ-'찌'로 분절)-みち'로 이어진다.
〔参考〕 道(도), 途(도)와 이음(みち)을 같이한다.

④ まぶす : 塗는 발라 묻히는 것을 뜻한다.
'묻히다'에서 '묻혀서-무허서-마후수-まぶす'로 이어진다.

⑤ うるし : 위 ①에서의 '눌러 바르다'에서 '눌러서-누루시-우루시(ㄴ-ㅇ으로 변음)-うるし'로 이어진다.

人名訓読例

① ぬり : 塗(외자 名), 塗茂(ぬりしげ), 塗部(ぬりべ · うるしべ), 塗師(ぬりし).
② ぬる : 塗木(ぬるき).
③ うるし : 塗部(うるしべ).

搗 도	訓読	うつ·かつ·つく
	音読	トウ

訓読풀이

① うつ : 搗(도)는 눌러 치는 것, 눌러 찧는 것을 뜻한다.
'눌'에서 '울(ㄴ-ㅇ으로 변음)-우쑤-うつ'로 이어진다.
〔参考〕 打(타 : う)つ와 이음을 같이한다.

② かつ : 搗는 절구에 꽂아 찧는 것을 뜻한다. '꽂다'에서 '곧-갇-가두-かつ'로 이어진다.

③ つく : '치다', '찧다'에서 '치구(찌구)-추구-つく'로 이어진다.

人名訓読例

① つき : 搗木(つきぎ).
② つく : 搗田(つくだ).

滔 도	訓読	はびこる
	音読	トウ

訓読풀이

• はびこる : 滔(도)는 물이 부풀어 넘쳐흐르는 것을 뜻한다〈浩浩滔天 : 書經 (호호도천 : 서경)〉. 또한 자기 자신을 부풀리어 건방지고 남을 업신여김을 뜻하기도 한다〈士不濫官不滔 : 左氏傳 (사불람관불도 : 좌씨전)〉.
'부풀다'에서 '부풀고-부피고-바비고-はびこる'로 이어진다.

跳 도	訓読	はねる·とぶ
	音読	チョウ

訓読풀이

① はねる : 跳(도)는 跳躍(도약), 즉 뻗어 오르는 것을 뜻한다. 馬(うま)が跳(はね)る 하면 말이 앞발을 뻗어 뛰어오르는 것을 뜻하고, 値段(ねだん)がはねる 하면 값이 뻗어 오른다는 뜻이다.
'뻗는다'에서 '버는-바는-바네-はねる'로 이어진다.

② とぶ : '뛰어 오르다, 뛰다'에서 '뚜-도-とぶ'로 이어진다.
〔参考〕 飛(비 : と)ぶ와 이음을 같이한다. 飛ぶ는 뜨는 것, 跳ぶ는 뛰는 것으로 각각 구별된다.

嶋 도	訓読	しま
	音読	トウ

訓読풀이

- しま：嶋(도)는 섬을 뜻한다.
  '섬'에서 '심-시마-しま'로 이어진다.

人名訓読例

- しま：嶋路(しまじ), 嶋方(しまかた), 嶋田(しまだ), 嶋足(しまたり), 嶋中(しまなか), 嶋村(しまむら).

稲(稻) 도	訓読	いね·いな
	音読	トウ

訓読풀이

① いね：稲(도)는 벼이다. いねを苅(か)る 하면 벼를 벤다는 뜻이다. 벼에서 쌀이 나온다. 벼 즉 쌀이 된다. 한국어에서 쌀밥을 이밥이라 한다. 결국 이밥은 벼에서 나온 쌀로 지은 밥(벼밥)이 된다.
'이밥'에서 '이-い'로 이어지고 접미어 ね가 붙어 いね가 된다. ね가 접미어가 되는 경우는 ふね(船), ほね(骨), たね(種), さね(実), むね(胸), みね(峰・峯) 등에서 볼 수 있다.

② いな：いな는 독립적으로 쓰이지 않고 벼에 관한 것임을 나타내는 '벼의' 뜻을 가진 접두어로 쓰인다〈稲城(いなぎ：도성), 稲作(いなさく：도작), 稲田(いなだ：도전) 등〉.

人名訓読例

① いね：稲鍋(いねなべ), 稲島(いねじま・いなじま), 稲永(いねなが・いななが), 稲屋(いねや), 稲田(いねだ・いなだ), 稲子(いねこ・いなこ).

② いな：稲橋(いなはし), 稲尾(いなお), 稲本(いなもと), 稲山(いなやま), 稲玉(いなたま), 稲原(いなはら).

綯 도	訓読	なう
	音読	トウ

訓読풀이

- なう：縄(なわ)を綯(な)う 하면 새끼를 꼬는 것, 즉 '잇는 것을 뜻한다.
  '잇다'에서 '이어-아어-나우(ㅇ-ㄴ으로 변음)-なう'로 이어진다.
  〔参考〕縄(승：なわ)도 '잇다'에서 '이어-아어-나아-なわ'로 이어진다.

導(導) 도	訓読	みちびき·みちびく
	人名訓読	みち
	音読	ドウ

訓読풀이

① みちびく：導(도)는 引導(인도), 指導(지도), 誘導(유도) 등, 잘못된 길로 갈 때 바른 길로 가도록 빼고 이끌어 준다는 뜻으로 볼 수 있다〈候人爲導：國語(후인위도：국어), 君使人導之出疆：孟子 (군사인도지출강：맹자)〉. 神(かみ)のみちびき는 잘못된 길에서 빼고 바른 길로 이끌어 준다는 뜻이다.
길을 뜻하는 みち(道：도)와 빼고를 뜻하는 びき(引：인)가 합성되어 みちびき가 된다.

② みち：導는 길을 인도(引導)한다는 뜻이다. 길을 뜻하는 道(도)와 이음(みち)을 같이한다〈道(도) 참조〉.

人名訓読例

- みち：導(외자 名), 導博(みちひろ), 導夫(みちお), 導彦(みちひこ), 導子(みちこ), 導聡(みちさと).

賭 도	訓読	かけ·かける
	音読	ト

訓読풀이

• かけ · かける : 賭(도)는 무엇을 걸고 내기하는 것을 뜻한다(賭博 : 도박).
'걸다'에서 '걸게-거게-가게-かけ · かける'로 이어진다.
〔参考〕 架(가), 掛(괘), 懸(현) 등과 이음(かける)을 같이한다.

擣 도	訓読	うつ·つく
	音読	トウ

訓読풀이

① うつ : 擣(도)는 눌러 치는 것, 찧는 것을 뜻한다.
'눌'에서 '울(ㄴ-ㅇ으로 변음)-우쑤-うつ'로 이어진다.

② つく : 擣衣(도의)는 방망이로 옷을 '치면서' 다듬이질 하는 것이다.
'치다', '찧다'에서 '치구(찌구)-추구-つく'로 이어진다.
〔参考〕 搗(도)와 이음(うつ · つく)을 같이한다.

人名訓読例

• うつ : 擣木(うつぎ).

濤 도	訓読	なみ
	音読	トウ

訓読풀이

• なみ : 濤(도)는 파도(波濤)를 뜻한다.
파도의 고유어는 너울이다.
'너울'에서 '넘-남-나미-なみ'로 이어진다. '날(生)'에서 '남-나마-なま'로 이어지는 것과 같은 이치이다.
〔参考〕 波(파 : なみ)와 이음을 같이한다.

人名訓読例

• なみ : 濤雄(なみお).

蹈 도	訓読	ふむ
	音読	トウ

訓読풀이

• ふむ : 蹈(도)는 밟는 것을 뜻한다.
'밟다'에서 '밤-붐-부무-ふむ'로 이어진다.
〔参考〕 踏(답 : ふ)む와 이음을 같이한다.

鍍 도	訓読	めっき
	音読	ト

訓読풀이

• めっき : 鍍(도)는 鍍金(도금)을 뜻한다.
金(きん)めっきの時計(とけい)는 금으로 도금한 시계를 말한다. 고유 한국어로는 금을 겉에 매긴(붙인) 시계라고 풀이된다.
'매기다(맺다)'에서 '맺기-めっき'로 이어진다.

櫂 도	訓読	かじ·かい
	音読	トウ

訓読풀이

① かじ : 櫂(도)는 노이다. 노는 가지처럼 배의 옆 또는 뒤에 붙어 배를 저어 간다.
'가지'에서 '가지-かじ'로 이어진다.

② かい : '가지'에서 '갖이-가이-かい'로 이어진다(かじ의 音便).
〔参考〕 梶(미), 楫(즙), 舵(타)와 이음(かじ)을 같이한다.

人名訓読例

① かい : 櫂(외자 名), 櫂田(かいた).
② かじ : 櫂子(かじこ).

燾 도	人名訓読	てる
	音読	トウ

訓読풀이

- てる：熹(도)는 비추는 것, 불을 쬐는 것을 뜻한다.
  '쬐다'에서 '째라–대루–てる'로 이어진다.
  〔参考〕照(조)와 이음(てる)을 같이한다.

人名訓読例

- てる：熹次(てるじ).

禱 도	訓読	いのる
	音読	トウ

訓読풀이

- いのる：禱(도)는 祈禱(기도), 祈願(기원) 을 뜻한다. 神(かみ)の加護(かご)をいのる 하면 신의 가호를 기원한다는 말로, 더 정중하게 표현하면 신의 가호를 빌며 기도 · 기원을 올린다는 뜻이다. 불교에서는 불공을 올리며 기원을 드리고, 기독교에서는 예배, 찬송, 기도를 올리며 신의 가호를 기원한다.
  '올리다'에서 '올–놀(ㅇ–ㄴ으로 변음)–노루–のる'로 이어지고 접두어 い가 붙어 いのる로 이어진다.

人名訓読例

- いのり：禱(외자 名).

韜 도	訓読	つつむ
	音読	トウ

訓読풀이

- つつむ：韜(도)는 (감)싸서 숨기는 것을 뜻한다.
  '싸다'에서 '쌈–쑴–수수무–つつむ'로 이어진다.
  〔参考〕包(포), 裹(과)와 이음(つつむ)을 같이한다.

【독】

禿 독	訓読	はげ·はげる·ちびる·つぶ
	音読	トク

訓読풀이

① はげ · はげる：禿(독)은 머리가 벗겨지는 것, 산에 나무가 없어(벗겨져) 민둥산이 되는 것을 뜻한다.
'벗기다'에서 '버기–바게–はげ · はげる'로 이어진다.

② ちびる：禿은 세력이나 모양새가 찌부러지는 것을 뜻한다〈禿樹(독수), 禿筆(독필)〉.
'찌부러지다'에서 '찌부러–지비루–ちびる'로 이어진다.

③ つぶ：㉮ 禿은 닳아서 작아(찌부러)지는 것을 뜻한다. '닳다'에서 '닳–달하–다후–두부–つぶ'로 이어진다. ㉯ '찌부러'에서 '찌부–쭈부–つぶ'로 이어진다.

独(獨) 독	訓読	ひとり
	人名訓読	ひと
	音読	ドク

訓読풀이

① ひとり：独(독)은 홀로 · 혼자를 뜻한다.
'홀로'에서 '호도로(받침ㄹ–'도'로 분절)–히도리–ひとり'로 이어진다.

② ひと：'홀'에서 '힐–히도(받침ㄹ–'도'로 분절)–ひと'로 이어진다.

人名訓読例

- ひと：独志(ひとし).

督 독	訓読	しらべる
	人名訓読	おさむ·すすむ·ただし·ただす·まさ·よし
	音読	トク

訓読풀이

① しらべる：督(독)은 살피는 것, 감독(監督)하는 것을 뜻한다.
'살피다'에서 '살피라–사라페라–시라베루–しらべる'로 이어진다.
〔参考〕調(조 : しら)べる와 이음을 같이 한다.

② おさむ：督은 권한을 쥐고(잡고) 통솔하는 것을 뜻한다.
'쥐다(잡다)'에서 '쥠–잠–자무–さむ'로 이어지고 お가 붙어 おさむ로 이어진다.

③ すすむ：㉮ 督은 사기를 돋아주는 것을 뜻한다(督勵 : 독려). '돋다'에서 '돋음–도둠–두둠–두두무–すすむ'로 이어진다. ㉯ 督은 힘(애)쓰는 것을 뜻한다. '(힘)쓰다'에서 '씀–수수무–すすむ'로 이어진다.

④ ただし·ただす：督은 살펴 따지는 것을 뜻한다.
'따지다'에서 '따저서–다다수–ただす'로 이어진다.

⑤ まさ：督은 도리에 맞게, 바르게 됨을 뜻한다.
'맞다'에서 '마자–まさ'로 이어진다.

⑥ よし：'올바르다'에서 '올–오시(받침ㄹ–'시'로 분절)–よし'로 이어진다.

人名訓読例

① おさむ·すすむ·ただし·ただす：督(외자 名).

② ただ：督章(ただあき), 督正(ただまさ), 督夫(ただお·まさお).

③ まさ：督夫(まさお), 督悦(まさよし), 督元(まさゆき).

④ よし：督応(よしお), 督之(よしゆき), 督枝(よしえ).

読(讀) 독	訓読	よむ
	音読	ドク·トク·トウ

訓読풀이

① よむ：㉮ 読(독)은 읽는 것을 뜻한다. '읽다'에서 '읽음–이음–임–욤–요미–よみ'로 이어진다. ㉯ 読은 읽어 알게 됨을 뜻한다. '알다'에서 '암–욤–요미–よみ'로 이어진다. ㉰ 読은 이어짐을 뜻한다(続과 같은 뜻). '이다'에서 '임–욤–요미–よみ'로 이어진다.

人名訓読例

• よみ：読兼(よみかね), 読子(よみこ), 読谷山(よみやま), 読書(よみかき), 読人(よみひと).

篤 독	訓読	あつい
	音読	トク

訓読풀이

• あつい：㉮ 篤(독)은 신앙심, 인정 등이 꽉 찬 것을 뜻한다〈篤信(독신), 篤實(독실)〉. '차다'에서 '차–추–つ'로 이어지고, 접두어 あ가 붙어 あつい로 이어진다. ㉯ 篤은 두터운 것을 뜻한다. '두텁다'에서 '두–つ'로 이어지고 접두어 あ가 붙어 あつい로 이어진다.

人名訓読例

• あつ：篤信(あつのぶ), 篤実(あつみ), 篤子(あつこ), 篤真(あつまさ), 篤文(あつぶみ), 篤行(あつゆき).

瀆 독	訓読	けがす·みぞ
	音読	トク

訓読풀이

① けがす : 瀆(독)은 더럽히는 것, 어지럽히는 것, 즉 구겨 놓는 것을 뜻한다.
'구겨'에서 '구가–게가–けがす'로 이어진다.
〔参考〕 穢(예), 汚(오)와 이음(けがす)을 같이한다.

② みぞ : 瀆은 물이 흐르는 도랑을 뜻한다.
'물'에서 '무–미–み'로 이어지고, '도랑'에서 '도–조–ぞ'로 이어져 みぞ로 합성된다.
〔参考〕 溝(구 : みぞ)와 이음을 같이한다.

犢 독	訓読	こうし
	音読	トク

訓読풀이

• こうし : 犢(독)은 송아지, 즉 꼬마 소를 뜻한다.
'꼬마'의 こ와 '소'의 うし('소'에서 '시–し'로 이어지고, 접두어 う가 붙어 うし로 이어짐)로 합성되어 こうし로 이어진다.

【돈】

惇 돈	訓読	あつい
	人名訓読	あつし·つとむ·まこと·よし
	音読	トン·ジュン

訓読풀이

① あつい · あつし : 惇(돈)은 인정이 가득차고 두터운 것을 뜻한다〈惇篤(돈독), 惇厚(돈후)〉. ㉮ '차다'에서 '차–추–つ'로 이어지고 접두어 あ가 붙어 あつい · あつし로 이어진다. ㉯ '두텁다'에서 '두–つ'로 이어지고 접두어 あ가 붙어 あつい로 이어진다.

② つとむ : 惇은 힘쓰는 것, 애쓰는 것을 뜻한다.
'쓰다'에서 '씀–수수무–수소무–수도무–つとむ'로 이어진다.

③ まこと : 惇은 진실, 도리에 맞는 것을 뜻한다.
'맞는 것'에서 '맞것–마걷–마곧–마고도–まこと'로 이어진다.

④ よし : 惇은 올바름을 뜻한다.
'올'에서 '오시(받침 ㄹ–'시'로 분절)–よし'로 이어진다.

人名訓読例

① あつ · あつし · つとむ · まこと : 惇(외자 名).

② あつ : 惇見(あつみ), 惇吉(あつよし), 惇子(あつこ), 惇信(あつのぶ), 惇弘(あつひろ).

③ よし : 惇郎(よしろ), 惇睦(よしちか), 惇至(よしのり), 惇行(よしゆき).

敦 돈·조·단	訓読	あつい
	人名訓読	あつし·あつみ·かく·つとむ·つる
	音読	トン

訓読풀이

① あつい · あつし · あつみ : 敦(돈)은 인정 · 믿음이 가득차고 두터운 것을 뜻한다〈敦篤(돈독), 敦厚(돈후)〉. ㉮ '차다'에서 '차–추–つ'로 이어지고 접두어 あ가 붙어 あつい · あつし · あつみ로 이어진다. ㉯ '두텁다'에서 '두–つ'로 이어지고, 접두어 あ가 붙어 あつい로 이어진

다.

② かく：敦(조)는 나무나 돌에 칼 등으로 깎아 새기는 것을 뜻한다〈敦弓既堅：詩經 (조궁기견：시경)〉. 敦弓(조궁)은 옛날 천자가 쓰던 활의 이름으로 칼로 깎아 그림을 아로새겨 꾸민 활을 일컫는다.
'깎다'에서 '각–가구–かく'로 이어진다.
〔参考〕描(묘), 画(화)와 이음(かく)을 같이한다.

③ つとむ：敦(돈)은 힘쓰는(애쓰는) 것을 뜻한다.
'쓰다'에서 '씀–수수무–수소무–수도무–つとむ'로 이어진다.

④ つる：㉮ 敦(돈)은 진(陳) 등을 치는 것을 뜻한다〈鋪敦淮濆：詩經 (포돈회분：시경)〉. '치다'에서 '치–추–つる'로 이어진다. ㉯ 敦(단)은 주렁주렁 달리는 것을 뜻한다〈敦彼行葦：詩經 (단피행위：시경)〉. '달다'에서 '둘–술–つる'로 이어진다. ㉰ 무엇을 달 때는 줄로 단다. '줄'에서 '주루–つる'로 이어진다.
〔参考〕吊(조：つ)る와 이음을 같이한다. 吊는 치는 것을 뜻한다. 蚊帳(かや)を吊る 하면 모기장을 친다는 말이다. 또한 '달다 · 매달다'라는 뜻도 있다. ちょうちんを吊る 하면 초롱을 단다는 말이고 たなを吊る 하면 선반을 단다는 뜻이다.

人名訓読例

① あつ · あつし · あつみ · かく · つとむ：敦(외자 名).

② あつ：敦啓(あつひろ), 敦寛(あつひろ), 敦基(あつもと), 敦範(あつのり), 敦昭(あつあき), 敦直(あつなお).

③ つる：敦我(つるが), 敦井(つるい · あつい), 敦沢(つるざわ), 敦賀(つるが), 敦男(つるお · あつお).

頓 돈	訓読	ぬかずく
	人名訓読	はや
	音読	トン

訓読풀이

① ぬかずく：頓(돈)은 이마를 땅에 대고 절하는 것을 뜻한다〈句踐頓首再拜：史記 (구천돈수재배：사기)〉.
'이마'를 뜻하는 ぬか(額：액)와 땅에 '대고'에서의 '대구–두구–주구–ずく'가 합성되어 ぬかずく로 이어진다.
〔参考〕額(액：ぬか)ずく와 이음을 같이한다.

② はや：頓은 갑자기, 급작스럽게, 아주 '빠르게' 일이 일어남을 뜻한다〈頓死(돈사), 頓絶(돈절)〉.
'빠르다'에서 '빨아–바아–하야–はや'로 이어진다.
〔参考〕早(조), 速(속)과 이음(はやい)을 같이한다.

人名訓読例

① はや：頓宮(はやみ · はやみや).

② は(はや의 준말)：頓宮(はみや).

【돌】

突(突) 돌	訓読	つき · つく
	音読	トツ

訓読풀이

① つき · つく：突(돌)은 뚫고 나가는 것을 뜻한다〈突擊(돌격), 突進(돌진)〉.
'뚫다'에서 '뚫구–두구–つく'로 이어진다.

〔参考〕衝(충 : つ)く와 이음을 같이한다.

人名訓読例

① つき : 突当(つきあて), 突永(つきなが · つくなが), 突元(つきもと), 突地(つきじ), 突出(つきだし · つきで).

② つく : 突永(つくなが), 突井(つくい).

【동】

冬 **동**	訓読	ふゆ
	音読	トウ

訓読풀이

• ふゆ : 冬(동)은 겨울을 뜻한다. 겨울을 상징하는 것은 눈이고 눈은 희다. 눈 덮인 겨울산은 하얗다.
'하얗다'에서 '하야-하유-후유-ふゆ'로 이어진다.

人名訓読例

• ふゆ : 冬島(ふゆしま), 冬基(ふゆもと), 冬道(ふゆみち), 冬野(ふゆの), 冬子(ふゆこ), 冬照(ふゆてる).

同 **동**	訓読	おなじ
	人名訓読	あつむ · かず · ひとし
	音読	ドウ

訓読풀이

① おなじ : 同(동)은 같음을 뜻한다. 同(おなじ)学校(がっこう)の出身(しゅっしん) 하면 온통 같은 학교 출신이라는 뜻이다. 온 집안, 온 세상 할 때도 집안 전체, 전 세계가 하나와 같이 되어 있다는 뉘앙스를 나타낸다.
'온'에서 '오나-おなじ'로 이어진다.

② あつむ : 同은 같은 것끼리 모여 가득히 차는 것을 뜻한다(會同 : 회동) .
'차다'에서 '차-추-つ'로 이어지고, 접두어 あ가 붙어 あつむ로 이어진다.

③ かず : 同은 같음을 뜻한다.
'같다'에서 '갖-가주-かず'로 이어진다.

④ ひとし : 同은 하나처럼 같음을 뜻한다.
하나를 뜻하는 '홑'에서 '힏-히도(받침ㄹ-'도'로 분절)-ひと(し)'로 이어진다.

人名訓読例

① あつむ · ひとし : 同(외자 名).

② あつ : 同保(あつやす).

③ かず : 同福(かずよし).

東 **동**	訓読	あずま · ひがし
	人名訓読	あが(る) · あきら · あけ(る) · のぼる · はじめ · はる
	音読	トウ

訓読풀이

① あずま : 東(동)은 동쪽을 뜻한다. 동쪽은 아침 해가 뜨는 곳이다.
'아침'에서 '아춤-아추마-あずま'로 이어진다.

② ひがし : 東은 아침 해(日)가 나무(木) 사이로 솟아오르는 것을 나타낸다.
'해가 솟다'에서 '해가소-히가시-ひがし'로 이어진다.

③ あが(る) : 東은 아침 해가 올라가는 것을 뜻한다.
'올라가다'에서 '올가-오가-아가-あがる'로 이어진다.
〔参考〕上(상 : あが)る와 이음을 같이한다.

④ あきら : 東은 아침 해가 솟아 밝아지는 것을 뜻한다.

'밝다'에서 '발가라-아가라(ㅂ-ㅇ으로 변음)-あきら'로 이어진다.

⑤ あける : ㉮ 東은 날이 밝는 것을 뜻한다. '밝다'에서 '발가-아가-あける'로 이어진다. ㉯ 東은 동이 트는 것, 즉 해가 뜨면서 동녘 하늘이 열리는 것을 뜻한다. '열다'에서 '열거라-어게루-아게루-あける'로 이어진다.

〔参考〕明(명), 開(개)와 이음(あける)을 같이한다.

⑥ のぼる : 東은 아침에 해가 높이 솟는 것을 뜻한다.

'높다'에서 '놉-노보-のぼる'로 이어진다.

〔参考〕上(상), 昇(승), 登(등)과 이음(のぼる)을 같이한다.

⑦ はじめ : 東에서 아침 해가 뜨면 하루가 시작된다.

시작을 뜻하는 '햇'에서 '핮-하지-はじめ'로 이어진다.

〔参考〕始(시), 初(초)와 이음(はじめ)을 같이한다.

⑧ はる : 오행설(五行說)에서 東은 봄(春)을 뜻한다. 東君(동군)은 봄의 신, 東風(동풍)은 봄바람, 東郊(동교)는 봄철의 들(西郊는 가을철의 들)을 뜻한다.

'밝다'에서 '발-바루-はる'로 이어진다.

〔参考〕春(춘)과 이음(はる)을 같이한다.

人名訓読例

① あきら · あずま · のぼる · はじめ · ひがし : 東 (외자 名).

② あずま : 東家(あずまや), 東洋(あずまなだ), 東田(あずまだ · はるだ · ひがしだ), 東関(あずまぜき), 東道(あずまじ), 東井(あずまい).

③ ひがし : 東宮(ひがしみや · はるみや), 東大路(ひがしおおじ), 東方(ひがしかた), 東山(ひがしやま), 東野(ひがしの), 東元(ひがしもと).

④ あがり : 東江(あがりえ · ひがしえ), 東城(あがりじょう).

⑤ あけ : 東見(あけみ · はるみ).

⑥ はる : 東宮(はるみや), 東本(はるもと), 東亜(はるつぐ), 東子(はるこ · ひがしこ), 東海(はるみ), 東田(はるだ).

洞 동		
	訓読	ほら
	人名訓読	はるか
	音読	ドウ

訓読풀이

① ほら : ㉮ 洞(동)은 굴, 동굴(洞窟), 동혈(洞穴)을 뜻한다. 동굴은 흙이나 암석을 파 만든다. '파다'에서 '파라-포라-호라-ほら'로 이어진다. ㉯ 洞은 굴속이 널리 벌려져 있다. '벌려'에서 '벌-볼-홀-호라-ほら'로 이어진다.

〔参考〕堀(굴), 掘(굴)과 이음(ほり · ほる)을 같이한다.

② はるか : 洞은 그 속이 끝없이 펼쳐짐(벌려 있음)을 나타낸다.

'펼치다'에서 '펼-헐-할-하루-はる(か)'로 이어진다.

〔参考〕遥(요 : はる)か와 이음을 같이한다.

人名訓読例

① はるか · ほら : 洞(외자 名).

② ほら : 洞口(ほらぐち), 洞内(ほらうち), 洞毛(ほらげ), 洞山(ほらやま), 洞田(ほらた · ほらだ), 洞沢(ほらさわ).

凍 동		
	訓読	こおる · いてる · しみる
	音読	トウ

訓読풀이

① こおる : ㉮ 凍(동)은 얼어 굳어지는 것을 뜻한다〈凍結(동결), 凍土(동토)〉. '굳어'에서 '구어–고오–こおる'로 이어진다. ㉯ 물이 얼면 속이 곯게 된다. '곯다'에서 '고아–고오–こおる'로 이어진다.

〔参考〕 氷(빙 : こお)る와 이음을 같이한다.

② いてる : 凍(いて)た道(みち)는 얼어 붙은 길을 뜻한다.

'얼다'에서 '어다–이데–いてる'로 이어진다. 또한 '얼–어데(받침ㄹ–'데'로 분절)–이데–いてる'로 이어진다.

③ しみる : 今晩(こんばん)は凍(し)みが強(つよ)いようです 하면 오늘밤은 추위가 심할 것 같다는 뜻이다.

'춥다'에서 '춥–침–심–시미–しみる'로 이어진다.

疼 동	訓読	うずく
	音読	トウ

訓読풀이

• うずく : 虫歯(むしば)がうずく 하면 충치가 욱신욱신 쑤시는 것, 앓는 것을 뜻한다. ㉮ '욱신욱신'에서 '우시–우수–うずく'로 이어진다. ㉯ '쑤시다'에서 '쑤–ず'로 이어지고 접두어 う가 붙어 うずく로 이어진다. ㉰ '앓다'에서 '알–울–우주(받침ㄹ–'주'로 분절)–うずく'로 이어진다.

動 동	訓読	うごかす·うごく
	人名訓読	ゆるぎ
	音読	ドウ

訓読풀이

① うごかす · うごく : 動(동)은 무게 있는 것(重)을 힘(力)으로 옮김을 말한다. 動力(동력)은 물체를 옮길 수 있는 힘을 뜻하고, 動産(동산)은 옮길 수 있는 재산 · 재물을 뜻한다.

'옮기다'에서 '옮기고–오고구–우고구–うごく'로 이어진다.

② ゆるぎ · ゆるぐ : 動은 쌀을 일어 흔들듯이 움직이는 것을 뜻한다.

'일다'에서 '일어–이러–우루–ゆるぐ'로 이어진다.

〔参考〕 揺(요 : ゆる)ぐ와 이음을 같이한다.

人名訓読例

• ゆるぎ : 動橋(ゆるぎばし).

棟 동	訓読	むね·むな
	人名訓読	たかし·むなき·むなぎ
	音読	トウ

訓読풀이

① むね · むな : 棟(동)은 용마루를 뜻한다〈上棟下宇 : 易經 (상동하우 : 역경)〉. 마루는 맨 위에 있는 지붕의 마루(屋脊 : 옥척)다. 마루는 산이나 지붕 따위에서 맨 위의 부분을 가리킨다. 고갯마루는 고개에서, 산마루는 산에서, 물마루는 파도에서 맨 위 부분을 뜻한다. 사람인 경우에는 棟梁(동량)은 맨 위의 중임을 맡아 있는 중요한 인물을 뜻한다.

'맨'에서 '민–미네–무네–むね'로 이어진다. むな는 다른 말 위에 붙어 '마룻대의'라는 뜻을 나타낸다〈棟木(むなぎ), 棟瓦(むながわら) 등〉.

② たかし : 棟은 산이나 지붕에서 맨 위에 뜬(솟은, 돋은) 부분이다.

'뜨다(솟다 · 돋다)'에서 '뜨고–따가–た

かし'로 이어진다.

③ むなき · むなぎ : 棟은 마룻대로 쓰는 나무다(棟木 : 동목). むな와 나무를 뜻하는 き(ぎ)가 합성되어 むなき · むなぎ로 이어진다〈木(목) 참조〉.

人名訓読例

① たかし · むね · むなき · むなぎ : 棟(외자 名).

② むね : 棟久(むねひさ), 棟近(むねちか), 棟方(むねかた · むなかた), 棟上(むねあげ), 棟田(むねた), 棟朝(むねあさ · むねとも).

③ むな : 棟居(むない · むなすえ), 棟方(むなかた), 棟梁(むなはり · むねはり).

童 동	訓読	わらべ·わらう
	音読	ドウ

訓読풀이

① わらべ : ㉮ 童(동)은 어린이, 어린이들을 뜻한다. '어린(어리다)'에서 '어리-어라-아라-わら'로 이어지고, 무리를 나타내는 '패(거리)'에서 '배-べ'로 이어져 わらべ로 이어진다. 또한 わら와 무리, 집단을 나타내는 べ(部)와 합성되어 わらべ로 이어진다. ㉯ 童은 어리석음을 뜻한다〈頑童窮固 : 國語 (완동궁고 : 국어)〉. '어리석다'에서 '어리-어리-아라-わらべ'로 이어져 어린이(들)을 뜻하게 된다.

② わらわ : '어리다, 어리석다'에서 '어리어-어라어-아라아-わらわ'로 이어져 어린이를 뜻하게 된다.

人名訓読例

• わらべ : 童(외자 名).

働 동	訓読	はたらく
	音読	ドウ

訓読풀이

• はたらく : 働(동)은 일하는 것, 활동하는 것을 뜻한다. 일상회화에서 '일하더라구'라고 쓰인다.
'하다'에서 '하다라구-はたらく'로 이어진다.
〔参考〕 働은 일본국자.

董 동	訓読	ただし·ただす
	人名訓読	なお·まこと·まさし
	音読	トウ

訓読풀이

① ただし · ただす : 董(동)은 따져서 바로잡는 것을 뜻한다.
'따지다'에서 '따져-다더-다다-ただし · ただす'로 이어진다.
〔参考〕 正(정 : ただ)す와 이음을 같이한다.

② なお : 董은 고쳐서 나아지게 하는 것을 뜻한다.
'나아'에서 '나오-なおす'로 이어진다.
〔参考〕 直(직 : なお)す와 이음을 같이한다.

③ まこと : 董은 도리에 맞는 것, 바른 것을 뜻한다.
'맞는 것'에서 '맞것-마곧-마고도-まこと'로 이어진다.
〔参考〕 真(진), 実(실), 誠(성)과 이음(まこと)을 같이한다.

④ まさ(し) : '맞다'에서 '맞-마자-まさ'로 이어진다.
〔参考〕 正(정), 当(당)과 이음(まさ)을 같이한다.

人名訓読例

① ただし・ただす・まこと・まさし：菫(외자 名).

② ただ：菫文(ただふみ), 菫美(ただよし), 菫夫(ただお), 菫子(ただこ), 菫正(ただまさ), 菫弘(ただひろ).

③ なお：菫実(なおみ).

④ まさ：菫純(まさずみ), 菫重(まさしげ), 菫次(まさじ).

憧 동	訓読	あこがれる
	音読	ドウ

訓読풀이

• あこがれる：憧(동)은 그리워하는 것, 아깝게 여기는 것, 아끼는 것을 말한다. あこがれのドレス는 아끼면서 입는 옷을 뜻한다.

'아깝게'에서 '아가게－아고가－あこがれる'로 이어진다.

〔参考〕憬(경：あこが)れる와 이음을 같이한다.

瞳 동	訓読	ひとみ
	音読	ドウ

訓読풀이

• ひとみ：瞳(동)은 (사람의) 눈동자를 뜻한다〈瞳子(동자), 瞳孔(동공)〉.

사람을 뜻하는 ひと('벗'에서 '벋－빋－비도－ひと')와 눈을 뜻하는 み('눈매'에서 '매－미－み')가 합성되어 ひとみ로 이어진다.

〔参考〕人目(인목：ひとめ)와 이음을 같이한다.

人名訓読例

① ひとみ：瞳(외자 名).

② ひと(ひとみ의 준말)：瞳志(ひとし).

【두】

斗 두	訓読	ます
	人名訓読	はかる
	音読	ト・トウ

訓読풀이

① ます：斗(두)는 容量(용량)의 단위인 '말'을 뜻한다. 斗米(두미)는 한말의 쌀이고, 斗酒(두주)는 말술(많은 술)을 말한다.

'말'에서 '마수(받침ㄹ－'수'로 분절)－ます'로 이어진다.

② はかる：斗는 용량을 헤아리는(세는・되는) 용기의 총칭이다.

'헤아리다(헤다)'의 어간 '헤'에서 '헤거라(세거라)－하가루－はかる'로 이어진다.

〔参考〕計(계), 測(측), 量(량)과 이음(はかる)을 같이한다.

① はかる：斗(외자 名).

② ます：斗福(ますとみ), 斗雄(ますお), 斗二(ますじ).

杜 두	訓読	もり
	音読	ト・ズ

訓読풀이

• もり：㉮ 杜(두)는 신사(神社)를 무리지어 둘러싼 무성(茂盛)한 숲(森林：삼림)을 뜻한다. '무리'에서 '모리－もり'로 이어진다. ㉯ 杜는 하지 말라고 막는 것, 말리는 것을 뜻한다〈杜門 (두문), 杜絶(두절)〉. '말'에서 '마리－모리－もり'로 이어진다.

〔参考〕森(삼), 盛(성), 守(수)와 이음(もり)을 같이한다.

人名訓読例

• もり：杜山(もりやま), 杜屋(もりや),

杜田(もりた), 杜川(もりかわ), 杜女(もりと), 杜駿(もりとし).

肚 두	訓読	はら
	音読	ト

訓読풀이

• はら : 肚(두)는 배(腹 : 복)를 뜻한다. 배를 뜻하는 비속어로 배알이란 말이 있어서 남의 일이 비위에 거슬려 아니꼽게 여길 때 '배알(밸)이 꼬인다'고 한다. 일본어로는 腹(はら)が立(た)つ라고 한다. '밸(배알)'에서 '밸－발－바라－はら'로 이어진다.
〔参考〕腹(복 : はら)와 이음을 같이한다.

兜 두	訓読	かぶと
	音読	ト·トウ

訓読풀이

• かぶと : 兜(두)는 투구를 뜻한다. 투구는 머리를 덮어, 싸울 때 머리를 보호하는 '꺼풀(까풀)' 역할을 한다.
'꺼풀'에서 '거풀－가불－가부도(받침 ㄹ－'도'로 분절)－かぶと'로 이어진다.
〔参考〕甲(갑), 冑(주)와 이음(かぶと)을 같이한다.

酘 두	訓読	そい·そえ
	音読	トウ·ズ

訓読풀이

• そい · そえ : 酘(두)는 청주의 양주에서 전국(진국)을 만들기 위해 효모에 지에밥 · 누룩 · 물 따위를 섞어 맛을 더하는 것, 돋우는 것을 뜻한다. ㉮ '섞다'에서 '석어－서에－소에－そえ'로 이어진다. ㉯ '더하다'에서 '더해－더에－도에－そえ'로 이어진다. ㉰ '돋우다'에서 '도우－도에－そえ'로 이어진다.

頭 두	訓読	あたま·かしら· かぶり·つむり
	音読	トウ·ズ·ト

訓読풀이

① あたま : 頭(두)는 몸의 위에 붙어 흔히 보여서 닮은 둥근 모양의 머리를 말한다.
'위(우)'에서 '우－아－あ'로 이어지고, '닮다'에서 '담－다마－たま'로 이어져 あたま로 합성된다.

② かしら : 頭는 頭角(두각), 頭領(두령) 등 큰 것을 나타낸다.
큰 것을 뜻하는 사투리식 말투 '크지라'에서 '구지라－가시라－かしら'로 이어진다. 고래가 커서 くじら, 百濟(백제)가 커서 くたら, 나라(国 : 국)가 커서 くに라 하는 것과 같은 맥락이다.

③ かぶり : 머리의 머리털은 몸의 윗부분에 자리하여 온몸을 덮는 꺼풀 역할을 한다.
'꺼풀'에서 '거푸리－가부리－かぶり'로 이어진다.
〔参考〕被(피), 冠(관)과 이음(かぶり)을 같이한다.

④ つむり : 頭는 우두머리, 長(장)을 뜻한다.
'우두머리'에서 '두머리－두무리－つむり'로 이어진다.

人名訓読例

① つむり : 頭山(つむりやま).
② かしら : 頭久保(かしらくぼ).

【둔】

屯 둔	訓読	たむろ·たむろする
	音読	トン

訓読풀이

• たむろ · たむろする : ㉮ 屯(둔)은 사람, 특히 병사가 모인 곳을 뜻한다(駐屯 : 주둔). 모인다는 것은 담아지는 것을 뜻한다. 屯(たむろ)する는 たむろ의 동사형으로, そこに500人(ごひゃくにん)の兵士(へいし)がたむろしていた 하면 그 곳에는 500명의 병사들이 담아져 있다. 즉 모여 있다는 뜻이다. '담다'에서 '다마라-다무로-たむろ'로 이어진다. ㉯ 屯은 가득 참을 뜻한다〈屯滿也 : 廣雅 (둔만야 : 광아)〉. '참'에서 '담-다무-たむ(ろ)'로 이어진다. ㉰ 屯은 병사 등을 두고 있음(駐屯)을 뜻한다. '두다'에서 '둠-담-다무-たむろ'로 이어진다.

人名訓読例

• たむろ : 屯(외자 名), 屯麿(たむろまろ).

鈍 둔	訓読	にぶい·にぶる·のろい
	音読	ドン

訓読풀이

① にぶい · にぶる : 動作(どうさ)が鈍(にぶ)い 하면 동작이 느리다는 뜻이다.
'느림보(늘보)'에서 '느보-니부-にぶい'로 이어진다.

② のろい : 動作(どうさ)が鈍(のろ)い, 足(あし)が鈍(のろ)い 하면 동작이나 걸음이 느리다는 뜻이다.
'느리다'에서 '느려-노로-のろい'로 이어진다.

人名訓読例

• にぶ : 鈍川(にぶかわ).

遁 둔	訓読	にげる·のがれる
	音読	トン

訓読풀이

① にげる : 遁(둔)은 놓아 逃亡(도망)가는 것을 뜻한다〈遁走(둔주), 遁避(둔피)〉.
'놓다'에서 '놓거라-노게루-니게루-にげる'로 이어진다.
〔参考〕 逃(도 : に)げる와 이음을 같이한다.

② のがれる : '놓다'에서 '놓거라-노가-のがれる'로 이어진다.
〔参考〕 逃(도 : のが)れる와 이음을 같이한다.

臀 둔	訓読	しり
	音読	デン

訓読풀이

• しり : 臀(둔)은 엉덩이, 궁둥이를 뜻한다. 엉덩이는 몸의 뒤로 있다.
'뒤로'에서 '디로-디리-시리-しり'로 이어진다.
〔参考〕 尻(고), 後(후)와 이음(しり)을 같이한다.

【득】

得 득	訓読	える·うる
	人名訓読	なり·のり
	音読	トク

訓読풀이

① える : 得(득)은 얻는 것을 뜻한다.
'얻다'에서 '어-에-える'로 이어진다.

② うる : '얻다'에서 '어-우-うる'로 이어진다.

③ なり：得은 아이를 낳는 것을 뜻한다(得男：득남).
'낳다'에서 '낳라—나라—나리—なり'로 이어진다.

④ のり：得은 '알'맞은 것, 올바른 것, 적합한 것을 뜻한다〈百官得序：荀子 (백관득서：순자)〉.
'올(알)'에서 '올—놀(ㅇ—ㄴ으로 변음)—노리—のり'로 이어진다.

人名訓読例

① え：得藤(えとう), 得草(えぐさ).
② うる：得橋(うるはし · うばし).
③ なり：得定(なりさだ).
④ のり：得道(のりより).

【등】

灯(燈) 등	訓読	ともす·さとす·ともる
	音読	トウ·チン·トン

訓読풀이

• ともす · ともる：街灯(がいとう)がともる 하면 가로등이 켜지다, 즉 들어옴을 뜻한다.
'들다'에서 '듬—돔—도모—ともす · ともる'로 이어진다. ともしび는 灯(とも)し火(び)로 등화(灯火), 횃불을 뜻한다.

人名訓読例

• ともし：灯野(ともしの).

登 등	訓読	のぼり·のぼる
	人名訓読	たか·なり·なる·のぶ·のり
	音読	トウ·ト

訓読풀이

① のぼり · のぼる：登(등)은 높은 곳에 오름을 뜻한다〈登攀(등반), 登高(등고)〉.
'높다'에서 '놉—노보—のぼり · のぼる'로 동사화 된다.
〔参考〕上(상), 昇(승)과 이음(のぼる)을 같이한다.

② たか：登은 높은 곳, 즉 높이 뜬 곳 · 돋은 곳 · 솟은 곳으로 오르는 것을 뜻한다.
'뜨다(솟다 · 돋다)'에서 '뜨고—따고—다가—たか'로 이어진다.

③ なり · なる：登은 어떤 결과를 낳는 것, 일이 이루어짐을 뜻한다〈蠶事既登：禮記 (잠사기등：예기)〉.
'낳다'에서 '나리—나루—なり · なる'로 이어진다.
〔参考〕成(성：な)る와 이음을 같이한다.

④ のぶ：'높은 곳으로 오르다'에서 '놉—노부—のぶ'로 이어진다.

⑤ のり：登은 수레 따위에 올라 타는 것을 뜻한다〈出門登車去：古詩 (출문등거거：고시)〉.
'올'에서 '오리—노리(ㅇ—ㄴ으로 변음)—のり'로 이어진다.

人名訓読例

① のぼり · のぼる：登(외자 名).
② のぼり：登林(のぼりばやし), 登玉(のぼりだま), 登川(のぼりかわ), 登坂(のぼりさか), 登助(のぼりのすけ).
③ たか：登史(たかし), 登司(たかし), 登祥(たかよし), 登園(たかのぶ), 登之(たかし), 登治(たかはる).
④ なり：登吉(なりよし), 登子(なりこ · たかこ · のぶこ).
⑤ なる：登康(なるやす).
⑥ のぶ：登代(のぶよ), 登雄(のぶお).

⑦ のり : 登綱(のりつな), 登貫(のりつら), 登武(のりたけ), 登美(のりよし), 登夫(のりお), 登人(のりと).

等 등	訓読	ひとしい·ら·など
	人名訓読	しな·とし·とも
	音読	トウ

訓読풀이

① ひとしい : 等(등)은 같음을 뜻한다〈春秋分而晝夜等 : 左氏傳 (춘추분이주야등 : 좌씨전)〉. 같다함은 하나같이 均一(균일)함을 뜻한다(等価 : 등가).
하나를 뜻하는 '홀'에서 '힐–히도(받침ㄹ–'도'로 분절)–ひとしい'로 이어진다.
〔参考〕 一(일 : ひと)つ와 이음을 같이한다.

② ら : ら(等)는 あいつら(그 녀석들), わたしら(우리들)처럼 주로 사람에 관한 체언(體言)에 붙어 복수를 나타낸다. 한국어에서도 '너 네랑', '우리랑' 하면 너희들, 우리들로 복수를 나타낸다.
'랑'에서 '라–ら'로 이어진다.

③ など : ㉮ など(等)는 불특정의 어느 것을 뜻하는 なに(어느–나느(ㅇ–ㄴ으로 변음)–나니–なに)에 조사(助詞) と가 붙은 なにと가 'なんと–など'로 이어진다. 雑誌(ざっし)や新聞(しんぶん)などに載(の)る 하면 잡지나 신문 어느 것에 실린다는 뜻이다. ㉯ 어떤 것의 '어떤'에서 '어더–아도–나도(ㅇ–ㄴ으로 변음)–など'로 이어진다.

④ しな : 等은 물건(物件)의 품등(品等)을 뜻한다. 물품(物品)을 뜻하는 しな(品)와 이음을 같이한다〈品(품) 참조〉.

④ とも : 等은 동아리 · 같은 또래, 즉 동무를 뜻한다〈等輩(등배), 吾等(오등)〉.
'동무'에서 '도무–도모–とも'로 이어진다.
〔参考〕 友(우 : とも)와 이음을 같이한다.

人名訓読例

① ひとし : 等(외자 名).
② しな : 等岳(しなおか), 等子(しなこ · ともこ · ひとしこ), 等枝(しなえ).
③ とし(ひとしい의 준말) : 等綱(としつな · ともつな), 等則(としのり), 等和(としまさ).
④ とも : 等綱(ともつな), 等子(ともこ).

滕 등	訓読	かがる
	音読	トウ

訓読풀이

• かがる : 靴下(くつした)の穴(あな)を滕(かが)る 하면 양말 구멍을 꿰매다, 깁는다는 말이다. ㉮ '꿰매다'에서 '꿰라–께루–게게루–가가루–かがる'로 이어진다. ㉯ '깁다'에서 '깁거라–기거루–가가루–かがる'로 이어진다.

謄 등	訓読	うつす
	音読	トウ

訓読풀이

• うつす : 謄(등)은 원본을 옮겨(베껴) 사본(寫本)을 만드는 것을 뜻한다.
'옮기다'에서 '올–울–우쑤(받침ㄹ–'쑤'로 분절)–うつす'로 이어진다.
〔参考〕 移(이), 映(영), 写(사)와 이음(うつす)을 같이한다.

藤 등	訓読	ふじ
	音読	トウ

訓読풀이

• ふじ : 藤(등)은 등나무를 뜻한다. 등나무는 덩굴식물의 일종으로 다른 물체에 붙거나 감기어 올라가는 특징이 있다.
'붙다'에서 '붙-븟-부지-ふじ'로 이어진다.

人名訓読例

• ふじ : 藤谷(ふじたに · ふじや), 藤基(ふじもと), 藤島(ふじしま), 藤本(ふじもと), 藤山(ふじやま), 藤田(ふじた).

騰 등	訓読	あがる·あげる
	人名訓読	のぼる
	音読	トウ

訓読풀이

① あがる · あげる : 騰(등)은 올라가는 것을 뜻한다〈騰貴(등귀), 騰落(등락)〉.
'올라가다'에서 '올아가라-오가라-아가루-あがる'로 이어진다.
〔参考〕上(상), 挙(거), 揚(양)과 이음(あがる)을 같이한다.

② のぼる : 騰은 높이 올라가는 것을 뜻한다〈地氣上騰 : 禮記 (지기상등 : 예기)〉.
'높다'에서 '놉-노보-のぼる'로 이어진다.
〔参考〕上(상), 昇(승), 登(등)과 이음(のぼる)을 같이한다.

人名訓読例

• のぼる : 騰(외자 名).

鐙 등	訓読	あぶみ
	音読	トウ

訓読풀이

• あぶみ : 鐙(등)은 말을 탔을 때 두 발(足 : あし)을 각각 꿰어 '밟는' 쇠로 만든 기구를 말한다.
あし(足)의 あ와 '밟음-밤-붐-부미-ぶみ'의 ぶみ가 합성되어 あぶみ로 이어진다.

人名訓読例

① あぶみ : 鐙(외자 名), 鐙谷(あぶみたに · あぶみや), 鐙屋(あぶみや).

② あぶ(あぶみ의 준말) : 鐙摺(あぶずり).

裸 라	訓読	はだか
	音読	ラ

訓読풀이

① はだか : 裸(라)는 벌거숭이, 벌거벗은 것, 벗기는 것을 뜻한다. ㉮ '벌거'에서 '발거–발가–바다가(받침 ㄹ–'다'로 분절)–はだか'로 이어진다. ㉯ '벗기다'에서 '벗겨–받겨–받가–바다가–はだか'로 이어진다.

人名訓読例

- はだ · はだか : 裸野(はだの · はだかの).

懶 라	訓読	おこたる·なまける
	音読	ラン·ライ

訓読풀이

① おこたる : 懶(라)는 게으른 것을 뜻한다. 게으르다는 것은 정신적으로 고달픈 상태를 말한다. 義務(ぎむ)をおこたる 하면 의무를 소홀히 하는 것을 뜻하는데, 그것은 고달픈 상태에서 의무를 소홀히 하게 됨을 말한다.
'고달프다'에서 '고달–고다루–こたる'로 이어지고, 접두어 お가 붙어 おこたる로 이어진다.
〔参考〕 怠(태), 惰(타)와 이음(おこたる)을 같이한다.

② なまける : 仕事(しごと)を懶(なま)ける 하면 일을 게을리 한다는 뜻으로, 일은 하지 않고 논다는 뜻이다. '놀다'에서 '놀음–놈–남–나마–なまける'로 이어진다.

羅 라	訓読	あみ·うすぎぬ·つらなる
	人名訓読	なお
	音読	ラ

訓読풀이

① あみ : 羅(라)는 網(あみ : 망)과 마찬가지로 그물을 뜻한다. 그물은 실 · 줄 또는 철사를 이어(엮어) 만든다.
'이음(엮음)'에서 '임(여음)–암(염)–아미–あみ'로 이어진다.

② うすぎぬ : うすぎぬ(羅)는 얇은 비단을 뜻한다.
'얇다'에서 '얄–울–우수(받침 ㄹ–'수'로 분절)–うす'로 이어지고, 비단을 뜻하는 きぬ(絹 : 견)와 합성되어 うすぎぬ(薄絹)로 이어진다〈絹(견 : きぬ) 참조〉.

③ つらなる : 自動車(じどうしゃ)が羅(つら)なる 하면 자동차가 한 줄로 연(連)이어 羅列(나열)되어 있음을 뜻한다.
'줄'에서 '주라–つらなる'로 이어진다.
〔参考〕 列(열), 連(연)과 이음(つらなる)을 같이한다.

④ なお : 羅列(나열)은 열 지어 늘어서 있음을 뜻한다〈從車羅騎 : 漢書 (종차라기 : 한서)〉.
'늘어'에서 '느어–나오–なお'로 이어진다.

人名訓読例

① あ(あみ의 준말) : 羅曳(あびき).
② なお : 羅(외자 名).

蘿 라	訓読	つた
	音読	ラ

訓読풀이

① つた：蘿(라)는 쑥을 뜻한다.
'쑥'에서 '쑫-쑤다-つた'로 이어진다.

人名訓読例

• つた：蘿渓(つたたに)

邏 라	訓読	めぐる
	音読	ラ

訓読풀이

• めぐる：邏(라)는 멍석을 말듯이 도는 것을 뜻한다. 邏兵(라병)은 빙빙 돌며 경비하는 巡邏兵(순라병)을 뜻한다.
'말다'에서 '말구-마구-메구-まぐる'로 이어진다.
〔参考〕巡(순), 回(회), 廻(회)와 이음(めぐる)을 같이한다.

【락】

烙 락	訓読	やく
	音読	ラク·ロク

訓読풀이

• やく：烙印(らくいん)은 불에 달구어 익히어 찍는 불도장을 뜻한다.
'익다'에서 '익-약-야구-やく'로 이어진다.
〔参考〕焼(소：や)く와 이음을 같이한다.

落 락	訓読	おちる·おとす
	音読	ラク

訓読풀이

① おちる·おとす：落(낙)은 떨어지는 것을 뜻한다.
'떨'에서 '떠루-디루-ちる'로 이어지고 접두어 お가 붙어 おちる로 이어진다.
〔参考〕堕(추：お)ちる와 이음을 같이한다.

人名訓読例

• おち：落石(おちいし), 落水(おちみず), 落田(おちだ), 落板(おちいた), 落合(おちあい).

絡 락	訓読	からむ·からまる
	音読	ラク

訓読풀이

• からむ·からまる：たこ糸(いと)が電線(でんせん)にからまる 하면 연실이 전선에 걸려 얽혀 있는 것을 뜻한다.
'걸다'에서 '걸음-가름-가람-가라무-からむ'로 이어진다.

楽(樂) 락·악·요	訓読	たのしい· たのしむ
	人名訓読	ささ·もと·よし
	音読	ラク·ガク·ギョウ

訓読풀이

① たのしい·たのしむ：人生(じんせい)の楽(たの)しみと苦(くる)しみ는 인생의 즐거움과 괴로움을 뜻한다. 즐거움은 쉽게 말해서 '단' 것이다.
'단'에서 '다노-たのしい'로 이어진다.

② ささ：楽(락)은 즐거움을 뜻한다.
'즐거움'에서 '줄-잘-자사(받침ㄹ-'사'로 분절)-ささ'로 이어진다.

③ もと·もとむ：楽(요)는 바라는 것, 求(구)하는 것, 즉 묻는 것을 뜻한다〈皆得其所樂：呂覽 (개득기소요：여람)〉.
'묻다'에서 '묻음-몯음-모도무-もとむ'로 이어진다.

〔参考〕求(구：もと)む와 이음을 같이한다.

④ よし：楽(요)는 옳은 것을 좋아함을 뜻한다〈知者樂水 仁者樂山：論語 (지자요수 인자요산：논어)〉.
'옳'에서 '올-오시-よし'로 이어진다.

人名訓読例

① たのし：楽(외자 名).
② ささ：楽浪(ささなみ・さざなみ), 楽前(ささくま).
③ もと：楽水(もとみ・よしみ).
④ よし：楽成(よしなり), 楽水(よしみ), 楽平(よしひら).

【란】

乱(亂) 란	訓読	みだす·みだれる
	人名訓読	おさむ
	音読	ラン

訓読풀이

① みだす・みだれる：乱(란)은 잘못된 상태를 나타낸다. 髪(かみ)を乱(みだ)す, 列(れつ)をみだす, 国(くに)をみだす하면 머리, 대열, 국가의 움직임 모두가 못된 상태를 나타낸다.
'못되다'에서 '모대-미다-みだす'로 이어진다.

② おさむ：乱은 질서를 잡고 다스리는 것을 뜻한다. 이때 乱은 治(치)를 뜻하게 된다. 乱民(란민)은 백성을 다스리는 것(안녕질서를 어지럽히는 사람들도 뜻함), 乱政(난정)은 政事(정사)를 다스리는 것(정사를 문란하게 한다는 뜻도 있음), 乱臣(난신)은 국가를 잘 다스리는 신하(나라를 어지럽히는 신하도 뜻함)를 뜻한다.
'잡다'에서 '잡음-자음-잠-さむ'로 이어지고, 접두어 お가 붙어 おさむ로 이어진다.

人名訓読例

• おさむ：乱(외자 名).

卵 란	訓読	たまご
	音読	テン

訓読풀이

• たまご：卵(란)은 새, 어류, 벌레들의 알, 달걀을 뜻한다. 알은 어디로 보거나 둥글며 닮은 꼴이다.
'닮다'에서 '달마-다마-たま'로 이어지고 적은 것을 나타내는 '꼬마'의 '고-こ(子)'와 합성되어 たまご로 이어진다. たまご는 달걀을 쓰는 요리에서 玉子(옥자)로도 쓰인다.

闌 란	訓読	たける·すがれる
	音読	ラン

訓読풀이

① たける：㉮ 闌(란)은 한창때가 된 것을 뜻한다. 日(ひ)がたけて 하면 '한낮이 되어'라는 뜻이다. '되다'에서 '되거라-다게루-たける'로 이어진다. ㉯ 闌은 무르익는 것, 물이 드는 것을 뜻한다. 春(はる)がたける 하면 봄이 들었음(되었음)을 뜻한다. '들다'에서 '들거라-드게라-다게루-たける'로 이어진다. ㉰ 闌은 다되었음, 한창때가 다했음(지났음)을 뜻한다. 年(とし)のたけた女(おんな)는 한창때가 다한(다간) 여자를 뜻한다. '다가다'에서 '다-たける'로 이어진다.

② すがれる：闌(すが)れる는 초목이나 사람의 한창때가 수그러지는 것을 뜻한다.
'수그러'에서 '수가레-すがれる'로 이어진다.

瀾 란	訓読	なみ
	音読	ラン

訓読풀이

• なみ：瀾(란)은 물결, 너울을 뜻한다. '너울'에서 '널－넘－남－나미－なみ'로 이어진다.

〔参考〕 波(파)와 이음(なみ)을 같이한다.

爛 란	訓読	ただれる
	音読	ラン

訓読풀이

• ただれる：㉮ 薬品(やくひん)で爛(ただ)れた皮膚(ひふ) 하면 약품으로 해서 뒤틀어진 피부라는 뜻이고, 酒(さけ)にただれた生活(せいかつ) 하면 술로 뒤틀어진(문란해진) 생활이라는 뜻이다. '뒤틀어'에서 '두터러－다터러－다다레－ただれる'로 이어진다. ㉯ 傷(きず)がただれる 하면 상처가 터진 상태를 뜻한다. '터지다'에서 '터져－더더－다다－ただれる'로 이어진다.

【랄】

剌 랄	訓読	もとる
	音読	ラツ

訓読풀이

• もとる：剌(랄)은 어긋나는 것, (잘) 못되는 것을 뜻한다.
'못되'에서 '모도－もとる'로 이어진다.

〔参考〕 悖(패：もと)る와 이음을 같이한다.

【람】

嵐 람	訓読	あらし
	音読	ラン

訓読풀이

• あらし：㉮ 嵐(람)은 날쌘(거센) 산(山)바람(風)－회오리바람을 뜻한다. '날쌔다'에서 '날새－알시(ㄴ－ㅇ으로 변음)－아라시－あらし'로 이어진다. ㉯ '날'은 접두어로, 날강도, 날도둑, 날벼락, 날뛰다, 날쌔다, 날치다 등 지독함을 나타낸다. 嵐은 荒(あら)い風(かぜ), 즉 날바람이라고 볼 수 있다. '날'에서 '알－아라－あら'로 이어지고, かぜ의 ぜ와 합성되어 'あらぜ－あらし'로 이어진다.

人名訓読例

• あらし：嵐(외자 名).

覧(覽) 람	訓読	みる
	音読	ラン

訓読풀이

• みる：見(견) 참조.

濫 람	訓読	あふれる·みだり
	音読	ラン

訓読풀이

① あふれる：㉮ 濫(람)은 함부로 하는 것을 뜻한다. 濫發(남발)은 함부로 발행하는 것을 뜻하고, 濫用(남용)은 함부로 쓰는 것을 뜻한다. '함부로'에서 '하부레－아부레(ㅎ－ㅇ으로 변음)－あふれる'로 이어진다. ㉯ 濫은 흘러 넘치는 것을 뜻한다〈氾濫於中國：孟子 (범람어중국：맹자)〉. '흘러'에서 '후레－ふれ'로 이어지고, 접두어 あ가 붙어 あふれる로 이어진다.

〔参考〕 溢(일：あふ)れる와 이음을 같이한다.

② みだり：㉮ 濫은 濫掘(남굴), 濫放(남방：폭력으로 남의 물건을 강탈함) 등 못된

라

짓을 나타낸다. '못돼'에서 '모대-모다-미다-みだり'로 이어진다. ㉯ 濫은 멋대로 하는 것을 뜻한다. '멋대로'에서 '머대로-미다리-みだり'로 이어진다.

〔参考〕 乱(란 : みだ)れる와 이음을 같이한다.

襤 람	訓読	ぼろ
	音読	ラン

訓読풀이

- ぼろ : 襤褸(남루 : ぼろ)는 옷 따위가 때 묻고 헐어 너절한 것을 뜻한다.
  '헐다'에서 '허러-호로-ぼろ'로 이어진다.
  〔参考〕 旧(구), 古(고)와 이음(ぼろ)을 같이한다.

籃 람	訓読	かご
	音読	ラン

訓読풀이

- かご : 籃輿(남여)는 대(竹 : 죽)로 감아(엮어) 만든 가마를 뜻하고, 籃胎(남태)는 대의 껍질을 벗겨 감아 만든 광주리를 뜻한다.
  '감다'에서 '감고-가고-かご'로 이어진다. 탈 것을 뜻하는 한국어 가마는 대나무 등으로 감아 만들었기 때문에 '감아-가마'로 이어지고, 일본어에서는 かご로 이어진다.
  〔参考〕 籠(롱)과 이음(かご)를 같이한다.

【랍】

拉 랍	訓読	くじく·しだく·ひしぐ
	音読	ラ·ラツ

訓読풀이

① くじく : 強(つよ)きを拉(くじ)く 하면 강자를 꺾는 것을 뜻한다. 꺾는 것은 꺼지게 한다는 뜻이다.
'꺼지다'에서 '거지-구지-くじく'로 이어진다.
〔参考〕 挫(구 : くじ)く와 이음을 같이한다.

② しだく : 흔히 동사 연용형에 붙어 접미어적(接尾語的)으로 쓰인다. 踏(ふ)みしだく 하면 짓밟는 것, 噛(か)みしだく 하면 짓씹는 것을 뜻한다. '짓'이 접미어적으로 쓰이어 위의 예문은 '밟아 짓이기다', '씹어 짓이기다'라는 뜻이 된다.
'짓'에서 '짇-지다-しだく'로 이어진다.

③ ひしぐ : 気勢(きせい)を拉(ひし)ぐ 하면 기세를 부수는(꺾는) 것을 뜻한다.
'부수다'에서 '부수-부시-비시-ひしぐ'로 이어진다.

【랑】

浪 랑	訓読	なみ
	音読	ロウ

訓読풀이

- なみ : 浪(랑)은 파도, 물결, 너울을 뜻한다. 파도, 물결이 이는 것을 너울거린다, 너울진다, 넘실거린다라고 한다. ㉮ '너울너울'은 큰 물결이 굽이쳐 움직이는 모양을 나타내는데 부사이면서 동사형이다. 명사형은 '너울음-널움-너움-넘-남-나미-なみ'로 이어진다. ㉯ 너울이 '넘실거린다'에서 '넘-남-나미-なみ'로 이어진다.

人名訓読例

- なみ : 浪原(なみはら), 浪田(なみた), 浪川(なみかわ), 浪平(なみひら), 浪人

(なみんど), 浪子(なみこ).

朗(朗) 랑	訓読	ほがら·ほがらか·あきら·あきらか
	人名訓読	さえ·てる
	音読	ロウ

訓読풀이

① ほがら · ほがらか : 朗(랑)은 밝은 표정을 나타낸다. 子(こ)らの声(こえ)ほがらに響(ひび)く 하면 아이들의 목소리가 명랑(明朗)하게, 즉 밝게 들린다는 뜻이다.
'밝다'에서 '밝아라–바가라–보가라–ほがら(か)'로 이어진다.

② あきら · あきらか : ①의 '밝다'에서 '밝키라–바키라–아기라(ㅂ–ㅇ으로 변음)–あきら(か)'로 이어진다.

③ さえ · さえる : 朗은 맑은 것, 명석(明晳)한 것을 뜻한다. 차고 쌀쌀해지면 머리도 맑아진다. 頭(あたま)がさえる하면 머리가 맑아진다는 뜻이다.
'차다'에서 '차아–사아–사에–さえ'로 이어진다.
〔参考〕 冱(호 : さ)える와 이음을 같이한다. 冱도 차게 되는 것을 뜻한다〈固陰冱寒 : 左氏傳 (고음호한 : 좌씨전)〉.

④ てる : 빛에 쬐이면 밝아진다.
'쬐다'에서 '째라–대루–てる'로 이어진다.
〔参考〕 照(조 : て)る와 이음을 같이한다.

人名訓読例

① あきら · ほがら : 朗(외자 名).

② あき : 朗慶(あきよし), 朗文(あきふみ), 朗夫(あきお), 朗男(あきお), 朗彦(あきひこ), 朗浩(あきひろ).

③ さえ : 朗子(さえこ · あきこ).

④ てる : 朗俊(てるとし).

【래】

来(來) 래	訓読	くる
	音読	ライ

訓読풀이

• くる : 行(행) 참조.

【랭】

冷 랭	訓読	さます·さめる·つめたい·ひそる·ひやす·ひやかす
	人名訓読	し·すずし
	音読	レイ

訓読풀이

① さます · さめる : 湯(ゆ)を冷(さま)して飲(の)む 하면 더운물을 차게 해서 마신다는 뜻이고, 野球熱(やきゅうねつ)がさめる 하면 야구열이 식어서 차가워졌음을 뜻한다.
'차다'에서 '참–삼–사마–さます'로 이어진다.

② つめたい : 冷(つめ)たい飲み物(のみもの)는 찬 음료이고, つめたい風(かぜ)는 찬바람을 뜻한다.
'차다'에서 '참–춤–추메–つめたい'로 이어진다.

③ ひえる · ひやす : 冷却(냉각), 冷凍(냉동)은 차서 얼게 되는 것을 뜻한다.
'얼다'에서 '얼어–어어–이어–이에–히에 · 히야(ㅇ–ㅎ으로 변음)–ひえる · ひやす'로 이어진다.

④ ひやかす : 冷(ひや)かす에는 차게 한

다는 뜻도 있지만 그것은 오히려 방언(方言)으로 쓰이고(차게 한다는 뜻으로는 冷やす가 쓰임), 조롱한다(업신여기다), (살 생각 없이) 물건을 구경하거나 값을 물어본다는 뜻도 갖는다. 新婚夫婦(しんこんふうふ)をひやかす 하면 신혼부부를 업신여긴다는 뜻이고, 夜店(よみせ)をひやかす 하면 물건을 살 생각은 없으면서 비웃듯이 야시장을 돌아본다는 뜻이다. 冷자에는 차다는 것이 기본 뜻이지만 업신여긴다(없는 것으로 본다)는 뜻도 있다. 冷笑(냉소), 冷待(냉대), 冷淡(냉담) 등의 단어가 이를 나타내는데 상대 또는 사물에 대한 얼어 붙은 모습을 띤 차가운 시각을 표현한다. ㉮ ひやす와 마찬가지로 '얼다'에서 '얼어-어어-이야-히야-ひやかす'로 이어진다. ㉯ '없어(업신)'에서 '어어-이아-히아(ㅇ-ㅎ으로 변음)-ひやかす'로 이어진다. ㉰ '비웃다(업신여기다)'에서 '비우-비야-ひやかす'로 이어진다.

⑤ し : 차지면 정신이 시원하고 맑아진다〈心淸冷其若水 : 梁武帝 (심청냉기약수 : 양무제)〉. ㉮ '시원'에서 '시-し'로 이어진다. ㉯ '차다'에서 '차-사-し'로 이어진다. ㉰ '식히다'에서 '식-시-し'로 이어진다.

⑥ すずし : 冷은 쓸쓸함을 뜻한다〈切切夜閨冷 : 徐彦伯 (절절야규냉 : 서언백)〉. '쓸쓸'에서 '쑤쑤-すず(し)'로 이어진다.

人名訓読例

① すずし : 冷(외자 名).
② ひえ : 冷川(ひえかわ), 冷水(ひえみず · ひやみず · しみず).
③ ひや : 冷木(ひやき), 冷水(ひやみず).
④ し : 冷水(しみず), 冷泉(しみず).

【략】

掠 략	訓読	かすめる·むちうつ
	音読	リャク

訓読풀이

① かすめる : 掠(かす) める는 두가지 뜻을 갖는다. ㉮ 人(ひと)の物(もの)をかすめる 하면 남의 것을 감추는 것, 公金(こうきん)をかすめる 하면 공금을 감추어 갖는 것(횡령 · 배임)을 뜻한다. '감추다'에서 '감춤-가추메-가수메-かすめる'로 이어진다. ㉯ 軒(のき)をかすめる燕(つばめ)는 난간을 '거쳐(스쳐)' 날아가는 제비라는 뜻이고, 阿哀(あわ)れみの情(じょう)が顔(かお)をかすめる 하면 연민의 정이 얼굴을 거쳐 지나간다는 뜻이다. '거치다'에서 '거침-가춤-가추메-가수메-かすめる'로 이어진다.
〔参考〕 翳(예 : かす)める와 이음을 같이 한다.

② むちうつ : 掠(략)은 상대방을 매질(하고) 눌러 빼앗는 것(掠取 : 약취)을 뜻한다.
'매질'에서 '맷-뭇-무지-むち'로 이어지고, '눌러'에서 '눌-울-우쑤-うつ'로 이어져 むちうつ로 합성된다.
〔参考〕 鞭打つ로도 표기된다.

略 략	訓読	おかす·はぶく·ほぼ
	音読	リャク

訓読풀이

① おかす : 略(략)은 어기는 것을 뜻한다. 侵略(침략)은 국제법을 어기고 타국을 侵犯(침범)하는 것을 뜻한다.
'어기다'에서 '어겨-어거-오가-おかす'로 이어진다.

〔参考〕侵(침), 犯(범), 冒(모)와 이음(おかす)을 같이한다.

② はぶく : 略은 중요한 바(요점)만 뽑아 간략(簡略)하게 줄이는 것을 뜻한다.
'뽑다'에서 '뽑고–보부구–바부구–はぶく'로 이어진다.
〔参考〕省(성 : はぶ)く와 이음을 같이한다.

③ ほぼ : ほぼ似(に)た話(はなし)だ 하면 이 말 저 말 중요한 것을 뽑고 보니 대충 비슷한 이야기라는 뜻이다. ②와 마찬가지로 '뽑다'에서 '뽑–보보–ほぼ'로 이어진다.

擽 략·력	訓読	くすぐる
	音読	ラク·リャク

訓読풀이

• くすぐる : 擽(략 · 력)은 근질(간질)거리게 하는 것을 뜻한다.
'근질(간질)거리다'에서 '그지거려–구주구루–くすぐる'로 이어진다.

【량】

両(兩) 량	訓読	ふた·ふたつ
	音読	リョウ

訓読풀이

• ふた · ふたつ : 二(이) 참조.

良 량	訓読	よい·よし·まこと
	人名訓読	あきら·かず·すなお·ただし·なおし·ながし·はかる·はじめ·まさ
	音読	リョウ

訓読풀이

① よい · よし : 良(량)은 옳고 좋은 것을 뜻한다. ㉮ '옳다'에서 '올아–오이–よい'로 이어진다. ㉯ '올'에서 '오시(받침ㄹ–'시'로 분절)–よし'로 이어진다. ② まこと : 良은 진실 · 정말, 즉 맞는 것을 뜻한다〈誅罰良重 : 漢書 (주벌양중 : 한서)〉. '맞는 것'에서 '마걷–마곧–마고도–まこと'로 이어진다.

③ あきら : 良은 밝은 것, 아름다운 것을 뜻한다.
'밝다'에서 '발키라–바키라–아기라(ㅂ–ㅇ으로 변음)–あきら'로 이어진다.

④ かず : 良은 가짓수(数)를 세는 것을 뜻한다.
'가지'에서 '가지–가주–かず(数)'로 이어진다.
〔参考〕数(수 : かず)와 이음을 같이한다.

⑤ すなお : 良은 좋음, 무엇보다 나음을 뜻한다. 즉 꾸밈없는 숫모습 그대로의 자연 상태가 더 나음을 나타낸다.
'숫나음'에서 '숫나아–수나오–すなお'로 이어지나.
〔参考〕素直(소직 : すなお)와 이음을 같이한다.

⑥ ただし : 良은 도리에 맞아 떳떳함을 나타낸다.
'떳떳'에서 '더더시–다다시–ただし'로 이어진다.

⑦ なおし : 良은 좋고 올바르게 나아짐을 뜻한다.
'나아짐'에서 '나아지–나오시–なおし'로 이어진다.

⑧ ながし : 良은 길고 깊은 것을 뜻한다〈良夜乃罷 : 後漢書 (양야내파 : 후한

서)〉. 긴 것은 길게 늘어진 것을 말한다. '늘다'에서 '늘고–느고–나가–なが(し)'로 이어진다.

⑨ はかる：良은 헤아리는 것을 뜻한다. '헤아리다(헤다)'의 '헤'에서 '하–はかる'로 이어진다.
〔参考〕④의 かず와 뜻을 같이한다.

⑩ はじめ：良은 처음 · 시작을 뜻한다. 처음을 뜻하는 '햇(햇밥 · 햇감자 · 햇보리 등)'에서 '핮–하지–はじめ'로 이어진다.

⑪ まさ：良은 맞고 좋은 것을 뜻한다. '맞다'에서 '마자–まさ'로 이어진다.

人名訓読例

① あきら · すなお · ただし · なおし · ながし · はかる · はじめ · まこと · よし：良(외자 名).

② よし ： 良寛(よしひろ), 良金(よしかね), 良基(よしもと), 良文(よしふみ · よしぶみ), 良範(よしのり), 良世(よしつぐ · よしよ).

③ かず：良美(かずみ · よしみ).

④ なが ： 良世(ながよ), 良勝(ながかつ · よしかつ), 良臣(ながおみ · よしおみ · よしたみ), 良義(ながよし · よしのり), 良人(ながひと · よしひと), 良子(ながこ · よしこ).

⑤ まさ：良昭(まさあき · よしあき).

亮 량	訓読	あきら·すけ
	人名訓読	たすく·とおる·まこと·ふさ·よし
	音読	リョウ

訓読풀이

① あきら：亮(량)은 밝은 것을 뜻한다. '밝다'에서 '밝기라–바기라–아기라(ㅂ–ㅇ으로 변음)–あきら'로 이어진다.

② すけ：亮은 도움을 뜻한다. ㉮ '돕다'에서 '돕게–도게–두게–수게–すけ'로 이어진다. ㉯ 도움은 주는 것을 말한다. '주다'에서 '주게–수게–すけ'로 이어진다.

③ たすく ：'돕다'에서 '도와서–돠서–다수–たすく'로 이어진다.

④ とおる：亮은 사리에 밝아 (꿰)뚫고 있음을 뜻한다〈總明亮達 文武兼姿：後漢書 (총명양달 문무겸자：후한서)〉. '뚫다'에서 '두우러–도오루–とおる'로 이어진다.

⑤ まこと ：亮은 진실, 맞는 것을 뜻한다(亮直：양직). '맞는 것'에서 '마걷–마곧–마고도–まこと'로 이어진다.

⑥ ふさ：①의 '밝다'에서 '발–불–부사(받침ㄹ–'사'로 분절)–ふさ'로 이어진다.

⑦ よし：亮은 옳음, 진실을 뜻한다. '옳다'에서 '올–오시(받침ㄹ–'시'로 분절)–よし'로 이어진다.

人名訓読例

① あき · あきら · たすく · とおる · まこと：亮(외자 名).

② あき ： 亮継(あきつぐ), 亮匡(あきまさ), 亮道(あきみち), 亮世(あきよ), 亮雅(あきまさ), 亮一(あきかず).

③ すけ ： 亮明(すけあき), 亮彦(すけひこ), 亮定(すけさだ), 亮澄(すけずみ), 亮親(すけちか), 亮頼(すけより).

④ ふさ：亮美(ふさみ).

⑤ よし：亮徳(よしのり).

涼 량	訓読	すずしい·すずむ
	人名訓読	すけ
	音読	リョウ

訓読풀이

① すずしい・すずむ : ㉮ 涼(량)은 선선함, 싸늘함을 뜻한다. '선선(쌀쌀)'에서 '서서(사사)-수수-すずしい'로 이어진다. ㉯ 涼은 쓸쓸함을 뜻한다〈石徑荒涼 : 孔稚珪 (석경황량 : 공치규)〉. '쓸쓸'에서 '쑤쑤-すずしい'로 이어진다.

② すけ : 涼은 돕는 것을 뜻한다〈涼彼武王 : 詩經 (양피무왕 : 시경)〉. ㉮ '돕다'에서 '도게-두게-すけ'로 이어진다. ㉯ '도와주다'에서 '주게-수게-すけ'로 이어진다.

人名訓読例

① すずし : 涼(외자 名).

② すず : 涼江(すずえ), 涼成(すずなり), 涼木(すずき), 涼野(すずの), 涼風(すずかぜ).

③ すけ : 涼朝(すけとも).

梁 량	訓読	はり·うつばり·やな
	音読	リョウ

訓読풀이

① はり : 梁(량)의 본뜻은 든든한 나무(木)를 베어(刀) 물(氵-水) 위에 걸쳐 놓는 것을 나타낸다. 따라서 다리(橋梁)를 뜻한다. 다리를 뜻하는 はし(橋)가 '발'에서 '바시(받침ㄹ-'시'로 분절)-はし'로 이어지듯이 다리는 즉 발이다.
'발'에서 '바리-はり'로 이어진다.

② うつばり : 梁은 들보를 뜻한다. 들보는 건물의 칸과 칸 사이의 두 기둥 위에 올려 걸쳐 놓은 나무로 ①의 はり역할을 한다.
'올리다'의 '올'에서 '울-우쑤(받침ㄹ-'쑤'로 분절)-うつ'로 이어지고, はり와 합성되어 うつばり로 이어진다.

③ やな : 梁은 魚梁(어량)·어살을 뜻한다. 이것은 대·나무 따위를 서로 이어 다리처럼 바다위에 뜨게 하여 그곳에 통발을 치고 물고기를 잡는 장치를 말한다.
'잇다'에서 '잇는-이는-아는-아나-やな'로 이어진다.

人名訓読例

① はり : 梁間(はりま), 梁木(はりき・やなぎ), 梁川(はりかわ・やなかわ).

② やな : 梁島(やなしま), 梁瀬(やなせ), 梁田(やなだ), 梁井(やない), 梁村(やなむら), 梁取(やなとり).

量 량	訓読	はかり·はかる·かさ
	人名訓読	あき·かず
	音読	リョウ

訓読풀이

① はかり・はかる : ㉮ 量(량)은 수(數)를 헤아리는 것, 세는 것을 뜻한다. '헤아리다(헤다)'에서 '헤거라-하가루-はかる'로 이어진다. ㉯ 量은 무게를 달거나 용적을 셈하거나 길이·넓이를 재어 그 크기를 밝히는 것을 뜻한다. '밝히다'에서 '바키라-바카루-はかる'로 이어진다.

② かさ : 量은 부피, 용적, 체적, 분량 등의 크기를 나타낸다. '커지다'에서 '커서-커사-카사- かさ'로 이어진다.
〔参考〕 嵩(숭 : かさ)와 이음을 같이한다.

③ あき : ①의 '밝히다'에서 '발키-바키-아키(ㅂ-ㅇ으로 변음)-あき'로 이어진다.

④ かず : 量은 가짓수(數)를 세는 것을 뜻한다.
'(여러)가지'에서 '가지-가주-かず'로 이

어진다.

人名訓読例

① はかり・はかる：量(외자 名).

② あき：量夫(あきお).

③ かず ： 量基(かずもと), 量山(かずやま), 量世(かずよ), 量明(かずあき), 量原(かずもと), 量熙(かずひろ).

粮·糧 량	訓読	かて
	音読	リョウ·ロウ

訓読풀이

• かて：粮·糧(량)은 옛날 휴대용으로 갖고 다니며 먹던 식량을 뜻한다.
'갖다'에서 '갇–가데–かて'로 이어진다.

諒 량	訓読	まこと
	人名訓読	あき·あきら·まさ
	音読	リョウ

訓読풀이

① まこと ： 諒(량)은 참, 진실, 즉 도리에 맞는 것을 뜻한다. '맞는 것'에서 '마건–마곧–마고도–まこと'로 이어진다.

② あき·あきら ： 諒은 諒察(양찰), 즉 참·진실을 밝히는 것을 뜻한다.
'밝히다'에서 '발키–바키–아키(ㅂ–ㅇ으로 변음)–あき·あきら'로 이어진다.

③ まさ：①의 '맞다'에서 '마자–まさ'로 이어진다.

人名訓読例

① あき·あきら·まこと·まさ：諒(외자名).

② あき：諒兄(あきえ).

③ まさ：諒一(まさかず).

【려】

励(勵) 려	訓読	はげむ·はげます
	人名訓読	つとむ
	音読	レイ

訓読풀이

① はげむ·はげます：励(려)는 무엇을 '하게' 격려하고 힘을 돋우어 주는 것을 뜻한다.
'하게' 하다에서 '하게–はげむ'로 이어진다.

② つとむ：励는 무엇을 하게 애(힘)쓰고, 힘을 돋우어 주는 것을 뜻한다. ㉮ '애(힘)쓰다'에서 '씀–수수무–수두무–수도무–つとむ'로 이어진다. ㉯ '돋우다'에서 '돋움–도돔–두도무–つとむ'로 이어진다.

人名訓読例

• つとむ·はげみ：励(외자 名).

戻(戾) 려	訓読	もどす·もどる·もとる
	音読	レイ

訓読풀이

• もどす·もどる·もとる ： 戻(려)는 되돌아감을 뜻한다. 즉 원점(原點)으로 돌아가는 것을 말하는데, 원점이란 '밑' 바탕을 뜻하는 もと(原·元·基·本 등)를 일컫는다. 席(せき)にもどる 하면 제자리인 本席으로 돌아간다는 뜻이다.
'밑(もと)'에서 동사화 되어 もどる로 이어진다.

人名訓読例

• もど：戻樹(もどき).

侶 려	訓読	とも
	音読	リョ

訓読풀이

- とも : 侶(려)는 동무, 짝, 벗을 뜻한다(伴侶 : 반려).
  '동무'에서 '도무-도모-とも'로 이어진다.
  〔参考〕 友(우 : とも)와 이음을 같이한다.

人名訓読例

- とも : 侶章(とものり).

旅(旅) 려	訓読	たび
	人名訓読	はた
	音読	リョ

訓読풀이

① たび : 旅(려)의 古字는 㫰다. 그 會意(회의)는 깃발(㫃) 아래 많은 사람(从)이 더불어 함께 있는 모양을 나타내고, 군대를 이루어〈軍旅之事 : 論語 (군려지사 : 논어)〉 더불어 이동함에서 나그네를 뜻한다. ㉮ 더불어 함께 모이고 '더불어' 이동함에서 旅는 旅行(여행)을 뜻한다. '더불어'에서 '더부-다부-다비-たび'로 이어진다. 旅食(여식)은 '더불어' 함께 먹는다는 뜻이다. ㉯ '더불어 떠나는' 사람이라는 뜻에서 旅는 나그네를 뜻한다. '더불어'에서 '더-다-た'로 이어지고 사람을 뜻하는 'びと · び'가 합성되어 たび로 이어진다. ㉰ 나그네를 뜻하는 '떠돌이'의 '떠-더-다-た'와 사람의 'びと · び'가 합성되어 たび로 이어진다. ㉱ 여행을 '떠나다'의 '떠-더-다-た'와 사람의 'びと-び'가 합성되어 たび로 이어진다. ㉲ 旅는 등뼈를 뜻하며〈旅力絶群 : 晋書 (여력절군 : 진서)〉, 膂(려)와 같은 뜻을 갖는다. '등뼈'에서 '두벼-다비-たび'로 이어진다.

② はた : 旅는 '깃발' 아래 많은 사람, 군사가 모여 있는 것, 더불어 이동함을 나타낸다〈軍旅之事 : 論語 (군려지사 : 논어), (旅團 : 여단)〉.
'깃발'에서 '발-바다(받침ㄹ-'다'로 분절)-はた'로 이어진다.

人名訓読例

① たび : 旅田(たびた), 旅川(たびかわ), 旅人(たびと), 旅子(たびこ).
② はた : 旅籠町(はたごちょう).

犂 려	訓読	すき · からすき
	音読	リ · レイ

訓読풀이

① すき : ㉮ 犂(려)는 쟁기를 뜻한다. '쟁기'에서 '재기-주기-すき'로 이어진다. ㉯ 쟁기는 땅을 파서 들어 올리는 기구이다. '들다(뜨다)'에서 '둘기-두기-すき'로 이어진다.

② からすき : ㉮ 犂는 땅을 갈아 들어 올리는 기구이다. '갈아 들기'에서 '가라두기-からすき'로 이어진다. ㉯ 犂는 땅을 갈아 (파는) 쟁기이다. '갈아 쟁기'에서 '가라재기-가라주기-からすき'로 이어진다.

閭 려	訓読	むら
	音読	リョ

訓読풀이

- むら : 閭(려)는 마을을 뜻한다. '마을'에서 '말-물-무라-むら'로 이어진다.

黎 려	訓読	くろい · おおい
	人名訓読	あき · あさ
	音読	レイ · リ

訓読풀이

① くろい：黎(려)는 검은 것을 뜻한다〈黎民黑髮之人：書經 (여인흑발지인：서경)〉. 그을리면 검게 된다.
'그을리다'에서 '그을–글–굴–구로–くろい'로 이어진다.
〔参考〕黒(흑：くろ)い와 이음을 같이한다.

② おおい：黎는 많음을 뜻한다〈群黎百姓：詩經 (군여백성：시경)〉. 많은 것을 '하다'라고 한다.
'하다'에서 '하아–아아–오오–おおい'로 이어진다.

③ あき：㉮ 黎는 새벽에 날이 밝는 것을 뜻한다. '밝다'에서 '발기–바기–아기(ㅂ–ㅇ으로 변음)–あき'로 이어진다. ㉯ 아침이 열리면서 밝아진다. '열다'에서 '열기–여기–아기–あき'로 이어진다.

④ あさ：黎는 黎明(여명), 즉 아침을 뜻한다.
'아침'에서 '아치–아차–아사–あさ'로 이어진다.
〔参考〕朝(조：あさ)와 이음을 같이한다.

人名訓読例

① あき：黎人(あきと).
② あさ：黎彦(あさひこ).

濾 려	訓読	こす
	音読	ロ

訓読풀이

• こす：濾(려)는 걸러서 맑게 하는 것을 뜻한다(濾過：여과).
'거르다'에서 '거–고–こす'로 이어진다.

邌 려	訓読	ねる·おそい
	音読	レイ·ライ·チ

訓読풀이

① ねる：邌(려)는 느릿느릿 천천히 걷는 것을 뜻한다.
'느리다'에서 '느리–내루–ねる'로 이어진다.

② おそい：邌는 늦는 것을 뜻한다.
'늦어'에서 '느저–노조–오소(ㄴ–ㅇ으로 변음)–おそい'로 이어진다.

麗 려	訓読	うるわしい·うららか
	人名訓読	はる·よし
	音読	レイ

訓読풀이

① うるわしい：㉮ 麗(려)는 아름다움, 아리따움을 나타낸다. '아름(아리)'에서 '아루–우루–うるわしい'로 이어진다. ㉯ 麗는 올바름을 뜻한다. '옳다'에서 '올아–오루와–우루와–うるわしい'로 이어진다.

② うららか：㉮ '아름다운(아리따운)'에서 '아름(아리)–아르(아리)–우라–うららか'로 이어진다. ㉯ '옳아'에서 '올라–울라–우라라–うららか'로 이어진다.

③ はる：麗는 밝고 아름다움을 뜻한다.
'밝다'에서 '발–바루–はる'로 이어진다.

④ よし：麗는 옳고, 바르고, 맑음을 뜻한다.
'올바르다'에서 '올–오시(받침ㄹ–'시'로 분절)–よし'로 이어진다.

人名訓読例

① うらら·うららか：麗(외자 名).
② うら：麗野(うらの).
③ はる：麗未(はるみ).
④ よし：麗江(よしえ), 麗雄(よしお), 麗衣(よしえ), 麗子(よしこ), 麗資(よし

すけ).

礪 려	訓読	と·とぐ·みがく
	音読	レイ

訓読풀이

① と : ㉮ 礪(려)는 거친 숫돌을 뜻한다. '돌'에서 '도-と'로 이어진다. ㉯ 다음 ② とぐ의 준말.

② とぐ : 礪는 숫돌에 가는 것, 닦는 것을 뜻한다. 礪行(여행)은 행실을 닦는 것을 뜻한다.
'닦다'에서 '닥-독-도구-とぐ'로 이어진다.
〔参考〕 硏(연), 磨(마)와 이음(とぐ)을 같이한다.

③ みがく : 礪는 숫돌에 밀고 가는 것을 뜻한다.
'밀고 갈다'에서 '미갈구-미가구-みがく'로 이어진다.
〔参考〕 硏(연), 磨(마)와 이음(みがく)을 같이한다.

人名訓読例

• と : 礪波(となみ).

穭 려	訓読	ひつじ·ひつじばえ
	音読	リョ·ロ

訓読풀이

• ひつじ · ひつじばえ : 穭(려)는 베어낸 그루터기에서 어린 양의 뿔 나듯이 움돋아 뻗는 자생(自生) 벼, 즉 돌벼를 뜻한다. ㉮ '뿔'에서 '불-빌-비쑤지(받침ㄹ-'쑤'로 분절)-ひつじ'로 이어진다. 形(형)이 '꼴'에서 '갈-가다찌-かたち'로 이어지는 것과 이치를 같이한다. ㉯ ひつじ와 '뻗다'에서의 '벋어-버어-바에-ばえ'가 합성되어 ひつじばえ로 이어진다.
〔参考〕 羊(양 : ひつじ)와 이음을 같이한다.

鑢 려	訓読	やすり
	音読	リョ

訓読풀이

• やすり : 鑢(려)는 줄을 뜻한다.
'줄'에서 '주리-すり'로 이어지고, 접두어 や가 붙어 やすり로 이어진다.

【력】

力 력	訓読	ちから·つとむ
	人名訓読	いさむ·つよし
	音読	リョク·リキ

訓読풀이

① ちから : 力(력)은 힘을 뜻한다. ㉮ 힘은 센 것을 나타낸다. '세다'의 명령형 '세거라'에서 '시거라-지가라-ちから'로 이어진다. ㉯ 힘은 지지 않고 버티어 이기는 힘, 즉 질긴 것을 뜻한다. '질기다'에서 '질기라-지기라-지가라-ちから'로 이어진다.

② つとむ : 力은 힘쓰는 것, 애쓰는 것을 뜻한다.
'쓰다'에서 '씀-수수무-수두무-쑤도무-つとむ'로 이어진다.

③ いさむ : ㉮ 力은 힘, 기운이 솟아나는 것을 뜻한다. '솟다'에서 '솟음-소음-솜-삼-사무-さむ'로 이어지고 접두어 い가 붙어 いさむ로 이어진다. ㉯ 위 ②의 '애쓰다'에서 '애씀-이삼-いさむ'로 이어진다.
〔参考〕 勇(용 : いさ)む와 이음을 같이한다.

④ つよし : 力은 힘이 센 것을 뜻한다. '세다'에서 '쎄어-쑤오-つよ(し)'로 이어진다.

人名訓読例

① いさむ · ちから · つとむ · つよし : 力(외자 名).

② いさ : 力男(いさお).

③ ちか : 力信(ちかのぶ), 力志(ちかし).

④ ちから : 力石(ちからいし), 力石村(ちからいしむら).

朸 력	訓読	おうご
	音読	リョク

訓読풀이

• おうご : 朸(력)은 멜대를 뜻한다. 멜대는 양쪽 끝에 물건을 달아 어깨에 메는 긴 나무를 말한다. 멘다는 것은 어깨로 업는다는 뜻이다.
'업다'에서 '업어-어어-오우-おう'로 이어지고, 나무를 뜻하는 ご와 합성되어 おうご로 이어진다.

暦(曆) 력	訓読	こよみ
	音読	レキ·リャク

訓読풀이

• こよみ : 暦(력)은 달력(月曆), 일력(日曆) 등 책력(冊曆)을 뜻한다. 책력은 日, 月 등 천체의 가고 오는 운행(運行)을 책정하여 절기를 적어놓은 책을 말한다.
'가고 오다'에서 '가고옴-가옴-고오미-こよみ'로 이어진다.

歴(歷) 력	訓読	へる
	人名訓読	つぐ
	音読	レキ

訓読풀이

① へる : 歴(력)은 세월의 흐름을 뜻한다. 歴歳(역세), 歴年(역년)은 여러 해가 흘러감을 뜻하고, 歴史(역사)는 그 흘러온 사실의 기록이다.
'흐르다'에서 '흐루-헤루-へる'로 이어진다.
〔参考〕 経(경 : へ)る와 이음을 같이한다.

② つぐ : 歴世(역세), 歴代(역대)는 世代가 뒤를 좇아 이어감을 뜻한다.
'좇다'에서 '조구-주구-つぐ'로 이어진다.
〔参考〕 継(계), 承(승)과 이음(つぐ)을 같이한다.

人名訓読例

• つぐ : 歴彦(つぐひこ).

礫 력	訓読	こいし·つぶて
	人名訓読	くれ·さざら·さざい
	音読	レキ

訓読풀이

① こいし : 礫(력)은 잔돌, 즉 꼬마 돌을 뜻한다.
'꼬마'를 뜻하는 こ와 돌을 뜻하는 いし가 합성되어 こいし로 이어진다〈石(석 : いし) 참조〉.

② つぶて : 礫은 팔매질에 쓰이는 알맹이 같은 작은 돌덩이를 뜻한다.
알맹이를 뜻하는 つぶ〈粒(립) 참조〉와 '덩이'에서의 '더-데-て'가 합성되어 つぶて로 이어진다.

③ くれ : 礫은 갈라진(쪼개진) 작은 돌덩이를 뜻한다.
'갈라'에서 '가라-구라-구레-くれ'로 이어진다.
〔参考〕 塊(괴 : くれ)와 이음을 같이한

다.

④ さざら : 礫은 자잘한 작은 돌(자갈)을 뜻한다.
'자잘'에서 '자자라-さざら'로 이어진다.

⑤ さざい : さざいし의 준말로 자잘한 돌을 뜻한다.

人名訓読例

① さざい : 礫(외자 名).
② つぶて : 礫石(つぶていし).
③ くれ : 礫石原(くれいしはら).
④ さざら : 礫浦(さざらうら).

轢 력	訓読	きしる·ひく
	音読	レキ

訓読풀이

① きしる : 轢(력)은 삐걱거리는 것, 즉 깨지는 것을 뜻한다. 깨진다는 것은 사이가 벌어져 반목(反目)하게 됨을 뜻하게 된다(軋轢 : 알력).
'깨지다'에서 '깨지라-기지라-기시루-きしる'로 이어진다.
〔参考〕軋(알 : きし)む와 이음을 같이한다.

② ひく : ㉮ 轢은 車가 사람 등을 받는 것을 뜻한다. '받다'에서 '받구-바구-비구-ひく'로 이어진다. ㉯ 轢은 짓밟는 것, 업신여기는 것을 뜻한다. '밟다'에서 '바구-비구-ひく'로 이어진다. ㉰ 轢은 삐걱거리는 것을 뜻한다. '삐걱'에서 '비거-비구-ひく'로 이어진다.

【련】

連(連) 련	訓読	つらなる·つらねる·つれ·つれる
	音読	レン

訓読풀이

① つらなる·つらねる : 自動車(じどうしゃ)が 連(つら)なる 하면 자동차(車)가 줄지어(辶)있음을 나타낸다.
'줄'에서 '주라-つらなる'로 이어진다.
〔参考〕列(렬 : つら)なる와 이음을 같이한다.

② つれ·つれる : 息子(むすこ)を野球場(やきゅうじょう)に連(つ)れていった 하면 아들을 야구장에 데려갔다는 뜻이다. 連(つ)れ子(こ)는 의붓자식-데리고 간 자식이라는 뜻이다. ㉮ '데려가다'에서 '데러-두러-두레-つれ'로 이어진다. ㉯ 데려간다는 것은 함께 같은 줄에 매어간다는 뜻이다. ①에서와 같이 '줄'에서 '주레-つれ'로 이어진다.

人名訓読例

① つら : 連竜(つらたつ), 連理(つらまさ), 連樹(つらき), 連英(つらひで), 連子(つらこ), 連弘(つらひろ).
② つれ : 連山(つれやま), 連石(つれいし) 連火(つれび).

恋(戀) 련	訓読	こい·こう
	音読	レン

訓読풀이

• こい·こう : 恋(련)은 사랑하는 것, 그리워하는 것을 뜻한다. ㉮ 사랑하는 것을 옛말로 '괴다'라고 한다. '괴다'에서 '괴어-고우-こう'로 이어진다. ㉯ '그리워'에서 '글이어-그어-고우-こう'로 이어진다.

人名訓読例

• こい : 恋沼(こいぬま), 恋渕(こいぶち), 恋中(こいなか), 恋川(こいかわ), 恋塚(こいずか), 恋河内(こいごうち).

煉 련	訓読	ねる
	音読	レン

訓読풀이

• ねる : 煉(련)은 쇠붙이 등을 달구어 불리는 것, 즉 늘리는 것을 뜻한다.
'늘려'에서 '늘－낼－내루－ねる'로 이어진다.
〔参考〕 錬(련 : ね)る와 이음을 같이한다.

人名訓読例

• ねる : 煉方(ねりかた).

漣 련	訓読	さざなみ
	音読	レン

訓読풀이

• さざなみ : 漣(련)은 잔물결, 즉 자잘한 물결을 뜻한다.
'자잘'에서 '자자－さざ'로 이어지고, 물결을 뜻하는 なみ(너울－넘－남－나미－なみ)와 합성되어 さざなみ로 이어진다.

人名訓読例

• さざなみ : 漣(외자 名).

練(練) 련	訓読	ねる
	音読	レン

訓読풀이

• ねる : ㉮ 練(련)은 피륙 등을 잿물에 누이어 부드럽게 하는 것을 뜻한다. 絹(きぬ)を練(ね)る 하면 명주를 누이는 것을 뜻한다. '누이다'에서 '누－내－ねる'로 이어진다. ㉯ 技(わざ)を練(ね)る 하면 기술을 닦는다는 뜻으로 기술수준을 늘리는 것을 뜻한다. '늘리다'에서 '늘－낼－내루－ねる'로 이어준다.

人名訓読例

• ねり : 練絹(ねりきぬ), 練結(ねりゆい), 練君(ねりきみ), 練武(ねりたけ), 練尾(ねりお), 練繪(ねりきぬ).

憐 련	訓読	あわれむ
	音読	レン

訓読풀이

• あわれむ : 憐(련)은 불쌍히 여겨 우는 것을 뜻한다.
'울다'에서 '울음－우우름－아아렘－아아레무－あわれむ'로 이어진다.
〔参考〕 哀(애 : あわ)れむ와 이음을 같이한다.

輦 련	訓読	てぐるま
	人名訓読	くるま
	音読	レン

訓読풀이

① てぐるま : 輦(련)은 옛날에 두 인부(夫夫)가 주로 내를 건널 때 손님을 태워주던 손수레를 뜻한다.
손을 뜻하는 て(手)와 수레를 뜻하는 ぐるま(구루는 말－구루마－ぐるま)가 합성되어 てぐるま로 이어진다.
② くるま : てぐるま의 준말.

人名訓読例

• くるま : 輦止(くるまど・くるまどめ), 輦雄(くるまお).

錬(錬) 련	訓読	ねる
	音読	レン

訓読풀이

• ねる : 錬(련)은 쇠붙이 등을 달구어 불리는 것, 즉 늘리는 것을 뜻한다.
'늘려'에서 '늘－낼－내루－ねる'로 이어진다.

人名訓読例

• ねり：錬石(ねりいし).

縺 련	訓読	もつれ·もつれる
	音読	レン

訓読풀이

• もつれ・もつれる：縺(련)은 일이 맺히어 얽힌 것을 뜻한다. 나아가 감정이 맺힌 것도 나타낸다. 感情(かんじょう)がもつれてわたかまりが残(のこ)る 하면 감정이 맺히어 응어리가 남았다는 뜻이다.
'맺다'에서 '맺–몾–모주–もつれる'로 이어진다.

聯 련	訓読	つらなる·つらねる
	音読	レン

訓読풀이

• つらなる・つらねる： 連(련) 참조.

人名訓読例

• つらね：聯(외자 名).

鏈 련	訓読	くさり·くさる
	音読	レン

訓読풀이

• くさり・くさる：鏈(련)은 쇠(金)가 연(連)이어 꽂혀 있음을 나타낸다.
'꽂다'에서 '곶–곳–구사–くさる'로 이어진다.
〔参考〕 鎖(쇄)와 이음(くさり)을 같이한다.

攣 련	訓読	かかる·つる
	音読	レン

訓読풀이

① かかる：攣(련)은 걸리는 것, 연관되는 것을 뜻한다. 攣拘(연구)는 이리저리 걸려있어 속박 받는 상태를 뜻한다.
'걸다'에서 '걸거라–가가루–かかる'로 이어진다.

② つる：㉮ 足(あし)の筋(すじ)が攣(つ)る 하면 다리의 근육이 죄는 것, 즉 쥐가 나는 것을 뜻한다. '죄다'에서 '죄–주–つる'로 이어진다. ㉯ '쥐'에서 '주–つる'로 동사화 된다.

【렬】

列 렬	訓読	つらなる·ならぶ·ならべる
	人名訓読	なみ
	音読	レツ

訓読풀이

① つらなる：列(렬)은 나란히 줄지어 있음을 뜻한다.
'줄'에서 '주라–つらなる'로 이어진다.
〔参考〕 連(련：つら)なる와 이음을 같이한다.

② ならぶ・ならべる：㉮ 列은 늘어 놓는 것을 뜻한다. '늘어'에서 '느러–나라–ならぶ'로 이어진다. ㉯ 죽 늘어서 있는 것을 '늘비하다'라고 한다. '늘비'에서 '누루비–나라비–ならぶ'로 이어진다.
〔参考〕 並(병：なら)ぶ와 이음을 같이한다.

③ なみ：㉮ '늘어놓다'에서 '늘음–느음–늠–남–나미–なみ'로 이어진다. ㉯ 列은 나눔을 뜻한다〈分列天下：史記 (분열천하：사기)〉. '나눔'에서 '난음–나음–남–나미–なみ'로 이어진다.

人名訓読例

① ならぶ・つらなる：列(외자 名).
② つら：列樹(つらき), 列子(つらこ).

③ なみ：列田(なみた).

劣 렬	訓読	おとる
	音読	レツ

訓読풀이

• おとる：品質(ひんしつ)が劣(おと)る, 技術(ぎじゅつ)がおとる 하면 품질이나 기술이 다른 것 보다 떨어짐(딸림)을 뜻한다.
'떨어지다(딸리다)'에서 '더러－도루－とる'로 이어지고 접두어 お가 붙어 おとる로 이어진다.

洌 렬	人名訓読	きよし
	音読	レツ

訓読풀이

• きよし：洌(렬)은 곱다, 깨끗하다, 맑다는 뜻이다. ㉮ '곱다'에서 '고아－기아－기요－きよ(し)'로 이어진다. ㉯ '깨끗하다'에서 '깩읏－개으－기요－きよ(し)'로 이어진다.

人名訓読例

① きよし：洌(외자 名).
② きよ：洌崎(きよさき), 洌彦(きよひこ), 洌子(きよこ).

烈 렬	訓読	はげしい
	人名訓読	あきら·いさお·たけし·ただし·つよし·よし
	音読	レツ

訓読풀이

① はげしい：はげしい痛(いた)みは 빠개지는 고통을 뜻한다.
'빠개지다'에서 '바개시－はげしい'로 이어진다.
〔参考〕 激(격), 劇(극)과 이음(はげしい)을 같이한다.
② あきら：烈(렬)은 불길이 세어 밝아지는 것을 뜻한다〈益烈山澤而焚之：孟子(익열산택이분지：맹자)〉.
'밝히다'에서 '바키라－아키라(ㅂ－ㅇ으로 변음)－あきら'로 이어진다.
③ いさお：烈은 功(공)을 쌓는 것, 세우는 것을 뜻한다. 烈祖(열조)는 功業(공업)이 큰 조상을 일컫는다. ㉮ '쌓다(세우다)'에서 '싸아－싸오－さお'로 이어지고 접두어 い가 붙어 いさお로 이어진다.
㉯ '큰일(공적) 쌓다'에서 '일싸아－이싸아－いさお'로 이어진다.
〔参考〕 功(공), 勲(훈)과 이음(いさお)을 같이한다.
④ たけし：烈은 맹렬하게 날뛰는 것을 뜻한다.
'뛰다'에서 '뛰게－따게－たけ(し)'로 이어진다.
⑤ ただし：烈은 기상이 올바름으로 해서 떳떳함을 뜻한다.
'떳떳'에서 '더덧－다닷－다다시－ただし'로 이어진다.
⑥ つよし：烈은 세찬 것, 센 것을 뜻한다.
'세다'에서 '쎄어－쑤어－쑤요－つよ(し)'로 이어진다.
⑦ よし：烈은 기상이 올바른 것을 뜻한다〈烈士(열사), 烈女(열녀), 烈操(열조)〉.
'올'에서 '오시(받침ㄹ－'시'로 분절)－よし'로 이어진다.

人名訓読例

① あきら·いさお·たけし·ただし·つよし：烈(외자 名).
② たけ：烈男(たけお), 烈司(たけし), 烈資(たけすけ).

③ よし：烈女(よしめ).

捩 렬	訓読	ねじる·もじる·よじる·すじる
	音読	レツ·レイ

訓読풀이

① ねじる：襟(えり)がねじれている 하면 옷깃이 이지러져 있다는 뜻이고, 戸(と)がねじれて開(あ)かない 하면 문이 이지러져 열리지 않는다는 뜻이다.
'이지러지다'에서 '이지러–에지루–네지루(ㅇ–ㄴ으로 변음)–ねじる'로 이어진다.
〔参考〕捻(념：ねじ)る와 이음을 같이한다.

② もじる：捩(렬)은 문지르는 것, 비트는 것을 뜻한다.
'문지르다'에서 '문지러–무지루–모지루–もじる'로 이어진다.

③ よじる：笑(わら)いすぎで腹(はら)がよじれる 하면 너무 웃어 뱃가죽이 이지러진다는 뜻이다.
①의 ねじる와 마찬가지로 '이지러지다'에서 '이지러–요지루–よじる'로 이어진다.

④ すじる：捩는 쑤셔서 이지러지게 하는 것, 비트는 것을 뜻한다.
'쑤시다'에서 '수지–すじる'로 이어진다.

裂 렬	訓読	さく·さける·きれ
	音読	レツ

訓読풀이

① さく・さける：裂(렬)은 찢는 것, 쪼개는 것을 뜻한다. ㉮ '찢다'에서 '짖구–지구–자구–さく'로 이어진다. ㉯ '쪼개다'에서 '조개–자개–さける'로 이어진다.
〔参考〕割(할：さ)く와 이음을 같이한다.

② きれ：裂은 가르는 것을 뜻한다.
'가르다'에서 '가라–기레–きれ'로 이어진다.
〔参考〕切(절：き)る와 이음을 같이한다.

人名訓読例

• さき・さく：裂田(さきた・さくでん).

【렴】

廉(廉) 렴	訓読	かど·やすい·やすし
	人名訓読	きよし·すなお·ただし
	音読	レン

訓読풀이

① かど：廉(렴)은 까닭, 이유 등을 뜻한다. 窃盗(せっとう)のかどで逮捕(たいほ)される 하면 절도한 까닭으로 체포된다는 뜻이고, 不審(ふしん)のかどがある 하면 의심할 만한 까닭이 있다는 뜻이다.
'까닭'에서 '까다–가도–かど'로 이어진다.

② やすい・やすし：廉(렴)은 값이 싸다는 뜻이다〈廉価(염가), 安価(안가)〉.
'싸다'에서 '싸–쑤–수–す'로 이어지고, 접두어 や가 붙어 やすい・やすし로 이어진다.

③ きよし：廉은 廉潔(염결), 즉 깨끗하고 곧고, 고운 것을 뜻한다. ㉮ '깨끗'에서 '깩읏–개으–기요–きよ(し)'로 이어진다. ㉯ '곧다'에서 '곧아–고아–기아–기요–きよし'로 이어진다. ㉰ '곱다'에서

'고아–기아–기요–きよし'로 이어진다.

④ すなお : 廉은 나음, 바름을 뜻한다. 꾸밈없는 '숫'모습 그대로의 상태가 자연스러운 '나음'을 말한다.

'숫나음'에서 '숫나아–수나오–すなお'로 이어진다.

〔参考〕 素直(소직 : すなお)와 이음을 같이한다.

⑤ ただし : 廉은 淸廉(청렴)하고 사심이 없어 떳떳함을 뜻한다〈廉公有威 : 後漢書 (염공유위 : 후한서)〉.

'떳떳'에서 '더덧–다닷–다다시–ただし'로 이어진다.

人名訓読例

① かど · きよし · すなお · ただし · やすし : 廉(외자 名).

② かど : 廉野(かどの), 廉田(かどた · やすだ), 廉沢(かどさわ), 廉子(かどこ · きよこ), 廉俊(かどとし), 廉隅(かどすみ · かどおか).

③ きよ : 廉夫(きよお), 廉子(きよこ), 廉之(きよし), 廉香(きよか).

④ やす : 廉久(やすひさ), 廉二(やすじ), 廉行(やすゆき), 廉幸(やすゆき).

斂 렴	訓読	おさむ
	音読	レン

訓読풀이

• おさむ : 斂(렴)은 담는 것, 잡는 것을 뜻한다. 斂棺(염관)은 시체를 관에 담는 것(거둠)을 뜻하고 斂襟(염금)은 옷깃을 바로 잡는 것을 뜻한다. ㉮ '담다'에서 '담–삼–사무–さむ'로 이어지고 접두어 お가 붙어 おさむ로 이어진다. ㉯ '잡다'에서 '잡음–자음–잠–사무–さむ'로 이어지고 접두어 お가 붙어 おさむ로 이어진다.

人名訓読例

• おさむ : 斂(외자 名).

簾 렴	訓読	す·すだれ
	人名訓読	みす
	音読	レン

訓読풀이

① す · すだれ : 簾(렴)은 발을 뜻한다. 발은 볕을 가리기 위해, 또는 집안을 가리기 위해 위아래로 친다.

'치다'에서 '치–추–수–す'로 이어지고, '치더라–추더라–수다레–すだれ'로 이어진다.

② みす : ㉮ 簾은 문발을 뜻한다. '문'에서 '무–미–み'로 이어지고, ①에서의 す가 합성되어 みす로 이어진다. ㉯ 발은 밑으로 친다. '밑치다'에서 '미치–미추–미수–みす'로 이어진다.

人名訓読例

① すだれ · みす : 簾(외자 名).

② す : 簾内(すのうち · みすうち), 簾藤(すどう).

③ みす : 簾内(みすうち), 簾尾(みすお), 簾長(みすなが), 簾田(みすた).

賺 렴·잠	訓読	すかす·だます
	音読	レン·タン

訓読풀이

① すかす : 賺(렴)은 달래고 어르는 것을 뜻한다. 그러나 참뜻은 속여서 무엇을 시킨다는 뜻을 내포하고 있다. 子供(こども)をすかしてねかせる 하면 아이를 속임수로 속여 달래어 재운다는 뜻이다.

'속이다'에서 '속여서–소겨수–수가수–すかす'로 이어진다. '속'에서 '소가–수가-すかす'로도 이어진다.

② だます : 賺(렴)은 달래는 것을 뜻한다. 泣(な)く子(こ)をだます 하면 우는 아이를 달랜다는 뜻이다.
'달래다'에서 '달램-달앰-다앰-담-다마-だます'로 이어진다.
〔参考〕 騙(편 : だま)す와 이음을 같이한다.

蘞 렴	訓読	えぐい
	音読	レン

訓読풀이

• えぐい : 蘞味(염미)는 얼큰(얼근)한 맛, 맵싸한 맛을 뜻한다.
'얼큰(얼근)'에서 '어구-에구-えぐい'로 이어진다.

【렵】

猟(獵) 렵	訓読	かり·かる·さつ
	音読	リョウ

訓読풀이

① かり · かる : 옛날 총기류가 없었을 때 사냥이란 칼로 짐승을 베는 것, 가르는 것을 뜻한다.
'가르다'에서 '갈-가루-かる'로 이어진다.
〔参考〕 狩(수), 刈(예)와 이음(かる)을 같이한다.

② さつ : 가르는 것은 자르는 것을 뜻한다.
'자르다'에서 '잘-자쑤(받침 ㄹ-'쑤'로 분절)-さつ'로 이어진다. 또한 '자르다'에서 '자-さつ'로 이어진다.

【령】

令 령	訓読	しむ
	人名訓読	ぬし·のぶ·のり· はる·よし
	音読	レイ·リョウ

訓読풀이

① しむ : しむ는 미연형(未然形)에 붙어 사역의 뜻을 나타내며 존경의 뜻을 강하게 나타내는 조동사 역할을 한다. わたしをして言(い)わしむ 하면 저로 하여금 말씀하라 하심이라는 뜻이고, 死(し)せる孔明(こうめい)生(い)ける仲達(ゆうたつ)を走(はし)らしむ 하면 죽은 공명이 산 중달을 달아나게 하심이라는 뜻이다.
'하심(하시다)'에서 '심-시무-しむ'로 이어진다. '하심(하시다)'의 '심'은 '하시다'의 존경의 뜻을 나타내는 조동사이다.

② ぬし : 令(령)은 令監(영감)처럼 윗사람을 가리킨다.
'윗 · 웃'에서 '우시-누시(ㅇ-ㄴ으로 변음)-ぬし'로 이어진다.
〔参考〕 主(주 : ぬし)와 이음을 같이한다.

③ のぶ : 令은 令監(영감), 守令(수령)처럼 높은 자리에 있는 자를 나타내고 令夫人(영부인)처럼 높임말로 쓰인다.
'높다'에서 '높아-노푸-のぶ'로 이어진다.

④ のり : 命令(명령), 訓令(훈령), 法令(법령) 등 令은 옳은 것을 속성으로 한다.
'옳다'에서 '올-놀(ㅇ-ㄴ으로 변음)-노리-のり'로 이어진다.

⑤ はる : 令은 밝은 것을 나타낸다〈令色(영색), 令辰(영신)〉.

'밝다'에서 '발–바루–はる'로 이어진다.

⑥ よし : '옳다'에서 '올–오시(받침ㄹ–'시'로 분절)–よし'로 이어진다.

人名訓読例

① のり · よし : 令(외자 名).

② ぬし : 令家(ぬしむね).

③ のぶ : 令高(のぶたか).

④ のり : 令明(のりあき), 令敏(のりとし), 令夫(のりお), 令世(のりよ).

⑤ はる : 令美(はるみ).

⑥ よし : 令宗(よしむね), 令光(よしみつ), 令博(よしひろ), 令純(よしずみ), 令儀(よしのり), 令子(よしこ).

玲 령	訓読	あきら·たま·とおる·よし
	音読	レイ

訓読풀이

① あきら : 玲(령)은 밝고 아름다운 모양을 나타낸다.
'밝다'에서 '발가라–바기라–아기라(ㅂ–ㅇ으로 변음)–あきら'로 이어진다.

② たま : 玲은 옥 또는 금옥(金玉)의 울리는 소리를 뜻한다. 둥근 옥은 어디로 보거나 둥글어 닮은꼴이다.
'닮다'에서 '달마–다마–たま'로 이어진다.

③ とおる : 玲은 옥소리로 멀리 아름답게 '뚫고' 나간다.
'뚫다'에서 '뚜울–도울–도오루–とおる'로 이어진다.

④ よし : 玲은 올바르고 고움을 나타낸다.
'올'에서 '오시(받침ㄹ–'시'로 분절)–よし'로 이어진다.

人名訓読例

① あきら · とおる : 玲(외자 名).

② あき : 玲子(あきこ · よしこ), 玲之(あきし).

③ たま : 玲枝(たまえ).

④ よし : 玲子(よしこ).

逞 령	訓読	たくましい
	人名訓読	よし
	音読	テイ

訓読풀이

① たくましい : 逞(たくま)しい体(からだ)는 억센 체격을 뜻한다. 억센 체격을 만들기 위해서는 상당한 노력을 들여 몸을 갈고 닦아야 한다. たくましい成長(せいちょう) 하면 갈고 닦아 튼튼히 성장한다는 뜻이다.
'닦다'에서 '닥음–다굼–다구마–たくましい'로 이어진다.

② よし : 逞(령)은 올바른 일에 용감함을 뜻한다.
'올'에서 '올–오시(받침ㄹ–'시'로 분절)–よし'로 이어진다.

人名訓読例

① たくま : 逞(외자 名).

② たく : 逞水(たくみ).

③ よし : 逞詮(よしあき), 逞之(よしゆき).

鈴 령	訓読	すず
	音読	レイ·リン

訓読풀이

① すず : 鈴(령)은 방울을 뜻한다. 방울은 쇠붙이(金)로 둥글게 만들고 그 속에 단단한 물건(주로 쇠)을 넣어 흔들면 소리가 나게 되어 있다. 따라서 방울은 쇠(속)에서 나는 소리를 의미한다.
'쇠(속) 소리'에서 '쇠소리–쇠소–소소–

수수–すず'로 이어진다.

人名訓読例

• すず : 鈴宮(すずみや), 鈴木(すずき · すすき), 鈴本(すずもと), 鈴山(すずやま), 鈴原(すずはら), 鈴子(すずこ).

零 **령**	訓読	おちる·こぼれる
	音読	レイ

訓読풀이

① おちる : ㉮ 零(령)은 비(雨)가 조용히 떨어지는(비 오는) 것을 뜻한다. '떨어지다'에서 '떨–떠러–띠루–ちる'로 이어지고 접두어 お가 붙어 おちる로 이어진다. ㉯ 零은 떨어져서 남는 것, 즉 '우수리'를 뜻한다. '우수리–오지리–おちり'로 이어진다.

〔参考〕 落(락 : お)ちる와 이음을 같이한다.

② こぼれる : 零은 물이 불어나 넘쳐 흐르는 것을 뜻한다.

'불어(흘러)'에서 '부러–보레–ぼれる'로 이어지고 접두어 こ가 붙어 こぼれる로 이어진다.

〔参考〕 溢(일 : こぼ)れる와 이음을 같이 한다.

霊(靈) **령**	訓読	たま·たましい
	人名訓読	よし
	音読	レイ·リョウ

訓読풀이

① たま · たましい : 霊(령)은 霊魂(영혼), 神霊(신령), 정신(精神), 마음 등을 뜻하는데, 근본은 참 정신, 참 마음에 두고 있다. たましいのすわった人(ひと)는 정신이나 몸가짐이 참한 사람임을 뜻한다. '참'에서 '차마–타마–たま'로 이어진다.

② よし : ①의 '참'이란 '올바름'을 뜻한다. '올'에서 '올–오시(받침ㄹ–'시'로 분절)–よし'로 이어진다.

人名訓読例

① たま : 霊山(たまやま · よしやま), 霊鞍(たまくら), 霊田(たまた), 霊鷲(たまわし).

② よし : 霊山(よしやま), 霊本(よしもと).

嶺 **령**	訓読	みね
	音読	レイ

訓読풀이

• みね : 嶺(령)은 산봉우리, 뫼를 뜻한다. '뫼'에서 '메–미–み'로 이어지고 접미어 ね가 붙어 みね로 이어진다.

〔参考〕 峰(봉 : みね)와 이음을 같이한다.

人名訓読例

• みね : 嶺崎(みねさき), 嶺尾(みねお), 嶺岸(みねきし), 嶺田(みねた), 嶺井(みねい), 嶺川(みねかわ).

齢(齡) **령**	訓読	よわい
	人名訓読	とし
	音読	レイ

訓読풀이

① よわい : 齢(령)은 나이를 뜻한다.

'나이'에서 '나아이–아아이–요아이–よわい'로 이어진다.

〔参考〕 齢(よわい)する는 같은 '나이'끼리 한패가 되어 사귀는 것을 뜻한다.

② とし : ①에서 '나이'는 '돌'을 뜻한다.

'돌'에서 '도시(받침ㄹ–'시'로 분절)–とし'로 이어진다.

人名訓読例

• とし：齢子(としこ).

【례】

礼(禮) 례	人名訓読	あや·ひろし·まさし·ゆずる·のり
	音読	レイ·ライ

訓読풀이

① あや：礼(례)는 礼敬(예경), 礼論(예론), 礼法(예법), 礼式(예식), 礼文(예문)등 礼에 관한 여러 가지 복잡한 이론과 의식으로 '엮어진' 礼道(예도)의 총체이다.
'엮다'에서 '엮어–여어–어여–아야–あや'로 이어진다.
〔参考〕文(문), 彩(채), 陵(능)과 이음(あや)을 같이한다.

② ひろし：礼는 인간사회에 널리 펼쳐 행해야 할 예의범절을 일컫는다.
'펴다(펼치다)'에서 '펼–벌–빌–비로–ひろ(し)'로 이어진다.

③ まさし：礼는 礼道(예도)에 맞는 예절을 뜻한다.
'맞다'에서 '마자–まさ(し)'로 이어진다.

④ ゆずる：礼는 '내주는' 것을 기본으로 한다〈禮讓(예양), 無禮不相見也：禮記(무례불상견야：예기), 饗禮乃歸：儀禮(향례내귀：의례)〉.
'내주다'에서 '내주–누주–우주(ㄴ–ㅇ으로 변음)–ゆずる'로 이어진다.
〔参考〕讓(양：ゆず)る와 이음을 같이한다.

⑤ のり：礼는 올바른 礼法(예법)을 뜻한다.
'올'에서 '놀(ㅇ–ㄴ으로 변음)–노리–のり'로 이어진다.

人名訓読例

① あや·ひろし·まさし·ゆずる：礼(외자 名).

② あや：礼宮(あやのみや), 礼男(あやお), 礼夫(あやお·のりお), 礼子(あやこ·のりこ).

③ のり：礼江(のりえ), 礼明(のりあき), 礼本(のりもと), 礼雅(のりまさ), 礼直(のりなお), 礼好(のりよし).

④ ひろ：礼文(ひろぶみ), 礼云(ひろひと), 礼造(ひろなり), 礼朝(ひろとも), 礼重(ひろしげ), 礼行(ひろゆき).

例 례	訓読	たとえる·ためし·たとえば
	人名訓読	つね
	音読	レイ

訓読풀이

① たとえる：例(례)는 비슷한 종류의 사례를 들어 따지는 것을 뜻한다. ㉮ 들다의 종지형 '들더라'에서 '드더어라–다도어라–たとえる'로 이어진다. ㉯ '따지다'에서 '따지–따디–따도–たとえる'로 이어진다.

② ためし：㉮ 例(례)는 규정, 법식 등 정해진 법도를 그대로 따르는 본보기를 뜻한다. '따르다'에서 '따름–따음–담–다메–ためし'로 이어진다. ㉯ 예를 '들다'에서 '듬–담–다메–ためし'로 이어진다.

③ たとえば：㉮ 例(たと)えば는 예를 들면, 예컨대라는 말이다. 즉 예를 들어 따져본다는 뜻이 된다. '따져보다'에서 '따져봐–따더어바–따도에바–たとえば'로 이어진다. ㉯ 위 ①의 '들더라'에서 '드더어–다도에–たとえ(ば)'로 이어진다.

④ つね：①에서의 규정, 법식, 법도 등은

'이제나, 저제나, 언제나' 따라야 할 행실의 본보기를 뜻한다.
'제나'에서 '주내-つね'로 이어진다.
〔参考〕常(상 : つね)와 이음을 같이한다.

人名訓読例

• つね : 例弘(つねひろ)

隷 례	訓読	しもべ
	音読	レイ

訓読풀이

• しもべ : 隷(례)는 '뒤 · 밑'에 붙어 있는 사람, 즉 종 · 부하 · 노예를 뜻한다.
'뒤 밑'에서 '디미-디모-시모-しも'로 이어지고, 사람을 뜻하는 '패거리'에서의 '패-배-べ'가 합성되어 しもべ로 이어진다. 下部(하부 : しもべ)로도 표기된다.
〔参考〕僕(복 : しもべ)와 이음을 같이한다.

【로】

老 로	訓読	おいる · ふける
	音読	ロウ

訓読풀이

① おいる : ㉮ 老(로)는 늙은이, 늙어 빠지는 것을 뜻한다. '늙어'에서 '느어-노어-노이-오이(ㄴ-으로 변음)-おい'로 이어지고 おいる로 동사화 된다. ㉯ 老는 나이가 드는 것을 뜻한다. '나이'에서 '노이-오이(ㄴ-ㅇ으로 변음)-おい'로 이어지고 おいる로 동사화 된다. ㉰ 老는 오래 사는 것을 뜻한다. '오래'에서 '올에-오에-오이-おい'로 이어지고 おいる로 동사화 된다.

② ふける : 老(ふ)ける는 나이가 불거져 늙어 간다는 뜻이다.
'불거지다'에서 '불거-부게-ふける'로 이어진다.

人名訓読例

① おい : 老山(おいやま), 老松(おいまつ), 老月(おいつき), 老子(おいこ · おいご · おいそ), 老川(おいかわ), 老人(おいひと).

② ふ(ふけ의 준말) : 老家(ふけ).

労(勞) 로	訓読	いたわる · つかれる · ねぎらう
	人名訓読	つとむ
	音読	ロウ

訓読풀이

① いたわる : 労(로)는 달랜다는 뜻이다.
'달래다'에서 '달려-다아려-다아루-たわる'로 이어지고 접두어 い가 붙어 いたわる로 이어진다.

② つかれる : 労는 疲労(피로), 즉 지겨움을 뜻한다.
'지겹다'에서 '지겨-주겨-주가-つかれる'로 이어진다.
〔参考〕疲(피 : つか)れる와 이음을 같이한다.

③ ねぎらう : 労는 慰労(위로), 즉 위로의 말을 해서 마음을 누그러지게 해준다는 뜻이다. '누그러'에서 '내그라-내기라-ねぎらう'로 이어진다.
〔参考〕犒(호 : ねぎら)う와 이음을 같이한다.

④ つとむ : 労는 애쓰는 것, 힘쓰는 것을 뜻한다〈労作(노작), 労務(노무)〉.
'쓰다'에서 '씀-수수무-수두무-수도무-

つとむ'로 이어진다.

人名訓読例

- つとむ：労(외자 名).

鹵 로	訓読	しお
	音読	ロ

訓読풀이

- しお：鹵(로)는 소금, 소금밭을 뜻한다. 소금은 짜다.
  '짜'에서 '자오–지오–しお'로 이어진다.
  〔参考〕鹵는 천연소금, 鹽(염)은 인조소금을 뜻한다.

人名訓読例

- 鹵井：しおい.

虜 로	訓読	とりこ
	音読	リョ

訓読풀이

- とり：虜(로)는 잡혀 온 男(おとこ), 즉 포로(捕虜)를 뜻한다.
  '잡다'에서 '잡–자–다–도–とり'로 이어지고 男을 뜻하는 おとこ의 こ와 합성되어 とりこ로 이어진다. 取(と)り子(こ)인 셈이다.

路 로	訓読	じ·みち
	音読	ロ

訓読풀이

① じ：路(로)는 길을 뜻한다. 한국 일부 방언에서 길을 '질'이라 한다.
'질'에서 '질–지–じ'로 이어진다.

② みち：예나 지금이나 길 자체가 마을이거나 마을로 통한다.
'마을'에서 '말–밀–미찌(받침ㄹ–'찌'로 분절)–みち'로 이어진다.

人名訓読例

- みち：路洋(みちひろ), 路易(みちやす), 路代(みちよ), 路世(みちよ), 路義(みちよし), 路子(みちこ).

撈 로	訓読	とる
	音読	ロウ

訓読풀이

- とる：撈魚(노어)는 고기잡이를 뜻한다.
  '잡다'에서 '자–다–도–とる'로 이어진다. 또한 '따다'에서 '따–도–とる'로 이어진다.

艪 로	訓読	かい·かじ
	音読	ロ

訓読풀이

- かい · かじ：艪(로)는 배 젓는 노이다. 노는 나뭇가지처럼 배의 양 옆 또는 뒤에 붙어 배를 저어간다.
  '가지'에서 かじ, 또는 '갖이'에서 '가이–かい'로 이어진다.
  〔参考〕楫(즙), 舵(타), 梶(미)와 이음(かじ)을 같이한다.

露 로	訓読	つゆ·あらわれる
	人名訓読	あきら
	音読	ロ·ロウ

訓読풀이

① つゆ：露(로)는 이슬을 뜻한다. 想(서리)와 露(이슬)은 둘 다 솔(率), 즉 슬이라 했다〈想露皆曰率：鷄林類事 (상로개왈솔：계림유사)〉.
이슬의 '슬'에서 '수울–수우–つゆ'로 이어진다.

② あらわれる：露는 알려지는 것을 뜻한다〈露呈(노정), 露出(노출)〉.
'알려지다'에서 '알라–아라아–あらわれ

る'로 이어진다.

〔参考〕表(표), 現(현)과 이음(あらわれる)을 같이한다.

③ あきら : 露는 밝혀 알리는 것을 뜻한다. '밝히다'에서 '바키라-아키라(ㅂ-ㅇ으로 변음)-あきら'로 이어진다.

人名訓読例

① あきら · つゆ : 露(외자 名).

② つゆ : 露寄(つゆより), 露乃(つゆの), 露木(つゆき), 露原(つゆはら), 露内(つゆうち), 露子(つゆこ).

【록】

漉 록	訓読	こす·すく
	音読	ロウ

訓読풀이

① こす : 泥水(どろみず)を漉(こ)す 하면 흙탕물을 거르는 것을 뜻한다.
'걸다'에서 '걸-거-고-こす'로 이어진다.
〔参考〕濾(려 : こ)す와 이음을 같이한다.

② すく : ㉮ 海苔(のり)を漉(す)く 하면 김을 뜨는 것을 뜻한다. '뜨다'에서 '드-두-수-すく'로 이어진다. ㉯ 漉(록)은 앙금이나 도랑을 치는 것을 뜻한다. '치다'에서 '치-추-수-すく'로 이어진다.

人名訓読例

• すき · すく : 漉橋(すきはし), 漉野(すくの).

緑(綠) 록	訓読	みどり
	音読	リョク·ロク

訓読풀이

• みどり : 緑(녹)은 緑色(녹색), 草緑色(초록색)을 뜻한다. 緑色은 비취색(翡翠色)이라고도 하는데 翡翠는 물총새(줄여서 물새)의 암컷(翠)과 수컷(翡)으로서, 암수 모두 등이 緑色(녹색)으로 되어 있어 翡翠色으로 불린다.
'물'을 뜻하는 '물-밀-미-み'와 '새'를 뜻하는 '닭-달-돌-도리-とり'가 합성되어 みどり로 이어진다.

人名訓読例

• みどり : 緑間(みどりま), 緑島(みどりしま), 緑川(みどりかわ), 緑子(みどりこ).

録 록	訓読	しるす
	人名訓読	ふみ
	音読	ロク

訓読풀이

① しるす : 録(록)은 記錄(기록), 표시를 뜻한다. 옛날에는 기록하거나 표시하기 위해 가죽이나 돌 위에 단단한 것으로 찔러 표시했을 것이다.
'찌르다'에서 '지러서-지루수-しるす'로 이어진다.
〔参考〕印(인), 標(표), 記(기)와 이음(しるす)을 같이한다.

② ふみ : 録은 記錄(기록), 文書(문서)를 뜻한다. 기록이나 문서를 통하여 학문을 배운다.
'배우다'에서 '배움-뱀-붐-부미-ふみ'로 이어진다.
〔参考〕文(문), 書(서)와 이음(ふみ)을 같이한다.

人名訓読例

• ふみ : 録雄(ふみお), 録子(ふみこ).

라

麓 록	訓読	ふもと
	人名訓読	はやし
	音読	ロク

訓読풀이

① ふもと : 麓(록)은 기슭을 뜻한다. 산기슭은 비탈진 밑 부분이 평평한 땅과 붙는 곳을 뜻하고, 강기슭은 강을 낀 비탈진 밑 부분이 강과 붙는 곳을 뜻한다. ㉮ '비탈진 밑'에서 '비밑-부뫁-부모토-ふもと'로 이어진다. ㉯ 비탈진 '밑'에서 '밑-뫁-모토-もと'로 이어지고, '붙다'에서 '부-ふ'로 이어져 ふもと로 합성된다.

② はやし : 麓은 숲을 뜻한다. 숲은 주로 수풀, 풀로 이루어진다.
'풀'에서 '팔-할-하알-하아시(받침ㄹ-'시'로 분절)-はやし'로 이어진다.

人名訓読例

① はやし · ふもと : 麓(외자 名).

② は(はやし의 준말) : 麓山(はやま).

③ ふもと : 麓原(ふもとはら), 麓人(ふもとひと), 麓太夫(ふもとだゆう).

【론】

論 론	訓読	あげつらう
	音読	ロン

訓読풀이

• あげつらう : 論(론)은 왈가왈부(曰可曰否) 하는 것, 즉 옳고 틀림을 따지는 것을 뜻한다.
'옳고 틀려'에서 '오고투려-아게투라-あげつらう'로 이어진다.

【롱】

弄 롱	訓読	もてあそぶ·いじくる·いじる
	音読	ロウ

訓読풀이

① もてあそぶ : 火(ひ)をもてあそぶ 하면 불을 갖고 논다는 뜻으로, 맡아 있는 것을 가지고 논다는 뜻이 된다.
もて(持って)와 あそぶ(遊ぶ)의 합성어로, '맡'에서 '뫁-모테-もて'로 이어지고, '놀다'에서 '놀-알-아소(받침ㄹ-'소'로 분절)-あそぶ'로 이어져 もてあそぶ가 된다.
〔参考〕 玩(완 : もてあそ)ぶ와 이음을 같이한다.

② いじくる : おもちゃを弄(いじく)る 하면 장난감을 쥐고 만지작거리는 것을 뜻한다.
'쥐다'에서 '쥐구-지구-じくる'로 이어지고, 접두어 い가 붙어 いじくる로 이어진다.

③ いじる : ネクタイをいじる 하면 넥타이를 쥐고 만지작거리는 것을 뜻한다. 人事(じんじ)をいじる 하면 인사권을 쥐어 인사를 주무른다는 뜻이 된다.
'쥐다'에서 '쥐라-지라-지루-じる'로 이어지고, 접두어 い가 붙어 いじる로 이어진다.

挵 롱	訓読	せせる
	音読	ロウ

訓読풀이

• せせる : 楊子(ようじ)で歯(は)の間(あいだ)を挵(せせ)る 하면 이쑤시개로 잇새를 쑤시는 것을 뜻한다. 사람을 조롱

해서 화나게 하는 것을 '속을 쑤시네' 라고 하는데, 일본어 표현도 人(ひと)をせせり腹立(はらだ)たせる라고 한다.
'쑤시다'에서 '쑤시–세시–세세–せせる'로 이어진다.

滝(瀧) 롱	訓読	たき
	音読	ロウ

訓読풀이

• たき : ㉮ 滝(롱)은 비가 쏟아져 내리는 것을 뜻한다. 쏟다의 명사형 '쏟기'에서 '쏘기–싸기–다기–たき'로 이어진다. ㉯ 滝은 폭포, 폭포수를 뜻한다. 폭포 · 폭포수에 상응하는 한국어 고유어는 없다. 풀이한다면 '위에서 쏟아져 내리는 물'이라 할 수 있다. ㉮와 마찬가지로 '쏟다'에서 たき로 이어진다. ㉰ 滝은 '위에서 떨어지는 물'이라고도 풀이 된다. '떨'에서 '덜–달–다기–たき'로 이어진다. 달(月)이 つき가 되고 술(酒)이 さけ가 되고 밀(麦)이 むぎ가 되는 것과 같은 이치이다. ㉱ 쏟아져 내리는 빗물, 폭포수 등은 떨어지면서 들끓는 모양을 만든다. '들끓다'에서 '드끄–다그–다기–たき'로 이어진다.

人名訓読例

• たき : 滝宮(たきみや), 滝頭(たきがしら), 滝上(たきがみ), 滝野沢(たきのさわ), 滝波(たきなみ), 滝華(たきはな).

壟 롱	人名訓読	くろ·つか
	音読	ロウ

訓読풀이

① くろ : 壟(롱)은 논밭의 두렁을 뜻한다. 두렁은 논이나 밭의 경계를 이루는데 이것은 논과 논, 밭과 밭 사이에 둑을 만들어 갈라 놓는 것을 말한다.
'갈라'에서 '가라–구라–구로–くろ'로 이어진다.
〔参考〕 畔(반 : くろ)와 이음을 같이한다.

② つか : 壟은 무덤, 뫼를 뜻한다〈適墓不登壟 : 禮記 (적묘불등롱 : 예기)〉. 무덤은 흙 또는 돌을 쌓아 만든다(밭 두렁도 무덤과 같이 흙으로 쌓아 만든다).
'쌓다'에서 '쌓고–싸가–쑤가–つか'로 이어진다.
〔参考〕 塚(총 : つか)와 이음을 같이한다.

人名訓読例

① くろ : 壟(외자 名).
② つか : 壟田(つかだ).

朧 롱	訓読	おぼろ
	音読	ロウ

訓読풀이

• おぼろ : 朧(롱)은 朦朧(몽롱)한 것, 흐린 것을 뜻한다.
'흐려'에서 '호려–호로–ぼろ'로 이어지고, 접두어 お가 붙어 おぼろ로 이어진다.
〔参考〕 朦(몽 : おぼろ)와 이음을 같이한다.

人名訓読例

• おぼろ : 朧谷(おぼろや), 朧気(おぼろぎ).

籠 롱	訓読	かご·こめる·こもる
	音読	ロウ

訓読풀이

① かご : 籠(롱)은 대나무(竹)로 감고 만든 바구니를 뜻한다.
'감고'에서 '가고-かご'로 이어진다.

② こめる : ㉮ 籠(こ)める는 속에 끼워 넣는 것을 뜻한다. '끼다'에서 '낌-곰-고메-こめる'로 이어진다. ㉯ 무엇으로 감아 속에 넣는 것을 뜻한다. '감다'에서 '감-곰- 고메-こめる'로 이어진다.
〔参考〕込(こ)める와 이음을 같이한다.

③ こもる : ㉮ 籠(こ)もる는 속에 뭔가가 가득 끼어 있는 것, 속에 끼어(틀어) 박혀 나오지 않은 것을 뜻한다. たばこの煙(けむり)がこもる 하면 담배연기가 자욱이 끼어 있음을 뜻한다. ㉯ 위 ②의 '감다'에서 '감-곰-고모-こもる'로 이어진다.
〔参考〕隠(은 : こ)もる와 이음을 같이한다.

人名訓読例

① こもり : 籠(외자 名).

② かご : 籠谷(かごたに · こもりや), 籠橋(かごはし), 籠宮(かごみや), 籠島(かごしま), 籠田(かごた · こもりだ), 籠沢(かござわ).

③ こも · こもり : 籠手田(こもてだ), 籠谷(こもりや), 籠田(こもりだ).

④ こ(こも · こもり의 준말) : 籠宮(このみや · こみや), 籠手田(こてだ).

【뢰】

雷 뢰	訓読	かみなり
	音読	ライ

訓読풀이

• かみなり : 雷(뢰)는 우레, 천둥, 벼락을 뜻한다. 이들은 雷神(뇌신)이 일으키는 것으로 보았다. ㉮ 神을 뜻하는 かみ(곰-감-가미-かみ로 이어짐)와 '우레'에서의 '우레-우리-아리-나리(ㅇ-ㄴ ㅇ으로 변음)-なり'가 합성되어 かみなり로 이어진다. ㉯ 雷를 神이 울리는 소리로 보아〈雷鳴(뇌명), 雷聲(뇌성)〉 神을 뜻하는 かみ와 '울리다'에서의 '우리-아리-나리-なり'가 합성되어 かみなり로 이어진다.

磊 뢰	人名訓読	ころ
	音読	ライ

訓読풀이

• ころ : 磊(뢰)는 구르는 모양을 나타낸다〈磊落如珠 : 文心雕龍 (뇌락여주 : 문심조룡)〉.
'구르다'에서 '구로-고로-ころ'로 이어진다.

人名訓読例

• ころ : 磊石(ころいし).

賚 뢰	訓読	たまう
	音読	ライ

訓読풀이

• たまう : ㉮ 賚(뢰)는 하사품을 내려 주는 것을 뜻한다. '주다'에서 '줌-잠-담-다마-たまう'로 이어진다. ㉯ 賚는 하사품을 받아 담아두는 것을 뜻한다. '담다'에서 '담-다마-たまう'로 이어진다.

人名訓読例

• たま(たまう의 준말) : 賚夫(たまお).

擂 뢰	訓読	する
	音読	ライ

訓読풀이

• する : ㉮ 擂(뢰)는 찧는 것을 뜻한다.

'찧다'에서 '지–주–する'로 이어진다. ㉯ 擂는 씃는 것을 뜻한다. '씃다'에서 '쓰–수–する'로 이어진다. ㉰ 擂는 공이 등으로 곡식을 치는 것, 북을 치는 것(擂鼓 : 뇌고)을 뜻한다. '치다'에서 '치–추–수–する'로 이어진다.

頼(賴) 뢰	訓読	たのむ·たよる
	人名訓読	よし·より·のり
	音読	ライ

訓読풀이

① たのむ : 頼金(かね)を貸(か)してくれとたのむ 하면 돈을 빌려 달라고 도움을 청하는 것을 뜻한다.
'도움'에서 '도움–도무–담무–다노무–たのむ'로 이어진다.

② たよる : '돕다'에서 '도아–다아–다요–たよる'로 이어진다.

③ よし : 頼(뢰)는 올바른 것, 선량한 것을 뜻한다.
'올'에서 '오시(받침ㄹ–'시'로 분절)–よし'로 이어진다.

④ より : 頼는 기대는 것, 의뢰(依頼)를 나타내는 후치사(後置詞) '~으로(에로)'가 동사화 되어 '으로–요로–요리–より·よる'로 이어진다.
〔参考〕依(의), 因(인), 縁(연), 拠(거) 등과 이음(よる)을 같이한다.

⑤ のり : '올바르다'에서 '올–놀(ㅇ–ㄴ으로 변음)–노리–のり'로 이어진다.

人名訓読例

① たのむ · よし · より : 頼(외자 名).

② たの : 頼母木(たのもぎ), 頼母(たのも).

③ よし : 頼命(よしのり), 頼明(よしあき · よりあき).

④ より : 頼寛(よりひろ), 頼基(よりもと), 頼文(よりふみ), 頼範(よりのり), 頼子(よりこ), 頼貞(よりさだ).

⑤ のり : 頼誼(のりよし · よりよし).

蕾 뢰	訓読	つぼみ
	音読	ライ

訓読풀이

• つぼみ : 蕾(뢰)는 꽃봉오리를 뜻한다. 꽃봉오리는 꽃이 피기 전 망울만 맺히고 봉오리로 접혀 있는 상태이다.
'접다'에서 '저붐–주봄–주보미–つぼみ'로 이어진다.
〔参考〕 莟(함 : つぼみ)와 이음을 같이한다.

• つぼみ : 蕾(외자 名).

瀬(瀨) 뢰	訓読	せ
	音読	ライ

訓読풀이

• せ : ㉮ 瀬(뢰)는 걸어서 건널 수 있는 얕은 내, 즉 시내, 시냇물을 뜻한다. '시내'에서 '시–세–せ'로 이어진다. ㉯ 瀬는 좁고 얕아 물살이 '세차게' 흐르는 곳(淺灘 : 천탄)을 뜻한다. '세(차다)'에서 '세–せ'로 이어진다. ㉰ '좁다'에서 '조–제–세–せ'로 이어진다.

人名訓読例

• せ : 瀬掘(せぼり), 瀬端(せばた), 瀬林(せばやし), 瀬霜(せしも), 瀬川(せがわ), 瀬波(せなみ).

【료】

了 료	訓読	おわり·おわる· さとる·しまう
	人名訓読	あきら·おさむ· とおる·さた· すみ·のり
	音読	リョウ

訓読풀이

① おわり · おわる : 了(료)는 일을 다하여 끝내는 것을 뜻한다.
'다하다'에서 '하다'의 명령형 '하여라'에서 '하아루–오아루(ㅎ–ㅇ으로 변음)–おわる'로 이어진다.
〔参考〕終(종 : おわ)る와 이음을 같이한다.

② さとる : ㉮ 了는 깨닫는 것(了覚 : 요각, 了悟 : 요오), 즉 눈을 뜨는 것 (開眼 : 개안)을 뜻한다. '뜨다'에서 '다다–사도–さとる'로 이어진다. ㉯ 了는 총명해서 '똑똑'한 것을 뜻한다. '똑똑'에서 '도도–다도–사도–さと'로 이어진다. ㉰ 了는 깨달음이 솟아(돋아)나는 것을 뜻한다. '솟다'에서 '솓–삳–사도–さとる'로 이어진다.
〔参考〕覚(각), 悟(오), 聡(총), 敏(민) 등과 이음(さとる)을 같이한다

③ しまう : 了는 닫아 끝내는 것을 뜻한다.
'닫다'에서 '닫음–다음–담–딤–심–시마–しまう'로 이어진다.
〔参考〕仕舞(사무 : しま)う와 이음을 같이한다.

④ あきら : 了는 分明(분명)히 밝히는 것을 뜻한다〈明了(명료)〉.
'밝히다'에서 '바키라–아키라(ㅂ–ㅇ으로 변음)–あきら'로 이어진다.

⑤ おさむ : 了는 뜻을 잘 잡아 이해하는 것을 뜻한다〈了解(요해)〉.
'잡다'에서 '잡음–자음–잠–자무–さむ'로 이어지고, 접두어 お가 붙어 おさむ로 이어진다.

⑥ とおる : 了는 꿰뚫어 잘 파악하고 있음을 뜻한다〈了事(요사)〉.
'뚫어'에서 '두우러–도오루–とおる'로 이어진다.

⑦ さた : 了는 일이 잘 끝났음을 뜻한다. ㉮ '잘'에서 '자다(받침ㄹ–'다'로 분절)–さた'로 이어진다. ㉯ '잘되다'에서 '자되–자다–さた'로 이어진다.

⑧ すみ : ㉮ 了는 일이 다 됨을 뜻한다〈了勘(요감), 結了(결료)〉. '됨'에서 '둠–숨–수미–すみ'로 이어진다. ㉯ 了는 일을 다하여 끝났음을 뜻한다〈完了(완료), 終了(종료)〉. '다하다'에서 '다함–담–둠–숨–수미–すみ'로 이어진다.

⑨ のり : 了는 일이 올바르게 이루어졌음을 뜻한다〈了了(요료), 了然(요연)〉.
'올'에서 '놀(ㅇ–ㄴ으로 변음)–노리–のり'로 이어진다.

人名訓読例

① あきら · おさむ · おわり · さとし · さとる · とおる : 了(외자 名).
② さと : 了三(さとみ), 了氏(さとし).
③ あき : 了雄(あきお).
④ さだ : 了丈(さだお).
⑤すみ : 了江(すみえ).
⑥ のり : 了匡(のりまさ), 了久(のりひさ), 了司(のりじ), 了之(のりゆき).

料 료	訓読	はかる
	人名訓読	おさむ
	音読	リョウ

訓読풀이

① はかる：料(료)는 헤아리는 것, 세는 것을 뜻한다.
'헤아리다(헤다)'에서 '헤거라-하가루-はかる'로 이어진다.

② おさむ：料는 잡는 것을 뜻한다〈當與卿共料四海之士：蜀志 (당여경공료사해지사：촉지), 料虎頭編虎鬚：莊子 (요호두편호수：장자)〉.
'잡다'에서 '잡음-자음-잠-さむ'로 이어지고, 접두어 お가 붙어 おさむ로 합성된다.

人名訓読例

• おさむ：料(외자 名).

聊 료	訓読	いささか
	音読	リョウ

訓読풀이

• いささか：些(사) 참조.

遼 료	訓読	はるか
	音読	リョウ

訓読풀이

• はるか：遼(료)는 멀리 펼쳐(벌려)지는 것을 나타낸다〈遼遠(요원)〉.
'펼(벌)'에서 '팔(발)-할-하루-はるか'로 이어진다.

人名訓読例

• はるか：遼(외자 名).

燎 료	訓読	やく
	人名訓読	あき
	音読	リョウ

訓読풀이

① やく：燎(료)는 불로 익히는 것을 뜻한다.
'익히다'에서 '익-약-やく'로 이어진다.

② あき：燎는 밝은 것을 뜻한다.
'밝다'에서 '밝-발기-바기-아기(ㅂ-ㅇ으로 변음)-あき'로 이어진다.

人名訓読例

• あき：燎郎(あきお).

療 료	訓読	いやす
	音読	リョウ

訓読풀이

• いやす：療(료)는 병을 고치는 것, 즉 나아지게 하는 것을 뜻한다.
'나아지다'에서 '나아-니야-이야(ㄴ-ㅇ으로 변음)-いやす'로 이어진다.
〔参考〕 癒(유), 医(의)와 이음(いやす)을 같이한다.

瞭 료	訓読	あきら
	音読	リョウ

訓読풀이

• あきら：瞭(료)는 밝은 것을 뜻한다.
'밝다'에서 '밝히라-바키라-아키라(ㅂ-ㅇ으로 변음)-あきら'로 이어진다.

人名訓読例

① あきら：瞭(외자 名).
② あき：瞭永(あきなが).

醪 료	訓読	もろみ
	音読	ロウ

訓読풀이

• もろみ：醪(료)는 막걸리처럼 알코올 함유량이 적어 묽은 맛을 내는 술을 뜻한다.
'묽은 맛'에서 '물은 맛- 무른마-모로미-もろみ'로 이어진다.
〔参考〕 醪는 諸味(제미-もろみ)로도 표

기되나 이 경우의 もろ(諸)는 여럿이 무리지어 같이 있음을 나타내고(提供 : 제공, 諸声 : 제성), 술과는 관련이 없다〈諸(제 : もろ) 참조〉.

【룡】

竜(龍) 룡	訓読	たつ
	人名訓読	しげみ·とおる·のぼる·めぐむ·たち
	音読	リュウ·リョウ·チョウ

訓読풀이

① たつ : ㉮ 竜(룡)은 하늘로 높이 떠서 구름을 일으켜 비를 내리게 하는 상상 속 신령한 동물이다. '떠서'에서 '다수-たつ'로 이어진다. ㉯ 竜은 높이 솟는(돋는) 동물로 상징된다. '솟(돋)'에서 '삿(닷)-다수-たつ'로 이어진다. ㉰ 竜은 임금, 제왕으로 비유되고 뛰어난 인물을 나타낸다〈海東六龍飛 : 龍飛御天歌 (해동육룡비 : 용비어천가)〉, 〈諸葛孔明者臥龍也 : 蜀志 (제갈공명자 와룡야 : 촉지)〉. '뛰어나다'의 '뛰'에서 '따-たつ'로 이어진다.

② しげみ : 竜은 은총(恩寵)을 가득히 차게 하는 것을 뜻한다〈爲龍爲光 : 詩經 (위룡위광 : 시경)〉.
'차다'에서 '차거라-사게루-시게루-しげる'로 이어진다.

③ とおる : ㉮ 竜은 군자의 덕이 두루 뻗치는 것을 뜻한다. '두루'에서 '도오루-とおる'로 이어진다. ㉯ 또한 竜이 하늘을 뚫고 높이 올라감을 뜻한다. '뚫다'에서 '둘-두울-도울-とおる'로 이어진다.

④ のぼる : '높이' 올라감에서 '높-노보-のぼる'로 이어진다.

⑤ めぐむ : 竜(총)은 주어진 은총 · 은혜를 뜻한다. 은총 · 은혜는 타고날 때 맡겨진, 매겨진 특혜를 뜻한다. ㉮ '맡기다'에서 '맡김-마굼-메굼-めぐむ'로 이어진다. ㉯ '매기다'에서 '매김-매굼-めぐむ'로 이어진다.

⑥ たち : 人名訓読에서 竜華(용화)가 たちばな로 훈독되는데 ①의 たつ를 동사로 풀이하고 たち를 그 명사형으로 쓴 것으로 본다.

人名訓読例

① たつ · しげみ · とおる · のぼる · めぐむ : 竜(외자 名).

② たつ : 竜徳(たつのり), 竜範(たつのり), 竜頭(たつがしら), 竜山(たつやま), 竜川(たつかわ), 竜村(たつむら).

③ たち : 竜華(たちばな).

【루】

泪 루	訓読	なみだ
	音読	ルイ

訓読풀이

• なみだ : 泪(루)는 눈(目)의 물(氵)을 뜻한다.
'눈물'에서 '난물-나물-나밀-나미다(받침ㄹ-'다'로 분절)-なみだ'로 이어진다.

人名訓読例

• なみだ : 泪橋(なみだばし).

陋 루	訓読	いやしい·せまい
	音読	ロウ

訓読풀이

① いやしい : 陋(루)는 천하고 더럽고 좁

은 것을 뜻한다. 즉 정상이 아닌 것, 좋지 아니한 것을 말한다〈陋名(누명), 陋醜 (누추)〉.
'아니하다'에서 '아냐–이야(ㄴ–ㅇ으로 변음)–いやしい'로 이어진다.
〔参考〕卑(비), 賤(천)과 이음(いやしい)을 같이한다.

② せまい：陋는 좁은 것을 뜻한다.
'좁다'에서 '좁음–조음–좀–젬–세마–せまい'로 이어진다.
〔参考〕狭(협：せま)い와 이음을 같이한다.

涙 루	訓読	なみだ
	音読	ルイ

訓読풀이

• なみだ：涙(루)는 눈물을 뜻한다.
'눈물'에서 '난물–나물–나밀–나미다(받침ㄹ–'다'로 분절)–なみだ'로 이어진다.

累 루	訓読	かさなる· かさねる·わずらう
	人名訓読	たか
	音読	ルイ

訓読풀이

① かさなる·かさねる：㉮ 累累(누누)는 겹쳐 쌓이는 모양을 나타낸다. '겹치다'에서 '겨처–거처–가차–가사–かさなる'로 이어진다. ㉯ 累年(누년)은 해를 거듭하는 것을 뜻한다. '거듭'에서 '거두–가다–가사–かさなる'로 이어진다.
〔参考〕重(중：かさ)なる와 이음을 같이한다.

② わずらう：累는 번거로움, 어지러움, 근심을 나타낸다〈此國累也：戰國策(차국누야：전국책)〉.
'어지러워'에서 '아주라우–わずらう'로 이어진다.
〔参考〕煩(번：わずら)う와 이음을 같이한다.

③ たか：累遷(누천)은 벼슬이 자꾸 올라가 높이 뜨게 됨을 말한다.
'뜨다'에서 '뜨고–따고–다가–たか'로 이어진다.

人名訓読例

① かさね：累葉(かさねば).
② たか：累教(たかこ), 累弘(たかひろ).

塁(壘) 루	訓読	とりで
	音読	ルイ

訓読풀이

• とりで：塁(루)는 본성(本城)에서 떨어진 요새(要塞)로 본성을 둘러 싼 소규모 성터를 지칭한다. 야구에서 본루(本塁)를 본성으로 치면 1루, 2루, 3루는 본루를 둘러싼 とりで에 속한다.
본성을 '둘러싼 성터'에서 '둘러터–두러더–도리더–도리데–とりで'로 이어진다.

僂 루	訓読	かがむ
	音読	ロウ·ル

訓読풀이

• かがむ：㉮ 僂(루)는 허리를 구부리는 것을 뜻한다. '굽다'에서 '굽고–가고–가가–かがむ'로 이어진다. ㉯ 구부리는 것은 꺾은 것을 뜻한다. '꺾음'에서 '꺽음–까움–깜–가가무–かがむ'로 이어진다.

屢 루	訓読	しば·しばしば
	音読	ル

訓読풀이

• しば · しばしば : 屢屢(누누)는 짧은 동안 행동이나 행위가 반복되는 것을 나타낸다. しばしばここを訪(おとず)れた 하면 짧은 간격으로 (자주) 이곳을 여러 차례 찾아왔다는 뜻이다.
'짧아'에서 '자바-지바-시바-しばしば'로 이어진다.

漏 루	訓読	もり·もる·もれる
	音読	ロウ·ロ

訓読풀이

• もり · もる · もれる : 銓衡(せんこう)に漏(も)れる 하면 전형에 누락(漏落)되는 것, 즉 밀려 나가는 것을 뜻한다.
'밀리다'에서 '밀려-미러-모루-もる'로 이어진다.
〔参考〕 洩(설 : も)る와 이음을 같이한다.

人名訓読例

① もり : 漏留(もりどめ), 漏水(もりみず).
② もれ : 漏留(もれどめ).

縷 루	訓読	いと
	人名訓読	あや
	音読	ル

訓読풀이

① いと : 縷(루)는 실을 뜻한다. 실은 잇는 역할을 한다.
'잇다'에서 '잇-이도-いと'로 이어진다.
〔参考〕 糸(사 : いと)와 이음을 같이한다.
② あや : ㉮ '잇다'에서 '이어-아어-아야-あや'로 이어진다. ㉯ '엮다'에서 '엮어-여아-아야-あや'로 이어진다.

人名訓読例

• あや : 縷女(あやめ).

鏤 루	訓読	ちりばめる
	音読	ル·ロウ

訓読풀이

• ちりばめる : 鏤(루)는 칼 같은 쇠붙이(金)로 찔러 박아 새기는 것을 뜻한다. タイアモンドをちりばめた王冠(おうかん) 하면 다이아몬드가 여기저기 찔리어 박힌 왕관이라는 뜻이다.
'찔러 박다'에서 '지러박음-지리바음-지리밤-지리바메-ちりばめる'로 이어진다.
〔参考〕 ちりばめる는 ちり와 ばめる〈塡(전)める · 嵌(감)める〉의 합성어인 셈이다.

【류】

流 류	訓読	ながれる·ながす
	人名訓読	はる·はやり·はやる
	音読	リュウ·ル

訓読풀이

① ながれる · ながす : 流(류)는 흘러 나가는 것을 뜻한다. 川(かわ)がながれる 하면 강물이 흘러 나가는 것이고, 雲(くも)がながれる 하면 구름이 떠 나가는 것을 뜻한다.
'나가다'에서 '나가-ながれる'로 이어진다.
② はる : ㉮ 流는 흐르는 것을 뜻한다(流水 : 유수). '흐르다'에서 '흘-할-하루-はる'로 이어진다. ㉯ 流는 널리 펼쳐지는(퍼지는) 것을 뜻한다〈流芳萬世 : 十八史略 (유방만세 : 십팔사략)〉. '펼쳐'에서

'펄-팔-할-하루-はる'로 이어진다.

③ はやり・はやる：流는 流行(유행)을 뜻한다. 유행은 항상 흘러간다.
'흘러'에서 '흐으러-하아러-はやる'로 이어진다.

人名訓読例

① ながれ：流山(ながれやま), 流崎(ながれさき), 流水(ながれみず), 流行(ながれ), 流矢(ながれや).
② なが：流江(ながえ), 流水(ながみ).
③ はる：流雄(はるお).

留 류	訓読	とめる·とまる
	音読	リュウ·ル

訓読풀이

• とめる・とまる：㉮ 留置(유치)는 맡아 두는 것, 잡아 두는 것, 보관하여 두는 것을 뜻한다. '두다'에서 '둠-돔-도메-とめる'로 이어진다. ㉯ 血(ち)が留(と)まる 하면 피가 멎어서는 것을 뜻한다. '서다'에서 '섬-돔-도마-とまる'로 이어진다.
〔参考〕止(지：と)まる와 이음을 같이한다.

人名訓読例

① とめ：留置(とめおき), 留康(とめやす), 留広(とめひろ), 留義(よめよし), 留子(とめこ), 留助(とめすけ).

溜 류	訓読	たまる·ためる
	音読	リュウ

訓読풀이

• たまる・ためる：㉮ 水(みず)を溜(たま)る 하면 물이 담겨 괴인 것을 뜻한다. '담다'에서 '다마-たまる'로 이어진다. ㉯ 貯金(ちょきん)がたまる 하면 저금이 쌓여 불어나는 것을 뜻한다. '쌓다'에서 '쌈-담-다마-たまる'로 이어진다.

人名訓読例

① たまり・たまる・ため：溜(외자 名).
② たまる：溜島(たまるしま).
③ ため：溜口(ためぐち), 溜島(ためしま), 溜田(ためだ), 溜池(ためいけ).

瘤 류	訓読	こぶ
	音読	リュウ

訓読풀이

• こぶ：瘤(류)는 혹을 뜻한다. 혹은 살갗 또는 몸 안에 겹겹이 쌓인 살덩이를 뜻한다.
'겹'에서 '거부-고부-こぶ'로 이어진다.
혹은 한국어에서는 귀찮거나 짐스러운 것을 뜻하는데 こぶ도 짐스러운, 특히 자식을 뜻한다. こぶつきの後家(ごけ)는 아이가 딸린 과부를 뜻한다.

人名訓読例

• こぶ：瘤槻(こぶつき), 瘤木(こぶき).

瀏 류	訓読	きよい
	人名訓読	しみす·しみつ
	音読	リュウ

訓読풀이

① きよい：瀏(류)는 곱고 깨끗한 모양을 나타낸다. ㉮ '곱다'에서 '고아-기아-기요-きよい'로 이어진다. ㉯ '깨끗하다'에서 '객읏-개오-기오-きよい'로 이어진다.
〔参考〕清(청), 浄(정)과 이음(きよい)을 같이한다.

② しみず・しみつ：瀏는 깨끗한 샘물을 뜻한다.
'샘물'에서 '새밀-시밀-시미주(받침 ㄹ-

'주'로 분절)–しみず · しみつ'로 이어진다.

〔参考〕清水(청수 : しみず)와 이음을 같이한다.

人名訓読例

• きよし · しみず · しみつ : 瀏(외자 名).

謬 류	訓読	あやまる
	音読	ビュウ

訓読풀이

• あやまる : 謬(류)는 잘못, 틀림, 실수 즉 어떤 일이 올바르지 '아니함(아님)'을 뜻한다.

'아님'에서 '아냐–아냐무–아야무(ㄴ–ㅇ으로 변음)–あやまる'로 이어진다.

〔参考〕誤(오 : あやま)る와 이음을 같이 한다.

類(類) 류	訓読	たぐい·たぐう
	音読	ルイ

訓読풀이

• たぐい · たぐう : 類(류)는 같은 종류(種類)의 것, 비슷한 것, 즉 서로 짝이 될 만 한 것을 뜻한다. たぐいまれな傑作(けっさく) 하면 그러한 짝을 찾을 수 없는 걸작이라는 뜻이다.

'짝'에서 '자구–다구–たぐい'로 이어진다.

人名訓読例

• たぐい : 類(외자 名).

【륙】

六 륙	訓読	むつ
	音読	ロク·リク

訓読풀이

• むつ : '여섯'은 仮名로 표기하면 '우슷–우쑤–うつ'로 될 수 있으나 다른 숫자, 특히 よつ(4)나 やつ(8)와 유사한 음이 되므로 う가 む로 변음 되어 むつ로 이어진다. ㅇ이 ㅁ으로 변음 되는 경우는 '맛–あじ', '모시라–あしらい', '맞대다–あてる', '맞추다–あつらえる' 등 여러 대응에서 관찰할 수 있다.

人名訓読例

• むつ : 六広(むつひろ), 六徳(むつのり), 六明(むつあき), 六敏(むつとし), 六福(むつとみ), 六洋(むつひろ).

陸 륙	訓読	おか
	人名訓読	あつし·たかし·みち·むつ
	音読	リク·ロク

訓読풀이

① おか : 陸(륙)은 큰 언덕을 뜻한다.

'언덕'에서 '어덕–오더가'로 이어지고, '더'가 탈락, '오가–おか'로 이어진다.

〔参考〕丘(구), 岡(강)과 이음(おか)을 같이한다.

② あつし : ㉮ 陸(륙)은 두터운 것을 뜻한다. '두터'에서 '둩어–두어–두이–つい'로 이어지고, 접두어 あ가 붙어 あつい로 이어진다. ㉯ 두터운 것은 속이 차 있음을 말한다. '차'에서 '추–つ'로 이어지고 접두어 あ가 붙어 あつい로 이어진다.

〔参考〕厚(후 : あつ)い와 이음을 같이한다.

③ たかし : ㉮ 陸은 높은 언덕, 높은 곳을 뜻한다. '높이 뜨다'에서 '뜨고–따고–다가–たか'로 이어진다. ㉯ 높이 '돗다(솟다)'에서 '돋고–도가–다가–たか'로 이어

진다.

④ みち : 陸은 길을 뜻한다. 길은 마을로 통하고 마을은 곧 길이다.
'마을'에서 '말−밀−미지(받침 ㄹ−'찌'로 분절)−みち'로 이어진다.

⑤ むつ : 陸은 '뭍'을 뜻한다.
'뭍'에서 '무투−むつ'로 이어진다.

人名訓読例

① あつし · たかし · むつ : 陸(외자 名).
② おか : 陸田(おかだ), 陸見(おかみ).
③ たか : 陸男(たかお), 陸司(たかし).
④ みち : 陸亘(みちのぶ), 陸良(みちよし), 陸一(みちかず), 陸子(みちこ), 陸男(みちお), 陸夫(みちお).
⑤ むつ : 陸路(むつじ), 陸田(むつた), 陸明(むつあき), 陸臣(むつおみ), 陸海(むつみ), 陸子(むつこ).

戮 륙	訓読	あわせる·ころす
	音読	リク

訓読풀이

① あわせる : 戮(륙)은 힘을 합(合)하는 것, 즉 아우르는 것을 뜻한다〈戮力同德 : 國語 (육력동덕 : 국어)〉.
'아우르다'에서 '아우−あう'로 이어진다.
〔参考〕 合(합 : あ)う와 이음을 같이한다.

② ころす : 戮은 죽이는 것을 뜻한다(殺戮 : 살육). 옛날에는 칼로 목이나 배를 갈라(베어) 죽였다.
'갈라'에서 '갈−골−고로−ころす'로 이어진다.
〔参考〕 殺(살 : ころ)す와 이음을 같이한다.

【륜】

倫 륜	訓読	みち·たぐい
	人名訓読	とも·のり
	音読	リン

訓読풀이

① みち : 倫(륜)은 사람이 따라야 할 '길', 道理(도리)를 뜻한다. 길은 마을로 통하고 마을은 곧 길이다.
'마을'에서 '말−밀−미찌(받침 ㄹ−'찌'로 분절)−みち'로 이어진다.

② たぐい : 倫比(윤비), 倫匹(윤필)은 나이나 신분이 같거나 비슷한 사람, 즉 '짝'을 말한다.
'짝'에서 '닥−다구−たぐい'로 이어진다.
〔参考〕 比(비), 類(류)와 이음(たぐい)을 같이한다.

③ とも : 倫(륜)은 같은 또래, 동무를 뜻한다.
'동무'에서 '도무−도모−とも'로 이어진다.

④ のり : 倫은 사람이 따라야 할 올바른 도리, 윤리를 뜻한다.
'올'에서 '오리−노리(ㅇ−ㄴ으로 변음)−のり'로 이어진다.

人名訓読例

① みち : 倫吉(みちよし), 倫明(みちあき), 倫範(みちのり), 倫央(みちあき), 倫子(みちこ), 倫正(みちまさ).
② とも : 倫寧(ともやす), 倫昭(ともあき), 倫子(ともこ), 倫典(とものり), 倫清(ともきよ), 倫匡(ともただ).
③ のり : 倫男(のりお · みちお), 倫夫(のりお · みちお), 倫史(のりふみ), 倫彦(のりひこ), 倫子(のりこ), 倫好(のりよし).

綸 륜	訓読	いと
	人名訓読	くみ
	音読	リン

訓読풀이

① いと : 綸(륜)은 줄 · 실 · 끈 등으로 잇고 묶는 것을 뜻한다.
'잇다'에서 '잇-읻-이도-いと'로 이어진다.
〔参考〕糸(사)와 이음(いと)을 같이한다.

② くみ : 綸은 하나로 꾀어 묶는 것을 뜻한다〈彌綸天地之道 : 易經 (미륜천지지도 : 역경)〉.
'꾀다'에서 '꾐-곰-굼-구미-くみ'로 이어진다.

人名訓読例

- くみ : 綸子(くみこ).

輪 륜	訓読	わ
	音読	リン

訓読풀이

- わ : 輪(륜)은 수레바퀴의 바깥테를 뜻하며 그것은 바퀴를 에워싸고 있다. 또한 속을 에워싸고 있는 둥근 것, 외곽(外郭)도 뜻한다.
'에워싸다'에서 '에어-아워-와-わ'로 이어진다.
〔参考〕環(환 : わ)와 이음을 같이한다.

人名訓読例

- わ : 輪田丸(わたまる · わだまる), 輪島(わじま), 輪違(わちがい), 輪千(わち), 輪替(わかえ).

【률】

律 률	訓読	のり
	人名訓読	たかし·ただし·ただす·ひろし
	音読	リツ·リチ

訓読풀이

① のり : 律(률)은 올바르게 정해진 律令(율령)을 뜻한다.
'올'에서 '놀(ㅇ-ㄴ으로 변음)-노리-のり'로 이어진다.

② たかし : ㉮ 律律(율률)은 높이 뜬(돋은) 산의 모양을 나타낸다. '뜨다'에서 '뜨고-따고-다가-たか(し)'로 이어진다. ㉯ '돋다'에서 '돋고-다고-다가-たか(し)'로 이어진다. ㉰ 律例(율례)에서 律은 가장 높은 근본법을 지칭하고, 例는 條例로 때에 따라 변경할 수 있는 하위법을 지칭한다. '높이 떠 있다'에서 '뜨고-따고-다가-たか(し)'로 이어진다.

③ ただし · ただす : 律은 법에 따라 '따져' 가면서 행동함으로 떳떳함을 나타낸다〈無自律 : 左氏傳 (무자율 : 좌씨전)〉. ㉮ '따지다'에서 '따저-다더-다다-ただし'로 이어진다. ㉯ '떳떳'에서 '더더-다다-ただし'로 이어진다.
④ ひろし : 律은 뜻을 펼치는 것을 뜻한다〈上律天時 : 中庸 (상률천시 : 중용)〉.
'펼치다'에서 '펼-필-피로-ひろ(し)'로 이어진다.

人名訓読例

① たかし · ただし · ただす · のり · ひろし : 律(외자 名).

② のり : 律久(のりひさ), 律夫(のりお), 律善(のりよし), 律雄(のりお), 律義(の

りよし), 律子(のりこ).

慄 률	訓読	おののく·おそれる·ふるえる
	音読	リツ

訓読풀이

① おののく : 慄(률)은 겁이나 두려워하는 것을 뜻한다(戰慄 : 전률). 특히 여자의 경우 겁이 나면 울거나 울부짖는다. 즉 두려워 우는 상태에 있게 됨을 나타낸다.

'우는'에서 '오는-오논-오노노-おののく'로 이어진다.

〔参考〕戦(전 : おのの)く와 이음을 같이 한다.

② おそれる : ㉮ 慄은 놀라는 것을 뜻한다. '놀'에서 '올-오소(받침ㄹ-'소'로 분절)-おそれる'로 이어진다. ㉯ '오싹' 놀라는 것을 뜻한다. '오싹'에서 '오싸-오쏘-おそれる'로 이어진다. ㉰ '소름'이 끼치는 것을 뜻한다. '소름'에서 '소르-소레-それ'로 이어지고, 접두어 お가 붙어 おそれ(恐れ)로 이어진다.

〔参考〕恐(공), 怖(포), 懼(구), 畏(외)와 이음(おそれる)을 같이한다.

③ ふるえる : 慄은 추위와 두려움에 벌벌 떠는 것을 뜻한다. 벌벌 떠는 모습을 나타내는 의태어(擬態語)로 ぶるぶる가 있다.

'벌벌'에서 '벌-불-부루-ふるえる'로 동사화 된다.

〔参考〕震(전 : ふる)える와 이음을 같이 한다.

【륭】

隆 륭	訓読	たかい
	音読	リュウ

訓読풀이

• たか : 隆(륭)은 높은 것을 나타낸다. 隆興(융흥)은 기세가 높이 떠 올라가는 것을 뜻하고 隆然(융연)은 높이 떠 있는 모양을 나타낸다.

높이 '뜨다'에서 '뜨고-다고-다가-たかい'로 이어진다.

人名訓読例

• たか : 隆寛(たかひろ), 隆基(たかもと), 隆文(たかぶみ), 隆範(たかのり), 隆任(たかとう), 隆貞(たかさだ), 隆盛(たかもり).

【릉】

凌 릉	訓読	しのぐ
	人名訓読	のぼる
	音読	リョウ

訓読풀이

① しのぐ : ㉮ 凌(릉)은 무엇을 헤치고 지나가는 것을 뜻한다. 怒涛(どとう)をしのぐ 하면 노도를 헤치고 지나가는 것, 즉 노도의 위험을 뛰어넘는 것을 뜻한다. '지나다'에서 '지나-지노-しのぐ'로 이어진다. 지난다는 것은 무엇을 뛰어넘는다는 뜻으로 先輩(せんぱい)をしのぐ 後輩(こうはい)는 선배를 지나는(뛰어넘는) 후배, 즉 선배를 凌駕(능가)하는 후배라는 뜻이 된다. ㉯ 무엇을 헤치고 지나가는 것은 어려움을 참고 헤쳐 나간다는 뜻도 된다. 寒(さむ)さをしのぐ 하면 추위를 참고 견디어 낸다는 뜻이다. '참

는다'에서 '참는–삼는–심는–신노–시노–しのぐ'로 이어진다.

〔参考〕忍(인 : しの)ぶ와 이음을 같이한다.

② のぼる : 凌은 높게 오르는 것을 뜻한다. '높다'에서 '놉–노보–のぼる'로 이어진다.

人名訓読例

① しのぎ · しのぐ · のぼる : 凌(외자 名).
② しの : 凌木(しのぎ).

陵 릉	訓読	みささぎ· しのぐ·おか
	人名訓読	ささき
	音読	リョウ

訓読풀이

① みささぎ : 陵(릉)은 천황, 황후 등의 큰 무덤을 뜻한다. 이들 무덤은 흙으로 둥글게 큰 봉분(封墳)을 쌓아 만든다.
'쌓다'에서 '쌓기–싸기–사사기–ささぎ'로 이어지고, 천황을 뜻하는 かみ의 み와 합성되어 みささぎ로 이어진다. みささぎ는 御陵(ごりょう)로도 표기된다. 천황, 황후 등의 무덤인 みささぎ 외에 일반 무덤은 塚(つか)또는 墓(はか)라 한다. 塚는 흙이나 돌을 쌓고 만든 무덤(싸고–쑤가–つか)이고 墓는 흙을 파서 만든 무덤(파고–파가–はか)이다. みささぎ도 흙을 쌓고 만든 무덤이지만 일반의 쌓고 만든 つか(塚)와 구별하기 위하여 みささぎ로 표기된 것으로 본다.

② しのぐ : 陵은 어느 수준을 지나 뛰어 넘는 것을 뜻한다. 능력이 뛰어남으로 해서 陵은 다른 사람을 멸시한다는 뜻도 갖게 된다〈陵蔑(능멸), 陵侮(능모)〉.
'지나다'에서 '지나–지노–しのぐ'로 이어진다.

〔参考〕凌(릉 : しの)ぐ와 이음을 같이한다.

③ おか : 陵은 큰 언덕을 뜻한다.
'언덕'에서 '어덕–오더가–오가('더'가 탈락)–おか'로 이어진다.

〔参考〕丘(구), 岡(강), 陸(륙)과 이음(おか)을 같이한다.

④ ささき : ①에서의 '쌓다'에서 '쌓기–싸기–사사기–ささき'로 이어진다.

人名訓読例

① ささき · みささぎ : 陵(외자 名).
② おか : 陵木(おかぎ), 陵本(おかもと).
③ ささき : 陵辺(ささきべ), 陵部(ささきべ), 陵戸(ささきべ).

菱 릉	訓読	ひし
	音読	リョウ

訓読풀이

• ひし : 菱(릉)은 마름과의 일년초로 열매가 네모진 마름모꼴로 되어 있다. 마름모꼴을 菱形(능형 : ひしがた)이라 하는데, 그것은 정사각형을 각도가 90도가 되지 않게 비스듬하게 만든 모양, 즉 사방형(斜方形)을 나타낸다. 일본 경제계에서 명성 높은 미쓰비시(三菱 : みつびし) 그룹은 ひしがた 세 개를 하나로 묶은 문양(文様)을 회사의 상표로 하고 있다.
'비스듬'에서 '비스–비시–ひし'로 이어진다.

人名訓読例

• ひし : 菱谷(ひしたに · ひしや), 菱山(ひしやま), 菱野(ひしの), 菱刈(ひしかり), 菱田(ひした), 菱形(ひしかた).

綾 릉	訓読	あや
	音読	リョウ·リン

訓読풀이

• あや : ㉮ 綾(릉)은 무늬, 특히 잘 엮어진 비단 무늬를 뜻한다. 문체나 그림도 멋지게 엮어진 것을 あや라 한다. 文章(ぶんしょう)のあや는 문장이 멋진 수식으로 잘 엮어져 있음을 뜻한다. '엮어'에서 '여어–아여–あや'로 이어진다. ㉯ 비단 무늬는 '어여'쁘다. '어여'에서 '아야–あや'로 이어진다.

人名訓読例

• あや : 綾具(あやとも), 綾塚(あやつか), 綾継(あやつぐ), 綾彬(あやあき), 綾足(あやたり), 綾風(あやかぜ).

【리】

利 리	訓読	きく
	人名訓読	とおる·とし·まさ·のり·よし
	音読	リ

訓読풀이

① きく : 利(리)는 이(利)롭게 어떤 결과나 성과를 걷는 것을 뜻한다. 頭痛(ずつう)によう利(き)く薬(くすり)는 두통에 효력을 걷는 약이라는 뜻이고, 顔(かお)がきく는 얼굴이 통하여 말발을 '걷는(거둔)다'는 뜻이다.
'걷다(거두다)'에서 '거–기–きく'로 이어진다.

② とおる : 利는 잘 뚫어 나간다는 뜻이다(利尿 : 이뇨).
'뚫어'에서 '두우러–도오루–とおる'로 이어진다.

③ とし : 利는 날이 서 있는 것, 즉 날이 돋아 있는 것을 뜻한다(鋭利 : 예리).
'돋'에서 '돗–도시–とし'로 이어진다.

④ まさ : 利는 도리에 맞게 행함을 뜻한다.
'맞다'에서 '맞–마자–まさ'로 이어진다.

⑤ みのる : 利는 열매를 맺어 이롭게 되는 것을 뜻한다. ㉮ '열매'에서 '매–미–みのる'로 이어진다. ㉯ '맺다'에서 '매는–미는–미노–みのる'로 이어진다.

⑥ のり : 利는 올바르게 조화를 이루는 것을 뜻한다〈元亨利貞 : 易經 (원형이정 : 역경)〉.
'올'에서 '놀–노리–のり'로 이어진다.

⑦ よし : ⑥의 '올바르다'에서 '올–오시–よし'로 이어진다.

人名訓読例

① とおる · とし · みのる · よし : 利(외자 名).

② とし : 利寛(としひろ), 利国(としくに), 利基(としもと), 利文(としふみ), 利範(としのり), 利貞(としさだ).

③ まさ : 利嘉(まさよし).

④ のり : 利征(のりまさ · としゆき).

⑤ よし : 利昻(よしたか), 利治(よしはる · としはる), 利弘(よしひろ), 利敬(よしゆき).

里 리	訓読	さと
	音読	リ

訓読풀이

• さと : 里(리)는 마을, 촌락, 시골을 뜻하며 田(밭 · 논)과 土(땅)이 있어 사람이 살만한 마지막 삶터를 뜻한다.
'삶터'에서 '삼터–사터–사토–さと'로 이어진다.

人名訓読例

• さと : 里内(さとうち), 里山(さとや

라

ま), 里上(さとがみ), 里川(さとかわ), 里村(さとむら), 里道(さとみち).

理 리	訓読	おさむ·おさめる·ことわり
	人名訓読	さだむ·さとし·さとる·ただし·ただす·とし·のり·まこと·まさし·みち·よし
	音読	リ

訓読풀이

① おさむ · おさめる : 理(리)는 잡고 다스리는 것, 理致(이치)를 잘 잡고 理解(이해)하는 것을 뜻한다.
'잡다'에서 '잡음–자음–잠–사무–さむ'로 이어지고 접두어 お가 붙어 おさむ로 이어진다.

② ことわり : 理는 어떤 것(事)을 아는 것을 말한다.
'것'을 뜻하는 こと(것–곧–こと : 事)와 '알다'에서의 '알–아리–わり'가 합성되어 ことわり로 이어진다.

③ さだむ : 理는 理致에 맞게 잘됨을 뜻한다.
'잘됨'에서 '잘뎀–자담–さだむ'로 이어진다.

④ さとし · さとる : ㉮ 理는 깨닫는 것, 理解하는 것, 즉 눈을 뜨는 것을 뜻한다. '뜨다'에서 '떠–따–다도–사도–さとる'로 이어진다. ㉯ 理는 理解力이 솟는 것을 말한다. '솟다'에서 '솓–삳–사도–さとる'로 이어진다.
〔参考〕 覚(각), 悟(오)와 이음(さとる)을 같이한다.

⑤ ただし · ただす : 理는 따져서 잘 되게 하는 것, 바르게 하는 것, 처리하는 것, 재판하는 것 등의 다양한 뜻을 갖는다.
'따져서'에서 '다다서–다다시–ただし'로 이어진다.

⑥ とし : 理는 다른 것과 구별되어 돋보이는 것을 뜻한다.
'돋'에서 '돗–도시–とし'로 이어진다.

⑦ のり : 理는 올바르게 이해하는 것을 뜻한다.
'올'에서 '올–놀–노리–のり'로 이어진다.

⑧ まこと : 理는 理致에 맞는 것을 뜻한다.
'맞는 것'에서 '맞걷–마걷–마곧–마고도–まこと'로 이어진다.

⑨ まさし : 理致에 '맞다'에서 '마자–まさ'로 이어진다.

⑩ みち : 理는 올바른 道理(도리), 길을 뜻한다. 길은 마을로 통하고 마을 자체가 길이다. '마을'에서 '말–밀–미찌(받침ㄹ–'찌'로 분절)–みち'로 이어진다.

⑪ よし : 理는 올바른 理致를 뜻한다.
'올'에서 '오시(받침ㄹ–'시'로 분절)–よし'로 이어진다.

人名訓読例

① おさむ · さだむ · さとし · さとる · ただし · ただす · まこと · まさし · みち : 理(외자 名).

② さと : 理美(さとみ), 理子(さとこ), 理喜(さとき), 理憙(さとき).

③ ただ : 理男(ただお), 理文(ただぶみ), 理人(ただと), 理森(ただもり), 理雄(ただお), 理之(ただし).

④ とし : 理男(としお), 理夫(としお), 理雄(としお), 理一(としかず), 理二(としじ).

⑤ のり : 理一(のりかず), 理子(のりこ).

⑥ まさ : 理文(まさふみ), 理昭(まさあき), 理子(まさこ), 理本(まさもと), 理忠(まさただ), 理平(まさひら).
⑦ みち : 理明(みちあき), 理博(みちひろ), 理子(みちこ), 理一(みちひと), 理正(みちまさ), 理生(みちお).
⑧ よし : 理久(よしひさ), 理郎(よしろう), 理行(よしゆき), 理恵(よしえ).

裏 리	訓読	うら
	音読	リ

訓読풀이

• うら : 紙(かみ)の裏(うら)는 종이의 뒷면으로 앞면에서 보면 아래에 있는 면(面)을 뜻하고, 着物(きもの)にうらをつける 하면 겉옷 아래(안)에 안찝을 댄다는 뜻이다. 야구에서 각 회의 말(末)을 裏라 하는데(1回裏、2回裏 : いっかいうら、にかいうら), 그것은 선공팀이 위(앞)에 하고 수비팀이 '아래(뒤)'에 하기 때문이다(성적표도 수비팀의 것이 '아래'에 있음)
'아래'에서 '우래-우라-うら'로 이어진다.

人名訓読例

• うら : 裏辻(うらつじ), 裏野(うらの), 裏田(うらた), 裏松(うらまつ), 裏成(うらなり), 裏住(うらずみ).

履 리	訓読	はく·ふむ
	音読	リ

訓読풀이

① はく : 靴(くつ)を履(は)く 하면 구두를 신는다는 뜻이다. 신는다는 것은 발을 신 속으로 박아 넣는 것이다.
'박다'에서 '박-바구-はく'로 이어진다.
〔参考〕穿(천 : は)く와 이음을 같이한다.
② ふむ : 履(ふ)む는 과정을 거치는 것, 즉 과정을 밟는 것을 뜻한다.
'밟다'에서 '밟음-바음-밤-붐-부무-ふむ'로 이어진다.
〔参考〕踏(답 : ふ)む와 이음을 같이한다.

罹 리	訓読	かかる
	音読	リ

訓読풀이

• かかる : 罹(かか)る는 병 · 재난 따위에 걸리는 것을 뜻한다(罹病 : 이병).
'걸다'에서 '걸거라-가가라-かかる'로 이어진다.
〔参考〕掛(괘), 懸(현), 係(계)와 이음(かかる)을 같이한다.

離 리	訓読	はなす·はなれる
	音読	リ

訓読풀이

• はなす · はなれる : ㉮ 離(리)는 빼내는 것, 떨어지는 것, 거리를 두는 것, 떠나는 것 등을 뜻한다. '빼내다'에서 '배내-바내-바나-はなす · はなれる'로 이어진다. ㉯ 離는 이제까지의 인연, 매듭을 풀고 헤어지는 것, 떨어지는 것을 뜻한다〈上下離心 : 淮南子 (상화리심 : 회남자)〉. '풀다'에서 '푼다-푼-한-하나-はなす'로 이어진다.

人名訓読例

• はなれ : 離家(はなれや).

籬 리	訓読	まがき·ませ
	音読	リ

라

訓読풀이

① まがき : 籬(리)는 대나무 · 갈대 · 잡목 등을 발처럼 둘둘 말아 엮은 울타리, 즉 바자울을 뜻한다.
'말다'에서 '말고–마고–마가–まが'로 이어지고 나무를 뜻하는 き와 합성되어 まがき로 이어진다.

② ませ : ①의 '말다'에서 '말–마세(받침ㄹ–'세'로 분절)–ませ'로 이어진다.

【린】

吝 린	訓読	おしむ·やぶさか·しわい
	音読	リン

訓読풀이

① おしむ : 吝(린)은 인색(吝嗇)한 것, 즉 남에게 베푸는 것을 아쉬워 하는 것, 아깝게 여기는 것을 뜻한다.
'아쉬워'에서 '아쉼–오심–오시무–おしむ'로 이어진다.
〔参考〕 惜(석 : おし)む와 이음을 같이한다.

② やぶさか : 인색하다는 것은 자기 몫만 챙기는 얄팍한 성향을 나타낸다.
'얄팍'에서 '야파–아푸–やぶさか'로 이어진다.

③ しわい : 인색하다는 것은 씀씀이나 생각, 도량이 좁은 것을 말한다.
'좁다'에서 '좁아–조아–지아–시아–しわい'로 이어진다.

悋 린	訓読	おしむ·ねたむ·やぶさか
	音読	リン

訓読풀이

① おしむ : 悋(린)은 물건을 아끼어 남에게 주는 것을 아쉬워 하는 것을 뜻한다.
'아쉬워'에서 '아쉼–오심–오시무–おしむ'로 이어진다.

② ねたむ : 悋은 남이 잘 되는 것을 질투하여 애타는 것을 뜻한다.
'애타다'에서 '애탐–내담(ㅇ–ㄴ으로 변음)–ねたむ'로 이어진다.

③ やぶさか : 悋은 자기 몫만 챙기는 얄팍한 성향을 나타낸다.
'얄팍'에서 '야파–야푸–やぶさか'로 이어진다.

隣 린	訓読	となり·となる
	人名訓読	ただ·ちか·なが
	音読	リン

訓読풀이

① となり · となる : 隣(린)은 친근한 사이, 같은 부류, 한 패, 즉 동아리를 뜻한다. '동아리'에서 '도나리–となり'로 이어진다.

② ただ : 隣은 단단함, 여묾을 뜻한다〈五穀隣熟 : 管子 (오곡인숙 : 관자)〉.
'단단'에서 '다다–ただ'로 이어진다.

③ ちか : 隣은 이웃, 즉 가까운 사이를 뜻한다. ㉮ 가까운 것을 나타내는 제주방언 '조곧'에서 '조고–지고–지가–ちか'로 이어진다. ㉯ 이웃은 짧은 거리에 있다.
'짧다'에서 '잘고–자고–지고–ちかい'로 이어진다.

④ なが : 隣을 뜻하는 이웃은 계속 이어 늘어난다.
'늘다'에서 '늘고–느고–나고–나가–ながが'로 이어진다.

人名訓読例

① となり : 隣谷(となりや).

② ただ：隣夫(ただお).
③ ちか：隣信(ちかのぶ・ながのぶ), 隣雄(ちかお), 隣春(ちかはる).
④ なが：隣信(ながのぶ).

躪 린	訓読	にじる
	音読	リン

訓読풀이

• にじる：躪(린)은 이지러트리는 것을 뜻한다.
'이지러'에서 '이지루–니지루(ㅇ–ㄴ으로 변음)–にじる'로 이어진다.
〔参考〕踏(ふ)み躪(にじ)る는 밟아 짓이지르는(짓밟는) 것을 뜻한다.

鱗 린	訓読	うろこ
	音読	リン

訓読풀이

• うろこ：鱗(린)은 물고기, 뱀 따위의 비늘을 뜻하고 비늘 모양으로 된 물건, 형상(예컨대 비늘 모양의 삼각형 무늬)도 うろこ라고 한다. 비늘은 한쪽으로 늘어선 모양을 뜻한다.
'늘어(진) 것'에서 '눌 것–울거(ㄴ–ㅇ으로 변음)–우루고–うるこ'로 이어진다.

人名訓読例

• うろこ：鱗(외자 名), 鱗川(うろこがわ).

【림】

林 림	訓読	はやし
	人名訓読	しげ·もり
	音読	リン

訓読풀이

① はやし：林(림)은 숲, 수풀을 뜻한다. 숲에는 우선 풀이 많게 마련이다.
'풀'에서 '푸울–파알–하야시(받침ㄹ–'시'로 분절)–はやし'로 이어진다.
② しげ：㉮ 숲에는 풀, 나무, 덩굴이 많이 차 있다. '차다'에서 '차게–사게–시게–しげ'로 이어진다. ㉯ 차 있다는 것은 꽉 쌓여 있음을 뜻한다. '쌓다'에서 '싸게–시게–しげ'로 이어진다.
〔参考〕茂(무：しげ)る와 이음을 같이한다.
③ もり：숲에는 풀, 나무, 덩굴이 많이 무리로 몰려 있다. ㉮ '몰리다'에서 '몰리–모리–もり'로 이어진다. ㉯ '무리'에서 '무리–모리–もり'로 이어진다.
〔参考〕森(삼：もり)와 이음을 같이한다.

人名訓読例

① しげる・はやし：林(외자 名).
② はやし：林家(はやしや), 林寺(はやしでら), 林野(はやしの), 林原(はやしばら), 林川(はやしかわ), 林田(はやしだ).
③ しげ：林継(しげつぐ), 林男(しげお), 林司(しげもり), 林成(しげなり), 林為(しげため), 林儀(しげのり).
④ もり：林次(もりつぐ).

淋 림	訓読	さびしい·そそぐ
	音読	リン

訓読풀이

① さびしい：㉮ 淋(림)은 씁쓸한 것, 쓸쓸한 것을 나타낸다. 彼女(かのじょ)とさびしく別(わか)れた 하면 그 여자와 씁쓸하게 헤어졌음을 뜻하고, 懐(ふところ)がさびしい 하면 호주머니가 비어 씁쓸한 기분이라는 뜻이다. '씁쓸'에서 '수

부수–사비수–さびしい'로 이어진다. ㉯ 씁쓸한 것, 씁쓸한 것은 슬픈 기분도 포함된다. '슬퍼서'에서 '스퍼서–사피시–さびしい'로 이어진다.

〔参考〕 寂(적 : さび)しい와 이음을 같이한다.

② そそぐ : 淋는 물을 뿌리는 것, 즉 물을 쏟아내는 것을 뜻한다. '쏟다'에서 '쏟–솟–소소–そそぐ'로 이어진다.

〔参考〕 注(주), 灌(관)과 이음(そそぐ)을 같이한다.

人名訓読例

① そそぎ : 淋(외자 名).

② さび : 淋代(さびしろ).

琳 림	訓読	たま
	音読	リン

訓読풀이

- たま : 琳(림)은 아름다움 玉(옥)을 뜻한다(琳球 : 림구). 玉은 전후 상하 좌우 어디에서 보든 둥글게 닮아 있다. '닮아'에서 '달마–다마–たま'로 이어진다.

  〔参考〕 玉(옥), 球(구)와 이음(たま)을 같이한다.

人名訓読例

- たま : 琳谷(たまたに · たまや).

醂 림	訓読	さわす
	音読	リン·ラン

訓読풀이

- さわす : 醂(림)은 감이나 복숭아 등을 술(酉)에 담구어 절이는(우리는) 것을 뜻한다. ㉮ '절이다'에서 '절어–저아–사아–さわす'로 이어진다. ㉯ '담다'에서 '담아–다아–사아–さわす'로 이어진다.

霖 림	訓読	ながあめ
	音読	リン

訓読풀이

- ながあめ : 霖(림)은 장마, 즉 여러 날 계속해서 늘어지게(늘게) 오는 비를 뜻한다.

  '늘다'에서 '늘게–느게–나가–なが'로 이어지고 비를 뜻하는 あめ와 합성되어 ながあめ로 이어진다. 長雨(장우 : ながあめ)로도 표기된다. 古語에서는 ながめ가 된다.

臨 림	訓読	のぞむ
	音読	リン

訓読풀이

- のぞむ : 臨(림)은 자리에 앉는 것을 뜻한다. 来賓(らいひん)としてのぞむ 하면 내빈으로서 자리에 앉는 것을 뜻한다.

  '앉음'에서 '안줌–아좀–오좀–노조무(ㅇ–ㄴ으로 변음)–のぞむ'로 이어진다.

人名訓読例

- のぞみ : 臨海(외자 名).

【립】

立 립	訓読	たち·たつ·たてる
	人名訓読	つい·のぼる
	音読	リツ·リュウ

訓読풀이

① たち · たつ · たてる : 立(립)은 서는 것을 뜻한다. 立ち撃ち(たちつち)는 서서 쏘기, 立ち見(たちみ)는 서서 보기, 立ち待ち(たちまち)는 서서 기다리는 것을 뜻한다.

'서다'에서 '서－사－다－たつ'로 이어진다.

② つい：立은 곧, 즉시를 뜻한다〈其末立見：史記 (기말입견：사기)〉. 즉 무엇이 곧 좇아 일어남을 뜻한다.
'좇아'에서 '조아－조이－주이－つい'로 이어진다.
〔参考〕次(차：つ)いて와 이음을 같이한다.

③ のぼる：立은 높게 일어서는 것을 뜻한다.
'높다'에서 '노푸－노포－のぼる'로 이어진다.

人名訓読例

① たち・たつ・たて・のぼる：立(외자名).

② たち・たつ・たて：立岡(たちおか・たつおか・たておか), 立見(たちみ・たつみ・たてみ), 立木(たちき・たつき・たてき), 立井(たちい・たつい・たてい), 立川(たちかわ・たつかわ・たてかわ), 立脇(たちわき・たつわき・たてわき).

③ つい：立木(ついき).

笠 립	訓読	かさ
	音読	リュウ

訓読풀이

- かさ：笠(립)은 갓을 뜻한다. 옛날에는 비가 오거나 햇빛이 내리쬘 때 갓을 쓰고 다녔으므로 일본어 傘는 오늘날 雨傘(우산)도 되고 陽傘(양산)도 된다.
  '갓'에서 '가사－かさ'로 이어진다.
  〔参考〕傘(산)과 이음(かさ)을 같이한다.
- かさ：笠家(かさや), 笠間(かさま), 笠島(かさじま), 笠縫(かさぬい), 笠原(かさはら), 笠村(かさむら).

粒 립	訓読	つぶ
	音読	リュウ

訓読풀이

- つぶ：粒(립)은 米粒(미립), 즉 쌀알, 쌀밥, 낟알을 뜻한다. ㉮ '쌀밥'에서 '싸바－쑤바－쑤부－つぶ'로 이어진다. ㉯ '쌀알'에서 '싸아－싸바(ㅇ－ㅂ으로 변음)－쑤바－쑤부－つぶ'로 이어진다.

人名訓読例

- つぶ：粒来(つぶく), 粒良(つぶら), 粒針(つぶはり).

라

馬 마	訓読	うま·ま
	人名訓読	も
	音読	バ·マ·メ

訓読풀이

① うま：馬(마)는 말을 뜻한다.
'말'에서 '마-ま'로 이어지고 접두어 う가 붙어 うま로 이어진다. '소(牛)'에서 '소-시-し'로 이어지고 접두어 う가 붙어 うし로 이어지는 것과 같은 이치이다.

② ま：'말'에서 '마-ま'로 이어진다.

③ も：말을 방언에서 '몰'이라고도 한다. '몰'에서 '모-も'로 이어진다.

人名訓読例

① うま：馬橋(うまはし·まはし), 馬内(うまうち), 馬道(うまじ·うまみち), 馬売(うまうり·もうり), 馬上(うまうえ·まがみ·もがみ), 馬川(うまかわ).

② ま：馬橋(まはし), 馬郡(まごおり), 馬島(ましま), 馬屋原(まやはら), 馬原(まはら), 馬乳(まちち).

③ も：馬売(もうり), 馬上(もかみ), 馬洗(もうらい·うまあらい).

麻(麻) 마	訓読	あさ
	人名訓読	お
	音読	マ

訓読풀이

① あさ：麻(마)는 삼을 뜻한다. '삼'에서 '사-さ'로 이어지고 접두어 あ가 붙어 あさ로 이어진다.

② お：麻는 大麻(대마), 黃麻(황마), 亞麻(아마), 모시풀 등 삼실로 만든 옷감을 뜻하고, 나아가 옷의 총칭이다. 옛날에는 다수가 삼실로 만든 옷감으로 옷을 만들어 입었다고 볼 수 있다. '옷(감)'에서 '오-お'로 이어진다.

人名訓読例

① あさ：麻宮(あさみや), 麻山(あさやま), 麻植(あさうえ), 麻場(あさば), 麻鳥(あさとり), 麻川(あさかわ).

② お：麻見(おみ), 麻滝(おたき), 麻植(おうえ), 麻畑(おばた), 麻柄(おがら), 麻績(おみ).

痲 마	訓読	しびれる
	音読	マ

訓読풀이

• しびれる：痲(마)는 마비(痲痺)되는 것, 그래서 몸 같은 것이 찌부러지는 것을 뜻한다. 右半身(みぎはんしん)がしびれる 하면 우반신이 마비되어 찌부러진다는 뜻이다.
'찌부러'에서 '지비러-시비레-しびれる'로 이어진다.
〔参考〕 痺(비：しび)れる와 이음을 같이 한다.

摩(摩) 마	訓読	する·こする
	音読	マ

訓読풀이

① する：摩(마)는 쓰는 것, 문지르는 것을 뜻한다. 手(て)をする 하면 손을 쓰는(비비는) 것이고, タオルで背中(せなか)をする 하면 수건으로 등을 쓰는 것을

뜻한다.
'쓸다'에서 '쑬–술–수루–する'로 이어진다.
〔参考〕 擦(찰 : す)る와 이음을 같이한다.

② こする : ㉮ 摩는 갈고(갈다) 쓰는(쓸다) 것을 뜻한다. '갈(고) 쓸다'에서 '가쓸–가술–고술–고수루–こする'로 이어진다.
㉯ '갈다'에서 '갈–골–고수(받침ㄹ–'수'로 분절)–こする'로 이어진다.
〔参考〕 擦(찰 : こす)る와 이음을 같이한다.

磨 마	訓読	する·とぐ·みがく
	人名訓読	うる·うす·うず
	音読	マ

訓読풀이

① する : 磨(마)는 쓰는 것, 문지르는 것을 뜻한다.
'쓸다'에서 '쑬–술–수루–する'로 이어진다.
〔参考〕 擦(찰), 摩(마)와 이음(する)을 같이한다.

② とぐ : 磨는 칼이나 거울을 닦는 것을 뜻한다.
'닦다'에서 '닥–독–도구–とぐ'로 이어진다.
〔参考〕 研(연 : と)ぐ와 이음을 같이한다.

③ みがく : 磨는 밀고(문지르고) 가는(닦는) 것을 뜻한다. 刀(かたな)をみがく 하면 칼을 밀고 간다는 뜻이다. '밀(고) 가구'에서 '미가구–みがく'로 이어진다.

④ うる : 磨는 연자방아의 세로로 세운 둥근 돌이 소나 말이 이끄는 대로 돌아가면서 곡식을 눌러 찧는 것을 뜻한다.
'눌러'에서 '눌–울(ㄴ–ㅇ으로 변음)–우루–うる'로 이어진다.

⑤ うす · うず : ④의 '눌러'에서 '눌–울–우수(받침ㄹ–'수'로 분절)–うす · うず'로 이어진다.

人名訓読例

① とぎ · みがき · みがく : 磨(외자 名).
② する : 磨墨(するすみ · うるすみ).
③ とぎ : 磨屋(とぎや · うずや), 磨田(とぎた · うすだ), 磨平(とぎひら).
④ うす : 磨田(うすだ), 磨井(うすい).
⑤ うず : 磨屋(うずや).
⑥ うる : 磨墨(うるすみ).

【막】

莫 막	訓読	ない·なかれ
	音読	マク

訓読풀이

① ない : 莫(막)은 없음을 뜻한다.
'없다'에서 '없어–어이–아이–나이(ㅇ–ㄴ으로 변음)–ない'로 이어진다.
〔参考〕 無(무 : な)い와 이음을 같이한다.

② なかれ : 莫(なか)れ는 동작을 금지시킬 때 쓰는 말로 '말아, 말지어다'라는 뜻을 갖는다. 부정적, 원치 않은 결과가 없게 하라는 말이다. 騷(さわ)ぐことなかれ 하면 떠드는 일이 없도록, 즉 없게 하라는 뜻이고, 驚(おどろ)くなかれ 하면 놀라는 일을 없게 하라는 뜻이다.
'없게 하라'에서 '어게(하)라–아가라–나가레(ㅇ–ㄴ으로 변음)–なかれ'로 이어진다.
〔参考〕 勿(물 : なか)れ와 이음을 같이한다.

幕 막	訓読	とばり
	音読	マク·バク

訓読풀이

- とばり：幕(막)은 바람, 비, 눈 등을 막기 위하여 '덮고' 둘러치는 장막(帳幕)을 뜻한다.
  '덮다'에서 '더퍼라-도바라-도바리-とばり'로 이어진다.
  〔参考〕帳(장), 帷(유)와 이음(とばり)을 같이한다.

漠 막	訓読	ひろい
	音読	バク

訓読풀이

- ひろい：漠(막)은 사막, 넓음을 뜻한다. 사막은 모래가 널리 펼쳐져(벌어져) 있는 곳을 가리킨다.
  '펼쳐(벌어져)'에서 '필(빌)-비로-ひろい'로 이어진다.

人名訓読例

① ひろし：漠(외자 名).
② ひろ：漠男(ひろお).

寞 막	訓読	さびしい
	音読	バク·マク

訓読풀이

- さびしい：寞(막)은 씁쓸하다, 슬프다는 뜻이다(寂寞：적막).
  '씁쓸'에서 '수비수-사비시-さびしい'로 이어지고, '슬프다'에서 '슬피-스피-사피-さびしい'로 이어진다.

藐 막	訓読	はるか
	音読	バク·ビョウ

訓読풀이

- はるか：藐(막)은 시간 공간이 저 멀리 아득하게 넓게 펼쳐져(벌어져) 있음을 나타낸다.
  '펼 · 벌'에서 '버루-바루-하루-はる(か)'로 이어진다.
  〔参考〕遥(요), 邈(막), 渺(묘), 杳(묘)와 이음(はるか)을 같이한다.

邈 막	訓読	はるか
	音読	バク

訓読풀이

- はるか：藐(막) 참조.

【만】

万 만	訓読	よろず
	人名訓読	かず·あら·すすむ·つもる·なが
	音読	マン·バン

訓読풀이

① よろず：万屋(よろずや：만옥)은 물건이 여럿 있는 만물상(萬物相)을 뜻한다.
'여럿'에서 '요롯-요로수-よろず'로 이어진다.

② かず：①의 '여럿'은 갖가지를 갖추고 있음을 말한다.
'갖'에서 '가주-かず'로 이어진다.
〔参考〕数(수：かず)와 이음을 같이한다.

③ あら：①, ②에서 '여럿'이나 '갖'은 여러 가지라는 뜻이 된다.
'여러'에서 '아라-あら'로 이어진다.

④ すすむ：万은 일이 차츰차츰 진행(進行)되어 (쌓이어) 많아지는 것, 커지는 것을 뜻한다. ㉮ '차츰'에서 '추춤-추추무-すすむ'로 이어진다. ㉯ 일이 '쌓이어' 커짐에서 '싸임-쌈-쑴-수수무-す

すむ'로 이어진다.

⑤ つもる : 萬은 사물이 쌓이어 커지는 것, 많아지는 것을 뜻한다.
'쌓이다'에서 '싸임-쌈-쑴-쑤모-つもる'로 이어진다.
〔参考〕 積(적 : つも)る와 이음을 같이한다.

⑥ なが : 萬은 사물이 늘어나 커지는 것, 많아지는 것을 뜻한다.
'늘고'에서 '누고-나고-나가-なが'로 이어진다.
〔参考〕 長(장 : なが)い와 이음을 같이한다.

人名訓読例

① すすむ · つもる · よろず : 萬(외자 名).
② よろず : 万代(よろずや), 万屋(よろずや), 万谷(よろずや), 万雄(よろずお), 万重(よろずえ), 万之介(よろずのすけ).
③ かず : 万満(かずみつ), 万文(かずのり), 万博(かずひろ), 万人(かずと), 万長(かずなが), 万勲(かずのり).
④ あら : 万町(あらまち).
⑤ なが : 万歳(ながとし · ながよ).

娩 만	訓読	うむ
	音読	ベン

訓読풀이

• うむ : 娩(만)은 아이를 낳음을 뜻한다(分娩 : 분만).
'낳음'에서 '남-눔-움(ㄴ-ㅇ으로 변음)-うむ'로 이어진다.
〔参考〕 生(생), 産(산)과 이음(うむ)을 같이한다.

挽 만	訓読	ひく
	音読	バン

訓読풀이

• ひく : ㉮ 木(き)を挽(ひ)く 하면 나무를 베는 것을 뜻한다. '베다(켜다)'에서 '베-비-ひく'로 이어진다. ㉯ 挽(만)은 당겨 빼서 못하도록 말리는 것을 뜻한다(挽留 : 만류). '빼다'에서 '배-비-ひく'로 이어진다. 挽歌(만가), 挽詞(만사)는 상여가 나갈 때 상여꾼이 부르는 노래로, 죽었지만 무덤에서 빼어 내려는 애도자의 심정을 나타낸다.

마

満(滿) 만	訓読	みたす·みちる·みつ
	音読	マン

訓読풀이

① みたす · みちる : 満(만)은 물(氵)이 萬(만)에 이르도록 가득 차는 것을 뜻한다〈満朝(만조), 満員(만원)〉. ㉮ '물 차다'에서 '물차-무차-미다-みたす'로 이어진다. 또한 '물 차다'에서 '물차-무차-미치-みちる'로 이어진다. ㉯ 満은 기준 · 조건에 達(달)하는 것, 즉 '미치'는 것을 뜻한다. '미치다'에서 '미치-みちる'로 이어진다.

② みつ : 満(み)つ도 満(み)たす, 満(み)ちる와 마찬가지로 '물 차다', '미치다'에서 '무차(미치)-미추-みつ'로 이어진다. 또는 '물 차다, 미치다'의 '물-미'에서 みつ로 동사화 되었다고도 풀이된다.

人名訓読例

① みち : 満男(みちお · みつお), 満亮(みちすけ · みつすけ), 満穂(みちほ · みつほ), 満彦(みちひこ · みつひこ), 満子(みちこ · みつこ).
② みつ : 満山(みつやま), 満足(みつあ

し), 満基(みつもと), 満文(みつふみ), 満貞(みつさだ), 満春(みつはる).

晩 만	訓読	おそい·くれ
	音読	バン

訓読풀이

① おそい : 晩(만)은 늦은 것을 뜻한다〈晩年(만년), 晩學(만학)〉.
'늦어'에서 '느저-노조-오소(ㄴ-ㅇ으로 변음)-おそい'로 이어진다.
〔参考〕 遅(지 : おそ)い와 이음을 같이한다.

② くれ : 晩은 해가 지는 것, 해질 무렵, 저녁을 뜻한다. ㉮ 해가 진다는 것은 해가 기운다는 뜻이다. '기울다'에서 '기울-길-굴-구레-くれ'로 이어진다. ㉯ 해가 진다, 기운다는 것은 땅거미가 지면서 해가 가려짐을 뜻한다. '가려'에서 '가레-구레-くれ'로 이어진다.
〔参考〕 暮(모 : くれ)와 이음을 같이한다.

蛮(蠻) 만	訓読	えびす
	音読	バン

訓読풀이

• えびす : 옛날 중국은 사방의 이웃나라를 오랑캐라 하여 동쪽 오랑캐를 東夷(동이), 서쪽 오랑캐를 西戎(서융), 남쪽 오랑캐를 南蛮(남만), 북쪽 오랑캐를 北狄(북적)이라 칭했다. 夷(い), 戎(じゅう), 蛮(ばん), 狄(てき)는 모두 えびす로 훈독되는데, 모두 멸시의 대상, 즉 업신여김을 받는 대상이었다.
'업신'에서 '어비시-에비수-えびす'로 이어진다.
〔参考〕 蝦夷(하이 : えぞ)와 이음을 같이한다. 蝦夷도 고대에 북해도에 살던 인종으로 업신여기는 멸시의 대상이었기에 '업신'에서 '어시-에시-에소-えぞ'로 불렸던 것으로 본다.

慢 만	訓読	あなどる·おこたる
	音読	マン

訓読풀이

① あなどる : 慢(만)은 남을 업신여기는 것을 뜻한다〈慢侮(만모), 慢言(만언)〉. 업신여긴다함은 無視(무시), 그게 아니다(無)라는 생각(慢心)을 띄는(取하는) 것이라 말할 수 있다.
'아니다'에서 '아냐-あな'로 이어지고, '띄다'에서 '뜨-도-どる'로 이어져 あなどる로 합성된다.
〔参考〕 侮(모 : あなど)る와 이음을 같이한다.

② おこたる : 慢은 게으름을 뜻한다〈惰(타) 참조〉.

漫 만	訓読	そぞろに·みだりに
	音読	マン

訓読풀이

① そぞろに : 漫(만)은 저절로 일이 이루어지는 상황을 나타낸다. 気(き)もそぞろに浮(う)かれ歩(ある)く 하면 마음이 들떠 저절로 발길 닿는 대로 거닌다는 말이고, そぞろに涙(なみだ)をもよおす 하면 저절로 눈물이 난다는 뜻이다.
'저절로'에서 '저저로-조조로-そぞろに'로 이어진다.

② みだりに : ㉮ 漫은 멋대로를 뜻한다. みだりに花(はな)を折(お)ってはいけない 하면 멋대로 꽃을 꺾어서는 안된다는 뜻이다. '멋대로'에서 '머대로-미다

로–미다리–みだりに'로 이어진다. ㉯ みだり를 뜻하는 한자 漫(게으를 만), 妄(망년될 망), 濫(어지러울 람), 猥(함부로 할 외)는 모두 못된 짓을 공통의미로 한다.

'못돼'에서 '못되리–모다리–미다리–みだり'로 이어진다.

輓 만	訓読	ひく
	音読	バン

訓読풀이

• ひく : 挽(만) 참조.

蔓 만	訓読	つる·はびこる
	人名訓読	おう
	音読	マン

訓読풀이

① つる : 蔓(만)은 풀줄기 · 덩굴을 뜻한다. 金(かね)の蔓(つる)는 돈줄을 뜻하고, 出世(しゅっせ)の蔓(つる)는 출세의 연줄을 뜻한다.

'줄'에서 '주루–つる'로 이어진다.

〔参考〕 弦(현), 絃(현)과 이음(つる)을 같이한다.

② はびこる : 蔓(만)은 蔓延(만연), 즉 덩굴처럼 부풀어 널리 퍼지는 것을 뜻한다.

'부풀다'에서 '부풀거라–부비거라–바비고루–はびこる'로 이어진다.

③ おう : ㉮ 蔓은 얽히는 것을 뜻한다. '얽다'에서 '얽어–어어–오우–おう'로 이어진다. ㉯ 蔓은 뻗어 자라는 것을 뜻한다. '뻗다'에서 '벋어–버어–어어(ㅂ–ㅇ으로 변음)–오우–おう'로 이어진다.

人名訓読例

① つる : 蔓見(つるみ), 蔓雄(つるお), 蔓子(つるこ).

② おう : 蔓田(おうた).

瞞 만	訓読	だます
	音読	マン

訓読풀이

• だます : ㉮ 瞞(만)은 속이는 것을 뜻한다. '속임'에서 '소임–솜–삼–담–다마–だます'로 이어진다. ㉯ 瞞은 속여 남의 것을 채는 것을 뜻한다. '채다'에서 '챔–참–담–다마–だます'로 이어진다. ㉰ 瞞은 달램수로 무엇을 하도록 하는 것을 뜻한다. '달램'에서 '달앰–다앰–담–다마–だます'로 이어진다.

鏝 만	訓読	こて
	音読	マン

訓読풀이

• こて : 鏝(만)은 방바닥이나 벽 등에 흙 같은 것을 바르고 곧게 다듬는데 쓰는 흙손, 머리나 옷을 곧게 다듬는데 쓰는 인두를 뜻한다.

'곧'에서 '고대–こて'로 이어진다.

鬘 만	訓読	かずら·かつら
	音読	マン

訓読풀이

• かずら · かつら : 鬘(만)은 딴머리, 가발(假髮)을 뜻한다. 딴머리는 여자의 본머리에 덧대어 얹은 가짜 머리털이고, 가발은 숱이 모자라는 대머리나 본 머리를 감추거나 분장을 위해 머리에 덧얹어 쓰는 가짜 머리를 뜻한다.

'감추다'에서 '감추라–가추라–かずら · かつら'로 이어진다.

人名訓読例

마

• かずら：鬘師(かずらし)

彎 만	訓読	ひく·まがる
	音読	ワン

訓読풀이

① ひく：彎(만)은 활시위를 당기어 화살을 빼고 날리는 것을 뜻한다〈士不敢彎而報：賈誼 (사불감만이보：가의)〉.
'빼다'에서 '배구－비구－ひく'로 이어진다.

② まがる：彎曲(만곡)은 마는 모양을 하면서 굽는 것을 뜻한다.
'말다'에서 '말거라－마가라－마가루－まがる'로 이어진다.

【말】

末 말	訓読	すえ
	音読	マツ·バツ

訓読풀이

• すえ：末(말)은 어떤 사물의 끝, 뒤의 부분을 뜻한다. 今月(こんげつ)のすえ는 이달 말을 가리키는데, 이달 중 제일 뒤의 부분을 말한다.
雑談(ざっだん)のすえ는 잡담 뒤에라는 뜻이고, すえの弟(おとうと)는 막내동생으로 제일 뒤에 태어난 동생을 뜻한다.
'뒤에'에서 '두에－すえ'로 이어진다.

人名訓読例

• すえ：末基(すえもと), 末金(すえかね), 末野(すえの), 末貞(すえさだ), 末川(すえかわ), 末沢(すえざわ).

抹 말	訓読	する·けす
	音読	マツ

訓読풀이

① する：抹(말)은 쓸어 없애는 것을 뜻한다〈抹殺(말살)〉.
'쓸다'에서 '술－수루－する'로 이어진다.

② けす：抹은 꺼서 없애는 것을 뜻한다〈抹消(말소)〉. 火(ひ)をけす하면 불을 끈다는 뜻이다.
'꺼'에서 '거－개－けす'로 이어진다.
〔参考〕 消(소：け)す와 이음을 같이한다.

沫 말	訓読	あわ
	音読	マツ

訓読풀이

• あわ：沫(말)은 거품, 물방울을 뜻한다. 거품이나 물방울 등은 액체속에 공기가 들어가 알처럼 둥글게 부푼 방울을 뜻한다. 방울 즉 알이 된다.
'알'에서 '아알－아아－あわ'로 이어진다.
〔参考〕 泡(포), 粟(속)과 이음(あわ)을 같이한다.

秣 말	訓読	まぐさ
	音読	マツ

訓読풀이

• まぐさ：秣(말)은 말이나 소에게 주는 꼴을 뜻한다.
'말'을 뜻하는 ま와 '꼴'을 뜻하는 ぐさ(꼴－골－굴－구사(받침ㄹ－'사'로 분절)－ぐさ)가 합성되어 まぐさ로 이어진다.

人名訓読例

• まぐさ：秣(외자 名).

【망】

亡 망	訓読	ない·うしなう·にげる·ほろびる·ほろぼす
	音読	ボウ·モウ

訓読풀이

① ない：亡(망)은 없음(無)을 뜻한다.
'없다'에서 '없어–어어–아어–아이–나이(ㅇ–ㄴ으로 변음)–ない'로 이어진다.
〔参考〕 無(무：な)い와 이음을 같이한다.

② うしなう：㉮ 亡은 없어지는 것을 뜻한다. '없어지다'에서 '업서–어서–우시–うしなう'로 이어진다. ㉯ 없어지는 것은 놓치는 것을 뜻한다. '놓치다'에서 '노치–오치(ㄴ–ㅇ으로 변음)–오시–우시–うしなう'로 이어진다.
〔参考〕 失(실), 喪(상)과 이음(うしなう)을 같이한다.

③ にげる：㉮ 亡은 逃亡(도망), 즉 달아나(가)는 것, 물러나(가)는 것, 빠져나가는 것을 뜻한다. '나가다'에서 '나가–니게–にげる'로 이어진다. ㉯ 亡은 놓아주어 도망가는 것을 뜻한다. '놓다'에서 '놓게–노게–니게–にげる'로 이어진다.
〔参考〕 逃(도：に)げる와 이음을 같이한다.

④ ほろびる·ほろぼす：国(くに)がほろびる 하면 나라가 허물어지는 것을 뜻하고, 家(いえ)をほろぼす 하면 집을 헐어버리는 것을 뜻한다.
'헐어버려'에서 '호로버루–ほろびる'로 이어진다.

妄 망	訓読	みだり
	音読	モウ·ボウ

訓読풀이

• みだり：㉮ 妄(망)은 멋대로 행동하는 것을 뜻한다〈妄動(망동), 妄言(망언)〉. '멋대로'에서 '머다로–미다리–みだり'로 이어진다. ㉯ 妄은 못되게 행동하는 것을 뜻한다. '못되'에서 '모대리–미다리–みだり'로 이어진다.
〔参考〕 漫(만), 濫(람), 猥(외) 등과 이음(みだり)을 같이한다.

忙 망	訓読	いそがしい·せわしい
	音読	ボウ

訓読풀이

① いそがしい：忙(망)은 平静(평정)한 마음(忄)을 잃고(亡) 바쁘게 서두르는 것, 즉 어서어서 급하게 움직이는 것을 뜻한다.
'어서'에서 '이소–いそがしい'로 이어진다.
〔参考〕 急(급：いそ)がす와 이음을 같이한다.

② せわしい：바쁘고 급하다는 것은 조바심이 생긴다는 뜻이다.
'조바심'에서 '좁아서–조와시–제와시–せわしい'로 이어진다.

忘 망	訓読	わすれる
	音読	ボウ

訓読풀이

• わすれる：忘(망)은 잊어버리는 것을 뜻한다.
'잊다'에서 '잊어–이저–아저–와주–わすれる'로 이어진다.

마

芒 망	訓読	のぎ
	人名訓読	のげ
	音読	ボウ

訓読풀이

- のぎ · のげ : 芒(망)은 벼나 보리의 낟알 겉껍질에 남겨 있는 깔끄러운 수염 동강을 뜻한다.
  '남겨'에서 '나기-노기-のぎ(のげ)'로 이어진다.

人名訓読例

① のげ : 芒(외자 名).
② のぎ : 芒崎(のぎざき).

罔 망	訓読	あみ·くらい·ない
	音読	モウ·ム

訓読풀이

① あみ : 罔(망)은 그물을 뜻한다. 그물은 노끈이나 철사 따위로 엮어(얽어) 만든다.
'엮음(얽음)'에서 '여음(어음)-염(엄)-암-아미-あみ'로 이어진다.
〔参考〕 網(망 : あみ)와 이음을 같이한다.

② くらい : 罔은 무엇에 가린 것처럼 어두운 것을 뜻한다.
'가려'에서 '가라-구라-くらい'로 이어진다.
〔参考〕 暗(암 : くら)い와 이음을 같이한다.

③ ない : 罔極(망극)은 끝이 없음을 뜻한다.
'없다'에서 '없어-어이-아이-나이(ㅇ-ㄴ으로 변음)-ない'로 이어진다.
〔参考〕 無(무 : な)い와 이음을 같이한다.

望 망	訓読	のぞむ·もち
	人名訓読	まつ·のぼる
	音読	ボウ·モウ

訓読풀이

① のぞむ : 望(망)은 所望(소망), 希望(희망)을 뜻한다. 소망, 희망은 나아짐을 바란다는 뜻이다.
'나아짐'에서 '나짐-노짐-노좀-노조무-のぞむ'로 이어진다.

② もち : 望은 마주 대하는 것, 마주 보는 것을 뜻한다. 望月(망월 : もちつき)은 달을 마주한다는 뜻이고, 望夫石(망부석)은 남편 떠난 곳을 기약 없이 마주 보다가 그대로 화석이 되었다는 전설적인 돌을 뜻한다.
'마주'에서 '맞-뫚-모지-もち'로 이어진다.

③ まつ : 望은 기다리는 것을 뜻한다〈倚門而望 : 戰國策 (기문이망 : 전국책)〉.
기다림을 뜻하는 '멎어 (기다리다)'에서 '멎-맞-마주-まつ'로 이어진다.
〔参考〕 待(대 : ま)つ와 이음을 같이한다.

④ のぼる : 望은 높이 우러러 보는 것을 뜻한다〈良人者所仰望而終身也 : 孟子 (낭인자소앙망이종신야 : 맹자)〉.
'높다'에서 '높아-노파-노푸-노부-のぼる'로 이어진다.

人名訓読例

① のぞみ · のぞむ · のぼる : 望(외자 名).
② のぞ : 望見(のぞみ).
③ もち : 望月(もちずき), 望田(もちだ · まつだ), 望慶(もちよし), 望観(もちみ), 望城(もちき), 望信(もちのぶ).
④ まつ : 望田(まつだ · もちだ).

惘 망	訓読	あきれる
	音読	ボウ·モウ

訓読풀이

• あきれる : 惘(あき)れる는 어이없는 것, 엇갈리는 것을 뜻한다.
'엇갈리다'에서 '어가려-아기레-あきれる'로 이어진다.
〔参考〕 呆(매 : あき)れる와 이음을 같이 한다.

莽 망	訓読	くさむら
	音読	ボウ·モウ

訓読풀이

• くさむら : ㉮ 莽(망)은 수풀이 한곳에 몰려 무성함을 뜻한다. 풀을 뜻하는 '꼴'에서 '골-굴-구사(받침ㄹ-'사'로 분절)-くさ'로 이어지고, '몰려'에서 '몰-물-무라-むら'로 이어져 くさむら로 합성된다. ㉯ 수풀이 한곳에 몰려 마을을 이루고 있다고도 볼 수 있다. 풀을 뜻하는 くさ와 마을을 뜻하는 むら(마을-말-물-무라-むら)가 합성되어 くさむら로 이어진다.

網 망	訓読	あみ
	人名訓読	おう·よさみ
	音読	モウ

訓読풀이

① あみ : 網(망)은 그물을 뜻한다. 그물을 만들려면 든든한 실 또는 줄이나 철사를 엮어 만든다.
'엮음'에서 '염-암-아미-あみ'로 이어진다.

② おう : 網은 魚網(어망)을 씌워 고기를 잡는 것, 法網(법망)을 씌워 백성을 다스리는 것을 뜻한다〈是網民也 : 孟子 (시망민야 : 맹자)〉. 씌운다는 것은 그물로 씌워 입힌다는 뜻이다.
'입(히)다'에서 '입어-이어-오우-おう'로 이어진다.
〔参考〕 負(부), 覆(복)과 이음(おう)을 같이한다.

③ よさみ : 그물은 줄이나 철사로 엮어 짜 만든다.
'엮어 짜'에서 '엮잠-여잠-요삼-よさみ'로 이어진다.

人名訓読例

① あみ · よさみ : 網(외자 名).
② あみ : 網岡(あみおか), 網代(あみしろ), 網島(あみしま), 網頭(あみがしら), 網本(あみもと), 網野(あみの).
③ おう : 網田(おうだ · あみだ).
④ よさみ : 網部(よさみべ).

蟒 망	訓読	うわばみ
	音読	ボウ

訓読풀이

• うわばみ : 蟒(망)은 왕뱀, 큰 구렁이를 뜻한다. 왕뱀이라 함은 크기로 보아 제일 위에 있는 뱀을 지칭한다.
'위에'에서 '우아-うわ'로 이어지고, '뱀'에서 '밤-바미-ばみ'로 이어져 うわばみ로 합성된다.
〔参考〕 蟒을 이무기라고도 하는데, 이무기는 용이 되려다 못되고 물속에 산다는 큰 뱀을 뜻한다.

【매】

毎(每) 매	訓読	ごと·つね
	音読	マイ

訓読풀이

마

① ごと : 月(つき)ごとの行事(ぎょうじ)는 매월 꼭 같이 열리는 행사라는 뜻이고, 夜(よる)ごとの酒盛(さかもり)는 매일 밤 꼭 같이 벌어지는 주연을 뜻한다.

'같다'에서 '같-곹-고토-ごと'로 이어진다.

〔参考〕如(여)와 이음(ごと)을 같이한다.

② つね : 毎(매)는 늘, 항상을 뜻한다. 즉, 이제나, 저제나, 언제나 늘 같음을 뜻한다.

'제나'에서 '주나-주네-つね'로 이어진다.

〔参考〕常(상 : つね)와 이음을 같이한다.

人名訓読例

① ごと : 毎木(ごとき).

② つね : 毎文(つねぶみ), 毎保(つねやす), 毎也(つねや), 毎二(つねじ), 毎人(つねと), 毎治(つねじ).

呆 매	訓読	あきれる
	音読	ホウ·ボウ

訓読풀이

• あきれる : 呆(매)는 멍한 것, 어리둥절한 것, 어이없는 것, 즉 엇갈리는 것을 뜻한다.

'엇갈리다'에서 '어가려-아기레-あきれる'로 이어진다.

人名訓読例

• あき : 呆子(あきこ).

売(賣) 매	訓読	うり·うる·うれる
	音読	バイ·マイ

訓読풀이

• うり · うる · うれる : ㉮ 売(매)는 상응한 대가를 얻고(받고) 물건을 주는 것을 뜻한다. '얻다'에서 '어-우-うる'로 이어진다. 買(매 : か)う가 상응한 대가를 주고 물건을 갖는다는 것과 대조를 이룬다. ㉯ 売는 널리 알린다는 뜻도 갖는다. 名(な)を売る 하면 이름을 알린다는 뜻이고 顔(かお)をうる 하면 얼굴을 알린다는 뜻이다. 일본 유명 일간지 読売(よみうり)신문이 오늘날 일본인에게 널리 읽히는 것은 読(뉴스)를 売(알리는) 하는 신문으로 인식되고 있기 때문일 것이다. '알리다'에서 '알-울-うる'로 이어진다. ㉰ 売는 파는 것을 뜻한다. '팔다'에서 '발-불-울(ㅂ-ㅇ으로 변음)-うる'로 이어진다.

〔参考〕得(득 : う)る와 이음을 같이한다.

人名訓読例

• うり : 売間(うりま), 売野(うりの), 売場(うりば).

枚 매	人名訓読	かず·ひら
	音読	マイ·バイ

訓読풀이

① かず : 枚(매)는 여러 가지를 하나하나 세는 것을 뜻한다.

'가지'에서 '가주-かず'로 이어진다.

〔参考〕数(수 : かず)와 이음을 같이한다.

② ひら : 枚는 펼치는 것, 벌이는 것을 뜻한다〈枚筮之 : 左氏傳 (매서지 : 좌씨전)〉. 原稿紙五十枚(원고지50매)는 50번 펴는 枚數(매수)의 원고지라는 뜻이 된다.

'펼(벌)'에서 '빌-비라-ひら'로 이어진

다.

人名訓読例

① かず：枚比(かずたか).

② ひら ： 枚方(ひらかた), 枚石(ひらいし・ひらし), 枚田(ひらた).

昧 매	訓読	くらい
	音読	マイ

訓読풀이

• くらい：昧(매)는 해(日)가 아직 안 뜨거나(未) 무엇에 가려 어두운 것을 뜻한다.
'가려'에서 '구려–구라–くらい'로 이어진다.
〔参考〕暗 (암 ： くらい)와 이음을 같이 한다.

埋 매	訓読	うずまる・うずめる・うまる・うめる
	音読	マイ

訓読풀이

• うずまる・うずめる・うまる・うめる：埋める는 うずめる로도 훈독되고 うめる로도 훈독되는데 똑같은 용례로 쓰이는 한자(埋)가 각각 다르게 훈독되는 것은 이에 상응하는 한국어를 대응시켜 보면 훈독이 다른 이유를 짐작할 수 있다. ㉮ 道路(どうろ)の穴(あな)をうずまる 하면 도로 구덩이를 위(우)에서 흙이나 시멘트로 채우는 것을 뜻한다. 이에 '우'와 '채움(챔・참)'이 합성되어 '우챔–우줌–우주메루–うずめる'으로 이어진다. 한편 채운다는 것은 '메운다'는 뜻이므로 '우'와 '멤'이 합성되어 '우멤–우메–うめる'이 된다. 즉 위에서 '채울' 때는 うずめる, 위에서 '메울' 때는 うめる가 된다고 생각할 수 있다. ㉯ '채우다'에서 '챔–춤–추무–ずめる'로 이어지고 접두어 う가 붙어 うずめる로, '메우다'에서 '멤–める'로 이어지고 접두어 う가 붙어 うめる로 이어진다.

人名訓読例

① うず ： 埋見(うずみ), 埋橋(うずはし), 埋縄(うずなわ), 埋田(うずた・うめだ).

② うめ：埋田(うめだ), 埋忠(うめただ).

媒 매	訓読	なかだち・なかだす
	音読	バイ

訓読풀이

• なかだち・なかだす ： 媒(매)는 안(内)의 가운데(中)에 서서 중개(仲介)・중매(仲媒)함을 뜻한다.
'안 가운데'에서 '안가–아가–나가(ㅇ–ㄴ으로 변음)–なか'로 이어지고, '서서'에서 '더서–다수–だす'로 이어져 なかだす로 합성된다.

寐 매	訓読	ねる
	音読	ビ

訓読풀이

• ねる：寐(매)는 자는 것을 뜻한다. 잠을 자려면 누워야한다.
'눕다'에서'누–내–ねる'로 이어진다.
〔参考〕寝(침 ： ね)る와 이음을 같이한다.

買 매	訓読	かい・かう
	音読	バイ

訓読풀이

• かい・かう：買(매)는 물건을 사서 자기 것으로 갖는 것을 뜻한다. 현대 화폐경제에서는 돈을 지불하지만 물물교환이나

마

상응한 대가를 치루고 가질 수도 있다.
'갖다'에서 '갖어–가어–가우–かう'로 이어진다.

人名訓読例

- かい : 買手屋(かいてや), 買田(かいだ).

煤 매	訓読	すす
	音読	バイ

訓読풀이

- すす : 煤(매)는 검정 또는 검게 그을름을 나타낸다. 검정을 나타내는 것으로는 숯이 전형적 물건이다.
'숯'에서 '숫–수수–すす'로 이어진다.

人名訓読例

- すす : 煤家(すすうち), 煤谷(すすや), 煤孫(すすまご), 煤賀(すすが).

罵 매	訓読	ののしる
	音読	バ

訓読풀이

- ののしる : 罵(매)는 욕하는 것을 뜻한다. おおぜいがののしり騒(さわ)ぐ 하면 많은 사람이 서로 욕하며 떠든다는 뜻이다. ㉮ 욕한다는 것은 나무라며 꾸짖는(소리 지르는) 것을 뜻한다. '나무라다'에서 '남우라다–남–놈–논–노노–のの'로 이어지고, '꾸짖다'에서의 '지', 또는 '소리 지르다'에서의 '지'와 합성되어 ののし(る)가 된다. ㉯ 한국어 욕 중에 가장 많이 쓰이는 말로는 '놈 · 년'을 들 수 있다. '놈 · 년'에서 '놈–논–노노–のの' 또는 '년–논–노노–のの'로 이어지고, (소리) '질러'에서 '질–지루–しる'로 이어져 ののしる로 합성된다.

邁 매	訓読	すぐる·すぐれる·ゆく
	人名訓読	すすむ·つとむ
	音読	マイ

訓読풀이

① すぐる · すぐれる : ㉮ 邁(매)는 다른 것 보다 뛰어남(뜸)을 뜻한다. '뛰어나다(뜨다)'에서 '뚜고–두구–수구–すぐる'로 이어진다. ㉯ 뛰어나다는 것은 '좋다'는 것을 뜻한다. '좋다'에서 '좋구–조구–주구–すぐる'로 이어진다.
〔参考〕 優(우), 勝(승)과 이음(すぐれる)을 같이한다.

② ゆく : 行(행) 참조.

③ すすむ : ㉮ 邁는 뛰어나감을 뜻한다(邁進 : 매진). '뛰다'에서 '뛰–뚬–쑴–수수무–すすむ'로 이어진다. ㉯ '뛰어나다'에서 '뛰어남–뜸–쑴–수수무–すすむ'로 이어진다.

④ つとむ : 邁는 힘씀, 애씀을 뜻한다. '씀'에서 '수수무–수두무–수도무–つとむ'로 이어진다.
〔参考〕 勤(근), 務(무), 努(노), 勉(면) 등과 이음(つとむ)을 같이한다.

人名訓読例

- すぐる · すすむ · つとむ : 邁(외자 名).

【맥】

麦(麥) 맥	訓読	むぎ
	音読	バク

訓読풀이

- むぎ : 麦(맥)은 밀, 보리 등 맥류(麦類)의 총칭이다.
'밀'에서 '물–무기(ㄹ–'기'로 분절)–むぎ'로 이어진다. 또한 むぎ는 麦의 한국어 음독 '맥'에서 '매기-무기-むぎ'로 이어졌다고도 볼 수 있다.

〔参考〕 '밀'이 むぎ로 이어지는 것은, '굴'(조개)이 かき로, '술'이 さけ로 이어지는 것과 같은 이치이다. 옛날 산(山)을 고구려말로 '달'이라 했는데 이 말이 일본어에서 たけ(岳, 嶽)로 남은 것도 같은 맥락이다.

人名訓読例

• むぎ : 麦島(むぎしま), 麦野(むぎの), 麦屋(むぎや), 麦原(むぎはら), 麦田(むぎた), 麦倉(むぎくら).

脈(脉) 맥	訓読	すじ
	音読	ミャク

訓読풀이

• すじ : 脈(맥)은 脈拍(맥박), 脈管(맥관), 脈道(맥도) 등 줄기로 이어진다.
'줄'에서 '주지(받침 ㄹ-'지'로 분절)-すじ'로 이어진다.

【맹】

孟 맹	訓読	はじめ·はじむ
	人名訓読	たけし·つとむ·はる·もと
	音読	モウ

訓読풀이

① はじめ・はじむ : 孟(맹)은 처음을 뜻한다. 처음을 뜻하는 말로 '햇'이 있다(햇감자, 햇곡식, 햇나물 등).
'햇'에서 '핫-하지-はじめ'로 이어진다.
〔参考〕 始(시)・初(초)와 이음(はじめ)을 같이한다.

② たけし : 孟(맹)은 용맹함을 뜻한다. 즉 원기가 세어 펄펄 뛰는 것을 나타낸다.
'뛰다'에서 '뛰게-따게-たけし'로 이어진다.
〔参考〕 猛(맹 : たけ)る와 이음을 같이한다.

③ つとむ : 孟은 애쓰는 것, 힘쓰는 것을 뜻한다.
'쓰다'에서 '씀-수수무-수두무-수도무-つとむ'로 이어진다.

④ はる : 猛은 용맹함을 나타내기 위하여 가슴・어깨 등을 한껏 벌려 으스대는 것을 나타낸다.
'벌리다'에서 '벌-발-바루-はる'로 이어진다.
〔参考〕 張(장 : は)る와 이음을 같이한다.

⑤ もと : ㉮ 孟은 맏아들(맏이), 장남(長男)을 뜻한다〈孟・仲・叔・季(맹・중・숙・계)〉. '맏'에서 '몯-모도-もと'로 이어진다. ㉯ 장남은 집안의 밑 기둥이 된다. '밑'에서 '뫁-모토-もと'로 이어진다.
〔参考〕 基(기), 本(본), 原(원), 元(원) 등과 이음(もと)을 같이한다.

人名訓読例

① たけし・つとむ・はじむ・はじめ : 孟(외자 名).
② たけ : 孟孔(たけよし), 孟紀(たけのり), 孟夫(たけお), 孟子(たけし), 孟俊(たけとし), 孟恒(たけつね).
③ はじめ : 孟秋(はじめ).
④ はる : 孟雄(はるお・たけお), 孟人(はると).
⑤ もと : 孟彦(もとひこ).

盲 맹	訓読	めくら
	音読	モウ

訓読풀이

• めくら : 盲(맹)은 め(目)가 가려 앞이 보이지 않음, 장님, 시각장애자를 뜻한다.
눈을 뜻하는 め(눈매-매-め)와 くら(가려-구라-くら)가 합성되어 めくら가 된다.

人名訓読例

• めくら : 盲(めくら), 盲ヵ原(めくらがはら).

猛 맹	訓読	たけし·たける
	人名訓読	いさむ
	音読	モウ

訓読풀이

① たけし · たける : 猛(맹)은 사납게 날뛰는 것을 뜻한다.
'(날)뛰다'에서 '뛰거라-따게라-たける'로 이어진다.

② いさむ : ㉮ 용기, 힘이 솟는 것을 뜻한다. '힘 솟다'에서 '히솟음-이사음(ㅎ-ㅇ으로 변음)-이삼-이사무-いさむ'로 이어진다. ㉯ '솟다'에서 '솟음-사음-삼-사무-さむ'로 이어지고, 접두어 い가 붙어 いさむ로 이어진다. ㉰ 용기, 힘이 솟는 것은 힘이 세어짐을 뜻한다. '힘 세다'에서 '힘셈-히삼-이사무(ㅎ-ㅇ으로 변음)-いさむ'로 이어진다.

人名訓読例

① いさむ · たけし · たける : 猛(외자 名).
② たけ : 猛光(たけみつ), 猛利(たけとし), 猛雅(たけまさ), 猛義(たけよし), 猛仁(たけひと), 猛重(たけしげ).

萌 맹	訓読	きざし·きざす·もえる·もやす
	人名訓読	たみ·はじめ
	音読	ホウ

訓読풀이

① きざし · きざす : 萌(맹)은 싹을 뜻한다. 싹은 씨앗이 깨져서 움터 나온 어린 잎(萌芽 : 맹아)을 뜻한다.
'깨지다'에서 '개저서-기자서-기자수-きざす'로 이어진다.
'싹'은 사물의 장래성, 가능성을 비유하는 말로 きざし는 징조(徵兆), 조짐(兆朕)도 뜻한다.
〔参考〕 兆(조 : きざ)し와 이음을 같이한다.

② もえる · もやす : 萌(も)える는 나무, 풀 등의 씨앗이 무르익어 싹이 트는 것을 뜻한다.
'무르(익다)'에서 '물어-무어-모에-もえる'로 이어진다.
〔参考〕 燃(연 : も)える와 이음을 같이한다.

③ たみ : 萌은 사람, 백성, 촌사람을 뜻한다〈比於賓萌 : 呂覽 (비어빈맹 : 여람)〉, 〈謂高田之萌 : 管子 (위고전지맹 : 관자)〉.
'사람'에서 '살암-사암-삼-담-다미-たみ'로 이어진다.
〔参考〕 民(たみ)와 이음을 같이한다.

④ はじめ : 萌은 사물의 시작이나 발단을 뜻한다.
시작을 뜻하는 '햇'에서 '핮-하지-はじめ'로 이어진다.

人名訓読例

① きざし · きじす · はじめ : 萌(외자 名).
② もえ : 萌木(もえぎ), 萌子(もえこ).
③ たみ : 萌生(たみお).

盟 맹	訓読	ちかい·ちかう
	音読	メイ·モウ

訓読풀이

- ちかい・ちかう : 盟(맹)은 맹서(盟誓)함을 말한다. 맹세는 지켜야 하는 約束(약속)을 뜻한다.
  '지키다'에서 '지켜-지키어-지카우-ちかう'로 이어진다.
  〔参考〕 誓(서 : ちか)う와 이음을 같이한다.

人名訓読例

- ちかい : 盟(외자 名).

儚 맹	訓読	はかない
	音読	ボウ

訓読풀이

- はかない : 儚(はかな)い努力(どりょく)는 결과적으로 한 것 없는 헛된 노력이라는 뜻이다.
  '한 것(果)'에서 '하거-하가-はか'로 이어지고, '없어(無)'에서 '엇어-어이-아이-나이(ㅇ-ㄴ으로 변음)-ない'로 이어져 はかねい로 합성된다.
  〔参考〕 儚い는 果敢無い(はかない)로도 표기된다.

【면】

免 면	訓読	まぬかれる
	音読	メン・ベン

訓読풀이

- まぬかれる : 免れる는 면하는 것, 피하는 것을 뜻한다. 고유 한국어로는 무엇을 마는 것을 나타낸다. 死(し)を免れる 하면 죽음을 면한다는 뜻으로 죽음만큼은 만다는 뜻이다. 免職(면직)은 직장을 만다(그만둔다)는 뜻이고, 免税(면세)는 세금내는 것을 만다(말게 되는 것, 그만두는 것)는 뜻이다.
  '마는 것'에서 '마누거-마누가-まぬかれる'로 이어진다.

面 면	訓読	おも・おもて・つら
	音読	メン

訓読풀이

① おも : 面(면)은 얼굴, 얼굴 모습을 뜻한다.
'얼굴 모습'에서 '얼모-어모-오모-おも'로 이어진다.

② おもて : 面은 顔面(안면), 表面(표면)을 뜻한다. 즉, 물건의 앞면, 겉을 뜻한다. 올 데, 갈 데처럼 곳, 장소를 뜻하는 '데(て)'가 ①의 おも에 붙어 장소 개념으로서의 おもて로 이어진다.
〔参考〕 表(표 : おもて)와 이음을 같이한다.

③ つら : 面은 탈, 가면을 뜻한다〈用鐵面自衛 : 晋書 (용철면자위 : 진서)〉.
'탈'에서 '틀-투라-つら'로 이어진다.

人名訓読例

① おも・おもて : 面(외자 名).
② おも : 面家(おもや), 面高(おもたか), 面代(おもしろ), 面白(おもしろ), 面野(おもの), 面田(おもだ).
③ つら : 面川(つらかわ・おもかわ), 面懸(つらかけ・おもかけ), 面幸(つらゆき).

勉 면	訓読	つとめる・つとむ
	人名訓読	すすむ・まさる
	音読	ベン

訓読풀이

① つとめる・つとむ : 勉(면)은 힘쓰는 것, 애쓰는 것을 뜻한다.

'힘(애)씀'에서 '씀-수수무-수두무-つとむ'로 이어진다.

〔参考〕 勤(근), 務(무), 努(노) 등과 이음(つとめる)을 같이한다.

② すすむ : ㉮ '힘(애)씀'에서 '씀-수수무-すすむ'로 이어진다. ㉯ 勉은 남을 격려하면서 힘을 돋우어 주는 것을 뜻한다〈勉諸候 : 禮記 (면제후 : 예기)〉. '돋우다'에서 '돋움-도둠-두둠-수숨-수수무-すすむ'로 이어진다. ㉰ 勉은 열심히 뛰어 다니면서 애쓰는 것을 뜻한다. '뛰다'에서 '뜀-뚬-두두무-수수무-すすむ'로 이어진다.

③ まさる : 勉은 도리에 맞는 것을 위하여 애쓰고 남들을 격려하여 주는 것을 뜻한다.

'맞다'에서 '맞-마자-まさる'로 이어진다.

人名訓読例

① すすむ · つとむ · まさる : 勉(외자 名).
② まさ : 勉郎(まさお).

眠 면	訓読	ねむる
	音読	ミン

訓読풀이

• ねむる : 眠(면)은 잠자는 것, 누워 쉬는 것을 뜻한다.

'눕다'에서 '눕-냄-내무-ねむる'로 이어진다.

〔参考〕 寝(침 : ね)る와 이음을 같이한다.

綿 면	訓読	わた
	音読	メン

訓読풀이

• わた : 綿(면)은 식물명으로 木花(목화), 또한 솜, 무명실, 무명을 뜻한다. 솜은 줄줄이 이어지는 무명실을 만들고, 무명실은 무명을 만들어 이것으로 옷감을 만든다. 綿은 綿綿이 길게 이어지는 특성을 나타낸다〈綿地千里 : 穀梁傳 (면지천리 : 곡량전)〉.

'잇다'에서 '이다-아다-わた'로 이어진다.

人名訓読例

• わた : 綿貫(わたぬき), 綿抜(わたぬき), 綿壁(わたかべ), 綿越(わたこし), 綿脱(わたぬき), 綿村(わたむら).

【멸】

滅 멸	訓読	ほろびる·ほろぼす
	音読	メツ

訓読풀이

• ほろびる · ほろぼす : 国(くに)がほろびる 하면 나라가 허물어지는 것을 뜻하고, 家(いえ)をほろぼす 하면 집을 헐어 버리는 것을 뜻한다.

'헐어 버려'에서 '호로버루-ほろびる'로 이어진다.

〔参考〕 亡(망 : ほろ)びる와 이음을 같이한다.

蔑 멸	訓読	さげすむ·ないがしろ·なみする
	音読	ベツ

訓読풀이

① さげすむ : 蔑(멸)은 작은 모양을 뜻한다. 田舎者(いなかもの)をさげすむ 하면 시골뜨기라고 얕본다는 뜻인데 얕본다는 것은 얕게, 낮게, 작게시리 본다는 뜻이 된다.

'작아짐'에서 '자게심-사게숨-さげすむ'로 이어진다.

〔参考〕貶(폄 : さげす)む와 이음을 같이 한다.

② ないがしろ : 親(おや)をないがしろにする 하면 어버이를 업신여긴다는 뜻으로, 없는 것으로 본다는 뜻이다.

'없는 것으로'에서 '없은거시로-어은가시로-아으가시로-나이가시로(ㅇ-ㄴ으로 변음)-ないがしろ'로 이어진다.

③ なみする : 師(し)をなみする 하면 스승을 멸시한다는 뜻이다. ㉮ '넘보다'에서 '넘-남-나미-なみする'로 이어진다. ㉯ '나무란다'에서 '나무-나미-なみする'로 이어진다. ㉰ '업신여기다'에서 '업슴-없음-어음-엄-암-남(ㅇ-ㄴ으로 변음)-나미-なみする'로 이어진다.

【명】

皿 명	訓読	さら
	音読	ベイ

訓読풀이

• さら : 皿(명)은 접시, 사발을 뜻한다.
'사발'에서 '사알(ㅂ-ㅇ으로 변음)-살-사라-さら'로 이어진다.

人名訓読例

• さら : 皿谷(さらたに), 皿島(さらしま), 皿良(さらら), 皿井(さらい), 皿海(さらかい · さらがい).

名 명	訓読	な
	人名訓読	なずく·なとり
	音読	メイ·ミョウ

訓読풀이

① な : 名(명)은 이름, 명칭을 뜻한다. 지금은 사람마다 모두 이름을 갖고 있으나 옛날 이름이 없던 시절 자기 또는 상대를 나타내는 호칭은 '나', '너'일 수 밖에 없었을 것이다. 즉 '나'는 자기를 이르는 (부르는, 말하는) 이름이 된다.

한국어에서 '나'라고 이름하는 '나'가 일본어에서는 이름을 뜻하는 な로 이어진다. 한편 '너'도 仮名표기로는 '나(な)'일 수밖에 없다.

② なずく : ㉮ 名(な)은 동사형으로 이름을 붙이는 것, 이름을 대는 것(名付 : 명부)을 뜻한다. '이름(な) 대다'에서 'な대구-な두구-なずく'로 이어진다. ㉯ 名은 이름 짓는 것을 뜻한다. '이름(な) 짓다'에서 'な짓구-な주구-なずく'로 이어진다.

〔参考〕名付(なづ : 명부)ける와 이음을 같이한다.

③ なとり : 이름은 어디에선가 따서 짓는다.

'이름 따다'에서 '이름따리-な다리-な도리-なとり'로 이어진다.

人名訓読例

① なずく · なとり : 名(외자 名).

② な : 名古屋(なごや), 名代(なしろ), 名本(なもと), 名雲(なぐも), 名子(なこ), 名村(なむら).

命 명	訓読	いのち·みこと
	人名訓読	あきら·こと·まこと·みち·のぶ·のり
	音読	メイ·ミョウ·ウ

訓読풀이

① いのち : ㉮ 命(명)은 生命(생명)이다. 생명이란 나서(生) 살아가는 목숨(命)

마

이다. '날 生'에서 '놀–노찌(받침ㄹ–'찌'로 분절)–のち'로 이어지고 접두어 い가 붙어 いのち가 된다. ㉯ 생명은 얼이다. '얼'에서 '어얼–이얼–이놀–이노찌(받침ㄹ–'찌'로 분절)–いのち'로 이어진다. 또는 '얼'에서 のち로 이어지고 접두어 い가 붙어 いのち로 이어진다. ㉰ 命은 ⑧에서와 같이 올바른 도리를 뜻한다. '올'에서 '놀(ㅇ–ㄴ으로 변음)–노찌–のち'로 이어지고, 접두어 い가 붙어 いのち가 된다.

② みこと : ㉮ 命과 尊은 上代(상대)에 神이나 貴人의 이름에 붙인 높임말로서, 命은 神(신)인 '것', 貴人(귀인)인 것, 높은(上) 신분인 것을 뜻한다. 神, 貴人, 上을 뜻하는 かみ에서의 み와 '것'에서의 '걷–곧–고도–こと'가 이어져 みこと로 합성된다. ㉯ 命은 神의 말씀을 뜻한다. かみ의 み와 '가라사대, 골다(말하다의 제주방언)'의 '골–고도–こと'가 합성되어 みこと가 된다.

〔参考〕 尊(존), 御言(어언)과 이음을 같이 한다.

③ あきら : 命은 자연의 이법(理法)으로 道(도)를 밝히는 것을 뜻한다.
'밝히다'에서 '발키라–바키라–아키라(ㅂ–ㅇ으로 변음)–あきら'로 이어진다.

④ こと : 命은 말을 뜻한다〈我於辭命則不能也 : 孟子 (아어사명즉불능야 : 맹자), 誓命(서명), 諾命(낙명)〉.
말을 뜻하는 '가라사대', '골다(제주방언)'에서 '골–고도(받침ㄹ–'도'로 분절)–こと'로 이어진다.

⑤ まこと : 命은 도리에 맞는 것을 뜻한다.
'맞 것'에서 '마걷–마곧–마고도–まこと'로 이어진다.

⑥ みち : 命은 道(도), 길을 뜻한다. 길은 마을로 통하고 마을은 길로 이루어진다. 길 즉 마을이다.
'마을'에서 '말–밀–미찌–みち'로 이어진다.

⑦ のぶ : 命은 높은 신분을 나타낸다.
'높다'에서 '노파–노부–のぶ'로 이어진다.

⑧ のり : 命은 올바른 도리를 뜻한다.
'올'에서 '놀(ㅇ–ㄴ으로 변음)–노리–のり'로 이어진다.

人名訓読例

① あきら · まこと · みこと : 命(외자 名).
② こと : 命広(ことひろ).
③ みち : 命之(みちゆき), 命孝(みちたか).
④ のぶ : 命子(のぶこ · のりこ).
⑤ のり : 命子(のりこ).

明 명	訓読	あかす·あからむ·あかり·あかる·あかるい·あかるむ·あきらか·あきらめる·あく·あくる·あけ·あける
	人名訓読	あす·あした·きよし·さとし·てる·とおる·とし·のり·はじめ·はる·みつ·よし
	音読	メイ·ミョウ

訓読풀이

① あかす : ㉮ 明(あ)かす는 밝히는 것을 뜻한다. '밝히다'에서 '밝아–바가–아가(ㅂ–ㅇ으로 변음)–あかす'로 이어진다.
㉯ 彼(かれ)に事情(じじょう)をあかした 하면 그에게 속사정을 열어 털어 놓는 것을 뜻한다. '열다'에서 '열고–여고–아고–아가–あかす'로 이어진다.

〔参考〕証(증 : あか)す와 이음을 같이한다.

② あからむ · あかるむ : ㉮ 明(あか)らむ, 明(あか)るむ는 밝아 오는 것을 뜻한다. '밝아'에서 '발가-바가-아가(ㅂ-ㅇ으로 변음)-あからむ · あかるむ로 이어진다. ㉯ 밝아 온다는 것은 동녘이 열린다는 뜻이다. '열고'에서 '여고-아고-아가-あからむ · あかるむ'로 이어진다.

③ あかり : ㉮ 明(あか)り는 빛, 빛깔을 뜻한다. '빛깔'에서 '비갈-비가리-바가리-아가리(ㅂ-ㅇ으로 변음)-あかり'로 이어진다. ㉯ 뚜껑이나 문을 열면 빛이 들어온다. '열다'에서 '열거라-아거라-아가리-あかり'로 이어진다.

④ あかる : 明(あ)かる는 문이 열리는 것을 뜻한다. '열다'에서 '열고-아고-아가루-あかる'로 이어진다.

〔参考〕開(개 : あ)かる와 이음을 같이한다.

⑤ あかるい : ㉮ 明(あか)るい는 밝은 것을 뜻한다. '밝다'에서 '발가-바가-아가(ㅂ-ㅇ으로 변음)-あかるい'로 이어진다. ㉯ 뚜껑이나 문을 열면 밝아진다. '열다'에서 '열고-아고-아가-あかるい'로 이어진다.

⑥ あきらか · あきらめる : ㉮ 明(あき)らか는 분명해짐, 밝혀짐을 뜻한다. '밝히다'에서 '발키라-바키라-아키라(ㅂ-ㅇ으로 변음)-あきら(か) · あきらめる'로 이어진다. ㉯ 뚜껑이나 문을 열면 훤하게 밝혀진다. '열다'에서 '열고-아고-아기-あきら(か) · あきらめる'로 이어진다.

⑦ あく : 明은 열어 비어 있음을 뜻한다. 穴(あな)があく 하면 구멍이 열어 비어 있다는 뜻이다.

'열다'에서 '열-여-아-あく'로 이어진다.

〔参考〕空(공), 開(개)와 이음(あく)을 같이한다.

⑧ あくる : 明은 다음에 올 것을 나타낸다〈明日子路行以告 : 論語 (명일자로행이고 : 논어)〉. 明(あ)くるあさ(明朝)는 올 아침, 즉 다음날 아침을 뜻하고 あくるひ(明日)는 올 날, 즉 다음날, 이튿날을 뜻한다.

'올'에서 '올거라-오구라-아구루-あくる'로 이어진다.

〔参考〕翌(익 : あく)る와 이음을 같이한다.

⑨ あけ · あける : 明(あ)け, 明(あ)ける는 날이 밝는 것, 새해가 되는 것을 뜻한다. ㉮ '밝다'에서 '발가-바가-바게-아게(ㅂ-ㅇ으로 변음)-あけ(る)'로 이어진다. ㉯ 새해가 되는 것을 새해가 열린다고 한다. '열다'에서 '열게-여게-아게-あけ(る)'로 이어진다.

⑩ あす · あした : ⑧에서와 같이 明은 다음 올 것을 나타낸다. ㉮ '올'에서 '알-아수(받침 ㄹ-'수'로 분절)-あす(明日)'로 이어진다. ㉯ '열(開 : 개)'에서 あいだ로, '꼴(形 : 형)'에서 かたち로 이어지듯이 '올'에서 あした(明日)로 이어진다.

〔参考〕明日(명일 : あした · あす)와 이음을 같이한다.

⑪ きよし : 明은 깨끗하고 고운 것을 뜻한다. ㉮ '깨끗'에서 '객읏-기읏-기오시-きよし'로 이어진다. ㉯ '곱다'에서 '고와서-기오시-きよし'로 이어진다.

⑫ さとし : 明은 깨닫는 것, 즉 눈 뜨는(여는) 것을 뜻한다.

마

'뜨다'에서 '드드-다도-사도-さと (し)'로 이어진다.

⑬ てる：明은 빛을 쬐어 밝게 하는 것을 뜻한다.
'쬐다'에서 '쩨-데-てる'로 이어진다.
〔参考〕照る(조：て)る와 이음을 같이한다.

⑭ とおる：明은 눈을 열고(뜨고) 사물의 이치를 뚫어 봄을 뜻한다.
'뚫어'에서 '둘-돌-도올-도오루-とおる'로 이어진다.
〔参考〕通(통：とお)る와 이음을 같이한다.

⑮ とし：明은 밝게 돋보이는 것을 뜻한다.
'돋'에서 '돗-도시-とし'로 이어진다.

⑯ のり：明은 밝고 올바른 것을 뜻한다.
'올'에서 '놀(ㅇ-ㄴ으로 변음)-노리-のり'로 이어진다.

⑰ はじめ：明은 동이 트며 하루가 시작됨을 뜻한다.
처음, 시작을 뜻하는 '햇'(햇밥·햇나물 등)에서 '핮-하지-はじめ'로 이어진다.

⑱ はる：明은 밝은 것을 뜻한다.
'밝'에서 '발-할-하루-はる'로 이어진다.
〔参考〕春(춘：はる)와 이음을 같이한다.

⑲ みつ：明은 빛을 뜻한다〈光(광) 참조〉.

⑳ よし：⑯의 '올바르다'에서 '올-오시(받침ㄹ-'시'로 분절)-よし'로 이어진다.

人名訓読例

① あかし·あかり·あきら·あけら·きよし·さとし·とおる·はじめ：明(외자 名).

② あか：明石(あかいし), 明星(あかぼし·あけぼし), 明里(あかり), 明木(あかぎ·あけぎ).

③ あき：明仁(あきひと), 明神(あきがみ), 明寛(あきひろ), 明基(あきもと), 明文(あきふみ), 明範(あきのり).

④ あけ：明道(あけみち), 明路(あけじ), 明本(あけもと), 明山(あけやま), 明暗(あけくら), 明月(あけずき).

⑤ あけら：明木(あけらぎ).

⑥ あした：明日(あした·あけび).

⑦ あす：明間(あすま·あけま), 明壁(あすかべ), 明日山(あすやま), 明日香(あすか), 明日人(あすと).

⑧ てる：明居(てるい), 明路(てるみち), 明雄(てるお), 明子(てるこ), 明知(てるとし·あきとも).

⑨ とし：明文(としふみ), 明昭(としあき), 明彦(としひこ), 明正(としまさ), 明之(としゆき).

⑩ のり：明幸(のりたか).

⑪ はる：明江(はるえ), 明代(はるよ), 明徳(はるのり), 明保(はるやす), 明夫(はるお), 明子(はるこ).

⑫ みつ：明三(みつぞう·あきぞう), 明生(みつお), 明子(みつこ).

⑬ よし：明正(よしただ).

冥 명	訓読	くらい
	音読	メイ·ミョウ

訓読풀이

• くらい：冥(명)은 무엇에 가려 어두움을 뜻한다.
'가려'에서 '가라-구라-くらい'로 이어진다.
〔参考〕暗(암：くら)い와 이음을 같이한다.

酩 명	訓読	よう
	音読	メイ

訓読풀이

• よう : 酩(명)은 술이 올라 취(醉)하는 것을 뜻한다.
'오르다'에서 '오-요-よう'로 이어진다.
〔参考〕 酔(취 : よ)う와 이음을 같이한다.

銘 명	訓読	しるす
	音読	メイ

訓読풀이

• しるす : 銘(명)은 금석 등에 뾰족한 것으로 찔러서 새김을 뜻한다.
'찌르다'에서 '질러서-지러서-지루수-しるす'로 이어진다.
〔参考〕 印(인), 標(표), 記(기) 등과 이음(しるす)을 같이한다.

鳴 명	訓読	なく·なる·ならす
	音読	メイ

訓読풀이

① なく : 사람이 우는 것을 泣(읍 : な)く, 새 · 짐승이 우는 것을 鳴(명 : な)く라 한다.
'울다'에서 '울구-우구-아구-나구(ㅇ-ㄴ으로 변음)-なく'로 이어진다.

② なる · ならす : ㉮ 鳴(명)은 소리가 나는 것을 뜻한다. '나다'에서 '나-なる · ならす'로 이어진다. ㉯ 鳴은 鐘(かね)がなる처럼 소리가 울리는 것을 뜻한다. 울리다의 '울'에서 '알-날(ㅇ-ㄴ으로 변음)-나루(나라)-なる · ならす'로 이어진다. ㉰ 鳴은 평판 · 이름 등을 날리는 것을 뜻한다. '날리다'에서 '날-나루(나라)-なる · ならす'로 이어진다.

人名訓読例

① なき · なる : 鳴(외자 名).
② なる : 鳴島(なるしま), 鳴滝(なるたき), 鳴尾(なるお), 鳴山(なるやま), 鳴上(なるかみ), 鳴岩(なるいわ).

瞑 명	訓読	つぶる·つむる
	音読	メイ·メン

訓読풀이

① つぶる : 瞑(명)은 눈을 감는 것을 뜻한다. 눈을 감는다는 것은 눈을 덮는다는 뜻이다.
'덮다'에서 '덮-듶-두푸-つぶる'로 이어진다.

② つむる : 눈을 감는 것은 눈을 닫는다는 뜻이다.
'닫다'에서 '담음-담-둠-두무-つむる'로 이어진다.

【메】

袂 메	訓読	たもと
	音読	ベイ

訓読풀이

• たもと : 袂(메)는 도포(道袍) 등의 소매를 뜻한다. 일상적으로 주머니처럼 쓰이어 여러 가지 잡동사니를 담고 다닌다.
'담다'에서 '다모다-다모도-たもと'로 이어진다.

人名訓読例

• たもと : 袂(외자 名).

【모】

毛 모	訓読	け
	音読	モウ

마

訓読풀이

- け : 鳥(とり)の毛(け)는 새의 깃털이다. 깃과 털은 일체이다. 깃 즉 털이다. '깃'에서 '기-게-け'로 이어진다.

人名訓読例

- け : 毛見(けみ), 毛谷村(けやむら), 毛木(けぎ), 毛山(けやま), 毛勝(けがち), 毛穴(けあな).

矛 모	訓読	ほこ
	音読	ム·ボウ

訓読풀이

- ほこ : 矛(모)는 槍(창)을 뜻한다. 한국어에는 槍이라는 한자어만 있고 고유어는 없다. 풀이하면 창이란 길게 쭉 뻗은 나무에 뾰족하고 날카로운 쇳조각을 박고(붙이고) 적과 싸우는데 쓰는 무기의 일종이다.
  길게 쭉 '뻗은' 것에 쇳조각을 '박고', '붙이고'라는 창의 특징에서 ㉮ '뻗고-버고-보고-ほこ' ㉯ '박고-바고-보고-ほこ' ㉰ '붙고-부고-보고-ほこ'로 이어진다.
  〔参考〕 矛杉(ほこすぎ)는 창끝 모양으로 위로 쭉 '뻗고' 올라간 삼목(杉木)을 뜻한다.

人名訓読例

- ほこ : 矛雄(ほこお).

侮(侮) 모	訓読	あなどる
	音読	ブ

訓読풀이

- あなどる : 侮(모)는 업신여김을 뜻한다. 업신여긴다는 것은 그것은 아니다라고 깔보는 뜻이다. あなどりの目(め)つきで見(み)る 하면 (그것은) 아니다라는 눈으로 본다는 뜻이고, 小敵(しょうてき)と見(み)てあなどるな 하면 약한 적이라고 상대가 아니다라고 보지 말라는 뜻이다. 즉 '아냐(아니야)'라는 생각을 取(취 : とる)하지 말라는 뜻이 된다.
  '아니다'에서 '아니-아나-あな'로 이어지고, どる(取る)가 붙어 あなどる로 합성된다.

冒 모	訓読	おかす
	音読	ボウ

訓読풀이

- おかす : 冒(모)는 어기는 것을 뜻한다. 神(かみ)をおかす 하면 교리 등을 어겨 신을 모독(冒瀆)함을 뜻하고, 危険(きけん)をおかす 하면 규칙 등을 어겨 위험하게 모험(冒険)하는 것을 뜻한다.
  '어기다'에서 '어겨서-오가서-おかす'로 이어진다.
  〔参考〕 侵(침), 犯(범)과 이음(おかす)을 같이한다.

某 모	訓読	なにかし·それかし
	音読	ボウ

訓読풀이

① なにかし : 某(모)는 어느 것, 어떤의 뜻을 나타내는 접두어로 쓰인다.
  '어느 것'에서 '아니것-아니거시-나니가시(ㅇ-ㄴ으로 변음)-なにかし'로 이어진다.

② それかし : 某는 저런(그런) 아무개(것)라는 뜻을 갖는다.
  '저런 (아무개)것'에서 '저러것-조레거시-소레가시-それかし'로 이어진다.

耄 모	訓読	おいぼれる·ほれる
	音読	モウ·ボウ

訓読풀이

① おいぼれる : 耄(모)는 늙어 (정신 등이) 흐려지는 것을 뜻한다.
'늙어 흐려'에서 '느어흐려–노이호레–오이보레(ㄴ–ㅇ으로 변음)–おいぼれる'로 이어진다.

② ほれる : 耄는 흐려짐을 뜻한다.
'흐려'에서 '호려–호레–ほれる'로 이어진다.
〔参考〕惚(홀 : ほれ)る와 이음을 같이한다.

耗 모	訓読	へる
	音読	モウ·コウ

訓読풀이

• へる : 耗(모)는 일정 수량을 빼 줄이는 것을 뜻한다.
'빼다'에서 '배–へる'로 이어진다.
〔参考〕減(감 : へ)る와 이음을 같이한다.

募 모	訓読	つのる
	音読	ボ

訓読풀이

• つのる : ㉮ 基金(ききん)を募(つの)る 하면 기금을 찾아 모으는 것(募金)을 뜻한다. '찾다'에서 '찾는–차는–추는–추노–つのる'로 이어진다. ㉯ 病勢(びょうせい)が募(つの)る 하면 병세가 더 느는 것을 뜻한다. '더 늘다'에서 '더느는–두는–두노–つのる'로 이어진다. ㉰ 더 느는 것은 더 띠게 되는 것을 뜻한다. 言(い)い募る 하면 말이 점점 열을 띠어가는 것을 뜻한다. '띠다'에서 '띠는–뚜는–두노–つのる'로 이어진다.

人名訓読例

• つのる : 募(외자 名).

摸 모	訓読	まねる·さぐる
	音読	モ·バク

訓読풀이

① まねる : 摸(모)는 模倣(모방), 즉 '맞(眞 : 진)'는 것을 '흉내내는' 것을 뜻한다. ㉮ '맞 흉내'에서 '흉'이 탈락, '맞내–마내–まねる'로 이어진다. ㉯ '맞내는'에서 '마내–まねる'로 이어진다.
〔参考〕真似(진사 : まね)る와 이음을 같이한다.

② さぐる : 摸는 摸索(모색), 즉 찾는 것을 뜻한다.
'찾다'에서 '찾거라–차거라–차구루–사구루–さぐる'로 이어진다.
〔参考〕探(탐 : さぐ)る와 이음을 같이한다.

慕 모	訓読	したう
	音読	ボ

訓読풀이

• したう : 慕(모)는 누구를 존경하거나 사모(思慕)해서 좇는 것을 뜻한다. 君(きみ)をしたってどこまでも 하면 그대를 좇아 어디까지나 함께 가리라는 뜻이다.
'좇다'에서 '졷–짇–지다–시다–したう'로 이어진다.

暮 모	訓読	くれる·くらす
	音読	ボ

訓読풀이

① くれる : ㉮ 暮(く : 모)れる는 해가 기울어(저물어) 가는 것을 뜻한다〈日暮途

遠 : 史記 (일모도원 : 사기)〉. '기울다'에서 '기울-구울-굴-구레(구라)-くれる'로 이어진다. ㉯ 해가 기운다는 것은 산 너머, 바다 너머로 해가 기울어(잠겨) 어두워짐을 뜻한다. 그래서 悲(かな)しみにくれる 하면 슬픔에 기울다(잠근다)는 뜻이 된다.

〔参考〕 暗(암), 眩(현)과 이음(くれる)을 같이한다.

② くらす : 暮(く)らす는 살아가는 것, 세월을 보내는 것을 뜻한다. 하루가 기울고(日暮 : 일모) 해가 기울고(歲暮 : 세모), 이를 반복하며 지난다는 것은 살아간다는 뜻이다. ①에서와 같이 '기울다'에서 '기울-구울-굴-구라-くらす'로 이어진다.

人名訓読例

- くれ : 暮尾(くれお), 暮松(くれまつ), 暮田(くれた), 暮地(くれち), 暮美(くれみ), 暮三(くれぞう).

模 모	訓読	かた·かたどる
	人名訓読	のり
	音読	モ·ボ

訓読풀이

① かた · かたどる : ㉮ 模(모)는 꼴, 본, 모형(模型)을 뜻한다. '꼴(골)'에서 '갈-가다(받침ㄹ-'다'로 분절)-かた'로 이어진다. ㉯ 模는 본뜨는 것, 즉 '꼴(골)' 뜨는 것을 뜻한다. '꼴(골) 뜨다(따다)'에서 '골따-갈다-갈도-가다도(받침ㄹ-'다'로 분절)-かたどる'로 이어진다. 模(かた)取(ど)る인 셈이다.

〔参考〕 形(형) · 型(형)과 이음(かた)을 같이하며, 象(상 : かたど)る와 이음을 같이한다.

② のり : 模는 본(模範 : 모범) 받는 것, 즉 올바른 것을 본받는 것을 뜻한다.

'올'에서 '놀(ㅇ-ㄴ으로 변음)-노리-のり'로 이어진다.

人名訓読例

① かた : 模作(かたつくり).

② のり : 模一(のりかず), 模子(のりこ).

貌 모	訓読	かたち
	音読	ボウ·バク

訓読풀이

- かたち : 貌(모)는 모양 · 꼴을 뜻한다. '꼴'에서 '갈-가다-かたち'로 이어진다.

  〔参考〕 形(형 : かたち)와 이음을 같이한다.

鉾 모	訓読	ほこ
	音読	ボウ

訓読풀이

- ほこ : 鉾(모)는 창(槍)을 뜻한다〈矛(모) 참조〉.

人名訓読例

- ほこ : 鉾立(ほこだて), 鉾消(ほこけずり), 鉾之原(ほこのはら), 鉾衝(ほこつき), 鉾丸(ほこまる), 鉾子(ほここ).

謀 모	訓読	はかる
	音読	ボウ·ム

訓読풀이

- はかる : 謀(모)는 헤아린다, 무슨 일을 꾸며 한다는 뜻이다. ㉮ '헤아리다(헤다)'에서 '헤-하-はかる'로 이어진다. ㉯ '하다'에서 '하거라-하가루-はかる'로 이어진다.

  〔参考〕 図(도), 議(의)와 이음(はかる)을 같이한다.

人名訓読例

• はかる：謀(외자 名).

鴾 모	訓読	とき
	音読	ボウ

訓読풀이

• とき：鴾(모)는 새이름 따오기를 뜻한다.
'따오기'에서 '따기-또기-とき'로 이어진다.

人名訓読例

• とき：鴾崎(ときざき), 鴾田(ときた).

【목】

木 목	訓読	き·こ
	音読	ボク·モク

訓読풀이

• き·こ：나무에 기어오른다고 한다. '기다'에서 '기-き'로 이어진다. 기어오르는 또다른 대상으로는 성(城)이 있다. 城도 き로 훈독된다. こ는 き의 변음이다.

人名訓読例

① き：木谷(きたに·きだに·きや·こたに), 木島(きしま·きじま·このじま), 木林(きばやし), 木城(きしろ), 木野(きの).

② こ：木間(このま·きま), 木里(こざと), 木積(こずみ), 木造(こずくり·きずくり), 木村屋(このむらや), 木花(このはな).

目 목	訓読	め·ま
	音読	ボク·モク

訓読풀이

• め·ま：目(목)은 눈·눈매를 뜻한다. '눈매'에서 '매-め·ま'로 이어진다. '열매'에서 '매-미-み(실：実)'로 이어지는 것과 같은 이치이다.

人名訓読例

① ま：目鯉(まり), 目鯉部(まりべ), 目次(まなみ·めじ·めつぎ).

② め：目堅(めがた), 目貫(めぬき), 目近(めじか), 目島(めじま), 目方(めかた), 目黒(めぐろ).

沐 목	訓読	あらう
	音読	モク

訓読풀이

• あらう：㉮ 沐(목)은 머리를 감거나 몸을 씻는 것, 즉 빠는 것을 뜻한다. '빨다'에서 '발-알(ㅂ-ㅇ으로 변음)-아라-あらう'로 이어진다. ㉯ 머리를 감거나 몸을 씻는 것은 때를 버리는 것을 뜻한다. '버리다'에서 '버려-바라-아라(ㅂ-ㅇ으로 변음)-あらう'로 이어진다.
〔参考〕洗(세：あら)う와 이음을 같이한다.

牧 목	訓読	まき
	人名訓読	おさむ·ひろ
	音読	ボク·モク

訓読풀이

① まき：㉮ 牧(목)은 목장(牧場)을 뜻한다. 목장은 소, 말, 양 등 가축을 풀어 놓아(放牧：방목) 여기 저기 몰고 다니며 풀(牧草：목초)을 뜯어 먹게 하는 곳이다. '몰고'에서 '모기-마기-まき'로 이어진다. ㉯ 牧의 한국어 발음 '목'에서 '막-마기-まき'로 이어진다.

② おさむ：牧은 법과 질서를 잘 잡아(쥐어) 다스리는 것(牧民：목민)을 뜻한다.

마

'잡다(쥐다)'에서 '잡음(쥠)–자움–잠–자무–さむ'로 이어지고, 접두어 お가 붙어 おさむ로 합성된다.

③ ひろ：牧은 널리 펼쳐진 목장을 뜻한다. '펼'에서 '필–빌–비로–ひろ'로 이어진다.

人名訓読例

① おさむ · まき：牧 (외자 名).

② まき：牧馬(まきば), 牧本(まきもと), 牧山(まきやま), 牧原(まきはら), 牧草(まきぐさ), 牧村(まきむら).

③ ひろ：牧岡(ひろおか · まきおか), 牧方(ひろかた), 牧田(ひろた · まきた).

睦 목	訓読	むつ·むつむ·むつまじい
	人名訓読	あつし·ちか·ちかし·とも·のぶ·まさ·よし
	音読	ボク

訓読풀이

① むつ · むつむ · むつまじい：㉮ 仲(なか)むつまじい夫婦(ふうふ) 하면 금실 좋은 부부라는 말로, 잘 맺어진 사이라는 뜻이 된다. '맺다'에서 '매저–무주–むつむ'로 이어진다. ㉯ 잘 맺어진 사이란 잘 맞춘 사이라는 뜻이다. '맞추다'에서 '맞춤–마추무–무추무–むつむ'로 이어진다.

② あつし：睦(목)은 두터운 것을 뜻한다〈篤睦(독목), 敦睦(돈목)〉. 厚(후) 참조.

③ ちか · ちかし：睦은 가까운 것을 뜻한다〈漢之睦親：漢書 (한지목친：한서)〉. 近(근：ちか)い, 親(친：ちか)しい 참조.

④ とも：睦은 동무처럼 親하게 지내는 것을 뜻한다(友睦：우목).
'동무'에서 '도무–도모–とも'로 이어진다.

⑤ のぶ：睦은 상대방, 웃어른을 높이면서 공손함을 뜻한다(恭睦：공목).
'높다'에서 '높–노푸–のぶ'로 이어진다.

⑥ まさ：睦은 도리에 맞게 처신하는 것을 뜻한다.
'맞다'에서 '마자–まさ'로 이어진다(修睦：수목).

⑦ よし：睦은 올바르게 처신하는 것을 뜻한다.
'올'에서 '오시(받침ㄹ–'시'로 분절)–よし'로 이어진다.

人名訓読例

① あつし · ちか · ちかし · むつ · むつみ · むつむ：睦(외자 名).

② むつ：睦年(むつとし), 睦陸(むつむ), 睦民(むつたみ), 睦博(むつひろ), 睦義(むつよし), 睦正(むつまさ).

③ ちか：睦雄(ちかお · むつお), 睦子(ちかこ · むつこ · よしこ), 睦之輔(ちかのすけ), 睦玄(ちかはる).

④ とも：睦之(ともゆき · むつゆき).

⑤ のぶ：睦明(のぶあき · むつあき), 睦夫(のぶお · むつお), 睦富(のぶよし).

⑥ まさ：睦親(まさちか).

⑦ よし：睦道(よしみち), 睦子(よしこ), 睦治(よしはる · むつはる).

穆 목	訓読	やわらぐ
	人名訓読	あきら·あつし·きよし·しず·よし
	音読	ボク

訓読풀이

① やわらぐ：穆(목)은 온화함, 부드러움,

즉 여린 것을 뜻한다.
'여리다'에서 '여리고-여어리고-아아라구-やわらぐ'로 이어진다.
〔参考〕 和(화 : やわ)らぐ와 이음을 같이 한다.

② あきら : 穆(목)은 밝고 아름다움을 뜻한다.
'밝다'에서 '발키라-바키라-아키라(ㅂ-ㅇ으로 변음)-あきら'로 이어진다.

③ あつし : 穆은 두툼한 것, 말이 없는 모양을 나타낸다.
'두툼'에서 '두-つ'로 이어지고 접두어 あ가 붙어 あつ(し)로 이어진다.

④ きよし : 穆은 고운 것, 아름다움을 뜻한다.
'곱다'에서 '고와-기오-きよし'로 이어진다.
〔参考〕 清(청 : きよ)い와 이음을 같이한다.

⑤ しず : 穆은 잠자코 말이 없는 모양을 나타낸다. 黙(묵)과 같은 뜻으로 쓰인다〈於是吳王穆然 : 東方朔 (어시오왕목연 : 동방삭)〉.
'잠자코'에서 '자자-자주-지주-しず'로 이어진다. 또한 '잔잔'에서 '자자-자주-지주-しず'로 이어진다.

⑥ やす : 穆은 편안히 쉬는 것을 뜻한다.
'쉬다'에서 '수-す'로 이어지고 접두어 や가 붙어 やす로 이어진다.

⑦ よし : 穆은 행실이 올바름을 뜻한다.
'올'에서 '오시(받침ㄹ-'시'로 분절)-よし'로 이어진다.

人名訓読例

① あきら · あつし · きよし : 穆(외자 名).
② あつ : 穆男(あつお), 穆韶(あつよし), 穆彦(あつひこ), 穆英(あつひで · きよひで), 穆子(あつこ · きよこ · しずこ), 穆清(あつきよ).
③ きよ : 穆英(きよひで), 穆子(きよこ), 穆凞(きよひろ).
④ しず : 穆子(しずこ).
⑤ やす : 穆文(やすふみ), 穆典(やすのり).
⑥ よし : 穆夫(よしお).

【몰】

沒 몰	訓読	しずむ
	音読	ボツ·モツ

訓読풀이

• しずむ : 沒(몰)은 숨는 것〈乍沒乍出 : 北史 (사몰사출 : 북사)〉, 물에 잠기는 것(沈沒 : 침몰)을 뜻한다.
'숨'과 '잠'이 합성되어 '숨잠-수잠-시줌-시주무-しずむ'로 이어진다.
〔参考〕 沈(침 : しず)む도 '숨다'와 '잠기다'의 뜻을 갖는다.

【몽】

夢 몽	訓読	ゆめ
	音読	ム

訓読풀이

• ゆめ : 夢(몽)은 꿈을 뜻한다. 꿈은 누워 잘 때 꾸게 된다.
'눕다'에서 '눕-웁(ㄴ-ㅇ으로 변음)-우메-ゆめ'로 이어진다.

人名訓読例

• ゆめ : 夢路(ゆめじ), 夢生(ゆめな), 夢野(ゆめの), 夢田(ゆめだ), 夢村(ゆめむら), 夢枕(ゆめまくら).

蒙 몽	訓読	くらい·こうむる
	音読	モウ

訓読풀이

① くらい : 蒙(몽)은 어두움, 어리석음을 뜻한다(蒙昧 : 몽매). 무엇에 가리면 어두어진다.
'가리다'에서 '가려－구려－구라－くらい'로 이어진다.

② こうむる : 恩恵(おんけい)をこうむる 하면 은혜나 신세를 지는 것, 즉 은혜나 신세를 꾼 것이 된다.
'꾸다'에서 '꿈－구음－고음－고우무－おうむる'로 이어진다.

濛 몽	訓読	くらい
	音読	モウ

訓読풀이

• くらい : 蒙(몽) 참조.

曚 몽	訓読	くらい
	音読	モウ

訓読풀이

• くらい : 蒙(몽) 참조.

朦 몽	訓読	おぼろ
	音読	モウ

訓読풀이

• おぼろ : 朦(몽)은 몽롱(朦朧)함, 흐림을 뜻한다. おぼろにかすむ春(はる)の夜(よる) 하면 어렴풋하게 흐린 봄 밤을 뜻한다.
'흐리다'에서 '흐려－호려－호로－ほろ'로 이어지고, 접두어 お가 붙어 おぼろ가 된다.

【묘】

卯 묘	訓読	う
	人名訓読	あきら·しげる
	音読	ボウ

訓読풀이

① う : う는 うさぎ의 준말. 兎(토 : うさぎ) 참조.

② あきら : 卯(묘)는 地支의 넷째로 동물로는 토끼를 의미하며, 시각으로는 5시에서 7시 사이를 가리킨다. 보통 6시라고 하는데 이 시각은 하루가 밝는(열리는) 시각이다. ㉮ '밝다'에서 '발키라－바키라－아키라(ㅂ－ㅇ으로 변음)－あきら'로 이어진다. ㉯ '열리다'에서 '열기라－여기라－아기라－あきら'로 이어진다.

③ しげる : 卯는 地支에서 오행(五行)으로는 나무, 특히 산에 가득 '찬' 나무를 나타낸다.
'차다'에서 '차거라－치게루－시게루－しげる'로 이어진다.
〔参考〕茂(무 : しげ)る와 이음을 같이한다.

人名訓読例

① あきら · しげる : 卯(외자 名).

② う : 卯本(うもと), 卯西(うにし), 卯田(うだ), 卯助(うすけ), 卯滝(うたき), 卯月(うずき).

③ しげ : 卯外(しげかど), 卯雄(しげお), 卯典(しげのり).

妙 묘	訓読	たえ
	人名訓読	ま·よし
	音読	ミョウ

訓読풀이

① たえ : 妙(묘)는 뛰어난 모양을 나타낸다

〈妙技(묘기), 妙味(묘미), 妙手(묘수)〉.
'뛰어'에서 '두어–다어–たえ'로 이어진다.

② ま : 妙는 이치에 맞는 것을 뜻한다(妙理 : 묘리).
'맞'에서 '마–ま'로 이어진다.

③ よし : 妙는 올바른 깨달음(妙覚 : 묘각), 올바른 이치(妙理 : 묘리), 올바른 묘방(妙方) 등 올바름을 나타낸다.
'올'에서 '오시(받침 ㄹ–'시'로 분절)–よし'로 이어진다.

人名訓読例

① たえ : 妙中(たえなか), 妙品(たえしな), 妙子(たえこ), 妙香(たえか), 妙佳(たえか).

② ま : 妙美子(まみこ).

③ よし : 妙見(よしみ), 妙水(よしみず), 妙泉(よしずみ · よしみず).

苗 묘	訓読	なえ·なわ
	人名訓読	のう·みつ
	音読	ビョウ·ミョウ

訓読풀이

① なえ · なわ : 苗(묘)는 옮겨 심기 위하여 기른 벼의 싹, 즉 볏모를 뜻한다. 볏모를 옮겨 심어 벼를 키워서 쌀을 낳게 된다.
'낳다'에서 '나아–なえ · なわ'로 이어진다.

② のう : ㉮ 볏모(苗)를 옮겨 벼를 심어 기르는 곳은 '논(밭)'이다. '논'에서 '노–のう'로 이어진다. ㉯ 볏모는 옮겨 심어야 한다. '옮기다'에서 '옴–오–노(ㅇ–ㄴ으로 변음)–のう'로 이어진다.

③ みつ : '볏모'의 '모'가 접두어로 쓰일 때 '못'으로 발음된다(못자리 · 못줄 · 못밥 등).
'못'에서 '밋–미쑤–みつ'로 이어진다.

人名訓読例

① なえ : 苗加(なえか · のうか), 苗代(なえしろ · なわしろ), 苗松(なえまつ), 苗村(なえむら).

② なわ : 苗代(なわしろ).

③ のう : 苗加(のうか), 苗田(のうだ), 苗羽(のうま).

④ みつ : 苗子(みつこ).

杳 묘	訓読	くらい
	人名訓読	はるか
	音読	ヨウ

訓読풀이

① くらい : 杳(묘)는 나무(木)가 해(日)를 가린 형태를 나타내며 어둠을 뜻한다.
'가리다'에서 '가려–구려–구라–くらい'로 이어진다.
〔参考〕暗(암 : くら)い와 이음을 같이한다.

② はるか : 杳然(묘연)은 저멀리 어둠이 펼쳐진(깔린) 상태를 나타낸다.
'펼'에서 '팔–할–하루–はるか'로 이어진다.
〔参考〕遥(요), 藐(막), 邈(막), 渺(묘)와 이음(はるか)을 같이한다.

人名訓読例

• はる : 杳美(はるみ).

眇 묘	訓読	かすか·すがめ·すがめる
	音読	ビョウ

訓読풀이

① かすか : ㉮ 眇(묘)는 한쪽 눈(目)이 꺼져서 적음(少)을 나타낸다. 그래서 애꾸눈, 짝눈을 뜻하고 眇(かすか)는 희미

함, 어렴풋함을 뜻하게 된다. かすかの記憶(きおく)는 어렴풋한 기억, 즉 기억이 '꺼져감'을 뜻하고, かすかに光(ひか)る 하면 불빛이 꺼져감을 뜻한다. '꺼져가'에서 '거저가-가주가-かすか'로 이어진다. ㉯ 애꾸눈은 한쪽 눈이 감겨(감추어져) 보이지 않은 상태를 나타낸다. '감추다'에서 '감추고-가수가-かすか'로 이어진다.

〔参考〕 幽(유), 微(미)와 이음(かすか)을 같이한다.

② すがめ · すがめる : 眇는 한쪽(目)을 적게(少) 뜨는 것을 뜻한다. 그래서 すがめ는 애꾸눈, 斜視(사시)를 뜻한다.
'적게(조금) 뜨는 (눈)매'에서 '저게(조그)매-주가매-すがめる'로 이어진다.

人名訓読例

• すが : 眇田(すがた).

畝 묘	訓読	うね·うねくる
	音読	ホ

訓読풀이

① うね · うねくる : ㉮ 畝(묘)는 이랑을 뜻한다. 이랑은 갈아 놓은 논밭의 한 두둑과 한 고랑을 아울러 이르는 말이다. 두둑은 가운데가 올라가 있고 고랑은 두둑 사이에 내려가 있는 낮은 곳이다. 이랑은 올라가 있는 두둑과 내려가 있는 고랑으로 되어 있다.
'올'과 '내'가 합성되어 '올내-오내-우내-うね'로 이어진다.

② うねくる : うね(畝)에서 동사화 되어 うねくる는 '올랐다 내렸다' 꾸불꾸불 움직이는 것을 뜻한다.

人名訓読例

• うね : 畝米(うねめ), 畝尾(うねお), 畝本(うねもと), 畝部(うねべ), 畝野(うねの), 畝村(うねむら).

描 묘	訓読	えがく·かく
	音読	ビョウ

訓読풀이

① えがく : 옛날 암석이나 갑골(甲骨)에 조각하거나 그림을 그릴 때 칼처럼 뾰족한 것으로 에어 내거나 긁어(깎아) 내어 작업을 했다는 것은 역사가 말해준다.
'에다'의 에(え)와 '긁다(깎다)'의 '국(각)-가구-かく'가 합성되어 えがく로 이어진다.

〔参考〕 画(화 : えが)く와 이음을 같이한다.

② かく : ①에서의 '긁다(깎다)'에서 '국(각)-가구-かく'로 이어진다.

〔参考〕 書(서), 画(화)와 이음(かく)을 같이한다.

淼 묘	訓読	ひろい
	音読	ミョウ·ビョウ

訓読풀이

• ひろい : 淼(묘)는 수면(水面)이 한없이 '펼쳐짐'을 나타낸다.
'펼'에서 '필-힐-히로-ひろい'로 이어진다.

渺 묘	訓読	はるか·ひろい
	音読	ビョウ

訓読풀이

① はるか : 渺(묘)는 수면 등이 아득히 펼쳐짐을 나타낸다〈長江渺漫 : 宋書 (장강묘만 : 송서)〉. '펼'에서 '팔-할-하루-はるか'로 이어진다.

② ひろい : ①의 '펼'에서 '필-힐-히로-ひ

ろい'로 이어진다.

人名訓読例

• ひろ：渺美(ひろみ), 渺清(ひろきよ).

墓 묘	訓読	はか
	人名訓読	つか
	音読	ボ

訓読풀이

① はか：墓(묘)는 땅을 파고 시체를 묻는 무덤을 뜻한다.
'파고'에서 '파가－하가－はか'로 이어진다.

② つか：つか는 돌을 쌓고 시체를 묻는 塚(총)을 뜻한다.
墓의 훈독은 はか고 つか는 人名訓読에만 쓰인다.

人名訓読例

① はか：墓谷内(はかやち), 墓崎(はかざき・つかざき), 墓下(はかのした).

② つか：墓崎(つかざき・はかざき).

錨 묘	訓読	いかり
	音読	ビョウ

訓読풀이

• いかり：錨(묘)는 닻을 뜻한다. 닻은 닻줄(밧줄・쇠줄)과 거기에 이어진(매인) 갈고리(닻고지)를 말한다. ㉮ '잇다'에서 '잇거라－이거리－이가리－いかり'로 이어진다. ㉯ '잇'의 '이－い'와 '갈고리'의 '가리－かり'가 합성되어 いかり가 된다.

人名訓読例

• いかり：錨(외자 名).

【무】

毋 무	訓読	なかれ
	音読	ブ・ム

訓読풀이

• なかれ：莫(막) 참조.

茂 무	訓読	しげる
	人名訓読	つとむ・とよ・ゆた
	音読	モ

訓読풀이

① しげる：茂(무)는 나무가 茂盛(무성)하게 가득 찬 것을 뜻한다.
'차다'에서 '차거라－치게라－시게루－しげる'로 이어진다. 또한 '쌓다'에서 '쌓거라－사게라－시게루－しげる'로 이어진다.
〔参考〕繁(번：しげ)る와 이음을 같이한다.

② つとむ：茂는 힘쓰는 것, 애쓰는 것을 뜻한다〈茂正其德・而厚其性：國語(무정기덕・이후기성：국어)〉.
'쓰다'에서 '씀－수수무－수두무－수도무－つとむ'로 이어진다.

③ とよ：茂는 재화가 가득 담아 있는 것, 차 있는 것을 뜻한다. ㉮ '담다'에서 '담아－다아－도아－도요－とよ'로 이어진다. ㉯ '차다'에서 '차아－다아－도아－도요－とよ'로 이어진다.
〔参考〕豊(풍：とよ)와 이음을 같이한다.

④ ゆた(か)：茂는 많이 있음을 뜻한다.
'있다'에서 '이다－유다－ゆた(か)'로 이어진다.
〔参考〕豊(풍：ゆたか)와 이음을 같이한다.

마

人名訓読例

① しげる · つとむ : 茂(외자 名).

② しげ : 茂森(しげもり), 茂寛(しげひろ), 茂基(しげき), 茂文(しげぶみ), 茂富(しげとみ), 茂盛(しげもり).

③ とよ : 茂仁(とよひと · ゆたひと · しげひと).

④ ゆた : 茂仁(ゆたひと).

武 **무**	訓読	たけし
	人名訓読	いさむ·たける
	音読	ブ·ム

訓読풀이

① たけし · たける : 武(무)는 굳센 것, 힘이 솟아(돋아) 뛰는 것을 뜻한다. ㉮ '뛰다'에서 '뛰게–두게–다게–たけ(し) · たける'로 이어진다. ㉯ '돋다'에서 '돋게–다게–たけし · たける'로 이어진다.

〔参考〕 猛(たけし)와 이음을 같이한다.

② いさむ : 武는 용기 · 기운이 솟아남을 뜻한다.

'솟다'에서 '솟음–소음–솜–삼–さむ'로 이어가고 접두어 い가 붙어 いさむ로 이어진다.

〔参考〕 勇(용 : いさ)む와 이음을 같이한다.

人名訓読例

① いさむ · たけ · たけし · たける : 武(외자 名).

② たけ : 武宮(たけみや), 武寛(たけひろ), 武文(たけぶみ), 武島(たけしま), 武山(たけやま), 武村(たけむら).

務 **무**	訓読	つとむ·つとめる
	音読	ム

訓読풀이

• つとむ · つとめる : 務(무)는 힘쓰는 것, 애쓰는 것을 뜻한다〈務其業 : 荀子(무기업 : 순자)〉.

'쓰다'에서 '씀–수수무–수두무–수도무–つとむ · つとめる'로 이어진다.

無 **무**	訓読	ない·なし
	音読	ム·ブ

訓読풀이

• ない · なし : 無(무)는 없음을 뜻한다.

'없다'에서 '없어(없지)–어어(어지)–아어(아시)–아이(아시)–나이 · 나시(ㅇ–ㄴ으로 변음)–ない · なし'로 이어진다.

人名訓読例

• なし : 無子(なしこ), 無重(なししげ).

貿 **무**	訓読	あきなう
	音読	ボウ

訓読풀이

• あきなう : 貿(무)는 장사하는 것을 뜻한다. 장사는 이윤을 얻기 위하여 한다.

'얻다'에서 '얻기–아기–あきなう'로 이어진다.

〔参考〕 商(상 : あきな)う와 이음을 같이한다.

誣 **무**	訓読	しいる
	音読	フ·ブ

訓読풀이

• しいる : 誣(무)는 무고(誣告), 모함(謀陷)하는 것을 뜻한다. 즉 남에게 책임이나 잘못된 결과를 덮어씌우는 것을 말한다.

'씌우다'에서 '씨우라–시이루–しいる'로 이어진다.

撫 무	訓読	なでる
	人名訓読	うつ·なつ
	音読	ブ

訓読풀이

① なでる : ㉮ 撫(무)는 눌러 만지는 것을 뜻한다. '눌'에서 '날-나데(받침ㄹ-'데'로 분절)-なでる'로 이어진다. ㉯ 撫는 얼러 달래는 것을 뜻한다. '얼'에서 '알-날(ㅇ-ㄴ으로 변음)-나데(받침ㄹ-'데'로 분절)-なでる'로 이어진다. ㉰ 撫는 어루만지는 것을 뜻한다. '어루'에서 '얼-알-날-나데-なでる'로 이어진다.

② うつ : ㉮ '눌'에서 '울(ㄴ-ㅇ으로 변음)-우쑤(받침ㄹ-'쑤'로 분절)-うつ'로 이어진다. ㉯ '얼러달래다'의 '얼'에서 '울-우쓰-うつ'로 이어진다. ㉰ '어루만지다'의 '어루'에서 '얼-울-우쑤-うつ'로 이어진다.

③ なつ : ①의 ㉮의 '날'에서 '나쑤(받침ㄹ-'쑤'로 분절)-なつ'로 이어진다. ①의 ㉯㉰에서 '얼'에서 '알-날-나쑤-なつ'로 이어진다.

人名訓読例

① なで : 撫原(なではら), 撫子(なでこ·なつこ).

② うつ : 撫尾(うつお).

③ なつ : 撫谷(なつたに), 撫川(なつかわ), 撫子(なつこ).

舞 무	訓読	まい·まう
	音読	フ·ブ

訓読풀이

• まい·まう : 舞(무)는 춤추는 것을 뜻한다. 춤은 몸을 말듯이 돌리면서 춘다. 그래서 舞는 돌린다는 뜻도 갖는다. 특히 여자가 춤 출 때는 치마가 몸 따라 말리게 되어 있다. 춤 즉 마는 것이 된다. '말다'에서 '말아-마아-마우-まう'로 이어진다.

人名訓読例

• まい : 舞石(まいいし), 舞原(まいはら), 舞子(まいこ), 舞車(まいくるま), 舞草(まいくさ), 舞阪(まいさか).

霧 무	訓読	きり
	音読	ム

訓読풀이

• きり : 霧(무)는 안개를 뜻한다. 옛날에는 구별이 없었으나 후에 가을에 끼는 것을 霧, 봄에 끼는 것을 霞(하 : かすみ)라고 구별하였다〈霞(하) 참조〉. ㉮ 안개가 끼면 사물을 가리게 마련이다. 霧(きり)隠(がく)れ는 안개에 가려 형체가 사라짐을 뜻한다. '가려'에서 '가리-기리-きり'로 이어진다. ㉯ 안개 하면 끼는 것을 연상시킨다. '끼다'의 명령형 '끼라'에서 '기리-きり'로 이어진다.

人名訓読例

• きり : 霧島(きりしま), 霧林(きりばやし), 霧立(きりたち), 霧原(きりはら), 霧川(きりかわ), 霧波(きりなみ).

【묵】

墨(墨) 묵	訓読	すみ
	音読	ボク

訓読풀이

• すみ : 墨(묵)은 먹, 먹물, 검정 등을 뜻한다. 나무가 타면 검은 숯이 되듯이 대체로 일반 물질은 타면 먹물처럼 검정색을 띄게 마련이다.
'타다'에서 '탐-담-둠-숨-수미-すみ'

로 이어진다.

〔参考〕炭(탄 : すみ)와 이음을 같이한다.

人名訓読例

- すみ : 墨江(すみえ), 墨岡(すみおか), 墨谷(すみたに · すみや), 墨俣(すのまた), 墨人(すみと), 墨之助(すみのすけ).

黙(默) 묵	訓読	だまる·もだす
	音読	モク

訓読풀이

① だまる : 黙(묵)은 입을 다물고 침묵(沈默)하는 것을 뜻한다.
'다물다'에서 '다뭄-다무-다마-だまる'로 이어진다.

② もだす : もだして語(かた)らず 하면 입을 다물고 말하지 않은 것을 뜻한다. 다문다는 것은 아래위 입술이나 이빨을 서로 눌러 함께 모도는(모으다의 옛말) 것을 뜻한다.
'모도다'에서 '모도-모다-もだす'로 이어진다.

【문】

文 문	訓読	ふみ·あや·かざる
	人名訓読	すじめ·のり·ひとし
	音読	ブン·モン

訓読풀이

① ふみ : 文(문)은 글 · 학문을 배우는 것을 뜻한다〈行有餘力則以學文 : 論語 (행유여력즉이학문 : 논어)〉.
'배우다'에서 '배움-뱀-붐-부미-ふみ'로 이어진다.

② あや : ㉮ 文은 무늬를 뜻한다〈五色成文而不亂 : 禮記 (오색성문이불란 : 예기)〉. 文章(ぶんしょう)のあやは 문장이 멋진 수식으로 예쁜 무늬처럼 잘 엮어짐을 뜻한다. '엮어(이어)'에서 '여어-아여-あや'로 이어진다. ㉯ 文은 예쁜 것을 뜻한다〈以進爲文 : 禮記 (이진위문 : 예기)〉. '예쁘다(어여쁘다)'에서 '어여-아여-あや'로 이어진다.
〔参考〕彩(채), 綾(릉)과 이음(あや)을 같이한다.

③ かざる : 文은 모양 있게 꾸미는 것, 잘못을 잘못이 아닌 양 꾸미는 것, 즉 겉치레하는 것을 뜻한다〈小人之過也必文 : 論語 (소인지과야필문 : 논어)〉.
'겉치레'에서 '가차레-가사리-かざる'로 이어진다.

④ すじめ : 文은 바지 주름처럼 한 줄로 바로 되어 있는 것, 즉 조리(條理) 있음을 뜻한다〈鄕吾示之以地文 : 莊子 (향오시지이지문 : 장자)〉.
'줄지다'에서 '줄짐-주지메-すじめ'로 이어진다.
〔参考〕筋目(근목 : すじめ)와 이음을 같이한다.

⑤ のり : 文은 올바른 법도(法度), 예악제도(禮樂制度)를 뜻한다〈有不享則修文 : 國語 (유불향즉수문 : 국어), 文王旣沒文不在玆乎 : 論語 (문왕기몰 문부재자호 : 논어)〉.
'올'에서 '놀(ㅇ-ㄴ으로 변음)-노리-のり'로 이어진다.

⑥ ひとし : 文은 하나의 줄로 세운 것처럼 앞뒤가 일사불란함을 뜻한다.
하나를 뜻하는 '홀'에서 '힐-히도-ひとし'로 이어진다. ④의 すじめ와 이음의 맥을 같이한다.

人名訓読例

① あや・かざり・すじめ・ひとし・ふみ・ふみし：文(외자 名).

② ふみ：文武(ふみたけ), 文平(ふみひら), 文明(ふみあき), 文博(ふみひろ), 文秀(ふみひで), 文子(ふみこ・あやこ・のりこ).

③ あや：文成(あやなり・ふみなり), 文勝(あやかつ・ふみかつ), 文野(あやの), 文友(あやとも), 文仲(あやなか), 文聴(あやとし).

④ のり：文光(のりみつ・ふみてる・ふみみつ), 文敏(のりさと・ふみとし), 文信(のりあきら・ふみのぶ), 文子(のりこ).

⑤ ひ(ひとし의 준말)：文違(ひじかい).

刎 문	訓読	はねる
	音読	フン

訓読풀이

• はねる：首(くび)を刎(は)ねる 하면 목을 베는(치는) 것을 뜻한다.
'베는'에서 '베네－바네－はねる'로 이어진다.

人名訓読例

• はね：刎石(はねいし).

門 문	訓読	かど
	人名訓読	と

訓読풀이

• かど：門(문)은 문짝이 둘인 大門(대문)을 뜻한다〈東大門(동대문), 南大門(남대문)〉. 한국어에는 門의 고유어가 없다. 門이란 출입을 위해 처음 또는 마지막으로 닫는 곳이므로 어느 집이든 본채 또는 안방에서 가장 가(끝)에 있기 마련이다. ㉮ '가(끝)'에서 '가(긑)－가도－かど'로 이어진다. ㉯ 門은 가장 '가(끝)'에 있는 '덧門'이 된다. '가(끝)'의 か와 '덧門'의 '덧－더－도－ど'가 합성되어 かど가 된다〈戸(호) 참조〉.

人名訓読例

• かど：門山(かどやま), 門上(かどかみ), 門野(かどの), 門川(かどかわ), 門村(かどむら), 門屋(かどや).

紊 문	訓読	みだす・みだれる
	音読	ビン・ブン

訓読풀이

• みだす・みだれる：紊(문)은 어지러운 상태, 즉 아주 못된 상태를 나타낸다. 髪(かみ)をみだす, 列(れつ)をみだす, 心(こころ)をみだす, 秩序(ちつじょ)をみだす, 国(くに)をみだす 하면 머리카락, 대열, 마음가짐, 질서, 국가의 움직임 모두가 어지러운 상태로 아주 못되어서 엉망임을 나타낸다.
'못되어서'에서 '모대서－미다서－みだす'로 이어진다.
〔参考〕乱(란：みだ)과 이음을 같이한다.

紋 문	訓読	あや
	音読	モン

訓読풀이

• あや：㉮ 紋(문)은 무늬를 뜻한다. 예컨대 직물의 무늬는 각종 실로 잇거나 엮어서 만들어진다. '잇다・엮다'에서 '이어(여어)－아어－아야－あや'로 이어진다. ㉯ 무늬는 여러 가지 어여쁜(예쁜・아름다운) 모양을 나타낸다. '어여'에서 '아여－아야－あや'로 이어진다.

人名訓読例

• あや：紋子(あやこ).

問 문	訓読	とい·とう
	音読	モン

訓読풀이

• とい · とう : ㉮ 問(문)은 묻는 것, 물어 따지는 것을 뜻한다〈尋問(심문), 問責(문책)〉. '따지다'에서 '따저–닺어–다어–도우–とう'로 이어진다. ㉯ 問은 사람을 찾는 것을 뜻한다〈訪問(방문), 問病(문병)〉. '찾다'에서 '찾아–다아–도우–とう'로 이어진다.

〔参考〕 訪(방 : と)う와 이음을 같이한다.

人名訓読例

① とい : 問山(といやま), 問屋(といや), 問丸(といまる), 問田(といた · といだ), 問寒別(といかんべつ).

② とう : 問谷(とうや), 問馬(とうま), 問田(とうた).

聞 문	訓読	きく
	音読	ブン·モン

訓読풀이

• きく : '눈매'의 '매'에서 동사화 되어 見(견 : み)る가 되고, '코'에서 동사화 되어 擤(형 : か)む, 嗅(취 : か)ぐ가 되듯이 '귀'에서 '동사화 되어 聞(문 : き)く로 이어진다.

【물】

勿 물	訓読	なかれ
	音読	ブツ·モチ

訓読풀이

• なかれ : 莫(막) 참조.

物 물	訓読	もの
	音読	ブツ·モツ

訓読풀이

• もの : 物(물)은 여러 가지 뜻으로 풀이된다. ㉮ 物은 천지 간의 모든 것, 만물(萬物), 즉 몽땅, 몬(제주방언)을 뜻한다〈品物流行 : 易經 (품물유행 : 역경)〉. '몽땅(몬)'에서 '몽–もん · もの'로 이어진다. ㉯ 物은 막연히 뭔가(무언가)를 나타낸다. ものに憑(つ)かれたようだ 하면 뭔가에 홀린 듯하다는 뜻이다. '뭔'에서 '몬–모노–もの'으로 이어진다. ㉰ 동작의 대상으로 뭔가를 나타낸다. 食(た)べもの 하면 뭔가 먹을 것, 飲(の)みもの 하면 뭔가 마실 것을 뜻한다. ㉱ 접두어, 접미어로 쓰일 때도 뭔가를 나타낸다. もの悲(かな)しい 하면 뭔가 슬프다는 뜻이고, 済州(さいしゅう)もの 하면 뭔가 제주적인 것, 예를들어 제주특산물인 감귤 또는 경관을 나타낸다.

人名訓読例

• もの : 物見(ものみ), 物事(ものごと), 物江(ものえ), 物井(ものい), 物申(ものもうし), 物延(もののべ).

【미】

未 미	訓読	いまだ·まだ·ひつじ
	音読	ミ·ビ

訓読풀이

① いまだ : 未(いま)だ는 이맘때까지, 지금까지를 뜻한다. いまだに完成(かんせい)しない 하면 이맘때(지금)까지 완성되지 않는다는 뜻이다.

'이맘때'에서 '이마대－이마다－いまだ'로 이어진다.

② まだ : ㉮ 未(ま)だ는 형용동사로 쓰일 시 때가 아직 못 되었음을 뜻한다. お食事(しょくじ)がまだでしたらご一緒(いっしょ)にしましょう 하면 식사 아직 못 했으면 같이 합시다라는 뜻이다. '못'에서 '맛－맏－마다－まだ'로 이어진다.
㉯ 未(ま)だ가 부사로 쓰일 때는 기대(예상)한 대로 못 되었음을 나타낸다. まだ８時前(はちじまえ)だ 하면 아직 8시 전－ 8시가 못 되었다는 뜻이고, 就職(しゅうしょく)してからまだ一年(いちねん)にならない 하면 취직한지 아직 1년이 못 되었다는 뜻이다.

③ ひつじ : 未는 여덟째 지지(地支)이며 띠로는 羊(양)에 해당한다. 羊은 뿔(ソ)이 난 동물 모양을 하고 있다(뿔을 형상화(形象化)한 한자는 羊이 대표적이다).
'뿔'에서 '불－빌－비쑤지(받침ㄹ－'쑤지'로 분절, '골 · 꼴'에서 '가다지－かたち'로 이어지는 것과 같은 이치)－ひつじ'로 이어진다.

人名訓読例

• ひつじ : 未子(ひつじこ).

米 미	訓読	こめ·よね
	音読	ベイ·マイ

訓読풀이

① こめ : 米(미)는 쌀을 뜻한다. 제주방언에서 쌀을 '곤 쌀', 즉 고운 쌀이라고 한다.
'곱다'에서 '고움－곰－고메－こめ'로 이어진다.

② よね : 쌀은 논에서 난다.
'논'에서 '욘(ㄴ－ㅇ으로 변음)－요네－よね'로 이어진다.

人名訓読例

① こめ · よね : 米(외자 名).

② こめ : 米谷(こめたに · よねたに), 米内(こめうち), 米屋(こめや · よねや), 米原(こめはら · よねはら), 米田(こめた · よねた), 米花(こめはな · よねはな).

③ よね : 米島(よねしま), 米本(よねもと), 米川(よねかわ), 米村(よねむら), 米町(よねまち), 米丸(よねまる).

尾 미	訓読	お
	人名訓読	すえ
	音読	ビ

訓読풀이

① お : 尾는 동물의 몸통(尸) 끝에 난 꼬리털(毛)을 나타낸다. 꼬리는 엉덩이에 붙어있다.
'엉덩이'에서 '엉－어－오－お'로 이어진다.

② すえ : 동물의 꼬리는 몸통 뒤에 붙어 있다.
'뒤에'에서 '두에－수에－すえ'로 이어진다.
〔参考〕 末(말 : すえ)과 이음을 같이한다.

人名訓読例

① お : 尾高(おたか · すえたか), 尾谷(おたに), 尾崎(おさき).

② すえ : 尾万(すえま), 尾高(すえたか), 尾吉(すえきち), 尾子(すえこ).

味 미	訓読	あじ
	人名訓読	うま(い)·ま
	音読	ミ

訓読풀이

① あじ : ㉮ 味(미)는 감각적인 맛을 뜻한다〈味覚(미각), 五味(오미)〉. '맛'에서 '맛-앗(ㅁ-ㅇ으로 변음)-아지-あじ'로 이어진다. ㉯ 味는 마음에 느끼는 멋을 뜻한다〈潛心道味 : 晋書 (잠심도미 : 진서), 趣味(취미), 滋味(자미)〉. '멋'에서 '맛-앗-아지-あじ'로 이어진다.

② うまい : ㉮ うまい料理(りょうり)는 맛있는 요리라는 뜻이다. 요리는 잘 익으면 맛있어진다. '익다'에서 '익음-이음-임-움-우마-うまい'로 이어진다. 재주, 솜씨는 오래 익힐수록 좋아진다. 그래서 うまい는 솜씨가 좋다는 뜻도 갖는다. 絵(え)がうまい 하면 오래 익혀 그림솜씨가 좋다는 뜻이다. ㉯ '맛', '멋'에서 '마-ま'로 이어지고 접두어 う가 붙어 うま(い)로 이어진다.

③ ま : '맛', '멋'에서 '마-ま'로 이어진다.

人名訓読例

① あじ : 味尾(あじお), 味方(あじかた), 味野(あじの), 味真(あじま), 味見(あじみ), 味沢(あじさわ).

② うま : 味稲(うましね), 味部(うまべ), 味淳(うまさか · うまさけ), 味酒(うまさか · うまさけ), 味尺(うまさか).

③ ま : 味舌(ました), 味酒(まさけ).

弥(彌) 미	訓読	わたる·いや·いよいよ·や
	人名訓読	あつし·ひさし·ひろし·ます·みつ·やすし
	音読	ビ·ミ

訓読풀이

① わたり · わたる : 弥(미)는 널리 퍼지는 것, 뻗는 것을 뜻한다〈多張旗幟彌亘百餘里 : 蜀志 (다장기치미긍백여리 : 촉지)〉.
'퍼지다(뻗다)'에서 '벋어라-바다라-오다루(ㅂ-ㅇ으로 변음)-わたる'로 이어진다.

② いや · いよいよ · や : ㉮ 弥는 줄곧 이어 계속하는 것을 뜻한다〈七日彌 : 周禮 (칠일미 : 주례)〉. '잇다'에서 '이어-이야(이요 · 야)-いや(いよいよ · や)'로 이어진다. ㉯ 弥는 이지러진 데를 잇는 것, 깁는 것을 뜻한다〈彌縫其闕 : 左氏傳 (미봉기궐 : 좌씨전)〉. ㉮에서처럼 '잇다'에서 'いや · いよいよ · や'로 이어진다.

③ あつし : 弥은 가득 차는 것을 뜻한다〈弥漫(미만), 弥滿(미만), 弥天(미천)〉.
'차다'에서 '차-추-つ'로 이어지고, 접두어 あ가 붙어 あつ(し)로 이어진다.

④ ひさし : 弥는 한참 걸리는 것을 뜻한다(弥久 : 미구).
'한참'에서 '하차-하사-히사-ひさし'로 이어진다.

⑤ ひろし : 弥는 널리 펼쳐지는 것을 뜻한다.
'펼'에서 '필-힐-히로-ひろし'로 이어진다.

⑥ ます : 弥는 많아지면서 가득 채우는 것을 뜻한다〈彌山跨谷 : 史記 (미산고곡 : 사기)〉.
'많다'에서 '마-ます'로 이어진다.

⑦ みつ : ㉮ 弥는 널리 미치는 것을 뜻한다. '미치다'에서 '미처-미추-みつ'로 이어진다. ㉯ 弥는 물이 차는 것을 뜻한다. '물'에서 '밀-미쑤(받침ㄹ-'쑤'로 분절)-みつ'로 이어진다.

⑧ やすし : 弥는 쉬는 것, 중지함을 뜻한

다.

'쉬다'에서 '수-す'로 이어지고 접두어 や가 붙어 やす(し)로 이어진다.

人名訓読例

① あつし・いよ・ひさし・ひろし・みつ・やすし・わたり・わたる：弥(외자名).

② いや：弥犬丸(いやいぬまる), 弥郡(いやごうり), 弥富(いやとみ・やとみ), 弥永(いやなが・やなが), 弥熊(いやくま・いよくま), 弥重(いやしげ).

③ いよ：弥熊(いよくま), 弥政(いよまさ・やまさ).

④ や：弥生(やよい), 弥重(やえ), 弥城(やぎ・やしろ), 弥子(やこ・ひさこ), 弥谷(やたに), 弥益(やます).

⑤ ひさ：弥親(ひさちか), 弥子(ひさこ).

⑥ ひろ：弥崎(ひろさき), 弥夢(ひろむ), 弥智(ひろとも).

⑦ ます：弥美(ますみ).

⑧ みつ：弥継(みつつぐ), 弥彦(みつひ・やひこ), 弥雄(みつお), 弥人(みつと・やひと), 弥忠(みつただ), 弥幸(みつゆき).

⑨ やす：弥昌(やすまさ).

迷(迷) 미	訓読	まよう
	音読	メイ

訓読풀이

• まよう：道(みち)にまよう、路頭(ろとう)にまよう처럼 迷(미)는 헤매는 것을 뜻한다.

'헤매다'에서 '헤'가 탈락되어 '매다'에서 '매여-매요-마요う-まよう'로 이어진다.

'헤'는 헤덤비다, 헤무르다, 헤벌어지다, 헤졌다에서와 같이 접두어로 볼 수 있다. 일본어에서도 '헤매다'를 뜻하는 さまよう(さ迷う)의 さ를 접두어로 보고 있으며 さ를 탈락하면 まよう(迷う)가 된다.

美 미	訓読	うつくしい・よい
	人名訓読	あつ・うまし・きよし・とみ・はる・よし
	音読	ビ・ミ

訓読풀이

① うつくしい：美(うつく)しい는 아름다움, 올바름, 훌륭함을 뜻한다〈君子修美：淮南子 (군자수미：회남자)〉. うつくしい行為(こうい)는 올바른 행위를 뜻하고 うつくしい名声(めいせい)는 아름답고 올바른 명성을 뜻한다.

'옳다'에서 '옳구-올구-울구-우쑤구(받침ㄹ-'쑤'로 분절)-うつく'로 이어지고 형용사어미 しい가 붙어 うつくしい로 이어진다.

② よい・よし：'옳다'에서 '올아-오이-요이-よい'로 이어지고, '올'에서 '오시(받침ㄹ-'시'로 분절)-よし'로 이어진다.

③ あつ：美는 가득 차 있음을 뜻한다〈充實之謂美：孟子 (충실지위미：맹자)〉.

'차다'에서 '차-추-つ'로 이어지고 접두어 あ가 붙어 あつ로 이어진다.

④ うまい・うまし：美는 맛있음을 뜻한다. ㉮ '맛'에서 '마-ま'로 이어지고 접두어 う가 붙어 'うまい(うまし)'로 이어진다. ㉯ 익으면 맛이 난다. '익다'에서 '익음-이음-임-움-우마-うまい(うまし)'로 이어진다.

⑤ きよい・きよし：美는 고운 것을 뜻한

마

다(眞善美 : 진선미).

'곱다'에서 '고와–고요–기요–きよい(きよし)'로 이어진다.

⑥ とみ : 美는 가득 담다, 차다, 충실하다를 뜻한다〈忠實之謂美 : 孟子 (충실지위미 : 맹자)〉. ㉮ '담다'에서 '담–돔–도미–とみ'로 이어진다. ㉯ '차다'에서 '참–촘–돔–도미–'로 이어진다.

⑦ はる : ㉮ 美는 밝고 아름다움을 뜻한다. '밝다'에서 '발–할–하루–はる'로 이어진다. ㉯ 美는 바른(옳은) 것을 뜻한다. '바르다'에서 '발라–바라–하루–はる'로 이어진다.

人名訓読例

① うまし · きよし · はる · よし : 美(외자名).

② よし : 美康(よしやす), 美共(よしとも), 美国(よしくに), 美基(よしのり), 美文(よしふみ), 美鴻(よしひろ).

③ あつ : 美見(あつみ · よしみ).

④ うま : 美稲(うましね), 美石(うまし), 美樹(うまき), 美彦(うまひこ).

⑤ きよ : 美本(きよもと).

⑥ とみ : 美久(とみひさ · よしひさ), 美穂(とみほ), 美雄(とみお), 美一(とみいち · よしかず), 美子(とみこ).

⑦ はる : 美郎(はるお), 美子(はるこ), 美治(はるじ · よしはる), 美行(はるゆき), 美田(はるた · よした), 美浪(はるなみ).

梶 미	訓読	かじ
	音読	ビ

訓読풀이

• かじ : ㉮ 梶(미)는 木(나무)의 尾(끝)이니 가지를 뜻한다. '가지'에서 かじ로 이어진다. ㉯ 梶는 배의 노를 뜻한다. 노는 가지처럼 배의 옆 또는 뒤에 붙어 배를 저어간다.

〔参考〕 舵(타 : かじ)와 이음을 같이한다.

人名訓読例

• かじ : 梶島(かじしま), 梶本(かじもと), 梶山(かじやま), 梶上(かじかみ), 梶村(かじむら), 梶浦(かじうら).

媚 미	訓読	こびる
	音読	ビ

訓読풀이

• こびる : ㉮ 媚(미)는 굽신거리며(굽다) 아양 떠는 것을 뜻한다(媚態 : 미태). '굽신(굽다)'에서 '굽–곱–고비–こびる'로 이어진다. ㉯ 媚는 고운 것, 아리따운 것을 뜻한다〈自恨骨體不媚 : 吳志 (자한골체불미 : 오지)〉. 또한 곱게 웃으며 아양 떠는 것을 뜻한다(媚笑 : 미소). '곱다'에서 '곱–고비–こびる'로 이어진다.

人名訓読例

• こび : 媚山(こびやま).

微(微) 미	訓読	かすか
	音読	ビ·ミ

訓読풀이

• かすか : ㉮ 微(미)는 희미함, 어렴풋함을 나타낸다. 즉 불빛 등이 꺼져감, 쇠(衰)하여 감을 뜻한다. かすかの記憶(きおく)는 기억이 꺼져감, 즉 어렴풋한, 희미한 기억을 뜻한다〈杞小微 : 史記 (기소미 : 사기)〉. '꺼져감'에서 '거저가–가주가–かすか'로 이어진다. ㉯ 微는 감추는 것, 숨기는 것을 뜻한다〈其徒微之 : 左氏傳 (기도미지 : 좌씨전)〉. '감추다'

에서 '가추구–가수가–かすか'로 이어진다.

〔参考〕幽(유 : かすか)와 이음을 같이한다.

謎 미	訓読	なぞ
	音読	メイ

訓読풀이

• なぞ : 謎(미)는 수수께끼, 어찌를 뜻한다. なぞの人物(じんぶつ)는 어찌 생긴 인물인가라는 뜻이다.

なぜ(何故)와 마찬가지로 '어찌'에서 '어제–아제–아조–나조(ㅇ–ㄴ으로 변음)–なぞ'로 이어진다.

靡 미	訓読	なびかす·なびく
	音読	ビ

訓読풀이

• なびかす · なびく : 靡(미)는 나부끼게 하는 것, 나부끼는 것을 뜻한다(靡然 : 미연). たもとを風(かぜ)になびかす 하면 소매를 바람에 나부끼게 한다는 뜻이다.

'나부끼다'에서 '나부–나비–なびかす'로 이어진다. 의미가 확대되어 누구에게 따르게(나부끼게) 한다는 뜻도 갖는다.

瀰 미	訓読	はびこる
	音読	ビ·ミ

訓読풀이

• はびこる : 雑草(ざっそう)がはびこる 하면 잡초들이 부풀어 널리 퍼지는 것을 뜻하고, 伝染病(でんせんびょう)がはびこる 하면 전염병이 부풀어 널리 만연(漫延)함을 뜻한다.

'부풀다'에서 '부푸고–바부고–하비고–はびこる'로 이어진다.

〔参考〕蔓延(만연 : はびこ)る와 이음을 같이한다.

黴 미	訓読	かび·かびる
	音読	ベイ

訓読풀이

• かび · かびる : 黴(미)는 곰팡이를 뜻한다.

'곰팡'에서 '고파–가피–かび'로 이어지고 かびる로 동사화 된다.

【민】

民 민	訓読	たみ
	音読	ミン

訓読풀이

• たみ : 民(민)은 백성, 국민을 뜻한다. 백성, 국민은 일반 사람을 가리킨다. ㉮ '사람'에서 '살암–사암–삼–담–다미–たみ'로 이어진다. ㉯ 한국어 '사람'이 '삶'에서 이어지듯이 たみ도 '삶'에서 '삼–담–다미–たみ'로 이어진다.

人名訓読例

• たみ : 民法(たみのり), 民子(たみこ), 民治(たみはる), 民生(たみお), 民島(たみしま), 民屋(たみや).

泯 민	訓読	ほろびる
	音読	ビン·シン

訓読풀이

• ほろびる : 泯滅(민멸)은 헐어 버리는 것, 멸망시키는 것을 뜻한다.

'헐어 버려'에서 '호로비루–ほろびる'로 이어진다.

〔参考〕滅(멸), 亡(망)과 이음(ほろびる)

을 같이한다.

旻 민	訓読	そら
	人名訓読	あきら·たかし
	音読	ビン

訓読풀이

① そら : 旻(민)은 하늘, 특히 가을 하늘을 뜻한다〈秋爲旻天(추위민천), 秋旻(추민)〉. 가을 하늘은 훤하게 뚫려 있다.
'뚫려'에서 '두러-도라-소라-そら'로 이어진다.
〔参考〕 空(공 : そら)와 이음을 같이한다.

② あきら : ①에서 가을 하늘이 뚫려 있다 함은 시원하게 열려 있음을 뜻한다.
'열다'에서 '열기라-어기라-아기라-あきら'로 이어진다.

③ たかし : 가을을 天高馬肥(천고마비)의 계절이라 한다.
높이 뜬 가을 하늘이라는 뜻에서, '뜨고-따고-다가-たか(し)'로 이어진다.

人名訓読例

• あきら · たかし : 旻(외자 名).

敏 민	訓読	さとい·とし
	人名訓読	さとし·すすむ·つとむ·はや·はやし·はる
	音読	ビン

訓読풀이

① さとい · さとし : ㉮ 敏(민)은 일찍이 눈을 떠 총명하고 지혜로움을 뜻한다.
'떠'에서 '더더-다도-사도-さとい'로 이어진다. ㉯ 총명은 똑똑함을 뜻한다. '똑똑'에서 '도도-다도-사도-さとい'로 이어진다.
〔参考〕 聡(총 : さと)い와 이음을 같이한다.

② とし : 敏은 지혜로움이 남보다 돋보이는 것을 뜻한다.
'돋보이다'에서 '돋-돗-도시-とし'로 이어진다.

③ すすむ : ㉮ 敏은 재빨리 뛰어감을 뜻한다(敏捷 : 민첩). '뜀'에서 '뚬-두두무-수수무-すすむ'로 이어진다. ㉯ 敏은 남보다 또렷이 돋아남을 뜻한다. '돋음'에서 '도두무-두두무-すすむ'로 이어진다. ㉰ 敏은 남보다 뛰어남을 뜻한다.
'뜸'에서 '두둠-두두무-수수무-すすむ'로 이어진다.

④ つとむ : 敏은 힘쓰는 것, 애쓰는 것을 뜻한다〈人道敏政 : 中庸 (인도민정 : 중용)〉.
'씀'에서 '수숨-수수무-すすむ'로 이어진다.

⑤ はや · はやし : 敏은 빠른 것을 뜻한다〈敏於事而愼於言 : 論語 (민어사이신어언 : 논어), 敏速(민속), 敏捷(민첩)〉.
'빠르다'에서 '빨라-발아-바야-はやい · はやし'로 이어진다.
〔参考〕 速(속), 早(조)와 이음(はやい)을 같이한다.

⑥ はる : ⑤의 '빠르다'에서 '바루-하루-はる'로 이어진다.

人名訓読例

① さとし · すすむ · つとむ · とし · はや · はやし : 敏(외자 名).

② さと : 敏子(さとこ · としこ), 敏之(さとし), 敏志(さとし), 敏恵(さとえ · としえ).

③ とし : 敏寛(としひろ), 敏克(としかつ), 敏倫(としみち), 敏文(としふみ ·

としのり), 敏範(としのり), 敏親(としちか).

④ はや : 敏刀(はやと), 敏人(はやと · はやひと).

⑤ はる : 敏保(はるやす).

罠 민	訓読	あみ·わな
	音読	ビン

訓読풀이

① あみ : 罠(민)은 올가미, 덫을 뜻한다. 올가미, 덫은 실이나 노끈으로 엮어(이어) 만든다.
'엮다'에서 '엮음-여음-염-암-아미-あみ'로 이어진다.
〔参考〕編(편), 網(망)과 이음(あみ)을 같이한다.

② わな : 罠은 짐승이나 새를 옭아 매어 잡는데 쓰인다.
'옭다'에서 '옭는-오는-아는-아나-わな'로 이어진다.
〔参考〕羂(견 : わな)와 이음을 같이한다.

悶 민	訓読	もだえ·もだえる
	音読	モン

訓読풀이

• もだえ · もだえる : 悶(민)은 고민, 번민, 괴로움, 즉 마음이 못된 상태에 있음을 뜻한다. 恋(こい)にもだえる 하면 사랑 때문에 마음의 상태가 못되어 있음을 뜻한다.
'못되어'에서 '모데어-모다에-もだえ'로 이어진다.

閔 민	訓読	あわれ·あわれむ
	音読	ビン

訓読풀이

• あわれ · あわれむ : 閔(민)은 불쌍히 여기는 것, 마음을 울리는 것을 뜻한다.
'울리다'에서 '우울려-우우레-아아레-あわれ'로 이어진다.
〔参考〕哀(애), 隣(린), 愍(민)과 이음(あわれ)을 같이한다.

愍 민	訓読	あわれ·あわれむ·いたむ
	人名訓読	つとむ
	音読	ビン

訓読풀이

① あわれ · あわれむ : 愍(민)은 불쌍히 여기는 것, 마음을 울리는 것을 뜻한다.
'울리다'에서 '우울려-우우레-아아레-あわれ'로 이어진다. 또한 '울음'에서 '우우룸-아우램-아아래무-あわれむ'로 이어진다.
〔参考〕哀(애), 憐(린), 閔(민)과 이음(あわれむ)을 같이한다.

② いたむ : 愍은 슬퍼함, 아파함, 즉 속으로 앓음을 뜻한다.
'앓음'에서 '알음-일음-이다음(받침 ㄹ-'다'로 분절)-이담-いたむ'로 이어진다.
〔参考〕통(痛), 상(傷)과 이음(いたむ)을 같이한다.

③ つとむ : ㉮ 愍은 힘쓰는 것을 뜻한다.
'씀'에서 '수수무-수두무-수도무-つとむ'로 이어진다. ㉯ 愍은 가엾게 여겨 항상 북돋아주는 것을 뜻한다. '돋음'에서 '도돔-두돔-つとむ'로 이어진다.

人名訓読例

• つとむ : 愍(외자 名).

憫 민	訓読	あわれ·あわれむ
	音読	ビン

訓読풀이

- あわれ · あわれむ : 憫(민)은 불쌍히 여기는 것, 울음이 나오는 것을 뜻한다.
  '울음'에서 '우우름-아우램-아아래무-あわれむ'로 이어진다.
  〔参考〕 哀(애), 憐(린), 閔(민), 愍(민)과 이음(あわれむ)을 같이한다.

緡 민	訓読	さし
	音読	ビン

訓読풀이

- さし : 緡(민)은 돈꿰미를 뜻한다. 옛날에는 돈꿰미를 칼 차듯이 허리에 차고 다녔다. 刀(かたな)をさす 하면 칼을 찬다는 뜻이다.
  '차다'에서 '차서-사서-사시-さし'로 이어진다.
  〔参考〕 差(차 : さし)와 이음을 같이한다. 錢差(전차 : ぜんさし)로도 표기된다.

【밀】

密 밀	訓読	ひそか
	人名訓読	ささ·しずか·す
	音読	ミツ

訓読풀이

① ひそか : 密(밀)은 홀로 (남몰래) 무슨 일을 하는 것을 뜻한다〈密事(밀사), 密造(밀조)〉.
'홀'에서 '힐-히소(받침ㄹ-'소'로 분절)-ひそか'로 이어진다.
〔参考〕 私(사), 窃(절)과 이음(ひそか)을 같이한다.

② ささ : 密은 잘잘한 것, 세세(細細)한 것을 뜻한다〈細密(세밀), 綿密(면밀)〉. '잘잘'에서 '자자-사사-ささ'로 이어진다.
〔参考〕 細(세), 小(소), 些些(사사), 瑣瑣(쇄쇄)와 이음 (ささ)을 같이한다.

③ しずか : ㉮ 密은 남몰래 조용히 하는 것을 뜻한다. 제주방언으로 '솔재기 한다'고 한다. '솔재기'에서 '소재기-시재기-시주가-しずか'로 이어진다. ㉯ 조용히 있는 것을 '잠자코 있다'고 한다. '잠자코'에서 '자자고-지자가-시주가-しずか'로 이어진다. ㉰ 조용히 하는 것을 잠재운다고 한다. '잠재'에서 '자재-지재-시주-しずか'로 이어진다. ㉱ '잔잔'에서 '자자-자주-지주-しずか'로 이어진다.

④ す : 密은 '숨'기는 것을 뜻한다〈幾事不密 : 易經 (기사불밀 : 역경), 秘密(비밀), 密室(밀실)〉.
'숨'에서 '수-す'로 이어진다.

人名訓読例

① ひそか · しずか : 密(외자 名).
② ささ : 密山(ささやま).
③ す : 密涌(すわく).

【박】

朴 박	訓読	すなお·なお·ほう(ほお)
	人名訓読	あら·え
	音読	ボク

訓読풀이

① すなお：朴(박)은 꾸미지 않은 있는 그대로의 숫한 상태(숫됨, 숫함, 숫스러움)가 더 나음을 나타낸다〈素朴(소박), 醇朴(순박)〉. '숫 나음'에서 '숫나아-수나아-수나오-すなお'로 이어진다.

〔参考〕 素直(소직：すなお)와 이음을 같이한다.

② なお：㉮ 위 ①의 '나음'에서 '나아-나오-なお'로 이어진다. ㉯ 위 ①의 すなお의 준말.

〔参考〕 直(직：なお)し와 이음을 같이한다.

③ ほう(ほお)：朴은 후박나무를 뜻한다. 후박나무는 녹나무과의 상록수로 나무껍질은 한약재로, 목재는 가구재 등으로 쓰인다.

'후박'에서 '후-호-ほう(ほお)'로 이어진다.

④ あら：일제강점기 중 韓人에 대해 일본식 성명을 강요할 때〈소위 創氏改名(창씨개명)〉와 일본에 거주하는 한국인이 일본으로 귀화할 때 朴의 姓(성)을 가진 사람들은 대부분 朴井(박정：あらい)로 바꾸면서 朴을 あら로 훈독, 표기하였다. ㉮ 알(卵：란)에서 태어났다는 조상 朴赫居世(박혁거세) 설화에 따라 그 후예임을 나타내기 위한 훈독으로 '알'에서 '알-아라-あら'로 이어진다. ㉯ 위 ①에서와 같이 꾸미지 않은 '날것' 그대로의 素朴함에서 '날-알-(ㄴ-ㅇ으로 변음)-あら'로 이어진다.

〔参考〕 荒(荒木：あらき), 新(新井：あらい)와 이음을 같이한다.

⑤ え：朴은 나무껍질을 뜻한다〈膚如桑朴：崔駰 (부여상박：최인)〉. 나무껍질은 속을 에워싸서 보호한다.

'에워'에서 '에-え'로 이어진다.

〔参考〕 重(중：え)와 이음을 같이한다.

人名訓読例

① すなお · ほう：朴(외자 名).

② なお：朴景(なおかけ), 朴次郎(なおじろお).

③ ほう(ほお)：朴木(ほうのき · ほおのき), 朴沢(ほうさわ).

④ あら：朴井(あらい).

⑤ え：朴本(えのもと), 朴市(えち), 朴室(えむろ), 朴井(えのい), 朴秦(えちはた).

拍 박	訓読	うつ
	音読	ハク·ヒョウ

訓読풀이

• うつ：拍(박)은 치는 것을 뜻한다. 친다는 것은 힘껏 누른다는 뜻이다.

'누루다'에서 '눌-울(ㄴ-ㅇ으로 변음)-우쑤(받침ㄹ-'쑤'로 분절, 동사어미화)-

うつ'로 이어진다.

泊 박	訓読	とまる·とめる
	音読	ハク

訓読풀이

- とまる · とめる : ㉮ 泊(박)은 어느 곳에 머물기 위하여 배를 물가(氵)에 대는 것, 두는 것, 세우는 것을 뜻한다(碇泊 : 정박). 따라서 泊은 머무는 것, 숙박(宿泊)도 뜻하게 된다. '대다(두다)'에서 '댐(둠)–돔–도마–とまる'로 이어지고, '세우다'에서 '세움–셈–댐–돔–도마–とまる'로 이어진다. ㉯ 泊은 서는 것, 정지하는 것을 뜻한다. '서다'에서 '섬–덤–돔–도마–とまる'로 이어진다. ㉰ 泊은 쉬는 것, 휴식을 뜻한다. '쉬다'에서 '쉼–숨–둠–돔–도마–とまる'로 이어진다. ㉱ 泊은 자는 것을 뜻한다. '자다'에서 '잠–좀–돔–とまる'로 이어진다.

人名訓読例

- とまり : 泊江(とまりえ), 泊谷(とまりや), 泊里(とまり)

迫(廹) 박	訓読	せまる·せる·さこ
	音読	ハク

訓読풀이

① せまる : 迫(박)은 죄는 것, 좁히는 것, 강요하는 것을 뜻한다.
'죄다'에서 '죔–젬–세마–せまる'로 이어진다.
〔参考〕 逼(핍 : せま)る와 이음을 같이한다.

② せる : '죄다'의 명령형 '죄라'에서 '제라–세라–せる'로 이어진다.

③ さこ : 迫은 산과 산 사이에 조여져(좁혀져) 생긴 작은 골짜기를 뜻한다. ㉮ '조여지다'의 '조'에서 이어진 '자–사–さ'와 '골짜기'의 '골'에서 이어진 '골–고–こ'가 합성되어 さこ가 된다. ㉯ '작은 골짜기'에서 '자골–자고–사고–さこ'로 이어진다.

人名訓読例

① さこ : 迫間(さこま), 迫江(さこえ), 迫谷(さこたに), 迫本(さこもと), 迫野(さこの), 迫川(さこかわ).
② せり : 迫田(せりた · さこた · さこだ).

剥 박	訓読	はぐ·へぐ·むく· すく·へずる
	音読	ハク

訓読풀이

① はぐ · へぐ : 剥(박)은 벗기는 것을 뜻한다.
'벗기다'에서 '벗구–버구–바(베)구–は(へ)ぐ'로 이어진다.

② むく : 벗기는 것은 밀어내는 것으로, '때를 밀다', '가죽을 밀어 낸다'처럼 쓰인다.
'밀다'에서 '밀구–미구–무구–むく'로 이어진다.

③ すく : 皮(かわ)を剥(す)く 하면 껍질을 벗긴다는 뜻으로, 다른 말로는 껍질을 뜯어내는 것이다.
'뜯다'에서 '뜯구–두구–수구–すく'로 이어진다.

④ へずる : 剥(へ)ずる는 빼서 축내는 것을 뜻한다.
'빼다'에서 '빼–배–へずる'로 이어진다.

人名訓読例

- むき : 剥田(むきた).

粕 박	訓読	かす
	音読	ハク

訓読풀이

- かす : ㉮ 粕(박)은 깻묵을 뜻한다. 깻묵은 기름을 짜낸 깨의 찌끼로 油粕(유박)을 뜻한다. '깻묵'에서 '깻-갯-갓-가수-かす'로 이어진다. ㉯ 粕은 술지게미를 뜻한다. 술지게미는 술을 거르고 난 다음 밑에 깔린 찌끼를 뜻한다. '거르다'에서 '걸-갈-가수(받침ㄹ-'수'로 분절), 또는 '깔다'에서 '갈-가수-かす'로 이어진다.

人名訓読例

- かす : 粕谷(かすたに · かすや), 粕尾(かすお), 粕本(かすもと), 粕屋(かすや), 粕田(かすだ), 粕川(かすかわ).

博 박	訓読	ひろい·ひろし·ひろむ
	人名訓読	とおる
	音読	ハク·バク

訓読풀이

① ひろい · ひろし · ひろむ : 博(박)은 널리 펼치는 것, 벌리는 것을 뜻한다〈君子博學於文 : 論語 (군자박학어문 : 논어)〉.
'펼(벌)'에서 '필-힐-히로-ひろい · ひろし · ひろむ'로 이어진다.
〔参考〕 広(광 : ひろ)い와 이음을 같이한다.

② とおる : 博學은 학문을 널리 뚫어(두루) 잘 알고 있음을 뜻한다.
'뚫어(두루)'에서 '두오루-도오루-とおる'로 이어진다.

人名訓読例

① とおる · ひろ · ひろし · ひろむ : 博(외자 名).

② ひろ : 博基(ひろもと), 博文(ひろぶみ), 博志(ひろし), 博田(ひろた), 博明(ひろあき), 博史(ひろぶみ).

搏 박	訓読	うつ
	音読	ハク

訓読풀이

- うつ : 搏(박)은 손(扌)으로 누르고 치는 것을 뜻한다. ㉮ '누르다'에서 '누-우(ㄴ-ㅇ으로 변음)-うつ'로 이어진다. ㉯ '눌'에서 '울(ㄴ-ㅇ으로 변음)-우쑤(받침ㄹ-'쑤'로 분절, 동사어미화)-うつ'로 이어진다.

바

駁 박	訓読	ぶち·まだら·まだらうま
	音読	バク

訓読풀이

① ぶち : 駁(박)은 얼룩 반점(斑點)이 뒤섞여 붙은(爻 : 효) 말(馬)을 뜻한다.
'붙다'에서 '붙-부티-ぶち'로 이어진다.
〔参考〕 斑(반 : ぶち)와 이음을 같이한다.

② まだら : ①에서 붙어 있다는 것은 묻어 있다는 뜻이기도 하다.
'묻다'에서 '무더라-마다라-まだら'로 이어진다.
〔参考〕 斑(반 : まだら)와 이음을 같이한다.

③ まだらうま : 駁은 ①에서처럼 얼룩 斑點이 '붙은 말'을 뜻한다. ②의 '묻다'에서 まだら와 馬을 뜻하는 うま가 합성되어 まだらうま가 된다.

人名訓読例

- ぶち : 駁丸(ぶちまる).
- まだら : 駁馬(まだらめ).

撲 **박**	訓読	うつ·なぐる·ぶつ·はる
	音読	ボク

訓読풀이

① うつ：撲(박)은 치고 누르는 것을 뜻한다. '누르다'에서 '누-우(ㄴ-ㅇ으로 변음)-うつ'로 이어진다. '눌러'의 '눌'에서 '울(ㄴ-ㅇ으로 변음)-우쑤(받침ㄹ-'쑤'로 분절)-うつ'로도 이어진다.

〔参考〕打(타), 射(토), 撃(격)과 이음(うつ)을 같이한다.

② なぐる：拳骨(げんこつ)でなぐる 하면 주먹으로 상대방을 누그러뜨리는 것을 뜻한다. '누그러'에서 '누구러-나구러-なぐる'로 이어진다.

〔参考〕殴(구), 擲(척)과 이음(なぐる)을 같이한다.

③ ぶつ：撲은 치는 것, 즉 패는 것을 뜻한다.

'패다'에서 '패-푸-ぶつ'로 이어진다.

〔参考〕打(타), 撃(격)과 이음(ぶつ)을 같이한다.

④ はる：③의 '패다'에서 '패라-파라-바루-하루-はる'로 이어진다.

〔参考〕張(장：は)る와 이음을 같이한다. 頬(ほお)を張(は)る 하면 손바닥으로 얼굴을 패는(치는) 것을 뜻한다.

薄 **박**	訓読	うすい·うすまる·うすめる·せまる
	人名訓読	いたる
	音読	ハク

訓読풀이

① うすい·うすまる·うすめる：薄(박)은 얇은 것을 뜻한다.

'얇다'에서 '얄-울-우수(받침ㄹ-'수'로 분절)-うすい·うすまる·うすめる'로 이어진다.

② せまる：薄은 죄어서 얇아지는 것을 뜻한다.

'죄다'에서 '죔-젬-제마-세마-せまる'로 이어진다.

〔参考〕迫(박), 逼(핍)과 이음(せまる)을 같이한다.

③ いたる：薄은 잇닿는(이르는) 것, 닿는 것을 뜻한다. ㉮ '잇닿다'에서 '잇다-이다-いたる'로 이어진다. ㉯ '닿다'에서 '다-たる'로 이어지고 접두어 い가 붙어 いたる로 이어진다.

人名訓読例

① いたる：薄(외자 名).

② うす：薄根(うすね), 薄金(うすかね), 薄墨(うすずみ), 薄尾屋(うすおや), 薄雲(うすぐも), 薄波(うすなみ).

璞 **박**	訓読	あらたま
	人名訓読	すなお·たま·まこと
	音読	ハク

訓読풀이

① あらたま：璞(박)은 가공하지 않고 캐낸 날것 그대로의 옥돌을 말한다.

'날'에서 '알(ㄴ-ㅇ으로 변음)-아라-あら'로 이어지고, 옥(玉)을 뜻하는 たま와 합성되어 あらたま가 된다〈玉(옥：たま) 참조〉.

〔参考〕荒玉(황옥), 新玉(신옥)과 이음(あらたま)을 같이한다.

② すなお：璞은 가공되지 않은 숫한 그대로의 모습이 다듬어진 옥(玉)보다 더 나은 것을 뜻한다.

'숫'에서 '수-す'로 이어지고, '나아'에서 '나오-なお'로 이어져 すなお로 합성된다.

③ たま：璞은 둥근 옥을 뜻한다. 玉은 둥글어서 어디서 보나 닮았다.
'닮다'에서 '달마-다마-たま'로 이어진다.

④ まこと：璞은 사리에 맞는 본바탕, 진실을 뜻한다.
'맞는 것'에서 '마것-마곧-마고도-まこと'로 이어진다.

人名訓読例

• すなお · たま · まこと：璞(외자 名).

樸 박	訓読	あらき
	人名訓読	しらき
	音読	ボク

訓読풀이

① あらき：樸(박)은 통나무, 즉 날것 그대로의 원목을 뜻한다.
'날'에서 '알(ㄴ-ㅇ으로 변음)-아라-あら'로 이어지고, 나무를 뜻하는 き와 합성되어 あらき가 된다〈木(목：き) 참조〉.
〔参考〕粗木(조목), 荒木(황목)과 이음(あらき)을 같이한다.

② しらき：樸은 갓 베어낸 새로운 재목(材木)을 뜻한다.
'새로운'에서 '새로-시로-시라-しら'로 이어지고, 나무를 뜻하는 き와 합성되어 しらき가 된다.
〔参考〕新木(しらき)와 이음을 같이한다.

人名訓読例

• しらき：樸(외자 名).

縛 박	訓読	しばる · いましめる
	音読	バク

訓読풀이

① しばる：犯人(はんにん)を縛(しば)る 하면 범인을 잡는 것을 뜻한다.
'잡다'에서 '자바-지바-시바-しばる'로 이어진다.

② いましめる：賊(ぞく)をいましめる 하면 도둑을 잡는 것, 즉 도둑을 밧줄 등으로 맺는(묶는) 것을 뜻한다(捕縛：포박).
'맺다'에서 '맺음-마짐-마지메-ましめる'로 이어지고, 접두어 い가 붙어 いましめる로 된다.

【반】

反 반	訓読	そる · そらす · かえす · かえる · そむく
	人名訓読	もどり · うら
	音読	ハン · ホン · タン

訓読풀이

① そる · そらす：反(반)은 돌이키는 것〈反而求之：孟子 (반이구지：맹자)〉, 본디대로 되돌아가는 것〈報本反始：禮記(보본반시：예기)〉을 뜻한다.
'돌다'에서 '돌-솔-소루-そる · そらす'로 이어진다.

② かえす · かえる：反은 반대(反対)로 가는 것을 뜻한다. 軍配(ぐんぱい)がかえる 하면 승부가 결정 되었는데 이를 반대로 갈아치우는(바뀌는) 것을 뜻한다.
'갈다'에서 '갈아-가아-가에-かえす · かえる'로 이어진다.

③ そむく：反은 배반(背反), 즉 등을 돌리는 것을 뜻한다.
'돌다'에서 '돔-솜-소무-そむく'로 이어진다.

〔参考〕背(배 : そむ)く와 이음을 같이한다.

④ もどり · もどる : ㉮ 反은 본래(本來)의 밑바탕으로 돌아가는 것을 뜻한다.

'밑'에서 '몯-모토-もど'로 이어지고 もどる로 동사화 된다.

〔参考〕戻(려 : もど)る와 이음을 같이한다.

⑤ うら : ④의 밑과 같은 뜻의 '아래(下)'에서 '아라-우라-うら'로 이어진다.

人名訓読例

① そり : 反橋(そりばし · もどりばし), 反里(そりざと), 反目(そりめ), 反田(そりた), 反町(そりまち), 反木(そりき).

② もどり : 反橋(もどりばし).

③ うら : 反治(うらち).

半 반	訓読	なかば
	音読	ハン

訓読풀이

• なかば : 半은 한가운데의 복판(한복판)을 뜻한다.

'한가운데'에서 '한가-안가-아가-나가(ㅇ-ㄴ으로 변음)-なか'로 이어지고, '데'(곳)을 뜻하는 '판'에서 '판-파-ば'로 이어져 なかば로 합성된다.

人名訓読例

① なかば : 半(외자 名).

② なか(なかば의 준말) : 半谷(なかたに), 半井(なかい), 半草(なかくさ), 半海(なかうみ).

伴 반	訓読	とも·ともなう
	人名訓読	すけ
	音読	ハン·バン

訓読풀이

① とも · ともなう : 伴(반)은 동무, 짝, 동반자를 뜻한다.

'동무'에서 '도무-도모-とも'로 이어지고 ともなう(伴なう)로 동사화 된다.

〔参考〕友(우), 朋(붕), 共(공), 供(공)과 이음(とも)을 같이한다.

② すけ : ㉮ 伴은 짝을 뜻한다. '짝'에서 '작-죽-숙-수게-すけ'로 이어진다. ㉯ 동무, 짝은 서로 돕는 사이이다. '돕다'에서 '돕게-도게-두게-수게-すけ'로 이어진다. ㉰ 동무 · 짝은 서로 주며 돕는다. '주다'에서 '주구-すく · すけ'로 이어진다

〔参考〕助(조 : す)け와 이음을 같이한다.

人名訓読例

① とも : 伴明(ともあき), 伴勝(ともかつ), 伴子(ともこ), 伴正(ともまさ), 伴直(おもなお), 伴親(ともちか).

② すけ : 伴久(すけひさ · ともひさ).

返 반	訓読	かえす·かえる
	人名訓読	そり·そる
	音読	ヘン

訓読풀이

① かえす · かえる : ㉮ 返(반)은 갈아 치우는 것을 뜻한다〈返瑟而弦 : 呂覽 (반슬이현 : 여람)〉. '갈아'에서 '가아-가에-かえる'로 이어진다. ㉯ 返은 갚는 것을 뜻한다(返還 : 반환). '갚다'에서 '갚아-가아-가에-かえる'로 이어진다.

〔参考〕反(반 : かえ)る와 이음을 같이한다.

② そり · そる : 返은 돌려 주는 것, 돌아오는 것(가는 것)을 뜻한다.

돌려 · 돌아의 '돌'에서 '도리-소리-そ

り'로 이어진다.

〔参考〕 反(반 : そり)와 이음을 같이한다.

人名訓読例

① かえ : 返田(かえた · そりた).

② そり : 返吉(そりよし), 返町(そりまち), 返田(そりた).

叛 **반**	訓読	そむく
	音読	ハン·ホン

訓読풀이

• そむく : 叛(반)은 배반, 즉 등을 돌리는 것을 뜻한다.
'돌리다'에서 '돔–솜–소무–そむく'로 이어진다.
〔参考〕 背(배), 反(반)과 이음(そむく)을 같이한다.

班 **반**	訓読	わける
	人名訓読	ただら·まだら
	音読	ハン

訓読풀이

① わける · わかつ : 班(반)은 칼(刂)로 구슬(玉)을 둘로(玨) 빠개는 것을 나타낸다.
'빠개다'에서 '바개–아개(ㅂ–ㅇ으로 변음)–わける'로 이어진다.
〔参考〕 分(분), 別(별)과 이음(わける)을 같이한다.

② ただら : 班은 잇따라 이어지는 것을 뜻한다〈周室班爵祿也 如之何 : 孟子 (주실반작록야 여지하 : 맹자)〉.
'잇따라'에서 '따라–다다라–ただら'로 이어진다.

③ まだら : 班은 얼룩이 묻은 것을 뜻한다〈斑(반)과 같은 뜻〉.
'묻다'에서 '무더라–마더라–마다라–まだら'로 이어진다.

人名訓読例

① ただら : 班目(ただらめ · まだらめ).

② まだら : 班目(まだらめ), 班田(まだらだ).

畔 **반**	訓読	あぜ·くろ·そむく·ほとり
	音読	ハン

訓読풀이

① あぜ : 畔(반)은 논이나 밭의 두렁 · 두둑 · 평지의 둔덕, 문지방의 홈과 홈 사이의 턱 등을 뜻한다. 이들의 공통점은 주위의 다른 것에 비하여 높게 올라 있다는 점이다.
'올라'에서 '올–알–아제(받침ㄹ–'제'로 분절)–あぜ'로 이어진다.

② くろ : 두렁이나 두둑은 밭과 논, 밭과 밭 사이의 경계를 만들어 갈라 놓는다.
'갈라'에서 '가라–구라–구로–くろ'로 이어진다.

③ そむく : 畔은 배반, 즉 등을 돌리는 것을 뜻한다. 叛(반)과 같은 뜻으로 쓰인다.
'돌리다'에서 '돔–솜–소무–そむく'로 이어진다.
〔参考〕 叛(반), 背(배), 反(반)과 이음(そむく)을 같이한다.

④ ほとり : 畔은 부근, 근처, 가를 뜻한다. 村(むら)のほとり는 마을에 붙은 곳을 뜻하고, 池(いけ)のほとり는 연못에 붙은 장소, 즉 연못가를 뜻한다.
'붙다'에서 '붙–볻–보도–ほとり'로 이어진다.
〔参考〕 辺(변 : ほと)り와 이음을 같이한

바

다.

人名訓読例

① あぜ · くろ : 畔(외자 名).

② あぜ : 畔上(あぜかみ), 畔田(あぜた · くろだ), 畔津(あぜつ), 畔倉(あぜくら).

③ くろ : 畔端(くろはた), 畔柳(くろやなぎ), 畔野(くろの), 畔田(くろだ), 畔合(くろごう).

絆 반	訓読	きずな·ほだし
	音読	ハン·バン

訓読풀이

① きずな : 絆(반)은 매는 줄, 고삐를 뜻한다. ㉮ 親子(おやこ)のきずな는 부모 자식 간의 끊기지 않은(끊기잖은) 정리(情理)를 뜻한다. '끊기잖은'에서 '끄(기)자는－기자는－기주나－きずな'로 이어진다. ㉯ 切(き)る의 き와 부정을 뜻하는 '(갈리)잖은'에서 '자는－자나－ずな'가 합성되어 きずな로 이어진다(き는 '갈리다'에서 '가－기－き'로 이어짐).

② ほだし · ほだす : 絆은 자유를 속박하는 굴레, 족쇄를 뜻한다. 妻子(さいし)がほだしとなる 하면 처자가 붙잡고(붙어) 있어 꼼짝 못 할 신세라는 뜻이다.
'붙'에서 '부타－보다－ほだす'로 이어진다.

人名訓読例

• きずな : 絆(외자 名).

斑 반	訓読	まだら·むら
	音読	ハン

訓読풀이

① まだら : 斑(반)은 얼룩, 반점(斑點)을 뜻한다. まだら犬(いぬ)는 얼룩개를 뜻하는데 그것은 이색 저색으로 반점이 묻어 있음을 나타낸다.
'묻다'에서 '묻어라－무다라－마다라－まだら'로 이어진다.

② むら : 얼룩지는 것, 염색되는 것을 물든다고 한다.
물든다의 '물'에서 '무라－むら'로 이어진다.

人名訓読例

• まだら : 斑島(まだらしま), 斑目(まだらめ), 斑屋(まだらのや).

飯(飯) 반	訓読	めし·いい
	音読	ハン

訓読풀이

① めし : 飯(반)은 밥을 뜻한다. 멥쌀로 지은 보통 밥을 메밥(멧밥)이라 한다.
'멧밥'에서 '멧－메시－めし'로 이어진다.

② いい : 古語에서 飯은 いい로도 훈독된다. ㉮ 입쌀로 지은 밥을 이밥이라 한다. '입쌀 이밥'에서 '입이－이이－いい'로 이어진다. ㉯ '이밥'에서 '이바－이아(ㅂ－ㅇ으로 변음)－이이－いい'로 이어진다.

人名訓読例

① めし : 飯干(めしぼし · いいぼし), 飯塚(めしつか · いいつか), 飯合(めしあい), 飯盛(めしもり), 飯持(めしもち).

② いい : 飯国(いいくに), 飯本(いいもと), 飯田(いいだ), 飯星(いいぼし), 飯川(いいかわ), 飯村(いいむら).

搬 반	訓読	はこぶ
	音読	ハン

訓読풀이

• はこぶ : 搬(반)은 옮기는 것을 뜻한다〈運搬(운반)〉.
'옮기다'에서 '옮겨－오고－아고－하고

(ㅇ-ㅎ으로 변음)-はこぶ'로 이어진다.
〔参考〕運(운 : はこ)ぶ와 이음을 같이한다.

頒 반	訓読	わける
	音読	ハン

訓読풀이

• わける : 頒(반)은 나누는 것, 즉 빠개는 것을 뜻한다.
'빠개다'에서 '바개-아게(ㅂ-ㅇ으로 변음)-わける'로 이어진다.
〔参考〕分(분), 別(별)과 이음(わける)을 같이한다.

瘢 반	訓読	きずあと
	音読	ハン

訓読풀이

• きずあと : 瘢(반)은 상처의 흔적, 즉 상흔(傷痕)을 뜻한다. 상처를 뜻하는 きず(깨져-개저-기주-きず)와 흔적을 뜻하는 あと(옛자취-옛-앋-아도-あと)가 합성되어 きずあと가 된다.
〔参考〕傷痕(상흔 : きずあと)로도 표기된다.

盤 반	訓読	さら
	人名訓読	いわ
	音読	バン

訓読풀이

① さら : 盤(반)은 접시, 사발을 뜻한다.
'사발'에서 '사알(ㅂ-ㅇ으로 변음)-살-사라-さら' 로 이어진다.
〔参考〕皿(명 : さら)와 이음을 같이한다.

② いわ : 盤은 바위를 뜻한다(盤石 : 반석).
'바위'에서 '아위(ㅂ-ㅇ으로 변음)-아우-이아-いわ'로 이어진다.
〔参考〕磐(반 : いわ)와 이음을 같이한다.

人名訓読例

• いわ : 盤瀬(いわせ), 盤梨(いわなし), 盤前(いわさき), 盤雄(いわお).

磐 반	訓読	いわ
	音読	バン

訓読풀이

• いわ : 磐(반)은 바위를 뜻한다.
'바위'에서 '아위(ㅂ-ㅇ으로 변음)-아우-이아-いわ'로 이어진다.

人名訓読例

• いわ : 磐城(いわき), 磐前(いわさき), 磐男(いわお), 磐代(いわしろ), 磐夫(いわお), 磐子(いわこ).

蟠 반	訓読	わたかまる
	音読	バン·バン

訓読풀이

• わたかまる : 蟠(반)은 창자(마음) 속에 쌓이고 꼬인(감긴) 꺼림한 감정을 뜻한다. ㉮ 창자를 뜻하는 わた(배알-알-아다-わた)와 '꼬임(감김)'에서 '곰-감-가마-かまる'로 이어져 わたかまる로 합성된다. ㉯ '꺼림'에서 '껄임-검-감-가마-かまる'로 이어져 わたかまる로 합성된다.

攀 반	訓読	よじる
	音読	ハン

訓読풀이

• よじる : 攀(반)은 무엇을 잡고(더위잡고) 위로 올라가는 것을 뜻한다〈登攀(등

바

반)〉.

'올'에서 '오지(받침ㄹ–'지'로 분절)–よじる'로 이어진다.

人名訓読例

• よじ：攀(외자 名).

【발】

抜(拔) 발	訓読	ぬく·ぬける·ぬかす·ぬかる·はやい
	人名訓読	とし
	音読	バツ

訓読풀이

① ぬく·ぬける·ぬかす·ぬかる：抜(발)은 뽑아내는 것, 빼내는 것, 밀어내는 것, 끌어내는 것 등 '내는' 것을 뜻한다.
'내다'에서 '내–누–ぬく·ぬける·ぬかす·ぬかる'로 이어진다.

② はやい：抜은 빠른 것을 뜻한다〈毋拔來：禮記 (무발래：예기)〉.
'빠르다'에서 '빨아–바아–하야–はやい'로 이어진다.
〔参考〕速(속：はや)い와 이음을 같이한다.

③ とし：抜은 여럿 중에서 돋보이는 것을 뜻한다〈拔群 (발군)〉.
'돋'에서 '돗–도시–とし'로 이어진다.

人名訓読例

① ぬき：抜山(ぬきやま), 抜水(ぬきみず), 抜屋(ぬきや), 抜井(ぬきい).

② とし：抜一(としかず).

勃 발	訓読	おこる·にわかに
	音読	ボツ

訓読풀이

① おこる：勃(발)은 갑자기 일어나는(일구는) 것을 뜻한다〈勃發(발발)〉.
'일어나다(일구다)'에서 '일고–이고–오고–おこる'로 이어진다.

② にわかに：勃은 무엇이 놀랍게, 갑자기 일어남을 뜻한다.
'놀랍게'에서 '놀압게–노아게–니아가–にわかに'로 이어진다.
〔参考〕俄(아：にわか)に와 이음을 같이한다.

発(發) 발	訓読	あばく·ひらく·たつ
	人名訓読	あきら·おこり·のぶ·はね·ばら
	音読	ヘツ·ホツ

訓読풀이

① あばく：発(발)은 남의 비행이나 비밀을 폭로하는 것, 파헤치는 것을 뜻한다. ㉮ 密書(みっしょ)があばかれる 하면 비밀문서가 든 용기나 상자를 엎으면서 비밀문서를 까발리는 것을 뜻하고, 古寺(ふるでら)の墓(はか)をあばく 하면 묘지 안을 온통 뒤엎어 무덤을 파낸다는 뜻이다. '엎다'에서 '어퍼–아파–あばく'로 이어진다. ㉯ '파헤치다', '파다'에서 '파구–ばく'로 이어지고 접두어 あ가 붙어 あばく로 이어진다.

② ひらく：発은 펼치는 것, 벌리는 것을 뜻한다〈發於事業：易經 (발어사업：역경)〉.
'펼(벌)'에서 '필(빌)–비라–ひらく'로 이어진다.
〔参考〕開(개：ひら)く와 이음을 같이한다.

③ たつ：発은 떠나는(뜨는) 것을 뜻한다.
'떠나다(뜨다)'에서 '떠–따–たつ'로 이어

진다.

④ あきら：発은 비밀 등을 밝히는 것을 뜻한다.
'밝히라'에서 '바키라—아키라(ㅂ—ㅇ으로 변음)—あきら'로 이어진다.

⑤ おこり：発은 어떤 일이 일어나다, 또는 일을 일으킨다(일구는)는 뜻이다.
'일어나다(일구다)'에서 '일고—이고—오고—おこり'로 이어진다.

⑥ のぶ：発은 높게 올라가는 것을 뜻한다〈発揚 (발양), 発揮(발휘)〉.
'높다'에서 '높—노푸—のぶ'로 이어진다.

⑦ はね：発은 널리 뻗는 것을 뜻한다.
'뻗는'에서 '버는—하는—하네—はね'로 이어진다.
〔参考〕跳(도：はね)る와 이음을 같이한다.

⑧ ばら：㉮ 発은 꽃이 피는 것을 뜻한다. '피다'에서 '피—파—바—ばら'로 이어진다. ㉯ 発은 펴는 것, 벌리는 것을 뜻한다. '벌'에서 '발—바라—ばら'로 이어진다. ㉰ 発은 파는 것을 뜻한다. '파라'에서 '바라—ばら'로 이어진다.

人名訓読例

① あきら · おこり · のぶ · ばら · ひらく：発(외자 名).
② はね：発石(はねいし).

跋 **발**	訓読	ふむ
	音読	ハツ

訓読풀이

• ふむ：跋(발)은 밟는 것을 뜻한다.
'밟다'에서 '밟음—바음—밤—붐—ふむ'로 이어진다.
〔参考〕踏(답：ふ)む와 이음을 같이한다.

髪(髮) **발**	訓読	かみ
	音読	ハツ

訓読풀이

• かみ：髪(발)은 머리털(hair)을 뜻하지만 본래는 머리털이 다듬어진 모양새(hair style), 즉 髪形(かみかたち)를 말한다. 日本髪(にほんかみ)라 하면 일본식 머리로서 보통 감아 올린 머리를 지칭하고, 그 외에 감아 올린 형태에 따라 여러 가지 かみかたち가 생긴다.
'감다'에서 '감—가미—かみ'로 이어진다.
〔参考〕紙(지：かみ)와 이음을 같이한다.

人名訓読例

• かみ：髪林(かんばやし), 髪右近(かみうこん).

撥 **발**	訓読	おさめる · はねる
	音読	バチ · ハツ

訓読풀이

① おさめる：撥(발)은 다스리는 것, 즉 질서 잡는 것을 뜻한다〈撥亂(발란)〉.
'잡다'에서 '잡음—자음—잠—자메—さめる'로 이어지고, 접두어 お가 붙어 おさめる로 이어진다.

② はねる：㉮ 撥은 불량품 등을 빼내는(골라내는) 것을 뜻한다. '빼내다'에서 '바내—はねる'로 이어진다. ㉯ 撥은 들이받아 떨어지게 하는 것을 뜻한다. 車(くるま)が人(ひと)をはねる 하면 차가 사람을 받는다는 말이다. '받다'에서 '받네—바네—はねる'로 이어진다. ㉰ 撥은 튀겨 올리는 것, 퉁기는 것, 즉 뻗는 것을 뜻한다. '뻗다'에서 '뻗는—바는—바네—はねる'로 이어진다.

바

潑 발	訓読	そそぐ·はねる
	音読	ハツ

訓読풀이

① そそぐ : 潑(발)은 물이 솟(癸)는 것, 힘이 솟(癸)는 것을 뜻한다.
'솟다(쏟다)'에서 '쏘–소소–そそぐ'로 이어진다.
〔参考〕注(주), 灌(관)과 이음(そそぐ)을 같이한다.

② はねる : 潑(발)은 힘이 뻗는 것을 뜻한다. ①에서 힘이 솟(癸)는 것과 같은 뜻이 된다.
'뻗는다'에서 '뻗는–바는–바네–はねる'로 이어진다.

醱 발	訓読	かもす
	音読	ハツ

訓読풀이

• かもす : 醱(발)은 술(酉)이 익으려고 거품이 활발(活潑)하게 괴어(솟아) 오르는 것을 뜻한다.
'괴다'에서 '굄–감–가모–かもす'로 이어진다.
〔参考〕釀(양 : かも)す와 이음을 같이한다.

【방】

方 방	訓読	かた·あたる·まさに
	人名訓読	しげ·ただし·たもつ·つね·ふさ·みち·も
	音読	オウ

訓読풀이

① かた : ㉮ 方(방)은 모 · 각(角)을 뜻한다〈毁方而瓦合 : 禮記 (훼방이와합 : 예기)〉. 모 · 각은 밖으로 뾰족하게 튀어나온 사물의 끝을 말한다. '끝'에서 '갈–가타–かた'로 이어진다. ㉯ 方은 장소, 방향을 뜻한다〈神無方 : 易經 (신무방 : 역경)〉. 道(みち)ない方(かた)に道(みち)をつける 하면 길 없는 곳에 길을 만든다는 뜻이다. '곳'에서 '갇–가다–かた'로 이어진다.

② あたる : 方은 맞닿는 것, 때를 만나는 것을 뜻한다〈方春和時 : 漢書 (방춘화시 : 한서)〉. ㉮ '맞(닿)다'에서 '마다–아다(ㅁ–ㅇ으로 변음)–あたる'로 이어진다. ㉯ '닿다'에서 '다–たる'로 이어지고 접두어 あ가 붙어 あたる로 이어진다.
〔参考〕当(당 : あ)たる와 이음을 같이한다.

③ まさに : 方은 바름, 곧음, 즉 예의에 맞는 것을 뜻한다〈居方以從義 : 後漢書 (거방이종의 : 후한서)〉.
'맞'에서 '마자–まさ(に)'로 이어진다.

④ しげ : 方은 나무, 풀 등이 퍼지면서 가득 차는 것을 뜻한다〈實方實苞 : 詩經 (실방실포 : 시경)〉.
'차다'의 명령형 '차거라'에서 '사거라–시거라–시게루–しげる'로 이어진다.

⑤ ただし : 方은 매사에 도리에 맞게 '떳떳함'을 뜻한다〈博學而無方 : 荀子 (박학이무방 : 순자)〉.
'떳떳'에서 '더더–다다–ただし'로 이어진다.

⑥ たもす : 方은 잘 보존(保存)하는 것, 즉 잘 두는 것을 뜻한다〈維鳩方之 : 詩經 (유구방지 : 시경)〉. '두다'에서 '둠–담–다모–たもつ'로 이어진다.
〔参考〕保(보 : たも)つ와 이음을 같이한

다.

⑦ つね : 方物(방물)은 일상(日常)의 일을 뜻한다.
常과 마찬가지로 이'제나', 저'제나', 언'제나'처럼 '제나'에서 '주나-주네-つね'로 이어진다.

⑧ ふさ : ㉮ 方은 퍼지는 것을 뜻한다. '퍼지다'에서 '퍼져-파저-후저-후사-ふさ'로 이어진다. ㉯ 퍼진다는 것은 '불'어 나는 것을 뜻한다. '불'에서 '부사(받침ㄹ-'사'로 분절)-ふさ'로 이어진다. ㉰ 위 ①의 모 · 각은 물건의 끝에 붙어 있다. '붙'에서 '붓-부사-ふさ'로 이어진다.

⑨ みち : 方은 길, 도리, 법을 뜻한다. 모든 길은 마을로 통한다. 길 즉 마을이 된다.
'마을'에서 '말-밀-미찌(받침ㄹ-'찌'로 분절)-みち'로 이어진다.

⑩ も : 方은 모, 각(角)을 뜻한다. '모'에서 も로 이어진다.

人名訓読例

① あたる · かた · ただし · たもつ · まさし · みち : 方(외자 名).
② かた : 方山(かたやま), 方田(かたた · まさた), 方後(かたしり), 方子(かたこ · ふさこ · まさこ), 方政(かたまさ), 方丸(かたまる).
③ まさ : 方教(まさのり), 方男(まさお), 方邦(まさくに), 方富(まさとみ), 方正(まさただ · かたまさ), 方子(まさこ).
④ しげ : 方雄(しげお · まさお), 方熙(しげひろ).
⑤ つね : 方土(つねと).
⑥ ふさ : 方子(ふさこ · かたこ · まさこ).
⑦ みち : 方朗(みちあきら), 方彦(みちひこ), 方寸(みちのり), 方明(みちあきら), 方文(みちふみ).
⑧ も : 方代(もず).

坊 방	訓読	まち
	音読	ボウ·ボッ

訓読풀이

• まち : 坊(방)은 마을, 동네를 뜻한다(坊坊曲曲 : 방방곡곡).
'마을'에서 '말-마찌(받침ㄹ-'찌'로 분절)-まち'로 이어진다.
〔参考〕町(정), 街(가)와 이음(まち)을 같이한다.

人名訓読例

• まち : 坊本(まちもと).

妨 방	訓読	さまたげる
	音読	ボウ

訓読풀이

• さまたげる : 妨(さまた)げる는 妨害(방해), 즉 짐이 되는 것을 뜻한다. 交通(こうつう)にさまたげる 하면 교통에 짐(방해)이 되는 것, 成長(せいちょう)をさまたげる 하면 성장에 짐이 되는 것을 뜻한다.
'짐 되다'에서 '짐되거라-잠대게루-자마대가루-さまたげる'로 이어진다.
〔参考〕邪魔(사마 : じゃま)와 이음을 같이한다.

尨 방	訓読	むくいぬ
	音読	ボウ

訓読풀이

• むくいぬ : ㉮ 尨(방)은 털(彡)이 많이 난 개(犬), 즉 삽살개를 뜻한다. '많다'에서 '많구-마구-무구-むく(いぬ)'

바

로 이어진다. ㉯ 털은 가볍지만 삽살개 처럼 온통 묶인 듯이 나 있으면 무거워 보인다. '무겁다'에서 '무거–무구–むく(いぬ)'로 이어진다. 또한 '묶인(털)'에서 '묶–무구–むく(いぬ)'로 이어진다. ㉰ 뭉게구름(積雲 : 적운)은 삽살개 털처럼 뭉게뭉게 뭉쳐 솟아오른다. '뭉게'에서 '무게– 무구–むく(いぬ)'로 이어진다.

芳 방	訓読	かんばしい· かぐわしい
	人名訓読	かおる·よし
	音読	ホウ

訓読풀이

① かんばしい · かぐわしい : かんばしい(芳しい)는 かぐわしい(芳しい)가 변한 말로 고운 것, 아름다운 것을 뜻한다.
'곱다'에서 '곱구–고구–가구우–가구아–かぐわ(しい)'로 이어지고, '곱다'에서 '고은–가은–간–かん'으로, かぐわしい의 わ가 ば로 변하여 かんばしい로 이어진다.
〔参考〕 馨(형), 香(향)과 이음(かんばしい · かぐわしい)을 같이한다.

② かおる : 芳(방)은 香(향)을 뜻한다〈香(향) 참조〉.
〔参考〕 香(향), 薫(훈), 馨(형)과 이음(かおる)을 같이한다.

③ よし : 芳(방)은 올바름을 뜻한다.
'올'에서 '오시(받침ㄹ–'시'로 분절)–よし'로 이어진다.

人名訓読例

① かおる · かんばし · よし : 芳(외자 名).
② よし : 芳山(よしやま), 芳川(よしかわ), 芳村(よしむら), 芳寛(よしひろ), 芳文(よしふみ · よしぶみ), 芳範(よしのり).

邦 방	訓読	くに
	音読	ホウ

訓読풀이

• くに : 邦(방)은 나라를 뜻한다. 나라는 크다〈王此大邦 : 詩經 (왕차대방 : 시경)〉.
'크다'에서 '크네–쿠니–くに'로 이어진다.
〔参考〕 国(국)과 이음(くに)을 같이한다.

人名訓読例

• くに : 邦広(くにひろ), 邦基(くにもと), 邦文(くにふみ), 邦博(くにひろ), 邦啓(くにひろ), 邦憲(くにのり).

防 방	訓読	ふせぐ
	人名訓読	あた·よけ
	音読	ボウ

訓読풀이

① ふせぐ : 防(방)은 붙잡고 말리는 것을 뜻한다.
'붙잡다'에서 '붙자구–부사구–부세구–ふせぐ'로 이어진다.
〔参考〕 禦(어 : ふせ)ぐ와 이음을 같이한다.

② あた : 防은 울타리, 칸막이를 뜻한다.
'울타리'에서 '우타–아타–あた'로 이어진다.

③ よけ : 防은 피해를 없게 만든 막이(칸막이 등)를 뜻한다. どろぼよけ는 도둑을 없게 만든 막이를 뜻하고, 虫(むし)よけの薬(くすり)는 벌레를 없게 하는 약(구충약)을 뜻한다.
'없게'에서 '어게–요게–よけ'로 이어진다.

〔参考〕除(제 : よけ)와 이음을 같이한다.

人名訓読例

① あた：防人(あたと · あだと).

② ふせ：防村(ふせむら · よけむら).

③ よけ ： 防川(よけかわ), 防村(よけむら).

房 방	訓読	ふさ
	音読	ボウ

訓読풀이

• ふさ：房(방)은 본래 안채 옆에 붙은 방으로 첩의 거처이다〈後房百數 : 晋書(후방백수 : 진서), 在東房 : 書經 (재동방 : 서경)〉. 나아가 乳房(유방)도 몸(가슴)에 붙어 있는 房으로 보아 乳(ち)ふさ가 되고 송이도 본체에 붙어 있는 房으로 보아 花(はな)ふさ가 된다. 房子(방자)는 주인에 붙어 있는 종이다.
'붙다'에서 '붙-붓-부사-ふさ'로 이어진다.
〔参考〕総(총 ： ふさ)와 이음을 같이한다.

人名訓読例

• ふさ ： 房内(ふさうち), 房川(ふさがわ), 房基(ふさもと), 房大(ふさひろ), 房邦(ふさくに), 房子(ふさこ).

放 방	訓読	はなす·はなつ·はなれる·こく·ひる·ほる
	音読	ホウ

訓読풀이

① はなす · はなつ · はなれる ： 放(방)은 빼어 놓는(빼내는) 것, 풀어 놓는(푸는) 것을 뜻한다. 魚(さかな)を川(かわ)に放(はな)す 하면 고기를 강에 풀어 놓는 것을 뜻한다. ㉮ '빼어놓다 · 빼내다(뺀다)'에서 '빼내-배내-바나-はなす'로 이어진다. ㉯ '풀어놓다(푼다)'에서 '푼-푸나-파나-はなす'로 이어진다. ㉰ はなつ는 はなす에 비하여 문어적 표현이다.
〔参考〕離(리 ： はな)す와 이음을 같이한다.

② こく：放은 방귀 뀌는 것을 나타낸다.
'뀌다'에서 '뀌구-구구-고구-こく'로 이어진다.

③ ひる：放는 방귀, 똥, 콧물 등을 힘주어 밖으로 빼는(푸는) 것을 나타낸다.
'빼다(푸다)'에서 '배라(푸라)-비루-ひる'로 이어진다.

④ ほる：放은 버리는 것을 뜻한다(放棄：방기).
'버리다'에서 '버려-버루-보루-ほる'로 이어진다.

人名訓読例

① はな：放正(はなまさ).

② はなし ： 放駒(はなしごま · はなれごま).

③ はなれ ： 放駒(はなれごま), 放崎(はなれざき).

肪 방	訓読	あぶら
	音読	ボウ·ホウ

訓読풀이

• あぶら：肪(방)은 기름을 뜻한다.
〔参考〕油(유), 脂(지)와 이음(あぶら)을 같이한다.

厖 방	訓読	おおきい
	人名訓読	あつし
	音読	ボウ

訓読풀이

① おおきい : 厖(방)은 많고 큰 것을 뜻한다(厖大 : 방대).
많은 것을 뜻하는 '하다'에서 '하아－아아－오오－おお'로 이어지고, '크다'에서 '커－키－き'로 이어져 おおきい로 합성된다.

② あつし : 厖(방)은 삽살개(犬)의 털(彡)이 두텁게 가득 찬(厖) 것을 나타낸다. ㉮ '두텁다'에서 '두－つ'로 이어지고 접두어 あ가 붙어 あつ(し)로 이어진다. ㉯ '차다'에서 '차추－つ'로 이어지고 접두어 あ가 붙어 あつ(し)로 이어진다.

人名訓読例

• あつし : 厖(외자 名).

庬 **방**	訓読	おおきい
	人名訓読	ひろし
	音読	ボウ

訓読풀이

① おおきい : 庬(방)은 많고 큰 것을 뜻한다.
많은 것을 뜻하는 '하아'에서 '아아－오오－おお'로 이어지고, '크다'에서 '커－키－き'로 이어져 おおきい로 합성된다.

② ひろし : 庬(방)은 널리 펼쳐져 어렴풋함을 나타낸다. 濛(몽)과 뜻을 같이한다.
'펼'에서 '필－피로－ひろ(し)'로 이어진다.

人名訓読例

• ひろし : 庬(외자 名).

倣 **방**	訓読	ならう
	音読	ホウ

訓読풀이

• ならう : 倣(방)은 어떤 작품이나 전례 등을 본떠 닮아가면서 실력이나 기술 등의 수준을 늘려 가는 것을 뜻한다.
'늘다'에서 '늘어－느러－나라－ならう'로 이어진다.
〔参考〕 習(습 : なら)う와 이음을 같이한다.

旁 **방**	訓読	かたがた·がてら·かたわら·つくり
	音読	ボウ

訓読풀이

① かたがた : ㉮ 旁(방)은 곁들여, 아울러, 겸하여라는 뜻을 갖는다. お願(ねが)いしたいこともあり､かたがた旧交(きゅうこう)も温(あたた)めたいので 하면 부탁드릴 것도 있고 곁들여 옛정도 돈독히 하고 싶어서라는 뜻이다. '곁들여'에서 '곁－같－가다－かた(がた)'로 이어진다. ㉯ 旁은 곁가지를 뜻한다. '곁가지'에서 '같가자－가다가다－かたがた'로 이어진다.

② がてら : '곁들여'에서 '같드러－가데라－がてら'로 이어진다.

③ がたわら : ㉮ 旁은 곁, 옆을 뜻한다. 机(つくえ)の旁(かたわら)는 책상 곁을 뜻한다. '곁'에서 '같－가다－かた(わら)'로 이어진다. ㉯ 勤(つと)める旁(かたわら)夜学(やがく)に通(かよ)う 하면 직장에 다니며 곁들여 야학에 다닌다는 뜻이다. '곁들여'에서 '같드러－가다아러－가다아라－かたわら'로 이어진다.

④ つくり : 旁은 예를 들어 城, 理에서 成이나 里처럼 한자의 오른쪽 부분을 말하며 成(성)이나 里(리)는 城(성)이나 理(리)의 음을 짓는다(만든다).
'짓다'에서 '짓거라－주거리－주구리－つ

くり'로 이어진다.
〔参考〕作(작), 造(조)와 이음(つくり)을 같이한다.

紡 방	訓読	つむぐ
	音読	ボウ

訓読풀이

• つむぐ：糸(いと)を紡(つむ)ぐ 하면 실을 잣는 것을 뜻한다.
'잣다'에서 '잠–줌–주무–つむぐ'로 이어진다.

人名訓読例

• つむ：紡子(つむこ).

舫 방	訓読	もやう
	音読	ホウ

訓読풀이

• もやう：㉮ 舫(방)은 배를 서로 매어 두는 것을 뜻한다. '매다'에서 '매어–매야–모야–もやう'로 이어진다. ㉯ 舫은 배들을 한데로 모아 매는 것을 뜻한다. '모아–もやう'로 이어진다.

訪 방	訓読	おとずれ·おとずれる·たずねる·とう
	音読	ホウ

訓読풀이

① おとずれ · おとずれる：訪(방)은 찾는 것, 방문하는 것을 뜻한다.
'찾다'에서 '찾으라–초주라–도주라–도주레–とずれ'로 이어지고, 접두어 お가 붙어 おとずれ가 된다.

② たずねる：由来(ゆらい)を訪(たず)ねる 하면 유래를 찾아낸다는 뜻이다.
'찾아내다'에서 '찾아내–차주내–다주내–たずねる'로 이어진다.
〔参考〕尋(심：たず)ねる와 이음을 같이한다.

③ とう：旧友(きゅうゆう)を訪(と)う 하면 옛 친구를 찾아 들른다는 뜻이다.
'들른다'에서 '들어–드우–도우–とう'로 이어진다.
〔参考〕問(문：と)う와 이음을 같이한다.

傍 방	訓読	かたわら·そば·はた·わき
	音読	ボウ·ホウ

訓読풀이

① かたわら：傍(방)은 旁과 같은 뜻으로 쓰인다〈旁(방) 참조〉.

② そば：傍은 본체인 이곳이 아닌 저 쪽에 붙어 있는 옆, 곁을 뜻한다.
'저'에서 そ로 이어지고, '붙어'에서 '붙–부–바–ば'로 이어져 そば로 합성된다.
〔参考〕側(측：そば)와 이음을 같이한다.

③ はた：傍은 본체에 붙어 있는 옆, 곁을 뜻한다.
'붙다'에서 '붙–밭–바다–はた'로 이어진다.
〔参考〕側(측), 端(단)과 이음(はた)을 같이한다.

④ わき：傍은 옆, 옆구리를 뜻한다.
'옆구리'에서 '여구–와구–와기–わき'로 이어진다.
〔参考〕'옆구리'를 뜻하는 脇(협：わき)와 이음을 같이한다.

人名訓読例

① かた(わる)：傍示(かたみ).
② そば：傍島(そばじま), 傍野(そばの).

바

幇 방	訓読	たすける
	音読	ホウ

訓読풀이

- たすける : 幇(방)은 도아 주는 것을 뜻한다(幇助 : 방조).
  '도와주다'에서 '도아주–돠주–다수–たすける'로 이어진다.
  〔参考〕 助(조 : たす)ける와 이음을 같이 한다.

滂 방	訓読	ひろし
	音読	ボウ·ホウ

訓読풀이

- ひろし : 滂(방)은 광대(広大)하게 펼쳐진 모양을 나타낸다(滂洋 : 방양).
  '펼치다'에서 '펼–필–힐–히로–ひろし'로 이어진다.

人名訓読例

- ひろし : 滂(외자 名).

榜 방	訓読	かけふだ
	人名訓読	かじ
	音読	ボウ

訓読풀이

① かけふだ : 榜(방)은 눈에 잘 띄는 곳에 걸어 붙이는 팻말을 뜻한다.
'걸다'에서 '걸게–거게–가게–かけ'로 이어지고, '붙다'에서 '붙–부다–ふだ'로 이어져 かけふだ로 합성된다.

② かじ : 榜은 배 젓는 노를 뜻한다. 노는 나무(木)의 가지(旁 : 곁 · 끝의 뜻)처럼 배의 옆 또는 뒤에 붙어 배를 저어간다.
'가지'에서 かじ로 이어진다.
〔参考〕 梶(미), 楫(즙), 舵(타)와 이음(かじ)을 같이한다.

人名訓読例

- かじ : 榜野(かじの).

牓 방	訓読	ふだ
	音読	ホウ·ボウ

訓読풀이

- ふだ : 牓(방)은 표찰을 붙여 경계 등을 표시하는 것을 뜻한다.
  '붙이다'에서 '붙–부다–ふだ'로 이어진다.

謗 방	訓読	そしる
	音読	ホウ·ボウ

訓読풀이

- そしる : ㉮ 謗(방)은 사람을 꾸짖는 것, 비방(誹謗 : 비방)하는 것을 뜻한다. '꾸짖다'에서 '짖어–지지–조지–소지–そしる'로 이어진다. ㉯ 사람을 호되게 꾸짖는 것을 조진다고 한다. '조지다'에서 '조지–소시–そしる'로 이어진다.
  〔参考〕 誹(비), 譏(기)와 이음(そしる)을 같이한다.

【배】

坏 배	訓読	つき
	音読	ハイ

訓読풀이

- つき : 坏(배)는 古語에서 음식물을 담아 두는 그릇(주로 토기)을 뜻한다. ㉮ '담다'에서 '담기–다기–두기–つき'로 이어진다. ㉯ '두다'에서 '두기–つき'로 이어진다.

拝(拜) 배	訓読	おかむ
	音読	ハイ

訓読풀이

• おかむ : ㉮ 拝(배)는 공손히 두 손(手)을 감아 잡고(모아) 절하는 것, 간절히 비는 것을 뜻한다. 拜読(배독), 拜覽(배람)은 남의 글이나 편지를 두 손을 감아 잡고 삼가 읽는 것을 뜻하고, 拜領(배령), 拜受(배수)는 보내온 예물 등을 두 손을 감아 잡고 절한 후 삼가 받는 것을 뜻한다. 拝(おか)み取(と)り는 야구에서 합장하듯이 두 손으로 타구를 감아 쥐는 것을 뜻한다. '감다'에서 '감-가무-かむ'로 이어지고 접두어 お가 붙어 おかむ가 된다. ㉯ 拝는 拜禮(배례)를 뜻한다. 배례의 대상은 御上(おかみ : 천황 · 주군), 男神(おかみ : 남신) 등이다. おかみ에서 おかむ(拝む)로 동사화 된다〈神(신) 참조〉.

人名訓読例

① おかみ : 拝(외자 名).
② おか : 拝見(おかみ).

杯 배	訓読	さかずき
	音読	ハイ

訓読풀이

• さかずき : 杯(배)는 술잔을 뜻한다. 술잔은 술을 담아 두는 잔이다. ㉮ 술을 뜻하는 さか〈酒(주) 참조〉와 '담다'에서의 '담기-다기-두기-주기-ずき'가 합성되어 さかずき가 된다. ㉯ さか와 '두다'에서의 '두기-주기-ずき'로 이어져 さかずき로 합성된다. ㉰ 杯는 술잔을 '들고' 서로 약속을 단단히 하는 것을 뜻한다. '들고'에서 '두기-주기-ずき'로 이어지고, さか와 합성되어 さかずき가 된다.

背 배	訓読	せ·そむく·そむける
	音読	ハイ

訓読풀이

① せ : ㉮ 背(배)는 등, 뒤를 뜻한다.
'등'에서 '두-수-세-せ', '뒤'에서 '두-수-세-せ'로 이어진다.
② そむく · そむける : ㉮ 背는 배반(背反), 즉 등을 돌리는 것을 뜻한다. '돌다'에서 '돔-솜-소무-そむく'로 이어진다. ㉯ 約束(やくそく)をそむく 하면 약속을 어기는 것, 즉 차버리는 것을 뜻한다. '차다'에서 '참-삼-솜-소무-そむく'로 이어진다.

人名訓読例

• せ : 背古(せこ), 背尾(せお), 背戸(せと), 背黒(せぐろ).

胚 배	訓読	はらむ
	音読	ハイ

訓読풀이

• はらむ : 胚(배)는 아이를 배는 것을 뜻한다(胚胎 : 배태) .
腹(복 : はら)에서 동사화 되어 はらむ로 이어진다〈腹(복) 참조〉.

盃 배	訓読	さかずき
	音読	ハイ

訓読풀이

• さかずき : 杯(배)는 술잔을 뜻한다. 술잔은 술을 담아 두는 잔이다. ㉮ 술을 뜻하는 さか〈 酒(주) 참조〉와 '담다'에서의 '담기-다기-두기-주기-ずき'가 합성되어 さかずき가 된다. ㉯ さか와 '두다'에서의 '두기-주기-ずき'로 이어져 さかずき로 합성된다.
〔参考〕古語에서 ずき가 つき(坏 : 배)가 된다.

人名訓読例

• さかずき：盃屋(さかずきや).

倍 배	訓読	そむく·ます
	人名訓読	かさ
	音読	バイ·ハイ

訓読풀이

① そむく：倍(배)는 등 돌리는 것, 배반(背反)을 뜻한다.
'돌다'에서 '돔―솜―소무―そむく'로 이어진다.
〔参考〕背(배：そむ)く와 이음을 같이한다.

② ます：倍는 더 많아지는 것을 뜻한다(倍加：배가).
'많다'에서 '마―ます'로 이어진다.
〔参考〕增(증：ま)す와 이음을 같이한다.

③ かさ：倍는 갑절로(거듭) 불어나는 것을 뜻한다. ㉮ '갑절(곱절)'에서 '가저―가자―かさ'로 이어진다. ㉯ '거듭'에서 '거드―가다―가사―かさ'로 이어진다.

人名訓読例

① かさ·ます：倍(외자 名).

② ます：倍見(ますみ), 倍男(ますお), 倍夫(ますお), 倍雄(ますお), 倍之(ますゆき).

徘 배	訓読	さまよう
	音読	ハイ

訓読풀이

• さまよう：徘(배)는 헤매어 다니는 것을 뜻한다.
'헤매어'에서 '매어―마어―마요―まよう'로 이어지고 접두어 さ가 붙어 さまよう로 이어진다. 일본어사전에서도 さまよう의 さ를 접두어로 보며, 한국어에서도 '헤매다'의 '헤'는 헤덤비다·헤무르다·헤벌어지다·헤젓다처럼 접두어로 쓴다.
〔参考〕さ迷(미：まよ)う·彷徨(방황：さまよ)う로도 표기된다.

陪 배	訓読	したがう
	音読	バイ·バイ

訓読풀이

• したがう：陪席(배석)은 웃어른을 모시고 좇아가 자리를 같이 하는 것을 뜻하고, 陪行(배행)은 웃어른을 모시고 좇아가는 것을 뜻한다.
'좇아가다'에서 '조차가―지다가―したがう'로 이어진다.
〔参考〕従(종), 随(수)와 이음(したがう)을 같이한다.

培 배	訓読	つちかう
	人名訓読	ます
	音読	バイ·ハイ

訓読풀이

① つちかう：培(배)는 쟁기 등으로 땅을 갈아 북돋아 주는 것을 뜻한다. 즉 뜰(들)을 갈아서 배추나 곡식을 심는 것이다.
'뜰(들) 갈다'에서 '들갈아―두지(받침ㄹ―'지'로 분절)가아―つちかう'로 이어진다〈土(토：つち) 참조〉.

② ます：培는 재배(栽培)하여 더 많이 증식(增植)하는 것을 뜻한다.
'많다'에서 '마―ます'로 이어진다.
〔参考〕增(증：ま)す와 이음을 같이한다.

人名訓読例

• ます：培根(ますね), 培美(ますみ), 培一郎(ますいちろう), 培子(ますこ).

排 배	訓読	おしのける
	音読	ハイ·バイ

訓読풀이

• おしのける : 排(배)는 밀어내는 것(排除 : 배제), 즉 눌러 옮기는 것을 뜻한다. ㉮ '눌러'의 '눌'에서 '눌-올-오시(받침ㄹ-'시'로 분절)-おし'로 이어지고, '옮기다'에서 '오기-오게-노게(ㅇ-ㄴ으로 변음)-のける'로 이어져 おしのける(押し退ける)로 합성된다. ㉯ '눌러내다'에서 '눌-올-오시-おし'로 이어지고, '내다'에서 '내거라-노게라-のける'로 이어져 おしのける로 합성된다.

焙 배	訓読	あぶる
	音読	ホウ·ハイ·バイ

訓読풀이

• あぶる : 焙(배)는 불에 굽거나 말리는 것을 뜻한다.
'불'에서 동사화 되어 ぶる로 이어지고 접두어 あ가 붙어 あぶる로 이어진다.

賠 배	訓読	つぐなう
	音読	バイ

訓読풀이

• つぐなう : 賠(배)는 손실이나 책임을 배상(賠償)하는 것, 즉 물어 주는 것을 뜻한다.
'(물어)주다'에서 '주구-つぐなう'로 이어진다.
〔参考〕 償(상 : つぐな)う와 이음을 같이 한다.

輩 배	訓読	やから
	人名訓読	くるま
	音読	ハイ

訓読풀이

① やから : 輩(배)는 같은 무리, 도배(徒輩), 즉 한겨레를 뜻한다.
'한겨레'에서 '안겨레(ㅎ-ㅇ으로 변음)-아가레-아가라-やから'로 이어진다.
〔参考〕 族(족 : やから)와 이음을 같이한다.

② くるま : 輩는 수레(車 : くるま)가 여러 줄로 늘어섰을 때 그 한줄을 가리킨다. 나아가 늘어선 수레를 뜻하게 된다〈車以列分爲輩 : 六書故 (차이열분위배 : 육서고〉.
수레는 말이 굴러가게 하는 마차란 뜻에서 '구르는 말-구루마-くるま'로 이어진다.

人名訓読例

• くるま : 輩止(くるまと).

【백】

白 백	訓読	しろ·しら·もうす
	人名訓読	あき·きよし·さぎ
	音読	ハク·ビャク

訓読풀이

① しろ · しら : ㉮ 白(백)은 희다는 뜻이다. 머리털이 희어지는 것을 센다고 한다(白髮 : 백발). '세다(시다)'에서 '시-し'로 이어지고, 색을 뜻하는 いろ(色)와 합성되어 'しいろ-しろ'가 된다. ㉯ 머리가 하얗게 세는 것을 서리 인다고 한다. '서리'에서 '시리-시로-しろ · しら'로 이어진다. ㉰ '희다'에서 ㅎ이 ㅅ으로 변음 되어 '시다-시-しろ · しら'로 이어진다.

② もうす : 白은 말하는 것을 뜻한다〈獨白

바

(독백), 主人白(주인백)〉.

'말'에서 '말-몰-모올-모우수-もうす'로 이어진다.

③ あき : 白은 밝히는 것, 밝은 것을 뜻한다(明明白白 : 명명백백).

'밝히다'에서 '발기-바기-아기(ㅂ-ㅇ으로 변음)-あき'로 이어진다.

④ きよし : 白은 고은 것, 깨끗한 것을 뜻한다. ㉮ '곱다'에서 '고와-기오-'きよ(し)'로 이어진다. ㉯ '깨끗'에서 '객읏-기읏-기요시-きよし'로 이어진다.

⑤ さぎ : 白은 술, 청주도 뜻한다〈酒淸白 : 禮記 (주청백 : 예기)〉.

술을 뜻하는 さけ에서 さぎ로 변음된다〈酒(주) 참조〉.

人名訓読例

① きよし · しろ · しろし : 白(외자 名).

② しろ : 白馬(しろうま), 白山(しろやま · しらやま), 白石(しろいし · しらいし), 白野(しろの · しらの), 白川(しろかわ · しらかわ), 白鳥(しろとり · しらとり).

③ しら : 白谷(しらたに), 白端(しらはた), 白島(しらしま), 白髪(しらがみ), 白玉(しらたま), 白子(しらこ).

④ あき : 白三(あきぞう).

⑤ さぎ : 白坂(さぎさか · しらさか).

百 백	訓読	もも
	人名訓読	どど·はげむ
	音読	ヒャク·ハク

訓読풀이

① もも : ㉮ 百(백)은 많음을 뜻한다. '많음'에서 '마음-맘-몸-모모-もも'로 이어진다. ももは 접두어로 쓰이어 수가 많음을 나타낸다〈百官以治 : 易經 (백관이치 : 역경)〉. ㉯ 百은 여러 가지가 모인 것을 뜻한다〈百種(백종), 百科(백과)〉. '모이다(모으다)'에서 '몸-모모-もも'로 이어진다.

② どど : 百은 と(10)의 と(10)배이다. と×と에서 どど로 이어진다〈十(십 : と) 참조〉.

③ はげむ : 百은 힘쓰는 것, 무엇을 하게끔 힘을 돋우어 줌을 뜻한다〈距躍三百 曲踊三百 : 左氏傳 (거약삼백 곡용삼백 : 좌씨전)〉.

'하게 하다'에서 '하게-はげむ'로 이어진다.

〔参考〕 励(려 : はげ)む와 이음을 같이한다.

人名訓読例

① どど · もも · はげむ : 百(외자 名).

② もも : 百島(ももしま), 百武(ももたけ), 百足(ももたり), 百川(ももかわ), 百村(ももむら), 百太郎(ももたろう).

③ どど : 百面相(どどめき), 百目貫(どどめき), 百目鬼(どどめき), 百目木(どどめき).

伯 백	訓読	おさ·おじ
	人名訓読	のり·みち
	音読	ハク

訓読풀이

① おさ : 伯(백)은 윗사람, 우두머리를 뜻한다. ㉮ '윗(웃)사람'에서 '웃-옷-오사-おさ'로 이어진다. ㉯ '우두'머리에서 '우수-오사-おさ'로 이어진다.

〔参考〕 長(장 : おさ)와 이음을 같이한다.

② おじ : 伯은 じじ(父)의 윗분, 즉 큰아버지(おさじじ : 伯父)를 뜻한다.

'윗(우두)'에서의 '웃-우-오-お'와 じじ의 じ가 합성되어 おじ가 된다.

③ のり : 伯은 올바른 길(道)을 뜻한다〈正千伯 : 管子 (정천백 : 관자)〉.

'올'에서 '놀(ㅇ-ㄴ으로 변음)-노리-のり'로 이어진다.

④ みち : 伯은 길을 뜻한다. 道(みち)와 마찬가지로 모든 길은 마을로 통한다. 길 즉 마을이 된다.

'마을'에서 '말-밀-미찌(받침 ㄹ-'찌'로 분절)-みち'로 이어진다.

人名訓読例

① おさ : 伯男(おさお), 伯人(おさひと), 伯孝(おさたか).

② のり : 伯明(のりあき), 伯夫(のりお), 伯重(のりしげ), 伯之(のりゆき), 伯恵(のりやす), 伯好(のりよし).

③ みち : 伯彦(みちひこ), 伯孝(みちたか).

帛 백	訓読	きぬ
	音読	ハク

訓読풀이

• きぬ : 帛(백)은 명주실로 기은(깁은) 비단을 뜻한다. '기은'에서 '긴-기누-きぬ'로 이어진다.

〔参考〕 絹(견)과 이음(きぬ)을 같이한다.

人名訓読例

• きぬ : 帛江(きぬえ), 帛世(きぬよ), 帛子(きぬこ).

魄 백	訓読	たましい
	音読	ハク

訓読풀이

• たましい : 魄(백)은 참 넋, 참 정신을 뜻한다.

'참'에서 '차마-다마-たましい'로 이어진다.

〔参考〕 魂(혼)과 이음(たましい)을 같이한다.

【번】

袢 번 · 반	訓読	はだぎ
	音読	ハン

訓読풀이

• はだぎ : 袢(번)은 땀받이로 속에 붙어 있는 속옷을 뜻한다.

'붙다'에서 '붙-받-바다-はだ'로 이어지고, 옷을 뜻하는 ぎ('끼어 입다'에서 '끼-기-ぎ')와 합성되어 はだぎ가 된다.

番 번	訓読	つがい·つがう
	音読	バン

訓読풀이

• つがい · つがう : 番(번)은 짝이 되는 것을 뜻한다.

'짝'에서 '작-자가-주가-つがう'로 이어진다.

人名訓読例

• つが : 番井(つがい).

煩 번	訓読	わずらう
	音読	ハン·ボン

訓読풀이

• わずらう : ㉮ 煩(번)은 煩悶(번민), 煩悩(번뇌)를 뜻한다. 心(こころ)のわずらい는 마음고생, 번민을 뜻하는데, 고유 한국어로는 마음이 어지럽다는 뜻이다. '어지러워'에서 '아주루어-와주라우-わずらう'로 이어진다. ㉯ 마음고생, 번뇌는 마음앓이를 뜻한다. '앓다'에서 '알-

바

아주(받침ㄹ-'주'로 분절)-わずらう'로 이어진다.

〔参考〕患(환 : わずら)う와 이음을 같이 한다.

幡 번	訓読	はた·のぼり
	音読	ハン

訓読풀이

① はた : 幡(반)은 깃대에 붙은 깃발을 뜻한다. ㉮ '깃발'에서 '발-바다(받침ㄹ-'다'로 분절)-はた'로 이어진다. ㉯ 깃발은 깃대에 붙어 있다. '붙다'에서 '붙-부다-바다-はた'로 이어진다.

〔参考〕旗(기)와 이음(はた)을 같이한다.

② のぼり : 幡(번)은 기가 높이 매달려 나부끼는 것을 나타낸다. ㉮ '높다'에서 '높-노포-のぼり'로 이어진다. ㉯ '나부끼다'에서 '나부-노보-のぼり'로 이어진다.

人名訓読例

- はた : 幡間(はたま), 幡上(はたがみ), 幡野(はたの), 幡田(はただ), 幡中(はたなか), 幡川(はたかわ).

樊 번	訓読	まがき
	音読	ハン

訓読풀이

- まがき : 樊(번)은 들어오거나 나가는 것을 막는 새장·울타리를 뜻한다. ㉮ '막다'에서 '막기-마가기-まがき'로 이어진다. ㉯ 주위에 나무를 빼곡히 심어 막는 역할을 한다. '막다'에서 '막-마가-まが'로 이어지고, 나무를 뜻하는 き가 합성되어 まがき가 된다.

〔参考〕藩(번 : まがき)와 이음을 같이한다.

燔 번	訓読	あぶる·やく
	音読	ハン

訓読풀이

① あぶる : 燔(번)은 불에 굽거나 말리는 것을 뜻한다.
'불'에서 동사화 되어 ぶる로 이어지고, 접두어 あ가 붙어 あぶる가 된다.
〔参考〕焙(배 : あぶ)る와 이음을 같이한다.

② やく : 燔은 익히는 것, 익는 것을 뜻한다.
'익'에서 '약-야구-やく'로 이어진다.
〔参考〕焼 (소 : や)く와 이음을 같이한다.

蕃 번	訓読	しげり·しげる·えびす
	音読	ハン·バン

訓読풀이

① しげり · しげる : 蕃(번)은 蕃植(번식)하여 가득 차는(쌓는) 것, 우거지는 것을 뜻한다.
'차다'의 명령형 '차거라'에서 '사게루-시게루- しげる'로 이어진다. 또한 '쌓다'에서 '사거라-사게라-しげる'로 이어진다.
〔参考〕茂(무), 繁(번)과 이음(しげる)을 같이한다.

② えびす : 蕃(번)은 오랑캐, 야만인, 야만국을 뜻한다〈九州之外 謂之蕃國 : 周禮(구주지외 위지번국 : 주례)〉. 蕃国(번국)은 오랑케 나라를 뜻하고 蕃民(번민)은 야만족을 뜻한다. 이들은 업신여김을 받는 대상이다.
'업신'에서 '어부시-에비시-베비수-えびす'로 이어진다.
〔参考〕夷(이), 蛮(만), 戎(융), 狄(적)과

이음(えびす)을 같이한다.

人名訓読例

① しげり · しげる：蕃(외자 名).

② しげ ： 蕃山(しげやま), 蕃教(しげのり), 蕃樹(しげき).

繁 번	訓読	しげる·しげく
	人名訓読	とし
	音読	ハン

訓読풀이

① しげる · しげく ： ㉮ 繁(しげ)る는 가득 차는(쌓는) 것을 뜻한다〈正月繁霜 : 詩經 (정월번상 : 시경)〉. 繁(しげ)い植(う)えこみ는 가득 찬 정원수를 뜻한다. '차다'의 명령형 '차거라–사게루–시게루–しげる'로 이어진다. ㉯ 繁(しげ)く는 잦게, 자주 일어나는 것을 뜻한다〈菙策繁用者 : 淮南子 (수책번용자 : 회남자)〉. 雨(あめ)も繁(しげ)くなる하면 비도 잦게 내린다는 뜻이다. '잦다'에서 '잦게–자게–지게–しげく'로 이어진다.

② とし：繁은 초목 등이 무성하게 돋아나는 것을 뜻한다〈草木繁廡 : 張衡 (초목번무 : 장형)〉.

'돋다'에서 '돋–돗–도시–とし'로 이어진다.

人名訓読例

① しげる：繁(외자 名).

② しげ ： 繁導(しげみち), 繁文(しげふみ), 繁範(しげのり), 繁富(しげとみ), 繁宗(しげむね), 繁昌(しげまさ).

③ とし ： 繁数(としかず), 繁子(としこ · しげこ), 繁次(としじ · しげつぐ).

藩 번	訓読	まがき
	音読	ハン

訓読풀이

• まがき：藩(번)은 외부의 침투, 접촉(接觸)을 막는 울타리를 뜻하고〈抵羊觸藩 : 易經 (저양촉번 : 역경)〉, 나아가 왕후의 영토, 변방을 막고 지키는 제후의 나라(藩国 : 번국)를 뜻한다.

'막다'에서 '막기–마가기–まがき'로 이어진다.

人名訓読例

• まがき：藩(외자 名).

翻 · 飜 번	訓読	ひるかえる·ひるかえす
	音読	ホン·ハン

訓読풀이

• ひるかえる · ひるかえす ： ㉮ 決心(けっしん)をひるがえす 하면 옛 결심을 버리고 새로운 결심으로 갈아치우는 것을 뜻하고, 前言(ぜんげん)をひるがえる 하면 전에 한 말을 버리고 새로운 말로 갈아치운다(翻覆 : 번복)는 뜻이다. '버리고 갈아서'에서 '버리갈아서–비루가아서–비루가에수–ひるかえす'로 이어진다. ㉯ 国旗(こっき)がひるかえる 하면 펄펄(훨훨) 거린다(휘날린다)는 뜻이다. '펄(훨)걸어'에서 '힐거에–히로가에–ひるかえる'로 이어진다.

【벌】

伐 벌	訓読	うつ·きる·ほこる
	音読	バツ·ハツ

訓読풀이

① うつ：伐(벌)은 사람(亻)이 창(戈)을 가지고 적을 치는 것을 나타낸다. 征伐(정벌), 討伐(토벌)은 적을 쳐서 누르는 것을 뜻한다.

'누루다'에서 '누–우(ㄴ–ㅇ으로 변음)–うつ'로 이어지고 '눌으다'에서 '눌–울–우쑤(받침 ㄹ–'쑤'로 분절)–うつ'로 이어진다.

〔参考〕 討(토 : う)つ와 이음을 같이한다.

② きる : 伐은 나무나 풀을 베는 것, 즉 가르는 것을 뜻한다〈伐木(벌목), 伐草(벌초)〉.

'가르다'에서 '기루–きる'로 이어진다.

〔参考〕 切(절 : き)る와 이음을 같이한다.

③ ほこる : 伐은 자랑, 뻐기는 것을 뜻한다〈願無伐善 無施勞 : 論語 (원무벌선 무시로 : 논어)〉.

'뻐기다'에서 '버기–보기–보고–ほこる'로 이어진다.

〔参考〕 誇(과 : ほこ)る와 이음을 같이한다.

人名訓読例

- きり : 伐株(きりかぶ).

筏 벌	訓読	いかだ
	人名訓名	へ
	音読	バツ・ハツ

訓読풀이

① いかだ : 筏(벌)은 뗏목(木)을 뜻한다. 뗏목은 나무(木)을 '엮어'(잇고) 흐르는 물에 사람이나 물건을 운반하는 '떼'를 뜻한다〈縛筏以濟 : 南史 (박벌이제 : 남사)〉. ㉮ '엮어'에서 '여거–이거–이가–いか'로 이어지고, '떼'에서 '데–다–だ'로 이어져 いかだ로 합성된다. ㉯ '잇고'에서 '이고–이가–いか'로 이어지고, '떼'에서 '데–다–だ'로 이어져 いかだ로 합성된다.

② へ : 筏은 큰 배를 뜻한다〈巨筏(거벌), 船筏(선벌), 舟筏(주벌)〉.

人名訓読例

① いかだ : 筏溝(いかたみぞ), 筏井(いかだい), 筏丸(いかだまる).

② へ : 筏津(へず・へつ).

【범】

凡 범	訓読	およそ・すべて
	人名訓名	おう(し)・おう(ち)・おお(し)・ただ(し)・つね・なみ
	音読	ボン・ハン

訓読풀이

① およそ : 凡(범)은 '도무지, 전연, 아주'를 뜻한다. およそバカバカしい話(はなし)だ 하면 아주 엉터리 같은 이야기라는 뜻이다.

'아주'에서 '아아조–오요조–およそ'로 이어진다.

② すべて : ㉮ 凡(すべ)て는 사물의 전체를 하나로 잡아서 보거나 처리하는 것을 나타낸다. すべて世(よ)の中(なか)の事(こと)は理屈(りくつ)どおりにはいかない 하면 대체로 세상일이라는 것이 이치대로 되지 않는다는 뜻인데, 더 풀어보면 세상사 모든 일을 통틀어 '잡아서' 보면 이치만으로 되는 것은 아니다라는 말이다. '잡다'에서 '자바서–주베서–수베데–すべて'로 이어진다. ㉯ 모든 것을 뜻하는 말로 '죄다'가 있다. '죕'에서 '줍–숩–수베데–すべて'로 이어진다.

〔参考〕 総(총), 全(전), 渾(혼)과 이음(すべて)을 같이한다.

③ おう(し)・おう(ち)・おお(し) : 凡은 천

지 간 만물을 포괄하는 뜻으로, '모두 · 다 · 많다'의 뜻을 갖는다.
많은 것을 뜻하는 옛말 '하다'에서 '하아–아아–오오(오우)'로 이어지고, 명사를 나타내는 접미어 し, ち가 붙어 おうし, おうち, おおし가 된다.
〔参考〕 多(다), 大(대)와 이음(おお)을 같이한다.

④ ただ(し) : 凡은 평상시 몸가짐과 예의가 떳떳함을 뜻한다(禮儀凡節 : 예의범절).
'떳떳'에서 '더더–다다–ただ(し)'로 이어진다.

⑤ つね : 凡은 항상(恒常), 즉 이제나 저제나, 언제나 凡常(범상)하게 지켜야 할 常道(상도)를 뜻한다.
'제나'에서 '주네–つね'로 이어진다.
〔参考〕 常(상 : つね)와 이음을 같이한다.

⑥ なみ : 凡은 너나 구별 없이 한 줄로 늘어서 있는 것처럼 같은 무리의 보통 凡類(범류)임을 나타낸다.
'늘어서다'의 '늘'에서 '늘–남–나미–なみ'로 이어진다.
〔参考〕 並(병 : なみ)와 이음을 같이한다.

人名訓読例

① おうし · おうち · おおし · ただし · つね : 凡(외자名).
② おう · おうし : 凡河(おうかわ), 凡海(おうしあま).
③ おおし : 月河内(おおし · おうち).
④ ただ : 凡夫(ただお · つねお), 凡人(ただひと · つねと).
⑤ つね : 凡夫(つねお), 凡人(つねと), 凡子(つねこ · なみこ), 凡坦(つねひろ).
⑥ なみ : 凡子(なみこ · つねこ).

氾 범	訓読	あふれる
	人名訓読	ひろし·ひろむ
	音読	ハン

訓読풀이

① あふれる : 氾(범)은 물이 넘쳐 흐르는 것을 뜻한다(氾濫 : 범람).
'흐르다'에서 '흘러–후러–후레–ふれる'로 이어지고, 접두어 あ가 붙어 あふれる로 이어진다.
〔参考〕 溢(일 : あふ)れる와 이음을 같이한다.

② ひろし · ひろむ : 氾은 넓음, 널리 펼쳐짐을 뜻한다.
'펼쳐지다'에서 '펼–필–피로–ひろし · ひろむ'로 이어진다.

人名訓読例

① ひろし · ひろむ : 氾(외자名).
② ひろ : 氾子(ひろこ).

犯 범	訓読	おかす
	音読	ハン·ボン

訓読풀이

• おかす : 犯(범)은 법이나 질서를 어기는 것을 뜻한다.
'어기다'에서 '어겨–오가–おかす'로 이어진다.
〔参考〕 侵(침), 冒(모)와 이음(おかす)을 같이한다.

帆 범	訓読	ほ
	音読	ハン

訓読풀이

• ほ : 帆(범)은 돛을 뜻하면서 돛단배를 뜻한다〈夜帆歸楚客 : 王昌齡 (야범귀초객 : 왕창령)〉. 돛단'배'에서 '배–보–ほ'로 이어진다.

바

人名訓読例

- ほ：帆高(ほたか), 帆谷(ほたに), 帆山(ほやま), 帆田(ほだ), 帆足(ほあし · ほたり), 帆波(ほなみ).

汎 범	訓読	ひろい
	音読	ハン

訓読풀이

- ひろい：汎은 넓음, 널리 펼쳐짐을 뜻한다.
  '펼쳐지다'에서 '펼-필-피로-ひろい'로 이어진다.

人名訓読例

- ひろ ： 汎慶(ひろよし), 汎明(ひろあき), 汎邦(ひろくに), 汎本(ひろもと), 汎秀(ひろひで), 汎子(ひろこ).

範 범	訓読	のり
	音読	ハン

訓読풀이

- のり ：範(범)은 올바른 법도(法度), 규범(規範)을 뜻한다.
  '올'에서 '오리-노리(ㅇ-ㄴ으로 변음)-のり'로 이어진다.
  〔参考〕法(법), 規(규), 則(칙), 憲(헌), 式(식), 度(도) 등과 이음(のり)을 같이한다.

人名訓読例

- のり ：範基(のりもと), 範永(のりなが), 範為(のりため), 範正(のりまさ), 範俊(のりとし), 範熙(のりひろ).

【법】

法 법	訓読	のり·のっとる
	人名訓読	さだむ·つね·はかる·みち
	音読	ホウ·ハッ·ホッ

訓読풀이

① のり · のっとる：㉮ 法(법)은 법규, 규범, 법도, 예법 등 지키고 본받아야 할 올바른 사회적 규범 일체를 지칭한다.
'올'에서 '놀(ㅇ-ㄴ으로 변음)-노리-のり'로 이어진다. ㉯ '옳다'에서 '올도-놀도(ㅇ-ㄴ으로 변음)-노쑤도(받침 ㄹ-'쑤'로 분절)-のっとる'로 동사화된다.
〔参考〕規(규), 則(칙), 憲(헌), 式(식), 度(도), 範(범) 등과 이음(のり)을 같이한다.

② さだむ：法은 사회적 질서, 생명 · 재산의 보호 등이 잘 되도록 하는 기능을 한다.
'잘 되다'에서 '잘댐-자담-사다무-さだむ'로 이어진다.
〔参考〕定(정 ： さだ)む와 이음을 같이한다.

③ つね ：法은 恒常(항상) '이제나 저제나 언제나' 같은 기준으로 공평하게 적용된다.
'제나'에서 '주나-주네-つね'로 이어진다.
〔参考〕常(상 ： つね)와 이음을 같이한다.

④ はかる：法은 위반했을 때 적용할 형량(形量) 등을 헤아리는 기준을 정한다.
'헤아리다(헤다)'의 어간 '헤'에서 '헤거라-하가루-はかる'로 이어진다.
〔参考〕計(계), 量(량), 測(측) 등과 이음(はかる)을 같이한다.

⑤ みち : 法은 사람이 따라가야 할 도리, 모범, 즉 길의 역할을 한다. 길은 마을(도시)로 통하고 마을 자체가 길이 된다. '마을'에서 '말-밀-미찌(받침 ㄹ-'찌'로 분절)-みち'로 이어진다.

〔参考〕 町(정), 街(가), 道(도)와 이음(みち)을 같이한다.

人名訓読例

① さだむ · つね · はかる : 法(외자 名).

② のり : 法兼(のりかね), 法本(のりもと), 法宗(のりむね), 法川(のりかわ), 法道(のりみち), 法典(のりひろ).

③ つね : 法郎(つねお), 法美(つねみ).

④ みち : 法晴(みちはる).

【벽】

辟 벽	訓読	きみ·つみ
	人名訓読	さき·ひき·ひじ·ひら
	音読	ヘキ·ヒ

訓読풀이

① きみ : 辟(벽)은 主君(주군), 君上(군상)을 뜻한다〈君(군) 참조〉.

② つみ : 辟은 罪(죄)를 뜻한다〈辟獄刑 : 左氏傳 (벽옥형 : 좌씨전)〉. ㉮ 죄는 못된 짓을 짓는 것을 뜻한다. '짓다'에서 '지음-주음-줌-주미-つみ'로 이어진다. ㉯ 죄를 지으면 형틀을 쓰고 형을 치른다. '쓰다(치르다)'에서 '씀(칠음 · 침)-치음-츰-쓰미-つみ'로 이어진다.

〔参考〕 罪(죄 : つみ)와 이음을 같이한다.

③ さき : 辟은 실을 잣는 것(길쌈)을 뜻한다〈妻辟纑 : 孟子(처벽로 : 맹자)〉.

'잣다'에서 '잣기-자기-さき'로 이어진다.

④ ひき : 辟은 빼어 없애는 것을 뜻한다(辟除 : 벽제).

'빼다'에서 '빼기-비기-ひき'로 이어진다.

〔参考〕 引(인 : ひ)き와 이음을 같이한다.

⑤ ひじ : 辟은 빗나가는 것, 엇나가는 것을 뜻한다〈畏馬之辟也 不敢騎 : 淮南子(외마지벽야 불감기 : 회남자)〉.

빗나가다의 '빗'에서 '빗-비지-ひじ'로 이어진다.

⑥ ひら : 辟은 여는 것, 벌리는 것, 개간(開墾)하는 것을 뜻한다. 闢(벽)과 같은 뜻을 갖는다〈辟土地 : 孟子 (벽토지 : 맹자)〉.

'벌리다'에서 '버리-비라-ひらく'로 이어진다.

〔参考〕 開(개 : ひら)く와 이음을 같이한다.

人名訓読例

① さき : 辟田(さきた, ひきた, ひらた).

② ひき : 辟田(ひきた).

③ ひじ : 辟槻(ひじつき),辟秦(ひじはた).

④ ひら : 辟田(ひらた).

僻 벽	訓読	ひがむ
	音読	ヘキ

訓読풀이

• ひがむ : 僻(벽)은 성격이 비꼬인 것, 비틀어진 것을 뜻한다.

'비꼬임'에서 '비고무-비가무-ひがむ'로 이어진다.

劈 벽	訓読	さく·つんざく
	音読	ヘキ

訓読풀이

① さく：劈(벽)은 찢는 것, 쪼개는 것을 뜻한다.
'찢다(쪼개다)'에서 '지구(조구)–자구–さく'로 이어진다.
〔参考〕 裂(렬), 割(할)과 이음(さく)을 같이한다.

② つんざく：つんざく는 つきさく(突き裂く)가 변한 말로, つん은 つき의 撥音便(はつおんびん)이다.
'찢다'에서 '지구–자구–さく'로 이어지고, 강조를 나타내는 つき(뚫기–두기–つき)–つん이 붙어 つんざく가 된다.

壁 벽	訓読	かべ
	音読	ヘキ

訓読풀이

• かべ：壁(벽)은 여러 형태로 존재한다. 집의 둘레나 방을 둘러막는 부분을 비롯해서 담이나 성벽(城壁)도 壁이라 하고, 험하고 가파른 벼랑(岩壁：암벽)도 壁이라 한다. 壁은 예외없이 어느 장소의 가(곁)에 있기 마련이다. '가' 자체가 壁이고 '벼랑' 역시 壁이 된다.
'가'와 '벼랑'이 합성되어 '가벼랑'에서 '가벼–가베–かべ'로 이어진다.

人名訓読例

• かべ：壁谷(かべや), 壁島(かべしま), 壁田(かべた), 壁井(かべい), 壁村(かべむら), 壁沢(かべさわ).

璧 벽	訓読	たま
	音読	ヘキ

訓読풀이

• たま：璧(벽)은 옥(玉)을 뜻한다〈玉(옥) 참조〉. 둥근 옥은 어디에서 보나 닮아있다.
'닮아'에서 '다마–たま'로 이어진다.

人名訓読例

• たま：璧子(たまこ).

癖 벽	訓読	くせ
	音読	ヘキ

• くせ：㉮ 口(くち)ぐせ는 입버릇이고, 笑(わら)いぐせ는 웃는 버릇을 뜻한다. 癖(くせ)는 반복되는 습관성 행위 때문에 굳어진 버릇, 습관을 말한다. '굳다'에서 '굿–구세–くせ'로 이어진다. ㉯ 한자 癖의 疒(녁 · 상)은 病疾(병질) 등과 관계됨을 나타내는데, 한국어 '버릇'도 버릇없다, 세살 버릇 여든까지 간다 등 부정적 의미, 즉 궂은 뜻으로 쓰인다.
'궂다'에서 '궂–구세–くせ'로 이어진다.

躄 벽	訓読	あしなえ·いざり
	音読	ヘキ

訓読풀이

① あしなえ：躄(벽)은 앉은뱅이, 절뚝발이 등 다리가 온전치 못한 것 또는 그런 사람을 뜻한다. 足萎(あしなえ)라고도 하는데 발이 낡아 거동이 온전치 못함을 나타낸다.
'발'에서 '알(ㅂ–ㅇ으로 변음)–아시(받침 ㄹ–'시'로 분절)–あし'로 이어지고, '낡아'에서 '나아–나에–なえ'로 이어져 あしなえ로 합성된다.
〔参考〕 蹇(건), 跛(파)와 이음(あしなえ)을 같이한다.

② いざり：躄은 앉은뱅이를 뜻한다.
'앉아라'에서 '아자라–이자라–이자리–いざり'로 이어진다.

霹 벽	訓読	かみなり
	音読	ヘキ

訓読풀이

• かみなり : 霹(벽)은 천둥, 벼락을 뜻한다. 옛날에는 천둥을 신(神)이 울리는 소리로 알았다.
神을 뜻하는 かみ와 '울리다'에서의 '울리-우리-아리-나리-なり'가 합성되어 かみなり로 이어진다. 神鳴(かみな)り인 셈이다.

【변】

弁(辨·辯) 변·판	訓読	わきまえる
	人名訓読	さだ
	音読	ベン

訓読풀이

① わきまえる : ㉮ 弁(わきま)える는 분별, 판별, 식별을 뜻한다. 고유 한국어로는 무엇을 알고 사리를 분간한다는 뜻이다. 身(み)のほどをわきまえる 하면 자기 분수를 안다는 뜻이고, 礼儀(れいぎ)をわきまえた人(ひと) 하면 예의를 차릴 줄 아는 사람이라는 뜻이다. '알다'에서 '알기-아기-와기-わきまえる'로 이어진다. ㉯ わきまえる는 무엇을 알고 잘 맞게 처리한다는 뜻이다. '알고'에서 わき, '맞다'에서 '마-ま'로 이어져 わきまえる로 합성된다. ㉰ わきまえる는 사물의 이치를 하나하나 빠개어 맞게 변별(辨別), 분별(分別)하는 것을 뜻한다. '빠개다'에서 '바게-바기-와기(ㅂ-ㅇ으로 변음)-わき'로 이어지고, '맞다'에서 '마-ま'로 이어져 わきまえる로 합성된다.

〔参考〕 分(분), 判(판), 解(해)와 이음(わかる)을 같이한다.

② さだ : ㉮ 弁(변)은 잘 다스림, 잘 됨을 뜻한다〈實辨天下 : 呂覽 (실변천하 : 여람), 主齊孟子 誰能辯焉 : 左氏傳 (주제맹자 수능변언(좌씨전)〉. '잘 다스리다'에서 '잘다-자다-さだ'로 이어지고, '잘되다'에서 '잘되-자대-자다-さだ'로 이어진다. ㉯ 弁은 바로잡는 것을 뜻한다〈有司不辯也 : 禮記 (유사불변야 : 예기)〉. '잡다'에서 '자다-さだ'로 이어진다.

人名訓読例

• さだ : 弁道(さだみち), 弁子(さだこ).

辺(邊) 변	訓読	あたり·わたり·ほとり
	人名訓読	おい
	音読	ヘン

訓読풀이

① あたり · わたり : ㉮ 辺(변)은 근처, 부근을 뜻한다. 銀座(ぎんざ)あたり는 긴자 부근을 뜻하는데, 이는 銀座에 잇따라 붙어 있는 곳을 뜻한다. '잇따라'에서 '이다라-이다리-아다리-あたり'로 이어진다. ㉯ わたり는 あたり의 古語이다.

② ほとり : 村(むら)のほとり는 마을에 붙은 곳, 즉 附近(附는 붙을 부)을 뜻한다. '붙다'에서 '붙-부토-보토-호도-ほと(り)'로 이어진다. あたり(辺)가 ①에서처럼 '잇따라(붙어)'에서 이어지는 것과 맥을 같이한다.

③ おい : 辺은 이웃을 뜻한다.
'이웃'에서 '이우-오우-오이-おい'로 이어진다.

人名訓読例

바

① ほとり : 辺(외자名).
② おい : 辺方(おいわけ), 辺分(おいわけ).

便 변	⇨	便 편

変(變) 변	訓読	かえる·かわる
	音読	ヘン

訓読풀이

- かえる · かわる : 変(변)은 바꾸는 것, 가는 것을 뜻한다. 形(かたち)を変(か)える 하면 모양을 갈아 치우는 것을 뜻하고, 位置(いち)をかえる 하면 위치를 가는 것을 뜻한다.
  '갈다'에서 '갈아-가아-かえる'로 이어진다.

胼 변	訓読	たこ
	音読	ヘン

訓読풀이

- たこ : 胼(변)은 손이나 발바닥에 생기는 굳은 살, 즉 못, 胼胝(변지)를 뜻한다. 땅이나 나무를 망치 등으로 달구다 보면 손이나 발바닥이 굳어져 たこ가 생기게 마련이다. ペンだこ는 펜을 꽉 잡고 쓰느라 달구어져 생긴 못을 뜻한다.
  '달구'에서 '다구-다고-たこ'로 이어진다.
  〔参考〕 낙지 · 문어를 뜻하는 蛸(소), 변지를 뜻하는 胝(지), 연을 뜻하는 凧(궤)와 이음(たこ)을 같이한다.

骿 변	訓読	ならぶ
	音読	ヘン·ベン

訓読풀이

- ならぶ : 骿(변)은 나란히 서는 것을 뜻한다.
  '나란히'에서 '나라비-ならぶ'로 이어진다.
  〔参考〕 並(병 : なら)ぶ와 이음을 같이한다.

【별】

別 별	訓読	わかれる·わける
	音読	ベツ

訓読풀이

- わかれる · わける : 別(별)은 나누는 것, 빠개는 것, 가르는(갈라지는) 것을 뜻한다. ㉮ '빠개다'에서 '바게-아게(ㅂ-ㅇ으로 변음)-わける'로 이어진다. ㉯ '가르다(갈라지다)'에서 '가라-가레-かれる'로 이어지고, 접두어 わ가 붙어 わかれる로 이어진다.
  〔参考〕 分(분 : わ)かれる, 分(わ)ける와 이음을 같이한다.

人名訓読例

- わけ : 別宮(わけみや), 別部(わけべ), 別田(わけた), 別火(わけび), 別彦(わけひこ).

瞥 별	訓読	みる
	音読	ベツ

訓読풀이

- みる : 瞥(별)은 보는 것을 뜻한다.
  '눈매'에서 '매-미-みる'로 동사화 된다〈見(견) 참조〉.

【병】

兵 병	訓読	つわもの
	人名訓読	たけ
	音読	ヘイ·ヒョウ

訓読풀이

① つわもの : 兵(병)은 兵士(병사), 兵丁(병정), 軍士(군사), 軍人(군인)을 뜻한다. 고유 한국어로는 싸우는 者(자), 즉 兵者 · 軍者가 된다.
'싸워'에서 '쑤와-つわ'로 이어지고, 者를 뜻하는 もの〈者(자) 참조〉와 합성되어 つわもの가 된다.

② たけ : 兵은 용맹스럽게 이리 뛰고 저리 뛰면서 싸우는 병사를 말한다.
'뛰고'에서 '뛰게-따게-たけ'로 이어진다.
〔参考〕 猛(맹 : たけ)る와 이음을 같이 한다.

人名訓読例

• たけ : 兵吉(たけよし), 兵視(たけみ), 兵一(たけかず), 兵俊(たけとし).

並(竝) 병	訓読	なみ·ならべる·ならぶ
	人名訓読	おき
	音読	ヘイ

訓読풀이

① なみ : 並(병)은 늘어 놓는 것을 뜻한다.
'늘어'의 명사형 '늘음'에서 '느음-늠-남-나미-なみ'로 이어진다. '너울'에서 '너움-넘-남-나미(波)'로 이어지는 것과 같은 이치이다.

② ならべる · ならぶ : ㉮ 店頭(てんとう)に並(なら)べる 하면 가게 앞에 이것저것 늘어 놓는 것을 뜻한다. '느러-나라-ならべる'로 이어진다. ㉯ 갖가지 상품이 늘비하다, 등산객이 늘비하다처럼 쭉 늘어서 있는 것을 늘비하다라고 한다.
'늘비'에서 '느르비-나라부-ならぶ'로 이어진다.

③ おき : 늘어놓다의 '놓다'에서 '노키-오키(ㄴ-ㅇ으로 변음)-おき'로 이어진다.
〔参考〕 置(치 : おき)와 이음을 같이한다.

人名訓読例

① ならぶ : 並(외자 名).
② なみ : 並里(なみさと), 並山(なみやま), 並田(なみた), 並川(なみかわ), 並助(なみすけ), 並子(なみこ).
③ おき : 並始(おきはじめ).

併(倂) 병	訓読	あわせる·しかし
	音読	ヘイ

訓読풀이

① あわせる : 併(병)은 아우르는 것, 어우르는 것을 뜻한다. 併有(병유)는 한데 어울러 가짐을 뜻하고〈併有天下 : 史記(병유천하 : 사기)〉, 併合(병합)은 둘 이상을 합하여 하나로 아우르는 것을 뜻한다.
'아우(어우)르다'에서 '아우-あわせる'로 이어진다.
〔参考〕 合(합 : あ)わせる와 이음을 같이 한다.

② しかし : 愛(あい)している, しかし 別れよう 하면 사랑한다고 치고서 (그러나) 헤어지자는 뜻이다. 즉 한쪽으로는 그렇다 치고서라고 인정하면서 다른 한쪽으로는 함께 어우르지(併) 못함을 나타낸다.
'치고서'에서 '시고시-시가시-しかし'로

바

이어진다.

〔参考〕 然(연 : しかし)와 이음을 같이한다.

人名訓読例

- あい : 併川(あいかわ).

柄 병	訓読	え·から·つか
	人名訓読	とき
	音読	ヘイ

訓読풀이

① え : 柄(병)은 손잡이, 자루를 뜻한다. 손잡이나 자루는 사용의 편의를 위하여, 또는 안쪽 부분을 보호하기 위하여 가죽이나 헝겊 또는 금속으로 에워싼 바깥 부분을 말한다.

'에워싸다'에서 '에–え'로 이어진다.

② から : ㉮ 柄은 몸집, 체구, 체격을 뜻한다. 꼴좋다, 꼴값한다 등의 '꼴'에서 '골–갈–가라–から'로 이어진다. '꼴(골)'에서는 '골–갈–가다(받침 ㄹ–'다'로 분절)–かた'로도 이어지는데 이 경우에는 形 또는 型을 뜻한다. ㉯ 柄은 거리, 재료를 말한다〈講席邀談柄 : 孟浩然 (강석요담병 : 맹호연)〉. そんな事(こと)をする柄(から)ではない 하면 그런 일을 할 거리(주제)가 못된다는 뜻이다. '거리'에서 '가리–가라–から'로 이어진다.

③ つか : ①에서의 '에워싸다'에서 '싸고–쑤고–쑤가–つか'로 이어진다.

④ とも : 柄은 사람이나 사물이 본래 갖고 있는 성질, 됨됨이를 나타낸다.

'됨됨'에서 '됨–돔–도모–とも'로 이어진다.

人名訓読例

① え · から : 柄(외자 名).

② え : 柄馬(えま), 柄木(えぎ · からき), 柄井(えのい), 柄川(えがわ), 柄本(えもと · つかもと).

③ から : 柄堀(からほり), 柄多(からだ), 柄目(からめ), 柄木田(からきた), 柄沢(からさわ).

④ つか : 柄崎(つかざき), 柄本(つかもと), 柄越(つかごし), 柄田(つかだ), 柄根(つかね).

⑤ とも : 柄江(ともえ).

炳 병	訓読	あきらか
	音読	ヘイ

訓読풀이

- あきらか : 炳(병)은 밝은 모양을 뜻한다.

'밝다'에서 '발가라–바기라–아기라(ㅂ–ㅇ으로 변음)–あきらか'로 이어진다.

病 병	訓読	やむ·やめる·わくら
	音読	ビョウ·ヘイ

訓読풀이

① やむ · やめる : 病(병)은 앓은 것을 뜻한다. '앓음'에서 '아음–암–얌–やむ'로 이어진다.

② わくら : ㉮ 나무는 병들면 잎(이파리)이 붉게(불그레) 뜬다〈葉病多紫花凋少白 : 盧照隣 (엽병다자화조소백 : 노조린)〉. '붉게(불그레)'에서 '부구라–바구라–아구라(ㅂ–ㅇ으로 변음)–わくら'로 이어진다. ㉯ 病은 무슨 사연으로 괴로워 하는 것을 뜻한다〈君子病無能焉 : 論語 (군자병무능언 : 논어)〉. '괴로워'에서 '괴로–구로–구라–くら'로 이어지고, 접두어 わ가 붙어 わくら가 된다.

迸 병	訓読	とばしり·とばしる·ほとばしる
	音読	ホウ·ヘイ

訓読풀이

① とばしり · とばしる : ㉮ 鮮血(せんけつ)がとばしる 하면 선혈이 위로 솟구치는 것을 뜻한다. 즉 피가 솟아(돋아) 위로 퍼지는 것을 나타낸다. '솟다(돋다)'에서 '소-도-と'로 이어지고, '퍼지다'에서 '퍼지라-파지루-바지루-ばしる'로 이어져 とばしる로 합성된다. ㉯ 迸(병)은 액체가 튀어 퍼지는 것을 뜻한다. '튀다'에서 '투-토-と'로 이어지고, 위 ㉮의 '퍼지라'와 합성되어 とばしる가 된다. ㉰ 迸(병)은 뛰어 달려 달아남을 뜻한다〈海盜奔迸 : 魏志(해도분병 : 위지)〉. '뛰다'에서 '뛰-또-と'로 이어지고, 달리는 것을 뜻하는 はしる(走る)와 합성되어 とばしる가 된다〈走(주 : はしる) 참조〉.

② ほとばしる : 迸은 세차게 흩날리는 것을 뜻한다. 흩날린다는 것은 흩어 퍼져나간다는 말이다.
'흩퍼지다'에서 '흩퍼지라-호토파지루-ほとばしる'로 이어진다.

屏 병	訓読	おおう·しりぞける
	音読	ビョウ·ヘイ

訓読풀이

① おおう : 屏(병)은 외부 침입을 막거나 가린다는 뜻에서 울 · 담을 뜻하기도 하지만, 주로 병풍을 뜻한다. 병풍은 방안에 세워서 바람을 막거나 무엇을 가리는 역할을 하는데, 사람의 입장에서 보면 병풍을 뒤에 업고 있는 모양새이다.
'업다'에서 '업어-어어-오오-おおう'로 이어진다.
〔参考〕 被(피), 覆(복 · 부), 掩(엄), 蓋(개), 蔽(폐)와 이음(おおう)을 같이한다.

② しりぞける : 屏은 물리치는 것, 즉 뒤로 쫓겨 내는 것을 뜻한다〈屛之遠方 : 禮記 (병지원방 : 예기)〉.
'뒤로 쫓겨'에서 '뒤로조게-디리조게-시리조게-しりぞける'로 이어진다.
〔参考〕 退(퇴), 斥(척)과 이음(しりぞける)을 같이한다.

瓶 병	訓読	かめ
	音読	ビン·ヘイ

訓読풀이

• かめ : 瓶(병)은 독, 항아리를 뜻한다. 독, 항아리는 구어서 만든다.
'굽다'에서 '굼-감-가메-かめ'로 이어진다.

人名訓読例

• かめ : 瓶尻(かめじり), 瓶井(かめい), 瓶割(かめわり).

鞆 병	訓読	とも
	音読	日本国字

訓読풀이

• とも : ㉮ 鞆(とも)는 활을 쏠 때 왼팔에 대는 가죽으로 된 팔찌를 뜻한다. '대다'에서 '댐-돔-도모-とも'로 이어진다. ㉯ 鞆絵(ともえ)는 밖으로 도는(소용돌이치는) 모양 · 무늬를 뜻하고, 또한 물건이 원형을 그리며 도는 모양을 나타낸다. '돌다'에서 '돔-도모-とも'로 이어진다.

人名訓読例

• とも : 鞆結(ともゆい), 鞆田(ともだ),

鞆絵(ともえ), 鞆子(ともこ), 鞆嵩(ともたか), 鞆之助(とものすけ).

餅 병	訓読	もち
	音読	ヘイ

訓読풀이

• もち : 餅(병)은 떡, 특히 찰떡으로 메밥(멧밥)과 함께 제사상에 올린다. '멧떡'이라 할 수 있다.
'멧'에서 '묏–모지–もち'로 이어진다.
〔参考〕 糯(나)와 이음(もち)을 같이한다.

人名訓読例

• もち : 餅米(もちまい), 餅原(もちはら), 餅田(もちだ), 餅井(もちい), 餅屋(もちのや), 餅搗(もちずき · もちつき).

【보】

甫 보·포	訓読	はじむ·はじめ
	人名訓読	すけ·とし·なみ·みつる
	音読	ホ·フ

訓読풀이

① はじむ · はじめ : 甫(보)는 비롯하다, 시작하다를 뜻한다.
처음을 시작하는 '햇(햇곡식, 햇나물 등)에서 '핮–하지–はじむ · はじめ'로 이어진다.

② すけ : 甫는 돕는 것을 뜻한다(輔와 같은 뜻).
'돕다'에서 '돕게–도게–두게–수게–すけ'로 이어진다. 돕는 것은 주는 것을 뜻한다. '주게'에서 '수게–すけ'로 이어진다.

③ とし : 甫는 크고, 많고, 넓어 돋보이는 것을 뜻한다.
'돋'에서 '돗–도시–とし'로 이어진다.

④ なみ : 甫(포)는 남새밭, 즉 무 · 배추 따위의 남새를 심는 밭을 뜻한다.
'남새'에서 '남–나미–なみ'로 이어진다.

⑤ みつる : 甫는 물이 가득 찬 것처럼 많은 것을 뜻한다(甫甫 : 보보).
'물'에서 み로 이어지고, '차다'에서 '추–つる'로 이어져 みつる로 합성된다.

人名訓読例

① はじむ · はじめ · みつる : 甫(외자 名).
② すけ : 甫冬(すけふゆ).
③ とし : 甫明(としあき), 甫子(としこ), 甫文(としふみ), 甫敏(としはる), 甫夫(としお).
④ なみ : 甫美(なみよし), 甫子(なみこ).

宝(寶) 보	訓読	たから
	人名訓読	たか·たかし·とみ
	音読	ホウ

訓読풀이

① たから : ㉮ 宝(보)는 宝玉(보옥), 宝石(보석), 宝鏡(보경) 등 재산가치가 높은 宝飾品(보식품)으로 귀(귀걸이), 목(목걸이), 벽(벽걸이) 등, 걸거나 달아 부(富)의 상징으로 삼는다. '달다'의 명령형 '달거라'에서 '다거라–다가라–たから'로 이어진다. ㉯ 宝는 보배롭게 소중히 떠받드는 것을 나타낸다〈所寶維賢 : 書經(소보유현 : 서경)〉. '뜨다'의 명령형 '뜨거라'에서 '따거라–다가라–たから'로 이어진다. ㉰ 宝는 임금에 관한 것에 붙여 높게 떠받드는 것을 나타낸다〈宝位(보위), 御宝(어보), 宝座(보좌)〉. '뜨다'에서 '따거라–다가라–たから'로 이어진다.

② たか · たかし : ①의 ㉯ ㉰ '뜨다'에서

'뜨고-따고-다가-たか'로 이어진다.

③ とみ : 宝는 보배나 재화(財貨)를 곳간에 담거나 차 있음을 뜻한다. ㉮ '담다'에서 '담-돔-도미-とみ'로 이어진다. ㉯ '차다'에서 '참-담-돔-도미-とみ'로도 이어진다.

人名訓読例

① かたし · たから : 宝(외자 名).

② たか : 宝久(たかひさ · とみひさ), 宝寿(たかとし).

③ たから : 宝家(たからや), 宝島(たからじま), 宝子(たからこ), 宝田(たからだ), 宝川(たからがわ), 宝沢(たからざわ).

④ とみ : 宝鏡(とみてる), 宝久(とみひさ), 宝男(とみお), 宝夫(とみお).

歩(步) 보	訓読	あるく·あゆむ
	人名訓読	かち
	音読	ホ·ブ·フ

訓読풀이

① あるく : 歩(보)는 걷는다는 뜻인데, 걸음은 발을 이용한 행동이다.
'발'에서 동사화 되어 '발-알(ㅂ-ㅇ으로 변음)-아루-あるく'로 이어진다. 같은 발이라도 あし(足)는 '발'에서 '알(ㅂ-ㅇ으로 변음)-아시(받침ㄹ-'시'로 분절)-あし'로 이어진다. 동일한 벌이라도 벌(峰)은 '벌-발-바치-はち'가 되고, 벌(原)은 '벌-버라-바라-はら'로 이어지는 것과 이치를 같이한다.

② あゆむ : 歩는 밟음을 뜻한다.
'밟음'에서 '바음-바움-바우무-아유무(ㅂ-ㅇ으로 변음)-あゆむ'로 이어진다.

③ かち : 歩는 걷는 것(걸음)을 뜻한다.
'걷다'에서 '걷-갇-가디-かち'로 이어진다.
〔参考〕徒(도), 徒歩(도보)와 이음(かち)을 같이한다.

人名訓読例

① あゆ : 歩美(あゆみ).

② かち : 歩田(かちだ), 歩行内(かちうち), 歩行田(かちだ).

保 보	訓読	たもつ·もつ
	人名訓読	まもる·もり·やす
	音読	ホ·ホウ

訓読풀이

① たもつ : 保(보)는 유지, 보전한다는 뜻으로, 무엇을 좋은 상태로 잘 두는 것을 말한다.
'두다'에서 '둠-담-다모-たもつ'로 이어진다.

② もつ : 保는 무엇을 맡아 유지, 보전한다는 뜻이다.
'맡다'에서 '맡-뫁-모투-もつ'로 이어진다.
〔参考〕持(지 : も)つ와 이음을 같이한다.

③ まもる : 保는 유해 행위가 일어나지 않도록 여러 수단을 써서 말리는 것을 뜻한다.
'말리다'에서 '맘-마모-まもる'로 이어진다.
〔参考〕守(수), 護(호)와 이음(まもる)을 같이한다.

④ もり · もる : '말리다'에서 '말-몰-모리-もり'로 이어진다.
〔参考〕守(수 : も)り와 이음을 같이한다.

⑤ やす : 保는 편안(便安)하게 쉬게 지켜주는 것을 뜻한다.

바

'쉬다'에서 '수-す'로 이어지고, 접두어 や가 붙어 やす가 된다.

人名訓読例

① たもつ · まもる · やす : 保(외자 名).

② もち : 保木(もちぎ · やすき).

③ もり : 保国(もりくに · やすくに), 保康(もりやす), 保久(もりひさ), 保昭(もりあき · やすあき), 保雄(もりお · やすお).

④ やす : 保本(やすもと), 保川(やすかわ), 保文(やすふみ), 保範(やすのり), 保仁(やすひと), 保正(やすまさ).

堡 보		
	訓読	とりで
	音読	ホ·ホウ

訓読풀이

• とりで : 堡(보)는 본성(本城)을 둘러싼 요새(要塞), 보루(堡塁)를 뜻한다. 야구에서 본루(本塁)를 본성으로 치면 1루~3루는 본루를 둘러싸고 있는 とりで에 속한다.

본루를 '둘러싼 (성)터'에서 '둘러터-두러더-도리데-とりで'로 이어진다.

〔参考〕 砦(채), 塁(루)와 이음(とりで)을 같이한다.

報 보		
	訓読	むくい·むくいる
	音読	ホウ

訓読풀이

• むくい · むくいる : 恩(おん)に報(むく)いる 하면 옛날에 진 은혜를 물질이나 기타 방법으로 물어내는 것을 뜻한다. 報酬(보수)는 노무 또는 물건 사용의 대가로 무는(지급하는) 금품을 뜻한다.

'물다'의 연용형 '물고'에서 '무고-무구-むくい'로 이어진다.

〔参考〕 酬(수 : むく)いる와 이음을 같이한다.

補 보		
	訓読	おぎなう
	人名訓読	たすく·すけ
	音読	ホ

訓読풀이

① おぎなう : 補(보)는 해진 옷 등을 깁는 것을 뜻한다.

'옷 깁다'에서 '옷기워-오기아-오기나(ㅇ-ㄴ으로 변음)-おぎなう'로 이어진다. 또한 '깁다'에서 '기워-기아-기나-ぎなう'로 이어지고 접두어 お가 붙어 おぎなう가 된다.

② たすく : 補는 甫(보)와 마찬가지로 돕는 것을 뜻한다.

'돕다'에서 '도와서-돠서-다수-たすく'로 이어진다.

③ すけ : '돕다'에서 '돕게-도게-두게-수게-すけ'로 이어진다. 또한 '(도와)주다'에서 '주게- 수게-すけ'로 이어진다.

人名訓読例

① たすく : 補(외자 名).

② すけ : 補子(すけこ), 補親(すけちか).

輔 보		
	訓読	たすく
	人名訓読	すけ
	音読	ホ

訓読풀이

① たすく : 輔(보)는 돕는 것을 뜻한다.

'돕다'에서 '도와서-돠서-다수-たすく'로 이어진다.

② すけ : '돕다'에서 '돕게-도게-두게-수게-すけ'로 이어진다. 또한 '(도와)주다'에서 '주게- 수게-すけ'로 이어진다.

人名訓読例

① たすく：輔(외자 名).
② すけ ： 輔昭(すけあき), 輔信(すけのぶ), 輔人(すけひと), 輔正(すけまさ), 輔弼(すけのり), 輔熙(すけひろ).

鴇 보	訓読	とき
	人名訓読	とう
	音読	ホウ

訓読풀이

① とき：鴇(보)는 새 이름으로 물가에 살며 따옥따옥 하고 우는 따오기를 뜻한다.
'따오기'에서 '따기－또기－とき'로 이어진다.
② とう：'따오기'에서 '따오－또우－とう'로 이어진다.

人名訓読例

① とき：鴇根(ときね), 鴇矢(ときや), 鴇田(ときた · とうた), 鴇沢(ときさわ).
② とう ： 鴇巣(とうのせ), 鴇田(とうた), 鴇ノ子(とうのこ).

【복】

卜 복	訓読	うらなう
	人名訓読	しめ
	音読	ボク

訓読풀이

① うらなう：卜(복)은 점쳐서 알아내는 것을 뜻한다.
'알아내다'에서 '아라내어－아라나우－우라나우－うらなう'로 이어진다.
〔参考〕 占(점：うらな)う와 이음을 같이 한다.
② しめ：㉮ 卜은 점치는 것을 뜻한다. '치다'에서 '침－심－시메－しめ'로 이어진다. ㉯ 占(점)의 한국어 발음 '점'에서 '짐－심－시메－しめ'로 이어진다.

人名訓読例

① うらべ：卜部(외자 名).
② うら：卜部(うらべ).
③ しめ：卜田(しめた).

伏 복	訓読	ふす·ふせる
	音読	フク

訓読풀이

• ふす · ふせる：伏(복)은 개(犬)가 사람(人) 옆에 엎드려 앞다리를 뻗고 눈치를 살피는 모습을 나타낸다. 足下(あしもと)を伏(ふ)して許(ゆる)しを乞(こ)う 하면 발밑에서 양팔을 뻗고 엎드려 용서를 빈다는 뜻이다. 伏(ふ)す는 屈伏(굴복), 즉 엎드려 뻗치는 것을 뜻한다.
'뻗다'에서 '벗－붓－부수－ふす'로 이어진다. '(엎드려) 뻗쳐라'에서 '버서라－부서라－부세루－ふせる'로 이어진다.

人名訓読例

① ふし ： 伏見(ふしみ), 伏谷(ふしたに · ふしや), 伏木(ふしき), 伏木田(ふしきだ), 伏原(ふしはら), 伏下(ふしした).
② ふせ ： 伏谷(ふせたに), 伏島(ふせじま), 伏屋(ふせや · ふしや), 伏原(ふせはら).

服 복	訓読	きもの·したがう
	人名訓読	はた·はつ(はっ)·はら
	音読	フク

訓読풀이

① きもの：服(복)은 옷(衣服：의복)을 뜻한다. 옷은 끼어 입는 物(물：もの)이다. 着物(きもの)와 마찬가지로 '끼다'의

바

'끼-き'와 もの가 합성되어 きもの가 된다〈物(물 : もの) 참조〉.

② したがう : 服은 복종(服從)을 뜻한다. '좇아가다'에서 '조차가-지다가-したがう'로 이어진다.

〔参考〕 従(종), 随(수)와 이음(したがう)을 같이한다.

③ はた : 服은 일을 하다, 할 일을 뜻한다. ㉮ '일하다'에서 '하다-はた'로 이어진다. ㉯ '할 일'에서 '할-하다(받침ㄹ-'다'로 분절)-はた'로 이어진다.

④ はつ · はっ : '할 일'에서 '할-하쑤(받침ㄹ-'쑤'로 분절)-はつ · はっ'로 이어진다.

⑤ はら : 위 ③ ㉯의 '할'에서 '할-はら'로 이어진다. 같은 '벌'이라도 蜂(봉)은 はち가 되고, 原(원)은 はら가 되는 것과 같은 이치이다.

人名訓読例

① は · はた : 服織(はとり · はたおり).

② はっ : 服部(はっとり), 服田(はった), 服取(はっとり), 服平(はっとり).

③ はら : 服巻(はらまき), 服藤(はらふじ), 服沼(はらぬま).

匐 복	訓読	はう
	音読	フク

訓読풀이

• はう : 匐(복)은 뻗는 것, 기는 것을 뜻한다. 匐枝(복지)는 지상 또는 땅속에서 수평으로 뻗는 가지를 뜻한다.

'뻗다'에서 '벋어-버어-바우-하우-はう'로 이어진다.

〔参考〕 這(저)와 이음(はう)을 같이한다.

人名訓読例

• はう : 匐(외자 名).

復 복·부	訓読	かえる · また
	人名訓読	あつし · さかえ · しげる
	音読	フク · フウ

訓読풀이

① かえる : ㉮ 復(복)은 지금 것을 갈아 옛 것으로 돌아가는 것을 뜻한다. '갈다'에서 '갈아-가아-가에-かえる'로 이어진다. ㉯ 復은 원수 갚는 것을 뜻한다〈我必復楚國 : 左氏傳 (아필복초국 : 좌씨전)〉. '갚다'에서 '갚아-가아-가에-かえる'로 이어진다. ㉰ 復은 번갈아가며 되풀이하는 것을 뜻한다(復習 : 복습). '갈아'에서 '가아-가에-かえる'로 이어진다. ㉱ 復은 마음이 가라앉는 것, 여유를 가지게 되는 것을 뜻한다〈士卒之復 : 後漢書 (사졸지복 : 후한서)〉. '가라앉다'에서 '가라-갈아-가아-가에-かえる'로 이어진다. ㉲ 復은 말씀하는 것, 즉 가라사대를 뜻한다〈有復於王者 : 孟子 (유복어왕자 : 맹자)〉. '가라'에서 '갈아-가아-かえる'로 이어진다.

〔参考〕 反(반), 帰(귀)와 이음(かえる)을 같이한다.

② また : 復帰(복귀)는 본래와 마찬가지의 상태로 되돌아감을 뜻하고, 復位는 물러났던 임금이나 후비가 다시 전과 마찬가지의 자리에 오름을 뜻한다.

'마찬가지'에서 '마찬-마단-마다-また'로 이어진다.

〔参考〕 又(우), 亦(역)과 이음(また)을 같이한다.

③ あつし : 復은 盛(성)한 것, 가득 차는 것을 뜻한다〈水澤復 : 呂覽 (수택복 : 여람)〉.

'차다'에서 '차-추-つ'로 이어지고, 접두

어 あ가 붙어 あつ(し)가 된다.

④ さかえる : '차다'에서 '차거라–사가아루–さかえる'로 이어진다.
〔参考〕 栄(영 : さか)える와 이음을 같이 한다.

⑤ しげる : '차다'에서 '차거라–치게루–시게루–しげる'로 이어진다.
〔参考〕 茂(무), 繁(번)과 이음(しげる)을 같이한다.

人名訓読例

① あつし · さかえ · しげる : 復(외자 名).

② また : 復四郎(またさぶろう), 復生(またお), 復一(またいち), 復重郎(またじゅうろう).

腹 복	訓読	はら
	音読	フク

訓読풀이

• はら : ㉮ 腹(복)은 배를 뜻한다. '배'에서 '바–は'로 이어지고, 접미어 ら가 붙어 はら가 된다. ㉯ 배는 가슴 아래의 내장, 창자를 싸고 있는 부분을 가리킨다. 배나 창자를 속어로 '배알(밸)'이라고 한다(밸이 꼬인다).
'배알(밸)'에서 '밸–배라–바라–はら'로 이어진다.

人名訓読例

• はら : 腹巻(はらまき), 腹唐(はらから), 腹帯(はらおび), 腹目(はらめ), 腹満(はらみつ), 腹部(はらべ).

福(福) 복·부	訓読	さいわい
	人名訓読	さい·さき·さち·たか·とみ·よし
	音読	フク·フウ

訓読풀이

① さいわい : 福(복)은 좋은 것, 행복(幸福)을 뜻한다.
'좋다'에서 '좋아–조아–사아–사이와–さいわ(い)'로 이어진다.
〔参考〕 幸(행 : さいわ)い와 이음을 같이 한다.

② さい · さき · さち : ㉮ '좋다'에서 '조아–자이–사이–さい'로 이어진다. ㉯ '좋고'에서 '조고–조기–자기–사기–さき'로 이어진다. ㉰ '좋지'에서 '조지–사지–さち'로 이어진다.

③ たか : 福은 높이 떠 있는 하늘에서 내린 祝福(축복)을 뜻한다.
'높이 뜨고'에서 '따고–다가–たか'로 이어진다.

④ とみ : 福(부)는 간직하는 것, 잘 담아 두는 것을 뜻한다.
'담다'에서 '담–돔–도미–とみ'로 이어진다.

⑤ よし : 올바른 자에게 福이 내린다〈祝福(축복), 福音(복음)〉.
'올'에서 '오시(받침ㄹ–'시'로 분절)–よし'로 이어진다.

人名訓読例

① さいわい : 福徳 (さいわい).

② さい : 福草部(さいくさべ).

③ さき : 福田(さきた), 福麿(さきまろ · さちまろ · よしまろ), 福呂(さきまろ), 福子(さきこ · とみこ · よしこ).

④ たか : 福安(たかやす).

⑤ とみ : 福男(とみお), 福保(とみやす), 福夫(とみお · よしお), 福盛(とみもり), 福子(とみこ), 福将(とみもち).

⑥ よし : 福紀(よしのり), 福溫(よしはる), 福仁(よしひと), 福秋(よしあき), 福和(よしかず), 福子(よしこ).

複 복	訓読	かさなる
	音読	フク

訓読풀이

- かさなる : 複合(복합)상가주택은 상가와 주택이 겹치어 있는 건물을 뜻하고, 複雜(복잡)은 이질적인 것들이 겹쳐져 어수선함을 뜻한다.
  '겹쳐지다'에서 '겹처–거처–가처–가차–가사–かさなる'로 이어진다.

輻 복	訓読	や
	音読	フク

訓読풀이

- や : 輻(복)은 바퀴살을 뜻한다. 바퀴살은 바퀴에서 굴대통과 테를 잇는 가느다란 막대나 철사를 가리킨다.
  '이어'에서 '이여–여–야–や'로 이어진다.
  〔参考〕 谷(곡), 家(가), 屋(옥), 舍(사) 등과 이음(や)을 같이한다.

覆 복	訓読	おおう·くつがえす·くつがえる
	音読	フク

訓読풀이

① おおう : ㉮ 覆(복)은 엎는 것, 엎어지는 것을 뜻한다. 覆水(복수)는 엎어진(엎지른) 물을 뜻하고, 覆滅(복멸)은 뒤엎어 멸하는 것을 뜻한다. '엎다'에서 '엎어–어어–오오–おおう'로 이어진다. ㉯ 覆은 무엇을 입혀 가리는 것, 숨기는 것을 뜻한다. 傷口(きずぐち)を布(ぬの)でおおう 하면 상처를 천으로 입히는 것, 즉 덮는 것, 싸는 것을 뜻한다.
'입(히)다'에서 '입어–이어–오어–오오–おおう'로 이어진다.
〔参考〕 被(피), 蓋(개), 掩(엄), 蔽(폐) 등과 이음(おおう)을 같이한다.

② くつがえす·くつがえる : 政権(せいけん)をくつがえす 하면 정권을 콱 갈아 치우는 것(顚覆 : 전복)을 뜻한다. くつ는 접두어로서 搔(かつ)와 마찬가지로 동사의 동작을 강조한다.
'콱 갈아서'에서 '국가아서–구쓰가에수–くつがえす'로 이어진다.

馥 복	訓読	かおり
	音読	フク

訓読풀이

- かおり : 馥(복)은 향불에 그을린 향기가 그윽히 풍기는 것을 뜻한다.
  '그을린'에서 '그으리–가오리–かおり'로 이어진다.
  〔参考〕 香(향 : かおり)와 이음을 같이한다.

蹼 복	訓読	みずかき
	音読	ボク

訓読풀이

- みずかき : 蹼(복)은 물갈퀴를 뜻한다.
  '물갈퀴'에서 '무주가키(받침 ㄹ–'주'로 분절)–미즈가키–みずかき'로 이어진다.
  〔参考〕 水蹼(수복 : みずかき)와 이음을 같이한다.

【본】

本 본	訓読	もと
	音読	ホン

訓読풀이

- もと : 本(본)은 根本(근본), 즉 밑바탕을 뜻한다.

'밑'에서 '몯–모토–もと'로 이어진다.

〔参考〕下(하), 基(기), 元(원), 素(소), 原(원) 등과 이음(もと)을 같이한다.

人名訓読例

• もと : 本館(もとだて), 本名(もとな), 本山(もとやま), 本城(もとしろ), 本田(もとだ), 本村(もとむら).

【봉】

奉 봉	訓読	たてまつる·まつる
	人名訓読	たか·とも·よし
	音読	ホウ·ブ

訓読풀이

① たてまつる : 奉(봉)은 바로 서서 공손히 모시는 것을 뜻한다.
'서서 모시다'에서 '서서모셔–더더모수–다데마수–たてまつる'로 이어진다. 立(た)て奉(まつ)る인 셈이다.

② まつる : 奉은 모시는 것을 뜻한다.
'모시다'에서 '모셔–모수–마수–まつる'로 이어진다.
〔参考〕祭(제), 祀(사)와 이음(まつる)을 같이한다.

③ たか : 奉은 높이 떠 받들어 모시는 것을 뜻한다.
'뜨다'에서 '따고–다고–다가–たか'로 이어진다.

④ とも : 奉은 편들다, 즉 동무가 되어 주는 것을 뜻한다〈風雨奉之 : 淮南子 (풍우봉지 : 회남자)〉.
'동무'에서 '도무–도모–とも'로 이어진다.

⑤ よし : 奉公(봉공), 奉仕(봉사), 奉事(봉사) 등 奉은 올바른 도리를 행함을 뜻한다.
'올'에서 '올–오시(받침ㄹ–'시'로 분절)–よし'로 이어진다.

人名訓読例

① たか : 奉日本(たかもと).

② とも : 奉明(ともあき), 奉文(ともふみ · ともゆき), 奉昭(ともあき), 奉子(ともこ), 奉正(ともまさ), 奉政(ともまさ).

③ よし : 奉永(よしなが).

封 봉	訓読	とじる·さかい
	音読	フウ·ホウ

訓読풀이

① とじる : 封(봉)은 닫는 것을 뜻한다(封鎖 : 봉쇄).
'닫다'에서 '닺–돚–도지–とじる'로 이어진다.
〔参考〕閉(폐 : と)じる와 이음을 같이한다.

② さかい : ㉮ 封은 封地(봉지), 封土(봉토)를 뜻한다. 봉지, 봉토는 성을 쌓아 경계로 삼았다. '쌓다'에서 '싸고–사가–さか(い)'로 이어진다. ㉯ 封은 무덤을 쌓거나(封墳 :봉분), 제사를 위하여 壇(단)을 쌓는 것〈聚土曰封 : 周禮 (취토왈봉 : 주례)〉을 뜻한다. '쌓다'에서 '싸고–사가–さか(い)'로 이어진다.
〔参考〕堺(さかい)와 이음을 같이한다.

峰 봉	訓読	みね
	人名訓読	たかし
	音読	ホウ

訓読풀이

① みね : 峰(봉)은 봉우리, 뫼를 뜻한다.
'뫼'에서 '매–미–み'로 이어지고, 접미어 ね가 붙어 みね가 된다.

〔参考〕嶺(령)과 이음(みね)을 같이한다.

② たかし：峰은 높이 뜬 봉우리를 뜻한다.

'뜨다'에서 '뜨고-다고-다가-たか(し)'로 이어진다.

人名訓読例

① たかし・みね：峰(외자 名).

② みね：峰島(みねしま), 峰尾(みねお), 峰本(みねもと), 峰山(みねやま), 峰岸(みねぎし), 峰雲(みねぐも).

捧 봉	訓読	ささげる
	人名訓読	たか
	音読	ホウ

訓読풀이

① ささげる：優勝旗(ゆうしょうき)をささげる 하면 양손(扌)으로 우승기를 떠(서) 받쳐 들고(奉) 환호하는 것을 연상시킨다.

'떠서 받들다'에서 '떠서-서서-사사-ささげる'로 이어진다.

〔参考〕支(지：ささ)える와 이음을 같이한다.

② たか：捧은 높이 떠받드는 것을 뜻한다.

'뜨다'에서 '뜨고-다고-다가-たか'로 이어진다.

人名訓読例

① ささげ：捧(외자 名).

② たか：捧泰(たかやす).

烽 봉	訓読	のろし
	音読	ホウ

訓読풀이

• のろし：烽(봉)은 烽火(봉화)를 뜻한다. 봉화는 변란이 있음을 중앙에 알리기 위하여 烽燧台(봉수대)에서 올리던 신호의 불을 뜻한다.

'올리다'에서 '올-놀(ㅇ-ㄴ으로 변음)-노로-のろ(し)'로 이어진다.

人名訓読例

• のろし：烽(외자 名).

逢 봉	訓読	あい・あう
	人名訓読	おう
	音読	ホウ

訓読풀이

① あい・あう：逢(봉)은 만나서 어우(아우)르는 것을 뜻한다.

'어우(아우)'에서 '아우-あう'로 이어진다.

〔参考〕会(회), 合(합), 遭(조), 遇(우) 등과 이음(あう)을 같이한다.

② おう：'어우(아우)'에서 おう로 이어진다.

人名訓読例

① あい・あう：逢(외자 名).

② あい：逢初(あいぞめ), 逢沢(あいさわ), 逢坂(あいさか・おうさか).

③ おう：逢台(おうだい), 逢鹿(おうか), 逢地(おうち), 逢池(おういけ), 逢坂(おうさか), 逢阪(おうさか).

蜂 봉	訓読	はち
	音読	ホウ

訓読풀이

• はち：蜂(봉)은 벌을 뜻한다.

'벌'에서 '발-바찌(받침ㄹ-'찌'로 분절)-はち'로 이어진다.

〔参考〕들을 뜻하는 '벌(原)'은 '발-바라-はら'로 이어진다.

人名訓読例

• はち：蜂郎(はちろう), 蜂夫(はちお).

鋒 봉	訓読	ほこ
	人名訓読	とがり
	音読	ホウ

訓読풀이

① ほこ : 鋒(봉)은 ㉮ 병기로서 죽 '뻗은' 칼, 창 따위를 가리킨다. ㉯ 물건의 뾰족한 끝(尖端 : 첨단), 날카롭게 뻗어나가는 기세(鋭氣 : 예기)를 뜻한다. '뻗다'에서 '벋고－버고－보고－ほこ'로 이어진다.
〔参考〕 矛(모), 戈(과)와 이음(ほこ)을 같이한다.

② とがり : 鋒은 칼끝, 창처럼 뾰족하게 돋아난(뻗은) 것을 뜻한다.
'돋다'에서 '돋거라－도가라－도가리－とがり'로 이어진다.
〔参考〕 尖(첨 : とがり)와 이음을 같이한다.

人名訓読例

① ほこ : 鋒(외자 名), 鋒山(ほこやま · とがりやま), 鋒子(ほここ).
② とがり : 鋒山(とがりやま).

縫 봉	訓読	ぬい·ぬう
	音読	ホウ

訓読풀이

• ぬい · ぬう : 縫(봉)은 꿰메는 것, 바느질, 즉 누비는 것을 뜻한다.
'누비다'에서 '눕여－누여－누우－ぬう'로 이어진다.

人名訓読例

• ぬい : 縫谷(ぬいや), 縫伴(ぬいとも), 縫田(ぬいた), 縫部(ぬいべ), 縫子(ぬいこ), 縫之助(ぬいのすけ).

篷 봉	訓読	とま
	人名訓読	と·とも
	音読	ホウ

訓読풀이

① とま : 篷(봉)은 뜸을 뜻한다. 대 · 띠 · 부들 따위를 엮어 배 · 수레 등에 차일(遮日)로 쓰인다.
'뜸'에서 '돔－도마－とま'로 이어진다.
〔参考〕 苫(점 : とま)와 이음을 같이한다.

② と : とま의 준말.

③ とも : '뜸'에서 '돔－도모－とも'로 이어진다.

人名訓読例

① と : 篷山(とやま).
② とも : 篷郷(ともさと).

【부】

不 부	⇨	不 불

夫 부	訓読	おっと·それ
	人名訓読	お·おおと·ゆう
	音読	フ·フウ·ブ

訓読풀이

① おっと : 夫(부)는 남편이자 일꾼을 뜻한다〈均夫訂直 : 南齊書 (균부정직 : 남제서), 役夫 (역부)〉.
'일꾼'에서 '일－올－오쑤(ㄹ－'쑤'로 분절)－ おっ'로 이어지고, 꾼(사람)을 뜻하는 ひと의 と와 합성되어 おっと가 된다.

② それ : 夫는 주의를 환기시키거나 정신을 집중시킬 때 내는 말로, 저런, 저(자)

바

의 뜻을 나타낸다〈觀夫巴陵勝狀 : 范仲淹 (관부파릉승상 : 범중암)〉. それ危(あぶ)ないぞ 하면 저런 위험하군이라는 뜻이고, それボールを投(な)げるぞ 하면 저(자) 볼을 던진다라는 뜻이다.
'저런'에서 '저래-소래-それ'로 이어진다.

③ お · おおと · ゆう : ㉮ おっと에서 お · おおと · ゆう로 변음된다. ㉯ 夫는 남편으로서 집안의 웃어른이 된다. '위 · 어'에서 お · おおと · ゆう로 이어진다.

人名訓読例

① お : 夫神村(おかみむら), 夫佐武(おさむ).
② おおと : 夫人(おおとじ).
③ ゆう : 夫慈(ゆうじ).

付 부	訓読	つき·つく·つける
	音読	フ

訓読풀이

• つき · つく : ㉮ 付(부)는 붙는 것, 즉 갖다 대는 것을 뜻한다. '대다'에서 '대구-두구-つく'로 이어진다. ㉯ 付는 달라 붙는 것을 뜻한다. '달다'에서 '달구-다구-두구-つく'로 이어진다. ㉰ 子供(こども)について行(い)く 하면 아이를 따라간다는 뜻이다. '따르다'에서 '따-두-つく'로 이어진다. ㉱ 따라간다는 것은 좇아간다는 말이다. '좇다'에서 '좇구-조고-주구-つく'로 이어진다. ㉲ 火(ひ)がつく 하면 불이 붙다, 즉 불이 든다는 뜻이다. 気(き)がつく 하면 정신이 든다는 뜻이고, 色(いろ)がつく 하면 물이 든다는 말이다. '들다'에서 '들구-두구-つく'로 이어진다. ㉳ 付는 결과 처리가 되었다(끝났다)는 말이다. 片(かた)がつく 하면 처리되었다는 뜻이고, 決(き)まりがつく 하면 결과 처리가 되었다는 뜻이다. '되다'에서 '되구-두구-つく'로 이어진다. ㉴ 付는 자신, 결심 등이 서는 것을 뜻한다. 自身(じしん)がつく 하면 자신이 서는(드는) 것을 뜻하고, 決心(けっしん)がつく 하면 결심이 서는(드는) 것을 뜻한다. '서다(들다)'에서 '서구-수구-つく'로 이어진다. ㉵ 付는 주는 것, 주어지는 것을 뜻한다. 役(やく)がつく 하면 역할이 주어짐을 뜻하고, 財産(ざいさん)を子孫(しそん)につける 하면 재산을 자손에게 (물려) 주는 것을 뜻한다. '주다'에서 '주구-つく'로 이어진다. ㉶ 付는 신령, 마귀 등이 들리는 것, 씌는 것을 뜻한다. '들다'에서 '들구-두구-つく'로, '씌다'에서 '씌구-쑤구-つく'로 이어진다.
〔参考〕 憑(빙 : つ)く와 이음을 같이한다.

人名訓読例

• つき : 付岡(つきおか).

否 부	訓読	いな·いや
	音読	ヒ

訓読풀이

① いな : 否는 아냐, 아니, 아뇨를 뜻한다. '아냐(아니 · 아뇨)'에서 '아나-이나-いな'로 이어진다.
② いや : '아냐'에서 '이냐-이야(ㄴ-ㅇ으로 변음)-いや'로 이어진다.

扶 부·포	訓読	たすく·たすける·すけ
	人名訓読	たもつ·まもる
	音読	フ·ホ

訓読풀이

① たすく・たすける：㉮ 扶(부)는 도와주는 것을 뜻한다〈扶助(부조)〉. '도와주다'에서 '도와서－돠수－다수－たすく'로 이어진다. ㉯ 扶는 다스리는 것을 뜻한다〈扶撥以爲正：淮南子 (부발이위정：회남자)〉. '다스리다'에서 '다수－たすける'로 이어진다.

〔参考〕助(조：たす)ける와 이음을 같이 한다.

② すけ：㉮ '돕다'에서 '돕게－도게－두게－수게－すけ'로 이어진다. ㉯ '도와주다'에서 '주게－すけ'로 이어진다.

③ たもつ：扶(포)는 붙드는 것, 잘 두는 것을 뜻한다〈蓬生麻中不扶自直：荀子 (봉생마중불부자직：순자)〉. '두다'에서 '둠－담－다모－たもつ'로 이어진다.

④ まもる：㉮ 扶(포)는 멈추는 것, 멈추게 하는 것을 뜻한다〈晷長爲潦 短爲旱 奢爲扶：漢書 (귀장위료 단위한 사위부：한서)〉. '멈추다'에서 '멈－맘－마모－まもる'로 이어진다. ㉯ 멈추게 하는 것은 말린다(말다)는 뜻이다. '말리다(말다)'에서 '맘－마모－まもる'로 이어진다.

人名訓読例

① たすく・たもつ・まもる：扶(외자 名).

② すけ：扶佳(すけよし), 扶信(すけのぶ), 扶長(すけなが).

府 부	人名訓読	あつ·こう·もと
	音読	フ

訓読풀이

① あつ：府는 사람이 많이 모여 꽉 차는 곳을 뜻한다.

'차다'에서 '추－つ'로 이어지고 접두어 あ가 붙어 あつ가 된다.

② こう：府(부)는 '고을'을 뜻한다. 唐(당)나라에서는 州(주)보다 큰 행정구획의 하나였다〈州府三百五十八：唐書 (주부삼백오십팔：당서)〉.

'고을'에서 '고우－こう'로 이어진다.

③ もと：府는 사람이 많이 모이는 곳이다. 모이다의 옛말 '몯다'에서 '몯－모도－もと'로 이어진다.

人名訓読例

① あつ・こう：府(외자 名).

② こう：府島(こうしま), 府役(こうまた・こうまち).

③ もと：府吉(もとよし), 府子(もとこ).

附 부	訓読	つき·つく·つける
	音読	フ·ブ

訓読풀이

• つき・つく・つける：付(부) 참조.

人名訓読例

① つき：附馬牛(つきもうし).

② つく：附物(つくもの).

③ つけ：附柴(つけしば).

阜 부	訓読	おか·ゆたか
	人名訓読	あつ
	音読	フ

訓読풀이

① おか：阜(부)는 언덕을 뜻한다.

'언덕'에서 '어더가－오더가－오가('다' 탈락)－おか'로 이어진다.

② ゆたか：阜는 많이 있다를 뜻한다.

'있다'에서 '있다고－이다가－유다가－ゆたか'로 이어진다.

〔参考〕豊(풍：ゆたか)와 이음을 같이한다.

③ あつ：阜는 재화가 많아 곳간이 차 있음

바

을 뜻한다.
'차다'에서 '차–추–つ'로 이어지고, 접두어 あ가 붙어 あつ가 된다.

人名訓読例

① おか · ゆたか : 阜(외자 名).
② おか : 阜子(おかこ · あつこ), 阜山(おかやま).
③ あつ : 阜子(あつこ).

枹 부	訓読	ばち
	音読	フ·ホウ

訓読풀이

- ばち : 枹(부)는 북을 치는 자그마한 방망이, 즉 북채를 뜻한다.
'북채'에서 '부채–바치–ばち'로 이어진다.

訃 부	訓読	つげる
	音読	フ

訓読풀이

- つげる : 訃(부)는 죽음을 알리는 訃告(부고), 즉 죽은 사실을 여러 사람에게 대는 것을 뜻한다.
'대다'에서 '대거라–두거라–두개루–つげる'로 이어진다.
〔参考〕 告(고 : つ)げる와 이음을 같이한다.

赴 부	訓読	おもむく
	音読	フ

訓読풀이

- おもむく : 赴(부)는 어디로 향하여 움직임, 움직여 어느 방향을 맞고감을 나타낸다.任地(にんち)におもむく 하면 임지로 향하여 (맞고) 움직여(옮겨)감을 뜻한다. .
'움직여(옮겨) 맞고 간다'에서 '움(옮)맞고–오모마구–오모무구–おもむく'로 이어진다.

負 부	訓読	おい·おう·まかす·まける
	音読	フ·ブ

訓読풀이

① おい · おう : ㉮ 子供(こども)をおう 하면 아기를 업는다는 뜻이다. '업다'에서 '업어–어우–오우–おう'로 이어진다. ㉯ 傷(きず)をおう 하면 상처를 입는다는 뜻이다. '입다'에서 '입어–이우–오우–おう'로 이어진다.
② まかす · まける : ㉮ 負(부)는 싸움에서 지게 하는 것, 지는 것을 뜻한다. 戦(たたか)いにまける 하면 전쟁에 진다는 뜻으로, 그것은 전쟁으로 일어난 모든 전쟁배상 등의 책임을 패자(敗者)에게 지게 한다. 즉 맡게 한다는 뜻이다. 負債(부채)는 빚을(갚을 책임을) 맡게 된다는 뜻이다. '맡게'에서 '마게–まける'로 이어진다. ㉯ 진다는 것은 메게 된다는 뜻이다. '메게 되다'에서 '메게–마게–まける'로 이어진다.
〔参考〕 敗(패 : まけ)る와 이음을 같이한다.

人名訓読例

① おい : 負田(おいた · おうた).
② おう : 負野(おうの), 負田(おうた), 負他(おうた).
③ まけ : 負太郎(まけたろう).

俯 부	訓読	うつぶす·うつむく·ふし·ふす
	音読	フ

訓読풀이

① うつぶす : 俯(부)는 엎드리는 것, 머리 숙이는 것을 뜻한다.
'엎드리다'에서 '엎-웊-웇푸(ㅍ-ㅆ받침으로 촉음화)-우쑤부-うつぶす'로 이어진다.

② うつむく : うつむく는 위의 ①과 마찬가지로 엎드리는 것을 뜻한다.
'엎-엎음-웊음'으로 이어지고, ㅍ이 촉음화(促音化)되어 '웇음-우쑴-우쑤무-うつむく'로 이어진다.

③ ふし · ふす : 俯는 엎드려 뻗치는 것을 뜻한다.
'뻗다(뻗치다)'에서 '벗-붓-부수-ふす'로 이어진다.
〔参考〕 伏(복 : ふ)す와 이음을 같이한다.

人名訓読例

• ふし : 俯美(ふしみ).

剖 부	訓読	さく·さける
	音読	ボウ·ホウ

訓読풀이

• さく · さける : ㉮ 剖(부)는 칼(刂 · 刀)로 쪼개는 것을 뜻한다. '쪼개다'에서 '조개-자개-さける'로 이어진다. ㉯ 剖는 칼로 찢는 것을 뜻한다. '찢다'에서 '지구-자구-さく'로 이어진다. ㉰ 剖는 칼로 자르는 것을 뜻한다. '자르다'에서 '자-さく'로 이어진다.
〔参考〕 裂(열 : さ)く와 이음을 같이한다.

浮 부	訓読	うかす·うき·うく
	音読	フ

訓読풀이

• うかす · うき · うく : ㉮ 浮(부)는 뜨는 것을 뜻한다. 뜬다는 것은 떠올린다, 떠오르다를 뜻한다. 腰(こし)をうかす 하면 몸을 올려 뜨게 한다(떠올린다)는 뜻이고, 体(からだ)が水(みず)にうく 하면 몸이 물 위로 떠오른 상태를 나타낸다.
'(떠)오르다'의 어간 '오(올)'에서 '우-うかす · うく'로 이어진다. ㉯ 浮는 남는 것, 넘치는 것을 뜻한다. 出張旅費(しゅっちょうりょひ)を五千円(ごせんえん)うかす 하면 출장여비를 5천엔 남긴다는 뜻이다. '남기다'에서 '남겨서-나가서-누가수-우가수(ㄴ-ㅇ으로 변음)-うかす'로 이어진다.

人名訓読例

• うき : 浮橋(うきはし), 浮島(うきしま), 浮山(うきやま), 浮揚(うきあげ), 浮田(うきた), 浮川(うきかわ).

釜 부	訓読	かま
	音読	フ

訓読풀이

• かま : 釜(부)는 가마, 발 없는 큰 솥을 뜻한다.
'가마'에서 '가마-かま'로 이어진다.

人名訓読例

• かま : 釜足(かまたり), 釜本(かまもと), 釜山(かまやま), 釜原(かまはら), 釜田(かまた), 釜沢(かまざわ).

副 부	訓読	そう·そえる
	人名訓読	すけ
	音読	フク

訓読풀이

① そう · そえる : ㉮ 副(부)는 副應하는 것, 즉 기대와 목적을 좇는 것을 뜻한다. 御希望(ごきぼう)にそうよう努力(どり

바

ょく)します 하면 바라시는 바에 좇도록(부응하도록) 노력하겠다는 뜻이다. '좇다'에서 '조－そ－そう · そえる'로 이어진다. ㉯ 副는 돕는 것을 뜻한다. 口(くち)をそえる 하면 곁에서 말을 돕는 것, 즉 助言(조언)하여 주는 것을 뜻한다. 副使(부사)는 正使(정사), 副總裁(부총재)는 總裁(총재)를 돕는 직책이다. '돕다'에서 '도와－도에－소에－そえる'로 이어진다.

② すけ : ㉮ '돕다'에서 '돕게－도게－두게－수게－すけ'로 이어진다. ㉯ 도울 때는 무엇을 주게 된다. '주다'에서 '주게－すけ'로 이어진다.
〔参考〕 助(조 : す)け와 이음을 같이한다.

人名訓読例

① すけ · そえ : 副(외자 名).
② そえ : 副見(そえみ), 副島(そえじま), 副田(そえだ), 副武(そえむ), 副夫(そえお).
③ すけ : 副泰(すけやす).

婦 부	訓読	おんな·よめ
	人名訓読	ね
	音読	フ

訓読풀이

① おんな : 婦(부)는 婦人(부인), 즉 여자를 뜻한다. 한국어에서 俗語로 여자를 '년'이라 한다.
'년'에서 '여나(ㄴ－ㅇ으로 변음)－오나－おんな'로 이어진다.

② よめ : 婦(부)는 여자로서의 아름다움, 정숙함을 뜻한다〈其服組 其容婦 : 荀子(기복조 기용부 : 순자)〉.
'아름답다'에서 '아름－알음－암－욤－요메－よめ'로 이어진다.

③ ね : 婦는 아내를 뜻한다.
'아내'에서 '내－ね'로 이어진다.

人名訓読例

• ね : 婦負(ねび), 婦夫谷(ねぶや).

部 부	訓読	すべる·へ·べ·わける
	人名訓読	とり·もと
	音読	ブ·ホウ

訓読풀이

① すべる : 部(부)는 권력을 잡고 지배함을 뜻한다〈部十三州 : 漢書 (부십삼주 : 한서)〉. '잡다'에서 '잡－줍－주베－すべる'로 이어진다.
〔参考〕 統(통 : すべ)る와 이음을 같이한다.

② へ · べ : 部는 목적이나 행동을 같이하는 한패(거리)를 뜻한다〈率其諸部 入居遼西 : 晋書 (솔기제부 입거요서 : 진서〉. 部員(부원)은 패(거리)를 구성하는 일원(一員)을 뜻하고, 部屋(へや)는 한패(예컨대 은퇴한 씨름꾼 등)가 같이 모여 살거나 대기하는 장소 · 방 · 집을 뜻한다.
'패'에서 'へ · べ'로 이어진다.

③ わける : 部는 작은 부분(部分)으로 빠개어(나누어) 일을 처리함을 뜻한다〈部書諸將 : 漢書 (부서제장 : 한서)〉.
'빠개다'에서 '바개라－아개루(ㅂ－ㅇ으로 변음)－わける'로 이어진다.
〔参考〕 分(분), 別(별)과 이음(わける)을 같이한다.

④ とり : 部는 다루다, 거느리다, 지배하다라는 뜻이다〈部陳從事 : 後漢書 (부진종사 : 후한서)〉.

'다루다'에서 '다루–도루–도리–とり'로 이어진다.

⑤ もと : 部는 밑바탕이 같은 部類(부류)로 세분(細分)하는 것을 뜻한다〈典籍混亂 充以類相從 分爲四部 : 晋書 (전적혼란 충이류상종 분위사부 : 진서)〉.
'밑바탕'에서 '밑–몯–모토–もと'로 이어진다.
〔参考〕基(기), 本(본), 元(원), 素(소) 등과 이음(もと)을 같이한다.

人名訓読例

① もと : 部(외자 名).
② へ·べ : 部谷(へや·とりや), 部奈(べな), 部木(へぎ), 部垂(へたり), 部屋子(へやこ), 部坂(へさか).
③ とり : 部谷(とりや), 部田(とりた).

傅 부	訓読	いつく·かしずく·もり
	音読	フ

訓読풀이

① いつく : 傅(부)는 받드는 것, 시중드는 것, 즉 돕는 것을 뜻한다〈使齊人傅之 : 孟子 (사제인부지 : 맹자)〉.
'돕다'에서 '돕구–도구–두구–つく'로 이어지고, 접두어 い가 붙어 いつく가 된다.

② かしずく : 傅는 곁(갓)에서 돕는 것을 뜻한다.
'곁(갓)'에서 '갓–가시–かし'로 이어지고, '돕다'에서 ずく로 이어져 かしずく로 합성된다.

③ もり : 傅는 못된 짓을 하지 말도록 곁에서 지키는 것을 뜻한다.
'말'에서 '몰–모리–もり'로 이어진다.
〔参考〕守(수 : もり)와 이음을 같이한다.

人名訓読例

• もり : 傅弘(もりひろ).

富 부	訓読	とます·とみ·とむ
	人名訓読	あつし·さかえ·とめり·とめる·みつる·ゆたか·よし
	音読	フ·フウ

訓読풀이

① とます·とみ·とむ : 富(부)는 재물이 넉넉함을 뜻한다. 즉 곳간에 곡식이 잔뜩 담겨 있고, 궤에 돈이 가득 담겨 있음을 말한다.
'담다'에서 '담–돔–도미–とみ'로 이어지고, '담아서'에서 '도마서–도마수–とます'로 이어진다.

② あつし : ㉮ 富는 재화가 가득 차 있음을 뜻한다. '차다'에서 '차–추–つ'로 이어지고, 접두어 あ가 붙어 あつ(し)가 된다.
㉯ 많이 '쌓다'에서 '싸–쑤–つ'로 이어지고 あ가 붙어 あつし로 이어진다.

③ さかえ : '차다'에서 '차고–사고–사가–さか(え)'로 이어진다.
〔参考〕栄(영 : さか)え와 이음을 같이한다.

④ とめり·とめる : '담다'에서 '담–돔–도매–とめる'로 이어진다.

⑤ みつる : 富는 물이 차 듯이 재화가 꽉 차는 것을 뜻한다.
'물'에서 '물–무–미–み'로 이어지고, '차다'에서 '차–추–つる'로 이어져 みつる가 된다.
〔参考〕満(만) 참조.

⑥ ゆたか : 富는 많이 있음을 뜻한다.
'있다'에서 '있다고–이다가–유다가–ゆたか'로 이어진다.

바

〔参考〕豊(풍 : ゆたか)와 이음을 같이한다.

⑦ よし : 富裕(부유)해지면 집안도 절로 올곧게 된다〈富潤屋 德潤身 : 大學 (부윤옥 덕윤신 : 대학)〉.
'올'에서 '오시(받침ㄹ-'시'로 분절)-よし'로 이어진다.

人名訓読例

① あつし · さかえ · とます · とみ · とむ · とめり · とめる · みつる · ゆたか : 富(외자 名).

② とみ : 富士山(とみすやま · ふじやま), 富田(とみた), 富村(とみむら), 富原(とみはら), 富本(とみもと), 富裕(とみひろ).

③ よし : 富里(よしなり), 富勝(よしかつ), 富彦(よしひこ), 富則(よしのり · とみのり).

孵 부	訓読	かえる·かえす
	音読	フ

訓読풀이

• かえる · かえす : 孵(부)는 알을 까는 것을 뜻한다.
'까다'에서 '가아-가에-かえる'로 이어진다.

榑 부	訓読	くれ
	音読	フ

訓読풀이

• くれ : 榑(부)는 도끼로 갈라 껍질이 그대로 붙은 원목, 통나무에서 갈라진 장작, 재목을 갈라 만든 얇은 판자를 뜻한다.
'가르다'에서 '갈라-가라-구라-구레-くれ'로 이어진다.

〔参考〕塊(괴 : くれ)와 이음을 같이한다.

• くれ : 榑谷(くれたに), 榑林(くればやし), 榑沼(くれぬま), 榑松(くれまつ), 榑正(くれまさ), 榑子(くれこ).

腐 부	訓読	くさる·くさらす·くさす
	音読	フ

訓読풀이

① くさる · くさらす : 腐(부)는 썩는 것, 부패(腐敗)를 뜻한다. 썩는다는 것은 궂은 상태가 됨을 뜻한다. さかながくさる 하면 생선이 궂은 상태가 되어 구린내가 난다는 뜻이다. ㉮ '궂다'에서 '궂-구사-くさる'로 이어진다. ㉯ '구리다'에서 '굴이다-굴-구사(받침ㄹ-'사'로 분절)-くさる'로 이어진다.

② くさす : ㉮ 腐(くさ)す는 비방, 헐뜯기, 즉 궂은 소리를 하는 것을 뜻한다. '궂다'에서 '궂어서-구저수-구자수-くさす'로 이어진다. ㉯ 궂은 소리를 한다는 것은 꾸짖다는 뜻이다. '꾸짖다'에서 '구지저-구저서-구자수-くさす'로 이어진다.

敷 부	訓読	しく
	人名訓読	おさむ·のぶ
	音読	フ

訓読풀이

① しく : 背水(はいすい)の陳(じん)を敷(し)く 하면 배수의 진을 친다는 뜻이다.
'치다'에서 '치구-시구-しく'로 이어진다.

② おさむ : 敷(부)는 질서 등을 잡아(세워) 다스리는 것을 뜻한다. ㉮ '잡다'에서 '잡

음–자음–잠–자무–さむ'로 이어지고, 접두어 お가 붙어 おさむ가 된다. ⓓ '세우다'에서 '세움–셈–삼–さむ'로 이어지고, お가 붙어 おさむ로 합성된다.

③ のぶ : 敷는 넓게(널리) 펴는 것을 뜻한다〈文命敷于四海 : 書經 (문명부우사해 : 서경)〉.
'넓다'에서 '널버–너버–노부–のぶ'로 이어진다.

人名訓読例

① おさむ · しき : 敷(외자 名).
② のぶ : 敷子(のぶこ).
③ しき : 敷古(しきふる), 敷島(しきしま), 敷根(しきね), 敷名(しきな), 敷田(しきた), 敷波(しきなみ).

膚 부	訓読	はだ
	音読	フ

訓読풀이

• はだ : 膚(부)는 살갗, 살결을 뜻한다. 즉 살의 가(살갗) 또는 살의 결(살결)에 붙은 부분이다.
'붙다'에서 '붙–밭–바다–はだ'로 이어진다.
〔参考〕 肌(기 : はだ)와 이음을 같이한다.

賦 부	訓読	みつぐ·わかつ
	人名訓読	おさむ
	音読	フ

訓読풀이

① みつぐ : 賦(부)는 내주는(대는) 것을 뜻한다. 황제, 황실이나 제후 등이 賦課(부과)하는 賦稅(부세), 賦役(부역), 貢物(공물) 등을 내주는 것을 뜻한다(獻上 : 헌상).
황제, 황실, 제후 등을 나타내는 み와 '내주다'에서의 '주다–주–つぐ'로 이어져 みつぐ가 된다. 또한 み와 '대다'에서의 '대–두–つぐ'로 이어져 みつぐ로 합성된다〈御(어 : み) 참조〉.
〔参考〕 貢(공 : みつ)ぐ와 이음을 같이한다.

② わかつ : 賦는 나누어 주는 것을 뜻한다〈賦醫藥 : 漢書 (부의약 : 한서)〉.
나눈다는 뜻의 '빠개다'에서 '바개서–바가수–아가수–わかつ'로 이어진다.
〔参考〕 分(분), 別(별)과 이음(わかつ)을 같이한다.

③ おさむ : 賦는 부과된 부세가 국고에 收納(수납)되는 것, 즉 국고에 담는 것을 뜻한다.
'담다'에서 '담–잠–さむ'로 이어지고, 접두어 お가 붙어 おさむ가 된다.
〔参考〕 収(수), 納(납)과 이음(おさむ)을 같이한다.

人名訓読例

• おさむ : 賦(외자 名).

駙 부	訓読	そえうま
	音読	フ

訓読풀이

• そえうま : 駙는 主가 되는 말 곁에 좇아다니는 보조 말, 즉 駙馬(부마)를 뜻한다.
'좇아'에서 '조에–소에–そえ'로 이어지고, うま(馬)와 합성되어 そえうま가 된다.

鮒 부	訓読	ふな
	音読	フ

訓読풀이

바

• ふな：鮒(부)는 붕어를 뜻한다.

'붕어'에서 '붕아–분아–부나–ふな'로 이어진다. 또한 '붕'에서 '분–부나–ふな'로 이어진다.

人名訓読例

• ふな：鮒夫(ふなお), 鮒主(ふなぬし), 鮒子田(ふなこだ), 鮒田(ふなだ).

【분】

分 분	訓読	わかつ·わかれる·わける·わかる
	音読	ブン·フン·ブ

訓読풀이

① わかつ·わかれる·わける：分(분)은 빠개는(나누는) 것, 가르는 것을 뜻한다.

㉮ '빠개다'에서 '바개–아개–わける·わかれる·わかつ'로 이어진다. ㉯ '가르다', '갈라지다'에서 '가–か(け)'로 이어지고, 접두어 わ가 붙어 わかつ·わかれる·わける가 된다.

〔参考〕 別(별)과 이음(わかつ·わかれる·わける)을 같이한다.

② わかる：分(わ)かる는 아는 것을 뜻한다.

'알다'에서 '알거라–아가라–아가루–わかる'로 이어진다.

〔参考〕 判(판), 解(해)와 이음(わかる)을 같이한다.

人名訓読例

• わけ：分島(わけしま), 分目(わけめ), 分部(わけべ), 分野(わけの).

坌 분	訓読	ちり
	音読	フン·ホン·ボン

訓読풀이

• ちり：坌(분)은 土(흙)이 잘게 나뉘인 것(分), 즉 먼지나 쓰레기를 뜻한다.

'쓰레기'에서 '쓰레–씨레–씨리–ちり'로 이어진다.

〔参考〕 塵(진：ちり)와 이음을 같이한다.

扮 분	訓読	よそう
	音読	フン

訓読풀이

• よそう：扮(분)은 扮裝(분장), 즉 차리는 것을 뜻한다.

'차려'에서 '찰여–촐여–초어–소오–そう'로 이어지고, 접두어 よ가 붙어 よそう가 된다.

〔参考〕 装(장：よそ)う와 이음을 같이한다.

奔 분	訓読	はしる
	音読	ホン

訓読풀이

• はしる：㉮ 奔(분)은 뛰어 달아나는 것을 뜻한다〈敗走(패주)〉. 뛴다는 것은 발을 빠르게 움직이는 행동이다. '발'에서 동사화 되어 '바시(받침ㄹ–'시'로 분절)–はしる'로 이어진다. ㉯ 奔은 빨리(바쁘게) 움직이는 것을 나타낸다〈奔忙(분망), 奔走(분주)〉. '빠르다'에서 '빨–발–바시(받침ㄹ–'시'로 분절)–はしる'로 이어진다. ㉰ 奔은 길, 강 등이 뻗치는 것을 뜻한다. 南北(なんぼく)にはしる山脈(さんみゃく)는 남북으로 뻗치는 산맥이라는 말이다. '뻗치다'에서 '버치–바치–바시–はしる'로 이어진다.

〔参考〕 走(주：はし)る와 이음을 같이한다.

忿 분	訓読	いかる
	音読	フン

訓読풀이

- いかる : 忿(분)은 忿怒(분노), 즉 골내는 것을 뜻한다.
  '골'에서 '고루–かる'로 이어지고, 접두어 い가 붙어 いかる가 된다.
  〔参考〕 怒(노 : いか)る와 이음을 같이한다.

芬 분	訓読	かおる
	音読	フン

訓読풀이

- かおる : 芬(분)은 香(향)을 뜻한다〈香(향) 참조〉.

人名訓読例

- かおる : 芬(외자 名).

粉 분	訓読	こ·こな
	音読	フン

訓読풀이

① こ : 粉(분)은 가루를 뜻한다.
'가루'에서 '가–고–こ'로 이어진다.
② こな : 粉은 쌀(米)을 잘게 갈아(分) 만든 가루를 나타낸다.
'갈다'에서 '간–가나–かな'로 이어진다.

人名訓読例

① こ : 粉白(こしろ · このしろ), 粉生(こもう), 粉川(こかわ · こなかわ).
② こな : 粉屋(こなや), 粉川(こなかわ).

紛 분	訓読	まかい·まかう·まかえる·まぎらす·まぎれる·みだれる
	音読	フン

訓読풀이

① まかい · まかう · まかえる : 紛(분)은 제대로 맞게 잘 엮어진 실(絲)을 갈라(分) 놓아(뒤썩어) 구별할 수 없게(어지럽게) 하는 것을 뜻한다.
'맞은 것(眞 : 진)'을 뜻하는 '맞–마–ま'와 '가르다'에서 '가–か'가 합성되어 まかう · まかえる가 된다.
② まぎらす · まぎれる : 紛은 맞는 것을 헷갈리게 하는 것을 뜻한다.
'맞'에서의 '마–ま'와 '(헷)갈리다'에서의 '갈려–가라–기라–ぎら'가 합성되어 まぎらす가 된다.
③ みだれる : 紛은 상황이 못되어 있음을 나타낸다〈紛亂(분란), 紛糾(분규)〉.
'못되'에서 '모대–미다–みだれる'로 이어진다.

바

焚 분	訓読	たく
	音読	フン

訓読풀이

- たく : ㉮ 焚(분)은 불을 때는 것을 뜻한다. 焚物(たきもの)는 땔감을 뜻한다.
  '때다'에서 '때–따–たく'로 이어진다. ㉯ 焚書(분서)는 책을 태우는 것을 뜻한다.
  '태우다(타다)'에서 '태(타)–たく'로 이어진다.

賁 분·비	⇨	賁 비·분

犇 분	訓読	ひしめく
	音読	ホン

訓読풀이

- ひしめく : 観衆(かんしゅう)がひしめく 하면 관중이 법석을 떠는 것, 북적거

리는 것을 뜻한다(犇은 소가 무리지어 놀라 달아나는 모습).
'법석(북적)'에서 '버서-비시-ひしめく'로 이어진다.

雰 분	訓読	きり
	音読	フン

訓読풀이

• きり : 雰(분)은 안개를 뜻한다〈霧(무) 참조〉.

噴 분	訓読	ふく
	音読	フン

訓読풀이

• ふく : 噴(분)은 물, 불을 뿜어내는 것을 뜻한다.
'뿜다'에서 '부-ふく'로 이어진다.

墳 분	訓読	はか
	音読	フン

訓読풀이

• はか : 墳(분)은 땅을 파서 만든 무덤을 뜻한다.
'파다'에서 '파고-파가-하가-はか'로 이어진다. 돌 등을 쌓아 만든 무덤은 つか(塚 : 쌓고-싸고-쑤가-つか)가 된다.
〔参考〕 墓(묘 : はか)와 이음을 같이한다.

憤 분	訓読	いきどおる·むずかる
	音読	フン

訓読풀이

① いきどおる : 政治(せいじ)の腐敗(ふはい)にいきどおる 하면 정치의 부패상에 いき(息)가 돌 정도로 분노한다는 뜻이다.
'いき 돌다'에서 'いき도오라-いきとおる'로 이어진다〈息(식 : いき) 참조〉.

② むずかる : むずかる는 어린아이가 보채고 찡얼거리는 등 몹쓸 짓을 하는 것을 뜻한다.
'몹쓸'에서 '모쑤-もずかる'로 이어진다.
もずかる는 もつかる로도 표기된다.

蕡 분	人名訓読	しげ·みのる
	音読	フン

訓読풀이

① しげ : 蕡(분)은 열매가 가득 차다는 뜻이다.
'차다'에서 '차게-사게-시게-しげ'로 이어진다.
〔参考〕 茂(무), 繁(번)과 이음(しげる)을 같이한다.

② みのる : 蕡은 열매 맺는 것을 뜻한다.
㉮ '열매'에서 '매-미-み'가 동사화 되어 みのる로 이어진다. ㉯ 열매 '맺다'에서 '맺는-매는-미는-미노-みのる'로 이어진다.
〔参考〕 実(실), 稔(념)과 이음(みのる)을 같이한다.

人名訓読例

• しげ · みのる : 蕡(외자 名).

奮 분	訓読	ふるう
	人名訓読	いさむ·たつ
	音読	フン

訓読풀이

① ふるう : 勇気(ゆうき)を奮(ふる)う 하면 용기를 부리는 것을 뜻한다.
'부리다'에서 '부려-부루-ふるう'로 이어진다.

② いさむ : 士気(しき)がふるう 하면 사기

가 솟는 것을 뜻한다.
'솟다'에서 '솟음-소음-솜-삼-さむ'로 이어지고, 접두어 い가 붙어 いさむ가 된다.

③ たつ：용기가 '돋다'에서 '돋-닫-다두-たつ'로 이어진다.

人名訓読例

① いさむ：奮(외자 名).
② たつ：奮男(たつお).

糞 분	訓読	くそ
	音読	フン

訓読풀이

• くそ：糞(분)은 똥을 뜻한다. 똥은 궂은 것의 전형이다.
'궂다'에서 '구저-구조-くそ'로 이어진다.

【불】

不 불·부	訓読	いなや·ず·ぬ
	音読	フ·ブ

訓読풀이

① いなや：不(불)은 '아니야'를 뜻한다.
'아니야'에서 '이나야-いなや'로 이어진다.

② ず：不는 '~하지 아니함'을 뜻한다. '귀하지(귀치) 아니하다'에서 '귀찮다'로 줄고, '어렵지 아니하다'에서 '어렵잖다'로 준다.
'찮다(잖다)'의 '찮(잖)'에서 '차(자)-주-ず'로 이어진다.

③ ぬ：'~하지 아니하다'에서 '않은-아는-안-운-눈(ㅇ-ㄴ으로 변음)-ぬ'로 이어진다.

人名訓読例

① ず：不来方(こずかた), 不魚住(うおすまず).
② ぬ：不知火(しらぬい·しらぬひ).

払(拂) 불	訓読	はらう
	音読	フツ·ヒツ·ホツ

訓読풀이

• はらう：㉮ 払(불)은 버리는 것을 뜻한다〈拂其惡：太玄經 (불기악：태현경)〉. '버리다'에서 '버려-바러-바라-はらう'로 이어진다. ㉯ 払은 바로 잡는 것을 뜻한다〈拂世矯俗：漢書 (불세교속：한서)〉. '바로'에서 '바라-はらう'로 이어진다. ㉰ 払은 팔아 넘기는 것을 뜻한다(拂下：불하). '팔다'에서 '파라-はらう'로 이어진다.

人名訓読例

① はら：払井(はらい).
② はらい：払田(はらいだ).

祓 불	訓読	はらう
	音読	フツ

訓読풀이

• はらう：祓(불)은 신에게 빌어 죄, 부정, 재앙 등을 버리는 것을 뜻한다. ㉮ '빌다'에서 '비러어-바라우-はらう'로 이어진다. ㉯ '버리다'에서 '버려-바러-바라-はらう'로 이어진다.

人名訓読例

• はらう：祓所(はらいところ), 祓川(はらいかわ).

【붕】

朋 붕	訓読	とも
	音読	ホウ

바

訓読풀이

• とも : 朋(붕)은 친구 · 벗, 즉 '동무'를 뜻한다.
'동무'에서 '도무-도모-とも'로 이어진다.
〔参考〕友(우 : とも)와 이음을 같이한다.

人名訓読例

• とも : 朋道(ともみち), 朋文(ともふみ), 朋成(ともなり), 朋春(ともはる), 朋憲(とものり), 朋厚(ともあつ).

崩 붕	訓読	くずす·くずれる
	人名訓読	くえ
	音読	ホウ

訓読풀이

① くずす · くずれる : 崩(붕)은 산, 언덕 등이 무너지는 것, 즉 꺼지는 것을 뜻한다.
'꺼지다'에서 '거져서-구주수-くずす'로 이어진다.

② くえ : くず(す)의 변음이다.
'꺼지다'에서 '꺼어-거어-구어-구에-くえ'로 이어진다.

人名訓読例

① くず : 崩場(くずば).

② くえ : 崩山(くえやま), 崩平(くえんひら).

棚 붕	訓読	たな
	音読	ホウ

訓読풀이

• たな : 棚(붕)은 벽에 단 선반, 시렁을 뜻한다. 棚橋(붕교)는 계곡 사이 또는 물 위에 매단 임시 다리를 뜻하고, 大陸棚(대륙붕)은 약 200m 뻗어나간 해저가 밑으로 빠지면서 해벽(海壁)에 달린 선반처럼 보이는 곳을 말한다.
'달다'의 '단'에서 '다나-たな'로 이어진다.

人名訓読例

• たな : 棚橋(たなはし), 棚網(たなあみ), 棚山(たなやま), 棚倉(たなくら), 棚川(たなかわ), 棚沢(たなさわ).

絣 붕·팽	訓読	かすり
	音読	ホウ

訓読풀이

• かすり : 絣(붕 · 팽)은 가에 줄 무늬가 있는 베 또는 명주를 뜻한다.
'가'에서 'か', '줄'에서 '주리-すり'로 이어져 かすり로 합성된다.

繃 붕	訓読	たばねる
	音読	ホウ

訓読풀이

• たばねる : 繃(붕)은 다발로 묶는 것을 뜻한다.
'다발'에서 '다바-たばねる'로 이어진다.

【비】

匕 비	訓読	さじ
	音読	ヒ

訓読풀이

• さじ : 匕(비)는 숟가락 · 비수를 뜻한다.
'숟가락'에서 '숟-삿-사지-さじ'로 이어진다.
〔参考〕匙(시)와 이음(さじ)을 같이한다.

比 비	訓読	くらべる·ならぶ
	人名訓読	たか·たすく
	音読	ヒ

訓読풀이

① くらべる : 力(ちから)を比(くら)べる 하면 힘을 겨루어 보는 것을 뜻한다.
'겨뤄 보다'에서 '거러보라-구라베루-くらべる'로 이어진다.
〔参考〕較(교), 競(경)과 이음(くらべる)을 같이한다.

② ならぶ : ㉮ 比(비)는 어깨를 나란히 함, 어깨를 나란히 해서 우열이 없이 비등(比等)함을 뜻한다〈比肩(비견), 無比(무비)〉. '나란히'에서 '나라-ならぶ'로 이어진다. ㉯ 比는 늘어 놓아 견주는 것을 뜻한다. '늘어'에서 '느러-나러-나라-ならぶ'로 이어진다. ㉰ '늘비'에서 '날부-나라부-ならぶ'로 이어진다.
〔参考〕並(병 : なら)ぶ와 이음을 같이한다.

③ たか : 比는 64괘(卦)의 하나(比卦)로 천하가 한사람을 높이 떠받드는 것을 나타낸다.
'뜨다'에서 '뜨고-다고-다가-たか'로 이어진다.

④ たすく : 比는 돕는 것을 뜻한다〈足以比成事 : 國語 (족이비성사 : 국어)〉.
'돕다'에서 '도아서-돠서-다수-たすく'로 이어진다.

人名訓読例

① たすく : 比(외자 名).
② たか : 比徳(たかのり).

丕 비	訓読	おおきい
	人名訓読	とし·はじめ·ひろ·もと
	音読	ヒ

訓読풀이

① おおきい : 丕(비)는 큰 것을 뜻한다〈丕業(비업)〉, 丕績(비적)〉. 많다는 것은 큰 것을 나타낸다.
많은 것을 뜻하는 '하아'에서 '아아-오오-おお(大)'로 이어지고, '크다'에서 '커-키-き'로 이어져 おおきい로 합성된다.
〔参考〕大(대 : おおきい)와 이음을 같이한다.

② とし : 丕는 돋보이게 아주 큰 것, 넓은 것, 으뜸인 것을 뜻한다.
'돋'에서 '돗-도시-とし'로 이어진다.

③ はじめ : 丕는 처음, 으뜸을 뜻한다. 丕子(비자)는 長子(장자)와 마찬가지로 처음 난 아들을 뜻한다.
처음을 뜻하는 '햇'(햇감자, 햇나물 등)에서 '핫-하지-はじめ'로 이어진다.
〔参考〕始(시), 初(초)와 이음(はじめ)을 같이한다.

④ ひろ : 丕는 大業(대업)을 널리 펼치는 것을 뜻한다〈丕天之大律 : 漢書 (비천지대률 : 한서)〉.
'펼치다'에서 '펼-필-피로-ひろ'로 이어진다.
〔参考〕広(광 : ひろ)와 이음을 같이한다.

⑤ もと : 丕는 大業의 밑바탕을 뜻한다(丕基 : 비기).
'밑'에서 '몯-모토-もと'로 이어진다.
〔参考〕基(기), 本(본), 元(원), 原(원) 등과 이음(もと)을 같이한다.

바

人名訓読例

① はじめ · ひろ：丕(외자 名).

② とし：丕文(としふみ).

③ ひろ ： 丕道(ひろみち), 丕信(ひろのぶ).

④ もと：丕緒(もとお), 丕雄(もとお).

屁 비	訓読	へ
	音読	ヒ

訓読풀이

• へ：屁(비)는 방귀 · 헛것 · 허튼 것을 뜻한다. ㉮ '방귀'에서 '방–바–베–へ'로 이어진다. ㉯ '헛것(허튼 것)'에서 '허(헛)–헤–へ'로 이어진다.

庇 비	訓読	かばう·ひさし
	音読	ヒ

訓読풀이

① かばう ： 庇(비)는 꺼풀(까풀)이 거죽을 싸듯 감싸는(까풀지는) 것을 뜻한다.
'까풀'에서 '가푸–가바–かばう'로 이어진다.

② ひさし ： ㉮ 庇는 처마 또는 모자에 붙어 있는 차양(遮陽)을 뜻한다. '붙어서'에서 '부서서–비서시–히사시–ひさし'로 이어진다. ㉯ 차양은 밖으로 펼쳐 있다. '펼'에서 '펼–빌–비사(받침ㄹ–'사'로 분절)–ひさし'로 이어진다.
〔参考〕 廂(상：ひさし)와 이음을 같이한다. 廂은 옛날 寢殿造(침전조)에서 몸채 주위에 붙은 행랑(行廊)을 뜻한다.

人名訓読例

• ひさし：庇町(ひさしまち).

批 비	訓読	ただす
	音読	ヒ

訓読풀이

• ただす ： 批(비)는 따져서(批評 ： 비평) 바로잡는 것을 뜻한다.
'따져서'에서 '다저서–다다서–ただす'로 이어진다.
〔参考〕 正(정), 質(질), 糾(규)와 이음(ただす)을 같이한다.

泌 비	訓読	しみる
	音読	ヒツ·ヒ

訓読풀이

• しみる ： 泌(비)는 물이나 기름 따위의 액체가 스미는 것을 뜻한다.
'스미다'에서 '스미–시미–しみる'로 이어진다.
〔参考〕 染(염 ： しみ)る와 이음을 같이한다.

沸 비	訓読	わく·わかす·たぎる
	音読	フツ

訓読풀이

① わく · わかす ： 沸(비)는 물(氵)이 와글와글 끓어오르는 모양을 나타낸다. ㉮ '와글'에서 '와구–わく'로 이어진다. ㉯ 끓어 '오르다'에서 '오–와–わく'로 이어진다.

② たぎる：沸는 물이 들끓는 것을 뜻한다.
'들끓다'에서 '드끄러–다기러–다기루–たぎる'로 이어진다.
〔参考〕 滾(곤 ： たぎ)る와 이음을 같이한다.

肥 비	訓読	こえる·こえ· こやす·こやし
	人名訓読	うま·こま·ゆたか
	音読	ヒ

訓読풀이

① こえる · こえ : 肥(비)는 땅을 걸게 하는 것을 뜻한다〈恩肥土域 : 史記 (은비토역 : 사기)〉.
'걸다 · 걸우다'에서 '걸어–거에–고에–こえる'로 이어진다.

② こやす · こやし : '걸다'에서 '걸어–거아–고아–こやす'로 이어진다.
〔参考〕肥(こ)え, 肥(こ)やし는 거름, 비료를 뜻한다.

③ うま : 肥는 살찐 말을 뜻한다〈乗堅策肥 : 漢書 (승견책비 : 한서)〉.
'말'에서 '마–ま'로 이어지고 접두어 う가 붙어 うま가 된다.
〔参考〕馬(마)와 이음(うま)을 같이한다.

④ こま : こま는 子馬(こうま)에서 변한 말로 말, 망아지를 뜻한다. 肥는 살찐 큰 말도 뜻하면서 작은 망아지도 뜻한다.
'꼬마'의 '꼬'와 '말–마'가 합성되어 '꼬마–こま'가 된다.

⑤ ゆたか : 肥는 부유함, 풍부함, 즉 넉넉히 '있음'을 뜻한다〈父子篤 兄弟睦 夫婦和 家之肥也 : 禮記 (부자독 형제목 부부화 가지비야 : 예기)〉.
'있다'에서 '있다구–이다가–유다가–ゆたか'로 이어진다.

人名訓読例

① こま · ゆたか : 肥(외자 名).

② こえ : 肥沼(こえぬま), 肥垣津(こえかいつ), 肥田(こえた), 肥塚(こえずか).

③ うま : 肥人(うまひと).

非 비	訓読	あらず·そしる
	音読	ヒ

訓読풀이

① あらず : 非(비)는 옳지 않음, 거짓, 잘못을 뜻한다.
'옳지 않다'에서 '올찮다–올차–알추–아라추–あらず'로 이어진다.
〔参考〕〈不(불 : ず) 참조〉.

② そしる : 非는 꾸짖는 것, 비방(誹謗), 비난(非難)을 뜻한다. ㉮ '꾸짖다'에서 '짖다–짖–지시–조시–そしる'로 이어진다. ㉯ 꾸짖는 것, 비방, 비난은 입으로 조지는 것을 뜻한다. '조지다'에서 '조지–소시–そしる'로 이어진다.
〔参考〕誹(비), 謗(방), 譏(기)와 이음(そしる)을 같이한다.

卑 비	訓読	いやしい·いやしむ
	音読	ヒ

訓読풀이

• いやしい · いやしむ : 卑(비)는 신분이 낮은 것, 천한 것, 비굴한 것, 초라한 것 등 변변치 못한 것을 나타낸다. いやしい職業(しょくぎょう), いやしい人間(にんげん) 하면 제대로 되지 아니한 직업이나 인간을 나타낸다.
'아니다'에서 '아냐–안야–아야–이야–いやしい'로 이어진다.
〔参考〕否(부)와 이음(いや)을 같이한다.

飛 비	訓読	とぶ·とばす
	人名訓読	たか
	音読	ヒ

訓読풀이

① とぶ · とばす : 飛(비)는 떠서 나는 것, 뛰어 오르는 것을 뜻한다.
'뜨다'에서 '뜨–도–とぶ'로 이어진다.

② たか : 飛는 높이 떠오르는 것을 뜻한다.
'뜨다'에서 '뜨고–다고–다가–たか'로 이어진다.

〔参考〕 地名인 飛鳥(비조)는 あすか로 훈독된다. '새가 날다'를 뜻하는데 '날'에서 '날–알(ㄴ–ㅇ으로 변음)–아수–あす'로 이어지고, '날아 다니는 곳'에서 '곳–고–가–か'로 이어져 あすか로 합성된 것으로 본다.

人名訓読例

① とび : 飛島(とびしま), 飛山(とびやま), 飛石(とびいし), 飛田(とびた), 飛塚(とびずか), 飛沢(とびさわ).

② たか : 飛幡(たかはた).

秘(祕) 비	訓読	ひめる
	音読	ヒ

訓読풀이

• ひめる : ㉮ 闘志(とうし)を胸(むね)に秘(ひ)める 하면 투지를 가슴에 품어 감춘다는 뜻이다. '품다'에서 '품–핌–힘–히메–ひめる'로 이어진다. ㉯ 秘의 한국어 발음 '비'에서 '히–ひめる'로 동사화 된다.

人名訓読例

• ひめ : 秘田(ひめた).

備 비	訓読	そなえる·そなわる·つぶさに
	人名訓読	とも·まさ·みつ·みな·よし
	音読	ビ

訓読풀이

① そなえる · そなわる : 備(비)는 갖추는 것, 구비(具備)하는 것, 즉 지니는 것을 뜻한다. 徳(とく)をそなえる 하면 덕을 지닌다는 뜻이다.
'지니다'에서 '지나–조나–소나–そなえる'로 이어진다.
〔参考〕 具(구), 供(공)과 이음(そなえる)을 같이한다.

② とも : 備는 한 무리 속에 참가하여 동무가 되는 것을 뜻한다〈願君卽以遂備員行矣 : 史記 (원군즉이수비원행의 : 사기)〉.
'동무'에서 '도무–도모–とも'로 이어진다.

③ つぶさに : 備는 죄다(모조리), 모두를 뜻한다. つばさに調(しら)べる 하면 죄다 철저히 조사한다는 뜻이다.
'죄다'에서 '좝다(방언)–조부다–주부사–つぶさ(に)'로 이어진다.
〔参考〕 具(구), 悉(실)과 이음(つぶさに)을 같이한다.

④ まさ : 備는 모자란 것을 맞게 갖추는 것을 뜻한다.
'맞'에서 '마자–まさ'로 이어진다.

⑤ みつ : 備는 모자란 것을 물을 채우듯이 갖춘다는 뜻이다〈補備之 : 漢書 (보비지 : 한서)〉. '물 차다'에서 '물차–무추–미추–みつ'로 이어진다.
〔参考〕 満(만), 充(충)과 이음(みつ)을 같이한다.

⑥ みな : 備는 ③처럼 죄다, 모두, 다시 말해 맨, 몽땅을 뜻한다.
'맨(몽땅)'에서 '민–미나–みな'로 이어진다.

⑦ よし : 備는 잘못된 것을 올바르게 갖추는 것을 뜻한다.
'올'에서 '오시(받침ㄹ–'시'로 분절)–よし'로 이어진다.

人名訓読例

① そなえ · そなわる : 備(외자 名).

② とも : 備也(ともや), 備治(ともはる).

③ まさ : 備己(まさみ), 備子(まさこ · み

なこ).
④ みつ：備愛(みつよし).
⑤ みな：備子(みなこ).
⑥ よし：備寛(よしひろ).

悲 비	訓読	かなしい·かなしむ
	音読	ヒ

訓読풀이

• かなしい · かなしむ：悲(비)는 가엾음, 슬픔을 뜻한다. 悲運(비운)은 가엾은 운수를 뜻하고, 悲話(비화)는 가엾은 이야기를 뜻한다.
'가엾다'에서 '가엽서-가여서-가아시-가나시(ㅇ-ㄴ으로 변음)-かなしい'로 이어진다.

斐 비	訓読	あや
	人名訓読	あきら·よし
	音読	ヒ

訓読풀이

① あや：斐(비)는 어여쁨, 아름다움을 뜻한다.
'어여쁘다'에서 '어여-아여-아야-あや'로 이어진다.
② あきら：斐는 밝음, 화려함을 뜻한다.
'밝다'에서 '밝가-발기-바기-아기(ㅂ-ㅇ으로 변음)-あきら'로 이어진다.
③ よし：斐는 올바름을 뜻한다.
'올'에서 '오시(받침ㄹ-'시'로 분절)-よし'로 이어진다.

人名訓読例

① あきら · あや · あやる：斐(외자 名).
② あや：斐男(あやお), 斐夫(あやお), 斐三郎(あやさぶろう), 斐雄(あやお), 斐子(あやこ).
③ よし：斐規(よしのり), 斐邦(よしくに).

菲 비	訓読	うすい
	音読	ヒ

訓読풀이

• うすい：菲(비)는 엷은 것을 뜻한다〈菲禮(비례), 菲才(비재)〉.
'엷다'에서 '열-울-우수(받침ㄹ-'수'로 분절)-うすい'로 이어진다.
〔参考〕 薄(박：うす)い와 이음을 같이한다.

痞 비	訓読	つかえ·つかえる
	音読	ヒ

訓読풀이

• つかえ · つかえる：痞(비)는 가슴이 답답한 것, 뱃속이 걸리는 것을 뜻한다. 즉 가슴이 닫혀 답답함을 뜻한다.
'닫다'의 명령형 '닫게'에서 '다게-두게-두가-つかえ · つかえる'로 이어진다.
〔参考〕 支(지：つか)える와 이음을 같이 한다.

費 비	訓読	ついえる·ついやす
	音読	ヒ

訓読풀이

① ついえる：費(つい)える는 너무 써서 재산이 줄거나 시간 등이 虛費(허비)되는 것을 뜻한다. 財産(ざいさん)がついえる 하면 너무 써서 재산이 줄었다, 事故(じこ)のため 5時間(ごじかん)ついえた 하면 사고 때문에 5시간 적어졌다는 뜻이다. ㉮ '쓰다'에서 '쑤여-수이-ついえる'로 이어진다. ㉯ '줄다'에서 '줄어-주어-주이-ついえる'로 이어진다. ㉰ '적어지다'에서 '적어-저어-주이-ついえる'로 이어진다.
② ついやす：費(비)는 돈이나 노력 등을

바

쓰는 것, 浪費(낭비)하는 것을 뜻한다(① 에서와 같이 줄다·적어지다의 뜻은 없음).
'쓰다'에서 '쑤여–쑤이–ついやす'로 이어진다.

賁 비·분	訓読	かざる
	人名訓読	あや
	音読	ヒ·ホン·フン

訓読풀이

① かざる：賁(비)는 꾸미는 것, 즉 갖추는 것을 뜻한다〈賁其趾：易經 (비기지：역경)〉.
'갖추다'에서 '가추–가차–가사–かざる'로 이어진다.
〔参考〕 飾(식：かざ)る와 이음을 같이한다.

② あや：賁(비)는 무늬를 엮어 예쁘게(어여쁘게) 꾸미는 것을 뜻한다. ㉮ '엮어'에서 '여어–아여–아야–あや'로 이어진다.
㉯ '예쁘다(어여쁘다)'에서 '어여–아여–아야–あや'로 이어진다.
〔参考〕 文(문), 彩(채), 陵(릉)과 이음(あや)을 같이한다.

人名訓読例

• あや：賁夫(あやお).

睥 비	訓読	にらむ
	音読	ヘイ

訓読풀이

• にらむ：睥(비)는 노려보는 것, 흘겨보는 것을 뜻한다.
'노리다'에서 '노림–노람–니람–니라무–にらむ'로 이어진다.
〔参考〕 睨(예：にら)む와 이음을 같이한다.

裨 비	訓読	おぎなう
	人名訓読	つぎたす
	音読	ヒ

訓読풀이

① おぎなう：裨(비)는 부족한 데를 보충시켜 주는 것(裨補：비보), 즉 얹게 하여 주는 것을 뜻한다.
'얹게'에서 '어게–오게–오기–おぎなう'로 이어진다.
〔参考〕 補(보：おぎな)う와 이음을 같이한다.

② つぎたす：継(つ)ぎ와 足(た)す의 합성어이다. 継続(계속) 좇아 더하여 주는 것을 뜻한다.
'좇다'에서 '좇기–조기–주기–つぎ'로 이어지고, '더하다'에서 '더–다–たす'로 이어져 つぎたす로 합성된다.

人名訓読例

• つぎ(つぎたす의 준말)：裨軍(つぎのいくさ).

鄙 비	訓読	いやしい·ひな
	音読	ヒ

訓読풀이

① いやしい：鄙(비)는 鄙陋(비루), 鄙俗(비속), 鄙劣(비열) 등 천하고 야비(野鄙·野卑)한 것, 즉 정상이 아닌 것, 제대로 되어 있지 아니한 것을 나타낸다.
'아니다'에서 '아니야–안이야–안야–아야–이야–いやしい'로 이어진다.
〔参考〕 卑(비), 賎(천)과 이음(いやしい)을 같이한다.

② ひな：鄙는 흔한 것, 비천한 것을 뜻한다.
'흔하다'에서 '흔–힌–히나–ひな'로 이어진다.

人名訓読例

• ひな：鄙(ひな), 鄙子(ひなこ), 鄙唄(ひなうた), 鄙振庵(ひなぶりあん).

緋 비	訓読	あか
	人名訓読	あけ
	音読	ヒ

訓読풀이

• あか·あけ：緋(비)는 붉은 색, 밝은 색, 빨간색을 뜻한다. ㉮ '붉다(밝다)'에서 '박(북)－바가－아가(ㅂ－ㅇ으로 변음)－あか(あけ)'로 이어진다. ㉯ '빨간'에서 '빠가－바가－아가－あか'로 이어진다.

人名訓読例

• あか·あけ：緋田(あかだ·あけだ).

蜚 비	訓読	とぶ
	音読	ヒ

訓読풀이

• とぶ：蜚(비)는 뜨는 것, 나는 것을 뜻한다. 蜚語(비어)는 뜬소문을 뜻한다. 飛語(비어)라고도 한다.
'뜨다'에서 '드－도－とぶ'로 이어진다.
〔参考〕 飛(비：と)ぶ와 이음을 같이한다.

誹 비	訓読	そしる
	音読	ヒ

訓読풀이

• そしる：誹(비)는 꾸짖다, 비방(誹謗)을 뜻한다. ㉮ '꾸짖다'에서 '짖－지지－조지－そしる'로 이어진다. ㉯ 誹는 입으로 헐뜯는 것, 즉 조지는 것을 뜻한다. '조지다'에서 '조지－そしる'로 이어진다.
〔参考〕 謗(방：そし)る와 이음을 같이한다.

糒 비	訓読	ほしいい
	音読	ビ

訓読풀이

• ほしいい：糒(비)는 찐 쌀(米)에서 물을 빼서 말린 이밥으로 비상용 식량을 뜻한다.
'빼서 말린 이밥'에서 '빼서이(밥)－배서이－보시이－ほしいい'로 이어진다.
〔参考〕 乾飯(건반), 干飯(간반)과 이음(ほしいい)을 같이한다.

臂 비	訓読	ひじ
	音読	ヒ

訓読풀이

• ひじ：臂(비)는 팔꿈치를 뜻한다.
'팔꿈치'에서 '꿈'이 탈락, '팔치－파지－피지－ひじ'로 이어진다. 膝(슬)이 '발꿈치(무릎)'에서 '꿈'이 탈락, ひざ로 이어지는 것과 같은 이치이다.
〔参考〕 肘(주), 肱(굉)과 이음 (ひじ)을 같이한다.

人名訓読例

• ひじ：臂(외자 名).

羆 비	訓読	ひくま
	音読	ヒ

訓読풀이

• ひくま：羆(비)는 불곰, 큰곰을 뜻한다.
'불곰'에서 '부곰－부굼－비구마－ひくま'로 이어진다.

鞴·韛 비	訓読	ふいご
	人名訓読	たたら
	音読	ビ·フク

訓読풀이

① ふいご：鞴·韛(비)는 풀무를 뜻한다.

불을 일으키는(일구는) 도구이다.

'불 일구다'에서 '부이구-부이고-ふいご'로 이어진다.

② たたら : 풀무로 불을 일으킬 때는 발로 풀무를 디디어(밟아) 바람을 풀무 안으로 보낸다. 그래서 たたら(踏鞴 : 답비)는 발풀무를 뜻한다.

'디디다'에서 '디디라-다다라-たたら'로 이어진다.

人名訓読例

- たたら : 鞴(외자 名).

譬 비	訓読	たとえ·たとえる
	音読	ヒ

訓読풀이

- たとえ · たとえる : 譬(비)는 비유(譬喩)를 뜻한다. 비유한다는 것은 두 개 또는 여러 사물의 형태나 조건이 서로 들어 맞는지 여부를 견주어 보는 것을 뜻한다. ㉮ '들다'의 종지형 '들더라'에서 '드더어라-다도에라-다도에루-たとえる'로 이어진다. ㉯ '들다'에서 '들-달-다도(받침 ㄹ-'도'로 분절)-たとえる'로 이어진다.

贔 비	訓読	ひいき
	音読	ヒ

訓読풀이

- ひいき : 贔(비)는 편드는 것, 즉 자기 편을 보아주는 것을 뜻한다.
'보아주다'에서 '보이기-비이기-ひいき'로 이어진다.

轡 비	訓読	くつわ
	音読	ヒ

訓読풀이

- くつわ : 轡(비)는 재갈, 고삐를 뜻한다. 재갈은 말 입에 물리어 입을 가두는 쇠줄을 뜻한다.
'가두다'에서 '가두-구두-くつ'로 이어지고, 말 입에 물리어 '에워싸는 쇠줄'에서 '에워-아워-와-わ'로 이어져 くつわ로 합성된다〈輪(륜), 環(환) 참조〉.

人名訓読例

- くつわ : 轡田(くつわだ).

【빈】

浜(濱) 빈	訓読	はま
	人名訓読	ひろし
	音読	ヒン

訓読풀이

① はま : 浜(빈)은 바닷가 모래밭을 뜻한다.

'바닷가'의 바-は'와 '모래밭'의 '모-마-ま'가 합성되어 はま로 이어진다.

② ひろし : 바닷가의 모래는 백사장(白沙場)처럼 널리 펼쳐진다.

'펼쳐'에서 '펼-필-힐-히로-ひろし'로 이어진다.

人名訓読例

① はま · ひろし : 浜(외자 名).

② はま : 浜島(はましま), 浜路(はまじ), 浜本(はまもと), 浜砂(はますな), 浜岸(はまぎし), 浜川(はまかわ).

彬 빈	訓読	あきらか
	人名訓読	あき·あや· ひとし·よし
	音読	ヒン

訓読풀이

① あき · あきらか : 彬(빈)은 밝은 것, 밝

히는 것을 뜻한다.
'밝히다'에서 '바키라–아키라(ㅂ–ㅇ으로 변음)–あき・あきら(か)'로 이어진다.

② あや : 彬은 문채(文彩)가 어여쁨(아름다움)을 뜻한다.
'어여쁘다'에서 '어여–아여–아야–あや'로 이어진다.

③ ひとし : 彬은 밝게 빛나는 것을 뜻한다.
'빛'에서 '빋–비도–히도–ひと(し)'로 이어진다.

④ よし : 彬은 수식, 무늬 등 외관과 내용이 올바르게 겸비되어 훌륭함을 뜻한다〈文質彬彬 然後君子 : 論語 (문질빈빈 연후군자 : 논어)〉.
'올'에서 '오시(받침ㄹ–'시'로 분절)–よし'로 이어진다.

人名訓読例

① あき・あきら・あや・ひとし・よし : 彬(외자 名).

② あき : 彬光(あきみつ), 彬紘(あきひろ), 彬文(あきふみ・あきみち), 彬夫(あきお), 彬子(あきこ), 彬正(あきまさ).

③ あや : 彬男(あやお), 彬夫(あやお).

④ よし : 彬江(よしえ), 彬明(よしあき), 彬成(よしなり), 彬順(よしのぶ), 彬正(よしまさ), 彬訓(よしのり).

貧 **빈**	訓読	まずしい
	音読	ヒン・ビン

訓読풀이

• まずしい : 貧(빈)은 못 사는 것(가난), 모자란 생활(빈궁), 많지 않은 것(부족)을 뜻한다. ㉮ '못 살다'에서 '못–맞–마주–まずしい'로 이어진다. ㉯ '모자라다'에서 '모자–마자–마주–まずしい'로 이어진다. ㉰ 많지 않다, '많잖다'에서 '마차–마추–마주–まずしい'로 이어진다.

斌 **빈**	人名訓読	あきら・あや・とし・ひと(し)・まさる・よし
	音読	ビン

訓読풀이

① あきら : 斌(빈)은 밝은 것, 밝히는 것을 뜻한다.
'밝히다'에서 '바키라–아키라(ㅂ–ㅇ으로 변음)–あきら'로 이어진다.

② あや : 斌은 어여쁜, 아름다운 모양을 나타낸다.
'어여쁘다'에서 '어여–아여–아야–あや'로 이어진다.

③ とし : 斌은 돋보이게 아름다운 모양을 나타낸다(斌斌 : 빈빈).
'돋보이다'에서 '돋–돗–도시–とし'로 이어진다.

④ ひと(し) : 斌은 빛나는 것을 뜻한다.
'빛'에서 '빋–비도–ひと(し)'로 이어진다.

⑤ まさる : 斌은 文(문)과 武(무)의 조화가 잘 맞음을 뜻한다.
'맞다'에서 '마자–まさる'로 이어진다.

⑥ よし : 斌은 文과 武의 조화가 올바르게 이루어짐을 뜻한다.
'올'에서 '오시(받침ㄹ–'시'로 분절)–よし'로 이어진다.

人名訓読例

① あきら・ひとし・まさる : 斌(외자 名).

② あや : 斌夫(あやお・よしお), 斌人(あやと).

③ とし : 斌郎(としろう), 斌衡(としひで).

④ よし：斌夫(よしお), 斌男(よしお).

賓 빈	訓読	まろうど·まれびと
	音読	ヒン

訓読풀이

- まろうど · まれびと : ㉮ 賓(빈)은 귀한 손님, 즉 稀貴(희귀)한 손님으로 자주 모실 수는 없고 드물게, 묽게 모시는 손님이라는 뜻이 된다. '묽다'(드물게)에서 '물-말-마로(마레)-まろ · まれ'로 이어지고, 사람을 뜻하는 びと · ど와 합성되어 まろうど · まれびと가 된다. ㉯ 귀한 손님은 대접할 것을 미리 마련하고 맞이한다. '마련'에서 '마러-마레-まれ'로 이어지고 びと와 합성되어 まれびと로 이어진다.
〔参考〕 まれ는 希(희) · 稀(희)와 이음을 같이한다.

擯 빈	訓読	しりぞく·しりぞける
	音読	ヒン

訓読풀이

- しりぞく · しりぞける : 擯(빈)은 물리치는 것(擯斥 : 빈척), 즉 뒤로 쫓아내는 것을 뜻한다.
'뒤로 쫓다'에서 '뒤로쫓구-디리조구-시리조구-しりぞく · しりぞける'로 이어진다.
〔参考〕 退(퇴 : しりぞ)く와 이음을 같이 한다.

頻 빈	訓読	しきり·しきりに·しきる
	音読	ヒン·ビン

訓読풀이

- しきり · しきりに · しきる : しきる(頻る)는 동사의 연용형에 붙어 '계속, 잦게, 자꾸' 일어나는 것을 나타낸다. 降(ふ)りしきる雨(あめ)는 계속 잦게(자꾸) 내리는 비를 뜻한다.
'잦게(자꾸)'에서 '자게-자기-지기-しき'로 이어지고, しきる로 동사화 된다.

瀕 빈	訓読	みぎわ
	音読	ヒン

訓読풀이

- みぎわ : 瀕(빈)은 물가를 뜻한다.
'물'에서 '무-미-み'로 이어지고, '가(끝)'에서 '가에-기에-기아-きわ'로 이어져, みぎわ로 합성된다.

嚬·顰 빈	訓読	しかめる·ひそむ·ひそめる
	音読	ヒン

訓読풀이

① しかめる : 嚬 · 顰(빈)은 얼굴을 찡그리는 것을 뜻한다(顰蹙 : 빈축).
'찡그리다'에서 '징가-지가-시가-しかめる'로 이어진다.

② ひそむ · ひそめる : 얼굴을 찡그린다는 것은 비트는 것을 뜻한다.
'비틀다'에서 '비틈-비솜-히소무-ひそむ'로 이어진다.

【빙】

氷 빙	訓読	こおり·こおる·ひ
	音読	ヒョウ

訓読풀이

① こおり · こおる : ㉮ 氷(빙)은 얼음을 뜻한다. 얼음은 물이 얼어서 굳어진 것이다. 굳다의 명령형 '굳어라'에서 '구오루-고오루-こおる'로 이어진다. ㉯ 얼

음은 속이 비어 곯아(고라) 있다. '고라'에서 '고오라–こおり'로 이어진다.

② ひ : ㉮ 얼음은 물이 얼어서 생긴다. '얼다'에서 '어–이–히–ひ'로 이어진다. ㉯ 氷의 한국어 음독 '빙'에서 ㅇ이 탈락, '비–ひ'로 훈독된다.

人名訓読例

① こおり : 氷(외자 名).

② ひ : 氷江(ひえ), 氷見谷(ひみや), 氷上(ひかみ), 氷車(ひくるま), 氷室(ひむろ), 氷川野(ひかわの).

凭 빙	訓読	もたせる·もたれる
	音読	ヒョウ

訓読풀이

• もたせる・もたれる : 凭(기댈 빙)은 几(안석 궤)에 몸을 任(맡길 임)하는 것을 나타낸다. 椅子(いす)に背(せ)をもたせる 하면 의자에 등을 맡기고(기대고) 있음을 뜻한다.
'맡다'에서 '맡–몯–모타–もたせる'로 이어진다.

聘 빙	訓読	とう·まねく
	音読	ヘイ

訓読풀이

① とう : 聘(빙)은 찾아 (들려) 안부를 묻는 것을 뜻한다(聘問 : 빙문). ㉮ '찾다'에서 '찾아–다아–도우–とう'로 이어진다. ㉯ '들려'에서 '들–드–도–とう'로 이어진다.
〔参考〕 訪(방), 問(문)과 이음(とう)을 같이한다.

② まねく : 聘은 초빙(招聘)하여 만나는 것을 뜻한다.
'만나다'에서 '마나구–마네구–まねく'로 이어진다.
〔参考〕 招(초 : まね)く와 이음을 같이한다.

憑 빙	訓読	つかれる·つく
	人名訓読	あつし
	音読	ヒョウ

訓読풀이

① つかれる・つく : 憑(빙)은 악령(惡靈)이 드는 것, 악령에 씌우는 것을 뜻한다. ㉮ '들다'에서 '둘구–두구–つく'로 이어진다. ㉯ '씌우다'에서 '쑤구–つく'로 이어진다.

② あつし : 憑은 가득 차는 것을 뜻한다. '차다'에서 '차–추–つ'로 이어지고, 접두어 あ가 붙어 あつ(し)로 이어진다.

人名訓読例

• あつし : 憑(외자 名).

바

仕 사	訓読	つかえる·つかまつる
	音読	シ·ジ

訓読풀이

① つかえる : 神(かみ)に仕(つか)える, 父母(ふぼ)に仕(つか)える 하면 신이나 부모를 섬긴다는 뜻이다.
'섬기다'에서 '서기-수기-쑤가-つかえる'로 이어진다.
〔参考〕 事(사 : つか)える와 이음을 같이 한다.

② つかまつる : 仕(つかまつ)る는 古語로, 섬겨 모시는 것을 뜻한다.
'섬겨 모시라'에서 '수가마수루-つかまつる'로 이어진다. 仕(つか)える의 つか와 まつる(奉る)의 합성어인 셈이다.

写(寫) 사	訓読	うつし·うつす·うつる
	音読	シャ

訓読풀이

• うつし · うつす · うつる : 情景(じょうけい)をカンバスに写(うつ)す 하면 정경을 캔버스에 그대로 옮긴다는 뜻이다.
'옮기다'에서 '올-울-우쑤(받침 ㄹ-'쑤'로 분절)-うつす'로 이어진다.

人名訓読例

• うつし : 写田(うつした).

史 사	訓読	ふみ·ふみひと·ふびと
	人名訓読	あや·のり·てる·ひさ·ひろし
	音読	シ

訓読풀이

① ふみ : 史(사)는 역사를 뜻한다. 역사에서 과거를 배운다.
'배움'에서 '뱀-붐-부미-ふみ'로 이어진다.
〔参考〕 文(문), 書(서)와 이음(ふみ)을 같이한다.

② ふみひと · ふびと : 史는 史官(사관), 즉 조정에서 역사(ふみ : 史) 기록을 담당했던 사람(ひと : 官)을 뜻한다.
ふみひと로 합성되고, ふびと는 그 준말이다.

③ あや : 史는 文彩(문채)가 어여쁨을 뜻한다〈文勝質則史 : 論語 (문승질즉사 : 논어)〉.
'어여쁘다'에서 '어여-아여-아야-あや'로 이어진다.

④ のり : 歴史는 과거지사를 올바르게 알려준다.
'올'에서 '오리-노리(ㅇ-ㄴ으로 변음)-のり'로 이어진다.

⑤ てる : 歴史는 기록을 통하여 과거지사를 쬐어(照明 : 조명) 알려준다.
'쬐다'에서 '쬐라-데라-데루-てる'로 이어진다.

⑥ ひさ(し) : 歴史는 과거를 비추어 주는 햇살 역할을 한다.
'햇살'에서 '히살-히사시(받침 ㄹ-'시'로 분절)-ひさし'로 이어진다.

⑦ ひろし : 史는 장구한 세월에 걸쳐 펼쳐지는(벌어지는) 역사의 기록이다.

'폍(벌)'에서 '필(벌)−힐−ひろし'로 이어진다.

人名訓読例

① あや · ひろし · ふびと · ふみ · ふみひと : 史(외자 名).
② あや : 史子(あやこ · てるこ · のりこ · ひさこ · ふみこ).
③ ふみ : 史紀(ふみのり), 史道(ふみみち), 史明(ふみあき), 史博(ふみひろ), 史邦(ふみくに), 史訓(ふみのり).
④ のり : 史光(のりみつ), 史子(のりこ).
⑤ てる : 史子(てるこ).
⑥ ひさ : 史子(ひさこ).

司 사	訓読	つかさ·つかさどる
	人名訓読	おさむ·つとむ·まもる·もと·もり
	音読	シ·ス

訓読풀이

① つかさ · つかさどる : ㉮ 司(사)는 관청, 관리, 관직을 뜻한다. 옛날 특히 신정일체(神政一體) 시대에는 관리의 직책은 신(神)과 왕(王)을 섬기는 것이 제일의 직무였을 것이다. '섬기다'에서 '섬겨서−서가사−수가사−つかさ'로 이어진다. ㉯ 司(つかさ)どる는 司(つかさ)를 どる한다는 뜻(司取る · 司執る)으로, 国政(こくせい)をつかさどる 하면 왕을 섬겨 국정을 관장(管掌)한다는 뜻이 된다〈取(취 : と)る, 執(집 : と)る 참조〉.
〔参考〕 官(관 : つかさ) 및 掌(장 : つかさど)る와 이음을 같이한다.
② おさむ : 司, 즉 관리, 관청(오늘날의 정부)는 질서를 잡아 국정을 다스림을 뜻한다.
'잡다'에서 '잡음−자음−잠−삼−사무−さむ'로 이어지고, 접두어 お가 붙어 おさむ가 된다.
③ つとむ : 관리는 천제(天帝)와 제후(諸候)를 위하여 힘쓰고 애써야 한다.
'힘(애) 쓰다'에서 '쓰다−쑤도−つとむ'로 이어진다. '힘(애) 씀'에서 '수수무−수두무−수도무−つとむ로도 이어진다.
④ まもる : 司의 주요 임무는 적의 침입을 막는 것, 즉 침입하지 말도록(못하도록) 나라를 지키는 일이다. ㉮ '말리다'에서 '말림−말임−맘−마모−まもる'로 이어진다. ㉯ 말리는 것은 '멈'추게 한다는 뜻이다. '멈'에서 '맘−마모−まもる'로 이어진다.
⑤ もと : 司는 각 분야 별로 관리를 맡는 것을 뜻한다〈司法(사법), 司會(사회)〉.
'맡다'에서 '맡−뫁−모토−もと'로 이어진다.
⑥ もり : 司는 ④에서처럼 말리는 것을 뜻한다.
'말리다'에서 '말−몰−모리−もり'로 이어진다.

人名訓読例

① おさむ · つかさ · つとむ · まもる : 司(외자 名).
② つか : 司坂(つかさか), 司下(つかした), 司城(つかさき · つかしろ).
③ もと : 司直(もとなお).
④ もり : 司康(もりやす), 司理(もりまさ), 司明(もりあき), 司子(もりこ), 司信(もりのぶ), 司行(もりゆき).

四 사	訓読	よ·よつ
	音読	シ

사

訓読풀이

- よ・よつ : 四(사)는 넷을 뜻한다. ㉮ '넷'에서 '네-노-오(ㄴ-ㅇ으로 변음)-よ'로 이어진다. ㉯ '넷'에서 '넷-놋-옷-요쑤-よつ'로 이어진다.

人名訓読例

① よ : 四主(よぬし), 四四(よし), 四三九(よさく), 四三彦(よみひこ), 四縄(よつな), 四十(よそ).

② よつ : 四橋(よつはし), 四柳(よつやなぎ), 四林(よつばやし), 四本(よつもと), 四釜(よつかま), 四田(よつだ).

寺 사	訓読	てら
	音読	ジ

訓読풀이

- てら : 寺(사)는 절을 뜻한다.
'절'에서 '덜-델-데라-てら'로 이어진다.

人名訓読例

- てら : 寺内(てらうち), 寺島(てらしま), 寺本(てらもと), 寺山(てらやま), 寺倉(てらくら), 寺沢(てらさわ).

死 사	訓読	しぬ
	音読	シ

訓読풀이

- しぬ : ㉮ '죽다'에서 '죽-주-지-しぬ'로 이어진다. ㉯ '죽는다'에서 '죽는-주누-지누-しぬ'로 이어진다. ㉰ 死의 한국어음 '사'에서 '사-시-しぬ'로 이어진다.

糸 사	訓読	いと
	音読	シ

訓読풀이

- いと : 糸(사)는 실을 뜻한다. 실은 잇는 기능을 한다.
'잇다'에서 '읻-이도-いと'로 이어진다.

人名訓読例

- いと : 糸島(いとしま), 糸山(いとやま), 糸屋(いとや), 糸長(いとなが), 糸田(いとだ), 糸川(いとかわ).

伺 사	訓読	うかがう
	音読	シ

訓読풀이

- うかがう : 伺(사)는 알아보는 것을 뜻한다(伺窺 : 사규). ご意見(いけん)うかがいのですが 하면 의견을 알고 싶은데라는 뜻이다.
'알다'에서 '알고-아가-우가-うかがう'로 이어진다.
〔参考〕 窺(규 : うかが)う와 이음을 같이 한다.

似 사	訓読	にる·にせる
	人名訓読	い·にた
	音読	ジ

訓読풀이

① にる・にせる : 似(사)는 嗣(사)와 마찬가지로 잇다는 뜻이다. 似續(사속)은 뒤를 잇거나 代(대)를 잇다는 말이다. 뒤, 대를 이으면 닮거나 비슷하게 되므로 닮다는 뜻도 갖는다.
'잇다(이다)'에서 '이-니(ㅇ-ㄴ으로 변음)-にる'로 이어지고, '잇어'에서 '이서-이세-니세-にせる'로 이어진다.

② い : '잇다(이다)'에서 '이-い'로 이어진다.

③ にた : '잇다'에서 '읻-닏-니다-にた'로 이어진다.

人名訓読例

① に：似島(にしま・にのしま), 似我(にが), 似田(にた), 似田貝(にたがい), 似鳥(にとり), 似御崎(にござき).
② い：似後崎(いござき), 似知恵(いちえ).
③ にた：似鳥(にたどり), 似首(にたくび), 似内(にたない・にない).

沙 사	訓読	すな
	音読	サ·シャ

訓読풀이

- すな：沙(사)는 모래를 뜻한다. 모래는 잘게 부스러진 돌, 즉 잔 돌이다.
  '잔'에서 '준-주나-すな'로 이어진다.

人名訓読例

- すな：沙本(すなもと), 沙田(すなだ), 沙川(すながわ).

社(社) 사	訓読	やしろ
	人名訓読	しろ·こそ·もり
	音読	シャ

訓読풀이

① やしろ：社(사)는 신을 모신 神社(신사)를 뜻한다. 신사는 집(건물)과 재단으로 이루어진다. 집(건물)을 뜻하는 や(家·屋)와 재단을 쌓아 올린다는 뜻에서의 '쌓다-싸라-시라-시로-しろ'가 합성되어 やしろ가 된다〈家(가：や) 참조〉.
② しろ：큰 재단을 세울 때는 성처럼 쌓아 올린다
재단을 모시는 社도 城과 마찬가지로 '쌓다'에서 '싸라-시라-시로-しろ'로 이어진다〈城(성：しろ) 참조〉.
③ こそ：社는 단체(団體)를 뜻한다(結社：결사). 옛날 중국에서는 사방 6리(里)를 한 구역으로 하는 단체〈方六里名之曰社：管子 (방6리 명지왈사：관자)〉, 법으로 규정된 25호(戶)의 단체〈請致千社：左氏傳 (청치천사：좌씨전)〉등 面積(면적)이나 일정한 수의 戶(호)에 따라 지금의 지방자치단체-고을을 만들었다.
'고을'에서 '골-고소(받침ㄹ-'소'로 분절)-こそ'로 이어진다.
④ もり：社는 일을 같이 하는 사람이 무리지어 단체를 이룬다는 뜻이다〈遠法師與諸賢結社：蓮社高賢傳 (원법사여제현결사：연사고현전)〉.
'무리'에서 '모리-もり'로 이어진다.

人名訓読例

① こそ·もり·やしろ：社(외자 名).
② やしろ：社山(やしろやま), 社樹(やしろぎ), 社田(やしろだ).
③ こそ：社林(こそばやし), 社部(こそべ), 社山(こそやま), 社下(こそげ·こそした).
④ しろ：社本(しろもと).
⑤ もり：社多(もりた).

事 사	訓読	こと·つかえる
	人名訓読	たつ·つとむ
	音読	ジ

訓読풀이

① こと：事(사)는 어떤 것, 어떤 일을 뜻한다. ぼくの事(こと) 하면 내 것(일), 大変(たいへん)な事(こと) 하면 대단한 것(일)을 뜻한다.
'것'에서 '곧-고도-こと'로 이어진다.
② つかえる：事는 섬기는 것을 뜻한다〈事君(사군), 事親(사친)〉.
'섬기다'에서 '섬겨-서겨-수가-つかえる'로 이어진다.
〔参考〕仕(사：つか)える와 이음을 같이

한다.

③ たつ：事는 세우다는 뜻이다〈事猶立也：禮記 (사유입야：예기)〉.
'세우다(서다)'에서 '서-사-다-たつ'로 이어진다.
〔参考〕立(입：た)つ와 이음을 같이한다.

④ つとむ：事는 일에 힘쓰는 것을 뜻한다.
'쓰다'에서 '씀-수수무-수두무-수도무-つとむ'로 이어진다.

人名訓読例

① こと·つとむ：事(외자 名).
② こと：事柴(ことしば), 事田(ことだ), 事久(ことひさ), 事旻(ことふみ), 事主(ことぬし), 事行(ことゆき).
③ たつ：事哉(たつや).

些 사	訓読	いささか
	音読	サ

訓読풀이

• いささか：些(사)는 자잘하다(些事：사사), 시시하다(些細：사세), 조금(些少：사소)을 뜻한다. ㉮ '자잘하다'에서 '자자-ささ'로 이어지고, 접두어 い가 붙어 いささ(か)가 된다. ㉯ '시시하다'에서 '시시-사사-ささ'로 이어지고, 접두어 い가 붙어 いささ(か)가 된다. ㉰ '조금'에서 '쪼금-조조구-자자가-사사가-ささか'로 이어지고, 접두어 い가 붙어 いささか가 된다.

使 사	訓読	つかう·つかえる·しむ
	人名訓読	おみ
	音読	シ

訓読풀이

① つかう：使(사)는 사람이나 돈을 쓰는 것을 뜻한다(使用：사용).
'쓰다'에서 '쓰고-쓰가-つかう'로 이어진다.
〔参考〕遣(견：つか)う와 이음을 같이한다.

② しむ：使는 사역(使役)의 뜻을 나타낸다. 즉 시킨다는 뜻이다. 死(し)せる孔明(こうめい)生(い)ける仲達(ちゅうたつ)を走(はしら)しむ 하면 죽은 공명이 산 중달을 도망시킨다는 뜻이다.
'시키다'에서 '시킴-식임-시임-심-시무-しむ'로 이어진다.

③ おみ：人名訓読에서 使主(사주)를 おみ로 읽는데, 사람을 쓰는 '임자'에서 '임-옴-오미-おみ'로 이어진다.

人名訓読例

• おみ：使主(おみ).

祀 사	訓読	まつる
	音読	シ

訓読풀이

• まつる：祀(사)는 조상이나 죽은 자를 제사나 의식으로 모시는 것을 뜻한다.
'모시다'에서 '모셔라-마수라-まつる'로 이어진다.
〔参考〕祭(제), 奉(봉)과 이음(まつる)을 같이한다.

舎(舍) 사	訓読	おく·いえ·や
	人名訓読	とね
	音読	シャ·せき

訓読풀이

① おく：舎(사)는 놓다는 뜻을 가진다〈以薦舍於前：穀梁傳 (이천사어전：곡량전)〉.

'놓다'에서 '놓구-노구-오구(ㄴ-ㅇ으로 변음)-おく'로 이어진다.

〔参考〕置(치 : お)く와 이음을 같이한다.

② いえ · や : 舎는 집을 뜻한다. 옛날에 집은 이엉으로 이어 엮어 지었다(草家 : 초가).

'이어'에서 '이에-いえ'로 이어지고, '이에-여-야-や'로 이어진다.

〔参考〕家(가), 屋(옥)과 이음(いえ · や)을 같이한다.

③ とね : 舎는 놓아 두다, 버려 두다〈山川其舍諸 : 論語 (산천기사제 : 논어)〉, 벼슬을 두고 떠나다〈趨舍有時 : 史記 (추사유시 : 사기)〉처럼 두다는 뜻을 가졌다.

'두다'에서 '두는-도는-도네-とね'로 이어진다.

人名訓読例

① い · いえ : 舎奈田(いなだ), 舎栄(いえよし), 舎子(いえこ).

② おく : 舎夷(おくい).

③ と · とね : 舎利弗(とりふつ · とねとる), 舎人(とねり), 舎子(とねこ · いえこ), 舎川(とねがわ).

④ や : 舎竹郎(やたけろう).

邪 사	訓読	よこしま
	音読	ジャ·ヤ

訓読풀이

• よこしま : 邪道(사도)는 올바르지 못한 길, 즉 어긋난 길을 뜻한다.

'어긋나다'에서 '어긋남-오곳암(ㄴ-ㅇ으로 변음)-요고삼-요고시마-よこしま'로 이어진다.

俟 사	訓読	まち·まつ
	人名訓読	また
	音読	シ

訓読풀이

① まち · まつ : 俟(사)는 기다림을 뜻한다. 기다린다는 것은 가만히 멎어 있는 상태를 말한다.

'멎다'에서 '맞-마찌-まち · まつ'로 이어진다.

〔参考〕待(대 : ま)つ와 이음을 같이한다.

② また : ①의 '멎다'에서 '먿-맏-마다-また'로 이어진다.

人名訓読例

① まち · まつ : 俟子(まちこ · まつこ).

② また : 俟間(またま), 俟野(またの).

卸 사	訓読	おろし·おろす
	音読	シャ

訓読풀이

• おろし · おろす : 卸(사)는 아래로 내리는(떨어지는) 것을 뜻한다. 현대어에서는 값을 내려 도매(都買)값으로 판다는 말로 쓰이기도 한다. 小売値(こうりね)の７掛(ななかけ)でおろす 하면 소매가의 7할 (내린)값으로 판다는 뜻이다.

㉮ '아래'에서 '오래-오로-おろす'로 이어진다. ㉯ '내려'에서 '노려-노로-오로(ㄴ-ㅇ으로 변음)-おろす'로 이어진다.

思 사	訓読	おもう
	人名訓読	したう·しのぶ
	音読	シ

訓読풀이

① おもう : 思(사)는 사유 · 판단 · 추리를 뜻한다. 즉 사유 · 판단 · 추리를 통하여

사물의 이치를 안다는 말이다. おもった通(とお)りは 평소 알던 대로라는 말이고, 親(おや)の心(こころ)をおもう 하면 부모의 속마음을 안다는 말이다.
'알다'에서 '암-옴-오모-おもう'로 이어진다.

② したう : 思는 그리워, 연모하여 좇아가는 것을 뜻한다.
'좇다'에서 '좇-조다-지다-したう'로 이어진다.
〔参考〕 慕(모 : した)う와 이음을 같이한다.

③ しのぶ : 思는 그리워 찾는 것을 뜻한다.
'찾는다'에서 '차는-치는-시는-시노-しのぶ'로 이어진다.
〔参考〕 偲(새 : しの)ぶ와 이음을 같이한다.

人名訓読例

① おもい · しだ · しのぶ : 思(외자 名).
② おもい : 思金(おもいかね), 思部(おもいべ), 思川(おもいかわ).

査 사	訓読	しらべる
	音読	サ

訓読풀이

• しらべる : 査(사)는 調査(조사), 살펴보는 것을 뜻한다.
'살피다'에서 '살펴라-사라베라-시라베루-しらべる'로 이어진다.
〔参考〕 調(조 : しら)べる와 이음을 같이한다.

砂 사	訓読	すな·いさご
	人名訓読	いさ·さご·さざら
	音読	サ·シャ

訓読풀이

① すな : 砂(사)는 모래를 뜻한다. 모래는 잘게 부스러진 돌, 즉 잔 돌을 뜻한다.
'잔'에서 '준-주나-すな'로 이어진다.
〔参考〕 沙(사 : すな)와 이음을 같이한다.

② いさご : 모래는 부스러진 잔 꼬마 돌을 뜻한다.
'잔 꼬마 돌'에서 '잔꼬마-잔꼬-자고-さご'로 이어지고, 접두어 い가 붙어 いさご가 된다.

③ いさ : いさご의 준말.

④ さご : いさご의 준말.

⑤ さざら : 모래는 잔 돌, 즉 자잘한 돌이다.
'자잘'에서 '자자라-さざら'로 이어진다.
〔参考〕 細(세 : ささら)와 이음을 같이한다.

人名訓読例

① いさご · すな : 砂(외자 名).
② すな : 砂崎(すなざき), 砂泊(すなどまり), 砂本(すなもと), 砂山(すなやま), 砂野(すなの), 砂沢(すなさわ).
③ いさ : 砂金(いさかね), 砂山(いさやま), 砂野(いさの), 砂子(いさこ · すなこ), 砂川(いさがわ · すなかわ), 砂沢(いさざわ).
④ いさご : 砂沢(いさござわ · いさざわ).
⑤ さご : 砂谷(さごたに · すなたに).
⑥ さざら : 砂石(さざらいし).

唆 사	訓読	そそのかす
	音読	サ

訓読풀이

• そそのかす : 唆(사)는 꼬드기다, 부추기다, 즉 쑤시는 것을 뜻한다. 그래서 교사(教唆)한다는 뜻도 갖는다.

'쑤셔놓다'에서 '수서노코–소소노가–そそのかす'로 이어진다.

〔参考〕 嗾(수 · 주 : そそのか)す와 이음을 같이한다.

射 사	訓読	いる·うつ·さつ
	人名訓読	まと
	音読	シャ·セキ

訓読풀이

① いる : 本字 躱(사)는 身(신)과 矢(야)의 合字로 화살(矢)이 몸(身)에서 날아간다는 뜻이다.
'날다'에서 '날–닐–일(ㄴ–ㅇ으로 변음)–いる'로 이어진다.

② うつ : 射는 射擊(사격)을 뜻한다. 사격하기 위하여는 방아쇠나 활을 '눌러' 당긴다.
'눌'에서 '울(ㄴ–ㅇ으로 변음)–우쑤(받침ㄹ–'쑤'로 분절)–うつ'로 이어진다.
〔参考〕 擊(격 : う)つ와 이음을 같이한다.

③ さつ : 射는 활 쏘는 것을 뜻한다.
'쏘다'에서 '쏘–사–さつ'로 이어진다.

④ まと : 射는 과녁을 맞히는 것을 뜻한다.
'맞히다'에서 '맏–마도–まと'로 이어진다.
〔参考〕 的(적 : まと)와 이음을 같이한다.

人名訓読例

① いり : 射(외자 名), 射矢(いりや).
② い(いり의 준말) : 射落(いおち), 射立(いたち), 射水(いみず), 射矢(いや · いりや), 射越(いこし), 射場(いば).
③ まと : 射場(まとば).

師 사	訓読	いくさ
	人名訓読	もろ·のり
	音読	シ

訓読풀이

① いくさ : ㉮ 師(사)는 남을 깨우쳐 이끄는 스승을 뜻한다〈教師(교사), 師範(사범)〉. 師氏(사씨)는 周代(주대)에 婦德(부덕)의 가르침을 이끌던 여자 스승(女師)이며, 師尹(사윤)은 周代 임금의 가르침을 이끌던 스승을 말한다〈赫赫師尹 : 論語 (혁혁사윤 : 논어)〉. '이끌다'에서 '이끄–이구–いく'로 이어지고, '스승'에서 '스–사–さ'로 이어져 いくさ로 합성된다. ㉯ 나아가 백성을 이끌었던 사람–장관, 우두머리, 벼슬아치 등도 뜻한다〈州十有二師 : 書經 (주십유이사 : 서경)〉. '이끌'에서 '이구–いく'로, '사람'에서 '사–さ'로 이어져 いくさ로 합성된다.

② もろ : 師는 많은 사람, 수효가 많음을 뜻한다〈殷之末喪師 : 詩經 (은지말상사 : 시경)〉. 많다는 것은 몰려 있는 것, 무리지어 있는 것을 말한다.
'몰(무리)'에서 '모로–もろ'로 이어진다.
〔参考〕 諸(제 : もろ)와 이음을 같이한다.

③ のり : 師는 모범이 되는 올바른 사람을 뜻한다(師表 : 사표).
'올'에서 '오리–노리(ㅇ–ㄴ으로 변음)–のり'로 이어진다.

人名訓読例

① もろ : 師橋(もろはし), 師山(もろやま), 師村(もろむら), 師基(もろもと), 師盛(もろもり), 師平(もろひら).
② のり : 師男(のりお · もろお), 師勝(のりか).

사

祠 사	訓読	ほこら·まつる
	音読	シ

訓読풀이

① ほこら：祠(사)는 사당(祠堂)을 뜻한다. 사당은 제사 지내는 곳, 즉 신이나 조상에게 후손의 번영 등을 비는 장소이다.
'빌다'에서 '빌거라-비고라-보고라-ほこら'로 이어진다.

② まつる：사당은 신이나 조상을 모셔 제사를 지내는 곳이다.
'모시다'에서 '모셔-마서-마수-まつる'로 이어진다.

紗 사	人名訓読	すず
	音読	サ·シャ

訓読풀이

- すず：紗(사)는 명주실로 바탕을 좀 거칠게 짠 무늬 없는 비단을 뜻한다.
'짜다'에서 '짜-쭈-수주-すず'로 이어진다.

人名訓読例

- すず：紗(외자 名).

徙 사	訓読	うつる·うつむ
	音読	シ

訓読풀이

- うつる・うつす：徙(사)는 옮기는 것을 뜻한다(徙移：사이).
'옮기다'에서 '올-욻-우쑤(받침ㄹ-'쑤'로 분절)-うつす'로 이어진다.
〔参考〕移(이：うつ)す와 이음을 같이한다.

捨 사	訓読	すてる
	音読	シャ

訓読풀이

- すてる：捨(사)는 던져 버린다는 뜻이다(取捨選擇：취사선택). 捨て石(すていし)는 토목공사에서 기초를 만들기 위하여 물속에 던져 넣는 돌을 가리킨다.
'던지다'에서 '던저-더더-두데-수데-すてる'로 이어진다.

人名訓読例

- すて：捨鍋(すてなべ), 捨明(すてあき), 捨松(すてまつ), 捨義(すてよし), 捨助(すてすけ), 捨丸(すてまる).

斜 사	訓読	かたむく·はす·ななめ
	人名訓読	なな
	音読	シャ

訓読풀이

① かたむく：斜(사)는 한쪽으로 기우는 것을 뜻한다(傾斜：경사). 즉 한쪽 끝으로 향(向)한다는 말이 된다. 끝을 뜻하는 かた(片：편)와 향을 뜻하는 む(向)く가 합성되어 かたむく로 이어진다.
〔参考〕傾(경：かたむ)く와 이음을 같이한다.

② はす：斜는 비스듬함을 뜻한다. はすに帽子(ぼうし)をかぶっている 하면 모자를 비스듬히 쓰고 있다는 뜻이다.
'비스듬'에서 '비수-바수-はす'로 이어진다.

③ ななめ：한쪽으로 기운다는 것은 한쪽으로 눕는 모습을 나타낸다.
'눕는다'에서 '눕눕-누눕-나남-ななめ'로 이어진다.

④ なな：ななめ의 준말.

人名訓読例

① ななめ：斜(외자 名).
② なな：斜森(ななもり).

梭 사	訓読	ひ
	音読	サ

訓読풀이

• ひ : 梭(사)는 ㉮ 베틀의 북을 뜻한다. '북'에서 '부-비-ひ'로 이어진다. ㉯ '베틀'에서 '베-비-ひ'로 이어진다.

笥 사	訓読	はこ
	音読	シ·ス

訓読풀이

• はこ : 笥(사)는 바구니를 뜻한다. '바구니'에서 '바구-바고-はこ'로 이어진다.

蛇 사	訓読	へび
	人名訓読	ばみ·は
	音読	ジャ·ダ

訓読풀이

① へび : 蛇(사)는 뱀을 뜻한다.
'뱀'에서 '배-へ'로 이어지고, 접미어 び가 붙어 へび가 된다.

② ばみ : '뱀'에서 '밤-바미-ばみ'로 이어진다. 왕뱀(큰뱀 · 이무기)을 うわばみ라 하는데, '우'에(上) 있는 '우에뱀'에서, '우아밤-우아바미-うわばみ로 이어지는 것이다.

③ は : ばみ의 준말.

人名訓読例

① ばみ · へび : 蛇(외자 名).

② へび : 蛇口(へびくち), 蛇抜(へびぬき), 蛇原(へびはら), 蛇田(へびた).

③ は : 蛇草(はぐさ).

奢 사	訓読	おこり·おこる
	音読	シャ

訓読풀이

• おこり · おこる : 奢(사)는 사치(奢侈)를 뜻한다. 사치는 잘 차리고 남에게 뻐긴다는 말이다.
'뻐기다'에서 '버기-보기-오고(ㅂ-ㅇ으로 변음)-おこる'로 이어진다.
〔参考〕 驕(교), 傲(오), 倨(거) 등과 이음(おこる)을 같이한다.

渣 사	訓読	かす·おり
	音読	サ

訓読풀이

① かす : 渣(사)는 앙금, 응어리, 찌꺼기를 뜻한다. 앙금 등은 밑에 깔려 있기 마련이다.
'깔리다'에서 '깔-갈-가수(받침ㄹ-'수'로 분절)-かす'로 이어진다. 쓰레기가 밑에 깔려 있어 '깜-감-곰-고미-こみ(塵 : 진)'로 이어지는 것과 맥을 같이한다.
〔参考〕 滓(재 : かす)와 이음을 같이한다.

② おり : 渣가 뜻하는 앙금, 응어리는 일정한 물체 속에 괴어 있는 것을 말하는데, 괴는 것을 어린다고도 한다. 비유적으로 마음속에 가시지 않고 괴어 어린 한(恨)을 응어리라고 한다.
'어리다' 또는 '응어리'에서 '어리-오리-おり'로 이어진다.
〔参考〕 澱(전), 滓(재)와 이음(おり)을 같이한다.

覗 사	訓読	うかがう·のぞく
	音読	シ

訓読풀이

① うかがう : 覗(사)는 엿보고 알게 됨을 뜻한다.
'알다'에서 '알고-아고-우가-うかがう'로 이어진다.

사

〔参考〕伺(사), 窺(규)와 이음(うかがう)을 같이한다.

② のぞく : 覗는 엿보는 것, 훔쳐보는 것을 뜻한다.

'엿보다'에서 '엿-옺-오조-노조(ㅇ-ㄴ으로 변음)-のぞく'로 이어진다.

〔参考〕窺(규), 覘(점)과 이음(のぞく)을 같이한다.

人名訓読例

- のぞき : 覗(외자 名), 覗野(のぞきの).

詐 사	訓読	いつわる
	音読	サ

訓読풀이

- いつわる : 詐(사)는 속이는 것을 뜻한다(詐僞 : 사위).

  '속이다'에서 '속여-속아-소아-수와-つわる'로 이어지고, 접두어 い가 붙어 いつわる가 된다.

  〔参考〕僞(위 : いつわ)る와 이음을 같이한다.

詞 사	訓読	ことば
	人名訓読	こと·つぎ·ふみ
	音読	シ

訓読풀이

① ことば : 詞(ことば)が悪(わる)い 하면 말빨이 험악하다는 말이다. '말하다'는 뜻의 '골다'(제주방언)에서 '고다-고도-こと'로 이어지고〈또는 '골'에서 '고도(받침ㄹ-'도'로 분절)-こと'로 이어짐〉, '빨'에서 '바-ば'로 이어져 ことば로 합성된다.

〔参考〕言葉(언엽 : ことば)와 이음을 같이한다.

② こと : ①의 '골다'에서 こと로 이어진다.

〔参考〕言(언 : こと)와 이음을 같이한다.

③ つぎ : 詞(사)는 뒤를 잇는 것, 뒤를 좇는 것을 뜻한다〈詞, 嗣也 : 釋名 (사, 사야 : 석명)〉.

'좇다'에서 '좇기-조기-주기-つぎ'로 이어진다.

〔参考〕嗣(사), 継(계), 承(승)과 이음(つぎ)을 같이한다.

④ ふみ : 詞는 글(文)로 배움을 뜻한다〈是時天子方好文詞 : 史記 (시시천자방호문사 : 사기)〉. '배움'에서 '뱀-붐-부미-ふみ'로 이어진다.

〔参考〕文(문), 書(서)와 이음(ふみ)을 같이한다.

人名訓読例

① こと : 詞子(ことこ).

② つぎ : 詞生(つぎお).

③ ふみ : 詞子(ふみこ).

嗄 사	訓読	からす·かれる·しゃがれる·しわがれる
	音読	サ

訓読풀이

① からす·かれる : 嗄(사)는 입속(口 : 구)이 여름철(夏 : 하) 땅이 갈라지듯이 목이 쉬어짐을 나타낸다. 声(こえ)をからして呼(よ)ぶ 하면 목이 갈라지도록(쉬도록) 부른다는 뜻이다〈終日號而不嗄 : 老子 (종일호이불사 : 노자)〉.

'갈라지다'에서 '갈라-가라-からす'로 이어진다.

〔参考〕枯(고), 涸(고)와 이음(からす)을 같이한다.

② しゃがれる·しわがれる : 목이 '쉬어 갈라지다'에서 '시어갈라-시야가레- し

ゃがれる · しわがれる'로 이어진다.

嗣 사	訓読	つぎ·つぐ
	音読	シ

訓読풀이

• つぎ · つぐ : 嗣(사)는 뒤를 좇아 대(代)를 잇는 것을 뜻한다〈嗣子(사자), 嗣續(사속)〉. '좇다'에서 '좇구–조구–주구–つぐ'로 이어진다.

〔参考〕繼(계), 承(승)과 이음(つぐ)을 같이한다.

人名訓読例

① つぎ : 嗣男(つぎお · つぐお), 嗣武(つぎたけ), 嗣房(つぎふさ), 嗣信(つぎのぶ), 嗣定(つぎさた), 嗣枝(つぎえ).

② つぐ : 嗣頼(つぐより), 嗣成(つぐなり), 嗣全(つぐまさ), 嗣清(つぐきよ), 嗣治(つぐはる), 嗣弘(つぐひろ).

肆 사	人名訓読	のぶ·よつ
	音読	シ

訓読풀이

① のぶ : 肆(사)는 넓히는 것, 펴는 것을 뜻한다.
'넓히다'에서 '넓어–너버–노부–のぶ'로 이어진다.

② よつ : 肆는 四(사)의 대용으로 쓰인다.
'넷(四)'에서 '넷–놋–욧(ㄴ–ㅇ으로 변음)–요수–よつ'로 이어진다.

人名訓読例

① のぶ : 肆子(のぶこ).

② よつ : 肆谷(よつや), 肆屋(よつや).

辞(辭) 사	訓読	やめる·ことば·ことわる
	音読	ジ

訓読풀이

① やめる : 辞(사)는 더 하지 않음을 뜻한다〈辞意(사의), 辞表(사표)〉.
'않음'에서 '안음–아음–암–야메–やめる'로 이어진다.
〔参考〕止(지), 已(이)와 이음(やめる)을 같이한다.

② ことば : '골다'(말하다)에서 '골–고도–こと', 또는 '고다–고도–こと'로 이어지고, '말빨'의 '빨'에서 '바–は'로 이어져 ことば로 합성된다.
〔参考〕言葉(언엽)과 이음(ことば)을 같이한다.

③ ことわる : 辞는 말 · 생각 · 제안 · 약속 따위를 취소, 거절하는 것, 즉 거두어들이는 것을 뜻한다.
'거두어들이다'에서 '거두어–고도와–ことわる'로 이어진다.
〔参考〕断(단 : ことわ)る와 이음을 같이한다.

鉈 사	訓読	なた
	音読	シャ·タ

訓読풀이

• なた : 鉈(사)는 장작 패는 데 사용하는 일종의 손도끼를 뜻한다. 한국의 낫이 비슷한 용도로 쓰인다. ㉮ '낫'에서 '낟–나다–なた'로 이어진다. ㉯ 도끼날의 '날'에서 '날–나다(받침 ㄹ–'다'로 분절)–なた'로 이어진다.'

人名訓読例

• なた : 鉈橋(なたはし), 鉈屋(なたや).

飼(飼) 사	訓読	かい·かう
	人名訓読	うまかい
	音読	シ

訓読풀이

① かい・かう：飼(사)는 먹여(食：식) 키우다, 기르다를 뜻한다〈飼育(사육), 飼料(사료)〉. ㉮ '키우다'에서 '키우–카우–かう'로 이어진다. ㉯ '기르다'에서 '길어–기어–가우–かう'로 이어진다.

② うまかい：飼는 말을 키우는(기르는) 것을 뜻한다.
'말 키우다'에서 '마키우–마카이–まかい'로 이어지고, 접두어 う가 붙어 うまかい로 된다.

人名訓読例

① うまかい：飼(외자 名).
② かい：飼馬(かいうま), 飼沼(かいぬま), 飼手(かいて), 飼牛(かいうし), 飼田(かいた).
③ うまかい：飼部(うまかいべ).

蓑 사	訓読	みの
	音読	サ

訓読풀이

• みの：蓑(사)는 도롱이를 뜻한다. 도롱이는 짚이나 띠 따위를 엮어 만든 비옷을 말한다. 옛날에는 비가 오면 머리에는 갓(笠：립)을 쓰고 몸에는 도롱이를 '매어' 걸쳐 비를 피했다.
'맨다'에서 '맨–민–미노–みの'로 이어진다.

人名訓読例

• みの：蓑麿(みのまろ), 蓑麻呂(みのまろ), 蓑夫(みのお), 蓑助(みのすけ), 蓑太郎(みのたろう).

賜 사	訓読	たまう·たまわる
	音読	シ

訓読풀이

• たまう・たまわる：賜(사)는 임금이나 윗사람이 내려 주는 것을 뜻한다〈下賜(하사), 賜田(사전)〉.
'주다'에서 '줌–잠–담–다마–たまう'로 이어진다.
〔参考〕給(급：たま)う와 이음을 같이한다.

① たまう：賜(외자 名).
② たま：賜子(たまこ), 賜恵(たまえ).

駛 사	訓読	はやい·はしる
	人名訓読	とし
	音読	シ

訓読풀이

① はやい：駛(사)는 빨리 달리는 것을 뜻한다.
'빠르다'에서 '발아–바아–はやい'로 이어진다.
〔参考〕速(속：はや)い와 이음을 같이한다.

② はしる：駛는 발로 달리는 것을 뜻한다.
발(足：あし)에서 동사화 되어 '발–바시(받침ㄹ–'시'로 분절)–はしる'로 이어진다.
〔参考〕走(주：はし)る와 이음을 같이한다.

③ とし：駛는 돋보일 정도로 빨리 달리는 것을 뜻한다.
'돋보이다'에서 '돋–돗–도시–とし'로 이어진다.

人名訓読例

① とし：駛量(としかず).
② はや：駛馬(はやま), 駛夫(はやお).

篩 사	訓読	ふるい
	音読	シ

訓読풀이

• ふるい : 篩(사)는 체를 뜻한다. ㉮ 체는 쳐서 잡것을 버리고 알짜를 고르는 기구이다. '버리다'에서 '벌이–불이–부루이–ふるい'로 이어진다. ㉯ 체는 잡것을 불리어 버린다. '불리다'에서 '불려–부루–ふるい'로 이어진다.

蓰 사	訓読	とおし·ふるい
	音読	シ

訓読풀이

① とおし : 蓰(사)는 겨 따위를 치는 구멍 굵은 체, 즉 어레미를 뜻한다. ㉮ 굵은 것만 남기고 나머지는 밑으로 털어 내리는 도구이다. '털다'에서 '털–터얼–토올–토오시(받침 ㄹ–'시'로 분절)–とおし'로 이어진다. ㉯ 어레미는 구멍이 크게 뚫려 있다. '뚫려'에서 '둘어–두오–도오–とおし'로 이어진다.

② ふるい : ㉮ 체는 쳐서 잡것을 버리는 도구이다. '버리다'에서 '벌이–불이–부루이–ふるい'로 이어진다. ㉯ 체는 잡것을 불리어 버린다. '불리다'에서 '불려–부루–ふるい'로 이어진다.

〔参考〕 篩(사 : ふるい)와 이음을 같이한다.

謝 사	訓読	あやまる
	音読	シャ

訓読풀이

• あやまる : 謝(사)는 실수, 잘못에 대해 사죄함을 뜻한다. 無礼(ぶれい)をあやまる 하면 무례에 대해 사과한다는 말로, 아니 할 행동에 대한 사과(謝過)가 謝(あやま)る다.

'아니다'에서 '아님–아니마–안야마–아야마–あやまる'로 이어진다.

〔参考〕 誤(오), 謬(류)와 이음(あやまる)을 같이한다.

瀉 사	訓読	そそぐ
	音読	シャ

訓読풀이

• そそぐ : 瀉(사)는 쏟아내는 것을 뜻한다〈瀉出(사출), 瀉下(사하)〉.

'쏟다'에서 '쏟구–쏘구–소소구–そそぐ'로 이어진다.

〔参考〕 注(주), 灌(관)과 이음(そそぐ)을 같이한다.

【삭】

削(削) 삭	訓読	けす·けずる· そぐ·そげる
	音読	サク

訓読풀이

① けす : 削(삭)은 꺼서 없애는 것을 뜻한다. 火(ひ)をけす 하면 불을 끄는 것이고, テレビをけす 하면 텔레비전을 끄는 것이다. けしごむ는 글씨를 끄는(지우는) 고무, 즉 고무지우개를 말한다.

'끄다'의 연용형 '꺼서'에서 '거서–게서–게수–けす'로 이어진다.

② けずる : ㉮ リストから名前(なまえ)をけずる 하면 리스트에서 이름이 꺼지는(없어지는) 것을 뜻한다. '꺼지다'의 명령형 '꺼지라'에서 '거주루–게주루–けずる'로 이어진다. ㉯ 削은 베어내다, 줄이다, 즉 까는 것을 뜻한다. かんなで木(き)をけずる 하면 대패로 나무를 까는(베어내는) 것을 뜻하고, よさん(予算)をけずる 하면 예산을 까다, 즉 줄이는

것을 뜻한다. '까지다'에서 '가지-게주-けずる'로 이어진다.

④ そぐ・そげる : ㉮ 削은 칼(刂)로 쳐서 빼앗는 것〈削奪(삭탈), 王削以地 : 禮記 (왕삭이지 : 예기)〉, 쳐서 줄이는 것(削減 : 삭감), 쳐서 없애는 것(削除 : 삭제)을 뜻한다. '치다'에서 '치-초-소-そぐ'로 이어진다. ㉯ 殺(살)도 削과 마찬가지로 そぐ로 훈독되는 것을 보면 削은 쳐서 죽이다는 뜻도 갖는 것으로 풀이된다. 感興(かんきょう)をそぐ 하면 감흥을 죽인다는 뜻이고 美観(びかん)をそぐ高層(こうそう)ビル 하면 미관을 죽이는 고층빌딩을 뜻한다. '죽다'에서 '주-조-そぐ'로 이어진다.

〔参考〕 殺(살 : そ)ぐ와 이음을 같이한다.

朔 삭	訓読	ついたち
	人名訓読	はじめ
	音読	サク

訓読풀이

① ついたち : 朔(삭)은 초하루를 뜻한다. 즉 매월 첫째 날이다. ㉮ '첫째'에서 '처어째-추어짜-추이자지-추이다지-ついたち'로 이어진다. ㉯ '달(의) 첫(날)'에서 '달-다치(받침ㄹ-'치'로 분절)-たち'로 이어지고, '첫'에서 '처어-추이-つい'로 이어져 ついたち로 합성된다.

② はじめ : 朔은 달의 처음을 뜻한다. 처음을 뜻하는 '햇'(햇곡식, 햇나물 등)에서 '핮-하지-はじめ'로 이어진다.

人名訓読例

① はじめ : 朔(외자 名).

② ついたち : 朔日(ついたち).

索 삭・색	訓読	なわ・もとめる
	音読	サク

訓読풀이

① なわ : 索(삭)은 노끈, 밧줄을 뜻한다. ㉮ '노(끈)'에서 '노-나-나아-なわ'로 이어진다. ㉯ 밧줄은 이어져 있으며 또한 잇는 기능을 한다. '이어'에서 '아어-아와-나와(ㅇ-ㄴ으로 변음)-なわ'로 이어진다.

〔参考〕 縄(승 : なわ)와 이음을 같이한다.

② もとめる : 索(색)은 물어 찾다, 구한다는 뜻이다〈索出(색출), 探索(탐색)〉. '묻다'에서 '묻-몯-모도-もとめる'로 이어진다.

人名訓読例

• なわ : 索丹(なわに).

【산】

山 산	訓読	やま
	音読	サン・セン

訓読풀이

• やま : 山(산)은 산을 뜻한다. 제주방언에 높지 않은 산을 '오름'이라 하는데, 산에 올라간다는 데서 나온 말이다. '오름'에서 '올음-오음-옴-얌-야마-やま'로 이어진다. '구름'에서 '굴음-구음-굼-구모-くも'로, '씨름'에서 '실음-시음-심-숨-수모-すもう'로 이어지는 것과 같은 이치이다.

人名訓読例

• やま : 山本(やまもと), 山林(やまばやし), 山城(やましろ), 山手(やまて・やまので), 山野(やまの), 山村(やまむら).

刪 산	訓読	けずる
	音読	サン

訓読풀이

• けずる：刪(산)은 책(冊) 속의 불필요한 글을 깎아 꺼지게 하는 것을 뜻한다(刪削：산삭).
'꺼지다'에서 '거지-게주-けずる'로 이어진다.
〔参考〕削(삭：けず)る와 이음을 같이한다.

杣 산	訓読	そま
	音読	日本国字

訓読풀이

• そま：杣은 재목으로 쓰기 위하여 나무(木)를 심은 산(山)을 뜻한다.
'심다'에서 '심-솜-소마-そま'로 이어진다.

人名訓読例

• そま：杣本(そまもと), 杣山(そまやま), 杣庄(そまのしょう), 杣田(そまだ), 杣ノ上(そまのうえ), 杣平(そまへい).

訕 산	訓読	そしる
	音読	サン·セン

訓読풀이

• そしる：訕(산)은 꾸짖는다는 말이다. 꾸짖는다는 것은 소리를 짖어대며 사람을 비방(誹謗)함을 뜻한다.
'(꾸)짖다'에서 '짖-지지-조지-そしる'로 이어진다.
〔参考〕誹(비), 謗(방)과 이음(そしる)을 같이하다.

産 산	訓読	うむ·うまれる·うぶ·むす
	音読	サン

訓読풀이

① うむ·うまれる：㉮ 産(산)은 낳는 것, 나는 것을 뜻한다〈出産(출산), 産物(산물)〉. '낳다·나다'에서 '남-눔-움(ㄴ-ㅇ으로 변음)-우무-うむ'로 이어진다.
㉯ 産은 움트는 것을 뜻한다. 希望(きぼう)がうまれる, 努力(どりょく)が成功(せいこう)をうむ 하면 희망이나 성공이 움튼다는 뜻이다. '움트다'에서 '움-우무-うむ'로 이어진다.
〔参考〕生(생：う)む와 이음을 같이한다.

② うぶ：'낳다'에서 '낳-나후-누후-우후(ㄴ-ㅇ으로 변음)-うぶ'로 이어진다.
うぶ(産)는 접두어로 '갓 낳은 그대로'라는 뜻을 갖는다〈産屋(うぶや), 産声(うぶごえ)등〉.

③ むす：産(む)す는 묻어나는 것을 뜻한다. 苔(いけ)のむした墓(はか) 하면 이끼가 묻어 난(낀) 무덤이라는 뜻이다. '묻다'에서 '묻-뭇-무수-むす'로 이어진다.

人名訓読例

① うむ：産(외자 名).
② うぶ：産方(うぶかた), 産婦木(うぶめき), 産児(うぶこ), 産子(うぶこ), 産品(うぶしな), 産形(うぶかた).

傘 산	訓読	かさ
	音読	サン

訓読풀이

• かさ：傘(산)는 우산(雨傘), 양산(陽傘)을 뜻한다. 옛날에는 비가 오거나 햇빛이 내리 쬐일 때 '갓'을 쓰고 다녔다.

'갓'에서 '갓-가사-かさ'로 이어진다.

〔参考〕笠(립 : かさ)와 이음을 같이한다.

人名訓読例

- かさ : 傘谷(かさや), 傘木(かさぎ).

散 산	訓読	ちる·ちらす·ちらし·ちらかす·ちらかる·ばら·ばらける
	音読	サン

訓読풀이

① ちる · ちらす · ちらし : 散(산)은 桜(さくら)の花(はな)が散(ち)る처럼 꽃이나 잎이 지는 것을 뜻한다. 진다는 것은 痛(いた)みが散る처럼 없어지거나 가라앉는 것도 뜻한다. 나무에서 지는(떨어지는) 낙엽은 여기저기로 흩어지면서 사방으로 퍼진다. 그래서 散る는 흩어지다는 뜻도 있다.
'지다'에서 '지-ちる'로 이어진다. 광고지(広告紙)를 뜻하는 ちらし는 흩어지면서 여기저기 뿌리는 선전물이라는 뜻이 된다.

② ちらかす · ちらかる : 散은 진다는 뜻과 갈라진다는 뜻을 갖는다. 散이 ちらかす · ちらかる로 훈독되는 것은 지고(지라) 갈라져 흩어진다는 뜻을 갖게 됨을 보여준다〈師徒彌散 : 漢書 (사도미산 : 한서)〉.
'지라 갈라'에서 '지라가라-지라가루-ちらかる'로 이어진다.

③ ばら · ばらける : 散은 떨어지는 나뭇잎이나 꽃잎이 뿔뿔이 흩어지는 것을 나타낸다.
'뿔뿔'에서 '불-발-바라-ばら'로 이어지고, ばらける로 동사화 된다.

〔参考〕ばらばら와 이음을 같이한다. 家族(かぞく)がばらばらになる 하면 가족이 뿔뿔이 갈려 있다는 뜻이다.

人名訓読例

- ちる : 散生(ちるう), 散穂(ちるほ).

算 산	訓読	かず·かぞえる
	音読	サン

訓読풀이

- かず · かぞえる : 算(산)은 算가지를 뜻한다. 算가지는 대(竹)나 뼈 등을 젓가락 같은 모양으로 만든 도구로, 셈할 때 물건의 수에 맞추어 셈하는데 썼다〈一人執算以從之 : 儀禮 (일인집산이종지 : 의례)〉.
'가지'에서 '가주-かず'로 이어지고, かぞえる로 동사화 된다.

人名訓読例

① かぞえ : 算(외자 名).

② かず : 算男(かずお), 算文(かずふみ), 算己(かずみ), 算昭(かずあき), 算彦(かずひこ), 算織(かずお).

酸 산	訓読	す·すい
	人名訓読	つ
	音読	サン

訓読풀이

① す · すい : 酸(산)은 초를 뜻한다. 초는 시다.
'시다'에서 '시-수-す · すい'로 이어진다.

② つ : す의 변음.
〔参考〕酢(초), 醋(초)와 이음(す · すい)을 같이한다.

人名訓読例

① す : 酸ケ湯(すがゆ).

② つ : 酸酸(つつ).

霰 산	訓読	あられ·ばら
	音読	サン

訓読풀이

① あられ : 霰(산)은 싸라기눈을 뜻한다. 싸라기눈은 빗방울이 내리다가 갑자기 찬 공기에 얼어서 떨어진 쌀알 같은 눈으로, 싸라기는 원래 부스러진 쌀알을 뜻한다.
'알'에서 '아라-あられ'로 이어진다.

② ばら : ばらは ばらだま(霰弾 : 산탄)의 준말. ㉮ 산탄은 총알을 한방씩 쏜다. '알'에서 '발(ㅇ-ㅂ으로 변음)-바라-ばら'로 이어지고, だま(弾)와 합성되어 ばらだま가 된다〈弾(탄 : たま) 참조〉. ㉯ 산탄은 한방씩 뿔뿔이 쏘는 것을 뜻한다. '뿔뿔'에서 '불-발-바라-ばら'로 이어지고 だま와 합성되어 ばらだま가 된다.
〔参考〕 散(산 : ばら)와 이음을 같이한다.

【살】

殺 살	訓読	ころす·そぐ·あやめる
	音読	サツ·サイ·セツ

訓読풀이

① ころす : 殺(살)은 가르다, 베다를 뜻한다〈利以殺草 : 禮記 (이이살초 : 예기)〉. 옛날에는 동물 등을 죽일 때 통상 칼로 몸을 갈라(베어서) 죽였다(殺身 : 살신).
'가르다'에서 '가르-고로-ころす'로 이어진다.

② そぐ : 殺은 칼로 쳐 죽이는 것을 뜻한다. ㉮ '치다'에서 '치-초-소-そぐ'로 이어진다. ㉯ '죽이다'에서 '죽-족-속-そぐ'로 이어진다.
〔参考〕 削(삭 : そ)ぐ와 이음을 같이한다.

③ あやめる : あやめる는 사람에게 위해를 가하는 것, 죽이는 것으로 사람으로서 해서는 아니 될 가장 나쁜 행위를 말한다.
'아니다'에서 '안야-아야-あやめる'로 이어진다.

撒 살	訓読	まく
	音読	サン·サツ

訓読풀이

• まく : 撒(살)은 물을 뿌린다는 뜻이다. 밭에 물을 뿌리는 것은 땅 밑에 물을 묻게 하여 뿌리를 자라게 함이다. 그래서 撒く는 埋(うめ)る와 뜻을 같이한다.
'묻다'에서 '무-마-まく'로 이어진다.
〔参考〕 捲(파), 蒔(시)와 이음(まく)을 같이한다.

【삼】

三 삼	訓読	み·みつ
	人名訓読	かず·ぞ
	音読	サン

訓読풀이

① み·みつ : 고구려시대에 三을 밀(密)이라 했다.
'밀'에서 み·みつ(받침ㄹ-つ로 분절)로 이어진다.

② かず : 三은 갖가지, 여러 가지, 여러 번을 뜻한다〈三思而後行 : 論語 (삼사이후행 : 논어)〉.
'갖가지'에서 '갖-가주-かず'로 이어진다.

사

〔参考〕 数(수 : かず)와 이음을 같이한다.

③ ぞ : 三을 서(서 말), 석(석 달), 세(세 사람), 셋(셋째) 등으로 쓴다.
'서 · 석 · 세 · 셋'에서 '서-소-ぞ'로 이어진다.

人名訓読例

① み : 三国(みくに), 三島(みしま), 三笠(みかさ), 三星(みほし · みつほし · みつぼし), 三田(みた), 三井(みい · みつい).

② みつ : 三つ家(みつや · みや), 三木(みつき · みき), 三子(みつこ), 三森(みつもり), 三元(みつもと), 三井(みつい).

③ かず : 三角(かずみ), 三光(かずみつ), 三男(かずお · みつお), 三省(かずみ · みつみ · みつよし), 三亥(かずい · みつい), 三彦(かずひこ · みつひこ).

④ ぞ : 晋三(しんぞ).

杉 삼	訓読	すぎ
	音読	サン

訓読풀이

• すぎ : 杉(삼)은 삼나무(杉木 : 삼목)를 뜻한다. 일본 특산으로 줄기는 약 40m 가량이며 위로 죽 곧게 솟는다. ㉮ '죽'에서 '주기-すぎ'로 이어진다. ㉯ '솟다'에서 '솟기-소기-수기-すぎ'로 이어진다.

人名訓読例

• すぎ : 杉谷(すぎたに · すぎや), 杉立(すぎたち · すぎたつ), 杉本(すぎもと), 杉山(すぎやま), 杉村(すぎむら).

芟 삼	訓読	かる
	音読	サン·セン

訓読풀이

• かる : 芟(삼)은 풀(艹) 등을 베어 가르는 것을 뜻한다.
'가르다'에서 '갈-가루-かる'로 이어진다.
〔参考〕 刈(예 : か)る와 이음을 같이한다.

森 삼	訓読	もり
	人名訓読	しげる
	音読	シン

訓読풀이

① もり : 森(삼)은 나무가 빽빽하게 무리지어 몰려 있는 것을 뜻한다〈森林(삼림)〉.
㉮ '무리'에서 '모리-もり'로 이어진다.
㉯ '몰려'에서 '몰-모리-もり'로 이어진다.

② しげる : 森은 빽빽하게 차 있는 것을 뜻한다.
'차다'에서 '차거라-치게라-시게루-しげる'로 이어진다.
〔参考〕 茂(무 : しげ)る와 이음을 같이한다.

人名訓読例

① しげる · もり : 森(외자 名).

② もり : 森林(もりばやし), 森繁(もりしげ), 森山(もりやま), 森岩(もりいわ), 森長(もりなが), 森正(もりまさ).

滲 삼	訓読	しみる·にじむ
	音読	シン

訓読풀이

① しみる : 滲(삼)은 새는 것을 뜻한다.
'새다'에서 '샘-심-시미-しみる'로 이어진다.

② にじむ : 滲은 넘쳐서 새는 것, 스며나오는 것을 뜻한다. 涙(なみだ)が目(め)に

にじむ 하면 눈물이 넘쳐 스며나오는 것을 뜻한다.
'넘치다'에서 '넘침—님심—니시무—にじむ'로 이어진다.

【삽】

挿 삽	訓読	さす·はさむ·すげる·かずす
	音読	ソウ

訓読풀이

① さす : 挿(삽)은 끼어 차는 것을 뜻한다. 刀(かたな)を腰(こし)にさす 하면 칼을 허리에 차는 것을 뜻한다.
'차다'에서 '차—사—さす'로 이어진다.

② はさむ : 本(ほん)にしおりをはさむ 하면 책에 書標(서표)를 끼워 붙이는 것을 뜻한다.
'붙이다'에서 '부침—바참—바차무—하사무—はさむ'로 이어진다.
〔参考〕 挟(협 : はさ)む와 이음을 같이한다.

③ すげる : 挿은 끼워 달다라는 뜻이다. げたの緒(お)をすげる 하면 나막신의 끈을 단다는 말이다.
'달다'에서 '달거라—다게루—두게루—수게루—すげる'로 이어진다.
〔参考〕 箝(겸 : す)げる와 이음을 같이한다.

④ かざす : 挿頭(삽두 : かざ)す는 머리에 꽃 따위를 꽂는 것을 뜻한다.
'꽂다'에서 '곶—고자—가자—かざす'로 이어진다.

渋(澁) 삽	訓読	しぶ·しぶい·しぶる
	音読	ジュウ

訓読풀이

• しぶ・しぶい・しぶる : ㉮ 渋(삽)은 떫은 맛을 뜻한다〈酸澁如棠梨 : 杜甫 (산삽여당리 : 두보)〉. この柿(かき)はしぶい 하면 이 감은 떫다는 뜻이다. '떫다'에서 '덜부—더부—디부—시부—しぶ・しぶい'로 이어진다. ㉯ 渋은 씁쓸함을 뜻한다. しぶい顔(かお)는 씁쓸한 표정의 얼굴을 뜻하고, しぶい返事(へんじ)는 마지못해 하는 씁쓸한 대답이라는 뜻이다. '씁쓸'에서 '습—스부—시부—しぶい'로 이어진다. ㉰ 渋은 차분함을 뜻한다. しぶい好(この)みの人(ひと)는 차분한 취향의 사람이라는 뜻이다. '차분'에서 '차부—치부—시부—しぶい'로 이어진다. ㉱ 渋은 싫다는 뜻이다. しぶい顔(かお)는 싫어 하는 얼굴을 뜻하고, 金(かね)を出(だ)ししぶる 하면 돈내기를 싫어 한다는 뜻이다. '싫다'에서 '실허—시허—시후—시부—しぶる'로 이어진다.

人名訓読例

• しぶ : 渋江(しぶえ), 渋谷(しぶや・しぶたに), 渋木(しぶき), 渋垂(しぶたれ), 渋田(しぶた), 渋川(しぶかわ).

【상】

上 상	訓読	うえ·うわ·かみ·あげる·あがる·のぼる·のぼせる·のぼす·ほとり
	人名訓読	かど·かず·きみ·こう·ほず
	音読	ジョウ·ショウ

訓読풀이

① うえ・うわ : 上(상)은 위, 위에 있음을

뜻한다
'위에'에서 '우에－うえ'로 이어지고, '우에－우아－うわ'로 이어진다.

② かみ : 上은 상제(上帝), 천자(天子), 임금, 주상(主上)을 뜻한다. 이들도 神(かみ : 신)처럼 모신다는 뜻에서 上은 神과 마찬가지로 かみ로 훈독된다〈神(신) 참조〉.

③ あげる · あがる : 上은 올라가는 것, 오르는 것을 뜻한다.
'오르다'에서 '오－아－あげる · あがる'로 이어진다.

④ のぼる · のぼせる · のぼす : 上은 높은 데, 높은 벼슬, 높이 올라가는 것, 높이 숭상하는 것을 뜻한다.
'높다'에서 '높－노보－のぼ'로 이어지고 のぼる · のぼせる · のぼす로 동사화된다.

⑤ ほとり : 上은 가, 곁, 붙어 있는 곳, 즉 부근(附近 : 부근)을 뜻한다〈子在川上 : 論語 (자재천상 : 논어)〉. 천상(かわほとり : 川上)은 냇가, 즉 川辺(천변)을 뜻한다.
'붙다'에서 '붙－봍－보도－ほと(り)'로 이어진다. 辺(あたり)가 '잇따라'에서 이어지는 것과 맥을 같이한다.

⑥ かど : 上은 곁을 뜻한다.
'곁'에서 '같－가도－かど'로 이어진다.
〔参考〕 角(각 : かど)와 이음을 같이한다.

⑦ かず : 上은 거죽, 표면을 뜻한다(海上 : 해상, 地上 : 지상).
'거죽'에서 '거주－가주－かず'로 이어진다.

⑧ きみ : ②에서의 かみ와 이음을 같이한다〈君(군) 참조〉.

⑨ こう : 上은 꼭대기를 뜻한다(頂上 : 정상).
'꼭대기'에서 '꼬－고－こう'로 이어진다.

⑩ ほず : ⑤에서의 '붙다'에서 '붙－봇－보주－ぼず'로 이어진다. ほとり의 변음.

人名訓読例

① うえ · かど · かみ · のぼる : 上(외자名).

② うえ : 上橋(うえはし · かみはし), 上宮(うえのみや), 上道(うえみち), 上釜(うえかま · かみがま), 上野(うえの · うわの), 上村(うえむら · かみむら).

③ うわ : 上関(うわぜき · かみせき), 上島(うわじま), 上柳(うわやなぎ · かみやなぎ), 上尾(うわお), 上森(うわもり · うえもり), 上住(うわずみ).

④ かみ : 上谷(かみたに · かみや), 上口(かみくち), 上代(かみしろ), 上方(かみがた), 上法(かみのり), 上本(かみもと).

⑤ あげ : 上尾(あげお · かみお), 上羽(あげは · うえは), 上野(あげの · うえの), 上田(あげた · うえた), 上井(あげい · かみい), 上妻(あげつま · うえつま).

⑥ あが · あがり : 上利(あがり), 上里(あがり), 上尾(あがりお), 上穂(あがほ), 上妻(あがつま), 上野(あがの), 上戸(あがっこ · うえと).

⑦ かず : 上家(かずいえ), 上総(かずさ), 上雄(かずお), 上総介(かずさのすけ).

⑧ きみ : 上雄(きみお).

⑨ こう : 上滝(こうたき · うえたき), 上竜(こうたき), 上津(こうず · うえつ), 上妻(こうずま · あがつま), 上泉(こういずみ · かみいずみ).

⑩ ほず : 上枝(ほずえ · うええた).

床 상	訓読	とこ·ゆか
	音読	ショウ

訓読풀이

① とこ：床(상)은 밥상, 책상, 탁상 등 물건 두는 곳을 뜻한다. 잠자리, 마루 등도 뜻하는데 이 경우에는 사람의 몸을 두는 곳이라고 풀이할 수 있다.
'두는 곳' 또는 '두고'에서 '두고–도고–とこ'로 이어진다.

② ゆか：床은 잠자리, 마루, 즉 사람이 '눕는 곳'을 뜻한다. 침상(寢床)은 눕는 곳, 기상(起床)은 눕는 곳에서 일어나는 것을 말한다.
'눕는 곳'에서 '누곳–누고–누가–유가(ㄴ–ㅇ으로 변음)–ゆか'로 이어진다.

人名訓読例

• とこ ： 床岡(とこおか), 床谷(とこたに), 床鍋(とこなべ), 床嶋(とこしま), 床並(とこなみ), 床波(とこなみ).

尙 상	訓読	くわえる·たふとぶ·たっとぶ·とうとぶ·とうとむ·なお
	人名訓読	たか·なおし·のぶ·ひさ·ひさし·まさ·ます·よし
	音読	ショウ

訓読풀이

① くわえる：尙(상)은 이미 있던 것에 다른 것을 끼워 넣어 힘이나 숫자에서 보탬이 되도록 한다는 뜻이다〈好仁者 無以尙之 : 論語 (호인자 무이상지 : 논어)〉.
'끼우다'에서 '꿰어–꾸어–구아–くわえる'로 이어진다.
〔参考〕加(가 : くわ)える와 이음을 같이한다.

② たふとぶ·たっとぶ：尙은 숭상(崇尙), 즉 떠받쳐 높이는 것을 뜻한다.
'떠받치다'에서 '떠받––다붇–다브도–たふとぶ'로 이어진다. たっとぶ는 たふとぶ의 音便形이다.

③ とうとぶ·とうとむ：たふとぶ와 이음을 같이한다. 즉 たふとぶ의 たか と로 변음되고, ふか う로 변음된다.
〔参考〕尊(존), 貴(귀)와 이음(とうとぶ·とうとむ)을 같이한다.

④ なお·なおし：尙은 더 나아질 것(좋아질 것)이 있음을 나타낸다. なお努力(どりょく)せよ 하면 나아지도록 더욱 노력하라는 뜻이다.
'나아'에서 '나오–なお'로 이어진다.
〔参考〕直(직)과 이음(なお)을 같이한다.

⑤ たか：尙은 떠받쳐 숭상하는 것을 뜻한다.
'뜨다'에서 '뜨고–다고–다가–たか'로 이어진다.

⑥ ひさ·ひさし：尙은 힘을 붙여(보태) 주는 것을 뜻한다.
'붙여'에서 '부쳐–비서–비사–ひさ·ひさし'로 이어진다.

⑦ まさ·よし：尙은 도리에 맞고 올바른 것을 숭상하는 것을 뜻한다. ㉮ '맞다'에서 '맞–마자–まさ'로 이어진다. ㉯ '올'에서 '오시(받침ㄹ–'시'로 분절)–よし'로 이어진다.

⑧ ます：尙은 ⑥에서와 같이 붙여서(보태서) 많아지는 것을 뜻한다.
'많다'에서 '마–ます'로 이어진다.
〔参考〕増(증 : ま)す와 이음을 같이한다.

人名訓読例

① たかし·なお·なおし·ひさ·ひさし

사

：尙(외자 名).

② なお ： 尙幹(なおもと), 尙基(なおもと), 尙徳(なおのり), 尙道(なおみち), 尙文(なおふみ).

③ たか ： 尙宏(たかひろ), 尙久(たかひさ), 尙克(たかかつ), 尙道(たかみち), 尙文(たかふみ), 尙典(たかのり).

④ ひさ ： 尙寛(ひさひろ), 尙具(ひさとも), 尙紀(ひさのり), 尙基(ひさもと), 尙純(ひさずみ), 尙義(ひさよし).

⑤ まさ：尙子(まさこ · たかこ · なおこ · ひさこ · ますこ · よしこ), 尙志(まさし).

⑥ ます：尙子(ますこ).

⑦ よし ： 尙古(よしふる), 尙徳(よしのり), 尙子(よしこ), 尙周(よしちか), 尙憲(よしのり), 尙弘(よしひろ).

峠 상	訓読	とうげ
	音読	日本国字

訓読풀이

• とうげ：峠는 산(山)에서 오르(上)내리게(下)된 비탈, 즉 고개턱을 뜻한다.
'고개턱'에서 '턱－톡－토게－토오게－とうげ'로 이어진다.

人名訓読例

• とうげ：峠口(とうげぐち), 峠原(とうげはら), 峠田(とうげだ), 峠之助(とうげのすけ).

相 상	訓読	あい·たすける·みる
	人名訓読	おう·すけ·とも
	音読	ソウ·ショウ

訓読풀이

① あい：相(상)은 서로 어우(아우)르는 것을 뜻한다.
'어우(아우)'에서 '아이－あい'로 이어진다.
〔参考〕 合(합), 会(합)과 이음(あい)을 같이한다.

② たすける：㉮ 相은 돕는 것을 뜻한다. '돕다'에서 '도아서－다서－다수－たすける'로 이어진다. ㉯ 相은 다스리는 것을 뜻한다〈楚所相也 ： 左氏傳 (초소상야 : 좌씨전)〉. '다스리다'에서 '다수－たすける'로 이어진다.

③ みる：相은 나무(木) 위에서 자세히 보는(目) 것을 나타낸다〈相時而動 ： 左氏傳 (상시이동：좌씨전)〉.
눈매의 '매'에서 '미－みる'로 동사화 된다.

④ おう ：'어우(아우)르다'에서 '아우－오우－おう'로 이어진다.

⑤ すけ：'돕다'에서 '돕－도－두－수－すけ'로 이어진다. 또한 '주다'에서 '주게－すけ'로 이어진다.

⑥ とも：㉮ '돕다'에서 '도움－돔－도모－とも'로 이어진다〈相扶相助(상부상조)〉. ㉯ 相은 서로 어울리며 동무하는 것을 뜻한다. '동무'에서 '도무－도모－とも'로 이어진다.

人名訓読例

① あい · たすく：相(외자 名).

② あい ： 相関(あいぜき), 相笠(あいかさ), 相本(あいもと), 相生(あいおい), 相川(あいかわ), 相沢(あいざわ).

③ おう ： 相見(おうみ), 相口(おうぐち), 相星(おうぼし), 相知(おうち), 相坂(おうさか), 相可(おうか).

④ すけ ： 相近(すけちか), 相茂(すけもち), 相保(すけやす), 相信(すけのぶ),

相政(すけまさ), 相賢(すけかた).
⑤ とも：相倍(とものぶ).

祥(祥) 상	訓読	きざし·さいわい
	人名訓読	あき·さち·やす·よし
	音読	ショウ

訓読풀이

① きざし：㉮ 祥(상)은 조짐, 전조(前兆), 징조(徵兆)를 뜻한다. 옛날에는 귀갑(亀甲)이나 수골(獸骨)이 갈라 깨져서 터진 잔금의 형상을 보고 앞으로의 조짐을 점쳤다. '깨져서'에서 '개저서–기자서–きざす・きざし'로 이어진다. ㉯ 조짐은 낌새를 뜻한다. '낌새'에서 '김새–기새–기사–きざ(し)'로 이어진다.
〔参考〕 兆(조), 萌(맹)과 이음(きざし)을 같이한다.

② さいわい：不幸中(ふこうちゅう)のさいわいは 불행 중 다행이라는 뜻으로, 다른 표현으로는 액(厄)을 면해 정말 좋다는 말이다.
'좋다'에서 '좋아–조와–사와–さいわい'로 이어진다.
〔参考〕 幸(행：さいわ)い와 이음을 같이한다.

③ あき：祥은 앞으로의 조짐이 밝음을 뜻한다(吉祥：길상).
'밝다'에서 '밝–바기–아기(ㅂ–ㅇ으로 변음)–あき'로 이어진다.

④ さち：②에서의 '좋다'에서 '좋지–소지–사지–さち'로 이어진다.
〔参考〕 幸(さち)와 이음을 같이한다.

⑤ やす：祥은 복(福)이 좋아 쉬면서 살아감을 뜻한다.
'쉬다'에서 '수–す'로 이어지고, 접두어 や가 붙어 やす가 된다.

⑥ よし：祥은 祥瑞(상서)로움, 즉 옳게 됨을 뜻한다.
'옳다'에서 '올–오시(ㄹ–'시'로 분절)–よし'로 이어진다.

人名訓読例

① あき：祥男(あきお・さちお・よしお), 祥義(あきよし), 祥子(あきこ).
② さち：祥乃(さちの), 祥彦(さちひこ), 祥子(さちこ), 祥護(さちもり), 祥晃(さちあき), 祥夫(さちお).
③ やす：祥史(やすし・よしふみ), 祥参(やすかず), 祥也(やすなり), 祥次(やすつぐ).
④ よし：祥明(よしあき), 祥文(よしふみ), 祥秀(よしひで), 祥議(よしのり), 祥人(よしひと), 祥浩(よしひろ).

商 상	訓読	あきなう
	音読	ショウ

訓読풀이

• あきなう：商(상)은 장사하는 것을 뜻한다. 食料品(しょくりょうひん)をあきなう 하면 식료품장사를 한다는 뜻인데, 장사란 이윤을 얻는 일이다.
'얻다'에서 '얻기–어기–아기–あきなう'로 이어진다.

人名訓読例

• あき：商長(あきおさ・あきなが), 商次(あきつぐ), 商人(あきんど).

常 상	訓読	つね·とこ
	人名訓読	とき·ひさ·みち
	音読	ジョウ

訓読풀이

① つね：常(상)은 이제나, 저제나, 언제나

사

불변함을 뜻한다.

'제나'에서 '주나-주네-つね'로 이어진다.

② とこ·とき : 常은 장소(とこ)와 시간(とき)를 가리지 않고 恒常(항상) 불변함을 뜻한다. ㉮ 갈 데, 누울 데 등 장소(곳)를 뜻하는 '데'에서 '데-도-と'로 이어지고, '곳'에서 '고-こ'로 이어져 とこ로 합성된다. ㉯ 때를 뜻하는 '적(어릴 적· 젓 먹을 적 등)'에서 '덕-독-도기-とき'로 이어진다.

〔参考〕 所(소 : とこ), 時(시 : とき)와 이음을 같이한다.

③ ひさ : ㉮ 常은 항상 붙어 이어져 있음을 나타낸다. '붙'에서 '빝-빗-비사-ひさ'로 이어진다. ㉯ 常은 오래도록 널리 펼쳐짐을 뜻한다〈魯邦是常 : 詩經 (노방시상 : 시경)〉. '펼'에서 '필-힐-히사(받침ㄹ-'사'로 분절)-ひさ'로 이어진다.

④ みち : 常은 사람으로서 행하여야 할 도리(道理)를 뜻한다〈常道(상도)〉.

길을 뜻하는 道와 이음(みち)을 같이한다〈道(도) 참조〉.

人名訓読例

① つね : 常道(つねみち), 常本(つねもと), 常田(つねた·ときた·とこた), 常住(つねずみ), 常基(つねもと), 常文(つねふみ).

② とこ : 常浚(とこおか), 常世(とこよ), 常井(とこい), 常夏(とこなつ), 常春(とこはる), 常昭(とこあきら).

③ とき : 常緑(ときわ), 常羽(ときわ), 常田(ときた), 常倉(ときくら), 常沢(ときさわ), 常夫(ときお).

④ ひさ : 常子(ひさこ·つねこ), 常治(ひさはる).

⑤ みち : 常和(みちたか·つねかず).

爽 상	訓読	さわやか
	人名訓読	あき
	音読	ソウ

訓読풀이

① さわやか : 爽(상)은 시원하고 상쾌(爽快)한 것을 뜻한다.

'시원하다'에서 '시원-시어-사아-さわ'로 이어지고, 접미어 やか가 붙어 さわやか로 이어진다.

② あき : 爽은 날이 밝는 것, 마음이 밝고 즐거운 것을 뜻한다.

'밝다'에서 '박-바기-아기(ㅂ-ㅇ으로 변음)-あき'로 이어진다.

人名訓読例

• さわ·あき : 爽子(さわこ·あきこ).

喪 상	訓読	うしなう·も
	音読	ソウ

訓読풀이

① うしなう : ㉮ 喪(상)은 없어지는 것을 뜻한다〈喪失(상실)〉. '없어지다'에서 '업서-어시-우시-うしなう'로 이어진다. ㉯ 없어지는 것은 놓치는 것을 뜻한다. '놓치다'에서 '노치-노시-누시-우시(ㄴ-ㅇ으로 변음)-うしなう'로 이어진다.

② も : 喪은 없어진 조상 또는 사람을 애도하며 모시는 의례이다. 喪屋(もや)는 없어진 이를 모시는 빈소(殯所)이다.

'모시다'에서 '모-も'로 이어진다.

廂 상	訓読	ひさし
	音読	ジョウ

訓読풀이

• ひさし : 廂(상)은 ㉮ 본채 주위에 붙은

조붓한 방, 처마나 모자 앞에 붙은 차양(遮陽)을 뜻한다. 모두 본체에 붙어 있는 부속물을 나타낸다. '붙다'에서 '붓–빗–비사–ひさし'로 이어진다. ㉯ 붙어 있다 함은 붙어 펼쳐있음을 뜻한다. '펼'에서 '필–힐–히사(받침ㄹ–'사'로 분절)–ひさ(し)'로 이어진다.

〔参考〕庇(비)와 이음(ひさし)을 같이한다.

人名訓読例

• ひさ：廂夫(ひさお).

翔 상	訓読	とぶ
	音読	ショウ

訓読풀이

• とぶ：㉮ 翔(상)은 飛翔(비상), 즉 하늘 위로 뜨는 것을 뜻한다. '뜨다'에서 '뜨–도–とぶ'로 이어진다. ㉯ 翔은 뛰어가는 것을 뜻한다〈室中不翔：禮記 (실중부상：예기)〉. '뛰다'에서 '뛰–두–도–とぶ'로 이어진다.

〔参考〕飛(비), 跳(도)와 이음(とぶ)을 같이한다.

象 상	訓読	かたどる
	人名訓読	きさ
	音読	ショウ·ゾウ

訓読풀이

① かたどる：象(상)은 본뜨는 것, 즉 꼴(골)을 뜨는 것을 뜻한다.
'꼴(골)'에서 '갈–가다–かた'로 이어지고, '뜨다'에서 '뜨–또–どる'로 이어져 かたどる로 합성된다. 象取(かたど)る가 된다.

② きさ：㉮ 象은 조짐, 낌새를 뜻한다〈見乃謂之象：易經 (견내위지상：역경)〉. '낌새'에서 '김세–기새–기사–きさ'로 이어진다. ㉯ 옛날에는 귀갑(亀甲)이나 수골(壽骨)이 깨져 갈라진 잔금의 형상(形象)을 보고 미래의 조짐을 점쳤다. '깨지다'에서 '깨져–기저–기사–きさ'로 이어진다. ㉰ 象은 실물을 본떠 나무나 갑골에 형상을 긋거나 긁는 것을 뜻한다. '긋다'에서 '그심–그시–기사–きさ'로 이어지고, '긁다'에서 '글–길–기사(받침 ㄹ–'사'로 분절)–きさ'로 이어진다.

人名訓読例

• きさ：象(외자 名), 象雄(きさお), 象山(きさやま), 象潟(きさがた).

傷 상	訓読	きず·いたむ·いためる·そこなう
	音読	ショウ

사

訓読풀이

① きず：傷(상)은 몸의 어느 부위가 상처를 입는 것을 뜻한다. きずを負(お)う는 피부가 까져 상처를 입는다, 額(いたい)のきず는 이마의 까진 상처, 茶碗(ちゃわん)にきずがある 하면 밥공기가 까져 흠집이 생겼다는 말이다.
'까지다'에서 '까져–가저–가주–기주–きず'로 이어진다.

② いたむ·いためる：傷은 앓는 것을 뜻한다〈行宮見月傷心色：白居易 (행궁견월상심색：백거역)〉.
'앓다'에서 '아다–이다–いたむ'로 이어진다.
〔参考〕痛(통), 悼(도)와 이음(いたむ)을 같이한다.

③ そこなう：음식이 傷(상)했다 하면 썩었다는 뜻이다.
'썩다'에서 '썩고–서고–소고–そこなう'

로 이어진다.

〔参考〕 損(손 : そこ)なう와 이음을 같이 한다.

想 상	訓読	おもう
	音読	ソウ·ソ

訓読풀이

- おもう : 想(상)은 알아내다, 알게 되다를 뜻한다. 想起(상기)는 이미 알던 것을 도로 알게 됨(생각해 냄)을 말하고, 想像(상상)은 짐작으로 아는 것을 마음속으로 그려보는 것을 말한다.
  '알다'에서 '암–옴–오모–おもう'로 이어진다.
  〔参考〕 思(사 : おも)う와 이음을 같이한다.

詳 상	訓読	くわしい
	人名訓読	よし
	音読	ショウ

訓読풀이

① くわしい : 詳察(상찰)은 고루고루 작은 것까지 상세(詳細)히 살피는 것을 뜻하고, 詳報(상보)는 이것저것 고루고루 알리는 것을 뜻한다〈略則擧大 詳則擧小 : 荀子 (약즉거대 상즉거소 : 순자)〉.
'고루'에서 '골우–굴우–구우–구아–くわしい'로 이어진다.

② よし : 詳은 올바르게 마음 쓰는 것을 뜻한다〈不赦不詳 : 公羊傳 (불사부상 : 공양전)〉.
'올'에서 '올–오시(받침ㄹ–'시'로 분절)–よし'로 이어진다.

人名訓読例

- よし : 詳直(よしのぶ).

像 상	訓読	かたどる
	人名訓読	きさ
	音読	ゾウ

訓読풀이

- かたどる · きさ : 象(상)과 이음을 같이 한다〈象(상) 참조〉.

人名訓読例

① かた : 像見(かたみ).
② きさ : 像潟(きさがた).

嘗 상	訓読	かつて·なめる
	音読	ショウ·ジョウ

訓読풀이

① かつて : 嘗(상)은 옛날, 일찍이를 뜻한다. 즉 일찍이 갔음을 뜻한다. かつての栄光(えいこう)는 영광은 갔다는 말이다.
'갔다'에서 '갔–가쓰–かつ(て)'로 이어진다.

② なめる : 嘗은 음식을 입에 넣어 맛보는 것을 뜻한다〈嘗味(상미)〉.
'넣다'에서 '넘–남–나메–なめる'로 이어진다.

人名訓読例

① かつ : 嘗美(かつよし).
② なめ : 嘗見(なめみ).

裳 상	訓読	も
	音読	ショウ

訓読풀이

- も : ㉮ 裳(상)은 치마를 뜻한다〈緑衣黄裳 : 詩經 (녹의황상 : 시경)〉. '치마'의 '마'에서 '모–も'로 이어진다. ㉯ 裳은 사물의 모습을 나타낸다〈裳裳者華 其葉湑兮 : 詩經 (상상자화 기엽서혜 : 시경)〉.
  '모습'에서 '모–も'로 이어진다.

人名訓読例

• も : 裳掛(もかけ), 裳原(もばら), 裳昨(もくい), 裳懸(もかけ), 裳代(もよ).

箱 **상**	訓読	はこ
	音読	ショウ·ソウ

訓読풀이

• はこ : 箱(상)은 바구니를 뜻한다.
'바구니'에서 '바구-바고-はこ'로 이어진다.

人名訓読例

• はこ : 箱宮(はこみや), 箱根(はこね), 箱島(はこしま), 箱山(はこやま), 箱石(はこいし), 箱田(はこだ).

賞 **상**	訓読	ほめる·めでる
	人名訓読	すけ·たか·よし
	音読	ショウ

訓読풀이

① ほめる : 賞(상)은 뽐내라고 칭찬하는 것, 상 주는 것을 뜻한다.
'뽐'에서 '봄-홈-호메-ほめる'로 이어진다.
〔参考〕 誉(예 : ほ)める와 이음을 같이한다.

② めでる : 賞은 멋있다고 칭찬하는 것, 귀여워하는 것을 뜻한다.
'멋'에서 '먼-멘-메데-めでる'로 이어진다.
〔参考〕 愛(애 : め)でる와 이음을 같이한다.

③ すけ : 賞은 賞品(상품), 賞金(상금) 등을 주는 것을 뜻한다.
'주다'에서 '주-수-すけ'로 이어진다.

④ すすむ : 賞은 賞讃(상찬) 등으로 용기를 북돋아 주는 것을 뜻한다.
'돋우다'에서 '도둠-두둠-두두무-수수무-すすむ'로 이어진다.

⑤ たか : 賞은 높이 떠받드는 것을 뜻한다.
'뜨다'에서 '뜨고-다고-다가-たか'로 이어진다.

⑥ よし : 賞은 옳은 일을 기리는 것을 뜻한다〈善則賞之 : 左氏傳 (선즉상지 : 좌씨전)〉.
'옳다'에서 '올-오시(받침ㄹ-'시'로 분절)-よし'로 이어진다.

人名訓読例

① すすむ · たかし : 賞(외자 名).
② すけ : 賞善(すけたる).
③ たか : 賞雅(たかまさ).
④ よし : 賞雅(よしまさ), 賞成(よししげ).

橡 **상**	訓読	とち
	音読	ショウ

訓読풀이

• とち : 橡(상)은 도토리를 뜻한다. 橡の木(とちのき)는 칠엽수(七葉樹)로 도토리나무(상수리나무)를 말한다.
'도토'에서 '토티-とち'로 이어진다.

人名訓読例

• とち : 橡面坊(とちめんぼう), 橡内(とちうち · とちない), 橡尾(とちお), 橡川(とちかわ).

償 **상**	訓読	つぐなう
	音読	ショウ

訓読풀이

• つぐなう : 償은 補償(보상), 즉 갚아 주는 것을 뜻한다. 損失(そんしつ)をつぐなう 하면 손실에 대한 보상으로 돈이나 물건을 준다는 말이다.

'주다'의 연용형 '주구'에서 '주구−つぐなう'로 이어진다.

〔参考〕補(おぎな)う는 손실 입은 바에 대해 補償(보상)으로 얻는 것을 뜻한다. 赤字(あかじ)をおぎなう 하면 적자를 다른 것으로 얻어 보충(補充)한다는 말이다. '얻다'에서 '어기−오기−おきなう'로 이어진다. '주다'를 뜻하는 つぐなう(償う)와 대조를 이룬다.

霜 상	訓読	しも
	音読	ソウ

訓読풀이

- しも：霜(상)은 서리를 뜻한다. 서리는 수증기가 얼어 센 머리처럼 하얗게 된 가루모양의 얼음을 가리킨다. 頭(かしら)にしもを戴(いただ)く 하면 머리가 세어 서리처럼 하얗게 되었다, 즉 백발이 됨을 뜻한다〈艱難苦恨繁霜鬢：杜甫(간난고한번상빈：두보)〉.

  '세다'에서 '셈−심−시모−しも'로 이어진다.

人名訓読例

- しも：霜降(しもふり), 霜島(しもじま), 霜山(しもやま), 霜上(しもかみ), 霜鳥(しもとり), 霜川(しもかわ).

孀 상	訓読	やもめ
	音読	ソウ

訓読풀이

- やもめ：孀(상)은 과부(寡婦), 홀어미를 뜻한다. 과부는 남편을 여의고 홀로 사는 여자를 말한다.

  '여의다(잃다)'에서 '여임(일음−이음)−염−얌−야모−やも'로 이어지고, 사람을 지칭하는 어미 め가 붙어 やもめ가 된다.

  〔参考〕寡(과), 鰥(환)과 이음(やもめ)을 같이한다.

【새】

塞 새·색	訓読	とりで·ふさぐ·せく
	音読	サイ·ソク

訓読풀이

① とりで：塞(새)는 본성(本城)에서 떨어진 요새(要塞)로, 본성을 둘러싼 소규모 성터를 뜻한다.

본성을 '둘러싼 (성)터'에서 '둘러터−두러터−도리데−とりで'로 이어진다.

〔参考〕塁(루), 砦(채)와 이음(とりで)을 같이한다.

② ふさぐ：塞은 붙잡고 막는 것을 뜻한다. 出入口(でいりぐち)をふさぐ 하면 출입구를 손으로 붙잡고 막는 것을 말한다.

'붙잡구'에서 '부자구−ふさぐ'로 이어진다.

③ せく：㉮ 岩(いわ)にせかれた谷川(たにかわ)는 바위가 쌓여서 골짜기의 시냇물이 막혀 있음을 나타낸다. '쌓다'의 연용형 '쌓고'에서 '싸고−세구−せく'로 이어진다. ㉯ 사이를 떼어놓는 것을 せく라 하는데(仲をせく), 사이에 무엇을 쌓아 놓으면 떼어지게 되어 있다. '떼다'에서 '데−세−せく'로 이어진다.

璽 새	訓読	しるし
	音読	ジ

訓読풀이

- しるし：璽(새)는 옥새(玉璽)를 뜻한다. 옥새는 일종의 도장이다. 도장은 뾰족한 것으로 찔러서 새겨 만든다.

  '찔러서'에서 '지러서−지루시−しるし'로

이어진다.

〔参考〕印(인), 記(기), 標(표) 등과 이음(しるし)을 같이하다.

鰓 새	訓読	あぎと·えら
	音読	サイ·シ

訓読풀이

① あぎと : 鰓(새)는 아가미를 뜻한다. 아가미는 물고기가 숨쉬는 문이다.
'아가미'에서 '아가–아기–あぎ'로 이어지고, 문을 뜻하는 と(덧문–더–도–と)가 합성되어 あぎと가 된다.

② えら : 鰓는 숨쉬기 위하여 열려 있는 구멍(鰓孔 : えらあな)이다.
'열려'에서 '열–엘–에라–えら'로 이어진다.

【색】

色 색	訓読	いろ
	音読	ショウ·シキ

訓読풀이

• いろ : ㉮ 色(색)은 물체의 거죽에 일어나는 빛의 성질, 즉 빛깔 · 색깔 · 색채를 뜻한다. '일어나다'에서 '일–이로–いろ'로 이어진다. ㉯ 빛깔은 얼룩진 형태로 일어난다. 얼룩진 소나 말을 얼룩소, 얼룩말이라 한다. 얼룩진다는 얼룩무늬가 일어난다는 말이고, 얼룩얼룩은 여러 색깔로 무늬져 있음을 나타낸다. '얼룩'에서 '어루–이로–いろ'로 이어지고, '얼룩얼룩'에서 いろいろ(色々)로 이어진다. ㉰ 色色은 여러 가지를 뜻한다. '여러'에서 '여러여러–이러이러–いろいろ'로 이어진다.

人名訓読例

• いろ : 色見(いろみ), 色部(いろべ), 色紙(いろかみ), 色川(いろかわ), 色形(いろかた), 色子(いろこ).

嗇 색	訓読	おしむ·やぶさか
	音読	ショク

訓読풀이

① おしむ : 嗇(색)은 무엇이 없거나 모자라 아쉬어 하거나 군색스럽게 구는 것을 뜻한다.
'아쉽다'에서 '아쉬움–아심–오심–오시무–おしむ'로 이어진다.
〔参考〕惜(석 : お)しむ와 이음을 같이한다.

② やぶさか : 嗇은 吝嗇(인색)함, 얄팍함을 뜻한다.
'얄팍'에서 '야파–야부–やぶさか'로 이어진다.
〔参考〕吝(인 : やぶさ)か와 이음을 같이한다.

【생】

生 생	訓読	いきる·いかす·いける·いく·うまれる·うむ·うぶ·おう·なす·ならす·なる·なま·はえる·はやす·き
	音読	セイ·ショウ

訓読풀이

① いきる · いかす · いける : 生(생)은 살아 있는 것, 있게 하는 것, 살아 가는 것을 뜻한다.
살아 '있기'에서 '이기–いきる', '있게' 하다에서 '이게–いける, 이가–いかす'로 이어진다.

〔参考〕 活(활 : い)きる와 이음을 같이한다.

② いく : いく(生く)는 いきる(生きる)의 문어형으로, '있다'에서 '이-いく'로 이어진다.

③ うまれる · うむ : ㉮ 生은 태어나는 것, (아이를) 낳는 것을 뜻한다. '나다(낳다)'에서 '남-눔-움(ㄴ-ㅇ으로 변음)-우마(우무)-うまれる · うむ'로 이어진다. ㉯ '움트다'에서 '움-우마(우무)-うまれる · うむ'로 이어진다.

〔参考〕 産(산 : う)む와 이음을 같이한다.

④ うぶ : ㉮ うぶ는 갓 낳은, 갓 낳는이라는 뜻의 접두어로 うぶや는 산실(産室), 산방(産房)을 뜻한다. '낳다'에서 '낳-나후-누후-우부(ㄴ-ㅇ으로 변음)-うぶ'로 이어진다. ㉯ うぶ는 갓 낳아 세파에 닳지 않은 순진함을 나타낸다. うぶなところが全(まった)くない 하면 순진한 데가 전연 없다는 뜻이다. '낳다'에서 '낳-나후-누후-우부-うぶ'로 이어진다.

〔参考〕 産(산), 初(초)와 이음(うぶ)을 같이한다.

⑤ おう : 生(お)う는 草木(초목) 등이 돋아나는 것을 뜻한다.

'나다'에서 '나-노-오(ㄴ-ㅇ으로 변음)-おう'로 이어진다.

⑥ なす : 生(な)す는 (아이를) 낳는 것을 뜻한다.

'낳다'에서 '나-なす'로 이어진다.

⑦ ならす · なる : 生(な)らす, 生(な)る는 열매 등을 맺게 하는 것, 맺는 것을 뜻한다. 즉 열매를 낳는 것을 뜻한다.

'낳다'에서 '나-なる · ならす'로 이어진다.

⑧ なま : 生은 날 것을 뜻한다. なまのまま食(た)べる 하면 날로 먹는다는 뜻이다.

'날'에서 '남-나마-なま'로 이어진다.

⑨ はえる · はやす : 雑草(ざっそう)がはえる 하면 잡초가 뻗어나가는 것을 뜻한다.

'뻗다'에서 '뻗어-버에-하에-はえる'로 이어진다.

〔参考〕 這(언 : は)う와 이음을 같이한다.

⑩ き : 生(き)는 태어날 때 그대로의 숫 모습을 뜻한다. 生息子(きむすこ)는 태어날 때 그대로의 동정을 지킨 숫총각을 뜻하고, 生粋(きっすい)는 타고난 그대로의 순수성을 뜻한다.

'그대로'의 '그'에서 '그-기-き'로 이어진다.

人名訓読例

① いき : 生松(いきまつ), 生魚(いきうお), 生酒(いきざけ), 生成(いきなり), 生子(いきこ), 生枝(いきえ).

② いか : 生属(いかつき).

③ いけ : 生巣(いけす), 生垣(いけがき), 生月(いけずき), 生越(いけごし), 生沢(いけさわ), 生浦(いけうら).

④ いく : 生島(いくしま), 生本(いくもと), 生富(いくとみ), 生野(いくの), 生品(いくしな), 生玉(いくたま).

⑤ うま : 生島(うまいしま).

⑥ うぶ : 生貫(うぶぬき), 生内(うぶうち), 生島(うぶしま), 生本(うぶもと), 生子(うぶす), 生形(うぶかた).

⑦ おい : 生口(おいぐち), 生山(おいやま), 生沼(おいぬま), 生水(おいみず),

生実(おいみ), 生川(おいかわ).

⑧ おう : 生方(おうかた), 生長(おうさき), 生地(おうち), 生平(おうたいら), 生形(おうかた), 生部(おうべ).

⑨ おび · おぶ(うぶ의 변음) : 生永(おぶなが), 生長(おびひさ).

⑩ なり : 生沢(なりさわ), 生久(なりひさ), 生直(なりなお).

⑪ なる : 生三(なるみ), 生川(なるかわ), 生沢(なるさわ).

⑫ なま : 生水(なまみず), 生首(なまくび), 生魚(なまうお), 生井(なまい), 生川(なまかわ), 生萩(なまはぎ), 生瀬(なませ), 生津(なまつ).

⑬ はえ : 生内(はえうち), 生炳(はえずか), 生原(はえばら).

⑭ き : 生陶(きとう), 生懸(きがけ), 生世士(きよし).

省 생	⇨	省 성

牲 생		
	訓読	いけにえ
	人名訓読	にえ
	音読	セイ

訓読풀이

① いけにえ : 牲(생)은 산(生) 제물, 즉 소(牛)를 있는 채로(いけ : 生け) 익혀(煮え) 신에게 제물로 바치는 것을 뜻한다. 살아 있다의 '있'에서 '있게–いけ', '익혀'의 '익어–이어–니에(ㅇ–ㄴ으로 변음)–にえ'가 합성되어 いけにえ가 된다.

② にえ : '익다'에서 '익어–이어–니에(ㅇ–ㄴ으로 변음)–にえ'로 이어진다. にえ는 いけにえ의 준말이다.

人名訓読例

• にえ : 牲川(にえかわ), 牲河(にえかわ).

【서】

西 서		
	訓読	にし
	音読	セイ·サイ

訓読풀이

• にし : 해는 동쪽에서 떠서 서쪽으로 진다. 해가 뜨는 동쪽은 '해가 떠'에서 '히가시–ひがし'가 되고, 해가 지는 늦은 오후의 서쪽은 '늦어'에서 '느저–니지–にし'로 이어진다.

人名訓読例

• にし : 西幹(にしもと), 西江(にしえ), 西関(にしぜき), 西橋(にしはし), 西尾(にしお), 西森(にしもり).

序 서		
	訓読	ついで
	人名訓読	つね·のぶ· はじめ·ひさし
	音読	ジョ

訓読풀이

① ついで : 序(서)는 차례, 순서를 뜻한다. 순서(順序)는 둘 이상의 사물이 하나씩 일정한 서열(序列)에 따라 뒤를 좇아가면서 이어지는 질서(秩序)를 말한다. '좇다'에서 '좇아서–조아서–주아세–주이데–ついで'로 이어진다.
〔参考〕 次(차 : つ)いで와 이음을 같이한다.

② つね : 秩序, 順序는 이제나, 저제나, 언제나 지켜져야 한다〈以序守之 : 左氏傳(이서수지 : 좌씨전)〉. '언제나'에서 '제나–주나–주네–つね'로 이어진다.

〔参考〕常(상)과 이음(つね)을 같이한다.

③ のぶ : のぶ는 の(陳 · 述)べる의 文語形(문어형)이다. 序는 차례에 따라 말하는 것, 진술을 뜻한다〈序其事以風焉 : 詩經 (서기사이풍언 : 시경)〉. 말하는 것을 나불거린다고 한다.
'나불'에서 '나부-노베-のべる'로 이어진다.
〔参考〕叙(서) · 陳(진) · 述(술)과 이음(のべる)을 같이한다.

④ はじめ : 序는 처음, 시작을 뜻한다〈序幕(서막), 序章(서장)〉.
처음을 뜻하는 '햇'에서 '핮-하지-はじめ'로 이어진다.

⑤ ひさし : ㉮ 순서, 차례는 붙어서 이어진다. '붙다'에서 '봇-빗-비사-ひさし'로 이어진다. ㉯ 序는 차례대로 펼쳐진다. '펼'에서 '필-힐-히사(받침ㄹ-'사'로 분절)-ひさし'로 이어진다.

人名訓読例

① はじめ · ひさし : 序(외자 名).

② つね : 序光(つねみつ), 序克(つねかつ).

③ のぶ : 序治(のぶはる).

叙(敍) 서	訓読	のべる
	人名訓読	のぶ
	音読	ジョ

訓読풀이

① のべる : 叙(서)는 말하는 것, 의견을 펴는 것을 뜻한다〈暢敍幽情 : 王羲之 (창서유정 : 왕희지)〉. 말하는 것을 나불거린다고 한다.
'나불'에서 '나부-노베-のべる'로 이어진다.
〔参考〕陳(진) · 述(술)과 이음(のべる)을 같이한다.

② のぶ : のべる의 문어형.

人名訓読例

• のぶ : 叙子(のぶこ), 叙清(のぶきよ), 叙幸(のぶゆき), 叙衡(のぶひら).

徐 서	訓読	おもむろ · そろそろ
	人名訓読	やす
	音読	ジョ

訓読풀이

① おもむろ : ㉮ 徐(서)는 머문 듯 천천히 움직이는 것을 뜻한다. '머물다'에서 '머무러-모무로-もむろ'로 이어지고 접두어 お가 붙어 おもむろ로 된다. ㉯ 徐(서)는 움직임이 느리고 무른 것을 뜻한다. '움직이다'의 '움'에서 '옴-오모-おも'로 이어지고, '무르다'에서 '무르-무로-むろ'로 이어져 おもむろ로 합성된다.

② そろそろ : 徐徐(そろそろ)는 슬슬 걷거나 진행시키는 것을 뜻한다.
'슬슬'에서 '솔솔-소로소로-そろそろ'로 이어진다.

③ やす : 徐는 쉬면서 천천히 하는 것을 뜻한다〈徐其攻而留其日 : 戰國策 (서기공이유기일 : 전국책)〉. '쉬다'에서 '수-す'로 이어지고, 접두어 や가 붙어 やす가 된다.

人名訓読例

• やす : 徐江(やすえ), 徐子(やすこ).

恕 서	訓読	ゆるす
	音読	ジョ

訓読풀이

• ゆるす : 恕(서)는 마음이 여리어(어질어) 남(如 · 汝)을 나와 같이 보는 마음가짐(心)을 뜻한다〈仁恕(인서), 宥恕(유

서)〉. ㉮ '여리다'에서 '여리-여루-유루-ゆるす'로 이어진다. ㉯ '어질다'에서 '엇일-어일-얼-욜-유루-ゆるす'로 이어진다.

書 서	訓読	かく·ふみ
	音読	ショ

訓読풀이

① かく：書(か)くは 글을 쓰는 것을 뜻한다. 옛날 글을 쓴다는 것은 거북이등이나 짐승의 뼈 등 갑골(甲骨)에 긁거나 깎아 썼다고 알려진다. 한국어에서도 글(文字)은 '긁다'에서 나온 것으로 풀이된다. 書く도 '긁다' 또는 '깎이다'에서 '긁고(깎이고)-구고(가고)-가구-かく'로 이어진다.

〔参考〕 描(묘), 画(화) 등과 이음(かく)을 같이한다.

② ふみ：사람은 글(文·書)을 통해 모든 것을 배운다.
'배우다'에서 '배움-뱀-붐-부미-ふみ'로 이어진다.

〔参考〕 文(문)과 이음(ふみ)을 같이한다.

人名訓読例

① かき：書上(かきあげ·かきうえ·かきがみ), 書副(かいぞえ).

② ふみ：書佳(ふみか), 書久(ふみひさ), 書雄(ふみお), 書子(ふみこ), 書主(ふみぬし), 書持(ふみもち).

栖 서	訓読	すみ·すむ
	人名訓読	す
	音読	セイ

訓読풀이

① すみ·すむ：栖(서)는 동물이 깃들어 사는 것을 뜻한다.
'살다'에서 '삼-숨-수무-すむ'로 이어진다.

〔参考〕 住(주：す)む와 이음을 같이한다. 住む는 사람이 사는 것을 나타낸다.

② す：すみ의 준말.

人名訓読例

① すみ：栖木(すみき), 栖千代(すみちよ).

② す：栖壁(すかべ), 栖本(すもと), 栖原(すはら), 栖田(すだ).

庶 서	訓読	もろもろ
	人名訓読	ちか
	音読	ショ

訓読풀이

① もろもろ：㉮ 庶(서)는 몰표, 몰매, 몰려가다(오다) 등에서처럼 많이 몰려있음을 뜻한다. '몰리다'에서 '몰-모로-もろもろ'로 이어진다. ㉯ '여러'에서 '여로-오로-모로(ㅇ-ㅁ으로 변음)-もろもろ'로 이어진다.

〔参考〕 諸(제)와 이음(もろ)을 같이한다.

② ちか：庶는 가까움을 뜻한다. ㉮ 가깝다 함은 짧은 거리에 있음을 뜻한다. '짧다'에서 '짤고-자고-자가-지가-ちか'로 이어진다. ㉯ 제주방언으로 가까이 있는 것을 '조곧에 있다'고 한다. '조곧'에서 '조고-지고-지가-ちか'로 이어진다.

〔参考〕 近(근：ちか)い와 이음을 같이한다.

人名訓読例

① もろ：庶明(もろあき).

② ちか：庶明(ちかあき).

暑(暑) 서	訓読	あつい
	音読	ショ

사

訓読풀이

• あつい：暑(서)는 더운 것을 뜻한다.
'더워'에서 '더-두-두이-つい'로 이어지고 접두어 あ가 붙어 あつい가 된다.

湑 서	訓読	したむ
	音読	ショ

訓読풀이

• したむ：湯(ゆ)をしたむ 하면 더운 물을 아래로 떨어트린다는 뜻이다. 상하 위치관계에서 상(上)이 앞이라면 하(下)는 뒤에 해당한다. 따라서 아래로 떨어진다는 것은 뒤로 떨어진다는 말도 된다. '뒷(쪽·자리·바람 등)'에서 '딧-싣-시다-した'로 이어지고 동사화 되어 아래로 떨어진다는 뜻의 したむ가 된다.
〔参考〕 釃(시：した) む와 이음을 같이 한다.

棲 서	訓読	すむ
	音読	セイ

訓読풀이

• すむ：棲(서)는 동물이 깃들어 사는 것을 뜻한다.
'살다'에서 '삼-숨-수무-すむ'로 이어진다.

絮 서	訓読	わた
	音読	ジョ

訓読풀이

• わた：絮(서)는 버들개지처럼 실(糸) 같이(如) 가는 솜으로 길게 이어져 있다.
'잇다'에서 '잇-앋-아다-わた'로 이어진다.
〔参考〕 綿(면), 棉(면)과 이음(わた)을 같이한다.

舒 서	訓読	のびる·のべる·ゆるやか
	音読	ジョ

訓読풀이

① のびる・のべる：舒(서)는 넓히는 것을 뜻한다〈其政舒啓：素問 (기정서계：소문)〉.
'넓히다'에서 '널비-너비-노비-のびる・のべる'로 이어진다.
〔参考〕 伸(신), 延(연)과 이음(のびる・のべる)을 같이한다.

② ゆるやか：舒는 느릿한 것(舒緩：서완, 舒暢：서창)을 나타낸다.
'느릿하다(느리다)'에서 '누리-누루-우루(ㄴ-ㅇ으로 변음)-ゆるやか'로 이어진다.
〔参考〕 緩(완：ゆる)い와 이음을 같이한다.

瑞 서	訓読	めでたい·みず
	人名訓読	たま
	音読	ズイ

訓読풀이

① めでたい：瑞(서)는 멋진 것, 상서(祥瑞)로운 것을 나타낸다. めでたい正月(しょうがつ)는 눈도 오고 해서 멋지고 상서로움을 뜻하고, 合格(ごうかく)してめでたい 하면 합격하여 멋지다고 축하하여 주는 것을 뜻한다.
'멋지다'에서 '멋져-먿다-멛다-메데다-めでたい'로 이어진다.
〔参考〕 愛(애：め)でたし와 이음을 같이 한다.

② みず：瑞瑞(みずみず)しい感覚(かんかく)는 멋지고 신선한 감각을 뜻하고, みずみずしい少女(しょうじょ)는 멋지고

싱싱한 소녀를 뜻한다.
'멋지다'에서 '멋-밋-미주-みず'로 이어진다.

③ たま：瑞는 옛날 중국에서 천자가 제후에게 주는 홀(笏), 즉 瑞玉(서옥)을 뜻한다. 둥근 옥은 어디에서 보나 닮아 있다. '닮아'에서 '닮-담-다마-たま'로 이어진다〈玉(옥) 참조〉.

人名訓読例

① みず：瑞原(みずはら), 瑞世(みずよ), 瑞代(みずよ・みずしろ), 瑞子(みずこ・たまこ), 瑞岩(みずいわ), 瑞穂(みずほ).

② たま：瑞光(たまみつ), 瑞明(たまあき), 瑞秀(たまひで), 瑞樹(たまき), 瑞夫(たまお), 瑞男(たまお).

署(署) 서	訓読	しるす
	音読	ショ

訓読풀이

- しるす：署(서)는 쓰거나 표기하는 것을 뜻한다. 옛날에는 주로 갑골(甲骨)이나 암석에 기록물을 남겼는데 이를 위하여는 뾰족한 것으로 찌르면서 새겼다.
  '찌르다'에서 '질러서-지러서-지루수-しるす'로 이어진다.
  〔参考〕 印(인), 標(표), 記(기) 등과 이음(しるす)을 같이한다.

緖(緒) 서	訓読	お
	音読	ショ・チョ

訓読풀이

- お：緖(서)는 실, 줄, 끈을 뜻한다. 이들은 잇고 얽는데 쓴다. ㉮ '잇다'에서 '이-오-お'로 이어진다. ㉯ '얽다'에서 '어-오-お'로 이어진다.

人名訓読例

- お：緖島(おじま), 緖明(おあき), 緖方(おがた), 緖田原(おだわら), 緖片(おがた), 緖琴(おこと).

誓 서	訓読	ちかう
	音読	セイ

訓読풀이

- ちかう：誓(서)는 약속을 지키겠다고 盟誓(맹서)하는 것을 뜻한다.
  '지키다'에서 '지키-지카-ちかう'로 이어진다.
  〔参考〕 盟(맹：ちか)う와 이음을 같이한다.

人名訓読例

- ちか：誓堂(ちかたか), 誓夫(ちかお), 誓子(ちかこ).

鋤 서	訓読	すき・すく
	音読	ジョ

訓読풀이

- すき・すく：鋤(서)는 가래를 뜻한다. 가래는 흙을 뜨는 농기구이다.
  '뜨다'에서 '뜨고-두기-수기-すき・すく'로 이어진다.

人名訓読例

- すき：鋤柄(すきがら), 鋤田(すきた), 鋤納(すきのう), 鋤夫(すきお), 鋤彦(すきひこ), 鋤治(すきじ).

噬 서	訓読	かむ
	音読	ゼイ

訓読풀이

- かむ：噬(서)는 깨물다, 물어뜯다를 말한다. 噬臍(서제)는 배꼽을 깨문다는 뜻으로 후회함, 때가 늦음을 뜻한다.

사

'깨물다'에서 '깨뭄–까무–かむ'로 이어진다.

曙(曙) 서	訓読	あけぼの
	人名訓読	あき·あけ
	音読	ショ

訓読풀이

① あけぼの：曙(서)는 새벽, 먼동을 뜻한다. 즉 먼동이 트이며(열리며) 동녘 하늘이 훤해지는(밝아지는) 새벽을 뜻한다. ㉮ 먼동이 '열리다'에서 '열게–여게–아게–あけ'로 이어지고, '훤(밝은)–혼(바은–반–본)–호노(보노)–ぼの'로 이어져 あけぼの로 합성된다. ㉯ '밝다'에서 '박–바게–아게(ㅂ–ㅇ으로 변음)–あけ'로 이어지고, ぼの와 합성되어 あけぼの가 된다.

〔参考〕 開(개), 明(명)과 이음(あける)을 같이한다.

② あき · あけ：あけぼの의 준말.

人名訓読例

① あけぼの：曙(외자 名).

② あき：曙男(あきお), 曙彩(あきら).

③ あけ：曙覧(あけみ), 曙美 (あけみ), 曙伸(あけのぶ), 曙海(あけみ).

齟 서	訓読	かむ
	音読	ソ

訓読풀이

• かむ：齟(서)는 깨물면서 부딪치는 것을 말한다. 齟齬(서어)는 부딪쳐 일이 어긋남을 뜻한다.

'깨물다'에서 '깨뭄–깜–까무–かむ'로 이어진다.

〔参考〕 噛(교 : かむ)와 이음을 같이한다.

【석】

夕 석	訓読	ゆう
	音読	セキ

訓読풀이

• ゆう : 夕(석)은 저녁을 뜻한다. 옛날에는 노을을 기준으로 하여 저녁인지 밤인지를 구별했을 것으로 생각된다. 즉 노을이 아직 있을 때는 저녁이고, 노을이 지면 밤으로 삼았을 수 있다.

'노을'을 기준으로 삼아 저녁을 의미할 때는 '노우–누우–유우(ㄴ–ㅇ으로 변음)–ゆう'로 이어지고, 밤을 뜻할 때는 '놀–올–오루–よる'로 이어진다.

人名訓読例

• ゆう : 夕潮(ゆうしお), 夕風(ゆうかぜ), 夕起夫(ゆうきお), 夕暮(ゆうぐれ), 夕美子(ゆうみこ), 夕方(ゆうかた).

石 석	訓読	いし·いわ
	人名訓読	いそ·かず
	音読	セキ·シャク

訓読풀이

① いし：바위나 돌 · 자갈이 많은 곳은 바닷가의 너설(바위너설), 자갈밭이다. 너설 즉 바위 · 돌이 된다. 石은 언덕을 뜻하는 厂(한) 밑에 뒹구는 작은 돌덩어리(口–石)를 형상화한 글자다〈厂山石之厓巖人可居 : 說文 (한산석지애암인가거 : 설문)〉.

'너설'에서 '니설–니서–니시–이시(ㄴ–ㅇ으로 변음)–いし'로 이어진다.

② いわ：石은 바위를 뜻한다.

'바위'에서 '아위(ㅂ–ㅇ으로 변음)–아와–이와–いわ'로 이어진다.

③ あつし：石은 속이 단단하게 꽉 '찬' 숫돌을 뜻한다〈加密石焉：國語 (가밀석언：국어)〉.
'차다'에서 '차-추-つ'로 이어지고 접두어 あ가 붙어 あつ(し)가 된다.

④ いそ：石은 바위와 돌로 이루어진 너설을 뜻한다. ①에서와 같이 '너설'에서 '니설-니서-니소-이소(ㄴ-ㅅ으로 변음)-いそ'로 이어진다.
〔参考〕 磯(기：いそ)와 이음을 같이한다.

⑤ かず：바닷가의 너설(바위 너설)은 바위를 포함한 여러 가지의 수 많은 돌·자갈로 이루어진다.
여러 가지의 '가지'에서 '가지-가주-かず'로 이어진다.
〔参考〕 数(수)와 이음(かず)을 같이한다.

人名訓読例

① あつし·いし·いそ·かず：石(외자名).
② いし：石橋(いしはし), 石上(いしかみ·いそかみ·いわかみ), 石原(いしはら), 石子(いしこ·いわこ), 石井(いしい·いわい), 石川(いしかわ).
③ いわ：石成(いわなり), 石城(いわき·いしき), 石沢(いわざわ·いしざわ), 石根(いわね), 石積(いわずみ), 石足(いわたり).
④ いそ：石磯(いそべ), 石辺(いそべ), 石上(いそのかみ), 石西(いそにし), 石神(いそのかみ).
⑤ かず：石間(かずま).

汐 석	訓読	しお·うしお
	音読	セキ

訓読풀이

① しお：汐(석)은 바닷물을 뜻한다. 바닷물은 짜다.
'짜다'에서 '짜-사아-시아-시오-しお'로 이어진다.
〔参考〕 塩(염), 潮(조)와 이음(しお)을 같이한다.

② うしお：汐은 저녁(夕) 조수(潮水)를 뜻한다.
저녁을 뜻하는 ゆう와 しお가 합성되어 'ゆうしお-うしお'로 이어진다〈夕(석：ゆう) 참조〉.

人名訓読例

• しお：汐見(しおみ), 汐待(しおまち), 汐路(しおじ), 汐石(しおいし), 汐明(しおあき), 汐子(しおこ).

昔 석	訓読	むかし
	音読	セキ·シャク

訓読풀이

• むかし：昔(むかし)の話(はなし)는 옛이야기, 즉 묵은 이야기라는 뜻이다.
'묵다'에서 '묵어서-무거시-무가시-むかし'로 이어진다.

人名訓読例

• むかし：昔昔(むかしむかし).

析 석	訓読	さく·わける
	人名訓読	おり
	音読	セキ

訓読풀이

① さく：析(석)은 쪼개다, 즉 쪼아서 가르는 것을 뜻한다.
'쪼개다(쪼다)'에서 '조개-자구-さく'로 이어진다.
〔参考〕 裂(열：さ)く와 이음을 같이한다.

② わける：析은 쪼개어 나누는 것, 즉 빠개는 것을 뜻한다.
'빠개다'에서 '바개-아개(ㅂ-ㅇ으로 분절)-わける'로 이어진다.

③ おり：析은 오리어 가르는 것을 뜻한다.
'오리다'에서 '오리-おり'로 이어진다.

人名訓読例

• おり：析谷(おりたに).

席 석	訓読	むしろ
	音読	セキ

訓読풀이

• むしろ：席(석)은 모시는 자리이다. 上席(상석)은 제일 위로 모시는 자리, 酒席(주석), 宴席(연석)은 주연에 모시는 자리를 말한다. 한국어에서는 귀한 손님을 초대할 때 '자리에 모신다'고 한다.
'모시라'에서 '무시로-むしろ'로 이어진다.

人名訓読例

• むしろ：席内(むしろうち).

惜 석	訓読	おしい·おしむ
	音読	セキ·シャク

訓読풀이

• おしい・おしむ：別(わか)れが惜(お)しい 하면 헤어짐이 아쉽다는 뜻이다.
'아쉬어'에서 '아쉬-아시-오시-おしい・おしむ'로 이어진다.

釈(釋) 석	訓読	とき·とく
	音読	シャク·セキ

訓読풀이

• とき・とく：釈(석)은 털어버리는 것〈釋智謀：呂覽 (석지모：여람)〉, 털어 없애는 것〈釋玆在玆：左氏傳 (석자재자：좌씨전)〉, 벗어서 훌훌 터는 것〈主人釋服：儀禮 (주인석복：의례)〉, 털어 놓는 것〈釋明明德：大學 (석명명덕：대학)〉을 뜻한다.
'털다'에서 '털고-터구-토구-とく'로 이어진다.
〔参考〕 解(해), 説(설)과 이음(とく)을 같이한다.

人名訓読例

• とき：釈尾(ときお), 釈水(ときみ).

晳 석	訓読	あき·あきら
	音読	セキ

訓読풀이

• あき・あきら：晳(석)은 밝은 것을 뜻한다.
'밝다'에서 '밝히라-바키라-아키라(ㅂ-ㅇ으로 변음)-あきら'로 이어진다.

人名訓読例

• あき：晳男(あきお), 晳子(あきこ).

蓆 석	訓読	むしろ
	音読	セキ

訓読풀이

• むしろ：席(석) 참조.

人名訓読例

• むしろ：蓆田(むしろだ).

碩 석	訓読	おおきい
	人名訓読	ひろ·ひろし·みち·みちる·みつ·みつる·ゆたか
	音読	セキ

訓読풀이

① おおきい：碩(석)은 큰 것을 뜻한다. 크다는 많다는 것을 나타낸다.

많은 것을 뜻하는 '하다-하아'에서 '아아(ㅎ-ㅇ으로 변음)-오오-おお'로 이어지고, '크다'에서 '크-키-きい'로 이어져 おおきい로 합성된다.

〔参考〕 大(대 : おお)きい와 이음을 같이한다.

② ひろ·ひろし : 碩은 크게 무성하여 널리 펼쳐짐을 뜻한다(碩茂 : 석무).
'펼치다'에서 '펼-필-힐-히로-ひろ·ひろし'로 이어진다.

③ みち·みちる : 碩은 가득 차다, 충실하다를 뜻한다. 본래는 満(み)ちる처럼 물(氵)이 가득 차는 것(満 : 만)을 뜻한다.
'물 차다'에서 '물차-무치-미치-みちる'로 이어진다.

〔参考〕 満(만), 充(충)과 이음(みちる)을 같이한다.

④ みつ·みつる : ③에서와 같이 '물차다'에서 '물차-미츠-みつ·みつる'로 이어진다.

〔参考〕 満(만), 充(충)과 이음(みつ)을 같이한다.

⑤ ゆたか : 碩은 풍부하게 가득 차 있다는 뜻이다.
'있다'에서 '있다구-이다가-유다가-ゆたか'로 이어진다.

〔参考〕 豊(풍 : ゆた)か와 이음을 같이한다.

人名訓読例

① ひろし·みつる·ゆたか : 豊(외자 名).
② おう(おお의 변음) : 碩人(おうと·ひろと).
③ ひろ : 碩孔(ひろよし), 碩明(ひろあき), 碩文(ひろぶみ), 碩宣(ひろのり), 碩章(ひろふみ), 碩鎮(ひろやす).
④ みち : 碩夫(みちお·みつお), 碩彦(みちひこ).
⑤ みつ : 碩男(みつお), 碩夫(みつお), 碩子(みつこ).

潟 석	訓読	かた
	音読	セキ

訓読풀이

• かた : 潟(석)은 갯 가, 개펄을 뜻한다.
'갯가'에서 '갯-갇-가다-かた'로 이어진다.

人名訓読例

• かた : 潟岡(かたおか), 潟見(かたみ), 潟口(かたぐち), 潟山(かたやま), 潟手(かたで), 潟場(かたば).

【선】

仙 선	訓読	そま·なり·のり·たか(し)
	音読	セン

訓読풀이

① そま : 仙(선)은 산(山) 속에 숨어 살면서 도(道)를 이룬 사람(亻)을 나타낸다.
'숨다'에서 '숨-솜-소마-そま'로 이어진다.

② なり : 仙은 가볍게 날아다니는 모양을 나타낸다〈行遲更覺仙 : 杜甫 (행지경각선 : 두보)〉. 仙境(선경), 仙界(선계)는 神仙(신선)들이 날아다니며 노는(仙遊 : 선유) 별천지를 일컫는다.
'날다'에서 '날-나리-なり'로 이어진다.
한편 '놀다'에서 '놀-날-나리-なり'로 이어진다.

③ のり : 仙人(선인), 仙者(선자)는 올바른 도를 닦는 사람들이다.
'올'에서 '오리-노리(ㅇ-ㄴ으로 변음)-

사

のり'로 이어진다.

④ たか(し) : 仙은 높이 떠받쳐 추앙을 받는 仙人, 神仙을 일컫는다.
'뜨다'에서 '뜨고—다고—다가—たか'로 이어진다.

人名訓読例

① そま · たかし : 仙(외자 名).

② なり : 仙克(なりかつ), 仙之(なりゆき · のりゆき).

③ のり : 仙卓(のりたか), 仙好(のりよし), 仙弘(のりひろ), 仙之(のりゆき).

先 **선**	訓読	さき·まず
	人名訓読	すすむ·もと
	音読	セン

訓読풀이

① さき : 先(선)은 앞, 상대편을 뜻한다. 앞, 상대편은 저기 있는 앞, 저기 있는 상대편을 뜻한다. 運賃(うんちん)は先(さき)で払(はら)う 하면 운임은 저기서 치룬다는 말이다.
'저기'에서 '자기—사기—さき'로 이어진다.

② まず : 先은 먼저를 뜻한다. まず茶(ちゃ)を一杯(いっぱい) 하면 먼저 차 한 잔 하자는 말이다.
'먼저'에서 '머저—마주—まず'로 이어진다.

③ すすむ : 先은 先鋒(선봉), 先行(선행)처럼 먼저 뛰어나감을 뜻한다.
'뛰다'에서 '뚬—두두무—수수무—すすむ'로 이어진다.

④ もと : 先은 先人(선인)의 업적, 유업이 후손에게 도움, 가르침의 밑바탕이 됨을 뜻한다〈先驅(선구), 先業(선업)〉.
'밑바탕'에서 '밑—몯—모토—もと'로 이어진다.

人名訓読例

① すすむ : 先(외자 名).

② さき : 先名(さきな), 先本(さきもと), 先山(さきやま), 先原(さきはら), 先田(さきた), 先川(さきかわ).

③ まず : 先後(まずのち).

④ もと : 先麿(もとまろ).

宣 **선**	訓読	のべる·のる· のたまう
	人名訓読	あきら·ぎ· とおる·のぶ· のぶる·のり·ひさ· ひで·ひろ·よし
	音読	セン

訓読풀이

① のべる : 宣(선)은 생각, 의견 등을 넓게(널리) 알리는 것을 뜻한다〈乃宣布于四方 : 周禮 (내선포우사방 : 주례)〉.
'넓다'에서 '넓어—너버—노베—のべる'로 이어진다.
〔参考〕 伸(신 : の)べる와 이음을 같이한다.

② のる : ㉮ 宣은 임금이 백성이나 제후에게 중대 사항을 널리 알리는 것을 뜻한다〈宣下郡國 : 後漢書 (선하군국 : 후한서)〉. '알리다'에서 '알—올—놀(ㅇ—ㄴ으로 변음)—のる'로 이어진다. ㉯ '널리 알리다'에서 '널—놀—노루—のる'로 이어진다.
〔参考〕 告(고 : の)る와 이음을 같이한다.

③ のたまう : 宣(のたま)う는 のりたまう의 준말로, 알려주다의 뜻을 갖는다.
'알리다'에서 '알—올—놀—노리—のり'로 이어지고, '주다'에서 '줌—둠—담—다마—

たまう'로 이어져 のりたまう로 합성되고, のたまう로 준말이 된다.

④ あきら：宣은 밝히는 것을 뜻한다(宣明：선명).
'밝히다'에서 '바키라–아키라(ㅂ–ㅇ으로 변음)–あきら'로 이어진다.

⑤ ぎ：宣은 은혜를 베푸는 것, 즉 끼치어 주는 것을 뜻한다〈日宣三德：書經 (일선삼덕：서경)〉.
'끼치다'에서 '끼–기–ぎ'로 이어진다.

⑥ しめす：宣은 증거 등을 대 밝히는 것을 뜻한다.
'대다'에서 '댐–샘–심–시매–しめす'로 이어진다.
〔参考〕示(시：しめ)す와 이음을 같이한다.

⑦ とおる：宣은 통하는 것, 트여 있음을 뜻한다〈去欲則宣：管子 (거욕즉선：관자)〉.
'트이다'에서 '투어–토오–とおる'로 이어진다.

⑧ のぶ·のぶる：'넓다'에서 '넙–놉–노부–のぶ·のぶる'로 이어진다.

⑨ のり：㉮ 宣은 올바른 가르침을 널리 알리는 것을 뜻한다. '올'에서 '놀(ㅇ–ㄴ으로 변음)–노리–のり'로 이어진다. ㉯ 위 ②의 のる에서 のり로 명사화 된다.

⑩ ひさ：宣은 은혜나 가르침을 널리 펼치는 것을 뜻한다.
'펼'에서 '필–힐–히사(받침ㄹ–'사'로 분절)–ひさ'로 이어진다.

⑪ ひで：宣은 빼어남, 뛰어남을 널리 알리는 것을 뜻한다.
'빼어나다'에서 '배다–비다–비데–ひで'로 이어진다.

⑫ ひろ：널리 '펼치다'에서 '펼–필–힐–히로–ひろ'로 이어진다.

⑬ よし：⑨의 '올바르다'에서 '올–오시(ㄹ–'시'로 분절)–よし'로 이어진다.

人名訓読例

① あきら·しめし·とおる·のぶ·のぶる：宣(외자 名).
② ぎ：宣春(ぎしゅん).
③ のぶ：宣永(のぶなが), 宣佳(のぶよし), 宣道(のぶみち), 宣明(のぶあき), 宣足(のぶたり), 宣康(のぶやす).
④ のり：宣康(のりやす), 宣里(のりさと), 宣昭(のりあき), 宣純(のりずみ), 宣一(のりかず), 宣子(のりこ·のぶこ).
⑤ ひさ：宣夫(ひさお·のぶお·のりお).
⑥ ひで：宣明(ひであき·のぶはる·のぶあき·のりあき).
⑦ よし：宣寛(よしひろ), 宣克(よしかつ), 宣史(よしちか), 宣正(よしまさ·のぶまさ), 宣珍(よしはる), 宣秀(よしひで·のぶひで).

扇(扇) 선	訓読	おうぎ·あおぐ
	音読	セン

訓読풀이

① おうぎ：扇(선)은 손으로 부쳐서 바람을 일으키는 부채를 뜻한다.
'일으키다'에서 '이으키–오우키–おうぎ'로 이어진다.

② あおぐ：扇은 사람을 일으켜(부추겨) 扇動(선동)하는 것을 뜻한다.
'일으키다'에서 '이으키–아오구–あおぐ'로 이어진다.
〔参考〕煽(선：あお)ぐ와 이음을 같이한다.

人名訓読例

• おうぎ：扇野(おうぎの), 扇元(おうぎもと), 扇原(おうぎはら), 扇一(おうぎいち), 扇田(おうぎた), 扇町(おうぎまち).

旋 선	訓読	めぐる
	音読	セン

訓読풀이

• めぐる：旋(선)은 도는 것을 뜻한다. 말면 돌고, 돌면 말리게 되어 있다.
'말다'에서 '말거라－마구라－메구루－めぐる'로 이어진다.
〔参考〕 巡(순), 廻(회), 回(회)와 이음(めぐる)을 같이한다.

船 선	訓読	ふね·ふな
	音読	セン

訓読풀이

① ふね：船(선)은 배를 뜻한다.
'배'에서 '부－후－ふ'로 이어지고 접미어 ね가 붙어 ふね가 된다. '뼈(骨 : 골)'에서 '벼－보－ほ'로 이어지고, 접미어 ね가 붙어 ほね가 되는 것과 같은 이치이다.

② ふな：ふな는 접두어로 '배'의 뜻을 나타낸다(船板 : ふないた,船積 : ふなづみ 등).

人名訓読例

① ふね：船(외자 名).

② ふな：舟橋(ふなはし·ふなばし), 船尾(ふなお), 鮒上(ふなかみ), 船先(ふなさき), 船場(ふなば), 船着(ふなつき).

③ ふね：船子(ふねこ·ふなこ).

善 선	訓読	よい·いい·よし
	人名訓読	ただし·たる·とし
	音読	セン

訓読풀이

① よい·いい：善(선)은 옳은 것, 착한 것, 좋은 것을 뜻한다. 善導(선도)는 올바른 길로 인도하는 것, 善行(선행)은 옳고 착한 행실을 뜻한다.
'옳다'에서 '옳아－오아－요이－よい'로 이어진다. 口語로는 いい라고 하는데, '올아－오아－이아－이이－いい'로 이어진다.
〔参考〕 良(량), 好(호)와 이음(よい)을 같이한다.

② よし：'올바르다', '옳다'에서 '올－오시(받침ㄹ－'시'로 분절)－よし'로 이어진다.
또한 '옳지'에서 '오지－오시－よし'로 이어진다.

③ ただし：㉮ 善은 따져서 올바르게 한다는 뜻이다. '따지다'에서 '따저－다다－ただし'로 이어진다. ㉯ '떳떳하다'에서 '떠떠－더더－다다－ただし'로 이어진다.
〔参考〕 正(정 : ただ)し와 이음을 같이한다.

④ たる：善은 무엇이던 잘 함을 뜻한다〈善文(선문), 善處(선처)〉.
'잘'에서 '달－다루－たる'로 이어진다.

⑤ とし：善으로 나타나는 인물, 행위, 사물은 모두 돋보이는 대상이 된다〈善人(선인), 善行(선행), 善事(선사)〉.
'돋'에서 '돗－도시－とし'로 이어진다.

人名訓読例

① ただし·よし：善(외자 名).

② よし：善寛(よしひろ), 善教(よしのり), 善基(よしもと), 善徳(よしのり), 善隣(よしちか), 善文(よしぶみ).

③ とし：善利(としゆき·よしとし).

④ たる：善仁(たるひと·よしと·よしひと).

尠 선	訓読	すくない
	音読	セン

訓読풀이

- すくない : 尠(선)은 적음을 뜻한다.
  '적다'에서 '적구－저구－주구－すくない'로 이어진다.
  〔参考〕 少(소 : すく)ない와 이음을 같이 한다.

禅(禪) 선	訓読	ゆずり·ゆずる
	音読	ゼン

訓読풀이

- ゆずり · ゆずる : 禅(선)은 사양하여 내주는 것, 그 중에도 제왕이 그 왕위를 세습하지 않고 덕 있는 사람에게 내주는 것을 뜻한다〈禪讓(선양), 禪位(선위)〉.
  '내주다'에서 '내주라－누주루－우주루(ㄴ－ㅇ으로 변음)－ゆずる'로 이어진다.
  〔参考〕 譲(양 : ゆず)る와 이음을 같이한다.

人名訓読例

- ゆずり : 禅(외자 名).

羨 선·연	訓読	うらやましい· うらやむ·ともしい
	人名訓読	み·よし
	音読	セン·エン

訓読풀이

① うらやましい · うらやむ : 友人(ゆうじん)の合格(ごうかく)を羨(うらや)む 하면 합격을 부러워한다는 뜻인데, 다른 말로는 우러러본다는 뜻을 담고 있다.
'우러러보다'에서 '우러름－우럴어음－우러암－우라아무－うらやむ'로 이어진다.

② ともしい : 羨(선)은 나머지, 잉여, 즉 덤을 뜻한다〈以羨補不足 : 孟子 (이선보부족 : 맹자)〉. 남이 가진 덤을 부러워하면서 자기도 그러한 덤으로 보충하고 싶다는 소망을 나타낸다.
'덤'에서 '돔－도모－ともしい'로 이어진다.

③ み : 羨(연)은 羨道(연도)를 뜻한다. 연도는 고분 입구에서 현실(玄室)로 통하는 길을 말한다.
길을 뜻하는 みち(道)에서 み로 준말이 된다〈道(도 : みち) 참조〉.

④ よし : 올바른 행위는 羨望(선망)의 대상이 된다.
'올'에서 '오시(받침 ㄹ－'시'로 분절)－よし'로 이어진다.

人名訓読例

① み : 羨原(みはら).
② よし : 羨博(よしひろ), 羨一(よしかず), 羨子(よしこ).

사

跣 선	訓読	はだし
	音読	セン

訓読풀이

- はだし : 跣(선)은 跣足(선족), 즉 맨발을 뜻한다. ㉮ 맨발은 맨살이 드러난 발을 말한다. 살을 뜻하는 はだ(肌 : 기)와 발을 뜻하는 あし(足 : 족)가 합성되어 はだあし(肌足)가 되고, 준말인 はだし가 된다〈肌(기 : はだ) 및 足(족 : あし) 참조〉. ㉯ 맨발은 신이나 양말을 벗은 발을 말한다. '벗다'에서 '벋－받－바다－はだ'로 이어지고, '발'에서 '바시(받침 ㄹ－'시'로 분절)－아시(ㅂ－ㅇ으로 변음)－あし'로 이어져, はだあし(裸足)로 합성되고, 준말인 はだし가 된다.

煽 선	訓読	あおぐ·あおる
	音読	ゼン

訓読풀이

- あおぐ · あおる : 煽(선)은 선동(煽動)하여 행동을 일으키게 하는 것을 뜻한다.
  '일으키다'에서 '이으-아오-あおぐ · あおる'로 이어진다.

銑 선	訓読	ずく
	音読	セン

訓読풀이

- ずく : 銑(선)은 끌을 뜻한다. 끌은 나무 등에 구멍이나 홈을 뚫는(파는) 데 쓰이는 연장이다.
  '뚫다'에서 '뚤구-두구-주구-ずく'로 이어진다. 鋤き(すき : 가래)가 흙을 뜨는(떠올리는) 데 쓰여 '뜨다'에서 '뜨기-두기-수기-すき'로 이어지는 것과 같은 이치이다.

嬋 선	訓読	あでやか
	音読	セン

訓読풀이

- あでやか : 嬋(선)은 아름다운 것, 예쁜 것을 뜻한다(嬋娟 : 선연).
  '옛쁘다'에서 '옛-앋-아데-あでやか'로 이어진다.
  〔参考〕 艶(염 : あで)やか와 이음을 같이 한다.

線 선	訓読	すじ
	音読	セン

訓読풀이

- すじ : 線(선)은 줄을 뜻한다.
  '줄'에서 '주지(받침ㄹ-'지'로 분절)-수지-すじ'로 이어진다.
  〔参考〕 筋(근 : すじ)와 이음을 같이한다.

鮮 선	訓読	あざやか · すくない
	人名訓読	あきら · あらた · な
	音読	セン

訓読풀이

① あざやか : 鮮(선)은 산뜻함, 선명(鮮明)함을 뜻한다. あざやかな色(いろ) 하면 선명한, 뚜렷한 색깔을 뜻한다. 하루 중 가장 선명한 때는 아침이다.
'아침'에서 '아차-아사-あざ'로 이어지고, 접미어 やか가 붙어 あざやか가 된다.

② すくない : 鮮은 작고 적은 것을 뜻한다.
'작다'에서 '작-자구-주구-すくない'로 이어진다.
〔参考〕 少(소 : すく)ない와 이음을 같이 한다.

③ あきら : 鮮은 아침 햇살처럼 鮮明하게 밝히는 것을 뜻한다.
'밝히다'에서 '바키라-아키라(ㅂ-ㅇ으로 변음)-あきら'로 이어진다.

④ あらた : 鮮은 날 것, 생선(生鮮)이나 날고기를 뜻한다.
'날'에서 '알-아라-あらた'로 이어진다.

⑤ な : '날'에서 '남-나마-なま(生)'으로 이어진다. な는 なま의 준말이다.

人名訓読例

① あきら · あらた : 鮮(외자 名).
② な : 鮮浜(なばま).

繕 선	訓読	つくろう
	音読	ゼン

訓読풀이

- つくろう : 繕(선)은 짜는 것, 짜깁는 것, 꾸미는 것, 짜맞추는 것을 뜻한다. 着物(きもの)のほつれをつくろう 하면 옷의 터진 곳을 짜서 꿰매는 것을 말한

다.
'짜다'에서 '짜구–쭈구–つくろう'로 이어진다.

【설】

舌 설	訓読	した
	音読	ゼツ

訓読풀이

- した : ㉮ 舌(설)은 혓바닥을 뜻한다. '혓'에서 '힛–힏–싣(ㅎ–ㅅ으로 변음)–시다–した'로 이어진다. ㉯ 舌의 한국어 발음 '설'에서 '실–시다(받침ㄹ–'다'로 분절)–した'로 이어진다.

人名訓読例

- した : 舌間(したま), 舌歯(したば).

泄 설	訓読	もれる·もらす
	音読	セツ·エイ

訓読풀이

- もれる · もらす : 泄(설)은 밀려서 빠지는 것, 새는 것을 뜻한다.
  '밀리다'에서 '밀–미라–모라–もらす'로 이어진다.
  〔参考〕 洩(설 : もら)す와 이음을 같이한다.

洩 설	訓読	もれる·もらす
	音読	セツ·エイ

訓読풀이

- もれる · もらす : 洩(설)은 새는 것, 빠지는 것, 즉 밀려나는 것을 뜻한다. 銓衡(せんこう)に洩(も)れる 하면 전형에 밀려나가 탈락되었다는 말이고, 秘密(ひみつ)がもれる 하면 비밀이 밀려나가 漏泄(누설)된다는 말이다.
  '밀리다'에서 '밀–미레–모레–もれる'로 이어진다.
  〔参考〕 泄(설 : もら)す와 이음을 같이한다.

屑 설	訓読	くず
	音読	セツ

訓読풀이

- くず : 屑(설)은 가루, 부스러기, 작은 조각을 뜻한다〈玉屑(옥설), 紙屑(지설)〉.
  '가루'에서 '갈우–갈–굴–구주(받침ㄹ–'주'로 분절)–くず'로 이어진다.

紲 설	訓読	きずな
	音読	セツ

訓読풀이

- きずな : 紲(설)은 말 · 개 등을 매는 줄, 고삐를 뜻한다. 또한 끊기 어려운 정리(情理), 유대를 뜻하기도 한다. 切(き)ることのできない愛情(あいじょう)のきずな는 끊을 수 없는 애정의 굴레라는 말이다. 紲은 실(糸)로 이어져 끊어(切)지지 않고(잖고) 이어짐을 나타낸다.
  '끊는 것, 가르는 것'을 뜻하는 切(き)る의 き와 부정을 뜻하는 '잖는'에서 '잔는–주는–주나–ずな'가 합성되어 きずな가 된다.
  〔参考〕 絆(반 : きずな)와 이음을 같이한다.

設 설	訓読	まく·もうける·しつらえる
	人名訓読	し·したら·しだら·のぶ
	音読	セツ

訓読풀이

① まく : 設(설)은 집을 짓기 위해서 땅을 파고 기둥을 단단히 묻는 것처럼 준비를 잘하는 것을 뜻한다.
'묻다'에서 '무－마－まく'로 이어진다.
〔参考〕 蒔(설), 播(파), 撒(살)과 이음(まく)을 같이한다.

② もうける : ㉮ 設은 함께 모으는 것, 합하는 것을 뜻한다〈設, 合也 : 廣雅 (설, 합야 : 광아)〉. '모으다'에서 '모우－もうける'로 이어진다. ㉯ 設은 함께 모아 갖추는 것, 준비하는 것을 뜻한다〈日令家共具設酒食 : 漢書 (일령가공구설주식 : 한서)〉. '모으다'에서 もうける로 이어진다.

③ しつらえ · しつらえる : 設은 건물 등을 설치, 시설하는 것, 즉 짓는 것을 뜻한다.
'짓다'에서 '짓어라－지수라－しつらえ'로 이어진다.

④ し : しつらえ의 준말.

⑤ したら · しだら : しつら의 변음.

⑥ のぶ : 設은 널리(넓게) 베푸는 것, 펴는 것을 뜻한다.
'넓다'에서 '넙－놉－노부－のぶ'로 이어진다.

人名訓読例

① したら · しだら : 設(외자 名).
② し : 設水(しみず).
③ のぶ : 設永(のぶなが).

雪 설	訓読	ゆき·すすぐ·そそぐ
	人名訓読	きよし·きよみ·きよむ
	音読	セツ

訓読풀이

① ゆき : 雪(설)은 눈을 뜻한다. 눈은 대기의 수증기가 얼어서 생긴다.
'얼다'에서 '얼기－어기－유기－ゆき'로 이어진다.

②すすぐ : 雪(설)은 씻어 없애는 것을 뜻한다(雪辱 : 설욕).
'씻다'에서 '씻구－시시구－수수구－すすぐ'로 이어진다.
〔参考〕 濯(탁), 漱(수)와 이음(すすぐ)을 같이한다.

③ そそぐ : '씻다'에서 そそぐ로 이어진다.

④ きよし · きよみ · きよむ : 雪은 깨끗함, 고운 것을 뜻한다. ㉮ '깨끗하다'에서 '객읏－개으시－기오시－きよし · きよみ · きよむ'로 이어진다. ㉯ '곱다'에서 '고와－기와－기요－きよし'로 이어진다.

人名訓読例

① きよし · きよみ · きよむ · すすぎ · そそぐ · ゆき : 雪(외자 名).
② ゆき : 雪山(ゆきやま), 雪上(ゆきがみ), 雪野(ゆきの), 雪原(ゆきはら), 幸田(ゆきた), 雪村(ゆきむら).

渫 설	訓読	さらう
	音読	セツ

訓読풀이

• さらう : どぶをさらう 하면 도랑을 치는 것을 뜻한다.
'치다'의 명령형 '치라'에서 '차라－사라－さらう'로 이어진다.
〔参考〕 浚(준 : さら)う와 이음을 같이한다.

楔 설	訓読	くさび
	音読	セツ·ケツ

訓読풀이

• くさび : 楔(설)은 쐐기를 뜻한다. 쐐기는 꽂는(박는) 것이다.
'꽂다'에서 '꽂-곶-구사-くさ'로 이어지고, 명사어미 び가 붙어 くさび가 된다.

說(說) 설·열	訓読	とき·とく·よろこぶ
	人名訓読	こと·のぶ·もと
	音読	セツ·エツ·ゼイ

訓読풀이

① とき·とく : ㉮ 說(설)은 말하는 것, 변명·해설하는 것 등을 뜻한다. 즉 털어놓는 것을 말한다. '털다'에서 '터-토-とく'로 이어진다. ㉯ 說은 說得(설득), 說諭(설유), 즉 타이르는 것을 뜻한다. '타이르다'에서 '타-토-とく'로 이어진다.
〔参考〕 解(해 : と)く와 이음을 같이한다.

② よろこぶ : 說(열)은 기뻐하는 것을 뜻한다. 한국어에서 기쁨을 표현할 때 옳구나(옳거니·얼씨구)라고 한다. 즉 옳은 것을 보고 기뻐한다.
'옳다'에서 '올-오로-よろ'로 이어지고, '기뻐'에서 '고버-こぶ'로 이어져 よろこぶ로 합성된다.
〔参考〕 喜(희), 悦(열), 慶(경)과 이음(よろこぶ)을 같이한다.

③ こと : 說(설)은 말을 뜻한다. 말하는 것을 제주방언에서 '골다'라고 한다.
'골다'에서 '골-고도(받침ㄹ-'도'로 분절)-こと'로 이어진다. 동사는 語(かた)る이다.

④ のぶ : 說(열)은 남을 높이는 것(공경)을 뜻한다〈孟嘗君有舍人而弗說 : 戰國策(맹상군유사인이불열 : 전국책)〉.
'높이다'에서 '높-노부-のぶ'로 이어진다.

⑤ もと : 說(설)은 인생살이의 밑바탕이 되는 道(도), 道理(도리)를 뜻한다〈原始反終故知死生之說 : 易經 (원시반종고지사생지설 : 역경)〉.
'밑'에서 '몯-모토-もと'로 이어진다.

人名訓読例

① とき : 說田(ときた), 說実(ときだね), 說子(ときこ).
② こと : 說光(ことみつ).
③ のぶ : 說男(のぶお).
④ もと : 說子(もとこ).

齧 설	訓読	かむ·かじる
	音読	ケツ·ゲツ

訓読풀이

① かむ : 齧(설)은 갉아 먹는 것을 뜻한다(齧齒類 : 설치류).
'갉다'에서 '갉음-가음-감-가무-かむ'로 이어진다.
〔参考〕 噛(교 : か)む와 이음을 같이한다.

② かじる : '갉다'에서 '갈-가지(받침ㄹ-'지'로 분절)-かじる'로 이어진다.

【섬】

閃 섬·첨	訓読	ひらめく
	音読	セン

訓読풀이

• ひらめく : ㉮ 旗(はた)が風(かぜ)にひらめく 하면 기가 바람에 펄럭이는(펼치는) 것을 뜻한다. '펄럭이다(펼치다)'에서 '펄-펴라-피라-히라-ひらめく'로 이어진다. ㉯ 閃(섬)은 불빛이 번쩍이는 것을 뜻한다〈閃光 :섬광〉. '불'에서 '빌-비

사

라–ひらめく'로 이어진다.

銛 섬 · 첨	訓読	もり
	人名訓読	とし
	音読	セン·テン

訓読풀이

① もり : 銛(섬)은 작살을 뜻한다. 작살은 작대기 끝에 뾰족한 쇠를 두세 개 박아 물고기 따위를 찔러 잡는데 쓰는 연장이다. 물고기가 작살에 찔린다는 것은 물린다는 것으로 풀이할 수 있다.
'물리다'에서 '물–몰–모리–もり'로 이어진다.

② とし : 작살에 박힌 쇠는 뾰족하게 돋아 있다〈鉛刀爲銛 : 價誼 (연도위섬 : 가의)〉.
'돋다'에서 '돋–돗–도시–とし'로 이어진다.
〔参考〕 첨으로 읽을 때는 도끼를 뜻한다.

人名訓読例

• とし : 銛光(としみつ), 銛章(としあき).

暹 섬	人名訓読	あきら·すすむ·たけ·てらす·のぼる
	音読	セン

訓読풀이

① あきら : 暹(섬)은 해가 뜨면서 세상을 밝히는 것을 나타낸다.
'밝히다'에서 '바키라–아키라(ㅂ–ㅇ으로 변음)–あきら'로 이어진다.

② すすむ : ㉮ 暹은 아침 해가 뜨는 것을 뜻한다. '뜨다'에서 '뜸–두둠–수숨–수수무–すすむ'로 이어진다. ㉯ 暹은 아침 해가 높이 돋아(솟아) 오름을 뜻한다. '돋다'에서 '도둠–두둠–수숨–수수무–すすむ'로 이어진다. 또한 '솟다'에서 '소숨–수숨–수수무–すすむ'로 이어진다.

③ たけ : 暹은 힘차게 뛰어오름을 뜻한다.
'뛰다'에서 '뛰게–따게–たけ'로 이어진다.

④ てらす : 暹은 아침 해가 햇살을 쬐는 것을 뜻한다.
'쬐다'에서 '쨰라–대라–てらす'로 이어진다.

⑤ のぼる : 暹은 아침 해가 높이 떠오르는 것을 뜻한다.
'높다'에서 '높–노보–のぼる'로 이어진다.

人名訓読例

① あきら · すすむ · てらす · のぼる : 暹(외자 名).

② たけ : 暹雄(たけお), 暹子(たけこ).

纎(纖) 섬	訓読	ほそい·すじ
	音読	セン

訓読풀이

① ほそい : 纎(섬)은 가는 것, 즉 홀쭉한 것을 뜻한다.
'홀쭉'에서 '호주–호조–호소–ほそい'로 이어진다.
〔参考〕 細(세 : ほそ)い와 이음을 같이한다.

② すじ : 纎은 가는 줄, 선을 뜻한다.
'줄'에서 '술–수지(받침ㄹ–'지'로 분절)–すじ'로 이어진다.

贍 섬	訓読	たす·た(り)る
	音読	セン

訓読풀이

• たす · た(り)る : 贍(섬)은 (소용에) 닿는 것, 넉넉한 것을 뜻한다.

'닿다'에서 '다-たす・た(り)る'로 이어진다. たりる는 たる의 변음이다.
〔参考〕足(족 : た)す와 이음을 같이한다.

殲 섬	訓読	ほろぼす
	音読	セン

訓読풀이

- ほろぼす : 殲(섬)은 헐어 부수는 것을 뜻한다.
  '헐어 부수다'에서 '허러부수-호로보수-ほろぼす'로 이어진다.
  〔参考〕滅(섬), 亡(망)과 이음(ほろぼす)을 같이한다.

【섭】

涉(涉) 섭	訓読	わたり・わたる
	人名訓読	わた
	音読	ショウ

訓読풀이

① わたり・わたる : ㉮ 涉(섭)은 얕은 강이나 내의 물(氵)을 밟아(步) 건너는 것 또는 그렇게 건널 수 있는 곳을 나타낸다. '밟다'에서 '밟-발-바다(받침ㄹ-'다'로 분절)-와다(ㅂ-ㅇ으로 변음)-わたる'로 이어진다. 의미가 확대되어 물이 아닌 곳을 건너가는 경우(道をわたる), 배를 타고 건너는 경우(船でわたる)도 わたる로 나타낸다. ㉯ '바다(氵・海)'를 건너간다는 뜻에서 '바다-아다(ㅂ-ㅇ으로 변음)-わた'로 이어지고 わたる로 동사화 된다.
〔参考〕渡(도 : わた)る와 이음을 같이한다.

② わた : わたり・わたる의 준말.

人名訓読例

① わたり・わたる : 涉(외자 名).
② わたり : 涉谷(わたりたに).
③ わた : 涉澄(わだすみ).

摂(攝) 섭	訓読	かねる・かわる・とる
	人名訓読	おさむ
	音読	セツ・ショウ

訓読풀이

① かねる : 摂(섭)은 다른 일도 같이 겸무(兼務)하는 것을 뜻한다〈官事不攝 : 論語 (관사불섭 : 논어)〉.
'같이'에서 '같네-가네-かねる'로 이어진다.
〔参考〕兼(겸 : かね)る와 이음을 같이한다.

② かわる : 摂은 갈음, 대신하는 것을 뜻한다〈攝行政事 : 史記 (섭행정사 : 사기)〉.
'갈다'에서 '갈아-가아-かわる'로 이어진다.

③ とる : 摂은 쥐는 것, 잡는 것을 뜻한다(摂取 : 섭취).
'쥐다(잡다)'에서 '주(자)-두(다)-도-とる'로 이어진다. 또한 '따다'에서 '따-다-도-とる'로 이어진다.
〔参考〕取(취 : と)る와 이음을 같이한다.

④ おさむ : '쥐다', '잡다'에서 '쥠-잠-삼-사무-さむ'로 이어지고, 접두어 お가 붙어 おさむ가 된다. 또한 '잡음'에서 '자음-잠-삼-사무-さむ'로 이어지고, 접두어 お가 붙어 おさむ가 된다.

人名訓読例

① おさむ : 摂(외자 名).

사

② かね：摂祐(かねすけ).

燮 섭	訓読	やわらぐ·やわらげる
	音読	ショウ

訓読풀이

• やわらぐ・やわらげる：燮(섭)은 모든 것이 잘 어우러져 조화(調和)롭게 되도록 다스리는 것을 뜻한다〈燮和天下：書經 (섭화천하：서경)〉.
'어우(아우)르다'에서 '어우려－아아려－야와라－やわらぐ'로 이어진다.
〔参考〕和(화：やわ)らぐ와 이음을 같이 한다.

囁 섭	訓読	ささやく
	音読	ショウ

訓読풀이

• ささやく：囁(섭)은 속삭이는 것을 뜻한다.
'속삭이다'에서 '속삭여－소사여－사사아－ささやく'로 이어진다.
〔参考〕私語(사어：ささや)く와 이음을 같이한다.

懾 섭	訓読	おそれる
	音読	ショウ

訓読풀이

• おそれる：㉮ 懾(섭)은 놀래는 것을 뜻한다. '놀래다'에서 '놀래－올래(ㄴ－ㅇ으로 변음)－오소래(받침ㄹ－'소'로 분절)－おそれる'로 이어진다. ㉯ 懾(섭)은 놀래게 하는 것, 즉 으르는 것을 뜻한다. '으르'에서 '을러－우소러－오소래－おそれる'로 이어진다.

【성】

成 성	訓読	なり·なる·なす
	人名訓読	あきら·おさむ·さだむ·しげる·すすむ·はかる·ひとし·まさ·みのる·よし
	音読	セイ·ジョウ

訓読풀이

① なり・なる・なす：成(성)은 결과(結果)를 낳는 것을 뜻한다(成果：성과).
'낳다'에서 '나루－なる', '나수－なす'로 이어진다.
〔参考〕生(생：な)す와 이음을 같이한다.

② あきら：㉮ 成道(성도)는 佛道(불도)를 깨달아 밝히는 것, 成佛(성불)은 번뇌에서 해탈하고 진리를 밝혀 佛果(불과)를 얻음을 뜻한다. '밝히라'에서 '바키라－아키라(ㅂ－ㅇ으로 변음)－あきら'로 이어진다. ㉯ 成은 일을 일구는 것을 뜻한다〈成事(성사), 成就(성취)〉. '일구다'에서 '일구－이구－아구－아기－あきら'로 이어진다.

③ おさむ：成은 난(亂)등을 잡는 것, 다스리는 것을 뜻한다〈以成宋亂：左氏傳(이성송난：좌씨전)〉.
'잡다(쥐다)'에서 '잡음－자음－잠－사무－さむ'로 이어지고, 접두어 お가 붙어 おさむ가 된다.

④ さだむ：成은 잘 되는 것(成就：성취)을 뜻한다.
'잘 되다'에서 '잘됨－자담－사다무－さだむ'로 이어진다.
〔参考〕定(정：さだ)む와 이음을 같이한다.

⑤ しげる：成은 꽉 찬 것을 뜻한다〈松柏成：呂覽 (송백성：여람)〉.
'차다'에서 '차거라-사게루-시게루-しげる'로 이어진다.
〔参考〕茂(무：しげ)る와 이음을 같이한다.

⑥ すすむ：成은 힘쓴 결과가 잘 됨을 뜻한다.
'힘쓰다'에서 '쓺-수숨-수수무-すすむ'로 이어진다.

⑦ はかる：成은 전부 합한 총계를 세는 것, 헤아리는 것을 뜻한다〈歲之成：禮記 (세지성：예기)〉.
'헤아리다(헤다)'에서 '헤거라-하거라-하가루-はかる'로 이어진다.

⑧ ひとし：成은 하나(一)처럼 균등하게 하는 것을 뜻한다〈成奠賈：周禮 (성전가：주례)〉.
하나를 뜻하는 '홀'에서 '힐-히도(받침ㄹ-'도'로 분절)-ひと(し)'로 이어진다.

⑨ まさ：成은 도리에 맞는 일을 성공(成功)시키는 것을 뜻한다.
'맞다'에서 '맞-마사-まさ'로 이어진다.

⑩ みのる：成은 과실(果實)을 맺는 것을 뜻한다(成果：성과).
'맺는'에서 '매는-미는-미노-みのる'로 이어진다.

⑩ よし：成은 올바른 도리, 이치를 깨닫는 것을 뜻한다.
'올'에서 '오시-よし'로 이어진다.

人名訓読例

① あきら・おさむ・さだむ・しげる・すすむ・はかる・ひとし・みのる：成(외자 名).

② なり：成家(なりいえ), 成基(なりもと), 成年(なりとし), 成文(なりふみ), 成範(なりのり), 成田(なりた).

③ なる：成島(なるしま), 成富(なるとみ), 成本(なるもと), 成沢(なるさわ), 成川(なるかわ), 成典(なるふみ).

④ しげ：成康(しげやす), 成高(しげたか), 成大(しげひろ), 成徳(しげのり), 成道(しげみち), 成満(しげみつ).

⑤ まさ：成郷(まさおき), 成亮(まさあき), 成夫(まさお), 成彦(まさひこ), 成予(まさよ), 成訓(まさのり).

⑥ よし：成光(よしみつ), 成立(よしたか), 成雄(よしお), 成之(よしゆき).

声(聲) 성	訓読	こえ·こわ
	音読	セイ·ショウ

訓読풀이

• こえ・こわ：㉮ 声(성)은 말・언어를 뜻한다〈府吏嘿無聲：古詩 (부리묵무성：고시)〉. 제주방언에서 말하는 것을 '골다'라고 한다. '뭐라고 말하느냐'를 '뭐라고 곧으냐, 뭐라고 골아, 뭐라고 골암수과(존경어)'라고 한다. '골다'에서 '골아-고아(고애)-こわ・こえ'로 이어진다. 의미가 확대되어 말소리〈言聲(언성), 語聲(어성)〉 소리를 뜻하게 된다. ㉯ 声(こえ)あげる 하면 소리를 지른다는 뜻인데, 한국어에서는 고래고래 소리를 지른다고 한다. '고래'에서 '골애-고애-こえ'로 이어진다.

性 성	訓読	さが
	人名訓読	もと
	音読	セイ·ショウ

訓読풀이

① さが：性은 태어날(生)때부터 지니게 되

는 마음속(忄)의 천성(天性)을 말한다〈天命之謂性 : 中庸 (천명지위성 : 중용)〉. 성리학에서는 하늘이 부여하는 것을 命(天命), 이를 받아서 내마음 속에 있는 것을 性(天性)이라 한다.
'마음속'에서 '속–삭–사가–さが'로 이어진다.

② もと : 불교에서 말하는 性相(성상)에서 性은 만물의 본체, 즉 밑바탕으로 내재(內在)하는 불변의 본질(本質)로 본다. 이에 대해 相은 밖에 나타나 변화하는 현상으로 본다.
'밑바탕'에서 '밑–몯–모토–もと'로 이어진다.

人名訓読例

• もと : 性之(もとゆき).

城 성	訓読	き·しろ
	人名訓読	しずき·きつき·たち·たて
	音読	ジョウ·セイ

訓読풀이

① き : 城(성)이나 나무(木)에 오르는 것을 기어 오른다고 한다.
'기다'에서 '기–き'로 이어진다. 백제에서 城을 己(기)라고 했다.
〔参考〕 木(き)와 이음을 같이한다.

② しろ : 城은 돌이나 흙을 쌓아 만든다.
'쌓다'에서 '싸라–사로–시로–しろ'로 이어진다.

③ きずき · きつき : ①의 城(き)을 쌓는 것(築き · つき)을 뜻한다.
き와 つき(쌓다–쌓기–쑤기–つき)가 합성되어 きつき · きずき가 된다.
〔参考〕 築(축 : きず)く와 이음을 같이한다.

④ たち · たて : '쌓다'에서 '싸–다–たつ · たち · たて'로 이어진다.
〔参考〕 建(건 : た)つ와 이음을 같이한다.

人名訓読例

① きずき · きつき · しろ · たち · たて : 城(외자 名).

② き : 城内(きうち), 城島(きじま), 城門(きど), 城山(きやま · しろやま), 城守(きもり), 城阪(きさか).

③ しろ : 城本(しろもと), 城上(しろかみ · きのかみ), 城石(しろいし), 城田(しろた), 城子(しろこ), 城川(しろかわ).

星 성	訓読	ほし
	音読	セイ·ショウ

訓読풀이

• ほし : 星(성)은 별을 뜻한다.
'별'에서 '볼–보시(받침ㄹ–'시'로 분절)–ほし'로 이어진다.

人名訓読例

• ほし : 星宮(ほしみや), 星島(ほししま), 星野(ほしの), 星村(ほしむら), 星原(ほしはら), 星合(ほしあい).

省 성·생	訓読	かえりみる·はぶく
	人名訓読	あきら·さとる·まさ·よし
	音読	セイ·ジョウ

訓読풀이

① かえりみる : 省(성)은 생각을 바꾸어 그것을 갈아 (치우고) 새롭게 보는 것, 새롭게 깨닫는 것을 뜻한다〈省其私 : 論語 (성기사 : 논어), 日省月試 : 禮記

(일성월시 : 예기)〉.
'갈다'에서 '갈아–가에–かえり'로 이어지고, 보는 것을 뜻하는 見(み)る와 합성되어 かえりみる가 된다.
〔参考〕 顧(고 : かえり)みる와 이음을 같이한다.

② はぶく : 省(생)은 불필요한 것을 뽑아 없애는 것, 줄이는 것을 뜻한다.
'뽑다'에서 '봅–밥–바부–하부–はぶく'로 이어진다.

③ あきら : 省(성)은 작은 것(少)도 잘 살펴(目) 밝히는 것을 나타낸다〈實僞之辦如此其省也 : 列子 (실위지판여차기성야 : 열자)〉.
'밝히다'에서 '바키라–아키라(ㅂ–ㅇ으로 변음)–あきら'로 이어진다.

④ さとる : 省은 깨닫는 것, 즉 눈을 뜨게 되는 것(開眼 : 개안)을 뜻한다.
'뜨다'의 종지형 '뜨더라'에서 '드도루–다도루–사도루–さとる'로 이어진다.
〔参考〕 覚(각), 悟(오)와 이음(さとる)을 같이한다.

⑤ まさ : 省은 맞는 이치를 깨닫게 됨을 뜻한다.
'맞다'에서 '맛–마사–まさ'로 이어진다.

⑥ よし : ⑤의 맞는 이치는 올바른 이치를 뜻한다.
'올'에서 '오시(받침ㄹ–'시'로 분절)–よし'로 이어진다.

人名訓読例

① あきら · さとる · はぶく : 省(외자 名).
② まさ : 省己(まさみ).
③よし : 省江(よしえ), 省久(よしやす), 省己(よしみ), 省和(よしかず).

晟 성	訓読	あきら
	人名訓読	のぶる·のぼる
	音読	セイ

訓読풀이

① あきら : 晟(성)은 아침 해(日)가 세상을 밝히는 것(成)을 나타낸다.
'밝히다'에서 '바키라–아키라(ㅂ–ㅇ으로 변음)–あきら'로 이어진다.

② のぶる · のぼる : 晟은 아침 해가 높이 떠오르는 것을 뜻한다.
'높다'에서 '놉–노부(노보)–のぶ(のぼ)る'로 이어진다.

人名訓読例

• あきら · のぶる · のぼる : 晟(외자 名).

盛 성	訓読	もり·もる·さかり·さかる
	人名訓読	さかえ·しげる·のぼる·みつ
	音読	セイ·ジョウ·ショウ

訓読풀이

① もり · もる : 盛은 土(つち)を盛(も)る처럼 무엇을 한 곳으로 몰아 쌓거나 담는 것을 뜻한다.
'몰다'에서 '몰–모루–もる'로 이어진다.

② さかり · さかる : 店(みせ)が盛(さか)る는 상점에 사람들로 꽉 차서 북적거리는 상황을 나타낸다. ㉮ '차다'에서 '차거라–사거라–사가루–さかる'로 이어진다. ㉯ 물건이 쌓여 있는 것을 나타낸다. '쌓다'에서 '싸거라–사가루–さかる'로 이어진다. ㉰ 쌓여 있음은 담겨 있음을 뜻한다. '담다'에서 '담거라–다거라–사가루–さかる'로 이어진다.

③ さけえ : '차다', '쌓다'에서 '사가–さかえ'로 이어진다.

사

〔参考〕栄(영 : さか)え와 이음을 같이한다.

④ しげる : '차다', '쌓다'에서 '사가－시게－しげる'로 이어진다.

〔参考〕茂(무), 繁(번)과 이음(しげる)을 같이한다.

⑤ のぼる : 盛은 높이 쌓여 있음을 뜻한다. '높다'에서 '놉－노보－のぼる'로 이어진다.

⑥ みつ : 盛은 물이 차 듯이 꽉 차 있음을 뜻한다.

'물이 차다'에서 '물차－미추－みつ'로 이어진다.

〔参考〕満(만 : み)ちる, 満(만 : み)つ와 이음을 같이한다.

人名訓読例

① さかえ · さかり · しげる · のぼる · もり : 盛(외자 名).

② もり : 盛本(もりもと), 盛山(もりやま), 盛寛(もりひろ), 盛文(もりぶみ), 盛信(もりのぶ), 盛沢(もりさわ).

③ さかり : 盛屋(さかりや · もりや).

④ しげ : 盛徳(しげのり · もりのり), 盛孝(しげたか · もりたか).

⑤ みつ : 盛雄(みつお · もりお).

腥 성	訓読	なまぐさい
	音読	セイ

訓読풀이

• なまぐさい : 腥(성)은 날(生)고기에서 나는 궂은(비린) 냄새(臭)를 뜻한다.

'날'에서 '남－나마－なま'로 이어지고, '궂다'에서 '궂어－구저－구자－ぐさい'로 이어져 なまぐさい로 합성된다.

〔参考〕生臭(생취 : なまぐさ)い로도 표기된다.

聖 성	訓読	ひじり · きよい
	人名訓読	あきら · きよ · きよし · さとし · さとる · たか · たかし · たから · まさ · まこと · み
	音読	セイ · ショウ

訓読풀이

① ひじり : 聖(성)은 聖徳(성덕)의 빛을 세상에 비추는 天子(천자), 聖人(성인)을 뜻한다.

'비추다'에서 '비추리－비치리－ひじり'로 이어진다. 日知(ひし)り의 뜻이라고 일본어 사전에서는 풀이한다.

② きよい : 聖은 깨끗함, 고움, 고요함을 뜻한다. ㉮ '깨끗'에서 '객읏－개으－기요－きよい'로 이어진다. ㉯ '곱다'에서 '고아－기아－기요－きよい'로 이어진다. ㉰ '고요하다'에서 '기요－きよ'로 이어진다.

③ あきら : 성덕의 빛을 밝힌다는 뜻에서 '바키라－아키라－あきら'로 이어진다.

④ さとす · さとる : ㉮ 聖은 성스러운 지혜와 이치가 솟아(돋아)남을 뜻한다. '솟다(돋다)'에서 '솟－삳－사도－さとる'로 이어진다. ㉯ 지혜와 이치를 깨달아 찾게(알게) 됨을 뜻한다. '찾다'에서 '찯－삳－사도－さとる'로 이어진다. ㉰ 눈을 떠(開眼 : 개안) 깨닫게 됨을 뜻한다. '뜨다'에서 '떠－따－다다－사도－さとる'로 이어진다.

⑤ たか · たかし : 聖賢(성현)은 높이 떠받드는 대상이다.

'뜨다'에서 '뜨고－따고－다가－たか'로 이어진다.

⑥ たから : 聖人의 聖徳 · 聖恩은 귀중한 보배가 된다. 보배를 뜻하는 宝(보)와 이

음(たから)을 같이한다〈宝(보) 참조〉.

⑦ まこと：聖賢은 도리와 이치에 맞게 몸가짐을 갖는다.
'맞는 것'에서 '맞–마–ま'와 '것'의 '걷–곧–こと'가 합성되어 まこと가 된다.

⑧ まさ ：⑦의 '맞다'에서 '맛–마사–まさ'로 이어진다.

⑨ み：かみ의 준말〈神(신) 참조〉.

人名訓読例

① あきら・きよ・きよし・さとし・さとる・たかし・たから・ひじり・まこと：聖(외자 名).

② きよ ：聖啓(きよはる), 聖光(きよてる), 聖徳(きよてる), 聖名(きよあき), 聖野(きよの), 聖宣(きよのぶ).

③ あき：聖水(あきみ).

④ さと：聖美(さとみ), 聖子(さとこ), 聖恵(さとえ).

⑤ たか ：聖明(たかあき), 聖夫(たかお・まさお), 聖裔(たかし).

⑥ まさ ：聖徳(まさのり), 聖勝(まさかつ), 聖義(まさよし), 聖人(まさと), 聖子(まさこ), 聖弘(まさひろ).

⑦ み：聖園(みその).

⑧ ひじ(ひじり의 준말)：聖谷(ひじたに).

誠 성	訓読	まこと
	人名訓読	あきら・さね・たか(し)・ただし・たね・のぶ・まさ・もと・よし
	音読	セイ

訓読풀이

① まこと ：誠(성)은 참된 것, 즉 맞는 것을 뜻한다.
'맞다'에서 '마–ま'로 이어지고, '것'에서 '걷–곧–고도–こと'로 이어져 まこと로 합성된다.

② あきら：誠은 참된 길을 밝히는 것을 뜻한다.
'밝히다'에서 '바키라–아키라–あきら'로 이어진다.

③ さね ：誠은 實(실)다운 것, 眞實(진실)함을 뜻한다〈是之謂誠君子 ：荀子 (시지위성군자：순자)〉. 實은 씨를 뜻한다.
'씨'에서 '시–사–さ'로 이어지고, 접미어 ね가 붙어 さね가 된다.
〔参考〕実(실)과 이음(さね)을 같이한다.

④ しげ：誠은 眞實함이 마음속에 가득 참을 뜻한다.
'차다'에서 '차고–사고–시게–しげ'로 이어진다.

⑤ たか・たかし ：誠은 웃어른을 誠心誠意(성심성의)로 높이 떠받드는 것을 뜻한다.
'뜨다'에서 '뜨고–따고–다가–たか(し)'로 이어진다.

⑥ ただし：㉮ 誠은 따져서 참되게 함을 뜻한다. '따지다'에서 '다져–다더–다다–ただし'로 이어진다. ㉯ 誠은 참되어 떳떳함을 뜻한다. '떳떳'에서 '더더–다다–ただし'로 이어진다.

⑦ たね：誠은 참됨, 진실함의 씨앗으로 본다.
'씨'에서 '시–사–다–た'로 이어지고, 접미어 ね가 붙어 たね가 된다.
〔参考〕種(종)과 이음(たね)을 같이한다.

⑧ のぶ：誠은 웃어른을 높이 공경하는 것을 뜻한다.
'높다'에서 '놉–노부–のぶ'로 이어진다.

⑨ まさ：誠은 도리와 이치에 맞는 것을 뜻한다.
'맞'에서 '맛–마사–まさ'로 이어진다.

사

⑩ もと：誠은 세상사의 도리에 밑바탕이 됨을 뜻한다〈誠者天之道也：中庸 (성자천지도야：중용)〉.
밑바탕의 '밑'에서 '몯-모토-もと'로 이어진다.
〔参考〕基(기), 本(본), 原(원), 元(원) 등과 이음(もと)을 같이한다.

⑪ よし：誠은 참 · 옳음을 뜻한다.
'옳'에서 '올-오시(받침ㄹ-'시'로 분절)-よし'로 이어진다.

人名訓読例

① あきら · たかし · ただし · まこと：誠(외자 名).

② あき：誠彦(あきひこ · まさひこ · よしひこ), 誠定(あきさだ).

③ さね：誠信(さねのぶ · しげのぶ), 誠忠(さねただ · まさただ).

④ しげ：誠寛(しげひろ), 誠道(しげみち · まさみち), 誠盛(しげもり), 誠昭(しげあき), 誠中(しげなか), 誠晴(しげはる · まさはる).

⑤ たか：誠成(たかしげ · たかなり).

⑥ たね：誠之(たねゆき · しげゆき · のぶゆき · まさゆき).

⑦ のぶ：誠明(のぶあき), 誠彬(のぶよし), 誠業(のぶおき), 誠章(のぶあき), 誠政(のぶまさ), 誠親(のぶちか).

醒 성	訓読	さめる
	音読	セイ

訓読풀이

• さめる：眠(ねむ)りから醒(さ)める 하면 잠에서 깨다, 즉 잠에서 눈을 뜨다는 뜻이다.
'뜨다'에서 '뜸-숨-삼-사메-さめる'로 이어진다.
〔参考〕覚(각：さ)める와 이음을 같이한다.

人名訓読例

• さめ：醒(외자 名), 醒井(さめい).

【세】

世 세	訓読	よ
	人名訓読	つぎ·つぐ· とき·とし·つね
	音読	セイ·セ

訓読풀이

① よ：世(세)는 代(대)를 이어감을 뜻한다. 世子(세자)는 왕의 대를 이을 아들을 뜻하고, 世系(세계)는 한 조상에서 대대로 이어져 내려오는 계통을 뜻한다.
'잇다'에서 '이어-여-요-よ'로 이어진다.
〔参考〕代(대)와 이음(よ)을 같이한다.

② つぎ · つぐ：이어간다함은 좇아감을 뜻한다.
'좇다'에서 '좇기-조기-주기-つぎ'로 이어진다.
〔参考〕継(계), 承(승), 嗣(사), 次(차) 등과 이음(つぐ)을 같이한다.

③ とき：世는 때, 시대를 뜻한다. 때를 '적'이라고도 한다(어릴 적, 먹을 적 등).
'적'에서 '덕-독-도기-とき'로 이어진다.
〔参考〕時(시)와 이음(とき)을 같이한다.

④ とし：世는 한 해를 뜻한다〈去國三世：禮記 (거국삼세：예기)〉. 해를 '돌'이라고도 한다.
'돌'에서 '도시(받침ㄹ-'시'로 분절)-とし'로 이어진다.
〔参考〕年(년)과 이음(とし)을 같이한다.

⑤ つね : 世는 언제까지나(언제나) 항상(恒常) 대를 이어나감을 뜻한다(世世孫孫). '언제나'에서 '제나-주네-つね'로 이어진다.
〔参考〕 常(상)과 이음(つね)을 같이한다.

人名訓読例

① よ : 世継(よつぎ), 世続(よつぎ), 世嗣(よつぎ), 世津谷(よつや), 世保(よやす), 世樹(よぎ).
② つぎ : 世吉(つぎよし), 世茂(つぎしげ).
③ つぐ : 世徳(つぐのり), 世誠(つぐよし).
④ とき : 世良(ときなが), 世彦(ときひこ), 世雄(ときお), 世典(ときのり).
⑤ とし : 世紀(としのり), 世治(としじ).
⑥ つね : 世雄(つねお).

洗 세	訓読	あらい·あらう
	音読	セイ

訓読풀이

• あらい · あらう : 洗(세)는 빠는 것을 뜻한다.
'빨다'에서 '발-바라-아라(ㅂ-ㅇ으로 변음)-あらい · あらう'로 이어진다.

人名訓読例

① あらい : 洗(외자 名), 洗場(あらいば).
② あら : 洗井(あらい), 洗川(あらかわ).

笹 세	訓読	ささ
	音読	日本国字

訓読풀이

• ささ : 笹(ささ)는 조릿대를 뜻한다. 조릿대는 자잘한 대나무로 엮어 만들어진다.
'자잘'에서 '자자-사사-ささ'로 이어진다.
〔参考〕 細(세 : ささやか · さざれ), 簓(조 : ささら)와 이음을 같이한다.

人名訓読例

• ささ : 笹島(ささじま), 笹路(ささじ), 笹本(ささもと), 笹山(ささやま), 笹野(ささの), 笹村(ささむら).

細 세	訓読	こまかい·こまごま·ささやか·さざれ·ほそい
	音読	サイ

訓読풀이

① こまかい · こまごま : ㉮ 細(こま)かい観察(かんさつ)는 꼼꼼한 관찰을 뜻하고, 金(かね)に細(こま)かい男(おとこ)하면 돈에 너무 꼼꼼한(타산적인) 사나이를 말한다. '꼼꼼'에서 '곰-고마-こまかい'로 이어진다. ㉯ '꼼꼼'에서 '곰곰-고마고마-こまごま(細細)'로 이어진다.
② ささやか : 細(ささ)やか는 사소한 것, 자잘한 것을 뜻한다.
'자잘'에서 '자자-사사-ささやか'로 이어진다.
③ さざれ : 細(さざれ)石(いし)는 자잘한 잔 돌, 조약돌을 뜻한다.
'자잘'에서 '자자레-さざれ'로 이어진다.
④ ほそい : 細口(ほそくち)는 병 등의 아가리가 좁고 홀쭉한 것을 뜻하고, 細作(ほそづくり)の女性(じょせい)는 몸매가 홀쭉한 여성을 뜻한다.
'홀쭉'에서 '호주-호조-호소-ほそい'로 이어진다.

人名訓読例

① ささ · ほそ : 細(외자 名).
② ほそ : 細金(ほそがね), 細山田(ほそや

まだ), 細原(ほそはら), 細田(ほそだ), 細川(ほそかわ), 細波(ほそなみ).

稅 세	訓読	みつぎ
	音読	ゼイ

訓読풀이

- みつぎ : 貢(공) 참조.

貰 세	訓読	もらう
	音読	セイ

訓読풀이

- もらう : 貰(もら)う는 타인으로부터 물려받는 것, 얻는 것을 뜻한다. 貰(もら)い受(う)ける는 물려받아 자기 것으로 삼는 것을 뜻하고, 貰(もら)い下(さ)げる는 경찰에서 신병을 인수하다, 즉 물려받는 것을 뜻한다.
  '물려받다'에서 '물려-무러-모라-もらう'로 이어진다.

勢 세	訓読	いきおい·きおい·はずむ
	音読	セイ·セ·ゼイ

訓読풀이

① いきおい : ㉮ 勢(세)는 기세(氣勢)를 뜻한다. 즉 勢는 기(氣)를 업은 기세를 뜻한다. '기 업다'에서 '기업어-기어이-기오이-きおい'로 이어지고 접두어 い가 붙어 いきおい로 된다. ㉯ 勢는 상대를 이길 수 있는 힘(勢力 : 세력)을 뜻한다. '이기다'에서 '이기어-이기오-いきおい'로 이어진다.

② きおい : ㉮ 위 ①의 '기 업다'에서 きおい로 이어진다. ㉯ 勢는 상대방과 겨루어 이기려는 패기(覇氣)를 뜻한다. '겨루다'에서 '결우어-겨우어-기오이-きおい'로 이어진다.
〔参考〕 気負(기부), 競(경)과 이음(きおい)을 같이한다.

③ はずむ : 勢는 힘이 뻗는 것을 뜻한다. '뻗다'에서 '벋음-벗음-버줌-바주무-はずむ'로 이어진다.
〔参考〕 弾(탄 : はず)む와 이음을 같이한다.

歲(歳) 세	訓読	とし
	音読	サイ·セイ

訓読풀이

- とし : 歲(세)는 나이, 해를 뜻한다. 한 해에 나이가 한 살(一歳) 늘 때 한 돌이라고 한다.
  '돌'에서 '도시(ㄹ받침-'시'로 분절)-とし'로 이어진다.
  〔参考〕 年(년)과 이음(とし)을 같이한다.

人名訓読例

- とし : 歲森(としもり), 歲原(としはら), 歲川(としかわ), 歲昭(としあき), 歲良(としなが), 歲春(としはる).

【소】

小 소	訓読	ちいさい·こ·お·さ·ささ
	音読	ショウ

訓読풀이

① ちいさい : 小(소)는 작은 것, 적은 것을 나타낸다.
'작다(적다)'에서 '작아서-자아사-지이사-ちいさ(い)'로 이어진다. 속어로는 ちさい라고도 한다.

② こ : 小는 작은 것, 즉 꼬마를 뜻한다. 小人(こびと)는 꼬마나 난쟁이를 뜻하고,

小鳥(ことり)는 꼬마(작은) 새를 뜻한다.

'꼬마'에서 '꼬–こ'로 이어진다.

③ お：小는 어린이, 아이를 뜻한다〈老小殘疾：北史 (노소잔질：북사)〉. ㉮ '어린이'에서 '어–오–お'로 이어진다. ㉯ '아이'에서 '아–오–お'로 이어진다.

④ さ：小는 작은 것, 잔 것, 자잘한 것을 뜻한다. ㉮ '작은 것', '잔 것'에서 '자–사–さ'로 이어진다. ㉯ '자잘'에서 '자–さ'로 이어진다.

⑤ ささ：'자잘'에서 '자자–사사–ささ'로 이어진다.

〔参考〕細(세)와 이음(ささ)을 같이한다.

人名訓読例

① ちいさ：小子(ちいさご·おご), 小子部(ちいさこべ), 小縣(ちいさがた·おがた).

② こ：小関(こぜき·おぜき), 小島(こじま·おじま), 小門(こかど·おかど), 小山(こやま·おやま), 小原(こはら·おはら), 小田(こだ·おだ).

③ お：小足(おたり·こあし), 小阪(おさか·こさか), 小木(おぎ·こぎ), 小口(おぐち·こぐち), 小馬(おうま·こうま), 小笠原(おがさわら).

④ さ：小谷口(さこぐち), 小枝(さえ), 小織(さおり), 小代子(さよこ), 小美(さ[illegible]), 小夜(さよ).

⑤ ささ：小栗(ささぐり·おぐり), 小竹(ささ·おたけ·こたけ), 小竹島(ささじま), 小川(ささがわ·おがわ), 小波(ささなみ·さなみ·こなみ).

少 소	訓読	すくない·すこし
	人名訓読	お·こ
	音読	ショウ

訓読풀이

① すくない：少(소)는 수량이 적은 것을 나타낸다.

'적다'에서 '적구–저구–주구–すく(ない)'로 이어진다.

② すこし：少는 조금을 뜻한다.

'조금씩'에서 '조고씨–주고시–すこし'로 이어진다.

③ お：少는 어린이, 아이를 뜻한다(男女老少：남녀노소). ㉮ '어린이'에서 '어–오–お'로 이어진다. ㉯ '아이'에서 아–오–お'로 이어진다.

〔参考〕小(소)와 이음(お)을 같이한다.

④ こ：少는 작은 것, 즉 꼬마를 뜻한다.

'꼬마'에서 '꼬–こ'로 이어진다.

〔参考〕小(소：こ)와 이음을 같이한다.

人名訓読例

① すくな：少麿(すくなまろ).

② お：少老(おおゆ), 少昨(おくい), 少足(おたり).

③ こ：少林(こばやし).

召 소	訓読	めし·めす
	音読	ショウ

訓読풀이

• めし·めす：召(め)し, 召(め)す는 말씀, 모심을 주된 의미로 한다.

① '말씀'을 의미할 경우：㉮ 召(소)는 윗사람이 아랫사람을 부를 때, 또는 초대할 때 쓰이는데 부르심·초청은 말씀으로 이루어진다. お召しに応(おう)ずる 하면 부르시는 말씀에 응한다는 뜻이고, 殿下(でんか)のおめしです 하면 전

사

하께서 부르시는 말씀이십니다라는 뜻이다. '말씀'에서 '마수–매수–매시–めし'로 이어진다. ㉯ '말'에서 '말–멜–메시(받침ㄹ–'시'로 분절)–めし·めす'로 이어진다.

② '모심'을 의미할 경우 : 召使(소사)는 윗사람을 모시기 위해 쓰이는 사람, 즉 머슴을 뜻하고 召人(めしゅうど)도 귀인을 모시는 사람을 뜻한다. ㉮ '모시다'에서 모시–매시–めし'로 이어진다. ㉯ '머슴'에서 '머시–메시–めし'로 이어진다.

人名訓読例

- めし : 召子(めしこ), 召古(めしこ), 召田(めしだ).

所(所) 소	訓読	ところ
	音読	ショ

訓読풀이

- ところ : 所(소)는 장소를 뜻한다. 장소를 뜻하는 고유어로 데(갈 데, 잘 데 등)와 곳이 있다.
  '데'와 '곳'이 합성되어 '데고–도고–とこ'로 이어지고, 장소의 방향을 나타내는 부사어미 '로'(서울로, 제주로 등)가 붙어 ところ가 된다.
  〔参考〕 処(처)와 이음(ところ)을 같이한다.

人名訓読例

- ところ : 所谷(ところたに), 所崎(ところざき), 所沢(ところざわ), 所左衛門(ところざえもん).

沼 소	訓読	ぬま
	人名訓読	ぬ
	音読	ショウ

訓読풀이

① ぬま : 沼(소)는 늪을 뜻한다.
'늪'에서 '누–ぬ'로 이어지고, 접미어 ま가 붙어 ぬま가 된다. 손톱, 발톱의 '톱'이 '토–つ'로 이어지고, 접미어 め가 붙어 つめ가 되는 것과 같은 이치이다.

② ぬ : '늪'에서 '누–ぬ'로 이어진다.

人名訓読例

① ぬ : 沼間(ぬま·ぬまま), 沼貫(ぬぬき), 沼木(ぬき·ぬまき), 沼本(ぬもと·ぬまもと), 沼垂(ぬたり), 沼足(ぬたり).

② ぬま : 沼岡(ぬまおか), 沼口(ぬまぐち), 沼島(ぬましま), 沼山(ぬまやま), 沼田(ぬまた), 沼川(ぬまかわ).

咲(咲) 소	訓読	さき·さく·わらう
	音読	ショウ

訓読풀이

① さき·さく : 咲(소)는 싹이 솟아(돋아) 나는 것, 트는 것을 뜻한다. ㉮ '싹'에서 '사구–さく'로 이어진다. ㉯ 솟다(돋다)에서 '소(도)–사–さく'로 이어진다. ㉰ '트다'에서 '토–소–사–さく'로 이어진다. ㉱ 삭이 솟고(돋고), 트는 것은 싹이 쪼개지는 것을 뜻한다. '쪼개'에서 '쪼구–자구–さく'로 이어진다.
〔参考〕 裂(열), 割(할)과 이음(さく)을 같이한다.

② わらう : 咲는 笑(소)의 古字로 웃는 것을 뜻한다.
'웃다'의 명령형 '웃으라우'에서 '우으라우–우라우–아라우–わらう'로 이어진다 〈笑(소) 참조〉.

人名訓読例

① さき : 咲浜(さきはま), 咲山(さきや

ま), 咲田(さきた), 咲村(さきむら).

② さく : 咲間(さくま), 咲寿(さくじゅ), 咲花(さくはな).

昭 소	訓読	あきらか
	人名訓読	あかし·あき·てる·はる·ひかる·まさ
	音読	ショウ

訓読풀이

① あきらか : 昭(소)는 밝히는 것을 뜻한다〈君子以自昭明德 : 易經 (군자이자소명덕 : 역경)〉. 昭和(しょうわ : 소화)는 천하가 밝고 잘 다스려짐을 뜻한다〈百姓昭明協和萬邦 : 書經 (백성소명협화만방 : 서경)〉.
'밝히다'에서 '바키라–아기라(ㅂ–ㅇ으로 변음)–あきら'로 이어진다.

② あかし : '밝다'에서 '밝아–박아–바가–아가–あか(し)'로 이어진다.

③ あき : あきらか의 준말.

④ てる : 昭는 불빛을 쬐는 것을 뜻한다.
'쬐다'에서 '쨰라–대루–てる'로 이어진다.
〔参考〕 照(조 : て)る와 이음을 같이한다.

⑤ ひかる : 昭는 빛깔을 비추는 것을 뜻한다.
'빛깔'에서 '비까–비가–히가–ひかる'로 이어진다.
〔参考〕 光(광 : ひか)る와 이음을 같이한다.

⑥ はる : '밝다'에서 '밝–발–할–하루–はる'로 이어진다.

⑦ まさ : 昭는 사리에 맞게 분명히 밝히는 것을 뜻한다.
'맞'에서 '맞–마사–まさ'로 이어진다.

人名訓読例

① あかし · あき · あきら · てる · ひかる : 昭(외자 名).

② あき : 昭代(あきよ), 昭文(あきぶみ), 昭範(あきのり), 昭人(あきと · あきひと), 昭仁(あきひと), 昭和(あきかず · あきと · あきわ · てるかず).

③ てる : 昭高(てるたか), 昭南(てるなみ), 昭明(てるあき), 昭秋(てるあき), 昭博(てるひろ · あきひろ), 昭慶(てるよし).

④ はる : 昭良(はるよし · あきよし), 昭次(はるつぐ · あきつぐ).

⑤ まさ : 昭男(まさお · あきお · てるお).

宵(宵) 소	訓読	よい
	音読	ショウ

訓読풀이

• よい : 宵(소)는 今宵(こよい), 春(はる)の宵(よい)처럼 저녁을 뜻한다. ゆう(夕 : 저녁)와 よる(夜 : 밤)의 중간 시점으로 볼 수 있다.
ゆう나 よる와 마찬가지로 '노을'에서 '노우–오이(ㄴ–ㅇ으로 변음)–よい'로 이어진다〈夕(석 : ゆう), 夜(야 : よる) 참조〉.

人名訓読例

• よい : 宵琴(よいこと), 宵奈良(よいなら), 宵古(よいこ).

消(消) 소	訓読	きえる·けす
	音読	ショウ

訓読풀이

① きえる : 火事(かじ)を消(き)え 하면 불을 꺼라라는 뜻이다.

'끄다'에서 '꺼어라-끼어라-끼에루-きえる'로 이어진다.

② けす : 火(ひ)をけす 하면 불을 끈다는 뜻이다.

'끄다'에서 '꺼서-거수-게수-けす'로 이어진다.

人名訓読例

① きえ : 消奈(きえな).

② けし : 消方(けしかた).

笑 소		
	訓読	わらう·えむ
	人名訓読	おかしい·え
	音読	ショウ

訓読풀이

① わらう : 笑(소)는 웃는 것을 뜻한다.

'웃다'의 명령형 '웃으라우'에서 '우으라우-우라우-아라우-わらう'로 이어진다. 한편 泣(な)く는 '울다'에서 '울구-우구-아구-나구(ㅇ-ㄴ으로 변음)-なく'로 이어진다.

② えむ : '웃다'에서 '웃음-우음-움-엠-えむ'로 이어진다.

③ おかしい : 笑는 웃기는 것을 뜻한다.

'웃기다'에서 '웃겨서-우가시-오가시-おかしい'로 이어진다.

〔参考〕 可笑(가소 : おか)しい와 이음을 같이한다.

④ え : えみ의 준말.

人名訓読例

① おかし : 笑内(おかしない).

② え : 笑顔(えがお), 笑原(えはら).

③ えみ : 笑子(えみこ · えみす), 笑也(えみや), 笑入(えみいる).

素 소		
	訓読	しろ·もと
	人名訓読	しろし·すなお·つね·はじめ
	音読	ソ·ス

訓読풀이

① しろ · しろし : 素(소)는 흰 것, 하얀 것을 나타낸다. 머리가 하얗게 센다처럼 하얗게 되는 것을 센다라고 한다. 또한 서리는 하얗게 인다.

'세다'에서 '세-시-しろ'로, '서리'에서 '시리-시로-しろ'로 이어진다.

② もと : 素는 근본, 밑바탕을 뜻한다.

'밑바탕'에서 '밑-몯-모토-もと'로 이어진다.

〔参考〕 元(원), 基(기), 下(하), 本(본) 등과 이음(もと)을 같이한다.

③ すなお : ㉮ 순수함을 나타내는 접두어 '숫(숫총각, 숫보기, 숫음식 등)'에서 '수-す'로 이어지고 '나아지다'에서 '나아-나오-なお'로 이어져 すなお로 합성된다. ㉯ 素의 음독 す와 '나아지다'에서의 なお가 합성되어 すなお가 된다.

④ つね : 素는 이제나, 저제나, 언제나, 즉 平素(평소)에도 밑바탕(素質 : 소질)이 恒常(항상) 다름없음을 뜻한다.

'제나'에서 '주나-주네-つね'로 이어진다.

〔参考〕 常(상 : つね)와 이음을 같이한다.

⑤ はじめ : 素는 처음을 뜻한다〈著其素 : 尙書大傳 (저기소 : 상서대전)〉.

처음을 뜻하는 '햇'(햇감자, 햇과일 등)에서 '핮-하지-はじめ'로 이어진다.

人名訓読例

① しろし · すなお · はじめ · もと : 素(외자 名).

② しろ：素夫(しろお·もとお), 素三(しろぞう·もとぞう), 素木(しろき).
③ もと：素康(もとやす), 素徳(もとのり), 素文(もとふみ), 素純(もとずみ), 素義(もとよし), 素弘(もとひろ).
④ つね：素麿(つねまろ), 素之(つねゆき·もとゆき).

巣(巢) 소	訓読	す
	音読	ソウ

訓読풀이

• す：巣(소)는 새·짐승·곤충 등이 사는 집을 뜻한다(巣窟：소굴).
'살다'에서 '사-수-す'로 이어진다.

人名訓読例

• す：巣内(すのうち), 巣頭(すどう), 巣籠(すかご·すごもり), 巣山(すやま), 巣守(すもり), 巣野(すの).

掃 소	訓読	はく·はらう
	音読	ソウ

訓読풀이

① はく：掃(소)는 掃除(소제), 즉 더러운 것을 빼내는 것을 뜻한다.
'빼다'에서 '빼구-바구-하구-はく'로 이어진다
② はらう：掃는 더러운 것을 버리는 것을 뜻한다.
'버리다'에서 '버려-바러-바라-하라-はらう'로 이어진다.
〔参考〕払(불：はら)う와 이음을 같이한다.

人名訓読例

• はき：掃石(はきいし).

梳 소	訓読	すく·くしけずる·けずる
	音読	ソ

訓読풀이

① すく：㉮ 梳(소)는 빗으로 머리를 쓰는 것을 뜻한다. '쓸다'에서 '쑤-すく'로 이어진다. ㉯ 梳는 머리카락을 뜨면서 빗질하는 것을 뜻한다. '뜨다'에서 '두-수-すく'로 이어진다.
〔参考〕結(결：す)く와 이음을 같이한다.
② くしけずる：梳(くしけず)る는 빗을 '꽂아' 빗질하면서 비듬 등을 '꺼지게(없어지게)' 하는 것을 뜻한다. '꽂아'에서 '곶-궂-구시-くし'로 이어지고, '꺼지다'에서 '거주-게주-けずる'로 이어져 くしけずる로 합성된다. くし(櫛：즐)와 けずる(梳る)의 합성어가 된다.
③ けずる：梳(くしけず)る를 梳(けず)る로도 읽는다.

紹 소	訓読	つぐ
	音読	ショウ·ジョウ

訓読풀이

• つぐ：紹(소)는 서로 대어(接) 이어가는 것을 뜻한다〈以此紹殷：呂覽 (이차소은：여람)〉.
'대다'에서 '대구-두구-つぐ'로 이어진다.
〔参考〕接(접：つ)ぐ와 이음을 같이한다.

人名訓読例

• つぐ：紹代(つぐよ), 紹実(つぐさね), 紹人(つぐひと), 紹子(つぐこ), 紹直(つぐなお), 紹彦(つぐひこ).

사

焼(燒) 소	訓読	やく·やける
	音読	ショウ

訓読풀이

- やく・やける：焼(소)는 익는 것, 익게 되는 것을 뜻한다. ㉮ '익다'에서 '익-악-아구-やく'로 이어진다. ㉯ '익게 되다'에서 '익게-이게-아게-やける'로 이어진다.

人名訓読例

① やき：焼山(やきやま・やけやま), 焼塩屋(やきしおや), 焼風(やきかぜ), 焼杭(やきくい).
② やけ：焼山(やけやま), 焼田(やけた).

甦 소	訓読	よみかえる
	音読	ソ

訓読풀이

- よみかえる：甦(소)는 죽었다가 다시(更：갱) 살아나다(生：생), 즉 更生(갱생)을 뜻한다.
  죽음을 뜻하는 '여의다'에서 '여윔-염-욤-요미-よみ'로 이어지고, (죽음에)가름해서를 뜻하는 '갈다'에서 '갈아라-가에루-かえる'로 이어져 よみかえる로 합성된다.

疎 소	訓読	うとい·うとむ·おろそか
	音読	ソ

訓読풀이

① うとい・うとむ：世事(せじ)にうとい, 会社(かいしゃ)の内情(ないじょう)にうとい 하면 세상물정이나 회사 사정에 어둡다는 뜻이다.
'어둡다'에서 '어두-우도-うとい・うとむ'로 이어진다.
② おろそか：疎(소)는 어리석게(어리숙하게), 소홀히 계획하거나 처리함을 뜻한다. 検査(けんさ)をおろそかにしてはいけない 하면 검사를 어리석게, 소홀히 해서는 안 된다는 뜻이다.
'어리석게'에서 '어리서게-오로서게-오로소가-おろそか'로 이어진다.

疏 소	訓読	うとい·とおす
	音読	ソ

訓読풀이

① うとい：疏(소)는 물정 등에 어두운 것을 뜻한다.
'어둡다'에서 '어두-우도-うとい'로 이어진다.
〔参考〕 疎(소：うと)い와 이음을 같이한다.
② とおす：㉮ 疏는 트이는 것, 트는 것(疏通：소통)을 뜻한다. '트이다'에서 '트어-토오-とおす'로 이어진다. ㉯ '뚫다'에서 '뚫어-뚜우-도우-도오-とおす'로 이어진다.
〔参考〕 通(통：とお)す와 이음을 같이한다.

訴 소	訓読	うったえる
	音読	ソ

訓読풀이

- うったえる：㉮ 訴(소)는 윗사람, 힘 있는 사람에게 여쭈어(하소연하여) 선처 내지는 동정을 구하는 것을 뜻한다. '여쭈다'에서 '여쭈어라-웃자에루-うったえる'로 이어진다. ㉯ 訴는 泣訴(읍소)하면서 본인의 억울함을 윗사람에게 읊어 알리는 것을 뜻한다. '읊다'에서 '울다-우쑤다(받침ㄹ-'쑤'로 분절)-うったえ

る'로 이어진다. ㉰ 의미가 확대되어 訴는 訴訟(소송), 告訴(고소) 등을 뜻하게 된다.

搔 소	訓読	かく
	音読	ソウ

訓読풀이

• かく : 搔(소)는 긁는 것을 뜻한다. 搔(か)き傷(きず)는 긁힌 손톱자국을 뜻하고, 搔(か)き入(い)れる는 긁어 넣는 것, 搔(か)き出(だ)す는 긁어내는 것을 뜻한다.
'긁다'에서 '긁-극-각-가구-かく'로 이어진다.

人名訓読例

• かき : 搔懐(かきだき).

遡 소	訓読	さかのぼる
	音読	ソ

訓読풀이

• さかのぼる : 遡(소)는 내려오던 길을 돌려 거슬러 올라간다는 뜻이다〈御輕舟而上遡 : 曹植 (어경주이상소 : 조식)〉.
'돌다'에서 '돌고-도고-다가-사가-さか'로 이어지고, '높은 곳으로 올라가다'의 '높'에서 '놉-노부-のぶる'가 합성되어 さかのぶる가 된다.
〔参考〕 逆(역 : さか)와 上(상 : のぼ)る의 합성어이다.

昭 소	人名訓読	あきら·つく·つな·みはる·よし
	音読	ショウ

訓読풀이

① あきら : 昭(소)는 밝음을 뜻한다〈昭光開令序, 淑氣動芳年 : 唐太宗 (소광개령서, 숙기동방년 : 당태종)〉.
'밝다'에서 '발키라-아키라-あきら'로 이어진다.

② つぐ : 昭는 서로 대고 이어감을 뜻한다.
'대다'에서 '대구-두구-つぐ'로 이어진다.
〔参考〕 紹(소), 接(접)과 이음(つぐ)을 같이한다.

③ つな : ㉮ 昭는 잇는 것, 대는(接 : 접) 것을 뜻한다. '대는'에서 '두는-둔-두나-つな'로 이어진다. ㉯ '잇는 줄'에서 '줄-주-つ'로 이어지고, 접미어 な가 붙어 つな로 이어진다. ㉰ '줄치다'에서 '치는-추는-추나-つな'로 이어진다.
〔参考〕 綱(강 : つな)와 이음을 같이한다.

④ みはる : 昭는 舜(순) 임금이 지은 樂曲(악곡)이다. 아름답고 밝은 소리를 내는 음악으로 전해진다.
'밝다'에서 '발-할-하루-はる'로 이어지고, (舜임금에 대한) 존경의 접두어 み가 붙어 みはる가 된다.

⑤ よし : 昭는 옳음, 아름다움을 뜻한다.
'올'에서 '오시(받침ㄹ-'시'로 분절)-よし'로 이어진다.

人名訓読例

① あきら : 昭(외자 名).
② あき : 昭光(あきみつ), 昭彦(あきひこ), 昭子(あきこ · つぐこ · みはこ · よしこ), 昭熙(あきひろ).
③ つぐ : 昭男(つぐお), 昭子(つぐこ).
④ つな : 昭人(つなひと).
⑤ みはる : 昭子(みはるこ).
⑥ よし : 昭美(よしみ), 昭邦(よしくに), 昭夫(よしお), 昭子(よしこ).

嘯 소	訓読	うそぶく
	音読	ショウ

訓読풀이

• うそぶく : ㉮ 嘯(소)는 모르는 체하고 헛소리를 부는 것을 뜻한다. '헛'에서 '홋–웃(ㅎ–ㅇ으로 변음)–우소–うそ'로 이어지고, '불다'에서 '불구–부구–ぶく'로 이어져 うそぶく로 합성된다. ㉯ 嘯는 詩歌(시가)를 읊조리는 것을 뜻한다. '읊다'에서 '을푸구–우소부구(받침 ㄹ–'소'로 분절)–うそぶく'로 이어진다.

篠 소	訓読	しの·ささ
	音読	ショウ

訓読풀이

① しの : 篠(소)는 화살대를 만들기에 적합한 줄기가 잔(가는) 대나무의 일종으로 조릿대를 뜻한다.
'잔'에서 '진–신–시노–しの'로 이어진다.

② ささ : 조릿대의 줄기는 자잘하다.
'자잘'에서 '자자–사사–ささ'로 이어진다.
〔参考〕 細(세), 小(소), 笹(세) 등과 이음(ささ)을 같이한다.

人名訓読例

① ささ · しの : 篠(외자 名).

② ささ : 篠島(ささじま · しのじま), 篠本(ささもと · しのもと), 篠山(ささやま · しのやま), 篠野(ささの), 篠川(さがわ · しのかわ), 篠村(ささむら · しのむら).

③ しの : 篠宮(しのみや), 篠木(しのき), 篠永(しのなが), 篠田(しのだ), 篠竹(しのたけ), 篠浦(しのうら).

騷(騷) 소	訓読	さわぐ·さわがしい
	音読	ソウ

訓読풀이

• さわぐ · さわがしい : ㉮ 騷(소)는 騷亂(소란), 騷動(소동) 등 싸움이 일어난 것을 뜻한다. '싸우다'에서 '싸워–사와–さわぐ'로 이어진다. ㉯ さわがしい教室(きょうしつ)는 싸움판처럼 시끄러운 교실을 뜻한다. '시끄럽다'에서 '시끄–사그–사아그–さわぐ'로 이어진다.

簫 소	訓読	ふえ
	訓読	ショウ

訓読풀이

• ふえ : 簫(소)는 대나무로 만든 피리의 일종을 뜻한다.
'피리'에서 '필이–피에–푸에–ふえ'로 이어진다.
〔参考〕 笛(적 : ふえ)와 이음을 같이한다.

蘇 소	訓読	よみかえる
	人名訓読	あぞう·いける·はる
	音読	ソ·ス

訓読풀이

① よみかえる : 蘇(소)는 蘇生(소생), 즉 죽었다가 다시 살아나는 것을 뜻한다. 죽음을 뜻하는 '여의다'에서 '여읨–염–욤–요미–よみ'로 이어지고, 죽음을 '갈아'(가름해서) 다시 새롭게 살아난다는 뜻에서 '갈아라–가에루–かえる'로 이어져 よみかえる로 합성된다.
〔参考〕 甦(소 : よみかえ)る와 이음을 같이한다.

② あぞう : 蘇는 괴로움을 벗어나서 쉬는 것, 즉 노는 것을 뜻한다〈后來其蘇 : 書經 (후래기소 : 서경)〉.
'놀다'에서 '놀-날-알-아소(받침ㄹ-'소'로 분절)-あぞう'로 이어진다.

③ いける : 蘇는 다시 있게 하는 것(蘇生 : 소생)을 뜻한다.
'있게'에서 '이게-いける'로 이어진다.
〔参考〕 生(생 : い)ける와 이음을 같이한다.

④ はる : 蘇는 눈을 부릅뜨고(벌리고) 깨닫는 것을 뜻한다〈蘇世獨立 : 楚辭 소세독립 : 초사)〉.
'벌리다'에서 '벌-발-할-하루-はる'로 이어진다.
〔参考〕 張(장 : は)る와 이음을 같이한다.

人名訓読例

① あぞう · いける : 蘇(외자 名).
② あぞう : 蘇野(あぞうの).
③ はる : 蘇二(はるじ).

【속】

束 속	訓読	たば·つか
	音読	ソク

訓読풀이

① たば : 束(속)은 다발을 뜻한다. 花束(はなたば)는 꽃다발, 紙幣(しへいたば)는 돈다발을 말한다.
'다발'에서 '다바-たば'로 이어진다.

② つか : ㉮ 束은 조금, 조그마한 것을 뜻한다. 束の間(つかのま)는 순간, 잠깐 동안, 즉 조금 동안을 말한다. '조금'에서 '조구-주가-つか'로 이어진다. ㉯ 束은 들보 위에 세우는 조그마한 동자(童子)기둥, 쪼구미를 뜻한다. '쪼구미'에서 '주구-주가-つか'로 이어진다. ㉰ 束은 인쇄에서 つかを出(だ)す처럼 책의 부피를 나타내는 술을 뜻한다. '술'에서 '수가(받침ㄹ-'가'로 분절)-つか'로 이어진다. ㉱ 束은 옛 길이 단위로 네 손가락으로 쥐었을(잡았을) 때의 길이를 한 줌이라 하였다. 이는 화살의 길이를 재는 기준이었다. 十二(じゅうに)のつか矢(や)는 열 두 줌 길이의 화살을 뜻한다. '쥐다(잡다)'에서 '쥐고-주가-つか'로 이어진다.

人名訓読例

① たば(ね) : 束稲(たばしね · つかり), 束松(たばねまつ · つかまつ).
② つか : 束野(つかの), 束原(つかはら), 束田(つかだ), 束村(つかむら), 束松(つかまつ).

速(速) 속	訓読	はやい·はやめる·すみやか
	音読	ソク

訓読풀이

① はやい · はやめる : 速(속)은 빠른 것을 뜻한다.
'빠르다'에서 '빨라-발아-바야-하야-はやい · はやめる'로 이어진다.
〔参考〕 早(조 : はや)い와 이음을 같이한다.

② すみやか : 빠른 걸음을 잰걸음이라고 한다.
'재다'에서 '잼-줌-주미-すみ'로 이어지고, 접미어 やか가 붙어 すみやか로 된다.

人名訓読例

• はや : 速開(はやあき), 速見(はやみ),

速来(はやき), 速星(はやぼし), 速水(はやみず), 速川(はやかわ).

屬(屬) 속·촉	訓読	つく·やから
	音読	ゾク·ショク

訓読풀이

① つく : ㉮ 屬(속)은 좇다, 따르다, 복종하다를 뜻한다〈從屬(종속), 屬國(속국), 諸別將皆屬宋義 : 史記 (제별장개속송의 : 사기)〉. '좇다'에서 '좇구-조구-주구-つく'로 이어진다. ㉯ 屬(촉 : ショク)은 대는 것, 붙는 것을 뜻한다. 屬纊(촉광)은 임종 때 솜을 코 밑에 대어 숨이 지지 않았나 알아보는 것을 뜻하고, 屬目(촉목)은 눈을 가까이 대고 유의하여 보는 것(注目 : 주목)을 뜻한다. '대다'에서 '대구-두구-つく'로 이어진다.

② やから : 屬(속)은 한 족속(族属), 즉 한 겨레를 뜻한다.
'한겨레'에서 '아가라(ㅎ-ㅇ으로 변음)-やから'로 이어진다.

粟 속	訓読	あわ
	音読	ゾク

訓読풀이

• あわ : 粟(속)은 알, 조알처럼 생긴 것을 뜻한다.
'알'에서 '아알-아아-あわ'로 이어진다. 소름도 피부에 (조)알처럼 돋아남으로 あわ라 한다.
〔参考〕 泡(포), 沫(말)과 이음(あわ)을 같이한다.

人名訓読例

• あわ : 粟島(あわしま), 粟国(あわくに), 粟野(あわの), 粟屋(あわや), 粟田(あわた), 粟村(あわむら).

続(續) 속	訓読	つづく·つづける
	人名訓読	つぎ·つぐ·つずき·つずく
	音読	ゾク·ショク

訓読풀이

① つづく・つづける : 続(속)은 뒤를 좇아가 잇는 것을 뜻한다. ㉮ '뒤좇다'에서 '두조-두주-つづく・つづける'로 이어진다. ㉯ '좇다'에서 '좇아가-조차가-주추구-つづく'로 이어진다.

② つぎ・つぐ : '좇다'에서 '조-주-つぎ・つぐ'로 이어진다.

③ つずき・つずく : 위 ①과 같이 이어진다.

人名訓読例

① つぎ・つずき・つずく : 続(외자 名).

② つぎ : 続田(つぎた), 続蔵(つぎぞう).

③ つぐ : 続宗(つぐむね), 続兼(つぐかね), 続光(つぐみつ), 続基(つぐもと), 続連(つぐつら), 続長(つぐなが).

④ つず : 続麻(つずあさ), 続木(つずき), 続池(つずいけ).

⑤ つずき : 続橋(つずきはし).

贖 속	訓読	あかなう
	音読	ショク

訓読풀이

• あかなう : 贖(속)은 재물(貝)을 바치고 죄의 면함을 얻는 것, 받는 것을 뜻한다. ㉮ '얻다'에서 '얻고-어고-아가-あがなう'로 이어진다. ㉯ '받다'에서 '받고-바가-아가(ㅂ-ㅇ으로 변음)-あかなう'로 이어진다.
〔参考〕 購(구 : あが)なう와 이음을 같이한다.

【손】

孫 손	訓読	まご
	人名訓読	ただ·ひこ·ゆずる
	音読	ソン

訓読풀이

① まご : 孫(손)은 손자(孫子)를 뜻한다. 손자는 가문의 중요한 後孫(후손)으로 마지막(막내 · 막둥이) 꼬마 후손인 셈이다. ㉮ '마지막(막내 · 막둥이)'에서의 '마-ま'와 '꼬마-고-こ'가 합성되어 まこ가 된다. ㉯ '막내 · 막둥이'에서 '막-마고-まご'로 이어진다.

② ただ : 孫은 그루터기에서 돋는 삭, 움을 뜻한다(稲孫 : 도손).
'돋다'에서 '돋-닫-다다-ただ'로 이어진다.

③ ひこ : 孫은 핑계를 대며 달아나는 것을 말한다〈夫人孫於齊 : 春秋 (부인손어제 : 춘추)〉. 孫辭(손사)는 핑계를 꾸며대는 뜻이다.
'핑계'에서 '피게-피고-ひこ'로 이어진다.

④ ゆずる : 孫은 遜(손)과 같은 뜻으로, 순종하며 자기 몸을 낮추는 것, 사양하여 남에게 내주는 것을 뜻한다. ㉮ '낮추다'에서 '나추라-누주루-유주루(ㄴ-ㅇ으로 변음)-ゆずる'로 이어진다. ㉯ '내주다'에서 '내주라-누주루-유주루-ゆずる'로 이어진다.

人名訓読例

① まご · ゆずる : 孫(외자 名).

② まご : 孫野(まごの), 孫田(まごた), 孫文(まごふみ), 孫盛(まごもり), 孫助(まごすけ), 孫春(まごはる).

③ ただ : 孫顕(ただあき).

④ ひこ : 孫根(ひこね), 孫主(ひこぬし).

損 손	訓読	そこなう
	音読	ソン

訓読풀이

• そこなう : 損(손)은 파손하고 망가뜨리는 것을 뜻한다. 심기(心機)나 마음을 상하게 하는 것을 御機嫌(ごきげん)を損(そこ)なう, 心(こころ)をそこなう라고 하는데, 한국어로는 속 썩인다고 말한다.
'썩다'에서 '석-속-소고-そこなう'로 이어진다.

遜 손	訓読	へりくだる·ゆずる
	音読	ソン

訓読풀이

① へりくだる : 遜(손)은 겸손(謙遜), 즉 허리를 굽혀 자기를 낮추는 것을 뜻한다.
'허리 굽다'에서 '헤리구다-へりくだる'로 이어진다.
〔参考〕 謙(겸 : へりくだ)る와 이음을 같이한다.

② ゆずる : 遜은 자기를 낮추는 것〈惟學遜志 : 書經 (유학손지 : 서경)〉, 남에게 양보하는 것, 즉 내주는 것을 뜻한다〈皇帝遜位於魏 : 後漢書 (황제손위어위 : 후한서)〉. ㉮ '낮추다'에서 '나추라-누주루-유주루(ㄴ-ㅇ으로 변음)-ゆずる'로 이어진다. ㉯ '내주다'에서 '내주라-누주루-유주루-ゆずる'로 이어진다.

人名訓読例

• ゆずる : 遜(외자 名).

사

【솔】

率 솔	訓読	ひきいる
	人名訓読	より
	音読	ソツ

訓読풀이

① ひきいる : ㉮ 選手団(せんしゅだん)を率(ひき)いる 하면 선수단을 引率(인솔)한다는 말이다. 인솔은 누구를 어디에서 뽑거나 혹은 빼고서 어디로 이끌고 간다는 뜻이다. 引(ひ)き入(い)れる가 무엇을 어디에서 뽑고(빼고) 어디로 이끌어 넣는다는 뜻인데, 率いる도 引(ひ)き와 入(い)る의 합성어로 볼 수 있다. '뽑기(빼기)'에서 '보기–비기–ひき'로 이어지고, '넣다'에서 '너–니–이(ㄴ–ㅇ으로 변음)–いる'로 이어져 ひきいる로 합성된다. ㉯ '이끌어 넣다'에서 '이그–이기–히기(ㅇ–ㅎ으로 변음)–ひき'로 이어지고, 위 ㉮의 いる와 합성되어 ひきいる로 이어진다.

② より : ㉮ 率(솔)은 어느 곳으로 引率하는 것을 뜻한다. '으로'에서 '요로–요리–より'로 이어진다. ㉯ 率은 어느 쪽으로 따르는 것, 의거(依拠) 하는 것을 뜻한다〈率西水滸 : 詩經 (솔서수호 : 시경)〉. '으로'에서 '요리–より'로 이어진다.
〔参考〕 寄(기), 依(의), 拠(거)와 이음(より)을 같이한다.

人名訓読例

• より : 率道(よりみち).

【송】

送(送) 송	訓読	おくる
	音読	ソウ

訓読풀이

• おくる : 送(송)은 보내는 것, 즉 옮기는 것을 뜻한다. それをこちらに送(おく)ってください 하면 그것을 이리로 옮겨(보내)달라는 말이다.
'옮기다'에서 '오겨–오구–おくる'로 이어진다.
〔参考〕 贈(증 : おく)る와 이음을 같이한다.

悚 송	訓読	おそれる
	音読	ショウ

訓読풀이

• おそれる : 悚(송)은 두려워 놀라는 것을 뜻한다.
'놀라다'에서 '놀–올(ㄴ–ㅇ으로 변음)–오소(받침ㄹ–'소'로 분절)–おそれる'로 이어진다.
〔参考〕 竦(송 : おそ)れる와 이음을 같이한다.

訟 송	訓読	うったえる
	音読	ショウ

訓読풀이

• うったえる : 訴(소) 참조.

竦 송	訓読	おそれる·すくむ
	人名訓読	たかし
	音読	ショウ

訓読풀이

① おそれる : 竦(송)은 놀라다, 놀라게 하다를 뜻한다〈怒形則千里竦 : 漢書 (노형즉천리송 : 한서)〉.
'놀라다'의 '놀'에서 '올(ㄴ–ㅇ으로 변음)–오소(받침ㄹ–'소'로 분절)–おそれる'로 이어진다.

② すくむ : ㉮ 竦然(송연)은 놀라서 몸을 수그리는 것, 움츠리는 것을 뜻한다. 首(くび)を竦(すく)む 하면 머리를 수그리는 것을 뜻한다. '수그리다'에서 '수굼–수구무–すくむ'로 이어진다. ㉯ 竦은 삼가는 것을 뜻한다. '삼가다'에서 '삼감–사굼–수굼–すくむ'로 이어진다.

③ たか(し) : ㉮ 竦은 높이 떠오르는(솟는) 것을 말한다. 聳(용)과 뜻을 같이한다. '뜨다'에서 '뜨고–다가–たか(し)'로 이어진다. ㉯ 竦은 공경, 즉 높이 떠받드는 것(竦慕 : 송모)을 뜻한다. '뜨다'에서 '뜨고–다가–たか(し)'로 이어진다.

人名訓読例

• たかし : 竦(외자 名).

頌 송	訓読	たたえる·ほめる
	人名訓読	うた·のぶ
	音読	ジュ·ショウ

訓読풀이

① たたえる : 頌(송)은 칭찬, 즉 북돋아 주는 것을 뜻한다.
'돋아주다'(북돋우다)에서 '돋아–도다–다다–たたえる'로 이어진다.
〔参考〕 称(칭), 讃(찬)과 이음(たたえる)을 같이한다.

② ほめる : 칭찬하여 주는 것은 뽐내게 해준다는 뜻이다.
'뽐'에서 '봄–홈–호매–ほめる'로 이어진다.
〔参考〕 誉(예 : ほ)める와 이음을 같이한다.

③ うた : 頌은 종묘제사 때 조상의 덕을 기리어 읊는 노래(頌歌 : 송가)를 뜻한다.
'읊다'에서 '우다(받침 ㄹ–'다'로 분절)–うた'로 이어진다.
〔参考〕 歌(가 : うた)와 이음을 같이한다.

④ のぶ : 頌은 높이 기리는 것, 칭송(稱頌)하는 것을 뜻한다.
'높다'에서 '놉–노부–のぶ'로 이어진다.

人名訓読例

① たた : 頌夫(たたお·のぶお).
② うた : 頌子(うたこ).
③ のぶ : 頌夫(のぶお), 頌也(のぶや), 頌昌(のぶよし).

鎹 송	訓読	かすがい
	音読	日本国字

訓読풀이

• かすがい : 鎹(かすがい)는 꺾쇠 걸이를 뜻한다. 子(こ)は夫婦(ふうふ)のかすがい 하면 자식은 부부의 결합을 굳혀주는 꺾쇠 걸이 역할을 한다는 뜻이다. 鎹思案(かすがいしあん)은 두 가지 일을 꺾쇠 걸이 역할을 해서 모두 성취시키고자 하는 생각을 말한다.
'꺾쇠 걸이'에서 '거세거이–가수가이–かすがい'로 이어진다.

【쇄】

刷 쇄	訓読	する·はく
	人名訓読	きよ
	音読	サツ

訓読풀이

① する : ㉮ 刷(쇄)는 쓰는 것, 청소하는 것을 뜻한다. '쓸다'에서 '쓸–술–する'로 이어진다. ㉯ 刷는 솔로 판목(版木)을 문지르는 것(印刷 : 인쇄)을 뜻한다. '솔'에서 동사화 되어 '솔–술–する'로 이어진다.

사

② はく：刷는 판목에 종이를 얹히고 솔이나 붓으로 칠해 탁본(拓本)을 박아내는 것(印刷)을 뜻한다.
'박다'에서 '박-바구-はく'로 이어진다.

③ きよ：刷는 쓸어서 곱게, 깨끗하게 하는 것을 뜻한다〈刷新(쇄신)〉. ㉮ '곱다'에서 '고아-기오-기요-きよ'로 이어진다. ㉯ '깨끗'에서 '객읏-기으-기요-きよ'로 이어진다.
〔参考〕 刷(쇄)는 본래의 음 '솰'에서 サツ로 음독된다.

人名訓読例

- きよ：刷雄(きよお).

洒 쇄	訓読	そそぐ
	音読	サイ·シャ

訓読풀이

- そそぐ：洒(쇄)는 물을 뿌려 씻는 것(洒掃：쇄소)을 뜻한다.
'씻다'에서 '씻-솟-쏘소-소소-そそぐ'로 이어진다.
〔参考〕 濯(탁：そそ)ぐ와 이음을 같이한다.

砕(碎) 쇄	訓読	くだく·くだける
	音読	サイ

訓読풀이

- くだく·くだける：砕(쇄)는 깨트리는 것을 뜻한다〈砕石(쇄석), 砕氷(쇄빙)〉. ㉮ '깨트리다'에서 '깨트-개타-구다-くだく'로 이어진다. ㉯ 깨트리는 것은 깨는 것을 뜻한다. '깨다'에서 '개다-구다-くだく'로 이어진다.

晒 쇄	訓読	さらし·さらす
	音読	サイ

訓読풀이

- さらし·さらす：古(ふる)い本(ほん)を日(ひ)にさらす 하면 헌책을 햇볕에 쬐는 것을 뜻하고, 仏像(ぶつぞう)は風雨(ふうう)にさらされて立(た)っている 하면 불상은 비바람을 쐬며 서 있다는 뜻이다.
'쬐다(쐬다)'의 명령형 '쬐라(쐬라)'에서 '세라-사라-さらす'로 이어진다.
〔参考〕 曝(폭：さら)す와 이음을 같이한다.

人名訓読例

- さらし：晒科(さらしな), 晒名(さらしな).

瑣 쇄	訓読	ちいさい
	音読	サ

訓読풀이

- ちいさい：瑣(쇄)는 자잘한(잔) 것, 자질구레한 것, 시시한 것, 좁쌀(조쌀)같이 작은 것(좁쌀 눈, 좁쌀영감 등)을 나타낸다. ㉮ '자잘'에서 '자자-지이자-ちいさい'로 이어진다. ㉯ '자질'에서 '자지-지이자-ちいさい'로 이어진다. ㉰ '시시'에서 '지이사-ちいさい'로 이어진다. ㉱ '조쌀'에서 '조싸-지아사-ちいさい'로 이어진다.
〔参考〕 小(소：ちい)さい와 이음을 같이한다.

鎖 쇄	訓読	くさり·とざす
	音読	サ

訓読풀이

① くさり：鎖(쇄)는 쇠사슬을 뜻한다. 쇠사슬은 쇠가 서로 꽂아 이어진 모양을 나타낸다

'꽂다'에서 '곶–궂–구자–くさり'로 이어진다.

〔参考〕鏈(련 : くさり)와 이음을 같이한다.

②とざす : 鎖는 문 등을 닫는 것(閉鎖 : 폐쇄)을 뜻한다.

'닫다'에서 '닺–돚–도자–とざす'로 이어진다.

【쇠】

衰(衰) 쇠	訓読	おとろえる
	音読	スイ

訓読풀이

- おとろえる : 国(くに)が衰(おとろ)える 하면 국력이 衰退(쇠퇴)하여 간다는 뜻으로, 국력이 떨어진다, 달린다는 말이다. ㉮ '떨어지다'에서 '더러–도로–とろえる'로 이어지고, 접두어 お가 붙어 おとろえる가 된다. ㉯ '달리다'에서 '달려–다로–도로–とろえる'로 이어지고, 접두어 お가 붙어 おとろえる가 된다.

蓑 쇠	訓読	みの
	音読	サ

訓読풀이

- みの : 蓑(쇠)는 도롱이를 뜻한다. 도롱이는 짚이나 띠 따위를 엮어 만든 것으로 비올 때 어깨에 걸쳐 매는 우장(雨裝)의 하나이다.

  '매는'에서 '미는–민–미노–みの'로 이어진다.

【수】

収(收) 수	訓読	おさまる・おさめる
	人名訓読	おさむ・すすむ・かず・もり
	音読	シュウ

訓読풀이

① おさまる・おさめる・おさむ : ㉮ 収(수)는 금품 등을 벽장, 금고 등에 챙겨 담는 것을 뜻한다〈収納(수납), 収藏(수장)〉. '담다'에서 '담–삼–사무–さむ'로 이어지고 접두어 お가 붙어 おさむ가 된다. ㉯ 収는 잡는 것, 체포하는 것을 뜻한다〈女反収之 : 詩經 (여반수지 : 시경), 収縛(수박), 収監(수감)〉. '잡다'에서 '잡음–자음–잠–さむ'로 이어지고 お가 붙어 おさむ가 된다.

② すすむ : 収는 등용(登用), 쓰는 것을 뜻한다〈収採(수채), 陽収其身 而實疏之 : 韓非子 (양수기신 이실소지 : 한비자)〉.

'쓰다'에서 '쑴–수수무–すすむ'로 이어진다. '힘씀', '애씀'에서 '쑴–すすむ'로 이어지는 것과 맥을 같이한다.

③ かず : 収는 몸가짐 등을 가지런히 하는 것을 뜻한다〈収其威也 : 禮記 (수기위야 : 예기)〉.

'가지런히'에서 '가지–가주–かず'로 이어진다.

④ もり : 収는 한데 몰아 넣는 것을 뜻한다.

'몰다'에서 '몰–모리–もり'로 이어진다.

人名訓読例

① おさむ・すすむ : 収(외자 名).

② かず : 収多(かずた), 収威(かずのぶ), 収子(かずこ).

③ もり：収茂(もりしげ).

手 수	訓読	て·た
	人名訓読	てそめ·たそめ
	音読	シュ·ズ

訓読풀이

① て·た：手(수)는 대는 기능을 하는 신체의 부위이다. 手遣(てづか)い는 손을 대는 방법(손쓰는 법), 手軽(てがる)는 손대기가 쉬운(손쉬운) 것, 手遅(ておくれ)는 손대는 것이 늦은 것(때늦음)을 뜻한다.
'대다'에서 '대(다)–て(た)'로 이어진다.

② てそめ·たそめ：手는 손으로 친다는 뜻을 갖는다〈手熊羆：司馬相如 (수웅비：사마상여)〉. '손 치다'에서 て·た와 '침–촘–솜–そめ'가 합성되어 てそめ·たそめ가 된다.

人名訓読例

① てそめ·たそめ：手(외자 名).
② て：手間(てま), 手代木(てしろき), 手島(てしま), 手柄(てがら), 手引(てびき), 手取(てとり).
③ た：手綱(たずな), 手計(たばかり), 手繰(たぐり), 手結(たい·てい), 手洗(たらい), 手向(たむけ·てむけ).

水 수	訓読	みず
	音読	スイ

訓読풀이

• みず：水(수)는 물을 뜻한다.
'물'에서 '밀–미주(받침ㄹ–'주'로 분절)–みず'로 이어진다.

人名訓読例

• みず：水谷(みずたに·みずがや·みずのや), 水道(みずみち), 水洗(みずあらい), 水原(みずはら·みはら), 水足(みずたり), 水波(みずなみ).

囚 수	訓読	とらえる
	音読	ショウ

訓読풀이

• とらえる：囚(수)는 사람(人)이 잡혀 갇힌 모습(口)을 나타낸다.
'잡다'에서 '잡–자–다–도–と'로 이어지고, とらえる(잡히다)로 피동화(被動化)된다.

守 수	訓読	まもり·まもる·もり·もる
	人名訓読	おさむ·かみ
	音読	シュ·ス

訓読풀이

① まもり·まもる：㉮ 守(수)는 적이 침입하지 못 하게 말려서 지키는 것을 뜻한다. '말리다'에서 '말림–말임–맘–마모–まもり·まもる'로 이어진다. ㉯ 守는 막는 것을 뜻한다. '막다'에서 '막음–마음–맘–마모–まもり·まもる'로 이어진다.
〔参考〕 護(호：まも)る와 이음을 같이한다.

② もり·もる：'말리다'에서 '말–몰–모리–もり·もる'로 이어진다.

③ おさむ：守는 벼슬, 군력을 쥐고 백성을 지키는 것을 뜻한다.
'쥐다'에서 '쥠–잠–자무–さむ'로 이어지고, 접두어 お가 붙어 おさむ가 된다.

④ かみ：예로부터 곰은 알타이족(族)의 거룩한 동물로 신성시(神聖視)되었고 백성을 지키는 神으로 받들어 모신 것으로 전해진다〈熊神(웅신)〉. 太守(태수), 守

令(수령) 등은 곰을 대신하여 백성을 지켜주는 벼슬로 상징되었다고 본다.
'곰'에서 '감-가미-かみ'로 이어진다.

人名訓読例

① おさむ · まもり · まもる · もり : 守(외자 名).
② まも : 守瑠(まもる).
③ もり : 守岡(もりおか), 守本(もりもと), 守上(もりがみ), 守友(もりとも), 守住(もりずみ), 守下(もりした).
④ かみ : 守殿(かみとの · かみどの).

寿(壽) 수	訓読	ことぶき·ことぶく·ことほぎ·ことほぐ
	人名訓読	かず·たもつ·とし·としなが·ひさ·ひさし·ひろし·やすし
	音読	ジュ·ス

訓読풀이

① ことぶき · ことぶく · ことほぎ · ことほぐ : 長寿(ちょうじゅ)を寿(ことぶ)く 하면 장수를 빈다는 뜻이다. 무엇을 빌거나 기원 할 때는 분명하게 말하면서 빈다. ことほぎ를 言祝ぎ로도 표기하는 것을 보면 ことぶく、ことほぐ가 말(言)하면서 빈(祝)다는 뜻임을 말해준다.
'말하다'를 뜻하는 '골다'에서 '고도-こと'로 이어지고 '빌다'에서 '빌구-비구-부구-ぶく'로 이어져 ことぶく로 합성된다.
② かず : 寿는 평생을 가지런히, 하나(一) 같이(처음과 끝이 같게), 고르게(골고루) 살아감을 뜻한다. ㉮ '가지런히'에서 '가즈-かず'로 이어진다. ㉯ 하나 '같이'에서 '같-갖-가주-かず'로 이어진다. ㉰ '골고루'에서 '골-갈-가주(받침ㄹ-'주'로 분절)-かず'로 이어진다.
〔参考〕 一(일), 和(화)와 이음(かず)을 같이한다.
③ たもつ : 寿(수)는 물건을 잘 둔 것처럼(保管 : 보관) 나이(寿)를 건강하게 잘 지키고(保 : たもつ)있음을 뜻한다.
'두다'에서 '둠-담-다모-たもつ'로 이어진다.
〔参考〕 保(보 : たも)つ와 이음을 같이한다.
④ とし : 寿는 나이를 뜻한다. 나이 한 살을 한 돌, 두 살을 두 돌이라 한다.
'돌'에서 '도시(받침ㄹ-'시'로 분절)-とし'로 이어진다.
〔参考〕 年(년 : とし)와 이음을 같이한다.
⑤ としなが : 寿는 나이(돌)가 드는 것, 느는 것을 뜻한다.
'돌이 늘다'에서 '돌늘고-도시나가-としなが'로 이어진다.
〔参考〕 寿長(수장 : としなが)의 뜻이 된다.
⑥ ひさ · ひさし : ㉮ 寿는 나이가 뻗쳐서 길어지는 것을 뜻한다. '뻗쳐서'에서 '버처서-비사시-ひさ · ひさし'로 이어진다. ㉯ 寿는 나이가 불어나는 것을 뜻한다. '불'에서 '빌-비사(받침ㄹ-'사'로 분절)-ひさ · ひさし'로 이어진다. ㉰ 寿는 나이가 붙는 것을 뜻한다. '붙'에서 '빝-빗-비사-ひさ · ひさし'로 이어진다.
⑦ ひろし : 寿는 나이가 벌어지는(길어지는) 것을 뜻한다.
'벌어'에서 '버러-비러-비로-ひろ(し)'로 이어진다.
⑧ やすし : 寿는 나이 들어 편안히 쉬는 것

사

을 뜻한다〈寿康(수강), 寿安(수안)〉.
'쉬다'에서 '수ー す'로 이어지고, 접두어 やが 붙어 やす(し)가 된다.

人名訓読例

① ことぶき・たもつ・とし・としなが・ひさ・ひさし・ひろし・やすし：寿(외자 名).

② かず：寿夫(かずお・としお・ひさお), 寿子(かずこ・としこ・ひさこ・やすこ), 寿真(かずま), 寿典(かずのり・としのり), 寿雄(かずお・としお・ひさお), 寿重(かずしげ・とししげ).

③ とし・ひさ：寿康(としやす・ひさやす), 寿徳(としのり・ひさのり), 寿文(としふみ・ひさふみ), 寿民(としたみ・ひさたみ), 寿昭(としあき・ひさあき), 寿秀(としひで・ひさひで).

④ やす：寿伸(やすのぶ・としのぶ), 寿子(やすこ).

秀 수	訓読	ひいでる
	人名訓読	さかえ・さかり・しげる・すぐる・たかし・ひずる・ひで・ひでし・ほず・ほつ・まさる・みつ・みのる・よし
	音読	シュウ

訓読풀이

① ひいでる・ひで・ひでし：㉮ 秀(수)는 빼어나다, 뛰어나다를 뜻한다〈秀作(수작), 秀才(수재)〉. '빼어나다'에서 '배어ー비이ーひいでる'로 이어진다. 또한 ひい와 '뛰어나다'의 '뛰(뜨)'에서 '뒤ー데ーで'가 합성되어 ひいでる가 된다. ㉯ ひで, ひでし는 ひいでる의 이름용 준말이다.

② さかえ：秀는 꽃이 피어 꽉 차는 것을 뜻한다〈秀, 戊也：廣雅 (수, 무야：광아)〉.
'차다'에서 '차거어라ー사가에루ーさかえる'로 이어진다.
〔参考〕栄(영：さか)える와 이음을 같이 한다.

③ さかり：秀는 꽉 차서 번성(繁盛)하는 것을 뜻한다.
'차다'에서 '차거라ー사가루ーさかる'로 이어진다.
〔参考〕盛(성：さか)る와 이음을 같이한다.

④ しげる：'차다'에서 '차거라ー사게라ー시게루ーしげる'로 이어진다.
〔参考〕茂(무), 繁(번)과 이음(しげる)을 같이한다.

⑤ すぐる：㉮ 秀는 좋은 것, 뛰어난 것을 뜻한다. '좋다'에서 '좋구ー조구ー주구ーすぐる'로 이어진다. ㉯ '뛰어나다'에서 '뛰구ー두구ー두구ー수구ーすぐる'로 이어진다.
〔参考〕優(수), 勝(승)과 이음(すぐる)을 같이한다.

⑥ たかし：秀는 모든 면에서 다른 것 보다 훨씬 높이 떠 있음을 나타낸다.
'뜨다'에서 '뜨고ー따고ー다가ーたか(し)'로 이어진다.

⑦ ひずる：秀는 꽃이 피는 것을 뜻한다〈秀而不實者：論語 (수이불실자：논어)〉.
'피다'에서 '피ー히ーひ'로 이어지고 동사 어미 ずる가 붙어 ひずる가 된다.

⑧ ほず・ほつ：秀는 여럿 중에서 뽑힌 것, 빼어난 것, 우수(優秀)한 것을 뜻한다.
'뽑다'에서 '뽑ー홉ー호ーほず・ほつ'로 이

어진다. 또한 '빼어나다'에서 '빼어–배–보–호–ほず · ほつ'로 이어진다.

⑨ まさる：秀는 맞고 옳음을 나타낸다.
'맞다'에서 '맛–마사–まさる'로 이어진다.

⑩ みつ：秀는 물이 차듯 꽉 차는 것을 뜻한다.
'물 차'에서 '미차–미추–みつ'로 이어진다.
〔参考〕满(만 : み)ちる, 满(み)つ와 이음을 같이한다(みちる에서 る가 탈락하고 みち가 みつ로 변화된 것으로 본다).

⑪ みのる：秀는 꽃이 피지 않고 열매를 맺는 것을 뜻한다〈不榮而實者 謂之秀 : 爾雅 (불영이실자 위지수 : 이아)〉.
'열매'의 '매'에서 '미–み–みのる'로 동사화 된다. 또한 '맺다'에서 '맺는–매는–미는–미노–みのる'로 이어진다.

⑫ よし：'옳다'에서 '올–오시(받침ㄹ–'시'로 분절)–よし'로 이어진다.

人名訓読例

① さかえ · さかり · しげる · すぐる · たかし · ひずる · ひで · ひでし · まさる · みのる：秀(외자 名).

② ひで：秀康(ひでやす), 秀基(ひでもと), 秀吉(ひでよし), 秀文(ひでぶみ), 秀博(ひでひろ), 秀富(ひでとみ).

③ ほず：秀枝(ほずえ), 秀真(ほずま), 秀実(ほずみ).

④ ほつ：秀水(ほつみ), 秀真(ほつま).

⑤ みつ：秀人(みつひと · ひでひと).

⑥ よし：秀郎(よしお · ひでお).

受 수	訓読	うける
	人名訓読	つぐ
	音読	ジュ

訓読풀이

① うける：受(수)는 얻는 것, 받는 것을 뜻한다. ㉮ '얻다'에서 '얻거라–어게루–우게루–うける'로 이어진다. ㉯ '받다'에서 '받거라–바게루–부게루–우게루(ㅂ–ㅇ으로 변음)–うける'로 이어진다.
〔参考〕請(청 : う)ける와 이음을 같이한다.

② つぐ：受는 좇아 계승(継承)하는 것을 뜻한다〈殷受夏 周受殷 : 孟子 (은수하 주수은 : 맹자)〉.
'좇다'에서 '조구–주구–つぐ'로 이어진다.
〔参考〕継(계), 承(승)과 이음(つぐ)을 같이한다.

人名訓読例

① うけ：受島(うけしま), 受鈴(うけりょう), 受田(うけた).

② つぐ：受弘(つぐひろ).

垂 수	訓読	たれる · たらす
	人名訓読	たり · たる
	音読	スイ

訓読풀이

① たれる · たらす：㉮ 垂(수)는 떨어지는 것, 떨어지게 하는 것을 뜻한다. '떨어'에서 '더러–다레(다라)–たれる · たらす'로 이어진다. ㉯ 垂는 매달리는 것, 달려있는 것을 뜻한다. '달려'에서 '다레(다라)–たれる · たらす'로 이어진다.

② たり · たる：㉮ '떨어지다'에서 '떨–덜–달–다리–たり'로 이어진다. ㉯ '달리다'에서 '달–다리–たり'로 이어진다.

人名訓読例

① たれ：垂門(たれかど), 垂枝(たれえ).

② たり：垂麿(たりまろ), 垂穂(たりほ).

사

③ たる：垂見(たるみ), 垂木(たるき), 垂石(たるいし), 垂水(たるみ・たるみず), 垂永(たるなが), 垂井(たるい).

帥 수	訓読	ひきいる
	音読	スイ·ソチ·ソツ

訓読풀이

• いきいる：帥(수)는 引率(인솔)하는 것을 뜻한다〈率(솔) 참조〉.

狩 수	訓読	かり·かる
	音読	シュ·シュウ

訓読풀이

• かり・かる：狩(수)는 사냥을 뜻한다. 사냥은 짐승을 잡아 배 등을 갈라 먹는 일이다.
'갈라'에서 '갈–가리–かり・かる'로 이어진다.
〔参考〕苅(예), 切(절)과 이음(かり・かる)을 같이한다.

人名訓読例

① かり：狩谷(かりや), 狩山(かりやま), 狩野(かりの), 狩場(かりば), 狩田(かりた), 狩浦(かりうら).
② かる：狩路(かるろ).

首 수	訓読	くび·こうべ·おびと·はじめ·かしら
	人名訓読	つむり
	音読	シュ

訓読풀이

① くび：首(수)는 목, 머리를 뜻한다. 목은 구부러지는 몸의 부위이다.
'구부리다'에서 '구부–구비–くび'로 이어진다.
② こうべ：'구부리다'에서 '구부–구우베–고우베–こうべ'로 이어진다.
③ おびと：首는 연장자(年長者), 즉 윗사람을 뜻한다.
'위'에서 '우–오–お'로 이어지고, 사람을 뜻하는 ひと와 합성되어 おびと가 된다〈人(인：ひと) 참조〉.
④ はじめ：首는 처음, 시작을 뜻한다.
처음을 뜻하는 '햇'(햇곡식, 햇나물 등)에서 '핮–하지–はじめ'로 이어진다.
⑤ かしら：首는 首領(수령), 頭目(두목) 등 큰 사람(우두머리)를 뜻한다.
'크다'에서 '크지라–카지라–かしら'로 이어진다. 고래(鯨：경)가 くじら로 되는 것과 같은 이치이다.
⑥ つむり：つむり는 おつむり의 준말로, '우두머리'에서 '오두무리–おつむり'로 이어진다.

人名訓読例

① おびと・はじめ：首(외자 名).
② くび：首代(くびしろ), 首斬(くびきり).
③ こうべ：首部(こうべ).
④ つむり：首沢(つむりさわ).

修 수	訓読	おさめる·おさまる·おさむ
	人名訓読	ただし·なが·のぶ·まさ·みち·よし
	音読	シュウ·シュ·ス·ズ

訓読풀이

① おさめる・おさまる・おさむ：修(수)는 몸을 바르게 잡는(쥐는) 것, 닦는 것을 뜻한다〈修身齊家：大學 (수신제가：대학)〉. ㉮ '잡다(쥐다)'에서 '잡음(쥠)–

자음–잠–사무–さむ'로 이어지고, 접두어 お가 붙어 おさむ가 된다. ㉯ '닦다'에서 '닥음–다음–담–삼–사무–さむ'로 이어지고, 접두어 お가 붙어 おさむ가 된다.

② ただし：修는 따지면서 바로 잡는 것을 뜻한다〈修正(수정), 修業(수업)〉.
'따지다'에서 '따저–다더–다다–ただ(し)'로 이어진다.

③ なが：修는 길게 늘어지는 것을 뜻한다〈陜而修曲曰樓：爾雅 (협이수곡왈루：이아)〉.
'늘다'에서 '늘고–느가–나가–なが'로 이어진다.

④ のぶ：修는 넓은 것을 뜻한다(修広：수광).
'넓다'에서 '널버–너버–노부–のぶ'로 이어진다.

⑤ まさ：修는 도리에 맞게 수양(修養)함을 뜻한다.
'맞다'에서 '맞–마사–まさ'로 이어진다.

⑥ みち：修는 道(도)를 닦음을 뜻한다(修道：수도). 道와 이음(みち)을 같이한다〈道(도) 참조〉.

⑦ よし：'올바르다'에서 '올–오시(받침ㄹ–'시'로 분절)–よし'로 이어진다.

人名訓読例

① おさ：修光(おさみ), 修道(おさみ), 修文(おさふみ・のぶふみ), 修夫(おさお), 修美(おさみ), 修武(おさむ・のぶたけ).

② ただし：修志(ただし).

③ なが：修久(ながひさ・のぶひさ), 修道(ながみち), 修令(ながのり), 修靖(ながやす), 修就(ながたか), 修弘(ながひろ・のぶひろ).

④ のぶ：修康(のぶやす), 修明(のぶあき・のぶはる), 修義(のぶよし), 修子(のぶこ), 修彰(のぶあき), 修平(のぶひら).

⑤ まさ：修和(まさかず).

⑥ みち：修緒(みちお), 修照(みちてる), 修博(みちひろ).

⑦ よし：修之(よしゆき・おさゆき), 修直(よしなお), 修治(よしはる).

搜(捜) 수	訓読	さがす
	音読	ソウ

訓読풀이

• さがす：捜(수)는 찾는 것을 뜻한다. 口実(こうじつ)を捜(さが)す 하면 구실을 찾는 것이고, 人(ひと)をさがす 하면 사람을 찾는 것을 말한다.
'찾다'에서 '찾고–사고–사가–さがす'로 이어진다.

殊 수	訓読	こと
	音読	シュ

訓読풀이

• こと：殊(수)는 특수(特殊)한 것, 즉 아주 크게 뛰어나거나 다른 것을 뜻한다. ㉮ '크다'에서 '코도–こと'로 이어진다〈超殊榛：張衡 (초수진：장형)〉. ㉯ '다르다'는 것은 다른 것과 갈라지는 것을 뜻한다. 殊の外(ことのほか)는 크다는 뜻보다 더 밖으로(外) 갈라져 (뜻밖에) 대단한 것을 나타낸다. '갈라'에서 '갈–골–고도(받침ㄹ–'도'로 분절)–こと'로 이어진다. ㉰ 殊는 그 위에, 즉 '그것' 위에, '게다가'를 뜻한다. '그것'에서 '것–곧–こと'로 이어지고, '게다가(그것에다가의 준말)'에서 '게다–고다–고도–こと'

사

로 이어진다.

崇 수	訓読	たたり·たたる
	音読	スイ

訓読풀이

• たたり · たたる : 祟(수)는 나쁜 짓을 한 다음 받는 응보, 즉 뒤탈을 뜻한다. それは悪(わる)い事(ごと)をしたたたりだ 하면 그것은 나쁜 짓을 한 탈이라는 뜻이다.
'탈'에서 '타리–다다리–たたり'로 이어진다. 또한 '뒤탈'에서 '두타리–다다리–たたり'로 이어진다.

粋(粹) 수·쇄	訓読	いき·くだける·けがない
	人名訓読	きよ(し)
	音読	スイ·サイ

訓読풀이

① いき : 粋(수)는 쌀(米)을 이기는 것, 숇는 것을 뜻한다.
'이기다'에서 '이기–いき'로 이어진다.

② くだける : 粋(쇄)는 부수는 것, 깨트리는 것을 말하며, 나아가 싸라기, 즉 부서진(깨트러진) 쌀을 뜻한다.
'깨트리다'에서 '깨트–개타–구다–くだける'로 이어진다.
〔参考〕砕(쇄 : くだ)ける와 이음을 같이 한다.

③ けがない : 粋(수)는 구김 없음, 반듯함을 뜻한다〈粋而王 : 荀子 (수이왕 : 순자)〉. '구기다'에서 '구겨–구가–개가–けが'로 이어지고, '없다'에서 '없어–어어–아이–나이(ㅇ–ㄴ으로 변음)–ない'로 이어져 けがない로 합성된다.

④ きよ(し) : 粋(수)는 고움, 깨끗함을 뜻한다. ㉮ '곱다'에서 '고와–기오–きよ(し)'로 이어진다. ㉯ '깨끗하다'에서 '객읏–개오–기오–きよ(し)'로 이어진다.

人名訓読例

① きよし : 粋(외자 名).
② いき : 粋川(いきかわ).

脩 수	訓読	おさむ·なが·ほしじし
	人名訓読	のぶ·ひさ·よし
	音読	シュウ

訓読풀이

① おさむ : 脩(수)는 修(수)와 같은 뜻을 갖는다. 즉 몸을 바르게 잡는 것(줨), 닦는 것을 뜻한다〈心正而后身脩 : 大學(심정이후신수 : 대학), 見善脩然 : 荀子 (견선수연 : 순자)〉. ㉮ '잡다(줨)'에서 '잡음(줨)–자음–잠–자마–さま'로 이어지고, 접두어 お가 붙어 おさむ가 된다. ㉯ '닦다'에서 '닥음–다음–담–삼–사마–さま'로 이어지고, 접두어 お가 붙어 おさむ가 된다.

② なが : 脩는 늘어나 길어지는 것을 뜻한다〈脩竹(수죽)〉.
'늘다'에서 '늘고–느가–나가–なが'로 이어진다.

③ ほしじし : 脩는 물을 빼서 말린 고기, 즉 乾(ほ)し肉(じし)、干(ほ)し肉를 뜻한다.
'빼다'에서 '빼서–배시–보시–ほし'로 이어지고, '(고기)살'에서 '실–시시(받침ㄹ–'시'로 분절)–しし'로 이어져 ほしじし로 합성된다.

④ のぶ : 脩는 넓은 것을 뜻한다.
'넓다'에서 '너버–노부–のぶ'로 이어진다.

⑤ ひさ : 脩는 오래 '뻗쳐(펼쳐)' 나아가는 것을 뜻한다(脩久 : 수구).
'뻗쳐'에서 '버처-비서-히사-ひさ'로 이어진다.

⑥ よし : 脩는 몸을 올바르게 닦는 것을 뜻한다〈見善脩然 : 荀子 (견선수연 : 순자)〉.
'올'에서 '올-오시(받침ㄹ-'시'로 분절)-よし'로 이어진다.

人名訓読例

① おさむ : 脩(외자 名).
② おさ : 脩已(おさみ), 脩美(おさみ).
③ なが : 脩広(ながひろ), 脩孝(ながのり).
④ のぶ : 脩光(のぶみつ), 脩夫(のぶお), 脩瑛(のぶひで), 脩胤(のぶたね), 脩浩(のぶひろ).
⑤ ひさ : 脩子(ひさこ), 脩幸(ひさゆき).
⑥よし : 脩次郎(よしじろう).

售 수	訓読	うる
	音読	シュウ

訓読풀이

• うる : 売(매)와 이음을 같이한다〈売(매) 참조〉.
〔参考〕 售謗(수방 : しゅうぼう)은 남의 잘못을 널리 알려 비방을 퍼뜨린다는 뜻으로, 售의 うる는 売의 うる 풀이 3가지 중 '알린다'는 뜻이 강하게 담긴 것으로 보인다.

授 수	訓読	さずける·さずかる
	人名訓読	さずく
	音読	ジュ

訓読풀이

• さずける · さずかる · さずく : ㉮ 授(수)는 손(扌)에서 손으로 건네 주는 것을 뜻한다〈男女不親授 : 禮記 (남녀불친수 : 예기)〉. 授賞(수상), 授章(수장)은 상이나 훈장을 손으로 주고 손으로 받는 것을 뜻한다. '손'에서 '소-사-さ'로 이어지고, '주다'에서 '주구-ずく'로 이어져 さずく로 합성된다. ㉯ 授는 명예, 지위, 재산, 칭호, 권리 등 모든 분야에 걸친 온갖 것을 다 준다는 말이다. 주는 형태도 건네 주고, 물려 주고, 먹여 주고, 입혀 주고 등 다양하고 심지어 살려 주고, 죽여 주고라고도 한다. '다 주다'에서 '다주-사주-さずける'로 이어진다.

人名訓読例

• さずく : 授(외자 名).

사

羞 수	訓読	はじ·はじる·はじらう
	音読	シュウ

訓読풀이

• はじ · はじる · はじらう : 羞(수)는 부끄러움을 뜻한다. 부끄러운 것을 제주방언에서 부치럽다고 한다.
'부치러워'에서 '바치-바지-はじ · はじる · はじらう'로 이어진다.
〔参考〕 恥(치 : は)じる와 이음을 같이한다.

遂(遂) 수	訓読	とげる·ついに
	人名訓読	かつ
	音読	スイ

訓読풀이

① とげる : ㉮ 遂(수)는 이루어지는 것, 즉 된다는 뜻이다. '되다'에서 '되거라-도거라-도게루-とげる'로 이어진다. ㉯ 遂는 모든 것을 다하여 끝남을 뜻한다. '다

하다'에서 '다-도-とげる'로 이어진다.

② ついに : 遂는 드디어, 마침내를 뜻한다. '드디어'에서 '듿이어-드이이-두이니(이-'니'로 변음)-ついに'로 이어진다.

③ かつ : 遂는 명예와 지위가 이루어짐, 즉 갖는다는 뜻이다〈弟子遂之者 : 漢書(제자수지자 : 한서)〉.
'갖다'에서 '갖-가주-かつ'로 이어진다.

人名訓読例

① とげる : 遂(외자 名).

② かつ : 遂良(かつよし), 遂長(かつなが).

隨(隨) 수	訓読	したがう
	人名訓読	あや·より
	音読	ズイ

訓読풀이

① したがう : 随(수)는 좇아가는 것, 따라가는 것을 뜻한다.
'좇아가다'에서 '조차가아-지다가아-시다가우-したがう'로 이어진다.
〔参考〕 従(종 : したが)う와 이음을 같이 한다.

② あや : 随는 좇아가면서 선행자(先行者)와 계속 이어지는 것을 뜻한다.
'잇다'에서 '이어-이야-아야-あや'로 이어진다.

③ より : 随는 '~을 따라'라는 뜻이다〈意之所之隨卽記錄 : 洪邁 (의지소지수즉기록 : 홍매)〉.
'~을 따라'의 '을'에서 '으리-요리-より'로 이어진다.

人名訓読例

① あや : 随資(あやすけ).

② より : 随光(よりみつ), 随時(よりとき).

須 수	訓読	まつ·もちいる·もとむ
	人名訓読	よし
	音読	シュ·ス

訓読풀이

① まつ : 須(수)는 멈추어(멎어) 기다리는 것을 뜻한다〈須于洛汭 : 書經 (수우낙예 : 서경)〉.
'멈추(멎)'에서 '마추(마주)-まつ'로 이어진다.
〔参考〕 待(대 : ま)つ와 이음을 같이한다.

② もちいる : 須는 일을 맡기기 위하여 필요한 사람을 쓰는 것을 뜻한다〈軍須期會爲急 : 唐書 (군수기회위급 : 당서)〉.
'맡기다'에서 '맡-몯-모티-もちいる'로 이어진다.
〔参考〕 用(용 : もち)いる와 이음을 같이 한다.

③ もとむ : 須는 구하는 것, 바라는 것, 찾는 것을 뜻한다〈居靜言其何須 : 陸雲 (거정언기하수 : 육운)〉. 구하는 것, 바라는 것은 묻는 것을 뜻한다.
'묻다'에서 '묻-몯-모도-もとむ'로 이어진다.
〔参考〕 求(구 : もと)める와 이음을 같이 한다.

④ よし : 須는 올바른 것이라면 반드시, 마땅히 해야 한다는 뜻을 갖는다〈適有事務 須自經營 : 應據 (적유사무 수자경영 : 응거)〉.
'올바르다'에서 '올-오시(받침 ㄹ-'시'로 분절)-よし'로 이어진다.

人名訓読例

① もとむ : 須(외자 名).

② よし : 須正(よしまさ).

溲 수	訓読	そそぐ·いばり·ゆばり·ばり
	音読	シュ

訓読풀이

① そそぐ : ㉮ 溲(수)는 쌀을 이는 것, 쌀을 씻는 것, 쌀 씻는 소리를 뜻한다. '씻다'에서 '씻구-쏫구-소소구-そそぐ'로 이어진다. ㉯ 溲는 오줌 누는 것을 뜻한다. 오줌 누는 것은 오줌을 밖으로 쏟는 것을 뜻한다. '쏟다'에서 '쏟구-소소구-そそぐ'로 이어진다.

② いばり · ゆばり · ばり : 溲는 소변을 뜻한다. 소변은 오줌을 밖으로 빼는 것을 뜻한다.
'빼다'에서 '배라-바라-바리-ばり'로 이어지고, 접두어 い · ゆ가 붙어 いばり · ゆばり가 된다.

愁 수	訓読	うれい·うれう
	音読	シュウ

訓読풀이

• うれい · うれう : 愁(수)는 근심, 걱정을 뜻한다. 근심 걱정은 울어야 할 어려운 일이 일어나지 않을까 하는 불안한 마음을 뜻한다. うれうべき事態(じたい)는 울어야 할 사태일 수도 있고 어려울 사태일수도 있다. ㉮ '울어야'에서 '우러-우래-うれい'로 이어진다. ㉯ '어려울'에서 '어려-우려-우래-うれい'로 이어진다.
〔参考〕 憂(우 : うれ)い와 이음을 같이한다.

数(數) 수	訓読	かず·かぞえる
	音読	ス·スウ

訓読풀이

• かず · かぞえる : かず有(あ)る作品(さくひん)은 가지의 수가 많은(온갖) 작품이라는 뜻이다.
'가지'에서 '가주-かず'로 이어진다. かずかず는 '가지가지'라는 뜻으로 여러 가지를 뜻한다. かず에서 かぞえる로 동사화 되어 (가지를) 센다는 뜻이된다.

人名訓読例

• かず : 数乗(かずのり), 数野(かずの), 数原(かずはら), 数田(かずた), 数子(かずこ), 数直(かずなお).

睡 수	訓読	ねむる
	音読	スイ

訓読풀이

• ねむる : 睡(수)는 잠을 뜻한다. 자기 위하여는 잠자리에 눕는다.
'눕다'에서 '눔-냄-내무-ねむる'로 이어진다.
〔参考〕 眠(면 : ねむ)る와 이음을 같이한다.

綏 수	訓読	やすらか
	音読	スイ

訓読풀이

• やすらか : 綏(수)는 편안하게 쉬는 것을 뜻한다.
'쉬다'에서 '수-す'로 이어지고, 접두어 や가 붙어 やす(らか)가 된다.
〔参考〕 安(안 : やす)らか와 이음을 같이한다.

人名訓読例

• やす : 綏介(やすすけ), 綏男(やすお), 綏代(やすよ), 綏夫(やすお), 綏稔(やすなり), 綏子(やすこ).

사

酬 수	訓読	むくい·むくいる
	音読	シュウ

訓読풀이

- むくい · むくいる : 恩(おん)に酬(むく)いる 하면 옛날에 진 은혜를 물질이나 기타 방법으로 물어내는 것을 뜻한다.
  '물다'의 연용형 '물고'에서 '무고-무구-むくい'로 이어진다.
  〔参考〕 報(보 : むく)い와 이음을 같이한다.

嗾 수	訓読	そそのかす· けしかける
	音読	ソウ

訓読풀이

① そそのかす : 嗾(수)는 가만히 있는 사람을 쑤셔 (놓고) 일을 저지르게 하는 것을 뜻한다. 人(ひと)を嗾(そそのか)して出資(しゅっし)させる 하면 가만히 있는 사람을 쑤셔놓고 돈을 대게 한다는 뜻이다.
  '쑤셔 놓고'에서 '수서노가-소소노가-そそのかす'로 이어진다.
  〔参考〕 唆(사 : そそのか)す와 이음을 같이한다.

② けしかける : 嗾는 가만히 있는 사람을 꼬시어(꾀어) 걸려들게 하는 것을 뜻한다.
  '꼬시다(꾀다)'에서 '꼬시-게시-けし'로 이어지고, '걸다'에서 '걸게-가게-かけ'로 이어져 こしかける로 합성된다.

嗽 수	訓読	すすぐ
	音読	ソウ·ソク

訓読풀이

- すすぐ : 嗽(수)는 입안을 씻는 것, 즉 양치질을 뜻한다.
  '씻다'에서 '씻-씃-수수-すすぐ'로 이어진다.
  〔参考〕 濯(탁), 漱(수)와 이음(すすぐ)을 같이한다.

漱 수	訓読	すすぐ
	音読	ソウ

訓読풀이

- すすぐ : 漱(수)는 입안을 씻는 것, 즉 양치질을 뜻한다.
  '씻다'에서 '씻-씃-수수-すすぐ'로 이어진다.

人名訓読例

- すすぐ : 漱(외자 名).

蒐 수	訓読	あつめる
	音読	シュウ

訓読풀이

- あつめる : ㉮ 蒐(수)는 자료 등을 모아 채우는 것, 모은 자료 등이 서랍 등에 차는 것을 뜻한다. '차다(채우다)'에서 '참-춤-추메-つめる'로 이어지고, 접두어 あ가 붙어 あつめる가 된다. ㉯ '모듬에서 '모둠-마둠-아둠(ㅁ-ㅇ으로 변음)-아두메-あつめる로 이어진다.
  〔参考〕 集(집 : あつ)める와 이음을 같이한다.

人名訓読例

① あつめ : 蒐(외자 名).
② あつ : 蒐場(あつば).

竪 수	訓読	たて
	人名訓読	たつ
	音読	ジュ

訓読풀이

① たて : 竪(수)는 세로(상하)로 서는 것, 세우는 것을 뜻한다.
'서다'에서 '더다-다다-다데-たて'로 이어진다.
〔参考〕縱(종), 盾(순), 楯(순)과 이음(たて)을 같이한다.

② たつ : 竪는 立(た)つ와 이음을 같이한다. 즉 たつ는 竪(たて)의 동사형이다.
'서다'에서 '서-더-다-たつ'로 이어진다.

人名訓読例

① たて : 竪美(たてよし), 竪二(たてじ), 竪山(たてやま), 竪月(たてずき).
② たつ : 竪興(たつおき).

需 수	訓読	もとめる·もとむ
	人名訓読	まち·まつ
	音読	ジュ

訓読풀이

① もとめる · もとむ : 需(수)는 물으면서 무엇을 찾는 것을 뜻한다.
'묻다'에서 '묻-몯-모도-もとむ'로 이어진다.

② まち · まつ : 需는 멈춰 기다리는 것, 즉 멎는 것을 뜻한다〈需須也 : 易經 (수수야 : 역경)〉.
'멎다'에서 '멎-맞-마주-まつ'로 이어진다.
〔参考〕待(대), 須(수)와 이음(まつ)을 같이한다.

人名訓読例

• まち · まつ · もとむ : 需(외자 名).

痩 수	訓読	やせる·こける
	音読	ソウ

訓読풀이

① やせる : 痩(수)는 살이 빠져 여위는 것을 뜻한다.
'여위다'에서 '여-야-やせる'로 이어진다.

② こける : 痩는 살이 빠지는 것, 즉 살이 깎이는 것을 뜻한다.
'깎이다'에서 '가겨-고겨-고게-こける'로 이어진다.

穂(穗) 수	訓読	ほ
	人名訓読	みのり·みのる
	音読	スイ

訓読풀이

① ほ : 穂(수)는 벼(禾 : 화)를 뜻한다. 穂穂(수수)는 잘 익은 벼를 나타낸다.
'벼'에서 '보-호-ほ'로 이어진다.

② みのり · みのる : 穂는 벼의 열매가 맺는 것을 뜻한다. ㉮ '열매'에서 '매-미-み'로 이어지고 みのる로 동사화된다. ㉯ '열매 맺는다'에서 '맺는-미는-미노-みのる'로 이어진다.
〔参考〕実(실 : みの)る와 이음을 같이한다.

人名訓読例

① みのり · みのる : 穂(외자 名).
② ほ : 穂森(ほもり), 穂苅(ほかり), 穂積(ほずみ), 穂波(ほなみ), 穂鳥(ほとり), 穂先(ほさき).

銹 수	訓読	さび
	音読	シュウ

訓読풀이

• さび : 銹(수)는 쇠붙이의 산화작용으로 변한 빛, 즉 綠(녹)을 뜻한다. 銹는 鏽(수)와 뜻을 같이한다〈鏡鏽即鏡上綠也

사

: 本草 (경수즉경상녹야 : 본초)〉. ㉮ '쇠붙이'에서 '쇠붙-소빝-사비-さび'로 이어진다. ㉯ '쇠붙이의 빛'에서 '쇠빛-사빛-사비-さび'로 이어진다.

〔参考〕 錆(청)과 이음(さび)을 같이한다.

樹 수	訓読	き·たつ·たてる
	人名訓読	しげる·たかし·みき·たつき·たてき
	音読	ジュ

訓読풀이

① き : 樹(수)는 나무를 뜻한다. 나무나 城(성)에 오르는 것을 기어오른다고 한다. '기다'에서 '기-き'로 이어진다.

〔参考〕 木(목), 城(성)과 이음(き)을 같이한다.

② たつ · たてる : ㉮ 樹는 서는 것, 서도록 하는(세우는) 것을 뜻한다. '서다'에서 '서-사-다-たつ'로 이어진다. 또한 '서도록 하다(타동사)'에서 '서도-사대-다대-たてる'로 이어진다. ㉯ 樹는 위로 돋아(솟아)나는 것을 뜻한다. '돋다(솟다)'에서 '돋-닫-たつ · たてる'로 이어진다. ㉰ 樹는 위로 떠오르는 것, 뜨도록 하는 것을 뜻한다. '뜨다'에서 '뜨-따-たつ · たてる'로 이어진다.

〔参考〕 立(た : 립)つ, 立(た)てる와 이음을 같이한다.

③ しげる : 樹는 나무를 심는 것, 심어서 가득 차게 하는 것을 뜻한다. ㉮ '심다'에서 '심게-시게-しげる'로 이어진다. ㉯ '차다'에서 '차거라-사게루-시게루-しげる'로 이어진다.

〔参考〕 茂(무), 繁(번)과 이음(しげる)을 같이한다.

④ たかし : 樹는 높이 뜨는 것, 돋는(솟는) 것을 뜻한다. ㉮ '뜨다'에서 '뜨고-따고-다가-たか(し)'로 이어진다. ㉯ '돋다(솟다)'에서 '돋고-도고-다가-たか(し)'로 이어진다.

⑤ みき : 樹는 根本樹(근본수)를 뜻한다. 즉 밑바탕이 되는 나무를 말한다〈樹, 本也 : 廣雅 (수, 본야 : 광아)〉. '밑바탕'의 '밑'에서 '미-み'로 이어지고, 나무를 뜻하는 き가 합성되어 みき가 된다.

⑥ たつき · たてき : たつ, たて와 き의 합성어이다.

人名訓読例

① き · しげる · たかし · たつ · たつき · たてる · たてき : 樹(외자 名).

② き : 樹谷(きたに), 樹林(きばやし), 樹木(きき), 樹木(きもと), 樹山(きやま), 樹村(きむら).

③ たつ : 樹男(たつお · みきお), 樹夫(たつお), 樹也(たつや), 樹人(たつんど), 樹子(たつこ · きこ · しげこ · みきこ), 樹興(たつおき).

④ しげ : 樹生(しげお · たつお · みきお), 樹雄(しげお · たつお · みきお), 樹子(しげこ).

⑤ みき : 樹男(みきお), 喜敏(みきとし), 喜生(みきお), 樹子(みきこ).

獣(獸) 수	訓読	けもの·けだもの
	音読	ジュウ

訓読풀이

① けもの : 獣(수)는 털 난 짐승을 뜻한다〈四足而毛 謂之獸 : 爾雅 (사족이모 위지수 : 이아)〉.

'깃털'에서 '기-개-け'로 이어지고, 物(물)을 뜻하는 もの가 합성되어 けもの

가 된다〈物(물 : もの) 참조〉.

② けだもの : 獣는 けだもの로도 훈독된다.

'깃털'에서 '기터-개타-けだ'로 이어지고, もの와 합성된다.

燧 수	訓読	ひうち
	音読	スイ

訓読풀이

• ひうち : 燧(수)는 부싯돌로 불을 붙이는 일 또는 그 도구를 뜻한다.

'불 붙이'에서 '부부티-비우티(부-'우'로 변음)-ひうち'로 이어진다.

人名訓読例

• ひうち : 燧(외자 名).

雖 수	訓読	いえども
	音読	スイ

訓読풀이

• いえども : 雖(수)는 가정(仮定)하는 말로, 무엇이라고 일러도라는 뜻을 갖는다.

'일러도'에서 '일어도-이어도-이에도-いえど(も)'로 이어진다.

薮 수	訓読	やぶ
	音読	ソウ

訓読풀이

• やぶ : 薮(수)는 큰 늪〈大澤曰薮 : 説文(대택왈수 : 설문)〉, 덤불, 수풀을 뜻한다.

'늪'에서 '납-나부-아부(ㄴ-ㅇ으로 변음)-やぶ'로 이어진다.

人名訓読例

• やぶ : 薮崎(やぶさき), 薮内(やぶうち), 薮野(やぶの), 薮田(やぶた), 薮中(やぶなか), 薮波(やぶなみ).

繻 수	訓読	うすぎぬ
	音読	シュ

訓読풀이

• うすぎぬ : 繻(수)는 얇고 긴 명주를 뜻한다.

'얇다'에서 '얄-울-우수(받침ㄹ-'수'로 분절)-うす'로 이어지고, '긴'에서 '기누-ぎぬ'로 이어져 うすぎぬ로 합성된다.

鬚 수	訓読	ひげ
	音読	シュ

訓読풀이

• ひげ : 鬚(수)는 수염, 특히 흰 수염을 뜻한다. '희다'에서의 '히-ひ'와 수염을 뜻하는 げ(깃털-깃-기-개-げ)가 합성되어 ひげ가 된다.

人名訓読例

• ひげ : 鬚(외자 名), 鬚男(ひげお).

사

【숙】

夙 숙	訓読	つとに
	人名訓読	あさ·とし·はやし
	音読	シュク·シク

訓読풀이

① つとに : 夙(숙)은 처음부터, 예부터, 일찍이, 벌써 등을 뜻한다. 彼女(かのじょ)はピアニストとしてつとに名高(なたか)い 하면 그녀는 처음부터 피아니스트로 유명하다는 뜻이다.

'처음'에서 '첫-춘-추도-つとに'로 이어진다.

② あさ : 夙은 이른 아침을 뜻한다.

'아침'에서 '아치–아차–아사–あさ'로 이어진다.

〔参考〕朝(조 : あさ)와 이음을 같이한다.

③ とし : 夙은 일직부터 품어온 의지, 뜻, 마음가짐 등이 돋보임을 뜻한다〈夙志(숙지), 夙意(숙의), 夙心(숙심)〉.

'돋'에서 '돗–도시–とし'로 이어진다.

④ はやし : 夙은 일찍 빨리함을 뜻한다〈夙起(숙기), 夙成(숙성)〉.

'빠르다'에서 '발아–바아–はや(し)'로 이어진다.

人名訓読例

① はやし : 夙(외자 名).

② あさ · とし : 夙子(あさこ · としこ).

叔 숙	訓読	おじ
	人名訓読	とし·はじめ·よし
	音読	シュク

訓読풀이

① おじ : 叔(숙)은 아재비, 아저씨, 작은 아버지(叔父 : 숙부)를 뜻한다.

'아재비, 아저씨'에서 '아재(아저)–아지–오지–おじ'로 이어진다.

② とし · はじめ · よし : 人名訓読에서 叔이 とし · はじめ · よし 등으로 쓰인 것은 俶(숙 · 척), 淑(숙)과 혼용된 것으로 보인다〈俶(숙 · 척) 및 淑(숙) 참조〉.

人名訓読例

① はじめ · よし : 叔(외자 名).

② とし : 叔男(としお · よしお), 叔朗(としお).

③ よし : 叔功(よしのり), 叔男(よしお), 叔民(よしたみ), 叔伸(よしのぶ), 叔彦(よしひこ), 叔子(よしこ).

俶 숙·척	訓読	はじめ
	人名訓読	とし·ひで·よし
	音読	シュク·チャク

訓読풀이

① はじめ : 俶(숙)은 처음, 시작을 뜻한다. 俶獻(숙헌)은 진기한 新物(신물)을 처음 바치는 것을 뜻한다.

처음을 뜻하는 '햇'(햇곡식 · 햇나물 등)에서 '핫–핮–하지–はじめ'로 이어진다.

② とし : 俶(척)은 뛰어나게 돋보이는 것을 뜻한다.

'돋'에서 '돗–도시–とし'로 이어진다.

③ ひで : 俶(척)은 卓異(탁이), 즉 빼어난 것, 뛰어난 것을 뜻한다〈俶, 俶儻, 卓異也 : 集韻 (척, 척당, 탁이야 : 집운)〉.

'빼어나다'에서 '배어–비이–ひいでる'로 이어지고, 인명훈독에서 ひで로 쓰인다.

〔参考〕秀(수 : ひい)でる와 이음을 같이한다.

④ よし : 俶(척)은 올바름, 착함을 뜻한다〈令終有俶 : 詩經 (영종유척 : 시경)〉.

'올'에서 '오시(받침 ㄹ–'시'로 분절)–よし'로 이어진다.

人名訓読例

① とし · はじめ : 俶(외자 名).

② ひで : 俶郎(ひでお), 俶崇(ひでたか), 俶冶(ひでや), 俶子(ひでこ).

③ よし : 俶宏(よしひろ), 俶教(よしのり), 俶完(よしさだ), 俶子(よしこ), 俶昌(よしあき), 俶弘(よしひろ).

淑 숙	訓読	しとやか
	人名訓読	きよし·すなお· すみ·とし· はじめ·ひで·よし
	音読	シュク

訓読풀이

① しとやか：淑(숙)은 여자의 차림새나 모양새가 산뜻함을 뜻한다.
'산뜻'에서 '사도－시도－しとやか'로 이어진다.

② きよし：淑은 곱고 깨끗함을 뜻한다. ㉮ '곱다'에서 '고아－기오－きよ(し)'로 이어진다. ㉯ '깨끗'에서 '객읏－개읏－기읏－기오시－きよし'로 이어진다.

③ すなお：淑은 자연스러운 그대로의 모습으로 더 나아지는 것을 뜻한다.
있는 그대로의 모습을 나타내는 '숫'의 '숫－수－す'와 '나아짐'의 '나아－나오－なお'가 합성되어 すなお(素直：소직)가 된다.

④ すみ：淑은 맑은 것, 즉 씻어서 맑아짐을 뜻한다.
'씻다'에서 '씻음－씨음－심－숨－すみ'로 이어진다.
〔参考〕清(청), 澄(징)과 이음(すみ)을 같이한다.

⑤ とし·はじめ·ひで·よし：俶(숙·척) 참조.

人名訓読例

① きよし·すなお·とし·はじめ·よし：淑(외자 名).
② きよ：淑子(きよこ·としこ·すみこ).
③ とし：淑江(としえ·よしえ), 淑徳(としのり), 淑道(としみち), 淑夫(としお·ひでお·よしお), 淑之(としゆき·よしの), 淑弘(としひろ·よしひろ).
④ すみ：淑子(すみこ).
⑤ ひで：淑郎(ひでお·としお·よしお), 淑夫(ひでお·としお·よしお), 淑禎(ひでただ).
⑥ よし：淑乃(よしの), 淑望(よしもち), 淑明(よしあき), 淑敏(よしとし), 淑成(よしなり), 淑時(よしとき).

倏 숙	訓読	たちまち
	音読	シュク

訓読풀이

• たちまち：倏(숙)은 어떤 일이 되자마자 다른 일이 바로, 갑자기 일어나는 것을 뜻한다〈倏忽之間：吳志 (숙홀지간：오지)〉.
'되자마자'에서 '다자마자－다지마지－たちまち'로 이어진다.
〔参考〕忽(홀：たちまち)와 이음을 같이한다.

宿 숙	訓読	やどり·やどる
	音読	シュク·スク

訓読풀이

• やどり·やどる：宿(숙)은 자는 것을 뜻한다. 자는 것은 눕는 것을 뜻하고, 여관·숙소는 눕는 곳을 말한다.
'눕다'에서 '누다－나다－나도－아도(ㄴ－ㅇ으로 변음)－やどり·やどる'로 이어진다.

人名訓読例

• やど：宿橋(やどばし), 宿本(やどもと), 宿前(やどまえ), 宿屋(やどや), 宿成(やどなり), 宿丸(やどまる).

粛(肅) 숙	人名訓読	きよし·すすむ·よ·しまさし
	音読	シュク

訓読풀이

① きよし：㉮ 粛(숙)은 고운 것, 깨끗한 것을 뜻한다〈其政肅：素問 (기정숙：소문)〉. '고운 것'에서 '고운－기운－기

오-きよ(し)'로 이어진다. 또한 '깨끗'에서 '객읏-개오-기오-きよし'로 이어진다. ㉯ 肅은 고요한 것을 뜻한다〈終爲肅 : 素問 (종위숙 : 소문)〉. '고요'에서 '기요-きよし'로 이어진다.

② すすむ : 肅은 태만하지 않도록, 삼가 힘쓰는 것을 뜻한다.
'힘쓰다'에서 '씀-수수무-すすむ'로 이어진다.

③ とし : 肅은 엄숙하고 정중함이 돋보이는 것을 뜻한다.
'돋'에서 '도시-とし'로 이어진다.

④ まさし : 肅은 가지런히 맞게(바르게) 하는 것을 뜻한다.
'맞다'에서 '맞-마사-まさ(し)'로 이어진다.

人名訓読例

① きよし · すすむ · まさし : 肅(외자 名).
② とし : 肅朗(としあき).

熟 숙	訓読	うむ·こなす· なれる· つくづく· つらつら·なれる
	人名訓読	あた·あつ·にい· にぎ·ぬく
	音読	ジュク

訓読풀이

① うむ : 熟(숙)은 과일 등이 익는 것을 뜻한다.
'익다'에서 '익음-이음-임-움-우무-うむ'로 이어진다.
〔参考〕 膿(농 : う)む와 이음을 같이한다.

② こなす · こなれる : 田(た)の土(つち)を熟(こな)す 하면 논의 흙덩어리를 잘게 가는(부수는) 것을 뜻한다. 잘게 갈면 삭이기(소화) 쉬어진다. 그래서 固(かた)物(もの)を熟す 하면 굳은 것을 가루처럼 갈아 소화시키는(삭이는) 것을 뜻한다.
'갈다(간다)'에서 '가는-고느-고나-こなす'로 이어진다.

③ つくづく : 熟은 유심히, 곰곰이, 즉 뚫어지게를 뜻한다. つくづく(熟)と眺(なが)める 하면 '뚫어지게(유심히)' 바라본다는 뜻이다.
'뚫다'에서 '뚤구-두구-두구두구(강조)-つくづく'로 이어진다.

④ つらつら : 위 ③의 '뚫다'에서 '둘-두라-두라두라(강조)-つらつら'로 이어진다.

⑤ なれる : ㉮ 司会(しかい)になれた人(ひと) 하면 자주 사회를 맡아 사회 솜씨가 늘어난(익은) 사람이라는 뜻이다. '늘다'에서 '느러-나러-나레-なれる'로 이어진다. ㉯ 熟은 낡아지는 것을 뜻한다. なれた着物(きもの)는 낡아서 후줄근해진 옷을 말하고, なれた魚(さかな)는 썩은(낡은) 생선을 말한다.
'낡다'에서 '날-나레-なれる'로 이어진다.

⑥ あた · あつ : 생선 등을 익히려면 따뜻하게 또는 뜨겁게 삶는다. ㉮ '따뜻하다'에서 '다-た'로 이어지고 접두어 あ가 붙어 あた로 이어진다. ㉯ '뜨겁다'에서 '뜨-두-つ'로 이어지고 접두어 あ가 붙어 あつ로 이어진다.
〔参考〕 暖(난), 温(온)과 이음(あたたかい)을 같이 하며, 熱(열 : あつ)い와 이음을 같이한다.

⑦ にい · にぎ : ㉮ '익히다'에서 '익이-이이-니이(ㄴ-ㅇ으로 변음)-にい'로 이

어진다. ④ '익히다'에서 '익이–이기–니기–にぎ'로 이어진다.

⑧ ぬく : 熟은 열(熱)로 물러지는 것, 즉 녹는 것을 뜻한다.
'녹다'에서 '녹–눅–누구–ぬく'로 이어진다.
〔参考〕 温(온 : ぬく)まる와 이음을 같이 한다.

人名訓読例

① あた · あつ : 熟海(あたみ · あつみ).
② にい : 熟田(にいた).
③ にぎ : 熟田津(にぎたつ), 熟蝦事(にぎえみし).

【순】

旬 순	人名訓読	とき·ひとし
	音読	ジュン·シュン

訓読풀이

① とき : 旬(순)은 어패(魚貝) · 야채 · 과일 등이 가장 맛드는 철을 뜻하면서 나아가 적기(適期) · 때를 뜻한다. 때를 뜻하는 다른 말 '적'(어릴 적, 갈 적 등)에서 '덕–독–도기–とき'로 이어진다.

② ひとし : 旬은 하나처럼 고르고 균일(均一)함을 뜻한다〈雖旬旡咎 : 易經 (수순우구 : 역경)〉. 하나를 뜻하는 '홀'에서 '힐–히도(받침ㄹ–'도'로 분절)–ひと(し)'로 이어진다.

人名訓読例

① とき · ひとし : 旬.
② とき : 旬子(ときこ), 旬恵(ときえ).

巡(廵) 순	訓読	めぐる·まわり
	音読	ジュン

訓読풀이

① めぐる : 巡(순)은 도는 것, 돌리는 것, 즉 말면서 돌리는 것을 뜻한다.
'말다'에서 '말거라–마구라–메구루–めぐる'로 이어진다.
〔参考〕 回(회), 廻(회)와 이음(めぐる)을 같이한다.

② まわり : '말다'에서 '말아라–마아리–まわり'로 이어진다.
〔参考〕 回(회), 廻(회)와 이음(まわり)을 같이한다.

人名訓読例

• めぐり : 巡(めぐり), 巡田(めぐりた), 巡矢(めぐりや).

侚 순	訓読	とし
	音読	シュン

訓読풀이

• とし : 侚(순)은 외치는 등 자기를 돋보이게 나타내는 것을 뜻한다.
'돋'에서 '돗–도시–とし'로 이어진다.

人名訓読例

• とし : 侚子(としこ).

徇 순	訓読	めぐる
	人名訓読	となう
	音読	ジュン

訓読풀이

① めぐる : 徇(순)은 도는 것, 돌리는 것, 즉 말면서 돌리는 것을 뜻한다.
'말다'에서 '말거라–마구라–메구루–めぐる'로 이어진다.
〔参考〕 巡(순 : めぐ)る와 이음을 같이한다.

② となう : 徇은 도는 것을 뜻한다.
'돈다'에서 '돈–도나–となう'로 이어진다.

사

〔参考〕 徇은 돌려 널리 알린다는 뜻에서 〈以木鐸徇于路：書經 (이목탁순우로：서경)〉, 称(とな)える와 이음을 같이한다.

人名訓読例

- となう：徇(외자 名).

恂 순	訓読	まこと
	音読	ジュン

訓読풀이

- まこと：恂(순)은 맞는 것, 진실을 뜻한다.
  '맞는 것'에서 '맞건-마곧-마고도-まこと'로 이어진다.
  〔参考〕 洵(순：まこと)와 이음을 같이한다.

人名訓読例

- まこと：恂(외자 名).

洵 순	訓読	まこと
	人名訓読	のぶ
	音読	ジュン

訓読풀이

① まこと：洵(순)은 맞는 것, 진실을 뜻한다.
'맞는 것'에서 '맞건-마곧-마고도-まこと'로 이어진다.

② のぶ：洵은 멀고 넓은 것을 뜻한다〈盱嗟洵兮：詩經 (우차순혜：시경)〉.
'넓다'에서 '널버-너부-노부-のぶ'로 이어진다.

人名訓読例

① まこと：洵(외자 名).

② のぶ：洵盛(のぶもり).

盾 순	訓読	たて
	音読	ジュン

訓読풀이

- たて：盾(순)은 방패를 뜻한다. 盾(たて)にする 하면 방패를 앞에 세워 적 또는 상대방의 공격을 막는 것을 뜻한다.
  '서다(세우다)'에서 '사다-다다-다데-たて'로 이어진다.
  〔参考〕 楯(순：たて)와 이음을 같이한다.

人名訓読例

- たて：盾男(たておお), 盾夫(たておお), 盾樹(たてき), 盾臣(たておみ), 盾彦(たてひこ), 盾之(たてゆき).

殉 순	訓読	したがう
	音読	ジュン

訓読풀이

- したがう：殉(순)은 좇아가는 것, 거취를 같이 하는 것, 순직하는 것을 뜻한다.
  '좇아가다'에서 '조차가-지다가-したがう'로 이어진다.
  〔参考〕 従(종), 随(수)와 이음(したがう)을 같이한다.

純 순	人名訓読	あき・あつし・あや・いたる・きよし・すなお・すみ・ただし・とし・ひろ・まこと・やすし・よし
	音読	ジュン

訓読풀이

① あき：純(순)은 밝다, 밝히다를 뜻한다〈光純天地：漢書 (광순천지：한서)〉.
'밝'에서'박-바기-아기(ㅂ-ㅇ으로 변음)-あき'로 이어진다.

② あつし : 純은 두터운 것을 뜻한다〈純孝 : 순효)〉.
'두텁다'에서 '두-つ'로 이어지고 접두어 あ가 붙어 あつ(し)가 된다.

③ あや : 純은 아름다움, 예쁜 것을 뜻한다 〈純麗之物 : 漢書 (순려지물 : 한서)〉.
'예쁘다'에서 '어여쁘다-어야-아야-あや'로 이어진다.

④ いたる : ㉮ 純은 純全(순전)함이 극치(極致)에 다다름을 뜻한다. '다다르다'에서 '다르-たる'로 이어지고 접두어 い가 붙어 いたる가 된다. ㉯ 또한 잇따르는 것을 뜻한다. '잇따르'에서 '이다르-いたる'로 이어진다.
〔参考〕 至(지), 到(도)와 이음(いたる)을 같이한다.

⑤ きよし : 純은 고운 것, 깨끗함을 뜻한다. ㉮ '곱다'에서 '고아-기아-기요-きよし'로 이어진다. ㉯ '깨끗'에서 '객읏-개오-기오-きよし'로 이어진다.

⑥ すなお : 純은 제대로의 숫한 것이 더 나음을 뜻한다.
제 것을 뜻하는 '숫'에서 '수-す'로 이어지고, '나음'에서 '나아-나오-なお'가 합성되어 すなお가 된다.
〔参考〕 素直(소직 : すなお)와 이음을 같이한다.

⑧ すみ : 純은 씻어서 깨끗함을 뜻한다.
'씻다'에서 '싯음-시움-심-숨-수미-すみ'로 이어진다.
〔参考〕 清(청), 澄(징)과 이음(すみ · すむ)을 같이한다.

⑧ ただし : 純은 철저하게 따져 순수하게 됨을 뜻한다.
'따지다'에서 '다저-다다-ただし'로 이어진다.

⑨ とし : 純은 純粋(순수)함이 돋보이는 것을 뜻한다.
'돋'에서 '돗-도시-とし'로 이어진다.

⑩ まこと : 純은 맞는 것, 순수함을 뜻한다.
'맞는 것'에서 '맞것-마걷-마곧-마고도-まこと'로 이어진다.

⑪ やすし : 純은 온화한 것, 착한 것, 즉 얌전한 것을 뜻한다〈非德不純 : 史記 (비덕불순 : 사기), 從之純如也 : 論語 (종지순여야 : 논어)〉.
'얌전'에서 '야저-야주-야수-やすし'로 이어진다.

⑫ よし : 純은 올바른 것을 뜻한다.
'올'에서 '오시(받침 ㄹ-'시'로 분절)-よし'로 이어진다.

人名訓読例

① あつし · いたる · きよし · すなお · すみ · ただし · まこと · やすし : 純(외자 名).
② あき : 純彦(あきひこ · あつひこ · すみひこ).
③ あつ : 純郎(あつお · すみお), 純彦(あつひこ · あきひこ · すみひこ), 純子(あつこ · すみこ).
④ あや : 純郎(あやお · すみお).
⑤ きよ : 純史(きよし), 純道(きよみち), 純至(きよたか).
⑥ すみ : 純徳(すみのり), 純広(すみひろ), 純代(すみよ), 純善(すみよし), 純昭(すみあき), 純友(すみとも).
⑦ とし : 純至(としゆき), 純和(としかず).
⑧ よし : 純光(よしてる), 純徳(よしのり), 純明(よしあき · すみあき), 純信(よしのぶ), 純一(よしかず), 純正(よし

まさ・すみまさ).

淳 순	訓読	あつい
	人名訓読	あつし·あつみ·きよし·すなお·すみ·ただし·とし·まこと·よし
	音読	ジュン

訓読풀이

① あつい・あつし・あつみ：淳(순)은 인정 등이 두터운 것을 뜻한다.
'두텁다'에서 '두-つ'로 이어지고 접두어 あ가 붙어 あつい가 된다.

② きよし：淳은 깨끗하고 고운 것을 뜻한다. ㉮ '깨끗'에서 '객읏-개읏-기요시-きよし'로 이어진다. ㉯ '곱다'에서 '고아-기아-기요-きよし'로 이어진다.

③ すなお：淳은 꾸밈이 없는 숫한 모양이 더 나음을 뜻한다.
'숫'에서 '수-す'로 이어지고, '나음'에서 '나아-나오-なお'로 이어져 すなお로 합성된다.

④ すみ：淳은 물로 씻어서 깨끗함을 뜻한다.
'씻다'에서 '싯음-시움-심-숨-수미-すみ'로 이어진다.

⑤ ただし：淳은 철저하게 따져 순수하게 됨을 뜻한다.
'따지다'에서 '따저-다다-ただし'로 이어진다.

⑥ とし：淳은 순박(淳朴)함이 돋보이는 것을 뜻한다.
'돋'에서 '돗-도시-とし'로 이어진다.

⑦ まこと：淳은 맞는 것을 뜻한다.
'맞는 것'에서 '맞것-마걷-마곧-마고도-まこと'로 이어진다.

⑧ よし：淳은 올바르고 맑은 것을 뜻한다.
'올'에서 '오시(받침ㄹ-'시'로 분절)-よし'로 이어진다.

人名訓読例

① あつし・あつみ・きよし・すなお・ただし・まこと：淳(외자 名).

② あつ：淳教(あつのり), 淳国(あつくに), 淳良(あつよし), 淳文(あつぶみ), 淳博(あつひろ), 淳子(あつこ).

③ きよ：淳隆(きよたか), 淳夫(きよお・あつお・すなお), 淳士(きよし・あつし), 淳彦(きよひこ・あつひこ), 淳浩(きよひろ・あつひろ).

④ すな：淳夫(すなお).

⑤ すみ：淳江(すみえ), 淳生(すみお・あつお).

⑥ ただ：淳男(ただお・あつお), 淳道(ただみち), 淳彦(ただひこ).

⑦ とし：淳高(とした か).

⑧ よし：淳秀(よしひで).

眴 순	訓読	めくばせ·まばたき
	音読	ジュン·シュン·ケン

訓読풀이

① めくばせ：眴(순)은 눈을 깜박이며 눈짓하는 것을 뜻한다.
눈을 뜻하는 め와 '깜박 짓'에서 '감바지-가바제-구바세-くばせ'가 합성되어 めくばせ가 된다.

② まばたき：눈을 깜빡일 때는 눈의 위아래가 서로 두들기는 모양을 나타낸다.
め에서 ま로 변음 되고, '두들기'에서 '다다기- たたき'로 이어져 またたき로 합성된다.
〔参考〕瞬(순：またた)き와 이음을 같이 한다.

循 순	訓読	したがう·めぐる
	人名訓読	のぶ
	音読	ジュン

訓読풀이

① したがう : 循俗(순속)은 풍속을 좇아가는 것을 뜻한다.
'좇아가다'에서 '조차가-지다가-시다가-したがう'로 이어진다.

② めぐる : 循은 도는 것을 뜻한다. 돌 때는 둥글게 말면서 돌아가는 형상을 나타낸다. 즉 돈다는 것은 말면서 돌아감을 뜻하게 된다.
'말다'에서 '말거라-마구루-메구루-めぐる'로 이어진다.

③ のぶ : 循은 높이 받들어 복종하는 것을 뜻한다〈上不循於亂世之君 : 荀子 (상불순어난세지군 : 순자)〉.
'높다'에서 '높-노부-のぶ'로 이어진다.

人名訓読例

• のぶ : 循雄(のぶお).

順 순	訓読	したがう
	人名訓読	あや·おさむ·かず·とし·のぶ·のり·まさ·もと·やす·よし·より
	音読	ジュン

訓読풀이

① したがう : 順(순)은 좇아가는 것, 거스리지 아니하는 것을 뜻한다〈耳順 : 論語 (이순 : 논어)〉.
'좇아가다'에서 '조차가-지다가-시다가-したがう'로 이어진다.

② あや : 順은 잇는 것, 이어받는 것을 뜻한다. 順序(순서)는 차례(序)가 이어짐을 뜻한다.
'이어'에서 '이야-아야-あや'로 이어진다.

③ おさむ : 順은 순리대로 잘 잡아(쥐어) 다스려 나아감을 뜻한다.
'잡다(쥐다)'에서 '잡음(쥠)-자음-삼-사무-さむ'로 이어지고, 접두어 お가 붙어 おさむ가 된다.

④ かず : 順은 하나(一)같이 골고루(均一) 가지런하게 이루어짐을 뜻한다〈豫順而動 : 易經 (예순이동 : 역경)〉. ㉮ '골고루'에서 '골-갈-가주(받침 ㄹ-'주'로 분절)-かず'로 이어진다. ㉯ '골고루 같다'에서 '갖-가주-かず'로 이어진다. ㉰ '가지런하다'에서 '가지-가주-かず'로 이어진다.
〔参考〕 和(화), 一(일)과 이음(かず)을 같이한다.

⑤ とし : 順은 온순함이 돋보이는 것을 뜻한다.
'돋'에서 '돗-도시-とし'로 이어진다.

⑥ のぶ : 順은 높이 받들어 복종하는 것을 뜻한다〈四國順之 : 詩經 (사국순지 : 시경)〉.
'높이'에서 '높-노부-のぶ'로 이어진다.

⑦ のり : 順은 올바른 順理(순리)를 뜻한다.
'올'에서 '오리-노리(ㅇ-ㄴ으로 변음)-のり'로 이어진다.

⑧ まさ : 順은 도리에 맞는 것을 뜻한다.
'맞다'에서 '마자-마사-まさ'로 이어진다.

⑨ もと : 順은 사물의 밑바탕(本 : もと)을 본받는 것을 뜻한다.
'밑바탕'에서 '밑-뫁-모토-もと'로 이어진다.

⑩ やす : 順은 온순함, 얌전함을 뜻한다.
'얌전'에서 '야저-야주-야수-やす'로 이

어진다.

⑪ よし : ⑦의 '올바르다'에서 '올-오시(ㄹ-'시'로 분절)-よし'로 이어진다.

⑫ より : 順은 ~(누구)에로 좇아감, 복종함을 뜻한다.

'에로'에서 '으로-오리-より · よる'로 이어진다.

〔参考〕 寄(기), 依(의), 拠(거) 등과 이음(より · よる)을 같이한다.

人名訓読例

① おさむ · かず · したがう · とし : 順(외자 名).

② あや : 順長(あやなが).

③ とし : 順三(としぞう), 順夫(としお), 順彦(としひこ), 順一(としかず), 順章(としゆき), 順久(としひさ).

④ のぶ : 順啓(のぶひろ), 順光(のぶみつ), 順久(のぶひさ), 順正(のぶまさ), 順重(のぶしげ), 順和(のぶかず).

⑤ のり : 順道(のりみち), 順夫(のりお), 順豊(のりとよ), 順雄(のりお), 順子(のりこ · のぶこ · まさこ · よしこ · よりこ).

⑥ まさ : 順康(まさやす), 順路(まさみち · よりみち), 順理(まさみち), 順善(まさよし), 順一(まさかず), 順道(まさみち).

⑦ もと : 順正(もとまさ · のぶまさ · よしまさ).

⑧ やす : 順晧(やすあき · よしひろ), 順弘(やすひろ · まさひろ · よしひろ).

⑨ よし : 順啓(よしひろ), 順文(よしのり), 順子(よしこ), 順正(よしまさ), 順俊(よしとし), 順弘(よしひろ).

⑩ より : 順寛(よりひろ), 順国(よりくに), 順路(よりみち), 順博(よりひろ), 順英(よりふさ), 順清(よりきよ).

楯 순	訓読	たて
	音読	ジュン

訓読풀이

• たて : 楯(순)은 방패를 뜻한다. 방패는 앞에 세워 적 또는 상대방의 공격을 막는 기능을 한다.

'서다(세우다)'에서 '사다-다다-다데-たて'로 이어진다.

〔参考〕 盾(순 : たて)와 이음을 같이한다.

• たて : 楯山(たてやま), 楯川(たてかわ), 楯岡(たておか), 楯久(たてひさ), 楯成(たてなり), 楯臣(たておみ).

舜 순	人名訓読	あきら · きよ · さとし · とし · みつ · よし
	音読	シュン

訓読풀이

① あきら : ㉮ 舜(순)은 닫힌 것이 열리어 총명(聰明), 현명(賢明)하게 됨을 뜻한다. '열리다'에서 '열거라-어기라-아기라-あきら'로 이어진다. ㉯ 舜은 총명 · 현명하여 사물을 분명(分明)히 밝히는 것을 뜻한다. '밝히다'에서 '바키라-아키라(ㅂ-ㅇ으로 변음)-あきら'로 이어진다.

〔参考〕 明(명 : あき)らか와 이음을 같이한다.

② きよ : 舜은 고운 무궁화(無窮花) 꽃을 뜻한다〈顔如舜華 : 詩經 (안여순화 : 시경)〉. 蕣(순)으로도 쓴다.

'곱다'에서 '고아-기아-기요-きよ'로 이어진다.

③ さとし：舜은 세상을 보는 눈이 뜨여(開眼：개안) 총명함이 솟(돋)는 것을 뜻한다. ㉮ '뜨다'에서 '떠서－따서－다다시－사다시－사도시－さとし'로 이어진다. ㉯ '솟다'에서 '솓－삳－사도－さと(し)'로 이어진다.

④ とし：舜은 총명함, 현명함이 돋보이는 것을 뜻한다.
'돋'에서 '돗－도시－とし'로 이어진다.

⑤ みつ：㉮ 舜은 총명함, 현명함이 (차)넘쳐 널리 미침을 뜻한다. '미치다'에서 '미치－미추－みつ'로 이어진다. ㉯ 물이 찬 것처럼 총명함이 넘치는 것을 뜻한다. '물 차다'에서 '물차－미추－みつ'로 이어진다.
〔参考〕満(만：み)つ, 満ちる와 이음을 같이한다.

⑥ よし：舜은 총명·현명하여 올바르게 행동함을 뜻한다.
'올'에서 '오시(받침ㄹ－'시'로 분절)－よし'로 이어진다.

人名訓読例

① あきら·さとし：舜(외자 名).
② きよ：舜勝(きよかつ), 舜子(きよこ·みつこ).
③ とし：舜世(としよ).
④ みつ：舜子(みつこ), 舜保(みつやす).
⑤ よし：舜江(よしえ).

馴 순	訓読	ならす·なれる
	音読	ジュン

訓読풀이

• ならす·なれる：馴(순)은 동물 등을 길들이는 것을 뜻한다. 길들이면 馴致性(순치성)이 늘어난다〈馴致復習 天下之心：蘇軾 (순치복습 천하지심：소식)〉.
'늘다'에서 '느러－나러－나레－なれる'로 이어진다.

人名訓読例

• なれ：馴馬(なれうま), 馴山(なれやま), 馴松(なれまつ), 馴田(なれた).

詢 순	訓読	はかる·はかり·まこと
	人名訓読	まかり
	音読	ジュン

訓読풀이

① はかる·はかり：詢(순)은 할 일을 相議(상의)·諮問(자문)하는 것을 뜻한다.
'하다(할 일)'의 명령형 '하거라'에서 '하가루－はかる'로 이어진다.
〔参考〕議(의), 諮(자)와 이음(はかる)을 같이한다.

② まこと：詢은 진실, 맞는 것을 뜻한다.
'맞는 것'에서 '맞걷－마곧－마고도－まこと'로 이어진다.

③ まかり：㉮ 詢은 묻는 것을 뜻한다〈詢問(순문)〉. '묻다'에서 '묻거라－무가리－마가리－まかり'로 이어진다. ㉯ 詢은 진실이라고 믿는 것을 뜻한다. '믿다'에서 '믿거라－미가리－마가리－まかり'로 이어진다.

人名訓読例

• まかり·まこと：詢(외자 名).

諄 순	訓読	くどい
	人名訓読	あつし·いたる·しげ·まこと
	音読	ジュン

訓読풀이

① くどい：㉮ 諄(순)은 거듭거듭 타이르는 것을 뜻한다(諄諄：순순). '거듭'에서 '거

사

드-구도-くどい'로 이어진다. ㉯ 거듭거듭하는 것을 '끈덕지다'라고 한다. '끈덕'에서 '근덕-구더-구도-くどい'로 이어진다. ㉰ '굼뜨다'라고도 한다. '굼뜨'에서 '구드-구도-くどい'로 이어진다.

② あつし : 諄은 두터운 것을 뜻한다.
'두텁다'에서 '두-つ'로 이어지고 접두어 あ가 붙어 あつ(し)가 된다.

③ いたる : 諄은 거듭거듭 잇따라 타이르는 것을 뜻한다.
'잇따라'에서 '이다라-いたる'로 이어진다.

④ しげ : ㉮ 諄은 삼가는 것을 뜻한다〈勞心淳淳 : 後漢書 (노심순순 : 후한서)〉.
'삼가'에서 '사가-시가-시게-しげ'로 이어진다. ㉯ 諄은 가득 차서 두터운 것을 뜻한다. '차다'에서 '차거라-사거라-시게루-しげ(る)'로 이어진다.

⑤ まこと : 諄은 맞는 것(眞實)을 거듭 타일러 깨닫게 하는 것을 뜻한다.
'맞는 것'에서 '마걷-마곧-마고도-まこと'로 이어진다.

人名訓読例

① あつし · いたる · まこと : 諄(외자 名).
② あつ : 諄子(あつこ).
③ しげ : 諄郎(しげお).

醇 순	訓読	あつい
	音読	ジュン

訓読풀이

• あつい : 醇(순)은 술(酉)이 진국인 것, 나아가 인정이 가득 차고 醇朴(순박)한 것을 뜻한다.
'차다'에서 '차-추-つい'로 이어지고 접두어 あ가 붙어 あつい가 된다.

瞬 순	訓読	またたく · まばたく · しばたたく · まじろく
	音読	シュン

訓読풀이

① またたく : 瞬(순)은 눈을 깜박이는 것을 뜻한다. 눈을 깜박일 때는 눈의 위아래가 서로 두들기는 모양을 나타낸다. 눈을 뜻하는 ま와 '두들기다'에서의 '두두-다다-たたく'가 합성되어 またたく가 된다.
〔参考〕 目叩(목고 : またた)く의 뜻을 갖는다.

② まばたく : ①에서 두들기는 것은 패는 것을 뜻한다.
目와 '패다'에서의 '파다-바다-ばたく'와 합성되어 まばたく가 된다.
〔参考〕 目叩(またた)く는 まばたく로도 훈독된다.

③ しばたたく : 눈 깜박이는 순간적(瞬間的)이다. 즉 아주 짧은 순간에 이루어진다.
'짧다'에서 '잛-자바-시바-しば'로 이어지고, ①에서의 たたく와 합성되어 しばたたく가 된다.

④ まじろぐ : 눈을 깜박이는 것은 위아래의 속눈썹끼리 서로 찌르는 모양을 나타낸다.
ま와 '찌르다'에서의 '지루구-じろぐ'가 합성되어 まじろぐ가 된다.

鶉 순	訓読	うずら
	音読	シュン

訓読풀이

• うずら : 鶉(순)은 매추라기를 뜻한다.
'메추라기'에서 '무추라-우추라(ㅁ-ㅇ으로 변음)-うずら'로 이어진다.

人名訓読例

- うずら：鶉間(うずらま), 鶉見(うずらみ), 鶉橋(うずらはし), 鶉川(うずらかわ), 鶉野(うずらの).

【술】

戌 술	人名訓読	まもる
	音読	ジュツ

訓読풀이

- まもる：戌(술)은 열한 번째의 지지(地支)로, 띠로는 개(犬)이다. 개는 외부 침입자가 들어오는 것을 멈추게 하는(막는) 본능을 갖는다. ㉮ '멈추다'에서 '멈–맘–마모–まもる'로 이어진다. ㉯ '막음'에서 '마음–맘–마모–まもる'로 이어진다.
  〔参考〕守(수：まも)る와 이음을 같이한다.
- まもる：戌(외자 名).

述(述) 술	訓読	のべる
	人名訓読	のぶる
	音読	ジュツ

訓読풀이

① のべる：意見(いけん)をのべる 하면 속어로 나불(너불)거리는 것을 뜻한다.
'나불'에서 '나부루–노베루–のべる'로 이어진다.

② のぶる：①의 '나불'에서 '나부루–노부루–のぶる'로 이어진다.

人名訓読例

① のぶ：述金(のぶかね・のべかね), 述良(のぶよし), 述夫(のぶお), 述文(のぶふみ), 述麿(のぶまろ), 述直(のぶなお).

② のべ：述金(のべがね).

術 술	訓読	すべ
	人名訓読	てだて・みち・やす(し)
	音読	ジュツ

訓読풀이

① すべ：術(술)은 방법, 수단을 뜻한다〈術策(술책), 技術(기술)〉. 고유어로는 '할 줄, 할 바'를 뜻한다. なすすべを失(うしな)う는 어찌할 줄 또는 어찌할 바를 모른다는 뜻이다.
'줄'과 '바'가 합성되어 '줄바–주바–수베–すべ'로 이어진다.

② てだて：방법, 수단은 손대는 방법・수단을 뜻한다. '손대다'에서 손을 뜻하는 手(て)와 '대다'에서 '다데–だて'가 합성되어 てだて가 된다.

③ みち：방법은 결과에 이르는 길을 뜻한다. 길을 뜻하는 道(みち：도)와 이음을 같이한다〈道(도) 참조〉.

④ やす(し)：術은 일을 쉽게 끝맺는 방법, 수단을 뜻한다.
'쉽다'에서 '쉬–수–す'로 이어지고, 접두어 や가 붙어 やす(し)가 된다.
〔参考〕易(이：やす)い와 이음을 같이한다.

人名訓読例

① てだて・やすし：術(외자 名).

② みち：術夫(みちお).

③ やす：術太(やすた).

사

【숭】

崇 숭	訓読	あがめる· たかい
	人名訓読	たかし·みつる· むね
	音読	スウ

訓読풀이

① あがめる : 崇(숭)은 높이 올려 모시는 것을 뜻한다.
'올리다(오르다)'의 어간 '올(오)'에서 '오-아-あがめる'로 이어진다.
〔参考〕 上(상 : あ)がる와 이음을 같이한다.

② たかい · たかし : 崇은 높이 떠 받드는 것을 뜻한다.
'뜨다'에서 '뜨고-따고-다가-たかい · たかし'로 이어진다.

③ みつる : ㉮ 崇은 물, 술잔 등이 차는 것을 뜻한다〈主人不崇酒 : 儀禮 (주인불숭주 : 의례)〉. '물 차다'에서 '무차-미추-みつる'로 이어진다. ㉯ 崇은 마치는 것, 끝내는 것을 뜻한다〈曾不崇朝 : 詩經 (증불숭조 : 시경)〉. '마치다'에서 '마치라-미추루-みつる'로 이어진다.
〔参考〕 満(만 : み)ちる, 満(み)つ와 이음을 같이한다.

④ むね : 崇은 맨 위(宗)에 있는, 산(山)을 뜻한다. 즉 맨 위에 있는 어른으로 모신다는 뜻이 된다.
'맨'에서 '문-무내-むね'로 이어진다.
〔参考〕 宗(종 : むね)와 이음을 같이한다.

人名訓読例

① たかし · みつる : 崇(외자 名).
② たか : 崇島(たかしま), 崇広(たかひろ), 崇光(たかみつ), 崇明(たかあき), 崇文(たかふみ), 崇博(たかひろ).
③ みつ : 崇晶(みつあき).
④ むね : 崇田(むねた), 崇正(むねまさ), 崇享(むねたか).

嵩 숭	訓読	かさ·かさむ
	人名訓読	たか·たけ·だけ· よし
	音読	スウ·シュウ

訓読풀이

① かさ · かさむ : 嵩(숭)은 산(山)이 더 높아지듯이(高) 사물이 점점 더 커짐을 뜻한다. 荷物(にもつ)がかさむ 하면 짐이 더 커짐을 뜻하고, 借金(しゃっきん)がかさむ 하면 빚이 점점 더 커져 불어남을 뜻한다. かさ는 '커짐'을 뜻하는 부피, 용적, 분량 등을 뜻한다.
'커지다'에서 '커짐-카짐-카자무-かさむ'로 이어진다.

② たか : ㉮ 嵩은 산이 높이 떠 있음을 뜻한다. '뜨다'에서 '뜨고-따고-다가-たか(い)'로 이어진다. ㉯ 嵩은 산이 높이 솟아(돋아) 있음을 뜻한다. '돋다(솟다)'에서 '돋고-도고-다가-たか'로 이어진다.

③ たけ · たげ : ㉮ 고구려시대 높은 산을 '닥' 또는 '달'이라 했다. '닥'에서 '다게-たけ'로 이어지고, '달'에서는 '다게(받침ㄹ-'게'로 분절)-たけ'로 이어진다. '달(月)'에서 '둘-두기-つき'로 이어지는 것과 같은 이치이다. ㉯ 위 ②에서와 같이 '뜨다, 솟다(돋다)에서 '뜨게-따게-たけ'로 이어진다.

④ よし : 嵩은 올바름, 꼿꼿함, 고상함을 뜻한다. '올'에서 '오시(받침ㄹ-'시'로 분절)-よし'로 이어진다.

人名訓読例

① かさみ・たか・だけ：嵩(외자 名).

② かさ：嵩山(かさやま・たかやま), 嵩元(かさもと・たけもと), 嵩村(かさむら・たけむら・よしむら).

③ たか：嵩峰(たかみね), 嵩山(たかやま), 嵩年(たかとし), 嵩夫(たかお), 嵩洋(たかひろ), 嵩親(たかちか).

④ たけ・だけ：嵩谷(だけや), 嵩元(たけもと), 嵩原(たけはら), 嵩村(たけむら).

⑤ よし：嵩村(よしむら).

【쉬】

倅 쉬·졸	訓読	せがれ
	音読	サイ・ソツ

訓読풀이

- せがれ：倅(쉬・졸)은 자기나 남의 아들을 낮추어 말할 때 쓰인다. あの男(おとこ)が社長(しゃちょう)のせがれか 하면 저 남자가 사장의 새끼(아들)인가라는 뜻이다.
  내 새끼, 자네 새끼 할 때의 '새끼'가 '새기-새가-せがれ'로 이어진다.

【슬】

瑟 슬	訓読	おおごと
	音読	シツ

訓読풀이

- おおごと：瑟(슬)은 큰 거문고를 뜻한다. '크다'를 뜻하는 おお와 거문고(琴)를 뜻하는 こと가 합성되어 おおごと가 된다〈大(대：おお) 및 琴(금：こと) 참조〉.

膝 슬	訓読	ひざ
	音読	シツ

訓読풀이

- ひざ：膝(슬)은 무릎을 뜻한다. 무릎이란 허벅지와 종아리 사이에 튀어나온 관절의 앞부분으로 발을 구부리게 한다. 팔의 위아래 사이에 있는 관절을 팔꿈치라 하는데, 무릎은 발의 위아래 사이에 있는 관절, 즉 발꿈치라고 할 수 있다.
  '팔꿈치'에서 '꿈'이 탈락, '팔치-파치-피치-비치-ひじ'로 이어지듯이 '발꿈치'에서 '꿈'이 탈락, '발치-바지-비자-ひざ"로 이어진다.

人名訓読例

- ひざ：膝館(ひざだて), 膝付(ひざつき), 膝附(ひざつき), 膝折(ひざおり).

사

【습】

拾 습·십	訓読	ひろう・とお
	人名訓読	おさむ
	音読	シュウ・ジュウ

訓読풀이

① ひろう：㉮ 拾(습)은 버려진 것을 주어 뜻밖의 벌이를 하는 것을 뜻한다〈(道不拾遺：史記 (도불습유：사기))〉. 拾(ひろ)いもの(物)는 횡재(横財)한 것, 즉 뜻밖의 벌이를 뜻하고, 勝(か)ちを拾う 하면 거의 진(버린) 싸움에서 이겨 의외의 벌이를 거두었다는 뜻이 된다. '벌이(벌다)'에서 '벌-빌-비로-ひろう'로 이어진다. ㉯ 拾은 많은 것 중에서 하나를 골라 뽑아내는(빼내는) 것을 뜻한다. 活字(かつじ)をひろう 하면 여러 활자 중에서 하나를 골라 뽑는(빼는) 것을 말하고, 佳作(かさく)をひろう 하면 여러 작

품 중 하나를 가작으로 뽑는(빼는) 것을 말한다. 拾(ひろ)い読(よみ)는 여러 문장 중 하나를 골라 뽑아(빼어) 읽는 것, 拾(ひろ)い歩(ある)き는 걷기 쉬운 곳을 골라 뽑아 걷는 것을 뜻한다.

'뽑다'에서 '뽑아라-보아라-보로-비로-ひろう'로 이어지며, '빼다'에서 '배라-비라-비로-ひろう'로 이어진다.

② と・とお : 개변(改變)을 막기 위하여 숫자의 十(십) 대신 拾(십)을 사용하는 경우가 있다. 고구려시대에 十을 德(덕)이라 했다. 三國史記地理誌(삼국사기지리지)에는 十谷懸 一云 德頓 忽(십곡현 일운 덕돈 홀)이라 해서 十과 德을 같은 뜻으로 쓰고 있다.

'덕'에서 '더-도-と・とお'로 이어진다. 삼국사기지리지에 谷(たに)가 頓(돈)에서 '도니-다니-たに'로 이어지는 근거가 된다.

③ おさむ : 拾은 줍는 것, 골라잡는 것을 뜻한다.

'잡다'에서 '잡음-자음-잠-사무-さむ'로 이어지고, 접두어 お가 붙어 おさむ가 된다.

人名訓読例

① おさむ・ひろう : 拾(외자 名).

② と : 拾史郎(としろ).

③ ひろ : 拾子(ひろこ).

習 습	訓読	ならす・ならわす
	人名訓読	しげ
	音読	シュウ・ジュウ

訓読풀이

① ならう・ならわす : 학문을 익히고 배우면 성취도가 늘어나고〈學而時習之 : 論語(학이시습지 : 논어)〉. 습관・관습에 익히면 적응도가 늘어난다.

'늘다'에서 '늘어-느러-나라-ならう'로 이어진다.

② しげ : 習(습)은 쌓는 것, 쌓여 차는 것을 뜻한다〈習坎入于坎 : 易經 (습감입우감 : 역경)〉.

'쌓다(차다)'에서 '쌓게-사게-시게-しげ'로 이어진다.

人名訓読例

① なら : 習野(ならしの).

② ならい : 習田(ならいだ).

③ しげ : 習之(しげゆき).

湿(濕) 습	訓読	しめる・しめす・ うるおう
	音読	シツ・シュウ

訓読풀이

① しめる・しめす : タオルをしめす 하면 수건을 물로 축이는 것을 뜻한다. ㉮ '축이다'에서 '축임-수임-시임-심-시메-しめる'로 이어진다. ㉯ 축인다는 것은 젖게 하는 것을 뜻한다. '젖다'에서 '젖임-저임-점-짐-심-시메-しめる'로 이어진다. ㉰ 젖는 것은 물이 스미는 것을 뜻한다. '스미다'에서 '스밈-시멤-시메-しめる'로 이어진다.

② うるおう : ㉮ 湿(습)은 축축해지는 것, 습기를 띠는 것을 뜻한다. 습기는 물이 오를 때, 늘어날 때, 불어날 때 생긴다. '오르다(우러나다)'에서 '우러-우루-うるおう'로 이어진다. ㉯ 무엇이 늘어날 때, 불어날 때 생활에 여유가 생기고 윤택(潤澤)해진다. ふところ(주머니)がうるおう, 家計(かけい)がうるおる 하면 생활, 여유가 올라(늘어, 불어)감을 뜻한다. '늘어나다'에서 '누러-누루-우

루(ㄴ–ㅇ으로 변음)–うるおう'로 이어지고, '불어나다'에서 '부러–부루–우루(ㅂ–ㅇ으로 변음)–うるおう'로 이어진다.

〔参考〕 潤(윤 : うるお)う와 이음을 같이한다.

人名訓読例

① うる : 湿所(うるつ), 湿津(うるつ).

② うつい : 湿付(うついつき).

慴 습	訓読	おそれる
	音読	ショウ

訓読풀이

• おそれる : ㉮ 慴(습)은 두려워하는 것, 놀래는 것을 뜻한다. '놀래다'에서 '놀래–올래–오소래(받침ㄹ–'소'로 분절)–おそれる'로 이어진다. ㉯ 慴은 협박, 즉 으르는 것을 뜻한다. '으르다'에서 '을러–올레–오소레–おそれる'로 이어진다.

襲 습	訓読	おそう·かさね·つぐ
	音読	シュウ

訓読풀이

① おそう : 襲(おそ)う는 두 가지 뜻을 갖는다. ㉮ 強盗(ごうとう)が銀行(ぎんこう)をおそった 하면 강도가 은행에 치고 들어가 금품을 강탈했다는 뜻이다. '치다'에서 '처어–초우–소우–そう'로 이어지고 접두어 お가 붙어 おそう가 된다. ㉯ 三代目(さんだいめ)の 家計(かけい)をおそう하면 3대째의 가계를 이어간다는 뜻이다. '잇다'에서 '잇–옷–오서–오소–おそう'로 이어진다.

② かさね : 襲(습)은 추위 등을 피하기 위하여 겹쳐 입는 것을 뜻한다〈寒不敢襲 : 禮記 (한불감습 : 예기)〉. '겹쳐'에서 '겨서–가서–가사–かさね'로 이어진다.

③ つぐ : 襲業(습업)은 가업 등을 선대(先代)에 좇아 이어받는 것을 뜻한다.
'좇다'에서 '좇구–조구–주구–つぐ'로 이어진다.

〔参考〕 承(승), 継(계) 등과 이음(つぐ)을 같이한다.

人名訓読例

① おそい · かさね : 襲(외자 名).

② おそ · おそう : 襲田(おそだ · おそうだ).

【승】

升 승	訓読	ます
	人名訓読	のぼる·のり·みのる
	音読	シュウ

訓読풀이

① ます : 升(승)은 곡물 · 액체 등을 되는 말 · 되를 뜻한다.
'말'에서 '마수(받침ㄹ–'수'로 분절)–ます'로 이어진다.

② のぼる : 升은 높이 올리는 것, 오르는 것을 뜻한다.
'높다'에서 '놉–노보–のぼる'로 이어진다.

〔参考〕 上(상), 登(등), 昇(승) 등과 이음(のぼる)을 같이한다.

③ のり : ㉮ '올리다'에서 '올–오리–노리(ㅇ–ㄴ으로 변음)–のり'로 이어진다. ㉯ 말이나 되는 올바르게 쓰여야 한다. '올'에서 '놀(ㅇ–ㄴ으로 변음)–노리–のり'로 이어진다.

④ みのる : 升은 곡식이 열매를 맺는 것을

사

뜻한다〈五穀不升 : 穀梁傳 (오곡불승 : 곡량전)〉. ㉮ '열매'에서 '매－미－み'로 이어지고 みのる로 동사화 된다. ㉯ '열매 맺다'에서 '맺는－매는－민－미노－みのる'로 이어진다.

〔参考〕実(실 : みの)る와 이음을 같이한다.

人名訓読例

① ます · のぼる · みのる : 升(외자 名).

② ます : 升方(ますかた), 升本(ますもと), 升成(ますなり), 升田(ますだ), 升川(ますかわ), 升取(ますとり).

③ のり : 升隆(のりたか).

丞 승	訓読	たすける
	人名訓読	すけ
	音読	ジョウ·ショウ

訓読풀이

① たすける : 丞(승)은 돕는 것을 뜻한다〈丞天子 : 漢書 (승천자 : 한서)〉.
'돕다'에서 '도와서－돠수－다수－たすける'로 이어진다.
〔参考〕助(조 : たす)ける와 이음을 같이한다.

② すけ : ㉮ '돕다'에서 '돕게－도게－두게－수게－すけ'로 이어진다. ㉯ 도와줌은 주는 것을 뜻한다. '주다'에서 '주게－すけ'로 이어진다.
〔参考〕助(조 : す)く와 이음을 같이한다.

人名訓読例

• すけ : 丞恒(すけつね).

承 승	訓読	うけたまわる·うける
	人名訓読	つぎ·つぐ·まさ·よし
	音読	ショウ

訓読풀이

① うけたまわる : ご意見(いけん)をうけたまわ(承)る 하면 의견을 듣는 것을 뜻하는데, 그것은 의견을 삼가 얻는다는 말이다. 의견을 受(う)け賜(たまわ)る, 즉 의견을 얻어 담는 것을 뜻한다.
'얻다'에서 '얻게－어게－うけ'로 이어지고, '담다'에서 '담아라－다마아루－たまわる'로 이어져 うけたまわる로 합성된다.

② うける : 承(승)은 이어받는 것, 얻는 것을 뜻한다.
'얻다'에서 '얻게－어게－우게－うける'로 이어진다.
〔参考〕受(수 : う)ける와 이음을 같이한다.

③ つぎ · つぐ : 承은 뒤를 좇아 이어받는 것(継承 : 계승)을 뜻한다.
'좇다'에서 '조구－주구－つぐ'로 이어진다.
〔参考〕継(계 : つ)ぐ와 이음을 같이한다.

④ まさ : 承은 맞다고 승인(承認)하는 것을 뜻한다.
'맞다'에서 '맞－맛－마사－まさ'로 이어진다.

⑤ よし : 맞다는 것은 올바름을 뜻한다.
'올'에서 '오시(받침ㄹ－'시'로 분절)－よし'로 이어진다.

人名訓読例

① つぎ : 承舎(つぎや), 承生(つぎお).

② つぐ : 承男(つぐお), 承叙(つぐみつ), 承昭(つぐあきら), 承雄(つぐお), 承靖(つぐのぶ).
③ まさ : 承玫(まさふみ).
④ よし : 承生(よしお).

昇 승	訓読	のぼり·のぼる
	人名訓読	のり
	音読	ショウ

訓読풀이

① のぼり・のぼる : 昇(승)은 높게 오르는 것을 뜻한다〈昇天(승천), 昇進(승진)〉.
'높다'에서 '놉-노보-のぼる・のぼり'로 이어진다.

② のり : '올리다・오르다'에서 '올-오리-노리(ㅇ-ㄴ으로 변음)-のり'로 이어진다.

人名訓読例

① のぼり・のぼる : 昇(외자 名).
② のり : 昇明(のりあき), 昇勇(のりお), 昇子(のりこ), 昇秋(のりあき).

枡 승	訓読	ます
	音読	日本国字

訓読풀이

• ます : 枡(ます)는 곡물・액체 등을 되는 말・되를 뜻한다.
'말'에서 '마수(받침 ㄹ-'수'로 분절)-ます'로 이어진다.

人名訓読例

• ます : 枡岡(ますおか), 枡明(ますあけ), 枡本(ますもと), 枡矢(ますや), 枡実(ますみ), 枡野(ますの).

乗(乘) 승	訓読	のり·のる·のせる
	音読	ジョウ

訓読풀이

• のり・のる・のせる : 馬(うま)にのる、船(ふね)にのる 하면 말이나 배에 올라 타는 것을 뜻한다.
'오르다'에서 '오루-노루(ㅇ-ㄴ으로 변음)-のる'로 이어진다.

人名訓読例

• のり : 乗上(のりかみ), 乗替(のりかえ), 乗川(のりかわ), 乗承(のりつぐ), 乗元(のりもと), 乗政(のりまさ).

陞 승	訓読	のぼる
	人名訓読	すすむ
	音読	ショウ

訓読풀이

① のぼる : 陞(승)은 높게 오르는 것을 뜻한다〈陞級(승급), 陞職(승직)〉.
'높다'에서 '놉-노부-のぼる'로 이어진다.

② すすむ : 陞은 힘써 나아가는 것, 힘써 (벼슬 등에) 오르는 것을 뜻한다.
'힘쓰다(애쓰다)'에서 '씀-수수무-すすむ'로 이어진다.

人名訓読例

• のぼる・すすむ : 陞(외자 名).

勝 승	訓読	かつ·まさる·すぐれる·たえる
	人名訓読	あき·すぐ·すぐる·つよし·の(る)·よし
	音読	ショウ

訓読풀이

① かつ : ㉮ 勝(승)은 싸워 이겨 갖는 것을 뜻한다〈勝戰(승전), 戰利品(전리품)〉.
갖기 위하여 싸우고, 이기면 갖는다. '갖다'에서 '갖-가주-かつ'로 이어진다. ㉯

사

勝은 곧은 것, 바른 것을 뜻한다〈訟而不勝者：淮南子 (송이불승자：회남자)〉. '곧다'에서 '곧-갇-가두-かつ'로 이어진다.

② まさる：勝은 도리에 맞는 것, 바른 것을 뜻한다.
'맞다'에서 '맞-마자-まさる'로 이어진다.

③ すぐ・すぐる・すぐれる：勝은 좋은 것을 뜻한다〈勝境名山：南史 (승경명산：남사)〉. 勝槪(승개), 勝景(승경)은 좋은 경치를 뜻하고 勝常(승상)은 건강이 평소보다 좋다는 뜻(인사말)이다.
'좋다'에서 '좋구-조구-주구-すぐ・すぐる・すぐれる'로 이어진다.
〔参考〕優(すぐ)れる와 이음을 같이한다.

④ たえる：勝은 참는 것, 견디는 것을 뜻한다〈武王靡不勝：詩經 (무왕마불승：시경)〉.
'참다'에서 '참아라-담에루-다에루-たえる'로 이어진다.
〔参考〕耐(내), 堪(감)과 이음(たえる)을 같이한다.

⑤ あき：勝은 이기는 것을 뜻한다.
'이기다'에서 '이기-아기-あき'로 이어진다.

⑥ つよし：힘이 센 자가 이긴다.
'세다'에서 '쎄어-쑤어-쑤요-つよ(し)'로 이어진다.

⑲ の(る)：勝은 올라타는 것을 뜻한다〈靡人弗勝：詩經 (마인불승：시경)〉.
'오르다'에서 '오루-노루(ㅇ-ㄴ으로 변음)-の・のる'로 이어진다.
〔参考〕乘(승：の)る와 뜻을 같이한다.

⑱ よし：勝은 위 ②와 같이 올바른 것을 뜻한다. '올'에서 '오시(받침ㄹ-'시'로 분절)-よし'로 이어진다.

人名訓読例

① かち・かつ・すぐり・すぐる・すぐれ・すぐろ・つよし・まさ・まさる：勝(외자 名).
② かつ：勝寛(かつひろ), 勝基(かつもと), 勝文(かつふみ・まさふみ), 勝範(かつのり), 勝昭(かつあき・まさあき), 勝一(かついち・まさかず).
③ まさ：勝野(まさの・かつの), 勝光(まさみつ・かつみつ), 勝実(まさみ・かつみ), 勝友(まさとも・かつとも), 勝裕(まさひろ・かつひろ), 勝子(まさこ・かつこ).
④ すぐ：勝田(すぐた・かつだ), 勝呂(すぐろ).
⑤ あき：勝利(あきとし・かつとし・まさと・まさとし).
⑥ の：勝木原(のではら).
⑦ よし：勝成(よしなり), 勝啓(よしひろ・かつひろ), 勝郎(よしお・かつお), 勝生(よしお・かつお), 勝雄(よしお・かつお), 勝經(よしのり).

縄(繩) 승	訓読	なわ
	人名訓読	ただ・つな・のう
	音読	ジョウ

訓読풀이

① なわ：㉮ 縄(승)은 노끈을 뜻한다. '노끈'에서 '노-나-나아-なわ'로 이어진다. ㉯ 縄은 뒤를 잇는 것을 뜻한다. '잇다'에서 '이어-아아-나아(ㅇ-ㄴ으로 변음)-なわ'로 이어진다. ㉰ 縄은 새끼줄을 뜻한다. 줄은 엮어서 만들고, 엮는 기능을 한다. '엮다'에서 '엮어-여어-아

아–나아–なわ'로 이어진다.

〔参考〕 縄은 承(승)과 같은 뜻(잇다)을 갖는다.

② ただ : 縄은 따져서 바로 잡는 것을 뜻한다〈縄, 直也 : 廣雅 (승, 직야 : 광아)〉.
'따지다'에서 '따져–다다–ただ'로 이어진다.

③ つな : ㉮ 노끈이나 새끼줄은 서로 대어 잇는 기능을 한다. '댄다'에서 '댄–둔–두나–つな'로 이어진다. ㉯새끼줄을 '친다'에서 '친–춘–추나–つな로 이어진다. ㉰ '줄'에서 '주–つ'로 이어지고, 접미어 な가 붙어 つな가 된다.

④ のう : '노끈'에서 '노–노오–のう'로 이어진다.

人名訓読例

① なわ : 縄綱(なわつな), 縄船(なわふね), 縄手(なわて), 縄野(なわの), 縄屋(なわや), 縄田(なわた).

② ただ : 縄麻呂(ただまろ), 縄子(ただこ · つなこ), 縄主(ただぬし), 縄直(ただなお).

③ つな : 縄留(つなとめ · なわとめ · のうとめ), 縄平(つなひら), 縄子(つなこ).

④ のう : 縄留(のうとめ).

蝿 승	訓読	はえ·はい
	音読	ヨウ

訓読풀이

• はえ · はい : 蝿(승)은 파리를 뜻한다.
'파리'에서 '팔이–파이–파에–はえ · はい'로 이어진다. '피리(笛)'에서 '필이–피에–푸에–ふえ'로 이어지는 것과 같은 이치이다.

【시】

市 시	訓読	いち
	音読	シ

訓読풀이

• いち : 市(시)는 저자 · 시장으로 장사 · 거래 등 돈벌이를 위한 일이 벌어지는 장소다. 여기에서는 온갖 '일'이 일어나고 벌어진다.
'일'에서 '이치(받침ㄹ–'치'로 분절)–いち'로 이어진다. 하나(1)를 뜻하는 '일'이 いち로 발음되는 것과 같은 이치이다. 市場(いちば)은 '일이 벌어지는 판', 즉 '일판'에서 '일파–이치바–いちば'로 이어진다.

人名訓読例

• いち : 市橋(いちはし), 市場(いちば), 市田(いちた), 市井(いちい), 市村(いちむら), 市丸(いちまる).

示 시	訓読	しめす
	音読	ジ·シ

訓読풀이

• しめす : 証明(しょうめい)を示(しめ)す 하면 증명을 대어 보이는 것을 뜻한다.
'대다'에서 '댐–샘–심–시매–しめす'로 이어진다.

人名訓読例

① しめ · しめす : 示(외자 名).

② しめ : 示野(しめの), 示村(しめむら).

矢 시	訓読	や
	人名訓読	ただし·ちかい·ちかう
	音読	シ

訓読풀이

① や：矢を射(い)る 하면 화살을 날린다(쏜다)는 뜻이다. 화살은 날려 목표를 맞추도록 되어 있다.
'날리다'에서 '날-나-야(ㄴ-ㅇ으로 변음)-や'로 이어진다. 射(い)る가 '날리다'에서 '날-닐-니루-いる'로 이어지는 것과 맥을 같이한다.

② ただし：矢(시)는 바름, 곧음, 즉 떳떳함을 뜻한다〈得黃矢貞吉：易經 (득황시정길：역영)〉.
'떳떳'에서 '더더-다다-ただし'로 이어진다.

③ ちかい・ちかう：矢는 지키겠다고 맹세하는 것을 뜻한다〈永矢勿諼：詩經 (영야물훤：시경)〉.
'지키다'에서 '지켜-지가-ちかう'로 이어진다.
〔参考〕誓(서：ちか)う와 이음을 같이한다.

人名訓読例

① ただし・ちかい・ちかう：矢(외자 名).
② や：矢橋(やはし), 矢島(やしま), 矢本(やもと), 矢原(やはら), 矢村(やむら), 矢形(やかた).

侍 시	訓読	さむらい
	音読	ジ

訓読풀이

• さむらい：侍(시)는 옛날 귀인을 모시고 호위하던 무사(武士)를 일컫는다. 무사가 되기 위해서는 싸움꾼으로서의 탁월한 무술이 단연 첫 번째 조건이었다.
'싸움꾼'에서 '싸움-삼-사무-さむ'로 이어지고, 접미어 らい가 붙어 さむらい가 된다.

人名訓読例

• さむらい：侍(외자 名), 侍浜(さむらいはま).

始 시	訓読	はじまる・はじめる
	人名訓読	はつ・もと
	音読	シ

訓読풀이

① はじまる・はじめる：始(시)는 처음, 시작을 뜻한다. 처음을 뜻하는 '햇'(햇감자・햇나물 등)에서 '핫-하지-はじまる・はじめる'로 이어진다.

② はつ：처음을 뜻하는 '햇'에서 '핫-하수-はつ'로 이어진다.

③ もと：始는 근본, 근원, 즉 밑바탕을 뜻한다〈無名天地之始：老子 (무명천지지시：노자)〉.
'밑바탕'에서 '밑-몯-모토-もと'로 이어진다.

人名訓読例

① はじむ・はじめ：始(외자 名).
② はじ：始神(はじかみ).
③ はじめ：始沢(はじめざわ・もとざわ).
④ はつ：始三(はつぞう), 始田(はった).
⑤ もと：始沢(もとざわ), 始男(もとお), 始子(もとこ), 始彦(もとひこ), 始比古(もとひこ).

屎 시	訓読	くそ
	音読	シ

訓読풀이

• くそ：屎(시)는 대변・더러운 것, 즉 아주 궂은 냄새 나는 것을 뜻한다.
'궂다'에서 '궂-구조-くそ'로 이어진다.
〔参考〕糞(분：くそ)와 이음을 같이한다.

恃 시	訓読	たのむ
	音読	ジ

訓読풀이

• たのむ : 恃(시)는 도움 받는 것, 의지하는 것을 뜻한다.
'도움'에서 '다음–담–단무–다노무–たのむ'로 이어진다.
〔参考〕 頼(뢰 : たの)む와 이음을 같이한다.

施 시	訓読	ほどこす·しく
	音読	シ·セ

訓読풀이

① ほどこす : 施(시)는 은혜를 베풀고서 시혜(施惠)하는 것을 뜻한다〈博施於民 : 論語 (박시어민 : 논어)〉.
'베풀고서'에서 '풀고서–홀고수–호도고수(받침ㄹ–'도'로 분절)–ほどこす'로 이어진다.

② しく : 施는 차리는 것, 치는 것을 뜻한다〈施設(시설)〉.
'치다'에서 '치구–시구–しく'로 이어진다.
〔参考〕 敷 (부 : し)く와 이음을 같이한다.

是 시	訓読	これ·ただしい
	人名訓読	よし
	音読	ゼ

訓読풀이

① これ : ㉮ 是(시)는 그렇다고(옳다고) 시인(是認)하는 것을 뜻한다. '그렇다'에서 '그러–고레–これ'로 이어진다. ㉯ '그래 그래 옳다'라고 긍정을 표시한다. '그래'에서 '고래–これ'로 이어진다. ㉰ '그럼'하고 긍정적 답변을 한다. '그럼'에서 '그러–고레–これ'로 이어진다.

② ただしい : ㉮ 是는 올바른 것, 떳떳한 것을 뜻한다. '떳떳'에서 '더더–다다–ただしい'로 이어진다. ㉯ 是는 是非(시비)를 따지는 것을 뜻한다. '따지다'에서 '따저–다다–ただしい'로 이어진다.

③ よし : '올바르다'에서 '올–오시(받침ㄹ–'시'로 분절)–よし'로 이어진다.

人名訓読例

① これ : 是近(これちか), 是木(これき), 是方(これかた), 是安(これやす), 是川(これかわ), 是村(これむら).

② ただ : 是志(ただし).

③ よし : 是広(よしひろ), 是伸(よしのぶ), 是子(よしこ · これこ), 是充(よしみつ), 是太(よしひろ · これひろ), 是彦(よしひこ).

사

柿 시	訓読	かき
	音読	シ

訓読풀이

• かき : 柿(시)는 감나무를 뜻한다.
'감나무'에서 '감–가–か'로 이어지고, 나무를 뜻하는 き와 합성되어 かき가 된다.

人名訓読例

• かき : 柿谷(かきたに), 柿内(かきうち), 柿島(かきしま), 柿本(かきもと), 柿山(かきやま), 柿原(かきはら).

時 시	訓読	とき
	音読	ジ

訓読풀이

• とき : 時(시)는 때를 뜻한다. 때를 적이라고도 한다(어릴 적, 갈 적 등).
'적'에서 '덕–독–도기–とき'로 이어진

다.

人名訓読例

• とき：時寛(ときひろ), 時代(ときよ), 時文(ときぶみ), 時範(ときのり), 時昭(ときあき), 時春(ときはる).

柴 시	訓読	しば
	音読	サイ

訓読풀이

• しば：柴(시)는 섶나무를 뜻한다.
'섶'에서 '싶–시바–しば'로 이어진다.

人名訓読例

• しば：柴宮(しばみや), 柴尾(しばお), 柴本(しばもと), 柴富(しばとみ), 柴森(しばもり), 柴田(しばた).

翅 시	訓読	つばさ·はね·ただ
	人名訓読	かけ
	音読	シ

訓読풀이

① つばさ：翅(시)는 조류 · 곤충류의 날개를 뜻한다. 날개는 본체가 날도록 돕는 기능을 한다. 또한 翅는 翼(익)과 같은 뜻으로 翼은 날개라는 뜻 외에 돕는다는 뜻도 갖는다〈翼載天子 : 左氏傳 (익대천자 : 좌씨전)〉.
'돕다'에서 '돕–둡–두바–つば(さ)'로 이어진다.
〔参考〕翼(익 : つばさ)와 이음을 같이한다.

② はね：㉮ 날개는 양쪽으로 뻗은 팔과 같다. '팔'에서 '파–は'로 이어지고 접두어 ね가 붙어 ほね가 된다. '뼈(骨)'에서 '보–ほ'로 이어지고, 접두어 ね가 붙어 はね가 되는 것과 같은 이치이다. ㉯ 날개(팔)는 양쪽으로 뻗는다. '뻗는다'에서 '버는–바는–한–하네–はね'로 이어진다.

③ ただ：翅는 '딱(다만, 단지)' 그것 뿐임을 뜻한다. 不翅(불시)등의 형태로 '딱 그 뿐만 아니라'라는 뜻으로 쓰인다.
'딱'에서 '따–다다–ただ'로 이어진다.
〔参考〕啻(시 : ただ)와 이음을 같이한다.

④ かけ：날개는 본체(몸통)에 양옆으로 걸려 있다.
'걸다'에서 '걸게–거게–가게–かけ'로 이어진다.
〔参考〕掛(괘 : か)け와 이음을 같이한다.

人名訓読例

① つばさ：翅(외자 名).
② かけ：翅雄(かけお).

偲 시	訓読	しのぶ
	音読	シ

訓読풀이

• しのぶ：故郷(こきょう)をしのぶ 하면 고향을 그리는 것, 추억하는 것, 즉 그리운 고향을 추억 속에 찾는 것을 뜻한다.
'찾는다'에서 '차는–사는–시는–시노–しのぶ'로 이어진다.

匙 시	訓読	さじ
	音読	シ·ジ

訓読풀이

• さじ：匙(시)는 숟가락을 뜻한다.
'숟'에서 '숫–삿–사지–さじ'로 이어진다.

猜 시	訓読	そねむ·ねたむ
	音読	サイ

訓読풀이

① そねむ : 猜(시)는 猜忌(시기), 즉 샘내는 것을 뜻한다.
'샘내다'에서 '샘넘-새넘-소넘-소내무-そねむ'로 이어진다.
〔参考〕 嫉(질), 妬(투)와 이음(そねむ)을 같이한다.

② ねたむ : 샘낸다는 것은 남이 잘 되는 것을 보고 애타며 원망하는 것을 뜻한다.
'애탐'에서 '애타무-내타무(ㅇ-ㄴ으로 변음)-ねたむ'로 이어진다.

視(視) 시	訓読	みる
	人名訓読	のり
	音読	シ

訓読풀이

① みる : 視(시)는 눈으로 보는 것을 뜻한다.
'눈매'에서 '매-미-み'로 이어지고, みる로 동사화 된다.
〔参考〕 見(미 : み)る와 이음을 같이한다.

② のり : 視는 윗어른의 옳은 가르침을 본받는 것을 뜻한다〈視乃厥祖 : 書經 (시내궐조 : 서경)〉.
'옳다'에서 '올-놀(ㅇ-ㄴ으로 변음)-노리-のり'로 이어진다.

人名訓読例

① み : 視秧(みなえ), 視英子(みえこ).
② のり : 視之(のりゆき).

啻 시	訓読	ただ·ただに
	音読	シ

訓読풀이

• ただ · ただに : 啻(시)는 '딱(단지, 다만)' 그것 뿐임을 말한다. 不啻(불시) 등의 형태로 '딱 그 뿐만 아니라'라는 뜻으로 쓰인다〈今民間田土之價, 懸殊不啻二十倍 : 明夷待訪錄 (금민간전토지가, 현수불시이십배 : 명이대방록)〉.
'딱'에서 '따-다다-ただ(に)'로 이어진다.
〔参考〕 翅(시 : ただ)와 이음을 같이한다.

人名訓読例

• ただ : 啻子(ただこ).

弑 시	訓読	ころす
	音読	シ·シイ

訓読풀이

• ころす : 弑(시)는 죽이는 것을 뜻한다.
'목이나 배를 갈라서 죽이다'에서 '갈라서-가라수-고로수-ころす'로 이어진다.
〔参考〕 殺(살 : ころ)す와 이음을 같이한다.

蒔 시	訓読	まき·まく
	音読	ジ

訓読풀이

• まき · まく : 蒔(시)는 파종(播種)을 뜻한다. 파종은 씨를 뿌려(또는 모종을 옮겨) 땅속에 묻는 것을 말한다.
'묻다'에서 '묻구-무구-마구-まく'로 이어진다.
〔参考〕 播(파 : ま)く와 이음을 같이한다.

人名訓読例

• まき : 蒔那(まきな), 蒔田(まきた · まいた), 蒔絵師(まきえし), 蒔生(まきお), 蒔人(まきと), 蒔子(まきこ).

사

塒 시	訓読	ねぐら·とぐら·とや
	音読	シ

訓読풀이

① ねぐら : ㉮ 塒(시)는 새둥지, 새잠자리, 즉 새가 눕는 곳(굴)을 뜻한다. '눕다'에서 '누-내-ね'로 이어지고, '굴'에서 '구라-ぐら'로 이어져 ねぐら로 합성된다. ㉯ 새가 눕는 곳은 안전을 위하여 잘 가리어 만들어진다. '가리다'에서 '가려-가라-구라-ぐら'로 이어지고, ね와 합성되어 ねぐら가 된다.

② とぐら : 새를 뜻하는 とり(鳥)의 と와 ①에서의 ぐら가 합성되어 とぐら로 이어진다〈鳥(조) 참조〉.

③ とや : とり의 と와 집을 뜻하는 や가 합성되어 とや로 이어진다.

人名訓読例

① ねぐら : 塒(외자 名), 塒橋(ねぐらばし).

② とや : 塒塚(とやつか).

腮 시	訓読	あご·えら·あぎと
	音読	サイ

訓読풀이

① あご : ㉮ 腮(시)는 물고기의 아가미를 뜻한다. '아가미'에서 '아가-아고-あご'로 이어진다. ㉯ 腮는 사람이나 동물의 턱을 뜻한다. 턱은 입의 위아래에 붙어(위턱 · 아래턱) 입이 턱이나 다름없다. 입을 아가리라고도 하므로 아가리 즉 턱이라고 할 수 있다. '아가리'에서 '아가-아고-あご'로 이어진다.

② えら : 아가미는 숨쉬기 위해 열려 있다. '열려'에서 '여러-여라-에라-えら'로 이어진다.

③ あぎと : 아가미 · 턱은 항상 열리게 되어 있다.
'열다'에서 '열기-여기-아기-あぎ'로 이어지고〈開(あ)き와 이음을 같이함〉, '턱'에서 '터-토-と'로 이어져 あぎと가 된다.

人名訓読例

• あぎと : 腮尾(あぎとお).

詩 시	訓読	うた
	音読	ジ

訓読풀이

• うた : 詩(시)는 노래하는 것, 읊으는 것을 뜻한다. ㉮ '읊다'에서 '우다-うた'로 이어진다. ㉯ '읊다'에서 '울-우다(받침ㄹ-'다'로 분절)-うた'로 이어진다. ㉰ '노래'에서 '놀-눌-울-우다(받침ㄹ-'다'로 분절)-うた'로 이어진다.
〔参考〕 歌(가 : うた)와 이음을 같이한다.

人名訓読例

• うた : 詩川(うたかわ), 詩臣(うたおみ), 詩子(うたこ).

試 시	訓読	こころみる·ためす
	音読	シ

訓読풀이

① こころみる : 試(시)는 마음속으로(こころ : 心) 무엇을 해 보려고(みる : 見) 결심(決心)하고, 그것을 시도(試図)하는 것을 뜻한다.
'마음'을 뜻하는 こころ(心)와 '보다(보려고 하다)'를 뜻하는 みる(見る)가 합성되어 こころみる가 된다.

② ためす : 人物(じんぶつ)を試(ため)す하면 사람 됨됨이를 뜯어보는 것, 재어보는 것을 뜻한다. ㉮ '뜯다'에서 '뜸-담-

ためす'로 이어진다. ㉯ '재다'에서 '잼-잠-담-ためす'로 이어진다. ㉰ '됨됨'에서 '댐-담-다매-ためす'로 이어진다.

諡 시	訓読	おくりな
	音読	ジ

訓読풀이

• おくりな : 諡(시)는 충신이 행한 생전의 공덕을 칭송하여 임금이 추증(追贈)하는 諡號(시호)를 뜻한다〈死而諡 : 禮記 (사이시 : 예기)〉. 생전의 이름은 추증된 시호로 옮겨지게 된다.
'옮기다'에서 '오기-오구-おくり'로 이어지고, 이름을 뜻하는 な(名)와 합성되어 おくりな가 된다.
〔参考〕 贈り名와 이음(おくりな)을 같이한다.

顋 시	訓読	あご·えら
	音読	サイ

訓読풀이

• あご · えら : 腮(시) 참조.

釃 시	訓読	したむ
	音読	シ·リ

訓読풀이

• したむ : 釃(시)는 액체 따위가 아래로 떨어지는 것을 뜻한다. 위 · 아래 관계에서 위(上)가 앞이라면 아래(下)는 뒤가 된다.
'뒷(뒷쪽 · 뒷자리 등)'에서 '딧-싣-시다-した'로 이어지고 동사화 되어, 아래로 떨어진다는 뜻의 したむ가 된다.
〔参考〕 湑(서 : した)む와 이음을 같이한다.

【식】

式 식	訓読	のり
	音読	シキ·ショク

訓読풀이

• のり : 式(식)은 올바른 기준을 나타내는 규범 · 모범을 뜻한다.
'올바르다'에서 '올-놀(ㅇ-ㄴ으로 변음)-노리-のり'로 이어진다.

人名訓読例

• のり : 式年(のりとし), 式輔(のりすけ), 式夫(のりお), 式信(のりのぶ), 式彦(のりひこ), 式子(のりこ).

拭 식	訓読	ぬぐう·ふく
	音読	シキ·ショク

訓読풀이

① ぬぐう : 拭(식)은 빼내는 것, 닦아 내는 것, 씻어 내는 것 등 내는 것을 뜻한다.
'내다'에서 '내구-누구우-ぬぐう'로 이어진다.
〔参考〕 抜(발), 脱(탈)과 이음(ぬぐ)을 같이한다.

② ふく : 机(つくえ)を拭(ふ)くは 책상을 깨끗이 한다는 말로, 그것은 책상에 묻은 때를 수건 등으로 빼(내)는 것을 뜻한다.
'빼(내)다'에서 '배구-부구-후구-ふく'로 이어진다.

人名訓読例

① ぬぐ : 拭石(ぬぐいし).
② ふく : 拭石(ふくいし).

사

食 식	訓読	くい·くう·くわす·たべる·はむ
	人名訓読	めし
	音読	ショク·ジキ

訓読풀이

① くい・くう・くわす：옛날에 사냥해서 잡은 먹이들은 구워 먹었을 것이다. 굽는다는 것은 바로 먹는다는 것을 뜻한다. 오늘날에도 일상회화에서 고기나 굽자고 하면 같이 밥을 먹자는 얘기로 통한다.

'굽다'에서 '구어–구우–くう'로 이어지고, '구워서'에서 '구아수–くわす'로 이어진다.

② たべる：㉮ 食(식)은 씹어 삼키는 것을 뜻한다. '씹다'에서 '씹어라–씨베루–디베루–다베루–たべる'로 이어진다. ㉯ 먹는 것은 다 배로 간다. '다 배로'에서 '다베루–たべる'로 이어진다.

③ はむ：㉮ '배'에서 동사화 되어 먹는다는 뜻의 '배–바–はむ'로 이어진다. ㉯ 먹거나 씹을 때는 이빨을 쓰게 된다. '이빨'에서 '빨–바–は(歯)'로 이어지고, 동사화 되어 이빨로 씹어 먹는다는 뜻의 はむ로 이어진다. ㉰ 食은 녹(祿) 등을 받는 것을 뜻한다〈食萬錢〉. '받다'에서 '받음–바음–밤–바무–はむ'로 이어진다. ㉱ 동물의 경우에는 食이 はむ로 훈독된다. 동물은 먹을 때 날카로운 이빨로 베어 먹는다. '베다'에서 '벰–밤–바무–はむ'로 이어진다.

④ めし：食은 밥・음식을 뜻한다. 멥쌀로 지은 보통 밥을 메밥(멧밥)이라 한다.

'멧밥'에서 '멧–메시–めし'로 이어진다.

〔参考〕飯(반)와 이음(めし)을 같이한다.

人名訓読例

① くい：食野(くいの・めしの).

② めし：食野(めしの), 食井(めしい).

息 식	訓読	いき·やすむ·むす
	音読	ソク

訓読풀이

① いき：息(식)은 입에서 나오는 날숨의 기운, 즉 입김을 뜻한다.

'입김'에서 '이기–いき'로 이어진다.

② やすむ：息은 쉬는 것을 뜻한다〈勞者不息：孟子 (노자불식：맹자)〉.

'쉬다'에서 '쉼–숨–すむ'로 이어지고, 접두어 や가 붙어 やすむ가 된다.

③ むす：息子(むすこ)는 내가 낳은 아들, 息女(むすめ)는 내가 낳은 딸을 뜻한다. 즉 자기 피가 묻은(피붙이) 친자식을 일컫는다.

'묻다'에서 '뭇–무수–むす'로 이어진다.

人名訓読例

① いき・やす：息(외자 名).

② いき：息栖(いきす).

③ やす：息生(やすお).

喰 식	訓読	くい·くう
	人名訓読	はう·はら·ほう
	音読	ショク(日本国字)

訓読풀이

① くい・くう：喰은 먹는 것을 뜻한다〈食(식：く)う 참조〉.

② はう・はら・ほう：'배'에서 はう・はら・ほう로 이어진다〈食(식：は)む, 腹(복：はら) 참조〉.

人名訓読例

① くい：喰田(くいだ・ほうだ).

② はう：喰代(はうしろ・はらしろ・ほうしろ).

③ はら：喰代(はらしろ).
④ ほう：喰代(ほうしろ), 喰田(ほうだ).
⑤ ショク：喰田(ショクタ · ショクダ).
〔参考〕喰은 日本国字이면서 人名에는 ショク로 음독된다.

植 식·치	訓読	うえる·うわる·おく
	人名訓読	たね
	音読	ショク·チ

訓読풀이

① うえる · うわる：㉮ 植(식)은 나무 등을 옮아 심는 것(植木：식목)을 뜻한다. '옮다'에서 '옮아－오아－우에－うえる'로 이어진다. ㉯ 植(치)는 옮아 놓는 것, 넣는 것을 뜻한다. 置(치)와 같은 뜻으로 쓰인다〈植壁秉珪：書經 (치벽병규：서경)〉. '놓다(넣다)'에서 '놓아(넣어)－노아－누아－우에(ㄴ－ㅇ으로 변음)－うえる'로 이어진다. ㉰ 植(식)은 자라는 것, 늘어나는 것을 뜻한다(食黨：식당). '늘어'에서 '누어－누에－우에(ㄴ－ㅇ로 변음)－うえる'로 이어진다. ㉱ 늘어나는 것은 불어나는 것을 뜻한다. '불어'에서 '부어－우에(ㅂ－ㅇ으로 변음)－うえる'로 이어진다.

② おく：植(치)는 ①의 ㉯처럼 놓는 것, 두는 것을 뜻한다.
'놓다'에서 '놓구－노구－오구(ㄴ－ㅇ으로 변음)－おく'로 이어진다.
〔参考〕置(치：お)く와 이음을 같이한다.

③ たね：植(식)은 씨를 뿌려 나무를 심는 것을 뜻한다.
'씨'에서 '씨－싸－다－た'로 이어지고, 접미어 ね가 붙어 たね로 이어진다.
〔参考〕種(종)과 이음(た[illegible]

人名訓読例

① うえ：植林(うえばやし), [illegible]き), 植本(うえもと), 植野(う[illegible] 草(うえくさ), 植村(うえむら).
② たね：植家(たねいえ), 植誠(たねのぶ), 植樹(たねき), 植長(たねなが).

殖 식	訓読	ふえる·ふやす
	人名訓読	うえ·しげ·のぶ·ます
	音読	ショク

訓読풀이

① ふえる · ふやす：殖(식)은 재산 · 이익 등을 불리는 것을 뜻한다〈殖産(식산)〉, 殖財(식재)〉. '불리다(불다)'에서 '불어－부에－ふえる'로 이어진다.
〔参考〕増(증：ふ)える와 이음을 같이한다.

② うえ(る)：㉮ 위 ①에서 불리다는 말은 늘리는 것을 뜻한다. '늘리다'에서 '늘어－누어－누에(ㄴ－ㅇ으로 변음)－うえ(る)'로 이어진다. ㉯ '불리아(불다)'에서 '불어－부어－우에(ㅂ－ㅇ으로 변음)－うえる'로 이어진다.
〔参考〕植(식：う)える와 이음을 같이한다.

③ しげ(る)：㉮ 殖은 무성(茂盛), 번성(繁盛), 즉 가득 차는 것을 뜻한다. '차다'에서 '차게－사게－시게루－しげる'로 이어진다. ㉯ 殖은 재산을 쌓는 것을 뜻한다.
'쌓다'에서 '쌓게－사게－시게－しげ(る)'로 이어진다.
〔参考〕茂(무), 繁(번)과 이음(しげる)을 같이한다.

④ のぶ：殖은 널리(넓게) 번식(繁殖)하는

사

것을 뜻한다.

'넓다'에서 '넓어–너버–노부–のぶ'로 이어진다.

⑤ ます : 殖은 불어나는 것, 즉 많아지는 것을 뜻한다.

'많다'에서 '마–ます'로 이어진다.

〔参考〕 増(증 : ま)す와 이음을 같이한다.

人名訓読例

① しげる : 殖(외자 名).

② ふえ : 殖木(ふえき), 殖田(ふえた · うえだ).

③ うえ : 殖栗(うえくり), 殖田(うえだ).

④ しげ : 殖夫(しげお), 殖子(しげこ · ますこ).

⑤ のぶ : 殖穂(のぶほ).

⑥ ます : 殖子(ますこ).

湜 식	人名訓読	きよ
	音読	ショク

訓読풀이

• きよ : ㉮ 湜(식)은 고움, 깨끗함을 뜻한다〈清湜(청식)〉. '고움'에서 '고우–기우–기요–きよ'로 이어진다. ㉯ '깨끗'에서 '객읏–개으–기오–きよ'로 이어진다.

人名訓読例

• きよ : 湜子(きよこ).

飾(飾) 식	訓読	かざり · かざる
	音読	ショク

訓読풀이

• かざり · かじる : 飾(식)은 장식하는 것, 꾸미는 것, 겉치레 하는 것을 뜻한다. 文章(ぶんしょう)のかざりが大(おお)きい 하면 수식, 겉치레가 많은 문장이라는 뜻이다.

'겉치레'에서 '가차레–가사리–かざり'로 이어진다.

人名訓読例

• かざり : 飾(외자 名).

熄 식	訓読	やむ
	音読	ソク

訓読풀이

• やむ : ㉮ 熄(식)은 불(火)이 쉬어(息) 꺼짐, 즉 없어짐을 뜻한다. '없다'에서 '없음–어음–엄–암–야무–やむ'로 이어진다. ㉯ 熄은 더하지 않고 그치는 것을 뜻한다〈終熄(종식)〉. '않다'에서 '않음–아음–암–얌–やむ'로 이어진다.

〔参考〕 止(지), 已(이)와 이음(やむ)을 같이한다.

蝕 식	訓読	むしばむ
	音読	ショク

訓読풀이

• むしばむ : 蝕(식)은 벌레(虫)가 먹는 것(食)을 뜻한다. 벌레를 뜻하는 むし(虫 : 충)와 (베어) 먹는 것을 뜻하는 ばむ(食)가 합성되어 むしばむ가 된다.

〔参考〕 虫食(충식 : むしば)む로도 표기된다〈虫(충) · 食(식) 참조〉.

識 식 · 지	訓読	しるし · しるす
	人名訓読	のり
	音読	シキ · シ

訓読풀이

① しるし · しるす : 識(지)는 적는 것, 새기는 것을 뜻한다. 표지판(標識板)에 어떤 표시나 고시 사항을 적기 위하여 옛날에는 뾰족한 것으로 찔러서 새겨 넣었다.

'찔러서'에서 '질러서–지루수–しるす'로 이어진다.

〔参考〕 印(인), 標(표), 記(기)와 이음(しるす)을 같이한다.

② のり : 識(식)은 올바른 것을 가려낼 줄 아는 능력, 지혜를 뜻한다.

'올'에서 '놀(ㅇ–ㄴ으로 변음)–노리–のり'로 이어진다.

人名訓読例

• のり : 識雄(のりお), 識義(のりよし), 識人(のりひと).

【신】

申 신	訓読	もうし·もうす
	人名訓読	のぶ
	音読	シン

訓読풀이

① もうし · もうす : 申(신)은 言(い)う의 높임말로 말씀드리는 것을 뜻한다. ㉮ '말씀'에서 '모올쑤–모오수–もうす'로 이어진다. ㉯ '말'에서 '몰–모올–모오수(받침ㄹ–'수'로 분절)–もうす'로 이어진다. 전화통화에서 쓰이는 もしもし는 申(もう)し가 변한 もし를 거듭한 말로, '말씀 말씀' 또는 '말말'에서 もしもし로 이어진다.

② のぶ : 申은 넓게 펴서 늘리는 것을 뜻한다〈行止屈申 與時息兮 : 班彪 (행지굴신 여시식혜 : 반표).

'넓게'에서 '넙–놉–노부–のぶ'로 이어진다.

〔参考〕 伸(신 : の)ぶ와 이음을 같이한다.

人名訓読例

• のぶ : 申博(のぶひろ), 申彦(のぶひこ), 申子(のぶこ), 申直(のぶなお), 申真(のぶざね), 申孝(のぶたか).

迅(迅) 신	訓読	はやい
	人名訓読	とし
	音読	ジン

訓読풀이

① はやい : 迅(신)은 빠른 것을 뜻한다.

'빠르다'에서 '빨라–발아–바야–はやい'로 이어진다.

〔参考〕 速(속), 早(조)와 이음(はやい)을 같이한다.

② とし : 迅(신)은 돋보이게(뛰어나게) 빠른 것, 돋보이게 힘이 센 이리 새끼〈狼其子獥 絶有力迅 : 爾牙 (랑기자격 절유력신 : 이아)〉를 뜻한다.

'돋'에서 '돗–도시–とし'로 이어진다.

人名訓読例

① はや : 迅成(はやなり), 迅彦(はやひこ), 迅幟(はやし).

② とし : 迅鷹(としたか).

伸 신	訓読	のばす·のべる·のびる·のぶ·のす·のる
	音読	シン

訓読풀이

① のぼす · のべる · のびる : 伸(신)은 넓게 퍼지는 것, 넓게 하는 것을 뜻한다. 뜻이 넓어져 伸長(신장) · 発展(발전)하는 것도 뜻한다.

'넓히다'에서 '넙–놉–노바–のばす · のべる · のびる'로 이어진다.

〔参考〕 延(연 : の)べる와 이음을 같이한다.

② のぶ : のぶ는 のべる · のびる의 文語

사

形이다.

'넓히다'에서 '넙-놉-노부-のぶ'로 이어진다.

③ のす · のる : ㉮ 伸은 늘어나는 것을 뜻한다. '늘다'에서 '늘-놀-노-のす · のる'로 이어진다. ㉯ '넓히다'에서 '넓-너-노-のす · のる'로 이어진다.

人名訓読例

- のぶ : 伸明(のぶあき), 伸博(のぶひろ), 伸昭(のぶあき), 伸幸(のぶゆき), 伸和(のぶかず), 伸興(のぶおき).

身 신	訓読	み
	人名訓読	む
	音読	シン

訓読풀이

① み : 身(신)은 몸을 뜻한다.
'몸'에서 '모-미-み'로 이어진다.

② む : '몸'에서 '모-무-む'로 이어진다.

人名訓読例

① み : 身崎(みさき), 身度部(みとべ · むとべ), 身知子(みちこ), 身毛津(みげつ · むげつ), 身人部(みとべ · むとべ), 身人(みと).

② む : 身度部(むとべ), 身毛(むげ), 身狭(むさ), 身毛津(むげつ), 身人部(むとべ).

辛 신	訓読	からい·つらい
	音読	シン

訓読풀이

① からい : 辛(신)은 괴로움, 매움을 뜻한다〈辛苦(신고), 辛艱(신간)〉.
'괴로움'에서 '괴로-가로-가라-からい'로 이어진다.

② つらい : 辛은 쓰라림을 나타낸다〈辛苦(신고), 辛酸(신산)〉.
'쓰라림'에서 '쓰라-つらい'로 이어진다.

人名訓読例

- から : 辛崎(からさき), 辛島(からしま), 辛嶋(からしま), 辛子(からこ), 辛川(からかわ).

呻 신	訓読	うめく
	音読	シン

訓読풀이

- うめく : 呻(신)은 呻吟(신음)하는 것, 즉 병이나 고통으로 괴로워 앓는 것, 우는 것을 뜻한다. ㉮ '앓다'에서 '앓음-아음-암-움-우메-うめく'로 이어진다. ㉯ '울다'에서 '울음-움-우메-うめく'로 이어진다.

信 신	訓読	まこと
	人名訓読	あきら·さね·のぶ·まさ·みち
	音読	シン

訓読풀이

① まこと : 信(신)은 맞는 것, 참(眞實 : 진실)을 뜻한다.
'맞는 것'에서 '맞것-마곧-마고도-まこと'로 이어진다.
〔参考〕 真(진), 実(실)과 이음(まこと)을 같이한다.

② あきら : 信은 밝히는 것, 명백히 하는 것을 뜻한다〈信罪之有無 : 左氏傳 (신죄지유무 : 좌씨전)〉.
'밝히다'에서 '바키라-아키라-あきら'로 이어진다.

③ さね : 信은 眞實의 核(핵), 즉 참의 씨를 뜻한다.
'씨'에서 '시-사-さ'로 이어지고, 접미어

ね가 붙어 さね가 된다.

〔参考〕 実(실), 核(핵)과 이음(さね)을 같이한다.

④ のぶ : 信은 넓게 펴는 것을 뜻한다〈往者屈也 來者信也 : 易經 (왕자굴야 래자신야 : 역경)〉.

'넓다'에서 '넙-놉-노부'로 이어진다.

〔参考〕 伸(신 : の)ぶ와 이음을 같이한다.

⑤ まさ : 위 ①의 '맞다'에서 '맞-마자-まさ'로 이어진다.

⑥ みち : 信은 본받아야 할 도리, 즉 길이다. 길을 뜻하는 みち(道 : 도)와 이음을 같이한다〈道(도) 참조〉.

人名訓読例

① あきら · のぶ · まこと · みち : 信(외자名).

② さね : 信謹(さねもり), 信明(さねあきら · のぶあきら).

③ のぶ : 信基(のぶもと), 信道(のぶみち), 信文(のぶふみ), 信範(のぶのり), 信盛(のぶもり), 信義(のぶよし).

④ まこ : 信人(まこと · のぶと).

⑤ まさ : 信一(まさかず · のぶかず).

⑥ みち : 信子(みちこ · のぶこ), 信恵(みちえ).

矧 신	訓読	はぐ
	音読	シン

訓読풀이

• はぐ : 矧(신)은 대나무에 깃털을 박아(붙여) 화살을 만드는 것을 뜻한다. ㉮ '박다'에서 '박-바구-はぐ'로 이어진다. ㉯ '붙다'에서 '붙구-부구-바구-はぐ'로 이어진다.

神(神) 신	訓読	かみ · こう · かん
	人名訓読	か · かむ · かも · くま · み
	音読	シン · ジン

訓読풀이

① かみ : ㉮ 예부터 곰(熊 : 웅)은 모든 알타이족의 거룩한 동물로 신성시(神聖視)되었는데, 옛 한인(韓人)들은 일본열도로 건너간 후에도 곰을 계속 신으로 모신 것으로 생각된다. '곰'이 한편으로는 동물로서 '구마(熊)'가 되고, 또 한편으로는 신앙의 대상으로서 '가미(神)'가 되었다고 본다. 神(かみ)祭(まつ)る 하면 한국어로는 '곰(神)을 모셔라'가 된다. 충청남도 공주(公州) 남쪽, 금강 강변의 웅신단비(熊神壇碑)에는 '공주의 옛 이름은 웅진(熊津), 고마나루, 그 이름 여기에 아직 있어 백제 때 숨결을 남기고 있다'라고 새겨져 있는데, 熊神이라함은 곰이 神(かみ)임을 나타낸다. 神만 아니라 上(상), 長官(장관), 大臣(대신), 大將(대장), 太守(태수), 守令(수령) 등도 神과 같이 높은 직위의 사람들이라는 뜻에서 かみ라고 훈독된다. ㉯ 神은 하늘의 신, 上帝(상제)로 가장 偉大(위대)한, 즉 무엇보다 가장 '큰'존재로 인식된다〈神天神引出萬物者也 : 說文 (신천신인출만물자야 : 설문)〉. '크다'에서 '큼-캄-카미-かみ'로 이어진다. ㉰ 神은 至高至善(지고지선)의 존재, 사람을 나타낸다〈聖而不可知之之謂神 : 孟子 (성이불가지지지위신 : 맹자)〉. '곧다'에서 '곧음-고음-곰-감-가미-かみ'로 이어진다. ㉱ 神은 곱고 곧은사람의 본바탕 · 精靈(정령)을 뜻한다〈神出於忠 : 呂覽 (신출어충 : 여람), 費神傷魂 : 呂覽 (비신상

혼 : 여람)〉. '곱다'에서 '고음-곰-감-가미-かみ'로, '곧다'에서 위 ㉰와 같이 '곧음-고음-곰-감-가미-かみ'로 이어진다.

② こう : 神神(こうごう)しい는 신처럼 거룩함을 나타낸다(かみがみし의 音便).
위 ①의 かみ와 마찬가지로 '곰'에서 '고-고오-こう'로 이어진다.

③ かん : かみ의 音便.

④ か : かみ의 준말.

⑤ かむ · かも : かみ의 변음.

⑥ くま : '곰'에서 '굼-구마-くま'로 이어진다. 神을 人名訓読에서 くま로 훈독하는 것은 神과 熊의 관계가 깊음을 잘 나타내는 경우다.

⑦ み : かみ의 준말.

人名訓読例

① かみ : 神道(かみみち), 神馬(かみま · こうま), 神武(かみたけ · こうたけ), 神文(かみふみ), 神社(かみこそ · かみやしろ · かむこそ), 神城(かみしろ).

② こう : 神江(こうえ), 神目(こうめ), 神山(こうやま · かみやま), 神野(こうの · かみの), 神足(こうたり · こうたに), 神戸(こうべ · ごうど · かのと · かんど).

③ かん : 神郡(かんごおり · かみごおり), 神堀(かんぼり), 神南(かんなみ), 神林(かんばやし), 神名(かんな), 神田(かんだ · こうだ).

④ か : 神守(かもり · かみもり), 神水流(かみずる), 神代(かしろ · かみしろ · かんよ · くましろ · こうしろ), 神余(かなまり), 神子島(かごしま), 神塚(かずか · かみつか).

⑤ かむ : 神居(かむい · かみい), 神庭(かむにわ), 神奴(かむど · かみやっこ), 神社(かむこそ · かみこそ · かみやしろ).

⑥ かも : 神尾(かもう), 神威(かもい · こうたけ).

⑦ くま : 神代(くましろ), 神稲(くましろ).

⑧ み : 神谷(みたに · かみたに · こうのたに · かみや · こうや), 神船(みふね), 神浜(みはま), 神河(みかわ · かみかわ), 神戸中(みとなか), 神子(みこ · かみこ).

娠 신	訓読	はらむ
	音読	シン

訓読풀이

• はらむ : 娠(신)은 妊娠(임신), 즉 아이를 배는 것을 뜻한다.
'배다'에서 '배라-바라-はらむ'로 이어진다. 한편 はら(腹)에서 はらむ로 동사화 된다.
〔参考〕 孕(임 : はら)む와 이음을 같이한다.

宸 신	訓読	のき
	音読	シン

訓読풀이

• のき : 宸(신)은 집 · 대궐 · 처마를 뜻한다. 처마는 지붕의 끝부분으로 밖으로 늘어져 나오다가 위로 약간 높게 올라간다. ㉮ '늘다'에서 '늘고-누기-노기-のき'로 이어진다. ㉯ '높게 올라간다'에서 '높기-노기-のき'로 이어진다.

訊 신	訓読	たずねる · とう
	音読	シン

訓読풀이

① たずねる : ㉮ 訊(신)은 따져 묻는 것을 뜻한다. '따지다'에서 '다지-다주-たずねる'로 이어진다. ㉯ 訊은 물어서 찾아내는 것을 뜻한다. '찾아내다'에서 '차자-다자-다주-たずねる'로 이어진다. ㉰ 訊은 더듬어 찾아내는 것을 뜻한다. '더듬다'에서 '더두-다두-다주-たずねる'로 이어진다.

② とう : ㉮ 위 ①의 ㉮에서 '따지다'에서 '닺아-다우-도우-とう'로 이어진다. ㉯ 위 ①의 ㉯에서 '찾다'에서 '찾아-다아-도우-とう'로 이어진다. ㉰ 위 ①의 ㉰에서 '더듬다'에서 '더두어-덛우-더우-도우-とう'로 이어진다.

晨 신	人名訓読	あきら·あさ· とき·はやい
	音読	シン

訓読풀이

① あきら : 晨(신)은 밝은 것, 밝히는 것을 뜻한다〈晨明(신명)〉.
'밝히다'에서 '바키라-아키라 (ㅂ-ㅇ으로 변음)-あきら'로 이어진다.

② あさ : 晨은 아침 · 새벽을 뜻한다〈晨鷄(신계), 晨起(신기)〉.
'아침'에서 '아치-아사-あさ'로 이어진다.
〔参考〕 朝(조)와 이음(あさ)을 같이한다.

③ とき : 晨은 새벽, 때 · 시간이 빠름을 뜻한다.
때를 뜻하는 '적'에서 '적-덕-독-도기-とき'로 이어진다.
〔参考〕 時(시)와 이음(とき)을 같이한다.

④ はやい : ③의 '빠름'에서 '빨라-발아-바아-はやい'로 이어진다.
〔参考〕 早(조), 速(속)과 이음(はやい)을 같이한다.

人名訓読例

① あきら · とき · はやし : 晨(외자 名).
② あき : 晨年(あきとし), 晨汎(あきひろ), 晨史(あきふみ).
③ あさ : 晨史(あさと · あきふみ).
④ はや : 晨夫(はやお).

紳 신	人名訓読	のぶ
	音読	シン

訓読풀이

• のぶ : 紳(신)은 지체 높은 사람이 예복에 맞추어 매는 넓은 띠를 뜻한다. ㉮ '높다'에서 '놉-노부-のぶ'로 이어진다. ㉯ '넓다'에서 '너버-노부-のぶ'로 이어진다.

人名訓読例

• のぶ : 紳郎(のぶお), 紳夫(のぶお).

慎 신	訓読	つつしむ
	人名訓読	しずか·ちか· まこと·まさ
	音読	シン

訓読풀이

① つつしむ : 慎(신)은 항상, 끝까지 삼가는 것, 양심이 부끄럽지 않도록 애쓰는 것을 뜻한다〈慎獨(신독), 慎終(신종)〉.
'애쓰다'에서 '(애)쓰심-수수시무-つつしむ'로 이어진다.
〔参考〕 謹(근 : つつし)む와 이음을 같이한다.

② しずか : 慎은 언행 등을 점잖게, 조심스럽게 갖는 것〈謹慎(근신)〉, 점잖게 훈계하는 것〈肅慎民 : 淮南子 (숙신민 : 회남자)〉을 뜻한다.

'점잖게'에서 '저자게-지자가-시주가-しずか'로 이어진다.

③ ちか : 愼은 삼가는 것, 지키는 것을 뜻한다〈愼終如始 : 老子 (신종여시 : 노자)〉.
'지키다'에서 '지카-ちか'로 이어진다.
〔参考〕 誓(세 : ちか)う와 이음을 같이한다.

④ まこと : 愼은 맞는 것, 참 · 정말을 뜻한다〈予愼無罪 : 詩經 (여신무죄 : 시경)〉.
'맞는 것'에서 '맞것-마곧-마고도-まこと'로 이어진다.

⑤ まさ : '맞다'에서 '마자-まさ'로 이어진다.

人名訓読例

① しずか · まこと : 愼(외자 名).
② ちか : 愼之(ちかゆき).
③ まさ : 愼男(まさお), 愼雄(まさお).

新 신	訓読	あたらしい·あら·あらた·にい
	人名訓読	あきら·いまき·さら·すすむ·ちか·はじめ·よし
	音読	シン

訓読풀이

① あたらしい : ㉮ 新(신)은 새로운 것을 뜻한다. '새롭다'에서 '새로-사라-다라-たら'로 이어지고 접두어 あ가 붙어 あたら(しい)로 이어진다. ㉯ 새롭다는 것은 옛 것과 다르다는 말이다. '다르다'에서 '달아-다라-たら'로 이어지고, 접두어 あ가 붙어 あたらしい가 된다. ㉰ 새로운 것을 뜻하는 날(날밤, 날벼, 날보리 등)에서 '알-아다(받침ㄹ-'다'로 분절)-あた(らしい)'로 이어진다.

② あら : あら所帯(じょたい)는 새살림을 뜻하고, あら湯(ゆ)는 새 목욕물을 뜻한다.
위 ①의 ㉰의 '날'에서 '알(ㄴ-ㅇ으로 변음)-아라-あら'로 이어진다.

③ あらた : あら에서 あらた로 형용동사화(形容動詞化)되어 새로움, 생생함을 뜻한다.

④ にい : 날고기, 날벼 등 날 것은 新鮮(신선)한 것을 나타낸다. 新(にい)은 접두어로 쓰이어 신선한 것, 새로운 것을 뜻한다.
'날'에서 '나-니-니이-にい'로 이어진다.

⑤ あきら : 新은 새로운 것이 열림을 말한다. 新天地(신천지)는 새로운 천지가 열리는 것을 뜻하고, 新世代(신세대)는 새로운 세대가 열리는 것을 뜻한다.
'열리다'에서 '열거라-아거라-아기라-あきら'로 이어진다.

⑥ いま(き) : 新(신)은 이제, 이맘때 막 일어난 상황을 나타낸다〈新生命(신생명, 新時代(신시대)〉.
'이맘때'에서 '이마-いま'로 이어지고, '때'를 뜻하는 とき의 き가 붙어 いまき가 된다.

⑦ さら : '새롭다'에서 '새로-사로-사라-さら'로 이어진다.
〔参考〕 更(경 : さら)に와 이음을 같이한다.

⑧ すすむ : 新은 새롭게 솟아남, 돋아남을 뜻한다.
'솟다(돋다)'에서 '소숨-수숨-수수무-すすむ'로 이어진다.

⑨ ちか : ㉮ 新은 곁에서 친하게 지냄을 뜻

한다〈惟朕小子其新迎 : 書經 (유짐소자 기신영 : 서경)〉. '곁'을 뜻하는 제주방언 '조곧'에서 '조코–지카–ちか'로 이어진다. ㉯ 곁이라 함은 짧은 거리에 있음을 뜻한다〈至近(지근)〉. '짧다'에서 '짧고–자고–지가–ちか(い)'로 이어진다.

〔参考〕 近(근 : ちか)와 이음을 같이한다.

⑩ はじめ : 新은 처음, 시작을 뜻한다.
처음을 뜻하는 '햇'에서 '핫–하지–はじめ'로 이어진다.

⑪ よし : 새로운 것은 묵은 것에 물들지 않고 올곧다.
'올'에서 '오시(받침ㄹ–'시'로 분절)–よし'로 이어진다.

人名訓読例

① あきら · あたら · あたらし · あらい · あらた · いまき · すすむ · にい · はじめ : 新(외자 名).
② あら : 新夫(あらお), 新生(あらお), 新樹(あらき), 新人(あらと), 新正(あらまさ), 新聞(あらぎき).
③ あたら(し) : 新谷(あたらしや · あらたに · あらや), 新子(あたらし · あらこ · にょうし).
④ にい : 新高(にいたか), 新国(にいくに), 新島(にいじま), 新名(にいな), 新作(にいさく), 新村(にいむら).
⑤ いま(き) : 新来(いまき · あらき), 新比恵(いまひえ), 新漢人(いまきのあやひと).
⑥ さら : 新桑(さらくわ).
⑦ ちか : 新比古(ちかひこ), 新比呂(ちかひこ).
⑧ よし : 新光(よしみつ), 新雄(よしお).

薪 신	訓読	たきぎ·まき
	音読	シン

訓読풀이

① たきぎ : 薪(신)은 たき(焚 : 분)와 ぎ(木 : 목)가 합친 단어 焚木(たきぎ)와 같은 말로, 땔나무를 뜻한다. '때다'에서 '때기–따기–たき'로 이어지고, 나무를 뜻하는 ぎ(木)가 붙어 たきぎ가 된다.

② まき : 薪는 섶나무를 뜻한다. 섶나무는 잎나무 · 풀나무 · 물거리 등을 통틀어 이르는 말로 주로 땔감에 쓰이는 나무이다. 섶나무의 준말을 섶이라고 하는데, 섶나무와는 다른 뜻으로 줄기가 가냘픈 식물을 받쳐주기 위하여 곁들여 꽂는 막대기도 섶이라 한다.
땔감나무인 섶나무의 준말 섶을 막대기를 뜻하는 섶과 같은 것으로 보고 薪을 '막대기'에서 '막–마기–まき'로 훈독한 것으로 본다.

人名訓読例

① たきぎ · まき : 薪(외자 名).
② まき : 薪田(まきた).

【실】

失 실	訓読	うしなう·うせる
	音読	シツ·イツ

訓読풀이

• うしなう · うせる : ㉮ 失(실)은 없어지는 것을 뜻한다〈失命(실명)〉. '없어지다'에서 '없어–어서–우시(우세)–うしなう · うせる'로 이어진다. ㉯ 失은 놓치는 것을 뜻한다〈失職(실직)〉. '놓치다'에서 '노치–오지(ㄴ–ㅇ으로 변음)–우시–うしなう · うせる'로 이어진다.

人名訓読例

사

• うせ：失津(うせつ).

実(實) 실	訓読	み·みのる·まこと·さね·まめ
	人名訓読	すみ·とみ·なお·まさ·みつ
	音読	ジツ

訓読풀이

① み：実(실)은 열매를 뜻한다.
열매의 '매'에서 '미–み'로 이어진다. '눈매'에서 'め(目)', '이빨'에서 '빠–は(歯)', '잎팔'에서 '파–하–は(葉)'로 이어지는 것과 이치를 같이한다.

② みのる：㉮ '열매'에서 '매–미–みのる'로 동사화 된다. ㉯ 열매 맺다의 '맺다'에서 '매는–미는–미노–みのる'로 이어진다.
〔参考〕稔(념：みの)る와 이음을 같이한다.

③ まこと：実은 참, 맞는 것을 뜻한다.
'맞는 것'에서 '맞것–마곧–마고도–まこと'로 이어진다.

④ さね：実은 열매의 씨를 뜻한다.
'씨'에서 '시–사–さ'로 이어지고, 접미어 ね가 붙어 さね가 된다. '뼈(骨)'에서 '버–보–호–ほ'로 이어지고, 접미어 ね가 붙어 ほね가 되는 것과 이치를 같이한다.

⑤ まめ：㉮ 実은 맞음을 뜻한다. '맞음'에서 '마음–맘–마메–まめ'로 이어진다. ㉯ '맞다'의 '맞–마–ま'와 '열매'의 '매–め'가 합성되어 まめ'가 된다.
〔参考〕真面目(まじめ：진면목), 忠実(まめ)와 이음을 같이한다.

⑥ すみ：㉮ 実은 現実的으로 이루어지는 것, 즉 되는 것을 뜻한다〈實其言：左氏傳 (실기언：좌씨전)〉. '되다'에서 '됨–둠–숨–수미–すみ'로 이어진다. ㉯ 実은 참, 정말을 뜻한다. '참'에서 '춤–숨–수미–すみ'로 이어진다.
〔参考〕済(제：す)み와 이음을 같이한다.

⑦ とみ：実은 가득 차게 담는 것을 뜻한다〈盛氣顚實：禮記 (성기전실：예기)〉.
'담다'에서 '담–돔–도미–とみ'로 이어진다.

⑧ なお：実은 더 나아져 결실(結實)함을 뜻한다.
'나아'에서 '나오–なお'로 이어진다.

⑨ まさ：実은 맞음을 뜻한다.
'맞'에서 '마자–まさ'로 이어진다.

⑩ みつ：実은 물 차듯 속이 꽉 차는 것을 뜻한다〈實績(실적)〉.
'물 차다'에서 '물차–미차–미츠–みつ'로 이어진다.
〔参考〕満(만：み)つ와 이음을 같이한다.

人名訓読例

① さね·まこと·みのり·みのる：実(외자 名).
② み：実成(みなり), 実村(みむら·みのむら), 実根(みね), 実歳(みとし), 実程(みのり).
③ まこ(と)：実人(まこと).
④ さね：実川(さねかわ), 実基(さねもと), 実麗(さねあきら), 実文(さねふみ), 実純(さねずみ), 実益(さねます).
⑤ すみ：実男(すみお·さねお).
⑥ とみ：実子(とみこ·さねこ).
⑦ なお：実夏(なおなつ·みなつ).
⑧ まさ：実亮(まさあき).
⑨ みつ：実夫(みつお), 実生(みつお·みお), 実成(みつなり·みなり·さねな

り), 実彦(みつひこ), 実之(みつゆき · みゆき).

室 실	訓読	むろ
	人名訓読	さや·や
	音読	シツ

訓読풀이

① むろ : 室(실)은 거실 · 마루방(房)을 뜻한다.
'마루'에서 '무로-むろ'로 이어진다.

② さや : 室은 사람이 이르러(至 : 지) 사는 집(宀 : 면)이라는 뜻을 갖는다.
'사는 집'에서 さ와 집을 뜻하는 や가 합성되어 さや가 된다.

③ や : 室은 집 · 건물을 뜻한다. 家(가)와 이음을 같이한다〈家(가) 참조〉.

人名訓読例

① むろ : 室屋(むろや), 室枝(むろえ), 室野(むろの), 室橋(むろはし), 室田(むろた), 室町(むろまち).

② さや : 室子(さやこ).

③ や : 室神(やがみ · むろがみ).

悉 실	訓読	ことごとく·つぶさに
	音読	シツ

訓読풀이

① ことごとく : 悉(실)은 모두 · 모조리를 뜻한다. ことごとく失敗(しっぱい)に終(おわ)る 하면 이것, 저것, 모든 것이 실패로 끝난다는 말이다.
'것것'에서 '곧곧-고도고도-ことごとく'로 이어진다.
〔参考〕 事事(사사 : ことごと), 尽(진 : ことごと)く와 이음을 같이한다.

② つぶさに : 悉(つぶさ)に調(しら)べる 하면 죄다(죕다) 조사한다는 뜻이다.
'죕다'에서 '주부다-つぶさに'로 이어진다.

【심】

心 심	訓読	こころ
	人名訓読	むね·もと
	音読	シン

訓読풀이

① こころ : 心(심)은 마음씨, 心性(심성)을 뜻한다. 맹자(孟子)의 성선설(性善說)에 따르면 인간의 心性은 선천적으로 선하고 곧으며, 나쁜 행위는 욕심에서 생겨난 후천적인 것이라고 본다. 한편 순자(荀子)의 성악설(性惡說)에 따르면 인간의 心性은 악하며 좋은 행위는 교육이나 학문 · 수양 등 후천적인 작위(作爲)에 의해서 이루어진다고 본다. 어느 說이던 心性이 지향하는 바는 眞心(진심), 즉 곧고(곧거라) 고와야(곱거라) 한다는 것이라고 볼 수 있다. ㉮ '곧다'에서 '곧거라-고거라-고고로-こころ'로 이어진다. ㉯ '곱다'에서 '곱거라-고거라-고고로-こころ'로 이어진다.

② むね : ㉮ '마음'에서 '맘-마-무-む'로 이어지고, 접미어 ね가 붙어 むね로 이어진다. '뫼'에서 ね가 붙어 みね(峰 · 嶺)가 되고, '뼈'에서 ね가 붙어 '벼-보-ほね(骨)'로 이어지는 것과 같은 이치이다. ㉯ '맘'에서 '뭄-문-무네-むね'로 이어진다.
〔参考〕 胸(흉), 旨(지)와 이음(むね)을 같이한다.

③ もと : 心은 몸과 생각을 통합하여 생활을 유지하는 작용의 本原(본원), 즉 밑바탕을 뜻한다〈心者形之君 而神明之主也

사

：荀子 (심자형지군 이신명지주야 : 순자)〉.

'밑바탕'에서 '밑－뫁－모토－もと'로 이어진다.

人名訓読例

① こころ：心像(こころやり).

② むね ： 心山(むねやま), 心宏(むねひろ), 心毅(むねたけ).

③ もと：心水(もとみ).

沁 심	訓読	しみる·しむ
	音読	シン

訓読풀이

• しみる · しむ ： ㉮ 沁(심)은 스며드는 것, 젖는 것을 뜻한다. '스미다'에서 '스밈－슴－심－시무 · 시미－しむ · しみる'로 이어진다. ㉯ 沁은 젖는 것을 뜻한다. '젖다'에서 '젖음－저음－지음－짐－시무 · 시미－しむ · しみる'로 이어진다.

甚 심	訓読	はなはだ· はなはだしい
	人名訓読	しげ·やす
	音読	ジン

訓読풀이

① はなはだ · はなはだしい ： 甚(심)은 대단히 심한 것을 뜻한다. 다른 한국어로는 '한다 한다 해도 너무 한다'는 뜻을 갖는다. はなはだしい誤解(ごかい) 하면 한다 한다 해도 너무한 오해라는 뜻이다〈甚矣吾衰也 ： 論語 (심의오쇠야 ： 논어)〉.

'한다 한다'에서 '한다하다－한하다－하나하다－はなはだ'로 이어진다.

② しげ ： 甚은 가득 차서 두터운 것, 중후(重厚)한 것을 뜻한다.

'차다'에서 '차고－사고－사게－시게－しげ'로 이어진다.

③ やす ： 甚은 편히 쉬며 즐기는 것을 뜻한다〈甚 尤安樂也 ： 說文 (심 우안락야 : 설문)〉.

'쉬다'에서 '수－す'로 이어지고, 접두어 や가 붙어 やす(い)가 된다.

人名訓読例

① しげ：甚行(しげゆき · やすゆき).

② やす ： 甚夫(やすお), 甚行(やすゆき · しげゆき).

深 심	訓読	ふかい·ふかまる· ふかめる·ふかみ· ふかす·ふける
	人名訓読	み
	音読	シン·ジン

訓読풀이

① ふかい · ふかまる · ふかめる · ふかみ · ふかす · ふける ： ふか를 어간으로 하는 이들 단어는 한국어에서 푹 빠지다, 푹 찌르다, 푹 패이다, 푹 숙이다 등 깊어지는 것을 나타내는 푹을 뜻한다. ふかい愛(あい)는 푹 빠진 사랑을, 智識(ちしき)をふかめる는 지식을 푹 깊게 하는 것, ふかみ는 푹 패인 구렁텅이를 뜻한다.

'푹'에서 '푹－푸가－ふかい'로 이어진다.

② み ： ㉮ み로 훈독되는 深은 명사 앞에 붙어 그 말을 아름답게 표현하거나 어조를 고르는데 쓰는 접두어로 풀이된다〈深山(みやま), 深雪(みゆき) 등〉. ㉯ 深이 푹 깊어지는 밑바닥도 뜻함에 비추어〈深則厲 淺則揭 : 詩經 (심즉려 천즉게 : 시경)〉, 밑바닥의 '밑'에서 '미－み'로 이어진다.

人名訓読例

① ふか : 深道(ふかみち), 深野(ふかの), 深川(ふかがわ), 深村(ふかむら), 深草(ふかくさ), 深町(ふかまち).

② ふけ : 深田(ふけだ · ふかだ), 深日(ふけひ).

③ み : 深山(みやま · ふかやま), 深雪(みゆき), 深智子(みちこ), 深幸(みゆき), 深汐(みしお), 深佳(みか).

尋 심	訓読	たずねる·つね·ひろ
	音読	ジン

訓読풀이

① たずねる : 尋(심)은 찾아내는 것을 뜻한다. 由来(ゆらい)をたずねる 하면 유래를 찾아낸다는 뜻이다.
'찾아내다'에서 '차자–차주–다주–たずねる'로 이어진다.

② つね : 尋은 이제나, 저제나, 언제나 항상(恒常) 예사로움을 뜻한다〈尋常(심상)〉.
'제나'에서 '주나–주네–つね'로 이어진다.
〔参考〕 常(상)와 이음(つね)을 같이한다.

③ ひろ : 尋은 두 팔을 벌린 길이(7척 또는 8척), 즉 발을 뜻한다.
'발(벌리다)'에서 '바로–비로–ひろ'로 이어진다.

人名訓読例

① たずね : 尋木(たずねき).

② ひろ : 尋道(ひろみち), 尋常(ひろつね), 尋樹(ひろき), 尋央(ひろたか), 尋子(ひろこ), 尋通(ひろみち).

審 심	訓読	つまびらか
	人名訓読	あきら
	音読	シン

訓読풀이

① つまびらか : 原因(げんいん)をつまびらかにする 하면 참 원인을 소상히 밝힌다는 뜻이다.
'참'에서 '춤–추마–つま'로 이어지고, '밝히다'에서 '발켜–발카–빌카–비라카–びらか'로 이어져 つまびらか로 합성된다.

② あきら : 審(심)은 밝히는 것을 뜻한다〈審法度 : 論語 (심법도 : 논어)〉.
'밝히다'에서 '밝히라–바키라–아키라(ㅂ–ㅇ으로 변음)–あきら'로 이어진다.

人名訓読例

• あきら : 審(외자 名).

諶 심	訓読	まこと
	音読	シン

訓読풀이

• まこと : 諶(심)은 이치에 맞는 것, 진실을 뜻한다.
'맞는 것'에서 '맞것–마곧–마고도–まこと'로 이어진다.

人名訓読例

• まこと : 諶(외자 名).

鐔 심·담	訓読	つば
	音読	シン·タン

訓読풀이

• つば : 鐔(심 · 담)은 날밑 · 모자의 차양(遮陽), 솥전을 뜻한다. 모두 덮는 것을 공통 의미로 한다. 날밑은 칼날과 칼자루 사이에 덮어 끼운 납작한 철판을 뜻하고, 차양은 얼굴을 덮어 햇빛을 가리

고, 솥전은 솥 중간을 덮어 솥에서 흘러 내리는 물과 위로 오르는 불을 중간에서 막는다.

'덮다'에서 '더퍼-두파-つば'로 이어진다.

【십】

十 십	訓読	とお·と
	人名訓読	かず·しげ·ます·みつ(る)
	音読	ジョウ·ジツ

訓読풀이

① とお · と : 고구려시대 열(十 : 십)을 德(덕)이라 했다. 〈삼국사기 지리지〉에 十谷懸一云德頓忽(십곡현일운덕돈홀)이라 해서 十과 德을 같은 뜻으로 쓰였다.

'덕(德)'에서 '더-도-と(お)'로 이어진다. 같은 기록에서 谷(곡)이 頓(돈)으로 이어져 谷이 '돈'에서 '도니-다니-たに'로 훈독되는 근거가 된다.

② かず : 十은 모든 것이 갖추어져 완전함을 뜻한다〈十全(십전), 十分(십분)〉.

'갖추다'에서 '가추-かず'로 이어진다.

③ しげ : 十은 모든 것이 차게됨을 뜻한다.

'차게'에서 '사게-시게-しげ'로 이어진다.

④ ます : 十은 꽉 차서 많음을 뜻한다〈十分(십분)〉.

'많다'에서 '마-마수-ます'로 이어진다.

⑤ みつ(る) : 十은 물이 가득 찬 것처럼 충만(充滿)함을 뜻한다.

'물 차다'에서 '물차-무차-미츠-みつ(る)'로 이어진다.

〔参考〕 充(충), 滿(만)과 이음(みつ · みちる)을 같이한다.

人名訓読例

① と : 十南(となみ), 十島(としま), 十森(ともり), 十時(とどき), 十鳥(とどり), 十重田(とえだ).

② かず : 十成(かずなり), 十吉(かずよし).

③ しげ : 十重(しげあつ · みつしげ).

④ ます : 十見(ますみ), 十穂(ますほ).

⑤ みつ : 十吉(みつよし · かずよし).

辻 십	訓読	つじ
	音読	日本国字

訓読풀이

• つじ : 辻(つじ)는 日本国字로 네거리를 뜻한다. 길이 十字(십자)처럼 네 가닥 줄처럼 뻗어 있는 모양이다.

'줄'에서 '주지(받침ㄹ-'지'로 분절)-つじ'로 이어진다.

〔参考〕 筋(근 : すじ)와 이음을 같이한다.

人名訓読例

• つじ : 辻本(つじもと), 辻原(つじはら), 辻中(つじなか), 辻村(つじむら), 辻浦(つじうら), 辻合(つじあい).

【쌍】

双(雙) 쌍	訓読	ふた·ふたつ·ならぶ
	人名訓読	なみ·すご
	音読	ソウ

訓読풀이

① ふた · ふたつ : 双(쌍)은 한 쌍, 둘을 뜻한다. ㉮ 한국 고대어에서 둘을 '두흘'이라고 했다〈鷄林類事(계림유사)〉. 두흘에서 '두'가 탈락되어 '흘-후다(받침ㄹ-'다'로 분절)-ふた'로 이어진다. ㉯ '골

(꼴)'에서 かた(形) · かたち(形)로 이어지듯이, '흘'도 ふた(双) · ふたつ(双)로 이어진다. ㉰ 둘은 하나를 뜻하는 홀이 둘임을 뜻한다. '홀 둘'에서 '호둘-후달-후다 · 후다쑤(받침ㄹ-'쑤'로 분절)-ふた · ふたつ'로 이어진다.

② ならぶ : 双은 나란히 한 쌍을 이룸을 뜻한다.
'나란히'에서 '나라비-ならび · ならぶ'로 이어진다.
〔参考〕 並(병 : なら)ぶ와 이음을 같이한다.

③ なみ : 双은 한 쌍이 나란히 늘어서 있음을 뜻한다.
'늘다'에서 '늠-남-나미-なみ'로 이어진다.
〔参考〕 並(병)과 이음(なみ)을 같이한다.

④ すご : 双은 짝을 뜻한다.
'짝'에서 '작-죽-주고-すご'로 이어진다.

人名訓読例

① ふた : 双木(ふたき · なみき), 双三(ふたみ), 双葉(ふたば), 双羽黒(ふたはくろ), 双川(ふたかわ).
② ふたつ : 双松(ふたつまつ), 双槻(つたつき).
③ ならび : 双岡(ならびおか).
④ なみ : 双木(なみき), 双男(なみお).
⑤ すご : 双六(すごろく).

사

亜(亞) 아	訓読	つぎ·つぐ
	音読	ア

訓読풀이

• つぎ · つぐ : 亜(아)는 次位(차위) · 버금, 즉 첫째를 뒤에서 좇아감을 뜻한다. 亜子(아자)는 長子(장자)를 좇는 둘째 아들을 뜻한다〈亜流(아류), 亜聖(아성)〉.
'좇다'에서 '좇구-조구-주구-つぐ'로 이어진다.
〔参考〕次(차), 継(계), 承(승) 등과 이음(つぐ)을 같이한다.

人名訓読例

① つぎ : 亜子(つぎこ), 亜夫(つぎお · つぐお).
② つぐ : 亜夫(つぐお), 亜緒(つぐお), 亜彦(つぐひこ), 亜周(つぐちか).

児(兒) 아	訓読	こ·ちご
	人名訓読	お·はじめ
	音読	ジ·ニ·ゲイ

訓読풀이

① こ : 児(아)는 아이, 즉 꼬마를 뜻한다.
'꼬마'에서 '고-こ'로 이어진다.
〔参考〕小(소), 子(자)와 이음(こ)을 같이 한다.
② ちご : 児는 젖먹이 꼬마를 뜻한다.
'젖'에서 '저-지-ち'로 이어지고, 꼬마의 こ와 합성되어 ちご가 된다.
③ お : 児는 어린이, 어린 것을 뜻한다〈児童(아동), 小児(소아)〉.
'어리다'에서 '어-오-お'로 이어진다.
〔参考〕小(소 : お)와 이음을 같이한다.
④ はじめ : 어린이는 새로운 인생의 시작을 상징한다.
새로운 것을 뜻하는 '햇'에서 '핮-하지-はじめ'로 이어진다.

人名訓読例

① ちご · はじめ : 児(외자 名).
② こ : 児堀(こぼり), 児島(こじま), 児馬(こうま · こま), 児山(こやま), 児西(こにし), 児井(こい).
③ ちご : 児崎(ちごさき · こざき), 児野(ちごの), 児池(ちごいけ).
④ ち(ちご) : 児子(ちご).
⑤ お : 児玉(おだま · こだま).

我 아	訓読	われ·わ
	人名訓読	あ
	音読	ガ

訓読풀이

① われ : 我(아)는 나 · 자신을 뜻한다. ㉮ '나'에서 '아(ㄴ-ㅇ으로 변음)-わ(れ)'로 이어진다. ㉯ 북한 방언에서 나를 '내레(나레)'라고 한다. '나레'에서 '아레-われ'로 이어진다.
② わ : '나'에서 '아-わ'로 이어진다.
③ あ : ㉮ '나'에서 '아-あ'로 이어진다. ㉯ 我의 한국어 발음 '아'에서 あ로 이어진다.

人名訓読例

① わ : 我沢(わさわ · あさわ), 我喜屋(わきや), 我彦(わがひこ), 我が妻(わがずま).

② あ：我孫(あびこ), 我孫子(あびこ), 我彦(あびこ), 我妻(あずま), 我沢(あさわ).

芽 아	訓読	め·めぐむ
	音読	ガ

訓読풀이

① め：芽(아)는 싹 · 달걀의 알눈을 뜻한다. ㉮ 싹은 식물의 씨앗 · 뿌리 · 줄기 · 가지 끝에서 돋아난 눈을 뜻한다. '눈매'에서 '매－め'로 이어진다. ㉯ 다음 ② めぐむ의 준말.

〔参考〕目(목：め)와 이음을 같이한다.

② めぐむ：㉮ 芽(め)ぐむ는 싹이 트는 것, 즉 씨앗의 눈(目：め)이 커짐을 뜻한다. 'め크다'에서 'め큼－め쿠무－めぐむ'로 이어진다. ㉯ 싹이 트는 것은 싹이 맺는 것을 뜻한다. '맺다'에서 '맺구－매구－めぐむ'로 이어진다.

人名訓読例

① めぐみ：芽(외자 名).

② め：芽具(めぐ), 芽木(めき), 芽桜(めざくら), 芽里(めり), 芽理(めり), 芽衣子(めいこ).

阿 아	訓読	おか·おもねる·くま
	音読	ア

訓読풀이

① おか：阿(아)는 언덕을 뜻한다.

'언덕'에서 '어덕－어더가－어가('더'가 탈락)－오가－おか'로 이어진다.

〔参考〕丘(구), 岡(강), 陸(육)과 이음(おか)을 같이한다.

② おもねる：阿는 아름다움을 뜻하고〈隰桑有阿：詩經 (습상유아：시경)〉, 다른 한편으로는 阿諂(아첨), 阿附(아부)를 뜻한다. 즉 아름다운 자태를 내보이면서 아첨, 알랑거리는 것을 말한다.

아름다움의 '아름'에서 '알음－아음－암－옴－오모－おも'로 이어지고, 내보이다의 '내다'에서 '내－ねる'로 이어져 おもねる로 합성된다.

③ くま：阿는 구부러지는 것을 뜻한다〈行叩誠而不阿兮：楚辭 (행고성이불아혜：초사)〉.

'굽다'에서 '굽음－구움－굼－구마－くま'로 이어진다.

〔参考〕畏(외)와 이음(くま)을 같이한다.

人名訓読例

• くま：阿川(くまかわ).

俄 아	訓読	にわか
	音読	ガ

訓読풀이

• にわか：俄(아)는 이윽고 · 잠시후 · 갑자기를 뜻한다〈俄而季梁之疾自瘳：列子 (아이계량지질자추：열자)〉.

'이윽고'에서 '이으고－이아고－이아가－니아가(ㅇ－ㄴ으로 변음)－にわか'로 이어진다.

峨 아	訓読	たかい·けわしい
	音読	ガ

訓読풀이

① たかい：㉮ 峨(아)는 산이 높게 솟고(돋고) 있음을 뜻한다. '솟다(돋다)'에서 '돋고－도고－다가－たかい'로 이어진다. ㉯ 峨는 산이 구름 위로 뜬 모양을 나타낸다. '뜨다'에서 '뜨고－다고－다가－たかい'로 이어진다.

② けわしい：峨는 산이 험(險)하게, 고약하게 솟아 있음을 뜻한다.

아

'고약하다'에서 '고야-개야-개와-けわしい'로 이어진다.

〔参考〕険(험 : けわ)しい와 이음을 같이한다.

啞 아·액	訓読	おし
	音読	ア·アク

訓読풀이

- おし : ㉮ 啞(아)는 벙어리를 뜻한다. 벙어리는 말은 못하지만 웃기는 한다. 그래서 啞자는 웃는다는 뜻도 갖는다. 啞然(아연)은 어이가 없어 말이 나오지 않는 모양을 나타내고, 啞然(액연)은 껄껄 웃는 모양을 나타낸다〈禹乃啞然而笑 : 吳越春秋 (우내액연이소 : 오월춘추)〉. '웃다'에서 '웃-옷-오시-おし'로 이어진다. ㉯ 啞(아)는 까마귀 울음소리를 뜻한다〈烏之啞啞 : 淮南子 (오지아아 : 회남자)〉. '울다'에서 '울-올-오시(받침ㄹ-'시'로 분절)-おし'로 이어진다.

雅 아	訓読	みやび· みやびやか· みやびる
	人名訓読	うた·ただ(し)· つね·のり· ひとし·まさ (まさし·まさり· まさる)· もと·よし
	音読	ガ

訓読풀이

① みやび·みやびやか·みやびる : ㉮ 雅(아)는 예쁜 것, 아담(雅淡)한 것을 뜻한다. '예쁘다'에서 '예뻐-에비-야비-やび'로 이어지고, みやま(深山)에서처럼 예쁜 것을 나타내는 접두어 み가 붙어 みやび로 이어진다〈深(심 : み) 참조〉. ㉯ 雅는 보기에 예쁜 것을 뜻한다〈及見雅以爲美 : 後漢書 (급견아이위미 : 후한서)〉. 보는 것을 뜻하는 みる의 み와 ㉮의 やび가 합성되어 みやび가 된다.

② うた : 雅는 雅樂(아악), 즉 노래를 뜻한다. ㉮ 아악(노래)을 '읊다'에서 '우타-うた'로 이어진다. 또한 '읊'에서 '울-우다(받침ㄹ-'다'로 분절)-うた'로 이어진다. ㉯ '노래'에서 '놀애-놀-눌-우다(ㄴ-ㅇ으로 변음, 받침ㄹ-'다'로 분절)-うた'로 이어진다.

〔参考〕歌(가 : うた)와 이음을 같이한다.

③ ただ(し) : 雅는 도리에 맞게 떳떳함을 뜻한다.

'떳떳'에서 '더더-다다-ただ(し)'로 이어진다.

④ つね : 雅는 항상(恒常), 이제나 저제나 언제나 같음을 뜻한다〈無一日之雅 : 漢書 (무일일지아 : 한서)〉.

'언제나'에서 '제나-주나-주네-つね'로 이어진다.

〔参考〕常(상 : つね)와 이음을 같이한다.

⑤ のり : 雅는 올바른 것을 뜻한다〈子所雅言 : 論語 (자소아언 : 논어)〉.

'올'에서 '놀(ㅇ-ㄴ으로 변음)-노리-のり'로 이어진다.

⑥ ひとし : 雅는 항상 하나(한결) 같음을 뜻한다.

하나를 뜻하는 '홀'에서 '힐-히도(받침ㄹ-'도'로 분절)-ひと(つ)'로 이어진다.

⑦ まさ·まさし·まさり·まさる : 雅는 도리에 맞는 것을 뜻한다.

'맞다'에서 '맞-마자-まさ'로 이어진다.

⑧ もと : 雅는 밑바탕부터, 본디부터라는 뜻이다〈雅不欲屬沛公 : 史記 (아불욕속패공 : 사기)〉.

'밑'에서 '몯-모토-もと'로 이어진다.

〔参考〕基(기), 本(본)과 이음(もと)을 같이한다.

⑨ よし : 雅는 올바른 것을 뜻한다.

'올'에서 '오시(받침ㄹ-'시'로 분절)-よし'로 이어진다.

人名訓読例

① ただし · ひとし · まさ · まさし · まさり · まさる · みやび : 雅(외자 名).

② みや : 雅子(みやこ · うたこ · まさこ · もとこ).

③ うた : 雅楽(うた), 雅楽川(うたがわ), 雅子(うたこ), 雅楽之助(うたのすけ).

④ ただ : 雅行(ただゆき · まさゆき), 雅久(ただひさ · まさひさ).

⑤ つね : 雅川(つねかわ), 雅光(つねてる · まさみ), 雅博(つねひろ · まさひろ), 雅夫(つねお · まさお), 雅正(つねまさ), 雅男(つねお · まさお).

⑥ のり : 雅英(のりえ · まさえ).

⑦ まさ : 雅寛(まさひろ), 雅国(まさくに), 雅基(まさき), 雅道(まさみち), 雅路(まさじ), 雅文(まさぶみ).

⑧ もと : 雅美(もとみ · つねよし · まさみ), 雅子(もとこ).

⑨ よし : 雅郎(よしお · まさお).

餓(餓) 아	訓読	うえる·かつえる
	音読	ガ

訓読풀이

① うえる : 餓(아)는 굶주리는 것을 뜻한다. 굶주리면 영양실조로 여위게 마련이다. '여위다'에서 '여위-여에-우에-うえる'로 이어진다.

〔参考〕飢(기 : うえ)る와 이음을 같이한다.

② かつえる : '굶주리다'에서 '구주-가주-かつえる'로 이어진다.

〔参考〕飢(기 : かつ)える와 이음을 같이한다.

鴉 아	訓読	からす
	音読	ア

訓読풀이

• からす : 烏(오) 참조.

人名訓読例

• からす : 烏田(からすだ).

【악】

岳(嶽) 악	訓読	たけ
	人名訓読	おか·たか·やま
	音読	ガク

訓読풀이

① たけ : ㉮ 岳(악)은 높은 산을 뜻한다. 고구려시대에 높은 산을 닥 또는 달이라 했다. '닥'에서 '다게-たけ'로 이어진다. 또한 '달'에서 받침ㄹ이 '게'로 분절되어 '다게-たけ'로 이어진다〈달(月)에서 つき, 밀(麦)에서 むき, 술(酒)에서 さけ 등〉. ㉯ 높은 산은 하늘 위로 높이 돋아(솟아-떠) 있다. '돋다(솟다-뜨다)'에서 '돋게-도게-다게-たけ'로 이어진다.

〔参考〕高(고 : たか)い와 이음을 같이한다.

② おか : 岳은 높은 산을 뜻하나 한편으로는 산(山)과 같이 높은 언덕(丘 : 구)으로도 보아서 岳을 人名訓読에서는 おか

아

로 훈독한 것으로 풀이된다.

'언덕'에서 '어덕–오더가–오가('더'가 탈락)–おか'로 이어진다.

〔参考〕丘(구), 岡(강), 陸(육)과 이음(おか)을 같이한다.

③ たか：①에서와 같이 たか(高)와 이음을 같이한다〈高(고) 참조〉.

④ やま：山을 뜻하는 やま와 이음을 같이한다. 산을 뜻하는 '올음'에서 '오음–옴–얌–야마–やま'로 이어진다〈山(산) 참조〉.

人名訓読例

① おか · たかし · たけし：岳(외자 名).

② たけ ： 岳本(たけもと), 岳山(たけやま), 岳野(たけの), 岳中(たけなか), 岳村 (たけむら), 岳守(たけもり).

③ おか：岳田(おかだ · たけだ).

④ たか ： 岳夫(たかお · たけお), 岳周(たかのり), 岳志(たかし · たけし).

⑤ やま：岳雄(やまお · たけお).

悪(惡) 악·오	訓読	わるい·にくい·あし
	音読	アク·オ

訓読풀이

① わるい：㉮ 悪(악)은 좋지 않다. 나쁘다는 뜻이다. 즉 좋지 않아 어렵게 되었다는 뜻이다. 成績(せいせき)がわるい 하면 성적이 좋지 않아 시험에 합격하는데(성적을 올리는데) 어려움이 생긴다는 뜻이고, 友達(ともだち)と仲(なか)がわるい 하면 친구와 사이 좋게 지내기 어렵게 되었다는 뜻이다. '어렵다'에서 '어려워–아러어–아루이–わるい'로 이어진다. ㉯ 날은 접두어로 나쁜 짓, 지독함을 나타낸다(날강도 · 날도둑 · 날불한당 · 날치기 등). '날'에서 '알(ㄴ–ㅇ으로 변음)–아루–わるい'로 이어진다.

② にくい：㉮ 読(よ)み悪(にく)い本(ほん) 하면 읽기 어려운 책, 즉 읽기에 느끼한 책이라는 뜻이고, 話(はな)しにくい하면 말하기 느끼한(거북한) 상황을 나타낸다. '느끼하다'에서 '느구–니구–にくい'로 이어진다. ㉯ 느끼하다는 것은 역겹다는 뜻도 된다. '역겹다'에서 '여겨워–여거–너거–니구(ㅇ–ㄴ으로 변음)–にくい'로 이어진다.

〔参考〕難(난), 憎(증)과 이음(にく)을 같이한다.

③ あし：悪은 좋지 않은 것을 뜻한다. 좋지 '않지'에서 '아지–あし'로 이어진다.

幄 악	訓読	とばり
	音読	アク

訓読풀이

• とばり ：幄(악)은 陳中(진중)에 위를 덮는 군막(軍幕), 악장(幄帳)을 뜻한다. '덮다'에서 '더퍼라–도바리–とばり'로 이어진다.

〔参考〕帳(장), 帷(유)와 이음(とばり)을 같이한다.

愕 악	訓読	おどろく
	音読	ガク

訓読풀이

• おどろく：愕(악)은 놀라는 것을 뜻한다〈驚愕(경악)〉. '놀라다'에서 '놀라–올라(ㄴ–ㅇ으로 변음)–오도로(받침ㄹ–'도'로 분절)–おどろく'로 이어진다.

〔参考〕驚(경), 駭(해)와 이음(おどろく)을 같이한다.

渥 악	訓読	あつい·うるおう
	音読	アク

訓読풀이

① あつい : ㉮ 渥(악)은 은혜 등이 두터움을 뜻한다〈渥恩(악은), 渥味(악미)〉. '두텁다'에서 '두-つ'로 이어지고 접두어 あ가 붙어 あつい로 이어진다. ㉯ 渥은 속이 꽉 차서 두터워짐을 뜻한다. '차다'에서 '차-추-つ'로 이어지고 접두어 あ가 붙어 あつい로 이어진다.

② うるおう : 渥은 물에 흠씬 젖어 축축해지는 것, 습기를 띠는 것을 뜻한다. 습기는 물이 오를 때, 늘어날 때, 불어날 때 생긴다. ㉮ '오르다(우러나다)'에서 '우러-우루우-うるおう'로 이어진다. ㉯ '늘어나다'에서 '누러어-누루우-우루우(ㄴ-ㅇ으로 변음)-うるおう'로 이어진다. ㉰ '불어나다'에서 '부러어-우루우(ㅂ-ㅇ으로 변음)-うるおう'로 이어진다.

人名訓読例

• あつ : 渥美(あつみ), 渥夫(あつお), 渥視(あつみ), 渥男(あつお), 渥子(あつこ), 渥孝(あつたか).

握 악	訓読	にぎり·にぎる
	音読	アク

訓読풀이

• にぎり · にぎる : 握(악)은 손으로 잡는 것, 즉 손안에 넣는 것을 뜻한다.
'넣다'에서 '넣거라-너기라-니기루-にぎる'로 이어진다.

人名訓読例

• にぎる : 握屋(にぎりや).

腭 악	訓読	あご
	音読	ガク

訓読풀이

• あご : 顎(악) 참조.

樂 악 ⇨ 樂 락

鍔 악	訓読	つば
	音読	ガク

訓読풀이

• つば : 鍔(악)은 날 밑 · 차양 · 솥전을 뜻하고, 이들은 덮는 것을 공통 의미로 한다.
'덮다'에서 '더퍼-두파-つば'로 이어진다〈鐔(심 · 담) 참조〉.

人名訓読例

• つば : 鍔(つば), 鍔本(つばもと).

顎 악	訓読	あご
	音読	ガク

訓読풀이

• あご : ㉮ 顎(악)은 사람이나 동물의 턱을 뜻한다. 턱은 입의 위아래에 붙어(上顎 · 下顎) 입이나 다름없다. 입을 아가리라고도 하므로 아가리 즉 턱이라고 할 수 있다. '아가리'에서 '아가-아고-あご'로 이어진다. ㉯ 턱이란 물고기의 아가미에 해당한다. '아가미'에서 '아가-아고-あご'로 이어진다.
〔参考〕頤(이), 腮(시)와 이음(あご)을 같이한다.

아

【안】

安 안	訓読	やすい·やすらう·やすらか
	音読	アン

訓読풀이

① やすい : 物価(ぶっか)が安(やす)い 하면 물가가 싸다는 뜻이다.
'싸다'에서 '싸아-사이-수이-すい'로 이어지고, 접두어 や가 붙어 やすい가 된다.
〔参考〕 廉(렴 : やす)い와 이음을 같이한다.

② やすらう · やすらか : 安(안)은 便安(편안)히 쉬는 것을 뜻한다.
'쉬다'에서 '쉬라우-수라우-すらう'로 이어지고, 접두어 や가 붙어 やすらう가 된다.
〔参考〕 休(휴 : やす)らう와 이음을 같이 한다.

人名訓読例

- やす : 安寛(やすひろ), 安基(やすもと), 安徳(やすのり), 安文(やすぶみ), 安範(やすのり), 安国(やすくに).

岸 안	訓読	きし
	音読	ガン

訓読풀이

- きし : 岸(안)은 갯가를 뜻한다.
'갯가'에서 '갯-깃-기시-きし'로 이어진다.
〔参考〕 河岸(하안 : かし)와 이음을 같이 한다.

人名訓読例

- きし : 岸江(きしえ), 岸浪(きしなみ), 岸辺(きしべ), 岸信助介(きしのぶすけ), 岸川(きしかわ), 岸村(きしむら).

按 안	訓読	おさえる
	音読	アン

訓読풀이

- おさえる : ㉮ 按(안)은 붙잡는 것, 잡아서 누르는 것을 뜻한다. '잡다'에서 '잡아라-자에루-さえる'로 이어지고 접두어 お가 붙어 おさえる가 된다. ㉯ 按은 (감정을) 억제하는 것, 참는 것을 뜻한다. '참다'에서 '참아라-차에루-さえる'로 이어지고, 접두어 お가 붙어 おさえる가 된다.
〔参考〕 押(압), 抑(억)과 이음(おさえる)을 같이한다.

晏 안	訓読	おそい
	人名訓読	やす·はる
	音読	アン

訓読풀이

① おそい : 晏(안)은 늦는 것을 뜻한다〈何晏也 : 詩經 (하안야 : 시경), 晏起(안기)〉.
늦다의 '늦어'에서 '느저-노조-오소(ㄴ-ㅇ으로 변음)-おそい'로 이어진다.
〔参考〕 遅(지 : おそ)い와 이음을 같이한다.

② やす : 晏은 편히 쉬는 것을 뜻한다〈晏息(안식)〉.
'쉬다'에서 '쉬-수-す'로 이어지고, 접두어 や가 붙어 やす가 된다.

③ はる : 晏은 밝음, 맑음, 아름다움을 뜻한다〈言笑晏晏 : 詩經 (언소안안 : 시경), 晏 天淸也 : 說文 (안 천청야 : 설문), 羔裘晏兮 : 詩經 (고구안혜 : 시경)〉.

'밝다'에서 '발―바루―はる'로 이어진다.

〔参考〕春(춘)과 이음(はる)을 같이한다.

人名訓読例

① やす：晏夫(やすお), 晏代(やすよ), 晏子(やすこ), 晏正(やすまさ), 晏清(やすきよ), 晏弘(やすひろ).

② はる：晏梛(はるな).

眼 안	訓読	まなこ·め
	音読	ガン·ゲン

訓読풀이

① まなこ：眼(안)은 눈알, 눈동자(瞳子)를 뜻한다. 눈동자는 눈의 眼球(안구) 한 가운데 있는 꼬마처럼 조그마한 부분으로 보통 검게 보인다.

'눈의'에서 'まな'로 이어지고(め에서 ま, 소유격 '의'를 뜻하는 の에서 な로 변음), 적은 것을 뜻하는 瞳子(눈동자)의 子가 '꼬마―꼬―고―こ'로 이어져 まなこ로 합성된다.

② め：'눈매'에서 '매―め'로 이어진다. '열매'에서 '매―미―み(実), '몸매'에서 '매―미(身)'로 이어지는 것과 같은 이치이다.

人名訓読例

① まな(まなこ의 준말)：部(まなべ).

② め：眼崎(めさき).

雁 안	訓読	かり
	音読	ガン

訓読풀이

• かり：雁(안)은 기러기를 뜻한다.

'기러기'에서 '기'가 탈락, '기러―가러―가리―かり'로 이어진다. '비둘기'에서 '비두―바도―はと'로 이어지는 것과 같은 이치이다.

〔参考〕鴈(안)과 이음(かり)을 같이한다.

人名訓読例

• かり：雁高(かりたか), 雁金(かりかね), 雁野(かりの), 雁屋(かりや), 雁子(かりこ), 雁丸(かりまる).

鞍 안	訓読	くら
	音読	アン

訓読풀이

• くら：鞍(안)은 안장(鞍裝)을 뜻한다. ㉮ 안장은 말의 등에 걸터앉기 위하여 가죽으로 만든 자리이다. '걸터'에서 '걸―굴―구라―くら'로 이어진다. ㉯ 鞍은 편안하게(安) 걸터앉기 위하여 말등에 깔려 있는 가죽(革)으로 만든 자리이다. '깔려'에서 '갈―굴―구라―くら'로 이어진다.

人名訓読例

• くら：鞍馬(くらま), 鞍子(くらこ), 鞍谷(くらたに), 鞍田(くらた), 鞍岡(くらおか), 鞍井(くらい).

아

鴈 안	訓読	かり
	音読	ガン

訓読풀이

• かり：雁(안) 참조.

顔 안	訓読	かお·かんばせ·かおばせ
	音読	ガン

訓読풀이

① かお：顔(안)은 얼굴을 뜻한다.

'얼굴'에서 '어구―어가―오가'로 이어지고, '오가'가 도치(倒置)되어 かお가 된다.

② かおばせ：かおばせ는 얼굴빛, 즉 顔色(안색)을 뜻한다.

얼굴을 뜻하는 かお와 '빛'에서 비롯된 ばせ(빛–빗–밧–바세–ばせ)가 합성되어 かおばせ가 된다. かんばせ로도 읽는다.

人名訓読例

- かお：顔好(かおよし).

贋 안	訓読	にせ
	音読	ガン

訓読풀이

- にせ：贋(안)은 가짜 · 위조(偽造) · 모조(模造)를 뜻한다. 贋物(안물：にせもの)은 위조품, 贋金(안금：にせがね)은 위폐를 뜻한다. 한국어에서 '얼'을 어간으로 하는 단어들이 가짜 · 속임을 뜻한다. '얼렁뚱땅', '얼렁수', '얼넘기다', '얼러맞춘다' 등은 그럴듯하게 둘러대어 남을 속인다는 뜻이다.
  '얼'에서 '일–닐(ㅇ–ㄴ으로 변음)–니세(받침ㄹ–'세'로 분절)–にせ'로 이어진다.
  〔参考〕偽(위：にせ), 似(사：に)る와 이음을 같이한다.

【알】

軋 알	訓読	きしむ·きしる
	音読	アツ

訓読풀이

- きしむ · きしる：軋(알)은 두 물건이 서로 마찰하여 깨지는 소리, 삐걱거리는 소리를 뜻한다. 나아가 서로의 사이가 깨어져 옥신각신함을 뜻한다.
  '깨지다'에서 '깨짐–기지무–きしむ'로 이어진다.

斡 알	訓読	めぐる
	音読	アツ

訓読풀이

- めぐる：斡(알)은 도는 것, 돌리는 것을 뜻한다. 말면 돌아간다.
  '말다'에서 '말구–마구–매구–めぐる'로 이어진다.
  〔参考〕巡(순), 回(회), 廻(회)와 이음(めぐる)을 같이한다.

謁(謁) 알	訓読	まみえる
	音読	エツ

訓読풀이

- まみえる：謁(알)은 윗사람을 만나 뵙는 것을 뜻한다(謁見：알현). ㉮ まみえる는 目見(まみ)える로도 표기되는데 윗사람의 눈(目)을 뵙는다(見える)는 뜻이 된다. '눈매'에서 '매–마–ま'로 이어지고, '매–미–みえる'로 동사화 되어 まみえる로 합성된다. ㉯ '만나 뵈다'에서 '만–마–ま'로 이어지고, みえる와 합성되어 まみえる가 된다.

閼 알	訓読	ふさぐ
	音読	ア·アツ

訓読풀이

- ふさぐ：閼(알)은 붙잡고 가로막는 것을 뜻한다.
  '붙잡다'에서 '부자–ふさぐ'로 이어진다.
  〔参考〕塞(색：ふさ)ぐ와 이음을 같이한다.

【암】

岩 암	訓読	いわ
	音読	ガン

訓読풀이

• いわ：岩(암)은 바위를 뜻한다.
'바위'에서 '아우(ㅂ－ㅇ으로 변음)－아와－이와－いわ'로 이어진다.

人名訓読例

• いわ : 岩橋(いわばし), 岩島(いわしま), 岩本(いわもと), 岩波(いわなみ), 岩津(いわつ), 岩川(いわかわ).

庵 암	訓読	いおり·いお
	音読	アン

訓読풀이

① いおり：庵(암)은 암자(庵子)를 뜻한다. 암자는 풀이나 짚으로 지붕을 이은 조그마한 초막(草幕)을 일컫는다〈編草結庵：南齊書 (편초결암：남제서)〉.
'잇다'에서 '잇으리－이오리－いおり'로 이어진다. 家(いえ), 屋(や)가 이엉(짚)으로 이어져 '이어－いえ(家)', '이어－이여－や(屋)'로 이어지는 것과 이치를 같이한다.
② いお：いおり가 いお로도 쓰인다.

人名訓読例

① いお : 庵谷(いおたに · いおりや), 庵本(いおもと), 庵奥(いおおく), 庵原(いおはら), 庵井(いおい).
② いおり : 庵谷(いおりや), 庵島(いおりじま).

菴 암	訓読	いおり·いお
	音読	アン

訓読풀이

• いおり · いお：菴(암)은 암자를 뜻한다〈庵(암) 참조〉.

人名訓読例

① いお：菴谷(いおたに · いおや).
② い(いお의 준말)：菴原(いばら).

暗 암	訓読	くらい·くらむ
	音読	アン

訓読풀이

• くらい · くらむ：㉮ 暗(암)은 앞을 가려 어두워지는 것을 뜻한다. 金(かね)に暗(くら)む 하면 돈에 앞이 가리어 양심이 어두워짐을 뜻한다. '가리다'에서 '가려－가라－구라－くらむ'로 이어진다. ㉯ 暗은 그을린 것처럼 어둡고 침침한 상태를 나타낸다. '그을리다'에서 '글려－그라－구라－くらい'로 이어진다.
〔参考〕眩(현：くら)む와 이음을 같이한다.

闇 암	訓読	くらい·やみ
	音読	アン

訓読풀이

① くらい：闇(암)은 暗(암)과 이음을 같이한다〈暗(암) 참조〉.
② やみ：闇은 어둠을 뜻한다.
'어둠'에서 '얻음－어음－엄－암－야미－やみ'로 이어진다.

人名訓読例

• やみ：闇雲(やみぐも).

巌(巖) 암	訓読	いわ
	音読	ガン

訓読풀이

• いわ：巌(암)은 바위를 뜻한다.
'바위'에서 '아우(ㅂ－ㅇ으로 변음)－아와－이와－いわ'로 이어진다.

人名訓読例

• いわ : 巌本(いわもと), 巌寺(いわでら), 巌城(いわき), 巌田(いわた), 巌柱

아

(いわばしら), 巌真(いわま).

【압】

圧(壓) 압	訓読	おさえる·おす·へす
	音読	アツ·オウ

訓読풀이

① おさえる : 圧(압)은 잡아 누르는 것을 뜻한다.
'잡다'에서 '잡아라-자에루-さえる'로 이어지고, 접두어 お가 붙어 おさえる가 된다.
〔参考〕 抑(억), 押(압)과 이음(おさえる)을 같이한다.

② おす : '누르다'에서 '누-우(ㄴ-ㅇ으로 변음)-오-おす'로 이어진다.
〔参考〕 押(압), 捺(날)과 이음(おす)을 같이한다.

③ へす : 잡아 누르면 바람이나 물이 빠지게 되어 있다.
'빠지다(빼다)'에서 '빼-배-해-へす'로 이어진다.
〔参考〕 減(감 : へ)す와 이음을 같이한다.

押 압·갑	訓読	おす·おさえる
	人名訓読	いたる
	音読	オウ·コウ

訓読풀이

① おす : 押(압)은 누르는 것을 뜻한다.
'누르다'에서 '누-우(ㄴ-ㅇ으로 변음)-오-おす'로 이어진다.
〔参考〕 圧(압), 捺(날)과 이음(おす)을 같이한다.

② おさえる : 押(압)은 잡아 누르는 것을 뜻한다.
'잡다'에서 '잡아라-자에루-さえる'로 이어지고, 접두어 お가 붙어 おさえる가 된다.
〔参考〕 抑(억), 圧(압)과 이음(おさえる)을 같이한다.

③ いたる : 押(갑)은 잇닿는 것, 겹치는 것을 뜻한다〈羽檄重迹而押至 : 漢書 (우격중적이갑지 : 한서)〉.
'잇닿다'에서 '잇따라-이다루-いたる'로 이어진다.

人名訓読例

① おさえ · いたる : 押(외자 名).
② おさえ : 押口(おさえぐち).
③ おし : 押山(おしやま), 押勝(おしかつ), 押本(おしもと), 押野(おしの), 押田(おした), 押川(おしかわ).

狎 압	訓読	なれる
	音読	コウ

訓読풀이

• なれる : ㉮ 狎(압)은 일에 능숙해지는 것, 즉 일에 대한 기술 · 지식 등이 늘어나는 것을 뜻한다. '늘다'에서 '늘어-느러-나러-나레- なれる'로 이어진다.
㉯ 狎은 너무 친해서 놀리는 것, 업신여기는 것, 희롱하는 것을 뜻한다〈親狎(친압), 狎侮(압모)〉. '놀리다'에서 '놀려-노레-나레-なれる'로 이어진다.
〔参考〕 熟(숙), 慣(관), 馴(순)과 이음(なれる)을 같이한다.

鴨 압	訓読	かも·かもる
	音読	オウ

訓読풀이

• かも · かもる : 鴨(압)은 오리를 뜻하는데 속어로 이용하기 쉬운 상대를 뜻한

다. 이러한 상대를 '감(깜)'이라 한다. いいかもが来(き)た 하면 좋은 먹잇감이 왔다는 뜻이고, 何(なに)も知(し)らない人(ひと)をかもにする 하면 아무것도 모르는 사람을 먹잇감(뜯어낼 감, 혼낼 감, 속일 감 등)으로 삼는다는 뜻이다.
'감'에서 '가모-かも'로 이어지고, 동사화 되어 かもる가 된다. 麻雀(まじゃん)でかもられる 하면 마작에서 항상 속는 감(봉) 노릇한다는 뜻이다.

人名訓読例

- かも : 鴨谷(かもたに), 鴨頭(かもがしら), 鴨野(かもの), 鴨田(かもた), 鴨足(かもあし), 鴨池(かもいけ).

【앙】

央 앙·영	訓読	なか·なかば
	人名訓読	あきら·さなか·たかし·てる·ひさし·ひろし
	音読	オウ·エイ

訓読풀이

① なか·なかば : ㉮ 央(앙)은 한가운데를 뜻한다. '한가운데'에서 '한가-안가-아가-나가(ㅇ-ㄴ으로 변음)-なか'로 이어진다. ㉯ 央은 안의 가운데, 안의 곳을 뜻한다. '안의 가운데·안의 곳'에서 '안가(안곳)-아가-나가-なか'로 이어진다. ㉰ なか와 자리를 나타내는 '판'이 합성되어 'なか파-なかば'로 이어진다.
〔参考〕 中(중 : なか)와 이음을 같이한다.

② あきら : 央(영)은 선명한 것, 밝은 것을 뜻한다〈白旆央央 : 詩經 (백패영영 : 시경)〉.
'밝다'에서 '밝히라-바키라-아키라(ㅂ-ㅇ으로 변음)-あきら'로 이어진다.

③ さなか : 最의 음독 さい의 さ와 なか가 합성되어 さなか(最中)가 된다. 한국어로는 '한창'이라는 뜻을 갖는다. 戦争のさなか 하면 전쟁이 한창일 때라는 말이다.
〔参考〕 最中(최중 : さなか)와 이음을 같이한다.

④ たかし : 央(앙)은 가운데 부분이 높이(크게 : 大) 뜬(돋은·솟은) 모습(央)을 나타낸다.
'뜨다(돋다·솟다)'에서 '뜨고-다고-다가-たか(し)'로 이어진다.

⑤ てる : 선명하다·밝다는 것은 빛이 잘 쬐인다는 뜻이다.
'쬐다'에서 '쬐-쩨-데-てる'로 이어진다.
〔参考〕 照(조 : て)る와 이음을 같이한다.

⑥ ひさし : 央(앙)은 시간적, 장소적으로 길게 벌리어 있어 오래 되었다, 길다, 멀다 등을 뜻한다〈未央絶滅 : 素問 (미앙절멸 : 소문)〉.
'벌리다'에서 '벌-빌-비사(받침ㄹ-'사'로 분절)-ひさ(し)'로 이어진다.

⑦ ひろし : 央(앙)은 넓게 벌리어(펼쳐) 있음을 나타낸다.
'벌리다(펼치다)'에서 '벌(펼)-빌-비로-ひろ(し)'로 이어진다.

人名訓読例

① あきら·さなか·たかし·なか·なかば·ひさし·ひろし : 央(외자 名).
② なが : 央文(ながふみ).
③ てる : 央夫(てるお), 央所(てるのぶ), 央彦(てるひこ), 央子(てるこ·ひろ

こ).

④ ひさ : 央江(ひさえ · ひろえ), 央也(ひさや), 央往(ひさお), 央雄(ひさお), 央憲(ひさのり), 央一(ひさかず).

⑤ ひろ : 央江(ひろえ), 央耿(ひろあき), 央子(ひろこ), 央政(ひろまさ).

仰 앙	訓読	あおぐ·おおせ
	人名訓読	たかし
	音読	ギョウ·コウ·ゴウ

訓読풀이

① あおぐ : ㉮ 仰(앙)은 우러르는 것, 존경하는 것을 뜻한다〈仰慕(앙모), 仰望(앙망)〉. '우러르다'에서 '우러–울어–우어–아어–아오–あおぐ'로 이어진다. ㉯ 仰은 높이 올려 모시는 것을 뜻한다〈仰奉(앙봉)〉. '올리다'에서 '올어–오어–아오–あおぐ'로 이어진다.

② おおせ : 仰은 상관이 부하에게 내리는 명령, 즉 상관이 이르시는 말씀을 뜻한다. 仰(おお)せに従(したが)う 하면 이르시는 말씀(분부)에 따른다는 뜻이다.
'이르시다'에서 '일으시(다)–이오세–오오세–おおせ'로 이어진다.

③ たかし : 仰은 높이 떠받드는 것을 뜻한다.
'뜨다'에서 '뜨고–다고–다가–たか(し)'로 이어진다.

人名訓読例

① あおく · たかし : 仰(외자 名).

② おお : 仰木(おおき).

泱 앙	人名訓読	ひろ
	音読	オウ

訓読풀이

• ひろ : 泱(앙)은 끝없이 벌어지는(펼쳐지는) 광대한 상황을 나타낸다.
'벌어지다(펼쳐지다)'에서 '벌(펼)–빌–비로–ひろ'로 이어진다.

人名訓読例

• ひろ : 泱夫(ひろお), 泱泰(ひろやす).

怏 앙	訓読	うらむ
	音読	オウ

訓読풀이

• うらむ : 怏然(앙연)은 울고 싶도록 원망스러운 것을 뜻한다.
'울다'에서 '울음–우룸–우람–うらむ'로 이어진다.

昂 앙	訓読	あがる·たかぶる
	人名訓読	あきら·たかし·のぼる·ひさし
	音読	コウ·ゴウ

訓読풀이

① あがる : 昂(앙)은 올라가는 것을 뜻한다〈昂貴(앙귀), 昂揚(앙양)〉. ㉮ '올라가다'에서 '올가–오가–아가–あがる'로 이어진다. ㉯ '오르다'에서 '오–아–あがる'로 이어진다.
〔参考〕 上(상), 揚(양), 騰(등)과 이음(あがる)을 같이한다.

② たかぶる : ㉮ 昂은 감정 등이 들뜬 상황을 나타낸다. '뜨다'에서 '뜨고–다고–다가–たかぶる'로 이어진다. ㉯ 昂은 잘났다고 들떠 거만 부리는 것을 뜻한다. '뜨다'에서 たか로 이어지고, '부리다'에서 '부려–부루–ぶる'로 이어져 たかぶる로 합성된다.

③ あきら : 昂은 밝은 것을 뜻한다〈顒顒昂昂如圭如璋 : 詩經 (과과앙앙여규여장 :

시경)〉.
'밝다'에서 '밝히라–바키라–아키라(ㅂ–ㅇ으로 변음)–あきら'로 이어진다.

④ たかし : 昂은 높이 뜨는(솟는 · 돋는) 것을 뜻한다.
'뜨다(솟다 · 돋다)'에서 '뜨고–다고–다가–たか(し)'로 이어진다.

⑤ のぼる : 昂은 높이 오르는 것을 뜻한다.
'높다'에서 '놉–노보–のぼる'로 이어진다.
〔参考〕 上(상), 登(등), 昇(승)과 이음(のぼる)을 같이한다.

⑥ ひさし : 昂은 햇살 · 햇볕이 비추어 밝게 됨을 뜻한다.
'햇살'에서 '해살–히살–히사시(받침 ㄹ–'시'로 분절)–ひさし'로 이어진다.
〔参考〕 日差(일차), 陽射(양사)와 이음(ひざし)을 같이한다.

人名訓読例

① あきら · たかし · のぼる · ひさし : 昂(외자 名).

② たか : 昂男(たかお), 昂郎(たかお), 昂志(たかし), 昂昭(たかあき), 昂式(たかつね), 昂也(たかや).

殃 앙	訓読	わざわい
	音読	オウ

訓読풀이

• わざわい : 殃(앙)은 재난(災難) 등으로 불행한 일이 일어나 화(禍)나 재액(災厄) 등을 입는 것을 뜻한다. ㉮ 불행한 '일'이 '일어나다'에서 '일일어–알알이–아자(받침 ㄹ–'자'로 분절)아이–わざわい'로 이어진다. ㉯ 불행한 '일'을 '입다'에서 '일입어–알압이–아자아이–わざあい'로 이어진다.
〔参考〕 災(재), 禍(화), 厄(액) 등과 이음(わざわい)을 같이한다.

鞅 앙	訓読	むながい
	音読	オウ

訓読풀이

• むながい : 鞅(앙)은 가슴걸이 · 말 가슴 안장에 거는 가죽끈을 뜻한다.
가슴을 뜻하는 むな(胸 : 흉, 마음–맘–뭄–무내 · 무나–むね · むな)와 '걸이'에서 '거이–가이–がい'가 합성되어 むながい가 된다.
〔参考〕 胸懸(흉현 : むながい)로도 표기된다.

【애】

厓 애	訓読	がけ
	音読	ガイ

訓読풀이

• がけ : 厓(애)는 벼랑 · 낭떠러지를 뜻한다. 벼랑은 땅이나 바위가 산 또는 언덕 아래로 가파르게 걸려 있는 곳을 말한다.
'걸다'에서 '걸게–거게–가게–がけ'로 이어진다.
〔参考〕 崖(애)와 이음(がけ)을 같이한다.

哀 애	訓読	あわれ·あわれむ·かなしい·かなしむ
	音読	アイ

訓読풀이

① あわれ · あわれむ : 哀(애)는 슬피 우는 것을 뜻한다〈哀哭(애곡), 哀悼(애도)〉.
'울다'에서 '우러–우우러–아우레–あわれ'로 이어진다.

〔参考〕 憐(련 : あわ)れ와 이음을 같이한다.

② かなしい · かなしむ : 哀(かな)しむ는 슬퍼하는 것, 동정하는 것을 뜻한다. 愛しむ도 かなしむ로 훈독되는데 슬픔과 귀여움(고움)을 다같이 かなしい로 훈독한다. 愛(かな)しい는 '고운' 것에서 '곤-간-가나-かなしい'로 이어지는데 이제 고어화(古語化) 되어 쓰지 않고, 대신 슬픔을 뜻하는 哀(かな)しい로 의미 변화가 이루어진 것으로 보인다. 哀しい物語(ものがたり)는 슬픈 이야기를 뜻하는데, 이야기 자체는 '고운(곤)' 이야기라는 뉘앙스를 가지며, 友(とも)の死(し)を哀しむ 하면 고운 친구의 죽음을 슬퍼한다는 말이다. かなしいほど美(うつく)しい声(こえ)는 슬프도록 '고운(아름다운) 목소리라는 뜻으로, 슬픔과 고움이 서로 뜻을 같이함을 느낄 수 있다. 愛(かな)しい와 마찬가지로 哀しい도 '고운'에서 '곤-간-가나-かなしい'로 이어진다.

〔参考〕 悲(비 : かな)しい와 이음을 같이한다.

埃 애	訓読	ほこり
	音読	アイ

訓読풀이

• ほこり : 埃(애)는 먼지 · 티끌을 뜻한다. 먼지 · 티끌은 쓸모없는 헛것이다. '헛것'에서 '허거-호고-ほこり'로 이어진다.

啀 애	訓読	いがむ
	音読	アイ

訓読풀이

• いがむ : 啀(애)는 이를 갈며(깨물며) 으르렁거리는 것을 뜻한다. ㉮ '이(를) 갈다'에서 '이감-이가무-いがむ'로 이어진다. ㉯ '갈다'에서 '감-가무-がむ'로 이어지고, 접두어 い가 붙어 いがむ가 된다.

崖 애	訓読	がけ
	人名訓読	きし
	音読	ガイ

訓読풀이

① がけ : 崖(애)는 벼랑 · 낭떠러지 · 언덕을 뜻한다. 벼랑은 땅이나 바위가 산 또는 언덕 아래로 가파르게 걸려 있는 곳을 말한다. '걸다'에서 '걸게-거게-가게-がけ'로 이어진다.

〔参考〕 掛(괘 : かけ)와 이음을 같이한다.

② きし : 崖(애)는 갯가 · 기슭 · 물가를 뜻한다. ㉮ '갯가'에서 '갯-깃-기시-きし'로 이어진다. ㉯ '기슭'에서 '기수-기시-きし'로 이어진다.

人名訓読例

• きし : 崖(きし), 崖下(きしした).

涯 애	訓読	きし·はて·みぎわ
	音読	ガイ

訓読풀이

① きし : 涯(애)는 갯가 · 기슭을 뜻한다. ㉮ '갯가'에서 '갯-깃-기시-きし'로 이어진다. ㉯ '기슭'에서 '기수-기시-きし'로 이어진다.

② はて : 涯는 물(氵)이 땅(厓)과 붙은 물가를 뜻한다. '붙다'에서 '부다-바다-바데-はて'로 이어진다.

③ みぎわ：②의 '물가(끝)'에서 '물가–무가아–미기아–みぎわ'로 이어진다.

人名訓読例

• きし：涯田(きしだ).

隘 애	訓読	せまい
	音読	アイ

訓読풀이

• せまい：隘(애)는 좁은 것을 뜻한다.
'좁다'에서 '좁음–조움–좀–졤–せまい'로 이어진다.
〔参考〕狭(협：せま)い와 이음을 같이한다.

愛 애	訓読	いつくしみ·いつくしむ·いとしい·おしむ·めでる·かなしい·まな
	人名訓読	ちかし·なり·なる·ひで·めぐむ·よし
	音読	アイ

訓読풀이

① いつくしみ·いつくしむ：愛(いつく)しみ는 慈愛(자애), 즉 소중히 여겨 돕고 싶은 것을 나타낸다. 両親(りょうしん)のいつくしみ, 先生(せんせい)のいつくしみ는 자식이나 제자를 돕고 싶은 부모나 선생의 사랑을 나타낸다.
'돕고 싶음'에서 '도구시움–두구심–つくしみ'로 이어지고, 접두어 い가 붙어 いつくしみ가 된다.
〔参考〕傅(부：いつ)く, 慈(자：いつく)しみ와 이음을 같이한다.

② いとしい：愛(애)는 애틋하게 사랑함을 뜻한다.
'애틋'에서 '애도시–이도시–いとしい'로 이어진다.

③ おしむ：愛는 아깝게, 아쉽게 여김을 뜻한다〈文臣不愛錢 武臣不愛死 ：宋史(문신불애전무신불애사：송사)〉.
'아쉽다'에서 '아쉼–오심–오시무–おしむ'로 이어진다.
〔参考〕惜(석：おし)む와 이음을 같이한다.

④ めでる：愛는 상대가 멋져 즐기고 좋아하는 것을 뜻한다. 月(つき)をめでる 하면 달이 멋져서 즐긴다는 뜻이고, 勇気(ゆうき)にめでる 하면 용기가 멋져 좋아한다는 뜻이다.
'멋져'에서 '멎–맫–매대–めでる'로 이어진다.

⑤ かなしい：愛는 상대가 고와서 귀여워하는 것을 뜻한다〈慈親之愛其子也：呂覽 (자친지애기자야：여람)〉.
'곱다'에서 '고운–곤–간–가나–かなしい'로 이어진다. 이제는 古語化되어 悲·哀(かなしい)뜻으로 쓰인다.

⑥ まな：사람을 나타내는 말에 접두어로 붙어 정말로 귀여움, 사랑스러움을 나타낸다. 愛娘(まなむすめ)는 정말 귀여운 딸이라는 뜻이고, 愛弟子(まなでし)는 정말 사랑하는 제자라는 뜻이다.
정말을 뜻하는 '맞다'의 '마–ま(真：진)'와 の의 변음 な가 합성되어 'まの(真の)–まな(真な)'로 이어진다.

⑦ ちかし：愛는 친밀하게(친근하게) 대하는 것을 뜻한다〈汎愛衆而親仁 ：論語(범애중이친인：논어)〉. 친근(親近)하게 대함은 바로 곁(近：근)에 있는 것처럼 친(親)하게 대함을 뜻한다. ㉮ 제주방언에 '곁'을 '조곹에'라고 한다. '조곹'에서

'조고-지가-ちか(し)'로 이어진다. ㉯ 곁은 거리가 짧은 곳을 말한다. '짧고'에서 '자고-지고-지가-ちか'로 이어진다.
〔参考〕近(근 : ちか)い와 이음을 같이한다.

⑧ なり · なる : 愛는 사랑스럽게 · 아름답게 · 귀엽게 · 올바르게 태어난 것 또는 그런 사람을 사랑함을 뜻한다.
'나다'에서 '나-なる'로 이어진다.

⑨ ひで : 愛는 여럿 중에서 특히 빼어난 것을 사랑하고 귀여워함을 뜻한다.
'빼어나다'에서 '빼어-비어-비이-ひいでる'로 이어지고, ひで로 준말이 된다.
〔参考〕秀(수 : ひい)でる와 이음을 같이한다.

⑩ めぐむ : 사랑의 대상은 타고 날 때 이미 매겨져 있다고 본다.
'매김'에서 '매굼-매구무-めぐむ'로 이어진다. ⑧의 なり · なる와 이음의 이치를 같이한다.

⑪ よし : 愛의 대상은 올바름을 중요한 속성으로 한다.
'올'에서 '오시(받침 ㄹ-'시'로 분절)-よし'로 이어진다.

人名訓読例

① いと · ちかし · なる · めぐむ · よしみ : 愛(외자 名).
② まな : 愛美(まなみ · めぐみ), 愛備(まなび).
③ ちか : 愛民(ちかたみ · なるみ), 愛発(ちかなり · なりとき), 愛信(ちかのぶ) 愛友(ちかとも), 愛雄(ちかお · よしお), 愛里(ちかり).
④ なり : 愛発(なりとき), 愛蔵(なりつぐ).
⑤ なる : 愛民(なるみ), 愛彦(なるひこ · よしひこ), 愛一(なるかず), 愛子(なるこ), 愛長(なるなが), 愛親(なるちか).
⑥ ひで : 愛人(ひでと · ひでひと), 愛正(ひでまさ).
⑦ めぐ : 愛美(めぐみ · まなみ).
⑧ よし : 愛国(よしくに), 愛徳(よしのり), 愛明(よしあき), 愛文(よしふみ), 愛昶(よしてる), 愛弘(よしひろ).

睚 애	訓読	まなじり
	音読	ガイ

訓読풀이

• まなじり : 睚(애)는 눈초리를 뜻한다.
'눈매'에서 '매-마-ま'로 이어지고, 소유를 나타내는 '네'(너네 것, 김가네 것 등)에서 '나-な'로 이어져 まな로 합성되고, '초리'에서 '치리-じり'로 이어져 まなじり가 된다.

碍 애	訓読	さまたげる
	音読	ガイ

訓読풀이

• さまたげる : 碍(애)는 장애(障碍), 즉 짐 되는 것을 뜻한다.
'짐 되'에서 '잠다-자마다-さまたげる'로 이어진다.
〔参考〕妨(방 : さまた)げる와 이음을 같이한다.

皚 애	訓読	しろい
	音読	ガイ

訓読풀이

• しろい : 皚皚(애애)는 하얀 눈 · 하얀 서리 등이 하얗게 내린 모양을 나타낸다.
'서리'에서 '시리-시로-しろい'로 이어진다.

曖 애	訓読	くらい
	音読	アイ

訓読풀이

• くらい : ㉮ 曖(애)는 무엇에 가리어 애매모호(曖昧模糊)한 것을 뜻한다. '가리어'에서 '구리-구라-くらい'로 이어진다. ㉯ 曖는 그을려 희미하게 보이는 것을 뜻한다. '그을'에서 '글-구라-くらい'로 이어진다.

藹 애	訓読	しげる
	音読	アイ

訓読풀이

• しげる : 藹(애)는 초목이나 열매가 가득 찬 모양을 나타낸다〈藹藹(애애)〉.
'차다'에서 '차거라-사거라-시게루-しげる'로 이어진다.

人名訓読例

• しげる : 藹(외자 名).

靄 애	訓読	もや
	音読	アイ

訓読풀이

• もや : 靄(애)는 안개를 뜻한다. 안개는 대기 중에 수증기가 모여 날아다녀서 앞이 잘 안 보이는 현상을 말한다. 기상관측상으로는 시정(視程) 1킬로미터 이상의 경우를 말하고 그 이하의 경우에는 霧(きり : 가을안개), 霞(かすみ : 봄안개)로 구분한다.
霧는 안개가 '가리는' (가리-기리-きり로 이어짐) 현상, 霞는 안개가 주위를 '감싸는'(감쌈-가숨-가수미-かすみ로 이어짐) 현상과 관련하여 한국어와 이어지고, 靄는 수증기가 모여 시야를 가리고 감싸는 현상을 일으킴으로 해서 '모여'에서 もや로 이어진다.

人名訓読例

• もや : 靄子(もやこ).

【액】

厄 액	訓読	わざわい
	音読	ヤク

訓読풀이

• わざわい : 殃(앙) 참조.

扼 액	訓読	おさえる
	音読	ヤク

訓読풀이

• おさえる : 扼(액)은 움켜 잡는 것을 뜻한다.
'잡다'에서 '잡아라-자에루-さえる'로 이어지고, 접두어 お가 붙어 おさえる가 된다.

掖 액	訓読	わき
	音読	エキ

訓読풀이

• わき : 掖(액)은 겨드랑이, 옆구리를 뜻한다.
'옆구리'에서 '여구-여기-아기-わき'로 이어진다.
〔参考〕 脇(협 : わき)와 이음을 같이한다.

腋 액	訓読	わき
	音読	エキ

訓読풀이

• わき : 腋(액)은 옆구리, 겨드랑이를 뜻한다.
'옆구리'에서 '여구-와구-와기-わき'로

이어진다.

〔参考〕 脇(협 : わき)와 이음을 같이한다.

額 액	訓読	ぬか·ひたい
	人名訓読	はけ
	音読	ガイ

訓読풀이

① ぬか : 額(액)은 이마를 뜻한다. 이마는 눈썹 위로부터 머리털이 난 부분까지의 사이를 말한다. 이마가 넓다 함은 눈썹이나 머리털 등 털이 많이 벗겨나간 것을 의미한다. 즉 다른 동물과 달리 눈썹이나 머리털 사이 털이 벗겨 나간 부분이 이마가 된다.

'벗겨 나가다(내다)'에서 '나가(내고)-누가-ぬか'로 이어진다.

〔参考〕 糠(강 : ぬか), 葱(총 : ねぎ), 抜(발 : ぬ)く, 脱(탈 : ぬ)ぐ 등과 이음의 이치를 같이한다.

② ひたい : 다른 동물과 달리 눈썹이나 머리털 사이의 털이 벗어진 부분이 이마가 된다.

'벗다(벗어지다)'에서 '벋-빋-비다-ひたい'로 이어진다.

③ はけ : 이마는 ①, ②에서와 같이 털 등이 벗겨진 부분으로 인식된다.

'벗겨'에서 '버겨-버게-바게-はけ'로 이어진다.

〔参考〕 禿(독 : はげ)와 이음을 같이한다.

人名訓読例

① ぬか · はけ : 額(외자 名).

② ぬか : 額狩(ぬかがり), 額田(ぬかた · ぬかだ), 額田部(ぬかたべ), 額賀(ぬかが), 額戸(ぬかど).

【야】

也 야	訓読	なり
	音読	ヤ

訓読풀이

• なり : 我学者也(아학자야)를 口語(구어)로 われは学者(がくしゃ)だ라 읽기도 하고, 文語(문어)로 われは学者なり로 읽기도 한다. 한국어에서도 我学者也를 나는 학자다라고 읽기도 하고 나는 학자니라 하고 읽기도 한다.

'니라'에서 '나라-나리-なり'로 이어진다.

人名訓読例

• なり : 也夫(なりお)也実(なりみ)也楨(なりさた).

冶 야	訓読	いる
	人名訓読	はり
	音読	ヤ

訓読풀이

① いる : 冶(야)는 쇠붙이를 녹여 주조(鋳造)하는 것을 뜻한다(冶金 : 야금). 녹인다는 것은 가열하여 익게 하는 것(익히다)을 뜻한다.

'익다'에서 '이-いる'로 이어진다.

〔参考〕 鋳(주 : い)る와 이음을 같이한다.

② はり : 冶는 가열하여 쇠를 불리는 것을 뜻한다.

'불리다'에서 '불-발-바리-はり'로 이어진다.

③ はつ : '불리다'에서 '불-발-바쑤(받침 ㄹ-'쑤'로 분절)-はつ'로 이어진다.

人名訓読例

① はり : 冶田(はりた · はった).

② はっ：冶田(はった).

夜 야	訓読	よる·よ
	音読	ヤ

訓読풀이

① よる：夜(야)는 밤을 뜻한다. 밤은 해가 진 뒤부터 해가 뜰 때까지이다. 해가 지거나 해가 뜰 때 하늘이 벌겋게 물드는 노을(놀) 현상이 일어나는데, 저녁노을이 지면 밤이 되고 새벽노을이 일면 낮이 시작된다. 즉 노을이 밤낮 구별의 기준이 된다고 볼 수 있다.
'노을'에서 '놀－올－오루－よる'로 이어진다.

② よ：'놀'에서 '노－요(ㄴ－ㅇ으로 변음)－よ'로 이어진다.

人名訓読例

① よる：夜昼(よるひる).

② よ：夜開(よあけ), 夜見(よみ), 夜明(よあけ), 夜船(よぶね), 夜潮(よしお), 夜梨(よなし).

野 야	訓読	の
	人名訓読	とこ
	音読	ヤ

訓読풀이

① の：野(야)는 들판 · 논밭을 뜻한다〈沃野千里：戰國策 (옥야천리：전국책)〉.
'논밭'에서 '논－노－の'로 이어진다. 한편 '밭'에서 '받－바다－はた'로 이어진다.

② とこ：野는 장소 · 곳을 뜻한다. 장소를 뜻하는 고유어로 '데'와 '곳'이 있다.
'데(갈 데, 잘 데 등)'에서 '데－도－と'로 이어지고, '곳'에서 '고－こ'로 이어져 とこ로 합성된다.
〔参考〕所(소：とこ)와 이음을 같이한다.

人名訓読例

① の：野関(のぜき), 野口(のぐち), 野山(のやま), 野本(のもと), 野寺(のでら), 野田(のだ).

② とこ：野老(ところ · のえ), 野老山(ところやま).

揶 야	訓読	からかう
	音読	ヤ

訓読풀이

• からかう：揶(야)는 놀리는 것, 골리는 것을 뜻한다〈揶揄(야유), 揶弄(야롱)〉.
'골리다'에서 '골－갈－가라－からかう'로 이어진다.

惹 야	訓読	ひく
	音読	ジャク

訓読풀이

• ひく：惹(야)는 빼어 당기는 것, 일으키는 것, 이끄는 것을 뜻한다. ㉮ '빼다'에서 '배－비－ひく'로 이어진다. ㉯ '일으키다'에서 '일－이－히(ㅇ－ㅎ으로 변음)－ひく'로 이어진다. ㉰ '이끌다'에서 '이－ひく'로 이어진다.
〔参考〕引(인：ひ)く와 이음을 같이한다.

【약】

若 약	訓読	もし·もしか· わかい·ごとし·しく
	人名訓読	よし
	音読	ジャク·ニャク

訓読풀이

① もし · もしか：若(も)し는 조건, 가정

을 나타낸다. 한국어에는 萬一(만일), 萬若(만약), 或是(혹시) 등 한자어로만 표시되고 고유어는 없다고 볼 수 있다. 한국어에서는 공문서를 포함한 문어체에서 조건, 가정을 나타낼 때 대부분의 경우 만일 또는 만약을 쓰지만, 일상회화에서는 만일 또는 만약을 생략하고(우천이면 안 간다, 고가이면 안 산다 등), 그 대신 '무엇이(뭐시)'라는 말이 이에 갈음하여 쓰인다. 예컨대 '만약 비가 오면 안 간다'는 표현에서 만약 대신 '뭣'를 앞에 놓아 '뭣이 비가 오면 안 간다'라고 표현한다. 이 경우 '뭣이고'는 무슨 조건이나 가정이 이루어졌을 때 '무슨(것)' 결과가 일어날 것인가를 나타내준다. '무엇(고)–멋(고)'에서 '멋(고)–뭇(고)–모시(가)–もし(か)'로 이어진다.

② わかい：若(약)은 너무 젊어 幼弱(유약)함, 즉 어리고 여린 것을 뜻한다. ㉮ '어리다'에서 '얼이다–얼고–아고–아가–わかい'로 이어진다. ㉯ '여리다'에서 '열이다–열고–여고–아가–わかい'로 이어진다. ㉰ 유약한 젊은이를 '어린(여린) 아기'라고 부른다. '아기'에서 '아가–わかい'로 이어진다.

③ ごとし：若은 같음을 뜻한다〈民之望之若大旱之望雨也 : 孟子 (민지망지약대한지망우야 : 맹자)〉.

'같다'에서 '같지–곹지–고토시–ごとし'로 이어진다.

〔参考〕如(여 : ごと)し와 이음을 같이한다.

④ しく：若은 뒤좇는 것, 따르는 것, 필적하는 것을 뜻한다. 桜(さくら)にしく花(はな)はない 하면 벚꽃을 좇을만한 꽃은 없다는 뜻이다.

'좇다'에서 '조구–지구–시구–しく'로 이어진다.

〔参考〕如(여), 及(급)과 이음(しく)을 같이한다.

⑤ よし：若은 올바른 것, 좋은 것을 뜻한다.

'올'에서 '오시(받침ㄹ–'시'로 분절)–よし'로 이어진다.

人名訓読例

① わか：若鍋(わかなべ), 若乃花(わかのはな), 若帯(わかたらし), 若城(わかしろ), 若原(わかはら), 若田(わかた).

② よし：若枝(よしえ), 若形(よしかた).

約 약	訓読	つづまる·つづめる
	音読	ヤク

訓読풀이

• つづまる · つづめる：約(약)은 짧아짐, 줄어듦을 뜻한다. つづまった語形(ごけい)는 짧아진(줄어든) 어형이라는 뜻이다.

'짧다'에서 '짧음–짜음–짬–쭘–주주마–つづまる · つづめる'로 이어진다.

弱(弱) 약	訓読	よわい·よわまる·よわめる
	音読	ジャク·ニャク

訓読풀이

• よわい · よわまる · よわめる：㉮ 弱(약)은 여린 것을 뜻한다. '여리다'에서 '열이다–여이–여아–요아–よわい · よわまる · よわめる'로 이어진다. ㉯ 弱은 몸이 여위어 힘이 세지 않다는 뜻이다. '여위'에서 '여워–여아–요아–よわい'로 이어진다.

薬(藥) 약	訓読	くすり
	人名訓読	くす·くすし
	音読	ヤク

訓読풀이

① くすり : 薬(약)은 병을 고치는 데 효과가 있는 것의 총칭이다. 한국어에는 고유어가 없고 한자어 밖에 없다. 약은 한마디로 병을 고치는 기능을 한다〈不可救藥 : 詩經 (불가구약 : 시경)〉.
'고치다'에서 '고추리–구수리–くすり'로 이어진다.

② くす : くすり의 준말.

③ くすし : くすりし(薬師)의 변한 말로 병을 고치는 의사를 뜻하고, やくし(薬師)는 薬師如来(やくしにょらい)의 준말로 불교에서의 약사여래를 뜻한다.

人名訓読例

① くすし · くすり : 薬(외자 名).

② くすり : 薬屋(くすりや), 薬子(くすりこ · くすこ).

③ くす : 薬師(くすし · やくし), 薬王(くすおう).

④ くすし : 薬戸(くすしえ · くすしべ).

躍 약	訓読	おどり·おどる
	人名訓読	てる
	音読	ヤク

訓読풀이

① おどり · おどる : 躍(약)은 뛰는 것을 뜻한다〈躍動(약동), 躍進(약진)〉.
'뛰다'에서 '두–도–どる'로 이어지고 접두어 お가 붙어 おどる가 된다.

② てる : '뛰다'에서 '두–데–てる'로 이어진다.

人名訓読例

① おどり : 躍場(おどりば).

② てる : 躍金(てるきん).

【양】

羊 양	訓読	ひつじ
	音読	ヨウ

訓読풀이

• ひつじ : 범(虎)이 털로 상징되듯(그래서 '털–톨–토라–とら'로 이어짐), 羊(양)은 뿔로 상징된다.
'뿔'에서 '불–빌–비쑤지(받침 ㄹ–'쑤지'로 분절)–ひつじ'로 이어진다. 形(형)이 '꼴'에서 '갈–가다찌–かたち'로 이어지는 것과 같은 이치이다.

人名訓読例

• ひつじ : 羊田(ひつじだ).

佯 양	訓読	いつわる
	音読	ヨウ

訓読풀이

• いつわる : 佯狂(양광)은 미친 체 속이는 것, 佯病(양병)은 거짓 병으로 속이는 것을 뜻한다.
'속이다'에서 '속아라–소아루–수와루–つわる'로 이어지고, 접두어 い가 붙어 いつわる가 된다.
〔参考〕 偽(위 : いつわ)る와 이음을 같이 한다.

洋 양	訓読	うみ
	人名訓読	なだ·おおみ·なみ·ひろ
	音読	ヨウ

訓読풀이

① うみ : 洋(양)은 바다(海)를 뜻한다. 바다는 파도가 너울거리는 곳이다.

'너울'에서 '넘-눔-누미-우미(ㄴ-ㅇ으로 변음)-うみ'로 이어진다. 한편 洋이나 海는 물로 가득 찬 곳이다. '물'에서 '무-미-み'로 이어지고 접두어 う가 붙어 うみ로 이어진다.

② なだ : 洋은 파도, 즉 너울이 센 바다이다.
'너울'에서 '널-날-나다(받침ㄹ-'다'로 분절)-なだ'로 이어진다.
〔参考〕 灘(탄 : なだ)와 이음을 같이한다.

③ おおみ : 洋은 大海(대해), 즉 큰 바다를 뜻한다. 큰 것(大)을 뜻하는 おお(하다-하아-아아-오오-おお)와 ①의 うみ가 합성되어 'おおうみ-おおみ'로 이어진다.

④ なみ : ① 및 ②의 '너울'에서 '넘-남-나미-なみ'로 이어진다.
〔参考〕 波(파 : なみ)와 이음을 같이한다.

⑤ ひろ : 洋은 널리 펼쳐진 모양을 나타낸다.
'펼치다(벌리다)'에서 '펼(벌)-빌-비로-ひろ'로 이어진다.

人名訓読例

① おおみ · ひろし · ひろみ · ひろむ : 洋(외자 名).

② なだ : 洋見(なだみ), 洋雄(なだお · ひろお).

③ なみ : 洋大(なみお · ひろお), 洋夫(なみお · ひろお), 洋子(なみこ · ひろこ).

④ ひろ : 洋基(ひろもと), 洋代(ひろよ), 洋明(ひろあき), 洋文(ひろぶみ), 洋昭(ひろあき), 洋人(ひろと).

恙 양	訓読	つつが·つつがむし
	音読	ヨウ

訓読풀이

• つつが · つつがむし : 恙(양 : つつが)은 つつがむし(恙虫 : 양충)의 준말이다. つつがむし(恙虫)는 진드기의 하나로 つつがむし病(병)을 전염시킨다.
'진드기'에서 '지두기-주두기-주두가-つつが'로 이어진다.
つつがむし병은 열병의 하나로 옛날에는 피부궤양이 생기고 중환자는 3주 이내에 사망하는 일본 특유의 풍토병이었다. 이런 무서운 병을 전염시키므로 つつが(つつがむし)는 병고(病苦), 재난 등 근심거리를 뜻하게 된다. つつがなく長(なが)い旅(たび)を終(お)えた 하면 진드기병도 안 걸리고, 즉 병 없이 긴 여행을 잘 마쳤다는 뜻이다. むし(虫)는 '못(된 것)'에서 '못-뭇-무시-むし'로 이어진다.

痒 양	訓読	かゆい
	音読	ヨウ

訓読풀이

• かゆい : 背中(せなか)が痒(かゆ)い 하면 등이 가려운 것을 뜻한다.
'가려워'에서 '갈여워-가유어-かゆい'로 이어진다.

揚 양	訓読	あがる·あげる
	人名訓読	あき·たて·やな
	音読	ヨウ

訓読풀이

① あがる · あげる : ㉮ 揚(양)은 올라가는 것을 뜻한다. '올라가다'에서 '올아가-오가-아가-あがる · あげる'로 이어진다. ㉯ '위로 가다'에서 '위가-아가-あがる'로 이어진다. ㉰ '오르다'에서 '오-아-あ

げる'로 이어진다.

〔参考〕上(상), 挙(거), 騰(등)과 이음(あがる · あげる)을 같이한다.

② あき : 揚은 밝히는 것을 뜻한다.

'밝히다'에서 '발키—아키(ㅂ—ㅇ으로 변음)—あき'로 이어진다.

③ たて : 揚은 명성 등이 높이 서는 것, 떨치는 것(揚名 : 양명)을 뜻한다. ㉮ '서다'에서 '더다—다데—たて'로 이어진다. ㉯ '떨치다'에서 '떨—달—다데(받침 ㄹ—'데'로 분절)—たて'로 이어진다.

④ やな : 오른다는 것은 날아오른다는 뜻이다〈揚於地 : 列子 (양어지 : 열자)〉.

'날아'에서 '나아—아나(ㄴ—ㅇ으로 변음)—やな'로 이어진다.

人名訓読例

① あが : 揚妻(あがつま · あげつま).

② あげ : 揚野(あげの), 揚屋(あげや), 揚羽屋(あげはや), 揚原(あげはら), 揚田(あげた), 揚井(あげい · やない).

③ あき : 揚士(あきひと).

④ たて : 揚城(たてき).

⑤ やな : 揚井(やない · あげい).

陽 양	訓読	ひ·ひなた·いつわる
	人名訓読	あきら·きよし·たかし·てる·のぼる·はる·ひかり·ひかる·ひたか·ひて·ひろし·みなみ
	音読	ヨウ

訓読풀이

① ひ : 陽(양)은 해 · 빛을 뜻한다.

'해(빛)'에서 '해(비)—히—ひ'로 이어진다.

〔参考〕日(일)과 이음(ひ)을 같이한다.

② ひなた : 陽은 양지(陽地), 양달을 뜻한다. 양달 · 양지는 '해 나는 곳', '빛나는 곳'을 뜻한다.

'해 나다(빛나다)'에서 '히나다—ひなた'로 이어진다.

③ いつわる : 陽은 속이는 것을 뜻한다〈儋陽爲縛其奴 : 漢書 (담양위박기노 : 한서)〉.

'속이다'에서 '속아라—소아루—수와루—つわる'로 이어지고, 접두어 い가 붙어 いつわる가 된다.

〔参考〕佯(양), 偽(위)와 이음(いつわる)을 같이한다.

④ あきら : 陽은 밝히는 것을 뜻한다.

'밝히다'에서 '바키라—아키라(ㅂ—ㅇ으로 변음)—あきら'로 이어진다.

⑤ きよし : 陽은 깨끗한 것, 고운 것, 갠 것을 뜻한다〈陽淸也 : 玉篇 (양청야 : 옥편)〉.

'깨끗'에서 '객읏—개으—기오—きよ', '고와'에서 '기아—기오—きよ', '개다'에서 '개어—기오—きよ'로 이어진다.

〔参考〕清(청)과 이음(きよ)을 같이한다.

⑥ たか : 陽은 해가 높이 뜬 것, 솟은 것, 돋은 것을 뜻한다.

'뜨다(돋다 · 솟다)'에서 '뜨고—다고—다가—たか'로 이어진다.

⑦ てる : 陽은 빛을 쬐는 것을 뜻한다.

'쬐다'에서 '재—대—てる'로 이어진다.

⑧ のぼる : 陽은 해가 높이 떠 있는 것을 뜻한다.

'높다'에서 '높—노보—のぼる'로 이어진다.

⑨ はる : 陽은 밝은 것을 뜻한다.

'밝다'에서 '발—할—하루—はる'로 이어진다.

〔参考〕春(춘)과 이음(はる)을 같이한다.

아

⑩ ひかり・ひかる：陽은 빛깔을 뜻한다.
'빛깔'에서 '비가리–ひかり・ひかる'로 이어진다.

⑪ ひたか：陽은 해(ひ)가 낮(正午)에 높이 뜨고(솟고) 있음을 뜻한다〈殷人祭其陽：禮記 (은인제기양：예기)〉.
'해 뜨고'에서 '히다고–히다가–ひたか'로 이어진다.

⑫ ひろし：陽은 밖으로, 앞으로 펼쳐 나아감을 뜻한다〈外爲陽：左氏傳 (외위양：좌씨전), 前爲陽：儀禮 (전위양：의례)〉.
'펼치다'에서 '펼–필–힐–히로–ひろ(し)'로 이어진다.

⑬ みなみ：陽은 남향(南向)을 뜻하고〈在南山之陽：詩經 (재남산지양：시경)〉, 내・강의 북쪽을 가리킨다〈水北為陽 山南為陽：수북위양 산남위양〉. 漢陽은 강의 북쪽에 위치하며 방향으로는 남쪽을 향한다.
南(남)에서 '남–나미–なみ'로 이어지고, 접두어 み가 붙어 みなみ가 된다.

人名訓読例

① あきら・きよし・たかし・のぼる・はる・ひかり・ひかる・ひたか・ひなた・ひろし・みなみ：陽(외자 名).

② ひ：陽羅(ひら), 陽邦(ひのくに), 陽日(ひなた), 陽川(ひかわ), 陽吉(ひよし), 陽出子(ひでこ).

③ ひなた：陽日(ひなた).

④ あき：陽男(あきお・はるお), 陽徳(あきのり), 陽夫(あきお・てるお・はるお), 陽文(あきぶみ・はるふみ・ひろし), 陽人(あきひと).

⑤ きよ：陽康(きよやす), 陽右(きよすけ), 陽子(きよこ・あきこ・はるこ), 陽之(きよし), 陽通(きよみち).

⑥ たか：陽文(たかし・あきぶみ・はるふみ・ひろし), 陽信(たかのぶ), 陽弘(たかひろ), 陽治(たかのぶ).

⑦ てる：陽夫(てるお・あきお・はるお), 陽典(てるみち).

⑧ はる：陽江(はるえ), 陽啓(はるひろ), 陽代(はるよ), 陽美(はるみ), 陽子(はるこ), 陽史(はるふみ).

⑨ ひろ：陽史(ひろし).

煬 양	訓読	あぶる
	音読	ヨウ

訓読풀이

- あぶる：煬(양)은 불을 쬐는 것, 불을 때는 것을 뜻한다.
  '불'에서 동사화 되어 ぶる로 이어지고, 접두어 あ가 붙어 あぶる가 된다.
  〔参考〕炙(적), 焙(배)와 이음(あぶる)을 같이한다.

樣(様) 양	訓読	さま・ざま
	音読	ヨウ

訓読풀이

① さま：㉮ 樣(양)은 모양・모습을 뜻한다. 즉 사물의 됨됨이를 나타낸다. 各樣各色(각양각색)은 됨됨이가 제각각이라는 말이고, 樣好(さまよ)し는 됨됨이가 좋다는 말이다. '됨'에서 '댐–담–잠–사마–さま'로 이어진다. ㉯ 樣은 동사의 연용형에 붙는다. 帰(かえ)り樣(さま)는 돌아오자마자를 뜻하는데, 막 돌아오는 참이라는 뜻이다. '참'에서 '차마–사마–さま'로 이어진다.

② ざま：樣을 ざま로 읽을 때는 속어로 '꼴・꼬락서니'를 뜻한다. その樣(ざま)

はなんだ 하면 그 꼬락서니(됨됨)가 뭐냐라는 뜻으로 쓰인다. ①에서처럼 '됨'에서 '됨-담-잠-자마-ざま'로 이어진다.

人名訓読例

• さま：様似(さまに).

養 양	訓読	やしなう
	人名訓読	おさむ·かい·のぶ·まもる·やす·や
	音読	ヨウ

訓読풀이

① やしなう：養(양)은 아이 · 새끼를 낳는 것을 뜻한다.
'아이 · 새끼(아새끼)'에서 '아새-아시-やし'로 이어지고, '낳다'에서 '나아-나우-やしなう'로 이어진다.

② おさむ：養은 꽉 잡아 잘 다스리는 것, 잘 길러 내는 것을 뜻한다.
'잡다'에서 '잡음-자음-잠-자무-さむ'로 이어지고, 접두어 お가 붙어 おさむ가 된다.

③ かい：養은 잘 길러내는 것(養育：양육), 키우는 것을 뜻한다. ㉮ '기르다'에서 '길어-기우-가우-かう · かい'로 이어진다. ㉯ '키우다'에서 '키우-카우-かう · かい'로 이어진다.
〔参考〕 飼(사 : か)う와 이음을 같이한다.

④ のぶ：養은 높이 받들어 모시는 것을 뜻한다〈不顧父母之養：孟子 (불고부모지양 : 맹자)〉. '높다'에서 '놉-노부-のぶ'로 이어진다.

⑤ まもる：養은 병같은 위험에 걸리지 말도록 잘 지켜 키워내는 것을 뜻한다.
'말리다'에서 '맘-마모-まもる'로 이어진다. 또한 '막다'에서 '막음-마음-맘-마모-まもる'로 이어진다.
〔参考〕 守(수), 護(호)와 이음(まもる)을 같이한다.

⑥ やす：養은 편히 쉰다는 뜻이다.
'쉬다'에서 '수-す'로 이어지고, 접두어 や가 붙어 やす가 된다.

⑦ や：①의 やしなう 또는 ⑥의 やす의 준말.

人名訓読例

① おさむ · まもる · やしなう ： 養(외자 名).
② おさ：養信(おさのぶ).
③ かい：養父(かいぶ · やぶ).
④ のぶ ： 養道(のぶみち), 養仲(のぶなか).
⑤ やす ： 養根(やすもと), 養史(やすふみ), 養長(やすなが), 養光(やすみつ), 養男(やすお).
⑥ や ： 養父 (やぶ · かいぶ), 養隈(やくま), 養宜(やぎ).

壌(壤) 양	訓読	つち
	人名訓読	くに·ゆたか
	音読	ジョウ

訓読풀이

① つち：壌(양)은 기름진 흙 · 경작지를 뜻한다〈膏壤沃野千里：史記 (고양옥야천리 : 사기)〉. 경작지는 기름진 흙으로 이루어진 들 · 뜰을 말한다.
'들 · 뜰'에서 '두치(받침ㄹ-'치'로 분절)-つち'로 이어진다.

② くに：壌은 国土, 즉 크고 넓은 땅으로서 나라 그 자체라고 볼 수 있다〈兩國接壤：漢書 (양국접양 : 한서)〉.
'크다'에서 '크네-쿠니-くに'로 이어진다.

③ ゆたか：壌은 穣(양)과 同字로 풍년이

아

들어 곡식이 가득히 차 있음을 뜻한다.

'있다'에서 '이다-유다-ゆたか'로 이어진다.

〔参考〕 豊(풍), 穣(양)과 이음(ゆたか)을 같이한다.

人名訓読例

① ゆたか : 壌(외자 名).

② くに : 壌子(くにこ).

穣(穰) 양	訓読	みのる·ゆたか
	音読	ジョウ

訓読풀이

① みのる : 穣(양)은 벼(禾 : 화)의 열매가 잘 맺어 풍년이 들었음을 뜻한다. ㉮ '맺다'에서 '맺는-매는-민-미노-みのる'로 이어진다. ㉯ '열매'의 '매'에서 '미-みのる'로 동사화 된다.

〔参考〕 実(실 : みの)る와 이음을 같이한다.

② ゆたか : 穣은 풍년이 들어 곡식이 가득 차 있음을 뜻한다.

'있다'에서 '이다-유다-ゆたか'로 이어진다.

〔参考〕 豊(풍 : ゆたか)와 이음을 같이한다.

人名訓読例

• みのり · みのる · ゆたか : 穣(외자 名).

攘 양	訓読	ぬすむ·はらう
	音読	ジョウ

訓読풀이

① ぬすむ : 攘(양)은 빼앗는 것, 훔치는 것을 뜻한다〈其父攘羊 : 論語 (기부양양 : 논어)〉. 무엇을 빼앗거나 없어지게 하는 것을 앗다라고 한다.

'앗다'에서 '아숨-우숨-누숨(ㅇ-ㄴ으로 변음)-누수무-ぬすむ'로 이어진다.

〔参考〕 盜(도 : ぬす)む와 이음을 같이한다.

② はらう : 攘은 버리는 것, 제거하는 것을 뜻한다〈攘之剔之 : 詩經 (양지척지 : 시경)〉.

'버리다'에서 '버려-바러-하라-はらう'로 이어진다.

〔参考〕 払(지), 祓(불)과 이음(はらう)을 같이한다.

譲(讓) 양	訓読	ゆずる
	音読	ジョウ

訓読풀이

① ゆずる : 譲(양)은 내주는 것, 넘겨주는 것을 뜻한다〈譲渡(양도), 譲位(양위)〉.

'내주다'에서 '내주라-누주루-유주루(ㄴ-ㅇ으로 변음)-ゆずる'로 이어진다.

人名訓読例

• ゆずり · ゆずる : 譲(외자 名).

醸(釀) 양	訓読	かもす
	音読	ジョウ

訓読풀이

• かもす : 醸(양)은 술 · 간장 등을 빚는 것, 담는 것을 뜻한다. 물에 담고 씻거나 하는 것을 감는다고 한다.

'감다'에서 '감-가모-かもす'로 이어진다.

【어】

於 어	訓読	おいて·おける
	音読	ジョウ

訓読풀이

① おいて : 於(お)いて는 어떤 일이 이루

어지는 장소, 시간을 나타낸다. わか国(くに)において開催(かいさい)する 하면 우리나라에 있어서 개최한다는 뜻이고, 過去(かこ)においては普通(ふつう)のことであった 하면 과거에 있어서는 보통일이었다는 뜻이 된다.

'있어서'에서 '이어서-오이서-오이데-おいて'로 이어진다.

② おける : 法廷(ほうてい)における証言(しょうげん), 学校(がっこう)における教育(きょういく) 하면 법정에 있어서의(있게 된) 증언, 학교에 있어서의(있게 된) 교육이라는 말이다. 於(お)けるは 어느 장소에 있게 된 사물, 상황을 나타낸다.

'있게 되다'에서 '이게-오게-おける'로 이어진다.

魚 어	訓読	うお·さかな
	人名訓読	な·なま
	音読	ギョ

訓読풀이

① うお : 魚의 한국어 발음 '어'가 '우오-うお'로 훈독화 된 것으로 보인다.

② さかな : 물고기를 생선(生鮮)이라고도 한다. 살아(生)있는 날것(生)이니 신선(新鮮)할 수 밖에 없다.

'살고 있는 날것'에서 '살고 날-사고나-사가나-さかな'로 이어진다.

③ なま : '날것(生)'의 '날'에서 '남-나마-まな'로 이어진다.

〔参考〕 生(생 : なま)와 이음을 같이한다.

④ な : さかな 또는 なま의 준말.

人名訓読例

① うお : 魚橋(うおはし), 魚崎(うおさき), 魚木(うおき), 魚本(うおもと), 魚田(うおた), 魚川(うおかわ).

② さかな : 魚谷(さかなや · うおや).

③ なま : 魚井(なまい · うおい).

④ な : 魚神山(なかみやま), 魚屋(なや), 魚百美(なおみ), 魚住(なずみ), 魚貫(なつら), 魚養(なかい).

御 어	訓読	お·み
	人名訓読	おさむ
	音読	ギョ·ゴ

訓読풀이

① お : 御(어)는 천자 · 제후 · 귀인 등 위에 계신 사람 · 사물에 대한 존경 · 공손 등의 뜻을 나타내는 접두어이다. 御歌(おうた)는 천황 또는 황후 · 황태후가 지은 단가를 뜻하고, 御家(おいえ)는 귀인 또는 남의 집의 높임말이다.

'위'에서 '우-오-お'로 이어진다.

② み : 御는 숭고한 대상에 대한 존경의 뜻을 나타낸다. 御仏(みほとけ)는 부처님, 神(かみ)の御姿(みすがた)는 신의 거룩하신 모습을 뜻한다.

神(かみ)에서 か가 탈락되어 み로 이어진다〈神(신) 참조〉.

③ おさむ : 御는 권력을 잡고 통치하는 것을 뜻한다〈以御于家邦 : 詩經 (이어우가방 : 시경)〉.

'잡다'에서 '잡음-잠-자무-사무-さむ'로 이어지고, 접두어 お가 붙어 おさむ가 된다.

人名訓読例

① おさむ : 御(외자 名).

② お : 御物(おもの), 御守(おもり · みもり), 御神本(おかもと), 御薬(おくすり), 御室(おむろ · みむろ), 御乳(おちち).

아

③ み：御橋(みはし), 御旅屋(みたびや), 御墓野(みはがの), 御法川(みのりかわ), 御北(みきた · おきた), 御上(みかみ).

漁 어	訓読	あさり·あさる·いさり·すなどる
	音読	ジョ·リョウ

訓読풀이

① あさり · あさる：㉮ 漁(어)는 약탈, 빼앗는 것을 뜻한다〈漁奪(어탈), 漁食(어식)〉. '빼앗다'에서 '앗다–아사–あさり · あさる'로 이어진다. ㉯ 漁는 어패류뿐만 아니라 일반적으로 물건을 얻으러 다니는 것을 뜻한다. 古本(ふるほん)をあさる 하면 고서를 얻으러 뒤지고 다니는 것을 말한다. '얻다'에서 '얻–앗–아사–あさる'로 이어진다.

② いさり：あさり의 변음.

③ すなどる：漁는 어패류(魚貝類)를 잡는 것을 말한다. 어패류 중 조개(貝)는 민물과 바닷물이 만나는 모래펄에서 많이 잡힌다. 모래를 뜻하는 砂(すな)와 잡는 것을 뜻하는 取(とる)가 합성되어 すなどる가 된다〈砂 · 沙(사：すな) 및 取(취：と)る 참조〉.

人名訓読例

① あさり · いざり · すなどり：漁(외자 名).

② いさり：漁田(いさりた · すなだ).

③ すな：漁田(すなだ).

語 어	訓読	かたる·かたらう
	音読	ゴ

訓読풀이

• かたる · かたらう：㉮ 語(어)는 말하는 것을 뜻한다. 제주방언에 말하는 것을 골다라고 한다. '그 사람 뭐라 골더냐' 하면, '이렇게 저렇게 골더라' 하고 대답한다. '골더라'에서 '고더라–가다루–かたる · かたらう'로 이어진다. ㉯ 공자님 가라사대는 공자님 말씀하시기를이라는 뜻이다. '가라사대'에서 '갈아–갈–가다(받침 ㄹ–'다'로 분절)– かたる · かたらう'로 이어진다.

人名訓読例

① かたらい · かたり · かたる：語(외자 名).

② かたり：語月(かたりずぎ).

禦 어	訓読	ふせぐ
	音読	ギョ

訓読풀이

• ふせぐ：禦(어)는 막는 것, 방어(防禦)하는 것을 뜻한다. 방어한다는 것은 상대를 붙잡고 뺏기지 않기 위해 지키는 것을 뜻한다.
'붙잡다'에서 '붙잡구–부자구–부세구–ふせぐ'로 이어진다.
〔参考〕防(방：ふせ)ぐ와 이음을 같이한다.

【억】

抑 억	訓読	おさえる·そもそも
	音読	ヨク

訓読풀이

① おさえる：㉮ 抑(억)은 누르고 참는 것을 뜻한다〈抑心而自强：楚辭 (억심이자강：초사)〉.
'참다'에서 '참어라–차에라–사에루–さえる'로 이어지고, 접두어 お가 붙어 お

さえるが 된다. ㉯ 抑은 머리를 숙이는(눌리는) 것을 뜻한다〈皆伏抑首 : 史記(개복억수 : 사기)〉. '숙이다'에서 '숙여라-수에루-사에루-さえる'로 이어지고, 접두어 お가 붙어 おさえる가 된다. ㉰ 抑은 꽉 잡아 누르는 것을 뜻한다. '잡다'에서 '잡아라-자에루-さえる'로 이어지고, お가 붙어 おさえる가 된다.

② そもそも : 抑은 처음, 최초를 뜻한다. 事件(じけん)のそもそもから聞(き)こう 하면 사건의 처음부터 들어보자는 뜻이다.
'처음'에서 '첨-섬-솜-소모소모-そもそも'로 이어진다.

憶 억	訓読	おぼえる·おもう
	音読	オク

訓読풀이

① おぼえる : 覚(각) 참조.
② おもう : 思(사) 참조.

【언】

言 언	訓読	いう·こと
	人名訓読	あき·とき·とく·のぶ·のり
	音読	ゲン·ゴン

訓読풀이

① いう : 言(언)은 말하는 것, 이르는 것을 뜻한다.
'이르다'에서 '이-いう', 또는 '일러-일어-이어-いう'로 이어진다.
〔参考〕 云(운), 謂(위)와 이음(いう)을 같이한다.

② こと : ㉮ 제주방언에서 말하는 것을 골다라고 한다. '골다'에서 '고다-고도-こと'로 이어진다. 또한 '골'에서 '고도(받침ㄹ-'도'로 분절)-こと'로 이어진다. ㉯ '가라사대'에서 '갈아-갈-골-고도-こと'로 이어진다.

③ あき : 言은 말로 분명히 밝히는 것을 뜻한다.
'밝히다'에서 '바키-아키(ㅂ-ㅇ으로 변음)-あき'로 이어진다.

④ とき·とく : 말하는 것을 털어놓는다고 한다.
'털다'에서 '털기-터기-토기-とき'로 이어진다.
〔参考〕 解(해), 説(설)과 이음(とく)을 같이한다.

⑤ のぶ : 함부로 말하는 것을 나불(너불)거린다고 한다.
'나불'에서 '나부-노부-のぶ'로 이어진다. のぶ는 のべる의 文語形(문어형)이다.
〔参考〕 陳(진), 述(술)과 이음(のべる)을 같이한다.

⑥ のり : 言은 말이 올바름을 뜻한다〈言則是也 : 언즉시야〉.
'올'에서 '놀(ㅇ-ㄴ으로 변음)-노리-のり'로 이어진다.

人名訓読例

① いい : 言上(いいかみ).
② こと : 言葉(ことば), 言道(ことみち), 言彦(ことひこ), 言子(ことこ), 言足(ことたり), 言忠(ことただ·あきただ).
③ あき : 言忠(あきただ·ことただ).
④ とき : 言経(ときつね), 言継(ときつぐ), 言国(ときくに), 言緒(ときお), 言之(ときゆき), 言泰(ときひろ).
⑤ のぶ : 言夫(のぶお).
⑥ のり : 言志(のりゆき·ことし).

彦(彥) 언	訓読	ひこ
	人名訓読	まさる·よし
	音読	ゲン

訓読풀이

① ひこ : ㉮ 彦(언)은 남자의 미칭(美称)으로 가장 잘 났다고 뽑힌 남자를 일컫는다〈秀彦(수언), 偉彦(위언)〉. '뽑다'에서 '뽑고−보고−비고−ひこ'로 이어진다. ㉯ 彦은 가장 빼어난 남자를 일컫는다〈英彦(영언), 勝彦(승언)〉. '빼어나다'에서 '빼고−비고−ひこ'로 이어진다.

〔参考〕 일본어 사전에서는 ひこ(彦)을 日(ひ)の子(こ)로 풀이한다. 해(ひ)의 꼬마(こ)라는 말이다.

② まさる : 彦은 도리에 맞는 언행과 지식을 갖춘 선비를 뜻한다〈哲彦(철언), 賢彦(현언)〉.

'맞다'에서 '맞−마자−まさる'로 이어진다.

③ よし : 도리에 맞는 언행은 올바른 언행을 뜻한다.

'올'에서 '올−오시(받침ㄹ−'시'로 분절)−よし'로 이어진다.

人名訓読例

① ひこ · まさる : 彦(외자 名).

② ひこ : 彦国(ひこくに), 彦明(ひこあき), 彦文(ひこふみ), 彦博(ひこひろ), 彦信(ひこのぶ), 彦子(ひここ).

③ よし : 彦宏(よしひろ), 彦正(よしまさ · ひこまさ), 彦典(よしのり).

偃 언	訓読	ふす
	音読	エン

訓読풀이

• ふす : 偃(언)은 뻗어 눕는(쉬는) 것을 뜻한다. 偃武(언무)는 전쟁이 끝나 무기를 뻗어 누이는 것, 즉 태평해짐을 말한다. '뻗다'에서 '벗−붓−ふす'로 이어진다.

〔参考〕 伏(복), 臥(와)와 이음(ふす)을 같이한다.

焉 언	訓読	いずくに·いずくんぞ
	音読	エン

訓読풀이

• いずくに · くずくんぞ : 焉(언)은 뒤에 추측하는 말에 붙어 반어(反語)의 뜻을 나타낸다. いずくんぞ知(し)らん 하면 어쨌건 모른다(어찌 알겠나)는 말이고, 本来(ほんらい)東西(とうざい)なし,いずくんぞ南北(なんぼく)あらんや 하면 본래 동서가 없는데, 어쨌건 남북이 있겠는가라는 말이다. ㉮ '어쨌거나'에서 '어재구니−이주구니−いずくに'로 이어진다. ㉯ '어쨌건'에서 '어재건−이주군−いずくん(ぞ)'로 이어진다.

堰 언	訓読	せき·せく
	音読	エン

訓読풀이

① せき : 堰(언)은 둑 · 보를 뜻한다. 둑은 돌이나 흙을 쌓아 만든다.

'쌓다'에서 '쌓기−사기−세기−せき'로 이어진다. 같은 둑이라도 津(진)은 '둑'에서 바로 '두−つ'로 이어진다.

② せく : 堰(せ)く는 둑이나 장벽을 쌓고 흐름을 막는 것, 또는 사람 사이를 떼어 놓는 것을 뜻한다〈人(인)의 장벽〉.

'쌓다'에서 '싸구−세구−せく'로 이어진다. 또한 '떼다'에서 '데구−세구−せく'로 이어진다.

人名訓読例

• せき : 堰口(せきぐち), 堰八(せきはち), 堰合(せきあい).

諺 언·안	訓読	ことわざ
	人名訓読	たけし
	音読	ゲン

訓読풀이

① ことわざ : 諺(언)은 속담(俗談), 이언(俚諺)을 뜻한다. 속담 · 이언은 예부터 전해 내려오는 여러 일에 대한 이야기(말)를 말한다.
말하는 것을 뜻하는 제주방언 골다의 '골'에서 '고도(받침ㄹ-'도'로 분절)-こと'로 이어지고〈言(언) 참조〉, '일'에서 '알-아자(받침ㄹ-'자'로 분절)-わざ"로 이어져 ことわざ로 합성된다.

② たけし : 諺(안)은 사나운 것, 굳센 것을 뜻한다. 사나운 것은 뛰는 것을 나타낸다.
'뛰게-두게-다게-たけ(し)'로 이어진다.

人名訓読例

• たけし : 諺(외자 名).

【얼】

噦 얼	訓読	しゃっくり· しゃっくる·さくり· さくる
	音読	エツ·カイ

訓読풀이

① しゃっくり · しゃっくる : 噦(얼)은 딸국질, 흐느껴 우는 것을 뜻한다.
'딸국'에서 '달구-살구-샤쑤구(받침ㄹ-'쑤'로 분절)-しゃっくり'로 이어진다.

② さくり · さくる : '딸국'에서 '다구-사구-さくり'로 이어진다.

【엄】

奄 엄	訓読	おおう
	音読	エン

訓読풀이

• おおう : 奄(엄)은 업히어(덮이어) 가려지는 것을 뜻한다.
'업다'에서 '업어-어어-오우-おおう'로 이어진다.

掩 엄	訓読	おおう
	人名訓読	ひさし
	音読	エン

訓読풀이

① おおう : 掩(엄)은 업히어(덮이어) 가려지는 것을 뜻한다.
'업다'에서 '업어-어어-오오-おおう'로 이어진다.
〔参考〕 覆(복), 被(피), 蓋(개), 蔽(폐) 등과 이음(おおう)을 같이한다.

② ひさし : 掩은 몸채에 붙어서 가리고 보호하여 주는 것을 뜻한다. 처마나 모자에 붙은 차양(遮陽)도 눈 · 비 · 햇빛을 가리는 기능을 함으로 해서 ひさし(庇 : 비)라고 한다.
'붙다'에서 '붓-빗-비사-ひさし'로 이어진다.

淹 엄	訓読	ひたす
	人名訓読	ひさ
	音読	エン

訓読풀이

① ひたす : 淹(엄)은 물 속에 펼쳐 넣는 것, 담그는 것을 뜻한다〈淹漬以爲菹 : 詩經 (엄지이위저 : 시경)〉.
'펼치다'에서 '펼-벌-힐-히다(받침 ㄹ-

아

'다'로 분절)-ひたす'로 이어진다.

〔参考〕浸(침 : ひた)す와 이음을 같이한다.

② ひさ : 淹은 기량(器量) 등이 널리 펼쳐짐을 뜻한다〈器量淹雅 : 晋書 (기량엄아 : 진서)〉.

'펼쳐지다'에서 '펼-필-힐-히사(받침ㄹ-'사'로 분절)-ひさ'로 이어진다.

〔参考〕널리 펼쳐진다는 것은 멀어진다는 것, 오래 걸린다는 뜻도 되어〈吾子淹久於敝邑 : 左氏傳 (오자엄구어폐읍 : 좌씨전)〉, 久(구 : ひさ)しい와 이음을 같이한다.

人名訓読例

- ひさ : 淹代(ひさよ), 淹良(ひさよし), 淹子(ひさこ).

厳(嚴) 엄	訓読	おごそか·きびしい·いかめしい
	音読	ゲン·ゴン

訓読풀이

① おごそか : 厳(엄)은 厳格(엄격), 厳重(엄중), 厳粛(엄숙), 厳正(엄정), 威厳(위엄)한 것이라고 한자어로 풀이 된다. 고유어 풀이의 하나로는 굳센 것을 나타낸다고 할 수 있다.

'굳세다'에서 '구세구-고소구-고소가-ごそか'로 이어지고, 접두어 お가 붙어 おごそか가 된다.

② きびしい : 厳(きび)しい表情(ひょうじょう) 하면 厳한 표정이라는 뜻으로 한자에 의한 동어반복(同語反覆) 풀이가 된다. 고유어로 풀이하면 굳은 표정이 깊이 새겨져 있음을 나타낸다. 生活(せいかつ)が厳しい 하면 생활이 엄하다는 뜻인데, 그것은 생활의 어려움이 보통 깊지 않음을 나타낸다.

'깊다'에서 '깊어-기피-きびしい'로 이어진다.

〔参考〕酷(혹 : きび)しい와 이음을 같이한다.

③ いかめしい : ㉮ 厳(いかめ)しい警備(けいび) 는 삼엄한 경비라는 뜻으로 매우 무서운 경비임을 나타낸다. 厳しい顔(かお)는 무서운 얼굴표정을 뜻하는데, 이를 깨물며 으르렁대는 모습이 전형적으로 무서운 얼굴이라 할 수 있다. '이를 깨물다'에서 '이깸-이감-이가메-いかめしい'로 이어진다. ㉯ '깸'에서 '감-かめしい'로 이어지고, 접두어 い가 붙어 いかめしい가 된다.

〔参考〕사람이 서로 적의를 품고 이를 깨물며 으르렁거리는 것을 뜻하는 啀(애 : いか)む의 형용사라고 볼 수 있다.

儼 엄	訓読	おごそか
	音読	ゲン

訓読풀이

- おごそか : 厳(엄) 참조.

【업】

業 업	訓読	わざ·なりわい
	人名訓読	なり·はじめ
	音読	ギョウ·ゴウ

訓読풀이

① わざ : 業(업)은 일·사업·소행·행위를 뜻한다. 容易(ようい)な業(わざ)ではない 하면 용이한 일은 아니다라는 뜻이고, 善(よ)からぬわざ 하면 좋지 않은 일이라는 뜻이다.

'일'에서 '알-아자(받침ㄹ-'자'로 분절)-

わざ"로 이어진다.

〔参考〕技(기 : わざ)와 이음을 같이한다.

② なりわい : 業은 생업(生業)을 뜻한다. 생업은 생계(生計)를 위하여 필요한 재화 등을 만들어내는(이루는 · 낳는) 일을 뜻한다. ㉮ '이루다'에서 '이루-나루(ㅇ-ㄴ으로 변음)-なり'로 이어지고, '일'에서 '알-아알-아이-わい'로 이어져 なりわい로 합성된다. ㉯ '낳다'에서 '나라-나리-なり'로 이어지고, '일'에서 わい로 이어져 なりわい로 합성된다.

③ なり : なりわい의 준말.

④ はじめ : 業은 처음 · 시작 · 기초를 뜻한다〈君子創業垂統 : 孟子 (군자창업수통 : 맹자)〉.

처음 · 시작을 뜻하는 '햇'에서 '핮-하지-はじめ'로 이어진다.

人名訓読例

① はじめ : 業(외자 名).

② なり : 業本(なりもと), 業合(なりあい), 業広(なりひろ), 業盛(なりもり), 業政(なりまさ), 業平(なりひら).

【에】

殪 에	訓読	たおれる
	音読	エイ

訓読풀이

• たおれる : 殪(에)는 떨어져 죽는 것을 뜻한다〈殪而不避 : 孔子家語 (에이불피 : 공자가어)〉.

'떨어져'에서 '떠어러-다오러-たおれる'로 이어진다.

【여】

与(與) 여	訓読	あたえる · あずかる · か · くみする · と · ともに · や · より
	人名訓読	あたい · あたう · たすく · のぶ · ひとし
	音読	ヨ

訓読풀이

① あたえる : ㉮ 与(여)는 주는 것을 뜻한다. 鳥(とり)にえさをあたえる 하면 새에게 모이를 주는 것을 뜻한다. '주다'에서 '주어라-두에루-다에루-たえる'로 이어지고, 접두어 あ가 붙어 あたえる가 된다. ㉯ 与는 누가 주어 무엇을 얻게 되는(주어지는) 것을 뜻한다. '얻다'에서 '얻-앋-아다-あたえる로 이어진다.

② あずかる : 与는 윗사람이 주는 호의 · 친절을 얻는(받는) 것을 뜻한다. ㉮ '주다'에서 '주-ず'로 이어지고 접두어 あ가 붙어 あずかる로 이어진다. ㉯ '얻다'에서 '앋-앚-아주-あずかる'로 이어진다. ㉰ '받다'에서 '받-앚(ㅂ-ㅇ으로 변음)-아주-あずかる'로 이어진다.

③ か : 与는 ~与의 꼴로 ~인가(할 것인가)라는 의문 · 반어의 뜻을 나타낸다〈求之與 抑與之與 : 論語 (구지여 억여지여 : 논어)〉.

'~인가'에서 '가-か'로 이어진다.

④ くみする : 与는 한패가 되는 것을 뜻한다〈群臣連與成朋 : 漢書 (군신연여성붕 : 한서)〉.

한패를 '꾸미다'에서 '꾸밈-구미-くみする'로 이어진다.

〔参考〕組(조 : くみ)와 이음을 같이한다.

⑤ と : 与는 이것도 저것도에서의 '도'의 뜻

을 갖는다〈仁與義(인여의), 陰與陽(음여양)〉.
'도'에서 と로 이어진다.

⑥ ともに：与는 함께 동무하는 것을 뜻한다〈弗與矣：漢書 (불여의：한서)〉.
'동무'에서 '도무－도모－ともに'로 이어진다.

⑦ や：与는 이거나 저거나에서의 '나'의 뜻을 갖는다〈富與貴(부여의), 仁與義(인여의)〉.
'나'에서 '아(ㄴ－ㅇ으로 변음)－아－야－や'로 이어진다.

⑧ より：与는 두 개의 사안을 비교하여 (어느 것보다는) 다른 것으로 선택하는 것을 뜻한다〈禮與其奢也 寧儉喪與其易也寧戚：論語 (예여기사야 영검상여기이야영척：논어)〉.
'으로'에서 '요로－요리－より'로 이어진다.

⑨ あたい·あたう：あたえ·あたえる의 문어형.

⑩ たすく：与는 돕는 것을 뜻한다〈是與人爲善也：孟子 (시여인위선야：맹자)〉.
'돕다'에서 '도와서－돠서－다수－たすく'로 이어진다.
〔参考〕助(조：たす)く와 이음을 같이한다.

⑪ のぶ：与는 이러쿵저러쿵 나불거리며 말하는 것을 뜻한다.
'나불'에서 '나부－노부－のぶ'로 이어진다. のぶ는 の(陳·述)べる의 文語形(문어형)이다.

⑫ ひとし：与는 화합하여 하나가 됨을 뜻한다〈內寇不与外敵不可拒：戰國策 (내구불여외적불가거：전국책)〉.
하나를 뜻하는 '홀'에서 '힐－히도(받침ㄹ－'도'로 분절)－ひとし'로 이어진다.

人名訓読例

① あたい·あたう·あたえ·たすく·ひとし：与(외자 名).
② くみ：与夫(くみお·ともお).
③ とも：与敬(ともたか), 与光(ともみつ), 与明(ともあき), 与成(ともしげ·ともなり), 与盛(ともも り), 与義(ともよし).
④ のぶ：与佳(のぶよし), 与良(のぶよし).

如 여	訓読	こど·こどき·ごどし·しく
	人名訓読	かず·ひとし·ゆき
	音読	ジョ·ニョ

訓読풀이

① こど·こどき·こどし：如(여)는 같음을 뜻한다. '같다'에서 ㉮ '같－곹－고도－こど' ㉯ '같기－곹기－고도기－こどき' ㉰ '같지－곹지－고도지－こどし'로 이어진다.

② しく：如는 좇아가 같아지는 것, 필적하게 되는 것을 뜻한다. 桜(さくら)にしく花(はな)はない 하면 벚꽃을 좇을만한 꽃, 즉 벚꽃에 필적할 꽃은 없다는 뜻이다.
'좇다'에서 '조구－지구－しく'로 이어진다.
〔参考〕若(약), 及(급)과 이음(しく)을 같이한다.

③ かず：'같다'에서 '같－갖－가주－かず'로 이어진다.
〔参考〕人名에서 和(화)와 一(일)이 '하나같이' 된다는 뜻에서 かず로 훈독되는 것과 이치를 같이한다.

④ ひとし：如는 하나같이(如一) 됨을 뜻한다〈如, 均也：廣雅 (여, 균야：광

아)〉.

하나를 뜻하는 '홀'에서 '힐-히도(ㄹ-'도'로 분절)-ひとし'로 이어진다.

⑤ ゆき：如는 가는 것을 뜻한다〈襄子如廁：史記 (양자여측：사기)〉.

'오다'에서 '오기-우기-ゆき'로 이어지고, '가다'는 뜻으로 反意語化(반의어화) 된다〈行(행) 참조〉.

人名訓読例

① ひとし：如(외자 名).
② しか(しく의 변음)：如沢(しかざわ).
③ かず：如矢(かずや).
④ ゆき：如道(ゆきみち), 如野(ゆきの), 如一(ゆきかず).

余(餘) 여	訓読	あます·あまる
	人名訓読	はぐり·ゆる
	音読	ヨ

訓読풀이

① あます·あまる：余(여)는 남는 것을 뜻한다. 節約(せつやく)してあます 하면 절약해서 남긴다는 뜻이다.

'남다'에서 '나마서-나마수-아마수(ㄴ-ㅇ으로 변음)-あます'로 이어진다.

② はぐり：余念(여념)은 그 밖의 딴 생각을 뜻하고, 余談(여담)은 용건 밖의 잡담을 뜻한다.

'밖'에서 '바구-はぐ'(り)'로 이어진다.

③ ゆる：余는 여유(余有)가 있음을 뜻한다. 즉 옷 등이 늘어나 느슨한 것, 헐렁한 것을 뜻한다.

'늘어'에서 '누러-누루-유루(ㄴ-ㅇ으로 변음)-ゆる'로 이어진다.

〔参考〕緩(완：ゆる)い와 이음을 같이한다.

人名訓読例

① あまり：余(외자 名).
② あ·あま：余島(あしま·あましま).
③ あまり：余水(あまりみず).
④ はぐり：余田(はぐりだ).
⑤ ゆる：余綾(ゆるぎ).

舁 여	訓読	かく·かつぐ
	音読	ヨ

訓読풀이

① かく：駕籠(かご)をかく 하면 가마를 멘다는 뜻으로, 걸어 메는 것을 말한다.

'걸다'에서 '걸구-거구-가구-かく'로 이어진다.

② かつぐ：'걸치다'에서 '거치구-가추구-かつぐ'로 이어진다.

〔参考〕担(담：かつ)ぐ와 이음을 같이한다.

茹 여	訓読	うだる·ゆだる
	音読	ジョ

訓読풀이

• うだる·ゆだる：茹(うだ·ゆだ)るような暑(あつ)さ는 찌는 듯한 더위를 뜻하는데, 이것은 데운 물에 들어 가는듯한 무더운 날씨를 나타낸다.

'데우다'에서 '데우라-데라-다라-다루-だる'로 이어지고, 접두어 う 또는 ゆ가 붙어 うだる, ゆだる로 이어진다.

【역】

亦 역	訓読	また
	音読	エキ

訓読풀이

• また：㉮ 気(き)がやさしいし, また力(ちから)も強(つよ)い 하면 마음이 착하

고 힘마저 세다는 뜻이다. '마저'에서 '마자–마다–また'로 이어진다. ㉯ 마음이 착하고 마찬가지로 힘도 세다는 뜻이다. '마찬'에서 '마차–마다–また'로 이어진다.

〔参考〕 又(우)와 이음(また)을 같이한다.

人名訓読例

- また : 亦介(またすけ), 亦男(またお), 亦人(またんど), 亦助(またすけ), 亦星(またぼし), 亦雄(またお).

易 역·이	訓読	かえる·かわる· やさしい·やすい
	音読	エキ·イ

訓読풀이

① かえる · かわる : 易(역)은 다른 것으로 바꾸는 것, 가는 것을 뜻한다〈変易(변역), 交易(교역)〉.

'갈다'에서 '갈아–가아(가에)–かわる'로 이어진다.

〔参考〕 変(변), 代(대), 換(환), 替(체), 返(반), 反(반) 등과 이음(かえる)을 같이한다.

② やさしい : やさ(易)しい英語(えいご)の文章(ぶんしょう)는 쉬운 영어 문장이라는 뜻으로 문장이 거칠지 않고 얌전히 알기 쉽게 쓰인 문장이라는 뜻이다. ㉮ '얌전'에서 '야자–야사–やさしい'로 이어진다. ㉯ '쉽다'에서 '수–사–さ (しい)'로 이어지고, 접두어 や가 붙어 やさしい가 된다.

③ やすい : 易(이)는 쉬운 것을 뜻한다.

'쉽다'에서 '쉬–수–す'로 이어지고, 접두어 や가 붙어 やすい가 된다.

逆(逆) 역	訓読	さか·さからう· むかえる
	音読	キャク·ゲキ

訓読풀이

① さか · さからう : 逆(역)은 거꾸로 돌아가는 것을 뜻한다. 그래서 逆은 거역(拒逆), 반대를 뜻한다. ㉮ '돌다'에서 '돌–달–살–사가(받침 ㄹ–'가'로 분절)–さか'로 이어진다. さか에서 さからう로 동사화된다. '달'(月)에서 '들–두기–つき', '밀'(麦)에서 '밀–물–무기–むぎ', '술'(酒)에서 '살–사게–さけ'로 이어지는 것과 같은 이치이다. ㉯ '돌다'에서 '돌거라–도가라–다가라–사가라–さからう'로 이어진다.

② むかえる : 逆은 맞이하는 것을 뜻한다〈上卿逆於境 : 國語 (상경역어경 : 국어)〉.

'맞이하다'에서 '맞거라–마가에라–무가에루–むかえる'로 이어진다.

人名訓読例

- さか : 逆田(さかた), 逆井(さかい), 逆川(さかかわ), 逆鉾(さかほこ), 逆瑳(さかさ).

域 역	訓読	さかい
	人名訓読	くに
	音読	イキ

訓読풀이

① さかい : 域(역)은 일정한 경계(境界)로 이루어진 지역, 구역을 뜻한다. ㉮ 경계를 짓기 위하여는 크게는 성(城)을 쌓거나〈흙(土)으로 이루어진(成) 것 : 土+成〉, 방벽을 쌓아 어느 지역, 구역, 나아가 국경을 한정시킨다. '쌓다'에서 '싸고–싸가–さかい'로 이어진다. 참고로 城(성)

은 '쌓다'에서 '싸라–시라–시로–しろ'로 이어진다. ㉯ 지역, 구역은 역내(域内), 즉 어느 지역의 속을 뜻한다. '속'에서 '삭–사가–さかい'로 이어진다.

〔参考〕 境(경), 界(계)와 이음(さかい)을 같이한다.

② くに：域은 国域(국역), 즉 나라를 뜻한다.

'나라가 크네(큰나라)'에서 '쿠네–쿠니–くに'로 이어진다.

〔参考〕 国(국)과 이음(くに)을 같이한다.

人名訓読例

① さかい：域(외자 名).

② くに：域弘(くにひろ).

訳(譯) **역**	訓読	わけ
	人名訓読	のぶ·おさ
	音読	ヤク

訓読풀이

① わけ：㉮ 訳(역)은 사리, 이치, 사정, 까닭 등을 뜻한다. 즉 사람이 꼭 알고 있어야 할 사리, 사정 등을 뜻한다. 訳(わけ)の分(わ)からない人(ひと) 하면 알고 있어야 할 것을 모르는 사람이라는 말이고, これには訳がある 하면 여기에는 알아야 할 것(이유 · 까닭)이 있다는 말이다. '알다'에서 '알고–아고–아게–わけ'로 이어진다. 또한 '알'에서 '아게(받침ㄹ–'게'로 분절)–わけ'로 이어진다. ㉯ 訳은 말의 뜻을 풀이해서 알게 한다는 뜻이다. 여기에는 통역(通訳)으로 말을 옮겨 알게 하는 것도 포함된다〈賢者爲聖譯：潛夫論 (현자위성역 : 잠부론)〉.

'알게 하다'에서 '알게–아게–わけ'로 이어진다.

② のぶ：訳은 말을 나불거리며 풀이하는 것을 뜻한다.

'나불'에서 '나부–노부–のぶ'로 이어진다. のぶ는 の(陳 · 述)べる의 文語形(문어형)이다.

③ おさ：訳은 외국의 말이나 글을 제나라의 말이나 글로 옮기는 것, 옮겨 알게 하는 것을 뜻한다. ㉮ '옮겨'에서 '올–오사(받침ㄹ–'사'로 분절)–おさ'로 이어진다. ㉯ '알게'에서 '알–올–오사–おさ'로 이어진다.

人名訓読例

① おさ：訳(외자 名), 訳語(おさ).

② わけ：訳桶(わけい).

③ のぶ：訳雄(のぶお).

閾 **역**	訓読	しきい
	音読	イキ

訓読풀이

• しきい：閾(역)은 문 밑을 받치는 문턱, 문지방을 뜻한다.

'받치다'의 '치다'에서 '치기–시기–しきい'로 이어진다.

〔参考〕 敷(부 : しき)와 이음을 같이한다. 閾은 敷居(しきい)로도 표기된다.

아

繹 **역**	訓読	たずねる·ひきだす
	音読	エキ

訓読풀이

① たずねる：繹(역)은 결론을 찾아내는 것을 뜻한다.

'찾아내다'에서 '차자내–다자내–다주내–たずねる'로 이어진다.

〔参考〕 尋(심 : たず)ねる와 이음을 같이한다.

② ひきだす：繹은 실을 뽑는다는 뜻으로, 실을 뽑아내듯이 결론을 뽑고 대놓는 것

을 뜻한다(演繹 : 연역).
'뽑다'에서 '뽑기-보기-비기-ひき'로 이어지고, '대다'에서 '대-다-だす'로 이어져 ひきだす로 합성된다. 引(ひ)き出(だ)す의 뜻이 된다.

【연】

延 연	訓読	のばす·のびる·のべる·ひく
	人名訓読	とう·ひさし·のぶ
	音読	エン

訓読풀이

① のばす・のびる・のべる・のぶ : 延(연)은 늘리는 것, 넓히는 것을 뜻한다.
'넓혀'에서 '넓-너버-노바-のばす・のびる・のべる'로 이어진다. のぶ는 の(陳・述)べる의 文語形(문어형)이다.

② ひく : 延은 늘려 뻗는 것을 뜻한다.
'뻗다'에서 '버구-비구-ひく'로 이어진다.

③ とう : 延은 멀리 떨어져 있음을 뜻한다. 遠(と)い와 마찬가지로 '떨어지다'에서 '더어-도우-とう'로 이어진다.

④ ひさし : 延은 멀리 뻗쳐서 있음을 뜻한다. '뻗쳐서'에서 '버처서-비사시-ひさし'로 이어진다.

人名訓読例

① のぶ・のぶる・のべ・ひさし : 延(외자名).

② のぶ : 延島(のぶしま), 延山(のぶやま), 延平(のぶひら), 延子(のぶこ), 延和(のぶかず).

③ のべ : 延岡(のべおか), 延時(のべとき), 延市(のべいち), 延原(のべばら・のぶはら), 延沢(のべさわ).

④ とう : 延光(とうてる・のぶみつ), 延房(とうふさ・のぶふさ).

沿 연	訓読	そう
	音読	エン

訓読풀이

• そう : 沿(연)은 물・길을 좇아(따라)가는 것을 뜻한다〈沿海(연해), 沿道(연도)〉.
'좇다'에서 '좇아-조우-そう'로 이어진다.

姸 연	訓読	うつくしい
	音読	ケン

訓読풀이

• うつくしい : 姸(연)은 아름다움을 뜻한다〈美(미) 참조〉.

咽 연	⇨	咽 인·연·열

衍 연	訓読	あふれる·あまる·のばす·のぶ
	人名訓読	ひろし
	音読	エン

訓読풀이

① あふれる : 衍(연)은 넘쳐 흐르는 것을 뜻한다〈至今衍於四海 : 尙書大傳 (지금연어사해 : 상서대전)〉.
'흐르다'에서 '흐레-ふれる'로 이어지고, 접두어 あ가 붙어 あふれる가 된다.
〔参考〕 溢(일 : あふ)れる와 이음을 같이한다.

② あまる : 衍은 남는 것을 뜻한다〈餘衍之財 : 韓詩外傳 (여연지재 : 한시외전)〉.
'남다'에서 '남-나마-아마(ㄴ-ㅇ으로 변음)-あまる'로 이어진다.

③ のばす：衍은 넓히는 것을 뜻한다〈布衍(포연), 廣衍(광연)〉.
'넓히다'에서 '넓-넙-놉-노바-のばす'로 이어진다.
〔参考〕延(연), 伸(신)과 이음(のばす)을 같이한다.

④ のぶ：'넓히다'에서 '넓-너부-노부-のぶ'로 이어진다.
〔参考〕延(연), 伸(신)과 이음(のぶ)을 같이한다.

⑤ ひろし：衍은 펼치는 것, 벌리는 것을 뜻한다.
'펼(벌)'에서 '필(빌)-비로-ひろ(し)'로 이어진다.

人名訓読例

① ひろし：衍(외자 名).
② のぶ：衍子(のぶこ), 衍親(のぶちか).

硏(研) 연	訓読	とぎ·とぐ·みがき·みがく
	人名訓読	おさむ·きわむ
	音読	ケン

訓読풀이

① とぎ · とぐ：硏(연)은 학문 · 기술을 익히고 닦는 것을 뜻한다.
'닦다'에서 '닥-독-도구-とぐ'로 이어진다.
〔参考〕磨(마 : と)ぐ와 이음을 같이한다.

② みがき · みがく：硏은 미는 것 · 가는 것을 뜻한다. ㉮ '밀다'에서 '밀고-미가-みがく'로 이어진다. ㉯ '미는 것', '가는 것'(밀고 갈다)에서 '미가-みがく'로 합성된다.
〔参考〕磨(마 : みが)く와 이음을 같이한다.

③ おさむ：硏은 마음을 바로 잡아(쥐어) 硏修(연수)에 몰두하는 것을 뜻한다.
'잡다(쥐다)'에서 '잡음(쥠)-자음-잠-삼-さむ'로 이어지고, 접두어 お가 붙어 おさむ가 된다.
〔参考〕修(수 : おさ)む와 이음을 같이한다.

④ きわむ：硏은 끝까지 진실을 밝히는 것을 뜻한다〈硏覈是非：張衡 (연핵시비 : 장형)〉.
'끝'에서 '가(끄)-가아-기아-きわ'로 이어지고 きわむ로 동사화 된다.
〔参考〕究(구 : きわ)める와 이음을 같이한다.

人名訓読例

① おさむ · きわむ · とぎ · みがき · みがく：硏(외자 名).
② とぎ：硏野(とぎの), 硏次(とぎじ).

宴 연	訓読	うたげ
	音読	エン

訓読풀이

• うたげ：㉮ 宴(연)은 酒宴(주연) 등으로 놀고 즐기는 것을 뜻한다. '노는 것(놀다+것)'에서 '노다거-누다게-우다게(ㄴ-ㅇ으로 변음)-うたげ'로 이어진다. ㉯ 宴은 노래 부르며 노는 것을 뜻한다. '노래'에서 '놀-울(ㄴ-ㅇ으로 변음)-우다(받침 ㄹ-'다'로 분절)-うた(げ)'로 이어진다. ㉰ (노래) 부르다의 '불다'에서 '불-울(ㅂ-ㅇ으로 변음)-우다-うた(げ)'로 이어진다.

捐 연	訓読	すてる
	音読	エン

訓読풀이

• すてる : ㉮ 捐(연)은 던지는 것 · 버리는 것을 뜻한다. '던지다'에서 '더지-두디-수데-すてる'로 이어진다. ㉯ 捐은 주는 것 · 바치는 것을 뜻한다〈出捐千金 : 漢書 (출연천금 : 한서)〉. '주다'에서 '주데-수데-すてる'로 이어진다.
〔参考〕 捨(사), 棄(기)와 이음(すてる)을 같이한다.

涎 연	訓読	よだれ
	音読	セン·ゼン·エン

訓読풀이

• よだれ : 涎(연)은 흘리는 침, 즉 입에서 흘러 떨어지는 침을 뜻한다.
'입'에서 '이-오-요-よ'로 이어지고, '떨어'에서 '더러-다레-だれ'로 이어져 よだれ로 합성된다. 또한 だれ에 접두어 よ가 붙어 よだれ가 된다.
〔参考〕 뱉는 침(唾 : つばき)은 '침뱉기'에서 '치배기-추바기-つば(き)'로 이어진다.

烟 연	訓読	けむり·けむる
	人名訓読	かま
	音読	エン

訓読풀이

① けむり · けむる : ㉮ 烟(연)은 연기를 뜻한다. 연기는 본래 거무스레 흐려 보인다. '거무'에서 '게무-けむり · けむる'로 이어진다. ㉯ 烟은 그을음을 뜻한다. '그을음'에서 '그음-금-겜-게무-けむり · けむる'로 이어진다.

② かま : ㉮ '거무스레'에서 '거무-가무-가마-かま'로 이어진다. ㉯ '그을름'에서 '그음-금-감-가마-かま'로 이어진다.

軟 연	訓読	やわらか
	音読	ナン

訓読풀이

• やわらか(い) : 軟(연)은 부드럽고 연약(軟弱)한 것, 즉 여린 것을 뜻한다.
'여리다'에서 '여어리고-아아라가-やわらか(い)'로 이어진다.
〔参考〕 柔(유 : やわ)らか와 이음을 같이한다.

淵 연	訓読	ふち
	人名訓読	ふかし
	音読	エン

訓読풀이

① ふち : 淵(연)은 못, 못처럼 물이 불어나 깊어지는 것〈積水成淵 : 詩經 (적수성연 : 시경)〉, 뜻이 転(전)하여 사물이 불어나 많이 모이는 곳〈五穀之淵 : 後漢書 (오곡지연 : 후한서)〉을 뜻한다.
'불다(불어나다)', 또는 '붙다'에서 '불(붙)-부지(받침ㄹ-'지'로 분절)-ふち'로 이어진다.

② ふかし : 淵은 불거지는 것을 뜻한다.
'불거지다'에서 '불거지-부가지-ふかし'로 이어진다.

人名訓読例

① ふち : 淵江(ふちえ), 淵本(ふちもと), 淵山(ふちやま), 淵野(ふちの), 淵沢(ふちざわ).

② ふかし : 淵(ふかし).

然 연	訓読	さ·しか
	音読	ゼン·ネン

訓読풀이

① さ : 然(연)은 저러함(그러함)을 뜻한다. そすればは 저러하면(그러면)이라는 뜻

이다. '저러'에서 '저-자-사-さ'로 이어진다. ㉮ 然(さ)こそ는 저렇게(그렇게)를 뜻한다. 저렇게는 저 것처럼이라는 뜻이다. さこそ勇(いさま)しいことは言(い)ったが 하면 저 것처럼(저렇게) 큰 소리는 쳤지만이라는 뜻이다. '저 것'에서 '자것-자곳-사고소-さこそ'로 이어진다. ㉯ 然(さ)も는 자못, 참으로를 뜻한다. さも楽(たの)しそうに話(はな)す 하면 자못(참으로) 즐거운 듯이 이야기한다는 뜻이다. '자못'에서 '자모-さも'로, '참'에서 '삼-사모-さも'로 이어진다. ㉰ 然(さ)らば는 저러하면(그러면)이라는 뜻이다. さらば申(もう)しましょう 하면 저러하면(그러면) 말씀 드리지요라는 말이다. '저러하면'에서 '저라하-자라하-さらば'로 이어진다. ㉱ 然(さ)りとてこまったものだ 하면 저리 되서(그리 되서) 난처한 노릇이라는 뜻이다. '저리 되서'에서 '자리도더-자리도데-さりとて'로 이어진다. ㉲ 然(さ)りとはつらいことだ 하면 저리 되는 것은 쓰라린 일이다라는 뜻이다. '저리 되'에서 '자리도-さりとは'로 이어진다. ㉳ 然(さ)る事情(じじょう)があっては 저런(그런) 사정이 있어서라는 뜻이다. '저런(저러한)'에서 '저러-자루-さる'로 이어진다. ㉴ 然(さ)る事(こと)는 저런 것을 뜻한다. 저런 것이다라고 할 때는 저럴만한 当然(당연)한 이유가 있음을 담고 있다. '저런 것'에서 '저러것-자루곧-자루고도-さること'로 이어진다. ㉵ 然迄(さるまて)는 저런 (것)마저라는 뜻이다. '저러마저'에서 '사라마데-さるまて'로 이어진다.

② しか : 然은 저것(이것), 저거(이거), 저렇게를 뜻한다.

'저거'에서 '지가-しか'로, '저렇게'에서 '저게-지가-しか'로 이어진다.

然(しか)らばたたけよ, しからば開(ひら)かれん 하면 두드려라, 저거(두드리는 것)로 하면 열리리라는 뜻이다. '저거로 하면'에서 '저가라하-지가라바-しからば'로 이어진다. 然(しか)り는 바로 저거(저것) · 저렇게 맞는다 · 옳다는 뜻이다. しかり御名答(ごめいとう) 하면 바로 저거라(맞소 · 옳소) 명답입니다라는 뜻이다.

'저거라'에서 '지가라-지가리-しかり'로 이어진다.

然(しか)るに何(なん)ぞや 하면 '저거론데(저렇게 했는데) 무엇이냐'라는 뜻이다. '저거론데'에서 '저거룬-지가루니-しかるに'로 이어진다.

人名訓読例

① しかり : 然(외자 名).

② しか : 然良(しかよし).

硯 연	訓読	すずり
	音読	ケン

訓読풀이

• すずり : 硯(연)은 벼루를 뜻한다. 벼루에 물을 붓고 먹으로 쓸어(갈아) 먹물을 만든다.

'쓸다'에서 '쓸-수술-수수리-すずり'로 이어진다.

椽 연	訓読	たるき
	音読	テン

訓読풀이

• たるき : 椽(연)은 서까래를 뜻한다. 서까래는 마룻대에서 보 또는 도리에 걸쳐 달린 통나무를 뜻한다. '달다'에서 '달-

다루–たる'로 이어지고, 나무를 뜻하는 き와 합성되어 たるき로 이어진다. 즉 垂木(수목)이 된다.

煙 연	訓読	けむり·けむる
	人名訓読	かま
	音読	エン

訓読풀이

• けむり · けむる · かま : 烟(연) 참조.

人名訓読例

① けむり : 煙山(けむりやま · けむやま), 煙原(けむりはら).

② けむ : 煙山(けむやま).

③ かま : 煙田(かまた).

筵 연	訓読	むしろ
	音読	エン

訓読풀이

• むしろ : 筵(연)은 멍석자리를 뜻한다. '멍석자리'에서 '멍석리–머서리–무시로–むしろ'로 이어진다.
〔参考〕 莚(연), 蓆(석)과 이음(むしろ)을 같이한다.

鳶 연	訓読	とび
	音読	エン

訓読풀이

• とび : 鳶(연)은 높이 떠 나는 솔개, 높이 떠 올리는 연을 뜻한다.
'뜨다'에서 '뜨–도–とび'로 이어진다.
〔参考〕 飛(비 : と)び와 이음을 같이한다.

人名訓読例

• とび : 鳶(외자 名), 鳶巣(とびす), 鳶沢(とびさわ).

演 연	訓読	ながれる·のべる
	人名訓読	のぶ·ひろし
	音読	エン

訓読풀이

① ながれる : 演(연)은 흘러나가는 것을 뜻한다.
流(유)와 마찬가지로 '흘러나가'에서 '나가–なかれる'로 이어진다.

② のべ(のぶ)る : 演은 넓히는 것을 뜻한다. '넓–너부–노부–のぶる · のべる'로 이어진다.

③ ひろし : 演는 펴는 것, 벌이는 것을 뜻한다. 演奏(연주)는 연주회를 벌인다는 뜻이다.
'벌이다(펴다)'에서 '벌–빌–비로–ひろ(し)'로 이어진다. 위 ①의 '흘러'에서 '흘–힐–히로–ひろ'로도 이어진다.

人名訓読例

① ひろし : 演(외자 名).

② のぶ : 演永(のぶなが), 演沢(のぶさわ), 演紀(のぶき), 演雄(のぶお), 演之(のぶゆき).

③ ひろ : 演美(ひろみ),演夫(ひろお).

縁(緣) 연	訓読	ふち·えにし·へり·よる
	人名訓読	まさ·ゆか
	音読	エン

訓読풀이

① ふち : 縁은 はた(側 · 端 · 傍)와 마찬가지로 가, 가장자리, 테두리를 뜻한다. 가장자리는 본체에 붙은 부속물이다.
はた가 '붙다'에서 '부다–바다–はた'로 이어지듯이, ふち도 節(ふし)와 마찬가지로 '붙다'에서 '붙–붗–부치–ふち'로 이어진다.

② えにし：縁은 연줄(緣줄), 즉 이은 실을 뜻한다.
'이은 실'에서 '인실–엔시–에니시–えにし'로 이어진다.

③ へり：縁은 가장자리, 언저리를 뜻한다. 川(かわ)のへり는 강의 가장자리, 즉 강가를 뜻한다. 가장자리나 언저리를 천이나 땅으로 치면 자투리를 말한다. 천의 자투리는 쓰다 버린 천 조각이고, 땅 자투리는 집을 짓다가 남아 버린 땅이다. 縁은 捐(연)과 마찬가지로 버린다는 뜻도 갖는다.
'버린(버려진)'에서 '버리–베리–へり'로 이어진다.

④ より · よる：縁은 依(의) · 拠(거) · 因(인) · 由(유) 등의 よる와 마찬가지로 원인(原因), 의존(依存), 근거(根拠), 유래(由来) 등을 나타내는 후치사 ~으로가 동사화 되어 '으로–에로–요루–よる'로 이어진다.

⑤ まさ：縁은 人縁(인연) 등을 맺는 것을 뜻한다〈縁分(연분)〉.
'맺다'에서 '맺–맞–마사–まさ'로 이어진다.

⑥ ゆか：위 ⑤에서 '맺다'는 이어진다는 뜻이기도 하다.
'잇다'에서 '잇고–이가–유가–ゆか'로 이어진다.

人名訓読例

① へり：縁(외자 名).
② より：縁信(よりのぶ).
③ まさ：縁般(まさかお).
④ ゆか：縁子(ゆかこ).

燃 연	訓読	もえる·もやす
	音読	ネン

訓読풀이

• もえる · もやす：燃(연)은 家(いえ)가 もえる처럼 불타는 것에서 더 나아가 불타 무르익는 것을 뜻한다. もえる思(おも)い는 무르익는(불타는) 연정을 말하고, 闘志(とうし)をもやす 하면 투지를 무르익게(불타게) 한다는 말이다.
'무르'에서 '물어–무에–모에–もえる · もやす'로 이어진다.

人名訓読例

• もえ:燃杭(もえくい).

燕 연	訓読	つばめ
	人名訓読	やす
	音読	エン

訓読풀이

① つばめ：燕(연)은 제비를 뜻한다.
'제비'에서 '주바–つば'로 이어지고, 접미어 め가 붙어 つばめ로 합성된다.

② やす：燕은 한가하게 편안히 쉬는 것을 뜻한다. 燕居(연거)는 한가하게 집에서 쉬는 것을 뜻하고, 燕室(연실)은 쉬는 방을 뜻한다.
'쉬다'에서 '수–す'로 이어지고, 접두어 や가 붙어 やす가 된다.

人名訓読例

① つばめ · やすし：燕(외자 名).
② やす：燕夫(やすお).

嚥 연	訓読	のむ
	音読	エン

訓読풀이

• のむ：嚥(연)은 입에 넣어 삼키는 것을 뜻한다.
'넣다'에서 '넘–놈–노무–のむ'로 이어진다.

아

〔参考〕 飮(음), 呑(탄)과 이음(のむ)을 같이한다.

臙 연	訓読	べに
	音読	エン

訓読풀이

- べに : 臙(연)은 臙脂(연지)를 뜻한다. 연지는 붉은 안료이다.
  '붉은'에서 '부은-분-벤-베니-べに'로 이어진다.

人名訓読例

- べに : 臙脂屋(べにや).

蠕 연	訓読	うごめく
	音読	ゼン

訓読풀이

- うごめく : 蠕(연)은 곤충이 이리저리 옮기어 꿈틀거리는 것을 뜻한다.
  '옮기다'에서 '옴김-오곰-우곰-우고메-うごめく'로 이어진다.
  〔参考〕 蠢(준 : うごめく)와 이음을 같이한다.

【열】

咽 열	⇨	咽 인·연·열

悅(悦) 열	訓読	よろこぶ
	人名訓読	よし
	音読	エツ

人名訓読例

① よろこぶ : 悅(열)은 옳은 일을 보고 기뻐하는 것을 뜻한다.
'옳은 일 기뻐'에서 '올기뻐-오로기부-요로고부-よろこぶ'로 이어진다.
〔参考〕 慶(경), 喜(희)와 이음(よろこぶ)을 같이한다.

② よし : '옳다'에서 '올-오시(받침ㄹ-'시'로 분절)-よし'로 이어진다.

人名訓読例

- よし : 悅康(よしやす), 悅基(よしもと), 悅昭(よしあき), 悅信(よしのぶ), 悅典(よしのり), 悅豊(よしとよ).

噎 열	訓読	むせぶ·むせる
	音読	エツ

訓読풀이

- むせぶ · むせる : 噎(열)은 연기 · 음식 · 먼지 등으로 목이 메는 것을 뜻한다.
  목 메다의 '멜'에서 '물-무세(받침ㄹ-'세'로 분절)-むせぶ · むせる'로 이어진다.
  또한 '목 죄다'에서 '모죄-모제-무세-むせぶ · むせる'로 이어진다.
  〔参考〕 咽(인 : むせ)ぶ와 이음을 같이한다.

熱 열	訓読	あつい·ほてる·いきれる
	人名訓読	あた·にえ
	音読	ネツ

訓読풀이

① あつい : 熱(열)은 더운 것을 뜻한다.
'더워'에서 '두이-つい'로 이어지고, 접두어 あ가 붙어 あつい가 된다.

② ほてる : 顔(かお)が熱(ほて)る 하면 얼굴이 불에 쬔(탄) 듯 화끈거리는 것을 뜻한다.
'불'에서 '부-보-ほ'로 이어지고, '쬐다(타다)'에서 '째(타)-てる'로 이어져 ほてる로 합성된다.

③ いきれる : 뜨거운 열을 가하면 익는다. '익다'에서 '익–이기–いきれる'로 이어진다.
〔参考〕 熅(온 : いき)れる와 이음을 같이 한다.

④ あた : 熱은 따뜻한 것을 뜻한다. '따뜻'에서 '따–た'로 이어지고, 접두어 あ가 붙어 あた가 된다. 또한 '덥다'에서 '더–다–た'로 이어지고, 접두어 あ가 붙어 あた가 된다.
〔参考〕 暖(난), 温(온)과 이음(あたたかい)을 같이한다.

⑤ にえ : 위 ③의 익다에서 '익어라'에서 '이어라–니에라(ㅇ–ㄴ으로 변음)–にえる'로 이어진다.
〔参考〕 煮(가 : に)える와 이음을 같이한다.

人名訓読例

① あつ : 熱代(あつよ), 熱塩(あつしお), 熱原(あつばら), 熱田(あつた), 熱海(あつみ · あたみ), 熱川(あつかわ · あたがわ · にえかわ).
② あた : 熱海(あたみ), 熱川(あたがわ).
③ にえ : 熱川(にえかわ).

閲 열	訓読	けみする
	音読	エツ

訓読풀이

• けみする : 閲(열)은 検閲(검열)을 뜻한다. 本(ほん)を閲(けみ)する 하면 책을 검열한다는 말인데, 그것은 책의 내용이 교육적인지, 적법한지 여부를 캐낸다는 뜻이다.
'캐다'에서 '캠–캐미–けみする'로 이어진다.

【염】

冉 염	訓読	しなやか
	音読	ゼン·ネン

訓読풀이

• しなやか : 冉(염)은 움직임이 가볍고 부드러움을 나타낸다. 고유어로는 자늑자늑하다고 한다.
'자늑'에서 '자느–자나–지나–しな(やか)'로 이어진다.

炎 염	訓読	ほのお·ほむら
	音読	エン

訓読풀이

① ほのお : 炎(염)은 火焔(화염), 즉 불길을 뜻한다. 불길은 불이 하늘로 솟구쳐 올라가는 모습을 말한다.
'불의 올'라가는 모습에서 '불의(の)올–부の오–보の오–ほのお'로 이어진다.

② ほむら : 불길은 불이 그저 하늘로 솟구쳐 오르는 모습을 나타내지만, ほむら는 더 강하게 불덩어리가 무리 지어 하늘로 치솟는 모습을 나타낸다.
'불무리'에서 '부무리–보무라–ほむら'로 이어진다(ほむら는 火群을 뜻하게 됨).

人名訓読例

• ほのお : 炎(외자 名).

染 염	訓読	しみる·しみ·そまる·そめる
	音読	セン·ゼン

訓読풀이

① しみる · しみ : 染(염)은 스며드는 것을 뜻한다. 紙(かみ)にインクが染(し)みる 하면 종이에 잉크가 스며드는 것을 말하고, 身(み)にしみる寒(さむさ) 하면 몸

아

에 스며드는 추위를 말한다.

'스미다'에서 '스미−시미−しみ · しみる'로 이어진다.

② そまる · そめる : 染은 염색(染色)을 뜻한다. 염색은 물감이 스며들어 물드는 것을 말한다. ㉮ '스미다'에서 '수미−소매−そめる · そまる'로 이어진다. ㉯ '물들다'에서 '들다−듬−돔−솜−소마−そまる'로 이어진다.

人名訓読例

① そめ : 染宮(そめみや), 染山(そめやま), 染野(そめの), 染田(そめだ), 染川(そめかわ), 染子(そめこ).

② しめ(しみ의 변음) : 染葉(しめば · そめは), 染羽(しめは).

焰 **염**	訓読	ほのお·ほむら
	音読	エン

訓読풀이

• ほのお · ほむら : 炎(염) 참조.

人名訓読例

• ほむら : 焰(외자 名).

焱 **염**	訓読	ほのお
	音読	エン

訓読풀이

• ほのお : 炎(염) 참조.

塩(鹽) **염**	訓読	しお
	音読	エン

訓読풀이

• しお : 塩(염)은 소금을 뜻한다. 소금은 짜다.

'짜다'에서 '짜아−자오−지오−시오−しお'로 이어진다.

〔参考〕 潮(조), 汐(석)과 이음(しお)을 같이한다.

人名訓読例

• しお : 塩島(しおじま), 塩釜(しおがま), 塩田(しおた), 塩焼(しおやき), 塩足(しおたり), 塩村(しおむら).

厭 **염**	訓読	あきる·いとう·いや
	音読	エン·オン

訓読풀이

① あきる : ㉮ 厭(염)은 꺼리는 것, 싫어하는 것을 뜻한다〈厭世(염세), 厭忌(염기)〉. '꺼리다'에서 '거려−기루−きる'로 이어지고, 접두어 あ가 붙어 あきる가 된다. ㉯ 厭은 역겨운 것을 뜻한다. '역겹다'에서 '역겨워라−여겨라−아기루−あきる'로 이어진다. '역겹다'의 '역'은 逆으로 쓴다. 한글 역을 仮名로 표기하면 '악−아기−あき'가 된다. あき에서 あきる로 동사화 된 것으로도 풀이된다. ㉰ 厭은 느끼한 것을 뜻한다. '느끼'에서 '니기−나기−아기(ㄴ−ㅇ으로 변음)−あきる'로 이어진다.

〔参考〕 飽(포 : あ)きる와 이음을 같이한다.

② いや : 厭은 싫어서 그것은 아니다라는 뜻을 갖는다.

'아니다'에서 '아냐−안야−아야−이야−いや'로 이어진다.

〔参考〕 否(부 : いや)와 이음을 같이한다.

髯 **염**	訓読	ひげ
	音読	ゼン

訓読풀이

• ひげ(髯) : 髯(염)은 구레나룻(털)를 뜻한다. 짐승의 털과 구별하기 위하여 사

람을 뜻하는 ひと의 ひ와 털을 뜻하는 げ가 합성되어 ひげ로 이어진다. 같은 ひげ라도 鬚(수)는 턱수염, 髭(자)는 코 밑수염을 말한다. 한편 수염은 대체로 희기 때문에 희다의 ひ와 げ가 합성되어 ひげ로도 된다〈人(인 : ひと) 및 毛(모 : げ) 참조〉.

人名訓読例

• ひげ : 髯(외자 名), 髯九郎(ひげくろう).

艶 **염**	訓読	あで·つや·なまめく
	音読	エン

訓読풀이

① あで : 艶(염)은 예쁘다는 뜻이다. '옛뻐'에서 '옛-앋-아데-あで'로 이어진다.

② つや : 艶은 ㉮ 윤기, 광택 등이 돋아나는 것 ㉯ 목소리 등이 젊고 맑은 생기가 돋아나는 것 ㉰ 재미, 멋, 애교 등이 철철 돋아(솟아) 나는 것을 뜻한다. つやのある肌(はだ)는 윤기가 돋는(솟는) 피부, つやのある声(こえ)는 젊은 생기가 돋는 소리, つやの無(な)い話(はなし)는 재미가 돋아나지 않는(없는) 이야기를 뜻한다. '돋아나다(솟아나다)'에서 '돋아(솟아)-도아-두야-つや'로 이어진다.

③ なまめかしい · なまめく : 艶은 요염하게 보이는 것, 발랄하고 아름답게 보이는 것을 나타낸다. 단순히 아름다울 뿐 아니라 生花(생화)처럼 날것으로 순수하게 아름다움을 뜻한다.
'날'에서 '남-나마-なまめく'로 이어진다.

人名訓読例

• つや : 艶金(つやかね), 艶庵(つやほ), 艶雄(つやお), 艶子(つやこ), 艶太(つやた).

魘 **염·엽**	訓読	うなされる
	音読	エン

訓読풀이

• うなされる : 魘(염 · 엽)은 한국어에서 잠꼬대 할 염, 가위눌릴 엽을 뜻한다. 잠꼬대할 때나 가위에 눌릴 때는 무서워서 또는 아파서 앓는 소리를 내게 마련이다.
'앓는'에서 '알는-아는-아나-우나-うなされる'로 이어진다.

【엽】

葉 **엽**	訓読	は
	音読	ヨウ·ショウ

訓読풀이

• は : 葉(엽)은 잎, 이파리를 뜻한다.
'이파리(잎팔)'에서 '파-하-は'로 이어진다. '이빨(歯)'에서 '빠-하-は'로 이어지는 것과 같은 이치이다.

人名訓読例

• は : 葉国(はくに), 葉巻(はまき), 葉山(はやま), 葉川(はがわ), 葉村(はむら).

靨 **엽**	訓読	えくぼ
	音読	ヨウ

訓読풀이

• えくぼ : 靨(엽)은 웃을 때에 양쪽 볼에 오목하게 우물지는 자국으로 보조개를 뜻한다. あばたもえこぼ는 제 마음에 들면 얽은 자국도 보조개로 보인다는 뜻으로(제 눈에 안경), 보조개는 얽어 생긴 것이라고 볼 수 있다.

'얽은 보조개'에서 '얼굴보-어구보-에구보-えくぼ'로 이어진다.

【영】

永 영	訓読	ながい
	人名訓読	つね·とお·のり·はるか·ひさし
	音読	エイ

訓読풀이

① ながい：永(영)은 시간이나 거리를 늘게 하는 것을 뜻한다. 永歌(영가)는 소리를 길게 늘어지게 뽑아 노래를 부른다는 뜻이다.
長(なが)い와 마찬가지로 '늘게'에서 '느가-나가-ながい'로 이어진다.

② つね：永遠(영원)은 세월이 언제나 끝없이 길고 오램을 뜻한다.
常(상)과 마찬가지로 이제나 · 저제나 · 언제나에서 '제나-주나-주네-つね'로 이어진다.

③ とお：永은 멀리 떨어져 있음을 뜻한다. 遠(원)과 마찬가지로 '떨어'에서 '더어-도오-とお'로 이어진다.

④ のり：永은 언제나, 늘 그러함을 나타낸다.
'늘'에서 '누리-노리-のり'로도 이어지고, '오래(도록)'에서 '오래-오리-노리(ㅇ→ㄴ변음)'로도 이어진다.

⑤ はるか：永은 강이나 물줄기가 멀리 길게 펼쳐(벌어)짐을 나타낸다〈江之永矣：詩經 (강지영의：시경)〉.
'펼(벌)'에서 '팔(발)-바루-はる(か)'로 이어진다.

⑥ ひさ · ひさし：③에서 멀리 떨어져 있다함은 멀리 번쳐 있음을 뜻한다. '번쳐'에서 '번-빋-히사-ひさ(し)'로 이어진다.

人名訓読例

① ながし · のり · はるか · ひさし：永(외자 名).

② なが：永幹(ながよし), 永年(ながとし), 永明(ながあき), 永常(ながつね), 永信(ながのぶ).

③ つね：永朝(つねとも).

④ とお：永季(とおすえ · ながすえ).

⑤ のり：永英(のりひで), 永子(のりこ · ながこ · ひさこ), 永昌(のりまさ · ながまさ), 永孝(のりたか).

⑥ ひさ：永行(ひさゆき), 永朗(ひさお), 永規(ひさのり).

迎 영	訓読	むかえる
	人名訓読	むこう
	音読	ゲイ·ゴウ·ギョウ

訓読풀이

① むかえる：客(きゃく)をむかえる, 嫁(よめ)をむかえる는 손님이나 며느리를 맞는다는 뜻이고, 春(はる)をむかえる는 봄을 맞이한다는 뜻이다. 손님을 잘 '맞거라' 하면 바로 '무거라-むかえる'로 된다.
'맞이하다'에서 '맞거라-마거에라-무가에루-むかえる'로 이어진다.

② むこ · むこう：迎은 서로 마주하고 맞이하는 것을 뜻한다.
'맞고'에서 '마고-무고-むこ · むこう'로 이어진다.
〔参考〕向(향：むこ)う와 이음을 같이한다.

人名訓読例

① むかい · むかえ · むこう : 迎(외자 名).
② むかえ : 迎里(むかえさと), 迎山(むかえやま), 迎田(むかえだ · むこうだ · むこだ).
③ むか : 迎井(むかい).
④ むこう · むこ : 迎田(むこうだ · むこだ).

泳 영	訓読	およぐ
	音読	エイ

訓読풀이

• およぐ : 泳(영)은 헤엄치는 것, 수영(水泳)을 뜻한다.
'헤엄치다'에서 '헤엄–헤어–호오–오요(ㅎ–ㅇ으로 변음)–およぐ'로 이어진다.

怺 영	訓読	こらえる
	音読	日本国字

訓読풀이

• こらえる : ㉮ 怺(영)은 참는 것, 억누르는 것을 뜻한다. 涙(なみだ)をこらえる 하면 눈물을 참는다는 뜻인데, 눈을 감거나 하면서 시간을 끌어 눈물나는 것을 참는 것, 억누르는 것을 말한다. '끌다'에서 '끌어–그라–고라–こらえる'로 이어진다. ㉯ 怺은 용서한다는 뜻도 갖는다. 용서한다는 것은 상대방을 끌어 안아 준다는 뜻이다. '끌다'에서 '끌어–그라–고라–こらえる'로 이어진다.
〔参考〕 堪(담 : こら)える와 이음을 같이 한다.

英 영	訓読	はなぶさ·ひいでる
	人名訓読	あか·あき·あや·すぐる·すぐれ·たけし·てる·はな·ふさ·ひで·ひでし·ひでる
	音読	エイ

訓読풀이

① はなぶさ(英) : 英(영)은 꽃송이를 뜻한다. 꽃송이는 등꽃(藤の花)처럼 작은 꽃이 많이 붙은 꽃잎 전체를 이루는 말이다. 花房(화방)이라고도 한다.
꽃을 뜻하는 はな(花)와 꽃이 많이 '붙다'의 ぶさ(붙–붓–부사–ぶさ)가 합성되어 はなぶさ가 된다〈花(화) 참조〉.
② ひいでる : 英明(영명), 英雄(영웅), 英才(영재)처럼 英은 빼어난 것을 나타낸다.
秀(수)와 마찬가지로 '빼어나다'에서 '빼어–비이–ひいでる'로 이어진다.
③ あか · あき : 英은 밝음을 뜻한다. 닫힌 것이 열릴 때 밝음이 온다.
'열다'에서 '열고–어고–아가–あか'로, '열기–어기–아기–あき'로 이어진다. 또한 '밝다'에서 '발가–바가–아가–あか · あき'로 이어진다.
④ あや : 英은 아름다운 것, 어여쁜 것을 뜻한다.
'어여쁘다'에서 '어여–아야–あや'로 이어진다.
⑤ すぐる · すぐれ : 英物(영물), 英資(영자)처럼 英은 좋은 것을 나타낸다.
'좋다'에서 '좋고–조구–주구–すぐる · すぐれ'로 이어진다.
⑥ たけし : 英気(영기), 英名(영명)처럼 英은 뛰어남을 나타낸다.
'뛰어나다'에서 '뛰고–두게–다게–たけ

(し)'로 이어진다.

⑦ てる : ③에서와 같이 닫힌 것이 열리고 빛이 쬐이면서 밝음이 온다. '쬐다'에서 '쬐라-제라-데루-てる'로 이어진다.

⑧ はな : 英은 훤히 밝음을 뜻한다. '훤'에서 '한-하나-はな'로 이어진다.

⑨ ふさ : 英은 장식을 뜻한다. 장식은 본체에 붙는 것을 말한다. ①의 '붙다'에서 ふさ로 이어진다.

⑩ ひで · ひでし · ひでる : ②에서와 같이 '빼어나다'에서 ひいでる로 이어지고, い가 탈락되어 ひで(し · る)로 변음하여 인명 훈독에 활용된다.

人名訓読例

① すぐる · すぐれ · たけし · はなふさ · はなぶさ · ひで · ひでし · ひでる · ふさ : 英(외자 名).

② あ(あか · あき · あやの 준말) : 英加(あか), 英久比(あぐい), 英多(あた), 英賀(あか · あが).

③ あか · あが : 英多(あがた), 英資(あかはか), 英田(あがた).

④ あき : 英良(あきら), 英尚(あきなか).

⑤ あや : 英保(あやお · あやぼ), 英尚(あやなか).

⑥ てる : 英季(てるすえ), 英男(てるお · ひでお), 英夫(てるお · ひです · ふさお), 英善(てるよし · ひでたけ), 英信(てるのぶ · ひでのぶ · ふさのぶ), 英秀(てるひで).

⑦ はな : 英子(はなこ · ひでこ · ふさこ), 英枝(はなえ).

⑧ ふさ : 英明(ふさあきら · ひであき · ひではる), 英悦(ふさよし), 英雄(ふさお · ひでお · ひでたか), 英俊(ふさとし · ひでとし).

⑨ ひで : 英幹(ひでもと), 英介(ひですけ), 英経(ひでつね · ふさつね), 英光(ひであき · ひでみつ), 英長(ひでなが).

映 영	訓読	うつす·うつる·はえる
	人名訓読	あきら·てる·ひで
	音読	エイ

訓読풀이

① うつる · うつす : 顔(かお)を鏡(かがみ)に映(うつ)す 하면 얼굴 모습이 거울 속으로 옮아가 반영(反映)된다는 뜻이다. '옮다'에서 '옮-올-울-우쑤(받침 ㄹ-'쑤'로 분절)-うつる'로 이어진다.
〔参考〕 移(이), 写(사)와 이음(うつる)을 같이한다.

② はえる : ㉮ 映은 빛을 받아 빛나는 것을 뜻한다. '받아'에서 '바아-바에-はえる'로 이어진다. ㉯ 映은 빛이 비치는 것, 즉 빛이 선명하게 뻗는 것을 말한다. '뻗다'에서 '벋어-버어-바에-はえる'로 이어진다. ㉰ 映은 빛이 옮아 그대로 映寫(영사) 되는 것을 뜻한다. '옮아'에서 '오아-하아(ㅇ-ㅎ으로 변음)-はえる'로 이어진다.

③ あきら : ㉮ 映은 문을 열었을 때 빛이 들어오는(비추는) 것을 뜻한다. '열다'에서 '열기라-여기라-아기라-あきら'로 이어진다. ㉯ 빛이 들어와 밝히는 것을 뜻한다. '밝히다'에서 '바키라-아키라(ㅂ-ㅇ으로 변음)-あきら'로 이어진다.

④ てる : 映은 쬐는 것(비추는 것)을 뜻한다. '쬐다'에서 '재라-재루-대루-てる'로 이어진다.

⑤ ひて : 映은 햇빛, 달빛, 불빛 등 빛을 뜻

한다. 映雪読書(영설독서)는 눈빛 아래의 독서, 映月読書(영월독서)는 달빛 아래 독서를 뜻한다.

'빛'에서 '빋-비데-ひで'로 이어진다.

人名訓読例

① あきら · うつる : 映(외자 名).

② あき : 映季(あきすえ), 映子(あきこ · てるこ).

③ てる : 映宏(てるひろ), 映美(てるみ · ひでみ), 映侑(てるゆき), 映彦(てるひこ).

④ ひで : 映夫(ひでお · てるお), 映幸(ひでゆき).

栄(榮) 영	訓読	さかえ·さかえる·はえる
	人名訓読	さかい·さこう·しげる·てる·なが·はな·はる·ひさ(し)·ふざ·ひで·まさ·よし
	音読	エイ·ヨウ

訓読풀이

① さかい · さかえる · さこう : 都市(とし)か栄(さか)える 하면 도시가 번영한다는 뜻인데, 번영한다는 것은 상점이나 길이 사람과 물건들로 가득 차고(쌓여) 넘치는 상황을 나타낸다.
'차다'의 명령형 '차거라'에서 '사거루-사가루-さかえる'로 이어진다. 또한 '쌓다'에서 '싸고-さこう'로 이어진다.
〔参考〕 盛(성 : さか)る와 이음을 같이한다.

② はえる : 栄(영)은 나무줄기, 기세가 뻗어가는 것을 뜻한다.
'뻗어'에서 '버어-바에-はえる'로 이어진다.
〔参考〕 生(생 : は)える와 이음을 같이한다.

③ しげる : '차다'에서 '차거라-사거루-시게루-しげる'로 이어진다.
〔参考〕 茂(무), 繁(번)과 이음(しげる)을 같이한다.

④ てる : 栄은 빛을 쬐는 것을 뜻한다〈日月合榮 : 傳玄 (일월합영 : 전현)〉.
'쬐다'에서 '째-대-てる'로 이어진다.
〔参考〕 照(조 : て)る와 이음을 같이한다.

⑤ なが : 栄은 오래도록 융성함을 뜻한다.
오래됨을 뜻하는 '늘어지다'에서 '늘고-느고-나고-나가-なが'로 이어진다.

⑥ はな : 栄은 훤한 것을 뜻한다.
'훤'에서 '한-하나-はな'로 이어진다.
〔参考〕 花(화), 華(화)와 이음(はな)을 같이한다.

⑦ はる : 栄은 빛이 밝은 것을 뜻한다.
'밝다'에서 '발-할-하루-はる'로 이어진다.

⑧ ひさし : ㉮ 栄은 빛 · 햇살을 뜻한다.
'햇살'에서 '해살-히사시(받침ㄹ-'시'로 분절)-ひさし'로 이어진다. ㉯ 栄은 지붕의 가장자리, 비첨(飛檐)을 뜻한다. 비첨은 지붕의 본체에 붙어서 덮어 주는 역할을 한다. '붙어서'에서 '부서서-비사시-ひさし'로 이어진다.
〔参考〕 日差(일차 : ひざ)し, 庇(비 : ひさし)와 이음을 같이한다.

⑨ ひで : 栄名(영명)은 이름이 빼어남을 뜻한다.
'빼어나다(뽑다)'에서 '빼어-배어-비어-ひいでる'로 이어지고, ひで로 준말이 되어 人名(인명)에 쓰인다.

⑩ ふざ : 栄은 지붕의 가장자리에 붙은 비첨을 뜻한다.

아

'붙다'에서 '붚-부자-ふざ'로 이어진다.

⑪ まさ : 栄은 순리에 맞게 이름이 드러남을 뜻한다〈栄光(영광), 栄誉(영예)〉.
'맞다'에서 '맞-마자-まさ'로 이어진다.

⑫ よし : 맞음, 올바름에서 '올-오시(받침ㄹ-'시'로 분절)-よし'로 이어진다.

人名訓読例

① さかい · さかえ · さこう · しげる · はな · ひさし · ふざ : 栄(외자 名).

② さか : 栄利(さかり), 栄木(さかき · さかえき), 栄山(さかやま), 栄和(さかわ), 栄人(さかと · ひでと), 栄枝(さかえ).

③ さかえ : 栄木(さかえき), 栄原(さかえはら).

④ しげ : 栄樹(しげき · さかき · よしき), 栄実(しげみ), 栄彦(しげひこ), 栄義(しげよし), 栄一(しげかず), 栄子(しげこ · まさこ · ひでこ · ながこ).

⑤ てる : 栄福(てるとみ), 栄実(てるざね), 栄同(てるあつ), 栄滋(てるしげ), 栄美(てるみ · ひでみ · よしみ).

⑥ なが : 栄信(ながのぶ), 栄子(ながこ).

⑦ はる : 栄明(はるあき · ひであき).

⑧ ひさ : 栄男(ひさお · ひでお · まさお · よしお).

⑨ ひで : 栄光(ひでき · まさみつ · よしみつ), 栄文(ひでぶみ), 栄昭(ひであき), 栄一(ひでかず), 栄春(ひではる), 栄憲(ひでのり).

⑩ まさ : 栄光(まさみつ), 栄信(まさのぶ), 栄安(まさやす), 栄子(まさこ), 栄也(まさや), 栄量(まさかず).

⑪ よし : 栄久(よしひさ), 栄紀(よしのり), 栄大(よしひろ), 栄徳(よしのり), 栄博(よしひろ), 栄重(よししげ · ひでしげ).

盈 영	訓読	みち·みちる·みつ
	人名訓読	ます
	音読	エイ

訓読풀이

① みち · みつ · みちる : 盈(영)은 물이 차듯 가득 차는 것을 뜻한다.
'물이 차다'에서 '물차-무추-미추(미치)-みち · みちる · みつ'로 이어진다.
〔参考〕 満(만), 充(충)과 이음(みちる · みつ)을 같이한다.

② ます : 盈은 많아져서 가득 차는 것을 뜻한다〈盈猶多也 : 詩經 (영유다야 : 시경)〉.
'많다'에서 '많지-마지-마주-ます'로 이어진다.
〔参考〕 増(증 : ま)す와 이음을 같이한다.

人名訓読例

① みち : 盈宏(みちひろ), 盈比(みちとも), 盈進(みちのぶ), 盈行(みちゆき · みつゆき).

② みつ : 盈良(みつよし), 盈林(みつしげ), 盈文(みつふみ), 盈夫(みつお), 盈淑(みつよ), 盈子(みつこ).

③ ます : 盈一(ますかず).

営(營) 영	訓読	いとなむ
	人名訓読	つく
	音読	エイ

訓読풀이

① いとなむ : 営(영)은 일해서 무엇을 만들어 내는 것을 뜻한다〈經之營之 : 詩經 (경지영지 : 시경)〉. 営業(영업)은 일을 해서 영리(営利)를 만들어 냄을 뜻하고, 営農(영농)은 일을 해서 곡식 등을 일구어 냄을 뜻한다.

'일'에서 '이도(받침ㄹ-'도'로 분절)-いと'로 이어지고, '내다(낳다)'에서 '냄(남)-나무-なむ'로 이어져 いとなむ로 합성된다.

② つく : 営은 짓는 것〈営造(영조)〉, 쌓는 것을 뜻한다.
'짓다'에서 '지구-주구-つく'로 이어진다. 또한 '쌓다'에서 '싸구-쑤구-つく'로 이어진다.
〔参考〕 築(축 : つ)く와 이음을 같이한다.

人名訓読例

• つく : 営田(つくだ).

詠 영	訓読	うたう·よむ
	人名訓読	ながむ·よし
	音読	エイ

訓読풀이

① うたう : ㉮ 詠(영)은 시가(詩歌) 등을 읊는 것을 뜻한다. '읊다'에서 '울-우다(받침ㄹ-'다'로 분절)-うたう'로 이어진다. ㉯ 詠은 노래를 부르는 것을 뜻한다. '부르다'에서 '불-울(ㅂ-ㅇ으로 변음)-우다-うたう'로 이어진다. ㉰ '노래'에서 '놀-올(ㄴ-ㅇ으로 변음)-울-우다-うたう'로 이어진다.
〔参考〕 歌(가)·謡(요)·唄(패)·謳(구)와 이음(うたう)을 같이한다.

② よむ : '읊으다'에서 '읊음-으음-음-욤-요무-よむ'로 이어지고, '부르다'에서 '불음-부음-우음-움-욤-요무-よむ'로 이어진다.
〔参考〕 読(독 : よ)む는 '읽음'에서 '이음-임-욤-요무-よむ'로 이어진다.

③ ながむ : 詠은 목소리를 길게 늘리어 부르는 것을 뜻한다〈詠歌(영가)〉.
'늘다'에서 '늘게-느게-나가-ながむ'로 이어진다.
〔参考〕 長(장 : なが)와 이음을 같이한다.

④ よし : ㉮ 詠은 옳은 일 등을 노래로 읊는 것을 뜻한다. '옳다'에서 '올-오시(받침ㄹ-'시'로 분절)-よし'로 이어진다. ㉯ '읊다'에서 '을-올-오시-よし'로 이어진다. ㉰ '노래'에서 '놀-올-오시-よし'로 이어진다.

人名訓読例

① ながめ : 詠(외자 名).
② うた : 詠孫(うたまご).
③ なが : 詠女(ながめ).
④ よし : 詠村(よしむら).

瑛 영	人名訓読	あきら·きよし· てる·ひで
	音読	エイ

訓読풀이

① あきら : 瑛(영)은 옥빛·옥의 광채를 뜻한다. 옥빛은 밤에 주위를 훤하게 밝힌다. '밝히다'에서 '바키라-아키라(ㅂ-ㅇ으로 변음)-あきら'로 이어진다.

② きよし : 瑛은 곱고 깨끗한 수정(水晶), 옥영(玉瑛)을 말한다. ㉮ '곱다'에서 '고아-기아-기요-きよ(し)'로 이어진다. ㉯ '깨끗'에서 '객읏-개오-기오-きよ(し)'로 이어진다.

③ てる : 광채를 쬐는 옥이라는 뜻에서 '쬐다-쨰-대-てる'로 이어진다.

④ ひで : ㉮ 瑛은 다른 옥에 비하여 빼어난 옥영(玉瑛) 을 말한다. '빼어나다(뽑다)'에서 '빼어-배어-비어-ひいでる'로 이어지고, ひで로 준말이 되어 人名訓読(인명훈독)에 쓰인다. ㉯ 瑛은 광채가 빛

아

나는 옥이다. '빛'에서 '빋–비데–ひで'로 이어진다.

人名訓読例

① あきら・きよし：瑛(외자 名).

② あき：瑛子(あきこ・てるこ).

③ てる：瑛代(てるよ), 瑛夫(てるお), 瑛彬(てるあき), 瑛子(てるこ), 瑛行(てるゆき), 瑛浩(てるひろ).

④ ひで：瑛男(ひでお), 瑛朗(ひであき), 瑛美(ひでみ).

暎 영	人名訓読	あきら·てる·ひで
	音読	エイ

訓読풀이

• あきら・てる・ひで：瑛 (영) 참조.

人名訓読例

① あき・あきら：暎(외자 名).

② あき：暎子(あきこ).

③ てる：暎重(てるかず), 暎夫(てるお・ひでお), 暎臣(てるおみ), 暎史(てるちか).

④ ひで：暎夫(ひでお).

塋 영	訓読	はか
	音読	エイ

訓読풀이

• はか：塋(영)은 묘, 선산(先山)을 뜻한다. 묘는 파고 만든다.
'파다'에서 '파고–파가–はか'로 이어진다.
〔参考〕 墓(묘：はか)와 이음을 같이한다.

影 영	訓読	かげ
	音読	エイ·ヨウ

訓読풀이

• かげ：影(영)은 그림자를 뜻한다. 나무그늘이나 사람의 그림자는 항상 본체(本体)인 나무나 사람에게 걸려 있는 것처럼 따라다닌다.
'걸다'에서 '걸게–거게–가게–かげ'로 이어진다.

人名訓読例

• かげ：影島(かげしま), 影本(かげもと), 影山(かげやま), 影田(かげた), 影村(かげむら), 影浦(かげうら).

穎 영	訓読	ほさき
	人名訓読	さか·さき·てる·とし·ひで
	音読	エイ

訓読풀이

① ほさき：㉮ 穎(영)은 벼이삭을 뜻한다. '벼'에서 '보–ほ'로 이어지고, '이삭'에서 '삭–사기–さき'로 이어져 ほさき로 합성된다. ㉯ 이삭은 식물의 씨앗, 가지 끝 등에서 돋아나는 싹의 일종이라고 볼 수 있다. '싹'에서 '싸기–さき'로 이어져 ほさき로 합성된다.

② さか・さき：이삭(싹)에서 '삭–사가(사기)–さか・さき'로 이어진다.

③ てる：穎은 주머니 속의 송곳 끝이 밖으로 돋아(솟아) 나오는 것을 뜻한다〈穎脫而出：史記 (영탈이출：사기)〉.
'돋다'에서 '도–대–てる'로 이어진다.
〔参考〕 出(で：출)る와 이음을 같이한다.

④ とし：穎은 재기・총명이 남달리 돋보이는 것을 뜻한다〈穎敏(영민), 穎脫(영탈)〉.
'돋보이다'에서 '돋–돗–도시–とし'로 이어진다.

⑤ ひで：㉮ 穎은 빼어난 것, 뛰어난 것을

뜻한다. '빼어나다'에서 '빼다-삐다-비데-ひで'로 이어진다. 또한 '빼어나다(뽑다)'에서 '빼어-배어-비어-ひいでる'로 이어지고, ひで로 준말이 되어 人名訓讀(인명훈독)에 쓰인다. ㉯ 穎은 다른 것에 비하여 빛나는 것을 뜻한다. '빛'에서 '빋-비데-ひで'로 이어진다.

人名訓読例

① さか：穎人(さかひと・さきひと・ひでひと).
② さき：穎人(さきひと).
③ てる：穎男(てるお).
④ とし：穎彦(としひこ).
⑤ ひで：穎克(ひでかつ), 穎紀(ひでとし), 穎吉(ひでよし), 穎藤(ひでふじ), 穎麿(ひでまろ), 穎則(ひでのり).

贏 영	訓読	あまり·あまる
	音読	ヨウ·エイ

訓読풀이

• あまり・あまる：贏(영)은 남는 것, 넘치는 것을 뜻한다.
'남다'에서 '나마-아마(ㄴ-ㅇ으로 변음)-あまり・あまる'로 이어진다.
〔参考〕余(여：あま)る와 이음을 같이한다.

癭 영	訓読	こぶ
	音読	エイ

訓読풀이

• こぶ：癭(영)은 혹을 뜻한다. 瘤(류) 참조.

纓 영	訓読	ひも
	音読	エイ·ヨウ

訓読풀이

• ひも：㉮ 纓(영)은 갓끈을 뜻한다. 끈은 꼬아서 만드는데 다른 말로 하면 비벼 만든다. '비비다'에서 '비빔-빔-비모-ひも'로 이어진다. ㉯ 끈은 둘 또는 그 이상의 여러 물건을 붙여 주는 역할을 한다. '붙다'에서 '붙임-부임-붐-빔-비모-ひも'로 이어진다.
〔参考〕紐(뉴)와 이음(ひも)을 같이한다.

【예】

乂 예	訓読	かる
	人名訓読	おさむ
	音読	ガイ

訓読풀이

① かる：乂(예)는 갈라 베는 것을 뜻한다. '가르다'에서 '갈-가루-かる'로 이어진다.
〔参考〕刈(예：か)る와 이음을 같이한다.

② おさむ：乂는 꽉 잡아(쥐어) 다스리는 것을 뜻한다〈朝野安乂：北史 (조야안예：북사)〉.
'잡다(쥐다)'에서 '잡음(쥠)-잠-자마-さむ'로 이어지고 접두어 お가 붙어 おさむ가 된다.
〔参考〕治(치：おさ)む와 이음을 같이한다.

人名訓読例

• おさむ：乂(외자 名).

刈 예	訓読	かり·かる
	人名訓読	たす
	音読	ガイ

訓読풀이

① かり・かる：刈(예)는 갈라 베는 것을

아

뜻한다.

'가르다'에서 '갈-가루-かる'로 이어진다.

〔参考〕乂(예), 苅(예)와 이음(かる)을 같이한다.

② たつ : ㉮ 刈는 갈라 떼어 내는 것, 따내는 것을 뜻한다. '떼어내다(따내다)'에서 '따-다-たつ'로 이어진다. ㉯ 刈는 잘라 내는 것을 뜻한다. '자르다'에서 '자-다-たつ'로 이어진다. 또한 '잘'에서 '달-다수(받침ㄹ-'수'로 분절)-たつ'로 이어진다.

〔参考〕絶(절), 断(단), 裁(재)와 이음(たつ)을 같이한다.

人名訓読例

① かり : 刈間(かりま), 刈岡(かりおか), 刈谷(かりや), 刈屋(かりや), 刈込(かりこみ), 刈場(かりば).

② たつ : 刈良(たつろう).

予(豫) 예	訓読	あらかじめ·かねて·ためらう·よろこぶ
	人名訓読	たのし·やすし
	音読	ヨ

訓読풀이

① あらかじめ : 予(예)는 앞서서, 미리(알아), 사전에라는 뜻을 갖는다. あらかじめ準備(じゅんび)する 하면 미리 알아 준비한다는 뜻이다. 즉 만일에 대비해 미리 알아 잘 갖추어 준비한다(有備無患 : 유비무환)는 말이다.

'알아 갖춤'에서 '아라가침-아라가짐-아라가지메-あらかじめ'로 이어진다.

② かねて(予て) : かねてからの覚悟(かくご) 하면 '예전, 즉 지나간 때부터의 각오'라는 뜻이다. '지나간 때'에서 '간대-가내대-かねて'로 이어진다.

③ ためらう(予う) : 予는 참고 주저하는 것을 뜻한다.

躊躇(ためら)う와 마찬가지로 '참다'의 명령형 '참아라'에서 '차무라우-차메라우-ためらう'로 이어진다.

④ よろこぶ : ㉮ 予는 옳은 마음으로 또는 옳은 일을 보고 기뻐하는 것을 뜻한다. 옳은 일로 마음이 평화롭고 기쁘면 바로 予이다〈心中和悦謂之予 : 華厳経音義(심중화열위지예 : 화엄경음의)〉. '옳은 기쁨'에서 '올기부-오로고부-よろこぶ'로 이어진다. ㉯ 予는 놀고 기뻐하는 것을 뜻한다〈吾王不豫 : 孟子 (오왕불예 : 맹자)〉. '놀다'에서 '놀-올-오로-よろ'로 이어지고, '기뻐'에서 '기부-고부-こぶ'로 이어져 よろこぶ로 합성된다.

⑤ たのし : 予는 ④에서와 같이 기쁨, 즐거움을 뜻한다. 그것은 단맛으로 충만함을 뜻한다.

'단'에서 '다노-たの(し)'로 이어진다.

⑥ やすし : 予는 즐기고 노는 등 편안히 쉬면서 살아가는 것을 뜻한다〈逸豫無期 : 詩經 (일예무기 : 시경)〉.

'쉬다'에서 '쉬-수-す'로 이어지고, 접두어 や가 붙어 やす(し)로 합성된다.

人名訓読例

① たのし · やすし : 予(외자 名).

② やす : 予子(やすこ).

曳 예	訓読	ひき·ひく
	音読	エイ

訓読풀이

• ひき · ひく : 曳(예)는 어떤 대상을 어디에서 빼어(뽑아) 끌어내는 것, 이끌어 가는 것을 뜻한다. ㉮ 大根(だいこん)をひ

く 하면 무를 뽑는다, 曳(ひ)き船(ふね)는 정박해 있는 배를 빼어(뽑아) 끌고 간다는 뜻이다. '빼다(뽑다)'에서 '빼구-비구-ひく'로 이어진다. ㉯ 曳는 이끄는 것을 뜻한다. '이끌다'에서 '이꾸-히꾸(ㅇ-ㅎ으로 변음)-ひく'로 이어진다.

〔参考〕 引(인), 牽(견)과 이음(ひく)을 같이한다.

人名訓読例

• ひき : 曳野(ひきの), 曳田(ひきた), 曳地(ひきじ).

芸(藝) 예	訓読	わざ
	人名訓読	き
	音読	ゲイ

訓読풀이

① わざ : 芸(예)는 온 힘을 들인, 또한 꾸준한 일로 이루어진 技芸(기예), 芸能(예능)을 뜻한다.

'일'에서 '일-알-아자(받침ㄹ-'자'로 분절)-わざ'로 이어진다.

〔参考〕 業(업), 技(기)와 이음(わざ)을 같이한다.

② き : 芸는 끝(가)·궁극(窮極)·한계를 뜻한다〈貢之無藝 : 左氏傳 (공지무예 : 좌씨전), 貪慾無藝 : 國語 (탐욕무예 : 국어)〉.

'끝(가)'에서 '끝(가)-기-き'로 이어진다.

〔参考〕 際(제), 窮(궁), 極(극)과 이음(きわ)을 같이한다.

人名訓読例

① わざ : 芸井(わざい).

② き : 芸都(きず).

枘 예	訓読	ほぞ
	音読	ゼイ·ネイ

訓読풀이

• ほぞ : 枘(예)는 장부(문장부)를 뜻한다. 장부는 건축물에서 배꼽처럼 되어 있다. '배꼽'에서 '뱃곱-뱃-봊-보조-ほぞ'로 이어진다.

〔参考〕 臍(제), 蔕(체)와 이음(ほぞ)을 같이한다.

刈 예	訓読	かり·かる
	音読	カイ

訓読풀이

• かり·かる : 刈(예)는 갈라 베는 것을 뜻한다.

'가르다'에서 '갈-가루-かり·かる'로 이어진다.

人名訓読例

① かり : 刈谷(かりたに·かりや), 刈幡(かりはた), 刈北(かりきた), 刈山(かりやま), 刈野(かりの), 刈田(かりた).

② かる : 刈部(かるべ).

睨 예	訓読	にらむ
	音読	ゲイ

訓読풀이

• にらむ : 睨(예)는 노려보는 것, 쏘아보는 것을 뜻한다.

'노리다'에서 '노림-노람-니람-니라무-にらむ'로 이어진다.

人名訓読例

• にらむ : 睨(외자 名).

裔 예	訓読	すえ
	音読	エイ

訓読풀이

• すえ : 裔(예)는 後裔(후예), 즉 뒤에 이어지는 後孫(후손)을 뜻한다.

'뒤에'에서 '수에-すえ'로 이어진다.

〔参考〕末(말)과 이음(すえ)을 같이한다.

誉(譽) 예	訓読	ほまる·ほまれ·ほめる
	人名訓読	しげ·たか(し)·ただ(し)·よし
	音読	ヨ

訓読풀이

① ほまる · ほまれ · ほめる : 誉(예)는 남을 칭찬하는 것, 즉 뽐내게 해주는 것을 뜻한다.

'뽐내다'에서 '뽐-봄-홈-호매(호마)-ほめる(ほまる · ほまれ)'로 이어진다.

② しげる : 誉는 명성과 영예가 널리 가득 차는 것을 뜻한다.

'차다'에서 '차거라-사게라-시게루-しげる'로 이어진다. 또한 명성을 많이 쌓은 것을 뜻한다. '쌓다'에서 '싸게-시게-しげる'로 이어진다.

〔参考〕繁(번), 茂(무)와 이음(しげる)을 같이한다.

③ たか(し) : 誉는 명성, 영예가 높이 뜨는(솟는, 돋는) 것을 뜻한다.

'뜨다'에서 '뜨고-다가-たか(し)'로 이어진다.

④ ただ(し) : 誉는 따져서 바로잡는 것을 뜻한다〈君子不以口譽人 則民作忠 : 禮記 (군자불이구예인 즉민작충 : 예기)〉.

'따지다'에서 '따저-다다-ただ(し)'로 이어진다.

⑤ よし : 위 ④에서와 같이 誉는 올바르게 하는 것을 뜻한다.

'올'에서 '오시(받침ㄹ-'시'로 분절)-よし'로 이어진다.

人名訓読例

① たかし · ただし · ほまる · ほまれ : 誉(외자 名).

② しげ : 誉郭(しげひろ), 誉純(しげすみ), 誉子(しげこ · よしこ).

③ たか : 誉代(たかよ), 誉恕(たかひろ), 誉英(たかてる), 誉人(たかひと), 誉正(たかまさ), 誉暢(たかのぶ).

④ ほめ : 誉田(ほめた).

⑤ よし : 誉夫(よしお), 誉子(よしこ), 誉弼(よしすけ), 誉治(よしじ · たかじ).

詣 예	訓読	いたる·もうでる
	音読	ケイ

訓読풀이

① いたる : ㉮ 詣(예)는 到(いた)る와 마찬가지로 어떤 장소나 시간에 이르러 닿는 것을 뜻한다. 会場(かいじょう)にいたる 하면 회의장에 이르러 닿는다는 뜻이다. '이르다'의 '이-い'와 '닿다'의 '다-た'가 합성되어 いたる가 된다. ㉯ '잇따르다'에서 '잇따라-이다루-いたる'로 이어진다.

② もうでる : 詣는 참배(参拝)한다는 뜻이다. 참배는 여러 사람이 함께 모여 행하는 의식이다.

'모여서'에서 '모우서-모우더-모우데-もうで(る)'로 이어진다.

預 예	訓読	あずける·あずかる
	音読	ヨ

訓読풀이

• あずける · あずかる : 預(예)는 맡겨서 보관하도록 하는 것을 뜻한다(預金 : 예금).

'맡기다'에서 '맞겨-맞게-마주게-아주게(ㅁ-ㅇ으로 변음)-あずける'로 이어진다. '맞다'에서 '앋-아다-あたる(当たる)', '맛'에서 '마지-아지-あじ(味)'로 이어지는 것 등과 같은 이치이다.

人名訓読例

• あずかり：預(외자 名).

鋭(鋭) 예	訓読	するどい
	人名訓読	とし
	音読	エイ

訓読풀이

① するどい：鋭(するど)い切(き)っ先(さき) 하면 날카로운 칼끝을 뜻한다. 날카로운 칼끝으로 찌르기도 하고 찔리기도 한다.
'찌르다'에서 '지루도-주루도-するど(い)'로 이어진다.

② とし：위 ①에서 날카로운 칼끝이라 함은 칼끝이 뾰족 솟아(돋아) 났음을 나타낸다.
'돋다'에서 '돗-도시-とし'로 이어진다.

人名訓読例

• とし：鋭久(としひさ), 鋭夫(としお), 鋭彦(としひこ), 鋭子(としこ), 鋭清(としきよ), 鋭憲(としかず).

叡 예	訓読	あきら·さとし·さとる·とおる·まさ
	音読	エイ

訓読풀이

① あきら：叡(예)는 사리에 밝은 것을 뜻한다.
'밝다'에서 '밝히라-바키라-아키라(ㅂ-ㅇ으로 변음)-あきら'로 이어진다.

② さとし·さとる：叡은 지혜 등이 예리(鋭利)하게 솟음(돋음)을 뜻한다.
'솟다(돋다)'에서 '솓-삳-사도-さと(さとし·さとる)'로 이어진다.

③ とおる：叡는 사리를 꿰뚫어 알고 있음을 뜻한다.
'뚫다'에서 '뚤-돌-도오루-とおる'로 이어진다.

④ まさ：叡는 사리에 맞는 지혜를 뜻한다(叡智：예지).
'맞다'에서 '마자-まさ'로 이어진다.

人名訓読例

① あきら·さとし·さとる·とおる：叡(외자 名).

② まさ：叡子(まさこ).

翳 예	訓読	かげる·かざす
	音読	エイ

訓読풀이

① かげる：翳(예)는 그늘이나 그림자가 지는 것을 뜻한다. 나무 그늘이나 사람의 그림자는 항상 본체인 나무이나 사람에 걸려 있는 것처럼 따라 다닌다.
'걸다'에서 '걸게-거게-가게-かげる'로 이어진다.
〔参考〕陰(음), 蔭(음)과 이음(かげる)을 같이한다.

② かざす：翳는 손 같은 것으로 빛을 가리는 것, 즉 감싸는 것을 뜻한다. 小手(こて)をかざす 하면 손으로 이마의 햇빛을 가리는 것을 말하고, 傘(かさ)をかざしてやる 하면 우산을 받쳐 몸을 비로부터 감싸는 것을 말한다.
'감싸다'에서 '감싸-가자-かざす'로 이어진다.

穢 예	訓読	けがす·けがれる·きたない
	音読	ワイ·アイ·エ

訓読풀이

① けがす · けがれる : ㉮ 家名(かめい)をけがす 하면 가명을 궂게 하는(더럽히는) 것을 뜻하고, けがれた金(かね)는 궂게 얻은 돈을 뜻한다. '궂게'에서 '구게–구가–게가–けがす · けがれる'로 이어진다. ㉯ 더럽힌다는 것은 구겨 놓는다는 뜻도 된다. 心(こころ)がけがれる 하면 마음이 더러워지는 것, 즉 구겨지는 것을 뜻한다. '구겨'에서 '구가–게가–けがれる'로 이어진다.

〔参考〕 汚(오 : けが)す · 汚(けが)れる와 이음을 같이 한다.

② きたない : きたない手(て), きたない役(やく), きたない根性(こんじょう) 등은 모두 궂은 것을 뜻한다.

'궂다'에서 '구다–기다–きた'로 이어지고 きたない로 형용사화 된다.

囈 예	訓読	うわごと·たわごと
	音読	ゲイ

訓読풀이

① うわごと : 囈(예)는 헛소리를 뜻한다. '헛'에서 '허–어(ㅎ–ㅇ으로 변음)–어아–우아–うわ'로 이어지고, 말을 뜻하는 '골다'(제주방언)에서 '고다–ごと'로 이어져 うわごと로 합성된다.

② たわごと : ㉮ 囈는 잠꼬대를 뜻한다. '잠꼬대'에서 '자고도–자아고도–다아고도–たわごと'로 이어진다. ㉯ 囈는 장난말, 허튼말을 뜻한다. '장난말'에서 '잔안말–자아말–다아말–たわごと'로 이어진다.

【오】

五 오	訓読	いつ·いつつ
	人名訓読	さ
	音読	ゴ

訓読풀이

① いつ · いつつ : 《삼국사기지리》의 백제지명(후 고구려지명)에서 五(오)를 于次(우차)로 표기하고 있다〈五谷郡一云于次呑忽 : 三國史記 (오곡군일운우차단홀 : 삼국사기)〉.

'우차'에서 '이추–いつ · いつつ'로 이어진다.

② さ : '다섯'에서 '다–사–さ'로 이어진다.

人名訓読例

① いつ : 五間(いつま), 五島(いつしま), 五木(いつき), 五石(いついし), 五日市(いつかいち), 五子(いつこ).

② いつつ : 五野(いつつの), 五井(いつつい).

③ さ : 五月(さつき), 五月女(さつきめ), 五月夫(さつお).

午 오	訓読	うま
	音読	ゴ

訓読풀이

• うま : 午(오)는 일곱째 지지(地支)로, 달로는 음력 5월, 오행(五行)으로는 화(火), 동물로는 말을 뜻한다. 午年(오년 : ごねん)은 말띠 해를 뜻한다.

'말'에서 '말–마–ま'로 이어지고 접두어 う가 붙어 うま가 된다.

人名訓読例

• うま : 午人(うまひと), 午介(うますけ), 午比古(うまひこ), 午四良(うましろう), 午蔵(うまぞう).

伍 오	人名訓読	あつむ·いつ· くみ·ひとし
	音読	ゴ

訓読풀이

① あつむ : 伍(오)는 다섯 사람(人+五)을 하나의 조(組)로 짜는 것을 뜻한다.
'짜다'에서 '짬-잠-줌-주무-つむ'로 이어지고 접두어 あ가 붙어 あつむ로 합성된다. 한편 다섯 사람을 하나로 채운다는 뜻에서 集(あつ)まり와 마찬가지로 '참'에서 '춤-추무-つむ'로 이어지고 접두어 あ가 붙어 あつむ로 합성된다.

② いつ : 伍는 五와 같이 쓰인다.
五와 마찬가지로 고구려어 宇次에서 '우차-우츠-이츠-いつ'로 이어진다〈五(오) 참조〉.

③ くみ : 五人為伍(오인위오), 五家為伍(오가위오)는 五人(오인) 또는 五家(오가)를 한 조 또는 한 반으로 꾸미는 것을 뜻한다.
組(くみ)와 마찬가지로 '꾸미다'에서 '구미-くみ'로 이어진다.

④ ひとし : 伍는 서로 섞여 한(하나의) 동아리가 되는 것을 뜻한다.
하나를 뜻하는 '홀'에서 '홀-힐-히도(받침ㄹ-'도'로 분절)-ひと(し)'로 이어진다.

人名訓読例

① あつむ · ひとし : 伍(외자 名).
② いつ : 伍位(いつい · ごい), 伍夫(いつお).
③ くみ : 伍子(くみこ).

汚 오	訓読	けがす·けがれる· よごす·よごれる· きたない
	音読	オ

訓読풀이

① けがす · けがれる : 汚(오)는 더러운 것, 더럽히는 것, 즉 궂게 되는(구겨지는) 것을 뜻한다.
'굳게(구게)'에서 '구게-구가-게가-けがす · けがれる'로 이어진다.
〔参考〕 穢(예 : けが)す와 이음을 같이한다.

② よごす · よごれる : インクをこぼして服(ふく)をよごす 하면 잉크를 엎질러 양복을 더럽힌다는 말로, 잉크가 양복을 얽게 하여 보기 싫게 만든다는 뜻이다.
'얽다'에서 '어거-오고-요고-よごす'로 이어진다.

③ きたない : 위 ①에서처럼 '궂다'에서 '구다-기다-きた'로 이어지고, きたない로 형용사화 된다.
〔参考〕 穢(예 : きた)ない와 이음을 같이 한다.

아

呉 오	訓読	くれ·くれる
	音読	ゴ

訓読풀이

• くれ · くれる : 呉(く)れる는 주는 것을 뜻하는데, 준다는 것은 무엇을 꾸려 준다는 뜻이다. 父(ちち)が金(かね)をくれた 하면 아버지가 돈을 꾸려 주셨다는 말이고, あんなやつに何(なに)もくれてやるな 하면 저런 녀석에게는 아무 것도 꾸려 주지 말라는 말이다.
'꾸려'에서 '구려-구레-くれる'로 이어진다.

人名訓読例

• くれ : 呉宮(くれみや), 呉山(くれやま), 呉屋(くれや), 呉竹(くれたけ), 呉漢(くれあや), 呉子(くれこ).

吾 오	訓読	あ·わ·われ
	人名訓読	のり
	音読	ゴ

訓読풀이

① あ · わ : 吾(오)는 나, 자신을 뜻한다. '나'에서 '나–아(ㄴ–ㅇ으로 변음)–あ · わ'로 이어진다.

② われ : われ는 인칭대명사로 나 또는 너(네 놈)를 뜻한다. 속어로 나레, 너레라 한다.
われこそは 하면 내래(나야말로)라는 말이고, われはなかなか力(ちから)がある な 하면 네레(너야말로) 꽤 힘이 세군이라는 말이다 ①과 마찬가지로 '나' 및 '너'에서 ㄴ이 ㅇ으로 변음 되어 '나레(너레)–아레–われ'로 이어진다.

③ われわれ : 吾吾는 우리, 우리들을 뜻한다. 吾党(오당 : われとう)은 우리 당, 吾等(오등 : われら)은 우리들이다.
'우리'에서 '아레–와레–われ(われ)'로 이어진다.

④ のり : 吾는 우리를 뜻한다.
'우리'에서 '오리–노리(ㅇ–ㄴ으로 변음)–のり'로 이어진다.

人名訓読例

① あ : 吾那(あな · わな · ごな), 吾川(あかわ · わかわ), 吾樹(あき), 吾子(あこ), 吾妻(あずま).

② わ(が) : 吾全(わぜ), 吾郷(わごう · あごう), 吾足(わたる), 吾妻(わがつま · あがつま · あずま), 吾技(わかえ).

③ われ : 吾亦紅(われもこう).

④ のり : 吾夫(のりお).

旿 오	人名訓読	あきら
	音読	ゴ

訓読풀이

• あきら : 旿(오)는 午時(오시)에 해(日)가 비치듯이 밝은 것을 나타낸다. 밝다는 것은 문이나 하늘이 열리어 밝아짐을 말한다.
'열리다'에서 '열거라–여기라–아기라–あきら'로 이어진다. 또한 '밝다'에서 '밝히라–바키라–아키라(ㅂ–ㅇ으로 변음)–あきら'로 이어진다.

人名訓読例

• あきら : 旿(외자 名).

娛 오	訓読	たのしむ
	音読	ゴ

訓読풀이

• たのしむ : 娛(오)는 즐긴다는 뜻이다(娛樂 : 오락). 즉 단것을 즐긴다는 의미다.
'단'에서 '다노–たのしむ'로 이어진다.
〔参考〕 楽(락 : たの)しむ와 이음을 같이한다.

悟 오	訓読	さとる
	人名訓読	のり
	音読	ゴ

訓読풀이

① さとる : ㉮ 悟(오)는 진리에 대한 깨달음이 솟는다는 것을 뜻한다. '솟다'에서 '솟–삳–사도–さとる'로 이어진다. ㉯ 진리에 대한 깨달음은 진리에 대하여 눈을 뜸을 뜻한다. 世(よ)の無常(むじょう)をさとる 하면 세상의 무의미함에 눈을 뜨게 된다는 말이다. '뜨다(떠)'에서 '더더–다도–사도루–さとる'로 이어진다.
〔参考〕 覚(각 : さと)る와 이음을 같이한다.

② のり : 진리에 대한 깨달음은 올바름에 대한 깨달음이다.
'올'에서 '오시(받침ㄹ-'시'로 분절)-よし'로 이어진다.

人名訓読例

① さと · さとし · さとる : 悟(외자 名).
② さと : 悟里(さとり), 悟美(さとみ), 悟志(さとし).
③ のり : 悟道(のりみち).

烏 오	訓読	からす
	音読	ウ·オ

訓読풀이

• からす : 烏(오)는 까마귀로, 까마귀는 까만(검은) 색을 띤다. から는 黒(흑 : くろ)와 마찬가지로 '그을려'에서 '글려-그라-가라-から'로 이어진다. 여기에 새(鳥 : 조)를 뜻하는 す가 합성되어 からす가 된다.
すが 새를 뜻하는 것으로는 うぐいす(鶯 : 휘파람새), ほととぎす(杜鵑 : 두견새) 등이 있다.
〔参考〕 鴉(아)와 이음(からす)을 같이한다.

人名訓読例

• からす : 烏谷(からすだに), 烏藤(からすふじ), 烏田(からすだ), 烏川(からすがわ), 烏野(からすの), 烏丸(からすまる).

敖 오	訓読	あそぶ·おごる
	音読	ゴウ

訓読풀이

① あそぶ : 敖(오)는 노는 것을 뜻한다〈邑亡敖民 : 漢書 (읍망오민 : 한서)〉.
'놀다'에서 '놀-날-알(ㄴ-ㅇ으로 변음)-아소(받침ㄹ-'소'로 분절)-あそぶ'로 이어진다. 가요에 '노세노세 젊어서 노세'라는 가사가 있는데, '노세'에서 '오세-아소-あそぶ로 이어진다.
〔参考〕 遊(유 : あそ)ぶ와 이음을 같이한다.
② おごる : 敖(오)는 敖慢(오만), 즉 잘난 체 뻐기는 것을 뜻한다.
'뻐기다'에서 '버기라-보고루-오고루(ㅂ-ㅇ으로 변음)-おごる'로 이어진다.
〔参考〕 驕(교), 傲(오), 倨(거)와 이음(おごる)을 같이한다.

晤 오	訓読	あう
	人名訓読	あきら
	音読	ゴ

訓読풀이

① あう : 晤(오)는 만나서 어울러 지내는 것을 뜻한다.
'아우(어우)르다'에서 '아우-あう'로 이어진다.
② あきら : 晤談(ごたん)은 서로 마음을 열고 허물없이 터놓고 이야기함을 뜻한다.
'열다'에서 '열거라-여기라-아기라-あきら'로 이어진다. 또한 晤는 밝은 것을 뜻한다. 밝다는 것은 문이 열리어 빛이 들어와 밝아짐을 말한다. '밝히다'에서 '바키라-아키라(ㅂ-ㅇ으로 변음)-あきら'로 이어진다.

人名訓読例

• あきら : 晤(외자 名).

奥(奧) 오	訓読	おく
	人名訓読	すみ·ふか
	音読	オウ

아

訓読풀이

① おく : 奥(옥)은 안쪽의 깊숙한 곳 또는 구석을 뜻한다. 林(はやし)のおく는 숲 안쪽(곳), 안쪽 구석을 말하고, 路地(ろじ)の一番(いちばん)おくの家(いえ)는 골목길 가장 안쪽(곳) 구석에 있는 집이라는 말이다. 귀부인은 안쪽에 있는 곳(구석진 방)에 은밀히 거처하므로 おくさま 또는 おくさん이라고 부른다.
'안구석(곳)'에서 '안구(안고)-아구-오구-おく'로 이어진다.

② すみ : 구석에는 틈이 나게 되어 있고, 구석이나 깊숙한 곳 자체가 틈이라고 볼 수 있다.
'틈'에서 '숨-수미-すみ'로 이어진다.
〔参考〕 隅(우), 角(각)과 이음(すみ)을 같이한다.

③ ふか : 奥는 안쪽으로 푹 들어간 곳(구석)을 뜻한다.
'푹'에서 '훅-후가-ふかい'로 이어진다.
〔参考〕 深(심 : ふか)い와 이음을 같이한다.

人名訓読例

① おく : 奥谷(おくたに・おくや), 奥林(おくばやし), 奥本(おくもと), 奥寺(おくてら), 奥山(おくやま), 奥野(おくの).
② すみ : 奥実(すみざね).
③ ふか : 奥志(ふかし).

傲 오	訓読	おごる
	音読	ゴウ

訓読풀이

• おごる : 傲(오)는 傲慢(오만)을 뜻한다. 오만은 잘난 체 뻐기는 것을 뜻한다.
'뻐기다'에서 '버기라-보고루-오고루(ㅂ-ㅇ으로 변음)-おごる'로 이어진다.
〔参考〕 驕(교), 敖(오), 倨(거)와 이음(おごる)을 같이한다.

嗷 오	訓読	かまびすしい
	音読	ゴウ

訓読풀이

• かまびすしい : 嗷(오)는 매우 시끄럽고 소란스러움을 나타낸다. 유사한 뜻을 갖는 한자로 喧(훤), 囂(효)가 있는데 모두 かまびすしい로 훈독된다. 이들이 갖는 공통 의미는 시끄럽고 소란스러움이 싸움이나 폭력에 가까움을 나타낸다. 喧譁(훤화), 鬪囂(투효), 嗷議(오의)는 모두 깨고 부수며 싸우는 것을 나타낸다.
'깨다'의 '깸'에서 '갬-감-가마-かま'로 이어지고, '부수다'에서 '부서-비서-비수-びす'로 이어져 かまびす(しい)로 합성된다.

寤 오	訓読	さめる
	音読	ゴ

訓読풀이

• さめる : 寤(오)는 잠에서 깨어나는 것, 즉 눈을 뜨는 것을 뜻한다〈寤寐求之 : 詩經 (오매구지 : 시경)〉.
'뜨다'에서 '뜸-슴-삼-사메-さめる'로 이어진다.

誤 오	訓読	あやまる
	音読	ゴ

訓読풀이

• あやまる : 誤(오)는 실수, 잘못을 뜻한다. 즉 해서는 아니 될 일을 하는 것을 뜻한다. 道(みち)をあやまる 하면 가서는 아니 될 길을 잘못 들어섰음을 말한다.
'아니다'에서 '안야-아야-あやまる'로

이어진다.

〔参考〕謬(류), 謝(사)와 이음(あやまる)을 같이한다.

熬 오	訓読	いる
	音読	ゴウ

訓読풀이

• いる : 熬(오)는 豆(まめ)をいる처럼 익히는 것, 볶는 것을 뜻한다.
'익다'에서 '이–いる'로 이어진다.
〔参考〕煎(전), 炒(초)와 이음(いる)을 같이한다.

懊 오	訓読	なやむ
	音読	オウ

訓読풀이

• なやむ : 懊(오)는 괴롭혀 노엽게 하는 것, 뉘우치는 것을 뜻한다〈懊悩(오뇌), 懊恨(오한)〉. ㉮ '노여움'에서 '노염–노여무–나야무–なやむ'로 이어진다. ㉯ '뉘우치다'에서 '뉘우–뉘야–나야–なやむ'로 이어진다.
〔参考〕悩(노 : なや)む와 이음을 같이한다.

澳 오·욱	訓読	おき·くま·ふかい
	音読	イク·オウ·ウ

訓読풀이

① おき : ㉮ 澳(오)는 沖(중 : おき)와 마찬가지로 앞 바다(氵) 가운데(中) 깊숙이(奥) 들어간 곳·구석을 나타낸다. 앞바다의 '앞'이 '아–오–お'로 이어지고, 바다 속 '깊숙한 곳·구석'에서 '깊–기–き', '곳–고–기–き', '구석–구–기–き'로 이어져 おき로 합성된다. ㉯ 澳는 바다 안쪽으로 깊이 들어간 곳을 뜻한다. '안(쪽) 깊이'에서 '아깊–오기–おき'로 이어진다.

② くま : 澳(욱)은 물가의 굽진 곳〈瞻彼淇澳 : 大學 (담피기욱 : 대학)〉, 바다나 강이 활등처럼 굽어 배를 대기 알맞은 곳〈無港澳以容舟組 : 宋史 (무항욱이용주집 : 송사)〉을 뜻한다.
'굽음'에서 '구음–굼–구마–くま'로 이어진다. 이 경우 澳은 イク로 음독된다.
〔参考〕隅(우)와 이음(くま)을 같이한다.

③ ふかい : 澳(오)는 바다(氵) 가운데(中) 푹 깊숙이(奥) 들어간 곳을 나타낸다. 深(심–ふかい)과 마찬가지로 '푹'에서 '푸가–ふかい'로 이어진다. 위 ①의 ㉯ '안(쪽) 깊이'에서 おき로 이어지는 것과 이음의 뜻을 같이한다.

人名訓読例

• おき : 澳原(おきはら), 澳津(おきつ), 澳満(おきまろ), 澳野(おきの).

아

【옥】

玉 옥	訓読	たま
	人名訓読	くず·とう
	音読	ギョク·ゴク

訓読풀이

① たま : 玉(옥)은 둥근 구슬을 뜻한다. 둥글게 생긴 것을 일반적으로 たま라 한다. 볼(球 : 구), 총알(弾 : 탄), 전구(電球)등 모두 たま로 훈독된다. 둥글다는 것은 전후 좌우 상하 어디서 보거나 둥글어서 닮은 형이다.
'닮다'에서 '달마–다마–たま'로 이어진다.

② くず : 玉은 아름다운 구슬을 뜻한다.
'구슬'에서 '구수–くず'로 이어진다.

③ とう：玉은 장식 등에 쓰이는 아름다운 돌의 총칭이다〈鼎玉鉉：易經 (정옥현：역경)〉.

'돌'에서 '도오-とう'로 이어진다.

人名訓読例

① たま：玉橋(たまはし), 玉森(たまもり), 玉造(たまつくり), 玉子(たまこ), 玉の海(たまのうみ).

② くず：玉城(くずき · たまき · たましろ · たまじょう).

③ とう：玉畹(とうまい), 玉前(とうまえ · たまさき · たままえ).

沃 옥	訓読	そそぐ·こえる·いる
	音読	ヨク·ヨウ

訓読풀이

① そそぐ：㉮ 沃(옥)은 논 · 밭에 물을 쏟는 것을 뜻한다〈灌漑(관개)〉. '쏟다'에서 '쏟구-소소구-そそぐ'로 이어진다. ㉯ 沃은 제 마음을 다른 사람에게 쏟아 넣어 가르치는 것을 뜻한다〈啓乃心沃朕心：書經 (계내심옥짐심：서경)〉. '쏟다'에서 そそぐ로 이어진다. ㉰ 沃은 물을 부어 손을 씻는 것을 뜻한다〈奉匜沃盥：左氏傳 (봉이옥관：좌씨전)〉. '씻다'에서 '시시구-소소구-そそぐ'로 이어진다.

② こえる：沃은 땅이 걸어서 비옥(肥沃)한 것을 뜻한다〈沃土(옥토), 沃畓(옥답)〉.

'걸어'에서 '거어-고에-こえる'로 이어진다.

〔参考〕肥(비：こ)える와 이음을 같이한다.

③ いる：액체를 쫙 뿌려 거품이 이는 것을 뜻한다〈其動漂泄沃湎：素問 (기동표설옥용：소문)〉.

'일다'에서 '일-이루-いる'로 이어진다.

屋 옥	訓読	や·いえ
	音読	オク

訓読풀이

① や：屋(옥)은 집을 뜻한다. 본래 우리나라의 집은 짚으로 이어 만들었다.

'이어'에서 '여-야-や'로 이어진다.

② いえ：'이어지다'에서 '이어-이에-いえ'로 이어진다.

〔参考〕家(가)와 이음(や · いえ)을 같이한다.

人名訓読例

① や：屋根(やね), 屋代(やしろ), 屋本(やもと), 屋山(ややま), 屋田(やだ), 屋中(やなか).

② いえ：屋子(いえこ).

砡 옥	人名訓読	ただし
	音読	ギョク

訓読풀이

• ただし：砡(옥)은 石(석)과 玉(옥)을 가지런히 놓는다는 뜻이다. 그것은 하나하나 자리를 따지면서 바르게 놓는다는 뜻이 된다.

正(정)과 마찬가지로 '따지다'에서 '다저서-다다서-다다시-ただし'로 이어진다.

人名訓読例

• ただし：砡(외자 名).

【온】

溫 온		
	訓読	あたたか·あたたかい·あたたまる·あたためる·ぬくい·ぬくみ·ぬくめる·ぬるい·ぬるめる
	人名訓読	あつ·すなお·たず·ただず·つつむ·なお·なが·ならう·はる·まさ·やす·より·ゆたか
	音読	オン

訓読풀이

① あたたか · あたたかい · あたたまる · あたためる : 温気(おんき)는 따뜻한 기운을 뜻한다.
暖(あたた)かい와 더불어 '따뜻하다'에서 '따따－다다－たた'로 이어지고, 접두어 あ가 붙어 あたた(かい)가 되어, あたたまる · あたためる로 동사화 된다.

② ぬくい · ぬくみ · ぬくめる : 湯(ゆ)たんぽで足(あし)をぬくめる 하면 탕파(湯婆)로 발을 녹이는 것을 뜻한다.
'녹다'에서 '녹음－노굼－누굼－누구미－ぬくみ'로 이어진다.

③ ぬるい · ぬるむ : 温은 사물의 속도가 느릿느릿함을 뜻한다. 彼(かれ)のやり方(かた)はぬるい 하면 그의 일하는 방식은 느릿하다는 뜻이다.
'느리다'에서 '느리－누루－ぬるい'로 이어지고, '느림'에서 '느룸－ぬるむ'로 이어진다.

④ あつ : ㉮ 温은 두터운 것, 짙은 것을 뜻한다. 飮食側温淳(음식측온순)은 음식이 짙고(두텁고) 맑다(순박)는 뜻이다.
'두터워'에서 '둩어－두어－두이－つい'로 이어지고 접두어 あ와 합성되어 あつい가 된다. ㉯ 두텁다는 것은 속이 차 있음을 뜻한다. '차'에서 '추－つ'로 이어지고, 접두어 あ와 합성되어 あつい로도 된다. ㉰ 또한 '덥다'의 '더'에서 '두－つい'로 이어지고, 접두어 あ와 합성되어 あつい로도 되는데, 이 경우에는 熱(あつ)い가 된다.

⑤ すなお : 温은 순수하게 나아짐을 뜻한다.
순수함을 뜻하는 숫(숫총각 숫처녀 등)에서 '수－す'로 이어지고, '나아지다'에서 '나아－나오－なお'로 이어져 すなお로 합성된다. 素直(すなお)와 같은 뜻을 갖는다.

⑥ たず · ただす : 温은 무엇을 찾아 따지면서 배우는 것을 뜻한다. ㉮ 温故知新(おんこちしん)은 옛것을 찾아 이모저모 따지면서 새로운 지식을 배우는 것을 뜻한다. '따지다'에서 '따저－다주－たず', '따저－다다수－ただす'로 이어진다. ㉯ 또한 '찾다'에서 '차저－다저－다주－たず', '찾아서－차자수－다다수－ただす'로 이어진다.

⑦ つつむ : 温은 따뜻하게 싸주는 것을 뜻한다〈柔色以温之 : 禮記 (유색이온지 : 예기)〉.
'싸다'에서 '쌈－사사무－수수무－つつむ'로 이어진다.

⑧ なお : 温은 배우며 나아짐을 뜻한다.
'나아지다'에서 '나아－나오－なお'로 이어진다.

⑨ なが : ㉮ 温은 살림이 넉넉하고 후해짐을 뜻한다〈居皆温厚 : 漢書 (거계온후 : 한서)〉. '넉넉'에서 '낙낙－나가나가－なが'로 이어진다. ㉯ 또한 재산이 '늘다'에

아

서 '늘고–느고–나고–나가–なが'로 이어진다.

⑩ ならう：温은 ③에서와 같이 배우며 지식이 늘어남을 뜻한다.
'늘다'에서 '늘어–느러–나라–ならう'로 이어진다.
〔参考〕習(습：なら)う와 이음을 같이한다.

⑪ はる：はる(春：춘)는 사계절 중 가장 따뜻한 시기이다. 계절의 기후로 말하면 温은 はる(春)로 상징된다〈春(はる) 참조〉.

⑫ まさ：温은 순전하고 순리에 맞는 것을 뜻한다〈温其如玉：詩經(온기여옥：시경)〉.
'맞다'에서 '마자–まさ'로 이어진다.

⑬ やす：温은 몸을 보하며 쉬는 것을 뜻한다〈勞者温之：素問 (노자온지：소문)〉.
'쉬다'에서 '수–す'로 이어지고, 접두어 や와 합성되어 やす가 된다.

⑭ よし・より：温은 ⑫에서와 같이 순전하고 옳은 것을 뜻한다(純理：순리).
'옳다'에서 '옳지–오시–よし'로 이어지고, 또한 '올–오리–より'로 이어진다.

⑮ ゆたか：温은 넉넉하게 있음을 뜻한다.
'있다(고)'에서 '이다고–이다가–유다가–ゆたか'로 이어진다.

人名訓読例

① あつし・すなお・ただす・つつむ・ならう・ぬくみ・はる・ゆたか：温(외자名).
② あつ：温海(あつみ), 温理(あつよし), 温文(あつふみ), 温夫(あつお・はるお), 温生(あつお・なおみ・よしお).
③ たず：温子(たずこ・あつこ・ながこ・はるこ・やすこ・よしこ).
④ なお：温生(なおみ).
⑤ なが：温子(ながこ), 温知(ながとも・よしのり).
⑥ ぬく：温科(ぬくしな), 温水(ぬくみ・ぬくみず・ぬるみ・ぬるみず), 温井(ぬくい・ぬるい), 温品(ぬくしな・ぬるしな).
⑦ ぬる：温水(ぬるみ・ぬるみず), 温湯(ぬるゆ), 温井(ぬるい), 温品(ぬるしな).
⑧ はる：温窮(はるみ), 温代(はるよ), 温夫(はるお), 温水(はるみ), 温愛(はるよし).
⑨ まさ：温次郎(まさじろう).
⑩ やす：温良(やすよし), 温子(やすこ).
⑪ よし：温圭(よしきよ), 温生(よしお), 温子(よしこ), 温章(よしあき), 温知(よしのり).
⑫ より：温順(よりやき).

穏(穩) 온	訓読	おだやか
	人名訓読	しず・とし・やす
	音読	オン

訓読풀이

① おだやか：おだやか는 옳음, 穏当(온당)함을 뜻한다. 辞表(じひょう)を出(だ)すとはおだやかでない 하면 사표를 내다니 옳지 않다는 말이고, おだやかでないことを言(い)う 하면 옳지 못한 말을 한다는 말이다.
'옳다'에서 '올–오다(받침 ㄹ–'다'로 분절)–おだ(やか)'로 이어진다.

② しず：穏은 平穏(평온)을 뜻한다. 평온은 조용하고 잔잔함을 말한다.
静(정)과 마찬가지로 '잔잔'에서 '자자–지주–시주–しず'로 이어진다. 또한 '잠자(코)'에서 '자자–지주–시주–しず'로 이어진다.

③ とし : 穏은 온전함이 돋보임을 나타낸다.
'돋'에서 '돗-도시-とし'로 이어진다.

④ やす : 穏은 安穏(안온), 즉 편안히 쉬는 것을 뜻한다.
'쉬다'에서 '쉬-수-す'로 이어지고, 접두어 や가 붙어 やす가 된다.

人名訓読例

① しず : 穏子(しずこ · やすこ).
② とし : 穏雄(としお · やすお).
③ やす : 穏徳(やすのり), 穏司(やすじ), 穏世(やすよ), 穏子(やすこ), 穏香(やすか).

薀 온	訓読	つむ
	音読	ウン · オン

訓読풀이

• つむ : 薀(온)은 蘊(온)과 마찬가지로 쌓음을 뜻한다.
'쌓다'에서 '쌈-쑴-쑤무-つむ'로 이어진다.

醞 온	訓読	かもす
	音読	ウン

訓読풀이

• かもす : 醞(온)은 술을 담그는 것, 빚는 것, 즉 감는 것을 뜻한다(醞釀 : 온양).
'감다'에서 '감-가모-かもす'로 이어진다.
〔参考〕 釀(양 : かも)す와 이음을 같이한다.

蘊 온	訓読	つむ
	人名訓読	おさむ
	音読	ウン

訓読풀이

① つむ : 蘊蓄(온축)은 ㉮ 물건을 모아서 쌓음 ㉯ 충분히 연구해서 쌓은 깊은 지식을 뜻한다.
'쌓다'에서 '쌓음-쌈-쑴-쑤무-つむ'로 이어진다.

② おさむ : 蘊은 ①에서와 같이 쌓는 것을 뜻한다.
'쌓다'에서 '쌓음-삼-사무-さむ'로 이어지고, 접두어 お가 합성되어 おさむ가 된다.

人名訓読例

• おさむ : 蘊(외자 名).

【올】

兀 올	訓読	たかい
	人名訓読	はげ
	音読	コツ · ゴツ

訓読풀이

① たかい : 兀(올)은 높이 떠 있는(솟은 · 돋은) 모양을 나타낸다〈兀立(올립)〉. 高(고)와 마찬가지로 '(높이)뜨다'에서 '뜨고-따고-다가-たかい'로 이어진다.

② はげ : 兀山(올산)은 벗겨진 민둥산을, 兀頭(올두)는 벗겨진 대머리를 뜻한다.
'벗겨'에서 '버겨-바게-はげ'로 이어진다.

人名訓読例

• はげ : 兀下(はげした).

【옹】

翁(翁) 옹	訓読	おきな
	音読	オウ

訓読풀이

• おきな : ㉮ 翁(옹)은 영감, 노인의 총칭

이다. 어느 모임, 집안의 큰 어른을 일컫는다. '큰'에서 '근–긴–기나–きな'로 이어지고, 접두어 お가 붙어 おきな가 된다. ㉯ '어른'에서 '어–오–お'로, '큰'에서 '근–긴–기나–きな'로 이어져 おきな로 합성된다.

人名訓読例

• おきな : 翁家(おきなや),翁島(おきなじま).

喁 옹	訓読	あぎとう
	音読	グ·グウ·ギョウ

訓読풀이

• あぎとう : ㉮ 喁(옹)은 입을 열고 숨 쉬는 모양을 나타낸다. '(입) 열고 (숨) 쉬어'에서 '열고쉬어–여고수우–아고두우–아기도우–あぎどう'로 이어진다. ㉯ '(입) 열고 (숨) 들이마시다'에서 '열고들이–여고두이–아고두우–あぎどう'로 이어진다.

雍 옹	人名訓読	かず·たすく·ちか·やすし
	音読	ヨウ

訓読풀이

① かず : 雍(옹)은 和(화), 和睦(화목)을 뜻한다. 화, 화목은 하나 되는 것, 같아지는 것, 골고루 잘 지내는 것을 뜻한다. ㉮ 和, 一(일)과 마찬가지로 '같다'에서 '같–갗–가주–かず'로 이어진다. ㉯ '골고루'에서 '골–갈–가주(받침 ㄹ–'주'로 분절)–かず'로 이어진다.

② たすく : 雍은 돕는 것을 뜻한다.
助(たす)ける와 마찬가지로 '돕다'에서 '도아서–돠서–다수–たすく'로 이어진다.

③ ちか : 雍은 서로 화합하여 가까운 사이임을 뜻한다. 가까운 것은 서로 짧은 거리에 있다.
'짧고'에서 '자고–지고–지가–ちか'로 이어진다. 제주방언에 가까운 것을 '조곧에'라고 하는데 '조곧–조고–지가–ちか'로도 이어진다.

④ やすし : 雍은 끌어안아 포근히 쉬게 함을 뜻한다.
'쉬다'에서 '쉬–수–す'로 이어지고, 접두어 や가 붙어 やすし가 된다.

人名訓読例

① たすく · やすし : 雍(외자 名).
② かず : 雍人(かずひと).
③ ちか : 雍道(ちかみち).
④ やす : 雍夫(やすお), 雍成(やすなり), 雍子 (やすこ), 雍介(やすすけ), 雍晴(やすはる).

蓊 옹	人名訓読	さかえ·しげき·しげる
	音読	オウ

訓読풀이

① さかえ : 蓊(옹)은 꽃줄기(장다리 · 동)를 뜻한다. 꽃줄기는 초목의 모든 정기가 꽉 차 있는 부분이다. 그래서 蓊은 栄(さか)え, 盛(さか)り와 마찬가지로 속이 차 있는 모습을 뜻한다.
'차다'에서 '차고–사고–사가–さか(え)'로 이어진다.

② しげき · しげる : 蓊은 茂(しげ)る와 마찬가지로 '차다'에서 '차거라–사게루–시게루–しげる'로 이어진다. 한편 雨(あめ)もしげくなる 하면 비도 잦게 내린다는 뜻으로, 이 경우의 しげ는 繁(しげ)く, 繁(しげ)る로서 '잦다'에서 '자게–지게–しげき'로 이어진다.

人名訓読例

• さかえ · しげき · しげる : 蓊(외자 名).

壅 옹	訓読	ふさぐ
	音読	ヨウ

訓読풀이

• ふさぐ : 壅(옹)은 붙잡고 막는 것을 뜻한다.
'붙잡고'에서 '부자구－ふさぐ'로 이어진다.
〔参考〕 塞(색 : ふさ)ぐ와 이음을 같이한다.

擁 옹	訓読	いだく·だく
	人名訓読	やす
	音読	ヨウ

訓読풀이

① いだく : 擁(옹)은 에워싸는 것을 뜻한다. 擁衛(옹위)는 에워싸 호위한다는 말이다.
'에워싸다'에서 '에싸구－이다구－いだく'로 이어진다. '싸다'에서 だく로 이어지고, 접두어 い가 합성되어 いだく로도 된다.

② だく : 擁은 싸는 것을 뜻한다.
抱(だ)く와 마찬가지로 '싸다'에서 '싸구－다구－だく'로 이어진다.

③ やす : 抱擁(포옹)은 끌어안아 포근히 쉬게 함을 뜻한다.
'쉬다'에서 '쉬－수－す'로 이어지고, 접두어 や가 붙어 やす가 된다.

人名訓読例

• やす : 擁夫(やすお).

甕 옹	訓読	かめ
	音読	オウ

訓読풀이

• かめ : 甕(옹)은 단지, 항아리, 독을 뜻한다. 모두 가마솥의 일종이다.
釜(かま)와 마찬가지로 '가마'에서 かめ로 이어진다.

人名訓読例

• かめ : 甕(외자 名), 甕子(かめこ).

癰 옹	訓読	はれもの
	音読	ヨウ

訓読풀이

• はれもの : 癰(옹)은 종기, 부스럼을 뜻한다. 종기나 부스럼은 부어 올라 피부를 헐게 만든다.
'불다'에서 '부러－바러－바레－はれ'로 이어지고 物(もの)와 합성되어 はれもの가 된다. 또한 '헐다'에서 '헐－할－하레－はれ(もの)'로도 이어진다〈物(물) 참조〉.
〔参考〕 腫物도 はれもの로 훈독되며 癰과 마찬가지로 종기(腫気), 부스럼을 뜻한다.

【와】

瓦 와	訓読	かわら
	音読	ガ

訓読풀이

• かわら : 瓦(와)는 기와를 뜻한다. 한국어 기와도 구워 만들었음에서 유래하는 것으로 풀이한다.
'굽다'에서 '구워라－가와라'로 이어진다.

人名訓読例

• かわら : 瓦家(かわらいえ), 瓦谷(かわらたに), 瓦林(かわらばやし), 瓦屋(かわらや), 瓦園(かわらぞね), 瓦井(かわらい).

囮 와	訓読	おとり
	音読	カ

訓読풀이

- おとり : おとり商品(しょうひん)은 미끼로 쓰는 상품, 즉 엉터리 상품을 뜻하고, おとり捜査(そうさ)는 함정수사, 즉 엉터리 수사를 뜻한다.
  '엉터리'에서 '어터리–오토리–おとり'로 이어진다.

臥 와	訓読	ふす
	音読	ガ

訓読풀이

- ふす : 臥(와)는 벋(뻗)는 것, 벋어 눕는 것을 뜻한다(두 다리 뻗고 잔다 등).
  '벋(뻗)다'에서 '벋–벗–붓–부수–ふす'로 이어진다.

人名訓読例

- ふせ : 臥雲(ふせくも).

訛 와	訓読	なまり·なまる·いつわる
	音読	カ

訓読풀이

① なまり · なまる : 訛(와)는 사투리를 뜻한다〈訛語(와어), 訛言(와언)〉. 사투리는 표준어처럼 규격에 맞추어 다듬어진 말이 아니라 어느 지역에서만 쓰는 날(설)것 그대로의 말이라고 할 수 있다.
  生(まな)처럼 '날'에서 '남–나마–なまり'로 이어진다.

② いつわる : 訛는 속이는 것을 뜻한다.
  '속이다'에서 '속여라–소아라–수와루–つわる'로 이어지고, 접두어 い가 붙어 いつわる로 된다.
  〔参考〕 偽(위 : いつわ)る와 이음을 같이한다.

渦 와	訓読	うず
	音読	カ

訓読풀이

- うず : 渦(와)는 소용돌이를 뜻한다. 소용돌이는 물이 빙빙 돌며 위로 솟구쳐 이는(올라가는) 것을 말한다〈渦盤(와반), 渦旋(와선)〉.
  '일다'에서 '일–울–우주(받침ㄹ–'주'로 분절)–うず'로 이어진다. 또한 '올라가다'에서 '올–울–우주(받침ㄹ–'주'로 분절)–うず'로 이어진다.
  〔参考〕 '일(行為 · 作業)'에서 わざ로 이어지는 것과 맥을 같이한다.

人名訓読例

- うず : 渦古(うずこ), 渦巻(うずまき).

蛙 와	訓読	かえる
	音読	ア

訓読풀이

- かえる : 蛙(와)는 개구리를 뜻한다.
  '객우리'에서 '개우루–가에루–かえる'로 이어진다.

人名訓読例

- かえる : 蛙川(かえるかわ).

窪 와	訓読	くぼ·くぼむ
	音読	ワ

訓読풀이

- くぼ · くぼむ : 道(みち)がくぼむ 하면 길이 움푹 파인 것을 뜻하는데, 길이 곧장 가다가 밑으로 굽어지는 상태를 나타낸다.
  '굽다'에서 '구붐–구부무–구보무–くぼむ'로 이어진다.
  〔参考〕 凹(요 : くぼ)む와 이음을 같이한다.

人名訓読例

- くぼ : 窪堀(くぼほり), 窪島(くぼしま), 窪寺(くぼてら), 窪山(くぼやま), 窪田(くぼた), 窪川(くぼかわ).

【완】

完 완	訓読	まったい·まったし·まっとう
	人名訓読	さだ·さだむ·しし·しと·たもつ·なる·ひろし·まさし·またし·まもる·まる·みつ·やすし·ゆたか·よし
	音読	カン

訓読풀이

① まったい · まったし : まったい思想(しそう) 하면 완전히 맞는 사상을 뜻한다.
全(まった)い와 마찬가지로 '맞다'에서 '맞다–まったい(まったし)'로 이어진다.

② まっとう : まっとうな考(かんがえ) 하면 맞는 생각, まっとうに暮(くら)す 하면 분수에 맞게 살아간다는 뜻이다.
위 ①에서와 같이 '맞다'에서 '맞도–まっとう'로 이어진다.

③ さだ · さだむ : 完은 완전하게 잘 됨을 뜻한다.
'잘 됨'에서 '자담–자다무–さだむ'로, '잘 되'에서 '자대–사다–さだ'로 이어진다.

④ しし · しと : 完은 모든 것이 잘 된 것을 나타낸다.
'잘'에서 '잘–질–지시(받침 ㄹ–'시'로 분절)–시시–しし'로 이어진다. 또한 '잘'에서 '잘–질–지도(받침 ㄹ–'도'로 분절)–시도–しと'로 이어진다.

⑤ たもつ : 完은 지킨다는 뜻을 갖는다〈子胥知而不能完吳 : 史記 (자서지이불능완오 : 사기)〉. 지킨다는 것은 잘 간수하여 둠을 뜻한다.
保(たも)つ와 마찬가지로 '둠'에서 '둠–담–다모–たもつ'로 이어진다.

⑥ なる : ㉮ 完은 完成(완성), 完遂(완수)처럼 완전히 만들어 내는(이루는) 것을 뜻한다. '내다'에서 '내라–내루–나루–なる'로 이어진다. 또한 '이루다'에서 '이루–아루–나루(아–'나'로 변음)로도 이어진다. ㉯ 결과를 '낳아'에서 '나–なる'로 이어진다.

⑦ ひろし : 完은 둥글게 벌려 있는 모양을 나타낸다.
'벌려'에서 '버러–비로–ひろ(し)'로 이어진다.

⑧ まさし · またし : 完은 ①과 ②에서와 같이 맞는 것을 뜻한다.
'맞다'에서 맞–마자–まさ(し)'로 이어진다. 또한 '맏–마다–また(し)'로도 이어진다.

⑨ まもる : ㉮ 完은 위 ⑤에서와 같이 지키는 것을 뜻한다. 身(み)をまもる 하면 자기 몸을 지키기 위하여 여러 수단을 써서 싸움을 말리고 막는 것을 말한다.
'말다(말리다)'에서 '맘–마모–まもる'로 이어진다. ㉯ 또한 '막다'에서 '막음–마음–맘–마모–まもる'로 이어진다.

⑩ まる : 完은 둥근 것을 뜻한다. 完璧(완벽)은 흠잡을 데가 전혀 없는 둥근 구슬이라는 말로 사물의 완전무결함을 말한다. 둥근 모양은 종이 등을 둘둘 말았을 때 옆모습에서 생긴다.
丸(まる)い와 마찬가지로 '말다'에서 '마

라–마루–まる'로 이어진다.

⑪ みつ：完成(완성), 完遂(완수), 完工(완공) 등은 일을 끝내는 것, 즉 끝까지 미치는 것, 마치는 것을 뜻한다.
'마치다'에서 '마쳐–마추–미추–みつ'로 이어진다. 또한 '미치다'에서 '미추–みつ'로 이어진다.

⑫ やす：完은 모든 것이 잘 되어 完結(완결)됨에 따라 쉬는 모습을 나타낸다.
'쉬다'에서 '쉬–수–す'로 이어지고, 접두어 や와 합성되어 やす가 된다.

⑬ ゆたか：完은 모든 것이 풍족히 쌓여 스스로 만족하는 모양을 나타낸다.
豊(ゆたか)과 마찬가지로 '있다'에서 '있다고–이다가–우다가–ゆたか'로 이어진다.

⑭ よし：完은 完全(완전), 完全無欠(완전무결)하게 옳은 상황을 나타낸다.
'옳다'에서 '옳치–오시–よし'로 이어진다.

人名訓読例

① さだ・さだむ・たもつ・ひろし・まさし・またし・まもる・みつ・やすし・ゆたか：完(외자 名).

② さだ：完勝(さだかつ), 完識(さだのり), 完臣(さだおみ), 完孝(さだたか), 完山(さだやま).

③ しし：完利(ししり・しとり), 完倉(ししくら・かんくら), 完草(ししくさ), 完戸(ししど).

④ しと：完取(しとり), 完利(しとり・ししり).

⑤ なる：完美(なるみ).

⑥ ひろ：完子(ひろこ).

⑦ まさ：完雄(まさお), 完仁(まさひと).

⑧ まる：完山(まるやま).

⑨ みつ：完江(みつえ).

⑩ よし：完春(よしはる).

宛 완	訓読	あて・あてる・ずつ
	音読	エン

訓読풀이

① あて・あてる：宛(완)은 수량을 나타내는 명사에 붙어 단위를 나타낸다. 一人(ひとり)あて千円(せんえん) 하면 한 사람한테(1인 당) 천엔이라는 뜻이다. 또한 사람 또는 단체 앞에 붙어 수신처를 나타낸다. 木村(きむら)さんあての手紙(てがみ) 하면 木村 씨한테(앞) 가는 편지라는 뜻이다.
'한테'에서 '안테–아데–あて'로 이어지고, あてる로 동사화 된다.

② ずつ：10枚(まい)ずつ配(くば)る 하면 10장 씩 돌린다는 뜻이다.
'씩'에서 '쑥–ずつ'로 이어진다.

人名訓読例

• あて：宛塚(あてずか・あてつか).

浣 완	訓読	あらう
	人名訓読	たか
	音読	カン

訓読풀이

① あらう：浣(완)은 빨다, 씻다는 뜻이다. 浣衣(완의)는 옷을 빠는 것을 말한다.
洗(あら)う와 마찬가지로 '빨다'에서 '빨아–발아–바라–아라(ㅂ–ㅇ으로 변음)–あらう'로 이어진다.

② たか：때를 씻는다는 것은 때를 닦아냄을 뜻한다.
'닦아'에서 '다가–たか'로 이어진다(高의 たか와는 무관).

人名訓読例

• たか：浣山(たかやま).

婉 완	訓読	たおやか· しとやか
	人名訓読	しな·つや
	音読	エン

訓読풀이

① たおやか：婉(완)은 순종(順從)을 뜻한다〈婦聴而婉：左氏傳 (부청이완：좌씨전)〉. 순종은 순순히 잘 따라옴을 뜻한다.

'따라'에서 '다아－다오－たお(やか)'로 이어진다.

② しとやか：婉은 完(완：しと), 淑(숙：しとやか)과 마찬가지로 모든 일을 잘 한다를 뜻한다.

'잘'에서 '잘－질－지도(받침 ㄹ－'도'로 분절)－시도－しと(やか)'로 이어진다.

③ しな：婉은 움직임이 아리땁고 자늑자늑함을 나타낸다.

冉(염)과 마찬가지로 '자늑'에서 '자느－자나－지나－しな(やか)'로 이어진다.

④ つや：婉은 여자로서의 아리따움이 은근히 돋아남(솟음)을 뜻한다〈清揚婉兮：詩經 (청양완혜：시경)〉.

'돋아(솟아)나다'에서 '도아－두야－つや'로 이어진다〈艶(염) 참조〉.

人名訓読例

① たお：婉(たお).
② しな：婉子(しなこ).
③ つや：婉子(つやこ · しなこ).

捥 완	訓読	うで·もぎる·もぐ· もげる
	音読	ワン

訓読풀이

① うで：捥(완)은 팔을 뜻한다. 팔은 손(手：て) 위에 있는 신체 부위다.

'위 손(て)'에서 '우で－うで'로 이어진다〈腕(완) 참조〉.

② もぎる · もぐ · もげる：捥은 잡아떼는 것, 밀어서 떼는 것을 뜻한다. 柿(かき)の実(み)をもぎる 하면 감을 밀고(비틀고) 따는 것을 뜻한다.

'밀다'에서 '밀구－미구－모구－もぐ · もぎる'로 이어진다.

腕 완	訓読	うで
	音読	ワン

訓読풀이

• うで：腕은 팔을 뜻한다. 팔은 손(手：て)의 위에서 어깨까지의 부위이다. 더 세분하면 어깨에서 팔꿈치까지를 상완(上腕), 팔꿈치에서 손목까지를 전완(前腕)이라 한다. 어느 경우이나 팔은 손 위에 있다.

'위て'에서 '우で－うで'로 이어진다〈手(수) 참조〉.

人名訓読例

• うで：腕崎(うでさき), 腕野(うでの).

頑 완	訓読	かたくな
	音読	ガン

訓読풀이

• かたくな：頑(완)은 성격이 굳은 것, 완고(頑固)한 것을 뜻한다.

'굳다'에서 '굳다구－구다구－가다구－かたく(な)'로 이어진다.

緩 완	訓読	ぬるい·ゆるい· ゆるむ·ゆるめる
	人名訓読	ひろ·やす
	音読	カン

訓読풀이

아

① ぬるい：緩(완)은 緩流(완류)처럼 느린 것을 나타낸다.
温(ぬる)い와 마찬가지로 '느려'에서 '누러-누루-ぬるい'로 이어진다.

② ゆるい·ゆるむ·ゆるめる：緩(ゆる)い流(なが)れ는 느린 흐름을 뜻한다.
위 ①처럼 '느려'에서 '누러-누루-우류(ㄴ-ㅇ으로 변음)-ゆるい'로 이어지고, ゆるむ·ゆるめる로 동사화 된다.

③ やす：緩은 느릿느릿 쉬어 감을 뜻한다.
'쉬다'에서 '수-す'로 이어지고, 접두어 や가 붙어 やす가 된다.

④ ひろ：緩은 늘어져 불어나는 것을 뜻한다.
'불어'에서 '부러-비러-비로-ひろ'로 이어진다.

人名訓読例

① ゆる：緩鹿(ゆるか), 緩利(ゆるり), 緩詰(ゆるずめ).

② ひろ：緩子(ひろこ).

③ やす：緩稔(やすなり).

【왈】

曰 왈	訓読	いう·いわく·のたまう·のたまわく
	音読	エツ

訓読풀이

• いう·いわく：한국어에서 말하는 것을 아어(雅語)로 '이르다'라고 한다. 이르노니, 일러바치다, 이르시다 등으로 쓰인다.
言う·云う·謂와 마찬가지로 '이르다'에서 '일어-이어-이우-いう'로 이어진다. 한편 '일으구'에서 '이우구-이아구-いわく'로 이어진다.

② のたまう·のたまわく：のたまう·のたまわく는 のりたまう·のりたまわく의 준말이다. 子(し)のたまわく 하면 공자(孔子) 가라사대 또는 공자 말씀이라는 뜻으로, 공자가 알려 주는 바(줌)에 따르면이라는 뜻이다.
이 경우 '줌'은 たまう(賜う·給う)와 마찬가지로 '주다'에서 '줌-둠-담-다마-たまう'로 이어지고, '알려'에서 '알-아리-오리-노리(ㅇ-ㄴ으로 변음)-のり'와 합성되어 のりたまう로 되고, のたまう·のたまわく로 준말이 된다. 또한 '옳은' 말씀에서 '올-놀(ㅇ-ㄴ으로 변음)-のり'로 이어지고, たまう와 합성되어 のりたまう(のたまう)가 된다.

王 왕	訓読	きみ
	人名訓読	たか
	音読	オウ

訓読풀이

① きみ：王(왕)은 본래 神(신：かみ), 天子(천자), 帝王(제왕)을 뜻한다. 春秋(춘추)시대 楚(초)나라에서부터 諸侯(제후)도 王이라 불리었다.
かみ에서 君(군)과 마찬가지로 きみ로 이어진다〈神(かみ) 및 君(きみ) 참조〉.

② たか：天子는 하늘 위에 높이 떠 있는 帝王이다.
高(たか)い와 마찬가지로 '뜨다'에서 '뜨고-다고-다가-たか'로 이어진다.

人名訓読例

① きみ：王子(きみこ·おうじ), 王俊(きみとし), 王晴(きみはる), 王親(きみちか).

② たか：王春(たかはる).

汪 왕	人名訓読	ひろい
	音読	オウ

訓読풀이

• ひろい : 汪(왕)은 물(氵)이 널리(王) 펼쳐져 있음을 나타낸다.
'펼치다'에서 '펼-벌-빌-비로-ひろ(し)'로 이어진다.

人名訓読例

① ひろし : 汪(외자 名).
② ひろ : 汪房(ひろふさ), 汪子(ひろこ), 汪之(ひろゆき).

旺 왕	訓読	さかゆ·さかる·さかん·さかえ
	人名訓読	あきら·うまし·ひろ·もり
	音読	オウ

訓読풀이

① さかえ · さかゆ · さかる · さかん : 旺(왕)은 기운이 왕성한 것, 가득 찬 것을 뜻한다.
栄(さか)え와 마찬가지로 '차다'에서 '차고-차가-사가-さか(え · ゆ · る · ん)'으로 이어진다.
② あきら : 旺은 문이 열리어 빛이 가득 차 밝은 것을 뜻한다.
'열다'에서 '여거라-아거라-아기라-あきら'로 이어진다. 또한 '밝다'에서 '발키라-바키라-아키라(ㅂ-ㅇ으로 변음)-あきら'로 이어진다.
③ うまし : 旺은 곱고 아름다움을 나타낸다.
美(うま)し와 마찬가지로 '아름'에서 '알음-암-움-우마-うま(し)'로 이어진다.
④ ひろし : 旺은 한 곳에 차서 다시 불어남을 나타낸다.
'불어'에서 '부러-비러-비로-ひろ'로 늘어난다.
⑤ もり : 旺은 한 곳으로 몰리거나 무리로 차는 것을 뜻한다.
'몰리(무리)'에서 '모리-もり'로 이어진다.

人名訓読例

① あきら · うまし · さかえ · さかゆ · さかる · さかん : 旺(외자 名).
② さか : 旺生(さかお).
③ もり : 旺夫(もりお).
④ ひろ : 旺之(ひろし).

枉 왕	訓読	まがる·まげる
	音読	オウ

訓読풀이

• まがる · まげる : 枉(왕)은 굽는 것, 굽히는 것을 뜻한다. 나아가 비뚤어지는 것, 비뚤어진 사람을 뜻한다. 針金(はりがね)をまげる 하면 철사를 말고 구부리는 것을 뜻하는데, 말면 구부러지고 말다 보면 비뚤어지게 마련이다.
曲(ま)げる와 마찬가지로 '말다'에서 '말거라-마거라-마게루-まげる'로 이어진다.

【왜】

歪 왜	訓読	ひずむ·ゆがむ
	音読	ワイ

訓読풀이

① ひずむ : 歪(왜)는 성격이나 모양이 비뚤어짐을 뜻한다. 性格(せいかく)がひずむ 하면 성격이 비뚤어짐을 뜻하고, ひずんだ箱(はこ)는 모양이 비뚤어진 상자를 뜻한다.
'비뚤다'에서 '비둠-비줌-비주무-ひず

아

む'로 이어진다.

② ゆがむ : ゆがんだ性格(せいかく)는 일그러진 성격을 뜻하고, ネクタイがゆがむ 하면 넥타이 모양이 일그러진 것을 뜻한다.
'일그러지다'에서 '일금－이금－유감－유가무－ゆがむ'로 이어진다.

倭 왜·위	訓読	やまと
	人名訓読	しず·しつ·しとり·しどり·ひとり·まさ·やす
	音読	ワ·イ

訓読풀이

① やまと : やまと는 倭(왜)·大和国(대화국)의 발상지로 3세기 경 일본 최초의 통일국가가 형성된 곳이다〈樂浪海中有倭人 分爲百餘國 : 漢書 (낙랑해중유왜인 분위백여국 : 한서), 倭人在帶方東南大海中 : 魏志 (왜인재대방동남대해중 : 위지)〉. 최초 나라를 세울 때 여러 가지 통치 상의 이유로 너무 높지 않은 산 위에 터를 잡고 그곳에 궁궐 등 각종 시설을 지었으리라 짐작할 수 있다. 그래서 일본어사전 広辞苑(こうじえん)은 倭·大和를 설명하면서 '山処(やまと)라는 뜻인가' 하고 문제를 제기한다. 제주방언에서 山을 올음(오름)이라고 하므로, 山處(산처)는 즉 올음(오름)터가 된다.
'오름터'에서 '옴터－암터－아마토－やまと'로 이어진다. '구름'에서 '구모－くも', '씨름'에서 '씰음－시음－심－숨－수모－すも'로 이어지는 것과 같은 이치이다.

② しず·しつ : しず·しつ는 씨실을 파랑·빨강 등으로 물들여 무늬를 짠 일본 고대의 직물, 즉 倭文(왜문)을 뜻한다. ㉮ '씨실'에서 '실－시주(받침 ㄹ－'주'로 분절)－しず·しつ'로 이어진다. ㉯ '씨실'에서 '시시－시수－しず·しつ'로 이어진다.

③ しとり·しどり : しず(倭文)를 짜는 베틀(倭文機), 짜는 천을 뜻한다. ㉮ '씨실'에서의 しず와 '짜다'에서의 '짜리－자리－도리(取り)'가 합성되어 'しずとり－しとり'로 이어진다. ㉯ '실' 짜는 '틀'에서 しとり로 이어진다.

④ ひとり : 倭(위)는 길이 꾸불꾸불해서 빙 도는 모양을 나타낸다〈周道倭遲 : 詩經(주도왜지 : 시경)〉.
'빙 돌'에서 '비돌－비도리－ひとり'로 이어진다.

⑤ まさ : 倭(위)는 예의에 맞게 유순함을 나타낸다.
'맞다'에서 '맛－마사－まさ'로 이어진다.

⑥ やす : 倭(위)는 성질이 부드럽고 얌전함을 나타낸다.
'얌전'에서 '야저－야주－야수－やす'로 이어진다.

人名訓読例

① しず·しとり·ひとり·やまと : 倭(외자 名).
② しず : 倭江(しずえ), 倭男(しずお), 倭彦(しずひこ), 倭子(しずこ·まさこ), 倭武(しずたけ).
③ しつ : 倭父(しつぶ), 倭文夫(しつお·しずお).
④ ひとり : 倭人(ひとり).
⑤ まさ : 倭一(まさいち), 倭子(まさこ).
⑥ やす : 倭代(やすよ), 倭蔵(やすぞう).

矮 왜	訓読	ひくい·みじかい
	音読	ワイ

訓読풀이

① ひくい : 矮(왜)는 키 등이 작은 것, 즉 키가 높지 않고 낮은 것을 뜻한다. 한국어에서 낮은 것을 표현할 때 푹 낮아졌다, 푹 내렸다라고 한다. 温度(おんど)がひくい 하면 온도가 낮다는 뜻인데 회화에서는 온도가 푹 낮아짐, 내림을 뜻한다.
'푹'에서 '픽-피구-ひく(い)'로 이어진다.

② みじかい : 矮軀(왜구), 矮小(왜소)는 몸이 작음(짧음)을 뜻한다.
短(みじか)い와 마찬가지로 '몸 작아(짧고)'에서 '모자가-미자가-미지가-みじか(い)'로 이어진다.

【외】

外 외	訓読	そと·と·ほか·はずす·はずれる·それる
	音読	ガイ·ゲ·ウイ

訓読풀이

① そと : 外(외)는 바깥쪽을 뜻한다. 바깥쪽과 같은 말로 '덧'이 있다. 씨름할 때 자기 다리를 상대방 다리의 밖으로 걸고 넘어뜨리는 기술을 덧걸이 또는 덧걸기라고 한다. 일본어에서도 꼭 같은 시름 기술을 外掛(そとが)け라고 한다. 덧니는 밖에 겹으로 난 이를 말하고 덧문은 본래의 문 밖에 만든 문이며, 덧버선은 본래의 버선 밖에 겹쳐 신은 버선을 말한다.
'덧'에서 '돋-솓-소도-そと'로 이어진다.

② と : 위 ①의 '덧'에서 '더-도-と'로 이어진다.
〔参考〕 戸(호)와 이음(と)을 같이한다.

③ ほか : 外는 밖을 뜻한다. '밖'에서 '바가-보가-ほか'로 이어진다.
〔参考〕 他(타)와 이음(ほか)을 같이한다.

④ はずす · はずれる : 外는 밖으로 벗어나는 것, 빼는 것, 벗기는 것을 뜻한다.
'벗'에서 '벗-밪-바주-はずす'로 이어진다.

⑤ それる : 外는 밖으로 벗어나는 것, 즉 떨어져 나가는 것을 뜻한다.
'떨'에서 '덜-돌-솔-それる'로 이어진다.
〔参考〕 逸(일 : そ)れる와 이음을 같이한다.

人名訓読例

① そと · ほか : 外(외자 名).

② そと : 外島(そとじま · とじま), 外山(そとやま · とやま), 外村(そとむら · とむら · ほかむら), 外子(そとこ), 外町(そとまち), 外丸(そとまる).

③ と : 外門(ともん), 外野村(とのむら), 外池(といけ), 外川(とがわ), 外波(となみ), 外交官(とこのり).

④ ほか : 外口(ほかぐち), 外西(ほかにし), 外勢(ほかせ), 外村(ほかむら), 外人(ほかと), 外次(ほかつぐ).

畏 외	訓読	おそれる·かしこまる
	音読	イ

訓読풀이

① おそれる : 畏(외)는 공포(恐怖) · 두려움, 즉 놀라는 것을 뜻한다. ㉮ '놀라'에서 '놀-노소(받침 ㄹ-'소'로 분절)-오소(ㄴ-ㅇ으로 변음)-おそれる'로 이어진다. ㉯ '두렵다'에서 '두려-수러-소래-それ'로 이어지고, 접두어 お가 붙어 お

아

それが 된다.

〔参考〕 恐(공), 怖(포)와 이음(おそれ · おそれる)을 같이한다.

② かしこまる · かしこむ : 畏는 윗사람 앞에서 황공해 하는 것, 공손해지는 것을 뜻한다. 고유어로 풀이 하면 자세가 곧아지는 것을 뜻한다. 先生(せんせい)の話(はなし)をかしこまって聞(き)く 하면 선생님의 말씀을 곧은 자세로 공손히 듣는다는 말이다.

'곧고'에서 '곳고-갓고-가시고-かしこむ'로 이어진다.

〔参考〕 賢(현 : かしこ)い와 이음을 같이 한다.

猥 외	訓読	みだら·みだり
	音読	ワイ

訓読풀이

① みだら : 猥(외)는 淫乱(음란), 猥褻(외설), 즉 못된 짓을 뜻한다.

'못 돼'에서 '모대-미다-みだら'로 이어진다.

〔参考〕 淫(음 : みだ)ら 및 乱(란 : みだ)れ와 이음을 같이한다.

② みだり : 猥는 무분별함, 멋대로 하는 것을 뜻한다. 猥(みだ)りに花(はな)を折(お)ってはいけない 하면 멋대로 꽃을 꺾어서는 안 된다는 뜻이다.

'멋대로'에서 '먼대로-미다리-みだり'로 이어진다. 또한 '못 되리'에서 '모다리-미다리-みだり'로 이어지고, '못 돼'에서 '모대-미다-みだり'로도 이어진다.

〔参考〕 妄(망), 慢(만), 濫(남) 등과 이음(みだり)을 같이한다.

隈 외	訓読	くま
	音読	ワイ

訓読풀이

• くま : 隈(외)는 굽이진 곳(隈曲 : 외곡), 모퉁이, 구석을 뜻한다.

'굽다'에서 '굽음-구음-굼-구마-くま'로 이어진다.

人名訓読例

• くま : 隈雄(くまお), 隈子(くまこ), 隈本(くまもと), 隈田(くまだ), 隈川(くまがわ), 隈丸(くままる).

隗 외	訓読	けわしい
	音読	カイ

訓読풀이

• けわしい : 隗(외)는 산이 높고 험한 것, 즉 고약하게 험한 것을 뜻한다.

'고약'에서 '고아-게와-けわしい'로 이어진다.

鮠 외	訓読	はや·はい·はえ
	音読	カイ

訓読풀이

• はや · はい · はえ : 鮠(외)는 물고기 피라미를 뜻한다.

'피라미'에서 '필아-피아-파아-はや · はい · はえ'로 이어진다.

巍 외	訓読	たかい
	音読	ギ

訓読풀이

• たかい : 巍(외)는 산이 높이 솟아(돋아) 있는 것, 산이나 사람이 높이 뛰어난 것을 나타낸다〈巍然(외연), 巍巍(외외)〉.

'뜨고(솟고 · 돋고)'에서 '따가(돋고-도가-다가)-たかい'로 이어진다.

人名訓読例

• たか : 巍洋(たかひろ), 巍州(たかす), 巍則(たかのり), 巍晃(たかてる).

【요】

夭 요		
	訓読	わかい
	人名訓読	か
	音読	ヨウ

訓読풀이

① わかい : 夭(요)는 어린 것, 젊은 것을 뜻한다. 한국어에서는 젊은 며느리를 부를 때 아가라고 하고, 남자의 경우에도 자기보다 어릴 때 비속어(卑俗語)로 '그 아가'라고 낮추어 부른다.
'아가'에서 '와가–わか(い)'로 이어진다. 한편 '어리다'에서 '얼이고–얼고–어고–아가–わかい'로도 이어진다.

② か : ㉮ 夭는 사람의 모양을 본 뜬 大 자에서 머리가 구부러지거나 꺾인 꼴을 나타내어 일찍 죽음을 뜻한다. '구부러지다'에서 '구–가–か' 또는 '꺾이다'에서 '꺼–거–가–か'로 이어진다. ㉯ 위 ①의 '아가'에서 '가–か'로 이어진다. 한국어에서는 '(그)아가'를 '그아–가'로 말한다. ㉰ 죽은 것을 가다(갔다)라고 한다. '가다(갔다)'에서 '가–か'로 이어진다.

人名訓読例

• か : 夭刀(かとう).

凹 요		
	訓読	くぼむ·へこむ
	音読	オウ

訓読풀이

① くぼむ : 道(みち)が凹(くぼ)む 하면 길이 움푹 파인 것을 뜻하는데, 길이 곧장 가다가 밑으로 굽은 상태를 말한다.
'굽다'에서 '구븜–구보무–くぼむ'로 이어진다.
〔参考〕 窪(와 : くぼ)む와 이음을 같이한다.

② へこむ : ボンネットにへこみができる 하면 보닛이 망치로 때려 박은 것처럼 움푹 파였다는 뜻이다. ㉮ '박다'에서 '박음–바곰–베고무–へこむ'로 이어진다. ㉯ '파다'에서 '파고–패고–해고–へこむ'로 이어진다.

人名訓読例

• へこ : 凹天(へこてん).

妖 요		
	訓読	あやしい
	音読	ヨウ

訓読풀이

• あやしい : 妖(요)는 妖怪(요괴)스러운 것, 즉 어떤 상황이 본래의 것이 아닌 것(비정상)으로 나타남을 뜻한다. あやしい飛行物体(ひこうぶったい)는 본래는 있지 아니한 이상한 비행물체라는 말이다.
'아니다'에서 '아니야–안야–아야–あやしい'로 이어진다.
〔参考〕 怪(괴 : あや)しい와 이음을 같이 한다.

尧(堯) 요		
	訓読	たかい
	人名訓読	あきら·とみ·のり
	音読	ギョウ

訓読풀이

① たかい : 尧(요)는 성군인 요 임금을 가리킨다. 송사(宋史)에서 萬國戴堯天(만국대요천)이라 함은 만백성이 요 임금을 성군으로 높이 떠받들었음을 나타낸다.

'뜨다'에서 '뜨고-다고-다가-たか'로 이어진다.

② あきら : 요 임금은 세상을 훤히 열고 밝은 태평성대의 치적을 이룬 것으로 추앙받는다.

'열다'에서 '열거라-여기라-아기라-あきら'로 이어지고, '밝다'에서 '발키라-바키라-아키라-あきら'로 이어진다.

③ とみ : ①에서 온 백성이 요 임금을 높이 떠받들었다는 것은 잘 섬기었음을 뜻한다.

'섬기다'에서 '섬-돔-도미-とみ'로 이어진다.

〔参考〕 民(민)은 임금을 섬기는 백성이라는 뜻에서 '섬-삼-담-다미-たみ'로 이어진다.

④ のり : 요 임금은 옳은 정치를 구현한 성군으로 추앙받는다.

'옳다'에서 '올-놀(ㅇ-ㄴ으로 변음)-노리-のり'로 이어진다.

人名訓読例

① あきら · たか · たかし : 尭(외자 名).

② たか : 尭佳(たかよし), 尭慶(たかよし), 尭文(たかふみ), 尭信(たかのぶ), 尭裕(たかひろ), 尭熙(たかひろ).

③ あき : 尭高(あきたか), 尭博(あきひろ · たかひろ), 尭一(あきかず).

④ とみ : 尭子(とみこ · たかこ).

⑤ のり : 尭治(のりはる · たかじ).

拗 **요**	訓読	こじれる·すねる·ねじける·ねじる·ねじれる
	音読	ヨウ

訓読풀이

① こじれる : 拗(요)는 굽질리다, 즉 비틀어지는 것을 뜻한다.

'굽질러'에서 '구지러-고지레-こじれる'로 이어진다.

② すねる : 拗(す)ね者(もの)는 잘 토라지는(틀어지는) 사람을 말한다.

'틀다'에서 '트는-수는-수내-すねる'로 이어진다.

③ ねじける · ねじる · ねじれる : 戸(と)がねじれて開(あ)かない 하면 문이 이지러져(비틀어져) 열리지 않는다는 뜻이다.

'이지러지다'에서 ㅇ이 ㄴ으로 변음, '니지러-내지루-ねじる'로 이어진다.

要 **요**	訓読	いる·かなめ·もとむ
	人名訓読	こし·よし
	音読	ヨウ

訓読풀이

① いる : 要(요)는 성취, 이루는 것을 뜻한다. 이 경우 要는 就(취)와 같은 뜻으로 쓰인다. '이루다'에서 '이루-いる'로 이어진다. 한편 要는 반드시(必 : 필) 있어야 하는 것을 뜻한다. 資金(しきん)が要(い)る 하면 자금이 있어야 함(必要)을 뜻한다. '있다(이다)'에서 '있-이-いる'로 이어진다.

② かなめ : 이루는 것은 '끝남'을 뜻한다.

'끝남'에서 '그남-가남-가나메-かなめ'로 이어진다.

③ もとむ : ㉮ 要는 모으는 것, 합침을 뜻한다〈要其節奏 : 禮記 (요기절주 : 예기)〉. '모듬'에서 '모돔-모도무-もとむ'로 이어진다. ㉯ 要는 요구 · 요청(要求 · 要請), 즉 묻는 것을 뜻한다. '묻다'에서 '묻-몯-모도-もとむ'로 이어진다.

〔参考〕 求(구 : もと)む와 이음을 같이한다.

④ こし：要는 腰(こし)와 같은 뜻으로 쓰인다〈腰(요) 참조〉.

⑤ とし：要는 중요한 것으로 돋보임을 나타낸다.

'돋(돗)'에서 '도시–とし'로 이어진다.

人名訓読例

① かなめ · もとむ：要(외자 名).

② こし：要高 (こしだか).

③ もと ： 要教(もとのり), 要道(もとみち).

④ とし：要範(としのり).

窈 요	訓読	ふかい
	音読	ヨウ

訓読풀이

• ふかい · ふかし ： 窈(요)는 깊숙이 푹 들어간 것을 뜻한다.

深(심)과 마찬가지로 '푹'에서 '푸가–후가–ふかい'로 이어진다.

人名訓読例

• ふかし：窈(외자 名).

遥(遙) 요	訓読	はるか
	音読	ヨウ

訓読풀이

• はるか：遥(요)는 아득히 멀리 펼쳐지는 상황을 나타낸다〈千里而遙 ： 禮記 (천리이요 : 예기)〉.

'펼치다'에서 '펼–헐–할–하루–はるか'로 이어진다.

〔参考〕 張(장 ： は)る와 이음을 같이한다.

人名訓読例

① はるか：遥(외자 名).

② はる：遥奈(はるな), 遥子(はるこ).

揺(搖) 요	訓読	ゆらぐ·ゆる·ゆるぐ·ゆれる
	音読	ヨウ

訓読풀이

• ゆらぐ · ゆる · ゆるぐ · ゆれる：㉮ 米(こめ)をゆる 하면 쌀을 흔들어 이는 것을 뜻하고, 砂金(さきん)をゆる 하면 사금을 흔들어 이는 것을 뜻한다. '일다'에서 '일어–이러–우러–ゆる'로 이어진다. '일다'에서 의미가 확대되어 身をゆる, 信念(しんねん)がゆるぐ, 電車(でんしゃ)がゆれる처럼 일반적으로 흔드는 것, 흔들리는 것을 의미하게 된다. '일다'에서 '일–욜–유라 · 유루 · 유레–ゆらぐ · ゆるぐ · ゆれる'로 이어진다. ㉯ 타작할 때, 곡식을 부치거나 까불어서 잡것을 날려 버리는 것을 불린다고 한다. 米(こめ)をゆる 하면 쌀을 흔들어 불린다는 말이다. '불리다'에서 '불–부루–우루(ㅂ–ㅇ으로 변음)–ゆる'로, '불리구'에서 '부루구–우루구–ゆるぐ'로 이어진다.

腰 요	訓読	こし
	音読	ヨウ

訓読풀이

• こし ：腰(요)는 동물의 신체에서 허리, 산의 모습에서 산허리를 뜻한다〈山腰(산요)〉. 일본어 사전 大辞泉(だいじせん)은 腰를 '山(산 ： やま)の中腹(ちゅうふく ： 산중턱)より下(하 ： した)の方(방 ： ほう)'이라고 설명한다. 산허리는 산기슭을 말한다.

'기슭'에서 '기스–고스–고시–こし'로 이어진다.

人名訓読例

• こし ： 腰本(こしもと), 腰山(こしや

아

ま), 腰野(こしの), 腰原(こしはら), 腰塚(こしずか).

瑶(瑤) 요	訓読	たま
	音読	ヨウ

訓読풀이

- たま : 瑶(요)는 아름다운 玉(옥)을 뜻한다. 옥은 상하좌우 어디로 보나 둥글게 닮아 있다.
  '닮다'에서 '달마–다마–たま'로 이어진다.
  〔参考〕 玉(옥 : たま)와 이음을 같이한다.

人名訓読例

- たま : 瑶子(たまこ).

銚 요·조	訓読	なべ·すき
	音読	ヨウ·チョウ

訓読풀이

① なべ : 銚(요)는 자루와 귀때가 달린 냄비를 뜻한다.
  '냄비'에서 '나베–なべ'로 이어진다.
  〔参考〕 鍋(과)와 이음(なべ)을 같이한다.

② すき : 銚(조)는 가래를 뜻한다. ㉮ 가래도 쟁기와 같은 기능(땅을 파 흙을 들어 올리는 농구)을 한다. '들다(뜨다)'에서 '들기–두기–すき'로 이어진다. ㉯ '쟁기'에서 '재기–주기–すき'로 이어진다.
  〔参考〕 犁(려), 鋤(서)와 이음(すき)을 같이한다.

澆 요	訓読	そそぐ
	音読	ギョウ

訓読풀이

- そそぐ : 澆(요)는 물을 대는 것, 쏟아 붓는 것을 뜻한다〈澆漑(요개)〉.
  '쏟다'에서 '쏟구–쏘구–소소구–そそぐ'로 이어진다.
  〔参考〕 注(주), 潅(관)과 이음(そそぐ)을 같이한다.

窯 요	訓読	かま
	音読	ヨウ

訓読풀이

- かま : 窯(요)는 가마를 뜻한다.
  '가마'가 かま로 된다.
  〔参考〕 釜(부)와 이음(かま)을 같이한다.

人名訓読例

- かま : 窯町(かままち).

謡(謠) 요	訓読	うたう
	音読	ヨウ

訓読풀이

- うたう : 謡(요)는 노래 부르는 것, 읊는 것을 뜻한다. ㉮ '읊다'에서 '읖다–우다–うたう'로 이어진다. ㉯ '부르다'에서 '불으다–불–울(ㅂ–ㅇ으로 변음)–우다(받침'다'로 분절)–うたう'로 이어진다.
  〔参考〕 歌(가), 唄(패), 詠(영), 謳(구)와 이음(うたう)을 같이한다.

人名訓読例

- うた : 謡口(うたぐち), 謡坂(うたさか).

橈 요·뇨	訓読	たわむ·まがる·かじ
	音読	ドウ·ジョウ

訓読풀이

① たわむ : 橈(뇨)는 나무, 판자가 틀어(휘어)지는 것을 뜻한다. 雪(ゆき)で木(き)の枝(えだ)がたわむ 하면 눈 때문에 나뭇가지가 틀어진다는 뜻이다.
  '틀다'에서 '틀음–드음–다음–다아무–

たわむ'로 이어진다. 이 경우 橈는 撓(요)와 같은 뜻으로 쓰이고 ドウ로 음독 된다.

② まがる : 橈(뇨)는 말아서 구부러(휘어)지는 것을 뜻한다. 나뭇가지, 천, 멍석 등을 말면 구부러지게 되어 있다.
'말다'에서 '말거라-마가루-まがる'로 이어진다.

③ かじ : 橈(요)는 노를 뜻한다. '노'는 나뭇가지처럼 배의 옆 또는 뒤에 붙어 배를 저어간다.
楫(かじ), 舵(かじ)와 마찬가지로 '가지'에서 かじ로 이어진다. 이 경우 橈는 ジョウ로 음독 된다

邀 요	訓読	むかえる
	音読	ヨウ

訓読풀이

• むかえる : 邀(요)는 적을 맞아 싸우는 것을 뜻한다(邀撃 : 요격).
'맞다'에서 '맞고-마가-무가-むかえる'로 이어진다.
〔参考〕迎(영 : むか)える, 向(향 : む)く와 이음을 같이한다.

繞 요	訓読	まとう·めぐる·しまく
	音読	ジョウ·ニョウ

訓読풀이

① まとう : 繞(요)는 말아 감는 것을 뜻한다.
'말다'에서 마다-마도우-まとう'로 이어진다.

② めぐる : 繞는 ①에서와 같이 말아 에워싸는 것을 뜻한다.
'말다'에서 '말거라-마구라-메구루-めぐる'로 이어진다.

③ しまく : 繞는 ①과 ②에서와 같이 말아(에워 · 둘러) 싸는 것을 뜻한다.
'싸다'에서 '쌈-심-시마-しまく'로 이어진다.

擾 요	訓読	みだれる
	音読	ジョウ

訓読풀이

• みだれる : 擾는 擾乱(요란), 騒擾(소요) 등 어지러운 것, 즉 못된 상황을 나타낸다.
'못되'에서 '모데-미다-みだれる'로 이어진다.
〔参考〕乱(란 : みだ)れる와 이음을 같이 한다.

燿(耀) 요	訓読	かがやく
	人名訓読	あかる·あきら·てる·ひ
	音読	ヨウ

訓読풀이

① かがやく : 불을 '켜다'에서 '켜고-가고-가가-かがやく'로 이어진다.

② あきら : 문이 열리면서 빛이 들어와 밝아진다.
'열다'에서 '여거라-아가라-あきら'로 이어지고, '밝다'에서 '발키라-아키라(ㅂ-ㅇ으로 변음)-あきら'로 이어진다.

③ てる : 빛을 '쬐다'에서 '죄라-제라-데루-てる'로 이어진다.

④ ひ : 燿는 빛을 뜻한다.
'빛'에서 '비-ひ'로 이어진다.

人名訓読例

① あきら : 燿(외자 名).
② かが : 燿山(かがやま · ひやま).
③ てる : 燿胤(てるたね).

④ ひ：燿山(ひやま).

曜(曜) 요	訓読	かがやく·ひかる
	人名訓読	あきら·てる
	音読	ヨウ

訓読풀이

① かがやく：曜(요)는 불을 켰을 때 빛나는 것을 뜻한다.
'켜다'에서 '켜고－가고－가가－かがやく'로 이어진다.

② ひかる：曜는 빛깔을 뜻한다.
光(광：ひかり)과 마찬가지로 '빛깔'에서 '비갈－비가루－ひかる'로 이어진다.

③ あきら：해가 뜨면서 새벽이 열리며 밝아진다는 뜻이다.
'열다'에서 '열거라－여기라－아기라－あきら'로 이어지고, '밝다'에서 '발키라－바키라－아키라(ㅂ－ㅇ으로 변음)－あきら'로 이어진다.

④ てる：曜는 햇빛이 쬐어 빛나는 것을 뜻한다.
'쬐다'에서 '죄라－제라－데루－てる'로 이어진다.

人名訓読例

① あきら·てる：曜(외자 名).
② かが：曜日(かがひ).
③ てる：曜彦(てるひこ), 曜檣(てるよし).

耀(耀) 요	訓読	かがやく
	人名訓読	あきら·てる
	音読	ヨウ

訓読풀이

① かがやく：耀(요)는 불을 켰을 때 빛나는 것을 뜻한다.
'켜다'에서 '켜고－가고－가가－かがやく'로 이어진다.

② あき·あきら：문이 열리면서 빛이 들어와 밝아진다.
'열다'에서 '여거라－아가라－아기라－あき·あきら'로 이어지고, '밝다'에서 '발키라－바키라－아키라－あきら'로 이어진다.

③ てる：耀는 빛이 쬐어 빛나는 것을 뜻한다.
'쬐다'에서 '죄라－제라－데루－てる'로 이어진다.

人名訓読例

① あきら：耀(외자名).
② あき：耀久(あきひさ), 耀雄(あきお).
③ てる：耀男(てるお), 耀星(てるほし), 耀也(てるや), 耀毅(てるお).

饒 요	訓読	ゆたか
	人名訓読	あつし·おう(し)·とも·にぎ(し)
	音読	ギョウ

訓読풀이

① ゆたか：饒(요)는 豊饒(풍요)하게 있음을 뜻한다.
'있다'에서 '있다구－이다가－유다가－ゆたか'로 이어진다.

② あつし：情饒(정요)는 정이 두터움을 뜻한다.
'두터'에서 '두－つ'로 이어지고, 접두어 あ가 붙어 あつ(し)가 된다. 두터움은 속이 참을 뜻한다. '참'에서 '차－추－つ'로 이어지고 접두어 あ가 붙어 あつ로도 된다.

③ おう(し)：饒는 많음을 뜻한다. 많은 것을 하다라고도 한다.
'하다'에서 '하아－아우(ㅎ－ㅇ으로 변음)－오우－おう'로 이어진다.

④ とも：饒는 서로 용서하고 양보하고 동

무하면서 다투지 않음을 뜻한다.
'동무'에서 '도무–도모–とも'로 이어진다.

⑤ にぎ(し) : 饒는 넉넉함, 너그러움을 뜻한다.
'넉넉(너그)'에서 '너기–니기–にぎ(し)'로 이어진다.

人名訓読例

① あつし·おうし·にぎし·ゆたか : 饒(외자 名).
② お(おう의 준말) : 饒石川(おいしかわ).
③ とも : 饒田(ともだ).
④ にぎ : 饒男(にぎお), 饒村(にぎむら), 饒平(にぎひら).

【욕】

浴 욕	訓読	あむ·あびせる·あびる
	音読	ヨク

訓読풀이

① あむ : ㉮ 浴(욕)은 물동이 등으로 엎어 부은 물로 몸을 씻는 것을 뜻한다. ㉮ '엎다'에서 '엎음–어음–엄–암–아무–あむ'로 이어진다. ㉯ '부은 물'에서 '부음–붐–밤–암(ㅂ–ㅇ으로 변음)–아무–あむ'로 이어진다.

② あびせる·あびる : ㉮ '엎다'에서 '어퍼–아비–아비루–あびる'로 이어진다. ㉯ 한편 목욕(沐浴)한다는 것은 땀 빼고(버리고) 때 빼는(버리는) 것을 뜻한다. 이 경우에는 ふる(風呂)와 마찬가지로 '빼다(버리다)'에서 '빼라(버려)–비라–비루–びる'로 이어지고, 접두어 あ가 붙어 あびる가 된다.
〔参考〕沐浴의 沐은 버리다, 에어내다의 뜻을 갖는다.

人名訓読例

• あみ : 浴(あみ), 浴部(あみべ).

辱 욕	訓読	はずかしめる
	音読	ジョク·ニク

訓読풀이

• はずかしめる : 公衆(こうしゅう)の面前(めんぜん)ではずかしめる 하면 공중 앞에서 창피를 주는 것, 즉 부치럽게(제주방언) 만든다는 뜻이다.
恥(は)ずかしい와 마찬가지로 '부치(럽다)'에서 '부치–바지–바주–はず(かしめる)'로 동사화 된다.

欲 욕	訓読	ほしい·ほっする
	音読	ヨク

訓読풀이

• ほしい·ほっする : ほしい는 동사의 연용형에 붙어 보조형용사의 역할을 한다. 静(しず)かにしてほしい 하면 조용히 하여 주었으면 좋겠다(싶다)는 뜻인데, 다른 말로는 조용히 하시오라는 뜻이다. はっきり言(い)ってほしい도 분명히 이야기 하시오라는 말이다.
'하시오'에서 'ほしい'로 이어진다. ほしい가 동사화 되어 ほっする가 된다.

人名訓読例

• ほし : 欲賀(ほしか).

縟 욕	訓読	かざり
	音読	ジョク

訓読풀이

• かざり : ㉮ 縟禮(욕례)는 겉치레를 위한 번거로운 의례범절을 뜻한다. 飾(かざ)り와 마찬가지로 '겉치레'에서 '가차레–가사리–かざり'로 이어진다. ㉯ 번거로

아

운 것은 몇 겹으로 거듭된 것을 뜻한다. '거듭'에서 '가드－가다－가자－かざり'로 이어진다.

【용】

冗 용	訓読	むだ
	音読	ジョウ

訓読풀이

- むだ：冗(용)은 쓸데없음, 못 되었음을 뜻한다. '못 되다'에서 '모데－무데－무다－むだ'로 이어진다.
  〔参考〕徒(도)와 이음(むだ)을 같이한다.

用 용	訓読	もちいる
	音読	ヨウ

訓読풀이

- もちいる：部下(ぶか)の提案(ていあん)を用(もち)いる 하면 부하의 제안에 (사업을) 맡긴다는 뜻이고, 彼(かれ)を有能(ゆうのう)と見(み)て重(おも)く用いる 하면 그를 유능하다고 보고 중용하여 일을 맡긴다는 뜻이다.
  '맡기다'에서 '맡－몯－모디－もちいる'로 이어진다. 단순히 일을 시키는 경우에는 新人(しんじん)を使(つか)う라고 쓰고, 책임을 맡기는 등 중용(重用)하는 경우에는 新人を用(もち)いる라고 쓴다. 店員(てんいん)を３人使(つか)っている라고 할 경우에는 책임 등을 맡긴다는 뜻이 약하므로 用いる를 쓰지 않는다〈使(사：つか)う 참조〉.

人名訓読例

- もち：用木(もちき), 用田(もちだ), 用宗(もちむね), 用次(もちじ), 用土(もちつち), 用慈(もちじ).

勇 용	訓読	いさましい· いさみ·いさむ
	人名訓読	たけし·とし·はや
	音読	ユウ

訓読풀이

① いさましい・いさみ・いさむ：勇(용)은 男子(남자)의 力(힘)을 메인 포인트로 한다. ㉮ 勇은 용기, 기운이 솟아(돋아) 남을 뜻한다. いさましい武士(ぶし)는 기운이 솟는 용감한 무사, いさましいマーチ는 들으면 용기가 솟는 씩씩한 행진곡을 뜻한다. '솟다(돋다)'에서 '솟음－솜－삼－사마－さましい'로 이어지고, 접두어 い가 붙어 いさましい가 된다. ㉯ 勇은 힘이 셈(勇力, 勇気)을 뜻한다. '셈'에서 '삼－사마－いさましい'로 이어지고, 접두어 い가 붙어 いさむ가 된다. ㉰ 勇은 날쌔고 사나움(勇猛, 武)을 뜻한다. '(날)쌤'에서 '쌈－사마－さましい'로 이어지고, 접두어 い가 붙어 いさむさましい로 이어진다.

② たけし：勇은 勇猛(용맹)스러워 날쌔고 사납게 날뛰는 것을 뜻한다.
猛(たけ)와 마찬가지로 '뛰게－두게－다게－たけ'로 이어진다.

④ とし：①의 ㉮에서와 같이 勇은 힘이 솟는(돋는) 것을 뜻한다.
'돋다(솟다)'에서 '돗－도시－とし'로 이어진다.

⑤ はや：①의 ㉰에서와 같이 날쌘 것, 즉 빠른 것을 뜻한다.
早・速(はや)い와 마찬가지로 '빨라'에서 '빨아－바아－はや'로 이어진다.

人名訓読例

① いさお・いさみ・いさむ・たけし：勇(외자 名).

② いさ(いさみ · いさむ의 준말) : 勇記(いさよし), 勇男(いさお · たけお), 勇人(いさお · いさと · はやと), 勇裕(いさひろ), 勇海(いさむ).
③ たけ : 勇良(たけよし), 勇信(たけのぶ), 勇熊(たけくま), 勇逸(たけやす), 勇男(たけお).
④ とし : 勇夫(としお · いさお), 勇宜(としのぶ).
⑤ はや : 勇人(はやと · いさお), 勇都(はやと).

容 용	訓読	いれる·ゆるす
	人名訓読	かた·ひろし· まさ·やす·ゆとり
	音読	ヨウ

訓読풀이

① いれる : ㉮ 容은 받아 넣는 것을 뜻한다(収容 : 수용). その意見(いけん)をいれる 하면 그 의견을 받아 넣는(들이는) 것을 뜻한다. 入(い)る, 入(い)れる와 마찬가지로 '넣다'에서 '너라-니라-이루(ㄴ-ㅇ으로 변음)-い(れ)る'로 이어진다. ㉯ 容은 어떤 행위에 이르게 됨을 뜻한다. 疑(うたが)いをいれる 하면 의심하기에 이르게 됨을 뜻한다. 入(い)れる와 마찬가지로 '이르다'에서 '이르-이레-いれる'로 이어진다.
② ゆるす : 容은 容赦(용사), 許容(허용)을 뜻한다. 용사나 허용은 규제를 느릿하게, 느슨하게 풀어주는 것을 말한다. 許(ゆる)す, 緩(ゆる)む와 마찬가지로 '느리다'에서 '느려-누루-유루(ㄴ-ㅇ으로 변음)-ゆるす'로 이어진다.
③ かた : 容은 容貌(용모), 容姿(용자)처럼 모습, 모양 즉 꼴(골)을 뜻한다. '꼴(골)'에서 '갈-가다(받침 ㄹ-'다'로 분절)-かた'로 이어진다.
④ ひろし : 容은 넓게 벌려 있는 마음으로 寛容(관용)을 베풀어 널리 包容(포용)하는 것을 뜻한다.
'벌려'에서 '버려-비로-ひろ(し)'로 이어진다.
⑤ まさ : 容은 일반적으로 옳고 맞은 긍정적 표현을 나타낸다.
'맞다'에서 '마자-まさ'로 이어진다.
⑥ やす : 容은 容易(용이)처럼 쉬운 것을 뜻한다.
'쉽다'에서 '쉬-수-す'로 이어지고, 접두어 や가 붙어 やす로 합성된다.
⑦ ゆとり : 容은 마음의 여유, 관용과 포용을 베푸는 '유들유들'한 성격을 나타낸다. '유들'에서 '유도리-ゆとり'로 이어진다.

人名訓読例

① いれる · ひろし · ゆとり : 容(외자 名).
② かた : 容敬(かたたか), 容大(かたはる), 容保(かたもり), 容頌(かたのぶ), 容貞(かたさだ), 容衆(かたひろ).
③ ひろ : 容克(ひろかつ), 容己(ひろみ), 容盛(ひろもり), 容子(ひろこ).
④ まさ : 容克(まさよし), 容子(まさこ · ひろこ).
⑤ やす : 容度 (やすのり), 容像(やすかた), 容信(やすのぶ), 容彦(やすひこ), 容伸(やすのぶ), 容義(やすよし).

涌 용	訓読	わく
	音読	ユウ·ヨウ

訓読풀이

• わく : 湧(용)과 이음을 같이한다〈湧(용) 참조〉.

아

人名訓読例

① わき：涌子(わきこ), 涌井(わきい・わくい).

② わく：涌谷(わくや), 涌島(わくしま), 涌田(わくた), 涌津(わくつ), 涌坂(わくさか), 涌喜(わくき).

庸 용	訓読	つね·もちいる
	人名訓読	いさお·のぶ·やす
	音読	ヨウ

訓読풀이

① つね：庸(용)은 이제나, 저제나, 언제나 늘 한결 같음을 나타낸다〈庸徳之行：禮記 (용덕지행：예기)〉.
常(つね)과 마찬가지로 이제나·저제나·언제나의 '제나'에서 '주나–주네–つね'로 이어진다.

② もちいる：庸은 책임을 맡겨 사람을 쓰는 것을 뜻한다.
用(もち)いる와 마찬가지로 맡기다의 '맡'에서 '마티–모티–もちいる'로 이어진다.

③ いさお：庸은 공덕을 쌓는 것을 뜻한다〈能奮庸熙帝之載：書經 (능분용희제지재：서경)〉.
'쌓다'에서 '싸아–사오–さお'로 이어지고, 접두어 い가 붙어 いさお가 된다. 또는 공적을 '세우다'에서 '세워–사오–(い)さお'로 이어진다.

④ のぶ：庸은 널리 퍼져 있어 평범한 것을 뜻한다〈庸人(용인)〉.
'넓다'에서 '너버–노부–のぶ'로 이어진다.

⑤ やす：庸은 여기저기 널려 있어 싸구려임을 뜻한다.
安物(やすもの)와 마찬가지로 '싸다'에서 '싸–수–す'로 이어지고, 접두어 や가 붙어 やす가 된다.

人名訓読例

① いさお・もちう(もちいる의 문형)：庸(외자 名).

② つね：庸敬(つねのり・つねゆき), 庸公(つねとも), 庸礼(つねのり), 庸悟(つねのり), 庸子(つねこ), 庸厚(つねあつ).

③ のぶ：庸嘉(のぶよし), 庸泰 (のぶやす), 庸年(のぶとし), 庸理(のぶただ), 庸浩(のぶひろ・つねひろ), 庸数(のぶかず).

④ やす：庸久(やすひさ), 庸夫(やすお・つねお), 庸雄(やすお・つねお), 庸行(やすゆき・つねゆき・のぶゆき).

舂 용	訓読	つく·うすづく
	音読	ショウ

訓読풀이

① つく：舂(용)은 절구를 찧는 것, 떡을 치는 것, 적을 치는 것(공격)을 뜻한다.
'찧다(치다)'에서 '치구–추구–つく'로 이어진다.

② うすづく：舂은 うすづく로도 훈독되는데, 이 경우에는 저녁 해가 지는 것을 뜻한다.
해 지는 모습이 오목한 절구(臼：うす) 안으로 지는('지다'에서 '지구–주구–づく'로 이어짐) 것과 같다 해서 うすづく로 이어진다〈臼(구：うす) 참조〉.

湧 용	訓読	わく
	音読	ユウ·ヨウ

訓読풀이

• わく：湧(용)은 갑자기 어떤 현상이 위로 솟구쳐 오르는 것, 이는 것을 뜻한다.

풍랑이 일다, 땀이 일다, 흥분이 일다, 용기가 일다 등으로 쓰이는데, わく도 같은 내용으로 쓰인다. 彼(かれ)のプレーに観衆(かんしゅう)がわいた 하면 그의 플레이에 관중의 흥분이 일었다는 뜻이며, 興味(きょうみ)がわく, 勇気(ゆうき)がわく 하면 흥미가 일고, 용기가 일어난다는 뜻이다.
'일다'에서 '일구–이구–아구–わく'로 이어진다.
〔参考〕沸(비), 涌(용)과 이음(わく)을 같이한다.

人名訓読例

① わく：湧(외자 名).
② わき：湧井(わきい·わくい), 湧文(わきふみ).
③ わく：湧島(わくしま), 湧上(わくかみ), 湧永(わくなが), 湧井(わくい), 湧川(わくがわ).

溶 **용**	訓読	とく·とける
	音読	ヨウ

訓読풀이

• とく·とける：溶(용)은 액체에 무엇을 털어 넣는 것을 뜻한다(溶解：용해). メリケン粉(こ)を水(みず)にとく 하면 밀가루를 물에 털어 넣는다는 뜻이다.
'털다'에서 '털구–터구–토구–とく'로 이어진다.
〔参考〕解(해), 融(융)과 이음(とく)을 같이한다.

傭 **용**	訓読	やとい·やとう
	人名訓読	いさお
	音読	ヨウ

訓読풀이

① やとい·やとう：傭(용)은 무슨 일, 직업을 위해 사람을 쓰는 것을 뜻한다.
일을 뜻하는 業(업：わざ)과 마찬가지로 '일'에서 '이도(받침 ㄹ–'도'로 분절)–야도–やと'로 이어지고, やとう로 동사화된다.
② いさお：傭은 雇傭(고용)되어 일로서 성과를 쌓아(세워) 勞作(노작)을 세우는 것을 뜻한다. ㉮ '쌓아(세워)'에서 '사오–さお'로 이어지고, 접두어 い가 붙어 いさお가 된다. ㉯ '일 쌓다(세우다)'에서 '일싸아(일세어)–이사오–いさお'로 이어진다.

人名訓読例

• いさお：傭(외자 名).

熔 **용**	訓読	とく·とける
	音読	ヨウ

訓読풀이

• とく·とける：熔(용)은 가마 같은 장치(용광로 등)에 쇠붙이 등을 털어 넣어 고온으로 녹이는(달구는) 것을 뜻한다.
溶(용)과 마찬가지로 '털다'에서 '털구–터구–토구–とく'로 이어진다. 또한 '달구다'에서 '달구–다구–도구–とく'로 이어진다.

踊 **용**	訓読	おどり·おどる
	音読	ヨウ

訓読풀이

• おどり·おどる：踊(용)은 춤추는 것을 뜻한다. 예나 지금이나 춤은 돌면서 추기 마련이다.
'돌다'에서 '돌–도루–どる'로 이어지고, 접두어 お가 붙어 おどる가 된다.

人名訓読例

아

• おどり：踊瀬(おどりせ).

鎔 용	訓読	とく·とける
	音読	ヨウ

訓読풀이

• とく · とける：鎔(용)은 쇠붙이 등 거푸집에 털어 넣어 녹이는(달구는) 것을 뜻한다〈鎔鉱炉(용광로)〉.
溶(용), 熔(용)과 마찬가지로 '털다'에서 '털구–터구–토구–とく'로 이어진다. 또한 '달구다'에서 '달구–다구–도구–とく'로 이어진다.

【우】

又 우	訓読	また
	人名訓読	たすく
	音読	ユウ

訓読풀이

① また：㉮ わたしもまた彼女(かのじょ)が好(す)きです 하면 나도 마찬가지로〈亦是(역시)〉 그 여자가 좋다는 뜻이다. '마찬가지'에서 '마찬–마차–마다–また'로 이어진다. ㉯ 気(き)がやさしい,また力(ちから)も強(つよ)い 하면 마음이 착하고 힘마저 세다는 뜻이다. '마저'에서 '마자–마다–また'로 이어진다.

② たすく：又는 佑(우)와 마찬가지로 돕는다는 뜻을 갖는다.
'돕다'에서 '도아서–돠서–다수–たすく'로 이어진다.

人名訓読例

① たすく：又(외자 名).

② また：又城(またしろ), 又重(またしげ), 又茂(またしげ), 又信(またのぶ), 又子(またこ), 又助(またすけ).

友 우	訓読	とも
	音読	ユウ

訓読풀이

• とも：友(우)는 동무, 벗을 뜻한다. '동무'에서 '도무–도모–とも'로 이어진다.
友達(ともだち)는 '동무들'에서 '도모달–도모다찌(받침 ㄹ–'찌'로 분절)–ともだち'로 이어진다.

人名訓読例

• とも：友谷(ともたに), 友池(ともいけ), 友浦(ともうら), 友計(ともかず), 友里(ともさと).

尤 우	訓読	とか·とかめる·もっとも
	人名訓読	まさる
	音読	ユウ

訓読풀이

① とか · とかめる：尤(우)는 탈, 탓, 허물, 실패 등을 뜻한다. とかの無(な)い人(ひと) 하면 탈(탓) 없는 사람을 뜻한다.
'탈'에서 받침 ㄹ이 ㄱ으로 변음 되어 '탁–타가–토가–とか'로 이어지고, とかめる로 동사화 된다. ㄹ받침이 ㄱ으로 변음 되는 것은 술(酒)에서 さけ, 달(月)에서 つき로 이어지는 것과 같은 이치이다.

② もっとも：尤는 사물이나 행위가 정당함, 즉 맞는 것을 강조한다. もっともな理由(りゆう)는 이치에 당연히 맞는 이유임을 강조하고, 君(きみ)が怒(おこ)るのももっともだ 하면 자네가 화내는 것도 이치에 맞는다는 뜻이다.
'맞다'에서 '맞줌–맞둠–맞두모–못도모–もっとも'로 이어진다.

③ まさる : 尤는 ②에서와 같이 맞는다는 뜻이다.
'맞다'에서 '마자-마사-まさる'로 이어진다.

人名訓読例

① もっとも · まさる : 尤 (외자 名).
② もと(もっとも의 준말) : 尤子(もとこ).

牛 우		
	訓読	うし
	人名訓読	し
	音読	ギョウ·ゴ

訓読풀이

① うし : 牛(우)는 소를 뜻한다.
'소'에서 '시-し'로 이어지고 접두어 う가 붙어 うし가 된다.
② し : '소'에서 '시-し'로 이어진다.

人名訓読例

① うし : 牛見(うしみ), 牛股(うしまた), 牛踏(うしぶみ), 牛介(うしすけ), 牛松(うしまつ).
② し : 牛尾菜(しおで).

右 우		
	訓読	みぎ
	人名訓読	すけ·たか·たすく
	音読	ウ·ユウ

訓読풀이

① みぎ : 右(우)는 오른쪽, 바른쪽을 뜻한다. みぎ는 방향뿐 아니라 みぎに出(で)る처럼 더 나은 것, 뛰어난 것도 의미한다. 한국어에서 오른쪽은 옳은 쪽(바른쪽)에서 유래한다. 영어의 right가 옳음(바름)을 뜻하고, 나아가 권리를 뜻하는 것과 맥을 같이한다. 독일어도 Recht는 오른쪽, 옳음, 권리를 뜻한다. 한국어에서 옳은 것, 바른 것을 '맞다'라고 한다.
'맞다'에서 '맞고-마고-마기-미기-みぎ'로 이어진다〈左(좌 : ひだり) 참조〉.
② すけ : 右는 도와 주는 것을 뜻한다.
'돕다'에서 '돕게-도게-두게-수게-すけ'로 이어진다. 또한 '주다'에서 '주게-수게-すけ'로 이어진다.
③ たか : 右는 높은 자리, 즉 높이 떠 있는 자리를 뜻한다〈九卿之右 : 漢書 (구경지우 : 한서)〉.
'뜨다'에서 '뜨고-다가-たか'로 이어진다.
④ たすく : 右는 돕는 것을 뜻한다〈復右我漢國也 : 漢書 (부우아한국야 : 한서)〉.
'돕다'에서 '도아서-돠서-다수-たすく'로 이어진다.

人名訓読例

① たすく · みぎ : 右(외자 名).
② みぎ : 右高(みぎたか), 右谷(みぎや), 右島(みぎしま), 右山(みぎやま), 右手(みぎて).
③ すけ : 右並(すけなみ), 右述(すけのぶ), 右弘(すけひろ).
④ たか : 右宗(たかむね).

宇 우		
	訓読	いえ·のき
	人名訓読	たか·なり
	音読	ウ

訓読풀이

① いえ : 宇(우)는 집을 뜻한다. 한국에서의 옛날 집은 짚으로 이어 만들어졌다.
'이어'에서 '이에-いえ'로 이어진다.
② のき : 宇는 처마도 뜻한다〈上棟下宇 : 易經 (상동하우 : 역경)〉. 처마는 지붕의 끝 부분으로 밖으로 늘어져 나와 있다.
'늘다'에서 '늘고-누고-노고-노기-のき'로 이어진다.

③ たか : 宇는 하늘, 宇宙(우주)를 뜻한다. 하늘은 높이 떠 있는 공간이다.
'뜨다'에서 '뜨고–다고–다가–たか'로 이어진다.

④ なり : ②에서와 같이 '늘어진 처마'에서 '늘–날–나리–なり'로 이어진다.

人名訓読例

① いえ : 宇(외자 名).

② のき : 宇合(のきあい), 宇史(のきぶみ).

③ たか : 宇夫(たかお), 宇司(たかし), 宇子(たかこ).

④ なり : 宇秋(なりあき).

羽(羽) 우	訓読	は·はね
	音読	ウ

訓読풀이

• は·はね : 羽(우)는 날개를 뜻한다. 날개는 사람의 팔처럼 좌우 양쪽으로 뻗어 있다. 한국어에서는 날개뿐 아니라 중심에서 양쪽으로 뻗어나는 부분, 예컨대 저울의 양쪽 부분도 팔이라 한다.
'팔'에서 '파–바–は'로 이어지고, は에 접미어 ね가 합성되어 はね가 된다. '뼈'에서 '보–ほ'로 이어지고 접미어 ね가 붙어 ほね로 되는 것과 같은 이치이다. はねを広(ひろ)げる는 팔을 벌리다(ひろげる는 '벌려'와 이어짐), はねを伸(の)ばす는 날개를 넓히다(のばす는 '넓혀서'와 이어짐), はねが生(は)える는 날개가 뻗는다(はえる는 '뻗어라'와 이어짐), はねが飛(と)ぶ는 날개가 뜬다(とぶ는 '떠'와 이어짐)를 뜻하는데, 이들 모든 표현이 한국어와 이어진다.

人名訓読例

① は : 羽間(はま·はねま), 羽結(はゆい), 羽根(はね), 羽根田(はねだ), 羽多(はた), 羽星(はぼし).

② はね : 羽継(はねつぐ), 羽原(はねはら·はばら), 羽場(はねば·はば), 羽田(はねた·はねだ·はた·はだ), 羽塚(はねつか·はづか).

迂 우	訓読	まがる
	音読	ウ

訓読풀이

• まがる : 迂(우)는 돌아가는 것, 굽히는 것을 뜻한다. 돌아가는 것, 굽히는 것은 마는 모양새를 나타낸다. 즉 말면 돌고(굽고), 돌면(굽으면) 마는 모양이 된다.
'말다'에서 '말거라–마가라–마가루–まがる'로 이어진다.
〔参考〕曲(곡 : まが)る와 이음을 같이한다.

佑 우	訓読	たすく·たすける
	人名訓読	すけ·とも
	音読	ユウ

訓読풀이

① たすく·たすける : 佑(우)는 돕는 것을 뜻한다. 天佑神助(천우신조)는 하늘의 도움을 뜻한다.
'돕다'에서 '도아서–돠서–다수–たすく·たすける'로 이어진다.

② すけ : '돕다'에서 '돕게–도게–두게–すけ'로 이어진다. 또한 '주다'에서 '주게–수게–すけ'로 이어진다.

③ とも : '돕다'에서 '도움–돔–도모–とも'로 이어진다.

人名訓読例

① たすく : 佑(외자 名).

② すけ : 佑敬(すけのり), 佑久(すけひ

さ), 佑近(すけちか), 佑夫(すけお), 佑尚(すけひさ).

③ とも：佑二(ともじ), 佑治(ともはる).

雨 우	訓読	あめ·あま
	音読	ウ

訓読풀이

• あめ · あま：雨(우)는 비를 뜻한다.
あめ의 あ는 上을 의미하는 '위 · 우'에서 あ로 이어지고, め(ま)는 물에서 '무–매(마)–め(ま)'로 이어진다. 즉 '위(아)에서 떨어지는 물(매 · 마)'이라는 뜻이 된다.

人名訓読例

① あめ：雨山(あめやま), 雨森(あめもり · あまもり), 雨倉(あめくら), 雨村(あめむら), 雨沢(あめざわ), 雨杏 (あめもり).

② あま：雨谷(あまたに · あめたに), 雨宮(あまみや · あめみや), 雨笠(あまかさ), 雨野(あまの), 雨田(あまだ), 雨川(あまかわ).

禹 우	人名訓読	のぶ
	音読	ウ

訓読풀이

• のぶ：禹(우)는 넓어지는 것, 늘어지는 것을 뜻한다.
'넓어'에서 '너버–노부–のぶ'로 이어진다.

人名訓読例

• のぶ：禹夫(のぶお), 禹彦(のぶひこ), 禹雄(のぶお), 禹子(のぶこ), 禹昌(のぶまさ).

疣 우	訓読	いぼ
	音読	ユウ

訓読풀이

• いぼ：疣(우)는 혹, 사마귀, 또는 물건의 표면에 혹 같이 붙어 있는 작은 돌기를 뜻하기도 한다. 呼(よ)び鈴(りん)のいぼ는 초인종의 단추를 말한다.
'혹'에서 '호–ぼ'로 이어지고 접두어 い와 합성되어 いぼ가 된다. いぼ는 '붙다'에서 '부–보–ぼ'로 이어지고, 접두어 い가 붙어 いぼ로도 된다.

祐(祐) 우	訓読	たすく·たすける
	人名訓読	いのり·さち·すけ·とき·ひろ·ます·ゆたか
	音読	ユウ

訓読풀이

① たすく · たすける：祐(우)는 돕는 것을 뜻한다.
'돕다'에서 '도아서–돠서–다수–たすく · たすける'로 이어진다.

② いのり：祐는 행복, 행운을 뜻한다. 그것은 祈願(기원)의 대상이다. 神(かみ)に幸(さち)をいのる 하면 신에게 행운을 위해 기원을 올린다(드린다)는 뜻이다.
'올리다'에서 '올–오리–노리(ㅇ–ㄴ으로 변음)–のり'로 이어지고 접두어 い가 붙어 いのり로 합성된다.

③ さち：祐는 행복을 뜻한다. 행복은 넉넉하고 좋은 환경에서 살아감을 뜻한다.
'좋다'에서 '좋지–소지–사지–さち'로 이어진다.

④ すけ：'돕다'에서 '돕게–도게–두게–수게–すけ'로 이어진다. 또한 '주다'에서 '주게–수게–すけ'로 이어진다.

⑤ とき：'돕다'에서 '돕기–도기–とき'로

아

이어진다.

⑥ ひろ：祐는 널리 도움을 펼치는(벌이는) 것을 뜻한다.
'펼치다(벌이다)'에서 '펼-벌-빌-비로-ひろ'로 이어진다.

⑦ ます：祐는 재물, 재화 등이 많아져 행복해짐을 뜻한다.
'많다'에서 '마-ます'로 이어진다.

⑧ ゆたか：祐는 재물, 재화 등이 넉넉히 있어서 행복함을 뜻한다.
'있다'에서 '있다고-이다가-유다가-ゆたか'로 이어진다.

人名訓読例

① いのり·すけ·たすく·ひろし·ゆたか：祐(외자 名).

② さち：祐江(さちえ), 祐男(さちお·すけお·ひろお·ますお), 祐雄(さちお·すけお), 祐子(さちこ·ひろこ), 祐和(さちかず·ひろかず).

③ すけ：祐康(すけやす·ひろやす), 祐兼(すけかね), 祐丘(すけたか), 祐基(すけもと·ひろもと), 祐馬(すけま).

④ とき：祐敬(ときひろ·すけたか).

⑤ ひろ：祐明(ひろあき), 祐美(ひろみ), 祐彦(ひろひこ·さちひこ·すけこ), 祐子(ひろこ·さちこ), 祐昌(ひろまさ), 祐行(ひろゆき·すけゆき).

⑥ ます：祐男(ますお·さちお·すけお·ひろお).

紆 우	訓読	まがる·まげる
	音読	ウ

訓読풀이

- まがる·まげる：紆(우)는 말고 굽혀서 얽히는 것을 뜻한다〈紆餘曲折(우여곡절)〉.
'말다'에서 '말거라-마가라-마가루-まがる'로 이어진다.

偶 우	人名訓読	たまたま
	音読	グウ·グ

訓読풀이

- たまたま：偶(우)는 틈틈이, 가끔을 뜻한다. 偶偶(たまたま)出会(であ)う人(ひと) 하면 틈틈이 만나는 사람을 말한다.
'틈틈'에서 '탐탐-타마타마-たまたま'로 이어진다.

遇(遇) 우	人名訓読	あう
	音読	グウ

訓読풀이

- あう：遇(우)는 만나 아우(어우)르는 것을 뜻한다.
'아우(어우)르다'에서 '아우-あう'로 이어진다.
〔参考〕 会(회), 合(합), 逢(봉)과 이음(あう)을 같이한다.

隅 우	人名訓読	すみ·くま
	音読	グウ

訓読풀이

① すみ：隅(우)는 모퉁이, 구석을 뜻한다. 모퉁이나 구석은 각도(角度)를 이루는 곳이다. 각도란 한 점에서 나간 두 직선 사이의 벌어진 틈을 뜻한다. すみからすみまで捜(さが)す 하면 모든 틈 구석을 뒤지며 찾는다는 뜻이다.
'틈'에서 '숨-수미-すみ'로 이어진다.
〔参考〕 角(각：すみ)와 이음을 같이한다.

② くま：모퉁이, 구석은 구부러진 곳을 말

한다.
'굽다'에서 '굽음−구음−굼−구마−くま'로 이어진다.
〔参考〕隈(외)와 이음(くま)을 같이한다.

人名訓読例

① すみ : 隅島(すみじま), 隅山(すみやま), 隅野(すみの), 隅田(すみだ), 隅倉(すみくら), 隅川(すみかわ).

② くま : 隅本(くまもと · すみもと), 隅元(くまもと).

愚 우	人名訓読	おろか
	音読	グ

訓読풀이

• おろか : 愚(우)는 어리석은 것, 어린 것을 뜻한다.
'어리'에서 '오로−おろ(か)'로 이어진다.

虞 우	訓読	うれう·うれえる·おそれ
	人名訓読	かり·やす
	音読	グ

訓読풀이

① うれう · うれえる : 虞(우)는 어려운 상황으로 근심, 걱정하는 것을 뜻한다.
憂(우)와 마찬가지로 '어렵다'에서 '어려워−우레워−うれう'로 이어진다.

② おそれ : 虞는 무엇인가 일어날 것 같은 놀램, 우려, 염려를 나타낸다. 흔히 ~の의 꼴로 쓰인다. 水害(すいがい)のおそれがある 하면 수해라는 놀라운 일이 일어날 것 같아 염려된다는 뜻이다.
恐(おそ)れ와 마찬가지로 '놀라다'에서 '놀라−놀래−올래(ㄴ−ㅇ으로 변음)−오소래(받침 ㄹ−'소'로 분절)−おそれ'로 이어진다.

③ かり : 虞는 고르다, 선택한다는 뜻을 갖는다.
'고르다'에서 '고르(골)−고리−가리−かり'로 이어진다.

④ やす : 虞는 편안함, 안심함, 그래서 쉬는 것을 뜻한다〈虞于湛樂 : 國語 (우우담락 : 국어)〉.
'쉬다'에서'수−す'로 이어지고 접두어 や와 합성되어 やす로 이어진다.

人名訓読例

• かり : 虞書(かりしょ).
• やす : 虞臣(やすおみ).

憂 우	訓読	うれい·うれう·うれえる
	音読	ユウ

訓読풀이

• うれい · うれう · うれえる : 憂(우)는 불안, 근심, 걱정, 고생, 환난, 질병 등 어려운 상황을 나타낸다 うれうべき事態(じたい)는 어려운 사태가 올까봐 걱정스럽다는 뜻으로, 어려움이 바로 걱정, 근심, 불안으로 이어진다.
'어렵다'에서 '어려워−우레워−うれう'로 이어진다.

優 우	訓読	すぐれる·まさる·やさしい
	人名訓読	あつし·さとし·ひろし·ゆたか·よし
	音読	ユウ

訓読풀이

① すぐれる : ㉮ 優良品(우량품)은 좋은 물건을 뜻한다. '좋다'에서 '조구−주구−すぐれる'로 이어진다. ㉯ すぐれた技

術(ぎじゅつ)는 뛰어난 기술이란 뜻으로, 이 경우에는 '뛰어나다(뜨다)'에서 '뚜구-두구-수구-すぐれる'로 이어진다.

② まさる : 優者(우자)는 도리에 맞고 옳은 행동을 하는 사람을 뜻한다.
'맞다'에서 '마자라-마사루-まさる'로 이어진다.

③ やさしい : やさしい人柄(ひとがら)는 얌전한 인품, やさしい心(こころ)는 얌전한 마음을 뜻한다.
'얌전'에서 '야저-야자-やさしい'로 이어진다.

④ あつし : ㉮ 優는 인심이 厚(후)한 것을 뜻한다. 厚(あつ)い와 마찬가지로 '두텁다'에서 '둩어-두어-두이-つい'로 이어지고 접두어 あ와 합성되어 あつい · あつし가 된다. ㉯ 두터운 것은 속이 찬 것을 뜻한다. '차다'에서 '차-추-つ'로 이어지고 접두어 あ가 붙어 あつい로 이어진다.

⑤ さとし : 優로 이루어진 말들(優等 · 優位 · 優勝 등)은 모두 잘 하는 것, 잘 된 것을 의미하며 그에 대한 보상도 優勝(우승)으로 보여준다. ㉮ '잘 하다'에서 '잘-자도(받침 ㄹ-'도'로 분절)-さと(し)'로 이어진다. ㉯ '잘 되다'에서 '자대-자도-さと(し)'로 이어진다.

⑥ ひろし : 優는 인심을 후하게 널리 펼치는 것을 뜻한다.
'펼(벌려)'에서 '버로-비로-ひろ(し)'로 이어진다.

⑦ ゆたか : 優는 넉넉하고 여유 있음을 뜻한다. ㉮ '있다'에서 '있다고-이다가-유다가-ゆたか'로 이어진다. ㉯ 여유 있는 것을 유들유들하다고 한다. '유들'에서 '유다-ゆたか'로 이어진다.

人名訓読例

- あつし · さとし · すぐる · ひろし · まさる · ゆたか : 優 (외자 名).
- まさ : 優良(まさよし), 優美(まさみ), 優裕(まさひろ), 優子(まさこ), 優直(まさなお).
- よし : 優美(よしみ).

【욱】

旭 욱	訓読	あさひ
	人名訓読	あきら · てる · のぼる · ひ · ひで
	音読	キョク

訓読풀이

① あさひ : 旭(욱)은 아침 해를 뜻한다.
朝(あさひ)와 마찬가지로 '아침 해'에서 '아차해-아차히-아사히-あさひ'로 이어진다.

② あきら : 旭은 아침 해가 밝게 솟아오르는 것을 뜻한다. ㉮ 닫힌 것이 열리면서 밝아온다. '열리다'에서 '열거라-여기라-아기라-あきら'로 이어진다. ㉯ '밝다'에서 '발가라-바가라-바기라-아기라(ㅂ-ㅇ으로 변음)-あきら'로 이어진다.

③ てる : 빛을 쬐이면 밝게 되어 있다.
'쬐다'에서 '쩨라-데라-데루-てる'로 이어진다.

④ のぼる : 旭은 해(日)가 힘(力) 있게 높이 올라가는 모습을 나타낸다.
'높다'에서 '높-노보-のぼる'로 이어진다.

⑤ ひ : '해'에서 '히-ひ'로 이어진다.

⑥ ひで : 旭은 빛나는 모습을 나타낸다. ㉮ '빛'에서 '빋-비데-ひで'로 이어진다. ㉯

'빛이 나다'에서 '빛이–비이–ひい'로 이어지고, '나다'의 다른 뜻 '뜨다'에서 '드–데–でる(出る)'로 이어져 ひいでる로 합성되고 ひで로 준말이 된다.

人名訓読例

① あきら・あさひ・のぼる：旭(외자 名).
② あさ：旭一(あさかず), 旭日(あさひ), 旭男(あさお), 旭夫(あさお), 旭岡(あさおか).
③ あき：旭男(あきお・あさお), 旭夫(あきお), 旭輝(あきてる).
④ あさひ：旭国(あきひくに), 旭富士 (あさひふじ), 旭町(あさひまち), 旭児(あさひこ), 旭櫻(あさひざくら).
⑤ てる：旭信(てるのぶ), 旭雄(てるお・ひでお).
⑥ ひ：旭国(ひのくに), 旭吉(ひよし), 旭爪(ひずめ・ひのつめ).
⑦ ひで：旭雄(ひでお・てるお).

昱 욱	人名訓読	あきら
	音読	イク

訓読풀이

• あきら：㉮ 昱(욱)은 빛남, 밝음을 뜻한다. '밝다'에서 '발가라–바가라–바기라–아기라(ㅂ– ㅇ으로 변음)–あきら'로 이어진다. ㉯ 닫힌 것이 열리면 밝게 되어 있다. '열리다'에서 '열거라–여기라–아기라–あきら'로 이어진다.

人名訓読例

• あきら：昱(외자 名).

【운】

云 운	訓読	いう
	音読	ウン

訓読풀이

• いう：말하다를 아어(雅語)로 이르다라고 한다. 이르노니, 일러바치다, 이르시다 등으로 활용된다.
'이르다'에서 '일어–이어–이우–いう'로 이어진다〈曰(왈) 참조〉.
〔参考〕言(언), 謂(위), 曰(왈)과 이음(いう)을 같이한다.

耘 운	訓読	くさぎる
	音読	ウン

訓読풀이

• くさぎる：耘(운)은 제초(除草), 즉 풀을 갈라 베어내는 것을 뜻한다. 가축에게 먹이는 풀을 꼴이라 한다.
'꼴'에서 '골–굴–구사(받침 ㄹ–'사'로 분절)–くさ'로 이어지고, '가르다'에서 '가루–기루–きる'로 이어져 くさぎる로 합성된다. 草切(くさぎ)る인 셈이다.

雲 운	訓読	くも
	音読	ウン

訓読풀이

• くも：雲(운)은 구름을 뜻한다. '구름'에서 '굴음–구음–굼–구모–くも'로 이어진다. '오름(제주방언으로 山)'에서 '오름–오음–옴–얌–야마–やま'로 이어지고, '씨름'에서 '실음–시음–심–숨–수모–すも'로 이어지는 것과 같은 이치이다.

人名訓読例

• くも：雲嶋(くもじま), 雲林(くもばやし), 雲路(くもじ), 雲輔(くもすけ), 雲子(くもこ).

아

運(運) 운	訓読	はこび·はこぶ· めぐる
	人名訓読	かず
	音読	ウン

訓読풀이

① はこび・はこぶ：運(운)은 옮기는 것을 뜻한다.
'옮기다'에서 '옴겨－오고－아고－하고(ㅇ－ㅎ으로 변음)－はこぶ'로 이어진다.

② めぐる：運은 도는 것을 뜻한다. 말면 돌게 된다. 月(つき)は地球(ちきゅう)の周(まわ)りをめぐる 하면 달은 지구의 둘레를 말듯이 돈다는 뜻이다.
巡・回・廻(めぐ)る와 마찬가지로 '말다'에서 '말구－메구－めぐる'로 이어진다.

③ かず：運은 물건을 갖고 어루만지며 노는 것을 뜻한다〈玩弄 (완롱), 君子欠伸運笏：禮記 (군자흠신운홀：예기)〉.
'갖고'에서 '갖－가주－かず'로 이어진다.

人名訓読例

① はこび・はこぶ：運(외자 名).

② かず：運隆(かずたか), 運美(かずみ), 運夫(かずお), 運雄(かずお), 運子(かずこ).

隕 운	訓読	おちる·おとす
	音読	イン

訓読풀이

• おちる・おとす：隕石(운석)은 우주에서 땅 위로 떨어지는 별똥을 뜻한다.
'떨어지다'의 '떨'에서 '더러－디루－ちる'로, 또한 '더－도－とす'로 이어지고 접두어 お가 붙어 おちる・おとす가 된다.
〔参考〕墜(추), 落(락)과 이음(おちる・おとす)을 같이한다.

殞 운	訓読	おちる·しぬ
	音読	イン

訓読풀이

① おちる：殞命(운명)은 목숨이 떨어지는 것을 뜻한다.
'떨'에서 '더루－디루－ちる'로 이어지고, 접두어 お가 붙어 おちる가 된다.

② しぬ：殞은 죽는 것을 뜻한다.
'죽는'에서 '주는－지는－지누－しぬ'로 이어진다.

韻 운	訓読	ひびき
	音読	イン

訓読풀이

• ひびき：韻(운)은 소리의 퍼짐, 음향(音響)을 뜻한다.
'펴다'에서 '펴기－피기－비비기－ひびき'로 이어진다.
〔参考〕響(향：ひび)き와 이음을 같이한다.

【울】

鬱 울	訓読	しける·ふさがる· ふさぐ
	音読	ウツ

訓読풀이

① しげる：鬱(울)은 울창(鬱蒼)함을 뜻한다. 울창은 초목이 꽉 들어 차 있음을 말한다. 茂(しげ)る와 마찬가지로 '차다'에서 '차거라－사게라－시게루－しげる'로 이어진다.

② ふさがる・ふさぐ：鬱은 붙잡혀 꼼짝 못하고 답답해 하는 상태를 나타낸다.
塞(ふさ)く와 마찬가지로 '붙잡다'에서 '붙잡구－부자구－부사구－ふさぐ'로 이

어진다.

人名訓読例

- しげる：鬱(외자 名).

【웅】

雄 웅	訓読	お·おす·おん
	人名訓読	かず·かつ·すぐる·たか·たけ(し)·はる
	音読	ユウ

訓読풀이

① お：雄(웅)은 어른·수컷을 뜻한다. 어른은 가장(家長)으로 남자의 몫이었다. '어른'에서 '어-오-お'로 이어지고, お는 수컷도 뜻하게 된다.

② おす：㉮ 雄은 우두머리를 뜻한다. 우두머리는 남자의 몫이었다. '우두머리'에서 '우두-오두-おす'로 이어지고 おす는 수컷도 뜻하게 된다. ㉯ '윗'어른에서 '윗-웃-옷-오수-おす'로 이어진다.

③ おん：위 ①에서와 같이 雄을 뜻하는 '어른'에서 '얼은-어은-언-온-おん'으로 이어진다.

④ かず·かつ：雄은 이기는 것을 뜻한다(雌雄：자웅). 이기는 자는 모든 것을 갖는다.
勝(か)つ와 마찬가지로 '갖다'에서 '갖-가주-かず(かつ)'로 이어진다.

⑤ すぐる：雄은 優秀(우수)한 것, 뛰어난 것, 뜨는 것을 뜻한다. 우수한 것, 뛰어난 것은 좋다는 뜻이다.
'좋다'에서 '조구-주구-すぐる'로 이어진다.

⑥ たか：위 ⑤의 '뜨다'에서 '뜨고-드가-다가-たか'로 이어진다.

⑦ たけ：㉮ 雄은 수컷으로 용감해서 날뛰는 것을 뜻한다. '뛰다'에서 '뛰게-두게-다게-たけ'로 이어진다. ㉯ 雄은 뛰어난 것을 뜻한다. '뛰어나게'에서 '뛰게-두게-다게-たけ'로 이어진다.

⑧ はる：雄은 선명한 것 밝은 것, 밝히는 것을 나타낸다.
'밝'에서 '발-바루-はる'로 이어진다.

人名訓読例

① すぐる·たけし：雄 (외자 名).

② お：雄谷(おたに), 雄別(おわけ), 雄山(おやま), 雄重(おしげ·かつしげ), 雄風(おかぜ).

③ かず·かつ：雄久(かずなが·かつひさ·たけひさ), 雄基(かつもと), 雄大(かつひろ), 雄比古(かずひこ), 雄氏(かつうじ).

④ たか：雄幹(たかみき), 雄道(たかみち), 雄雄(たかお), 雄志(たかし·たけし), 雄康(たかやす).

⑤ たけ：雄吉(たけよし), 雄男(たけお), 雄博(たけひろ), 雄邦(たけくに), 雄成(たけなり).

⑥ はる：雄捷(はるかず).

熊 웅	訓読	くま
	音読	ユウ

訓読풀이

- くま：熊(웅)은 곰을 뜻한다.
'곰'에서 '고마-구마-くま'로 이어진다.

人名訓読例

- くま：熊野屋(くまのや), 熊切(くまきり), 熊取(くまとり), 熊凝(くまこり), 熊子(くまこ).

아

【원】

元 원	訓読	はじめ·もと
	音読	ガン·ゲン

訓読풀이

① はじめ : 元年(원년)은 연호의 첫해이고 元祖(원조)는 어떤 일을 처음 시작한 사람을 뜻한다. 한국어에서 처음을 뜻하는 말로 햇이 있다. 햇곡식, 햇나물, 햇보리 등으로 그 해 처음 나온 곡식, 나물, 보리 등을 일컫는다.

初(はつ)와 마찬가지로 '햇'에서 '핫-하지-はじめ'로 이어진다.

② もと : 元金(원금)은 밑천이 되는 원금을 뜻한다.

'밑'에서 '미도-모도-もと'로 이어진다.

人名訓読例

① はじめ : 元(외자 名).

② もと : 元家(もといえ), 元綱(もとつな), 元広(もとひろ), 元教(もとのり), 元利(もととし), 元子(もとこ).

円(圓) 원	訓読	つぶら·まどか·まる·まるい
	人名訓読	かむら·かむろ·つむら·つむる·つむろ·めぐる
	音読	エン

訓読풀이

① つぶら : ㉮ 円(원)은 둥근 밥알을 뜻한다. '둥근 밥알'에서 '둥밥알-두바알-두발-두바라-つぶら'로 이어진다. ㉯ 円은 쌀밥 알처럼 둥근 것을 뜻한다. 粒(립)과 마찬가지로 '쌀(米) 밥알'에서 '싸바알-쑤발-쑤부라-つぶら'로 이어진다.

② まど · まどか : 円은 둥근 것을 뜻한다. 종이나 멍석 등을 둘둘 말면 둥글게 감긴다.

'말다'에서 '말-마도(받침 ㄹ-'도'로 분절)-まど · まどか'로 이어진다.

③ まる · まるい : 위 ②에서와 같이 말면 둥글게 된다.

丸(まる)い와 마찬가지로 '말다'에서 '말-마루-まる · まるい'로 이어진다.

④ かむら · かむろ : 말다와 같은 뜻으로 감다가 있다. 둘둘 감으면 둥글게 말린다.

'감다'에서 '가무라-かむら · かむろ'로 이어진다.

⑤ つむら · つむる · つむろ : 円은 둥글게 에워싸는 것을 뜻한다.

'(에워)싸다'에서 '쌈-쑴-쑤무-つむら · つむる · つむろ'로 이어진다.

⑥ めぐる : 위 ②와 ③에서와 같이 말면 둥글게 된다.

'말다'에서 '말거라-마구라-메구루-めぐる'로 이어진다.

人名訓読例

① つぶら · まどか · まる · まるし · めぐる : 円(외자 名).

② つぶら : 円谷(つぶらや), 円林(つぶらばやし), 円亦(つぶらい), 円井(つぶらい).

③ まど : 円日(まどか).

④ まる : 円尾(まるお), 円福(まるふく), 円山(まるやま), 円子(まるこ), 円札(まるふだ), 円谷(まるたに · まるや).

⑤ かむら · かむろ : 円谷(かむらや · かむろや).

⑥ つむら · つむる · つむろ : 円谷(つむらや · つむるや · つむろや).

苑 원	訓読	その
	音読	エン·オン

訓読풀이

• その：園(원) 참조.

人名訓読例

• その：苑田(そのだ), 苑生(そのお), 苑子(そのこ).

垣 원	訓読	かき
	人名訓読	つね
	音読	エン

訓読풀이

① かき：垣(원)은 울타리, 담을 뜻한다. 옛날에는 외부인의 출입을 막기 위해 집 주위에 여러 시설물을 쌓았을 것이다. 돌담을 쌓기도 하고 나무를 걸쳐서 나무 울타리를 만들기도 했다.
무엇인가 걸쳐서 만든 울타리라는 뜻에서 '걸다–걸기–거기–가기–かき'로 이어진다.

② つね：垣을 恒(항)과 같은 뜻으로 보고 人名에서 恒(つね)과 마찬가지로 이제나·저제나·언제나의 '제나'에서 '주나–주네–つね'로 이어진 것으로 풀이된다.

人名訓読例

① かき：垣端(かきはた), 垣木(かきぎ), 垣屋(かきや), 垣守(かきもり), 垣子(かきこ).

② つね：垣安(つねやす).

怨 원	訓読	うらむ·うらめしい
	音読	エン·オン

訓読풀이

• うらむ·うらめしい：わたしをだました人(ひと)がうらめしい 하면 나를 속인 사람이 원망스럽다는 뜻인데, 다른 표현으로는 속은 생각을 하면 울음이 날 정도로 원망스럽고 분통이 터진다는 말이다.
'울음'에서 '우름–우람–우라무–うらむ'로 이어진다. 한국어에서는 怨(うら)む가 '원한·원망·비통·비참·후회·유감·분통' 등 한자어로 풀이된다.

原 원	訓読	たずねる·はら·もと
	人名訓読	こうげ·はじめ
	音読	ゲン

訓読풀이

① たずねる：原(원)은 사물의 근본을 찾아내는 것을 뜻한다〈原始要終：易經(원시요종：역경)〉.
尋(たず)ねる와 마찬가지로 '찾아'에서 '차자–다자–다주–たずねる'로 이어진다.

② はら：原은 서라벌, 황산벌 등 넓은 들을 말한다.
'벌'에서 '버라–바라–はら'로 이어진다.

③ もと：原質(원질)은 밑바탕이 되는 물질, 原理(원리)는 사물의 밑바탕이 되는 이치를 뜻한다.
'밑'에서 '몯–모도–もと'로 이어진다.

④ こうげ：原은 고개, 언덕(厂：한)을 뜻한다.
'고개'에서 '고우개–こうげ'로 이어진다.

⑤ はじめ：原은 처음, 시초를 뜻한다.
햇감자, 햇나물 등의 '햇'에서 '핮–하지–はじめ'로 이어진다.

人名訓読例

① こうげ·はじめ：原(외자 名).

② はら：原(はら), 原岡(はらおか), 原谷

아

(はらたに), 原国(はらくに), 原本(はらもと), 原沢(はらさわ).

③ もと : 原敬(もとよし), 原夫(もとお), 原南(もとなみ · もとよし), 原弘(もとひろ), 原澄(もとみず).

④ はじめ : 原(はじめ), 原始(はじめ).

員 **원**	訓読	かず
	音読	イン

訓読풀이

• かず : 員(원)은 가지, 수효를 뜻한다.
数(かず)와 마찬가지로 '가지'에서 '가주-かず'로 이어진다.

人名訓読例

• かず : 員倉(かずくら), 員規(かずのり), 員信(かずのぶ), 員子(かずこ), 員弘(かずひろ).

援 **원**	訓読	たすく·たすける·ひく
	音読	エン

訓読풀이

① たすく · たすける : 援助(원조), 援護(원호), 援軍(원군)은 모두 도와준다는 뜻이다.
'도와서'에서 '돠서-다수-たすける'로 이어진다.

② ひく : 援은 引(ひ)く와 마찬가지로 뽑는 것, 가려내는 것을 뜻한다〈不肖者敢援而廢止 : 荀子 (불초자감원이폐지 : 순자)〉.
'뽑다'에서 '봅구-보구-비구-ひく'로 이어진다.

人名訓読例

• たすく : 援(외자 名).

園 **원**	訓読	その
	音読	エン·オン

訓読풀이

• その : 園(원)은 정원(庭園)을 뜻한다.
정원은 담 또는 나무로 싸인(口) 넓은 울을 뜻한다.
'싼'에서 '산-손-소노-その'로 이어진다.
〔参考〕 庭園(정원)의 庭(にわ)는 '넓다'에서 '넓어-너어-니아-にわ'로 이어진다.

人名訓読例

• その : 園家(そのいえ), 園谷(そのたに), 園頭(そのかしら), 園国(そのくに), 園元(そのもと), 園田(そのだ).

源 **원**	訓読	みなもと
	人名訓読	はじめ·もと
	音読	ゲン

訓読풀이

① みなもと : 源(원)은 氵(물)이 땅 밑에서 솟는 水原(수원)을 말한다. '물'을 뜻하는 みす의 み, '의'를 뜻하는 の에서 'の-な', '밑'을 뜻하는 'もと' 등 세 개의 말이 합성되어 みなもと가 된다.

② はじめ : 源은 사물이 처음 시작하는 것, 즉 発源(발원), 起源(기원), 根源(근원) 등을 뜻한다.
처음을 뜻하는 '햇'(햇곡식, 햇감자, 햇나물 등)에서 '핫-하지-はじめ'로 이어진다.

③ もと : 源은 물이 처음 솟는 땅 밑, 즉 水源池(수원지)를 뜻한다.
'밑'에서 '몯-모토-もと'로 이어진다.

人名訓読例

① みなもと · はじめ : 源(외자 名).

② もと : 源川(もとかわ), 源継(もとつ

ぐ), 源登(もとのり), 源亮(もとあき), 源博(もとひろ), 源文(もとふみ).

遠(遠) 원	訓読	とおい
	人名訓読	お
	音読	エン·オン

訓読풀이

① とおい : 遠(원)은 멀리 떨어져 있음을 뜻한다.
'떨어'에서 '더어-도어-도오-とおい'로 이어진다.

② お : 遠은 지리적으로 떨어져 있으면서 시간적으로는 오래 걸림을 뜻한다.
'오래'에서 '오-お'로 이어진다.

人名訓読例

① とお : 遠間(とおま), 遠島(とおしま), 遠部(とおべ · おべ), 遠松(とおまつ), 遠里(とおさと).

② お : 遠管(おくだ), 遠越(おごし · おごえ), 遠佐(おさ), 遠智(おち), 遠渓(おたに).

愿 원	人名訓読	すなお·なお·ひろし·まこと·もと·よし
	音読	ゲン

訓読풀이

① すなお : 愿(원)은 글자의 모양대로 原心(원심)으로 돌아가는 것을 뜻한다. 즉 원심대로 순수하게 나아짐을 뜻한다. 순수함을 뜻하는 '숫'에서 '수-す'로 이어지고, '나아지다'에서 '나아-나오-なお'로 이어져 すなお로 합성된다.
〔参考〕 素直(소직)과 이음(すなお)을 같이한다.

② なお : 위 ①의 '나아지다'에서 '나아-나오-なお'로 이어진다.

③ ひろし : 愿은 본래의 인간의 관대한 마음, 즉 펼쳐진, 열린 마음을 뜻한다.
'펼(벌)'에서 '버로-비로-ひろ · ひろし'로 이어진다.

④ まこと : 원심은 성선설(性善説)에 따라 옳고 맞는 마음가짐을 말한다.
'맞는 것'에서 '맞것-마곧-まこと'로 이어진다.

⑤ もと : 원심이란 심성의 밑바탕을 말한다.
'밑바탕'의 '밑'에서 '몯-모도-もと'로 이어진다.

⑥ よし : 위 ④에서와 같이 심성은 올바른 것으로 본다.
'올'에서 '오시(받침 ㄹ-'시'로 분절)-よし'로 이어진다.

人名訓読例

① すなお · なお · ひろし · まこと : 愿(외자 名).

② なお : 愿子(なおこ · よしこ).

③ もと : 愿定(もとさだ).

④ よし : 愿江(よしえ), 愿徳(よしのり), 愿山(よしやま), 愿彦(よしひこ), 愿止(よしただ).

踠 원	訓読	もがく
	音読	エン

訓読풀이

• もがく : 踠(원)은 몸 · 다리(足 : 족)가 굽혔다 폈다(宛 : 완)하면서 몸부림치는 것, 발버둥치는 것을 뜻한다.
'몸 굽다'에서 '몸굽구-모구구-모가구-もがく'로 이어진다.

아

薗 원	訓読	その
	音読	エン·オン

訓読풀이

- その：園(원) 참조.

人名訓読例

- その：薗部(そのべ), 薗田(そのだ), 薗川(そのかわ), 薗村(そのむら).

願 원	訓読	ねがう
	音読	カン

訓読풀이

- ねがう：願(원)은 무엇을 내(놓으)라고 우기는 것, 조르는 것, 원하는 것을 뜻한다. ㉮ '내다'에서 '내거라–내가–ねがう'로 이어진다. ㉯ '우기다'에서 '우겨–우가–에가–내가(ㅇ–ㄴ으로 변음)–ねがう'로 이어진다.

【월】

月 월	訓読	つき
	音読	ガツ·ゲツ

訓読풀이

- つき：月(つき)는 달을 뜻한다. '달'에서 '둘–두기(받침 ㄹ–'기'로 분절)–つき'로 이어진다.
  '굴(조개)'에서 かき(牡蛎)가 되고, '술'에서 さけ(酒)가 되고, '밀'에서 'むぎ(麦)'가 되는 것과 같은 이치이다. 고구려에서 산(山)을 '달'이라 했는데, 이 말이 たけ(岳·巌)로 남은 것도 같은 이치이다.

人名訓読例

- つき：月江(つきえ), 月館(つきだて), 月光(つきみつ), 月宮(つきみや), 月子(つきこ), 月沢(つきさわ).

越 월	訓読	こえる·こし·こす
	音読	エチ·エツ·オチ·オツ

訓読풀이

- こえる·こし·こす：越(월)은 越境(월경)처럼 지역의 한계를 건너는 것, 越冬(월동)처럼 계절·시간적 한계를 건너는 것, 優越(우월), 卓越(탁월)처럼 상대적 우위 비교에서 남을 건너 앞지르는 것을 뜻한다.
  '건너다'에서 '건너라–거에루–고에루–こえる'로 이어진다. 한편 '건너서'에서 '건어서–거서–고수–こす'로 이어진다.

人名訓読例

- こし：越(こし), 越景(こしかけ), 越路(こしじ), 越首(こしくび), 越廻(こしまわり).

【위】

危 위	訓読	あぶない·あやうい· あやうく·あやぶむ
	音読	キ

訓読풀이

① あぶない：危(위)는 危殆(위태), 危險(위험), 危急(위급), 危篤(위독) 등 대체로 한자어로 풀이된다. 아파서 위태, 위험, 위급, 위독 등 불안한 상태라고 할 수 있다.
'아파'에서 '아푸–아부–あぶない'로 이어진다.

② あやうい·あやうく：あやういところを助(たす)ける 하면 어려운 고비에서 살아나는 것을 뜻하고, あやうく間(ま)にあった 하면 어렵게(겨우·간신히) 시간에 대었다는 뜻이다.
'어렵다'에서 '얼여워–어여우–아야우–

あやうい · あやうく'로 이어진다.

③ あやぶむ : 成功(せいこう)をあやぶむ 하면 성공이 어렵다고 걱정, 의심한다는 뜻이다. 위 ②에서와 같이 '어렵다'에서 '얼여부–어여부–아여부–아야부–あやぶむ'로 이어진다.

位 위		
	訓読	くらい
	人名訓読	たかし·ただし·のり
	音読	イ

訓読풀이

① くらい : 位(위)는 자리, 깔개를 뜻한다. '깔다'에서 '갈–가라–구라–くらい'로 이어진다. 일본어사전에서는 座居(くらい)로도 설명되는데, 座(くら)는 깔개이며 居(い)는 앉아 '있다'에서 '있–이–い'로 이어진다.

② たかし : 位는 지위, 신분, 관직의 자리를 지칭한다. 그 중 가장 높은 지위인 王位(왕위), 帝位(제위)를 位(くらい)라고 한다.
높이 '뜨고' 있는 지위라는 뜻에서 高(たか)와 마찬가지로 '뜨고–다고–다가–たかし'로 이어진다.

③ ただし : 지위 · 신분 · 관직 등 인사제도는 엄격히 따져서 시행된다.
正(ただ)しい와 마찬가지로 '따지다'에서 '다저서–다다서–다다시–ただし'로 이어진다.

④ のり : 위 ③에서와 같이 인사제도는 엄격히 올바르게 시행되어야 한다. 正一品, 正二品 등은 올바르게 따져서 정해진 관직임을 나타낸다.
'올'에서 '올–놀(ㅇ–ㄴ으로 변음)–노리–のり'로 이어진다.

人名訓読例

① たかし · ただし : 位(외자 名).

② のり : 位夫(のりお), 位彦(のりひこ).

囲(圍) 위		
	訓読	かこう·かこむ
	音読	イ

訓読풀이

• かこう · かこむ : 囲(위)는 감고(口) 에워싸는 것을 뜻한다.
'감다'에서 '감고–가고–かこう · かこむ'로 이어진다.

委 위		
	訓読	くわしい·まかす·まかせる·ゆだねる
	人名訓読	とも
	音読	イ

訓読풀이

① くわしい : 委는 委曲(위곡)을 뜻한다. 委는 자세하다는 뜻〈委瑣握齪 : 史記(위쇄악착 : 사기)〉과 굽는다는 뜻〈委質爲臣 : 國語 (위질위신 : 국어)〉을 갖는다. 委曲은 자세한 사정이나 곡절(曲節)을 뜻하는데, 이는 굽이굽이마다 담긴 자세한 사정을 나타낸다.
'굽다'에서 '구어–구아–くわしい'로 이어진다.

② まかす · まかせる : 委(위)는 상급자(왕 · 대통령)가 하급자(신하 · 공무원)에게 권한 대행을 맡기는 것을 뜻한다〈委任(위임)〉.
'맡기다'에서 '맡겨서–마가서–마가수–まかす'로 이어진다.
〔参考〕任(임 : まか)す와 이음을 같이한다.

③ ゆだねる : 위 ②에서 하급자는 상급자

아

로부터 권한 대행을 얻어내는 셈이 된다.
'얻어내다'에서 '어더내라-우다내루-유다네루-ゆだねる'로 이어진다.

④ とも：委는 창고를 의미하는데, 쌓고 담는다는 뜻을 갖는다〈詔書雲委 : 唐書(소서운위 : 당서), 門闕之委積 : 周禮(문관지위적 : 주례)〉.
'담다'에서 '다모-도모-とも'로 이어진다.

人名訓読例

- とも：委宏(ともひろ), 委子(ともこ).

威 위	訓読	おどかす·おどす
	人名訓読	たけし·たける·よし·なり
	音読	イ

訓読풀이

① おどかす · おどす : 威(위)는 위협해서 놀라게 하는 것을 뜻한다.
'놀래다'에서 '놀-올-오도(받침 ㄹ-'도'로 분절)-おどかす · おどす'로 이어진다.

② たけし · たける：威는 위세, 권세를 떨치고 그것을 앞세워 날뛰는 것을 뜻한다.
'뛰다'에서 '뛰게-다게-다게루-たける · たけし'로 이어진다.

③ よし：威는 위세, 권세를 앞세워 자기의 행위가 옳음을 과시하는 것을 뜻한다.
'옳다'에서 '올치-오시-よし'로 이어진다.

④ なり：威는 ①에서와 같이 놀라게 하는 것을 뜻한다.
'놀래다'에서 '놀-날-나리'로 이어진다.

人名訓読例

① たけし · たける：威(외자 名).

② たけ : 威宏(たけひろ), 威当(たけまさ), 威徳(たけのり), 威子(たけこ), 威俊(たけとし), 威智(たけとも).

③ よし：威雄(よしお · たけお).

④ なり：威儀(なりよし).

為(爲) 위	訓読	する·ため·なす·なる
	人名訓読	のぶ·ふさ·ふみ·もり·よし
	音読	イ

訓読풀이

① する：為(위)는 되는 것, 일정한 형태가 이루어지는 것을 말한다. 音(おと)がする 하면 소리가 되는(나는) 것을 뜻하고, 千円(せんえん)する本(ほん) 하면 천 엔이 되는 책이라는 뜻이다.
'되다'에서 '대라-두라-두루-する'로 이어진다.

② ため : 君(きみ)のために損(そん)をした 하면 너 때문에 손해를 보았다는 뜻이다.
'때문'에서 '대무-다메-ため'로 이어진다.

③ なす · なる：為는 행위나 역할을 완성시켜 결과를 낳는(만들어 내는, 나타내는) 것을 말한다. 大事(だいじ)をなす 하면 대사를 이루어 냄을 뜻하고 産(さん)をなす 하면 재산을 만들어 냄을 뜻한다.
'낳다(내다)'에서 '나서-나수-なす'로 이어진다.

④ のぶ：為는 曰(왈)과 같은 뜻으로 말하는 것을 뜻한다.
陳(の)べる, 述(の)べる와 마찬가지로

'말하다'의 속어(俗語) '너불거리다'에서 '너불–노불–노부–のぶ'로 이어진다.

⑤ ふさ : 為는 어디에 속해 있음, 붙어 있음을 뜻한다〈不戰而已為秦矣 : 國語 (부전이이위진의 : 국어)〉.
'붙다'에서 '붓–부사–ふさ'로 이어진다.

⑥ ふみ : 為는 배우는 것을 뜻한다〈抑為之不厭 : 論語 (억위지부염 : 논어)〉.
'배우다'에서 '배움–뱀–붐–부미–ふみ'로 이어진다.

⑦ もり : 為는 무리와 더불어, 함께 함을 뜻한다〈道不同不相為謀 : 論語 (도부동부상위모 : 논어)〉.
森(もり), 諸(もろ)와 마찬가지로 '무리(몰리다)'에서 '모리–もり'로 이어진다.

⑧ よし : 為는 남을 為하여 돕고 은혜를 베푸는 등 옳은 일을 한다는 뜻을 갖는다.
'옳다'에서 '올치–오시–よし'로 이어진다.

人名訓読例

① して(する의 연용형) : 為栗(してくり).
② ため : 為国(ためくに), 為房(ためふさ), 為実(ためざね), 為広(ためひろ), 為起(ためおき), 為範(ためのり).
③ のぶ : 為彦(のぶひこ · ためひこ).
④ ふさ : 為次郎(ふさじろう).
⑤ ふみ : 為彬(ふみあきら).
⑥ もり : 為綱(もりつな · ためつな).
⑦ よし : 為个(よしかず), 為功(よしこと · ためこと).

偽(僞) 위	訓読	いつわる·にせ
	音読	ギ

訓読풀이

① いつわる : 偽(위)는 속이는 것을 뜻한다.
'속이다'에서 '속여라–소아라–수아루–つわる'로 이어지고, 접두어 い가 붙어 いつわる가 된다.

② にせ : 偽는 가짜, 속임수, 위조품, 모조품 등을 뜻한다. 한국어에서 '얼'로 이루어지는 단어는 남을 속인다는 뜻을 갖는다. 얼렁뚱땅이나 얼렁수는 남을 속이거나 그 수단을 말하고, 얼넘기다 · 얼러맞추다는 그럴싸하게 둘러대어 남을 속인다는 말이다.
'얼'에서 '일–닐(ㅇ–ㄴ으로 변음)–니세(받침 ㄹ–'세'로 분절)–にせ'로 이어진다.
〔参考〕 似(사 : にせ)る와 이음을 같이한다.

尉 위·울	人名訓読	やす
	音読	イ·ウツ

訓読풀이

• やす : 尉(위)는 편안히 쉬게 하는 것을 뜻한다〈以尉士大夫心 : 漢書 (이위사대부심 : 한서)〉.
'쉬다'에서 '수–す'로 이어지고, 접두어 や가 붙어 やす가 된다.
〔参考〕 尉는 다리미로 눌러 주름을 편다는 뜻도 있다. 이 경우의 尉는 熨(위 · 울)와 같은 뜻을 갖고, 한국어로는 울, 일본어로는 ウツ로 음독된다〈熨(위 · 울) 참조〉.

人名訓読例

• やす : 尉公(やすひと), 尉功(やすこ), 尉女(やすじょ), 尉本(やすもと), 尉浩(やすひろ).

아

偉 위	訓読	えらい·すぐれる·すぐる
	人名訓読	いさむ·おおい·おくる·たけ·ひで·まさる·よし·より
	音読	イ

訓読풀이

① えらい : 偉(위)는 훌륭한 것을 뜻한다.
豪(えら)い와 마찬가지로 '훌륭'에서 '우루(ㅎ-ㅇ으로 변음)-에루-에라-えらい'로 이어진다.

② すぐれる · すぐる : すぐれた技術(ぎじゅつ) 하면 뛰어난 기술, 좋은 기술을 뜻한다. '뛰어나다 · 뜨다'에서 '두고-두구-수구-すぐれる'로 이어진다. 또한 뛰어나다는 것은 좋다는 말이기도 하다. '좋다'에서 '조구-주구-すぐれる'로 이어진다.

③ いさむ : 偉는 다른 것에 비하여 뛰어남(뜸), 솟아남(솟음), 돋아남(돋음)을 뜻한다.
'뜸 · 솟음 · 돋음'에서 '소음-솜-삼-사무-さむ'로 이어지고, 접두어 い가 붙어 いさむ가 된다.
〔参考〕 勇(용 : いさ)む와 이음을 같이한다.

④ おおい : 偉는 偉大(위대)처럼 큰 것을 뜻한다. 크다는 것(大 : おお)은 많음(多 : おおい)을 뜻한다.
많음을 뜻하는 '하다'에서 '하아-아아-오오-おおい'로 이어진다.

⑤ たけ : 뛰어나다는 것은 다른 것에 앞서 뛰는(뜨는) 것을 뜻한다.
'뛰다'에서 '뒤게-두게-다게-たけ'로 이어진다.

⑥ ひで : 偉는 빼어남을 뜻한다.
'빼다'에서 '배다-비다-비데-ひで'로 이어지고, '빛나다'에서 '빋-비데-ひで'로 이어진다.

⑦ まさる : 偉는 훌륭함, 거룩함, 뛰어남 등 맞는 것을 나타낸다.
正(まさ)과 마찬가지로 '맞다'에서 '마자-まさ(る)'로 이어진다.

⑧ よし · より : 위 ⑦에서 맞는다는 것은 옳음을 뜻한다.
'옳다'에서 '올-오시(받침 ㄹ-'시'로 분절)-よし'로 이어진다. 또한 '올-오리-より'로도 이어진다. '벌'에서 '버지-바지-はち(蜂)'로 이어지고, 또한 '버라-바라-はら(原)'로 이어지는 것과 같은 이치이다.

人名訓読例

① いさむ · おおい · すくる · まさる : 偉(외자 名).

② たけ : 偉良(たけよし), 偉文(たけふみ), 偉臣(たけおみ), 偉久(たけひさ).

③ ひで : 偉夫(ひでお), 偉生(ひでお · たけお), 偉伸(ひでのぶ), 偉誉(ひでたか), 偉晴(ひではる).

④ よし : 偉郎(よしお), 偉民(よしたみ).

⑤ より : 偉丈(よりたけ).

萎 위	訓読	しおれる·しぼむ·なえる·なやす
	人名訓読	しず·しぶ·しぼ
	音読	イ

訓読풀이

① しおれる : 萎(위)는 병들어 또는 약하여 쓰러지는 것을 뜻한다.
'쓰러'에서 '슬어-스어-시오-しおれる'로 이어진다.

② しぼむ : 萎縮(위축)처럼 萎는 시들며 오그라지는 것, 즉 좁아짐을 뜻한다.

'좁음'에서 '조봄–지보무–시보무–しぼむ'로 이어진다.

③ なえる : 萎는 옷이 낡아서 후줄근해지는 것을 뜻한다.
'낡아'에서 '나아–나에–なえる'로 이어진다.

④ なやす : ③에서와 같이 '낡아'에서 '나아–나야–なやす'로 이어진다.

⑤ しず : '시들다'에서 '시들–시두–しず'로 이어진다.

⑥ しぶ · しぼ : ②에서와 같이 '좁음'에서 '조부–지부–시부(시보)–しぶ · しぼ'로 이어진다.

人名訓読例

① しず : 萎沢(しずさわ).
② しぶ : 萎沢(しぶさわ).
③ しぼ : 萎沢(しぼさわ).

違 **위**	訓読	たがう·たがえる·ちかう·ちがえる
	音読	イ

訓読풀이

① たがう · たがえる : 違(위)는 다른 것을 뜻한다.
'다르다'에서 '달으고–달고–다고–다가–たがう · たがえる'로 이어진다. 한편 '굴(조개)'에서 かき, '밀(麦)'에서 むき, '술(酒)'에서 さけ, '달(月)'에서 つき처럼 '다르다–달으다'의 '달'에서 받침 ㄹ이 '가'로 변음, 분절되어 '다가–たがう'로도 이어진다.

② ちがう · ちがえる : ㉮ 違는 틀린 것을 뜻한다. '틀리다'에서 '틀이고–틀고–트가–티가–ちがう · ちがえる'로 이어진다. 또한 ①에서와 같이 '틀'의 받침 ㄹ이 '가'로 변음, 분절되어 '트가–티가–ちがう'로도 이어진다. ㉯ 위 ①에서와 같이 '다르다'에서 '달고–딜가–디가–ちがう'로도 이어진다.

人名訓読例

① ちがい : 違(외자 名).
② たが : 違谷窟(たがや).

葦 **위**	訓読	あし·よし
	音読	イ

訓読풀이

① あし : 갈대발의 '발'에서 '알(ㅂ–ㅇ으로 변음)–아시(받침 ㄹ–'시'로 분절)–あし'로 이어진다. 발은 갈대의 가는 줄기를 질긴 노끈이나 실로 엮어 만든다.

② よし : ①의 あし가 悪(あ)し와 같은 음(音)임을 피하여 良(よ)し와 같은 훈독으로 쓴 것이다. よし도 '발'에서 '알–올–오시–よし'로 이어진다.

人名訓読例

① あし : 葦高江(あしたかえ), 葦名(あしな), 葦宿(あしや), 葦子(あしこ), 葦占(あしうら).
② よし : 葦浦(よしうら), 葦女(よしじょ).

蔚 **위·울**	人名訓読	しげ·しげる
	音読	ウツ

訓読풀이

• しげ · しげる : 蔚(울)은 초목이 꽉 차서 우거진 모양을 나타낸다.
茂(しげ)る와 마찬가지로 '차다'에서 '차게–사게–시게–しげ · しげる'로 이어진다.
〔参考〕 蔚는 병들어 앓음을 뜻하기도 한다〈五藏無蔚氣 : 淮南子 (오장무위기 : 회남자)〉. 이 경우 蔚는 위로 읽는다.

人名訓読例

아

① しげる：蔚(외자 名).

② しげ：蔚彦(しげひこ).

慰 위	訓読	なぐさむ· なぐさめる
	人名訓読	やす
	音読	イ

訓読풀이

① なぐさむ · なぐさめる：慰(위)는 위로하는 것, 즉 마음을 누그러지게 하는 것을 뜻한다.
'누그러지다'에서 '누구-나구-なぐさむ'로 이어진다.

② やす：慰는 마음을 편안히 쉬게 하는 것을 뜻한다.
'쉬다'에서 '수-す'로 이어지고 접두어 や가 붙어 やす가 된다.

人名訓読例

• やす：慰子(やすこ).

熨 위·울	訓読	のし·のす
	音読	イ·ウツ

訓読풀이

• のし · のす：㉮ 熨(위)는 의료법의 하나로 눌러서 덥게 하는 것〈更熨両脇下：史記 (경위양협하：사기)〉, 고약을 눌러 붙이는 것〈案杌毒熨：史記 (안울독위：사기)〉을 뜻한다.
'누르다'에서 '눌-놀-노시(받침 ㄹ-'시'로 분절)-のし'로 이어진다. 이 경우 熨는 한국어로는 '위', 일본어로는 イ로 음독된다. ㉯ 熨(울)은 다리미로 눌러 옷을 펴는(늘이는) 것을 뜻한다. ㉮에서와 같이 '누르다'에서 のし로 이어지고, '늘이다'에서 '늘-놀-노시(받침 ㄹ-'시'로 분절)-のし'로 이어진다. 이 경우 熨은 熨斗(울두：うっと)처럼 한국어로는 '울', 일본어로는 うつ로 음독된다.

人名訓読例

• の · のし：熨斗(のし · のと).

衛(衞) 위	訓読	まもり·まもる
	人名訓読	もり
	音読	エイ·エ

訓読풀이

① まもり · まもる：衛(위)는 지키는 것을 뜻한다. 지키는 것은 막는 것, 말리는 것을 뜻한다.
守(まも)る와 마찬가지로 '말리다'에서 '말림-말임-맘-마모-まもる'로 이어진다. 또한 '막다'에서 '막음-마음-맘-마모-まもる'로 이어진다.

② もり：위 ①에서의 '말리다'에서 '말-몰-모리-もり'로 이어진다.

人名訓読例

① まもり · まもる：衛(외자名).

② もり：衛居(もりい), 衛万(もりたか), 衛秀(もりひで), 衛衝(もりみち), 衛弼(もりのり).

緯 위	訓読	よこいと·ぬき
	音読	イ

訓読풀이

① よこいと：緯(위)는 씨실, 즉 横糸(よこいと)를 뜻한다. 씨실은 한쪽 옆구리에서 다른 쪽 옆구리 쪽으로(가로로) 이어지는 실이다.
'옆구리'에서 '여구-요구-요고-よこ'로 이어지고, '잇다'에서 '인-이도-いと'로 이어져 よこいと로 합성된다.

② ぬき：씨실은 좌우 · 동서 방향으로 이어진 줄이다. 그것은 누워 있는 모습을

나타낸다.

'눕다'에서 '눕기–누기–ぬき'로 이어진다. 상하 · 남북 방향으로 서 있는 모습을 나타내는 経(たて : 날실)이 '서다'에서 '사다–다다–다데–たて'로 이어지는 것과 대조를 이룬다.

謂 위	訓読	いう
	音読	イ

訓読풀이

• いう : 謂(위)는 말하는 것을 뜻한다. 말하거나 이야기 하는 것을 뜻하는 다른 한국어로 '이르다'가 있다. 부모님께 이르다, 일러바치다 등으로 쓰인다.
言(い)う, 云(い)う와 마찬가지로 '이르다'에서 '일러–일어–이우–いう'로 이어진다.

魏 위	人名訓読	たかし
	音読	ギ

訓読풀이

• たか · たかし : 魏(위)는 높고 큰 것을 뜻한다. 그래서 중국 역사에서 魏의 이름을 가진 나라가 여러 번 등장한다.
'높이 뜨다'에서 '뜨고–다고–다가–たか'로 이어진다.
〔参考〕 중국에서 魏의 국호를 가진 나라로는 ㉮ 진(秦) 말 진섭(陳涉)이 세운 나라 ㉯ 한(漢) 말 조비(曹丕)가 세운 나라 ㉰ 동진(東晋) 때 탁발규(拓拔珪)가 세운 나라 ㉱ 수(隋) 말 이밀(李密)이 세운 나라 등이 있다.

人名訓読例

① たかし : 魏(외자 名).
② たか : 魏也(たかや), 魏志(たかし).

【유】

幼 유	訓読	おさない
	音読	ヨウ

訓読풀이

• おさない : 幼(유)는 어린아이를 뜻한다. 어린 사나이는 어린 아이이다.
'어린 사나이'에서 '어사나이–오사나이–おさない'로 이어진다.

由 유	訓読	よし·よる
	音読	ユ·ユイ·ユウ

訓読풀이

• よし · よる : 由(よ)る는 원인, 수단, 의존, 근거 등을 나타낸다. 労働(ろうどう)による所得(しょとく) 하면 노동으로 얻은 소득이고 漏電(ろうでん)による火災(かさい)는 누전으로 인한 화재라는 뜻이다.
후치사 '~으로(~에로)'가 동사화 되어 '으로(에로)–요루–よる'로 이어진다. よし는 よる의 명사형이다.

人名訓読例

• よし : 由木(よしき), 由本(よしもと), 由登(よしのり), 由裕(よしひろ), 由重(よししげ).

有 유	訓読	あり·ある·もつ
	人名訓読	たもつ·とも·なお·もと
	音読	ユウ·ユ

訓読풀이

① あり · ある : 有(유)는 있는 것을 뜻한다. 구어(口語)에서는 주로 무생물, 식물, 사물에 대해 ある를 쓰며 사람이나 동물에 대해서는 보통 いる를 쓴다.

아

'있다'에서 '이-아-あり · ある'로 이어진다.

② もつ · もと : 有는 무엇을 所持(소지)하고 있음, 즉 무엇을 맡아 갖고 있음을 뜻한다.
'맡다'에서 '맏-몯-모두-もつ'로 이어지고, '몯-모도-もと'로 이어져 인명훈독으로 쓰인다(有에는 '밑바탕'의 '밑-몯-모토-もと'로 뜻하는 基 · 本 · 元 · 素 등의 뜻은 없음).

③ たもつ : 有는 무엇을 잘 保管(보관)하고 있음, 즉 무엇을 어느 장소에 잘 두고 있음을 뜻한다.
'두다'에서 '둠-담-다모-たもつ'로 이어진다.

④ とも : 有는 동무가 되어 친하게 지내는 것을 뜻한다〈是不有寡君也 : 左氏傳(시불유과군야 : 좌씨전)〉.
'동무'에서 '도무-도모-とも'로 이어진다.

⑤ なお : 有는 더욱, 또한, 더붙여(말하면) 등을 뜻한다. 다른 한국어로는 더 남아 있는 것이라는 뜻이 된다. 흔히 常(상 : なお)으로 쓰이는데, なお申(もう)し添(そ)えますと 하면 '남은 것을 더 말씀드리면'이라는 뜻이고, なお, 詳細(しょうさい)はのちほどご連絡(れんらく)いたします 하면 남은 것에 관하여 상세한 것은 나중에 연락드리겠다는 뜻이다.
'남아'에서 '나아-나오-なお'로 이어진다.

人名訓読例

① たもつ : 有(외자 名).

② あり : 有間(ありま), 有磯(ありいそ), 有年(ありとし), 有路(ありじ), 有格(ありのり).

③ ある : 有賀(あるか), 有時(あるとき), 有道(あるみち).

④ とも : 有康(ともやす), 有宏(ともひろ), 有久(ともひさ), 有章(ともあき), 有宗(ともむね).

⑤ なお : 有史(なおちか), 有也(なおや), 有貞(なおただ).

⑥ もと : 有記(もとのり), 有子(もとこ · ありこ · ありす).

酉 유	訓読	とり
	人名訓読	なが · みのる
	音読	ユウ

訓読풀이

① とり : 酉(유)는 12支(지)에서 열 번째인 닭을 뜻한다.
'닭'에서 '달-돌-도리-とり'로 이어진다.

② なが : 酉는 오래 되어 늙는 것을 뜻한다〈酉者萬物之老也故曰酉 : 史記 (유자만물지노야고왈유 : 사기)〉.
'늙어'에서 '누거-나거-나가-なが'로 이어진다.

③ みのる : 酉는 열매가 속에 차듯이 배가 부르는 것을 뜻한다.
열매(実)를 뜻하는 み(열매-매-미-み)에서 동사화 되어 'みのる(맺는-매는-미는-미노-みのる)'로 이어진다.

人名訓読例

① みのる : 酉(외자 名).

② とり : 酉勇(とりお), 酉雄(とりお), 酉子(とりこ), 酉之助け(とりのすけ), 酉松(とりまつ).

③ なが : 酉夫(ながお · とりお), 酉雄(ながお · とりお).

乳 유	訓読	ちち
	音読	ニュウ

訓読풀이

• ちち : 乳(유)는 젖을 뜻한다. '젖'에서 '저지-지지-ちち'로 이어진다.

人名訓読例

① ちち : 乳(ちち), 乳牛(ちちうし), 乳井(ちちい).

② ち(ちち의 준말) : 乳深(ちぶか), 乳熊(ちくま), 乳戸(ちへ · ちえ).

侑 유	訓読	すすむ·たすく
	人名訓読	あつむ·ひろし
	音読	ユウ

訓読풀이

① すすむ : 侑(유)는 음식을 들 때 흥을 돋움을 뜻한다〈以樂侑食 : 周禮 (이락유식 : 주례)〉. '돋움'에서 '도둠-두두무-すすむ'로 이어진다.

② たすく : 侑는 도와주는 것을 뜻한다. '돕다'에서 '도와주구-돠주구-다수구-たすく'로 이어진다.

③ あつむ : 侑觴(유상)은 술잔을 채우며 권함을 뜻한다. '채우다'에서 '챔-춤-추무-つむ'로 이어지고, 접두어 あ가 붙어 あつむ가 된다.

④ ひろし : 侑는 용서를 뜻한다〈文有三侑武無一赦 : 管子 (문유삼유무무일사 : 관자)〉. 용서(容恕)는 마음을 크게 벌려서 잘못을 저지른 자를 받아들이는 것을 뜻한다. '벌려서'에서 '버러서-비로시-ひろし'로 이어진다.

人名訓読例

• あつむ · すすむ · たすく · ひろし : 侑(외자名).

油 유	訓読	あぶら
	音読	ユウ·ユ

訓読풀이

• あぶら : 油(유)는 기름을 뜻한다(액체인 것에는 油, 고체인 것은 脂 · 膏로 씀). 기름은 바른다. 髪(かみ)にあぶらをつける 하면 머리에 기름을 바른다는 말이고, 油紙(あぶらかみ)는 기름 바른 종이를 말한다. '바르다'에서 '발라-바라-부라-ぶら'로 이어지고, 접두어 あ가 붙어 あぶら가 된다.

人名訓読例

• あぶら : 油(あぶら), 油谷(あぶらたに · あぶらや), 肋棚(あぶらだな), 油小路(あぶらのこうじ), 油浅(あぶらあさ).

宥 유	訓読	なだめる·ゆるす
	人名訓読	たもつ·ひろし
	音読	ユウ

訓読풀이

① なだめる : 宥(유)는 어르고 달래는 것을 뜻한다. '어르다'에서 '얼으다-얼-알-날(ㅇ-ㄴ으로 변음)-나다(받침 ㄹ-'다'로 분절)-なだめる'로 이어진다.

② ゆるす : ㉮ 宥는 용서하는 것을 뜻한다. 용서는 너그럽게 느릿(느슨)하게 대해주는 것을 뜻한다. '느리다'에서 '누려서-누루수-유루수(ㄴ-ㅇ으로 변음)-ゆるす'로 이어진다. ㉯ 위 ①의 '어르다'에서 '어루-유루-ゆるす'로 이어진다.

③ たもつ : 宥는 돕는 것을 뜻한다〈神若宥之 : 漢書(신약유지 : 한서)〉. '돕다'에서 '도움-돔-담-다모-たもつ'

아

로 이어진다.

④ ひろし：宥는 마음을 활짝 벌리고 너그럽게 용서하여 주는 것을 뜻한다.
'벌려'에서 '버러-비로-ひろし'로 이어진다.

人名訓読例

① たもつ·ひろし：宥(외자名).

② ひろ：宥利(ひろとし), 宥子(ひろこ), 宥之(ひろゆき).

幽 유	訓読	かすか·くらい
	音読	ユウ

訓読풀이

① かすか：幽(유)는 감추는 것〈幽隱之病：呂覽 (유은지병：여람)〉, 가두는 것〈劫而幽之：呂覽 (겁이유지：여람)〉을 뜻한다.
'감추다·가두다'에서 '가추(가두)고-가수가-かすか'로 이어진다.

② くらい：㉮ 幽는 그을려 검은 것을 뜻한다. '그을려'에서 '굴려-구라-くらい'로 이어진다. ㉯ 幽는 무엇에 가린 것처럼 어두운 것을 뜻한다. '가려'에서 '가라-구라-くらい'로 이어진다.

人名訓読例

• かす：幽谷(かすや).

囿 유	人名訓読	その·はた
	音読	ユウ

訓読풀이

① その：囿(유)는 동산, 정원을 뜻한다. 園(원)과 이음(その)을 같이한다.

② はた：동산이나 정원은 큰 집의 울 안에 만들어 놓은 넓은 땅으로, 그 안에는 채소 등 각종 식물을 심기 위한 밭이 있게 마련이다.
'밭'에서 '바다-はた'로 이어진다.

人名訓読例

① その：囿田(そのだ).

② はた：囿田(はただ).

柔 유	訓読	やわらか·やわらかい
	人名訓読	なり·やす·よし
	音読	ジュウ·ニュウ

訓読풀이

① やわらか：やわらかな体(からだ)는 유약(柔弱)한 몸, 즉 여린 몸을 뜻한다.
'여리다'에서 '여리고-여어리고-아아라가-やわらか'로 이어진다.

② なり：'여리다'에서 '여리-아리-나리(ㅇ-ㄴ으로 변음)-なり'로 이어진다.

③ やす：柔는 상대방을 부드럽게, 쉬게 만들어 준다는 뜻이다.
'쉬다'에서 '수-す'로 이어지고 접두어 や가 붙어 やす가 된다.

④ よし：柔는 올바르고 부드러움을 뜻한다〈柔和(유화), 柔順(유순)〉.
'올'에서 '올치-오시-よし'로 이어진다.

人名訓読例

① やわら：柔毛(やわらげ).

② やわ：柔(やわ), 柔原(やわはら).

③ なり·やす·よし：柔子(なりこ·やすこ·よしこ).

唯 유	訓読	ただ
	音読	ユイ·イ

訓読풀이

• ただ：唯(유)는 오직 하나, 딱 하나만을 나타낸다. 唯一神教(유일신교)는 딱 하나의 신만을 신앙의 대상으로 하는 종교를 말한다. ただひとりそれに反対(は

んたい)した 하면 딱 한사람만이 거기에 반대했다는 뜻이다. '딱'에서 '다다–ただ'로 이어진다.

人名訓読例

• ただ : 唯島(ただしま), 唯介(ただすけ), 唯子(ただこ), 唯直(ただなお), 唯糊(ただのり).

帷 유	訓読	とばり
	音読	イ

訓読풀이

• とばり : 帷(유)는 덮는 것, 장막을 뜻한다. 霧(きり)のとばりに包(つつ)まれる 하면 안개 장막에 싸였다는 말로 안개가 모든 것을 덮는다는 뜻이다.
'덮어라'에서 '더버라–도바라–도바리–とばり'로 이어진다.

惟 유	訓読	おもう·これ·ただ
	人名訓読	のぶ·よし
	音読	イ·ユイ

訓読풀이

① おもう : 惟(유)는 思惟(사유)처럼 생각한다는 뜻이다. 생각한다는 것은 무엇을 알게 됨을 말한다.
思(おも)う와 마찬가지로 '알다'에서 '암–아모–오모–おもう'로 이어진다.

② これ : ㉮ 惟는 감탄사로 말머리에 어조를 강조하거나 주의를 촉구할 때 쓰이는 말이다. 한국어에서 '그래 · 그래요 · 그래서'로 표현된다.
'그래'에서 '고래–これ'로 이어진다.

③ ただ : 惟는 唯(유 : ただ)와 마찬가지로 오직 하나, 딱 하나만을 나타낸다.
'딱'에서 '다닥–다다–ただ'로 이어진다.

④ のぶ : 惟는 넓히는 것, 벌이는 것을 뜻한다〈師尹惟旅 : 國語(사윤유여 : 국어)〉.
'넓히다'에서 '널펴–너버–노부–のぶ'로 이어진다.

⑤ よし : 惟는 올바른 것을 뜻한다〈子惟之矣 : 呂覧 (자유지의 : 여람)〉.
'옳다'의 '올'에서 '오시(받침 ㄹ–'시'로 분절)–よし'로 이어진다.

人名訓読例

① これ : 惟宗(これむね), 惟任(これとう), 惟高(これたか), 惟基(これもと), 惟斌(これあきら), 惟昭(これあき · ただあき · のぶあき).

② ただ : 惟利(ただとし), 惟夫(ただお · これお · のぶお), 惟助(ただすけ), 惟俊(ただとし), 惟孝(ただたか · これたか).

③ のぶ : 惟恭(のぶやす · これやす), 惟規(のぶのり), 惟雄(のぶお), 惟義(のぶよし), 惟男(のぶお · これお).

④ よし : 惟高(よしたか), 惟倫(よしのり), 惟央(よしてる), 惟友(よしとも · これとも), 惟恵(よしえ).

悠 유	訓読	とおい·はるか
	人名訓読	なが·ひさ·ひろ·やす
	音読	ユウ

訓読풀이

① とおい : 悠(유)는 거리가 멀리 떨어져 있음을 뜻한다.
遠(とお)い와 마찬가지로 '떨어져'에서 '떠어–도오–とおい'로 이어진다.

② はるか : ㉮ 悠는 아득히 멀리 펼쳐지는 모습을 나타낸다. はるか昔(むかし)는 아득히 멀리 펼쳐지는 옛날을 뜻한다.

아

遥(はる)か와 마찬가지로 '펼치다 · 벌어지다'에서 '펼(벌)-퍼라(버라)-바루-はる(か)'로 이어진다. ㉯ はるか는 훨씬 많아지는 모양을 나타낸다. 予想(よそう)よりはるかに高(たか)い 하면 예상보다 훨씬 비싸다는 뜻이다. '훨씬'에서 '헐-할-하루-はる(か)'로 이어진다.

③ なが : 悠長(유장)은 길게 늘어진다는 뜻으로 아등바등 함이 없이 유유자적함을 뜻한다.
長(なが)い와 마찬가지로 '늘다'에서 '늘고-느가-나가-なが'로 이어진다.

④ ひさ : 悠는 멀리 뻗쳐 나감을 뜻한다.
'뻗쳐'에서 '버서-비서-비사-ひさ'로 이어진다.

⑤ ひろ : 悠는 거리가 벌어져 점점 멀어짐을 뜻한다.
'벌어져'에서 '버러-비로-ひろ'로 이어진다.

⑥ やす : 悠는 유유자적(悠悠自適) 쉬면서 생활을 즐기는 것을 뜻한다.
'쉬다'에서 '수-す'로 이어지고, 접두어 や가 붙어 やす가 된다.

人名訓読例

① はるか · ひさし : 悠(외자 名).
② なが : 悠男(ながお · ひさお).
③ ひさ : 悠男(ひさお), 悠夫(ひさお), 悠子(ひさこ · ひろこ).
④ ひろ : 悠子(ひろこ), 悠起之(ひろゆき).
⑤ やす : 悠夫(やすお · ひさお).

莠 유	訓読	はぐさ
	音読	ユウ

訓読풀이

• はぐさ : 莠(유)는 밭에 나는 잡초를 뜻한다.
'밭'에서의 '바-は'와 풀을 뜻하는 '꼴'에서의 '골-굴-구사(받침 ㄹ-'사'로 분절)-ぐさ'가 합성되어 はぐさ가 된다.

人名訓読例

• はぐさ : 莠(외자 名).

喩 유	訓読	さとす · たとえる
	人名訓読	あき · いさむ · さとり · さち
	音読	ユ

訓読풀이

① さとす · さとり · さとる : 喩(유)는 깨우치는 것, 타이르는 것을 뜻한다. 다른 말로는 잘 타일러 눈을 뜨게 하는 것을 뜻한다〈開眼(개안)〉.
'뜨다'에서 '떠서-더더서-사더서-사도수-さとす'로 이어진다. 또한 '뜨다'에서 '따-다다-사다-사도-さとる'로 이어진다. 인명훈독에서 喩는 あき로도 훈독되는데, 喩가 눈을 뜬다는 것은 눈을 열고(열기-여기-아기-あき : 眼開) 뜨게 되므로 あき와 さと는 의미상의 이음을 같이한다.

② たとえる : 깨우치는 것, 타이르는 것은 사물의 이치를 따져 인도하는 것, 이끄는 것을 뜻한다.
'따지다'에서 '다저어라-다도아라-다도에루-たとえる'로 이어진다. 사물의 이치를 따진다는 것은 여러 사물을 서로 비유하면서 크고 작음, 옳고 그름을 밝히게 된다. 따라서 たとえる는 견준다(比喩한다)는 뜻도 갖는다.

③ あき : ①에서와 같이 喩가 눈을 떠서 깨우치는 것은 눈을 열고(開眼 : 개안) 뜨게 된다는 뜻이다.

'열다'에서 '열기-여기-아기-あき'로 이어진다.

④ いさむ : ㉮ 死(し)をもっていさむ 하면 목숨 걸고 왕의 눈을 뜨게 하여 잘못을 고치도록 한다는 뜻이다. '뜨다'에서 '뜸-담-삼-사무-さむ'로 이어지고 접두어 い가 붙어 いさむ가 된다. ㉯ 喩는 깨우침이 솟아남을 뜻한다〈君子喩於義 : 論語 (군자유어의 : 논어)〉. '솟다'에서 '솟음-소음-솜-삼-さむ'로 이어지고 い가 붙어 いさむ가 된다.

⑤ さち : 喩는 좋아 기뻐하는 것을 뜻한다. '좋다'에서 '좋지-조치-자치-さち'로 이어진다.

人名訓読例

① いさむ : 喩(외자 名).

② あき : 喩義(あきよし).

③ さち : 喩子(さちこ).

愉 **유**	訓読	たのしい·たのしむ
	音読	ユ

訓読풀이

• たのしい · たのしむ : 愉(유)는 즐거움을 뜻한다. 즐겁다는 것은 달콤한 생활을 즐긴다는 뜻이다.
'달다'에서 '단-다노-たのしい'로 이어진다.

揉 **유**	訓読	もむ
	音読	ユ

訓読풀이

• もむ : 紙(かみ)をもむんで揉(やわ)らかくする 하면 종이를 밀어 부드럽게 한다는 뜻이고, 社会(しゃかい)の荒波(あらなみ)にもまれる 하면 사회의 거친 풍파에 밀려 시달린다는 뜻이다. '밀다'에서 '밈-몸-모무-もむ'로 이어진다.

游 **유**	訓読	あそぶ·およぐ
	音読	ユウ

訓読풀이

① あそぶ : 游(유)는 遊(유)와 마찬가지로 노는 것을 뜻한다.
'놀다'에서 '놀-올(ㄴ-ㅇ으로 변음)-알-아소(받침 ㄹ-'소'로 분절)-あそぶ'로 이어진다.

② およぐ : 游는 헤엄치는 것을 뜻한다.
'헤엄'에서 '에엄(ㅎ-ㅇ으로 변음)-오염-오요-およぐ'로 이어진다.

人名訓読例

• あそぶ : 游(외자 名).

遊(遊) **유**	訓読	あそぶ
	音読	ユウ·ユ

訓読풀이

• あそぶ : 遊(유)는 노는 것을 뜻한다.
'놀다'에서 '놀-올(ㄴ-ㅇ으로 변음)-알-아소(받침 ㄹ-'소'로 분절)-あそぶ'로 이어진다.

人名訓読例

• あそ : 遊馬(あそま), 遊部(あそべ), 遊田(あそだ), 遊津(あそす · あそず).

猶 **유**	訓読	なお
	音読	ユウ

訓読풀이

• なお : 猶는 아직도, 더욱, 더 나아짐을 뜻한다.
'나아'에서 '나오-なお'로 이어진다.
〔参考〕尚(상)과 이음(なお)을 같이한다.

아

裕 유	訓読	ゆたか
	人名訓読	さち·すけ· はざま·ひろ·やす
	音読	ユウ

訓読풀이

① ゆたか : 裕(유)는 재물 등이 넉넉하게 있음을 뜻한다.
'있다'에서 '있다고–이다가–유다가–ゆたか'로 이어진다.

② さち : 裕는 넉넉하여 좋은 것을 뜻한다.
'좋다'에서 '좋지–조치–자치–さち'로 이어진다.

③ すけ : ㉮ 裕는 너그러워 도와 주는 것을 뜻한다. '돕다'에서 '돕게–도게–두게–수게–すけ'로 이어진다. ㉯ '주다'에서 '주게–すけ'로 이어진다.

④ はざま : 裕는 누구에게 붙어 의지하는 것을 뜻한다.
'붙다'에서 '부틈–부트마–바다마–바자마–はざま'로 이어진다.
〔参考〕 伕(부 : はざ)まる와 이음을 같이 한다.

⑤ ひろ : 裕는 마음이 벌려 있어 관대함을 뜻한다.
'벌려'에서 '버러–비로–ひろ'로 이어진다.

⑥ やす : 裕는 쉴 만큼 余裕(여유)가 있음을 뜻한다.
'쉬다'에서 '수–す'로 이어지고 접두어 や가 붙어 やす가 된다.

人名訓読例

① はざま · ひろ · ひろし · ひろみ · ひろむ · やすし · ゆたか : 裕(외자 名).

② さち : 裕代(さちよ · ひろよ).

③ すけ : 裕之(すけゆき · ひろし · ひろゆき), 裕志(すけゆき · ひろし), 裕次(すけじ).

④ ひろ : 裕仁(ひろひと), 裕啓(ひろよし), 裕保(ひろやす), 裕嗣(ひろつぐ), 裕昭(ひろあき), 裕瑞(ひろみつ).

⑤ やす : 裕亙(やすのぶ), 裕祥(やすよし), 裕正(やすまさ), 裕春(やすはる), 裕則(やすのり), 裕洪(やすひろ).

腴 유	訓読	こえる
	音読	ユ

訓読풀이

• こえる : 腴(유)는 살찌고 기름진 것을 뜻한다. こえた土地(とち)는 건땅, 즉 기름진 땅을 뜻한다.
肥(こ)える와 마찬가지로 '걸다'에서 '걸어–거어–고에–こえる'로 이어진다.

楡 유	訓読	にれ
	音読	ユ

訓読풀이

• にれ : 楡(유)는 느릅나무를 뜻한다.
'느릅'에서 '느르–니레–にれ'로 이어진다.

人名訓読例

• にれ : 楡(にれ), 楡木(にれき), 楡原(にれはら), 楡井(にれい), 楡奈(にれな).

逾 유	訓読	こえる
	音読	ユ

訓読풀이

• こえる : 逾(유)는 건너가는 것을 뜻한다 〈越(월) 참조〉.
越(こ)える와 마찬가지로 '건너다'에서 '건어–거어–고에–こえる'로 이어진다.

愈 유	訓読	いよいよ·まさる
	人名訓読	すすむ
	音読	ユ

訓読풀이

① いよいよ : 愈(유)는 예측한 대로 일의 결과가 옳게 드디어 일어났음을 나타낸다. いよいよ別(わか)れの時(とき)が来(き)た 하면 옳아 (정말로) 헤어질 때가 왔다라는 뜻이다.
'옳아'에서 '오아–이오–いよ', 또한 '옳아요'에서 '오아요–와요–이요–いよ'로 이어지고 いよいよ로 뜻이 강조된다.

② まさる : 愈(유)는 優秀(우수)함을 뜻한다. 우수하다는 것은 사람이나 사물이 어느 기준에 맞아 뛰어남을 말한다.
優(まさ)る와 마찬가지로 '맞다'에서 '마자–마사–まさる'로 이어진다.

③ すすむ : ㉮ 위 ②에서와 같이 '뛰어나다'에서 '뜀–뚬–두둠–두두무–수수무–すすむ'로 이어진다. ㉯ 他(타)에 비하여 돋아남(솟아남)을 타나낸다. '돋음(솟음)'에서 '도둠(소숨)–수숨–すすむ'로 이어진다.

人名訓読例

① まさる · すすむ : 愈(외자名).
② いよ(いよいよ의 준말) : 愈子(いよこ).

猷 유	人名訓読	みち
	音読	ユウ

訓読풀이

• みち : 猷(유)는 길을 뜻한다. 옛날에는 길 자체가 마을이다.
'마을'에서 '말–밀–미찌(받침 ㄹ–'찌'로 분절)–みち'로 이어진다.

人名訓読例

• みち : 猷男(みちお), 猷夫(みちお), 猷生(みちお), 猷子(みちこ), 猷顕(みちあき).

維 유	訓読	これ·つな
	人名訓読	しげ·ただ·ふさ·まさ
	音読	イ·ユイ

訓読풀이

① これ : 維(유)는 惟(유 : これ)와 마찬가지로 말머리에 어조를 강조하거나 주의를 촉구할 때 쓰는 감탄사이다. 한국어에서 그래 · 그래요 · 그래서로 표현된다. 維歳次(유세차)는 '그래(요 · 서) (간지의) 해로 말할 것 같으면'이라는 뜻으로 제문(祭文)이나 축문(祝文) 첫머리에 쓰인다.
'그래'에서 '고래–これ'로 이어진다.

② つな : ㉮ 維는 밧줄 등으로 동여매는 것을 뜻한다. '동이다'에서 '동–돈–둔–두나–つな'로 이어진다. ㉯ 維는 밧줄 등을 대어 매는 것을 뜻한다〈縶之維之 : 詩經 (집지유지 : 시경)〉. '대다'에서 '대는–두는–두나–つな'로 이어진다.

③ しげ : ㉮ 維는 서로 지탱하여 지켜나가는 것을 뜻한다〈大小相維 : 逸周書(대소상유 : 일주서)〉. '지키다'에서 '지키–시게–しげ'로 이어진다. ㉯ 維는 '세게', 든든하게 매는 것을 뜻한다. '세게'에서 '시게–しげ'로 이어진다.
〔参考〕 時化(しけ)る와 이음을 같이한다.

④ ただ : 維는 唯(유)와 마찬가지로 딱 하나만을 나타낸다.
'딱'에서 '다닥–다다–ただ'로 이어진다.

⑤ ふさ : 維는 매는 것, 붙이는 것을 말한다.

아

'붙'에서 '붓-부사-ふさ'로 이어진다.

⑥ まさ : ㉮ 위 ⑤에서 붙이는 것은 서로 맺는 것〈以維邦國 : 周禮 (이유방국 : 주례)〉을 뜻한다. '맺'에서 '맛-마사-まさ'로 이어진다. ㉯ 維新(유신)은 새로운 것으로 맞게 혁신함을 뜻한다〈周雖舊邦其命維新 : 詩經 (주수구방기명유신 : 시경〉. '맞다'에서 '마자-まさ'로 이어진다.

人名訓読例

① これ : 維堅(これかた), 維文(これふみ・これぶみ), 維叙(これのぶ), 維昭(これあき), 維清(これきよ), 維衡(これひら).

② つな : 維大(つなひろ), 維四郎(つなしろう), 維子(つなこ・これこ), 維正(つなまさ), 維重(つなしげ).

③ しげ : 維徳(しげのり), 維夫(しげお・つなお), 維彦(しげひこ), 維哉(しげや).

④ ただ : 維男(ただお・ふさお), 維保(ただやす), 維史(ただし・ただみ), 維紹(ただつぐ).

⑤ ふさ : 維男(ふさお).

⑥ まさ : 維名(まさお).

誘 유	訓読	いざなう・さそう
	人名訓読	すすむ
	音読	ユウ

訓読풀이

① いざなう : 誘(유)는 속여서 어떤 행위를 하도록 유인(誘引)하는 것을 말한다. 悪(あく)の道(みち)へいざなう 하면 속여서 악의 길로 꾄다는 뜻이다.
'속여'에서 '소어-사아-사나(ㅇ-ㄴ으로 변음)-ざなう'로 이어지고 접두어 い가 붙어 いざなう가 된다.

② さそう : 誘는 사람을 꾀어 어떤 일을 하도록 북돋우는 것을 뜻한다.
'돋우다'에서 '도두어-다도우-사소우-さそう'로 이어진다. 한편 북돋우는 것은 솟도록 한다는 뜻이기도 하다. '솟다'에서 '솟아-소사-사소-さそう'로도 이어진다.

③ すすむ : 誘는 ②에서와 같이 사람을 꾀어 어떤 일을 하도록 감정이나 자극을 솟아나게 하는 것을 뜻한다.
'솟다'에서 '솟음-소수움-수숨-수수무-すすむ'로 이어진다. 또한 '돋음'에서 '도둠-두두무-수수무-すすむ'로 이어진다.

人名訓読例

① すすむ : 誘(외자名).

② さそい : 誘市(さそいいち).

遺 유	訓読	すてる・のこす・のこる・わすれる
	人名訓読	やり・やる
	音読	イ・ユイ

訓読풀이

① すてる : 遺(유)는 던저 버리고 남은 것을 뜻한다.
'던지다'에서 '던저라-더더루-두데루-수데루-すてる'로 이어진다.

② のこす・のこる : ①에서 던저 버리고 '남다'에서 '남고서-나고서-노고수-のこす'로 이어진다.

③ やり・やる : 遺는 하는 행위・일을 나타낸다. 馬(うま)をやる 하면 말을 모는 일, 金(かね)をやる 하면 돈을 주는 일 등 やり・やる는 목표로 하는 사물(목적어)의 행위, 일을 나타낸다. ㉮ '일'에서 '알-아루-やる'로 이어진다. ㉯ '할 일'

에서 '할-알-아리-아루-やり · や'로 이어진다.

④ わすれる : 遺는 잊는 것을 뜻한다〈長幼無序而遺敬讓 : 孔子家語(장유무서이유경양 : 공자가어)〉.

忘(わす)れる와 마찬가지로 '잊으라'에서 '이수라-아수레-와수레루-わすれる'로 이어진다.

人名訓読例

- やり : 遺水(やりみず).

糅 유	訓読	まじる
	音読	ジュウ

訓読풀이

- まじる : 糅(유)는 섞는 것을 뜻한다. 한국어에서 '맞'은 접두어로 일부 용언 또는 체언 앞에 붙어 '맞아 하나로 섞임'을 나타낸다. 사위나 며느리를 맞아 들인다 하면 가족의 일원으로 맞아 섞여 살 수 있음을 말하고, 맞고함은 마주 대하여 소리치는 고함으로 고함소리가 맞 섞여 있음을 말한다.

  '맞'에서 '마지-まじる'로 이어진다.

蹂 유	訓読	ふむ
	音読	ジュウ

訓読풀이

- ふむ : 蹂(유)는 밟는 것을 뜻한다. 蹂躪(유린)은 인권 유린 등 짓밟는 것을 말한다.

  踏(ふ)む와 마찬가지로 '밟다'에서 '밟음-밤-붐-부무-ふむ'로 이어진다.

諭(諭) 유	訓読	さとす
	音読	ユ

訓読풀이

- さとす : ㉮ 諭(유)는 喩(유 : ゆ)와 마찬가지로 눈을 뜨고 깨우치도록 타이르는 것을 뜻한다. '뜨다'에서 '떠서-더더서-사더서-사도수-さとす'로 이어진다. ㉯ 깨우침이 솟도록(돋도록) 하는 것을 뜻한다. '솟다(돋다)'에서 '솥-삳-사도-さとす'로 이어진다.

人名訓読例

- さとし · さとす · さとる : 諭(외자 名).
- さと : 諭喜(さとき).

諛 유	訓読	へつらう
	音読	ユ

訓読풀이

- へつらう : 諛(유)는 남에게 붙어 알랑거리며 아첨, 아부하는 것을 뜻한다.

  '붙다'에서 '부트라우-베투라우-へつらう'로 이어진다.

踰 유	訓読	こえる · こす
	音読	ユ

訓読풀이

- こえる : 踰(유)는 건너가는 것을 뜻한다.

  越(こ)える와 마찬가지로 '건너다'에서 '건어-거어-고에-こえる'로 이어진다.
- こし · こす : '건너다'에서 '건어서-거어서-거서-고수-こし · こす'로 이어진다.

人名訓読例

- こし : 踰(외자名).

嬬 유	訓読	つま
	音読	ジュ

訓読풀이

- つま : 嬬(유)는 아내를 뜻한다. 아내는 '치마'를 입는 여성의 상징으로 풀이된다.

아

〔参考〕妻(처)와 이음(つま)을 같이한다.

孺 유	訓読	おさない·ちのみご
	音読	ジュ

訓読풀이

① おさない：孺(유)는 어린애, 즉 어린 사나이를 뜻한다.
'어린'에서 '어-오-お'로 이어지고, '사나이'에서 さない로 이어져 おさない로 합성된다.

② ちのみご：孺는 젖먹이를 뜻한다.
'젖'에서 '저-지-ち'로 이어지고, '먹이'에서 '머기-미기-미고-みご'로 이어져 ち(の)みご가 된다(の는 소유격 '의'에서 '이-니-노-の'로 이어짐). 또한 '젖먹는 꼬마'에서 '젖-저-지-ち'로 이어지고, 먹고(마시는) 것을 뜻하는 飲(음：のむ)에서 '넣음-넘-놈-노미-のみ'로 이어지며, '꼬마'를 뜻하는 ご와 합성되어 ちのみご가 된다.
〔参考〕乳飲み子(유음자：ちのみご)로도 표기된다.

濡 유	訓読	ぬらす·ぬれる
	音読	ジュ

訓読풀이

• ぬらす・ぬれる：㉮ 濡(유)는 물(氵)이 비(雨：우)처럼 내리면서 적시는 것을 나타낸다. '내리다'에서 '내려라-누래라-누래루-ぬねる'로 이어진다. ㉯ 가뭄이 올 때 내리는 비는 하늘의 은총, 혜택으로 여겼다. 그래서 濡는 혜택을 뜻하기도 한다〈函濡群生：宋史 (함유군생：송사)〉. '내리다'에서 'ぬれる'로 이어진다. ㉰ 濡는 참고 인내하는 것을 뜻한다. 참는다는 것은 감정 같은 것을 누른다는 말이다〈濡忍之心：史記 (유인지심：사기)〉. '누르다'에서 '누르-누라-ぬらす'로 이어진다. ㉱ 濡는 설사, 오줌을 뜻한다. 설사, 오줌은 위에서 내려오는 생리현상이다〈傳爲濡寫：素問 (전위유사：소문)〉. '내리다'에서 'ぬれる'로 이어진다. ㉲ 濡는 멈추는 것, 지체(遲滯)를 뜻한다〈是何濡滯也：孟子 (시하유체야：맹자)〉. 지체한다는 것은 느려지는 것을 뜻한다. '느리다'에서 '느려-누레-ぬれる'로 이어진다.

人名訓読例

• ぬれ：濡髪(ぬれかみ).

瘉(癒) 유	訓読	いえる·いやす
	音読	ユ

訓読풀이

① いえる：瘉(いえ)る는 병이 낫는 것을 뜻한다.
'나아라'에서 '니에라-이에루(ㄴ-ㅇ으로 변음)-いえる'로 이어진다.

② いやす：瘉(いや)す는 병을 고치면 나아지는 것을 뜻한다.
'나아서'에서 '니아서-이야수(ㄴ-ㅇ으로 변음)-いやす'로 이어진다.

鞣 유	訓読	なめす
	音読	ジュウ

訓読풀이

• なめす：ぶたの皮(かわ)をなめす 하면 돼지가죽을 누이는 것(무두질)을 뜻한다.
'누이다'에서 '누임-눔-남-나메-なめす'로 이어진다.

【육】

肉 육	訓読	しし
	音読	ニク

訓読풀이

• しし：肉(육)은 짐승의 살을 뜻한다.
'살'에서 '실-시시(받침 ㄹ-'시'로 분절)-しし'로 이어진다.

人名訓読例

• しし：肉食(ししくら), 肉倉(ししくら).

宍 육	訓読	しし
	音読	ニク

訓読풀이

• しし：宍(육)은 짐승의 살코기를 뜻한다.
肉(しし)와 마찬가지로 '살'에서 '실-시시(받침 ㄹ-'시'로 분절)-しし'로 이어진다.
〔参考〕宍은 肉(육：しし)의 古字이다.

人名訓読例

• しし：宍道(ししみち), 宍野(ししの), 宍田(ししだ), 宍倉(ししくら), 宍草(ししくさ).

育 육	訓読	そだち·そだつ·そだてる·はぐくむ
	人名訓読	のぶ·ひで·やす
	音読	イク

訓読풀이

① そだち・そだつ・そだてる：育(육)은 자라는 것을 뜻한다〈既生既育：詩經(기생기육：시경)〉. '자라다'에서 '잘아-잘-졸-조다(받침 ㄹ-'다'로 분절)-そだち・そだつ・そだてる'로 이어진다.

② はぐくむ：ひなを育む 하면 어미새가 새끼를 품고 기른다는 뜻이다.
'품고 키움'에서 '푸구킴-파구키무-파구쿠무-はぐくむ'로 이어진다.

③ のぶ：道徳心(どうとくしん)を育(はぐく)む 하면 도덕심을 가르쳐 높은 인격자로 키운다는 뜻이다.
'높아'에서 '노파-노부-のぶ'로 이어진다.

④ ひで：育英(육영)은 빼어난 영재를 교육한다는 뜻이다〈得天下英才而教育之三樂也：孟子(득천하영재이교육지삼락야：맹자)〉. ㉮ '빼어나다'에서 '빼다-비대-ひで'로 이어진다. ㉯ '빼어나다'에서 '비어-비이-ひいでる'로 이어지고, ひで로 준말이 되어 人名에 쓰인다.

⑤ やす：育은 낳는 것을 뜻한다〈育, 生也：玉篇(육, 생야：옥편), 婦孕不育：易經(부잉불육：역경)〉.
'낳다'에서 '낫다-낫-나수-아수(ㄴ-ㅇ으로 변음)-やす'로 이어진다.
〔参考〕育에는 '쉬다'로 이어지는 やす의 뜻은 없다.

人名訓読例

① そだつ・はぐむ：育(외자名).
② のぶ：育秀(のぶひで・やすひで).
③ ひで：育之(ひでゆき).
④ やす：育利(やすとし), 育明(やすあき), 育英(やすひで), 育子(やすこ), 育幸(やすゆき).

아

【윤】

允 윤	訓読	まこと
	人名訓読	さね·すけ·たか·ただし·のぶ·まさ·よし
	音読	イン

訓読풀이

① まこと : 允(윤)은 맞는 것을 뜻한다.
眞(진) · 実(실) · 誠(성)과 마찬가지로 '맞는 것'에서 '맞것–마것–마곧–마고도–まこと'로 이어진다.

② さね : 允은 胤(윤)과 마찬가지로 대를 이을 씨가 되는 아들, 자손을 뜻한다.
'씨'에서 '시–사–さ'로 이어지고, 접미어 ね가 붙어 さね가 된다.

③ すけ : 允은 원만하게 상대의 의견을 들어 도와주는 것을 뜻한다.
助(すけ)와 마찬가지로 '돕다'에서 '돕게–도게–두게–수게–すけ'로 이어진다. 또한 '주다'에서 '주게–すけ'로 이어진다.

④ たか : 允可(윤가), 允準(윤준)은 임금님의 허가를 뜻하고, 允若(윤약)은 천자 · 임금에게 충심으로 복종함을 뜻한다. 즉 允은 천자 · 임금 · 윗어른들을 높이 떠받치는 말에 쓰인다.
高(たか)い와 마찬가지로 '뜨다'에서 '뜨고–다고–다가–たか'로 이어진다.

⑤ ただ · ただし : 允은 도리에 맞는 행위(まこと)를 함으로 떳떳함을 나타낸다.
'떳떳'에서 '더덧–다다시–ただし'로 이어진다.

⑥ のぶ : ④에서와 같이 允은 천자 · 임금 등 높은 분들을 존경하는 말에 쓰인다.
'높'에서 '노부–のぶ'로 이어진다.

⑦ まさ : 允은 도리에 맞음을 뜻한다.
'맞아'에서 '마자–마사–まさ'로 이어진다.

⑧ よし : 맞다는 것은 옳음을 뜻한다.
'옳다'에서 '올치–오시–よし'로 이어진다.

人名訓読例

① まこと · ただし : 允(외자名).
② さね : 允信(さねのぶ · すけのぶ · たかのぶ).
③ すけ : 允明(すけあきら · よしあき), 允信(すけのぶ).
④ たか : 允信(たかのぶ).
⑤ ただ : 允亮(ただすけ · まさすけ), 允士(ただし).
⑥ のぶ : 允久(のぶひさ), 允昭(のぶあき · まさあき · よしあき), 允秀(のぶひで), 允陽(のぶあき), 允子(のぶこ · まさこ).
⑦ まさ : 允計(まさかず), 允男(まさお · のぶお), 允理(まさよし), 允武(まさたけ), 允博(まさひろ).
⑧ よし : 允文(よしぶみ), 允洋(よしひろ), 允彦(よしひこ), 允道(よしみち), 允昭(よしあき).

尹 윤	人名訓読	おさむ·たか·ただ(し)·のぶ·まこと·まさ
	音読	イン

訓読풀이

① おさむ : ㉮ 尹(윤)은 권한을 잡고 다스리는 것을 뜻한다. 治(おさ)める와 마찬가지로 '잡다'에서 '잡움–자움–잠–자무–さむ'로 이어지고 접두어 お가 붙어 おさむ가 된다. ㉯ 잡는다는 것은 손 안

에 담는다는 뜻이기도 하다. '담다'에서 '담-다무-사무-さむ'로 이어지고, 접두어 お가 붙어 おさむ가 된다. ㉰ '쥐다'에서 '쥠-잠-자무-さむ'로 이어지고 お가 붙어 おさむ가 된다.

② たか : 尹은 높이 떠 있는 벼슬 이름을 뜻한다(漢城判尹 : 한성판윤).
'뜨다'에서 '뜨고-다고-다가-たか'로 이어진다.

③ ただ · ただし : 尹은 떳떳하게 바로잡음을 뜻한다〈以尹天下 : 左氏傳 (이윤천하 : 좌씨전)〉.
'떳떳'에서 '더덧-다닷-다다시-ただし'로 이어진다. 한편 바로잡음은 옳고 그름을 따져 나감을 뜻한다. '따지다'에서 '따저-다다-ただ(し)'로 이어진다.

④ のぶ : ②에서와 같이 '높다'에서 '높-노부-のぶ'로 이어진다.

⑤ まこと : 尹은 바름, 즉 맞는 것을 뜻한다.
'맞(는)것'에서 '마것-마곧-마고도-まこと'로 이어진다.

⑥ まさ : ⑤에서와 같이 '맞다'에서 '마자-마사-まさ'로 이어진다.

人名訓読例

① おさむ · ただし · まこと : 尹(외자名).
② たか : 尹彦(たかひこ · のぶひこ), 尹一(たかかず).
③ ただ : 尹綱(ただつな), 尹明(ただあき), 尹松(ただまつ), 尹子(ただこ), 尹豊(ただとよ).
④ のぶ : 尹彦(のぶひこ).
⑤ まさ : 尹道(まさみち).

胤 윤	訓読	たね
	人名訓読	つずき·つね
	音読	イン

訓読풀이

① たね : 胤(윤)은 자식 · 자손으로 조상의 혈통을 이어 갈 윤예(胤裔)를 뜻한다. 따라서 胤은 집안의 씨가 된다.
実 · 核(たね), 種 · 允(さね)과 마찬가지로 '씨'에서 '시-사-다--た'로 이어지고 접미어 ね가 붙어 たね가 된다.

② つずき : 조상의 혈통을 잇는다함은 조상을 좇아 대를 이어간다는 뜻이다.
嗣(つ)ぐ, 継(つ)ぐ와 마찬가지로 '좇다'에서 '조추기-주추기-つずき'로 이어진다.

③ つね : ㉮ 胤은 혈통을 이어 갈 핏줄로서 끊이지 않고 줄을 잇듯이 동여 매고 대를 이어간다는 뜻이다. 綱(つな)와 마찬가지로 '동이다'에서 '동-돈-둔-두네-つね'로 이어진다. ㉯ 이어간다함은 서로 대어 나간다는 뜻이다. '대다'에서 '대는-두는-두네-つね'로 이어진다. ㉰ 이어간다함은 언제나(恒常) 계속됨을 뜻한다. '제나'에서 '주나-주네-つね'로 이어진다.

人名訓読例

① つずき : 胤(외자 名).
② たね : 胤綱(たねつな), 胤基(たねもと), 胤明(たねあき), 胤富(たねとみ), 胤直(たねなお).
③ つね : 胤顕(つねあき · たねあき).

閏 윤	訓読	うるう
	人名訓読	うる·うるい
	音読	ジュン

訓読풀이

• うるう · うる · うるい : 閏(윤)은 평년보다 날수나 달수가 많은 윤년(閏年 : じゅんねん), 윤월(閏月 : うるうづき · じゅんげつ), 윤일(閏日 : うるうび)를 지칭한다. 한국어에서 많아지는 것을 우러난다, 늘어난다, 불어난다라고 한다.
'우러'에서 '우루어-우루우-うるう'로 이어지고, '늘어'에서 '누러어-누루우-우루우(ㄴ-ㅇ으로 변음)-うるう'로 이어지며, '불어'에서 '부러어-부루우-우루우(ㅂ-ㅇ으로 변음)-うるう'로 이어진다.

人名訓読例

① うるう : 閏(외자名).
② うる : 閏間(うるま), 閏賀(うるか), 閏江(うるえ), 閏夫(うるお), 閏子(うるこ).
③ うるい : 閏野(うるいの).

潤 윤	訓読	うるおう·うるむ·ふやける·ほとびる
	人名訓読	あつし·うるう·うるお·さかえ·しげる·ひかる·ひろし·ます·みつ
	音読	ジュン

訓読풀이

① うるおう : 潤(윤)은 습기를 띠는 것을 뜻한다. 습기는 물이 우러날 때, 늘어날 때, 불어날 때 생긴다.
閏(うる)う와 마찬가지로 '우러나다'에서 '우러어-우루오-うるおう', '늘어나다'에서 '누러어-누루오-우루오(ㄴ-ㅇ으로 변음)-うるおう', '불어나다'에서 '부러어-부루오-우루오(ㅂ-ㅇ으로 변음)-うるおう'로 이어진다.
② うるむ : 물기가 어리거나 우러나면 촉촉이 젖고 습기를 띠게 된다. 霧雨(きりさめ)にうるむ窓(まど) 하면 이슬비에 어린(흐린) 창이라는 말이다. うるんだ声(こえ)는 울먹이는 소리라는 뜻으로 눈물이 어린 소리를 뜻한다.
'어리다'에서 '어림-우룸-우루무-うるむ'로 이어진다.
③ ふやける : 潤은 불어나는 것을 뜻한다. 潤澤(윤택)은 재산이 불어나 넉넉해짐을 뜻한다. '불어'에서 '부어-부야-ふやける'로 이어진다.
④ ほとびる : 湯(ゆ)で指先(ゆびさき)がほとびる 하면 더운물에 손가락 끝이 붓는다(불어난다)는 뜻이다.
'붓다'에서 '부다-보도-호도-ほとびる'로 이어진다. 또한 '불다'에서 '불-부도(받침 ㄹ-'도'로 분절)-보도-호도-ほとびる'로도 이어진다.
⑤ あつし : 潤은 물이나 재물이 불어나 속이 차는 것을 뜻한다.
'차다'에서 '차서-추서-추시-つし'로 이어지고 접두어 あ가 붙어 あつし가 된다. 한편 속이 찬다는 것은 속이 두터워지는 것을 뜻한다. '두터워'에서' 둗어-두어-두이-つい'로 이어지고 접두어 あ가 붙어 あつい가 된다.
⑥ うるう · うるお : ①의 うるおう와 이음을 같이한다.
⑦ さかえ : 위 ⑤에서와 같이 '차다'에서 '차고-차가-사가-さかえ'로 이어진다. 栄(さか)え와 이음을 같이한다.
⑧ しげる : 위 ⑤, ⑦에서와 같이 '차다'에서 '차거라-사거라-시게라-시게루-しげる'로 이어진다. 盛(さか)る, 繁(しげ)る와 이음을 같이한다.
⑨ ひかる : 潤은 빛깔, 윤색(潤色)이 나는

것을 뜻한다.
'빛깔'에서 '비갈-비가루-ひかる'로 이어진다.

⑩ ひろし : 潤은 불어나는 것, 벌어지는 것을 뜻한다.
'벌어'에서 '버러-비러-비로-ひろし'로 이어진다.

⑪ ます : 潤은 속에 물이 차듯 많아지는 것을 뜻한다.
増(ま)す와 마찬가지로 '많다'에서 '많지-마지-まし・ます'로 이어진다.

⑫ みつ : 潤은 속에 물이 차듯 불어나는 것을 뜻한다.
満(み)たす, 満(み)ちる와 마찬가지로 '물 차다'에서 '무차-무추-미츠-みつ'로 이어진다.

人名訓読例

① あつし・うるう・うるお・さかえ・しげる・ひかる・ひろし : 潤(외자名).
② うる : 潤居(うるい), 潤美(うるめ), 潤野(うるの・うるいの), 潤田(うるた), 潤井(うるい).
③ しげ : 潤生(しげお).
④ ひろ : 潤身(ひろみ・ますみ).
⑤ ます : 潤登(ますみ), 潤夫(ますお), 潤身(ますみ).
⑥ みつ : 潤象(みつたか).

【율】

聿 율	訓読	ふで
	人名訓読	のぶ・のぶる
	音読	イツ

訓読풀이

① つで : 聿(율)은 붓을 뜻한다. 楚(초)나라 방언으로 붓을 聿이라 하고, 燕(연)에서는 弗, 秦(진) 이후로 筆(필)로 쓰였다.
筆(ふで)와 마찬가지로 '붓'에서 '붇-부데-ふで'로 이어진다. 燕에 쓰이던 弗도 '불-부데(받침 ㄹ-'데'로 분절)-ふで'로 이어진다.

② のぶ・のぶる : 聿은 널리 편다(넓히다)는 뜻을 갖는다〈聿脩厥德 : 詩經 (율수궐덕 : 시경)〉.
'넓히다'에서 '널펴-너벼-노부-のぶ(る)'로 이어진다.

人名訓読例

① のぶる : 聿(외자名).
② のぶ : 聿宏(のぶひろ), 聿代(のぶよ), 聿郎(のぶお), 聿子(のぶこ), 聿正(のぶまさ).

【융】

戎 융	訓読	えびす
	音読	ジュウ

訓読풀이

• えびす : 戎(융)은 오랑캐, 미개인으로 업신여김을 당한다. 東夷(동이)의 夷, 西戎(서융)의 戎, 南蛮(남만)의 蛮, 北狄(북적)의 狄은 모두 えびす로 훈독되며 업신여기는 대상이었다.
'업신'에서 '어부시-에비수-えびす'로 이어진다.

融 융	訓読	とおる・とかす・とく・とける
	人名訓読	あきら・すけ・ながし・よし
	音読	ユウ

訓読풀이

① とおる : 融(융)은 通(통)과 같은 뜻으로

쓰이며(融通), 뚫고 지나감을 뜻한다.
'뚫다'에서 '뚫어라-뚜어라-두어루-도오루-とおる'로 이어진다.

② とかす・とく・とける : 砂糖(さとう)を水(みず)にとかす 하면 사탕을 입에 털어 넣고 녹인다는 뜻이다.
'털다'에서 '터고서-토고서-토가수-とかす'로 이어진다. 또한 녹는다는 것은 물체 각 부분이 뜯겨져 나가는 것을 뜻한다. '뜯다'에서 '뜯고서-드고서-도가수-とかす'로 이어진다. とく・とける는 '털구(뜯구)', '털거라(뜯거라)'에서 각각 とく・とける로 이어진다.

③ あきら : 融은 밝은 것을 나타낸다〈昭明有融 : 詩經 (소명유융 : 시경)〉. 열면 밝아진다. '열다'에서 '열거라-어거라-아기라-あきら'로 이어지고, '밝다'에서 '발키라-알기라(ㅂ-ㅇ으로 변음)-아기라-あきら'로 이어진다.

④ すけ : ㉮ 融은 서로 융화・융통하면서 도와주는 것을 뜻한다. 助(す)け와 마찬가지로 '돕다'에서 '돕게-도게-두게-수게-すけ'로 이어진다. ㉯ '도와주다'에서 '주게-すけ'로 이어진다.

⑤ ながし : 融은 길다는 뜻을 갖는다.
長(なが)い와 마찬가지로 '늘다'에서 '늘고-느고-나고-나가-なが(し)'로 이어진다.

⑥ みち : 融은 通(통)과 같은 뜻으로 쓰인다. 마을 즉 길이다.
道(みち)와 마찬가지로 '마을'에서 '말-밀-미치-(ㄹ받침-'치'로 분절)-みち'로 이어진다.

⑦ よし : 融은 융화(融和)하는 올바른 생활상을 나타낸다.
'올'에서 '올-오시(받침 ㄹ-'시'로 분절)-よし'로 이어진다.

人名訓読例

① あきら・とおる・ながし : 融(외자名).
② すけ : 融成(すけなり).
③ みち : 融郎(みちろう), 融弘(みちひろ).
④ よし : 融信(よしのぶ).

【은】

恩 은	訓読	めぐみ・めぐむ
	音読	オン

訓読풀이

• めぐみ・めぐむ : 恩(은)은 은혜(恩惠)를 베푸는 것을 뜻한다. 은혜는 여러 가지 형태로 이루어진다. 恩命(은명)은 벼슬을 맡겨 관직을 수행하라는 뜻이고 恩賜(은사)는 물건을 맡아 가지라고 내주는 것을 뜻한다.
'맡기다'에서 '맡김-마김-매굼-매구미-めぐみ'로 이어진다.

人名訓読例

• めぐみ・めぐむ : 恩(외자名).

殷 은	訓読	あかい・さかん
	人名訓読	しげ・たか・ ただ・ただし
	音読	イン・アン

訓読풀이

① あかい : 殷(은)은 붉은 빛을 뜻한다. ㉮ 붉은 빛은 햇볕에 익은 듯한 빛을 나타낸다. 赤(あか)い와 마찬가지로 '익다'에서 '익어-이거-아가-あかい'로 이어진다. ㉯ '붉다'에서 '불거-부거-바가-아가(ㅂ-ㅇ으로 변음)-あかい'로 이어진다. ㉰ '발갛다(빨갛다)'에서 '발가-바

가ー아가ーあかい'로 이어진다.

② さかん：殷은 속이 꽉 찬 것을 나타낸다. 血気(けっき)さかんな若者(わかもの)는 혈기 찬 젊은이라는 말이다. 殷富(은부)는 속이 찬 알부자, 殷盛(은성)은 손님이 가득 차 번성함을 뜻한다.
'차다'에서 '차거라ー사가라ーさかり · さかん'으로 이어진다. さかん은 盛(さか)り의 音便이다.

③ しげ：しげ도 ②에서와 같이 '차다'에서 '차게ー사게ー시게ーしげ'로 이어진다.

④ たか：殷은 천둥, 포성의 소리가 하늘 높이 솟구치는 것을 뜻하고, 殷天動地(은천동지) 하면 흔들림이 하늘까지 솟구치는 것을 뜻한다.
高(たか)い와 마찬가지로 '높이 뜨다(솟다 · 돋다)'에서 '뜨고ー다고ー다가ーたか'로 이어진다.

⑤ ただ · ただし：殷은 바로잡아 떳떳하게 됨을 뜻한다.
'떳떳'에서 '더더ー다다ーただ(し)'로 이어진다. 또한 따져서 바로잡음을 뜻한다. '따지다'에서 '따저ー다다ーただ(し)'로 이어진다.

人名訓読例

① ただし：殷(외자名).
② しげ：殷根(しげね), 殷生(しげお).
③ たか：殷一(たかいち), 殷子(たかこ), 殷之(たかし).
④ ただ：殷男(ただお).

隠(隱) 은	訓読	かくす·かくれる·こもる
	音読	イン·オン

訓読풀이

① かくす · かくれる：隠(은)은 감고 싸서 숨기는 것을 뜻한다.
'감다'에서 '감고ー가고ー가구ーかくす · かくれる'로 이어진다.

② こもる：㉮ 隠은 속에 뭔가가 잔뜩 끼어(깔려) 차 있는 것, 또는 속에 끼어(틀어) 박혀 나오지 않는 것을 뜻한다. たばこの煙(けむり)がこもる 하면 담배 연기가 자욱이 끼어(깔려) 있음을 말하고, 眞情(しんじょう)のこもった手紙(てがみ) 하면 진심이 가뜩 끼인(깔린) 편지라는 말이다. '끼다'에서 '낌ー김ー곰ー고모ーこもる'로, 또는 '깔리다'에서 '갈림ー갈임ー가임ー감ー곰ー고모ーこもる'로 이어진다. ㉯ 위 ①의 '감다'에서 '감ー곰ー고모ーこもる'로 이어진다.

人名訓読例

① かくら · かくれ：隠居(かくらい), 隠井(かくらい), 隠家(かくれや · かくれが), 隠崎(かくれざき).
② かげ(かく의 변음)：隠居(かげい).

아

銀 은	訓読	しろかね·しろがね
	音読	ギン

訓読풀이

• しろかね · しろがね：銀(은)은 귀금속의 하나인 銀(ぎん)을 뜻하기도 하고 돈 · 화폐인 銀(しろかね)를 뜻하기도 한다. しろかね는 흰 것을 뜻하는 しろ와 돈을 뜻하는 かね의 복합어이다. 한국어에서 머리가 희어지는 것을 '세다'라고 하며, '서리'처럼 희다고 한다. '세다'에서 '세라ー시라ー시로ーしろ'로 이어지고, '서리'에서 しろ로 이어져 돈을 뜻하는 かね(金)와 しろかね로 합성된다〈金(금：かね) 참조〉.

人名訓読例

① しろかね · しろがね : 銀(외자 名).

② かな · かね : 銀谷(かなや), 銀山(かなやま), 銀佐(かねすけ).

③ しろ(しろかね의 준말) : 銀鏡(しろみ), 銀木(しろき), 銀尾(しろお).

誾 은	人名訓読	ただ·ただし
	音読	ギン

訓読풀이

- ただ · ただし : 誾(은)은 中正(중정), 正当(정당), 즉 떳떳함을 뜻한다.
  '떳떳'에서 '더더–다다–ただ · ただし'로 이어진다.

人名訓読例

① ただし : 誾(외자名).

② ただ : 誾野(ただの).

憖 은	訓読	なまじ
	音読	ギン

訓読풀이

- なまじ : ㉮ 憖(은)은 생때 쓰는 것을 뜻한다. '生(생)때'에서 生은 '날–남–나마–なま'로 이어지고, '때'에서 '대–디–지–じ'로 이어져 なまじ로 합성된다. ㉯ 憖은 억지로, '날치'기로 무엇을 하는 것을 나타낸다. '날치'에서 '남치–나마지–なまじ'로 이어진다.

齗 은	訓読	はじし
	音読	ギン·ゴン

人名訓読例

- はじし : 齗(은)은 잇몸, 즉 이에 붙은 살을 뜻한다. 이빨의 '빨'에서 '바–は'로 이어지고, '살'에서 '사시–(받침 ㄹ–'시'로 분절)–시시–じし'로 이어져 はじし로 합성된다. 歯(치 : は)肉(육 : しし)인 셈이다.

【을】

乙 을	人名訓読	きのと·かず·たか·つぎ
	音読	オシ·イシ

訓読풀이

① きのと : 乙(을)은 새(鳥 : とり)를 뜻하며 五行(오행)으로는 나무(木 : き)를 나타낸다.
나무를 뜻하는 き(기어오르다의 '기'에서 き)와 새를 뜻하는 とり의 と가 합성되어 きのと가 된다.

② かず : 乙은 하나(一)를 뜻한다. 乙乙은 하나하나(一一)를 뜻한다. 一(일)은 하나로 그어져 같음을 나타낸다.
'같다'에서 '갖–가주–かず'로 이어진다.

③ たか : 乙은 새를 뜻한다. 새들은 하늘 높이 떠서 난다.
'뜨다'에서 '뜨고–다고–다가–たか'로 이어진다.

④ つぎ : 乙은 둘째를 뜻하며 항상 첫째인 甲(갑)을 좇아 다닌다.
'좇다'에서 '좇구–조기–주기–つぎ'로 이어진다.

人名訓読例

① かず : 乙浩(かずひろ).

② たか : 乙縄(たかつな), 乙叡(たかとし).

③ つぎ : 乙男(つぎお).

【음】

吟 음	訓読	うめく·うたう
	音読	ギン

訓読풀이

① うめく : 吟(음)은 呻吟(신음)하는 것, 즉 앓아서 끙끙거리는 것을 뜻한다.
'앓다'에서 '앓음–아음–암–움–우메–うめく'로 이어진다.

② うたう : 吟은 시나 노래를 읊는 것을 뜻한다. ㉮ 歌(うた)う와 마찬가지로 '읊다'에서 '우다–うた'로 이어진다. ㉯ '노래'에서 '놀애–놀–울–우다(받침 ㄹ–'시'로 분절)–うたう'로 이어진다. ㉰ (노래) '부르다'에서 '불–울–우다–うたう'로 이어진다.

音 음	訓読	おと·ね
	音読	オン·イン

訓読풀이

① おと : ㉮ 音(음)은 소리를 뜻한다. 소리 내는 것을 '읊다'라고 한다. 큰 소리로 노래 부르는 것, 잔소리 많은 것도 시끄럽게 읊어댄다고 하고 또한 소리내어 책이나 시를 읽는 것도 읊는다고 하는데, 소리 내는 것 자체가 읊는 것이 된다. 歌·謡·唄·詠·謳(うた)う와 마찬가지로 '읊다'에서 '우다–오도–おと'로 이어진다. ㉯ 音은 (소리가) 울리는 것을 뜻한다. '울'에서 '울–올–오도(받침 ㄹ–'도'로 분절)–おと'로 이어진다.

② ね : ね도 위 ①의 おと와 같이 소리를 뜻한다. おと가 비교적 큰 소리인데 대해 ね는 작은 소리인 것으로 양자를 구별한다. ㉮ 일본어 사전에 의하면 ね는 泣(な)く, 鳴(な)く와 어원을 같이 한다고 한다. 즉 '우는 소리'의 '우'에서 ㅇ이 ㄴ으로 변음 되어 '누–나–네–ね'로 이어지는 것으로 본다. ㉯ '소리내다'라고 한다. '내다'에서 '내–ね'로 이어진다. '손대다'에서 '대–て(手 : 수)'로 이어지는 것과 맥을 같이한다. '벗겨내다, 뽑아내다'의 '내다'에서는 '내구–누구–ぬく(抜く)'로 이어진다.

人名訓読例

• おと : 音本(おともと), 音川(おとかわ), 音丸(おとまる), 音信(おとのぶ), 音高(おとたか), 音羽(おとは·おとわ).

淫 음	訓読	みだら
	音読	イ

訓読풀이

• みだら : 淫(음)은 음란함, 난잡함, 외설함을 뜻한다. 즉 못된 짓의 대표적인 예를 나타낸다.
'못되다'에서 '모데라–미다라–みだら'로 이어진다.

陰 음	訓読	かげ·かげる·くらい
	音読	イン·オン

訓読풀이

① かげ·かげる : 陰(음)은 그늘을 뜻한다. 나무 그늘은 본체인 나무에 걸려 있는 것처럼 따라 다닌다.
掛(かけ)와 마찬가지로 '걸다'에서 '걸게–거게–가게–かげ'로 이어진다.

② くらい : ㉮ 그늘은 그을린 것처럼 거무스레한 색을 띈다. 暗(くら)い와 마찬가지로 '그을려'에서 '글려–그려–구라–くらい'로 이어진다. ㉯ 불을 끄면 주위가 갑자기 어두워진다. 이 경우에는 '끄다'에서 '꾸라–구라–くらい'로 이어진다. ㉰ 그늘은 무엇으로 가렸을 때 생긴다. '가려'에서 '가라–구라–くらい'로 이어진다.

아

人名訓読例

• かげ : 陰里(かげさと), 陰山(かげやま).

崟 음	人名訓読	たか·たかし
	音読	ギン

訓読풀이

• たか · たかし : 崟(음)은 산이 높고 험준함을 뜻한다.
높이 '뜨다'에서 '뜨고–다고–다가–たかし'로 이어진다.

人名訓読例

① たかし : 崟(외자名).
② たか : 崟夫(たかお).

飮 음	訓読	のむ
	音読	イン·オン

訓読풀이

• のむ : 飮(음)은 물이나 술을 마시는 것을 뜻한다. 밥이나 다른 음식은 입에 넣어도 씹어야 하지만〈食(식) 참조〉, 물이나 술인 경우에는 입에 넣으면 목으로 넘어간다.
'넣다'에서 '넘–놈–노무–のむ'으로 이어진다. 또한 '넘어가다'에서 '넘–놈–노무–のむ'로도 이어진다.

喑 음	訓読	おし
	人名訓読	はらい
	音読	イン

訓読풀이

① おし : ㉮ 喑(음)은 벙어리를 뜻하면서 항상 우는 것을 뜻한다. '울다'에서 '울–올–오시(받침 ㄹ–'시'로 분절)–おし'로 이어진다. ㉯ 喑은 외친다는 뜻도 갖는다. 이 경우에는 '외치다'에서 '외치–오치–오시–おし'로 이어진다.
② はらい : 喑은 부르짖는다(외치다)는 뜻도 갖는다.
'부르짖다'에서 '부르–바르–바라–はらい'로 이어진다.

人名訓読例

• はらい : 喑(외자名).

蔭 음	訓読	かげ
	音読	イン

訓読풀이

• かげ : 蔭(음)은 그늘을 뜻한다. 나무 그늘은 본체인 나무에 걸려 있는 것처럼 따라다닌다. 혹은 빛이 나무에 걸려 그늘이 생긴다.
陰(かげ : 음)과 마찬가지로 '걸다'에서 '걸게–거게–가게–かげ'로 이어진다.

人名訓読例

• かげ : 蔭木(かげき), 蔭山(かげやま), 蔭地(かげじ), 蔭行(かげき).

【읍】

邑 읍	訓読	むら
	人名訓読	おお·くに
	音読	ユウ

訓読풀이

① むら : 邑(읍)은 마을을 뜻한다.
'마을'에서 '말–물–무라–むら'로 이어진다.
② おお : 邑은 도읍지, 서울을 뜻한다.
넓이나 인구가 크고 많다는 뜻에서 大(おお)와 마찬가지로 '하다'에서 '하아–아아(ㅎ–ㅇ으로 변음)–오오–おお'로 이어진다.
③ くに : 邑은 제후(諸侯) 등의 食邑(식읍)

으로 큰 규모의 도읍지를 뜻한다. 国(くに)와 마찬가지로 '크다'에서 '크네-구네-구니-くに'로 이어진다. 위 ②의 おお와 의미 상으로 이음을 같이한다.

人名訓読例

① むら : 邑崎(むらさき), 邑山(むらやま), 邑上(むらかみ), 邑石(むらいし), 邑田(むらた).
② おお : 邑治(おおじ).
③ くに : 邑之(くにゆき), 邑憲(くにのり).

泣 읍	訓読	なき·なく
	音読	キュウ

訓読풀이

• なき·なく : 泣(읍)은 우는 것을 뜻한다.
'울다'에서 '울구-우구-아구-나구(ㅇ-ㄴ으로 변음)-なく'로 이어진다.

人名訓読例

• なき : 泣麻呂(なきまろ).

悒 읍	訓読	うれえる
	音読	ユウ

訓読풀이

• うれえる : 悒(읍)은 흐느껴 우는 것을 뜻한다.
'울다'에서 '우러라-우레에라-우레에루-うれえる'로 이어진다.

浥 읍·압	訓読	うるおう
	音読	ユウ·ヨウ

訓読풀이

• うるおう : 浥(읍)은 적시는 것을 뜻한다. 물이 우러나거나 늘어나거나 또는 불어날 때 주위 것들을 적신다. '우러나다'에서 '우러어-우루오-うるおう', '늘어나다'에서 '누러어-누루오-우루오(ㄴ-ㅇ으로 변음)-うるおう', '불어나다'에서 '부러어-부루오-우루오(ㅂ-ㅇ으로 변음)-うるおう'로 이어진다.
〈乍浥乍堆 : 郭璞 (사압사퇴 : 곽박)〉은 잠깐 내린 비로 물이 불어나 흙더미가 쌓인 장면을 나타내는데, 이 경우의 浥은 압(よう)로 음독된다.

挹 읍	訓読	くむ
	音読	ユウ

訓読풀이

• くむ : 挹(읍)은 잡아끄는 것을 뜻한다.
'끌다'에서 '끎-굼-구무-くむ'로 이어진다.

人名訓読例

• くむ : 挹前(くむさき).

揖 읍	訓読	ゆずる
	人名訓読	かじ·せが
	音読	ユウ

訓読풀이

① ゆずる : 揖(읍)은 내주는 것을 뜻한다. 揖讓(읍양)은 임금의 자리를 내준다는 뜻이다.
'내주다'에서 '내주라-내주루-애주루(ㄴ-ㅇ으로 변음)-유주루-ゆずる'로 이어진다.
② かじ : 揖은 지팡이(杖 : 장) 등을 꽂는다(끼다)는 뜻을 갖는다〈八十者 杖於朝見君揖杖 : 尚書大傳 (팔십자 장어조견군읍장 : 상서대전)〉.
'꽂다'에서 '곶-갖-가지-かじ'로 이어진다.
③ せが : 위 ②에서 지팡이를 꽂는다는 것

은 짚는다는 뜻이다.

'짚다'에서 '집고-지가-시가-세가-せが'로 이어진다.

人名訓読例

① かじ : 揖(かじ), 揖斐(かじい · せがい), 揖取(かじとり).

② せが : 揖飛(せがい), 揖斐(せがい).

【응】

応(應) 응	訓読	こたえる
	人名訓読	まさ
	音読	オウ

訓読풀이

① こたえる : 応(응)은 거두어 갖는 것, 받아들이는 것을 뜻한다〈其叔父實應且憎 : 國語 (기숙부실응차증 : 국어)〉.

'거두다'에서 '거두어라-고두에루-고다에루-こたえる'로 이어진다.

② まさ : 応諾(응낙)은 맞다고 거두어들이는 것을 뜻한다.

'맞다'에서 '마자-まさ'로 이어진다.

人名訓読例

• まさ : 応礼(まさのり), 応輔(まさすけ), 応叙(まさのぶ), 応子(まさこ), 応忠(まさただ), 応恒(まさつね).

凝 응	訓読	こらす·こる
	音読	ギョウ

訓読풀이

• こらす · こる : ㉮ 凝(응)은 엉기게 하는 것, 응결시키는 것, 한 곳에 집중시키는 것 등을 말한다. 耳(みみ)をこらす하면 귀를 한 곳으로 기울이는 것을 뜻하고, 注意(ちゅうい)をこらす 하면 주의를 기울이는 것을 뜻한다. '기울이다'에서 '기울려서-길려서-기러서-고라수-こらす'로 이어진다. ㉯ 어깨 근육이 한 곳으로 기울면서 모이면 어깨 결림(肩凝り : かたこり)이 생긴다. '결림'에서 '거리-고리-こり'로 이어진다.

人名訓読例

• こり : 凝地(こりち).

膺 응	訓読	むね
	人名訓読	おさむ
	音読	ヨウ

訓読풀이

① むね : 膺(응)은 마음 · 가슴을 뜻한다. ㉮ '마음'에서 '맘-마-무-む'로 이어지고 접미어 ね가 붙어 むね로 이어진다. '뫼'에서 '매-미-み'로 이어지고 접미어 ね가 붙어 みね(峰 · 嶺)로 이어지는 것과 같은 이치이다. ㉯ '맘-뭄-문-むね'로 이어진다.

② おさむ : 膺懲(응징)은 오랑캐를 치는 것을 뜻한다〈戎狄是膺 : 詩經 (융적시응 : 시경)〉.

'치다'에서 '침-참-삼-사무-さむ'로 이어지고, 접두어 お가 붙어 おさむ가 된다. 또한 '잡다'에서 '잡음-자음-잠-자무-さむ'로 이어지고, 접두어 お가 붙어 おさむ 가 된다.

人名訓読例

• おさむ : 膺(외자名).

軈 응	訓読	やがて
	音読	日本国字

訓読풀이

• やがて : 軈(やがて)는 무슨 일이 있은지 얼마 안 되어 곧 잇고서(이슥고) 다른 일이 일어남을 나타낸다. 日(ひ)が沈(し

ず)み, やがて月(つき)が出(で)て来(き)た 하면 해가 지고 곧 잇고서 달이 떴다라는 뜻이다.

'잇고서'에서 '이고서-아가서-아가세-아가데-やがて'로 이어진다.

鷹 응	訓読	たか
	音読	ヨウ·オウ

訓読풀이

• たか : 鷹(응)은 매를 뜻한다. 매는 높이 뜨고 난다.
'뜨다'에서 '뜨고-다고-다가-たか'로 이어진다.

人名訓読例

① たかし : 鷹(외자名).

② たか : 鷹満(たかみつ), 鷹養(たかかい), 鷹祐(たかのすけ), 鷹恭(たかやす), 鷹平(たかひら), 鷹子(たかこ).

【의】

衣 의	訓読	きぬ·ころも
	音読	イ·エ

訓読풀이

① きぬ : ㉮ 衣(의)는 옷을 입는 것을 뜻한다〈衣弊縕袍 : 論語 (의폐온포 : 논어)〉. 옷을 입을 때 끼어 입는다고 한다.
'끼다'에서 '낀다-낀-긴-기누-きぬ'로 이어진다. ㉯ 옷을 만드는 絹織物(견직물)의 絹에서 '견-긴-기누-きぬ'로 이어진다.

② ころも : 옷은 몸을 가리는 기능을 한다〈足衣(족의), 面衣(면의)〉. 한국어 옷고름의 '고름'도 몸을 가린다는 뜻에서 유래한 것이라 볼 수 있다. 튀김, 과자 등의 겉을 감싸 가리는 당의(糖衣)도 ころも라 한다.
'가림'에서 '가름-고름-고로모-ころも'로 이어진다.

人名訓読例

① きぬ : 衣(きぬ), 衣谷(きぬたに), 衣巻(きぬまき), 衣笠(きぬかさ), 衣子(きぬこ), 衣重(きぬえ).

② ころも : 衣(ころも), 衣目(ころめ), 衣川(ころもがわ).

医(醫) 의	訓読	いやす
	人名訓読	おさむ·ことお
	音読	イ

訓読풀이

① いやす : 医(의)는 병을 나아지게 하는 것을 뜻한다.
'나아지다'에서 '나아서-니아수-이야수(ㄴ-ㅇ으로 변음)-いやす'로 이어진다.

② おさむ : 医는 병을 잡아 고치는 것을 뜻한다. 医国(의국)은 나라를 잡아 잘 다스리는 것을 뜻한다.
'잡다'에서 '잡음-자음-잠-사무-さむ'로 이어지고 접두어 お가 붙어 おさむ로 이어진다.

③ ことお : 医는 병을 고치는 것을 뜻한다.
'고쳐'에서 '곶어-곧어-고도오-ことお'로 이어진다.

人名訓読例

• おさむ · ことお : 医(외자 名).

依 의	訓読	より·よる
	人名訓読	やす
	音読	イ·エ

訓読풀이

① より · よる : 依(의)는 ~으로 의지하고 살아가는 것, 버는 것 등을 나타낸다. 生

아

活費(せいかつひ)は親(おや)からの仕送(しおく)りによる 하면 생활비는 부모가 보내주는 돈으로 살아간다는 뜻이고 労働(ろうどう)による所得(しょとく) 하면 노동으로 번 소득이라는 뜻이다.
'으로'에서 '요로-요루-よる · より'로 이어진다.

② やす : 依는 편안히 쉬는 것을 뜻한다.
'쉬다'에서 '수-す'로 이어지고, 접두어 や가 붙어 やす(し)가 된다.

人名訓読例

① やすし : 依(외자 名).
② より : 依岡(よりおか), 依上(よりがみ), 依信(よりのぶ), 依子(よりこ), 依平(よりひら).
③ よ(より의 준말) : 依里子(よりこ), 依志夫(よしお), 依網(よあさ · よさみ), 依田(よた · よだ · よりた · よりだ).

宜 의	訓読	うべなう·よろしい
	人名訓読	こと·たか·のぶ·のり·まさ·やす·よし
	音読	ギ

訓読풀이

① うべなう : 宜(의)는 아름다움, 예쁨을 뜻한다〈好是宜德 : 太玄經 (호시의덕 : 태현경)〉.
'예쁘다'에서 '예베-우베-うべなう'로 이어진다. 예쁜(아름다운) 결과에 대해 긍정적 평가를 하게 되므로 うべなう는 긍정하는 것, 승낙하는 것도 뜻하게 된다.

② よろしい : 宜는 옳음을 나타낸다.
'옳소'에서 '올소-오르시-요로시-よろしい'로 이어진다.

③ こと : 옳다는 것은 '곧다'는 뜻이다.
'곧'에서 '고도-こと'로 이어진다.

④ たか : 宜는 형편이 좋아짐을 뜻한다〈計日用之権宜 : 後漢書 (계일용지권의 : 후한서)〉. 그 중 벼슬이나 사회적 지위가 높이 뜨게 됨을 나타낸다.
'뜨다'에서 '뜨고-다고-다가-たか'로 이어진다.

⑤ のぶ : 위 ④와 같이 벼슬이나 사회적 지위가 높아짐을 뜻한다.
'높아'에서 '노파-노푸-노부-のぶ'로 이어진다.

⑥ のり : 위 ②와 같이 宜는 옳음을 뜻한다.
'옳'에서 '올-놀(ㅇ-ㄴ으로 변음)-노리-のり'로 이어진다.

⑦ まさ : 宜는 도리에 맞음, 마땅함을 뜻한다.
'맞다'에서 '마자-まさ'로 이어진다.

⑧ やす : 위 ④에서와 같이 형편이 좋아지면 쉴 여유도 생긴다.
'쉬다'에서 '수-す'로 이어지고 접두어 や가 붙어 やす로 이어진다.

⑨ よし : '옳다'에서 '올-오시(받침 ㄹ-'시'로 분절)-요시-よし'로 이어지고, 또한 '옳치'에서 '오시-요시-よし'로 이어진다.

人名訓読例

① こと : 宜子(ことこ · のぶこ · のりこ · よしこ).
② たか : 宜広(たかひろ · よしひろ), 宜保(たかやす), 宜司(たかし), 宜也(たかや).
③ のぶ : 宜男(のぶお · よしお), 宜明(のぶあき), 宜彦(のぶひこ · よしひこ),

宜治(のぶはる), 宜弘(のぶひろ · よしひろ).

④ のり : 宜記(のりき), 宜嗣(のりつぐ · よしつぐ), 宜雄(のりお · のぶお · まさお · よしお), 宜正(のりまさ · よしまさ), 宜子(のりこ).

⑤ まさ : 宜雄(まさお).

⑥ やす : 宜慶(やすよし), 宜志(やすし).

⑦ よし : 宜康(よしやす), 宜高(よしたか), 宜民(よしたみ), 宜成(よしなり), 宜時(よしとき), 宜英(よしひで).

倚 의	訓読	より·よる
	音読	イ

訓読풀이

• より · よる : 倚几(의궤)는 책상 쪽으로 몸을 기대는 것을 뜻한다.
依(의)와 마찬가지로 '으로'에서 '요로－요루－よる'로 이어진다〈依(의 : より · よる) 참조〉.

人名訓読例

• より : 倚男(よりお), 倚子(よりこ).

猗 의	訓読	うるわしい
	人名訓読	しげ
	音読	イ

訓読풀이

① うるわしい : 猗(의)는 아름다움, 아리따움을 뜻한다.
麗(려 : うるわしい)와 마찬가지로 '아름(아리)'에서 '아루－우루－うるわしい'로 이어진다.

② しげ : 猗는 초목이 우거진, 꽉 차 있는 모양을 나타낸다.
茂(しげ)る마찬가지로 '차다'에서 '차고－차게－사게－시게－しげ(る)'로 이어진다.

人名訓読例

• しげ : 猗夫(しげお).

意 의	訓読	おもう·こころ
	人名訓読	まこと·もと·よし
	音読	イ

訓読풀이

① おもう : 意(의)는 생각 · 사려(思慮), 즉 뜻을 알고 있음을 뜻한다〈諸將各異意 : 魏志 (제장각이의 : 위지)〉.
思(おも)う와 마찬가지로 '알다'에서 '암－옴－오모－おもう'로 이어진다.

② こころ : 意는 곧은 의지 · 뜻을 나타낸다.
心(こころ)와 마찬가지로 '곧다'에서 '곧거라－고고로－こころ'로 이어진다.〈心(심 : こころ) 참조〉

③ まこと : 意는 맞는 것, 곧은 것을 뜻한다.
'맞는 것'에서 '맞것－마곧－마고도－まこと'로 이어진다.

④ もと : 意는 육근(六根)의 하나이다〈六根謂眼耳鼻舌身意 : 智度論 (육근위안이비설신의 : 지도론)〉. 즉 意는 밑 · 근본(根本)을 이루는 육근 중 하나가 된다.
'밑'에서 '몯－모토－もと'로 이어진다.

⑤ よし : '옳다'에서 '올－오시(받침 ㄹ－'시'로 분절)－요시－よし'로 이어지고, 또한 '올치－오시－요시－よし'로도 이어진다.

人名訓読例

① まこと : 意(외자 名).

② もと : 意徳(もとのり), 意舒(もとのぶ), 意成(もとなり), 意之(もとゆき), 意次(もとつぐ).

③ よし : 意春(よしはる).

아

義 의	訓読	よい·よし
	人名訓読	ただし·つとむ·とも·のり·まこと·よしのり·よしみ
	音読	ギ

訓読풀이

① よい · よし : 義(의)는 옳음을 뜻한다. '옳아'에서 '오아－요이－よい'로 이어지고, '옳치'에서 '오시－요시－よし'로 이어진다. 또한 '올'에서 '오시(받침 ㄹ－'시'로 분절)－요시－よし'로 이어진다.

② ただし : 옳다는 것은 떳떳함을 뜻한다. '떳떳'에서 '더더－다다－ただし'로 이어진다.

③ つとむ : ㉮ 義는 바른 길을 좇는 것을 뜻한다〈春秋無義戦 : 孟子 (춘추무의전 : 맹자)〉. '좇다'에서 '좇음－조츰－주돔－주도무－つとむ'로 이어진다. ㉯ 義는 바른 일을 위하여 힘(애)쓰는 것을 뜻한다. '쓰다'에서 '씀－수수무－수도무－つとむ'로 이어진다.

④ とも : 義는 혈연관계가 없는 사람과 동무 맺는 것을 뜻한다〈結義兄弟(결의형제)〉. '동무'에서 '도무－도모－とも'로 이어진다.

⑤ のり : '옳다'에서 '올－오리－노리(ㅇ－ㄴ으로 변음)－のり'로 이어진다.

⑥ まこと : 義는 도리에 맞음을 뜻한다. '맞는 것'에서 '마것－마곧－마고도－まこと'로 이어진다.

⑦ よしのり : '옳다'의 '올'에서 '오시－요시－よし'로 이어지고, 또한 '오리－노리－のり'로도 이어져 よしのり로 옳음을 두 번 강조하는 표현이 된다.

⑧ よしみ : '옳음'에서 '올음－오시음(받침 ㄹ－'시'로 분절)－요심－요시미－よしみ'로 이어진다.

⑨ より : '옳다'에서 '올－오리－요리－より'로 이어진다.

人名訓読例

① ただし · つとむ · のり · まこと · よし · よしのり · よしみ : 義(외자名).

② とも : 義子(ともこ).

③ のり : 義子(のりこ), 義正(のりまさ · よしさだ · よしのぶ · よしまさ), 義清(のりきよ · よしまさ), 義忠(のりただ · よしただ), 義明(のりあき · よしあき · よしはる)

④ よし : 義幹(よしこと · よしもと), 義鑑(よしあき · よしのり), 義建(よしたけ · よしたつ), 義公(よしひろ · よしまさ), 義貫(よしつら).

⑤ より : 義保(よりお · よしやす).

漪 의	訓読	さざなみ
	音読	イ

訓読풀이

• さざなみ : 漪(의)는 잔물결, 즉 자잘한 물결을 뜻한다. '자잘'에서 '자자－さざ'로 이어지고, 물결 · 파도를 뜻하는 '너울(거리다)'의 명사형 '넘'에서 '남－나미－なみ'로 이어져 さざなみ로 합성된다.

疑 의	訓読	うたがう
	音読	ギ

訓読풀이

• うだがう : 疑(의)는 사람이나 일, 방법 등에 대해 疑心(의심)하는 것을 뜻한다. 의심이라는 단어의 속뜻은 '어떠한 자가 어떠한 일로 어떻게 해서 그렇게 됐느냐'

하고 표현할 경우, '어떻게'가 의심 의문을 나타낸다.

'어떻게(어떡하다)'를 가나로 표기 하면 '어더게-우더게-우다가-うたがう'로 이어진다.

儀 의	訓読	のり
	人名訓読	ただし·よし
	音読	ギ

訓読풀이

① のり：儀(의)는 본보기, 법도, 모범을 뜻한다. 즉 옳은 것을 준칙으로 한다.
'옳다'에서 '올-놀(ㅇ-ㄴ으로 변음)-노리-のり'로 이어진다.

② ただし：儀는 떳떳한(옳은) 행동을 하기 위한 儀禮(의례), 儀法(의법)을 제시한다.
'떳떳'에서 '더덧-더더시-다다시-ただし'로 이어진다.

③ よし：儀는 ①, ②에서와 같이 올바른 법도를 가르친다.
'올'에서 '오시(받침 ㄹ-'시'로 분절)-よし'로 이어진다.

人名訓読例

① ただし：儀(외자 名).

② のり：儀達(のりさと), 儀秀(のりひで), 儀彦(のりひこ), 儀雄(のりお·よしお), 儀義(のりよし), 儀長(のりなが).

③ よし：儀武(よしたけ), 儀明(よしあき), 儀夫(よしお·のりお), 儀延(よしのぶ), 儀子(よしこ·のりこ), 儀典(よしのり).

毅 의	訓読	つよい
	人名訓読	こわし·たかし·たけし
	音読	キ

訓読풀이

① つよい·つよし：毅(의)는 센 것을 뜻한다.
'세다'에서 '세어-쓰여-つよい'로 이어진다.

② こわい·こわし：毅는 굳고 센(굳센) 것을 뜻한다.
'굳세다'에서 '긋에-구에-고에-고아-こわい'로 이어진다. 또한 '굳다'에서 '굳어-구어-고아-こわい'로 이어진다.
〔参考〕強(강：こわ)い와 이음을 같이한다.

③ たかし：毅然(의연)은 의지가 굳고 의연하게 홀로 높이 떠 있는 기상을 나타낸다.
'높이 뜨다'에서 '뜨고-다고-다가-たか(し)'로 이어진다.

④ たけし：毅는 이리 뛰고 저리 뛰면서 용맹을 떨치는 것을 나타낸다.
'뛰다'에서 '뛰게-두게-다게-たけ(し)'로 이어진다.

人名訓読例

① こわし·たけし·つよし：毅(외자 名).

② たか：毅彦(たかひこ·たけひこ), 毅史(たかし·つよし).

③ たけ：毅敏(たけとし), 毅州(たけくに), 毅智(たけとも), 毅直(たけなお), 毅憲(たけのり).

④ つよ：毅史(つよし).

아

誼 의	訓読	よい·よし·よしみ
	音読	ギ

訓読풀이

• よい · よし · よしみ : 誼(의)는 옳음을 뜻한다.
'올'에서 '올아-오아-오이-よい', '올-오시(받침 ㄹ-'시'로 분절)-よし'로 이어지고, '옳음'에서 '올음-오시음(받침 ㄹ-'시'로 분절)-오심-오시미-よしみ'로 이어진다.

人名訓読例

① よしみ : 誼(외자 名).
② よし : 誼紀(よしのり), 誼夫(よしお), 誼衡(よしひろ).

縊 의·액	訓読	くびれる·くびる
	音読	イ

訓読풀이

• くびる · くびれる : ㉮ 縊(의)는 목을 매는 것을 뜻한다〈縊首(의수)〉. 목(首 : くび)에서 동사화 되어 くびる가 된다. ㉯ 목을 '구부려 죽이다〈縊殺(액살)〉'에서 '구부려-구부-구비-くびる'로 이어진다.

擬 의	訓読	なぞらえる· もどく·まかい
	人名訓読	かじ
	音読	ギ

訓読풀이

① なぞらえる : 擬(의)는 의심한다는 뜻을 갖는다. 수수께끼를 뜻하는 謎(なぞ)와 마찬가지로 의심한다는 것도 なぞの人物(じんぶつ)처럼 '어찌하여 · 어쩌나'에서 비롯된다.
'어찌'에서 '어지-아조-나조(ㅇ-ㄴ으로 변음)-なぞ'로 이어지고, なぞられる로 동사화 된다. 擬는 의심스러운 것을 견주어본다는 뜻에서 비교한다는 뜻도 갖는다.
② もどく : 擬는 모방(模倣)한다는 뜻을 갖는다. 모방은 원래 본래의 것처럼 만든다는 뜻이다.
戻(もど)る와 마찬가지로 원래 · 본래를 뜻하는 もど(原 · 本 등)에서 동사화 되어 もどく로 이어진다〈原(원) · 本(본) · 元(원) 참조〉.
③ まかい : まかい의 ま는 '맞다'의 '맞'에서 '마-ま'로 이어진 眞(진)을 뜻하고, かい는 '갈다'에서 '갈아-가아-가이-かい'로 이어져 まかい로 합성된다. 따라서 まかい는 맞은 것(眞)을 갈아치운 모조 · 모조품을 뜻하게 된다.
④ かじ : 擬는 모방하여 진품과 같이 만드는 것을 뜻한다.
'같이'에서 '같-갖-가지-かじ'로 이어진다.

人名訓読例

• かじ : 擬媛(かじひめ).

礒 의	訓読	いそ
	音読	ギ

訓読풀이

• いそ : 礒(의)는 너설을 뜻한다. 너설은 바위나 돌 따위가 삐죽삐죽 나온 험한 곳으로 물가나 둔치를 나타낸다.
'너설'에서 '어서(ㄴ-ㅇ으로 변음)-이서-이소-いそ'로 이어진다.
〔参考〕 磯(기 : いそ)와 이음을 같이한다.

人名訓読例

• いそ : 礒江(いそえ), 礒崎(いそざき),

礒島(いそじま), 礒本(いそもと), 礒山(いそやま), 礒村(いそむら).

議 의	訓読	はかる
	音読	ギ

訓読풀이

- はかる : ㉮ 議(의)는 한자어로 議論(의론), 相議(상의), 諮問(자문), 諮議(자의), 討論(토론), 論争(논쟁), 説明(설명) 등의 뜻을 갖는다. 이 모든 한자어의 풀이는 그것을 통하여 문제점을 밝히는 것을 주요 내용으로 한다. '밝히다'에서 '발키라–바카라–바카루–はかる'로 이어진다. ㉯ 계획 등을 論議(논의)한다는 뜻이 있다. '하다'에서 '하거라–하가루–はかる'로 이어진다. ㉰ 論議한다는 것은 여러 계획을 헤아려본다는 뜻이 된다. '헤다'에서 '헤거라–하가루–はかる'로 이어진다.

人名訓読例

- はかる : 議(외자 名).

饐 의	訓読	すえる
	音読	イ·エイ

訓読풀이

- すえる : 饐(의)는 음식이 쉬어 맛이 변하는 것을 뜻한다〈食饐而餲 : 論語 (식의이애 : 논어)〉.
  '쉬다'에서 '쉬어–수에–すえる'로 이어진다.

懿 의	訓読	よし
	人名訓読	あつし·あつ
	音読	イ

訓読풀이

① よし : 懿(의)는 옳음, 좋음을 뜻한다.
'옳다'에서 '올–오시(받침 ㄹ–'시'로 분절)–요시–よし'로 이어지고, '옳치'에서 '오시–요시–よし'로 이어진다.

② あつ · あつし : 懿(의)는 깊이 차는 것을 뜻한다〈女執懿筐 : 詩經 (여집의광 : 시경)〉.
'차다'에서 '차–추–つ'로 이어지고, 접두어 あ가 붙어 あつ · あつし로 이어진다.

人名訓読例

① あつし : 懿(외자 名).
② よし : 懿夫(よしお), 懿誉(よししげ), 懿子(よしこ · あつこ), 懿造(よしぞう).
③ あつ : 懿子(あつこ).

【이】

二 이	訓読	ふた·ふたつ
	人名訓読	かず·すすむ· つぎ·つぐ· つぐる·つずき
	音読	ニ·ジ

訓読풀이

① ふた · ふたつ : 二(이)는 둘을 뜻한다. 한국 고대어에서 둘을 두흘이라고 했다〈鶏林類事 (계림유사)〉. 하나를 뜻하는 홀이 둘이므로 '둘홀–두홀'로 쓰인 것으로 풀이될 수 있다.
'홀둘'에서 '호들–후달–후다(쑤 : 받침 ㄹ–'쑤'로 분절)–ふた · ふたつ'로 이어진다.

② かず : 二는 같은 하나(一)가 대등한 짝을 이룸을 나타낸다〈功無二於天下 : 史記 (공무이어천하 : 사기)〉.
'같다'에서 '갖–가주–かず'로 이어진다.

③ すすむ : 二男(이남)은 지위에 있어서

長男(장남)을 좇는 次男(차남)의 위치이다.

'좇음'에서 '조춤-소수무-수수무'로 이어진다.

④ つぎ・つぐ・つぐる : 二는 ③에서와 같이 예컨대 長官(장관)을 좇아가는 次官(じかん)의 위치이다.

次(차 : つぎ・つぐ)와 마찬가지로 '좇구'에서 '조구-주구-つぎ・つぐ'로 이어진다. 또한 '좇다'의 명령형 '좇거라'에서 '주거라-주구루-つぐる로 이어진다.

⑤ つずき : ③, ④에서와 같이 '좇다'에서 '조추기-주추기-주주기-つずき'로 이어진다.

人名訓読例

① すすむ・つぐ ・つぐる・つずき : 二(외자 名).

② ふた : 二角(ふたかど), 二橋(ふたはし), 二国(ふたくに), 二島(ふたしま), 二山(ふたやま), 二星(ふたぼし), 二松(ふたまつ).

③ ふたつ : 二谷(ふたつや), 二木(つたつき・つたき), 二瓶(ふたつかめ・ふたかめ), 二ツ木(ふたつき), 二ツ森(ふたつもり).

④ かず : 二祐(かずすけ), 二裕(かずすけ), 二子(かずこ).

⑤ つぎ : 二百(つぎお), 二徳(つぎのり), 二男(つぎお・つぐお・ふたお), 二夫(つぎお・つぐお), 二彦(つぎひこ), 二葉(つぎのぶ・ふたば).

⑥ つぐ : 二亮(つぐすけ), 二三(つぐぞう), 二雄(つぐお), 二眞(つぐちが).

已 이	訓読	すでに・やむ・やめる
	人名訓読	み
	音読	イ

訓読풀이

① すでに : 已(이)는 어떤 일이 과거 어느 시점에 벌어지거나 끝났음(과거완료 또는 현재)을 나타내고, 또는 그로 인해 모든 일이 연관되어 일어남을 뜻한다. 終電(しゅうでん)はすでにでてしまった 하면 막차는 드디어(이미・벌써) 떠나 버렸다는 말이다. 手術(しゅじゅつ)をしてもすでに手遅(ておく)れだ 하면 수술을 하더라도 때가 늦어 드디어 죽거나 병신이 되게 되었다는 말이다.

'드디어'에서 '두디너(ㅇ-ㄴ으로 변음)-수데니-すでに'로 이어진다.

② やむ・やめる : 已는 止(や)む와 마찬가지로 계속되던 일이 어느 단계에 이르러 멈추는 것, 즉 더 하지 않음을 뜻한다〈鷄鳴不已 : 詩經 (계명불이 : 시경)〉. 話(はなし)をやめる 하면 말을 더 하지 않음을 뜻한다.

'않음'에서 '안음-아음-암-やむ・やめる'로 이어진다. '앓음'에서 '알음-아음-암-야무-やむ'로 이어지는 것과 이치를 같이한다.

③ み : 위 ②에서 더 하지 않는다는 것은 그 일을 하다가 또는 하려다 마는 것을 뜻한다.

'마'에서 '마-미-み'로 이어진다.

〔参考〕 己(기)도 み로 훈독되는데, 그것은 몸을 뜻하므로 身(신)과 마찬가지로 '몸'에서 '모-미-み'로 이어진다. 한편 已에는 몸이란 뜻이 없으므로 己와 已의 인명훈독 み는 서로 다른 뜻을 갖는다.

己와 已의 字形(자형)이 유사하여 已의 인명훈독에서 み를 쓰게 되었다고 보기도 한다.

人名訓読例

• み：已代志(みよし).

以 이	訓読	おもう·もちいる·もって
	人名訓読	これ·しげ·とも·ゆき·より
	音読	イ

訓読풀이

① おもう：以(이)는 무엇을 무엇으로 생각한다, 여긴다는 뜻이다〈吾以汝爲死矣：論語(오이여위사의：논어)〉. 생각한다는 것은 안다는 뜻이다.
'알다'에서 '암–옴–오모–おもう'로 이어진다. 또한 '여기다'에서 '역임–여임–염–옴–오모–おもう'로도 이어진다〈思(사：おも)う 참조〉.

② もちいる·もって：以는 用(용)과 마찬가지로 쓴다는 뜻을 갖는다. 彼(かれ)を有能(ゆうのう)とみて重(おも)くもちいる 하면 그를 유능하다고 보고 중용하여 그에게 큰일을 맡긴다는 뜻이다.
'맡기다'에서 '맡–마디–모디–もちいる'로 이어진다〈用(용：もち)いる 참조〉. 또한 '맡'에서 '몯–모테–もって'로 이어진다.

③ これ：以는 말이나 문장의 앞에 놓여 발어사 역할을 한다. 말문을 열 때 '그래·그래요'라는 뉘앙스를 갖는다.
'그래'에서 '고래–これ'로 이어진다.

④ しげ：以는 무엇으로 삼는다는 뜻을 갖는다〈以信爲左丞相：史記 (이신위좌승상：사기)〉.
'삼다'에서 '삼게–사게–시게–しげ'로 이어진다. 또한 ②에서와 같이 '쓰다'에서 '쓰게–스게–시게–しげ'로도 이어진다.

⑤ とも：以는 함께 한다, 동무한다는 뜻을 갖는다〈不我以歸：詩經 (불아이귀：시경)〉.
'동무'에서 '도무–도모–とも'로 이어진다.

⑥ ゆき：以는 간다는 뜻을 갖는다〈以其族行：左氏傳 (이기족행：좌씨전)〉.
'가다'의 반대어인 '오다'에서 '오기–우기–유기–ゆき'로 이어지고, '간다'는 뜻으로 反意語化(반의어화) 된다〈行(행：ゆ)く 참조〉.

⑦ より：以長擊短(이장격단)은 장점으로 단점을 친다는 뜻으로, 수단인 ~으로(써)의 以의 뜻을 나타낸다.
'으로'에서 '오로–오리–요리–より'로 이어진다.

人名訓読例

① もち：以紀(もちのり), 以長(もちなが), 以政(もちまさ), 以悦(もちよし), 以俊(もちとし), 以行(もちつら).
② これ：以言(これとき·もちとき), 以正(これまさ).
③ しげ：以臣(しげみ), 以明(しげあき).
④ とも：以之(ともゆき).
⑤ ゆき：以久(ゆきひさ), 以仙(ゆきのり), 以修(ゆきまさ), 以親(ゆきちか).
⑥ より：以文(よりふみ).

伊 이	人名訓読	これ·よし
	音読	イ

訓読풀이

① これ：伊(이)는 말이나 문장의 앞에 놓여 발어사 역할을 하거나〈伊餘來墍：詩

經 (이여래기 : 시경)〉, 중간에 놓여 어조를 고르는 어조사 역할을 한다〈嘉薦伊脯 : 儀禮 (가천이포 : 의례)〉. 영어에서는 well을 뜻하고, 한국어로 풀이 하면 말문을 여는 '그래 · 그래요'라 할 수 있다.

'그래'에서 '고래–これ'로 이어진다. 伊는 '그 사람'이라는 뜻도 갖는데 '그'에서 '고–고래–これ'로도 이어진다.

② よし : 위 ①에서 발어사나 어조사로는 '옳치'로 대치할 수도 있다. '옳치'라고 할 수도 있고 '옳치 그래'라고 말문을 열거나(발어) 어조를 고를 수 있다.

'옳치'에서 '오시–요시–よし'로 이어진다. 伊는 옳음을 뜻하는 是(시)와 같은 뜻으로 쓰인다.

人名訓読例

① これ : 伊綱(これつな), 伊秀(これひで), 伊信(これのぶ), 伊尹 (これただ), 伊忠(これただ), 伊衡(これひら).

② よし : 伊位(よしのり), 伊人(よしひと), 伊子(よしこ), 伊定(よしやす), 伊賢(よしただ).

夷 이	訓読	えびす
	人名訓読	ひら·やす
	音読	イ

訓読풀이

① えびす : 夷(이)는 오랑캐를 뜻한다. 夷蛮戎狄(이만융적)은 東夷(동이), 南蛮(남만), 西戎(서융), 北狄(북적)을 말하며 모두 えびす로 훈독된다. 이들은 모두 오랑캐로 업신여김의 대상이다.

'업신'에서 '어브시–에비수–えびす'로 이어진다.

② ひら : 夷는 평평함, 즉 펼쳐져서 평평하게 됨을 뜻한다.

平(ひら)과 마찬가지로 '펴다'에서 '펴라–피라–ひら'로 이어진다.

③ やす : 夷는 평온함, 쉬는 듯한 모양을 나타낸다〈我心則夷 : 詩經 (아심즉이 : 시경)〉.

'쉬다'에서 '수–す'로 이어지고, 접두어 や가 붙어 やす가 된다.

人名訓読例

① えびす : 夷(えびす), 夷屋(えびすや).

② やす : 夷正(やすまさ).

弛 이	訓読	たゆむ·たるむ·ゆるむ
	音読	シ·チ

訓読풀이

① たゆむ : 弛(이)는 마음이 느슨해지는 것, 긴장도가 달리는(떨어지는) 것을 뜻한다. たゆむなく努力(どりょく)した하면 긴장감을 달리게(떨어지게) 하지 않고 꾸준히 노력했다는 뜻이다.

'달리다(떨어지다)'에서 '달림–다임–다윰–다유무–たゆむ'로 이어진다.

② たるむ : ①에서와 같이 '달리다(떨어지다)'에서 '달림–다룸–다루무–たるむ'로 이어진다.

③ ゆるむ : 弛는 緩(완 : ゆる)む와 마찬가지로 느린 것을 뜻한다.

'느리다'에서 '느림–누룸–우루무(ㄴ–ㅇ으로 변음)–ゆるむ'로 이어진다.

怡 이	訓読	よろこぶ
	人名訓読	はる·よし
	音読	イ

訓読풀이

① よろこぶ : 怡(이)는 옳게 되어 가는 것을 보면서 기뻐하는 것을 나타낸다.

'올'에서 '오로–よろ'로 이어지고, '기뻐'

에서 '기버-고부-こぶ'로 이어져 よろこぶ로 합성된다.

② はる：怡는 ①에서와 같이 옳은 것을 보면서 기뻐서 밝은 표정을 짓는 것을 나타낸다.
'밝다'에서 '발-바루-はる'로 이어진다.

③ よし：①에서의 '옳다'에서 '올-오시(받침 ㄹ-'시'로 분절)-よし'로 이어지고, '옳지'에서 '오시-요시-よし'로 이어진다.

人名訓読例

① はる：怡子(はるこ).
② よし：怡三(よしみ).

易 이·역	訓読	かえる·かわる· やさしい·やすい
	人名訓読	おさむ
	音読	イ·エキ

訓読풀이

① かえる・かわる：易(역)은 갈아 바꾸는 것을 뜻한다. 手形(てがた)を現金(げんきん)にかえる 하면 어음을 현금으로 갈아 바꾼다는 말이다.
'갈다'에서 '갈아라-가아라-가에(와)루-かえ(わ)る'로 이어진다.

② やさしい：易(이)는 쉬운 것을 뜻한다.
'쉽다'에서 '쉽지-수지-사지-사시-さし'로 이어지고, 접두어 や가 붙어 やさしい로 합성된다.

③ やすい：㉮ '쉽다'에서 '쉬-수-す'로 이어지고, 접두어 や가 붙어 やすい가 된다. ㉯ 易(이)는 편안한 것, 쉬는 것을 뜻한다. '쉬다'에서 '수-す'로 이어지고 접두어 や가 붙어 やすい로 이어진다.

④ おさむ：易(이)는 (잡아)다스리는 것을 뜻한다〈易其田疇：孟子 (이기전주：맹자)〉.
'잡다'에서 '잡음-자음-잠-삼-사무-さむ'로 이어지고 お가 붙어 おさむ로 합성된다.

人名訓読例

① おさむ・やすし：易(외자 名).
② やす：易久(やすひさ), 易英(やすひで), 易子(やすこ), 易正(やすまさ), 易重(やすしげ), 易直(やすなお).

袘 이	訓読	ふき
	音読	イ

訓読풀이

• ふき：袘(이)는 일본 옷에서 소매나 단의 안감을 겉의 천보다 약간 더 나오게 단처럼 붙인 부분을 가리킨다.
'붙다'에서 '붙기(부치기)-부기-ふき'로 이어진다.

異 이	訓読	こと·ことなる
	音読	イ

訓読풀이

• こと・ことなる：異見(이견), 異論(이론)은 意見(의견)이나 議論(의론)이 같지 않고 다르게 갈아짐을 뜻한다.
'갈다'에서 '갈-골-고도(받침 ㄹ-'도'로 분절)-こと(なる)'로 이어진다.

人名訓読例

• こと：異浦(ことうら).

移 이	訓読	うつす·うつる
	音読	イ

訓読풀이

• うつす・うつる：移行(이행)은 옮아가는 것, 移動(이동)은 옮아 가면서 움직이는 것을 뜻한다.

아

'옮다(옮기다)'에서 '올-울-우쑤(ㄹ받침-'쑤'로 분절)-うつす · うつる'로 이어진다.

人名訓読例

① うつし：移川(うつしかわ).

② うつり：移川(うつりかわ · うつりがわ).

貽 이	訓読	おくる·のこす
	音読	イ

訓読풀이

① おくる：貽(이)는 贈(おく)る와 마찬가지로 넘겨주는 것을 뜻한다.
'넘기다'에서 '넘겨라-너구루-누구루-오구루(ㄴ-ㅇ으로 변음)-おくる'로 이어진다. 한편 넘겨주는 것은 옮겨준다는 뜻이기도 하다. '옮기라-오구라-오구루-おくる'로 이어진다.

② のこす：㉮ 貽는 남긴다는 뜻을 갖는다〈貽厥子孫：書經 (이궐자손：서경)〉. 貽訓(이훈)은 교훈을 남긴다는 말이다. '남기다'에서 '남고-나고-노고-のこす'로 이어진다. ㉯ 위 ①에서의 '옮기다'에서 '옴겨-오고-노고(ㅇ-ㄴ으로 변음)-のこす'로 이어지고, '넘기다'에서 '넘겨-너고-노고-のこす'로 이어진다.

餌 이	訓読	え·えさ
	音読	ジ

訓読풀이

• え · えさ：餌(이)는 모이, 먹이를 뜻한다. 제주방언에서는 모이, 먹이를 '잇밥'이라고 한다.
'잇'에서 '잇-엣-에사-えさ'로 이어진다. 줄여 え라고도 한다.

人名訓読例

• え：餌釣(えずり), 餌取(えとり).

頤 이	訓読	あご
	人名訓読	やすし
	音読	イ

訓読풀이

① あご：頤(이)는 턱을 뜻한다. 턱이란 본래 물고기의 아가미에 해당한다.
'아가미'에서 '아가-아고-あご'로 이어진다. 또한 한국어에서는 입을 아가리라고 하는데 입이나 턱은 붙어 있어 아가리 즉 턱이다. '아가리'에서 '아가-아고-あご'로 이어진다.

② やすし：頤는 손을 후히 대접하여 편히 쉬게 하는 것을 뜻한다〈観享頤賓：左思 (관향이빈：좌사)〉.
'쉬다'에서 '수-す'로 이어지고, 접두어 や가 붙어 やすし가 된다.

人名訓読例

• やすし：頤(외자 名).

彝 이	人名訓読	つね
	音読	イ

訓読풀이

• つね：彝(이)는 이제나, 저제나, 언제나 변하지 않은 도(道), 법칙을 뜻한다.
常(つね)와 마찬가지로 '(언)제나'에서 '주나-주네-つね'로 이어진다.

人名訓読例

• つね：彝(つね), 彝倫(つねのり), 彝雄(つねお).

【익】

杙 익	訓読	くい
	音読	ヨク

訓読풀이

- くい : 杙(익)은 말뚝을 뜻한다. 말뚝은 땅에 꽂는 것이다.
  '꽂다'에서 '곶아-고아-구아-구이-くい'로 이어진다.

人名訓読例

- くい : 杙瀬(くいぜ).

益(益) 익	訓読	まし·ます
	人名訓読	よし
	音読	エキ·ヤク

訓読풀이

① まし・ます : 益(익)은 많아지는 것을 뜻한다.
'많다'에서 '많지-마지-마시-まし・ます'로 이어진다.

② よし : 益友(익우)는 사귀어서 도움이 되는 올바른 친구라는 뜻이고, 益者三友(익자삼우)는 세 가지 유형의 유익한 벗으로 정직한 사람, 신의가 있는 사람, 견문이 많은 사람, 즉 올바른 성품을 가진 사람을 말한다.
'올'에서 '오시(받침 ㄹ-'시'로 분절)-요시-よし'로 이어진다.

人名訓読例

① ますし : 益居(ましい・ますい), 益城(ましき・ますき), 益子(ましこ・ますこ), 益田(ましだ・ますだ), 益立(ましたち).

② ます : 益岡(ますおか), 益谷(ますたに), 益本(ますもと), 益富(ますとみ), 益池(ますいけ), 益樹(ますき).

③ よし : 益満(よします・ますみつ), 益嗣(よしつぐ・ますたね), 益輝(よしてる・ますてる).

翼(翼) 익	訓読	つばさ·たすく·たすけ
	音読	ヨク

訓読풀이

① つばさ : 翼(익)은 날개를 뜻한다. 날개는 본체가 날도록 돕는 기능을 한다.
돕다의 어간 '돕'에서 '도바-두바-つば(さ)'로 이어진다.

② たすく・たすけ : 翼成(익성 : 일을 도와 성취시킴), 翼賛(익찬 : 받들어 도움)에서처럼 翼은 돕는다는 뜻을 갖는다.
위 ①에서와 같이 '돕다'에서 '도와서-돠서-다수-たすく・たすけ'로 이어진다.

人名訓読例

- つばさ・たすく・たすけ : 翼(외자 名).

【인】

人 인	訓読	ひと
	人名訓読	たみ
	音読	ジン·ニン

訓読풀이

① ひと : 人(인)은 사람, 인간, 남을 뜻한다. 지금도 사람 수가 적은 마을에서는 마을사람, 남들이 모두 벗이 된다. 옛날에도 만나는 사람이면 모두 벗으로 여겼을 것이다.
'벗'에서 '벋-빋-비도-ひと'로 이어진다.

② たみ : ㉮ 사람이라는 단어는 '살(生)+(접사)'에서 유래한 것으로 본다. '살다'에서 '삼-사미-다미-たみ'로 이어진다.
㉯ 옛날 神政(신정)이나 王政(왕정) 시대 백성의 삶은 신이나 왕을 섬기는 것이 첫째 본분이었을 것이다. '섬기다'에서 '섬-삼-다미-たみ'로 이어진다.

人名訓読例

① ひと : 人功(ひとのり), 人上(ひとかみ), 人成(ひとなり), 人足(ひとたり), 人塚(ひとずか), 人形(ひとかた).
② たみ : 人雄(たみお · ひとお).

刃(刄) 인	訓読	は·やいば
	音読	ジン·ニン

訓読풀이

① は : 인(刃)은 칼날의 이(이빨)을 뜻한다. はがこぼれる 하면 칼날의 이(이빨)가 빠진다는 뜻이다.
歯(は)와 마찬가지로 '이빨'에서 '빨–발–바–は'로 이어진다.
② やいば : ①에서의 '칼날 이빨'에서 '날이빨–나이바–아이바(ㄴ–ㅇ으로 변음)–야이바–やいば'로 이어진다.

仁 인	訓読	ひと
	人名訓読	きみ·ひろ·まさ·よし
	音読	ジン·ニ·ニン

訓読풀이

① ひと : 仁(인)은 사람을 뜻한다〈井有仁焉 : 論語 (정유인언 : 논어)〉.
人(ひと)과 마찬가지로 '벗'에서 '벋–빋–비도–ひと'로 이어진다. 또한 仁은 벗에 대한 경칭이다.
② きみ : きみ(君)는 임금, 군주를 뜻하면서 벗 사이에 친근하게 부르는 호칭이기도 하다. 仁이 인명에서 きみ로도 훈독되는 것으로 보아 仁이 ①에서와 같이 벗에서 ひと로 이어짐을 이해할 수 있다〈君(군 : きみ) 참조〉.
③ ひろ : 仁은 박애(博愛)를 뜻한다. 박애는 사랑을 널리 펼치는 것을 말한다〈博愛之謂仁 : 韓愈 (박애지위인 : 한유)〉.
'펼치다(벌리다)'에서 '벌–빌–비로–ひろ'로 이어진다.
④ まさ : 仁은 모든 덕의 총칭이다〈渾然興物同體 義禮智信皆仁也 : 識仁篇 (휘연여물동체 의례지신개인야 : 식인편)〉. 즉 맞고 옳음을 뜻한다.
'맞다'에서 '맞아–마자–まさ'로 이어진다.
⑤ よし : 仁은 ④에서와 같이 옳음을 뜻한다.
'옳–올'에서 '오시(받침 ㄹ–'시'로 분절)–요시–よし'로 이어지고, '옳치'에서 '오시–요시–よし'로 이어진다.

人名訓読例

① ひと : 仁久(ひとひさ · よしひさ), 仁根(ひとね), 仁代(ひとよ), 仁明(ひとあき), 仁茂(ひとしげ), 仁昭(ひとあき).
② きみ : 仁男(きみお · ひろお), 仁礼(きみひろ), 仁世(きみよ), 仁彦(きみひこ · きみよし · ひとひこ · まさひこ · よしひこ), 仁子(きみこ · ひとこ · ひろこ · まさこ · よしこ).
③ ひろ : 仁夫(ひろお · きみお · ひとお · まさお · よしお), 仁人(ひろひと), 仁男(ひろお), 仁子(ひろこ).
④ まさ : 仁監(まさあき), 仁博(まさひろ), 仁勝(まさかつ), 仁之(まさゆき · きみゆき · ひとゆき · ひとし), 仁暢(まさゆき), 仁弘(まさはる).
⑤ よし : 仁宏(よしひろ · まさひろ), 仁文(よしぶみ · ひろふみ), 仁秀(よしひで), 仁信(よしのぶ), 仁詮(よしあきら), 仁孝(よしたか · よしゆき).

引 인	訓読	ひく·ひける
	人名訓読	ひろ
	音読	イン

訓読풀이

① ひく · ひける : 引(인)은 빼다 · 뽑다를 기본 의미로 한다. 大根(だいこん)をひく 하면 무를 땅속에서 뽑는 것이고, くじをひく 하면 제비를 뽑는 것이다. 値段(ねだん)を一(いち)割(わり)ひく 하면 값을 10퍼센트 뺀다는 뜻이고, 声(こえ)を長(なが)ひく 하면 목소리를 길게 뽑는다는 뜻이다.
빼다(뽑다)에서 '빼고(뽑고)–배고–비구–ひく'로 이어진다.

② ひろ : 引은 길게 빼어 펼치는(벌리는) 것을 뜻한다〈子子孫孫 引無極也 : 爾雅(자자손손 인무극야 : 이아)〉.
'펼(벌)'에서 '버로–비로–ひろ'로 이어진다.

人名訓読例

① ひき : 引間(ひきま), 引口(ひきぐち), 引木(ひきぎ), 引野(ひきの), 引場(ひきば), 引田(ひきた · ひきだ).

② ひろ : 引重(ひろしげ), 引盧(ひろよし).

印 인	訓読	しるし·しるす
	音読	イン

訓読풀이

• しるし · しるす : 印(인)은 표시하는 것을 뜻한다. 地図(ちず)に丸(まる)をしるす 하면 지도에 동그라미를 표시하는 것인데, 동그라미를 그리려면 뾰족한 것으로 찌르면서 그리게 된다.
'찌르다'에서 '질러서–지러서–시루수–しるす'로 이어진다.

〔参考〕 標(표), 記(기)와 이음(しるす)을 같이한다.

因 인	訓読	ちなみ·ちなむ·より·よる
	人名訓読	ゆかり
	音読	イン

訓読풀이

① ちなみ · ちなむ : 因(인)은 인연, 관계를 뜻한다. 인연이란 같이 지내면서 친한 관계가 이루어짐을 말한다〈因不失其親 : 論語 (인불실기친 : 논어)〉. 何(なん)のちなみもない土地(とち)는 아무 인연도 없는 고장이라는 뜻인데, 그것은 그곳에 살아 지낸 적도 없고 같이 지내는 친한 친구도 없다는 뜻이다.
'지내다'에서 '지남–지나미–ちなみ'로 이어진다.

② より · よる : 労働(ろうどう)による所得(しょとく)는 노동으로 얻은 소득이라는 뜻이다. 이처럼 因은 원인(原因), 인연(因縁)을 나타내는 후치사 '~으로(에로)'가 동사화 되어 '으로(에로)–요리–より · よる'로 이어진다.

③ ゆかり : 因은 인연이나 관계가 이어짐을 뜻한다. '잇다'에서 '잇거라–이가리–유가리–ゆかり'로 이어진다.

人名訓読例

① ちなみ · ゆかり : 因(외자 名).

② より : 因陰(よりかげ), 因子(よりこ), 因香(よりか).

忍(忍) 인	訓読	しのび·しのぶ
	人名訓読	おし·ぬき
	音読	ニン

訓読풀이

아

① しのび・しのぶ：忍(인)은 숨는다는 뜻과 참는다는 뜻을 갖는다. ㉮ '숨다'에서 '숨-심-신-시노-しのび・しのぶ'로 이어진다. ㉯ '참다'에서 '참-침-심-시노-しのび・しのぶ'로 이어진다.

② おし：참는다는 것은 괴로움이나 감정을 눌러 참는다는 뜻이다.
'눌'에서 '누시(받침 ㄹ-'시'로 분절)-노시-오시(ㄴ-ㅇ으로 변음)-おし'로 이어진다.

③ ぬき：위 ②의 '누르다'에서 '누르기-눌기-누기-ぬき'로 이어진다.

人名訓読例

① おし・しのび・しのぶ：忍(외자名).

② おし：忍谷(おしたに), 忍垂(おしだり), 忍田(おしだ・しのだ), 忍沢(おしざわ), 忍坂(おしさか), 忍海(おしうみ).

③ しの・しのぶ：忍久保(しのくぼ), 忍籐(しのとう・しのふじ), 忍野(しのぶの), 忍田(しのだ).

④ ぬき：忍足(ぬきあし・おしあし・おしたり・おしだり).

咽 **인·연·열**	訓読	のと・のむ・むせぶ
	音読	イン・エン・エツ

訓読풀이

① のと：咽(인)은 목구멍을 뜻한다. 목구멍은 음식이 넘어 가는 덧(문)이다.
'넘'과 '덧(문)'이 합성되어 '넘덧-너더-노도-のと'로 이어진다.

② のむ：咽(연)은 음식을 넣어 삼키는 것을 뜻한다〈三咽然後 耳有聞：孟子 (삼연연후 이유문：맹자)〉.
'넣다'에서 '넘-놈-노무-のむ'로 이어진다.
〔参考〕飮(음), 呑(탄), 嚥(연)과 이음을 같이한다.

③ むせぶ：咽(열)은 연기, 음식, 눈물, 먼지 등으로 목이 메는 것을 뜻한다. 烟(けむり)にむせぶ 하면 연기로 목이 메는 것을 말한다. 咽은 噎(열)과 마찬가지로 '멜 열' 자이다.
'멜'에서 '물-무세(받침 ㄹ-'세'로 분절)-むせぶ'로 이어진다.
〔参考〕噎(열：むせ)ぶ와 이음을 같이한다.

人名訓読例

• のと：咽原(のどはら).

寅 **인**	訓読	とら
	人名訓読	たけ・とも・のぶ
	音読	イン

訓読풀이

① とら：寅(인)은 지지(地支)의 세 번째로, 동물로는 호랑이를 나타낸다. とらは死(し)して皮(かわ)を留(とど)め人(ひと)は死(し)して名(な)を残(のこ)す라는 말처럼 호랑이가 다른 동물에 비하여 인간에게 더욱 매력적인 것은 부드럽고 아름다운 털 때문이라고 할 수 있다.
아름다운 '털'에서 '털-터라-토라-とら'로 이어진다.

② たけ：호랑이는 용맹(勇猛)스럽다.
猛(たけ)와 마찬가지로 거세게 '뛰다'에서 '뛰게-두게-다게-たけ'로 이어진다.

③ とも：寅은 동무, 동료를 뜻한다. 同寅(동인)은 지난날 높은 벼슬아치들 사이에 동료라는 뜻으로 쓰던 말이다.
友(とも)와 마찬가지로 '동무'에서 '도무-도모-とも'로 이어진다.

④ のぶ：寅은 높이 공경하는 것을 뜻한다

〈夙夜惟寅：書經 (숙야유인：서경)〉.
'높이다'에서 '노펴-노푸-노부-のぶ'로 이어진다.

人名訓読例

① とら : 寅教(とらのり), 寅文(とらふみ), 寅寿(とらかず), 寅正(とらまさ), 寅次(とらつぐ), 寅之助(とらのすけ).
② たけ：寅彦(たけひこ・とらひこ・のぶひこ).
③ とも : 寅栄(ともよし), 寅直(ともなお), 寅泰(ともやす).
④ のぶ : 寅彦(のぶひこ), 寅造(のぶもう・とらぞう).

堙 인	訓読	うずめる·ふさぐ
	音読	イン

訓読풀이

① うずめる : 堙(인)은 흙 등으로 쌓거나 채워 묻는 것을 뜻한다. 堙滅(인멸)은 묻혀 없어지는 것을 뜻한다.
埋(うず)める와 마찬가지로 '채우다'에서 '챔-추매-주매-ずめ(る)'로 이어지고 접두어 う가 합성되어 うずめる가 된다. 또한 '쌓다'에서 '쌈-쑴-쑤메-ずめ(る)'로 이어지고 접두어 う가 붙어 うずめる로도 된다.
② ふさぐ : 堙은 막는 것을 뜻한다. 즉 붙잡고 무엇을 못 하도록 막는다는 뜻이다.
'붙잡고'에서 '부자고-부사구-ふさぐ'로 이어진다.

湮 인	訓読	しずむ·ふさぐ
	音読	イン

訓読풀이

① しずむ : 湮(인) 물속으로 스며 잠기는 것을 뜻한다.
'스며 잠기다'에서 '스잠-시잠-시줌-시주무-しずむ'로 이어진다.
② ふさぐ : 湮은 막는 것을 뜻한다〈昔禹之湮洪水 : 莊子 (석우지인홍수 : 장자)〉.
막는다는 것은 무엇을 붙잡고 나가지 못하도록 한다는 뜻이다.
'붙잡고'에서 '부자고-부자구-부사구-ふさぐ'로 이어진다.

靭 인	訓読	しなやか·ゆぎ
	音読	ジン

訓読풀이

① しなやか : 靭은 부드럽고 자늑자늑한 것을 나타낸다. しなやかに歩(ある)く하면 자늑자늑하게 걷는다는 뜻이다.
'자늑자늑'에서 '자느-지느-시나-しなやか'로 이어진다.
② ゆぎ : 靭은 화살을 넣는 전통(箭筒)을 뜻한다.
'넣다'에서 '너기-누기-유기(ㄴ-ㅇ으로 변음)-ゆぎ'로 이어진다.

人名訓読例

• ゆぎ(인명훈독에서는 ゆき) : 靭負(ゆきえ), 靭彦(ゆきひこ), 靭雄(ゆきお), 靭子(ゆきこ), 靭郎(ゆきお), 靭江(ゆきえ).

認(認) 인	訓読	みとむ·みとめる
	音読	ニン

訓読풀이

• みとむ・みとめる : 認可(인가)는 믿어서 인가하여 준다는 뜻이고 認定(인정)는 믿어서 인정하여 준다는 뜻이다.
'믿다'에서 '믿음-미듬-미도메-みとめる'로 이어진다.

人名訓読例

• みとむ：認(외자 名).

아

【일】

一 일	訓読	ひと·ひとつ· はじめ
	人名訓読	かず
	音読	イチ·イツ

訓読풀이

① ひと · ひとつ : 一(일)은 하나를 뜻한다. 한국어에서 하나뿐임을 나타낼 때 홀몸, 홀아비, 홀어미처럼 홀을 붙여 표현한다.

'꼴'에서 かた(形)로 이어지듯이 '홀'에서 '호도(받침 ㄹ-'도'로 분절)-히도-ひと'로 이어진다. 또한 '꼴'에서 かたち(形)로 이어지듯 '홀'에서 '히도쓰-ひとつ'로 이어진다.

② はじめ : 한국어에서 처음을 뜻할 때 햇을 붙여 표현한다. 햇곡식, 햇나물, 햇보리 등으로 그 해 처음 나온 곡식, 나물, 보리 등을 일컫는다.

'햇'에서 '햇-핮-하지-はじめ'로 이어진다.

③ かず : 一은 같음, 동일함을 뜻한다〈先聖後聖其楑一也 : 孟子 (선성후성기규일야 : 맹자)〉. '같다'에서 '같-갗-가주-かず'로 이어진다.

人名訓読例

① ひと : 一見(ひとみ · ひとつみ), 一柳(ひとやなぎ · ひとつやなぎ), 一木(ひとき · ひとつぎ), 一本(ひともと · ひとつもと), 一言(ひとこと), 一円(ひとまる).

② ひとつ : 一橋(ひとつばし), 一城(ひとつしろ), 一井(ひとつい), 一栗(ひとつくり), 一松(ひとつまつ · ひとまつ).

③ はじめ : 一(はじめ).

④ かず : 一家(かずや), 一綱(かずつな), 一敬(かずたか · かずとし · かずよし), 一公(かずきみ · かずとも · かずひろ · かずまさ), 一貫(かずつら), 一城(かずき · かずしろ).

日 일	訓読	ひ·か
	人名訓読	あき(ら)·あつ· くさ·たち·たて· てる·へ
	音読	ジツ·ニチ

訓読풀이

① ひ : 日(일)은 해를 뜻한다.

'해'에서 '히-ひ'로 이어진다.

② か : 인류는 예로부터 해를 신격화(神格化)하여 왔다. 日居月諸(일거월저)는 ひやつきや(해여 달이여)로 훈독되는데 해를 군주 · 임금 즉 かみ로 비유하고 있다. 日辺(일변 : にっぺん)에서의 日은 왕(かみ)을 지칭하는 것으로 왕의 주변, 왕성의 근처를 뜻한다.

神을 뜻하는 かみ에서 み가 탈락, '가미-가-か'로 이어진다.

③ あき · あきら : 해가 뜨면서 아침이 열리고 세상이 밝아진다.

'열다'에서 '열기-어기-아기-あき · あきら'로 이어진다. 또한 '밝다'에서 '밝기-바기-아기(ㅂ-ㅇ으로 변음)-あき · あきら'로 이어진다.

④ あつ : 해가 비추이면 더워진다.

'더워'에서 '더-두-つ'로 이어지고 접두어 あ가 붙어 あつ가 된다.

⑤ くさ : 해는 크다. 그래서 太陽(태양)이라고 한다.

'크다'에서 '쿠다-쿠사-くさ'로 이어진다.

⑥ たち・たて：해는 높이 떠서 온누리에 햇볕을 비춘다.
'뜨다'에서 '뜨지-다지-たち・たて'로 이어진다.

⑦ てる：해는 햇볕을 쬔다.
'쬐다'에서 '째-대-てる'로 이어진다.

⑧ へ：해에서 '해-へ'로 이어진다.

人名訓読例

① ひ：日(ひ), 日近(ひじかい・ひちかい), 日暮(ひぐらし・ひぐれ), 日本(ひのもと・やまと・にっぽん・にほん), 日比谷(ひびや), 日の丸(ひのまる).

② か：日部(かべ・くさか・くさかべ・くさべ), 日陽(かよう・ひなた), 日日(かたち・ひび).

③ あき：日照(あきてる), 日朋(あきとも), 日義(あきよし), 日一(あきかず).

④ あきら：日(あきら).

⑤ あつ：日人(あつじん).

⑥ くさ：日谷(くさや), 日馬(くさま), 日子(くさか・ひこ・ひのこ), 日下(くさか・ひのした), 日下野(くさかの), 日柳(くさやなぎ・ひやなぎ).

⑦ たち：日日(たちごり・たちもり・かたち・ひび).

⑧ たて：日立(たてゆく・ひたち), 日玄(たてゆり), 日日(たてごり).

⑨ てる：日雄(てるお).

⑩ へ：日置(へき・ひおき・ひき), 日置田(へきた).

佚 일	訓読	たのしむ・のがれる
	音読	イツ

訓読풀이

① たのしむ：佚樂(일락)은 달콤하게 편안하게 즐기는 것을 뜻한다.
楽(たの)しむ와 마찬가지로 '달다'에서 '단-다노-たのしむ'로 이어진다.

② のがれる：佚은 편안하게 놀고 지내는 것을 뜻한다〈佚遊 (일유)〉.
'놀다'에서 '놀고-노가-のがれる'로 이어진다. 한편 佚은 亡佚(망일), 佚書(일서)처럼 빠져나가 없어지는 것을 뜻한다. '나가다'에서 '나가-노가-のがれる'로 이어진다.

逸(逸) 일	訓読	そらす・はしる・はやる
	人名訓読	すぐる・とし・へ・へん・まさ・やす
	音読	イチ・イツ

訓読풀이

① そらす・それる：話(はなし)をそらす하면 말을 다른 데로 돌리는 것을 뜻하고, 子供(こども)から目(め)をそらすな하면 아이로부터 눈을 돌리지(떼지) 말라는 뜻이다.
'돌리다'에서 '돌려서-도라서-소라수-そらす・それる'로 이어진다. 한편 逸脱(일탈)은 다른 데로 벗어나는 것을 뜻한다. '다르다'에서 '다라서-도라수-소라수-そらす'로 이어진다.

② はしる：逸은 달리는 것을 뜻한다. 馬逸不能止(마일불능지)라 하면 달리는 말을 세울 수 없다는 뜻이다.
走(はし)る와 마찬가지로 '발'에서 동사화 되어 '바시(ㄹ받침-'시'로 분절)-はしる'로 이어진다.

③ はやる：逸은 빠른 것을 나타낸다. 逸足(일족)은 빨리 달리는 말을 뜻한다.
'빨라'에서 '바아-바야-はやる'로 이어진다.

아

④ すぐる：逸品(일품)은 뛰어난 좋은 물건을 뜻한다.
'좋구'에서 '주구–주구–すぐ(る)'로 이어진다. 또한 '뛰어나다'에서 '뛰구–두구–주구–すぐる'로 이어진다.

⑤ とし：逸気(일기)는 돋보이는(뛰어난) 기상을 뜻한다.
'돋'에서 '돗–도시–とし'로 이어진다.

⑥ へ・へん：逸品(일품), 逸物(일물)은 빼어난(뛰어난・훌륭한) 물건, 인물을 뜻한다.
'빼어난'에서 '배–へ', '빼난–배난–밴–へん'으로 이어진다.

⑦ まさ：逸은 재덕이 뛰어나고 도리, 순리에 맞는 삶을 살아가는 사람을 일컫는다.
'맞다'에서 '마자–마사–まさ'로 이어진다.

⑧ やす：逸民(일민)은 세속을 피해 쉬어가면서 편히 사는 사람 또는 관직을 떠나 쉬고 지내는 사람을 말한다.
'쉬다'에서 '수–す'로 이어지고, 접두어 や가 합성되어 やす가 된다.

人名訓読例

① すぐる・はやし・はやる：逸(외자 名).
② はや：逸男(はやお), 逸夫(はやお), 逸彦(はやしろ), 逸雄(はやお), 逸郎(はやお).
③ とし：逸郎(としろう・はやお), 逸朗(としあき), 逸行(としゆき).
④ へ・へん：逸見(へみ・へんみ), 逸身(へんみ).
⑤ まさ：逸勢(まさなり・としなり・はやなり).
⑥ やす：逸人(やすと・はやと).

溢 일	訓読	あふれる・あぶる・こぼれる
	人名訓読	あつ・みつる
	音読	イツ

訓読풀이

① あふれる：溢(일)은 물(氵：水)이 가득 차서(益) 넘쳐 흐르는 것을 뜻한다.
'흐르다'에서 '흘러–흐러라–후레루–ふれる'로 이어지고, 접두어 あ가 붙어 あふれる로 합성된다.

② あぶる：위 ①에서와 같이 '흘러'에서 '후러–후루–ぶる'로 이어지고, 접두어 あ가 붙어 あぶる가 된다.

③ こぼれる：こぼれる도 흘러 넘치는 것을 뜻한다.
'흐르다'에서 '흘러–흐러라–호레루–ぼれる'로 이어지고, 접두어 こ가 붙어 こぼれる로 이어진다.

④ あつ：あつ는 물이 찬 것을 나타낸다.
'차다'에서 '차–추–つ'로 이어지고, 접두어 あ가 붙어 あつ가 된다.

⑤ みつる：みつる도 물이 찬 것을 나타낸다.
満(み)ちる와 마찬가지로 '물 차다'에서 '무차라–미추루–みつる'로 이어진다.

人名訓読例

① みつる：溢(외자 名).
② あつ：溢海(あつみ).

【임】

壬 임	人名訓読	おお・み・みず
	音読	ジン・ニン

訓読풀이

① おお：壬(임)은 크다・많다는 뜻을 갖는다. 대체로 크면 많고, 많으면 크다.

많은 것을 뜻하는 '하다'에서 '하아-하오-아오(ㅎ-ㅇ으로 변음)-오오-おお'로 이어진다.

② み・みず : 壬은 천간(天干)에서 아홉째, 오행(五行)으로 물(水)을 나타낸다.
'물'에서 '무-미-み', '물-밀-미주(받침 ㄹ-'주'로 분절)-みず'로 이어진다.

人名訓読例

① おおい : 壬(외자名).
② み : 壬国(みくに), 壬部(みぶ), 壬子(みね), 壬知子(みちこ), 壬八(みや).
③ みず : 壬彦(みずひこ), 壬太郎(みずたろう), 壬恵(みずえ).

任 임	訓読	たえる・まかす
	人名訓読	あたる・くら・たか(し)・たく・ただ・たもつ・たら・つとむ・まこと・よし
	音読	ジン・ニン

訓読풀이

① たえる : 任(임)은 참고 버티는 것을 뜻한다.
'참다'에서 '참아라-차에루-다에루-たえる'로 이어진다.

② まかす : 任은 任命(임명)이나 委任(위임)처럼 무엇을 맡기는 것을 뜻한다.
'맡기다'에서 '마껴서-마가서-마가수-まかす'로 이어진다.
〔参考〕 고대에 일본이 한반도를 지배하기 위해 임나일본부(任那日本府)를 설치했다는 설이 日本書紀(일본서기)를 근거로 지금도 거론된다. 任那를 みまな로 훈독하는데 任은 みま가 된다. 일본서기는 천황 중심으로 기술된 역사서로, 이 역사서가 의도하는 바는 '천황이 한반도 제국(諸国)에 대한 통치권을 맡기기 위해 任那를 설치한 것'으로 요약된다. 任那(みまな)의 훈독을 풀이 하면 '천황(かみ의 'み')이 任(まかす의 'ま')하노니 (한반도) 여러 나라(なら의 'な')를 통치할지어다'라는 뜻으로, 즉 みまな가 된다.

③ あたる : 任은 맞는 것을 뜻한다〈衆怒難任 : 左氏傳 (중노난임 : 좌씨전)〉.
'맞다'에서 '맞아라-맏아루-마다루-아다루(ㅁ이 ㅇ으로 변음)-あたる'로 이어진다. 한편 任은 부딪히는 것, 저항하는 것을 뜻한다. 船(ふね)にあたる 하면 배한테 맞은 것, 즉 배와 부딪히는 것을 뜻한다.

④ くら : 任은 보따리를 꾸리는 것을 뜻한다〈是任是負 : 詩經 (시임시부 : 시경)〉.
'꾸려'에서 '구러-구라-くら'로 이어진다.

⑤ たか(し) : 任은 사내다운 기개가 높이 뜨는(솟구치는・돋는) 것을 뜻한다〈剛勇任気 : 呉志(강용임기 : 오지)〉.
'뜨다(돋다)'에서 '드고-다고-다가-たか(し)'로 이어진다.

⑥ たく : 任은 재능을 뜻한다. 재능은 닦아서 이루어진다.
'닦다'에서 '닥구-다구-たく'로 이어진다.

⑦ ただ : 위 ⑤에서의 사내다운 기개는 떳떳함을 말한다.
'떳떳'에서 '더더-다다-ただ'로 이어진다.

⑧ たもつ : 위 ②에서의 '맡다'는 맡아서 잘 지킨다는 뜻으로, 좋은 상태로 잘 두어 보관한다는 뜻이다.
保(たも)つ와 마찬가지로 '두다'에서 '둠-두모-다모-たもつ'로 이어진다.

⑨ たら : 任은 사정에 따라 멋대로 한다는

아

뜻을 갖는다〈咸任達不拘 : 晋書 (함임달불구 : 진서)〉. 任便(임편)은 편리에 따라 마음대로 한다는 뜻이다.
'따라'에서 '다라–たら'로 이어진다. 또한 '대로'에서 '다라–たら'로 이어진다.

⑩ つとむ : 任은 맡은 임무(任務)를 애를 쓰고 수행한다는 뜻이다.
'쓰다'에서 '씀–수숨–수돔–수도무–つとむ'로 이어진다.

⑪ まこと : 任은 들어맞는 것을 뜻한다.
'맞는 것'에서 '맞것–마곧–마고도–まこと'로 이어진다.

⑫ よし : 위 ⑪에서 맞는 것은 올바른 것을 뜻한다.
'올'에서 '올–오시(ㄹ–'시'로 분절)–よし' 이어진다.

人名訓読例

① あたる · たかし · たもつ · つとむ · まこと : 任(외자 名).
② たえ : 任子(たえこ · たかこ).
③ くら : 任美(くらみ).
④ たか : 任子(たかこ · たえこ), 任弘(たかひろ · ただひろ).
⑤ たく : 任美(たくみ).
⑥ ただ : 任宏(ただひろ), 任司(ただもり), 任雄(ただお), 任一(ただかず), 任之(ただゆき), 任弘(ただひろ · たかひろ).
⑦ たら : 任美(たらみ · くらみ · たくみ).
⑧ よし : 任史(よしふみ), 任重(よししげ).

妊 임	訓読	はらむ·みごもる
	音読	ニン

訓読풀이

① はらむ : 妊(임)은 새끼를 배는 것, 벼이삭이 알 배는 것을 뜻한다.
'배다'에서 '배라–바라–はら(む)'로 이어진다. 또한 腹(はら)에서 はらむ로 동사화 된다.

② みごもる : 임신했을 때 임부(妊婦)는 그에 맞는 옷으로 배를 가리어 몸을 보호한다.
'몸 가리다'에서 '몸가림–모가임–모감–미곰–미고모–みごもる'로 이어진다.

衽 임	訓読	えり·おくみ
	音読	ジン

訓読풀이

① えり : 衽(임)은 옷깃을 뜻한다. 옷깃은 저고리의 윗부분을 오려내어 다른 천으로 붙인 부분이다.
'오려'에서 '오리–에리–えり'로 이어진다. 折(お)る와 이음을 같이 한다.

② おくみ : 위 ①에서의 '옷깃'에서 '오기–오구–おくみ'로 이어진다.

稔 임·념	訓読	みのる·とし
	人名訓読	なる
	音読	ジン·ネン

訓読풀이

① みのる : 稔(임)은 열매 맺는 것을 뜻한다.
'맺는'에서 '매는–미는–미노–みのる'로 이어진다. 또한 '열매'의 '매–미–み'에서 동사화 되어 みのる로 이어진다.

② とし : 열매를 맺는다는 것은 속의 알맹이가 돋아(솟아) 오르는 것을 뜻한다. 한국어에서 열매 맺는 것을 여문다하고 하는데, 이는 야물다라는 뜻으로 속이 차서 든든하고 믿음직스러워 돋보인다는 뜻을 갖는다
'돋(솟)'에서 '돗–도시–とし'로 이어진다.

③ なる : 稔은 열매를 낳는다는 뜻이다.

'낳다'에서 '나라–나루–なる'로 이어진다.

④ のり : 위 ③에서의 '낳다'는 방언에 따라 '놓다'가 된다.
'놓다'에서 '노라–노리–のり'로 이어진다.
〔参考〕 音読 념(ネン)은 俗音.

人名訓読例

① みのり, みのる : 稔(외자 名).

② とし : 稔康(としやす), 稔貴(とした か), 稔明(としあき), 稔博(としひろ), 稔邦(としひろ), 稔子(としこ).

③ なる : 稔夫(なるお · としお · のりお), 稔彦(なるひこ · としひこ).

④ のり : 稔男(のりお · としお), 稔夫(のりお · なるお · としお).

賃 임	訓読	やとう
	音読	チン

訓読풀이

• やとう : 賃(임)은 일에 대한 품삯을 뜻한다.
雇(やと)う, 傭(やと)う와 마찬가지로 '일'에서 '이도(받침 ㄹ–'도'로 분절)–아도–야도–やと'로 이어지고 やとう로 동사화 된다.

【입】

入 입	訓読	いり·いる·いれる·はいる
	音読	ニュウ·ジュ·ニツ

訓読풀이

① いり · いる · いれる : 入(입)은 이르는 것을 뜻한다. 話(はなし)が佳境(かきょう)にいる 하면 이야기가 가경에 이름을 말하고, 技(わざ)が神(しん)にいる 하면 솜씨가 신기(神技)에 이름을 말한다.
'이르다'에서 '이루–いる'로 이어진다.
한편 手(て)にいる 하면 찾던 것을 손에 넣게 된다는 뜻으로, 이 경우에는 '넣다'에서 '너라–니루–이루(ㄴ–ㅇ으로 변음)–いる'로 이어진다.

② はいる : はいる는 這(は)い入(い)る의 준말. 這(は)い는 뻗는다는 뜻이고 入(い)る는 ①에서와 같이 어디에 이른다는 뜻이다. 中(なか)にはいる 하면 뭔가가 뻗는 듯이 안으로 이르는 것, 들어간다는 뜻이다.
這(は)い는 '뻗어'에서 '버어–바이–はい'로, 入(い)る는 ①에서와 같이 '이르다'에서 '이루–いる'로 이어져 '하이이루–하이루–はいる'로 합성된다.

人名訓読例

① いり : 入(いり), 入江(いりえ), 入交(いりあい · いりまじり · いりまぜ), 入口(いりくち), 入川(いりかわ).

② いる : 入間野(いるまの), 入間田(いるまだ), 入間川(いるまかわ), 入鹿(いるか), 入鹿山(いるかやま), 入部(いるべ · いりべ).

③ いれ : 入住(いれずみ).

叺 입	訓読	かます
	音読	日本国字

訓読풀이

• かます : 叺은 일본식 한자로 가마니를 뜻한다.
'가마니'에서 '가마–かま'로 이어지고, 접미어 す가 붙어 かます가 된다.

人名訓読例

• かます : 叺田(かますだ).

込(込) 입	訓読	こみ·こむ·こめる
	人名訓読	くぐり
	音読	日本国字

訓読풀이

① こみ · こむ · こめる : 込은 일본식 한자로 무엇을 끼워 넣거나 채우는 것을 뜻한다. 電車(でんしゃ)が込む 하면 사람들이 서로 끼어 있어 전철 안이 혼잡(混雑)함을 나타낸다. 그래서 込む를 混む로도 표기한다. 銃(じゅう)に弾丸(だんかん)を込める 하면 총에 탄환을 끼워 넣는 것을 뜻하는데 농(籠)속에 끼워 넣는 것과 같은 뜻이므로 籠める로도 표기한다. 夕煙(ゆうけむり)が辺(あた)り込める 하면 저녁연기가 사방에 자욱이 끼어 있다는 뜻이다.
'끼다'에서 '김-곰-고무-こむ'로 이어진다.

② くぐり : ①에서의 '끼다'에서 '끼리-기기리-구구리-くぐり'로 이어진다.

人名訓読例

① こみ : 込谷(こみや · こめたに · こめや), 込山(こみやま).
② こむ : 込貝(こむかい).
③ こめ : 込谷(こめたに · こめや · こみや), 込茶(こめちゃ).
④ くぐり : 込木(くぐりき).

【잉】

仍 잉	訓読	なお·より·よる
	音読	ジョウ

訓読풀이

① なお : 仍(잉)은 더 나아가, 여전히, 아직 등의 뜻을 나타낸다. なお申(もう)し添(そ)えますと 하면 '더 나아가(덧붙여) 말씀 드리면'이라는 뜻이 된다.
'더 나아가'에서 '나아-나오-なお'로 이어진다.

② より · よる : 仍은 그대로 따름을 뜻한다〈仍舊貫 : 論語 (잉구관 : 논어)〉. 仍貫(잉관)은 낡은 관습으로 좇는 것을 뜻하고, 仍舊貫(잉구관)도 구관으로 좇는 것을 뜻한다.
'~으로'에서 '으루-요루-より · よる'로 이어진다.

人名訓読例

① なお : 仍康(なおやす), 仍子(なおこ).
② より : 仍敦(よりあつ).

孕 잉	訓読	はらみ·はらむ
	音読	ヨウ

訓読풀이

• はらみ · はらむ : 孕(잉)는 아이를 배는 것(임신)을 뜻한다.
'배다'에서 배라-바라-はら(む)'로 이어진다. 한편 腹(はら)에서 동사화 되어 はらむ로 이어진다.

人名訓読例

• はらみ : 孕(はらみ), 孕石(はらみいし).

剰 잉	訓読	あまる
	音読	ジョウ

訓読풀이

• あまる : 剰(잉)은 남는 것을 뜻한다.
余(あま)る와 마찬가지로 '남다'에서 '나마-아마루(ㄴ-ㅇ으로 변음)-あまる'로 이어진다.

子 자	訓読	こ·ね
	人名訓読	しげる·ただ·たね·とし·やす
	音読	シ·ス

訓読풀이

① こ：子는 꼬마 아이를 뜻한다.
'꼬마'에서 '고–こ'로 이어진다.

② ね：꼬마 아이의 '아이(애)'에서 '애–내(ㅇ–ㄴ으로 변음)–ね'로 이어진다.

③ しげる：子는 집안의 후사(後嗣)로, 부모는 자식들이 집안 가득 차기를 기원한다.
茂(しげ)る, 繁(しげ)る와 마찬가지로 '차다'에서 '차거라–치게라–시게루–しげる'로 이어진다.

④ ただ：子는 孔子(공자)같은 스승, 사대부의 떳떳한 인품을 나타낸다.
'떳떳'에서 '더더–다다–ただ'로 이어진다.

⑤ たね：利子(이자)에서처럼 子는 열매, 씨를 뜻한다.
さね(実·核), たね(種)와 마찬가지로 '씨'에서 '시(디)–사(다)–さ·た'로 이어지고 접미어 ね가 붙어 たね가 된다.

⑥ とし：위 ⑤에서의 利子는 이익의 씨가 돋아남을 뜻한다.
利(とし)와 마찬가지로 '돋다'에서 '돗–도시–とし'로 이어진다.

⑦ やす：子는 慈(자)와 같은 뜻으로 사랑하는 것, 편안히 쉬게 하는 것을 뜻한다〈子庶民也：禮記 (자서민야：예기)〉.
'쉬다'에서 '수–す'로 이어지고 접두어 や가 붙어 やす가 된다.

人名訓読例

① こ：子宮(こみや), 子島(こじま·ねじま), 子宝(こだから), 子守(こもり), 子安(こやす), 子原 (こはら).
② ね：子吉(ねよし·こよし), 子上(ねがみ), 子松(ねまつ), 子野日(ねのひ), 子一(ねいち), 子此木 (ねこぎ).
③ しげる：子(しげる).
④ ただ：子久(ただひさ).
⑤ たね：子来(たねき), 子良(たねよし).
⑥ とし：子男(としお).
⑦ やす：子生(やすお).

仔 자	訓読	こまかい
	人名訓読	こ
	音読	シ

訓読풀이

① こまかい：仔(자)는 자세(仔細)함을 뜻한다. 자세하다함은 꼼꼼함을 뜻한다.
'꼼꼼'에서 '곰–고마–こまかい'로 이어진다.

② こ：㉮ 仔는 꼬마, 새끼를 뜻한다. 仔馬(こうま)는 꼬마 말, 즉 망아지를 말하고, 仔牛(こうし)는 꼬마 소, 즉 송아지를 말한다. '꼬마'에서 '고–こ'로 이어진다. ㉯ 인명훈독에서 こ는 こまかい의 준말일 수 있다.

人名訓読例

① こ：仔鹿(こじか).

自 자	訓読	みずから· おのずから·より
	音読	シ·ジ

訓読풀이

① みずから : ㉮ 自(みずか)ら는 몸소, 스스로를 뜻한다. みずから手(て)をくだす 하면 몸소 손을 댄다는 뜻이다. '몸소'에서 '모소-미수-みず'로 이어지고 출처, 원인을 나타내는 から와 합성되어 みずから가 된다. うまいから食(たべ)る 하면 맛 그것으로 해서 먹는다는 뜻으로 '그것으로'에서 '그걸로-걸로-가로-가라-から'로 이어진다. ㉯ 自는 좇는다, 따른다는 뜻을 갖는다. 몸소, 스스로 무엇을 한다는 것은 자신(自身 : 자기 몸)을 좇는다는 뜻이 된다 〈出入自爾師虞 : 禮記 (출입자이사우 : 예기)〉. 이 경우에는 '좇다'에서 '(자기)몸 좇거라-모조가루-미주가라-みずから'로 이어진다. ずから는 몸의 일부를 나타내는 명사에 붙어 '~을 좇거라(주가라-ずから)'라는 뜻을 나타낸다. 口(くち)ずから는 입 하는 대로 좇는다는 뜻이고, 身(み)ずから는 몸 하는 대로 좇는다는 뜻이 된다. 手(て)ずかる, 心(こころ)ずかる도 같은 이치로 이어진다.

② おのずかる : おの의 お는 おれ(自己 : 자기)의 준말로 '나 · 내'를 뜻한다. '나(내)'에서 '노-오(ㄴ-ㅇ으로 변음)-お'로 이어지고, 격조사 の가 붙어 おの가 되고, '좇다'의 ずかる(①의 ㉯)와 합성되어, おのずかる가 된다. '나를 좇아' 몸소 · 스스로 한다는 뜻이다.

③ より : 自는 거리 · 시간에서 '~으로부터'를 나타낸다. 有朋自遠方來(유붕자원방래)는 먼 곳으로부터 친구가 온다는 뜻이다.
'으로'에서 '오리-요리-より'로 이어진다.

人名訓読例

① おの(おのずかる의 준말) : 自助(おのすけ).

② より : 自明(よりあきら), 自由(よりよし), 自子(よりこ), 自行(よりゆき), 自一(よりかず).

刺 자·척	訓読	さす·ささる·そしる· いら·とげ
	音読	シ·セキ

訓読풀이

① さす · ささる : 刺(자 · 척)는 여러 가지 뜻을 갖는다. 각각 그에 대응되는 한국어와 이어진다(ささる는 さす의 자동사). ㉮ 刺(자)는 찌른다는 뜻이다. 針(はり)で刺(さ)す 하면 바늘로 찌른다는 말이다. '찌르다'에서 '질-잘-자수(받침 ㄹ-'수'로 분절)-사수-さす'로 이어진다. ㉯ 刺(척)은 치는 것을 뜻한다. '치다'에서 '처서-차수-사수-さす'로 이어진다 〈刺人而殺之 : 孟子 (척인이살지 : 맹자)〉. ㉰ 刺(척)은 배를 젓는다는 뜻을 갖는다〈乃刺舟而去 : 史記 (내척주이거 : 사기)〉. '젓다'에서 '저서-자수-사수-さす'로 이어진다. ㉱ 刺(자)는 쏜다는 뜻을 갖는다. 舌(した)をさすような味(あじ) 하면 혀를 쏘는 듯한 맛이라는 뜻이고, 蜂(はち)にさされる 하면 벌에 쏘인다는 뜻이다. '쏘다'에서 '싸서-사수-さす'로 이어진다. ㉲ 刺(자)는 꿰는(꿰매는, 누비는) 것을 뜻한다. 꿰매거나 누비기 위하여는 바늘 같은 것으로 찔러 꿰어야 한다. 刺繡(자수)는 바늘로 찔러

뜨개질하여 만든다.

위 ㉮에서와 같이 '찌르다'에서 이어진다.

② そしる : 刺(자)는 남을 나무라는 것, 꾸짖는 것을 뜻한다(諷刺 : 풍자).

'꾸짖다'의 '짖다'에서 '지즈라-조지라-소시루-そしる'로 이어진다. 또한 입으로 '조진다'는 뜻이 있는데 '조지다'에서 '조지라-조지루-そしる'로도 이어진다.

③ いら : いら로 훈독되는 刺(자), 莿(자), 苛(가)는 초목의 가시, 물고기의 등지느러미를 뜻한다. 이들은 모두 위로 뾰족하게 돋아(솟아) 일어나 있다.

'일다'에서 '일-이라-いら'로 이어진다.

④ とげ : 刺(자)는 가시를 뜻한다. ③에서와 같이 가시는 위로 뾰족하게 돋아나 있다.

'돋다'에서 '돋게-도게-とげ'로 이어진다.

人名訓読例

① さし : 刺巻(さしまき), 刺田(さしだ · そりた), 刺賀(さすが · しが).

② し(さし의 준말) : 刺賀(しが · さすが).

③ そり(そしり의 준말) : 刺田(そりた · そりだ).

姉 **자**	訓読	あね
	音読	シ

訓読풀이

• あね : 姉(자)는 언니를 뜻한다.

'언니'에서 '어니-아니-아네-あね'로 이어진다.

人名訓読例

• あね : 姉崎(あねさき · あねざき), 姉帯(あねたい), 姉小路(あねこうじ), 姉川(あねかわ · あねがわ), 姉歯(あねは).

炙 **자·적**	訓読	あぶる
	音読	シャ·シャク

訓読풀이

• あぶる : 炙(자 · 적)은 불로 굽는 것을 뜻한다.

'불'에서 '부루-ぶる'로 이어지고 접두어 あ가 붙어 あぶる가 된다.

者(者) **자**	訓読	もの
	人名訓読	い(いっ)·え(の)·よ(よつ)
	音読	シャ

訓読풀이

① もの : 者(자)가 もの로 훈독되는 것은 사람을 물건으로 보아 物(もの)와 마찬가지로 뭔가(something)를 뜻하는 경우이다. 한국어에서는 일상회화에서 사람을 업신여기는 표현으로 '그 물건 참 고약해'라고도 한다.

'뭔가'에서 '뭔-몬-모노-もの'로 이어진다〈物(물) 참조〉.

② い · え · よ : 者는 이번, 이것 등에 쓰는 이(此 : 차)를 뜻한다. 者番(자번)는 이번을 뜻한다.

'이'에서 '이-い', '이-에-え', '이-요-よ'로 이어진다.

人名訓読例

• い(いっ), え(の), よ(よつ) : 者度(いっと · えのと · よっと).

姿 **자**	訓読	すがた
	訓読	シ

訓読풀이

• すがた : 꾸미지 않은 원래의 모습을 나타내는 말로 숫(숫처녀, 숫총각, 숫사람, 숫음식 등)이 있는데 すがた의 す는 '숫'

자

에서 '수-す'로 이어지고 かたは '꼴'에서 '고다(받침 ㄹ-'다'로 분절)-가다-がた'로 이어져 すがた로 합성된다.

姿鮨(すがたずし)는 등을 가르고 뼈를 발라 조미한 은어, 도미 등을 원형 그대로 싸서('싸서'에서 '수시-すし'로 이어짐) 얹은 생선 초밥을 뜻하고, 姿焼(すがたやき)는 물고기를 원형 그대로 고치에 꿰어서 익힌('익다'에서 '익고-이고-야고-야기-やき로 이어짐) 구운 고기를 뜻한다.

人名訓読例

- すがた：姿(외자 名).

恣 자	訓読	ほしいまま
	訓読	シ

訓読풀이

- ほしいまま：恣(자)는 제 마음대로 하는 것을 뜻한다. 彼(かれ)はほしいままにする 하면 그는 제 마음대로 행동한다는 뜻으로, 말의 순서를 바꾸면 그는 '하지 마음'대로라고 된다.
  '하지 마음'에서 '호지맘-호시마마-ほしいまま'로 이어진다〈欲(욕) 참조〉.

衼 자	訓読	ふき
	訓読	シ

訓読풀이

- ふき：衼(자)는 일본 옷에서 소매나 단의 안감을 겉의 천보다 약간 더 내어 단(端)처럼 붙인 부분을 뜻한다.
  '붙이다'에서 '붙기-부기-ふき'로 이어진다.

疵 자	訓読	きず
	訓読	シ

訓読풀이

- きず：疵(자)는 상처, 흠집을 뜻한다. 額(ひたい)のきず는 이마가 까져 생긴 상처이고, 茶碗(ちゃわん)にきずがある 하면 밥공기가 까져 흠집이 생겼다는 뜻이다.
  '까지다'에서 '까져-가저-가주-기주-きず'로 이어진다.

滋 자	訓読	しげる
	人名訓読	うるお·ふさ·ます
	音読	ジ

訓読풀이

① しげる：滋(しげ)る는 초목이 꽉 차 있음(무성함)을 뜻한다.
茂(しげ)る와 마찬가지로 '차다'에서 '차거라-사게루-시게루-しげる'로 이어진다.

② うるお：滋는 많아지는 것을 뜻한다〈滋而後有數：左氏傳 (자이후유수：좌씨전)〉. 많아지는 것을 우러난다, 늘어난다, 불어난다라고 한다.
'우러'에서 '우루오-うるお', '늘어'에서 '느러어-누루오-우루오(ㄴ-ㅇ으로 변음)-うるお, '불어'에서 '부러-부루오-우루오(ㅂ이 ㅇ으로 변음)-うるお'로 이어진다.

③ ふさ：위 ②에서 많아지는 것은 더 붙는 것을 뜻한다.
'붙다'에서 '붓어-부서-후사-ふさ'로 이어진다.

④ ます：위 ②와 ③의 '많다'에서 '많지-마지-まし·ます'로 이어진다.

人名訓読例

① うるお·しげ·しげし·しげる：滋(외자 名).

② しげ：滋敬(しげゆき), 滋道(しげみち), 滋亮(しげあき), 滋民(しげたみ), 滋勝(しげかつ), 滋洋(しげひろ).
③ ふさ：滋子(ふさこ・しげこ).
④ ます：滋秀(ますひで).

煮(煮) 자	訓読	にる·にえる·に
	訓読	シャ

訓読풀이

① にる・にえる：煮(자)는 익는 것을 뜻한다.
'익다'에서 '익어라—이어루—이에루—니에루(ㅇ—ㄴ으로 변음)—にえる'로 이어진다. 한편 익는 것을 여문다고도 한다. '여물다'에서 '염으러—여에루—이에루—にえる'로도 이어진다.
② に：㉮ 煮(に)는 익힌 정도를 나타낸다. 煮が足(た)りない 하면 덜 익었다는 뜻이다. '익다'에서 '익—이—니—に'로 이어진다. ㉯ 煮는 접두어로 익는(익히는) 상황을 나타낸다. 煮方(にかた)는 익히는 방법을 뜻하고, 煮染め(にしめ)는 고기, 채소 등을 설탕・간장에 조미하여 그 간이 잘 스며(스밈—심—시메—しめ)들게 하여 익힌 요리이다. ㉰ 煮는 접미어로 익혀(끓여) 만든 요리를 말한다. 水煮(みずに)는 물에 익힌 요리(백숙)를 뜻하고 甘煮(うまに)는 고기나 야채를 달게 익힌 요리를 뜻한다.

人名訓読例

• に：煮雪(にゆき).

慈 자	訓読	いつくしむ·うつくしむ
	人名訓読	しげる·やす·よし
	音読	ジ

訓読풀이

① いつくしむ・うつくしむ：㉮ 慈悲(자비), 慈善(자선), 慈愛(자애)는 모두 도움을 주며 사랑을 베푼다는 공통 의미를 갖는다. '돕다'에서 '돕구—도구—두구—つく'로 이어지고 접두어 い(う), 접미어 しむ가 붙어 いつくしむ・うつくしむ로 합성된다. ㉯ 慈로 나타내는 모든 일은 慈善처럼 善한 일, 즉 옳은 일이다. '옳다'에서 '옳구—일구—이쑤구(받침 ㄹ—'쑤'로 분절)—いつくしむ・うつくしむ'로 이어진다.
〔参考〕 愛(애：いつく・うつく)しむ, 美(미：うつく)しい와 이음을 같이한다.
② しげる：慈는 사랑・인정・동정이 꽉 차 있음을 나타낸다.
'차다'에서 '차거라—사거루—시게루—しげる'로 이어진다.
③ やす：慈는 慈保庶民(자보서민)처럼 중생이나 백성을 보살펴 편하게 쉬게 하는 것을 뜻한다.
'쉬다'에서 '수—す'로 이어지고, 접두어 や가 붙어 やす로 합성된다.
④ よし：慈로 나타내는 모든 일은 慈善처럼 善한 일, 즉 옳은 일이다.
'옳다'에서 '올—오시(받침 ㄹ—'시'로 분절)—よし', '옳치'에서 '오치—오시—よし'로 이어진다.

人名訓読例

① しげる：慈(외자 名).
② しげ：慈子(しげこ・よしこ).
③ やす：慈洋(やすひろ).
④ よし：慈久(よしひさ), 慈子(よしこ).

孳 자	訓読	うむ·しげる
	訓読	ジ·シ

訓読풀이

① うむ : 孳(자)는 교미하여 새끼를 낳는 것을 뜻한다〈孳尾成群 : 列子 (자미성군 : 열자)〉.
'낳다'에서 '남–눔–움(ㄴ–ㅇ으로 변음)–우무–うむ'로 이어진다. 한편 '움트다'의 '움'에서 '우무–うむ'로도 이어진다.

② しげる : 孳는 무성함을 뜻한다.
茂(しげ)る와 마찬가지로 '차다'에서 '차거라–사거루–시게루–しげる'로 이어진다.

資 자	訓読	たすく· たすける·もと
	人名訓読	すけ·とし·とも· よし·より
	音読	シ

訓読풀이

① たすく·たすける : 資(자)는 도와주는 것을 뜻한다.
'도와주다'에서 '도와수–돠수–다수–たすく'로 이어진다.

② もと : 資는 資金(자금), 資本(자본) 등 밑천을 뜻한다.
元(원)·基(기)·本(본) 등과 마찬가지로 '밑'에서 '몯–모토–もと'로 이어진다.

③ すけ : ㉮ 資는 ①에서와 같이 도와주는 것을 뜻한다〈王資臣萬金 : 戰國策(왕자신만금 : 전국책)〉. '주다'에서 '주게–すけ'로 이어진다. ㉯ '돕다'에서 '돕게–도게–두게–주게–すけ'로 이어진다.

④ とし : 資는 날카로운 것, 즉 돋아 있는 것을 나타낸다. '돋다'에서 '돗–도시–とし'로 이어진다〈故陳資斧 而人靡畏 : 後漢書 (고진자부 이인비외 : 후한서)〉.

⑤ とも : 資는 ①에서와 같이 도움을 뜻한다.
'도움'에서 '돔–도모–とも'로 이어진다.

⑥ よし : 도와준다는 것은 옳은 일이다〈不善人善人之資 : 老子 (불선인선인지자 : 노자)〉.
'옳다'에서 '올–오시(받침 ㄹ–'시'로 분절)–よし', '옳치'에서 '오시–よし'로 이어진다.

⑦ より : 資는 무엇으로 의지함을 뜻한다〈資此夙知 : 顔延之 (자차숙지 : 안연지)〉.
依(よ)り와 마찬가지로 '~으로'에서 '으리–요리–より'로 이어진다.

人名訓読例

① たすく : 資(외자 名).
② もと : 資康(もとやす), 資巨(もとひろ), 資明(もとあき·すけあき), 資生(もとお·すけお·すけなり·よりお), 資雄(もとお·すけお·やすお), 資文(もとたか)
③ すけ : 資型(すけかた), 資規(すけのり), 資名(すけな), 資善(すけよし), 資成(すけしげ·もとなり), 資純(すけずみ)
④ とし : 資男(としお), 資盛(としもり), 資弼(としすけ)
⑤ とも : 資亮(ともすけ)
⑥ よし : 資木(よしき), 資親(よしちか)
⑦ より : 資生(よりお), 資子(よりこ·すけこ·もとこ)

雌 자	訓読	め·めす
	音読	シ

訓読풀이

• め·めす : 雌(자)는 암컷을 뜻한다.
'암'에서 '아메–메('아'탈락)–め'로 이어지고, 접미어 す가 붙어 めす로도 이어진다. 할'매', 어'미', 아주'마', '며'느리 등도 め와 이어진다.

諮 자	訓読	はかる
	音読	シ

訓読풀이

• はかる : ㉮ 諮(자)는 상의, 의논하는 것을 뜻한다. 그것은 사안의 앞 뒤, 진위 등을 밝히는 것을 말한다. '밝히다'에서 '발키라-바가라-하가루-はかる'로 이어진다. ㉯ 상의한다는 것은 헤아린다는 뜻도 갖는다. 同僚(どうりょう)とはかって賛成(さんせい)を得(え)る 하면 친구와 잘 헤아려 찬성을 얻는다는 뜻으로, '헤아리다(헤다)'에서 '헤거라'에서 '헤가루-하라구-はかる'로 이어진다. ㉰ 諮는 앞으로 해야 할 사항에 관하여 諮問(자문)을 묻는 것을 뜻한다. '하다'에서 '하거라-하가루-はかる'로 이어진다.

赭 자	訓読	あか
	音読	シャ

訓読풀이

• あか : 赭(자)는 붉은(빨간)색을 뜻한다. '빨간'에서 '바가-아가(ㅂ-ㅇ으로 변음)-あか'로 이어진다. '익'으면 빨갛게 된다. '익다'에서 '익-악-아가-あか'로 이어진다.
赭面(あかつら)는 붉은 탈을 쓴 것처럼 붉은 얼굴을 뜻하며 歌舞伎(かぶき)에서 얼굴을 붉게 칠한 악역을 나타낸다. あか와 '탈'에서의 '탈-틀-투라-つら'가 합성되어 あかつら로 이어진다.

鮓 자	訓読	すし
	音読	サ

訓読풀이

• すし : 鮓(자)는 초밥, 젓갈을 뜻한다. ㉮ 초밥, 김밥인 경우에는 寿司(すし)와 마찬가지로 '싸다'에서 '사서-수서-수시-すし'로 이어지고 ㉯ 젓갈인 경우(고어)에는 '젓'에서 '즛-주시-수시-すし'로 이어진다.

人名訓読例

① すし : 鮓本(すしもと).
② す(すし의 준말) : 鮓貝(すがい).

藉 자·적	訓読	かる·しく
	音読	シャ·セキ

訓読풀이

① かる : 藉(자)는 빌리는 것, 꾸는 것을 뜻한다.
'꾸다'에서 '구라-가루-かる'로 이어진다.
② しく : 藉(적)은 치는 것, 까는 것을 뜻한다. 背水(はいすい)の陣(じん)をしく 하면 배수의 진을 친다는 뜻이다.
'치다'에서 '치구-시구-しく'로 이어진다.

【작】

作 작	訓読	つくる·なす
	音読	サク·サ

訓読풀이

① つくる : 作(작)은 짓는 것을 뜻한다.
造(つく)る와 마찬가지로 '짓다'에서 '짓거라-지거라-주거루-주구루-つくる'로 이어진다.
② なす · なる : 作은 만들어 내는 것을 뜻한다. 作家(작가)는 작품을 만들어 내는 사람을 뜻하고, 作品(작품)은 물건을 만

들어낸다는 뜻이다.
'내다(낳다)'에서 '나서-나수-なす · なる'로 이어진다.

人名訓読例

① つくる：作(외자 名).
② つくり：作道(つくりみち).
③ なり：作成(なりしげ).

灼 작	訓読	やく
	音読	シャク

訓読풀이

- やく：灼熱(작열)은 불로 익히는 것을 뜻한다.
'익다'에서 '익구-악구-야구-やく'로 이어진다.

昨 작	訓読	きのう
	音読	サク

訓読풀이

- きのう：昨日(작일)는 어제를 뜻한다. 어제는 지나간 날이다.
'간' 또는 '간 날'에서 '간(간나)-가노(가나)-기노-きのう'로 이어진다. 今日(きょう)가 '갈 날'에서 '가알-가아-가요-기요-きょう'로 이어지고, 明日(あす)가 '올 날'에서 '올-오수(받침 ㄹ-'수'로 분절)-あす'로 이어지는 것과 맥을 같이 한다.

炸 작	訓読	はじける
	音読	サク

訓読풀이

- はじける：炸裂(작렬)은 폭탄이 터져 화약 등이 널리 퍼지는(벌어지는) 것을 뜻한다.
弾(はじ)ける와 마찬가지로 '퍼지다'에서 '퍼지-파지-하지-はじける'로 이어진다.

酌 작	訓読	くむ
	音読	シャク

訓読풀이

- くむ：酒(さけ)をくみ交(か)わす 하면 술잔을 서로 기울이며 마신다는 뜻이다.
'기울다'에서 '기움-김-굼-구무-くむ'로 이어진다.

人名訓読例

- くみ：酌田(くみた).

雀 작	訓読	すずめ
	音読	ジャク

訓読풀이

- つつめ：雀(작)은 참새를 뜻한다.
'참새'에서 '참-춤-쑴-쑤메-수수메-すずめ'로 이어진다.

人名訓読例

- すずめ：雀(すずめ), 雀宮(すずめのみや).

綽 작	訓読	ゆるやか
	人名訓読	のぶ·ひろ·ひろし
	音読	シャク

訓読풀이

① ゆるやか：ゆるやかな川(かわ)の流(ながれ) 하면 느릿한 강의 흐름을 뜻한다.
緩(ゆる)やか와 마찬가지로 '느리다'에서 '느려어-누루어-유루아(ㄴ-ㅇ으로 변음)-ゆるやか'로 이어진다.
② のぶ：綽은 마음이 넓음을 뜻한다〈寛兮綽兮：詩經(관혜작혜：시경)〉.
'넓다'에서 '너버-노버-노부-のぶ'로 이어진다.
③ ひろ · ひろし：위 ②에서 마음이 넓음

은 마음이 널리 벌려 있음을 뜻한다.
'벌려'에서 '버러-비러-비로-ひろ'로 이어진다.

人名訓読例

① のぶ : 綽宏(のぶひろ), 綽夫(のぶお), 綽彦(のぶひこ), 綽子(のぶこ).
② ひろ : 綽(ひろ), 綽保(ひろやす).
③ ひろし : 綽(ひろし).

嚼 작	訓読	かむ
	音読	シャク

訓読풀이

• かむ : 嚼(작)은 까서 씹는 것, 깨무는 것을 뜻한다〈咀嚼(저작)〉.
'까다(깨물다)'에서 '깜-가무-かむ'로 이어진다.

【잔】

剗 잔·전	訓読	かる·けずる
	音読	サン·セン

訓読풀이

① かる : 剗(전)은 가르는 것, 베는 것을 뜻한다〈剗除(전제)〉.
刈(か)る와 마찬가지로 '가르다'에서 '가라-가루-かる'로 이어진다.
② けずる : 剗(잔)은 깎는 것, 삭감, 삭제하는 것을 뜻한다〈剗, 削也 : 廣雅 (잔, 삭야 : 광아). 剗削(잔삭)은 깎아내서 꺼져 없어지게 함을 말한다. 文章(ぶんしょう)の一部(いちぶ)をけずる 하면 문장의 일부가 꺼져 없어지는 것을 뜻한다.
削(けず)る와 마찬가지로 '꺼지다'에서 '거지라-거주루-게주루-けずる'로 이어진다.

殘 잔	訓読	のこす·のこる·そこなう
	音読	ザン

訓読풀이

① のこす · のこる : 殘(잔)은 남기는 것을 뜻한다. 殘金(잔금)은 남은 돈, 殘命(잔명)은 남은 목숨을 뜻한다.
'남기다'에서 '남고-나고-노고-のこす'로 이어진다.
② そこなう : 殘骸(잔해)는 썩고 남은 뼈대를 뜻한다. 나머지(殘)는 썩게 되어 있다.
損(そこ)なう와 마찬가지로 '썩다'에서 '썩고-서고-소고-そこなう'로 이어진다.

人名訓読例

• のこ : 殘田(のこた).

【잠】

岑 잠	訓読	みね
	人名訓読	たか
	音読	シン

訓読풀이

① みね : 岑(잠)은 산봉우리, 즉 뫼를 뜻한다. '뫼'에서 '매-미-み'로 이어지고, 접미어 ね가 붙어 みね로 된다.
'마음(맘)'에서 '마-무-む'로 이어지고, 접미어 ね'가 붙어 むね가 되는 것과 같은 이치이다.
〔参考〕峰(봉), 嶺(령)과 이음(みね)을 같이한다.
② たか : 산봉우리는 산 위로 높이 뜬 부분이다.
'뜨다'에서 '뜨고-따고-다가-たか'로 이어진다.

人名訓読例

자

① みね：岑越(みねこし), 岑継(みねつぐ), 岑男(みねお), 岑嗣(みねつぐ), 岑守(みねもり), 岑子(みねこ).
② たか：岑志(たかし).
③ たかし：岑(たかし).

涔 잠	訓読	たまりみず·ひたす
	人名訓読	たき
	音読	シン·ジン

訓読풀이

① たまりみず：涔(잠)은 빗물에 의해서 생긴 길바닥의 괸 물을 뜻한다. 괸 물은 물이 담겨서 생긴 것이다.
'담다'의 '다마라–다마리–たまり(溜り)'와 '물–무주–미즈–みず(水)'가 합성되어 たまりみず가 된다.
② ひたす：涔은 물이 빠진다(떨어진다)는 뜻을 갖는다.
浸(ひた)す와 마찬가지로 '빠지다'에서 '바저–비다–ひたす'로 이어진다.
③ たき：涔은 비 또는 눈물이 떨어지는 것을 뜻한다.
滝(たき)와 마찬가지로 '떨'에서 '덜–달–다기(받침 ㄹ–'기'로 분절)–たき'로 이어진다. 달(月)이 つき가 되고 술(酒)이 さけ가 되고 밀(麦)이 むぎ가 되는 것과 같은 이치이다.

人名訓読例

• たき：涔沢(たきざわ).

箴 잠	訓読	はり·いましめ
	音読	シン

訓読풀이

① はり：箴(잠)은 옷을 시칠 때 쓰는 바늘을 뜻한다. 바늘은 새의 부리(주둥이)처럼 뾰족하다. 돌부리, 총부리처럼 쓰인다.
'부리'에서 '바리–はり'로 이어진다. 한편 '바늘'에서 '반을–바을–발–바리–はり'로도 이어진다.
② いましめ：箴은 병을 고치는 침을 뜻한다. 침으로 병을 고치는 것을 침 맞는다고 한다.
'맞다'에서 '마짐–마지메–ましめ'로 이어지고, 접두어 い가 붙어 いましめ가 된다.

人名訓読例

• はり：箴山(はりやま).

潛(潜) 잠	訓読	かずく·くぐる·ひそむ·ひそめる·もぐる
	人名訓読	すみ
	音読	セン

訓読풀이

① かずく：潜(잠)은 감추는 것을 뜻한다. 潜行(잠행)은 몸을 감추고 남모르게 다닌다는 뜻이다.
'감추다'에서 '가추구–가주구–かずく'로 이어진다.
② くぐる：潜은 潜水(잠수), 즉 몸을 거꾸로 해서 물속으로 들어가는 것을 뜻한다.
'거꾸로'에서 '거구루–구구루–くぐる로 이어진다.
③ ひそむ·ひそめる：潜은 물속에 빠진 것처럼 속에 숨어 있음을 뜻한다.
'빠지다'에서 '바짐–바좀–바조무–비소무–ひそむ'로 이어진다.
④ もぐる：潜은 물속에서 떴다 잠겼다하면서 미역질, 자맥질 하는 것을 뜻한다.
'미역(멱)'에서 '멱–목–모구–もぐる'로

이어진다. 또한 자맥질의 '맥'에서 '목-모구-もぐる'로도 이어진다.

⑤ すみ : 潜은 숨는 것을 뜻한다.
'숨'에서 '수미-すみ'로 이어진다.

人名訓読例

① くぐる : 潜木(くぐるき).
② ひそむ : 潜(ひそむ).
③ すみ : 潜枝(すみえ).

暫 잠	訓読	しばし·しばらく
	音読	ザン

訓読풀이

• しばし · しばらく : 暫(잠)은 暫時(잠시), 暫間(잠간)을 뜻한다. 고유어로 풀이 하면 짧은 동안이라는 뜻이다.
'짧아'에서 '자바-지바-시바-しば'로 이어지고, 부사 어미 し, らく가 붙어 しばし, しばらく가 된다.

賺 잠·렴	訓読	すかす
	音読	タン·レン

訓読풀이

• すかす : 賺(잠 · 렴)은 속여서 달래는 것을 뜻한다. 子供(こども)をすかしてねかせる 하면 아이를 속여서 달래어 재운다는 뜻이다.
'속이다'에서 '속여서-소가서-수가수-すかす'로 이어진다.

簪 잠	訓読	かざし·かざむ·かんざし
	音読	シン

訓読풀이

① かざし · かざむ : 簪(잠)은 비녀를 머리에 꽂는 것을 뜻한다.
'꽂다'에서 '곶-고자-가자-かざす'로, '꽂음'에서 '고즘-가잠-가자무-かざむ'로 이어진다.

② かんざし : 위 ①의 かざし가 かんざし로 변음 되어 비녀를 뜻한다. 일본어 사전에서는 かんざし를 かみさし의 音便(음편)이라고 풀이한다.

【잡】

煠 잡	訓読	いためる·やく·ゆてる
	音読	ソウ·ヨウ

訓読풀이

① いためる : 煠(잡)은 음식물을 데우는 것, 데치는 것, 튀기는 것을 뜻한다. ㉮ '데우다'에서 '데움-뎀-담-다메-ため'로 이어지고, 접두어 い가 붙어 いためる가 된다. ㉯ '튀기다'에서 '튀김-택임-태임-탬-타메-ため'로 이어지고, 접두어 い가 붙어 いためる가 된다. ㉰ '데치다'에서 '데침-뎇임-데임-뎀-담-다메-ため'에 접두어 い가 붙어 いためる가 된다.

② やく : 煠은 익히는 것을 뜻한다.
'익다'에서 '익구-이구-야구-やく'로 이어진다.

③ ゆでる : ㉮ 위 ①에서와 같이 데우는 것을 뜻한다. '데우다'에서 '데우라-데라-데루-でる'로 이어지고 접두어 ゆ가 붙어 ゆでる로 이어진다. ㉯ 불을 쬐어 데우는 것을 뜻한다. '쬐다'에서 '쨰라-대라-でる'로 이어지고, 접두어 ゆ가 붙어 ゆでる로 이어진다.

雑(雜) 잡	訓読	まざる·まじる·まぜる
	音読	ザツ·ゾウ

訓読풀이

자

- まざる · まじる · まぜる : 雜(잡)은 한데 섞여 있음을 뜻한다. ㉮ 雜居(잡거)는 뭇사람이 한데 섞여 사는 것을 뜻한다. '뭇'은 뭇사람, 뭇생각, 뭇소리, 뭇시선처럼 여럿이 한데 모여 있음을 나타낸다. '뭇'에서 '뭊-맞-마자(마지-마제)-まざ(まじ · まぜ)る'로 이어진다. ㉯ 섞여 있다는 것을 묻어 있다고도 한다. '자네 차에 좀 묻어가자' 하면 함께 섞여 가자는 뜻이다. 이 경우에는 '묻다'에서 '묻-뭊-맞-마자-まざる'로 이어진다.

【장】

丈 장	訓読	おとな·たかし·たけ·たけし
	音読	ジョウ

訓読풀이

① おとな : 丈(장)은 웃어른, 우두머리를 뜻한다. 大人(おとな), 乙名(おとな)와 마찬가지로 '윗'에서 '옫-오도-おとな'로 이어지고, '우두머리'에서 '우두-오도-おとな'로도 이어진다.

② たかし : 윗어른을 老人丈(노인장), 椿府丈(춘부장)이라 칭하면서 높이 떠 받쳐 존경한다.
'뜨다'에서 '뜨고-따고-다가-たかし'로 이어진다.

③ たけ · たけし : 丈은 뛰어난 남자를 뜻한다(丈夫 : 장부).
'뛰어나다'에서 '뜨고-따고-다게-たけ · たけし'로 이어진다.

人名訓読例

① たかし · たけし : 丈(외자 名).
② たか : 丈俊(たかとし).
③ たけ : 丈男(たけお), 丈明(たけあき), 丈博(たけひろ), 丈実(たけみ), 丈子(たけこ).

仗 장	訓読	つえ
	人名訓読	より
	音読	ジョウ

訓読풀이

① つえ : 仗(장)은 지팡이를 뜻한다. つえにすかる 하면 지팡이에 손을 대고 의지한다는 뜻이다.
杖(장 : つえ)와 마찬가지로 '대다'에서 '대어-두어-두에-つえ'로 이어진다.

② より : 仗은 ①에서와 같이 依支(의지)한다는 뜻을 갖는다.
依(よ)る와 마찬가지로 '~으로(에로)'에서 '에로-요로-요리-より'로 이어진다.

人名訓読例

- より : 仗幡(よりはた).

壯(壮) 장	訓読	さかん
	人名訓読	さかえ·さかり·たけ·たけし·つよし·まさ·もり
	音読	ソウ

訓読풀이

① さかん : ㉮ 壮(장)은 씩씩하고 굳센 것을 뜻한다. '씩씩한-씩한-시칸-사칸-さかん(壮ん)으로 이어진다. ㉯さかり의 音便이다.

② さかえ · さかり : 壮은 왕성하고 강건한 것, 즉 기운이 몸속에 꽉 차는 것을 뜻한다.
'차다'에서 '차거라-사가라-さかり · さかえ'로 이어진다.
〔参考〕 盛(さか : 성)る와 이음을 같이한다.

③ たけ · たけし : 壯은 기운이 넘쳐 뛰는 것을 나타낸다.
'뛰다'에서 '뛰게-두게-다게-たけ · たけし'로 이어진다.

④ つよし : 壯은 기운이 센 것을 뜻한다.
'세다'에서 '쎄어서-쑤요서-쑤요시-つよし'로 이어진다.

⑤ まさ : 壯談(장담)은 자신 있게 맞다고 말하는 것을 뜻한다.
'맞다'에서 '마자-まさ'로 이어진다.

⑥ もり : 위 ②에서 기운이 몸속으로 꽉 찬다는 것은 기운이 몰린다는 뜻이다.
'몰리다'에서 '모리-もり'로 이어진다.

人名訓読例

① さかん · さかえ · さかり · たけ · たけし · つよし : 壯(외자名).

② たけ : 壯年(たけとし), 壯大(たけひろ), 壯英(たけひで), 壯宜(たけよし), 壯成(たけまさ), 壯之(たけゆき).

③ まさ : 壯宏(まさひろ), 壯夫(まさお · たけお), 壯浩(まさひろ).

④ もり : 壯行(もりゆき), 壯幸(もりゆき).

匠 장	訓読	たくみ
	音読	ショウ

訓読풀이

• たくみ : 匠(장)은 匠人(장인), 솜씨, 기량 등을 뜻한다. 장인이 되려면 오랜 기간 끊임없는 노력으로 기량을 닦아 나가야 한다.
'닦다'에서 '닥음-다굼-다구미-たくみ'로 이어진다.
〔参考〕 工(공), 巧(교)와 이음(たくみ)을 같이한다.

人名訓読例

• たくみ : 匠(외자 名).

杖 장	訓読	つえ
	音読	ジョウ

訓読풀이

• つえ : 仗(장) 참조.

長 장	訓読	おさ·ながい·たける
	人名訓読	つね·は·はつ·ひさ
	音読	チョウ

訓読풀이

① おさ : 長(장)은 웃어른, 우두머리를 뜻한다.
'윗'에서 '옷-오사-おさ'로 이어지고, '우두머리'에서 '우두-오두-오수-오사-おさ'로도 이어진다.

② ながい : ㉮ 長은 늘어져 긴 것을 뜻한다. '늘다'에서 '늘고-누가-나가-ながい'로 이어진다. ㉯ 長은 늙어 노년이 되는 것을 뜻한다〈齊候長矣 : 國語 (제후장의 : 국어)〉. '늙다'의 '늙'에서 '늘거-누가-나가-ながい'로 이어진다. ㉰ 長은 전진하여 나아가는 것을 뜻한다〈君子道長 : 易經 (군자도장 : 역경)〉. '나아가다'에서 '나가-ながい'로 이어진다.

③ たけ · たける : 長은 뛰어난 것, 우수한 것을 뜻한다. '뛰어나다'에서 '뛰게-두게-다게-たけ'로 이어진다.

④ つね : 長은 언제나, 늘, 오래도록을 뜻한다〈長發其祥 : 詩經 (장발기상 : 시경)〉.
이제나, 저제나, 언제나의 '제나'에서 '주나-주네-つね'로 이어진다.

⑤ は · はつ : 長은 처음, 시초를 뜻한다〈吳晋爭長 : 國語 (오진쟁장 :국어)〉. 햇

곡식, 햇나물, 햇보리 등은 그 해 처음 나온 곡식, 나물, 보리를 일컫는다.
'햇'에서 '하(핫)−は · はつ'로 이어진다.

⑥ ひさ : 長은 ②의 ㉰에서와 같이 나아가는 것, 즉 뻗어나가는 것을 뜻한다.
'뻗어'에서 '벗어−버서−비사−ひさ'로 이어진다.

人名訓読例

① おさ : 長男(おさお · たけお · ながお), 長文(おさふみ · ながふみ), 長生(おさみ · たけお · ながお · ながおき · ながなり · ひさお), 長信(おさのぶ · ながのぶ), 長潤(おさうる), 長輝(おさてる · ながてる).

② なが : 長橋(ながはし), 長基(ながもと), 長崎(ながさき), 長島(ながしま), 長嶺(ながみね), 長春(ながはる).

③ たけ : 長久(たけひさ · ながひさ), 長年(たけとし · ながとし), 長代(たけよ), 長徳(たけのり · ながのり), 長寿(たけとし · ながとし · ながひさ), 長延(たけのぶ · ながのぶ).

④ つね : 長季(つねすえ), 長一(つねかず · おさかず · ながかず).

⑤ は · はつ : 長谷(はせ · はつせ), 長谷島(はせじま), 長谷尾(はせお), 長谷山(はせやま), 長谷川(はせかわ), 長谷波(はせば).

⑥ ひさ : 長克(ひさかつ), 長亮(ひさかつ), 長生(ひさお), 長秀(ひさひで · ながひで), 長人(ひさと · おさひと · ながと), 長和(ひさかず · ながかず · ながとし · ながより).

荘(莊) 장	訓読	おごそか
	人名訓読	かざり·しげ·たかし·ただし·とし·まさ·むら
	音読	ソウ·ショウ

訓読풀이

① おごそか : 荘(장)은 굳세고 씩씩한 것을 나타낸다.
'굳세다'에서 '구세구−고소구−고소가(ごそか)'로 이어지고 접두어 お가 붙어 おごそか가 된다.
〔参考〕 厳(엄 : おごそ)か와 이음을 같이 한다.

② かさり : 荘은 갖추는 것, 성장(盛粧)하는 것을 뜻한다〈荘盛飾也 : 韻會(장성식야 : 운회)〉.
'갖추다'에서 '가추리−가차리−가자리−かざり'로 이어진다.

③ しげ : 荘은 삼가는 것을 뜻한다〈非禮不誠不荘 : 禮記(비예부성부장 : 예기)〉.
'삼가다'에서 '삼가−사가−시가−시게−しげ'로 이어진다.

④ たか · たかし : 荘은 존귀한 인품을 나타내며 높이 떠받치는 대상이 된다.
'뜨다'에서 '뜨고−드가−다가−たか · たかし'로 이어진다.

⑤ ただし : 荘은 온갖 존귀한 인성을 속성으로 함으로 떳떳함을 나타낸다.
'떳떳'에서 '더더−다다−ただし'로 이어진다.

⑥ とし : 荘은 다른 것, 다른 사람에 비하여 존귀함이 돋보임을 뜻한다.
'돋'에서 '돗−도시−とし'로 이어진다.

⑦ まさ : 荘은 맞고 바름을 뜻한다.
'맞다'에서 '마자−마사−まさ'로 이어진다.

⑧ むら：荘은 시골 마을을 뜻한다〈山下有小荘：列仙傳 (산하유소장：열선전)〉. '마을'에서 '말-물-무라-むら'로 이어진다.

人名訓読例

① かざり · たかし：荘(외자 名).
② しげ：荘夫(しげお).
③ たか：荘政(たかまさ).
④ とし：荘男(としお).
⑤ むら：荘重(むらしげ).

将(將) 장	訓読	ひきいる·まさ·まさに·はた
	人名訓読	いくさ·こも·たか·ゆき
	音読	ショウ

訓読풀이

① ひきいる：㉮ 将(장)은 軍士(군사)를 이끌고(인솔：引率) 戦爭(전쟁)터로 넣는(投入：투입) 것을 뜻한다〈將軍擊趙：史記 (장군격조：사기)〉.
'이끌다'에서 '이끄-비구(ㅇ-ㅂ으로 변음)-ひき · ひく'로 이어지고, '넣다'에서 '너-니-이(ㄴ-ㅇ으로 변음)-いる'로 이어져 ひきいる로 합성된다. ㉯ 将(장)은 兵士(병사)들을 뽑아 전쟁터로 넣는 것을 뜻한다. '뽑다'에서 '뽑구-보구-비구-ひき · ひく'로 이어지고, '넣다'에서 '너-니-이-いる'로 이어져 ひきいる로 합성된다.
〔参考〕 率(솔：ひき)いる, 引(인：ひ)き入(입：い)れる와 이름을 같이 한다.

② まさ：㉮ 将은 행실이 가지런하고 순리에 맞음을 나타낸다〈或肆或將：詩經 (혹사혹장：시경)〉. '맞다'에서 '맞-마자-まさ'로 이어진다. ㉯ 将은 마땅히 하여야 함을 뜻한다〈君人者將禍是務去：左氏傳 (군인자장화시무거：좌씨전)〉. '마땅히'에서 '마다이-마사니-まさに'로 이어진다.

③ はた：はた는 두 가지 뜻으로 한국어와 이어진다. ㉮ 将은 '하다, 다하다'를 뜻한다. 이 경우 将은 爲(위)와 같은 뜻으로 쓰인다〈固天縱之將聖：論語 (고천종지장성：논어)〉. '하다'에서 はた로 이어진다. ㉯ 将은 본체에 붙어 있는 끝, 곁을 뜻한다〈在渭之將：詩經 (재위지장：시경)〉. 이 경우 将은 傍(방)과 같은 뜻으로 쓰이며, '붙다'에서 '부다-바다-はた'로 이어진다.

④ いくさ：将은 ①에서와 같이 軍士를 이끌고 싸움터(戰爭터)로 가는 것을 뜻한다. ㉮ '이끌다'에서 '이끄-いく'로 이어지고, '싸움'에서 '싸-さ'로 이어져 いくさ로 합성된다. ㉯ '이끌다'에서 '이끌-이꾸사(받침 ㄹ-'사'로 분절)-いくさ'로 이어진다.
〔参考〕 いくさ는 軍隊, 兵士를 뜻하기도 하고 戦爭, 싸움을 뜻하기도 한다.

⑤ こも：将은 마음이 곱고 바름을 뜻한다. 이 경우 将은 戕(장)과 같은 뜻으로 쓰인다.
'곱다'에서 '고움-곰-고모-こも'로 이어진다.

⑥ たか：将은 봉승(奉承), 높이 떠받드는 것을 뜻한다〈湯孫之將：詩經 (탕손지장：시경)〉.
'뜨다'에서 '뜨고-따고-다가-たか'로 이어진다.

⑦ ゆき：将은 나아가는 것을 뜻한다〈行(행) 참조)〉.

人名訓読例

① まさ : 将嘉(まさよし), 将景(まさかげ), 将寛(まさひろ), 将光(まさてる・まさみつ), 将元(まさもと), 将子(まさこ).
② はた : 将野(はたの・こもの), 将亦(はたまた), 将夫(はたお・まさお).
③ いくさ : 将軍(いくさのきみ).
④ こも : 将野(こもの・はたの).
⑤ たか : 将能(たかよし).
⑥ ゆき : 将雄(ゆきお・まさお).

帳 장	訓読	とばり
	音読	チョウ

訓読풀이

- とばり : 帳(장)은 장막, 천막, 군막 등 에워싸서 덮는 것들을 일컫는다.
  '덮다'에서 '더퍼라–도파라–도바리–とばり'로 이어진다.

人名訓読例

- とばり : 帳(외자 名).

張 장	訓読	はり・はる
	人名訓読	ひらく
	音読	チョウ

訓読풀이

① はり・はる : 張(장)은 벌리는 것, 펼치는 것을 뜻한다.
'벌리다・펼치다'에서 '벌(펄)–버리–바리–はり・はる'로 이어진다.
② ひらく : ①에서의 '벌리다・펼치다'에서 '벌리구–버라구–비라구–ひらく'로 이어진다.

人名訓読例

① ひらく : 張(외자 名).
② はり : 張本(はりもと), 張山(はりやま), 張替(はりかえ), 張弓(はりゆみ), 張幹(はりき), 張間(はりま).

章 장	訓読	あき・あきら・あや
	人名訓読	たか・のり・ふさ・ふみ・まさ
	音読	ショウ

訓読풀이

① あき・あきら : 章(장)은 문을 열었을 때 어둡던 방안이 밝아지는 것을 뜻한다. ㉮ '열다'에서 '열고–여고–아기–あき(る)'로 이어진다. ㉯ '밝히다'에서 '바키라–아키라(ㅂ–ㅇ으로 변음)–あきら'로 이어진다.
② あや : 章은 글, 문장, 문채(文彩), 악곡 등을 뜻한다. 이들은 멋진 수식이나 곡으로 잘 엮어지거나 이어진다.
'엮다(이다)'에서 '여어(이여)–아여–아야–あや'로 이어진다.
〔参考〕 文(문), 彩(채)와 이음(あや)을 같이한다.
③ たか : 章은 氣(기)가 높이 뜨는 것을 나타낸다〈其氣章 : 呂覽 (기기장 : 여람)〉.
'뜨다'에서 '뜨고–다고–다가–たか'로 이어진다.
④ のり : 章은 규정, 법식, 문법 등 옳은 것을 나타낸다.
'옳다'에서 '올–오리–노리(ㅇ–ㄴ으로 변음)–のり'로 이어진다.
⑤ ふさ : 章은 旗章(기장)처럼 旗를 뜻한다. 旗는 천 같은 것으로 만들어지는데 통상 깃대에 붙어있다.
房・総(ふさ)와 마찬가지로 '붙다'에서 '부다–부사–ふさ'로 이어진다.
⑥ ふみ : 글, 文章(문장)은 배움의 길을 가르친다.

'배움'에서 '뱀–붐–부미–ふみ'로 이어진다.

〔参考〕 文(문)과 이음(ふみ)을 같이한다.

⑦ まさ : 章은 ④에서와 같이 도리에 맞고 옳은 것을 나타낸다.

'맞다'에서 '마자–마사–まさ'로 이어진다.

人名訓読例

① あきら · たかし : 章(외자 名).

② あき : 章兼(あきかね), 章公(あきひろ), 章代(あきよ), 章等(あきら), 章象(あきたか), 章源(あきもと).

③ あや : 章女(あやめ), 章生(あやお · あきお · ふみお), 章子(あやこ · あきこ · たかこ · のりこ · ふみこ).

④ たか : 章男(たかお · あきお · ふみお), 章明(たかあき · のりあき), 章史(たかひと), 章子(たかこ).

⑤ のり : 章介(のりゆき), 章孔(のりよし), 章董(のりまさ), 章雄(のりお · あきお · ふみお), 章一(のりかず), 章子(のりこ).

⑥ ふさ : 章夫(ふさお · あきお · ふみお).

⑦ ふみ : 章彦(ふみひこ · あきひこ), 章業(ふみなり), 章忠(ふみただ), 章孝(ふみたか).

⑧ まさ : 章利(まさとし · あきとし).

場 장	訓読	ば
	音読	ジョウ

訓読풀이

• ば : 場(장)은 자리, 곳, 판을 뜻한다. 판은 일이 벌어진 자리를 말한다. 굿판, 난장판, 놀이판 등으로 쓰인다.

'판'에서 '파–ば'로 이어진다. 또한 場은 밭, 마당, 뜰을 뜻한다. 이 경우에는 '밭'에서 '바–ば'로 이어진다. 場内(장내)는 밭 가운데라는 뜻이다.

人名訓読例

• ば : 場谷内(ばやち), 場生松(ばしょうまつ), 場場(ばば), 場中(ばなか), 場合(ばあい).

葬 장	訓読	ほうむる·とむらう
	音読	ソウ

訓読풀이

① ほうむる : 葬(장)은 매장을 뜻한다. 매장은 땅을 파(파서) 묻는 것을 말한다.

'파묻다'에서 '파아무–포우무–ほうむる'로 이어진다.

② とむらう : 葬은 매장, 고인에 대한 조의(弔意)를 표하는 장례(葬禮)를 치르는 것을 뜻한다. ㉮ 매장한다는 것은 시체를 관에 담고 땅에 묻는 것을 뜻한다. '담다'에서 '다마라–도무라–とむらう'로 이어진다. 또한 '담(고) 묻다'에서 '담무라–도무라–とむらう'로 이어진다. ㉯ 葬(とむら)う는 의미가 확대되어 조의, 애도를 표하는 것도 뜻한다.

〔参考〕 弔(조 : とむら)う와 이음을 같이한다.

掌 장	訓読	つかさどる·てのひら
	音読	ショウ

訓読풀이

① つかさどる : つかさどる는 つかさ(官 · 司)와 どる(取る · 執る)의 복합어이다. つかさ는 관청, 관리, 관직을 뜻한다. 옛날 특히 신정일체(神政一體) 시대에는 관리의 직책은 신(神)과 왕(王)을 섬기는 것이 제일의 직무였을 것이다. つかさどる는 つかさ(官 · 司)를 どる

(取る · 執る)한다는 뜻으로, 儀式(ぎしき)の一切(いっさい)をつかさどる 하면 신을 섬기는 직무를 띤다(잡는다)는 뜻이 된다.

'섬기다'에서 '섬겨서－서가사－수가사－つかさ'로 이어지고, (섬기는 일을) '띠다(잡는다)'에서 '띠－도－どる'로 이어져 つかさどる로 합성된다.

② てのひら : 掌은 손바닥을 뜻한다. 손바닥은 손가락을 폈을 때 평평하게 나타나는 부분이다. 손을 뜻하는 て(手)와 '펴다'에서의 '펴라－피라－ひら(平)'가 합성되어 てのひら(手の平)가 된다.

粧 장	訓読	よそおう · めかす
	音読	ショウ

訓読풀이

① よそおう : 粧飾(장식)과 같이 粧은 차리는 것을 뜻한다.

'차려'에서 '찰여－촐여－초여－소오우－そおう'로 이어지고, 접두어 よ가 붙어 よそおう가 된다.

② めかす : ①에서의 粧飾은 멋을 꾸미는 것을 뜻한다.

'멋 꾸미다'에서 '멋구－메구－메가－めかす'로 이어진다.

人名訓読例

• よそい · よそおい : 粧(외자 名).

装(裝) 장	訓読	よそおう · よそう
	人名訓読	もく
	音読	ソウ · ショウ

訓読풀이

① よそおう · よそう : 装置(장치)는 차리어 꾸미는 것을 뜻하고, 装飾(장식)은 아름답게 차리는 것을 뜻한다.

'차리다'에서 '차려－찰여－촐여－초여－소오우－そおう'로 이어지고, 접두어 よ가 붙어 よそおう가 된다. 装은 よそう로도 훈독된다.

② もく : 装은 묶는 것을 뜻한다. 装幀(장정)은 책을 제본한다는 뜻으로, 책의 각 페이지를 묶는다는 뜻이다.

'묶다'에서 '묵－목－모구－もく'로 이어진다.

人名訓読例

• もく : 装咋(もくい).

奨(獎) 장	訓読	すすめる
	人名訓読	すすむ · つとむ · まさし
	音読	ショウ

訓読풀이

① すすめる · すすむ : 奨(장)은 奨勵(장려), 즉 기운을 돋게(솟게) 하는 것, 힘쓰게 하는 것, 기운내고 뛰게 하는 것을 뜻한다. ㉮ '돋게' 하다에서 '돋음－도둠－두둠－수숨－수수무－すすむ'로 이어진다. ㉯ '힘쓰게' 하다에서 '씀－수수무－すすむ'로 이어진다. ㉰ '뛰게' 하다에서 '뛰－뚬－두두무－수수무－すすむ'로 이어진다.

② つとむ : ①에서의 '힘씀'에서 '씀－수수무－수도무－つとむ'로 이어진다.

③ まさし : 奨은 맞고 옳은 것을 장려하고 표창하여 주는 것을 뜻한다.

'맞다'에서 '마자－まさ(し)'로 이어진다.

人名訓読例

• すすむ · つとむ · まさし : 奨(외자 名).

腸 장	訓読	はらわた · わた
	音読	チョウ

訓読풀이

① はらわた：はらわた는 はら(腹)와 わた(腸)의 복합어로, 한국어로는 '배알'을 뜻한다.
'배'를 의미하는 はら가 '배-바-바라('라'는 접미어)-はら'로 이어지고, '알'을 뜻하는 わた가 '알-아다(받침 ㄹ-'다'로 분절)-와다-わた'로 이어져, はらわた로 합성된다.

② わた：㉮ 위 ①에서 はら가 탈락되어 わた는 はらわた의 준말이 된다. ㉯ 위 ①의 '배알'에서 '알-아다-わた'로 이어진다.

獐 장	訓読	のろ
	音読	ショウ

訓読풀이

• のろ：獐(장)은 노루를 뜻한다.
'노루'에서 '노로-のろ'로 이어진다.
〔参考〕獐은 麞(장 : ショウ)의 이체자(異體字)이다.

障 장	訓読	さわる·へだたる·へだてる
	音読	ジョウ

訓読풀이

① さわる：障(장)은 무슨 일을 하는데 장애물(障碍物)에 닿아(마주쳐 · 닥쳐) 일이 제대로 이루어지지 못함을 나타낸다.
触(さわ)る와 마찬가지로 '닿다'에서 '다아라-사아루-さわる'로 이어진다.

② へだたる ·へだてる：障은 중간에 틈이 생기어 따로 떨어지는 것, 그래서 경계나 구분이 생기는 것을 뜻한다. 중간에 틈이 생긴다는 것은 중간 부분이 빠져 없어진다는 뜻이다.
'빼다'에서 '배다-へだ'로 이어지고, '떨어지다'에서 '더러-다루-たる'로 이어져 へだたる로 합성된다.

蔵(藏) 장	訓読	くら·おさむ·かくす
	音読	ゾウ

訓読풀이

① くら：蔵은 감추는 것, 숨기는 것, 즉 가리는 것을 뜻한다.
'가리다'에서 '가려-가리-가라-くら'로 이어진다.

② おさむ：㉮ 蔵은 숨기는 것을 뜻한다. '숨'에서 '삼-사무-さむ'로 이어지고, 접두어 お가 붙어 おさむ로 합성된다. ㉯ 蔵은 담아 두는 것을 뜻한다. '담다'에서 '담-삼-사무-さむ'로 이어지고 접두어 お가 붙어 おさむ가 된다.

③ かくす：①과 ②에서 감추거나 숨기거나 가리기 위하여는 천이나 종이로 둘둘 감고서 감춘다.
'감다'에서 '감고서-가고수-가구수-かくす'로 이어진다.

人名訓読例

① おさむ：蔵(외자名).
② くら：蔵富(くらとみ), 蔵原(くらはら), 蔵増(くらます), 蔵臣(くらのぶ), 蔵之(くらゆき), 蔵之介(くらのすけ).

漿 장	訓読	こんず·しる
	音読	ショウ

訓読풀이

① こんず：漿(장)은 미음, 진국, 미주(美酒)등을 뜻한다. 미음이나 진국은 진액만 남도록 푹 고아서 만들고, 술이나 엿을 만드는 것도 곤다고 한다.
'곤다'에서 '곤주-こんず'로 이어진다.

자

② しる : 漿은 즙(汁)을 뜻한다. 과실즙은 과실에서 짜낸 즙을 뜻하고, しるの実(み)는 물기를 짜낸 국건더기를 뜻한다. '짜다'에서 '짜라–자루–지루–しる'로 이어진다.

墻 장	訓読	かき
	音読	ショウ

訓読풀이

- かき : 墻(장)은 울타리를 뜻한다. 울타리는 문지기 역할을 한다. 울타리에는 기본 시설(담 등) 위에 여러 시설을 걸어 외부인의 무단출입을 막는다.
  牆(장 : かき), 垣(원 : かき), 鍵(건 : かぎ) 등과 마찬가지로 '걸다'에서 '걸기–거기–가기–かき'로 이어진다.

檣 장	訓読	ほばしら
	音読	ショウ

訓読풀이

- ほばしら : 檣(장)은 배 돛대를 뜻한다. 돛대는 배의 중심에서 받치는 역할을 한다.
  '배 받치다'에서 '배바치라–보바시라–ほばしら'로 이어진다. 檣은 帆柱(범주 : ほばしら)로도 쓰이는데, 帆(범)은 돛단배를 뜻하며 '돛단배'의 '배'에서 '배–보–ほ'로, 柱(주)는 '받치다'에서 はしら로 이어져 ほばしら(檣 · 帆柱)로 합성된다.

牆 장	訓読	かき
	音読	ショウ

訓読풀이

- かき : 牆(장)은 울타리를 뜻한다. 울타리는 문지기 역할을 한다. 오늘날에도 외부인의 무단출입을 막기 위해 그 위에 CCTV 등 각종 현대시설을 설치 한 것처럼 울타리에는 기본 시설(담 등) 위에 여러 가지 시설이 걸려(걸쳐) 있다.
  鍵(かぎ), 垣(かき), 墻(かき)와 마찬가지로 '걸다'에서 '걸기–거기–가기–かき'로 이어진다.

薔 장	訓読	ばら
	音読	ショウ

訓読풀이

- ばら : 薔(장)은 薔薇(장미)를 뜻한다. 장미는 밝고 아름다운 꽃으로 薔薇色(장미색)은 건강, 아름다움, 명랑, 행복의 상징을 나타낸다.
  '밝다'에서 '발–바라–ばら'로 이어진다.

人名訓読例

- ばら : 薔薇子(ばらこ).

臓(臟) 장	訓読	はらわた
	音読	ゾウ

訓読풀이

- はらわた : 腸(장) 참조.

贓 장	訓読	かくす
	音読	ゾウ

訓読풀이

- かくす : 贓(장)은 감춘다는 뜻이다. 감춘다는 것은 감고 싸서 숨긴다는 뜻이다. 隠(かく)す와 마찬가지로 '감고'에서 '가고–가구–かくす'로 이어진다.

麞 장	訓読	のろ
	音読	ショウ

訓読풀이

- のろ : 麞(장)은 노루를 뜻한다.

'노루'에서 '노로–のろ'로 이어진다.

【재】

才 재	訓読	ざえ·わずか
	人名訓読	とし
	音読	サイ·ザイ

訓読풀이

① ざえ : 才(재)는 잘 하는 재주, 능력을 뜻한다. 특히 학문, 한학을 잘 아는 것을 말한다.
'잘'에서 '자알–자아–자에–ざえ'로 이어진다.

② わずか : 才는 조금을 뜻한다.
'조금'에서 '조구–조가–주가–ずか'로 이어지고, 접두어 わ가 붙어 わずか로 이어진다. 한편 조금은 하찮은 것을 나타낸다. わずかのお金(かね)는 조금 있는 돈이라는 뜻도 되고 하찮은 돈이라는 뜻도 된다. 이 경우에는 '하찮고'에서 '하잔고–하자구–하주구–아주구(ㅎ–ㅇ으로 변음)–わずく'로 이어진다.

③ とし : 才는 재주, 재능이 돋보임을 뜻한다.
'돋'에서 '돗–도시–とし'로 이어진다.

人名訓読例

① とし : 才幹(としもと), 才美(としみ), 才二(としじ), 才彰(としあき).

② わざ(わず의 변음) : 才顕(わざあき).

在 재	訓読	あり·ある
	人名訓読	あきら·すみ·まさ
	音読	ザイ

訓読풀이

① あり·ある : 在(재)는 存在(존재), 즉 있음을 뜻한다.
'있(이)다'에서 '있–이–아–ある'로 이어진다.

② あきら : 在는 잘 있는지, 어떻게 있는지를 항상 살피고 밝히는 것을 뜻한다〈在璿璣玉衡 : 書經 (재선기옥형 : 서경)〉.
'밝히다'에서 '바키라–아키라(ㅂ–ㅇ으로 변음)–あきら'로 이어진다.

③ すみ : 살아 있음을 뜻한다 〈無所不在 : 淮南子 (무소부재 : 회남자)〉.
'살다'에서 '삼–숨–수미–すみ'로 이어진다.

④ まさ : 在는 자기에게 맞게 사는(있는) 것을 뜻한다〈自由自在(자유자재)〉.
'맞다'에서 '마자–まさ'로 이어진다.

人名訓読例

① あり : 在沢(ありさわ), 在寛(ありひろ), 在信(ありのぶ), 在仁(ありよし), 在子(ありこ), 在正(ありまさ).

② あきら : 在(あきら).

③ すみ : 在久(すみひさ).

④ まさ : 在宏(まさひろ).

材 재	人名訓読	もとき·もとし·き
	音読	ザイ·サイ

訓読풀이

① もとき : 材(재)는 건축, 기구 제작에 쓰이는 原木(원목)을 뜻한다. 원목은 밑감이 되는 나무(き)를 뜻한다.
'밑감'의 '밑'에서 '몯–모토–もと'로 이어지고, き와 합성되어 もとき가 된다.
〔参考〕 本木과 이음(もとき)을 같이한다.

② もとし : 材는 집이나 성을 쌓을 때 밑돌로 쓰는 原石(원석)을 뜻한다.
原(もと)와 石(いし)의 し가 합성되어 もとし가 된다.

자

③ き：もときの 준말.

人名訓読例

① もとき · もとし：材(외자 名).

② き：材親(きちか).

災 재	人名訓読	わざわい
	音読	サイ

訓読풀이

- わざわい：災(재)는 災難(재난), 災殃(재앙), 災禍(재화) 등 한자어로 풀이 된다. 나쁜 일이 일어남을 뜻하는데, 전세에서 지은 업(業)으로 말미암아 그 업보로 현세에서 나쁜 일(재앙, 재난 등)이 일어난다고 본다.
  業과 마찬가지로 '나쁜 일'의 '일'에서 '알–아자(받침 ㄹ–'자'로 분절)–わざ'로 이어지고, '일어나다'의 '일어'에서 '이어–아이–わい'로 이어져 わざわい로 합성된다.

哉 재	訓読	か · かな · や · はじめ
	音読	サイ

訓読풀이

① か：哉는 어조사(語助辭)로 반문(反問)을 나타낸다. 한국어로는 '~(일 것인)가'로 표현된다.
'가'에서 か로 이어진다.

② かな：哉는 어조사로 영탄(詠嘆)을 나타낸다. 한국어로는 '~(로)구나'로 표현된다.
'구나'에서 '가나–かな'로 이어진다.

③ や：哉는 어조사로 ②에서와 같이 영탄을 나타낸다. 한국어로는 ②의 '구나'에 유사한 '~(라는거)야'로 표현된다.
'야'에서 や로 이어진다.

④ はじめ：哉는 처음을 뜻한다. 哉生明(재생명)은 달이 처음 빛을 발하는 음력 초(初) 사흘을 일컫는다.
초(はじめ)와 마찬가지로 처음을 뜻하는 '햇'(햇감자, 햇보리 등)에서 '핮–하지–はじめ'로 이어진다.

人名訓読例

① かな：哉女(かなめ), 哉子(かなこ), 哉尾(かなお).

② はじめ：哉(외자 名).

栽 재	訓読	うえる
	人名訓読	きり · たね
	音読	サイ

訓読풀이

① うえる：栽(재)는 심는 것을 뜻한다. ㉮ 심는다는 것은 나무뿌리를 흙에 이어 살게 해 주는 것을 말한다. 植(う)える와 마찬가지로 '잇다'에서 '이어라–우에라–우에루–うえる'로 이어진다. ㉯ 심는다는 것은 뿌리를 흙속으로 넣는 것을 뜻한다. '넣다'에서 '너어라–누에라–우에루(ㄴ–ㅇ으로 변음)–うえる'로 이어진다. ㉰ 栽는 나무를 옮겨 심는 것을 뜻한다. '옮다'에서 '옮아–우아–우에–うえる'로 이어진다.

② きり：栽는 담틀을 뜻한다. 담틀은 담을 세울 때 나무를 잘라(갈라) 만든 말뚝, 나무 널빤지를 말한다.
切(き)る와 마찬가지로 '가르다'에서 '가리–기리–きり'로 이어진다.

③ たね：나무를 심는 것은 씨를 뿌려 栽培(재배)하는 것을 뜻한다.
'씨'에서 '시–디–다–다네–たね(ね는 접미어)'로 이어진다. '씨'에서 さね(実 · 核)로 이어지는 것과 같은 이치이다.

人名訓読例

① うえ：栽松(うえまつ·きりまつ).
② きり：栽松(きりまつ·うえまつ).
③ たね：栽人(たねひと), 栽正(たねまさ).

財 **재**	訓読	たから
	人名訓読	かね
	音読	ザイ

訓読풀이

① たから：㉮ 財(재)는 財貨(재화)를 뜻한다. 재화 중 비싼 보석은 목걸이, 귀걸이, 팔찌 등으로 만들어 목, 귀, 팔에 (매)단다. '달다'에서 '달거라－다거라－다가라－たから'로 이어진다. ㉯ 보석류는 다른 재화에 비하여 값이 높다(높이 떠 있다). 高(たか)い와 마찬가지로 '뜨다'에서 '뜨고－따고－다가－たか'로 이어지고, 복수어미 ら가 붙어 たから가 된다.
② かね：財는 돈으로 대표 된다. 돈은 소유의 표상으로 갖는 것을 나타낸다.
金(かね)와 마찬가지로 '갖다'에서 '갖는－가는－가네－かね'로 이어진다.

人名訓読例

① たから：財満(たからま), 財部(たからべ), 財日奉(たからひまつり), 財田(たからだ), 財津(たからず).
② かね：財弘(かねひろ).

斎(齋) **재**	訓読	いつく·いむ·いみ·とき
	音読	サイ

訓読풀이

① いつく：斎(재)는 목욕 재계(斎戒)하고 신을 모시는 것을 뜻한다. 목욕 재계는 심신을 깨끗이 하는 것으로 우선 몸을 깨끗이 씻는다.
'씻다'에서 '씨고－쑤고－つく'로 이어지고, 접두어 い와 합성되어 いつく가 된다.
② いむ·いみ：斎(い)む는 미워하고 꺼리는 것, 좋아하지 아니함을 뜻한다. ㉮ 미워 꺼린다는 것은 좋아하지 아니하거나 원하지 아니하는 것을 뜻한다. '아니다'에서 '아님－안임－아임－암－임－이무－いむ'로 이어진다. ㉯ '밉다'에서 '미움－밈－미무－이무('미'가 '이'로 변음)－いむ'로 이어진다. あじ(味)가 맛, あしらい가 모셔라, あず(預)かる가 맡겨라와 이어지는 것과 같은 이치이다.
③ とき：절에서 법회 때 신도에게 채식 음식으로서 주로 떡을 대접한다. 斎米(재미：ときまい)는 떡을 만드는 쌀이다.
'떡'에서 '덕－독－도기－とき'로 이어진다.

人名訓読例

① いつ：斎宮(いつのみや), 斎男(いつお).
② いみ：斎部(いみべ), 斎蔵(いみくら).
③ とき：斎吉(ときよし).

裁 **재**	訓読	たつ·さばく
	人名訓読	きり
	音読	サイ

訓読풀이

① たつ：裁(재)는 옷감을 잘라 따내어(떼어내어) 옷(衣)을 짓는 것을 뜻한다.
'따다(떼내다)'에서 '따－다－たつ'로 이어진다. 또한 '자르다'에서 '자－다－たつ'로도 이어진다.
② さばく：裁는 옳고 그름을 잘 풀고 나가는 것을 뜻한다〈大王裁其罪：戰國策(대왕재기죄：전국책)〉.

'잘 풀다'에서 '잘풀고-자푸고-자파구-さばく'로 이어진다.

③ きり : 裁는 ①에서와 같이 자르는 것, 즉 잘라 가르는 것을 뜻한다.
切(き)る와 마찬가지로 '가르다'에서 '가라-가리-기리-きり'로 이어진다.

人名訓読例

① たち : 裁子(たちこ).
② きり : 裁松(きりまつ).

滓 재	訓読	おり·かす
	音読	サイ·シ

訓読풀이

① おり : 滓(재)는 응어리, 앙금, 침전을 뜻한다. 앙금, 침전물은 물체 속에 어리어(괴어) 있는 것을 뜻하고, 응어리는 마음속에 가시지 않고 괴어 어리고 있는 한을 뜻한다.
'어리다' 또는 '응어리'에서 '어리-오리-おり'로 이어진다.

② かす : 滓는 밑에 깔린 앙금, 응어리, 찌꺼기를 뜻한다.
'깔다'에서 '갈-가수(받침 ㄹ-'수'로 분절)-かす'로 이어진다. 또한 '괴다'에서 '괴-가-かす'로 이어진다.

人名訓読例

• かす : 滓野(かすの).

載 재	訓読	のせる·のる
	人名訓読	こと·とし·はじめ·みつる
	音読	サイ

訓読풀이

① のせる · のる : 載(재)는 올려 놓는 것을 뜻한다.
'올려'에서 '올-오루-노루(ㅇ-ㄴ으로 변음)-のる'로 이어지고, '놓다'에서 '노라-노루-のる'로 이어진다.

② こと : 載는 일 · 사업(事業), 즉 하는 것을 뜻한다〈祗載見瞽瞍 : 書經(지재견고수 : 서경)〉.
'하는 것'에서 '것-곧-고도-こと'로 이어진다.
〔参考〕 事(사)와 이음(こと)을 같이한다.

③ とし : 載는 1년, 즉 한 돌을 뜻한다〈朕在位七十載 : 書經 (짐재위 70재 : 서경)〉.
年(とし)와 마찬가지로 '돌'에서 '도시(받침 ㄹ-'시'로 분절)-とし'로 이어진다.

④ はじめ : 載는 처음으로 시작함을 뜻한다〈朕載自亳 : 孟子 (짐재자박 : 맹자)〉.
처음을 뜻하는 '햇'에서 '핫-하지-はじめ'로 이어진다.

⑤ みつる : 載는 (물이) 가득 차는 것을 뜻한다〈厥聲載路 : 詩經 (궐성재로 : 시경)〉.
'물 차다'에서 '무차라-미추라-미추루-みつる'로 이어진다.

人名訓読例

① こと · はじめ · みつる : 載(외자 名).
② こと : 載人(ことひと).
③ とし : 載彦(としひこ), 載間(としま).
④ のり : 載子(のりこ).

齎 재	訓読	もたらす
	音読	セイ·シ

訓読풀이

• もたらす : 齎(재)는 가져와 갖추는 것, 즉 모으는 것을 뜻한다.
모으다의 옛말 '모도다'에서 '모도라-모다라-もたらす'로 이어진다.

纔 재	訓読	わずか
	音読	サイ·サン

訓読풀이

- わずか : 纔(재)는 才(재)와 마찬가지로 조금, 하찮음을 뜻한다. ㉮ '조금'에서 '조구–조가–주가–ずか'로 이어지고, 접두어 わ가 붙어 わずか가 된다. ㉯ '하찮고'에서 '하잔고–하자구–하주구–아주가(ㅎ–ㅇ으로 변음)–わずか'로 이어진다.

【쟁】

争 쟁	訓読	あらそう
	音読	ソウ

訓読풀이

- あらそう : 争(쟁)은 거칠게 싸우는 것을 뜻한다.
  거친 것을 뜻하는 荒(황 : あら)과 마찬가지로 '날(것)·날(치기)'에서 '알–아라–あら'로 이어지고, '싸워'에서 '사우–소우–そう'로 이어져 あらそう로 합성된다.

崢 쟁	訓読	けわしい
	音読	ソウ

訓読풀이

- けわしい : 崢(쟁)은 높고 험한 모양, 즉 고약한 모양을 나타낸다.
  '고약'에서 '고아–개아–けわしい'로 이어진다.

諍 쟁	訓読	いさかう·いさめる
	音読	ソウ·ジョウ

訓読풀이

① いさかう : 諍(쟁)은 싸우는 것, 특히 입(言)으로 싸우는 말싸움(言爭 : 언쟁)을 뜻한다.
'입'에서 '이–い'로 이어지고, '싸우고'에서 '싸고–싸가–さか'로 이어져 いさかう로 합성된다.

② いさめる : '입싸움'에서 '이쌈–이싸메–いさめる'로 이어진다.

【저】

佇 저	訓読	たたずむ
	音読	チョ

訓読풀이

- たたずむ : 佇(저)는 일어 서서(たた) 그대로 잠시 우두커니 서 있음을 뜻한다.
  '서서 서 있음'에서 '서서섬–서서수무–다다수무–たたずむ'로 이어진다.

人名訓読例

- たたずみ : 佇(외자 名).

低 저	訓読	ひくい·ひくまる·ひくめる
	人名訓読	そこ
	音読	テイ

訓読풀이

① ひくい·ひくまる·ひくめる : 低(저)는 낮은 것을 뜻한다. 温度(온도)がひくい 하면 온도가 낮다는 뜻인데, 일상회화에서는 온도가 푹 내려 갔다고 한다. 評判(ひょうばん)がひくい 하면 평판이 푹 내렸다는 뜻이고, 音(おと)がひくい 하면 푹 꺼진 소리라는 뜻이다.
'푹'에서 '픽–피구–ひくい'로 이어진다.
〔参考〕 深(심 : ふか)い와 이음을 같이한다.

② そこ : 低는 낮은 곳, 즉 속을 뜻한다.

자

'속'에서 '소고-そこ'로 이어진다.

人名訓読例

• そこ : 低引(そこびき).

咀 저	訓読	かむ
	音読	ソ

訓読풀이

• かむ : 咀(저)는 씹는 것, 깨무는 것을 뜻한다.

'깨뭄'에서 '개무-가무-かむ'로 이어진다.

〔参考〕 嚼(작 : か)む와 이음을 같이한다.

底 저·지	訓読	そこ
	人名訓読	はげみ
	音読	テイ

訓読풀이

① そこ : 底(저)는 속, 바닥을 뜻한다.

'속'에서 '소고-そこ'로 이어진다.

② はげみ : 底(지)는 이루는 것, 이루게 하는 것, 하게 하는 것을 뜻한다〈底祿以德 : 左氏傳 (지록이덕 : 좌씨전)〉.

励(려 : はげみ)와 마찬가지로 '하게(하게끔) 하다'에서 '하겍음-하겜-하게미-はげみ'로 이어진다.

人名訓読例

• そこ · はげみ : 底(외자 名).

抵 저	訓読	あたる·こばむ
	音読	テイ

訓読풀이

① あたる : 抵(저)는 맞서 겨루는 것을 뜻한다. ㉮ '맞서다'에서 '맞아-맏아-마다-아다루(ㅁ-ㅇ으로 변음)-あたる'로 이어진다. ㉯ 맞선다는 것은 맞댄다는 뜻이기도 하므로 이 경우에는 '대다'에서 '다-다루-たる'로 이어지고, 접두어 あ가 붙어 あたる가 된다. ㉰ 抵는 의지하는 것, 기대는 것을 뜻한다〈去抵父客 : 史記 (거저부객 : 사기)〉. '기대다'에서 '대다-다-다루-たる'로 이어지고, 접두어 あ가 붙어 あたる가 된다. ㉱ 抵는 닿는 것, 이르는 것을 뜻한다 〈抵九原 : 史記 (저구원 : 사기)〉. '닿다'에서 '닿-다-たる'로 이어지고, 접두어 あ가 붙어 あたる가 된다.

② こばむ : 抵는 상대방에 저항(抵抗)하여 상대방을 굽힌다는 뜻이다.

'굽히다'에서 '굽힘-구핌-구밤-고바무-こばむ'로 이어진다.

〔参考〕 拒(거 : こば)む와 이음을 같이한다.

沮 저	訓読	はばむ
	音読	ソ·ジョ

訓読풀이

• はばむ : 沮(저)는 힘 빠지는 것을 뜻한다. 그래서 기가 꺾이고 무너지는 것을 말하게 된다.

'힘 빼다(빠지다)'에서 '뺌-빰-빠무-바바무-はばむ'로 이어진다.

狙 저	訓読	ねらう
	音読	ソ

訓読풀이

• ねらう : 標的(ひょうてき)をねらう 하면 표적을 노린다는 뜻이다.

'노리다'에서 '노려-노라-내라-ねらう'로 이어진다.

杵 저	訓読	きね
	音読	ショ

訓読풀이

• きね：杵(저)는 공이, 절굿공이를 뜻한다. '공이'에서 '곤니－고내－기내－きね'로 이어진다.

人名訓読例

• きね ： 杵谷(きねや), 杵淵(きねふち), 杵渕(きねふち), 杵川(きねかわ), 杵村(きねむら), 杵家(きねいえ).

杼 저·서	訓読	とち·ひ
	音読	ショ·チョ

訓読풀이

① とち：杼(서)는 도토리나무(떡갈나무)로 그 열매를 도토리라고 한다.
'도토리'에서 '도토－도티－とち'로 이어진다.

② ひ：杼(저)는 베틀의 북을 뜻한다.
'북'에서 '부－비－ひ'로 이어진다. 또한 '베틀'에서 '배－비－ひ'로 이어진다.

人名訓読例

① とち ： 杼並(とちなみ), 杼窪(とちくぼ), 杼原(とちはら · ひはら), 杼村(とちむら).

② ひ：杼原(ひはら · とちはら).

牴 저	訓読	ふれる
	音読	テイ

訓読풀이

• ふれる：牴(저)는 부딪치는 것, 맞붙는 것을 뜻한다. 붙이기 위하여는 풀 같은 것을 바르게 된다.
'풀'에서 동사화 되어 '푸레－ふれる'로 이어진다. 또한 '바르다'에서 '발라－바레라－부레루－ふれる'로도 이어진다.
〔参考〕 触(촉)과 이음(ふれる)을 같이한다.

著(著) 저·착	訓読	あらわす· いちじるしい· つく·きる·しるし
	人名訓読	あき
	音読	チョ·チャク· ジャク

訓読풀이

① あらわす：著(저)는 알리는 것을 뜻한다〈以著衆：禮記 (이저중：예기)〉.
'알리다'에서 '알려어서－아라아수－あらわす'로 이어진다.

② いちじるしい ： 著(いちじる)しい進歩(しんぽ)는 두드러진 진보라는 뜻이다.
'두드러지다'에서 '두드러지어－디디러지어－지지루시이－ちじるしい'로 이어지고, 접두어 い가 붙어 いちじるしい로 된다.

③ つく：著(착)은 붙는 것, 닿는 것을 뜻한다.
'닿다'에서 '다구－두구－つく'로 이어진다.
〔参考〕 着(착 ： つ)く와 이음을 같이한다.

④ きる：著(저)는 그림 등을 그리는 것을 뜻한다〈皆著於明堂：淮南子 (개저어명당：유남자)〉.
'그리다'에서 '그려－그루－기루－きる'로 이어진다.

⑤ しるし ： 著(저)는 뾰족한 것으로 찔러서 표시함을 뜻한다〈刻著于石：司馬光 (각저우석：사마광)〉.
'찌르다'에서 '질러서－지루시－시루시－しるし'로 이어진다.

⑥ あき：著(저)는 밝히는 것을 뜻한다〈著

자

其善：大學 (저기선：대학)〉.

'밝히다'에서 '발키–아기(ㅂ–ㅇ으로 변음)–あき'로 이어진다.

人名訓読例

① い(いちじるし의 준말)：著蕷瀬(いもせ).

② き(きる의 준말)：著月(きずき).

③ あき：著寿(あきひさ).

這 저	訓読	はう·ほう
	人名訓読	これ
	音読	シャ

訓読풀이

① はう·ほう：這(저)는 뻗어 가는 것을 뜻한다.

'뻗다'에서 '벋어–버어–바우–하우(호우)–はう(ほう)'로 이어진다.

② これ：這는 이런 것, 그런 것 뜻한다.

'그런'에서 '그러–고러–고레–これ'로 이어진다.

人名訓読例

① は·はい：這見(はいみ), 這禽(はっとり), 這児(はいこ).

② ほう：這代(ほうじろ·ほうだい), 這田(ほうだ).

③ これ：這秀(これすえ), 這棄(これすて).

觝 저	訓読	ふれる
	音読	テイ

訓読풀이

• ふれる：觝(저)는 牴(저：ふれる)와 마찬가지로 맞붙는 것을 뜻한다. 붙이기 위하여는 풀 같은 것을 바르게 된다.

'풀'에서 동사화 되어 '푸레–ふれる'로 이어진다. 또한 '바르다'에서 '발라–바레라–부레루–ふれる'로도 이어진다.

〔参考〕 触(촉：ふれ)る와 이음을 같이한다.

詛 저	訓読	のろう
	音読	ソ

訓読풀이

• のろう：詛(저)는 저주(詛呪), 남이 못되게 바라는 것, 즉 놀리는 것을 뜻한다.

'놀리다'에서 '놀려어–노로우–のろう'로 이어진다.

詆 저	訓読	そしり·そしる
	音読	テイ

訓読풀이

• そしり·そしる：詆(저)는 꾸짖는 것을 뜻한다.

'짖다'에서 '짖으리–조지리–소시리–そしり'로 이어진다. 또한 입으로 '조지다'에서 '조지리–소시리–そしり'로도 이어진다.

貯 저	訓読	たくわえる·ためる
	人名訓読	おさむ
	音読	チョ

訓読풀이

① たくわえる：貯(저)는 쌓아 두는 것, 담아 두는 것을 뜻한다. ㉮ '쌓다'에서 '쌓구–사구–다구–たくわえる'로 이어진다. ㉯ '담다'에서 '담구어–다구어–다구아–たくわえる'로 이어진다.

② ためる：貯는 담는 것을 뜻한다.

'담다'에서 '담–다메–ためる'로 이어진다.

③ おさむ：貯는 쌓는 것을 뜻한다.

'쌓다'에서 '쌈–사무–さむ'로 이어지고

접두어 お가 붙어 おさむ가 된다.

人名訓読例

• おさむ : 貯(외자 名).

瀦 저	訓読	みずたまり
	人名訓読	ぬま
	音読	チョ

訓読풀이

① みずたまり : 瀦(저)는 물이 괸 웅덩이를 뜻한다. 웅덩이에는 물이 담아 있다. 물을 뜻하는 みず와 '담아-다마'의 たま가 합성되어 みずたまり가 된다.

〔参考〕 水溜(수류)와 이음(みずたまり)을 같이한다.

② ぬま : 물이 괸 큰 웅덩이를 늪이라 한다.

'늪'에서 느-누-ぬ'로 이어지고, 접미어 ま가 붙어 ぬま로 이어진다. 손톱 · 발톱을 뜻하는 つめ(爪) 등과 이음의 이치를 같이한다.

〔参考〕 沼(소)와 이음(ぬま)을 같이한다.

人名訓読例

• ぬま : 瀦尾(ぬまお · ぬまのお).

箸 저	訓読	はし
	音読	チョ

訓読풀이

• はし : 箸(저)는 젓가락을 뜻한다. 箸는 한자의 형태대로 대(竹)로 만든 식기이다. 한국이나 일본에서는 자고(自古)로 대나무를 갈라서 끝 부분을 붙여 두었다가 쓸 때 그것을 갈라 젓가락으로 썼다. 그래서 한국어에서는 젓가락이라 하고 일본어에서는 割(わ)りばし라고 한다. '붙여'에서 '부쳐-부치-바치-바시-はし'로 이어진다.

人名訓読例

• はし : 箸尾(はしお), 箸方(はしかた), 箸喰(はしばみ), 箸垣(はしがい), 箸蔵(はしくら), 箸座(はしくら).

儲 저	訓読	もうける
	人名訓読	うち
	音読	チョ

訓読풀이

① もうける : 儲け物(もうけもの)는 물건을 모으는 것, 횡재를 얻는 것을 뜻한다. '모으다'에서 '모우거라-모우게루-もうける'로 이어진다.

② うち : ①에서 모우는 것은 얻는 것을 뜻한다. 儲け主義(もうけしゅぎ)는 금전적 이익을 얻는 것을 제일로 여기는 사고방식이라는 뜻이다.

'얻다'에서 '얻-욷-우디-うち'로 이어진다.

人名訓読例

① もうけ : 儲け口(もうけぐち).

② うち : 儲日(うちひ).

【적】

赤 적	訓読	あか
	音読	セキ·シャク

訓読풀이

• あか : 赤(적)은 빨간색을 뜻한다. ㉮ '빨간'에서 '발간-발가-바가-아가(ㅂ이 ㅇ으로 변음)-あか'로 이어진다. ㉯ 감, 사과 등 식물의 열매는 익으면 빨갛게 되고 사람의 얼굴도 햇빛에 익으면 빨개진다. '익다'에서 '이거-아거-아가-あか'로 이어진다. 소금에 절어 잘 익어 붉게 된 정어리를 赤鰯(あかいわし)라 한

다. あか에서 あからめる로 동사화 된다.

人名訓読例

• あか : 赤岡(あかおか), 赤島(あかしま), 赤嶺(あかみね), 赤路(あかじ), 赤壁(あかべ), 赤星(あかほし).

的 적	訓読	まと
	音読	テキ

訓読풀이

• まと : 的中(적중)은 과녁에 바로 맞는 것을 뜻한다.
'맞다'에서 '마다－마도－まと'로 이어진다.

人名訓読例

• まと : 的崎(まとざき), 的石(まといし), 的矢(まとや), 的場(まとは, まとば), 的井(まとい), 的川(まとがわ).

迹 적	訓読	あと
	音読	セキ·ジャク

訓読풀이

• あと : 迹(적)은 유적, 자취 등을 뜻한다. 유적, 자취는 옛터, 옛일, 옛말을 일컫는다.
'옛'에서 '앗－앋－아도－あと'로 이어진다.

人名訓読例

• あと : 迹見(あとみ).

寂 적	訓読	さび·さびしい
	音読	ジャク·セキ

訓読풀이

• さび · さびしい : 寂(적)은 슬프고 외로운 것을 나타낸다.
'슬퍼서'에서 '스퍼서－사피시－さびしい'로 이어진다.

人名訓読例

• さび : 寂室(さびむろ).

荻 적	訓読	おぎ
	音読	テキ

訓読풀이

• おぎ : 荻(적)은 물억새를 뜻한다. 물억새는 물가에서 자라며 잎은 (참)억새와 비슷하고 톱니가 없는 점이 (참)억새와 다르다. 다 같이 볏과의 다년초이다.
'억새'에서 '억－옥－오기－おぎ'로 이어진다.

人名訓読例

• おぎ : 荻江(おぎえ), 荻根(おぎね), 荻島(おぎしま), 荻沼(おぎぬま), 荻元(おぎもと), 荻子(おぎこ · おぎす).

逖 적	訓読	とおい·はるか
	音読	テキ

訓読풀이

① とおい : 逖(적)은 멀리 떨어져 있음을 뜻한다.
'떨어'에서 '더어－도오－とおい'로 이어진다.
〔参考〕 遠(원 : とお)い와 이음을 같이한다.

② はるか : 逖은 멀리 펼쳐 있는 모습을 나타낸다.
'펼'에서 '팔－할－하루－はるか'로 이어진다.
〔参考〕 遥(요 : はる)か와 이음을 같이한다.

笛 적	訓読	ふえ
	音読	テキ·ジャク

訓読풀이

- ふえ : 笛(적)은 피리를 뜻한다. ㉮ '피리'에서 '필이-피이-피에-푸에-ふえ'로 이어진다. ㉯ 笛(ふえ)を吹(ふ)く처럼 피리는 입으로 부는 음악기이다. '불다'에서 '불어-부어-부에-ふえ'로도 이어진다.

人名訓読例

- ふえ : 笛吹(ふえふき), 笛美(ふえみ), 笛成(ふえなり), 笛子(ふえこ), 笛丸(ふえまる), 笛木(ふえき).

跡 적	訓読	あと
	音読	セキ

訓読풀이

- あと : 跡(적)은 유적, 자취 등을 뜻한다. 유적, 자취는 옛터, 옛일, 옛말을 일컫는다.
  '옛'에서 '앗-앝-아도-あと'로 이어진다.

人名訓読例

- あと : 跡部(あとべ), 跡田(あとだ), 跡見(あとみ), 跡成(あとなり), 跡彦(あとひこ), 跡治郎(あとじろう).

嫡 적	訓読	よつぎ
	音読	チャク·テキ

訓読풀이

- よつぎ : 嫡子(적자) 는 정실이 낳은 아들로 대(代)를 이을(좇을) 자식을 뜻한다.
  대를 '잇다'에서 '잇-이-요-よ'와 '좇다'에서의 '좇기-조기-주기-つぎ'가 합성되어 よつぎ가 된다. よつぎ는 世継(よつ)ぎ로도 표기된다. 世(세)는 代와 마찬가지로 '이어'에서 '요-よ'로 이어진다.

摘 적	訓読	つまむ·つむ
	音読	テキ

訓読풀이

① つまむ : 摘(적)은 잡는 것, 집는 것을 뜻한다. 摘発(적발)은 잘못을 잡아(집어) 내는 것을 뜻하고 摘要(적요)는 요점만 집어(잡아)내는 것을 뜻한다.
'잡다(집다)'에서 '잡음(집음)-자음-주음-줌-주마-つまむ'로 이어진다. 摘(つま)む物(もの)는 손으로 집어 먹는 마른안주를 뜻한다.

② つみ · つむ : 摘은 뜯는 것, 따는 것을 뜻한다. 摘花(적화)는 꽃을 따는(따내는) 것을 뜻한다.
'뜯다(따다)'에서 '듬-두무-つむ'로 이어진다.

人名訓読例

- つみ · つむ : 摘田(つみた).

滴 적	訓読	したたる
	音読	テキ

訓読풀이

- したたる : 滴은 물 등이 방울져 아래로 떨어지는 것을 뜻한다. 아래를 뜻하는 下는 뒤(뒷) 도 뜻한다.
  '뒤 · 뒷'에서 '딋-싣-시다-した'로 이어지고, '떨어지다'에서 '떠러-다루-たる'로 이어져 したたる로 합성된다.

適(適) 적	訓読	かなう·そぐう·ゆく
	人名訓読	まさ·より
	音読	テキ·チャク·セキ

訓読풀이

① かなう : 適(적)은 들어 맞는 것, 일치되는 것, 즉 같아지는 것을 뜻한다.
'같다'에서 '같네–가나–かなう'로 이어진다.

② そぐう : 適應(적응)은 섞여 잘 어울리는 것을 뜻한다.
'섞다'에서 '석–속–소구–そぐう'로 이어진다.

③ ゆく : 適은 가는 것을 뜻한다〈子適衛 : 論語(자적위 : 논어)〉.
'가다'와 '오다'가 뜻이 바뀌어 '오다'에서 '오구–유구–ゆく'로 이어진다〈行(행) 참조〉.

④ まさ : 위 ①에서의 '맞다'에서 '마자–まさ'로 이어진다.

⑤ より : 適意(적의) 처분 바랍니다 하면 마음대로(마음대'에로'·마음'으로') 처분하라는 뜻이다〈處分適兄意 : 古詩(처분적형의 : 고시)〉.
'에로(으로)'에서'에리–요리–より'로 이어진다.

人名訓読例

① かなう·かのう(かなう의 변음) : 適(외자 名).

② ゆき·ゆく : 適億(ゆきお), 適子(ゆくこ).

③ まさ : 適永(まさなが).

④ より : 適益(よりみつ).

敵 적	訓読	あだ·かたき
	音読	テキ

訓読풀이

① あだ : 敵은 서로 맞서 싸우는 상대이다〈仁者無敵 : 孟子(인자무적 : 맹자)〉.
'맞서다'에서 '맏–마다–아다(ㅁ이 ㅇ으로 변음)–あた'로 이어진다. 또한 敵은 우리 편이 '아니다(안되)'에서 '아다–あだ'로도 이어진다.

② かたき : 敵(적)은 서로 같은 대등한 관계에서 필적(匹敵 : ひってき)함을 뜻한다.
'같다'에서 '가다–가다기–かたき'로 이어진다.

積 적	訓読	つむ·つもる
	人名訓読	あつ·かず·かつ·さね·しげる·つとむ·もり
	音読	セキ·シ·シャク

訓読풀이

① つむ : 積(적)은 쌓는 것을 뜻한다.
'쌓다'에서 '쌈–쑴–쑤무–つむ'로 이어진다.

② つもる : 積은 본래 쌀(禾)을 쌓아 모으는 것을 뜻한다.
'쌓아 모으다'에서 '싸모–쑤모–つもる'로 이어진다. 또한 '쌓다'에서 '쌈–쑴–쑤모–つもる'로 이어진다.

③ あつ : ①의 '쌓다'에서 '싸–쑤–つ'로 이어지고 접두어 あ가 붙어 あつ가 된다. 또한 '차다'에서 '차–추–つ'로 이어지고, 접두어 あ가 붙어 あつ가 된다. あつ(集)まる와 이음을 같이한다.

④ かず·かつ : 積은 겹치어(포개어) 쌓이는 것을 뜻한다〈書衣流埃積 : 皎然(서의류애적 : 교연)〉.
'겹처'에서 '거처–가추–かず·かつ'로 이어진다. かさ(重)なる와 유사한 이음이다.

⑤ さね : ①의 '쌓다'에서 '싸네–さね'로 이어진다.

⑥ しげる : 積은 가득 차는 것을 뜻한다.
茂(し)げる, 繁(し)げる와 마찬가지로 '차다'에서 '차거라–사게루–시게루–しげる'로 이어진다. 또한 '쌓다'에서 '사거루–사게루–시게루–しげる'로도 이어진다.

⑦ つとむ : '차다' 또는 '쌓다'에서 '참(쌈)–춤(쑴)–수수무–수도무–つとむ'로 이어진다.

⑧ もり : 積은 몰아 넣는 것을 뜻한다.
'몰다'에서 '몰–모리–もり'로 이어진다. 또한 積은 모여서 무리를 만드는 것을 뜻한다. '무리'에서 '모리–もり'로 이진다.

人名訓読例

① つもる · しげる · つとむ : 積(외자 名).
② つみ : 積木(つみき), 積善(つみよし), 積田(つみた), 積組(つみくみ · つくみ), 積川(つみかわ · つがわ · つむかわ).
③ あつ : 積善(あつよし · かずよし · かつよし · つみよし · もりよし).
④ かず · かつ : 積善(かずよし · かつよし), 積正(かつまさ).
⑤ さね : 積成(さねしげ).
⑥ もり : 積善(もりよし), 積昭(もりあき), 積雄(もりお), 積中(もりちか).

績 적	訓読	うむ·つむぐ
	人名訓読	いさお·つずき·つみ
	音読	セキ

訓読풀이

① うむ : 績(적)은 실을 잇는 것을 뜻한다.
'잇다'에서 '임–움–うむ'로 이어진다.

② つむぐ : 績은 물레 따위로 실을 잣는 것을 뜻한다.
'잣다'에서 '잠–줌–주무–つむぐ'로 이어진다.
〔参考〕 紡(방 : つむ)ぐ와 이음을 같이한다.

③ いさお : 績은 쌓는 것을 뜻한다〈功績(공적), 業績(업적)〉.
'쌓다'에서 '싸아–싸오–さお'로 이어지고, 접두어 い가 붙어 いさお가 된다.

④ つずき : ②의 '잣다'에서 '잣기–잦기–자주기–주주기–つずき'로 이어진다.

人名訓読例

① いさお · つずき · つむぐ : 績(외자 名).
② いさ : 績子(いさこ).
③ つみ(つむぐ의 명사형) : 績田(つみた).
④ つ(つみ의 준말) : 績組(つぐみ).

謫 적	訓読	つみする·ながす
	音読	タク

訓読풀이

① つみする : 謫(적)은 죄를 씌워 유배시키거나 좌천시키는 것을 뜻한다.
罪(つみ)する와 마찬가지로 '씌우다'에서 '씨움–쑴–쑤미–つみする'로 이어진다.

② ながす : 謫은 죄 지은 자를 먼 지방에 있는 유배지로 나가게 하는 것을 뜻한다.
流(なが)す와 마찬가지로 '나가다'에서 '나가수–ながす'로 이어진다.

蹟 적	訓読	あと
	音読	セキ

訓読풀이

• あと : 蹟(적)은 跡(적)과 같은 뜻이다. 현대 표기로는 跡으로 대용한다〈跡(적) 참조〉.

籍 적	訓読	ふみ
	音読	セキ

訓読풀이

- ふみ : 籍(적)은 문서(文書), 서적(書籍)을 뜻한다. 서적은 학문을 배우는 기본이다.
  文 · 書와 마찬가지로 '배우다'에서 '뱀-붐-부미-ふみ'로 이어진다.

【전】

田 전	訓読	た
	人名訓読	みち
	音読	デン

訓読풀이

① た : 田(전)은 밭을 뜻한다. 밭은 곡식을 경작하는 땅이다.
'땅'에서 '다-た'로 이어진다.

② みち : 옛날 밭은 마을을 중심으로 이루어지고, 마을 역시 밭을 중심으로 이루어졌다. 즉 밭과 마을은 일체였다고 볼 수 있다.
'마을'에서 '말-밀-미치(받침 ㄹ-'치'로 분절)-みち'로 이어진다. 村(むら)는 '마을'에서 '말-물-무라'로 이어진다. '벌(蜂)'에서 はち가 되고 '벌(原)'에서 はら가 되는 것과 같은 이치이다.

人名訓読例

① た : 田耕(たこう · たすき), 田端(たばた), 田頭(たがしら · たがみ), 田林(たばやし), 田富(たとみ), 田村子(たむらこ).

② みち : 田盛(みちもり), 田賢(みちかた).

全 전	訓読	まったい· まったく·まっとう· まっとうする
	人名訓読	たもつ·はる· まさ·また
	音読	ゼン

訓読풀이

① まったい : 全(まった)い思想(しそう)하면 全的(전적)으로 맞는 사상이라는 뜻이다.
'맞다'에서 '맞다-まったい'로 이어진다.

② まったく : ①에서와 같이 '맞다'에서 '맞다구-まったく'로 이어진다.

③ まっとう : ①, ②에서와 같이 '맞다'에서 '맞도-まっとう'로 이어진다.

④ まっとうする : ③의 まっとう와 する의 합성어로, '맞도록 한다, 맞도록 마친다(완수)'의 뜻을 갖는다.

⑤ たもつ : 全은 안전하게 잘 두는 것(보관)을 뜻한다.
'둠'에서 '담-다모-たもつ'로 이어진다.

⑥ はる : 全은 바른 것, 맞는 것을 뜻한다〈完全無缺(완전무결)〉.
'바르다'에서 '바루-はる'로 이어진다.
⑦, ⑧의 まさ · また와 뜻을 같이한다.

⑦ まさ : '맞다'에서 '마자-마사-まさ'로 이어진다.

⑧ また : '맞다'에서 '마다-また'로 이어진다.

人名訓読例

① たもつ · まさ : 全(외자 名).

② はる : 全子(はるこ · まさこ · またこ).

③ まさ : 全宏(まさひろ), 全由(まさよし), 全義(まさよし), 全人(まさひと), 全進(まさのぶ), 全志(まさゆき).

④ また : 全隆(またたか), 全成(またな

り), 全仁(またひと), 全子(またこ), 全姫(またひめ).

伝(傳) 전	訓読	つたう·つたえる
	人名訓読	ただ(し)·つて·つとう·つとお·つとむ·のぶ
	音読	デン·テン

訓読풀이

① つたう·つたえる : 伝(전)은 어떤 것을 좇아 가는 것, 오는(옮기는) 것을 뜻한다. 尾根(おね)をつたって進(すす)む 하면 산등성이를 좇아(타고) 나아가는 것을 말하고, 伝統(전통)은 혈통이나 계통을 좇아내려 온 도덕, 생활양식 등을 일컫는다.
'좇다'에서 '조다-주다-つたう'로 이어진다.

② ただ·ただし : 伝은 경전(經典)의 주해(註解)를 뜻한다. 주해는 본문의 뜻을 따져서 밝힌 풀이를 뜻한다.
'따지다'에서 '따저-다더-다다-ただ'로 이어진다.

③ つとう·つとお : つたう의 변음.

④ つとむ : つとむ는 '좇음'에서 '돋움-도돔-두도무-つとむ'로 이어진다.

⑤ のぶ : 伝道(전도)는 성현의 교훈이나 종교의 교리 등을 세상에 넓게(널리) 알린다는 뜻이다.
'넓다'에서 '널버-너버-노부-のぶ'로 이어진다.

人名訓読例

① つたう·つたえ·ただし·つとう·つとお·つとむ : 伝(외자 名).

② つ(つた의 준말) : 伝法(つのり).

③ つた : 伝明(つたあき), 伝夫(つたお), 伝彦(つたひこ), 伝雄(つたお), 伝川(つたかわ).

④ つて(つた의 변음) : 伝川(つてかわ), 伝樋(つておけ).

⑤ ただ : 伝司(ただし·ただもり), 伝生(ただお), 伝松(ただまつ), 伝次(ただつぐ).

⑥ のぶ : 伝芳(のぶよし), 伝義(のぶよし).

典 전	訓読	のり·ふみ·つね
	人名訓読	すけ·ただ(し)·みち·よし
	音読	テン

訓読풀이

① のり : 典(전)은 옳은 것, 바른 것을 뜻한다.
'옳다'에서 '올-오리-노리(ㅇ-ㄴ으로 변음)-のり'로 이어진다.

② ふみ : 典은 법전, 전범(典範), 본보기 등 배움이나 가르침의 기본을 뜻한다.
'배움'에서 '뱀-붐-부미-ふみ'로 이어진다.

③ つね : 위 ①의 옳은 것, 바른 것, ②에서의 책, 본보기 등 배움, 가르침의 기본은 이제나, 그제나, 언제나 그대로이다.
'제나'에서 '주나-주네-つね'로 이어진다.

④ すけ : ①의 のり의 典, ②의 ふみ의 典, ③의 つね의 典 등은 올바른 인생살이에 큰 도움이 된다. ㉮ '돕다'에서 '돕게-도게-두게-すけ'로 이어진다. ㉯ 도움 '주다'에서 '주게-すけ'로 이어진다.

⑤ ただ·ただし : ②에서 典을 뜻하는 법전, 규범, 전범 등은 인간의 행위를 따져 옳고 그름을 판단하는 준칙이 된다.

자

'따지다'에서 '다져-다더-다다-ただ(し)'로 이어진다.

⑥ みち : ④에서와 같이 典은 올바른 인생살이에 길잡이가 되면서 도움이 된다.
'길'을 뜻하는 みち(道)와 이어진다〈道(도) 참조〉.

⑦ よし : 典은 옳음을 뜻한다.
'옳다'에서 '올치-오시-よし'로 이어지고, '올'에서 '오시(받침 ㄹ-'시'로 분절)-よし'로도 이어진다.

人名訓読例

① ただし · のり · ふみ : 典(외자 名).

② のり : 典佳(のりよし), 典介(のりすけ), 典道(のりみち), 典子(のりこ · つねこ · ふみこ · みちこ).

③ ふみ : 典代(ふみよ · のりよ · みちよ), 典世(ふみよ), 典明(ふみあき · つねあき · のりあき), 典夫(ふみお), 典子(ふみこ), 典男(ふみお · つねお · のりお · みちお).

④ つね : 典良(つねよし), 典嗣(つねつぐ · のりつぐ), 典彦(つねひこ · のりひこ), 典俊(つねとし · のりとし), 典則(つねのり), 典暁(つねとし).

⑤ すけ : 典謙(すけのり), 典徳(すけのり · つねのり), 典美(すけよし · のりよし), 典雅(すけまさ · のりまさ), 典行(すけゆき · のりゆき), 典弘(すけひろ · のりひろ).

⑥ ただ : 典夫(ただお · すけお · つねお · のりお · ふみお · みちお).

⑦ みち : 典男(みちお), 典代(みちよ), 典民(みちひと), 典生(みちお · つねお · のりお · ふみお), 典子(みちこ), 典恒(みちひさ).

⑧ よし : 典郎(よしろう), 典次(よしつぐ · のりつぐ).

前 전	訓読	まえ·さき
	人名訓読	すすむ·すすめ
	音読	ゼン·セン

訓読풀이

① まえ : 前(전)은 마주하고 있는 앞을 뜻한다. 맞담배는 서로 마주하고 피우는 담배이고, 맞선은 서로 앞에 마주하여 선을 보는 것을 말한다.
'맞'에서 '맞에-마에-まえ'로 이어진다. 한편 '앞에'에서 '아에-마에(ㅇ-ㅁ으로 변음)-まえ'로도 이어진다.

② さき : 前은 앞에 있는 저기를 가르킨다. 運賃(うんちん)はさきではらう 하면 운임은 저기서 치른다는 뜻이다.
'저기'에서 '자기-사기-さき'로 이어진다.

③ すすむ · すすめ : 前은 앞으로 나아간다, 뛰어간다는 뜻을 갖는다.
'뛰다'에서 '뛰-뚬-쑴-수수무(수수메)-すすむ · すすめ'로 이어진다.

人名訓読例

① すすむ · すすめ : 前(외자 名).

② まえ : 前更(まえさら), 前橋(まえはし · まえばし), 前山(まえやま · さきやま), 前原(まえはら · まえばら), 前田(まえた · まえだ), 前沢(まえさわ · まえざわ).

③ さき : 前本(さきもと · まえもと), 前取(さきとり), 前光(さきみつ · まえみつ), 前久(さきひさ), 前秀(さきひで), 前燿(さきてる).

專(專) 전	訓読	もっぱら
	人名訓読	あつし·あつむ·つら·もろ
	音読	セン

訓読풀이

① もっぱら : もっぱらの輸出用(ゆしゅつよう)だ 하면 무엇보다 수출(우선)용이다라는 뜻이고, もっぱら勉強(べんきょう)に精(せい)を出(だ)す 하면 무엇보다 공부에 열중한다는 뜻이다.
'무엇보다'에서 '멋보다－못보－못바－もっぱら'로 이어진다.

② あつし · あつむ : 專(전)은 가득 차다는 뜻이다.
'차다'에서 '차서－차시－추시－つし'로 이어지고, 접두어 あ가 붙어 あつし로 합성된다. 한편 '참'에서 '춤－추무－つむ'로 이어지고 あ가 붙어 あつむ로 된다.

③ つら : ②의 '차다'에서 '차라－추라－つら'로 이어진다.

④ もろ : 專決(전결)은 멋대로(마음대로) 결정한다는 말이고, 專行(전행)은 제멋대로 행동하는 것을 말한다.
'멋(마음)대로'에서 '멋(몸)으로－머(모)로－모로－もろ'로 이어진다.
한편 專念(전념)은 오로지 그 일에만 마음을 쓰는 것이고, 專門(전문 : せんもん)은 오로지 한 부문에만 연구한다는 뜻이다. 이 경우에는 '오로지'에서 '오로－모로(ㅇ－ㅁ으로 변음)－もろ'로 이어진다.

人名訓読例

① あつし · あつむ : 專(외자 名).
② つら : 專之(つらゆき).
③ もろ : 專尭(もろたか).

畑 전	訓読	はた·はたけ
	音読	日本国字

訓読풀이

• はた · はたけ : 畑(전)은 일본식 한자로 밭을 뜻한다.
'밭'에서 '바다－はた · はたけ'로 이어진다.

人名訓読例

① はた · はたけ : 畑(외자 名).
② はた : 畑江(はたえ), 畑谷(はたたに · はたや), 畑林(はたばやし), 畑本(はたもと), 畑守(はたもり), 畑沢(はたさわ · はたざわ).
③ はたけ : 畑山(はたけやま · はたやま).

展 전	訓読	のべる
	人名訓読	あきら·のぶ·ひろ(む)·まこと
	音読	テン

訓読풀이

① のべる : 展(전)은 넓히는 것을 뜻한다〈展開(전개), 親展(친전)〉.
'넓히다'에서 '널벼－너베－노베－のべる'로 이어진다.
〔参考〕 延(연), 伸(신)과 이음(のべる)을 같이한다.

② あきら : 展은 여는 것을 뜻한다.
'열다'에서 '열거라－여기라－아기라－あきら'로 이어진다.

③ のぶ : ①에서의 '넓히다'에서 '널버－너부－노부－のぶ'로 이어진다(のべる의 文語形).

④ ひろ(む) : 展示(전시)는 여러 가지 물건을 벌려 놓고 보이는 것을 뜻한다.
'벌림'에서 '버롬－비롬－비로무－ひろ · ひろむ'로 이어진다.

자

⑤ まこと：展은 참으로, 진실로 맞는 것을 뜻한다〈展兮君子 : 詩經(전혜군자 : 시경)〉.
'맞는 것'에서 '마(은)걷–마곧–마고도–まこと'로 이어진다.

人名訓読例

① あきら · のぶ · ひろむ · まこと：展(외자 名).
② のぶ : 展宏(のぶひろ), 展久(のぶひさ), 展明(のぶあき), 展博(のぶひろ), 展緒(のぶお), 展州(のぶくに).
③ ひろ：展狂(ひろけ), 展安(ひろやす).

悛 전	訓読	あらためる
	音読	シュン

訓読풀이

• あらためる : 悛(전)은 잘못을 뉘우치고 처음의 날것 그대로의 初心(초심)으로 됨을 뜻한다.
'날'에서 '알(ㄴ–ㅇ으로 변음)–아라–あら'로 이어지고, '됨'에서 '댐–담–다메–ため'로 이어져 あらためる로 합성된다.
〔参考〕改(개)와 이음(あらためる)을 같이한다.

旃 전	訓読	はた
	音読	セン

訓読풀이

• はた：旃(전)은 비단으로 만든 깃(旗)발을 뜻한다. 깃발의 '발'에서 '바다(받침 ㄹ– '다'로 분절)–はた'로 이어진다. 旃旌(전정)은 旗(기 : はた)의 총칭으로 旃(전)은 무늬가 없는 붉은 비단 기, 旌(정)은 오색 깃털을 기드림으로 단 기를 뜻하는데 旃 · 旌 · 旗 모두 깃발의 '발'에서 はた로 훈독된다.

畠 전	訓読	はた · はたけ
	音読	日本国字

訓読풀이

• はた · はたけ : 畠(전)은 일본식 한자로 밭을 뜻한다.
'밭'에서 '바다–はた · はたけ'로 이어진다.
〔参考〕火田(화전)과 이음(はた · はたけ)을 같이한다.

人名訓読例

① はた · はたけ：畠(외자 名).
② はた : 畠頭(はたとう), 畠瀬(はたせ), 畠野(はたの), 畠衛(はたえ), 畠田(はただ), 畠沢(はたさわ).
③ はたけ : 畠山(はたけやま · はたやま), 畠中(はたけなか · はたなか).

剪 전	訓読	きる · はさむ
	音読	セン

訓読풀이

① きる：剪(전)은 베는 것, 자르는 것, 즉 칼 · 도끼 등으로 나무 따위를 둘로 가르는 것을 뜻한다.
'가르다'에서 '갈라–가라–기루–きる'로 이어진다.
〔参考〕切(절)과 이음(きる)을 같이한다.
② はさむ：剪은 가위(剪刀 : はさみ)로 나무 등을 가르는(자르는) 것을 뜻한다. はさみ(가위)는 물건을 가를(자를) 때 벌어졌다가 다시 붙으면서 가르는(자르는) 기능을 하게 된다.
'붙다'에서 '붙음–붓음–부숨–바삼–바사무–はさむ'로 이어진다.
〔参考〕鋏(협)과 이음(はさむ)을 같이한다.

淀 전	訓読	よど·よどむ
	音読	テン

訓読풀이

- よど · よどむ : 淀(전)은 웅덩이를 뜻한다.
  '웅덩이'에서 '우더-우도-요도-よど'로 이어지고, よどむ로 동사화 되어 물이 괴는 것, 막히는 것을 뜻한다.

人名訓読例

- よど : 淀橋(よどばし), 淀縄(よどなわ), 淀野(よどの), 淀屋(よどや), 淀井(よどい), 淀川(よどかわ · よどがわ).

転(轉) 전	訓読	うたた·ころがす·ころがる·ころげる·ころばす·ころぶ·まろぶ
	音読	テン

訓読풀이

① うたた : 転(전)은 옮기는 것을 뜻한다. 転籍(전적)은 본적 등을 옮기는 것을 뜻하고 転学(전학)는 다른 학교로 옮기는 것을 뜻한다. 転心(전심 : うたたごころ)는 마음이 이리저리 옮아 가는 것, 즉 변하기 쉬운 마음을 말한다.
'옮다'에서 '올다-오다다(받침 ㄹ-'다'로 분절)-우다다-うたた'로 이어진다.

② ころがす · ころがる · ころげる · ころばす · ころぶ : 転은 구르는 것(자동사), 굴리는 것(타동사)을 뜻한다.
'구르다(굴리다)'에서 '구루-구로-고로-ころ'로 이어지고, 각각 유사한 뜻을 가진 ころがす · ころがる · ころげる · ころばす · ころぶ와 이어진다.

③ まろぶ : 転은 말면서 굴러가는 것을 뜻한다.
'말다'에서 '마라-마로-まろぶ'로 이어진다.

人名訓読例

- うたた : 転(외자 名).

奠 전	訓読	さだめる·まつる
	音読	テン

訓読풀이

① さだめる : 奠(전)은 定(정)과 마찬가지로 정한다는 뜻을 갖는다. 奠都(전도)는 도읍을 정한다는 말로, 도읍을 정한다는 것은 도읍할 땅을 잡는다는 말이 된다.
'잡다'에서 '자다-사다-さためる'로 이어진다.

② まつる : 奠은 제사를 지내며 조상을 모시는 것을 뜻한다.
'모시다'에서 '모셔라-마수루-まつる'로 이어진다.

人名訓読例

- さだ : 奠夫(さだお), 奠三(さだぞう), 奠子(さだこ), 奠迪(さだみち).

揃 전	訓読	そろい·そろえる·そろう
	音読	セン

訓読풀이

- そろい · そろえる · そろう : 揃(전)은 가지런히 잘 차려져 있음을 나타낸다. 制服(せいふく)をそろえる 하면 제복을 잘 차려 입었음을 뜻하고, 客用(きゃくよう)の食器(しょっき)をそろえる 하면 손님용 식기를 잘 차려 놓고 있음을 뜻한다.
  '차리다'에서 '차려어-초로우-소로우-そろう'로 이어진다.

人名訓読例

자

• そろい：揃(외자 名).

塡 전	訓読	うずめる·ふさがる· ふさぐ·はまる· はめる·みたす·みつ
	音読	テン·チン

訓読풀이

① うずめる：塡(전)은 채우는 것을 뜻한다. 塡補(전보)는 모자란 것, 빈 곳을 채워 메우는 것을 뜻한다.
'채우다'에서 '챔-춤-추메-주메-ずめる'로 이어지고, 접두어 う가 붙어 うずめる로 합성된다.

② ふさがる·ふさぐ：塡撫(전무)는 亂(난)을 눌러 진압시키는 것을 뜻한다. 즉 난을 붙잡아 안정시킨다는 뜻이 된다.
'붙잡다'에서 '부자구-ふさぐ'로 이어진다.

③ はまる·はめる：型(かた)にはまる 하면 틀에 박힌다, 또는 틀에 배어 있다는 뜻이다.
'박다'에서 '박음-바음-밤-함-하마-はまる'로 이어지고, 또한 '배다'에서 '뱀-밤-함-하마-はまる'로 이어진다.

④ みたす：瓶(びん)に水(みず)をみたす 하면 물(みず)로 채우는 것을 뜻한다.
満(み)たす처럼 '물(로) 차다'에서 '물차-미차-미다-みたす'로 이어진다.

⑤ みつ：満(み)つ와 마찬가지로 '물 차다'에서 '물(차)-미(차)-みつ'로 이어진다.

人名訓読例

• みつ：塡(외자 名).

戦(戰) 전	訓読	いくさ·たたかう· そよがす·そよぐ
	音読	セン

訓読풀이

① いくさ：戦(전)은 전쟁·싸움을 뜻한다. 싸움에서는 반드시 이겨야 한다〈戰必勝功必取：史記(전필승공필취：사기)〉.
'이기는 싸움'에서 '이겨 싸움-이가싸-이구사-いくさ'로 이어진다. 또한 '이기자'(요즘 표현으로 fighting)에서 '이구자-いくさ'로 이어진다.
〔参考〕軍(군)과 이음(いくさ)을 같이한다.

② たたかう：戦(전)은 다투는 것, 싸우는 것을 뜻한다.
'다투다'에서 '다투고-다타구-다타가-たたかう'로 이어진다.

③ そよがす·そよぐ：戦은 초목의 잎 등이 바람에 솔솔 흔드는 것을 나타낸다. 草木(くさき)をそよがす風(かぜ)는 초목의 잎을 솔솔 흔드는 바람이라는 뜻이고, 稲穂(いなほ)がそよぐ 하면 벼이삭이 솔솔 흔들린다는 뜻이다.
'솔솔'에서 '소오소오-소요-そよがす·そよぐ'로 이어진다. そよそよ는 바람이 솔솔(살랑살랑) 조용히 부는 모양을 나타낸다.

殿 전	訓読	との·どの
	人名訓読	しず
	音読	デン·テン

訓読풀이

① との·どの：殿閣(전각：でんがく), 殿堂(전당：でんどう), 殿上(전상：でんじょう), 殿下(전하：でんか), 宮殿(궁전：きゅうでん)등 높고 크고 웅장한 건물을 나타낼 때는 音読으로 표기한다. 殿이 との·どの로 訓読되는 경우

는 여자의 남자에 대한 존경의 호칭, 남편에 대한 존경의 호칭, 영주 · 귀인에 대한 존경의 호칭으로 쓰일 때이다. ㉮ 여자가 존경을 표시하는 남자의 모습은 남보다 뛰어난 모습이다. '뛰어난'에서 '두어난–두난–도나–도노–との'로 이어진다. ㉯ 여자가 존경을 표시하는 남편상은 든든한 모습이다. '든든'에서 '든–돈–도노–との'로 이어진다. ㉰ 영주나 귀인이 백성의 존경을 받으려면 남보다 뛰어나고 든든한 믿음이 있어야 할 뿐 아니라 우선 좋은 사람이어야 한다. '좋은'에서 '존–돈–도노–との'로 이어진다.

② しず : 殿은 佛殿(불전)–절을 뜻한다.
'절'에서 '질–지주(받침 ㄹ–'주'로 분절)–시주–しず'로 이어진다. '절'은 '절–저라–데라–てら(寺)'로도 훈독되는데, '벌'에서 '발–바지–はち(蜂)', '발–바라–はら(原)'로 이어지는 것과 같은 이치이다.

人名訓読例

① との : 殿崎(とのさき), 殿島(とのしま), 殿山(とのやま), 殿畑(とのはた), 殿塚(とのずか), 殿下(とのした).
② しず : 殿之(しずゆき).

煎 전	訓読	いる·いり
	音読	セン

訓読풀이

• いる · いり : 豆(まめ)をいる, 卵(たまご)をいる 하면 콩이나 달걀을 볶거나 지지는 것, 즉 익히는 것을 말한다.
炒(초 : い)る, 熬(오 : い)る와 마찬가지로 '익다'에서 '이–いる'로 이어진다.

人名訓読例

• いり : 煎本(いりもと).

詮 전	訓読	あきら·のり
	音読	セン

訓読풀이

① あきら : 詮(전)은 사리를 밝히어 말하는 것을 뜻한다.
'밝히다'에서 '바기라–아기라(ㅂ–ㅇ으로 변음)–あきら'로 이어진다.
한편 밝힌다는 것은 뚜껑을 열고 속을 밝힌다는 뜻도 된다. 이 경우에는 '열다'에서 '열기라–어기라–아기라–あきら'로 이어진다.
② のり : ①에서 사리를 밝힌다는 것은 옳은 것을 가려낸다는 뜻이다.
'옳다'에서 '올–놀(ㅇ–ㄴ으로 변음)–노리–のり'로 이어진다.

人名訓読例

① あき(あきら의 준말) : 詮冬(あきふゆ), 詮方(あきみち), 詮範(あきのり), 詮勝(あきかつ), 詮信(あきのぶ), 詮子(あきこ).
② のり : 詮正(のりまさ), 詮直(のりなお).

槙(槇) 전	訓読	まき
	音読	テン

訓読풀이

• まき : 槙(전)은 노송(老松)나무, 삼(杉)나무의 총칭이다. 일본 원산으로 둘 다 지상 40m까지 자라고 내수력(耐水力)이 강하여 건축이나 가구 등의 재료로 쓰인다. 옛날에는 생활의 필요에 정말(真)로 맞는 나무(木)인 셈이다.
真(진)을 뜻하는 '맞다'의 '마(ま)'와 나무를 뜻하는 '기(き)'가 합성되어 まき로 이

자

어진다〈木(목 : き)와 真(진 : まさ) 참조〉. 사전에서는 真木으로도 표기되며 まき로 훈독된다. 槙(전)을 한국어로 '마끼나무'라고 풀이하는 사전도 있다.

人名訓読例

- まき : 槙谷(まきたに), 槙島(まきしま), 槙本(まきもと), 槙原(まきはら), 槙村(まきむら), 槙子(まきこ).

箋 전	訓読	はりふだ
	音読	セン

訓読풀이

- はりふだ : 箋(전)은 附箋(부전)을 뜻한다. 附箋은 서류에 문제점이나 의견 따위를 적어 풀로 발라 덧붙이는 쪽지, 주해(注解), 주석(註釋)을 일컫는다.
  '발라 붙다'에서 '바라부다–바리부다–はりふだ'로 이어진다. 箋은 풀로 발라 붙이는 벽보도 뜻한다.
  〔参考〕 張札(はりふだ), 貼札(はりふだ)로도 표기된다.

銓 전	訓読	はかる
	人名訓読	のり
	音読	セン

訓読풀이

① はかる : 銓(전)은 저울, 저울질, 즉 헤아리는 것을 뜻한다. 銓考(전고)는 인물을 헤아려 정한다는 말이고, 銓衡(전형)은 사람을 시험하여 골라 뽑는 것을 뜻한다. ㉮ '헤아리다'의 어간 '헤'에서 '헤거라–하거라–하가루–はかる'로 이어진다. ㉯ '뽑다'에서 '봅거라–바가라–바가루–はかる'로 이어진다.
〔参考〕 計(계), 量(량)과 이음(はかる)을 같이한다.

② のり : ①에서 시험하여 골라 뽑는다는 것은 옳은 인물을 뽑는다는 뜻이다.
'옳다'에서 '올–오리–노리(ㅇ–ㄴ으로 변음)–のり'로 이어진다.

人名訓読例

- のり : 銓総(のりふさ).

箭 전	訓読	や
	音読	セン

訓読풀이

- や : 箭(전)은 화살을 뜻하며, (화살이) 나아간다, (화살을) 날린다는 동사의 뜻도 갖는다. 화살은 날려 목표물을 맞추도록 되어 있다.
  '나아가다', '날리다'에서 '나아(날아)–나–아(ㄴ–ㅇ으로 변음)–や'로 이어진다.
  〔参考〕 矢(야)와 이음(や)을 같이한다.

人名訓読例

- や : 箭括(やはず), 箭浪(やなみ), 箭本(やもと), 箭野(やの), 箭原(やはら), 箭竹(やたけ).

澱 전	訓読	おり·よどむ
	音読	デン

訓読풀이

① おり : 澱(전)은 앙금, 침전물, 응어리를 뜻한다. 앙금, 침전물은 일정한 물체 속에 무엇이 괴는 것을 뜻하는데, 예컨대 눈에 눈물이 괴는 것을 어린다고 한다. 비유적으로 마음속에 가시지 않고 괴어 어린 한을 응어리라고 한다.
'어리다' 또는 '응어리'에서 '어리–오리–おり'로 이어진다.

② よどむ : 澱은 웅덩이에 물이 괴는 것을 뜻한다.
淀(よど)와 마찬가지로 '웅덩이'에서 '우

더-오도-よど'로 이어지고 よどむ로 동사화 된다.

人名訓読例

• よどみ：澱橋(よどみばし).

甎 전	訓読	しきかわら
	音読	セン

訓読풀이

• しきかわら：甎(전)은 선종(禪宗) 사원 등에서 땅에 치는(까는) 납작한 기와를 말한다.
'치다'에서의 '치기-しき'와 '기와'에서의 '기와-가와라-かわら'가 합성되어 しきかわら가 된다.

靦 전	訓読	あつかましい
	音読	テン

訓読풀이

• あつかましい：靦(전)은 부끄러워 얼굴을 붉힌다는 뜻과 부끄러워하지 않은 뻔뻔한 모양을 나타낸다. 한국어에서 부끄러워하는 것을 낯 뜨겁다(따겁다)라고 한다.
'뜨겁다(따겁다)'에서 '뜨거움(따거움)-두거움-두감-두가마-つかましい'로 이어지고, 접두어 あ가 붙어 あつかましい로 된다.
한편 부끄러워 하지 않고 뻔뻔한 것을 낯 두껍다고 한다. '두껍다'에서 '두꺼움-두가움-두감-두가마-つかましい'로 이어지고, 접두어 あ가 붙어 あつかましい가 된다.

輾 전	訓読	ころがる·まろぶ
	音読	テン

訓読풀이

① ころがる：輾(전)은 구르는 것을 뜻한다.
'구르다'에서 '구루-구로-고로-ころがる'로 이어진다.
〔参考〕 転(전：ころ)がる와 이음을 같이 한다.

② まろぶ：輾은 도는 것을 뜻한다. 두루마리는 둘둘 말면서 돌린다.
'말다'에서 '마라-마로-まろぶ'로 이어진다.
〔参考〕 転(전：まろ)ぶ와 이음을 같이한다.

羶 전	訓読	なまぐさい
	音読	セン

訓読풀이

① なまぐさい：羶(전)은 날 생선 등에서 나는 궂은 냄새를 뜻한다.
'날'의 명사 '남-나마-なま'와 '궂다'의 '구저-구자-ぐさい'가 합성되어 なまぐさい가 된다. 生臭(생취：なまぐさ)로도 표기한다.
〔参考〕 腥(성：なまぐさ)과 이음을 같이 한다.

鐫 전	訓読	える·ほる
	音読	セン

訓読풀이

① える：鐫(전)은 칼 같은 것으로 에는 것, 새기는 것을 뜻한다.
'에다'에서 '에라-에루-える'로 이어진다.
〔参考〕 彫(조：え)る와 이음을 같이한다.

② ほる：鐫은 칼끝으로 파서 새기는 것을 뜻한다.

자

'파다'에서 '파라–하라–호루–ほる'로 이어진다.

〔参考〕 掘(굴), 彫(조)와 이음(ほる)을 같이한다.

囀 전	訓読	さえずる
	音読	テン

訓読풀이

• さえずる : 囀(전)은 새나 아이들이 재잘거리는 소리를 나타낸다. 小鳥(ことり)のさえずりを録音(ろくおん)する 하면 새의 재잘거리는 소리를 녹음한다는 뜻이다.

'재잘'에서 '자잘–자아줄–자에주루–さえずる'로 이어진다.

纏 전	訓読	まとう·まとまる·まとめる
	音読	テン

訓読풀이

① まとう : 纏(전)은 옷 등을 말아 입는 것을 뜻한다. 身(み)にぼろをまとう 하면 누더기를 몸에 둘둘 말아 입는 것을 말하고, マフラーをまとう 하면 머플러를 목에 둘둘 말아 걸치는 것을 말한다.

'말다'에서 '마다–마도–まとう'로 이어진다.

② まとまる · まとめる : 纏帯(전대)는 옛날 나들이 할 때 돈이나 물건을 넣어 허리나 어깨에 메고 다닌 띠 모양의 자루를 뜻하고, 纏足(전족)은 여자의 발을 어릴 때부터 베로 묶어 매어 자라지 못하게 한 옛 중국 풍속을 말한다. 이렇게 纏은 하나로 묶는 것, 맺는 것을 뜻한다.

'맺다'에서 '매즘–매듬–마돔–마도메루–まとめる'로 이어진다. 맺는다는 것은 매듭 짓는다는 말이기도 하다. '매듭'에서 '매도–마도–まとめる'로도 이어진다.

人名訓読例

① まとめ · まとむ : 纏(외자 名).

② まと : 纏向(まとむき).

【절】

切 절·체	訓読	きり·きる
	人名訓読	ひく
	音読	セツ·サイ

訓読풀이

① きり · きる : 切(절)은 끊는 것, 즉 둘 이상으로 가르는 것을 뜻한다.

'가르다'에서 '가루–기루–きる'로 이어진다.

② ひく : 위 ①의 가른다는 것은 베는 것을 뜻한다.

'베다'에서 '베구–비구–ひく'로 이어진다.

한편 プロジエクトから手(て)をひく 하면 프로젝트에서 손을 뺀다. 즉 관계를 끊는다(가른다)는 뜻이다. 이 경우에는 引(ひ)く와 마찬가지로 '빼다'에서 '배구–비구–ひく'로 이어진다.

人名訓読例

① きり : 切木(きりこ), 切抜(きりぬき), 切敷(きりしき), 切手(きって · きりて), 切替(きりかい · きりかえ), 切上り(きりあがり).

② ひき : 切工(ひきく), 切頭(ひきず), 切土(ひきつち · ひきと).

折 **절**	訓読	おり·おる· くじける
	人名訓読	す
	音読	セツ·シャク

訓読풀이

① おり・おる：折(절)은 오리는 것을 뜻한다. 折簡(절간)은 全紙(전지)를 두 장으로 오려서(잘라서) 적은 짧은 편지를 뜻한다.
'오리다'에서 '오리–おり・おる'로 이어진다.

② くじける：折은 상대방의 기세를 꺼지게(굽히게) 하는 것을 뜻한다.
'꺼지게'에서 '거지게–구지게–くじける'로 이어진다.

③ す：折은 자르는 것을 뜻한다.
자르다의 '자'에서 '주–す'로 이어진다.

人名訓読例

① おり：折谷(おりたに), 折島(おりしま), 折笠(おりかさ・おりがさ), 折山(おりやま), 折元(おりもと), 折原(おりはら).

② す：折違(すじかい).

窃(竊) **절**	訓読	ぬすむ·ひそか
	音読	セツ

訓読풀이

① ぬすむ：窃(절)은 훔치는 것을 뜻한다. 그것은 남의 물건을 (빼)앗아가는 것을 말한다.
'앗다'에서 '아숨–아수무–우수무–누수무(ㅇ–ㄴ으로 변음)–ぬすむ'로 이어진다.

② ひそか：㉮ 窃(ひそ)かは 혼자서(홀로) 몰래 일을 하는 것을 나타낸다. 密(ひそ)か, 私(ひそ)か와 마찬가지로 '혼자'에서 '호자–호조–히조–ひそ(か)'로 이어진다. 또한 '홀'에서 '호소(받침 ㄹ–'소'로 분절)–히소–ひそ(か)'로도 이어진다. ㉯ 窃은 훔치듯 몰래하는 것을 뜻한다. '훔치다'에서 '훔치고–후시가–히소가–ひそか'로 이어진다.

絶 **절**	訓読	たえる·たやす· たつ·たえて
	音読	ゼツ

訓読풀이

① たえる・たやす：絶(た)えるは 다 되어 없어지거나 끊어진 것을 뜻한다. 供給(きょうきゅう)がたえる 하면 공급이 다하여(다 되어) 끊긴 상태를 말하고, 息(いき)がたえる 하면 숨이 다하여 죽었음을 뜻한다.
'다하다'에서 '다헤–다에–たえる'로 이어진다.

② たつ：酒(さけ)とたばこをたった 하면 술과 담배를 떼었다는 뜻이고, 彼女(かのじょ)との関係(かんけい)をたつことにした 하면 그녀와의 관계를 떼기로 했다는 뜻이다.
'떼다(끊다)'에서 '데–다–たつ'로 이어진다.

④ たえて：絶えては 부정어가 붙어 다해서 안된다(아니다)는 뜻을 나타낸다.
'다해서'에서 '다에서–다에데–たえて'로 이어진다.

자

節(節) 절	訓読	ふし
	人名訓読	さだむ·さだめ·さざ·たか(し)·ただ·とき·のり·ほど·まこと·みさお·みち·もと·よし
	音読	セツ·セチ

訓読풀이

① ふし : 節(절)은 마디를 뜻한다. ふしの多(おお)い竹(たけ)는 대나무에 붙임 마디가 많다는 뜻이 된다. 마디는 부분 부분을 붙여(이어) 준다.
'붙다'에서 '부쳐－부치－부시－ふし'로 이어진다.

② さだむ · さだめ : 節은 인간생활에서 지켜야 할 생활 질서의 기준을 잡아 주는(결정하는) 법도, 예절, 규정, 규칙 등을 뜻한다. 国(くに)のさだめによる 하면 나라가 잡아 주는 규정에 따른다는 말이고, 都(みやこ)をさだむ 하면 수도를 잡는다(결정한다)는 말이다.
'잡다'에서 '자다－사다－さだむ'로 이어진다.

③ さざ : さだ의 변음.

④ たか(し) : 節은 높은 것을 나타낸다〈節彼南山 : 詩經(절피남산 : 시경)〉.
높이 뜨다의 '뜨다'에서 '뜨고－다가－たか(し)'로 이어진다.

⑤ ただ : 節은 법도, 예절에 맞는 떳떳한 몸가짐을 나타낸다(節度 : 절도).
'떳떳'에서 '더더－다다－ただ'로 이어진다.

⑥ とき : 節은 절계(節季), 節侯(절후)처럼 때, 시기를 뜻한다. 때는 '옛 적, 어릴 적'처럼 적이라고도 한다.
'적'에서 '저기－조기－도기－とき'로 이어진다.

⑦ のり : 節이 뜻하는 법도, 예절, 규정 등은 모두 올바른 내용을 담고 있다.
'올'에서 '오리－노리(ㅇ－ㄴ으로 변음)－のり'로 이어진다.

⑧ ほど : ②, ⑦의 여러 법도나 규정은 사람이 지켜야 할, 본받아야 할 규범을 담고 있다.
程(ほど)와 마찬가지로 '할'에서 '하도(받침 ㄹ－'도'로 분절)－호도－ほど'로 이어진다.
한편 위의 규범은 사람이 반드시 준수하도록 되어 있다. 이 경우에는 '하도록'에서 '하도－호도－ほど'로도 이어진다.

⑨ まこと : 節이 뜻하는 여러 규범은 모두 인간생활에 들어 맞는 것들이다.
'맞는 것'에서 '맞것－마걷－마거도－마고도－まこと'로 이어진다.

⑩ みさお : 節은 절개(節介)를 뜻한다. 절개는 몸을 잘 잡아 정조를 지킨다는 뜻이다.
'몸 잡아'에서 '모자아－미자오－みさお'로 이어진다.
〔参考〕 操(조)와 이음(みさお)을 같이한다.

⑪ もと : 節이 뜻하는 규범은 인간생활의 基本的인 基準이다.
基(もと), 本(もと)와 마찬가지로 '밑'에서 '미토－모토－もと'로 이어진다.

⑫ よし : ⑦의 '올바르다'에서 '올－오시(ㄹ받침－'시'로 분절)－よし'로 이어지고, '옳지'에서 '오치－오시－よし'로도 이어진다.

人名訓読例

① さだむ · さだめ · たかし · まこと · みさお : 節(외자 名).

② ふし ： 節松(ふしまつ), 節原(ふしはら), 節麿(ふしまろ).
③ さざ：節男(さざお · さだお · ときお · ほどお · みさお), 節夫(さざお · さだお · ただお · ときお · のりお · もとお).
④ さだ：節男(さだお), 節美(さだみ · ふしみ), 節夫(さだお), 節司(さだし), 節子(さだこ), 節直(さだなお).
⑤ たか ： 節繁(たかしげ), 節彦(たかひこ), 節義(たかよし).
⑥ ただ：節夫(ただお).
⑦ とき ： 節男(ときお), 節夫(ときお), 節尚(ときひさ), 節成(ときなり), 節昇(ときのり), 節一(ときいち).
⑧ のり ： 節夫(のりお), 節義(のりよし · たかよし).
⑨ ほど：節男(ほどお).
⑩ みさ：節男(みさお).
⑪ もと：節夫(もとお).
⑫ よし：節武(よしたけ), 節雄(よしお).

截 절	訓読	きる·たつ
	音読	セツ

訓読풀이

① きる：截(절)은 끊어 갈라 놓는 것을 뜻한다.
切(き)る와 마찬가지로 '갈라'에서 '갈－길－기루－きる'로 이어진다.
② たつ ： 截은 잘라 떼어 놓는 것을 뜻한다.
絶(た)つ와 마찬가지로 '떼다'에서 '데－다－たつ'로 이어진다.

【점】

占 점	訓読	うらなう·しめる
	音読	セン

訓読풀이

① うらなう ： 占(점)은 운수를 점치는 것, 즉 알아낸다는 뜻이다.
'알아내다'에서 '알아내어－아라나우－うらなう'로 이어진다.
② しめる ： 多数(たすう)の議席(ぎせき)をしめる 하면 다수 의석을 채우고 있음을 뜻한다.
'채우다'에서 '채움－챔－샘－심－시메－しめる'로 이어진다.

人名訓読例

① うら：占見(うらみ), 占部(うらべ).
② しめ ： 占野(しめの), 占吉(しめきち), 占太郎(しめたろう).

店 점	訓読	みせ·たな
	人名訓読	まち
	音読	テン

訓読풀이

① みせ ： ㉮ 店(점)은 商店 · 가게를 뜻한다. 店은 집안(广)에 물건을 가득 채워 놓고(占) 그것을 손님에게 보여주어 파는 곳으로 풀이 할 수 있다(占은 しめる로 훈독되는데 '채움'에서 '챔－샘－심－しめる'로 이어짐). 보여주는 것을 뜻하는 みせる에서 みせ로 이어진다. みせる는 '눈매'에서 '매－미－見(み)せる'로 이어지며, 보여주는 객체가 물건임을 나타낸다. ㉯ 지금은 상점을 살림집과는 별도로 두는 경우가 많으나, 옛날에는 살림집은 위에 장만하고 상점은 밑에 두어 물건팔이를 했을 것으로 보인다. 오늘날

도 살림집과 상점을 한 지붕 아래 둘 때 상점은 대체로 밑에 둔다. '밑'에서 '밋-미세-みせ'로 이어진다.

② たな : 상점에는 손님에게 보여 줄 물건을 두는 선반, 시렁이 많이 달려 있다. 즉 상점이란 물건을 두는 곳이다.
棚(たな)와 마찬가지로 '두는'에서 '두누-두나-다나-たな'로 이어진다. 人名訓読에서 店網(たいあみ)로 표기하는 것을 보면 店을 台(たい : 물건을 두는 뜻으로 선반 · 시렁)와 같은 뜻으로 풀이하는 것으로 볼 수 있다〈たいあみ(店網)의 たい는 훈독이 아니라 台의 음독〉.

③ まち : 상점은 마을의 중심에 있기 마련이다.
'마을'에서 '말-마찌(받침 ㄹ-'찌'로 분절)-まち'로 이어진다.

人名訓読例

① みせ : 店崎(みせさき).

② たな : 店網(たなあみ · たいあみ), 店村(たなむら).

点(點) 점	訓読	たてる·つく·つける·ともる·ともす
	音読	テン

訓読풀이

① たてる : 茶(ちゃ)を点(た)てる 하면 차를 젓는다는 뜻이다.
'젓다'에서 '젓-덛-닫-다데-다데루-たてる'로 이어진다.

② つく · つける : 点(점)은 불이 드는 것을 뜻한다(점화 : 点火).
'들다'에서 '둘구-두구-つく'로 이어진다.

③ ともす · ともる : 街灯(がいとう)がともる 하면 가로등이 들어옴을 뜻한다(点灯 : 점등).
'들다'에서 '듬-돔-도모-ともる'로 이어진다.

苫 점	訓読	とま
	音読	セン

訓読풀이

• とま : 苫(점)은 비를 막거나 햇볕을 가리는데 쓰는 뜸을 뜻한다.
'뜸'에서 '듬-도마-とま'로 이어진다.

人名訓読例

• とま : 苫網(とまあみ), 苫縫(とまあみ, とまぬい), 苫名(とまな), 苫小枚(とまこまい), 苫編(とまあみ).

粘 점	訓読	ねばり·ねばる
	音読	ネン·デン

訓読풀이

• ねばり · ねばる : 粘(점)은 눌러 붙는 것을 뜻한다. ねばり勝(が)ち는 눌러 붙어 이긴 승리라는 뜻이다.
'눌러 붙다'에서 '눌부-누부-내바-ねばり'로 이어진다.

覘 점	訓読	うかがう·のぞく
	音読	テン

訓読풀이

① うかがう : 覘(점)은 엿보면서 무엇인가를 알아내려는 것을 뜻한다.
'알다'에서 '알고-아고-아가-우가-うかがう'로 이어진다.
〔参考〕 窺(규), 伺(사)와 이음(うかがう)을 같이한다.

② のぞく : 覘은 엿보는 것을 뜻한다.
'엿보다'의 '엿'에서 '여소-오소-노조(ㅇ-ㄴ으로 변음)-のぞく'로 이어진다.

〔参考〕 窺(규), 覗(사)와 이음(のぞく)을 같이한다.

漸 점	訓読	ようやく
	人名訓読	すすむ·よう
	音読	ゼン

訓読풀이

① ようやく : 漸(ようや)く는 차츰, 점차(漸次) 어느 정도 시간이 흐른 뒤 이윽고 무엇이 이루어지거나 나타나는 것을 뜻한다. ようやく東(ひがし)の空(そら)が白(しら)んできた 하면 이윽고 동쪽 하늘이 밝아 왔다는 말이다.
'이윽고'에서 '이우고－요우우구－요우야구－ようやく'로 이어진다.

② すすむ : 漸(점)은 차츰차츰 나아가는 것을 뜻한다.
'차츰'에서 '추춤－추추무－수수무－すすむ'로 이어진다.

③ よう : ようやく의 준말.

人名訓読例

① すすむ : 漸(외자 名).

② よう : 漸漸(ようよう).

【접】

接 접	訓読	つぐ·はぐ·まじわる
	音読	セツ

訓読풀이

① つぐ : 骨(ほね)を接(つ)ぐ 하면 뼈를 대는 것, 즉 接骨(접골)을 뜻한다.
'대다'에서 '대구－두구－つぐ'로 이어진다.

② はぐ : 小切(こぎれ)を接(は)ぐ 하면 조각을 붙이는 것을 뜻하고, 二枚(にまい)の板(いた)をはぐ 하면 판자 두 장을 붙이는 것을 뜻한다.
'붙다'에서 '붙구－부구－바구－はぐ'로 이어진다.

③ まじわる : 接(접)한다는 것은 서로 마주한다는 뜻이다. 接見(접견)은 마주 하여 본다는 말이고, 接觸(접촉)은 마주 댄다는 뜻이다.
'마주'에서 '마지－まじわる'로 이어진다.

人名訓読例

• つぎ : 接木(つぎき).

摺 접·랍	訓読	する·すれる·たたむ·くじく
	音読	ショウ·ロウ

訓読풀이

① する · すれる : 摺(접)은 인쇄(印刷)를 뜻한다. 예전에는 인쇄하기 위해서 활판(活版)이나 판목(板木) 같은 것 위에 물감 등을 묻혀 그 위에 종이를 깔고 빗질하듯이 손이나 부드러운 것으로 쓸어서 인쇄물을 찍었다. 지금도 탁본(拓本)을 만들기 위해서는 같은 방법을 쓴다.
刷(す)る와 마찬가지로 '쓸다'에서 '슬어－수러－수루－する'로 이어진다.
摺(す)り箔(はく)는 금 · 은박을 쓸어 문질러서 붙이는 일을 뜻하고, 摺(す)り切(き)る는 비벼 쓸어서 끊는 것, 또는 돈을 다 쓸어 써버리는 것을 뜻한다.

② たたむ : 摺(접)은 접어 첩첩(疊疊)이 쌓는 것을 뜻한다〈衣帶卷摺 : 南史(의대권접 : 남사)〉.
'쌓다'에서 '쌈－사사무－다다무－たたむ'로 이어진다.
〔参考〕 畳(첩 : たた)む와 이음을 같이한다.

③ くじく : 摺(랍)은 拉(랍)과 마찬가지로

자

꺾는 것, 꺾어지는 것을 뜻한다. 종이나 천을 접을 때는 꺾어서 접게 된다.
'꺾어지다'에서 '꺼지구–거지구–구지구–ぐじく'로 이어진다.

【정】

丁 정	訓読	あたる·しもべ
	人名訓読	あつ·つよし
	音読	テイ·チョウ·トウ

訓読풀이

① あたる : 丁(정)은 当(あ)たる와 마찬가지로 맞는다는 뜻을 갖는다〈丁憂不得離任 : 北史 (정우부득이임 : 북사)〉. 弾(たま)にあたる 하면 총알에 맞는 것, 船(ふね)にあたる 하면 배한테 맞는 것, 즉 배와 부딪히는 것을 뜻한다.
'맞다'에서 '맞아라–마자라–마다루–아다루(ㅁ–ㅇ으로 변음)–あたる'로 이어진다.

② しもべ : 丁은 하인(下人), 하남(下男), 종을 말한다.
下를 뜻하는 しも와 사람을 뜻하는 部(べ)가 합성되어 しもべ(下部)가 된다〈下(하: しも) 참조〉.

③ あつ : 丁은 盛(성)한 것, 旺盛(왕성)한 것, 즉 속이 꽉 찬 것을 뜻한다. 厚(あつ)い와 마찬가지로 '차다'에서 '차–추–つ'로 이어지고, 접두어 あ가 붙어 あつ로 합성된다.

④ つよし : 丁은 젊은 남자(丁男 : 정남)의 씩씩하고 센 힘을 나타낸다.
強(つよ)い와 마찬가지로 '세다'에서 '쎄–쑤어–쑤요–つよ(し)'로 이어진다.

人名訓読例

① つよし : 丁(외자 名).
② あた : 丁嵐(あたらし).
③ しも : 丁生(しものぶ).
④ あつ : 丁俊(あつとし).

井 정	訓読	い
	人名訓読	なか
	音読	セイ·ショウ

訓読풀이

① い : 井(정)은 우물을 뜻한다.
'우물'에서 '물'이 탈락, '우–이–い'로 이어진다.

② なか : 옛날에는 우물을 안(쪽) 가운데에 두고 집들이 주위에 모여 시장, 마을을 이루었다. 井戸(정호)는 우물을 중심으로 한 저잣거리에 있는 집들을 일컫는다.
'안쪽 가운데'에서 '안가–아가–나가(ㅇ–ㄴ으로 변음)–なか'로 이어진다. 또한 '안에 있는 곳'에서 '안곳–아고–아가–나가–なか'로 이어진다.
〔参考〕 中(중)과 이음(なか)을 같이한다.

人名訓読例

① い : 井堀(いほり), 井上(いかみ · いのうえ · いのえ), 井波(いなみ), 井野川(いのかわ), 井沢(いさわ · いざわ), 井丸(いまる).
② なか : 井半(なからい).

叮 정	訓読	ねんごろ
	音読	テイ

訓読풀이

• ねんごろ : ㉮ 叮(정)은 공손히, 정성스럽게 높이 모시는 것을 뜻한다. ねんごろなお手紙(てがみ)는 높이 존경을 표시하는 편지라는 뜻이다. '높(이)다'에서 '높임–놈–냄–내모–ねもごろ'로 이어진다(ねんごろ는 ねもごろ의 변한 말). ㉯

ねんごろにもてなす 하면 극진하게 대접한다는 뜻으로 좋은 것, 모든 것을 내준다는 뜻이 된다. '내(주)다'에서 '냄-내모-ねもごろ'로도 이어진다. ごろ는 높임을 나타내는 '그런 (것)'이라는 뜻으로 풀이된다.

〔参考〕 懇(간), 鄭(정)과 이음(ねんごろ)을 같이한다.

汀 정	訓読	みぎわ·なぎさ
	音読	テイ

訓読풀이

① みぎわ : 汀(정)은 물가를 뜻한다. '물가'에서 '물가아-무가아-미기아-みきわ'로 이어진다.
물가는 물과 닿는 육지의 끝이다. '물끝'에서 '물 끝에-무그에-미가아-みかわ'로도 이어진다. 水際(みぎわ)로도 표기된다.

② なぎさ : 물가는 파도(너울)가 밀려오는 육지의 끝자리이다.
'너울'에서 '너-나-な'로 이어지고〈波(なみ)의 な〉, '끝'에서 '긋-깃-기사-ぎさ'로 이어져 なぎさ로 합성된다.

人名訓読例

• みぎわ · なぎさ : 汀(외자 名).

正 정	訓読	ただしい·ただす·まさ
	人名訓読	あきら·おさ·たか·つかさ·なおし·のり·はじめ·まこと·まさし·まさる·みち·もとむ
	音読	セイ·ショウ

訓読풀이

① ただしい · ただす : 是非(ぜひ)をただす 하면 시비를 따져서 바로잡는 것을 뜻한다.
'따지다'에서 '따져서-다저서-다다서-ただす(ただし)'로 이어진다.

② まさ · まさし · まさる : 正(정)은 맞음, 바름을 뜻한다.
'맞다'에서 '마자-まさ(まさし · まさる · まさに)'로 이어진다.

③ あきら : 正은 바르게 하는 것, 밝히는 것을 뜻한다.
'밝히다'에서 '바키라-바키라-아기라(ㅂ-ㅇ으로 변음)-あきら'로 이어진다.

④ おさ : 正은 윗어른, 우두머리를 뜻한다〈可以爲天下正 : 呂覽 (가이위천하정 : 여람)〉.
'윗(우두)'에서 '웃-옷-오사-おさ'로 이어진다.

⑤ たか : ④의 윗어른, 우두머리는 높이 떠받치는 자리에 있는 사람이다.
'뜨다'에서 '뜨고-다고-다가-たか'로 이어진다.

⑥ つかさ : 正은 政事(정사), 즉 나라를 다스리는 것을 뜻한다. 신정일체(神政一體)의 시대에는 신(神)과 선왕(先王)의 공덕을 제사 등을 통하여 섬기는 것이 정사의 기본 직무였다.
正은 政(정 : まつりこと)과 같은 뜻으로 쓰이는데, 政이 '모시라'에서 'まつり', 모시는 '것'에서 '것-곧-こと(事)'로 이어져 まつりこと로 되듯이, つかさ는 모신다의 다른 말인 '섬기다'에서 '섬겨서-서가서-수가사-つかさ'로 이어진다. 관리, 관청, 관직을 뜻하는 官 · 司도 つかさ로 훈독된다. 官이나 司도 다같이 신이나 선왕의 공적을 섬기는 것이 직무

자

의 기본이었기 때문일 것이다.

⑦ なおし：正은 바르게 하여 나아지도록 한다는 뜻을 갖는다.
直(なお)す와 마찬가지로 '나아서'에서 '나아시–나오시–なおし'로 이어진다.

⑧ のり：正은 옳고 바름을 뜻한다.
'옳다'에서 '올–오리–노리(ㅇ–ㄴ으로 변음)–のり'로 이어진다.

⑨ はじめ：正은 처음을 뜻한다〈天以爲正：後漢書(천이언정：후한서)〉.
햇보리, 햇감자 등 처음을 뜻하는 '햇'에서 '핫–핮–하지–はじめ'로 이어진다.

⑩ まこと：正은 맞는 것, 바른 것을 뜻한다.
'맞는 것'에서 '맞걷–마곧–마고도–まこと'로 이어진다.

⑪ みち：正은 바른 길(正道：정도)를 뜻한다.
'마을 길'에서 '말–밀–미찌(받침 ㄹ–'찌'로 분절)–みち'로 이어진다.

⑫ もとむ：正은 세상사의 밑바탕이 되는 基本(기본)을 보여준다.
基・本(もと)과 마찬가지로 '밑'에서 '뫁–모토–もと'로 이어지고, もとむ로 동사화 된다.

人名訓読例

① あきら・ただし・ただす・つかさ・なおし・のり・はじめ・まこと・まさ・まさし・まさる・もとむ：正(외자名).

② ただ：正吉(ただよし・まさきち・まさよし), 正明(ただあき・まさあき・まさてる・まさはる), 正美(ただよし・まさはる・まさみ・まさよし), 正敏(ただとし・まさとし), 正叔(ただよし), 正彦(ただひこ・まさひこ), 正栄(ただよし・まさひで・まさよし).

③ まさ：正本(まさもと), 正宗(まさむね), 正直(まさなお), 正義(まさよし・まさのり・ただよし).

④ おさ：正子(おさこ・まさこ).

⑤ たか：正麗(たかあき).

⑥ なお：正房(なおふさ・まさふさ).

⑦ みち：正郎(みちお・まさお), 正訓(みちとも・まさのり).

呈 정	訓読	あらわす
	音読	テイ

訓読풀이

• あらわす：呈(정)은 알리는 것, 자랑하여 일부러 보이는 것을 뜻한다. 善行(ぜんこう)を世(よ)にあらわす 하면 선행을 세상에 널리 알리는 것을 말한다.
'알리다'에서 '알여서–아라아서–아라와수–あらわす'로 이어진다. 또한 呈은 윗사람에게 바쳐 올리는 것을 뜻한다(贈呈：증정). 이 경우에는 '올리다'에서 '올여서–알여서–아라아서–아라와수–あらわす'로 이어진다.

廷 정	人名訓読	ただす・たか
	音読	テイ

訓読풀이

① ただす：廷(정)은 조정에서 공정 여부를 따지는 것을 뜻한다. 廷爭(정쟁)은 조정의 여러 사람 앞에서 간(諫)하고 시비를 따지는 것을 말한다.
'따지다'에서 '따져서–다다서–다다수–ただす'로 이어진다.

② たか：廷은 朝廷(조정)을 뜻한다. 조정은 천자가 거처하는 높이 떠받치는 곳이다.

'뜨다'에서 '뜨고–다고–다가–たか'로 이어진다.

人名訓読例

① ただす : 廷(외자 名).

② たか : 廷彦(たかひこ).

町 정	訓読	あぜ·まち
	音読	チョウ

訓読풀이

① あぜ : 町(정)은 畦(휴 : あぜ), 畔(반 : あぜ)와 마찬가지로 밭두둑을 뜻한다. 밭두둑은 위로 올라와 있다.
'올라'의 '올'에서 '알–아제(받침 ㄹ–'제'로 분절)–あぜ'로 이어진다.

② まち : 町은 도회지, 읍내 등 마을을 뜻한다. 町内(정내)는 마을 안을 뜻하고, 町家(정가)는 마을의 상가를 뜻한다.
'마을'에서 '말–마찌–まち'로 이어진다.

人名訓読例

• まち : 町家(まちや), 町島(まちしま), 町頭(まちがしら), 町並(まちなみ), 町村(まちむら), 町子(まちこ).

定 정	訓読	さだまる·さだめる
	人名訓読	やす
	音読	テイ·ジョウ

訓読풀이

① さだまる · さだめる : 定(정)은 바로잡는 것을 말한다〈以閏月定四時 : 詩經(이윤월정사시 : 시경)〉. 心(こころ)をさだめる 하면 마음을 바로잡아 정하는 것을 뜻하고, 乱(らん)をさだめる 하면 난리를 바로잡아 진정시키는 것을 뜻한다.
'잡다'에서 '자다–사다–さだめる'로 이어진다.

② やす(し) : 定은 난리 등 어려움을 바로잡아 편히 쉴 수 있게 함을 뜻한다〈以定王國 : 詩經 (이정왕국 : 시경)〉.
'쉬다'에서 '수–す'로 이어지고, 접두어 や가 붙어 やす가 된다.

人名訓読例

① さだ · さだし · さだみ · さだむ · さだめ · やすし : 定(외자 名).

② さだ : 定加(さだます), 定昭(さだあき), 定豊(さだあつ · さだとよ), 定憲(さだのり), 定康(さだやす · やすみち), 定子(さだこ).

③ やす : 定功(やすかず · さだいさ · さだこと · さだなり · さだのり), 定雄(やすお), 定二郎(やすじろう · さだじろう), 定正(やすまさ · さだまさ).

征 정	訓読	ゆく
	人名訓読	まさ
	音読	セイ

訓読풀이

① ゆく : 征(정)은 가는 것을 뜻한다.
'가다'의 명령형 '가라'에서 '구라–구루–くる'로 이어져 '오다'의 뜻이 되고, '오다'의 명령형 '오게'에서 '오구–유구–ゆ(行)く'가 되어 '가다'의 뜻으로 반의어화(反意語化)한 경우이다. '가라'와 이어진 来(래 : く)る도 오다의 뜻으로 反意語化 된다〈行(행) 참조〉.

② まさ : 征은 아랫사람의 잘못을 맞게 바로잡음을 뜻한다〈以征不義 : 禮記(이정불의 : 예기)〉.
'맞다'에서 '마자–まさ'로 이어진다.

人名訓読例

① まさ : 征広(まさひろ), 征利(まさとし), 征寿(まさとし), 征勝(まさかつ),

자

征治(まさはる), 征行(まさゆき).

② ゆき：征寛(ゆきひろ), 征洋(ゆきひろ), 征央(ゆきなか), 征子(ゆきこ · まさこ), 征典(ゆきのり), 征浩(ゆきひろ).

浄(淨) 정	訓読	きよい·きよめる
	音読	ジョウ

訓読풀이

- きよい · きよめる : きよい水(みず)는 깨끗한 물을 뜻한다.
  '깨끗'에서 '객읏－개읏－기으－기요－きよ'로 이어지고, きよめる로 동사화 된다. 또한 '곱다'에서 '고와－기와－기요－きよ'로 이어진다.
  〔参考〕 清(청 : きよ)い와 이음을 같이한다.

人名訓読例

① きよい · きよむ：浄(외자 名).

② きよ : 浄隆(きよたか), 浄臣(きよおみ), 浄野(きよの), 浄彦(きよひこ), 浄子(きよこ), 浄政(きよまさ).

政 정	訓読	まつりごと
	人名訓読	すなお·ただし·ただす·つかさ·まさ·まさし
	音読	セイ·ショウ

訓読풀이

① まつりごと : 国(くに)の政(まつりごと)는 政事(정사), 国事(국사)를 뜻한다.
신정일체의 시대에는 신(神)과 선왕(先王)의 은덕을 제사 등으로 모시는(모시리－마수리－まつり) 것(걷－곧－고도－ごと)이 주요 정사의 하나였다.
まつり(祭り)와 こと(事)가 합성되어 まつりごと로 이어진다.

② すなお : 政(정)은 바르게 나아짐을 뜻한다.
꾸밈없는 순박함을 나타내는 '숫(숫사람 등)'에서 '수－す'로 이어지고, '나아짐'에서 '나아－나오－なお'로 이어져 すなお(素直)로 된다.

③ ただし · ただす : 위 ②에서처럼 올바르게 나아지는 사람의 행동은 떳떳하다.
'떳떳'에서 '더더－다다－ただし · ただす'로 이어진다.

④ つかさ : 政은 임금, 정치하는 사람, 벼슬아치 등 관리나 관직을 뜻한다. ①에서와 같이 신정일체의 시대에는 신이나 선왕의 은덕을 제사 등을 통하여 섬기는 것이 정사의 기본 직무였다.
위 ①의 まつりごと가 '모시다'에서 이어지듯, つかさ는 '섬기다'에서 '섬겨서－서가서－수가사－つかさ'로 이어진다. つかさ의 さ는 '섬기는 사람'의 '사람－사－さ'라고도 볼 수 있다.

⑤ まさ · まさし : 政은 도리에 맞게 바른 것을 뜻한다.
'맞다'에서 '마자－まさ · まさし'로 이어진다.

人名訓読例

① すなお · ただし · ただす · つかさ · まさ · まさし：政(외자 名).

② まさ : 政綱(まさつな), 政子(まさこ · まさし), 政体(まさみ), 政治(まさはる · まさじ · まさみち), 政憲(まさのり), 政見(まさみ).

柾 정	訓読	まさ
	音読	日本国字

訓読풀이

- まさ：柾(まさ)는 나무(木)결이 서로 똑

바로 맞고(正) 곧은 것을 나타낸다.
'맞다'에서 '마자–まさ'로 이어진다.
〔参考〕 柾은 柾目(まさめ)로도 표기되고, 사철나무(まさき)도 뜻한다.

人名訓読例

- まさ : 柾木(まさき), 柾博(まさひろ), 柾緒(まさお), 柾善(まさよし), 柾実(まさみ), 柾子(まさこ).

穽 정	訓読	おとしあな
	音読	セイ

訓読풀이

- おとしあな : 穽(정)은 함정(陷穽), 즉 떨어지게 만든 구멍을 뜻한다.
'떨어지다'에서 '덜–돌–도시–とし'로 이어지고, 접두어 お가 붙어 おとし, 구멍을 뜻하는 あな(안–아나–あな)와 합성되어 おとしあな가 된다.
〔参考〕 落し穴(おとしあな)로도 표기된다.

貞 정	訓読	ただしい·ただし·ただす
	人名訓読	さだ·さだむ·さだめ·たかし·みさお·よし
	音読	テイ

訓読풀이

① ただし · ただす : 貞은 正(ただし)과 같은 뜻으로, 곧고 바름을 나타낸다. 또 여자로서는 정절(貞節)을 지키는 貞婦(정부)의 떳떳한 모습을 나타낸다.
'떳떳'에서 '더더–다다–ただし · ただす'로 이어진다.

② さだ · さだむ · さだめ : 貞은 定(さだ)め와 마찬가지로 모든 것이 잘 잡히어 안정되어 있음을 뜻한다〈萬邦以貞 : 書經(만방이정 : 서경)〉.
'잡다'에서 '자다–사다–さだ · さだむ · さだめ'로 이어진다.

③ たかし : 정절을 지키고 행실이 곧고 바른 사람은 높이 떠받침을 받는다.
'뜨다'에서 '뜨고–다고–다가–たかし'로 이어진다.

④ みさお : 貞은 操(조 : みさお)와 마찬가지로 지조, 절개, 정조를 뜻한다. 정조를 지킨다는 것은 몸(몸–모–미–み)을 꽉 잡아 지조를 지킨다는 말이다.
'몸 잡아'에서 '미자아–미사오–みさお'로 이어진다.

⑤ よし : 貞은 옳고 바름을 나타낸다.
'옳다'에서 '옳치–오시–よし'로 이어지고, '올'에서 '오시(받침 ㄹ–'시'로 분절)–よし'로 이어진다.

人名訓読例

① さだ · さだむ · さだめ · たかし · ただし · ただす · みさお : 貞(외자 名).

② さだ : 貞寛(さだひろ), 貞基(さだもと), 貞子(さだこ · よしこ), 貞節(さだとき), 貞哲(さだのり · さだよし), 貞聡(さだとし).

③ ただ : 貞幹(ただよし · さだとも · さだみき · さだもと · さだよし).

④ よし : 貞子(よしこ · さだこ).

訂 정	訓読	ただす
	音読	テイ

訓読풀이

- ただす : 訂(정)은 따져서 바로잡는 것을 뜻한다.
'따지다'에서 '따져서–다더서–다다수–ただす'로 이어진다.

〔参考〕正(정 : ただ)す와 이음을 같이한다.

人名訓読例

- ただす : 訂(외자 名).

酊 **정**	訓読	よう
	音読	テイ

訓読풀이

- よう : 酊(정)은 술에 취하는 것을 뜻한다. 한국어에서는 술에 취하는 것을 술이 오른다고 한다.
  '오르다'에서 '올아-오아-오우-요우-よう'로 이어진다.

庭 **정**	訓読	にわ
	音読	テイ

訓読풀이

- にわ : 庭(정)은 장소로서 뜰, 조정(朝廷), 사냥터, 관아(官衙) 등을 뜻하고, 이들 장소는 각각 사이가 떠서 넓은 지역임을 나타낸다〈大有逕庭 : 莊子(대유경정 : 장자)〉.
  '넓어'에서 '너어-니어-니아-にわ'로 이어진다.

人名訓読例

- にわ : 庭瀬(にわせ), 庭本(にわもと), 庭山(にわやま), 庭野(にわの), 庭屋(にわや), 庭田(にわた).

挺 **정**	訓読	ぬきんでる·ぬく
	音読	テイ·チョウ

訓読풀이

① ぬきんでる : 挺(정)은 빼어남, 뛰어남을 뜻한다. ぬきんでた人物(じんぶつ) 하면 뛰어난 인물로 다른 한국어로는 '나긴 난 놈'이라는 말이다.
'나긴'에서 '누긴-ぬきんでる'로 이어진다.

② ぬく : ①의 빼어나다, 뛰어나다의 '나다'에서 '나구-누구-ぬく'로 이어진다.

釘 **정**	訓読	くぎ
	音読	テイ

訓読풀이

- くぎ : 釘(정)은 꽂는 것, 즉 못을 뜻한다. 釘(くぎ)を打(う)つ 하면 못을 꽂는다는 말이다.
  '꽂다'에서 '꽂기-고기-구기-くぎ'로 이어진다.

人名訓読例

- くぎ : 釘貫(くぎぬき), 釘宮(くぎみや), 釘抜(くぎぬき), 釘本(くぎもと), 釘町(くぎまち), 釘沢(くぎさわ).

停 **정**	訓読	とまる·とめる
	音読	テイ·チョウ

訓読풀이

- とまる · とめる : ㉮ 車(くるま)がとまる 하면 자동차가 서는 것을 뜻한다. '서다'에서 '섬-솜-돔-도마-とまる'로 이어진다. ㉯ 停(정)은 그만두도록 하는 것을 뜻한다. 停刊(정간)은 신문 · 잡지 등 정기간행물의 발행을 한 때 그만 둠을 뜻하고, 停年(정년)은 연령제한에 따라 직(職)을 그만 둠을 뜻한다. 이 경우에는 '두다'에서 '둠-돔-도메-とめる'로 이어진다.

偵 **정**	訓読	うかがう
	音読	テイ

訓読풀이

- うかがう : 偵探(정탐)은 몰래 남의 거

동을 살펴 알아보는 것을 뜻한다.
窺(うかが)う, 伺(うかが)う와 마찬가지로 '알다'에서 '알고-아고-우고-우가-うかがう'로 이어진다.

情(情) 정	訓読	なさけ
	音読	ジョウ·セイ

訓読풀이

• なさけ : 情(なさけ)ある措置(しょち) 하면 관대한, 인정 있는, 자비로운, 동정어린 조치라는 뜻으로 모두 한자어이다. 또한 深(ふか)いなさけ 하면 깊은 연정, 애정이라는 말이고 なさけある人(ひと) 하면 정취, 흥취를 아는 사람이라는 말로, 이들 또한 모두 한자어이다. 그런데 なさけ(情)를 뜻하는 위 한자어의 공통적인 의미 요소는 '느낌'이다. 인정 · 자비 · 동정 · 정감 등은 정을 느끼는 감정이고, 연정 · 애정 · 열정 · 정사 · 정분 등은 사랑을 느끼는 감정이다.
'느(늣)끼다'에서 '늣기-느사기-나사기-なさけ'로 이어진다.

旌 정	訓読	あらわす·はた
	音読	セイ

訓読풀이

① あらわす : 旌(정)은 사람의 선행(善行)을 널리 알리는 것을 뜻한다〈且旌善人 : 左氏傳(차정선인 : 좌씨전)〉.
'알리다'에서 '알라-아라-あらわす'로 이어진다.

② はた : 旌은 천자가 쓰던 기(旗), 또는 旗의 총칭이다〈朝有親善之旌 : 史記(조유친선지정 : 사기)〉. 旗의 바탕은 깃발이다. ㉮ '깃발'에서 '발-바다(받침 ㄹ-'다'로 분절)-はた'로 이어진다. ㉯ 旗의 '바탕'에서 '바다-はた'로 이어진다.
〔参考〕 旗(기)와 이음(はた)을 같이한다.

梃 정	訓読	てこ
	音読	テイ

訓読풀이

• てこ : 梃(정)은 지팡이 · 막대기 · 지레를 뜻한다. 梃(てこ)で石(いし)を転(ころ)がす 하면 지팡이, 막대기 등을 지레삼아 돌을 굴린다는 말로, 그것은 지레를 돌 밑에 대고 굴린다는 뜻이다. 大量(たいりょう)に買(か)い入(い)れててこいれをする 하면 (증권거래에서) 대량으로 (물건 · 증권 등을) 사들여 그것을 대고 시세를 조작한다는 뜻이다.
'대고'에서 '대고-てこ'로 이어진다.

頂 정	訓読	いただき·いただく
	音読	チョウ

訓読풀이

• いただき · いただく : 頂(정)은 머리를 뜻하고 頂(いただ)く는 머리 위로 무엇을 이어서(얹어서 · 떠서) 들고 있는 것을 뜻한다. 雪(ゆき)をいただく山(やま)는 눈을 이고(얹고), 들어 떠 받치고 있는 산이라는 뜻이고, 先頭(せんとう)に優勝旗(ゆうしょうき)をいただいて行進(こうしん)する 하면 선두에 우승기를 머리에 이고 높이 떠받쳐 들고 있는 모습을 나타낸다.
'이다 들다'에서 '이떠들구-이다두구-이다다구-いただく'로 이어지고, '이(고) 떠(받쳐)들다'에서 '이다들구-이떠두구-이다다구-いただく'로 이어진다.
한편 淸(청)대에 일품(一品)에서 9품(九品)까지의 관리가 모자 꼭대기에 이고

자

달던 주옥(珠玉)을 頂子(정자 : ちょうし)라 하는데, 이 경우에는 '이다 달다'에서 '이다다–いただく'로 이어진다.

〔参考〕 ① 頂戴(ちょうだい)는 문말(文末)에 붙어서 무엇을 달라거나 해 줄 것을 다정하게 요청하는 것을 나타낸다. 知(し)らせてちょうだい는 알려 주세(요)라는 뜻이고, お小遣(こづか)いをちょうだい는 용돈 주세요라는 뜻이다.

'주세요'에서 '주사요–조다(이)–ちょうだい'로 이어진다. 이 경우의 頂戴는 한국어 주세요로 이어지는 ちょうだい의 차자(借字)이다.

② 한자어 頂戴(정대 : ちょうだい)는 한자의 뜻대로 ㉮ 머리에 이는 것 ㉯ 머리숙여 받는 것(머리에 이기 위하여는 머리를 숙여야 함) ㉰ 경례(敬禮)를 뜻한다〈頂戴曲私 : 梁簡文帝 (정대곡사 : 양간문제)〉.

晶 정	訓読	あきらか
	人名訓読	あき·あきよ·あきら·ひかる·まさ
	音読	ショウ

訓読풀이

① あきらか · あき · あきよ · あきら : 晶(정)은 해(日)를 세 개 포개어 밝게 빛나는 모양을 나타낸다.
'밝다'에서 '밝거라–바기라–아기라(ㅂ–ㅇ으로 변음)–あきら(あきらか · あき · あきよ)'로 이어진다.
또한 문을 열면 밝아진다해서 明(あき)らか와 마찬가지로 '열다'에서 '열거라–어가라–아가라–あからか'로 이어진다.

② ひかる : 晶은 빛, 빛깔을 뜻한다.
'빛깔'에서 '비가루–ひかる'로 이어진다.

③ まさ : 晶은 맑고 투명함을 뜻한다.
'맑'에서 '말–마사(받침 ㄹ–'사'로 분절)–まさ'로 이어진다. 또한 맑다함은 순리에 맞음을 뜻한다. '맞다'에서 '맞–마자–まさ'로 이어진다.

人名訓読例

① あき · あきよ · あきら · ひかる : 晶(외자 名).

② あき : 晶康(あきやす), 晶信(あきのぶ), 晶児(あきこ), 晶誉(あきたか), 晶子(あきこ · まさこ), 晶正(あきまさ).

③ まさ : 晶代(まさよ · あきよ), 晶保(まさやす), 晶夫(まさお · あきお), 晶水(まさみ), 晶義(まさよし), 晶春(まさはる).

程 정	訓読	ほど·のり
	音読	テイ

訓読풀이

① ほど : ㉮ 程(정)은 법, 규정(規程) 등으로 무엇을 하도록 되어 있는 정도(程度)를 말한다. ほどより運動(うんどう)은 (의사가) 하도록 규정한 정도의 알맞은 운동을 말하고, ほど頃(ころ)に帰(かえ)る 하면 마침 집안일을 하도록 알맞은 시간에 돌아간다는 말이다. '하도록'에서 '하도–호도–ほど'로 이어진다. ㉯ 程은 해야 할, 지켜야 할 법이나 규정 등을 뜻한다. 이 경우에는 '할'에서 '홀–호도(받침 ㄹ–'도'로 분절)–ほど'로 이어진다.

② のり : 위 ①의 법, 규정 등은 준수하도록, 준수해야 할 옳은 원칙을 정한 것이다.
'옳다'에서 '올–놀(ㅇ–ㄴ으로 변음)–노리–のり'로 이어진다.

人名訓読例

① ほど：程島(ほどしま・ほどじま)，程野(ほどの)，程原(ほどはら)，程塚(ほどずか)，程八(ほどはち)．

② のり：程夫(のりお)，程雄(のりお)．

禎(禎) 정	訓読	さいわい
	人名訓読	さだ・さだむ・ただ・ただし・よし

訓読풀이

① さいわい：禎(정)은 좋다는 말이다.
幸(さいわ)い와 마찬가지로 '좋다'에서 '조아－소아－사와－사이와이－さいわい'로 이어진다.

② さだ・さだむ：㉮ 바르게・곱게 잡는 것을 뜻한다. '잡다'에서 '자다－さだ(む)'로 이어진다. 또한 ①의 '좋다'에서 '조다－자다－さだ(む)'로도 이어진다. ㉯ 잘 되는 것을 나타낸다〈必有禎 祥：禮記(필유정상：예기)〉. '잘'에서 '자다(받침 ㄹ－'다'로 분절)－さだ'로 이어지고, '잘되다'에서 '자대－자다－さだ'로 이어진다.

③ ただ・ただし：②에서와 같이 바르고 곧으면 본인의 자세는 떳떳해진다.
'떳떳'에서 '더더－다다－ただ(し)'로 이어진다.

④ よし：바르고 곱다는 것은 옳다는 뜻이다.
'옳'에서 '올치－오시－よし'로 이어지고, '올'에서 '오시(받침 ㄹ－'시'로 분절)－よし'로 이어진다.

人名訓読例

① さだむ・ただし：禎(외자 名).

② さだ：禎良(さだよし)，禎昭(さだあき・よしあき・よしてる)，禎子(さだこ・さちこ・よしこ)，禎昌(さだまさ)，禎晋(さだくに)，禎章(さだあき)．

③ ただ：禎男(ただお・さだお・よしお)，禎秀(ただひで・よしひで)，禎之(ただゆき)，禎志(ただし)．

④ よし：禎紀(よしのり・さだのり)，禎利(よしとし・さだとし)，禎文(よしふみ)，禎宣(よしのぶ)，禎允(よしのぶ)，禎忠(よしただ)．

遉 정	訓読	うかがう・さすが
	音読	テイ

訓読풀이

① うかがう：遉(정)은 몰래 남의 거동을 살짝(슬쩍) 알아보는 것을 뜻한다. 窺(うかが)う, 伺(うかが)う와 마찬가지로 '알다'에서 '알고－아고－우고－우가－うかがう'로 이어진다.

② さすが：㉮ 살짝 알아본다의 '살짝'에서 '살작－사죽－사주가－さすか'로 이어진다. さすかに彼(かれ)の珠(たま)は速(はや)い는 살짝 보니 과연 그의 공은 빠르다는 뜻이다. ㉯ 다시금 보니 과연 그의 공은 빠르다고 풀이할 수도 있는데, 이 경우에는 '다시금'에서 '다시그－사수구－사수가－さすか'로 이어진다.

人名訓読例

• さすか：遉(외자 名).

碇 정	訓読	いかり
	音読	テイ

訓読풀이

• いかり：碇(정)은 닻을 뜻한다. 닻은 갈고리(가랑고리의 준말)와 비슷하다. 즉 배와 이어져 있는 갈고리이다.
'잇다'의 '이－い'와 '갈고리'의 '고리－가

자

리−かり'가 합성되어 いかり가 된다. 또한 '잇다'에서 '잇거라−이기라−이가리−いかり'로도 이어진다.

人名訓読例

- いかり : 碇広(いかりひろ), 碇山(いかりやま).

靖(竫) 정	訓読	やすい
	人名訓読	おさむ·きよし·しずか·しずむ·のぶ·はかる·はる·やすし
	音読	セイ

訓読풀이

① やすい : 靖(정)은 편안히 쉴 수 있는 것을 뜻한다.
'쉬다'에서 '수−す'로 이어지고, 접두어 や가 붙어 やすい가 된다.

② おさむ : 靖難(정난)은 국난을 잘 잡아 평정하는 것을 뜻한다.
'잡다'에서 '잡음−자음−잠−삼−사무−さむ'로 이어지고, 접두어 お가 붙어 おさむ로 된다.

③ きよし : 靖은 淸靖(청정)한 것, 즉 깨끗한 것을 뜻한다.
'깨끗'에서 '객읏−개으−개오−기요−きよ(し)'로 이어진다. 또한 '곱다'에서 '고아−기아−기오−きよ(し)'로 이어진다.

④ しずか · しずむ : 靖은 静(정)과 같은 뜻으로, '잔잔'에서 '자자−지자−지주−しずむ(しずか)'로 이어진다.

⑤ のぶ : 靖難功臣(정난공신)은 국난을 평정한 공로로 높은 존경을 받는다.
'높다'에서 '높−노푸−のぶ'로 이어진다.

⑥ はかる : 靖은 어떤 행동을 꾀하는 것, 즉 행동을 하기로 하는 것을 뜻한다.
'하기로' 또는 '하거라'에서에서 '하가루−はかる'로 이어진다.

⑦ はる : 靖은 바르고 온화함을 뜻한다〈肆其靖之 : 詩經 (사기정지 : 시경)〉.
'바르다'에서 '발라−바라−바루−はる'로 이어진다.

人名訓読例

① おさむ · きよし · しずか · しずむ · はかる · やすし : 靖(외자 名).
② やす : 靖寛(やすひろ), 靖国(やすくに), 靖邦(やすくに), 靖年(やすとし), 靖民(やすたみ), 靖明(やすあき).
③ きよ : 靖康(きよやす), 靖子(きよこ · しずこ · のぶこ · やすこ).
④ しず : 靖夫(しずお · のぶお · はるお · やすお).
⑤ のぶ : 靖子(のぶこ), 靖夫(のぶお).
⑥ はる : 靖夫(はるお), 靖雄(はるお).

艇 정	訓読	こぶね
	音読	テイ

訓読풀이

- こぶね : 艇(정)은 작은 배, 거룻배, 즉 꼬마 배를 뜻한다.
'꼬마'에서 '고−こ'로 이어지고, '배'에서 '부−ぶね'로 이어져 こぶね로 합성된다.

鉦 정	訓読	かね
	音読	ショウ

訓読풀이

- かね : 鉦(정)은 꽹과리(징)를 뜻한다.
'꽹과리'에서 '꽹−굉−강−간−가네−かね'로 이어진다.

人名訓読例

- かね : 鉦重(かねしけ), 鉦治郎(かねじろう), 鉦打(かねうち).

精(精) 정	訓読	くわしい·しらげる
	人名訓読	あきら·きよし·ただし·つとむ·ひとし·まこと·まさし·よし
	音読	セイ·ショウ

訓読풀이

① くわしい：精(정)은 아는 바가 상세하고 깊음을 뜻한다〈其知彌精 : 呂覽 (기지미정 : 여람)〉.
'깊다'에서 '깊어–기어–구어–구와–くわしい'로 이어진다. 한편 깊다는 것은 그윽하다는 뜻이다.
'그윽'에서 '그으–그아–구와–くわしい'로도 이어진다.

② しらげる：精은 씛은(靑) 쌀(米)을 뜻한다. 精(しら)げ米(ごめ)는 씛은 쌀, 즉 精米(정미)이다.
'씛다'에서 '슬–스라–시라–しらげる'로 이어진다.

③ あきら：精은 밝히어 의혹을 없애는 것을 뜻한다〈子貢辭而精之 : 法言(자공사이정지 : 법언)〉.
'밝히다'에서 '밝키라–바키라–아키라(ㅂ–ㅇ으로 변음)–あきら'로 이어진다. 한편 밝히기 위해서는 뚜껑을 열고 살펴야 한다. '열다'에서 '열거라–여기라–아기라–あきら'로 이어진다.

④ きよし：精은 날씨 등이 개어 맑은 것을 뜻한다〈천정이견경성 : 사기(天精而見景星 : 史記)〉.
'개어'에서 '개요–기요–きよ(し)'로 이어진다. 또한 '곱다'에서 '고아–기아–기요–きよし'로 이어진다.

⑤ ただし：精은 바르고, 진실 되고, 맑아 떳떳한 精氣(정기)를 나타낸다.
'떳떳'에서 '더더–다다–ただ(し)'로 이어진다.

⑥ つとむ：精은 힘씀 · 애씀을 뜻한다〈精進(정진)〉.
'씀'에서 '수수무–수도무–つとむ'로 이어진다.

⑦ ひとし：精은 日(일), 月(월)의 빛을 뜻한다.
'빛'에서 '비치다'에서 '비처서–비더시–비도시–ひとし'로 이어진다.

⑧ まこと：精은 도리에 맞는 것을 지향한다.
'맞는 것'에서 '맞걷–마곧–마고도–まこと'로 이어진다.

⑨ まさし：⑧의 '맞다'에서 '마자–まさ(し)'로 이어진다.

⑩ よし：精은 옳음을 뜻한다.
'옳다'에서 '올–오시(받침 ㄹ–'시'로 분절)–よし'로 이어지고, '옳치'에서 '오치–오시–よし'로 이어진다.

人名訓読例

① あきら：きよし · ただし · つとむ · ひとし · まこと · まさし：精(외장 名).

② あき：精古(あきひさ), 精範(あきのり), 精哲(あきよし), 精之(あきゆき), 精男(あきお · きよお).

③ きよ：精亮(きよあき), 精文(きよふみ · きよぶみ), 精一(きよかず · ただかず), 精子(きよこ), 精長(きよなが), 精孝(きよたか).

④ ただ：精夫(ただお · きよお), 精雄(ただお · まさお), 精一(ただかず · きよかず), 精二(ただつぐ).

⑤ まさ：精雄(まさお · ただお).

⑥ よし：精宏(よしひろ · きよひろ), 精樹(よしき), 精華(よしはる).

자

碇 정	訓読	しかと·しっかり
	音読	日本国字

訓読풀이

① しかと : 碇(정)은 분명한 태도를 나타내는 말이다. しかと約束(やくそく)する 하면 분명하게, 굳게 약속한다는 뜻이다. 착 해낸다. 착 돌아선다 등에서의 '착'은 미련없이, 선선히, 선뜻이라는 뜻을 갖는다.
'착'에서 '차가–치가–시가–しか(と)'로 이어진다.

② しっかり : しっかり(碇り)도 ①의 しかと와 마찬가지로 분명한 태도, 상황을 나타낸다. 基礎(きそ)がしっかりしている 하면 기초가 착 되어 있다는 뜻이고, しっかり頑張(がんば)れ 하면 착 정신 차려라는 뜻이다.
'착'에서 '칙가–식가–しっか(り)'로 이어진다.

静(靜) 정	訓読	しずまる· しずめる·しずか
	人名訓読	きよ·やす·よし
	音読	セイ

訓読풀이

① しずまる · しずめる : ㉮ 静(정)은 고요하고 잔잔함을 뜻한다. '잔잔'에서 '자자–지자–시주–しずか · しずまる · しずめる'로 이어진다. ㉯ '잠자코'에서 '자자–지자–시주–しずか'로 이어진다. ㉰ '잠잠'에서 '자자–지자–시주–しずか'로 이어진다.

② きよ : 静은 깨끗하고 맑음을 뜻한다.
'깨끗'에서 '객읏–개으–기요–きよ'로 이어진다. 또한 '곱다'에서 '고아–기아–기요–きよ'로 이어진다.

③ やす : 静은 쉬는 것을 뜻한다. 静養(정양)은 쉬면서 병을 요양하는 것을 말한다.
'쉬다'에서 '수–す'로 이어지고, 접두어 や가 붙어 やす가 된다.

④ よし : 静은 옳고 바름을 뜻한다.
'옳다'에서 '올–오시(받침 ㄹ–'시'로 분절)–よし'로, '옳지'에서 '오시–よし'로 이어진다.

人名訓読例

① しず : 静世(しずよ), 静昭(しずあき), 静子(しずこ), 静順(しずより), 静亮(しずすけ), 静川(しずかわ).

② やす : 静嘉(やすよし), 静水(やすみ), 静弘(やすひろ).

③ よし : 静敬(よしゆき), 静平(よしひら).

鄭 정	訓読	ねんごろ
	音読	テイ·ジョウ

訓読풀이

• ねんごろ : 鄭(정)은 남을 높인다는 뜻을 갖는다. ねんごろなお手紙(てかみ)는 상대방을 높여 정중(鄭重)히 쓴 편지라는 뜻이다.
懇(ねんご)ろ와 마찬가지로 '높음'에서 '노음–놈–냄–내모–ねもごろ'로 이어지고, ねんごろ로 변음 된다. ごろ는 높임을 나타내는 '그런'이라는 뜻으로 풀이된다.

整 정	訓読	ととのう· ととのえる
	人名訓読	まさ·よし
	音読	セイ

訓読풀이

① ととのう · ととのえる : 整(정)은 調(조)와 더불어 다듬는 것, 가지런히 하는 것을 뜻한다. ととのった文章(ぶんしょう) 하면 잘 다음어진 문장이라는 뜻이다.

'다듬다'에서 '다듬어–다돔어–다도노어–도도노우–ととのう'로 이어진다.

② まさ : 순리, 이치에 맞게 바로 잡는 것을 뜻한다.

'맞다'에서 '마자–まさ'로 이어진다.

③ よし : 옳고 바르게 가지런히 다듬다는 뜻이다.

'옳다'에서 '올–오시(받침 ㄹ–'시'로 분절)–よし'로, '옳치'에서 '오시–よし'로 이어진다.

人名訓読例

① まさ : 整方(まさかた).

② よし : 整彦(よしひこ), 整人(よしと), 整弘(よしひろ).

瀞 정	訓読	とろ·とろむ
	人名訓読	きよ·きよし
	音読	セイ

訓読풀이

① とろ · とろむ : 日(ひ)だまりでとろむ 하면 양지 쪽에서 꾸벅꾸벅 존다는 뜻이다. 조용히 조는 의미가 확대되어 海面(かいめん)がとろむ 하면 해면이 졸 듯이 잔잔해짐을 말한다.

'졸다'에서 '조롬–도롬–도로무–とろむ'로 이어진다. 나아가 강물이 깊고 조용히 (졸 듯이) 흐르는 곳도 '조라–도라–도로–とろ'가 된다.

② きよ · きよし : 瀞은 맑고 깨끗한 물을 뜻한다.

'깨끗'에서 '객읏–개으–개요–기요–きよ(し)'로 이어진다. 또한 '곱다'에서 '고아–고요–기요–きよ(し)'로 이어진다.

人名訓読例

① とろ · きよし : 瀞(외자 名).

② きよ : 瀞美(きよみ), 瀞一(きよいち), 瀞子(きよこ).

蟶 정	訓読	まて
	音読	テイ

訓読풀이

• まて : 蟶(정)은 긴맛과의 바닷조개를 뜻한다. 蟶貝(まてかい)라고도 한다. 몸길이 13cm가량으로 얕은 바다모래에 살며 한국과 일본에 분포한다.

긴맛의 '맛'에서 '맏–마데–まて'로 이어진다.

人名訓読例

• まて : 蟶(외자 名).

【제】

制 제	人名訓読	おさむ·さだ
	音読	セイ

訓読풀이

① おさむ : 制(제)는 눌러 잡는 것을 뜻한다〈抑制(억제), 制圧(제압)〉.

'잡다'에서 '잡음–자음–잠–さむ'로 이어지고, 접두어 お가 붙어 おさむ가 된다.

② さだ : ①에서의 '잡다'에서 '자다–さだ"로 이어진다.

人名訓読例

① おさむ : 制(외자 名).

② おさ : 制海(おさみ).

③ さだ : 制子(さだこ).

자

斉(齊) 제	訓読	ととのう·ととのえる·ひとしい
	人名訓読	ただし·なり·まさ·ひさし
	音読	セイ·サイ

訓読풀이

① ととのう · ととのえる : 斉(제)는 다듬는 것, 가지런히 하는 것을 뜻한다.
調 · 整(ととの)う와 마찬가지로 '다듬다'에서 '다듬어–다도어–도도어–도도노(ㅇ–ㄴ으로 변음)–とどのう'로 이어진다.

② ひとしい : 斉는 하나같이, 다같이라는 뜻을 갖는다. 斉唱(せいしょう)는 여러 사람이 하나같이 함께 노래 부른다는 뜻이다.
하나를 뜻하는 ひと에서 ひとしい로 형용사화 된다. ひと는 '홀'(홀애비, 홀애미 등)에서 '힐–히도(받침 ㄹ–'도'로 분절)–ひと'로 이어진다.

③ ただ · ただし : 斉는 옳고 발라 正(ただ)しい처럼 떳떳함을 뜻한다.
'떳떳'에서 '더더–다다–ただ(し)'로 이어진다.

④ なり : 斉는 오르는 것을 뜻한다. 躋(제)와 같은 뜻으로 쓰인다〈地氣上齊 : 禮記 (지기상제 : 예기)〉.
'오르다'에서 '올–오리–아리–나리(ㅇ–ㄴ으로 변음)–なり'로 이어진다.

⑤ まさ : 斉는 맞고 바름을 뜻한다.
'맞다'에서 '마자–まさ'로 이어진다.

⑥ ひさし : 斉는 붙어서 이어짐을 뜻한다〈齊靡曼之色 : 淮南子(제마만지색 : 회남자)〉.
庇 · 廂(ひさし)와 마찬가지로 '붙다'에서 '붓어서–부서서–비사서–비사시–ひさし'로 이어진다.

人名訓読例

① ただし · ひさし · ひとし : 斉(외자 名).
② ただ : 斉名(ただな), 斉士(ただし), 斉信(ただのぶ).
③ なり : 斉徳(なりやす), 斉民(なりたみ), 斉彬(なりあきら), 斉裕(なりひろ), 斉兹(なりしげ), 斉斎(なりよし).
④ まさ : 斉加年(まさかね), 斉昭(まさあき · なりあき).
⑤ ひと(ひとし의 준말) : 斉志(ひとし).
⑥ (ひ)とし(ひとし의 준말) : 斉男(としお), 斉雄(としお).

帝 제	訓読	みかど
	音読	テイ·タイ

訓読풀이

• みかど : みかど는 み와 かど가 합성된 복합어이다.
み는 神(신), 天皇(천황), 上(상)을 뜻하는 かみ의 み로 옛날 신성시(神性視) 되었던 '곰'에서 '곰–감–가미'의 '미'에서 이어지고, '가(끝)에 있는 덧문'의 '가'와 '덧–더–도'가 합성, かど로 이어져 みかど는 천황이 사는 집, 즉 황실 · 궁중을 뜻하게 된다.

人名訓読例

• みかど : 帝(외자 名).

悌 제	訓読	したがう
	人名訓読	さち·とも·やす(し)·よし
	音読	テイ

訓読풀이

① したかう : 悌(제)는 연장자를 잘 따르는 것, 좇는 것을 뜻한다〈入則孝 出則悌 :

孟子(입즉효 출즉제 : 맹자)〉.
従(したが)う와 마찬가지로 '좇아가다'에서 '조차가–지차가–시다가–したがう'로 이어진다.

② さち : 연장자를 섬기는 것은 좋은 일이다.
'좋다'에서 '조치–자치–사치–さち'로 이어진다.

③ とも : 잘 따르고 어우른다는 것은 같이 동무를 한다는 뜻이다.
'동무'에서 '도무–도모–とも'로 이어진다.

④ やす(し) : 悌는 유순하고 얌전한 것을 뜻한다.
'얌전'에서 '야저–야주–やす'로 이어진다.

⑤ よし : 연장자를 섬기고 잘 따르는 것은 올바른 일이다.
'옳다'에서 '올–오시(받침 ㄹ–'시'로 분절)–よし'로 이어진다.

人名訓読例

① やすし · よし : 悌(외자 名).
② さち : 悌夫(さちお).
③ とも : 悌士(ともお).
④ やす : 悌男(やすお), 悌夫(やすお), 悌成(やすなり).
⑤ よし : 悌宥(よしひろ).

除 제	訓読	のぞく · のける · よける
	人名訓読	ぬく
	音読	ジョ · ジ

訓読풀이

① のぞく : 除(제)는 없애는 것을 뜻한다. 不純物(ふじゅんぶつ)をのぞく 하면 불순물을 없애는 것이다.
'없애다'에서 '없세구–어소구–노소구(ㅇ–ㄴ으로 변음)–のぞく'로 이어진다.

② のける : 邪魔物(じゃまもの)をのける 하면 방해물을 없게 한다는 뜻이다.
'없게 하다'에서 '없게–오게–노게(ㅇ–ㄴ으로 변음)–のける'로 이어진다.

③ よける : 被害(ひがい)をよける 하면 피해를 없게 한다는 뜻이다.
'없게 하다'에서 '어게–오게–よける'로 이어진다.

④ ぬく : 除名(제명)은 명단에서 이름을 빼내는 것, 어떤 사람을 그가 속하는 단체에서 내쫓는 것을 뜻한다.
抜(ぬ)く와 마찬가지로 '내다'에서 '내–누–ぬく'로 이어진다. 한편 '없애다'에서 '없–어–우–누(ㅇ–ㄴ으로 변음)–ぬく'로도 이어진다.

人名訓読例

① のぞき : 除(외자 名).
② のけ : 除野(のけの), 除田(のけた).
③ よけ : 除野(よけの · のけの), 除川(よけかわ), 除村(よけむら · よきむら).

済(濟) 제	訓読	すみ · すむ · すます · わたす · わたる
	人名訓読	とおる · なり · なる · ます · やす
	音読	サイ · セイ

訓読풀이

① すみ · すむ · すます : 済(제)는 일이 다 된 상태를 나타낸다. 仕事(しごと)をすむ 하면 일이 다 됨을 뜻한다
'되다'에서 '됨–둠–숨–수무–すむ'로 이어진다.

② わたす · わたる : ㉮ 바다 · 물을 건너가는 것을 뜻한다〈濟河而西 : 禮記(제하

자

이서 : 예기)〉. 渡(わた)る와 마찬가지로 바다가 동사화 되어 '바다-아다(ㅂ이 ㅇ으로 변음)-わたる'로 이어진다. ㉯ 바다·물 건너 닿는 것을 뜻한다. '닿다'에서 '다-たる'로 이어지고, 접두어 わ가 붙어 わたる가 된다.

③ とおる : 済는 通(통)하는 것을 뜻한다〈强濟天下 : 회남자(강제천하 : 회남자)〉. 通한다는 것은 막힌 것을 뚫는다는 뜻이다.
'뚫다'에서 '뚤어-두어-도오-とおる'로 이어진다.

④ なり·なる : 済는 ①에서와 같이 일이 다 되어 어떤 결과가 나왔음을 뜻한다.
生·成(な)る와 마찬가지로 '낳다'에서 '나라-나루-なる'로 이어진다.

⑤ ます : 済는 많고 성함을 뜻한다〈제제다사 : 시경(濟齊多士 : 詩經)〉.
'많다'에서 '만치-마시-마수-ます'로 이어진다.

⑥ やす : 済世安民(제세안민)은 세상을 평화롭게 하고 백성을 편히 쉬게 함을 뜻한다.
'쉬다'에서 '수-す'로 이어지고 접두어 や가 붙어 やす로 이어진다.

人名訓読例

① とおる·わたす·わたり·わたる : 済(외자 名).

② すみ : 済田(すみた), 済川(すみかわ), 済夫(すみお·ますお), 済雄(すみお), 済子(すみこ·なりこ·なるこ).

③ わたり : 済陽(わたりよう).

④なり·なる : 済子(なりこ·なるこ·すみこ), 済継(なりつぐ), 済美(なるみ), 済時(なりとき·やすとき).

⑤ ます : 済夫(ますお·すみお).

⑥ やす : 済時(やすとき·なりとき).

梯 제	訓読	かけはし·はし
	音読	テイ

訓読풀이

① かけはし : 梯(제)는 사다리, 사닥다리를 뜻한다. 사닥다리는 높은 곳에 올라갈 때 디디고 올라가도록 땅위에서 목표 지점까지 걸어 놓은 기구로, 다리(橋)의 역할도 한다.
'걸다'에서 '거고-거게-가게-かけ'로 이어지고, '다리(足)'의 다른 한국어 '발'에서 '바시(받침 ㄹ-'시'로 분절)-はし'로 이어져 かけはし로 합성된다.

② はし : 사닥다리는 발을 딛고 오르도록 되어 있다.
'발'에서 '발-바시-はし'로 이어진다.

人名訓読例

• かけはし·はし : 梯(외자 名).

眥 제	訓読	まなじり
	音読	シ·サイ

訓読풀이

• まなじり : 眥는 눈초리를 뜻한다.
'눈의'를 뜻하는 めの와 '초리'에서의 '치리-지리-じり'가 합성되어 めのじり-まなじり로 이어진다. まなじり는 めのじり의 변음이다.

祭 제	訓読	まつり·まつる
	音読	サイ

訓読풀이

• まつり·まつる : 祭(제)는 조상이나 죽은 자를 제사나 의식으로 모시는 것을 뜻한다.
'모시다'에서 '모셔라-모수라-마수루-

まつる'로 이어진다. 모신다는 뜻을 가진 祀(사), 奉(봉)도 まつる로 훈독된다.

人名訓読例

• まつり : 祭(외자 名).

第 제	訓読	ついで
	音読	ダイ·テイ

訓読풀이

• ついで : 第(제)는 차례(次例), 순서(順序)를 뜻한다. 차례 · 순서는 둘 이상의 사물들이 하나씩 일정한 서열, 단계에 따라 뒤좇아 가면서 이어지는 질서를 뜻한다.
序(ついで), 次(つ)いで와 마찬가지로 '좇다'에서 '좇아서–조아서–주이세–주이데–ついで'로 이어진다.

啼 제	訓読	なく
	音読	テイ

訓読풀이

• なく : 啼聲(제성)은 동물의 울음소리를 뜻하고 啼泣(제읍)은 동물이 소리 내며 우는 것을 뜻한다.
'울다'에서 '울구–우구–아구–나구(ㅇ–ㄴ으로 변음)–なく'로 이어진다.

堤 제	訓読	つつみ
	音読	テイ

訓読풀이

• つつみ : 堤(제)는 둑, 제방(堤防)을 뜻한다. 둑은 돌로 쌓아서 만들어진다.
'쌓다'에서 '쌈–사사미–수수미–つつみ'로 이어진다.
〔参考〕 堤와 隄(제)는 동자(同字)이고 隄도 つつみ로 훈독된다.

人名訓読例

• つつみ : 堤口(つつみぐち), 堤根(つつみね), 堤崎(つつみざき), 堤内(つつみうち), 堤野(つつみの).

提 제	訓読	さげる
	音読	テイ·チョウ·ダイ

訓読풀이

• さける : 提(제)는 허리, 가슴에 다는 것, 차는 것을 뜻한다. 胸(むね)に勲章(ぐんしょう)をさげる 하면 가슴에 훈장을 다는 것을 말하고, 拳銃(けんじゅう)を腰(こし)にさげしている 하면 권총을 허리에 차고 있다는 말이다. ㉮ '달다' 또는 '차다'에서 '달거라(차거라)–사거라–사게루–さげる'로 이어진다. ㉯ 提는 드는 것을 뜻한다. 手(て)にさげる 하면 손에 드는 것을 뜻한다. '들다'에서 '들거라–두거라–다게루–사게루–さげる'로 이어진다.

人名訓読例

• さけ : 提髪(さげかみ), 提箸(さげはし), 提坂(さげさか).

際 제	訓読	きわ
	音読	サイ

訓読풀이

• きわ : 際(제)는 끝 · 가 · 가장자리를 뜻한다. 際涯(제애)는 땅의 끝을 뜻하고, 崖(かけ)のきわ는 벼랑 끝, 벼랑가를 뜻한다.
'가'에서 '가아–기아–きわ'로, 또한 '끝'에서 ' 끝에–그에–그아–기아–きわ'로 이어진다.

人名訓読例

• きわ : 際子(きわこ).

자

製 제	訓読	つくる
	人名訓読	のり
	音読	セイ

訓読풀이

① つくる : 製(제)는 옷을 짓고, 집을 짓는 등 짓는 것을 뜻한다.
造·作(つく)る와 마찬가지로 '짓다'에서 '짓거라-지구루-주구루-つくる'로 이어진다.

② のり : 製는 올바른 작성 기준이 되는 형(型), 틀을 뜻한다.
'옳다'에서 '올-오리-노리(ㅇ-ㄴ으로 변음)-のり'로 이어진다.

人名訓読例

• のり : 製保(のりやす).

諸(諸) 제	訓読	もろ·もろもろ
	音読	ショ

訓読풀이

• もろ·もろもろ : もろびと(諸人)는 여러 사람, 즉 한 곳에 몰려 있는, 무리지어 있는 여러 사람을 말한다. 한국어 '몰', '몰려'는 무리, 여럿을 나타낸다. 몰표·몰매·몰려가다·몰려오다 등은 무리지어 여럿이 몰려 있거나 그런 움직임을 뜻한다.
'몰'에서 '모로-もろ'로 이어진다. もろもろ는 もろ를 강조한 말이다.

人名訓読例

• もろ : 諸見里(もろみさと·もろみざと), 諸国(もろくに), 諸富(もろとみ), 諸星(もろほし·もろぼし), 諸節(もろふし·もろぶし), 諸泉(もろいずみ).

儕 제	訓読	ともがら
	音読	サイ·セイ

訓読풀이

• ともがら : 儕(제)는 동아리를 뜻한다. 동아리는 한패가 되어 동무가 된 겨레를 말한다.
'동무'와 '겨레'가 합성되어 '동무'에서 '도무-도모-とも', '겨레'에서 '가레-가라-がら'로 이어져 ともがら로 된다.
〔参考〕 輩(배)와 이음(ともがら)을 같이 한다.

蹄 제	訓読	ひづめ
	音読	テイ

訓読풀이

• ひづめ : 蹄(제)는 발굽을 뜻한다. 馬(うま)の蹄(ひづめ)는 말발굽이다. 발굽은 발 뒤 측의 구부러진 부분이다. 그것은 비뚤어져(비틀려) 굽은 모습을 나타낸다.
'비틈'에서 '비투메-ひづめ'로 이어진다.

人名訓読例

• ひずめ(ひづめ의 변음) : 蹄(외자 名).

臍 제	訓読	へそ·ほぞ
	音読	セイ·サイ

訓読풀이

• へそ : 臍(제)는 배꼽을 뜻한다.
'배꼽'에서 '뱃(꼽)-배소-へそ'로 이어진다. ほぞ로도 읽는다.

霽 제	訓読	はれる
	音読	セイ

訓読풀이

• はれる : 霽(제)는 날씨가 개어 밝아지는 것을 뜻한다. '밝'에서 '발-바레-はれる'로 이어진다.
霽는 의심, 협의 등이 풀리어 밝혀지는

것도 뜻한다. '밝혀지다'에서 '발-바레-はれる'로 이어진다.

齏 제	訓読	あえる·なます
	音読	セイ

訓読풀이

① あえる : 齏(제)는 야채, 생선 등을 된장, 식초, 깨 등을 썩어 어울려 무치는 것을 뜻한다. 齏(あ)え物(もの)는 그렇게 해서 만든 무침요리이다.
'어울리다'에서 '어우려-아에루-あえる'로 이어진다.

② なます : 齏는 회(膾)를 뜻한다. 날 것(生)으로 무쳐 만든 요리이다.
'날'에서 '남-나마-なます'로 동사화 된다.

【조】

弔 조·적	訓読	とむらう·いたる
	音読	チョウ·テキ

訓読풀이

① とむらう : ㉮ 弔(조)는 유족을 조문하는 것을 뜻한다. 조문은 유족의 슬픈 마음을 달래는 것을 뜻한다. '달래다'에서 '달램-달앰-다앰-담-돔-도무-とむらう'로 이어진다. ㉯ 弔(조)는 매어 다는 것을 뜻한다. 弔橋(조교)는 양 둔덕 사이에 매어 달린 다리를 뜻한다〈懸橋(현교)〉.
'달다'에서 '담-돔-도무-とむらう'로 이어진다.

② いたる : 弔(적)은 닿는 것, 잇따르는 것을 뜻한다〈神之弔矣 : 詩經 (신지적의 : 시경). ㉮ '닿다'에서 '다-たる'로 이어지고, 접두어 い가 붙어 いたる가 된다. ㉯ '잇따르다'에서 '잇따라-이다루-いたる'로 이어진다.

爪 조	訓読	つめ·つま
	人名訓読	は
	音読	ソウ

訓読풀이

① つめ · つま : 爪(조)는 손톱, 발톱의 톱을 뜻한다. '톱'에서 '토-투-つ'로 이어지고, 접미어 め(ま)가 붙어 つめ(ま)가 된다. 제비에서 つばめ, 거북에서 '거-가-かめ'로 이어지는 것과 같은 이치이다.

② は : 발톱의 '발'에서 '바-は'로 이어진다. 또한 (특히 동물의) 손톱이나 발톱은 모양이나 갉는 기능에서 이빨과 유사하다. '이빨'에서 '빨-바-は'로 이어진다〈歯(치) 참조〉.

人名訓読例

① つめ · つま : 爪工(つめたくみ · はだくみ), 爪木(つまき), 爪長(つめなが).

② は : 爪工(はだくみ).

兆 조	訓読	きざし·きざす
	人名訓読	とき·よし
	音読	チョウ

訓読풀이

① きざし · きざす : 兆(조)는 조짐(兆朕), 전조(前兆), 징조(徵兆)를 뜻한다. 兆는 귀갑(亀甲)이나 수골(獣骨)이 깨지고 터진 잔금의 현상을 나타내는데, 잔금의 모양을 보고 점을 보았기 때문에 兆는 조짐, 징조의 뜻을 갖게 되었다고 한다.
'깨지다'에서 '개저서-기자수-きざす'로 이어진다.

② とき : 깨진 잔금의 현상을 보고 점을 쳤을 때는 ①처럼 きざす로 이어지고, 터

자

진 잔금의 현상을 보고 점쳤을 때는 '트다'에서 '트고–토고–토기–とき'로 이어진다.

③ よし : 점은 앞으로 옳은 일, 바른 일이 일어날 것인가를 알고자 함이다.
'옳다'에서 '올–오시(받침 ㄹ–'시'로 분절)–よし'로 이어지고, '올치'에서 '오시–よし'로도 이어진다.

人名訓読例

① きざし : 兆(외자 名).
② よし : 兆功(よしのり), 兆方(よしみち), 兆生(よしなり), 兆彦(よしひこ), 兆志(よしゆき).
③ とき : 兆頼(ときより).

吊 조·적	訓読	つる·つるす
	音読	チョウ

訓読풀이

• つる · つるす : 吊(조 · 적)은 본디 弔(조 · 적)의 속자(俗字)이다. 弔는 とむらう로 훈독되고 주로 조문, 문상, 조상 등을 뜻하며, 吊(조 · 적)은 つる · つるす로 훈독되고 들어올려 다는(매다는) 것을 뜻한다. 吊(つ)り는 씨름에서 상대의 샅바를 쥐고 그의 몸을 들었다가 매어 치는 수를 말하고, 吊(つ)り革(かわ)는 버스 등에서 달아맨 가죽 손잡이를 말한다.
'들다(달다)'에서 '들–두루–つる'로, '들어서(달아서)'에서 '두러수–두루수–つるす'로 이어진다.

早 조	訓読	はやい·はやまる·はやめる
	人名訓読	わせ·わさ·とき
	音読	ソウ·サツ

訓読풀이

① はやい · はやまる · はやめる : 早(조)는 速(はや)い와 마찬가지로 빠른 것을 뜻한다. '빠르다'에서 '빨라–발아–바아–바야–はやい'로 이어지고, はやまる · はやめる로 동사화 된다.

② わ · わせ · わさ : ㉮ 早稲(조도 : わせ)는 올벼를 뜻한다. 올벼는 일찍 익는 벼를 뜻한다. 벼는 쌀이다. 따라서 わせ(早稲)는 올쌀인 셈이다. '올쌀'에서 '어세 · 오사–와세 · 와사–わせ · わさ'로 이어진다. 일본의 명문대학인 와세다(早稲田)대학은 한국어로 풀이 하면 '올쌀'이 자라 익은 땅(다–田–た)에 세워진 대학이라는 뜻이 된다. ㉯ '올쌀'에서 '올–알–아세 · 아사(받침 ㄹ–'세 · 사'로 분절)–わせ · さわ'로 이어지고, 早田은 わせだ · わさだ로 훈독된다. ㉰ 위 ①의 '빠르다'에서 '발으다–발–알–아세 · 아사(받침 ㄹ–'세 · 사'로 분절)–わせ · わさ'로 이어진다. 이런 뜻으로 早田가 はやだ라는 別音으로 인명 훈독 된다. ㉱ わ는 わせ · わさ의 준말.

③ とき : 早는 때가 이른 것, 일찍을 뜻한다. ㉮ 때를 뜻하는 '적'(어릴 적 등)에서 '족–독–도기–とき'로 이어진다. ㉯ '일찍'에서 '찍–적–독–도기–とき'로 이어진다.

人名訓読例

① はや : 早貸(はやかし), 早速(はやみ), 早足(はやあし), 早川(はやかわ), 早塚(はやずか), 早坂(はやさか).
② わせ · わさ : 早稲田(わせだ), 早田(わせだ · わさだ · はやだ).
③ とき : 早野(ときの · はやの).

助 조	訓読	たすく·たすかる· たすける·すく
	音読	ジョ

訓読풀이

① たすく・たすかる・たすける：助(조)는 도와주는 것을 말한다. 助命(조명)은 생명을 도와주어 살리는 것을 뜻하고, 助産(조산)은 출산을 도와주는 것을 뜻한다.
'도와주다'에서 '돠주고—다주구—たすく'로 이어진다.

② すく・すけ：도와주는 것은 돕다와 주다로 이루어진다.
'돕다'에서 '돕구—두구—주구—すく'로 이어지고, 또한 '주다'에서 '주구—すく'로 이어진다.

人名訓読例

① たすく・たすけ：助(외자 名).
② すけ：助高屋(すけたかや), 助継(すけつぐ), 助乗(すけのり), 助元(すけもと), 助待(すけまち), 助丸(すけまる).

抓 조	訓読	かく·つねる· つめる·つまむ
	人名訓読	はね·はの
	音読	ソウ

訓読풀이

① かく：抓(조)는 긁는 것을 뜻한다.
'긁다'에서 '긁구—구구—가구—かく'로 이어진다.

② つねる・つめる：抓는 잡는 것, 쥐는 것, 꼬집는 것을 뜻한다. ほっぺたをつねる 하면 빰을(꼬)집는다는 뜻이다. ㉮ '집다(잡다・쥐다)'에서 '집(잡・쥐)는—지(자・주)는—주는—주네—つねる'로 이어진다. ㉯ '집다(잡다・쥐다)에서 '집음(잡음—쥠)—짐(잠・줌)—줌—주메—つめる'로 이어진다.

③ つまむ：抓み物(つまみもの)는 손으로 쥐어(집어・잡어) 먹는 마른안주를 뜻한다. 위 ②에서의 '쥠—집음(잡음)'에서 '줌(잠)—주마—つまむ'로 이어진다.

④ はぬ・はの：抓는 집어내는 것, 즉 뽑아내는 것을 뜻한다.
'뽑다'에서 '뽑는—보는—바누(바노)—はぬ・はの'로 이어진다.

人名訓読例

① はぬ：抓木田(はぬきだ).
② はの：抓木沢(はのきざわ).

条(條) 조	訓読	えだ·すじ
	人名訓読	こえだ·なかじ
	音読	ジョウ

訓読풀이

① えだ：条(조)는 가지, 나뭇가지, 곁가지를 뜻한다. 가지는 본체에서 이어지면서 뻗어 나온다. 예컨대 법령 등의 條文(조문)・條項(조항)은 본체인 헌법에서 이어져 나와 가지가 되는 규정들을 정한다.
'잇다'에서 '이다—에다—えだ'로 이어진다.
〔参考〕枝(지)와 이음(えだ)을 같이한다.

② すじ：条는 끈, 줄, 실을 뜻한다.
'줄'에서 '주지(받침 ㄹ—'지'로 분절)—수지—すじ'로 이어진다.

③ こえだ：条는 곁가지도 뜻한다. 곁가지는 작은 가지이다.
작은 것을 뜻하는 '꼬마'의 こ와 えだ가 합성되어 こえだ가 된다.

④ ながし：条는 본체에서 뻗어 나와 길게 이어 늘어진다.

자

長(なが)い와 마찬가지로 '늘다'에서 '늘고-느고-나가-なが(し)'로 이어진다.

人名訓読例

① こえだ · ながし : 条(외자 名).

② すじ : 条谷(すじたに).

徂 조	訓読	ゆき
	音読	ソ

訓読풀이

- ゆく : 徂(조)는 나가는 것을 말한다. 徂旅(조려)는 전진하며 나가는 군대를 뜻하고, 徂暑(조서)는 물러가는 더위를 뜻한다.
  '오다'에서의 '오구-우구-유구-ゆく'가 '가다'는 뜻으로 반의어화(反意語化)된 경우이다. 한편 '가다'에서는 '가라-가루-구루-くる'가 '오다'는 뜻으로 반의어화 된다〈行(행) 참조〉.

人名訓読例

- ゆく : 徂子(ゆくこ).

阻 조	訓読	はばむ · けわしい · へだたる
	音読	ソ

訓読풀이

① はばむ : 阻(조)는 힘을 빼는 것, 기(氣)를 꺾는 것을 뜻한다. 敵(てき)の進撃(しんげき)をはばむ 하면 적의 힘을 빼서 진격을 막는다는 말이다.
'빼다'에서 '뺌-빰-바바무-はばむ'로 이어진다.

② けわしい : 阻는 괴로움, 시달림, 사정이 고약함을 뜻한다.
'고약하다'에서 '고약-고야-개야-けわしい'로 이어진다.

③ へだたる : 阻는 사이가 떨어짐을 뜻한다. 그것은 둘 사이에 빠뜨린(뺀) 것이 있어 틈이 생겼음을 뜻한다.
隔(へだ)たる와 마찬가지로 '빠뜨리다'에서 '빠뜨려-바뜨러-바따루-베다다루-へだたる'로 이어진다.

殂 조	訓読	しぬ
	音読	ソ

訓読풀이

- しぬ : 殂(조)는 신분이 높은 사람의 죽음을 뜻한다. 殂落(조락)은 임금의 죽음을 뜻한다.
  '죽다'에서 '주-지-시-しぬ'로, 또는 '죽는'에서 '주는-지는-시는-시누-しぬ'로 이어진다. 또한 死의 음독 し에서 しぬ로 동사화 되었다고도 볼 수 있다.

祖(祖) 조	訓読	おや
	人名訓読	い · う · お · はじめ · もと
	音読	ソ

訓読풀이

① おや : 祖(조)는 祖上(조상), 始祖(시조)를 뜻한다. 조상 · 시조는 한 집안의 가장 윗어른이다.
'윗어른'에서 '위어-우아-오야-おや'로 이어진다. 한편 조상은 집안의 어버이이다. '어버이'에서 '어버-오바-오아(ㅂ-ㅇ으로 변음)-오야-おや'로도 이어진다.

② い : 祖는 이어 받는다는 뜻을 갖는다〈祖述(조술)〉.
'잇다'에서 '이-い'로 이어진다.

③ う : 위 ①의 '윗어른'에서 '위-우-う'로 이어진다.

④ お : '윗어른'의 '위' 또는 '어른'에서 '우

(어)–오–お'로 이어진다.

⑤ はじめ : 祖는 집이나 나라를 처음으로 세운 사람을 뜻한다〈國祖(국조), 開祖(개조)〉.
처음을 뜻하는 '햇'(햇감자, 햇보리 등)에서 '핫–하지–はじめ'로 이어진다.

⑥ もと : 祖는 집이나 나라를 세우는데 밑받침이 되는 큰일을 일군 사람이다.
'밑'에서 '몯–모토–もと'로 이어진다.

人名訓読例

① はじめ : 祖(외자 名).
② い : 祖谷(いや).
③ う : 祖母江(うばがえ), 祖母井(うばがい).
④ お : 祖父江(おじえ), 祖父畑(おじばた).
⑤ もと : 祖校(もとなり), 祖道(もとみち), 祖村(もとむら).

凋 **조**	訓読	しぼむ
	音読	チョウ

訓読풀이

• しぼむ : 凋(조)는 시들고 오그라지는 것, 즉 좁아지는 것을 뜻한다. 花(はば)がしぼむ 하면 꽃의 줄기가 좁아지면서 시들어 감을 말한다.
'좁음'에서 '조보무–지보무–しぼむ'로 이어진다.

造(造) **조**	訓読	いたる·つくる·みやつこ
	人名訓読	み
	音読	ゾ

訓読풀이

① いたる : 造(조)는 어디에 가다, 오다, 이르다, 다다르다, 잇따르다 등의 뜻을 갖는다〈而造大國之城下 : 戰國策 (이조대국지성하 : 전국책)〉.
'잇따르다'에서 '잇따라–이다루–いたる'로 이어진다.

② つくる : 造는 집 등을 짓는 것을 뜻한다.
作(つく)る와 마찬가지로 '짓다'에서 '짓거라–지구루–주구루–つくる'로 이어진다.

③ み · みやつこ : 造는 다이카개신(大化の改新) 이전에 한반도에서 일본으로 건너간 귀화인 계통의 기술자 집단을 통솔한 씨족의 칭호(성씨)이다. 주로 궁(宮 : みや)을 짓던 기술자 집단이다.
'みや 짓고'에서 'みや주고–みやつこ'로 이어진다〈宮(궁) 참조〉.
み는 みやつこ의 준말이다.

人名訓読例

① いたる : 造(외자 名).
② つくり : 造谷(つくりや).
③ み : 造酒(みき), 造酒之助(みきのすけ), 造酒蔵(みきぞう), 造酒太夫(みきだゆう).

租 **조**	訓読	みつぎ
	音読	ソ

訓読풀이

• みつぎ : 租(조)는 왕, 윗사람을 뜻하는 かみ(きみ)에게 租貢(조공), 租税(조세) 등을 대는 것을 뜻한다.
調 · 貢(みつぎ)와 마찬가지로 'かみ(きみ)에게 대다'에서 'かみ대기–かみ두기–かみつぎ'로 이어지고, か(き)가 생략되어 みつぎ가 된다.

人名訓読例

• みつぎ : 租(외자 名).

笊 조	訓読	ざる
	人名訓読	つく
	音読	ソウ

訓読풀이

① ざる : 笊(조)는 쌀을 씄어 내는데(이는데) 쓰이는 기구이다.
'씄다'에서 '슬-살-사루-ざる'로 이어진다.

② つく : ①의 '씄다'에서 '쑤구-つく'로 이어진다.

人名訓読例

① ざる : 笊畑(ざるはた), 笊町(ざるまち).
② つく : 笊紫(つくし), 笊波(つくば).

曹 조	訓読	ともがら
	音読	ソウ·ゾウ

訓読풀이

- ともがら : 曹(조)는 동아리, 같은 무리를 뜻한다. 동아리는 한패가 되어 동무가 된 겨레를 말한다.
'동무 겨레'에서 '도무가레-도모가라-ともがら'로 이어진다.
〔参考〕 輩(배), 儕(제)와 이음(ともがら)을 같이한다.

人名訓読例

- とも(ともがら의 준말) : 曹丸(ともまる).

彫 조	訓読	ほり·ほる
	音読	ソウ·ゾウ

訓読풀이

- ほり · ほる : 彫(조)는 칼 등으로 나무를 파서 새기는 것을 뜻한다.
'파다'에서 '파라-호라-호루-ほる'로 이어진다. 땅을 파는 것은 掘(ほ)る로 표기한다.

人名訓読例

- ほり : 彫物屋(ほりものや), 彫夫(ほりお), 彫長(ほりちょう).

眺 조	訓読	ながめる
	音読	チョウ

訓読풀이

- ながめる : 眺(조)는 멀리 바라본다는 뜻이다. 長(なが)く見(み)る라는 말이 된다.
'(멀리 길게) 늘어나다'에서의 '늘고-느가-나가-なが'와 눈매의 '매'가 동사화한 める가 합성되어 ながめる가 된다.

人名訓読例

- ながめ : 眺野(ながめの).

措 조	訓読	おく
	音読	ソ

訓読풀이

- おく : 措(조)는 놓아두는 것을 뜻한다. この件(けん)はしばらくおく 하면 본 것은 당분간 현 상태로 놓아둔다. 즉 보류한다는 말이다.
置(お)く와 마찬가지로 '놓다'에서 '노구-오구(ㅇ-ㄴ으로 변음)-おく'로 이어진다.

粗 조	訓読	あらい
	音読	ソ

訓読풀이

- あらい : 粗(조)는 정제하지 않은, 요리하지 않은 날것 그대로의 거친 것을 뜻한다.
荒(あら)い와 마찬가지로 날것의 '날'에서 '알(ㄴ-ㅇ으로 변음)-아라-あらい'로 이어진다.

組 조	訓読	くみ·くむ
	音読	ソ

訓読풀이

- くみ · くむ : 組(조)는 꾸미는 것, 짜는 것을 뜻한다. 組閣(조각)은 내각을 꾸미는 것이고, 組合(조합 : くみあい)은 뜻이 같은 사람끼리 패를 꾸며 아우(아우－あう)르는 조직이라는 말이다.
'꾸미다'에서 '구미－くみ'로 이어진다.

人名訓読例

- くみ : 組谷(くみたに · くみや), 組橋(くみはし), 組頭(くみがしら), 組山(くみやま), 組子(くみこ), 組村(くみむら).

釣 조	訓読	つり·つる
	音読	チョウ

訓読풀이

- つり · つる : 釣(조)는 낚싯줄을 물속으로 드리워 고기를 잡는 것을 뜻한다.
'줄'에서 '주리－つり · つる'로 이어진다.
또한 '드리우다'에서 '두리－つり · つる'로도 이어진다.

人名訓読例

- つり : 釣方(つりかた), 釣谷(つりたに · つりや · つるたに · つるや), 釣井(つりい · つるい).
- つる : 釣谷(つるたに · つるや), 釣井(つるい), 釣子(つるこ), 釣治(つるじ), 釣瓶(つるべ).

鳥 조	訓読	とり
	音読	チョウ

訓読풀이

- とり : 鳥(조)는 새를 뜻한다.
닭을 새의 대표격으로 보아 '닭'에서 '달－돌－도리－とり'로 이어진다.

人名訓読例

- とり : 鳥島(とりしま), 鳥本(とりもと), 鳥養(とりかい), 鳥川(とりかわ), 鳥取(とっとり), 鳥原(とりはら).

朝 조	訓読	あさ·あした
	人名訓読	とき·とも·はじめ
	音読	チョウ

訓読풀이

① あさ : 朝(조)는 아침을 뜻한다. ㉮ '아침'에서 '아치－아시－아사－あさ'로 이어진다. 朝日(조일 : あさひ)은 '아침해'에서 '아사히－あさひ'로 이어진다. ㉯ 아침은 하루가 열리는 때이다. '열'에서 '알－아사(받침 ㄹ－'사'로 분절)－あさ'로 이어진다.

② あした : 朝는 문어(文語)로 내일(來日) 아침을 뜻한다. 내일은 올(來) 날(日)이다.
'올'에서 '알－아시다(받침 ㄹ－'시다'로 분절)－あした'로 이어진다. '꼴'에서 '가다찌－かたち'로, '열'에서 あいた(間)로 이어지는 것과 같은 이치이다. 來日도 あした로 훈독된다.
또한 あした는 あしたあさ(내일아침)의 준말로 볼 수 있다.

③ とき : 朝는 왕조(王朝)의 재위 기간, 즉 왕으로 있던 적(때)을 뜻한다.
時(とき)와 마찬가지로 '적'에서 '덕－독－도기－とき'로 이어진다.

④ とも : 朝는 諸侯(제후)들이 朝廷(조정)에서 한데 모여 동무하면서 어울리는 것을 뜻한다〈交世相朝 : 周禮 (교세상조 : 주례)〉.
'동무'에서 '도무－도모－とも'로 이어진

다.

⑤ はじめ：朝는 처음을 나타낸다〈正月一日爲歲之朝 : 尙書大傳(정월일일위세지조 : 상서대전)〉.
처음을 뜻하는 '햇'(햇감자, 햇보리 등)에서 '핫-하지-はじめ'로 이어진다.

人名訓読例

① あさ · あした · とも · はじめ：朝(외자名).
② あさ ： 朝光(あさてる · ともみつ), 朝浪(あさなみ), 朝波(あさなみ), 朝日(あさひ), 朝則(あさのり · とものり).
③ とき：朝子(ときこ · あさこ · ともこ).
④ とも ：朝康(ともやす · あさやす), 朝徳(とものり), 朝明(ともあき), 朝邦(ともくに), 朝時(ともとき), 朝政(ともまさ).

詔 조	訓読	みことのり
	人名訓読	あき·のり
	音読	ショウ

訓読풀이

① みことのり：詔(조)는 천황의 명령, 조칙(詔勅), 조서(詔書)를 뜻한다.
みこと(御言 : 어언)는 천황의 말로서 み는 천황을 뜻하는 かみ에서 み로 이어지고 こと는 말하는 것을 뜻하는 '골다'에서 '골-고도(받침 ㄹ-'도'로 분절)-こと'로 이어져 みこと로 합성된다. 이러한 천황의 말씀은 당연히 옳은 것으로 '옳다'에서 '올-오리-노리(ㅇ-ㄴ으로 변음)-のり'로 이어져 결국 みことのり는 천황의 명령, 조칙, 조서를 뜻하게 된다.
② あき ：詔는 웃사람이 아랫사람에게 사실을 밝히어 알게 하는 것을 뜻한다.
'밝히다'에서 '바키-아키(ㅂ-ㅇ으로 변음)-あき'로 이어진다.
③ のり ： 위 ①과 같이 천황의 말씀은 옳다.
'옳'에서 '올-놀(ㅇ-ㄴ으로 변음)-노리-のり'로 이어진다.

人名訓読例

① あき：詔三(あきみつ).
② のり ：詔夫(のりお), 詔生(のりたか), 詔雄(のりお).

照 조	訓読	てらす·てり·てる
	人名訓読	あき·あきら· のぶ·ひかる
	音読	ショウ

訓読풀이

① てらす · てり · てる：照(조)는 비추는 것, 볕을 쬐는 것을 뜻한다. 夏(なつ)のてりが強(つよ)い 하면 여름햇볕이 강하게 내리 쬔다는 말이다.
'쬐다'에서 '째라-대라-대루-てる'로 이어진다. 한편 쬔다는 것은 나무 등을 때서 빛을 내는 것을 뜻한다. '때다'에서 '대라-대루-てる'로 이어진다.
② あき · あきら：照는 불을 비추어 밝게 하는 것을 뜻한다.
'밝히다'에서 '발키라-바키라-아키라(ㅂ-ㅇ으로 변음)-あきら'로 이어진다.
③ のぶ：照는 널리(넓게) 사방으로 밝게 하고 알게 하는 것을 뜻한다〈大人以繼明照于四方 : 易經(대인이계명조우사방 : 역경)〉.
'넓다'에서 '너버-노부-のぶ'로 이어진다.
④ ひかる：照는 빛깔을 비춘다는 뜻이다. 光(ひか)り와 마찬가지로 '빛깔'에서 '비깔-비까리-ひかり'로 이어지고, ひかる로 동사화 된다.

人名訓読例

① あきら · てらし · てらす · てる · ひかる : 照(외자 名).

② てる : 照国(てるくに), 照基(てるもと), 照明(てるあき), 照世(てるよ), 照子(てるこ · あきこ), 照宗(てるむね).

③ あき : 照美(あきよし · てるみ), 照子(あきこ · てるこ), 照和(あきかず · てるかず).

稠 조	訓読	おおい
	人名訓読	あまね·しげ·しげし·しげる
	音読	チュウ

訓読풀이

① おおい : 稠(조)는 많은 것을 뜻한다. 稠人(조인)은 사람이 많음을 뜻하고 稠密(조밀)은 빽빽하게 많이 들어차 있음을 뜻한다.
'많음'을 뜻하는 '하다'에서 '하아－호오－오오－おおい'로 이어진다.

② あまね : 稠는 충분히 익은 것을 뜻한다. '익다'에서 '익음－이음－임－암－아마－あまね'로 이어진다.

③ しげ · しげし · しげる : 稠는 ①에서와 같이 많이 차 있음을 뜻한다〈稠林(조림)〉.
'차다'에서 '차거라－사게루－시게루－しげる'로 이어진다.

人名訓読例

① あまね · しげ · しげし · しげる : 稠(외자 名).

② しげ : 稠果(しげみ), 稠夫(しげお), 稠三(しげぞう), 稠尚(しげひさ), 稠雄(しげお), 稠子(しげこ).

誂 조	訓読	あつえる·あつらえる
	音読	チョウ

訓読풀이

- あつえる · あつらえる : 誂는 맞추는 것을 뜻한다. あつらえの服(ふく) 하면 맞춤복, ドレスをあつらえる 하면 드레스를 맞춘다는 말이다.
  '맞추다'에서 '마추어라－아추에라(ㅁ－ㅇ으로 변음)－あつえる'로 이어진다. '마'가 '아'로 변음 되는 것은 味(あじ)가 '맛'에서 '마지－아지'로 이어지고, 預(あず)かるが '맡(맞)겨라'에서 '마주가루－아주가루'로 이어지는 것과 같은 이치이다.

慥 조	訓読	たしか
	人名訓読	たし·まこと
	音読	ゾウ

訓読풀이

① たしか · たし : ㉮ 慥(조)는 확실함, 틀림없음을 뜻한다. 확실하다란 다시금 보아도 틀림없다는 말이다. '다시금'에서 '다시그－다시가－たしか'로 이어진다.
㉯ たしかな証拠(しょうこ) 하면 확실한 증거라는 말로서, 다른 표현으로는 다짐할 만한, 믿을 만한 증거라는 뜻이 된다. '다지다'에서 '다지고－다지가－たし(か)'로 이어진다.

② まこと : ①에서 확실하다함은 맞는 것을 뜻한다.
'맞는 것'에서 '마걷－마곧－마고도－まこと'로 이어진다.

人名訓読例

① まこと : 慥(외자 名).

② たし : 慥柄(たしから).

자

漕 조	訓読	こぎ·こぐ
	音読	ソウ

訓読풀이

- こぎ · こぐ : 漕(조)는 물(氵 : 水)에서 배를 저어 끌고 가는 것을 뜻한다.
  '끌다'에서 '끌고–구고–고구–こぐ'로 이어진다.

人名訓読例

- こぎ : 漕江(こぎえ).

遭 조	訓読	あう
	音読	ソウ

訓読풀이

- あう : 遭(조)는 만나게 되는 것을 뜻한다. 만난다는 것은 어울리게 됨을 말한다. 会 · 合(あ)う와 마찬가지로 '아우르다'에서 '아우–あう'로 이어진다.
  〔参考〕 遭遇(조우)도 만난다는 뜻으로, 遇도 あう로 훈독된다.

肇 조	訓読	はじむ·はじめ·はじめる
	人名訓読	ただ·ただし·はつ
	音読	チョウ

訓読풀이

① はじむ · はじめ · はじめる : 肇(조)는 처음을 뜻한다.
처음을 뜻하는 '햇'(햇감자 · 햇보리 등)에서 '핮–하지–はじむ · はじめ · はじめる'로 이어진다.
〔参考〕 始 · 初(はじ)め와 이음을 같이한다.

② ただ · ただし : 肇는 그릇됨을 따져 바로잡음을 뜻한다〈竱本肇末 : 國語(전본조말 : 국어)〉.
'따지다'에서 '띠–다다–ただ · ただし'로 이어진다.

③ はつ : 위 ①의 '햇'에서 '핫–하쑤–はつ'로 이어진다.

人名訓読例

① ただし · はじむ · はじめ : 肇(외자 名).
② ただ : 肇生(ただお), 肇郁(ただいく), 肇蔚(ただまさ).
③ はじ : 肇光(はじめ), 肇太(はじめ).
④ はつ : 肇江(はつえ), 肇久(はつひさ), 肇彦(はつひこ), 肇雄(はつお), 肇子(はつこ).

嘲 조	訓読	あざける
	音読	チョウ

訓読풀이

- あざける : 人(ひと)のあざけりを買(か)う 하면 여러 사람한테 웃음거리가 된다는 뜻이다.
  '웃음거리'에서 '우슴거리–아스게리–아사게리–あざけり'로 이어진다.

潮 조	訓読	しお·うしお
	人名訓読	みつる
	音読	チョウ

訓読풀이

① しお : 潮(조)는 바닷물을 뜻한다. 바닷물은 짜다.
塩(しお)와 마찬가지로 '짜다'에서 '자아–지오–しお'로 이어진다.

② うしお : ①의 しお에 접두어 う가 붙어 うしお가 된다.

③ みつる : 潮는 물이 차는 것을 뜻한다.
'물 차다'에서 '무차–미차–미추–みつる'로 이어진다.
〔参考〕 満(만 : みち)る와 이음을 같이한다.

人名訓読例

① みつる：潮(외자 名).

② しお：潮江(しおえ), 潮谷(しおたに・しおや), 潮島(しおじま), 潮山(しおやま), 潮田(しおだ).

③ うしお：潮見(うしおみ・しおみ), 潮木(うしおき), 潮原(うしおばら), 潮田(うしおだ), 潮崎(うしおざき・しおざき).

槽 조	訓読	おけ
	音読	ソウ

訓読풀이

• おけ：槽櫪(조력)은 말을 넣어 두는 말구유–마구간을 뜻하고, 水槽(수조)는 물을 담아 놓는 물통을 뜻한다.
'놓다(넣다)'에서 '노게–오게(ㄴ–ㅇ으로 변음)–おけ'로 이어진다.
〔参考〕桶(통)과 이음(おけ)을 같이한다.

調 조	訓読	しらべる·ととのう·ととのえる·みつぎ
	人名訓読	おさむ·つき·みずき
	音読	チョウ

訓読풀이

① しらべる：調(조)는 살펴 알아보는 것, 즉 調査(조사)를 뜻한다.
'살피다'에서 '사라피라–시라페루–しらべる'로 이어진다.

② ととのう・ととのえる：とどのった文章(ぶんしょう) 하면 잘 다듬어진 문서, 協定(きょうてい)をとどのう 하면 협정문을 잘 다듬어 성립시키다는 말이다.
'다듬다'에서 '다듬어–도돔어–도도오–도도노(ㅇ–ㄴ으로 변음)–とどのう'로 이어진다.

③ みつぎ・みずき：調는 왕・윗사람을 뜻하는 かみ(きみ)에게 調貢(조공)을 대는 것을 뜻한다.
'かみ(きみ)에게 대다'에서 'かみ대기–かみ두기–かみつぎ'로 이어지고, か(き)가 생략되어 みつぎ(みずき)가 된다.

④ おさむ：調는 균형을 잡는 것을 뜻한다.
'잡다'에서 '잡음–자음–잠–자무–さむ'로 이어지고, 접두어 お가 붙어 おさむ가 된다.

⑤ つき：③의 みつぎ의 준말.

人名訓読例

① おさむ・しらべ・つぎ・みずき・みつぎ：調(외자 名).

② つき・つぎ：調宮(つきのみや), 調金(つきかね), 調月(つきつき), 調川(つきのかわ), 調興(つぎおき).

噪 조	訓読	さわがしい·さわぐ
	音読	ソウ

訓読풀이

• さわがしい・さわぐ：噪(조)는 싸우듯이 시끄러운 것을 나타낸다.
騒(さわ)ぐ와 마찬가지로 '싸우다'에서 '사우구–사와구–さわぐ'로 이어진다.

操 조	訓読	みさお·あやつる
	人名訓読	くり·くる·まもる
	音読	ソウ

訓読풀이

① みさお：操(조)는 잡는다는 뜻으로, 몸(모–미–み)을 꽉잡아 지조・절개・정조를 지킨다는 말이다. 固(かた)くみさおを守(まも)る 하면 굳게 정조를 지킨다는 뜻이다.

'몸 잡아'에서 '미자아-미자오-みさお'로 이어진다.

② あやつる : 人形(にんぎょう)をあやつる 하면 인형을 다룬다는 뜻으로, 인형에 줄을 이어 다룬다는 것을 말한다.
'잇다'의 '이어-아아-あや'와 '줄'의 '주루-つる'가 합성되어 あやつる가 된다.

③ くり · くる : 操는 操業(조업), 操縱(조종)처럼 기계 등을 다루는 것, 굴리는 것을 뜻한다. 돈을 굴리다, 자동차를 굴리다, 공장을 굴리다라고 표현한다.
'굴러'에서 '구리-くり · くる'로 이어진다.

④ まもる : 操는 정조, 지조를 지키는 것을 뜻한다. 그것은 정조를 더럽히지 말도록(않도록) 지킴을 말한다.
'말다(말아)'에서 맘-마모-まもる'로 이어지고, '막다'에서 '막음-마음-맘-마모-まもる'로 이어진다.
〔参考〕 守(수 : まも)る와 이음을 같이한다.

人名訓読例

① まもる · みさお : 操(외자 名).
② あやつり : 操神(あやつりかみ).
③ くり : 操本(くりもと), 操上(くりかみ · くりがみ), 操野(くりの), 操原(くりはら).
④ みさ : 操加(みさか), 操男(みさお), 操子(みさこ), 操枝(みさえ), 操恵(みさえ).

澡 조	訓読	あらう
	音読	ソウ

訓読풀이

• あらう : 澡는 빠는 것을 뜻한다.
'빨다'에서 '바라-아라(ㅂ-ㅇ으로 변음)-あらう'로 이어진다. 또한 澡는 바래는 것(표백)을 뜻한다. '바래다'에서 '바라-아라-あらう'로 이어진다.

燥 조	訓読	かわく · はしゃぐ
	音読	ソウ

訓読풀이

① かわく : 燥(조)는 마르고 건조(乾燥)함을 뜻한다. かわいた砂(すな)는 모래바닥이 갈라질 정도로 마른 상태를 나타낸다.
乾 · 渇(かわ)く와 마찬가지로 '갈라지다'에서 '갈라-갈아-가아-かわく'로 나타낸다.

② はしゃぐ : ㉮ うれしくてはしゃぎ回(まわ)る 하면 기뻐서 법석을 떠는 것을 뜻한다. '법석'에서 '버서구-바샤구-はしゃぐ로 이어진다. ㉯ 葉(は)がはしゃぐ 하면 잎이 바삭 마르는 것을 뜻한다. '바삭'에서 '바사구-はしゃぐ'로 이어진다.

簓 조	訓読	ささら
	音読	セン(日本国字)

訓読풀이

• ささら : 簓(ささら)는 대끝이 가늘게, 자잘하게 갈라진 상태, 또는 그러한 상태의 것으로, 부엌에서 쓰는 솔을 말한다.
細(ささら)와 마찬가지로 '자잘'에서 또는 '솔'에서 '자잘-자자라(솔-살-사라-사사라)-ささら'로 이어진다.

訓読풀이

• ささら : 簓(외자 名).

糟 조	訓読	かす
	人名訓読	ぬか
	音読	ソウ

訓読풀이

① かす : 糟(조)는 술지게미, 찌꺼기를 뜻한다. 술지게미는 술을 거르고 남은 찌꺼기로 밑에 깔린다.
滓(かす)와 마찬가지로 '깔다'의 '깔'에서 '갈－가수(받침 ㄹ－'수'로 분절)－かす'로 이어진다.

② ぬか : 술지게미나 찌꺼기는 알짜는 다 빼(걸러) 내고 껍데기만 남은 것이다.
糠(ぬか)와 마찬가지로 '내다'에서 '내고－누고－누가－ぬか'로 이어진다. 또한 '남은 것'에서 '남고－나고－누고－누가－ぬか'로도 이어진다.

人名訓読例

① かす : 糟谷(かすや), 糟屋(かすや), 糟井(かすい), 糟川(かすかわ).
② ぬか : 糟野(ぬかの).

藻 조	訓読	も
	音読	ソウ

訓読풀이

• も : 藻(조)는 해초(海草), 수초(水草)의 총칭인 말을 뜻한다.
'말'에서 '마－모－も'로 이어진다.

人名訓読例

• も : 藻谷(もたに), 藻寄(もより), 藻島(もしま), 藻利(もり), 藻井(ものい), 藻川(もがわ).

繰 조	訓読	くり·くる
	音読	ソウ

訓読풀이

• くり · くる : 繰(조)는 끌어당기는 것, 손으로 굴리는 것을 말한다. 繰(く)り上(あ)げる는 위로 끌어 올리는 것을 뜻하고, 繰上償還(조상상환 : くりあげそうかん)은 예정 보다 앞으로 끌어당겨 상환함을 뜻한다.
'끌다'에서 '끄러－구러－구루－くる'로 이어진다. 한편 繰(く)り回(ま)わす는 이리저리 굴리면서 변통하는 것을 뜻한다.
'굴리다'에서 '굴려－구러－구루－くる'로 이어진다.

人名訓読例

• くり : 繰田(くりた).

躁 조	訓読	さわがしい·さわぐ
	音読	ソウ

訓読풀이

• さわがしい · さわぐ : 躁(조)는 싸우듯이 떠들썩하게 시끄러운 것을 나타낸다.
噪(さわ)ぐ와 마찬가지로 '싸우다'에서 '사우구－사와구－さわぐ'로 이어진다.

竈 조	訓読	かま·かまど
	音読	ソウ

訓読풀이

• かま · かまど : ㉮ 竈(조)는 아궁이를 뜻한다. 아궁이에는 가마솥을 얹게 마련이다. 말하자면 아궁이 자체가 가마 · 가마솥이다. '가마'에서 'かま'로 이어지고, '가마솥'에서 '가마소－가마도－かまど'로 이어진다. ㉯ 아궁이는 가마를 얹어 놓는 터(곳)이다. '가마터'에서 '가마토－かまど'로 이어진다.

人名訓読例

① かまど : 竈(외자 名).
② かま : 竈口(かまくち), 竈門(かまど), 竈山(かまやま), 竈窄(かまさこ), 竈千

자

(かまち).

【족】

足 족	訓読	あし·たす· たりる·たる
	人名訓読	みつる
	音読	ソク

訓読풀이

① あし：足(족)은 발, 다리를 뜻한다.
'발'에서 '바시(받침 ㄹ-'시'로 분절)-아시(ㅂ-ㅇ으로 변음)-あし'로 이어진다.

② たす·たりる·たる：㉮ 가득 차서 부족함이 없음을 뜻한다. '차다'에서 '차서-다서-다수-たす'로 이어진다. 또한 '차다'에서 '차라-다라-다루-た(り)る'로 이어진다. ㉯ 이루어짐, 다함, 됨을 뜻한다〈言以足志 文以足言：左氏傳(언이족지 문이족언：좌씨전)〉. '다하다(되다)'에서 '다(대-다)-たす'로, '다(하)라(되라)'에서 '다라-다루-た(り)る'로 이어진다.

③ みつる：足은 물이 차듯 채우는 것을 뜻한다〈足食足兵：論語 (족식족병：논어)〉.
'물 차'에서 '무차-미추-みつる'로 이어진다.
〔参考〕 滿(만：みち)る와 이음을 같이한다.

人名訓読例

① あし·たる·みつる：足(외자 名).

② あし：足頸(あしくび), 足立(あだち), 足名(あしな), 足洗(あしあらい), 足村(あしむら), 足川(あしかわ).

③ たら(たる의 변음)：足崎(たらざき), 足田(たらた·あしだ·たるた).

④ たり：足国(たりくに·たるくに), 足麿(たりまろ), 足穂(たりほ), 足人(たりひと).

⑤ たる：足田(たるた), 足沢(たるさわ), 足日(たるひ), 足子(たるこ), 足国(たるくに).

族 족	訓読	やから
	音読	ゾク

訓読풀이

• やから：族(족)은 혈족, 일족(一族)을 뜻한다. 일족이란 한겨레를 말한다.
'한겨레'에서 '안겨레(ㅎ-ㅇ으로 변음)-아거레-아가라-やから'로 이어진다.

簇 족	訓読	あつまる· まぶし·むらがる
	人名訓読	あつむ
	音読	ゾク·ソウ

訓読풀이

① あつまる·あつむ：簇(족)은 무리를 지어 한데 모여서 그 곳이 가득 차는 것을 뜻한다.
厚(あつ)まる와 마찬가지로 '차다'에서 '춤-참-추마-つまる'로 이어지고, 접두어 あ가 붙어 あつまる가 된다.

② まぶし：簇은 섶을 뜻한다. 섶은 덩굴지거나 줄기가 가냘픈 식물을 받쳐 주기 위하여 곁들여 붙여 주는 막대기를 뜻한다.
'막대기'의 '막-마-ま'와 '붙이다'의 '붙-부티-부시-ぶし'가 합성되어 '마부시-まぶし'로 이어진다.

③ むらがる：簇은 무리지어 몰리는 것을 뜻한다.
群(むら)がる와 마찬가지로 '무리(몰려)'에서 '무라-むらがる'로 이어진다.

人名訓読例

• あつむ：簇(외자 名).

簇 족	訓読	むらがる
	音読	ゾク·ソウ

訓読풀이

• むらがる：簇生(족생)은 나무들이 한꺼번에 몰려서(무리지어) 나거나 인물들이 한꺼번에 몰려서(무리지어) 배출되는 것을 뜻하고, 簇立(족립)은 몰려 서 있음을 뜻한다.
群(군), 族(족)과 마찬가지로 '몰려(무리)'에서 '무라-むらがる'로 이어진다.

【존】

存 존	訓読	ある·ながらえる
	人名訓読	あり·すすむ·たもつ·つぎ·なが·ながろう·やすし
	音読	ソン·ゾン

訓読풀이

① あり · ある：存(존)은 존재(存在)하는 것, 즉 있는 것을 뜻한다.
'있다'에서 '이-아-ある'로 이어진다.
구어(口語)에서는 주로 무생물, 식물, 사물에 대해 ある를 쓰며 사람이나 동물에 대해서는 보통 いる를 쓴다. いる의 경우에는 바로 '있다'에서 '이-いる'로 이어진다.

② なが · ながらえる · ながろう：存은 오래 사는 것을 뜻한다. 오래 산다는 것은 수명을 늘려 오래 산다는 뜻이다.
長(なが)らえる와 마찬가지로 '늘리다'에서 '늘고-느고-나고-나가-ながらえる'로 이어진다.

③ すすむ：存은 계속 좇아나가면서 존속(存續)함을 뜻한다.
'좇음'에서 '조춤-조추무-주추무-すすむ'로 이어진다.

④ たもつ：存은 잘 보존(保存)하는 것, 즉 잘 담아서 보관함을 뜻한다.
'담다'에서 '담아서-다마수-다모수-たもつ'로 이어진다.

⑤ つぎ：存은 ③에서와 같이 계속 좇아가는 것을 뜻한다.
継(つ)ぐ와 마찬가지로 '좇다'에서 '좇구-조구-주구-つぐ · つぎ'로 이어진다.

⑥ やすし：存은 편안히 쉬는 것을 뜻한다.
'쉬다'에서 '수-す'로 이어지고 접두어 や가 붙어 やす(し)로 된다.

人名訓読例

① あり · すすむ · たもつ · ながろう · やすし：存(외자 名).
② あり：存明(ありあけ).
③ なが：存久(ながひさ), 存保(ながやす), 存子(ながこ), 存村(ながむら).
④ つぎ：存男(つぎお).
⑤ やす：存子(やすこ).

拵 존	訓読	こしらえ·こしらえる
	音読	ソン

訓読풀이

• こしらえ · こしらえる：㉮ 寝床(ねどこ)をこしらえる 하면 잠자리를 갖춘다는 뜻이다. '갖추다'에서 '갖추라-가치라-가시라-고시라-こしらえる'로 이어진다. ㉯ うまくこしらえて騙(だま)す 하면 그럴듯하게 고쳐 꾸며서 속이는 것을 뜻한다. 이 경우에는 '고치다'에서 '고치라-こしらえる'로 이어진다. 顔(か

お)をこしらえる 하면 얼굴을 화장, 분장한다는 뜻인데 얼굴을 새로 잘 갖춘다는 뜻으로는 ㉮로 풀이되고 본래의 얼굴을 고친다는 뜻으로는 ㉯로 풀이된다. 拵(こしら)え物(もの)는 모조품을 뜻한다.

人名訓読例

① こしらえ：拵(외자 名).

② こしら：拵井(こしらい).

尊(尊) 존	訓読	たふとぶ·たっとぶ·たふとし·たっとし·たっとい·とうとぶ·とうとい
	人名訓読	たか·たかし·たけし·たける·みこと
	音読	ソン

訓読풀이

① たふとぶ · たっとぶ · たふとし : 尊(존)은 임금 등 존귀한 사람을 떠받치는 것을 뜻한다.
'떠받다'에서 '더받－다바도－다부도－たふとぶ'로 이어진다. たっとぶ는 たふとぶ의 音便(음편)이고, たふとし는 たふとび의 音便이다.

② たっとし · たっとい : たっとし는 たふとし의 音便이고, たっとい는 たっとし의 구어형(口語形)이다.

③ とうとぶ · とうとい : とうとぶ · とうとい는 ①의 たふとぶ · たふとし의 音便으로서 '떠받다'에서 '더받－도받－도바도－도후도－とふとぶ'로 이어지고, とうとぶ · とうとい로 변음한다.

④ たか · たかし : 尊은 높은 사람으로 높이 떠받쳐 존경받는 사람을 뜻한다.
'뜨다'에서 '뜨고－따고－다가－たか(し)'로 이어진다.

⑤ たけし · たける : 尊은 뛰어난 사람 또는 돋보이는 사람을 뜻한다. ㉮ 長(た)ける와 마찬가지로 '뛰어나다'에서 '뛰게－두게－다게－たけし · たける'로 이어진다. ㉯ '돋보이다'에서 '돋고－도게－다게－たけし'로 이어진다.

⑥ みこと : 尊은 윗사람에 대한 높임말을 뜻한다. 윗사람을 뜻하는 かみ의 み와 말을 뜻하는 こと(골다－고다－고도－こと)가 합성되어 みこと가 된다.

人名訓読例

① たかし · たけし · たける · みこと : 尊(외자 名).

② たか : 尊康(たかやす), 尊規(たかのり), 尊基(たかもと), 尊信(たかのぶ), 尊影(たかかげ), 尊子(たかこ).

【졸】

卒 졸	訓読	おわる·しもべ
	人名訓読	ひき
	音読	ソツ·シュツ

訓読풀이

① おわる : ㉮ 卒(졸)은 終(お)わる와 마찬가지로 끝나는 것, 마치는 것을 뜻한다. 卒業(졸업)은 예정된 일, 예컨대 학업을 卒하였다는 뜻으로 그것은 학업을 다하여 학교생활이 끝났음을 뜻한다. 다하다의 '하다'에서 '하여라－하아루－오아루(ㅎ－ㅇ으로 변음)－おわる'로 이어진다. ㉯ (다)하다의 과거형 '(다)하였다'에서 '하여－하아－오아(ㅎ－ㅇ으로 변음)－おわる'로 이어진다.

② しもべ : 卒은 하인(下人)을 뜻한다. 下(しも)는 뒷부분과 밑부분을 말한다. 下半身(하반신 : しもはんしん)은 몸의 밑

부분을 뜻하고, 下半期(하반기 : しもはんき)는 일 년 중 뒷분기를 뜻한다.

'뒤'에서 '디-시'로 이어지는 し와 '밑'에서 '미-모'로 이어지는 も가 합성되어 しも가 되고, 사람을 뜻하는 한자 배(輩 : 同輩, 不良輩 등)가 붙어 しもべ로 이어진다. 또한 '패거리'에서 '패-배-べ'가 붙어 しもべ로 이어진다.

③ ひき : 卒業은 어느 학교에서 학업(学業)을 다하여 그 학교 학생 명단에서 이름을 뺀다는 뜻이다.

〔参考〕 退(퇴 : ひ)く와 이음을 같이한다.

人名訓読例

• ひき : 卒渓(ひきたに), 卒川(ひきかわ).

拙 졸	訓読	つたない
	音読	セツ

訓読풀이

• つたない : つたない文章(ぶんしょう)하면 서투른 문장을 뜻한다.

'서투르다'에서 '서투-수투-수타-つたない'로 이어진다.

枠 졸	訓読	わく
	音読	日本国字

訓読풀이

• わく : 枠(졸)은 일본 国字로 틀, 테두리를 뜻한다. 予算(よさん)の枠 하면 예산의 테두리(틀)를 뜻한다. '예산의 엮어진 틀 안에서'라는 말이다. 한국어에서는 틀(테두리)을 엮는다고 한다.

'엮다'에서 '역거-여거-아구-와구-わく'로 이어진다.

【종】

宗 종	訓読	むね
	人名訓読	たか·とし·のり·もと
	音読	ソウ·シュウ

訓読풀이

① むね : 宗(종)은 맨 위의 으뜸 되는 것을 뜻한다. '맨'은 더 할 수 없을 정도나 경지에 있음을 나타낸다. 맨 위나 맨꼭대기는 그 위로 더 오를 수 없는 제일 높은 곳을 나타내고 맨 먼저는 다른 것을 제쳐놓고 제일 먼저 해야 할 것을 나타낸다.

'맨'에서 '맨-문-무네-むね'로 이어진다.

② たか : 宗은 우두머리, 뛰어난 사람, 뛰어난 것 등을 뜻한다.

'뜨다(뛰다)'에서 '뜨고-따고-다가-たか'로 이어진다.

③ とし : 위 ②에서 뛰어나다는 것은 다른 것에 비하여 돋보인다는 뜻이다.

'돋'에서 '돗-도시-とし'로 이어진다.

④ のり : 宗은 宗法(종법), 宗教(종교) 등 세상사(世上事)에 옳은 길을 가르치는 지침을 뜻한다.

'옳다'에서 '올-오리-노리(ㅇ-ㄴ으로 변음)-のり'로 이어진다.

⑤ もと : 宗은 인간사(人間事)에서 모든 제도의 밑뿌리가 되는 根本(근본)을 나타낸다.

'밑'에서 '몯-모토-もと'로 이어진다.

〔参考〕 本(본), 基(기), 元(원) 등과 이음(もと)을 같이한다.

人名訓読例

① むね : 宗基(むねもと), 宗冬(むねふ

자

ゆ), 宗茂(むねしげ), 宗文(むねふみ), 宗繁(むねしげ), 宗本(むねもと).

② たか : 宗義(たかよし).

③ とし : 宗雄(としお · むねお).

④ のり : 宗子(のりこ · もとこ).

⑤ もと : 宗理(もとみち · むねただ · むねみち), 宗由(もとよし), 宗子(もとこ).

従(從) 종	訓読	したがう
	人名訓読	しり·つぐ·まさる·より
	音読	ジュウ·ショウ·ジュ

訓読풀이

① したがう : 行列(ぎょうれつ)をしたがう 하면 행렬을 좇아간다는 뜻이다.
随(したが)う와 마찬가지로 '좇다'에서 '조차가–조다가–지다가–したがう'로 이어진다.

② しり : ①에서 좇아간다는 것은 무엇의 뒤로 좇아간다는 뜻이다.
後(しり)와 마찬가지로 '뒤로'에서 '디로–시로–시리–しり'로 이어진다.

③ つぐ : 좇는다는 뜻을 가진 継ぐ, 承ぐ와 마찬가지로 '좇다'에서 '조구–주구–つぐ'로 이어진다.

④ まさる : 윗어른의 가르침을 좇는다함은 그 가르침이 맞고 옳기 때문이다.
'맞다'에서 '마자–まさる'로 이어진다.

⑤ より : 従은 무엇으로(무엇을) 좇아감을 말한다. 自(자)와 같이 '~으로'의 뜻을 갖는다. 従僕(종복)은 남이 시키는 것으로만 좇아 일을 하는 하인을 뜻하고, 従心(종심)은 마음으로 내키는 대로 행동함을 뜻한다.
'~으로'에서 '으리–오리–より'로 이어진다.

人名訓読例

① まさる · より : 従(외자 名).

② しり : 従部(しりべ).

③ つぐ : 従矩(つぐのり), 従道(つぐみち), 従通(つぐみち).

④ より : 従野(よりの), 従繁(よりしげ), 従善(よりよし), 従純(よりすみ), 従義(よりよし), 従子(よりこ).

終 종	訓読	おえる·おわる·ついに
	音読	シュウ·ジュウ

訓読풀이

① おえる · おわる : ㉮ 終(종)은 끝내는 것, 마치는 것을 뜻한다. 終講(종강)은 강의를 다하여 마쳤음을 뜻하고 終業(종업)은 업무를 다하여 끝냈음을 뜻한다. 다하다의 '하다'에서 '하여라–하여루–오아루(ㅎ–ㅇ으로 변음)–おわる'로 이어진다. ㉯ (다)하다의 과거형 '(다)하였다'에서 '하여–하아–오아(ㅎ–ㅇ으로 변음)–おわる'로 이어진다.

② ついに : 終に는 어려운 일들이 잘 마무리 되어 어떤 결과가 드디어 이루어짐을 나타내는 부사이다. 彼(かれ)はついに結婚(けっこん)した 하면 그는 어려운 조건들이 잘 해결 되어 드디어 결혼했다는 뜻이다.
遂(つい)に와 마찬가지로 '되어' 또는 '드디어'에서 '되어(듣이어)–두어(드이어)–두이니(ㅇ–ㄴ으로 변음)–ついに'로 이어진다.

腫 종	訓読	はらす·はれる
	音読	シュ

訓読풀이

• はらす · はれる : 腫大(종대)는 순환장애로 뇌나 간 등의 장기가 부어 커지는 것을 뜻하고, まぶたがはれている 하면 눈꺼풀이 부었다는 뜻이다.
'불다'에서 '부러서-바라서-바라수-はらす'로 이어진다.
〔参考〕脹(장 : はれ)る와 이음을 같이한다.

種 종	訓読	たね·うえる· くさ·ぐさ
	人名訓読	かず·しげ
	音読	シュ

訓読풀이

① たね : 種(종)은 씨, 종자(種子)를 뜻한다.
'씨'에서 '시-디-다-た'로 이어지고, 접미어 ね가 붙어 たね로 이어진다. 核(핵)이 '씨'에서 '시-사-さね'로 이어지는 것과 같은 이치이다.

② うえる : 種은 심는 것을 뜻한다. 심는다는 것은 무엇을 어느 안으로 넣는 것을 뜻한다. 木(き)をうえる 하면 나무를 흙속으로 넣는 것을 말하고, 道徳観念(どうとくかんねん)をうえる 하면 도덕관념을 불어 넣는 것을 말한다.
植(う)える와 마찬가지로 '넣다'에서 '너어라-누에라-우에루(ㄴ-ㅇ으로 변음)-うえる'로 이어진다.
한편 심는다는 것은 어떤 것을 다른 것과 이어준다는 뜻이다. 木(き)をうえる 하면 나무를 흙속으로 이어준다는 말이 된다. 이 경우에는 '잇다'에서 '이어라-우에라-우에루-うえる'로 이어진다.
〔参考〕植(식 : うえ)る와 이음을 같이한다.

③ くさ · ぐさ : 種은 동사의 연용형에 붙어 '~거리(것)', 재료를 나타낸다. お笑(わら)いぐさ는 웃음거리(우스운 것)을 뜻하고, 語(かた)りぐさ는 이야깃거리(이야기 되는 것)를 뜻한다.
'것'에서 '거사-구사-ぐさ'로 이어지고, 또한 '거리'에서 '걸이-걸-굴-구사(받침 ㄹ-'사'로 분절)-ぐさ'로 이어진다.

④ かず : 種은 갖가지 종류를 뜻한다.
'갖'에서 '가주-かず'로 이어진다.

⑤ しげ : 種은 심는 것을 뜻한다.
'심다'에서 '심게-시게-しげ'로 이어진다.
한편 種은 여러 개가 무리지어 한 곳에 가득 차 있음을 뜻한다. 茂(しげ)る와 마찬가지로 '차다'에서 '차거라-사게루-시게루-しげる'로 이어진다.

人名訓読例

① たね : 種元(たねもと), 種沢(たねざわ), 種継(たねつぐ), 種基(たねもと), 種文(たねふみ), 種子(たねこ · かずこ).
② くさ : 種山(くさやま · たねやま).
③ かず : 種子(かずこ · たねこ).
④ しげ : 種樹(しげき · たねたつ).

粽 종	訓読	ちまき
	音読	ソウ

訓読풀이

• ちまき : ㉮ 粽(종)은 띠 잎으로 말아서 찐 떡을 뜻한다. 띠는 볏과의 다년초로 茅草(모초), 白茅(백모)라고도 한다. '띠'에서 ち로 이어지고, '말다'에서 '말기-마기-まき'로 이어져 ちまき로 합성된다. ㉯ '찌다'에서 '찌-ち', '말다'에서 '말기-마기-まき'로 이어져 ちまき로 합성

자

된다.

綜 종	訓読	おさむ·すべる·へる
	音読	ソウ

訓読풀이

① おさむ : 綜(종)은 統括(통괄), 즉 잡아 다스리는 것을 뜻한다.
'잡다'에서 '잡음-자음-잠-삼-さむ'로 이어지고, 접두어 お가 붙어 おさむ가 된다.

② すべる : ㉮ 위 ①의 '잡다'에서 '자부라-자베루-주베루-すべる'로 이어진다. 統(통 : す)べる와 이음을 같이한다. ㉯ 統은 모든 것을 하나로 綜合(종합)하는 것을 뜻한다. 모든 것을 뜻하는 '죄다'에서 '재배-주배-すべる'로 이어진다.

③ へる : 綜(へ)る는 베를 짜기 위하여 실을 베틀에 거는 것을 뜻한다.
'베', '베틀'에서 동사화 되어 '베-へる'로 이어진다.

人名訓読例

① おさむ : 綜(외자 名).
② おさ(おさむ의 준말) : 綜子(おさこ).

慫 종	訓読	すすむ·すすめる
	音読	ショウ

訓読풀이

• すすむ · すすめる : 慫(종)은 용기를 돋우어 부추기는 것을 뜻한다(慫慂 : 종용).
'돋우다'에서 '도둠-두둠-두두무-すすむ'로 이어진다.

踪 종	訓読	あと·あしあと
	音読	ソウ·ショウ

訓読풀이

① あと : 踪(종)은 踪跡(종적), 즉 옛터 · 옛일 · 옛말 등을 일컫는다.
'옛'에서 '앗-앋-아도-あと'로 이어진다.
〔参考〕 跡(적)과 이음(あと)을 같이한다.

② あしあと : 踪은 옛일, 지나간 발자취를 뜻한다.
'발'에서 '알(ㅂ-ㅇ으로 변음)-아시(받침 ㄹ-'시'로 분절)-あし'로 이어지고, ①의 あと와 합성되어 あしあと가 된다.

縱(縦) 종	訓読	たて·たとい·たとえ·はなつ·ゆるす
	音読	ジュウ·ショウ

訓読풀이

① たて : 横(횡)이 가로 · 옆으로 누운 모양을 나타내는데 반하여 縱(종)은 세로 · 위로 서 있는 모양을 나타낸다.
'서다'에서 '사다-다다-다데-たて'로 이어진다.
〔参考〕 横은 '옆구리'에서 '여구-요고-よこ'로 이어진다.

② たとい · たとえ : たとい · たとえ(仮令 · 縱令)는 문장의 앞에 놓여 따지어 봐도 이어지는 문장의 내용, 화자(話者)의 의지에 변화가 없음을 나타낸다. たとえそれが本当(ほんとう)だとしてもやはり君(きみ)が悪(わる)い 하면, 따지어 보아 가령 그것이 정말이라 해도 역시 자네가 나쁘다는 말이다.
'따지어'에서 '다저에-다조에-다도에-たとえ'로 이어진다.

③ はなつ : 縱은 풀어 놓아 주는 것을 뜻한다. ㉮ 放(はな)つ와 마찬가지로 풀어놓다에서 '푸노-부나-바나-하나-はなつ'로 이어진다. ㉯ '푼다'에서 '푼-판-파

나–하나–はなつ'로 이어진다.

④ ゆるす : 縱은 (아래로) 늘어지는 것, 느슨해지는 것, 나아가 용서하는 것을 뜻한다. 気(き)をゆるす 하면 방심(放心)한다는 뜻으로, 기를 늘어지게 한다는 말이다.
'늘어지다'에서 '누러서–우루서(ㄴ–ㅇ으로 변음)–유루수–ゆるす'로 이어진다.

踵 종	訓読	かかと·きびす·くびす
	音読	ショウ

訓読풀이

① かかと : 踵(종)은 발뒤꿈치로, 발의 뒤쪽 끝부분을 뜻한다.
'끝'에서 '깉–가깉–가가토–かかと'로 이어진다.

② きびす · くびす : 발꿈치는 발 뒤쪽 끝이 위에 있는 다리 쪽으로 굽어져 있다.
'굽어져'에서 '구버서–구비수–くびす · きびす'로 이어진다.

鍾 종	訓読	あつみ·あつむ
	音読	ショウ

訓読풀이

• あつみ · あつむ : 鍾(종)은 술병, 술병에 술을 채우는 것을 뜻한다.
'차다(채우다)'에서 '참–차무–추무–つむ'로 이어지고, 접두어 あ가 붙어 あつむ가 된다.

人名訓読例

① あつみ · あつむ : 鍾(외자 名).
② あつ : 鍾信(あつのぶ).

蹤 종	訓読	あと·あしあと
	音読	ショウ

訓読풀이

• あと · あしあと : 踪(종) 참조.

鐘 종	訓読	かね
	音読	ショウ

訓読풀이

• かね : 鐘(종)은 쇠붙이로 만들어 소리를 내는 물건이다. 소리를 내고 쇠붙이로 만든 타악기라는 점에서 꽹과리(鉦 : 정)와 같은 종류이다.
鉦(정 : かね)과 마찬가지로 '꽹과리'에서 '꽹–굉–강–간–가네–かね'로 이어진다.

人名訓読例

• かね : 鐘捲(かねまき), 鐘尾(かねお), 鐘築(かねつく), 鐘徳(かねのり), 鐘成(かねなり), 鐘子(かねこ).

【좌】

左 좌	訓読	ひだり
	人名訓読	すけ·たすけ
	音読	サ

訓読풀이

① ひだり : 左(좌)는 왼쪽을 뜻하면서 일이 비틀어짐, 그르침, 어긋남을 뜻한다〈身動而事左 : 韓愈(신동이사좌 : 한유)〉.
ひだりまえ(左前), ひだりまわり(左回り)는 특히 경제가 비틀어져 어려워짐을 뜻한다.
'비틀다'에서 '비트러–비타러–비타리–ひだり'로 이어진다.
〔参考〕 右(みぎ)는 '맞다(옳다)'에서 '맞고–마기–미기–みぎ'로 이어진다.

② すけ : 左는 佐(좌)와 마찬가지로 돕는 것을 뜻한다. ㉮ '돕다'에서 '돕게–도게–두게–수게–すけ'로 이어진다. ㉯ 돕는 것은 이것저것 준다는 의미이다. '주다'

자

에서 '주-すけ'로 이어진다.

③ たすけ(る) : ㉮ 위 ②의 '돕다'에서 '도와서-돠서-다서-다수-たすけ(る)'로 이어진다. ㉯ '도와주다'에서 '돠주게-다주게-たすける'로 이어진다.

人名訓読例

① ひだり · たすけ : 左(외자 名).

② すけ : 左道(すけみち).

③ ひだり : 左伴(ひだりとも).

佐 좌	訓読	すけ·たすく·たすける
	音読	サ

訓読풀이

① すけ : 佐(좌)는 돕는 것을 뜻한다. ㉮ '돕다'에서 '돕게-도게-두게-수게-すけ'로 이어진다. ㉯ 돕는 것은 주는 것을 말한다. '주다'에서 '주게-すけ'로 이어진다.

② たすく · たすける : ㉮ 위 ①의 '돕다'에서 '도와서-돠서-다서-다수-たすく · たすける'로 이어진다. ㉯ 佐는 다스린다는 뜻도 갖는다〈以佐其下 : 大戴禮 (이좌기하 : 대대례)〉. '다스리다'에서 '다수-たすく · たすける'로 이어진다. ㉰ '도와주다'에서 '돠주구-다주구-たすく'로 이어진다.

人名訓読例

① たすく : 佐(외자 名).

② すけ : 佐谷(すけたに), 佐幹(すけもと), 佐浪(すけなみ), 佐世(すけつぎ · すけよ), 佐国(すけくに), 佐平(すけひら).

坐 좌	訓読	すわり·すわる·そぞろ
	人名訓読	くら·たら
	音読	ザ

訓読풀이

① すわり · すわる : 坐(좌)는 자리를 뜻한다.

'자리'에서 '자아리-사와리-수와리-すわり'로 이어지고, すわり에서 동사화되어 坐(すわ)る는 자리에 앉는다는 뜻이 된다.

② そぞろ : 坐는 저절로 일이 이루어지는 상황을 나타낸다. そぞろに涙(なみだ)をもよおす 하면 저절로 눈물이 난다는 뜻이다.

'저절로'에서 '저저로-조조로-そぞろ'로 이어진다.

③ くら : 坐는 앉는 것을 뜻한다. 예절이 엄했던 옛날에는 무릎을 꿇고 앉는 것이 보통 모습이었다고 볼 수 있다.

'꿇다'에서 '꾸러-구라-くら'로 이어진다.

④ たら : 위 ②에서와 같이 坐는 저절로 일이 이루어짐을 나타낸다. 坐忘(좌망)은 저절로 물아(物我)의 구별을 잊는 심경을 나타낸다〈蘭香坐自凝 : 張華 (난향좌자응 : 장화)〉.

'저절로'에서 '절-덜-달-다라-たら'로 이어진다.

人名訓読例

- くら · たら : 坐間(くらま · たらま).

座 좌	訓読	すわる
	人名訓読	くら
	音読	ザ

訓読풀이

① すわる : 座(좌)는 자리를 뜻한다.
'자리'에서 '자아리—사와리—수와리—すわり'로 이어지고, すわり에서 동사화되어 座(すわ)る는 자리에 앉는다는 뜻이 된다.

② くら : 座는 앉는 것을 뜻한다. 예절이 엄했던 옛날에는 무릎을 꿇고 앉는 것이 보통 모습이었다고 볼 수 있다.
'꿇다'에서 '꾸러—구라—くら'로 이어진다.

人名訓読例

• くら : 座間(くらま), 座田(くらた), 座馬(くらま).

挫 좌	訓読	くじく·くじける
	音読	ザ

訓読풀이

• くじく · くじける : 挫(좌)는 상대를 꺾는 것, 깨뜨리는 것, 깨지게 하는 것을 뜻한다.
'깨지다'에서 '개지구—구지구—くじく · くじける'로 이어진다.

【죄】

罪 죄	訓読	つみ
	音読	ザイ

訓読풀이

• つみ : 罪(죄)는 죄(罪), 형벌(刑罰), 처벌(處罰), 책임(責任) 등 모두 한자어로 풀이 된다. 고유어로 풀이 하면 못 된 짓을 하는 것이라 할 수 있다. 죄를 범하는 것을 죄를 짓는다고 하고, 지은 죄에 대해서 책임을 진다고 한다.
'진다'에서 '짐—줌—주미—つみ'로 이어진다.

【주】

主 주	訓読	ぬし·おも·あるじ
	人名訓読	おさ·かず·つかさ·まもる·もと
	音読	シュ·ス·シュウ

訓読풀이

① ぬし : ㉮ 主(주)는 임자, 주인(主人)을 뜻한다. 임자는 님자로도 발음된다. '님자'에서 '니자—누자—누지—ぬし'로 이어진다. ㉯ 主는 웃어른을 뜻한다. '윗'에서 '웃—우시—누시(ㅇ—ㄴ으로 변음)—ぬし'로 이어진다.

② おも : 主는 主君(주군), 主席(주석), 主要(주요)처럼 중요한 것, 큰 것을 의미한다. 엄청나다 하면 크고 중요한 것을 나타내고, 엄지손가락, 엄지발가락, 엄지벌레 등에서의 엄지도 큰 것을 나타낸다.
'엄청' 또는 '엄지' 등에서 '엄—옴—오모—おも'로 이어진다.

③ あるじ : 主는 주인, 소유주, 임자를 뜻한다. 車(くるま)のあるじ는 자동차 임자라는 뜻으로, 자동차가 그 임자에게 있음을 뜻한다.
'있다'에서 '이—아—ある'로 이어지고, '임자'의 '자'에서 '지—じ'로 이어져 あるじ로 합성된다.

④ おさ : ㉮ 主는 사물이나 조직을 꽉 잡아 主人 노릇하는 것을 뜻한다(主掌 : 주장). '잡다'에서 '자—さ'로 이어지고, 접두어 お가 붙어 おさむ의 おさ로 이어진다. ㉯ 위 ①의 ㉯처럼 윗어른의 '윗'에서 '웃—오사—おさ'로 이어진다.

자

〔参考〕長(장)과 이음(おさ)을 같이한다.

⑤ かず : 主는 임자, 소유자로서 어떤 물건을 갖고 있는 사람을 뜻한다.
'갖다'에서 '갖−가주−かず'로 이어진다.

⑥ つかさ : 主는 섬기는 사람을 뜻한다.
官 · 司(つかさ)와 마찬가지로 '섬기다'에서 '섬겨서−서가사−수가사−つかさ'로 이어진다.

⑦ まもる : ⑥의 섬기는 것은 섬기는 사람을 해치지 말도록 한다는 뜻이 된다.
'말다'에서 '맘−마모−まもる'로 이어진다. 또한 막는 것을 뜻한다. '막다'에서 '막음−마음−맘−마모−まもる'로 이어진다.

⑧ もと : 主力(주력)은 조직의 밑바탕이 되는 강력한 힘을 뜻하고, 主流(주류)는 어떤 사상이나 유행 등의 밑바탕이 되는 중심적인 흐름을 뜻한다.
'밑'에서 '미토−모토−もと'로 이어진다.

人名訓読例

① あるじ · おさ · つかさ · ぬし · まもる : 主(외자 名).

② ぬし : 主浜(ぬしはま), 主常(ぬしつね), 主重(ぬししげ), 主住(ぬしずみ), 主馬(ぬしま).

③ かず : 主基(かずもと), 主彦(かずひこ), 主正(かずまさ), 主直(かずなお), 主憲(かずのり), 主浩(かずひろ).

④ もと : 主幹(もとみき).

州 주	人名訓読	くに
	音読	シュウ · ス

訓読풀이

• くに : 州(주)는 나라, 고을, 강 가운데 생긴 섬을 뜻한다. 州가 나라를 뜻하는 경우에는 国(くに)와 마찬가지로 '나라는 크다'는 뜻에서 '크네−구니−くに'로 이어진다.

人名訓読例

• くに : 州博(くにひろ), 州宣(くにのぶ), 州伸(くにのぶ), 州信(くにのぶ), 州弘(くにひろ), 州和(くにかず).

朱 주	訓読	あか · あけ
	音読	シュ

訓読풀이

• あか · あけ : 朱(주)는 빨간 색, 붉은 색을 뜻한다.
'빨간'에서 '발가−바가−아가(ㅂ−ㅇ으로 변음)−あか · あけ'로 이어진다.
한편 감, 사과 등 식물의 열매는 익으면 빨갛게 되고 사람의 얼굴도 익으면 빨개진다. 焼(や)く와 마찬가지로 '익다'에서 '이거−아거−아가−あか'로 이어진다.

人名訓読例

① あか : 朱間(あかま), 朱田(あかだ), 朱座(あかざ).

② あけ : 朱館(あけかた), 朱楽(あけら), 朱美(あけみ), 朱火(あけび), 朱華(あけは).

舟 주	訓読	ふね · ふな
	音読	シュウ

訓読풀이

① ふね : 舟(주)는 배를 뜻한다.
船(ふね)와 마찬가지로 '배'에서 '부−ふ'로 이어지고, 접미어 ね가 붙어 ふね가 된다. '뼈'에서 ほね로 이어지는 것과 같은 이치이다.

② ふな : 舟가 舟方(ふなかた), 舟路(ふなじ)처럼 ふな로 변음, 인명, 지명인 경우에는 ふな로 표기된다.

人名訓読例

• ふな : 舟本(ふなもと), 舟山(ふなやま), 舟引(ふなびき), 舟場(ふなば), 舟沢(ふなざわ), 舟波(ふななみ).

住 주	訓読	すまう·すみ·すむ
	音読	ジュウ·ジュ

訓読풀이

① すまう : この町(まち)にすまう 하면 이 동네에 산다는 뜻이다.
'살다'에서 '삼-사마-수마-すまう'로 이어진다.

② すみ · すむ : 住(주)와 棲(서) 는 다같이 すむ로 훈독되는데 사람이 사는 것을 住む, 동물이 사는 것을 棲む로 구별한다. 위 ①과 같이 '살다'에서 '삼-사마-수무-すむ'로 이어진다.
한편 住는 그치는 것, 즉 서는 것도 뜻한다〈兩岸猿聲啼不住 : 李白 (양안원성제불주 : 이백〉. '서다'에서 '섬-숨-수무-すむ'로 이어진다.

人名訓読例

• すみ : 住吉屋(すみよしや), 住本(すみもと), 住友(すみとも), 住原(すみはら), 住倉(すみくら), 住沢(すみざわ).

肘 주	訓読	ひじ
	音読	チュウ

訓読풀이

• ひじ : 肘(주)는 팔꿈치를 뜻한다.
팔꿈치에서 '꿈'이 탈락, '팔치-파치-피치-비지-ひじ'로 이어진다. 膝(ひざ)가 발꿈치(무릎)에서 '꿈'이 탈락되어 ひざ로 이어지는 것과 같은 이치이다.

人名訓読例

• ひじ : 肘屋(ひじや), 肘黒(ひじくろ).

走 주	訓読	はしる
	音読	ソウ

訓読풀이

• はしる : ㉮ 走(주)는 뛰는 것을 뜻한다. 귀(耳)에서 聞(き)く, (눈)매(目)에서 見(み)る로 이어지는 것처럼 '발'에서 '바시(받침 ㄹ-'시'로 분절)-はしる'로 이어진다. ㉯ 走는 悪事(あくじ)にはしる, 感情(かんじょう)にはしる처럼 무슨 일에 빠지는 것을 뜻한다. '빠지다'에서 '빠지루-바시루-はしる'로 이어진다. ㉰ 走는 血(ち)がはしる, 海(うみ)に沿(そ)って国道(こくどう)がはしる처럼 무엇이 뻗는 것을 뜻한다. '뻗다'에서 '뻐더라-버서라-바시라-はしる'로 이어진다.

人名訓読例

• はしり : 走尾(はしりお), 走水(はしりみず), 走出(はしりで).

呪 주	訓読	のろう·まじなう
	音読	ジュ·ズ

訓読풀이

① のろう : 呪(주)는 저주(詛呪)하는 것을 뜻한다. 저주한다는 것은 남의 불행을 빈다는 뜻으로 남을 놀린다는 말이다. のろわれた人生(じんせい)는 저주받은 인생이라는 뜻인데, 다른 말로 하자면 놀림 받은 인생이라는 것이 된다.
'놀리다'에서 '놀려어-노러어-노로우-のろう'로 이어진다.

② まじなう : 呪는 주문(呪文)을 외는 것, 주술(呪術)을 부리는 것을 뜻한다. 주문은 점칠 때 길흉을 맞추는 글귀를 말하고, 주술은 신비적인 힘을 빌려 길흉을 맞추고 재액을 물리치거나 복을 비는 술법을 말한다.

'맞추다'에서 '맞-마지-まじなう'로 이어진다.

周 주	訓読	あまねし·あまねく·まわり·めぐる
	人名訓読	かね·ちか·とも·のり·まこと·ひろ·よし
	音読	シュウ

訓読풀이

① あまねし · あまねく : 周(주)는 사상, 사물이 널리 골고루 알맞게 미침을 나타낸다 〈雖不周於今之人兮 : 楚辭 (수불주어금지인혜 : 초사)〉.
普 · 遍(あまね)く와 마찬가지로 '알맞다'에서 '알맞네-아마네-あまねく'로 이어진다.

② まわり : 周는 말면서 생긴 원(円)의 주위(周圍), 주변(周辺)을 뜻한다.
'말다'에서 '말아라-마다리-마와리-まわり'로 이어진다.

③ めぐる : 周는 도는 것을 뜻한다. 두루마리처럼 둘둘 말면 돌고, 돌리면 말린다.
'말다'에서 '말거라-마구루-메구루-めぐる'로 이어진다.

④ いたる : 周는 사상, 사물이 널리 잇따라 퍼지는 것을 뜻한다.
'잇따라'에서 '이다라-이다루-いたる'로 이어진다.

⑤ かね : 周는 사상, 사물이 골고루 모두에게 꼭 같게 미침을 나타낸다. 위 ①의 あまねく와 뜻을 같이한다.
'같다'에서 '같네-가네-かね'로 이어진다.

⑥ ちか(しい) : 周는 親(친)한 것을 뜻한다(周仁 : 주인). 親 · 近(ちか)しい와 마찬가지로 近 하면 親하게 된다(親近 · 近親).
거리가 '짧은' 곳에 같이 있어 친하다는 뜻에서 '짧고-자고-지고-지가-ちか(しい)'로 이어진다. 제주방언에 가까운 것을 뜻하는 '조곹에'가 있는데, 이에 '조고티-지가시-ちかしい'로 이어진다.

⑦ とも : 위 ⑥의 친하다는 것은 친구, 동무가 된다는 뜻이다.
'동무'에서 '도무-도모-とも'로 이어진다.

⑧ のり : 周는 진실 · 신의를 뜻한다〈忠信爲周 : 國語 (충신위주 : 국어)〉.
'옳다'에서 '올-오리-노리(ㅇ-ㄴ으로 변음)-のり'로 이어진다.

⑨ まこと : 위 ⑧의 진실은 맞는 것을 뜻한다.
'맞 것'에서 '마걷-마거도-마고도-まこと'로 이어진다.

⑩ ひろ : 周는 사상이나 사물이 널리 골고루 펴나감을 뜻한다.
'펴다'에서 '펴라-피라-피로-히로-ひろ'로 이어진다.

⑪ よし : 위 ⑧의 '옳다'에서 '올-오시(받침 ㄹ-'시'로 분절)-よし'로, '올치'에서 '오시-よし'로 이어진다.

人名訓読例

① あまね · いたる · かね · ちか · ちかし · ひろし · まこと : 周(외자 名).

② かね : 周広(かねひろ), 周明(かねあき), 周允(かねのぶ), 周子(かねこ · ちかこ · ひろこ), 周秋(かねあき · ちかあき), 周従(かねより).

③ ちか : 周紀(ちかのり), 周亮(ちかあき), 周延(ちかのぶ), 周正(ちかまさ), 周政(ちかまさ), 周和(ちかかず).

④ とも：周明(ともあき · かねあき).
⑤ のり ： 周房(のりふさ), 周史(のりふみ), 周臣(のりとみ), 周重(のりしげ · ちかしげ).
⑥ ひろ ： 周道(ひろみち), 周史(ひろし), 周子(ひろこ), 周行(ひろゆき · かねゆき).
⑦ よし：周祐(よしすけ).

宙 주	人名訓読	たかし·ひろし
	音読	チュウ

訓読풀이

① たかし：宙(주)는 하늘을 뜻한다. 하늘은 높이 떠 있는 모습을 나타낸다.
'뜨다'에서 '뜨고-따고-다가-たか(し)'로 이어진다.
② ひろし：宙는 끝없이 펼쳐진 우주의 공간이다.
'펼치다(벌리다)'에서 '벌-버리-비로-ひろ(し)'로 이어진다.

人名訓読例

① たかし · ひろし：宙(외자 名).
② ひろ：宙子(ひろこ), 宙俊(ひろとし).

拄 주	訓読	ささえる
	音読	シュ·チュ

訓読풀이

• ささえる：拄(주)는 떠(서) 받치어 주는 것을 뜻한다(拄杖：주장).
'떠서'에서 '더서-다사-사사-ささえる'로 이어진다. 또한 '북돋우다(솟게 하다)'에서 '돋(솟)-닫(삿)-다다(사사)-ささえる'로 이어진다.
〔参考〕支(지：ささ)える와 이음을 같이 한다.

注 주	訓読	さす·そそぐ·つぐ
	人名訓読	しめ
	音読	チュウ

訓読풀이

① さす ： 花瓶(かびん)に水(みず)をさす 하면 화병에 물을 쏟는다는 뜻이다.
'쏟다'에서 '쏟-솟-삿-사수-さす'로 이어진다.
② そそぐ ： 雨(あめ)が降(ふ)りそそぐ 하면 비가 쏟아지는 것을 뜻한다.
'쏟다'에서 '쏟구-소소구-そそぐ'로 이어진다.
③ つぐ ： 위 ①, ②에서와 같이 '쏟다'에서 '쏘구-쑤구-つぐ'로 이어진다.
④ しめ ： しめ는 길 안내, 출입금지 등을 표시하기 위하여 줄을 치는 것을 뜻한다. しめ는 注連(주련), 標(표)로도 표기된다.
'치다'에서 '침-심-시메-しめ'로 이어진다.

人名訓読例

• しめ：注連(しめ), 注連内(しめのうち), 注連縄(しめなわ), 注連指(しめさす).

冑 주	訓読	かぶと
	音読	チュウ

訓読풀이

• かぶと ： 冑(주)는 투구를 뜻한다. 투구는 머리에 덮어 쓰는 도구로 싸울 때 머리를 보호하는 꺼풀 역할을 한다.
'꺼풀'에서 '거불-가불-가부도(받침 ㄹ-'도'로 분절)-かぶと'로 이어진다.

人名訓読例

• かぶと · かぶ ： 冑山(かぶとやま), 冑中(かぶちゅう).

奏 주	訓読	かなでる
	人名訓読	すすむ
	音読	ソウ

訓読풀이

① かなでる：奏(주)는 거문고, 바이올린 등을 켜는(타는) 것을 뜻한다.
'켜다'에서 '켠다－칸다－카나데－かなでる'로 이어진다.

② すすむ：奏는 走(주)와 마찬가지로 뛴다(달린다)는 뜻을 갖는다.
'뛰다'에서 '뛰－뚬－쑴－수숨－수수무－すすむ'로 이어진다.

人名訓読例

① かな：奏子(かなこ)

② すすむ：奏(외자 名).

洲 주	訓読	しま
	人名訓読	くに
	音読	シュウ·ス·シュ

訓読풀이

① しま：洲(주)는 섬 가운데에 토사가 쌓여서 된 작은 섬을 뜻한다〈三角洲(삼각주)〉.
'섬'에서 '심－시마－しま'로 이어진다.
〔参考〕島(도)와 이음(しま)을 같이한다.

② くに：洲는 지구의 큰 뭍, 대륙을 뜻한다〈天下有五大洲：明史(천하유오대주：명사)〉.
'큰(크다)'에서 '쿠네－쿠니－くに'로 이어진다.
〔参考〕国(국)과 이음(くに)을 같이한다.

人名訓読例

• くに：洲人(くにひと), 洲子(くにこ), 洲弘(くにひろ).

昼(晝) 주	訓読	ひる
	音読	チュウ

訓読풀이

• ひる：㉮ 昼(주)는 일출에서 일몰까지인 낮을 일컫는다. 하루라면 밤낮을 합친 24시간을 의미하기도 하지만, 해가 지면 '하루가 갔다'고 하듯이 아침부터 저녁까지, 해가 있는 낮만을 가리키는 경우가 많다. '하루'가 '히루－ひる'로 이어진다. 영어에서도 낮을 뜻하는 day가 하루를 뜻하기도 한다. ㉯ 낮은 해가 비추는 동안을 말한다. 해가 비추는 것을 동사화하여 '해'에서 '해－히－ひる'로 이어진다.

人名訓読例

• ひる：昼間(ひるま), 昼馬(ひるま), 昼飯(ひるい), 昼生(ひるう), 昼田(ひるた), 昼起(ひるおき).

柱 주	訓読	はしら
	音読	チュウ

訓読풀이

• はしら：柱(주)는 기둥을 뜻한다. 門(もん)のはしら는 문기둥이고, 一家(いっか)のはしら는 一家(일가)의 기둥을 뜻한다. 기둥은 문이나 집을 받치는 중요한 받침대이다.
'받치다'에서 '바쳐라－바서라－바시라－はしら'로 이어진다.

人名訓読例

• はしら：柱谷(はしらたに), 柱本(はしらもと).

炷 주	訓読	ともす·たく
	音読	シュ

訓読풀이

① ともす：㉮ 炷(주)는 불태우는 것을 뜻

한다. '태우다'에서 '태움–탬–톰–토모–ともす'로 이어진다. ㉯ 灶는 등불에 불이 들어오는 것을 뜻한다.点(점), 灯(등)과 마찬가지로 '들다'에서 '듬–돔–도모–ともす'로 이어진다. ㉰ 灶는 약쑥으로 뜸 뜨는 데에 쓰인다. '뜸'에서 '돔–도모–ともす'로 이어진다.

〔参考〕 点(점), 灯(등)과 이음(ともす)을 같이한다.

② たく : ㉮ 灶는 향을 피우는 것을 뜻한다. 향을 피운다는 것은 향을 태운다는 뜻이다. '태우다'에서 '태우고–태고–타구–たく'로 이어진다. ㉯ 위 ①의 ㉰에서처럼 '뜸뜨다'에서 '뜨구–다구–たく'로 이어진다.

酒 주	訓読	さけ·さか
	人名訓読	み
	音読	シュ

訓読풀이

① さけ · さか : 酒(주)는 술을 뜻한다.
술은 삭혀서(발효) 만들기 때문에 '삭이다'에서 '삭–さけ'로 이어지고, '술'에서 '수기–사게–さけ'로 이어진다. '굴'에서 '구기–くき', '밀'에서 '무기–むぎ', '달'에서 '둘–두기–つぎ'로 이어지는 것과 같은 이치이다.
さか는 접두어로 酒盛(さかもり), 酒屋(さかや), 酒場(さかば)처럼 쓰인다.

② み : 술은 물로도 풀이된다. 禮記(예기)의 玄酒在室(현주재실)에서 玄酒(현주)라 함은 물의 별칭으로, 제사나 예식에 술 대신 쓰는 물을 말한다.

人名訓読例

① さけ : 酒美(さけみ · さかみ), 酒本(さけもと · さかもと), 酒上(さけのうえ · さかのうえ), 酒本(さけもと · さかもと), 酒井(さけい · さかい), 酒田(さけた · さかた).

② さか : 酒家(さかや), 酒待(さかまち), 酒城(さかき), 酒月(さかずき), 酒場(さかば), 酒川(さかかわ).

③ み : 酒造(みき), 酒造雄(みきお), 造喜男(みきお).

株 주	訓読	かぶ
	人名訓読	もと
	音読	シュ

訓読풀이

① かぶ : 株(주)는 여러 가지 뜻으로 쓰이는데 모두 한국어 '값'과 연관을 갖고 있다. ㉮ 주식시장에서 株(かぶ)が暴落(ぼうらく)する 하면 株 자체를 값으로 보는 것이다. ㉯ 最近(さいきん)男性(だんせい)の株(かぶ)がさがった 하면 최근 남자의 값이 별볼일 없게 됐다는 뜻이다. ㉰ 예전(에도시대)에 관허사업은 권리금이 많이 붙었기에 湯屋(ゆや)の株(かぶ) 하면 목욕탕 운영의 권리금(값)을 뜻한다. ㉱ 親分(おやぶん)の株(かぶ)는 우두머리이기 때문에 누리는 자리값을 뜻한다.
'값'에서 '갑–가부–かぶ'로 이어진다.

② もと : 株는 나무(木)의 밑바탕(朱)을 이루는 뿌리를 뜻한다〈德行文學爲根株 : 唐書 (덕행문학위근주 : 당서)〉.
'밑'에서 '몯–모토–もと'로 이어진다.

人名訓読例

① かぶ : 株橋(かぶはし), 株木(かぶき).

② もと : 株徳(もとのり), 株修(もとのぶ).

자

珠 주	訓読	たま
	人名訓読	く·す
	音読	シュ

訓読풀이

① たま：珠(주)는 구슬을 뜻한다. 구슬은 일반적으로 둥글다. 그래서 珠는 둥근 알도 뜻한다. 둥근 모양의 것은 어디서 보거나 둥글어서 닮은 형태로 전후(前後), 상하(上下), 좌우(左右)가 따로 없다.
'닮다'에서 '달마—다마—たま'로 이어진다.

② く·す：구슬의 '구'에서 'く'로 이어지고, 구슬의 '슬'에서 '스—す'로 이어진다.

人名訓読例

① たま：珠川(たまかわ), 珠名(たまな), 珠子(たまこ), 珠世(たまよ), 珠美(たまみ), 珠一(たまかず).

② く：珠久美(くすみ), 球磨(くま).

③ す：珠流河(するか), 珠洲(すず), 珠美(すみ·たまみ), 珠鶴(すず).

週 주	訓読	めぐる
	音読	シュウ

訓読풀이

• めぐる：週(주)는 도는 것을 뜻한다. 두루마리처럼 둘둘 말면 돌리고 돌리면 말린다.
周(주)와 마찬가지로 '말다'에서 '말거라—마구루—메구루—めぐる'로 이어진다.

紬 주	訓読	つむぎ·つむぐ
	音読	チュウ

訓読풀이

• つむぎ·つむぐ：紬(주)는 紡(방)과 마찬가지로 물레 같은 것으로 실을 잣는(뽑는) 일, 즉 길쌈을 뜻한다. ㉮ '잣다'에서 '잣음—자음—잠—줌—주무—つむく'로 이어진다. ㉯ '길쌈'의 '쌈'에서 '쑴—쑤무—つむぐ'로 이어진다.

人名訓読例

• つむぎ：紬屋(つむぎや), 紬子(つむぎこ).

湊 주	訓読	あつむ·あつめる·みなと
	人名訓読	つも
	音読	ソウ

訓読풀이

① あつむ·あつめる：湊(주)는 물이 한 곳으로 모여 차는 것을 뜻한다〈順波湊而下降：楚書 (순파주이하강：초서)〉.
'차다'에서 '참—춤—추무—つむ'로 이어지고, 접두어 あ가 붙어 あつむ가 된다. 또한 모임을 뜻하는 다른 고유어 '모듬'에서 '모두무—마두무—아두무(ㅁ이 ㅇ으로 변음)—あつむ'로도 이어진다.

② みなと：湊는 물이 합수(合水)하는 곳, 즉 항구를 뜻한다. みなと는 물(み)이 드나드는 문('덧문'에서 '더—도—と'), 즉 '물의 덧문'에서 'みのと—みなと'로 이어진다.

③ つも：위 ①의 '차다'에서 '참—춤—추모—つも'로 이어진다. ①의 あつむ에서 접두어 あ가 빠진 형태이다.

人名訓読例

① あつむ·みなと：湊(외자 名).

② みなと：湊家(みなとや), 湊谷(みなとだに·みなとや), 湊口(みなとぐち), 湊川(みなとがわ), 湊村(みなとむら).

③ つも：湊本(つもと), 湊元(つもと).

遒 주	訓読	つよい
	人名訓読	あつむ
	音読	シュウ

訓読풀이

① つよい : 遒(주)는 센 것, 굳센 것, 굳은 것을 뜻한다.
強(つよ)い와 마찬가지로 '세다'에서 '세어-쓰여-쑤요-つよい'로 이어진다.

② あつむ : 遒는 한 곳으로 모여 차는 것을 뜻한다.
'차다'에서 '참-춤-추무-つむ'로 이어지고, 접두어 あ가 붙어 あつむ가 된다. 또한 '모듬'에서 '모두무-마두무-아두무(ㅁ-ㅇ으로 변음)-あつむ'로도 이어진다.

人名訓読例

• あつむ : 遒(외자 名).

誅 주	訓読	ころす·うつ
	音読	チュウ

訓読풀이

① ころす : 誅(주)는 죄인을 베어 죽이는 것을 뜻한다. 벤다는 것은 칼로 쳐서 어느 부위를 둘로 가른다는 뜻이다.
殺(ころ)す와 마찬가지로 '가르다'에서 '갈라서-가라수-고로수-ころす'로 이어진다.

② うつ : 誅殺(주살)은 눌러 죽이는 것, 誅服(주복)은 눌러 복종시키는 것을 뜻한다.
討(토)와 마찬가지로 '눌'에서 '울-우쑤(받침 ㄹ-'쑤'로 분절)-うつ'로 이어진다.

綢 주	訓読	まとう
	音読	チュウ

訓読풀이

• まとう : 綢(주)는 말아서 묶는 것, 말아서 싸거나 숨기는 것, 말아서 얽히게 하는 것, 한통 속이 되어(친하게) 말아 먹는 것과 같은 뉘앙스의 뜻을 갖는다.
'말다'에서 '마다-마도-まとう'로 이어진다. 또한 '말다'에서 '말-마도(받침 ㄹ-'도'로 분절)-まとう'로 이어진다.

廚 주	訓読	くりや
	音読	チュウ

訓読풀이

• くりや : 廚(주)는 부엌을 뜻한다. 부엌은 음식을 만드는 곳인데 음식은 끓여서 만든다.
'끓여'에서 '굴리어-구리야-くりや'로 이어진다.

人名訓読例

• くりや : 廚川(くりやがわ).

鋳(鑄) 주	訓読	いる
	人名訓読	かね·す
	音読	チュウ

訓読풀이

① いる : 硬貨(こうか)をいる 하면 경화를 주조한다는 말로, 주조는 쇠를 녹이는 것, 즉 익히는 것을 뜻한다. '익다'에서 '이-いる'로 이어진다.

② かね : 鋳造品(주조품)의 대표적인 것은 鋳金(주금), 鋳錢(주전), 鋳貨(주화) 등 돈(金-かね)이다.
돈을 소유하는 개념에서 보아 '갖는 돈'에서 '가는-가네-かね'로 이어진다.

③ す : 주조물은 쇠를 녹여(익게 해서) 만든다.
'쇠'에서 '수-す'로 이어진다.

人名訓読例

자

① い：鋳式(いしき), 鋳谷(いたに), 鋳鍋(いなべ), 鋳物(いもの), 鋳方(いかた).
② かね：鋳成(かねなり).
③ す：鋳銭司(すせんじ).

駐 주	訓読	とまる·とめる
	音読	チュウ

訓読풀이

• とまる · とめる : 駐日大使(주일대사)는 일본에 대사를 둔다는 뜻이고, 駐屯軍(주둔군)은 어느 지역에 군대를 둔다는 뜻이며, 駐車場(주차장)은 자동차를 두는 장소이다.
'둔다'에서 '둠–돔–도마–とまる'로 이어진다.

輳 주	訓読	あつまる
	音読	ソウ

訓読풀이

• あつまる : 輳(주)는 바퀴의 살이 한 곳으로 모여 꽉 차는 것을 뜻한다.
'차다'에서 '참–춤–추마–つま'로 이어지고, 접두어 あ가 붙어 あつまる가 된다. 또한 '모듬'에서 '마둠–아두마(ㅁ–ㅇ으로 변음)–あつまる'로 이어진다.

疇 주	訓読	たぐい
	人名訓読	あぜ·うね·くろ
	音読	チュウ

訓読풀이

① たぐ：疇(주)는 짝, 배필을 뜻한다. 또한 같은 짝이 되는 부류가 모인 무리를 뜻한다.
'짝'에서 '닥–다구–たぐい'로 이어진다.
② あぜ：疇는 두둑을 뜻한다. 두둑은 논이나 밭을 갈아 골을 파서 만든 두두룩하게 솟은 곳으로, 두둑과 고랑으로 된 이랑에서는 위로 솟아 있는 부분이다.
'윗'에서 '앗–아제–あぜ'로 이어진다. 또한 두둑은 위로 올라 있는 부분이다. '올'에서 '알–아제(받침 ㄹ–'제'로 분절)–あぜ'로 이어진다.
〔参考〕畦(휴), 畔(반)과 이음(あぜ)을 같이한다.
③ うね：疇는 밭이랑을 뜻한다. うねうねとした山道(やまみち) 하면 오르락내리락 하는 꾸불꾸불한 산길을 말하는데, 두둑과 고랑으로 된 이랑을 가로질러 오르락내리락 가는 것을 나타내고 있다.
'오르내리'에서 '오내–우내–うね'로 이어진다.
〔参考〕畝(묘), 畦(휴)와 이음(うね)을 같이한다.
④ くろ：疇는 두렁을 뜻한다. 두렁은 논이나 밭 사이의 작은 둑으로 논과 논, 밭과 밭 사이를 갈라놓는다.
'갈라'에서 '가라–구라–구로–くろ'로 이어진다.
〔参考〕畦(휴), 畔(반)과 이음(くろ)을 같이한다.

人名訓読例

① あぜ · うね：疇(외자 名).
② あぜ：疇地(あぜち).
③ うね：疇彦(うねひこ), 疇之丞(うねのじょう).
④ くろ：疇谷(くろたに · くろや).

躊 주	訓読	ためらう
	音読	チュウ

訓読풀이

• ためらう：躊(주)는 躊躇(주저)하는 것을 뜻한다. 주저한다는 것은 무슨 일을

하려다가 참는 것을 뜻한다.
'참다'에서 '차마라—다메라—ためらう'로 이어진다.

【죽】

竹 죽	訓読	たけ·たか
	人名訓読	つく·つず
	音読	チク

訓読풀이

① たけ·たか : 竹(죽)은 대, 대나무이다. ㉮ '대'에서 '다—た'로 이어지고 접두어 け가 붙어 たけ·たか로 이어진다. ㉯ 竹자는 자라는 대나무 모양을 본뜬 글자로 하늘 높이 쭉(쑥) 솟아 오르는 모양을 형상화 하고 있다. '쭉'에서 '죽—주게—자게—다게—たけ'로 이어진다. ㉰ 크게 자란 대나무가 높이 떠 있는 모습에서 高(たか)い와 마찬가지로 '뜨다(솟다·돋다)'에서 '뜨고—다고—다가—たか(たけ)'로 이어진다. ㉱ 竹의 음독 '죽·チク(찌쿠)'에서 '둑(디구)—닥(다구)—다게·다가—たけ·たか'로 이어진다.

② つく : '쭉(쑥)' 위로 솟아 자라는 대나무 모습에서 '쑤구—つく'로 이어진다. 또한 '솟다(돋다)'에서 '돋구—도구—두구—つく'로 이어진다.

③ つず : '솟다·돋다'에서 '솟·돋—쑤주·두주—つず'로 이어진다.

人名訓読例

① たけ : 竹林(たけはやし·たけばやし), 竹原(たけはら), 竹田の宮(たけだのみや), 竹鶴(たけつる), 竹虎(たけとら), 竹盛(たけもり).

② たか : 竹島(たかしま·たけしま), 竹貫(たかぬき·たけぬき), 竹城(たかぎ·たけしろ), 竹野(たかの·たけの), 竹子(たかこ·たけこ), 竹前(たかさき·たけさき·たけまえ).

③ つく : 竹斯(つくし), 竹志(つくし).

④ つず : 竹楽(つずら).

粥 죽·육	訓読	かゆ·ひさぐ
	音読	シュク·イク

訓読풀이

① かゆ : 粥(죽)은 죽을 뜻한다. 죽의 특징은 흰죽(白粥 : しらかゆ)이든 된죽(固粥 : かたかゆ)이든 가루로 만든다는 점이다. 콩죽은 콩가루로 만들고, 팥죽(あずきかゆ)이나 흰 쌀죽(しろこめかゆ)도 가루로 만든 것처럼 흐물거린다.
'가루'에서 '갈우—가우—가유—かゆ'로 이어진다.

② ひさぐ : 粥(육)은 판다는 뜻이다. 古本(ふるほん)をひさぐ 하면 헌책을 판다는 말이고, 色(いろ)をひさぐ 하면 몸을 판다는 말이다. '팔다'에서 '필—힐—히사(받침 ㄹ—'사'로 분절)— ひさぐ'로 이어진다.

人名訓読例

• かゆ : 粥田(かゆた·かいた·かった), 粥川(かゆかわ).

【준】

俊 준	訓読	すぐる·すぐれる
	人名訓読	さとし·たか·たかし·とし·としお·まさり·まさる
	音読	シュン

訓読풀이

① すぐる·すぐれる : ㉮ 俊秀(준수)는 재

자

주와 슬기가 아주 뛰어난 것, 俊英(준영)은 뛰어난 사람을 뜻한다. 優(すぐ)る와 마찬가지로 '뛰어나다(뜨다)'에서 '뚜구–두구–수구–すぐる'로 이어진다. ㉰ 뛰어나다는 것은 가장 좋은 것을 뜻한다〈優秀(우수)〉. '좋다'에서 '좋구–조구–주구–すぐる'로 이어진다.

② さとし : 俊은 재주와 슬기가 돋아남(솟아남)을 뜻한다.
'돋다(솟다)'에서 '솓–삳–사도–さとし'로 이어진다.

③ たか · たかし : 俊은 높은 것을 뜻한다. 俊德(준덕)은 높은 덕을 뜻한다(高德 : 고덕).
'높이 뜨다'에서 '뜨고–따고–다가–たか · たかし'로 이어진다.

④ とし : 俊은 ①, ②에서와 같이 남보다 재주나 슬기, 판단력이 뛰어나고 돋보임을 나타낸다.
'돋(보이)다'에서 '돋–돗–도시–とし'로 이어진다.

⑤ まさり · まさる : 俊은 재주나 판단력이 맞고 옳음을 나타낸다.
優(まさ)る와 마찬가지로 '맞다'에서 '맞–마자–마사루–まさり · まさる'로 이어진다.

人名訓読例

① さとし · すぐる · とし · まさり · まさる : 俊(외자 名).
② とし : 俊国(としくに), 俊基(としもと), 俊寛(としひろ), 俊明(としあき · としはる), 俊秀(としひで), 俊英(としひで).
③ たか : 俊好(たかよし).

准 준	人名訓読	のり
	音読	ジュン·ジュ

訓読풀이

• のり : 准例(준례)는 따라야 할 전례를 뜻하고 認准(인준)은 인정해서 허락하는 것을 뜻한다. 따라야 할 전례도 옳은 것이고 인정해서 허락하는 대상도 옳은 것이다.
'옳다'에서 '올–오리–노리(ㅇ–ㄴ으로 변음)–のり'로 이어진다.

人名訓読例

• のり : 准子(のりこ).

峻 준	訓読	けわしい·たかい
	人名訓読	とし
	音読	シュン

訓読풀이

① けわしい : 峻險(준험)은 험하다는 뜻으로 고약스러움을 나타낸다.
'고약스럽다'에서 '고약–고야–개야–개와–けわしい'로 이어진다.

② たかい : 峻은 높이 뜬 모습을 나타낸다.
'뜨다'에서 '뜨고–다고–다가–たか · たかし'로 이어진다.

③ とし : 峻은 높이 돋아(솟아) 있음을 나타낸다.
'돋'에서 '돗–도시–とし'로 이어진다.

人名訓読例

① たか : 峻夫(たかお), 峻彦(たかひこ), 峻嶢(たかあき), 峻雄(たかお), 峻姿(たかし), 峻征(たかゆき).
② とし : 峻次(としつぐ).

浚 준	訓読	さらう
	人名訓読	まつ·ふかし
	音読	シュン

訓読풀이

① さらう : 浚(준)은 도랑이나 우물바닥의

오물 등을 쳐내는 것을 뜻한다.

淩(さら)う와 마찬가지로 '치다'에서 '쳐라–차라–사라–さらう'로 이어진다.

② まつ : 浚은 기다리는 것을 뜻한다〈夙夜浚明有家 : 書經 (숙야준명유가 : 서경)〉.

待(ま)つ와 마찬가지로 '멎다'에서 '머저–마주–まつ'로 이어진다.

③ ふかし : 浚은 우물바닥이 푹(깊이) 파여 있음을 뜻한다.

深(ふか)い와 마찬가지로 '푹'에서 '푸가–ふかい(명사형 ふかし)'로 이어진다.

人名訓読例

① ふかし : 浚(외자 名).

② まつ : 浚明(まつあきら).

逡 준	訓読	ためらう·しりぞく
	音読	シュン

訓読풀이

① ためらう : 逡(준)은 주저(躊躇), 즉 무엇을 하려다가 참는 것을 뜻한다.

'참다'에서 '참–담–다메–ためらう'로 이어진다.

〔参考〕躊躇(주저 : ためら)う와 이음을 같이한다.

② しりぞく : 逡은 가다가 뒤로 (물러)서는 것을 뜻한다.

'뒤로'에서 '디로–시로–시리–しり'로 이어지고, '(물러)서다'에서 '서구–소구–ぞく'로 이어져 しりぞく로 합성된다.

〔参考〕退(퇴 : しりぞ)く와 이음을 같이한다.

竣 준	訓読	おわる
	音読	シュン

訓読풀이

• おわる : 竣工(준공)은 공사를 (다)하였음을 뜻한다.

'하다(하였다)'에서 '하여–하아–오아(ㅎ–ㅇ으로 변음)–おわる'로 이어진다.

〔参考〕終(종 : おわ)る와 이음을 같이한다.

準 준	人名訓読	ただし·とし·のり·ひとし·みず·みなかみ·より
	音読	ジュン

訓読풀이

① ただし : 準(준)은 사리를 따져 기준(基準), 모범이 되도록 하는 것을 뜻한다.

'따지다'에서 '따저–다다–ただし'로 이어진다.

② とし : 準은 다른 것에 비해 돋보임을 나타낸다.

'돋'에서 '돗–도시–とし'로 이어진다.

③ のり : 準은 옳음, 바름을 뜻한다.

'옳다'에서 '올–오리–노리(ㅇ–ㄴ으로 변음)–のり'로 이어진다.

④ ひとし : 準은 한 일(一)자로 수(氵)면처럼 평평하고 동등함을 뜻한다.

하나를 뜻하는 '홀(홀아비, 홀어미 등)'에서 '힐–히도(받침 ㄹ–'도'로 분절)–ひとし'로 이어진다.

⑤ みず : 準은 水準器(수준기)를 뜻한다. 수준기는 어떤 평면(平面)이 수평(水平)을 이루고 있는가를 조사하는 도구로, 안에는 통상 물이 들어 있다.

'물'에서 '밀–미즈(받침 ㄹ–'즈'로 분절)–みず"로 이어진다.

⑥ みなかみ : 準은 모범으로 삼아야 할 기준, 법도를 뜻한다. 모든 형태의 행위준칙은 여기에서 비롯된다. 냇물이 상수

자

(上水)에서 비롯되는 것과 같은 이치이다.

'水(みず)의(の) 上(かみ)'에서 'み(ず)な(の 변음)かみ-みなかみ'로 이어진다.

⑦ より : 準은 ~으로 따라야 할 準則(준칙)을 뜻한다.

'~으로'에서 '요로-요리-より'로 이어진다.

人名訓読例

① ただし · ひとし · みなかみ : 準(외자 名).

② とし : 準訓(としくに).

③ のり : 準雄(のりお), 準人(のりと), 準幸(のりよし), 準和(のりかず).

④ みず : 準盛(みずもり).

⑤ より : 準子(よりこ).

噂 준	訓読	うわさ
	音読	ソン

訓読풀이

• うわさ : 噂(준)은 어떤 사람에 대한 세간의 평판으로, 소위 헛소문을 말한다.

'헛'에서 '헛(ㅎ-ㅇ으로 변음)-엇-어사-우아사-うわさ'로 이어진다.

遵(遵) 준	訓読	したがう
	人名訓読	たかし·のぶ·ゆき
	音読	ジュン

訓読풀이

① したがう : 遵(준)은 좇아가는 것을 뜻한다.

従 · 随(したが)う와 마찬가지로 '좇아가다'에서 '좉아가-조타가-지다가-시다가-したがう'로 이어진다.

② たかし : 遵은 뛰어남을 뜻한다.

'뛰어나다(뜨다)'에서 '뚜고-다고-다가-たか(し)'로 이어진다.

③ のぶ : 遵은 배움을 넓혀 감을 뜻한다.

'넓(히)다'에서 '넓어-너버-노부-のぶ'로 이어진다.

④ ゆき : 遵은 (좇아)가는 것을 뜻한다.

'가다'가 반의어화(反意語化)하여 '오다'가 되고, '오다'의 명령형 '오게'에서 '오구-유구-ゆく'로 이어진다〈行(행) 참조〉.

人名訓読例

① したがう · たかし : 遵(외자 名).

② のぶ · ゆき : 遵子(のぶこ · ゆきこ).

樽 준	訓読	たる
	音読	ソン

訓読풀이

• たる : 樽(준)은 술단지를 뜻한다. 술단지에는 술을 따르게 되어 있다.

'따르다'에서 '따라-다루-たる'로 이어진다.

人名訓読例

• たる : 樽家(たるや), 樽本(たるもと), 樽屋(たるや), 樽川(たるかわ), 樽沢(たるさわ), 樽下(たるした).

駿 준	人名訓読	すぐる·する·たか(し)·とし·はや(し)
	音読	シュン

訓読풀이

① すぐる : ㉮ 駿(준)은 俊(준)과 마찬가지로 뛰어남을 뜻한다. '뛰어나다(뜨다)'에서 '뚜구-두구-수구-すぐる'로 이어진다. ㉯ 뛰어나다는 것은 가장 좋은 것을 뜻한다〈優等(우등)〉. 俊(すぐ)る와 마찬가지로 '좋다'에서 '좋구-조구-주구-おぐる'로 이어진다.

② する：駿은 특히 잘 뛰는 말을 뜻한다.
'뛰다'에서 '뛰라－두라－수라－수루－する'로 이어진다.

③ たか・たかし：駿은 峻(준)과 마찬가지로 높은 것을 뜻한다〈駿極于千 : 禮記(준국우천 : 예기)〉.
높이 '뜨다'에서 '뜨고－두가－다가－たか・たかし'로 이어진다.

④ とし：駿은 남보다 돋보임을 나타낸다.
'돋보이다'에서 '돋－돗－도시－とし'로 이어진다.

⑤ はや・はやし：駿馬(준마)는 빨리 달리는 좋은 말이다.
'빠르다'에서 '발라－발아－바아－はや(し)'로 이어진다.

人名訓読例

① すぐる・たかし・とし・はやし：駿(외자 名).
② する：駿見(するみ), 駿河(するが), 駿河麻呂(するがまろ).
③ たか：駿礼(たかのり).
④ とし：駿剛(としたけ), 駿光(としみつ), 駿羣(としとも), 駿男(としお), 駿夫(としお), 駿雄(としお).
⑤ はや：駿夫(はやお), 駿雄(はやお).

濬 준	訓読	さらう
	人名訓読	ふかし
	音読	シュン

訓読풀이

① さらう：濬(준)은 浚(준)과 마찬가지로 도랑이나 우물바닥의 오물 등을 쳐내는 것을 뜻한다.
'치다'에서 '쳐라－차라－사라－さらう'로 이어진다.

② ふかし：濬은 우물바닥이 푹(깊이) 파여 있음을 뜻한다.
深(ふか)い와 마찬가지로 '푹'에서 '푸가－ふかい(명사형 ふかし)'로 이어진다.

人名訓読例

• ふかし：濬(외자 名).

蹲 준	訓読	うずくまる・つくばう
	音読	ソン

訓読풀이

① うずくまる：踆(준)은 쭈그리고 앉은 모습을 나타낸다.
'쭈그리다'에서 '주구－ずくまる'로 이어지고, 접두어 う가 붙어 うずくまる로 된다.

② つくばう：'쭈그리다'에서 접두어 없이 '주구－つくばう'로 이어진다.

蠢 준	訓読	うごめく
	音読	シュン

訓読풀이

• うごめく：蠢(준)은 봄(春)이 되어 벌레(虫)들이 이리저리 옮기며 꿈틀거리는 것을 나타낸다.
'옮기다'에서 '옴김－오김－우곰－우고메－うごめく'로 이어진다.

【중】

中 중	訓読	なか・あたる・あてる
	人名訓読	ただ・まさ・みつる・よし
	音読	チュウ

訓読풀이

① なか：㉮ 中(중)은 한가운데를 뜻한다.
'한가운데'에서 '한가－안가(ㅎ－ㅇ으로 변음)－난가(ㅇ－ㄴ으로 변음)－나가－な

자

か'로 이어진다. ㉯ 한가운데는 안(쪽) 가운데를 말한다. '안 가'에서 '아가-나가-なか'로 이어진다. ㉰ '안(에 있는) 곳'에서 '아고-아가-나가-なか'로 이어진다.

② あたる · あてる : 中은 百發百中(백발백중)처럼 맞는 것을 뜻한다.
'맞다'에서 '마자라-아자루(ㅁ-ㅇ으로 변음)-아다루-あたる'로 이어진다. 한편 맞는다는 것은 맞닿는(맞대는) 것을 뜻한다. '닿다(대다)'에서 '다-たる'로 이어지고, 접두어 あ가 붙어 あたる, あてる가 된다.

③ ただ : 中은 치우침 없이 올바르기 때문에 떳떳함을 나타낸다〈中也者天下之大本也 : 中庸 (중야자천하지대본야 : 중용)〉.
'떳떳'에서 '더더-다다-ただ'로 이어진다.

④ まさ : 中은 的中(적중)을 뜻한다. 的中은 바로 옳게 맞는 것을 뜻한다. 또한 위 ③의 올바름은 맞음을 뜻한다.
'맞다'에서 '마자-まさ'로 이어진다.

⑤ みつる : 中은 물이 차듯 속이 차는 것을 뜻한다.
'물차-밀차-미츠-みつる'로 이어진다.
〔参考〕 満(み : 만)ちる와 이음을 같이한다.

⑥ よし : 위 ③의 '올바르다'에서 '올-오시(받침 ㄹ-'시'로 분절)-よし'로 이어진다.

人名訓読例

① あたり · あたる · ただし · なか · みつる : 中(외자 名).

② なか : 中心(なかご), 中庸(なかつね), 中立(なかだち), 中国(なかくに), 中嶋(なかしま · なかじま), 中曾根(なかそね).

③ ただ : 中興(ただき).

④ まさ : 中三(まさみ).

⑤ みつ : 中子(みつこ · なかこ).

⑥ よし : 中行(よしみち).

仲 중	訓読	なか
	人名訓読	つぎ
	音読	チュウ

訓読풀이

① なか : 仲(중)은 한가운데를 뜻한다. 仲介(중개)는 한가운데 서서 양쪽에 있는 두 당사자의 일을 주선하는 일을 말한다.
'한가운데'에서 '한가-안가(ㅎ-ㅇ으로 변음)-난가-나가-なか'로 이어진다〈中(중) 참조〉. 또한 '안(에 있는) 곳'에서 '아고-아가-나가-なか'로도 이어진다.

② つぎ : 仲은 둘째를 말한다. 仲子(중자)는 둘째 아들(次男)을 뜻하고, 仲兄(중형)은 둘째 형을 뜻한다. 둘째는 항상 첫째를 좇는 입장이다.
'좇다'에서 '좇구-조구-주구-つぐ · つぎ'로 이어진다.

人名訓読例

① なか : 仲嶺(なかみね), 仲貫(なかぬき), 仲寛(なかひろ), 仲基(なかもと), 仲文(なかぶみ), 仲都(なかひろ).

② つぎ : 仲夫(つぎお · なかお).

重 중	訓読	え·おもい·かさなる·かさねる
	人名訓読	あつし·かたし·しげ·しげし·しげる·ただし
	音読	ジュウ·チョウ

訓読풀이

① え：重(중)은 겹치거나 거듭되는 횟수를 나타낸다. 겹친다는 것은 몇 겹으로 에워싸는 것을 뜻한다. 三重(みえ)는 세 겹으로, 八重(やえ)는 여덟 겹으로 에워쌌음을 나타낸다.
'에워싸다'의 '에워'에서 '에-え'로 이어진다.

② おもい：重은 큰 것을 뜻한다. ㉮ 엄지손가락(엄지발가락)은 제일 큰 손가락(발가락)을 지칭하고, 엄지벌레는 다 큰 벌레인 성충(成蟲)을 말한다. 엄지의 '엄'에서 '옴-오모-おも'로 이어진다. ㉯ 큰 것을 나타내는 말로 엄청·어마어마가 있다. 엄청 크다, 어마어마하게 크다라고 한다. '엄청· 어마'에서 '엄(어마)-오모-おも'로 이어진다. ㉰ 重은 무거운 것을 뜻한다. '무겁다'에서 '무-모-も'로 이어지고, 접두어 お가 붙어 おもい가 된다.

③ かさなる·かさねる：重은 거듭되는 것을 뜻한다.
'거듭'에서 '거두-가다-가사-かさねる'로 이어진다.

④ あつし：㉮ 重은 두터운 것을 뜻한다. 厚(あつ)い와 마찬가지로 '두터워'에서 '둩어-두어-두이-두-つ'로 이어지고, 접두어 あ가 붙어 あつい·あつし가 된다. ㉯ 重은 속이 차서 무거운 것을 뜻한다. '차다'에서 '차-추-つ'로 이어지고, 접두어 あ가 붙어 あつ·あつし로 이어진다.

⑤ かたし：重은 굳은 것을 뜻한다.
'굳다'에서 '굳어-구더-구다-가다-かたい·かたし'로 이어진다.

⑥ しげ·しげし·しげる：㉮ 가득 찰수록 커지고 무거워진다. '차다'에서 '차거라-사게라-시게루-しげる'로 이어진다. ㉯ 自重(자중)은 스스로 매사에 삼가고 조심한다는 뜻이다. '삼가'에서 '사가-사게-시게-しげ·しげる'로 이어진다.

⑦ ただし：重은 바르고 곧음을 뜻한다. 그래서 떳떳함을 나타낸다.
'떳떳'에서 '더더-다다-ただし'로 이어진다.

人名訓読例

① あつし·おもし·かさね·かたし·しげ·しげし·しげる·ただし：重(외자 名).
② え：重三(えみ), 重治(えいじ·しげじ·しげはる).
③ おも：重茂(おもえ), 重石(おもいし·かさねいし·しげいし), 重栖(おもす·しげす), 重親(おもり).
④ かさ：重毘(かさい·かさひ), 重石(かさねいし), 重松(かさまつ·しげまつ).
⑤ しげ：重慶(しげよし), 重寛(しげのぶ), 重基(しげもと), 重文(しげふみ·しげぶみ), 重要(しげとし), 重国(しげくに).

衆 중	人名訓読	もろ
	音読	シュウ·シュ

訓読풀이

• もろ：衆(중)은 무리를 뜻한다.
'무리'에서 '모로-もろ'로 이어진다.
〔参考〕諸(제)와 이음(もろ)을 같이한다.

자

人名訓読例

- もろ：衆樹(もろき).

【즉】

即(卽) 즉	訓読	つく·すなわち
	人名訓読	ちかし
	音読	ソク

訓読풀이

① つく：即(즉)은 시간적으로 곧, 바로 좇는 것을 뜻한다. 即答(즉답)은 질문이 있자마자 곧 좇아 답한다는 뜻이고, 即興(즉흥)은 그 자리에서 기분에 좇아 일어나는 흥취를 뜻한다.
'좇다'에서 '조구–주구–つく'로 이어진다.

② すなわち：即은 곧·바로·이를테면이라는 뜻을 갖는데, 언제나 이르지만 그러하다라는 말로 풀이된다. これがすなわち政治(せいじ)というものだ 하면 이것이 언제나 일렀지만(말했지만) 정치라는 것이다라는 뜻이다.
'(이제·저제)언제나 이르다'에서 '제나일–주나이치(받침 ㄹ–'치'로 분절)–주나아치–すなわち'로 이어진다.

③ ちかし：即은 조곧에(가까이의 제주방언)를 뜻한다. 또한 사이가 짧은 것을 뜻한다.
'짧다'에서 '잘고–자가–지가–ちか(し)'로 이어진다. 또한 '조곧'에서 '조고–조가–지가–ちかし'로 이어진다.

人名訓読例

① つく·ちかし：即(외자 名).
② つく：即真(つくま).

喞 즉	訓読	かこつ
	音読	ジョウ·ソク

訓読풀이

- かこつ：喞(즉)은 무엇을 걸고 핑계·구실로 삼는 것을 뜻한다.
'걸고'에서 '거고–가고–かこつ'로 이어진다.
〔参考〕託(탁：かこ)つ와 이음을 같이한다.

【즐】

櫛 즐	訓読	くし
	音読	シツ

訓読풀이

- くし：櫛(즐)은 머리 빗는 빗을 뜻한다. 빗을 때에는 빗을 머리에 꽂아 빗질을 하게 된다.
串(くし)와 마찬가지로 '꽂다'에서 '곶–고시–구시–くし'로 이어진다.

人名訓読例

- くし：櫛谷(くしたに·くしや), 櫛橋(くしはし·くしばし), 櫛木野(くしきの), 櫛無(くしなし), 櫛原(くしはら), 櫛引(くしひき·くしびき).

【즙】

汁 즙	訓読	しる·つゆ
	音読	ジュウ

訓読풀이

① しる：汁(즙)은 즙 또는 국(물), 된장국을 뜻한다. ㉮ 즙은 과일 등에서 짜낸 액체이다. レモンのしる는 레몬에서 짜낸 레몬즙을 말한다. '짜다'에서 '자라–자루–지루–しる'로 이어진다. ㉯ 국물, 된

장국은 물에 여러 가지 야채를 넣어 조려서 만든다. '조리다'에서 '조려—지루—しる'로 이어진다.

② つゆ : 위 ①의 국물은 쑤어서 만든다. '쑤다'에서 '쑤어—쑤유—つゆ'로 이어진다.

楫 즙	訓読	かじ
	音読	シュウ

訓読풀이

• かじ : 楫(즙)은 노(櫓)를 뜻한다. 노는 나무가지처럼 배의 옆에 붙어 있다. '가지'에서 かじ로 이어진다.
〔参考〕 舵(타)와 이음(かじ)을 같이한다.

人名訓読例

• かじ : 楫間(かじま), 楫西(かじにし), 楫野(かじの), 楫取(かじとり · かとり), 楫夫(かじお), 楫子(かじこ).

葺 즙	訓読	ふき·ふく
	音読	シュウ

訓読풀이

• ふき · ふく : 葺(즙)은 지붕을 이는 것을 뜻한다. かわらで屋根(やね)をふく 하면 기와로 지붕을 인다는 말로, 이는 지붕에다 기와를 붙이는 것을 뜻한다. '붙다'에서 '붙구—부구—ふく'로 이어진다.

人名訓読例

• ふき : 葺山(ふきやま), 葺屋(ふきや).

【증】

烝 증	訓読	むす
	人名訓読	あつし·すすむ
	音読	ジョウ

訓読풀이

① むす : ㉮ 烝(증)은 무더운 것, 물쿠는 것을 뜻한다. '무덥다'의 '무'와 '물쿠다'의 '물—무'에서 '무—むす'로 이어진다. ㉯ 烝은 많은 것, 여러, 즉 뭇을 뜻한다〈天生烝民 : 詩經(천생증민 : 시경)〉. '뭇'에서 '무수—むす'로 이어진다.

② あつし : 烝은 더운 것을 뜻한다. '더워'에서 '두어—두이—つい'로 이어지고, 접두어 あ가 붙어 あつい · あつし가 된다.

③ すすむ : 烝은 더운 김을 올려 기(氣)를 돋게 하는 것을 뜻한다〈烝之浮浮 : 詩經 (증지부부 : 시경)〉. '돋다'에서 '도둠—두둠—수수무—すすむ'로 이어진다.

人名訓読例

• あつし · すすむ : 烝(외자 名).

曾 증	訓読	かつて
	人名訓読	つね
	音読	ソウ·ソ

訓読풀이

① かつて : ㉮ 曾(증)은 지나간, 그때, 일찍을 뜻한다(未曾有 : 미증유). 지나간, 그때라 함은 지난 과거를 나타내는 '갔다'의 '갔때(간 시절)'를 말한다. '갔때'에서 '가수대—かつて'로 이어진다. 또한 '그때'에서 '긋대—갓대—가쑤대—かつて'로 이어진다. ㉯ 曾은 곧을 뜻한다〈曾是以爲孝乎 : 論語 (증시이위효호 : 논어)〉. '곧'에서 '갇—가두—かつ(て)'로 이어진다. ㉰ 曾은 끝, 마지막을 뜻한다(曾臣 : 증신). '끝'에서 '같—가투—かつ(て)'로 이어진다.

② つね : 曾은 이제나, 저제나, 언제나 거듭하며 더하여 가는 것을 뜻한다(曾益 :

자

증익).

'제나'에서 '주네-つね'로 이어진다.

人名訓読例

- かつ：曾良(かつら), 曾政(かつまさ).
- つね：曾登(つねのり).

証(證) 증	訓読	あかし·あかす
	人名訓読	あきら·いさむ·さとし
	音読	ショウ

訓読풀이

① あかし・あかす：証(증)은 무엇을 証明(증명)하는 것을 뜻한다. 身(み)の潔白(けっぱく)をあかす 하면 자기 마음을 열고서 모든 사정을 털어 놓는다는 말이다.
'열다'에서 '열고서-여고수-아가수-あかす'로 이어진다.

② あきら：㉮ 위 ①의 '열다'에서 '열거라-여기라-아기라-あきら'로 이어진다. ㉯ 증명이란 밝히는 것을 말한다. '밝히다'에서 '바키라-아키라(ㅂ-ㅇ으로 변음)-あきら'로 이어진다.

③ いさむ：証은 諫(간)하는 것을 뜻한다. 諫한다는 것은 임금과 옳지 못한 일의 사이를 뜨게 만드는 것, 손 떼게 하는 것, 옳은 일에 눈뜨게 하는 것을 말한다. 諫(いさ)む와 마찬가지로 '뜸·뗌'에서 '담-삼-사무-さむ'로 이어지고, 접두어 い가 붙어 いさむ가 된다.

④ さとし：証은 깨닫게 하는 것, 즉 눈을 떠서 사물의 시비를 알게 함을 뜻한다. '뜨다'에서 '떠서-더더서-다도시-사도시-さとし'로 이어진다. ①, ②에서 '(눈을)여는 것'과 ③, ④에서 '(눈을) 뜨는 것'은 뜻을 같이 하게 된다.

人名訓読例

① あかし・あきら・いさむ・さとし：証(외자 名).

② あかし：証子(あかしこ).

蒸 증	訓読	むす·むらす·むれる·ふかす·ふける
	音読	ジョウ

訓読풀이

① ます：蒸(증)은 무더운 것, 물쿠는 것을 뜻한다.
'무덥다'의 '무'에서 '무-むす'로 이어진다.

② むらす・むれる：蒸은 물쿠는 것, 뜸 들이는 것을 뜻한다.
'물쿠다'에서 '물-무레-むれる'로 이어진다.

③ ふかす・ふける：蒸은 찌는 것을 뜻한다. 芋(いも)をふかす 하면 고구마를 찐다는 뜻인데 찌면 불게 된다.
'불게'에서 '부게-ふける・ふかす'로 이어진다.

人名訓読例

- むし：蒸野(むしの).

増(增) 증	訓読	ふやす·ふえる·まし·ます
	音読	ゾウ

訓読풀이

① ふやす・ふえる：増(증)은 불어나는 것, 많아지는 것을 뜻한다. ㉮ '불다'에서 '불어-부아-ふやす'로 이어진다. ㉯ '불다'에서 '부어-부에-ふえる'로 이어진다.

② まし・ます：増은 많아지는 것을 뜻한다.

'많지'에서 '마지-まし · ます'로 이어진다.

人名訓読例

① ます : 増金(ますかね), 増本(ますもと), 増山(ますやま), 増子(ますこ · ましこ), 増業(ますなり), 増熊(ますくま).

② まし : 増尾(ましお · ますお), 増野(ましの · ますの), 増田(ました · ましだ · ますだ).

憎(憎) 증	訓読	にくい·にくむ
	音読	ゾウ

訓読풀이

• にくい · にくむ : 憎(증)은 느끼한 것, 역겨운 것을 나타낸다.
悪(にく)い와 마찬가지로 '느끼'에서 '느구-니구-にくい'로 이어진다. '역겨워'에서도 '여거워-이구어-니구이(ㅇ-ㄴ으로 변음)-にくい'로 이어진다.

贈(贈) 증	訓読	おくる
	音読	ゾウ·ソウ

訓読풀이

• おくる : 贈(증)은 대체로 유 · 무형의 값어치(貝 : 패)가 있는 것을 옮겨 보내는 경우에 쓰인다. ㉮ 贈은 送(송)과 마찬가지로 보내는 것을 뜻한다. 보낸다는 것은 장소를 옮겨 간다는 뜻이다. 小包(こつつ)みを外国(がいこく)へおくる 하면 소포를 외국으로 옮겨 보낸다는 뜻이다. '옮기다'에서 '옮겨라-오거라-오구루-おくる'로 이어진다. ㉯ 贈(おく)り物(もの)는 보내는 물건, 즉 선물을 뜻한다. 한편 보내는 것은 넘겨주는 것을 뜻한다. 이 경우에는 '넘기다'에서 '넘겨라-너거라-오구루(ㄴ-ㅇ으로 변음)-おくる'로 이어진다.

【지】

之 지	訓読	この·これ·の·ゆき
	人名訓読	いたる
	音読	シ

訓読풀이

① この : こ(之)の의 こ는 이것의 '이'를 뜻한다. 이것의 '이'가 '이-아-あの'가 되어 그것의 '그'가 되고, 그것의 '그'가 '그-고-この'가 되어 이것의 '이'로 그 뜻이 반의어화(反意語化) 된 경우이다. こ(の)人(ひと)는 한국어에서 음운상으로는 '그(의) 사람'으로 되나 뜻은 반대로 (그 쪽에서 보아) '이'사람으로 반의어화 되고, あの人는 음운상으로는 '이(의)사람'으로 되나 뜻은 반대로 (이 쪽에서 보아) '그' 사람으로 반의어화 된다.

② これ : こ(之)れ는 근칭(近稱)의 지시대명사로 자기에게 가장 가까운 관계에 있는 인물, 사물, 장소, 시간을 가리킨다. ①과 마찬가지로 이것의 '이'가 '이-아-あれ'가 되어 그것의 '그'가 되고, 그것의 '그'가 '그-고-これ'가 되어 이것의 '이'로 그 뜻이 반의어화(反意語化)된다.
これが評判(ひょうばん)の本(ほん)だ는 음운상으로는 그것이 되나 뜻은 반대로 (그 쪽에서 보아) '이'것으로 반의어화 되고, あれが는 음운상으로 이것이 되나 뜻은 반대로 (이 쪽에서 보아) '그'것으로 반의어화 된다.

③ の : 之는 わたしの本(ほん)처럼 소유를 나타내는 '의'의 역할을 한다. 한국어에서는 '의' 대신 '네'가 일상회화에서 많이 쓰

인다. '김 씨네 집', '박 가네 것', 심지어는 '너네 집', '그 사람네 것' 등으로 쓰인다. '네'에서 '노-の'로 이어진다.

④ ゆき : 之는 가는 것을 뜻한다. '가다'의 명령형 '가라'에서 '구라-구루-くる'가 되나 뜻은 반대로 (가는 쪽에서 보아) '오다'가 되고, '오다'의 명령형 '오게'에서 '오구-유구-ゆく'가 되어 뜻은 반대로 (오는 쪽에서 보아) '간다'는 뜻으로 반의어화 된 경우이다〈行(행) 참조〉.

⑤ いたる : 之는 목적지에 잇따라 이르는 것을 뜻한다.
至る·到る와 마찬가지로 '잇따르다'에서 '이다루-いたる'로 이어진다.

人名訓読例

① これ : 之勝(これかつ·ゆきかつ), 之雄(これお·ゆきお), 之清(これきよ).

② の : 之芙子(のぶこ).

③ ゆき : 之剛(ゆきかた), 之明(ゆきあき), 之成(ゆきなり), 之範(ゆきのり), 之政(ゆきまさ), 之俊(ゆきとし).

④ いたる : 之子(いたるこ).

支 지	訓読	ささえる·つかえる
	人名訓読	き·はし·はせ·はぜ
	音読	シ

訓読풀이

① ささえる : 支(지)는 떠받치는 것을 뜻한다.
'떠'에서 '더더-다다-사사-ささえる'로 이어진다.

② つかえる : 支는 支拂(지불)하는 것을 뜻한다. 즉 돈을 쓴다는 뜻이 된다.
'쓰다'에서 '쓰거라-쓰가루-쑤가에루-つかえる'로 이어진다.

③ き : 支流(지류)는 원줄기에서 갈려 흐르는 물줄기를 뜻하고 支脈(지맥)은 갈려 나간 산맥을 뜻한다.
切(き)る와 마찬가지로 '가르다'에서 '가-기-き'로 이어진다.

④ はし·はせ·はぜ : 위 ①의 '떠받치다'의 '받쳐'에서 '바서-바시-はし·はせ·はぜ'로 이어진다.

人名訓読例

① ささえ : 支(외자 名).

② き : 支り井(きりい).

③ はし·はせ·はぜ : 支倉(はしくら·はせくら·はぜくら).

止 지	人名訓読	とまる·とめる·とどまる·とどめる·やむ·やめる·よす·ただ·いたる
	音読	シ

訓読풀이

① とまる·とめる : ㉮ 止는 그만두는 것을 뜻한다. '두다'에서 '둠-돔-도마-とまる'로 이어진다. ㉯ 止는 서서 멈추는 것을 뜻한다. '서다'에서 '섬-덤-돔-도마-とまる'로 이어진다. ㉰ 止는 자리잡는 것을 뜻한다. '잡다'에서 '잡음-자음-잠-담-돔-도마-とまる'로 이어진다.

② とどまる·とどめる : 止는 잡아 두는 것을 뜻한다〈遂止於秦 : 國語 (수지어진 : 국어)〉.
잡다의 '잡'에서 '자-다-도-と', '두다'의 '둠-돔-도마-とま'가 합성되어 とどまる가 된다.

③ やむ·やめる : 止는 그만두고 더하지 않음을 뜻한다.
'않음'에서 '아음-암-아무-やむ'로 이어

진다.

④ よす : 止는 없애는 것, 버리는 것을 뜻한다〈止念慮 : 淮男子 (지염려 : 회남자)〉.
'없애다'에서 '업세-어세-요세-요수-よす'로 이어진다.

⑤ ただ : 止는 오로지 딱 하나임을 나타낸다〈止可以一宿而不可久處 : 莊子 (지가이일숙이불가구처 : 장자)〉.
'딱'에서 '따-다다-ただ'로 이어진다.
〔参考〕 唯(유), 惟(유), 但(단)과 이음(ただ)을 같이한다.

⑥ いたる : 止는 어느 곳에 잇따라 간 다음에는 더 나아가지 아니함을 뜻한다.
'잇따라'에서 '이다라-이다루-いたる'로 이어진다.

人名訓読例

① いたる · とどむ · とまる · とめる : 止(외자 名).
② とめ : 止原(とめはら), 止男(とめお), 止夫(とめお), 止三(とめぞう), 止子(とめこ).
③ とど : 止呂美(とどろみ).
④ と : 止見(とみ), 止美(とみ), 止利(とり).
⑤ やむ : 止岩(やむいわ).

只 지	訓読	ただ
	音読	シ

訓読풀이

• ただ : 只(지)는 딱 그것 뿐이라는 뜻을 갖는다. 只管(지관)은 딱 그것만을 외곬으로 한다는 뜻이다〈只管怕人曉不得故重疊說 : 朱子語錄 (지관파인효부득고중첩설 : 주자어록)〉.
'딱'에서 '따-다다-ただ'로 이어진다.
〔参考〕 唯(유), 惟(유), 但(단)과 이음(ただ)을 같이한다.

人名訓読例

• ただ : 只野(ただの), 只敏(ただとし), 只彦(ただひこ), 只仁(ただひと), 只正(ただまさ), 只生(ただお).

凪 지	訓読	なぎ·なぐ
	音読	日本国字

訓読풀이

• なぎ · なぐ : 風(かぜ)が凪ぐ 하면 바람(風에서 几)이 잔잔하여(止) 누그러지는 것을 뜻한다. '누그러지다'에서 '누구-나구-なぎ · なぐ'로 이어진다.

人名訓読例

• なぎ : 凪子(なぎこ).

地 지	訓読	つち
	人名訓読	くに
	音読	チ·ジ

訓読풀이

① つち : 地(지)는 땅을 뜻한다. 옛날 흔히 보이는 땅의 모습은 뜰과 들이었을 것이다. 뜰은 앞뜰, 뒤뜰처럼 좁은 땅을 말하고, 들은 들판처럼 넓은 땅을 말한다.
'뜰 · 들'에서 '둘-두지(받침 ㄹ-'지'로 분절)-つち'로 이어진다.

② くに : 地는 국토를 뜻한다. 국토는 넓고 크다〈漢地之廣 : 漢書 (한지지광 : 한서)〉.
'크다'에서 '크네-쿠니-くに'로 이어진다.

人名訓読例

• つち : 地三(つちみ).
• くに : 地雄(くにお), 地人(くにとも), 地子(くにこ).

자

池 지	訓読	いけ
	音読	チ

訓読풀이

- いけ : 池(지)는 못을 뜻한다. 못에는 못 속이나 못 주변 땅 등에 이끼가 많이 끼기 마련이다.
  '이끼'에서 '이께-いけ'로 이어진다.

人名訓読例

- いけ : 池宮(いけみや), 池本(いけもと), 池山(いけやま), 池田(いけだ · いきだ), 池之内(いけのうち), 池下(いけした).

旨 지	訓読	むね
	人名訓読	よし
	音読	シ

訓読풀이

① むね : 旨(지)는 뜻, 생각을 뜻한다. 뜻이나 생각은 마음 속에 담겨 있으므로 마음 즉 뜻 · 생각이다.
胸(むね)와 마찬가지로 '마음'에서 '마-무-む'로 이어지고, 접미어 ね가 붙어 むね가 된다.

② よし : 旨는 올바른 마음을 뜻한다.
올바르다의 '올'에서 '오시(받침 ㄹ-'시'로 분절)-よし'로, '옳지'에서 '오지-よし'로 이어진다.

人名訓読例

① むね : 旨武(むねたけ), 旨夫(むねお), 旨象(むねぞ), 旨弘(むねひろ).

② よし : 旨英(よしひで).

芝 지	訓読	しば
	人名訓読	よし
	音読	シ

訓読풀이

① しば : 芝(지)는 잔디를 뜻한다. 잔디는 자라면서 뿌리와 잎이 지표(地表)를 빽빽하게 덮어 작은 수풀(숲)을 이룬다. 芝野(しばの), 芝原(しばはら)는 잔디로 뒤덮인 들로 잔디숲을 이루고 있음을 나타낸다.
'수풀'에서 '시푸-시파-시바-しば'로 이어진다. 또한 芝는 잔디밭을 뜻한다. '잔디밭'에서 '자(디)바-지바-しば'로도 이을 수 있다.

② よし : 芝는 芝草(지초)를 뜻한다. 芝草는 상서롭고 옳음을 나타내는 神草(신초)로 버섯의 일종이다.
'옳다'에서 '올-오시(받침 ㄹ-'시'로 분절)-よし'로 이어진다.

人名訓読例

① しば : 芝居(しばい), 芝谷(しばたに), 芝本(しばもと), 芝山(しばやま), 芝川(しばかわ), 芝草(しばくさ).

② よし : 芝之(よしゆき).

至 지	訓読	いたる
	人名訓読	とおる·のり·ゆき·よし
	音読	シ

訓読풀이

① いたる : ㉮ 至(지)는 어느 곳에 이어 닿는(미치는) 것을 뜻한다. '이어 닿다'에서 '이어다-이다-いたる'로 이어진다. 한편 '잇따르다'에서 '이다루-いたる'로도 이어진다. ㉯ '닿다'에서 '다-たる'로 이어지고, 접두어 い가 붙어 いたる가 된다.

② とおる : 至는 여기저기 두루두루 미치는(잇따르는) 것을 뜻한다 〈樂至則無怨 禮至則不爭 : 禮記 (낙지즉무원예지즉불정 : 예기)〉.
'두루'에서 '두우루-도오루-とおる'로

이어진다. 한편 通(とお)る와 마찬가지로 여기저기 뚫어 미친다는 뜻에서 '뚫다'에서 '두러-도로-とおる'로도 이어진다.

③ ゆき : 오는 것이 가는 것이 되고, 가는 것이 오는 것이 되는 반의어화(反意語化)의 하나이다〈行(행) 참조〉.
'오게'에서 '오기-유기-ゆき'로 이어진다.

④ よし : 至는 真實(진실)을 뜻한다〈非至數也 : 漢書 (비지수야 : 한서)〉.
'옳다'에서 '올-오시(받침 ㄹ-'시'로 분절)-よし'로 이어진다.

⑤ のり : ④의 '옳다'에서 '올-오리-노리(ㅇ-ㄴ으로 변음)-のり'로 이어진다.

人名訓読例

① いたる · とおる : 至(외자 名).
② のり : 至世(のりよ).
③ ゆき : 至凡(ゆきちか), 至洋(ゆきひろ), 至子(ゆきこ), 至則(ゆきのり).
④ よし : 至大(よしとも), 至明(よしあき), 至時(よしとき), 至英(よしひで), 至正(よしまさ), 至弘(よしひろ).

址 지	訓読	あと
	人名訓読	もと
	音読	シ

訓読풀이

① あと : 址(지)는 옛터, 터를 뜻한다.
'옛터'에서 '예터-아터-아도-あと'로 이어진다.

② もと : 위 ①의 터는 토대가 되는 밑터이다.
'밑'에서 '몯-모토-もと'로 이어진다.

人名訓読例

• もと : 址子(もとこ).

志 지	訓読	こころざし·こころざす·しるす
	人名訓読	ただし·ゆき
	音読	シ

訓読풀이

① こころざし · こころざす : 青雲(せいうん)の志(こころざし)는 청운의 뜻을 뜻한다. 청운의 뜻이란 젊은 시절 앞으로 이루고자 하는 목표를 위하여 마음(こころ)을 쏟겠다(さす : 差す · 指す)는 의지를 말한다.
'곧은' 마음에서 비롯한 '곧거라-고거라-고고로-こころ'와 '쏟다'의 '쏟-솟-삿-사수-さす'가 합성되어 こころざす가 된다〈心(심) 참조〉.

② しるす : 志(지)는 표시하는 것, 적는 것, 기록하는 것을 뜻한다. 옛날에 표를 나타내거나 기록하기 위하여는 단단한 것이나 눈에 띄는 것으로 가죽, 나무 조각에 찔러서 표시하였다. 그래서 志는 살촉의 한 가지를 뜻하기도 한다.
'찔러서'에서 '지러서-지루수-しるす'로 이어진다.

③ ただし : 志는 의(義)를 지키는 것을 뜻한다. 志士(지사)는 의를 지키는 사람, 나라에 충성을 다하는 사람 등을 말한다. 그래서 떳떳하다.
'떳떳'에서 '더더-다다-ただ(し)'로 이어진다.

④ ゆき : 志자는 본래 心(마음)이 향하여 가는(之) 곳을 형상화 한 글자이다. 오는 것이 가는 것이 되고, 가는 것이 오는 것이 되어 반의어화(反意語化)된 경우이다〈行(행) 참조〉.
'오게'에서 '오기-유기-ゆき'로 이어진다.

자

人名訓読例

① しるす · ただし : 志(외자 名).

② ゆき : 志吉(ゆきよし), 志明(ゆきはる), 志正(ゆきまさ), 志朝(ゆきとも), 志祥(ゆきよし), 志勢(ゆきなり).

枝 지	訓読	えだ
	人名訓読	しげ
	音読	シ

訓読풀이

① えだ : 枝(지)는 나무(木) 본체에서 이어지면서 갈라져 나온(支) 가지를 뜻한다〈本枝百世 : 左氏傳 (본지백세 : 좌씨전)〉.
'이다'에서 '에다-えだ'로 이어진다. 枝는 え로도 훈독되는데 '이다'의 '이'에서 '에-え'로 이어지는 경우의 훈독이다.

② しげ : 枝는 가지가 가득 차는 것, 가지치는 것을 뜻한다〈中通外直不蔓不枝 : 周敦頤 (중통외직불만불지 : 주돈이)〉.
'치다'에서 '치게-시게-しげ'로 이어진다. 또한 '차다'에서 '차거라-치거라-시게루-しげる'로 이어진다.

人名訓読例

① えだ : 枝広(えだひろ), 枝国(えだくに), 枝元(えだもと), 枝成(えだなり), 枝常(えだつね), 枝原(えだはら).

② しげ : 枝月(しげつ), 枝彦(しげひこ · えだひこ).

祉(祉) 지	訓読	さいわい
	音読	シ

訓読풀이

• さいわい : 祉(지)는 하늘에서 내리는 행복(幸福), 즉 좋은 것을 뜻한다〈既受帝祉 : 詩經 (기수제지 : 시경)〉.
'좋다'에서 '조아-자아-사아아-사이와-さいわ(い)'로 이어진다.
〔参考〕 幸(행 : さいわ)い와 이음을 같이 한다.

知 지	訓読	しる·しらせる·しれる
	人名訓読	さとし·さとる·とも
	音読	チ

訓読풀이

① しる · しらせる · しれる : 知(지)는 知能(지능), 知識(지식), 知慧(지혜) 등을 포괄하는 字로 슬기 · 슬기로움을 바탕으로 한다.
'슬기'에서 '슬-실-시루-しる · しらせる · しれる'로 이어진다.

② さとし · さとる : ㉮ 知는 깨닫고 진리를 터득하게 됨을 뜻한다〈而終不自知 : 呂覽 (이종불자지 : 여람)〉. 진리를 깨닫는 것은 눈을 뜨게 되는 것, 즉 개안(開眼)을 뜻한다. '뜨다'에서 '뜨더라-다도라-사도루-さとる'로 이어진다. ㉯ 知는 지혜와 슬기가 돋아나는(솟는) 것을 뜻한다. '돋다(솟다)'에서 '돋-솓-삳-사도-さとし · さとる'로 이어진다.

③ とも : 知는 아는 사이, 교우(交友), 동무를 뜻한다〈知己之友 (지기지우)〉.
'동무'에서 '도무-도모-とも'로 이어진다.

人名訓読例

① さとし · さとる · とも : 知(외자 名).

② さと : 知光(さとあきら · ともみつ), 知己(さとみ · ともみ), 知暢(さとのぶ), 知史(さとし).

③ とも : 知寛(ともひろ), 知路(ともじ),

知明(ともあき), 知文(ともふみ), 知昭(ともあき), 知憲(とものり).

咫 지	人名訓読	あた·た
	音読	シ

訓読풀이

① あた : 咫(지)는 周代에 길이의 단위로 여덟 치(八寸 : 팔촌)를 뜻한다. 咫尺(지척)은 여덟 치와 한 자(一尺)로 짧은 거리나 길이를 뜻한다. ㉮ '여덟'에서 '여더-아다-あた'로 이어진다. ㉯ '짧다'에서 '짜-다-た'로 이어지고 접두어 あ가 붙어 あた가 된다.

② た : 咫尺之書(지척지서)는 짤막한 편지를 뜻한다.
'짧다'에서 '짜-다-た'로 이어진다.

人名訓読例

• た : 咫日四(たかし).

指 지	訓読	さし·さす·ゆび
	人名訓読	いび·いぶ
	音読	シ

訓読풀이

① さし·さす : ㉮ 南(みなみ)をさして行(い)く 하면 남쪽을 좇아(향해) 간다는 뜻이다. '좇다'에서 '조차-소사-사사-사수-さす'로 이어진다. ㉯ 反物(たんもの)をさす 하면 옷감 치수를 잰다는 뜻이다. '재다'에서 '재서-자서-자수-사수-さす'로 이어진다. 잰다는 것은 자를 댄다는 뜻이다. '대다'에서 '대서-다서-사서-사수-さす'로 이어진다. ㉰ 将棋(しょうぎ)をさす 하면 장기를 둔다는 뜻이다. '두다'에서 '둬서-다서-다수-사수-さす'로 이어진다. ㉱ 時計(とけい)が一時(いちじ)をさす 하면 시계가 1시에 닿아(대어) 있다는 뜻이다. '닿다'에서 '다서-다수-사수-さす'로 이어진다. ㉲ 指(さ)し刀(かたな)는 허리에 차는 칼을 뜻한다. '차다'에서 '차서-사수-さす'로 이어진다. かたな는 '칼날'에서 '카다(받침 ㄹ-'다'로 분절)-나-かたな'로 이어진 것이다. ㉳ 指物(さしもの)는 널빤지로 짜서 만든 기구이다. '짜다'에서 '짜서-자수-さす'로 이어진다.

② ゆび : 指(지)는 이쁨, 고움, 아름다움을 뜻한다〈物其指矣 : 荀子 (물기지의 : 순자)〉. 반지를 낀 손가락(指環 : 지환)의 이쁜 모양에서 指는 손가락, 발가락을 뜻한다〈小容脚指 : 宋書 (소용각지 : 송서)〉.
'이쁘다'에서 '이삐-유비-ゆび'로 이어진다.

③ いび·いぶ : 위 ②의 '이쁘다'에서 '이삐(이뿌)-いび(いぶ)'로 이어진다.

人名訓読例

① さし : 指谷(さしや·ゆびたに), 指輪(さしわ), 指物(さしもの), 指方(さしかた), 指首(さしくび), 指原(さしはら).

② ゆび : 指汲(ゆびすい), 指崎(ゆびさき), 指宿(ゆびすく·いぶすき·さしやど), 指田(ゆびた·さした), 指吸(ゆびすい·いびすい).

③ いび : 指吸(いびすい·ゆびすい).

④ いぶ : 指宿(いぶすき·ゆびすく·さしやど).

持 지	訓読	もつ·たもつ
	音読	ジ

訓読풀이

① もち·もつ : 持(지)는 무엇을 맡아 가지고 있음을 뜻한다. 責任(せきにん)はわ

자

たしがもちます 하면 책임은 내가 맡는다는 말이고, 家族(かぞく)をもつ身(み) 하면 가족에 대한 책임을 맡은 몸이라는 말이다.

'맡다'에서 '맡-몰-모투-もつ'로 이어진다.

② たもつ : 持는 유지, 보관한다는 뜻이다. 유지, 보관은 손상하지 않도록 좋은 상태로 잘 둔다는 말이다.

'두다'에서 '둠-담-다모-たもつ'로 이어진다.

人名訓読例

① たもつ : 持(외자 名).

② もち : 持谷(もちたに), 持留(もちどめ), 持丸(もちまる), 持基(もちもと), 持世(もちよ), 持為(もちため).

胝 지	訓読	たこ
	音読	チ

訓読풀이

• たこ : 胝(지)는 변지, 못을 뜻한다. 변지나 못은 달구질한 것처럼 굳어서 생긴 굳은살이다.

'달구'에서 '다구-다고-たこ'로 이어진다.

〔参考〕 낙지(蛸 : 소), 연(凧 : 궤)도 달구질한 것처럼 납작하기에 다같이 たこ로 훈독된다.

脂 지	訓読	あぶら
	音読	シ

訓読풀이

• あぶら : 脂(지)는 기름을 말한다. 기름의 기능은 여러 가지이나 우선 바르는 용도를 갖는다. 髪(かみ)にあぶらをつける 하면 머리에 기름을 바른다는 뜻이다.

'바르다'에서 '발라-바라-부라-ぶら'로 이어지고, 접두어 あ가 붙어 あぶら가 된다.

疻 지	訓読	うるむ
	音読	シ

訓読풀이

• うるむ : 疻(지)는 맞거나 꼬집혀 피부가 붓고(불어나 · 우러나) 멍드는 것을 뜻한다.

'불어나다'에서 '부러-부루-우루(ㅂ-ㅇ으로 변음)-うるむ'로 이어진다. 또한 '우러나'에서 '우러-우루-うるむ'로 이어진다.

砥 지	訓読	と·みがく
	音読	シ

訓読풀이

① と : 砥(지)는 숫돌을 뜻한다.

숫돌의 '돌'에서 '도-と'로 이어진다.

② みがく : 砥는 밀고 갈아 연마(研磨)하는 것을 뜻한다〈砥德修政 : 淮南子 (지덕수정 : 회남자)〉.

'밀고 갈다'에서 '미갈고-미가고-미가구-みがく'로 이어진다.

人名訓読例

• と : 砥鹿(とか), 砥上(とかみ), 砥石(といし), 砥用(ともち), 砥出(といで), 砥子(とし).

祗 지	訓読	つつしむ·まさに
	人名訓読	ただ
	音読	シ

訓読풀이

① つつしむ : 祗(지)는 잘못이나 실수가 없도록 마음 쓰는 것, 애쓰는 것을 뜻한다.

'쓰다'에서 '쓰시다–쓰심–수수심–つつしむ'로 이어진다.

② まさに : 祗는 助辭(조사)로 마침을 뜻한다〈亦祗以異 : 詩經 (역지이이 : 시경)〉. ㉮ '마침'에서 '마차–마사–まさ(に)'로 이어진다. ㉯ '마침'은 맞는다는 뜻이다. '맞'에서 '맛–마사–まさに'로 이어진다.

③ ただ : 祗는 맞고 그름을 따지는 것을 뜻한다.
'따지다'에서 '따저–다다–ただ'로 이어진다.

人名訓読例

① まさ : 祗文(まさふみ).
② ただ : 祗樹(ただき).

紙 **지**	訓読	かみ
	音読	シ

訓読풀이

• かみ : 紙(지)는 종이를 뜻한다. 종이는 주로 식물성 섬유로 만들며, 감아서 두루마리로 보관한다. 지금도 종이에 쓴 서예는 둘둘 감아 보관하는 것이 보통이다.
감다의 '감' 자체가 종이를 말하게 되어 '가미–かみ'로 이어진다.

人名訓読例

• かみ : 紙本(かみもと), 紙山(かみやま), 紙野(かみの), 紙原(かみはら), 紙子(かみこ), 紙田(かみた・かみだ).

舐 **지**	訓読	なめる·しゃぶる·ねぶる
	音読	シ

訓読풀이

① なめる : 舐(지)는 핥는 것, 입에 넣어 맛보는 것을 뜻한다. 나아가 人生(じんせい)の苦杯(くはい)をなめる 하면 인생의 고배를 입에 넣어 맛본다, 즉 경험한다는 뜻도 된다.
'넣다'에서 '넘–남–나메–なめる'로 이어진다.

② しゃぶる : あめをしゃぶる 하면 엿을 입에 넣어 씹는 것을 뜻한다.
'씹다'에서 '씨부라–사부루–しゃぶる'로 이어진다.

③ ねぶる : あめをねぶる 하면 ②에서와 같이 엿을 입에 넣어 씹는 것을 뜻한다.
'넣어라'에서 '너허루–네후루–ねぶる'로 이어진다. ねぶる는 고어적(古語的)이면서 방언(方言)투의 말이다.

趾 **지**	訓読	あと·あし
	音読	シ

訓読풀이

① あと : 趾(지)는 址(지)와 마찬가지로 옛터, 터를 뜻한다.
'옛터'의 '옛'에서 '옏–에토–아토–あと'로 이어진다. 또한 '옛터'에서 '예더–아더–아도–あと'로 이어진다.

② あし : 趾는 복사뼈 밑의 발을 뜻한다.
'발'에서 '바시(받침 ㄹ–'시'로 분절)–아시(ㅂ–ㅇ으로 변음)–あし'로 이어진다.

遲(遅) **지**	訓読	おくれる·おそい
	人名訓読	まつ
	音読	チ

訓読풀이

① おくれる : 遲(지)는 늦는 것을 뜻한다.
後(おく)れる와 마찬가지로 '늦다'에서 '늦구–노구–오구(ㄴ–ㅇ으로 변음)–おくれる'로 이어진다.

자

② おそい：テンポがおそい 하면 템포가 늦음을 말한다.
晩(おそ)い와 마찬가지로 '늦어'에서 '느저-노조-오조(ㄴ-ㅇ으로 변음)-おそい'로 이어진다.

③ まつ：遲는 기다림을 뜻한다〈故學曰遲：荀子 (고학왈지 순자)〉. 기다림은 가던 길을 멎고 기다린다는 뜻이다.
待(ま)つ와 마찬가지로 '멎다'에서 '멎-맞-마주-まつ'로 이어진다.

智 지	人名訓読	あきら·さかし·さとし·さとり·さとる·とし·とも·まこと·まさる·のり
	音読	チ

訓読풀이

① あきら：智(지)는 사리를 밝혀(日) 알게 된다(知)는 뜻이다.
'밝히다'에서 '바키라-아키라(ㅂ-ㅇ으로 변음)-あきら'로 이어진다. 또한 닫힌 것을 열면 모든 것이 훤히 밝혀진다는 뜻에서 明(あきら)か와 마찬가지로 '열다'에서 '여거라-아거라-아기라-あきら'로 이어진다.

② さかし：智는 사리를 밝혀 찾아내는 것을 나타낸다.
探(さか)す와 마찬가지로 '찾고서-차고시-사가시-さかし'로 이어진다.

③ さとし·さとり·さとる：智는 지혜·슬기를 깨닫는 것, 즉 눈을 뜨게 되는 것을 뜻한다〈開眼(개안)〉.
'뜨다'에서 '뜨-드드-다다-사다-사도-さと(さとし·さとり·さとる)'로 이어진다. 또한 지혜·슬기가 '솟다(돋다)'에서 '솓-삳-사도-さと·さとり·さとる'로 이어진다.

④ とし：智는 지혜나 식견이 돋보임을 나타낸다(智見：지견).
'돋'에서 '돗-도시-とし'로 이어진다. 또는 돋는(솟는) 것을 뜻한다. '돋(솟)'에서 '돗-도시-とし'로 이어진다.

⑤ とも：智는 지혜로운 친구, 동무를 뜻한다〈師賢而友智：孔叢子 (사현이우지：공총자)〉.
'동무'에서 '도무-도모-とも'로 이어진다.

⑥ まこと：智는 진리, 즉 맞는 것을 探究(탐구)하고 알아내는 것을 뜻한다.
'맞는 것'에서 '맞것-마걷-마고도-まこと'로 이어진다.

⑦ まさる：위 ⑥의 '맞다'에서 '마자-まさる'로 이어진다.

⑧ のり：⑥, ⑦의 맞는 것은 옳은 것을 뜻한다.
'옳다'에서 '올-놀(ㅇ-ㄴ으로 변음)-노리-のり'로 이어진다.

人名訓読例

① あきら·さかし·さとし·さとり·さとる·とも·まこと·まさる：智(외자名).

② さと：智美(さとみ·ともみ), 智司(さとし·としもり·ともじ), 智也(さとし·ともや), 智子(さとこ·としこ·ともこ·のりこ), 智之(さとし·さとゆき·ともゆき), 智志(さとし).

③ とし：智旦(としあき), 智昭(としあき·ともあき·のりあき), 智英(としひで·ともひで·ともふさ), 智以(としい), 智章(としあき·としゆき·ともあき), 智次(としつぐ).

④ とも：智寛(ともひろ), 智亙(ともの

ぶ), 智登(とものり), 智明(ともあき · としあき · ともはる), 智正(ともまさ), 智準(とものり).

⑤ のり : 智教(のりみち · ともみち), 智利(のりよし), 智夫(のりお · ともお · としお), 智士(のりと · さとし · ともじ), 智義(のりよし · とものり · ともよし), 智昭(のりあき · ともあき).

痣 지	訓読	あざ
	音読	シ

訓読풀이

• あざ : 痣(지)는 피부에 (밥)알처럼 도도록하게 생기는 빨갛거나 붉으스레한(보라색) 반점, 멍을 뜻한다. ㉮ '알'에서 '아자(받침 ㄹ-'자'로 분절)-あざ"로 이어진다. ㉯ 빨강 · 붉으스레한의 '빨 · 붉'에서 '발-바자(받침 ㄹ-'자'로 분절)-아자(ㅂ-ㅇ으로 변음)-あざ"로 이어진다.

漬 지	訓読	つかる · つける · ひたす · ひたる
	音読	シ

訓読풀이

① つかる · つける : 漬(지)는 잠기는 것, 담그는 것을 뜻한다. 水(みず)につかった家(いえ) 하면 물에 잠긴 집이라는 말이고, 良(よ)くつかった白菜(はくさい) 하면 양념에 잘 담겨진 배추라는 말이다.
'잠기다'에서 '자거라-주가루-つかる'로 이어지고, '담그다'에서 '다구라-두가라-두가루-つかる'로 이어진다.
〔参考〕 浸(침 : つか)る와 이음을 같이한다.

② ひたす · ひたる : 水(みず)にひたる 하면 물에 빠진다는 뜻이고, 女(おんな)と酒(さけ)にひたる 하면 주색에 빠진다는 뜻이다.
'빠지다'에서 '바저-비자-비다-ひたる'로 이어진다.
〔参考〕 浸(침 : ひた)す와 이음을 같이한다.

蜘 지	訓読	くも
	音読	チ

訓読풀이

• くも : 蜘(지)는 거미를 뜻한다.
'거미'에서 '구미-구모-くも'로 이어진다. 거미를 뜻하는 다른 한자 蛛(주)와 함께 蜘蛛(지주)로 표기하고 くも로 훈독된다.

誌 지	訓読	しるし · しるす
	音読	シ

訓読풀이

• しるし · しるす : 誌(지)는 적는 것, 새기는 것, 기록, 표지 등을 뜻한다. 옛날 적거나 기록물을 남기기 위하여는 암석이나 갑골에 뾰족한 것으로 찔러서 표시했음은 岩刻(암각)이나 甲骨文字(갑골문자)에서 찾아볼 수 있다.
'찔러서'에서 '지러서-지루수-しるす'로 이어진다.

摯 지	訓読	つかむ
	音読	シ

訓読풀이

• つかむ : 摯(지)는 잡는 것을 뜻한다〈摯執(지집)〉.
'잡다'에서 '잡고-자가-주가-つかむ'로 이어진다.

자

踟 지	訓読	ためらう
	音読	チ

訓読풀이

- ためらう : 踟(지)는 주저(躊躇), 머뭇거리는 것을 뜻한다. 즉 무엇을 하려다가 참는 것을 뜻한다. 彼(かれ)はそれを言(い)うのをためらった 하면 그는 그것을 말하려다가 참았다는 말이다.
  '참다'에서 '차마라-차마라우-다마라우-ためらう'로 이어진다.
  〔参考〕 躊躇(주저 : ためら)う와 이음을 같이한다.

鮨 지	訓読	すし
	音読	シ

訓読풀이

- すし : ㉮ 鮨(지)는 초밥을 뜻한다. 초밥은 식초 따위로 조미한 밥에 생선을 얇게 말아 얹힌 요리이다. 식초(食醋)는 3~6%의 초산을 함유하고 있어 시다. 酸(す)い와 마찬가지로 '시다'에서 '시어-수어-수이-すい'로 이어지고, すい의 문어적(文語的) 형용사 すし로 되어 초밥을 뜻하게 된다. ㉯ 鮨는 김밥을 뜻한다. 김밥은 밥이나 생선을 김 등에 싸서 먹는 음식이다. '싸다'에서 '싸서-사시-수시-すし'로 이어진다. ㉰ 鮨는 고어(古語)로 젓갈을 뜻하였다. '젓갈'에서 '젓-즛-주시-すし'로 이어진다.

躓 지·질	訓読	つまずく
	音読	チ

訓読풀이

- つまずく : 躓(지 · 질)은 발이 채여(걸려) 넘어지는 것을 뜻한다.
  '채이다'에서 '채임-챔-춤-추마-つまずく'로 이어진다.

【직】

直 직	訓読	あたい·すぐ·ただ·ただし·ただす·なおす·なおる·ひた
	人名訓読	くだ·すすむ·すな·すなお·に·ぬく·ね·のう·のぶ·まさ
	音読	チョク·ジキ

訓読풀이

① あたい : 値(직)은 할 만한 가치(價値)가 있음을 뜻한다. 称賛(しょうさん)にあたいする 하면 칭찬할 만한 가치가 있다는 말이고, 一読(いちとく)にあたいする 하면 일독할 만한 가치가 있다는 말이다.
할 만하다의 '할'에서 '알(ㅎ-ㅇ으로 변음)-아다(받침 ㄹ-'다'로 분절)-あたい'로 이어진다.
〔参考〕 価(가), 値(치)와 이음(あたい)을 같이한다.

② すぐ : 直은 죽(똑바로) 곧은 것을 나타낸다. すぐな木(き)는 죽 위로 곧게 뻗은 나무를 뜻한다.
'죽'에서 '주구-すぐ'로 이어진다. 또한 '똑'에서 '둑-두구-주구-すぐ'로 이어진다.

③ ただ · ただし · ただす : ㉮ 直은 따져서 바로 잡는 것을 뜻한다. '따져서'에서 '다저서-다다서-다다수-ただす'로 이어진다. ㉯ 바로잡는 것은 떳떳하게 만든다는 뜻이다. '떳떳'에서 '더더-다다-ただ(ただし · ただす)'로 이어진다.

④ なおす · なおる : 直은 잘못된 것을 고쳐서 낫게 하는 것을 뜻한다. 欠点(けってん)をなおす 하면 결점을 고쳐서 나아지게 함을 말한다.
'나아지다'에서 '나아―나오―なおす · なおる'로 이어진다.

⑤ ひた : 直은 널리 뻗는 것, 번식하는 것을 뜻한다〈直東方也春也 : 太玄經(직동방야춘야 : 태현경)〉.
'뻗다'에서 '벋―빋―비다―ひた'로 이어진다.

⑥ くだ : 直은 곧은 것을 뜻한다. '곧'에서 '고다―구다―くだ'로 이어진다.

⑦ すすむ : 直은 깨끗하게 씻어서 바르게 함을 뜻한다〈直其冤 : 韓愈 (직기원 : 한유)〉.
'씻다'에서 '씻음―씨슴―수숨―수수무―すすむ'로 이어진다.

⑧ すな · すなお : 直은 純直(순직), 純粹(순수), 純真(순진), 純朴(순박)을 뜻한다. 즉 꾸밈없는 숫모습 그대로의 자연상태가 더 나음을 나타낸다. 숫은 일부 명사 앞에 붙어 숫처녀, 숫보기, 숫음식 등 본래 그대로의 모습을 뜻한다.
숫모습 더 나아의 '숫 나아'에서 '수나오―すなお'로 이어진다.

⑨ に · ぬく · ね : 直은 ⑦에서와 같이 악과 부정을 씻어내고(빼내고) 바르게 나아지도록 함을 뜻한다.
抜(ぬ)く와 마찬가지로 '빼내다(씻어내다)'에서 '내―니―に', '내구―누구―ぬく', '내―ね'로 이어진다.

⑩ のう · のぶ : 直은 ⑤에서와 같이 넓게 뻗는 것(번식)을 뜻한다.
'넓어'에서 '너어―노우―のう', '넓어―너버―노부―のぶ'로 이어진다.

⑪ まさ : 直은 사리에 맞고 옳음을 뜻한다.
'맞'에서 '마자―まさ'로 이어진다.

人名訓読例

① あたい · すすむ · すな · すなお · ただ · ただし · ただす · なお · なおし · なおる · のぶる : 直(외자 名).
② あた : 直見(あたみ · なおみ · ぬくみ), 直大口(あたいおおくち).
③ すぐ : 直田(すぐた · なおた), 直成(すぐなり · なおしげ · なおなり), 直雄(すぐお · ただお · なおお).
④ ただ : 直世(ただよ · なおよ), 直川(ただかわ · なおかわ), 直常(ただつね · なおつね), 直正(ただまさ · なおまさ), 直智(ただとも), 直昭(ただあき).
⑤ なお : 直林(なおばやし · なおしげ), 直塚(なおつか), 直下(なおもと · なおした), 直寛(なおひろ), 直基(なおもと), 直文(なおふみ · なおぶみ · なおよし).
⑥ ひた : 直根(ひたね).
⑦ くだ : 直椋(くだくら · ただくら).
⑧ すな : 直男(すなお · ただお · のぶお).
⑨ に : 直上(にかみ), 直作口(にくなり), 直下(にかみ).
⑩ ぬく : 直見(ぬくみ · あたみ · なおみ).
⑪ ね : 直場(ねば).
⑫ のう : 直(のうかた · なおかた), 直下(のうげ · にかみ · なおもと · なおした).
⑬ のぶ : 直男(のぶお · すなお · ただお), 直哉(のぶや · なおや).
⑭ まさ : 直萬(まさかず), 直人(まさひと · なおひと · なおと), 直澄(まさずみ · なおずみ), 直風(まさかぜ).

자

稷 직	訓読	きび
	人名訓読	あわ·かど
	音読	ショク

訓読풀이

① きび : 稷(직)은 기장을 뜻한다. 기장은 볏과에 속하는 일년초 식용작물의 일종이다.
기장의 '기'와 '벼'가 합성되어 '기벼–기비–きび'로 이어진다.

② あわ : 稷은 합(合)쳐서 어울리는 것을 뜻한다.
合(あ)う와 마찬가지로 '아우르다'에서 '아우–아와–あわ'로 이어진다.

③ かど : 稷은 한쪽 끝(갓)으로 기우는 것을 뜻한다.
'끝(갓)'에서 '갇–가도–かど'로 이어진다.

人名訓読例

• きびやま · あわやま · かどやま : 稷山.

織 직	訓読	おり·おる
	人名訓読	はとり
	音読	ショク·シキ

訓読풀이

① おり · おる : 織(직)은 피륙이나 자리 등을 짜는 것을 뜻한다. 짠다는 것은 잇거나 엮어내는 것을 말한다.
'잇다'에서 '이라–오루–おる'로 이어진다.

• はとり : 織은 織機(직기), 즉 베틀을 뜻한다.
'베틀'에서 '베트리–바트리–はとり'로 이어진다.

人名訓読例

① おり · はとり : 織(외자 名).

② おり : 織内(おりうち), 織笠(おりかさ), 織本(おりもと), 織野(おりの), 織原(おりはら), 織子(おりこ).

③ はとり : 織部(はとり · おりべ).

【진】

尽(盡) 진	訓読	つかす·つきる·つくす
	音読	ジン

訓読풀이

• つかす · つきる · つくす : 尽(진)은 다 쓰고 떨어진 것을 뜻한다. 愛想(あいそう)をつかす 하면 정을 다 쓰고(쏟고) 나니 정나미가 떨어진다는 말이다.
'쓰다' 또는 '쏟다'에서 '쓰고서–쑤가수–つかす'로 이어진다. 또한 '다하다'에서 '다하고서–다고서–두가수–つかす'로 이어진다.

人名訓読例

① つくし : 尽(외자 名).

② つく : 尽田(つくだ).

辰 진·신	人名訓読	たつ·とき
	音読	シン

訓読풀이

① たつ : 辰(진)은 지지(地支)의 다섯째이다.
'다섯'에서 '다서–다수–たつ'로 이어진다. 竜(용)띠도 다섯째 지지에 해당하므로 たつ로 훈독된다.

② とき : 辰(신)은 때, 시각, 기회를 뜻한다 〈我生不辰 : 詩經 (아생불신 : 시경)〉.
때를 뜻하는 '적'(어릴 적, 아플 적 등)에서 '덕–독–도기–とき'로 이어진다.

人名訓読例

① たつ : 辰島(たつしま), 辰国(たつくに), 辰五(たつご), 辰春(たつはる), 辰

子(たつこ), 辰俊(たつとし).

② とき : 辰方(ときかた), 辰宣(ときのぶ), 辰世(ときよ), 辰正(ときまさ), 辰清(とききよ), 辰昌(ときまさ).

津 진	訓読	つ
	音読	シン

訓読풀이

• つ : 津(진)은 나루터, 항구를 뜻한다. 옛날 나루터는 사람의 왕래나 짐의 운반을 위하여 둑을 쌓았다. 어떤 의미에서는 둑 자체가 나루터가 된다. 일본에서 제일 큰 호수가 琵琶湖(びわこう)이고 그 주변에 있는 도시 중 제일 큰 시가 大津(おおつ)이다. 제일 큰 둑이 있기 때문에 지어진 이름으로 보인다.
'둑'에서 '두-つ'로 이어진다. 한편 津波(つなみ)는 둑(항구)으로 몰려오는 큰 파도라는 뜻으로, 바다의 크고 사나운 물결을 뜻하는 '너울'에서 '널음-넘-남-나미-なみ'와 합성되어 つなみ가 된다.

人名訓読例

• つ : 津路(つじ), 津野田(つのだ), 津根子(つねこ), 津葉成(つばなり), 津止(つどめ), 津川(つかわ).

珍 진	訓読	めずらしい·うず
	人名訓読	たか·はる·めで·よし
	音読	チン

訓読풀이

① めずらしい : ㉮ 珍(진)은 진귀한 것, 희귀한 것을 나타낸다. 진귀 · 희귀는 얼마 없기 때문에 모자라서 귀하게 되었다는 말이다. '모자라서'에서 '메주라서-메주라시-めずらし'로 이어진다. ㉯ 珍은 멋진 것을 나타낸다. '멋저라'에서 '메주라-めずらし'로 이어진다.

② うず : 珍은 보배를 뜻한다. 보배는 희귀해서 얼마 없다. 때문에 값어치가 올라간다.
'없다'에서 '업서-우수-うず'로 이어진다.

③ たか : 珍은 존귀(尊貴), 고귀(高貴)한 것이기 때문에 높이 떠받친다.
'뜨다'에서 '뜨고-다고-다가-たか'로 이어진다. 또한 값어치가 솟는다(돋는다), '돋다(솟다)'에서 '돋고-도고-다가-たか'로 이어진다.

④ はる : 보배는 밝고 아름답다.
'밝다'에서 '발-바루-はる'로 이어진다.

⑤ めで : 珍寶(진보)는 멋진 보배, 珍優(진우)는 멋진 배우를 뜻한다.
'멋지다'에서 '멋저-머더-메데-めで'로 이어진다.
〔参考〕 愛(애 : め)でる와 이음을 같이한다.

⑥ よし : 위 ③에서 존귀, 고귀한 것은 올바름을 속성으로 한다.
'올'에서 '오시(받침 ㄹ-'시'로 분절)-よし'로 이어진다.

人名訓読例

① うず : 珍彦(うずひこ), 珍麿(うずまろ), 珍夫(うずお).
② たか : 珍次(たかじ).
③ はる : 珍馨(はるか).
④ めで : 珍丸(めでまる).
⑤ よし : 珍頼(よしのり), 珍彦(よしひこ), 珍雄(よしお), 珍重(よししげ).

자

振 진	訓読	ふり·ふる· ふれる·ふるう
	人名訓読	おさむ·たつ· とし·ゆるぎ
	音読	シン

訓読풀이

① ふり · ふる · ふれる : ㉮ 振(진)은 어떤 물체를 부리는 것, 움직이게 하는 것, 흔드는 것을 뜻한다. 猿(さる)はしっぽをよっくふる 하면 원숭이는 꼬리를 잘 부려 흔드는 것을 뜻한다. '부리다'에서 '부리－ふり'로 이어진다. ㉯ 振은 뿌리는 것을 뜻한다. 魚(さかな)に塩(しお)をふる 하면 생선에 소금을 뿌린다는 말이다. '뿌리다'에서 '뿌리－부리－ふり'로 이어진다. ㉰ 振은 버리는 것을 뜻한다. 約束(やくそく)をふる 하면 약속을 버린다는 말이고, 恋人(こいびと)にふれわる 하면 연인에게 버림받았다는 말이다. '버리다'에서 '버리－부리－ふり'로 이어진다.

② ふるう : 振은 刀(かたな)をふるう, 权力(けんりょく)をふるう처럼 칼이나 권력을 부리는(잡고 흔드는) 것을 뜻한다.
'부리다'에서 '부려－부루－ふるう'로 이어진다.

③ おさむ : 振은 바로잡는(잡아 흔드는) 것을 뜻한다〈以振其淫 : 管子 (이진기음 : 관자)〉.
'잡다'에서 '잡음－자음－잠－자무－さむ'로 이어지고, 접두어 お가 붙어 おさむ가 된다.

④ たつ : たつ는 振의 인명훈독이다. ㉮ 振은 떨쳐(흔들며) 일어나는 것을 뜻한다〈振鷺于飛 : 詩經 (진로우비 : 시경)〉. '떨치다'에서 '떨－달－다쑤(받침 ㄹ－'쑤'로 분절)－たつ'로 이어진다. ㉯ 振은 두려워서(흔들며) 떠는 것을 뜻한다〈燕王振怖 : 史記 (연왕진포 : 사기)〉. '떨다'에서 '덜－달－다쑤(받침 ㄹ－'쑤'로 분절)－たつ'로 이어진다. ㉰ 振은 털어서(흔들어서) 없애는(버리는) 것을 뜻한다〈振衣千仞岡 : 左思 (진의천인강 : 좌사)〉. '털다'에서 '털－탈－타쑤(받침 ㄹ－'쑤'로 분절)－たつ'로 이어진다.

⑤ とし : 振은 ④의 ㉮에서와 같이 위로 솟아(떨쳐 · 돋아) 오르는 것을 나타낸다.
'솟 · 돋 · 떨'에서 '돗－도시－とし'로 이어진다. '떨치다'에서 '덜－돌－도시(받침 ㄹ－'시'로 분절)－とし'로도 이어진다.

⑥ ゆるぎ : 振은 ④의 ㉮에서와 같이 무엇이 흔들리며 일어나는 것을 뜻한다.
揺(ゆる)ぎ와 마찬가지로 '일다'에서 '일구－이르기－유루기－ゆるぎ'로 이어진다.

人名訓読例

① おさむ : 振(외자 名).
② ふり : 振角(ふりかと), 振橋(ふりはし), 振吉(ふりよし), 振津(ふりつ), 振屋(ふりや), 振草(ふりくさ).
③ ふる : 振旗(ふるはた), 振老(ふるおい), 振屋(ふるや), 振根(ふるね).
④ たつ : 振寿(たつひさ).
⑤ とし : 振武(としたけ).
⑥ ゆるぎ : 振橋(ゆるぎばし · ふりはし).

晋 진	訓読	すすむ
	人名訓読	くに·ひろ
	音読	シン

訓読풀이

① すすむ : 晋(진)은 뛰어나감을 뜻한다. 晋接(진접)은 뛰어나가 영접함을 말한다.

'뛰어'에서 '뛰-뚬-쑴-수수무-すすむ'로 이어진다.

② くに：晋은 큰 나라임을 나타낸다.
国(くに)와 마찬가지로 '크네'에서 '구네-구니-くに'로 이어진다.

③ ひろ：晋은 널리 펼치어 있던 큰 나라이다.
'펴다'에서 '펼-필-힐-히로-ひろ'로 이어진다.

人名訓読例

① すすむ：晋(외자 名).
② くに：晋明(くにあき), 晋子(くにこ).
③ ひろ：晋己(ひろき).

真(眞) 진	訓読	ま·まっ·まこと
	人名訓読	さだ·さな·さね·ただし·なお·まさ·まな·みち·もと
	音読	シン

訓読풀이

① ま・まっ：真僞(진위)에서처럼 直(진)은 맞음을 뜻한다.
'맞다'에서 '맞-마-ま'로 이어진다. 또한 '맞'에서 '마주-まっ'로 이어진다.

② まこと：真은 맞는 것을 뜻한다.
'맞(는)것'에서 '맞걷-마곧-마고도-まこと'로 이어진다. まこと는 真事가 된다.

③ さだ：真은 참됨, 참다움을 뜻한다.
'참됨'에서 '차되-차다-사다-さた'로 이어진다.

④ さな・さね：真은 ③에서와 같이 참을 뜻한다.
'참'에서 '찬-산-사나(사네)-さな(さね)'로 이어진다.

⑤ ただ・ただし：참되고 올바른 자는 떳떳하다.
'떳떳'에서 '더더-다다-ただ・ただし'로 이어진다.

⑥ なお：真은 참되게 나아짐을 뜻한다.
直(なお)와 마찬가지로 '나아'에서 '나오-なお'로 이어진다.

⑦ まさ・まさみ：위 ②에서와 같이 '맞다', '맞는 것'에서 '마자-まさ'로 이어진다. 또한 '마잠'에서 '마잠-마자미-まさみ'로 이어진다.

⑧ まな：'맞는 것'에서 '맞는-마는-마나-まな'로 이어진다.

⑨ みち：真은 도(道), 도리(道理)를 뜻한다. 道(みち)와 마찬가지로 모든 길은 마을로 이어진다.
'마을'에서 '말-밀-미찌(받침 ㄹ-'찌'로 분절)-みち'로 이어진다〈道(도) 참조〉.

⑩ もと：真은 모든 사물의 본질, 밑바탕이 된다〈多失其眞：後漢書 (다실기진：후한서)〉.
'밑'에서 '몯-모토-もと'로 이어진다.

人名訓読例

① ただし・まこと・まさみ：真(외자 名).
② ま：真橋(まはし), 真弓(まゆみ), 真島(ましま), 真古(まふる), 真谷子(まやこ), 真国(まくに).
③ まつ：真臣(まつおみ), 真土(まつち).
④ さだ：真固(さだかた), 真義(さだよし・まさよし), 真夫(さだお・ただお・まさお・みちお).
⑤ さな：真見(さなみ・まみ), 真崎(さなざき), 真面(さなつら), 真孝(さなたか), 真木(さなき・まき), 真田(さなだ・また).
⑥ さね：真山(さねやま・まやま), 真令(さねよし), 真方(さねかた・まさかた), 真森(さねもり・まもり), 真益(さ

자

ねます), 真子(さねこ · まこ · まさこ · まなこ).

⑦ ただ : 真光(ただみつ · まさみつ · さねみつ), 真嗣(ただし · ただつぐ), 真昭(ただあき), 真夫(ただお).

⑧ なお : 真保(なおやす · まほ), 真貞(なおさだ · さねさだ), 真の助(なおのすけ), 真下(なおした · ました · ましも).

⑨ まさ : 真万(まさかず), 真啓(まさひろ), 真基(まさもと), 真明(まさあき), 真文(まさふみ · まさぶみ · まふみ · まぶみ), 真範(まさのり).

⑩ まこと : 真理(まこと), 真実(まこと · まさみ · まみ).

⑪ まな : 真辺(まなべ · さなべ), 真部(まなべ), 真砂(まなご · まさご), 真秀(まなひで), 真井(まない), 真鶴(まなずる).

⑫ みち : 真人(みちひと · まこと · まさと · まさひと), 真正(みちまさ), 真弘(みちひろ · まさひろ · まひろ), 真徳(みちのり), 真延(みちのぶ).

⑬ もと : 真宥(もとひろ), 真典(もとのり · まさのり).

進(進) 진	訓読	すすむ·すすめる
	人名訓読	のぶ·ゆき
	音読	シン·ジン

訓読풀이

① すすむ · すすめる : ㉮ 進(진)은 進擊(진격)처럼 뛰어나감을 뜻한다. '뛰다'에서 '뜀–두둠–두두무–수수무–すすむ'로 이어진다. ㉯ 進은 盡(진)과 같은 뜻으로 쓰인다〈竭聰明進智力 : 列子 (갈총명진지력 : 열자)〉. '다쓰다'에서 '씀–수수무–すすむ'로 이어진다. 또한 '(힘 · 애) 쓰다'에서 '씀–수수무–すすむ'로 이어진다. ㉰ 進은 용기 등을 돋아주는 것을 뜻한다. '돋우다'에서 '돋음–도둠–두두무–수수무–すすむ'로 이어진다. ㉱ 進은 漸進(점진), 進化(진화), 進步(진보)처럼 차츰 좋아짐을 뜻한다. '차츰'에서 '추춤–추추무–수수무–すすむ'로 이어진다.

② のぶ : 進은 進上(진상), 進獻(진헌), 進奉(진봉)처럼 위로 높이는 것을 뜻한다. '높이다'에서 '높–노푸–노부–のぶ'로 이어진다.

③ ゆき : 進은 進行(진행)처럼 앞으로 나아감을 뜻한다. 오는 것을 뜻하는 ゆき(오게–오기–유기–ゆき)가 간다는 뜻으로 반의어화(反意語化)된다〈行(행) 참조〉.

人名訓読例

① すすむ : 進(외자 名).

② すす · すず : 進野(すすの), 進武(すすむ), 進実(すすみ), 進来(すずき), 進木(すずき).

③ のぶ : 進康(のぶやす), 進啓(のぶひろ), 進夫(のぶお), 進昭(のぶあき), 進洋(のぶひろ), 進賢(のぶよし).

④ ゆき : 進男(ゆきお), 進夫(ゆきお · のぶお).

陳 진	訓読	つらねる·のべる·ひね·ひねる·ふるい
	人名訓読	のぶ·のぶる
	音読	チン

訓読풀이

① つらねる : 陳(진)은 줄을 뜻한다. 陣烈(진열)은 줄 지어 세워놓은 것을 말한다. '줄'에서 '주라–つら'로 이어지고, つら

ねる로 동사화 된다.

② のべる : 陳은 말하는 것을 뜻한다(陳述 : 진술). 함부로 가볍게 말하는 것을 나불거린다고 한다.
'나불'에서 '나부–나베–노베–のべる'로 이어진다.

③ ひね · ひねる : 陳은 오래된 것, 헌 것을 뜻한다(陳腐 : 진부). ひね物(もの)는 헌 물건을 말한다.
'헌'에서 '허네–히네'로 이어지고 ひねる로 동사화 된다. ひねた大根(たいこん)은 묵은 무, 즉 '헌 무'라는 뜻이다.

④ ふるい : 陳은 ③에서와 같이 오래되어 헌 것을 뜻한다. 新陳代謝(신진대사)는 헌 것을 새 것으로 바꾼다는 말이다.
'헐다'에서 '허러–후러–후루–ふるい'로 이어진다.

⑤ のぶ · のぶる : 위 ②의 のべる의 문어(文語)이다.

人名訓読例

① のぶる : 陳(외자 名).
② つら : 陳明(つらあき).
③ のぶ : 陳令(のぶはる), 陳彦(のぶひこ), 陳雄(のぶお), 陳子(のぶこ), 陳政(のぶまさ), 陳重(のぶしげ).

診 **진**	訓読	みる
	音読	シン

訓読풀이

• みる : 診(진)은 보는 것, 살펴보는 것을 뜻한다.
見(み)る와 마찬가지로 눈매의 '매'에서 '미–みる'로 동사화 된다〈見(견) 참조〉.

人名訓読例

• み : 診左夫(みさお).

搢 **진**	訓読	はさむ
	音読	シン

訓読풀이

• はさむ : 搢(진)은 꽂는 것, 붙는(붙이는) 것을 뜻한다. 진신(搢紳)은 笏(홀)을 큰 띠에 붙인다(꽂는다)는 뜻으로, 높은 벼슬아치를 이르는 말이다.
'붙다'에서 '붙음–붓음–부수무–바사무–はさむ'로 이어진다.
〔参考〕 縉(진 : はさ)む와 이음을 같이한다.

塵 **진**	訓読	ちり
	音読	ジン

訓読풀이

• ちり : 塵(진)은 티끌, 먼지를 뜻한다. 塵世(진세)는 더러운 俗世(속세), 즉 쓰레기 같은 세상을 말한다.
'쓰레기'에서 '쓰레–시레–지리–ちり'로 이어진다.

人名訓読例

• ちり : 塵浜(ちりはま), 塵畑(ちりはた).

賑 **진**	訓読	にぎにぎ·にぎやか·にぎわう
	音読	シン

訓読풀이

• にぎにぎ · にぎやか · にぎわう : にぎにぎ(賑賑)는 번화한 모양, 활기찬 상황을 나타낸다. 그것은 넉넉함으로 표현된다. にぎにぎな町(まち)는 생활이 넉넉하여 거리에 활기가 넘쳐 남을 나타낸다.
'넉넉'에서 '너기너기–니기니기–にぎにぎ'로 이어진다. 또한 '넘치다'에서 '넘고－너고－너기－니기－にぎ'로 이어진다. にぎ에서 にぎわう로 동사화 된다.

震 진	訓読	ふるう·ふるえる
	音読	シン

訓読풀이

- ふるう · ふるえる : 震(진)은 벼락을 뜻한다〈大雨震電 : 春秋 (대우진전 : 춘추)〉. 벼락칠 때는 모두가 무서워 떤다. 그래서 震은 무서워 떠는 것을 나타낸다.
  '벼락'에서 '버라－부라－부루－ふるう · ふるえる'로 동사화 된다. 또한 무서워 떠는 것을 벌벌 떤다라고 한다. '벌벌'에서 '버루－부루－ふるう'로 이어진다.

瞋 진	訓読	いかる·いからす
	音読	シン

訓読풀이

- いかる · いからす : 瞋(진)은 눈을 부릅뜨고 노하는 것(瞋怒 : 진노), 즉 골내는 것을 뜻한다.
  '골'에서 '골－갈－かる'로 이어지고, 접두어 い가 붙어 いかる · いからす가 된다.
  〔参考〕 怒(노 : いか)る와 이음을 같이한다.

儘 진	訓読	まま
	音読	ジン

訓読풀이

- まま : 儘(진)은 마음(맘)대로, 생각대로 됨을 뜻한다. 마음, 생각은 사람만이 갖는 특성으로 주체가 사람일 경우 마음대로 되는 상황을 나타내지만, 사람이 아닌 경우에는 마음에 상응하는 어떤 속성에 따라 상황이 이루어짐을 나타낸다. したいままにさせておく 하면(사람이 주체인 경우) 마음대로 내버려 둔다는 뜻이고, 本能(ほんのう)ままに行動(こうどう)する 하면 본능의 속성(마음)에 따라 행동한다는 뜻이 된다.
  '마음'에서 '맘－마마－まま'로 이어진다.

人名訓読例

- まま : 儘田(ままだ).

鎮(鎭) 전	訓読	しずめる·しずまる
	人名訓読	おさむ·しげう(る)·しずむ·しずめ·つね·まさ·まもる·やす(し)
	音読	チン

訓読풀이

① しずめる · しずまる · しずむ · しずめ : 鎮(진)은 잔잔(잠잠)해짐, 조용해짐을 뜻한다.
'잔잔(잠잠)'에서 '자자－사주－시주－しずめる · しずまる'로 이어진다.
〔参考〕 静(정 : しず) める와 이음을 같이한다.

② おさむ : 鎮은 눌러 잡아 鎭静(진정)시키는 것을 뜻한다.
'잡다'에서 '잡음－자음－잠－자무－さむ'로 이어지고, 접두어 お가 붙어 おさむ가 된다.

③ しげう(る) : 鎮은 차게 하는(채우는) 것, 메우는 것을 뜻한다〈鎭其甍矣 : 國語 (진기맹의 : 국어)〉.
'차게 하다'에서 '차게－치게－시게－しげう(る)'로 이어진다.

④ つね : 鎮은 언제나, 늘, 오래를 뜻한다〈自有鎭開花 : 褚亮 (자유진개화 : 저

량)〉.

'이제나, 저제나, 언제나'에서 '제나–주나–주네–つね'로 이어진다.

⑤ まさ : 鎮은 맞는 것, 올바른 것을 지킨다는 말이다.

'맞다'에서 '마자–まさ'로 이어진다.

⑥ まもる : 鎮은 지키는 것, 함부로 들어오지 말도록 하는 것을 뜻한다.

'말다'에서 '맘–마모–まもる'로 이어진다. 또한 막는 것을 뜻한다. '막다'에서 '박음–맘–마모–まもる'로 이어진다.

〔参考〕 守(수 : まも)る와 이음을 같이한다.

⑦ やす(し) : 鎮은 조용히 해서 쉬게 하는 것을 뜻한다〈鎭撫(진무), 鎭安(진안)〉.

'쉬다'에서 '수–す'로 이어지고, 접두어 や가 붙어 やす(し)가 된다.

人名訓読例

① おさむ · しずむ · しずめ · まもる · やすし : 鎮(외자 名).

② しず : 鎮代子(しずよこ), 鎮博(しずひろ), 鎮市(しずいち), 鎮子(しずこ), 鎮正(しずまさ · しげまさ), 鎮治(しずはる).

③ しげ : 鎮基(しげもと), 鎮理(しげただ), 鎮秀(しげひで), 鎮信(しげのぶ), 鎮展(しげのぶ), 鎮貞(しげさだ).

④ つね : 鎮義(つねなみ), 鎮静(つねやす).

⑤ まさ : 鎮美(まさみ), 鎮吾(まさみち).

⑥ やす : 鎮久(やすひさ), 鎮男(やすお · しげお), 鎮衛(やすもり).

【질】

叱 질	訓読	しかる
	音読	シツ

訓読풀이

• しかる : 叱(질)은 아랫사람의 잘못을 꾸짖는 것을 뜻한다.

꾸짖다의 '짖다'에서 '짖거라–지라구–시가루–しかる'로 이어진다.

帙 질	訓読	ふまき
	音読	テツ

訓読풀이

• ふまき : 帙(질)은 책이 상하지 않도록 말아 싸는 책갑을 뜻한다.

'책(冊)'을 뜻하는 ふみ(배움–뱀–붐–부미–ふみ)에서의 ふ와 '말다'에서의 '말–말기–마기–まき'가 합성되어 ふまき가 된다.

〔参考〕 文券(문권), 書帙(서질)과 이음(ふまき)을 같이한다.

迭(迭) 질	訓読	かわる
	音読	テツ

訓読풀이

• かわる : 迭(질)은 갈마드는 것, 즉 번갈아 가며 갈음하여 드는 것을 뜻한다. 二人(ふたり)でかわる運転(うんてん)する 하면 둘이서 번갈아 가며 운전하는 것을 뜻한다.

'(번)갈아'에서 '갈아–가와–かわる–かわる'로 이어진다.

〔参考〕 代(대 : かわ)る와 이음을 같이한다.

桎 질	訓読	あしかせ
	音読	シツ

訓読풀이

- あしかせ : 桎(질)은 足枷(족가 : あしかせ)를 뜻한다. 足枷는 옛날 형구(刑具)의 일종으로 발에 걸었던 足鎖(족쇄)를 말한다.
  '발'에서 '알(ㅂ-ㅇ으로 변음)-아시(받침 ㄹ-'시'로 분절)-あし'로 이어지고, '걸다'의 '걸'에서 '갈-가세(받침 ㄹ-'세'로 분절)-かせ'로 이어져 あしかせ로 합성된다.

疾 질	訓読	やましい・はやい・とく・とう
	音読	シツ

訓読풀이

① やましい : 疾(やま)しい는 병에 걸리는 것, 앓음을 뜻한다. 의미가 확대되어 근심, 걱정, 원망, 미움, 성냄, 비방 등을 나타낸다. やましいことは何(なに)もしていない 하면 뒤가 앓은 것 같은 켕기는 일, 즉 양심의 가책을 받을 일은 하지 않는다는 말이 된다.
'앓음'에서 '알음-아음-암-아마-야마-やましい'로 이어진다.

② はやい : 疾(질)은 빠른 것을 나타낸다. 疾走(질주)는 빨리 달리는 것을 뜻하고, 疾風(질풍)은 빠른 바람을 뜻한다.
'빨라'에서 '발 아-바야-はやい'로 이어진다.

③ とく・とう : 疾은 어디를 향하여, 예컨대 학문을 향하여 뛰고 달려감을 뜻한다 〈聖人生於疾學 : 呂覽 (성인생어질학 : 여람)〉. 疾(と)く行(ゆ)け 하면 뛰어 가라, 즉 빨리 가라는 말이다.
'뛰고'에서 '두구-도구-とく'로 이어지고, '뛰어'에서 '두어-도우-とう'로 이어진다.

秩 질	訓読	ついで
	人名訓読	いつ・つね
	音読	テツ

訓読풀이

① ついで : 秩은 秩序(질서), 序列(서열) 등을 뜻한다. 秩序는 둘 이상의 사물이 일정한 차례, 순서에 따라 뒤좇아 가면서 이어지는 것을 말한다.
'좇다'에서 '좇아서-조아서-주아세-주이데-ついで'로 이어진다.
〔参考〕 次(차 : つ)いで와 이음을 같이한다.

② いつ : 秩은 언제나, 항상을 뜻한다.
'언제'에서 '어제-이제-이주-いつ'로 이어진다.

③ つね : 위 ② '언제나'의 '제나'에서 '주나-주네-つね'로 이어진다.
〔参考〕 恒(항), 常(상)과 이음(つね)을 같이한다.

人名訓読例

① いつ : 秩(외자 名).

② つね : 秩光(つねみつ), 秩夫(つねお), 秩典(つねのり).

窒 질	訓読	ふさぐ
	音読	チツ

訓読풀이

- ふさぐ : 窒(질)은 붙잡고 막는 것, 붙잡혀서 막히는 것을 뜻한다.
  '붙잡다'에서 '부자구-ふさぐ'로 이어진다.
  〔参考〕 塞(색 : ふさ)ぐ와 이음을 같이한다.

跌 질	訓読	つまずく
	音読	テツ

訓読풀이

- つまずく : 跌(질)은 발이 채여(걸려) 넘어지는 것을 뜻한다.
  '채이다'에서 '채임–챔–춤–추마–つまずく'로 이어진다.
  〔参考〕 躓(지 · 질 : つまず)く와 이음을 같이한다.

嫉 질	訓読	そねむ·ねたむ
	音読	シツ

訓読풀이

① そねむ : 嫉(질)은 샘내는 것을 뜻한다.
'샘내다'에서 '새냄–소냄–소내무–そねむ'로 이어진다.
〔参考〕 妬(투 : そね)む와 이음을 같이한다.

② ねたむ : 嫉은 샘내고 미워하고 애타는 것을 뜻한다. 仲間(なかま)の出世(しゅっせ)をねたる 하면 동료의 출세가 샘나고 미워서 애타는 것을 나타낸다.
'애탐'에서 '애타무–내타무(ㅇ–ㄴ으로 변음)–ねたむ'로 이어진다.

質 질	訓読	ただす·たち·はだ
	人名訓読	なお·まこと
	音読	シツ·ツチ·チ

訓読풀이

① ただす : 質(질)은 잘잘못을 따지는 것을 뜻한다(質問 : 질문).
'따지다'에서 '따져서–다다서–다다수–ただす'로 이어진다. 따진다는 것은 어떤 행동이 떳떳한가 여부를 따진다는 말이 된다. '떳떳'에서 '더더–다다–ただす'로도 이어진다.

② たち : 質은 사람이나 사물의 타고난 성질(性質), 체질(體質)을 뜻한다. 즉 사람 또는 사물 됨됨의 기본적인 틀을 가리킨다. たちの良(よ)い品物(しなもの)는 기본 틀이 좋은 물건이라는 말이다.
'틀'에서 '트지–타지–たち'로 이어진다.

③ はだ : 質은 바탕을 나타낸다. 学者(がくしゃ)はだのひと 하면 바탕이 학자인 사람을 뜻한다.
'바탕'에서 '바타–はだ'로 이어진다.

④ なお : 質은 바르게 나아짐을 뜻한다〈喜質我於人中 : 呂覽 (희질아어인중 : 여람)〉.
'나아'에서 '나오–なお'로 이어진다.

⑤ まこと : 質은 진실, 사실, 즉 맞는 것을 뜻한다〈子貢以其質告 : 大戴禮 (자공이기질고 : 대대례)〉.
'맞는 것'에서 '맞걷–마곧–마고도–まこと'로 이어진다.

人名訓読例

① ただし · ただす · まこと : 質(외자 名).
② ただ : 質郎(ただお), 質文(ただふみ · なおぶみ), 質子(ただこ), 質幸(ただゆき).
③ なお : 質文(なおぶみ · ただふみ).

【짐】

斟 짐·침	訓読	くむ
	音読	シン

訓読풀이

- くむ : 斟(짐 · 침)은 술을 치는 것, 따르는 것, 즉 술을 길어 올리는 것을 뜻한다. 斟酌(침작)은 서로 술을 길어 올리는(주고 받는) 것을 말한다. 斟酌(짐작)처럼 헤아린다는 뜻도 있다.

'길다'에서 '길음–기음–김–굼–구무–く む'로 이어진다.
〔参考〕 물 길어 올림을 뜻하는 汲(급 : く)む와 이음을 같이한다.

【집】

執 집	訓読	とり·とる
	人名訓読	ひ·もり
	音読	シツ·シュウ

訓読풀이

① とり · とる : 執(집)은 쥐는 것, 잡는 것을 말한다. 執筆(집필)은 붓을 들어(쥐고 · 잡고) 글을 쓴다는 뜻이고, 집도(執刀)는 칼을 들고(쥐고 · 잡고) 수술한다는 뜻이다.
'쥐다(잡다)'에서 '주(자)–조–도–とる'로 이어진다. 또한 '들다'에서 '드–도–とる'로 이어진다.
〔参考〕 取(취 : と)る와 이음을 같이한다.

② ひ : 執은 벗, 사교를 뜻한다〈見父之執不問不敢對 : 禮記 (견부지집 불문불감대 : 예기)〉.
'벗'에서 '버–비–ひ'로 이어진다.

③ もり : 執은 지키는 것을 말한다. 固執(고집)은 자기 일에 간섭하지 말라는 뜻이다.
'말다'에서 '말–몰–모리–もり'로 이어진다.

人名訓読例

① とり : 執取(とりどり).
② ひ : 執行(ひぎょう).
③ もり : 執子(もりこ), 執孝(もりたか).

集 집	訓読	あつまる·あつめる·あつむ·つどい·つどう·すだく·たかる
	人名訓読	す·そく·ため·つめ·ひとし
	音読	シュウ·ジュウ·シッ

訓読풀이

① あつまる · あつめる · あつむ : 集(집)은 모여서 방이 그득 참을 뜻한다.
'차다'에서 '참–춤–추무–つむ'로 이어지고, 접두어 あ가 붙어 あつむ가 된다.

② つどい · つどう : ①의 '차다'에서 '차다–추다–추도–つどい'로 이어진다.

③ すだく : ㉮ 集은 많이 모여 수다 떠는 것을 뜻한다. '수다'에서 '수다–すだく'로 이어진다. ㉯ 集은 벌레가 떼지어 짖는 것을 뜻한다. '짖다'에서 '지다–주다–すだく'로 이어진다.

④ たかる : ㉮ 人(ひと)のたかり는 사람의 무리, 즉 떼거리를 뜻한다. '떼거리'에서 '더가리–다가리–たかり'로 이어진다. ㉯ 人(ひと)がたかる 하면 사람이 들끓는 것을 뜻한다. '들끓다'에서 '들끄러–드가러–다가루–たかる'로 이어진다. ㉰ 親戚(しんせき)にたかる 하면 친척에게서 금품 등을 뜯어 모으는 것을 뜻한다. '뜯다'에서 '뜯거라–드가루–다가루–たかる'로 이어진다.

⑤ す : 集은 拾(습)과 같은 뜻으로 줍는 것을 뜻한다.
'줍다'에서 '주–す'로 이어진다. 또한 す는 ③의 すだく의 준말로 인명훈독에 쓰인다.

⑥ そく : 集은 모여 섞이는 것을 뜻한다.

'섞다'에서 '석어–서거–소구–そく'로 이어진다.

⑦ ため : 集은 모아 담는 것을 뜻한다.
'담다'에서 '담–다메–ため'로 이어진다.

⑧ つめ : 集는 많이 모여 방이 차는 것을 뜻한다.
'참'에서 '춤–추메–つめ'로 이어진다.

⑨ ひとし : 集은 하나 같이 같음을 뜻한다.
하나를 뜻하는 '홀'에서 '힐–히도(받침 ㄹ–'도'로 분절)–ひと(し)'로 이어진다〈一(일) 참조〉.

人名訓読例

① あつまり · あつむ · つどい · ひとし : 集(외자 名).
② つどい : 集橋(つどいばし).
③ す : 集堂(すどう).
④ そく : 集田(そくた).
⑤ ため : 集貝(ためがい · つめがい).
⑥ つめ : 集貝(つめがい · ためがい).

緝 집	人名訓読	つぎ·つぐ
	音読	シュウ

訓読풀이

- つぎ · つぐ : 緝(집)은 길쌈, 즉 자연 섬유를 원료로 하여 피륙 짜는 일을 뜻한다.
'짜다'에서 '짜기–자기–주기–つぎ · つぐ'로 이어진다.

人名訓読例

① つぐ : 緝(외자 名).
② つぎ : 緝子(つぎこ), 緝熙(つぎひろ).

輯 집	訓読	あつめる
	音読	シュウ

訓読풀이

- あつめる : 集(집) 참조.

【징】

徵(徵) 징	訓読	しるし·めす
	人名訓読	あきら·きよし
	音読	チョウ·チ

訓読풀이

① しるし : 徵(징)은 印(인) · 記(기) · 標(표)와 더불어 무엇을 표시하는 것을 뜻한다. 단단한 것이나 뾰족한 것으로 찔러서 표시한다.
'찔러서'에서 '질러서–지루시–しるし'로 이어진다.

② めす : 徵은 사실을 밝히기 위하여 묻는 것을 뜻한다〈寡人是徵 : 左氏傳 (과인시징 : 좌씨전)〉.
'묻다'에서 '뭇–맷–매수–めす'로 이어진다.

③ あきら : 徵은 밝혀내는 것을 뜻한다〈以徵求名之僞 : 左氏傳 (이징구명지위 : 좌씨전)〉.
'밝히다'에서 '발키라–바키라–아키라(ㅂ–ㅇ으로 변음)–あきら'로 이어진다.
또한 밝히기 위하여는 속을 열어 보아야 한다. '열다'에서 '열거라–어기라–아기라–あきら'로 이어진다.

④ きよし : 徵은 음율의 하나로 羽(우)에 버금가는 清澄(청징)한 음, 즉 깨끗한 음을 말한다.
澄(징)과 마찬가지로 '깨끗'에서 '객읏–개읏–기욧–기요시–きよし'로 이어진다. 또한 '곱다'에서 '고아서–기아서–기요시–きよし'로 이어진다.

人名訓読例

- あきら · きよし : 徵(외자 名).

자

澄 징	訓読	すむ·すます
	人名訓読	きよし·すすむ· とおる
	音読	チョウ

訓読풀이

① すむ · すます : 澄(징)은 깨끗이 씻는 것을 뜻한다.
'씻다'에서 '씻음-시움-심-숨-수무-すむ'으로 이어진다.

② きよし : 澄은 깨끗하고 고움을 뜻한다.
'깨끗'에서 '객웃-개웃-기욧-기요시-きょし'로 이어진다. 또한 '곱다'에서 '고아서-기아서-기요시-きよし'로 이어진다.

③ すすむ : ①의 '씻다'에서 '시숨-수숨-수수무-すすむ'로 이어진다.

④ とおる : 澄은 물이 깨끗하여 바닥까지 투명(透明)하게 뚫려 있음을 뜻한다.
透(とお)る와 마찬가지로 '뚫려'에서 '두우루-도우루-도오루-とおる'로 이어진다.

人名訓読例

① きよし · きよむ · すすむ · すまし · すみ · すむ · とおる : 澄(외자 名).

② すみ : 澄寛(すみひろ), 澄明(すみあきら), 澄江(すみえ), 澄元(すみもと), 澄子(すみこ), 澄春(すみはる).

③ きよ : 澄彦(きよひこ · すみひこ), 澄志(きよし).

④ とう : 澄三(とうぞう).

懲(懲) 징	訓読	こりる·こらす
	音読	チョウ

訓読풀이

- こりる · こらす : 懲(징)은 懲罰(징벌)로 골리는 것, 혼내주는 것을 뜻한다.
'골리다'에서 '골-고리-こりる'로 이어진다.

叉 차	訓読	また
	音読	サ·シャ

訓読풀이

• また : 叉(차)는 끝이 두 갈래로 갈리어 맞댄(맞선) 모양을 나타낸다. 叉手(차수)는 두 손을 어긋매껴 맞대 잡는 것을 뜻하고, 叉銃(차총)은 야외에서 군대가 휴식할 때 총을 맞대어 걸쳐 놓은 상태를 말한다.
'맞'에서 '맏–마다–また'로 이어진다.

且 차	訓読	かつ·しばらく·まさに
	音読	シャ·ショ·ソ

訓読풀이

① かつ : ㉮ 且(차)는 몇 가지 동작이나 상황이 같이 일어남을 나타낸다. かつ食(くら)い, かつ飲(の)み, かつ語(かた)る 하면 같은 시간, 같은 자리에서 먹고 마시고 지껄이고 있음을 나타낸다. 歌(うた)いかつ舞(ま)う 하면 노래와 같이 춤을 춘다는 뜻이다. 같이의 '같'에서 '가투–かつ'로 이어진다. ㉯ 且는 ~까지도라는 뜻을 갖는다. 迅速(じんそく)かつ正確(せいかく)는 신속하고 정확하기까지하다는 뜻이다. '까지'에서 '가지–가주–かつ'로 이어진다.

② しばらく : 且는 잠시, 얼마간, 짧은 동안이라는 뜻을 갖는다〈且以喜樂 且以永日 : 詩經 (차이희락차이영일 : 시경)〉. 暫(しばら)く와 마찬가지로 '짧아'에서 '자바–지바–시바–しばらく'로 이어진다.

③ まさに : ㉮ 且는 마찬가지라는 뜻을 갖는다〈公子貧且賤 : 史記 (공자빈차천 : 사기)〉. '마찬'에서 '마차–마사–まさに'로 이어진다. ㉯ 且는 또한 ~망정이라는 뜻을 갖는다〈臣死且不避 : 史記 (신사차불피 : 사기)〉. '망정'에서 '마저–마자–まさに'로 이어진다. ㉰ 마찬가지나 망정은 마땅히라는 뜻을 내포한다. '마땅'에서 '마다–마사–まさに'로 이어진다.

人名訓読例

• かつ : 且股(かつまた), 且尾(かつお), 且元(かつもと), 且原(かつはら), 且夫(かつお), 且好(かつよし).

次 차	訓読	つぎ·つぐ·ついで·やどる
	人名訓読	ちか·なみ
	音読	ジ·シ

訓読풀이

① つぎ·つぐ·ついで : 次(차)는 이어짐, 버금을 뜻한다. 大雨(おおあめ)に次(つ)いで台風(たいふう)が来(き)た 하면 큰 비가 온 다음 태풍이 좇아 왔다는 말이며, 知事(ちじ)に次(つ)ぐ実力者(じつりょくしゃ) 하면 지사를 뒤에서 좇는(버금가는) 제2의 실력자라는 말이다.
'좇다'에서 '조구–주구–つぐ'로 이어진다. 또한 '좇아서'에서 '조아더–주아더–주이데–ついで'로 이어진다.

② やどる : 次는 旅館(여관)을 뜻한다〈旅卽次 : 易經 (여즉차 : 역경)〉. 여관은

나그네가 한때 눕는 터이다.

宿(やど)와 마찬가지로 '눕는 터'에서 '누터–나토–아도(ㄴ–ㅇ으로 변음)–やど'로 이어지고, やど에서 やどる로 동사화된다. 여기에서 次는 묵다, 유숙한다는 뜻도 된다〈王次于河朔 : 書經(왕차우하삭 : 서경)〉.

③ ちか : 次는 가까이 있음, 부근(附近)을 뜻한다. 가깝다함은 짧은 거리에 있음을 말한다.

'짧다'에서 '짧고–자고–자가–지가–ちか'로 이어진다. 제주방언 '조곧에'에서 '조고–지고–지가–ちか'로도 이어진다.

④ なみ : 次는 行列(행렬)을 뜻한다〈失次犯令 : 國語 (실차범령 : 국어)〉. 행렬은 일행이 늘어서 줄지어 나감을 말한다.

並(병 : なみ)과 마찬가지로 '늘다'에서 '늘–남–나미–なみ'로 이어진다.

人名訓読例

① つぎ · つぐ · やどる : 次(외자 名).

② つぎ : 次山(つぎやま), 次繁(つぎしげ), 次守(つぎもり), 次勝(つぎかつ), 次英(つぎひで), 次丸(つぎまる).

③ つぐ : 次徳(つぐのり), 次博(つぐひろ), 次俊(つぐとし), 次樹(つぐき), 次信(つぐのぶ · つぎのぶ), 次清(つぐきよ).

④ ちか : 次雄(ちかお · つぎお · つぐお · なみお).

⑤ なみ : 次雄(なみお).

扠 차	訓読	さて
	音読	サ

訓読풀이

• さて : 扠置(차치 : さてお)く는 제쳐 놓는다는 뜻이다. 扠는 지금까지의 화제를 제쳐 놓고 다른 것으로 바꿀 때 쓰인다. さて本論(ほんろん)に入(はい)りますが 하면 이제까지 이야기한 것들은 제쳐 놓고 본론으로 들어가렵니다라는 말이다.

'제치다'에서 '제처–세데–사데–さて'로 이어진다.

車 차	訓読	くるま
	人名訓読	のり
	音読	シャ

訓読풀이

① くるま : 車(차)는 자동차를 뜻한다. 물론 自動車(じどうしゃ)라는 단어가 있지만 일상생활에서는 くるま가 압도적으로 많이 쓰인다.

'굴러가는 말'이라는 뜻에서 '굴러말–구러마–구루마'로 이어진다. 한편 '굴러가다'는 일본어로 転(ころ)がす로, 이것은 '굴러–구러–고로–ころがす'로 이어진다.

② のり : 車는 올라타거나 짐을 올려놓는 운송수단이다.

'올라'에서 '올–오리–노리(ㅇ–ㄴ으로 변음)–のり'로 이어진다. 또한 '올려놓다'의 '놓다'에서 '노라–노리–のり'로 이어진다.

人名訓読例

① くるま : 車谷(くるまたに · くるまや), 車木(くるまぎ), 車屋(くるまや), 車田(くるまだ · のりた), 車川(くるまがわ), 車戸(くるまど).

② くる : 車間(くるま).

③ のり : 車田(のりた · くるまだ).

侘 차	訓読	わび·わびしい
	音読	タ

訓読풀이

• わび · わびしい : 侘(차)는 외롭고 쓸쓸한 것을 나타낸다.
'외롭다'에서 '욀옵-외옵-욉-압-아비-わび · わびしい'로 이어진다.

借 차	訓読	かりる·かる
	人名訓読	かし
	音読	シャク·シャ

訓読풀이

① かりる · かる : 借(차)는 돈이나 재물을 빌리는 것, 즉 꾸는 것을 뜻한다.
'꾸다'에서 '꾸라-구루-가루-かる · かりる'로 이어진다. 한편 貸(대)는 빌려주는 것, 즉 꾸어 주는 것을 뜻한다. 이것도 같은 어간 '꾸다'의 '꾸'에서 '구-가-かす'로 이어진다.

② かし : ①에서와 같이 借는 돈을 꾸는 것, 즉 꾸어 받는 것을 뜻하고, 貸는 돈을 꾸어 주는 것을 뜻한다. 借나 貸는 모두 '꾸(어)'를 어간으로 한다. 人名訓読에서 借를 かし(貸す의 명사형)로도 훈독한 것(姓에서만 나타남)은 어간이 같기 때문에 借를 꿔서 받는 것으로 보고 貸와 마찬가지로 かし로 훈독한 것으로 보인다.
'꿔서'에서 '거서-가시-かし'로 이어진다.

人名訓読例

① かし : 借家(かしや), 借間(かしま), 借馬(かしま · かるめ).
② かる : 借馬(かるめ · かしま).

差 차	訓読	さす·たがう
	音読	サ·シ

訓読풀이

① さす : ㉮ 水(みず)をさす, 炭(すみ)をさす 하면 물이나 숯을 쏟는다는 뜻이다. '쏟다'에서 '솟-삿-사수-さす'로 이어진다. 注 · 点(さ)す와 이음을 같이한다. ㉯ 朝日(あさひ)がさす 하면 아침 해가 눈부시게 쏘는 것을 뜻하고, 蜂(はち)にさされる 하면 벌에 쏘였다는 뜻이다. '쏘다'에서 '쏴서-사수-さす'로 이어진다. 射 · 刺(さ)す와 이음을 같이한다. ㉰ 魔(ま)がさす 하면 마가 씌운다는 뜻이고, 傘(かさ)をさす 하면 우산을 쓴다는 뜻이다. '쓰다'에서 '써서-사서-사수-さす'로 이어진다. 翳(예 : さ)す와 이음을 같이 한다. ㉱ 米俵(こめだわら)をさす 하면 쌀가마를 든다는 뜻이다. '들다'에서 '들-달-다-사-사수-さす'로 이어진다. ㉲ 将棋(しょうぎ)をさす 하면 장기를 둔다는 뜻이다. '두다'에서 '두-다-사-사수-さす'로 이어진다. 指(さ)す와 이음을 같이한다. ㉳ 南(みなみ)をさして行(い)く 하면 남쪽을 좇아(향해)간다는 뜻이다. '좇다'에서 '조-자-사-さす'로 이어진다. 指(さ)す와 이음을 같이한다. ㉴ 反物(たんもの)をさす 하면 옷감치수를 잰다는 뜻이다. '재다'에서 '재-자-사-さす'로 이어진다. 指(さ)す와 이음을 같이한다. ㉵ 日(ひ)がさし当(あた)る 하면 햇빛 등이 직접(쏘아) 닿는 것을 뜻한다. '닿다'에서 '다-사-さす'로 이어진다. 指(さ)す와 이음을 같이한다. ㉶ 刀(かたな)を腰(こし)にさす 하면 칼을 허리에 찬다는 뜻이다. '차다'에서 '차-사-さす'로 이어진다.

차

挿(さ)す와 이음을 같이한다. ㉳ ナイプでさす 하면 나이프로 쳐서 자른다는 뜻이다. '치다'에서 '치–차–사–さす'로 이어진다. 刺(さ)す와 이음을 같이한다.

② たがう : 差(차)는 다른 것, 일치하지 않은 것을 뜻한다〈差異(차이), 差別(차별), 差等(차등)〉.
'다르다'에서 '다르고–달고–다고–다가–たがう'로 이어진다.

人名訓読例

• さ : 差首鍋(さすなべ), 差波(さなみ · さわ), 差知子(さちこ).

嗟 차	訓読	ああ·なげく
	音読	サ

訓読풀이

① ああ : 嗟(차)는 '아아' 하고 탄식하는 것을 뜻한다.
'아아'에서 ああ로 이어진다.

② なげく : 嗟嘆(차탄)은 슬퍼 울게 한다는 뜻이다.
'울게'에서 '우게–아게–나게(ㅇ–ㄴ으로 변음)–なげく'로 이어진다.

人名訓読例

• ああ : 嗟(외자 名).

嵯 차	訓読	けわしい
	音読	サ

訓読풀이

• けわしい : 嵯(차)는 산이 울쑥불쑥하여 險(험)한 것, 즉 고약스러움을 뜻한다.
険(けわ)しい와 마찬가지로 '고약'에서 '고야–개야–개와–けわしい'로 이어진다.

遮(遮) 차	訓読	さえぎる
	音読	シャ

訓読풀이

• さえぎる : ㉮ 遮(차)는 문을 닫아 차단(遮断) 하는 것을 뜻한다. '닫다'에서 '닫으거라–다에거라–さえぎる'로 이어진다. ㉯ 遮는 또한 덮어 가리는 것을 뜻한다(遮蔽 : 차폐). '덮다'에서 '덮으거라–더으거라–다에거라–さえぎる'로 이어진다.

瑳 차	訓読	みがく
	音読	サ

訓読풀이

• みがく : 瑳(차)는 갈아(닦아) 빛을 낸다는 뜻이다. 切瑳(절차)는 옥 · 돌 등을 밀고 갈아 빛을 내듯 학문 · 수양을 닦는 것을 뜻한다. 瑳는 切(절)과 마찬가지로 갈다의 뜻을 갖는다〈如切如瑳 : 詩經(여절여차 : 시경)〉.
磨(みが)く와 마찬가지로 '밀고 갈다'에서 '미갈구–미가구–みがく'로 이어진다.

箚 차	訓読	しるす
	音読	サツ·トウ

訓読풀이

• しるす : 箚(차)는 찌르는 것, 적는 것(기록)을 뜻한다. 옛날에는 끝이 뾰족한 것으로 가죽이나 짐승의 뼈 등에 찔러 기록을 만들어 두었다고 본다.
印 · 標 · 記(しる)す와 마찬가지로 '찌르다'에서 '지루–しる–しるす'로 이어진다.

磋 차	訓読	みがく
	音読	サ

訓読풀이

• みがく : 磋(차)는 瑳(차)와 마찬가지로 밀고 가는 것을 뜻한다. 切磋琢磨(절차탁마)는 밀고 갈아 옥·돌이 빛을 내 듯 학문이나 덕행을 닦는 것을 말한다.
'밀고 갈다'에서 '미갈구–미가구–みがく'로 이어진다.

蹉 차	訓読	つまずく
	音読	サ

訓読풀이

• つまずく : 蹉(차)는 발(足)이 무엇에 채이고 치이어(差) 넘어지는 것을 뜻한다.
'채이다'에서 '채임–챔–춤–추마–つま–つまずく'로 이어진다.

【착】

捉 착	訓読	つかまえる·つかまる·とらえる·とる
	音読	ソク

訓読풀이

① つかまえる·つかまる : 捉(착)은 쥐는 것, 잡는 것을 뜻한다(捕捉 : 포착). 犯人(はんにん)をつかまえる 하면 범인을 잡는다는 뜻이다.
捕(つか)まえる와 마찬가지로 '잡다·쥐다'에서 '자고–주고–주가–つかまえる'로 이어진다.

② とらえる·とる : ①의 쥐다, 잡다에서 '주라–두라–도루–とる'로 이어진다. 또한 '잡다'에서 '잡–자–조–도–とる'로 이어진다.
〔参考〕 取(취 : と)る와 이음을 같이한다.

窄 착	訓読	すぼまる·すぼむ·すぼめる·つぼむ·つぼめる·せまい
	音読	サク

訓読풀이

① すぼまる·すぼむ·すぼめる : 窄(착)은 좁아지는 것을 뜻한다. 口(くち)のすぼんたびん 하면 아가리가 좁은 병을 말한다.
'좁다'에서 '좁음–조보무–주보무–すぼむ'로 이어진다.

② つぼむ·つぼめる : 口(くち)をつぼめる 하면 입을 좁게 오므리는 것을 뜻한다. ①과 마찬가지로 '좁다'에서 '좁음–조보무–주보무–つぼむ'로 이어진다.

③ せまい : '좁다'에서 '좁음–조움–좀–솜–셈–세마–せまい'로 이어진다.

着 착	訓読	きる·つく·つける
	音読	チャク·ジャク

訓読풀이

① きる : 着(착)은 옷을 입는 것을 뜻한다(착복 : 着服). 옷 입는 것을 옷을 끼어 입다, 또는 옷을 걸친다라고 한다.
'끼다'에서 '끼라–기루–きる'로 이어지고, '걸치다(걸다)'에서 '걸–길–기루–きる'로 이어진다.

② つく·つける : 着은 어디에 닿는 것(도착 : 到着), 대는 것을 뜻한다(착수 : 着手).
'닿다' 또는 '대다'에서 '다구(대구)–두구–つく'로 이어진다.

人名訓読例

• き : 着月(きずき), 着座(きまぜ).

차

搾 착	訓読	しぼる
	音読	サク

訓読풀이

- しぼる : 搾(착)은 힘껏 잡아 젖이나 기름 등을 짜내는 것을 뜻한다〈搾乳(착유), 搾油(착유)〉.
  絞(しぼ)る와 마찬가지로 '잡다'에서 '자부라–지보루–시보루–しぼる'로 이어진다.

錯 착·조	訓読	あやまる·まじる·おく
	音読	サク·ソ

訓読풀이

① あやまる : 錯誤(착오)는 해서는 아니 될 잘못을 저지르는 것, 錯覺(착각)은 사물을 옳지 아니 하게 지각하는 것을 말한다.
誤(あやま)る와 마찬가지로 '아니다'에서 '아님–아니마–아냐마–아야마(ㄴ–ㅇ으로 변음)–あやまる'로 이어진다.

② まじる : 錯(착)은 한데 묻히어 섞이는 것을 뜻한다. 錯雜(착잡)은 한데 묻히어(뒤섞여) 복잡함을 나타낸다.
雑(ま)じる와 마찬가지로 '묻히다'에서 '묻–맏–맞–마지–まじる'로 이어진다.

③ おく : 錯(조)는 그만 놓는(두는) 것을 뜻한다. 措(조)와 같은 뜻을 갖는다.
措 · 置(お)く와 마찬가지로 '놓다'에서 '노구–오구(ㄴ–ㅇ으로 변음)–おく'로 이어진다.

鑿 착	訓読	うがつ·のみ
	音読	サク

訓読풀이

① うがつ : 鑿(착)은 뚫어 여는 것을 뜻한다(鑿空 : 착공).
'열다'에서 '열고–어가–우가–うがつ'로 이어진다.

② のみ : 鑿은 나무를 파서 구멍을 여는 도구, 즉 끌을 뜻한다.
위 ①에서와 같이 '열다'에서 '염–옴–오미–노미(ㅇ–ㄴ으로 변음)–のみ'로 이어진다.
〔参考〕 穿(천 : うが)つ와 이음을 같이한다.

【찬】

賛(贊) 찬	訓読	たたえる·ほめる
	人名訓読	たすく·たとう·よし
	音読	サン

訓読풀이

① たたえる : 賛(찬)은 칭찬, 즉 상대방 또는 제3자를 잘했다고 다독거려 주는 것, 북돋아 주는 것을 뜻한다.
称(たた)える와 마찬가지로 '다독'에서 '다도–다다–たたえる'로 이어진다. 또한 '북돋우다'에서 '돋–도다–다다–たたえる'로 이어진다.

② ほめる : 칭찬받으려면 뽐낼만한 명예나 평판이 있어야 한다.
誉(ほ)める와 마찬가지로 '뽐내다'에서 '뽐–보메–ほめる'로 이어진다.

③ たすく : 賛은 돕는 것을 뜻한다〈能贊大事 : 左氏傳 (능찬대사 : 좌씨전)〉.
'돕다'에서 '도아서–돠서–다수–たすく'로 이어진다.

④ たとう : ①의 '다독'에서 '다도–たとう'로 이어지고, '돋우다'에서 '돋–도도–다도–たとう'로 이어진다.

⑤ よし : 賛은 옳은 것에 대하여 ①, ②에

서처럼 칭찬하거나 격려하고 ③에서처럼 도와주는 것을 말한다.
'옳다'에서 '올-오시(받침 ㄹ-'시'로 분절)-よし'로 이어지고, '옳지'에서 '오지-오시-よし'로 이어진다.

人名訓読例

① たすく・たとう：賛(외자 名).
② よし：賛雄(よしお), 賛子(よしこ).

簒 찬	訓読	うばう
	音読	サン

訓読풀이

• うばう：簒奪(찬탈), 簒弑(찬시)는 임금의 자리를 빼앗는 것을 말한다.
'빼앗다'에서 '배아-바아-ばう'로 이어지고, 접두어 う가 붙어 うばう가 된다.

燦 찬	訓読	きらめく
	人名訓読	あきら
	音読	サン

訓読풀이

① きらめく：燦(찬)은 불이 켜졌을 때 훤히 드러나는 찬란(燦爛)한 모습을 나타낸다.
'켜다(키다)'에서 '키라-きらめく'로 이어진다.
② あきら：燦은 불을 켜 밝힌다는 뜻이다.
'밝히다'에서 '바키라-아키라(ㅂ-ㅇ으로 변음)-あきら'로 이어진다.

人名訓読例

• あきら：燦(외자 名).

竄 찬	訓読	かくれる・のかれる
	音読	ザン

訓読풀이

① かくれる：竄(찬)은 이불 같은 것으로 둘둘 감고 감추는 것, 숨기는 것을 뜻한다.
'감고'에서 '가고-가구-かくれる'로 이어진다.
② のかれる：竄은 도망가게 놓아 주는 것을 뜻한다.
'놓다'에서 '놓고-노가-のかれる'로 이어진다.

纂 찬	訓読	あつめる
	音読	サン

訓読풀이

• あつめる：纂(찬)은 한군데로 모아 채우는 것을 뜻한다.
'채우다'에서 '채움-챔-춤-つめる'로 이어지고, 접두어 あ가 붙어 あつめる가 된다.

讚 찬	訓読	たたえる・ほめる
	音読	サン

訓読풀이

• たたえる・ほめる：賛(찬) 참조.

鑽 찬	訓読	きり
	音読	サン

訓読풀이

• きり：鑽(찬)은 끌・송곳을 뜻한다.
'끌'에서 '글-길-기리-きり'로 이어진다.
〔参考〕 錐(추)와 이음(きり)을 같이한다.

【찰】

札 찰	訓読	ふだ
	人名訓読	ぬき・まさ
	音読	サツ

차

訓読풀이

① ふだ : ㉮ 札(찰)은 표찰(標札), 표(標)로서 글씨를 써 넣은 팻말을 뜻한다. 팻말의 '팻'에서 '푿-푸다-ふだ'로 이어진다. ㉯ 표찰이나 표는 알리고자 하는 인물 · 사물에 붙인다. '붙다'에서 '붙-부타-ふだ'로 이어진다.

② ぬき : 札은 뽑아내는 것을 뜻한다〈毫末不札 : 孔子家語 (호말불찰 : 공자가어)〉.
抜(ぬ)く와 마찬가지로 뽑아내다의 '내다'에서 '내기-누기-ぬき'로 이어진다.

③ まさ : 팻말에서 '팻'은 ふだ로 이어지고, 말은 '마사(받침 ㄹ-'사'로 분절)-まさ'로 이어진다.

人名訓読例

① ぬき · ふだ · まさ : 札(외자 名).

② ふだ : 札木(ふだき), 札川(ふだかわ), 札子(ふだこ).

拶 찰	訓読	せまる
	音読	サツ

訓読풀이

• せまる : 拶(찰)은 죄는 것, 좁게 하는 것을 뜻한다. ㉮ 拶指(찰지)는 다섯 개의 가는 나무토막을 엮어 죄인의 손가락 사이에 끼워서 죄는 고문법의 하나이다. '죄다'에서 '죔-셈-세마-せまる'로 이어진다. ㉯ 道幅(みちはば)がせまる 하면 길이 좁아짐을 뜻한다. '좁다'에서 '좁음-조음-좀-젬-제마-せまる'로 이어진다.

紮 찰	訓読	からげる
	音読	サツ

訓読풀이

• からげる : 荷物(にもつ)をからげる 하면 짐을 줄로 서로 걸어 얽어매는 것을 뜻한다.
'걸다'에서 '걸어-거러-가라-からげる'로 이어진다.

察 찰	訓読	みる
	人名訓読	あきら · さとる
	音読	サツ · セチ

訓読풀이

① みる : 察(찰)은 눈을 크게 뜨고 살펴보는 것을 뜻한다.
눈매의 '매'에서 동사화 되어 '매-미-みる'로 이어진다.

② あきら : 察은 밝히는 것을 뜻한다.
'밝히다'에서 '바키라-아키라(ㅂ-ㅇ으로 변음)-あきら'로 이어진다.

③ さとる : ㉮ 察은 눈이 뜨이어 알게 되는 것, 밝혀지는 것을 뜻한다〈察於人倫 : 孟子 (찰어인륜 : 맹자)〉. 눈을 '뜨다'에서 '뜨더라-다도라-사도루-さとる'로 이어진다. ㉯ 察은 생각이 돋는(솟는) 것을 뜻한다. '돋(솟)'에서 '솓-소도-사도-さとる'로 이어진다.

擦 찰	訓読	する · すれる · かする
	音読	サツ

訓読풀이

① する · すれる : ㉮ 擦(찰)은 쓰는 것, 비비는 것을 뜻한다. 手(て)をする 하면 손을 쓰는(비비는) 것이고, タオルで背中(せなか)をする 하면 손수건으로 등을 쓰는(문지르는) 것을 뜻한다. '쓸다'에서 '쓰러-수루-する · すれる'로 이어진다. ㉯ もみをする 하면 벼를 쓿는 것을 뜻한다. '쓿다'에서 '쓰러-수루-する ·

すれる'로 이어진다.

② かする : ㉮ 擦은 거쳐 지나가는 것을 뜻한다. 弾丸(だんがん)が頬(ほお)をかする 하면 탄환이 얼굴을 살짝 거쳐 스쳐 지나간다는 뜻이다. '거치다'에서 '거추라–가추루–가수루–かする'로 이어진다. ㉯ 擦은 재물을 가로채는 것을 뜻한다. '가로채다'에서 '가채라–가추라–가추루–가수루–かする'로 이어진다. ㉰ 가로채는(훔치는) 것은 감추어 자기 것으로 만드는 것을 말한다. '감추다'에서 '가추라–가수루–かする'로 이어진다. ㉱ 擦(かす)れる는 가스러지는 것, 거칠어지는 것을 뜻한다. '가스러(거치러)'에서 '가스레(가추레)–かすれ · かすれる'로 이어진다.

【참】

参(參) 참·삼	訓読	まいる
	音読	サン·シン

訓読풀이

• まいる : ㉮ 参(참)은 모여서 참여(参與)하는 것을 뜻한다. 参集(참집)은 많은 사람이 모여 참가하는 것, 参席(참석)은 어떤 모임의 자리에 참가하는 것, 参加(참가)는 어떤 모임이나 일에 관여하는 것을 뜻한다. '모이다'에서 '모이–마이–まいる'로 이어진다. ㉯ 参(まい)る는 경기에서 지는 것, 약해지는 것, 즉 상대에게 밀리는 것을 나타낸다. どうだまいったか 하면 '어때 밀렸지(졌지)'라는 뜻이다. '밀리다'에서 '밀려–미이러–마이루–まいる'로 이어진다.

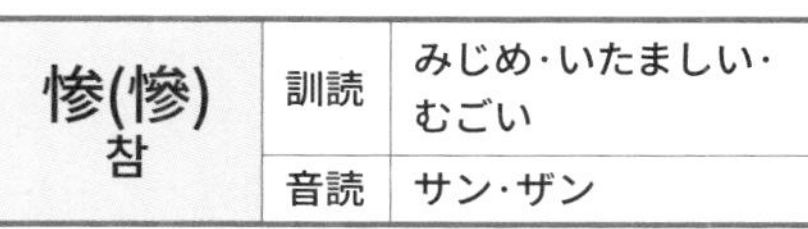

惨(慘) 참	訓読	みじめ·いたましい·むごい
	音読	サン·ザン

訓読풀이

① みじめ : 惨(참)은 悲惨(비참), 惨憺(참담)함을 나타낸다. 즉 미칠 것 같이 괴롭고 슬픈 惨狀(참상)을 말한다.
'미침'에서 '미짐–미지메–みじめ'로 이어진다. 또한 '못됨'에서 '모딤–미딤–미디메–미지메–みじめ'로 이어진다.

② いたましい : 惨은 병들어 아파하는 惨酷(참혹)한 상황을 나타낸다.
痛 · 傷(いた)む와 마찬가지로 '앓다'에서 '앓음–알음–아다음(받침 ㄹ–'다'로 분절)–이담–이다마–いたましい'로 이어진다.

③ むごい : むごい(惨い · 酷い)를 뜻하는 한국어는 대부분 한자어이다〈惨酷(참혹), 悲惨(비참), 惨憺(참담), 惨事(참사)〉. 이들 한자어에 공통되는 점은 그 참혹상이 매우 무겁다는 점이다. むごく責(せ)める 하면 무겁게 책임을 매긴다는 뜻이다.
'무거워'에서 むごい로 이어진다.

斬 참	訓読	きる
	音読	ザン

訓読풀이

• きる : 斬首(참수)는 머리를 베어 죽이는 것을 뜻한다. 칼로 베면 두 쪽으로 갈라지게 마련이다.
切(き)る와 마찬가지로 '가르다'에서 '가루–기루–きる'로 이어진다.

塹 참	訓読	ほり
	音読	ザン

차

訓読풀이

- ほり : 塹(참)은 땅을 파는 것을 뜻한다. 塹壕(참호)는 성벽 밖 둘레에 판 구덩이를 뜻한다.
  掘 · 濠(ほり)와 마찬가지로 '파다'에서 '파라－파리－포리－ほり'로 이어진다.

人名訓読例

- ほり : 塹江(ほりえ).

嶄 참	訓読	けわしい
	音読	ザン

訓読풀이

- けわしい : 嶄絶(참절)은 산이 높고 고약하게 험준한 것을 말한다.
  '고약'에서 '고아－개아－けわしい'로 이어진다.

慙 참	訓読	はじる
	音読	ザン

訓読풀이

- はじる : 慙愧(참괴)는 부끄러워함을 뜻하고, 慙死(참사)는 죽고 싶도록 부끄러움을 뜻한다.
  '부치럽다(제주방언)'에서 '부지－바지－はじる'로 이어진다.

懺 참	訓読	くいる
	音読	ザン · サン

訓読풀이

- くいる : 懺(참)은 자기의 잘못을 뉘우치고 고치는 것을 뜻한다. 懺悔滅罪(참회멸죄)는 참회함으로써 온갖 죄를 소멸하는 것, 잘못을 고쳐 새사람으로 거듭남을 말한다.
  '고치다'에서 '곶이－고이－구이－くいる'로 이어진다.

驂 참	訓読	そえうま
	音読	サン

訓読풀이

- おえうま : 驂(참)은 곁에 딸린 말, 즉 주(主)가 되는 말을 좇아가는 예비말을 뜻한다.
  '좇아'에서 '조에－소에－そえ'로 이어지고 '말'에서 '마－우마('우'는 접두어)－うま'로 이어져 そえうま로 합성된다.
  〔参考〕 副(そ)え馬(うま)로도 표기된다.

讒 참	訓読	そしる
	音読	ザン

訓読풀이

- そしる : ㉮ 讒謗(참방)은 남을 비방(誹謗)하는 것, 꾸짖는 것을 뜻한다. '짖다'에서 '지지－조지－소시－そしる'로 이어진다. ㉯ 讒言(참언)은 남을 헐뜯는 것을 뜻한다. 뜯는다는 것은 찢는다는 말이다. '찢'에서 '지저－지조－そしる'로 이어진다. ㉰ 입으로 '조진다'는 표현이 있는데, 이것도 입으로 꾸짖거나 헐뜯는 것을 말한다. '조지다'에서 '조지－소시－そしる'로 이어진다.
  〔参考〕 誹(비) · 謗(방)과 이음(そしる)을 같이한다.

讖 참	訓読	しるし
	音読	シン

訓読풀이

- しるし : 讖文(참문), 讖書(참서)는 미래를 예견하여 기록한 문서를 말한다. 옛날에는 갑골(甲骨)이나 목간(木簡)에 단단한 것이나 뾰족한 것으로 찔러서 문자를 새기거나 그림을 그려 문서를 기록하여 두었다.

'찔러서'에서 '질러서–지루시–しるし'로 이어진다.

【창】

昌 창	訓読	さかり·さかん·まさ
	人名訓読	あき(ら)·あつ(し)·さかえ·たか(し)·ただし·のぼる·ひかる·まさし·まさる·よし
	音読	ショウ

訓読풀이

① さかり · さかん · さかえ : 昌(창)은 창성, 번영, 번성함을 뜻한다. 번성하다는 것은 상점은 물건으로, 거리는 사람으로 가득 차 있음을 말한다.
盛(さかり), 栄(さかえ)와 마찬가지로 '차다'에서 '차거라–차거리–사가리–さかり'로 이어진다. さかん은 さかり의 音便이다.

② まさ · まさし · まさる : 昌言(창언)은 이치에 맞는 옳은 말이라는 뜻이다.
'맞다'에서 '마자–まさ'로 이어진다.

③ あき · あきら : 昌은 밝고 아름다움을 뜻한다.
'밝다'에서 '발기–바기–아기(ㅂ–ㅇ으로 변음)–あき(ら)'로 이어진다.

④ あつ · あつし : 昌은 ①에서와 같이 차 있음을 뜻한다.
'차'에서 '추–つ'로 이어지고, 접두어 あ가 붙어 あつ가 된다.

⑤ たか · たかし : 昌은 창성, 융성해지면서 그에 따라 명성도 높이 뜨게(솟게) 됨을 말한다.
'뜨다'에서 '뜨고–뜨가–다가–たか'로 이어진다.

⑥ ただし : ②에서와 같이 맞고 옳으면 떳떳하게 된다.
'떳떳'에서 '더더–다다–ただし'로 이어진다.

⑦ のぼる : 昌은 넓게 번창, 번성함을 뜻한다.
'넓다'에서 '널버–너보–노보–のぼる'로 이어진다.

⑧ ひかる : ③에서와 같이 빛(깔)이 비치어 밝아지는 것을 뜻한다.
'빛깔'에서 '비갈–비가루–ひかる'로 이어진다.

⑨ よし : ②에서와 같이 옳고 맞음을 뜻한다.
'옳다'에서 '올–오시(받침 ㄹ–'시'로 분절)–よし'로 이어지고, '옳지'에서 '오시–よし'로 이어진다.

人名訓読例

① あきら · あつし · さかえ · さかん · たかし · ただし · のぼる · ひかる · まさ · まさし · まさる : 昌(외자 名).

② まさ : 昌寛(まさひろ), 昌基(まさき), 昌明(まさあき), 昌文(まさふみ), 昌盛(まさもり), 昌察(まさあき).

③ あき : 昌夫(あきお · まさお · よしお), 昌彦(あきひこ · まさひこ), 昌子(あきこ · あつこ · まさこ), 昌枝(あきえ · まさえ), 昌康(あきやす · まさやす).

④ あつ : 昌美(あつみ · まさみ · まさよし · よしみ), 昌子(あつこ).

⑤ たか : 昌充(たかみつ).

⑥ よし : 昌果(よしみ), 昌史(よしふみ · まさふみ · まさし), 昌優(よしまさ), 昌裕(よしひろ · まさひろ), 昌正(よし

차

まさ), 昌輝(よしてる).

昶 창	人名訓読	あきら·いたる· てる·とうる· とおる·のぶ·ひさし
	音読	チョウ

訓読풀이

① あきら : 昶(창)은 해(日)가 길게(永) 비추어 밝히는 것을 뜻한다.
'밝히다'에서 '바키라–아키라(ㅂ–ㅇ으로 변음)–あきら'로 이어진다.

② いたる : ①에서와 같이 길게, 잇따라 비추는 것을 뜻한다.
'잇따라'에서 '이다라–いたる'로 이어진다.

③ てる : 해가 비춘다를 다른 말로 해를 쬐다라고 한다.
'쬐다'에서 '제라–데라–데루–てる'로 이어진다.

④ とうる · とおる : 昶은 해가 두루 사방으로 뚫어 비추는 것을 뜻한다.
暢(창)과 마찬가지로 '뚫다'에서 '두우루–도우루–とうる · とおる'로 이어진다. 또한 '두루'에서 とおる · とうる로 이어진다.

⑤ のぶ : 昶은 사방으로 넓게 비추는 것을 뜻한다.
'넓게'에서 '넓–너버–너부–노부–のぶ'로 이어진다.

⑥ ひさし : '비추다'에서 '비쳐서–비서시–비사시–ひさし'로 이어진다. 또한 '햇살'에서 '히살–히사시(받침 ㄹ–'시'로 분절)–ひさし(日射)'로 이어진다.

人名訓読例

① あきら · いたる · とうる · とおる · ひさし : 昶(외자 名).
② あき : 昶恵(あきえ).
③ てる : 昶彦(てるひこ).
④ のぶ : 昶光(のぶてる · ひさみつ), 昶宏(のぶひろ), 昶孝(のぶたか).
⑤ ひさ : 昶光(ひさみつ · のぶてる), 昶夫(ひさお).

倉 창	訓読	くら
	音読	ソウ

訓読풀이

• くら : 倉(창)은 곳간, 창고(倉庫)를 뜻한다. 곳간은 물건 · 재물을 간직하는 곳이다. 간직한다는 것은 침입 · 절도를 막기 위하여 곳간이나 재물의 소재를 가리어 보관한다는 뜻이다.
'가리다'에서 '가리–구리–구라–くら'로 이어진다.
〔参考〕 蔵(장), 庫(고)와 이음(くら)을 같이한다.

人名訓読例

• くら : 倉谷(くらたに), 倉島(くらしま), 倉本(くらもと), 倉子(くらこ), 倉富(くらとみ), 倉塚(くらつか).

唱 창	訓読	となえる·うたう
	人名訓読	となう·とのう
	音読	ショウ

訓読풀이

① となえる : 唱(창)은 주창(主唱), 주장(主張)을 뜻한다. 新学說(しんがくせつ)をとなえる 하면 신학설을 주장한다는 말로, 신학설을 알린다는 뜻이다. 알린다는 뜻으로 '대다'는 단어가 있다. 바른대로 대라 하면 바른대로 알리라라는 뜻이다.
'댄다'에서 '댄–돈–도나–となえる'로 이

어진다.

② うたう : 唱은 노래를 부르는 것, 읊는 것을 뜻한다.
'읊다'에서 '우다-うたう'로 이어진다. 또한 '읊'에서 '울-우다(받침 ㄹ-'다'로 분절)-うた로 이어지고, 동사 어미 う가 붙어うたう가 된다〈歌(가) 참조〉.

人名訓読例

• となう · とのう(となえる의 文語形) : 唱(외자 名).

窓 창	訓読	まど
	音読	ソウ

訓読풀이

• まど : 窓(창)은 미닫이, 여닫이를 말한다. 옆으로 밀어 여닫는(열고 닫는) 문이나 창문을 뜻한다.
'미닫이'에서 '미닫-마다-마도-まど'로 이어진다.

人名訓読例

• まど : 窓(외자 名).
• まど : 窓里(まどり), 窓可(まどか).

悵 창	訓読	うらむ·いたむ
	音読	チョウ

訓読풀이

① うらむ : 天(てん)をうらんでも始(はじ)まらない 하면 하늘을 원망해 본들 소용없다는 말이다. うらむ는 원망, 원한, 비통, 한탄 등의 뜻으로, 풀어 말하면 울음이 터질 정도로 괴로움을 뜻한다.
'울음'에서 '우름-우라무-うらむ'로 이어진다.

② いたむ : 悵(창)은 슬퍼 마음이 아픔을 나타낸다.
아픔을 뜻하는 '앓다'에서 앓음-알음-아다음(받침 ㄹ-'다'로 분절)-이담-이다무-いたむ'로 이어진다.

猖 창	訓読	くるう
	音読	ショウ

訓読풀이

• くるう : 猖(창)은 사람, 물건, 일의 진행 등이 제대로 되지 않고 글러 있는 상태를 나타낸다.
'그르다'에서 '글러-구러-구루-くるう'로 이어진다.
〔参考〕 狂(광 : くる)う와 이음을 같이한다.

創 창	訓読	きず·はじめる·つくる
	音読	ソウ

訓読풀이

① きず : 創(창)은 瘡(창)과 같은 뜻으로 상처를 뜻한다. 額(ひたい)のきず는 이마가 까져 상처가 났다는 말이고, 茶碗(ちゃわん)にきずがある는 밥공기가 까져 흠집이 생겼다는 말이다.
'까지다'에서 '까져-가저-기주-きず'로 이어진다.

② はじめる : 創은 처음, 시작을 뜻한다. 햇곡식, 햇나물, 햇보리 등은 그해 처음 나온 것들을 일컫는다.
'햇'에서 '햇-핫-하지-はじめる'로 이어진다.

③ つくる : 創은 짓는 것, 만드는 것을 뜻한다.
造 · 作(つく)る와 마찬가지로 '짓다'에서 '짓구-지구-주구-つくる'로 이어진다.

人名訓読例

• はじむ · はじめ : 創(외자 名).

脹 창	訓読	はれる·ふくらす· ふくらむ·ふくれる
	音読	チョウ

訓読풀이

① はれる : 脹(창)은 부르는 것을 뜻한다. '부르다'에서 '부러–바러–바레–はれる'로 이어진다.

② ふくらす · ふくらむ · ふくれる : 脹은 불거지는 것을 뜻한다. 腹(はら)がふくらむ 하면 배가 볼록 불거진다는 뜻이다.
'불거'에서 '부거–부구–ふくらす · ふくれ'로 이어진다.

敞 창	人名訓読	あきら·たか(し)· ひろ(し)
	音読	ショウ

訓読풀이

① あきら : 敞(창)은 앞이 탁 트여 열린 모양을 나타낸다〈曠瀁敞罔 : 馬融 (광양창망 : 마융)〉
'열다'에서 '여거라–아거라–아기라–あきら'로 이어진다.

② たか · たかし : 敞은 높이 뜬 것을 나타낸다〈行營高敞地 : 史記 (행영고창지 : 사기)〉.
'높이 뜨다'에서 '뜨고–뜨가–다가–たか'로 이어진다.

③ ひろ · ひろし : 敞은 땅이 판판하게 펼쳐있는 것을 나타낸다〈廣敞(광창), 博敞(박창)〉.
'펼치다'에서 '펄–힐–히로–ひろ'로 이어지고, '벌리다'에서 '벌–힐–히로–ひろ'로 이어진다.

人名訓読例

① あきら · たかし · ひろし : 敞(외자 名).

② たか : 敞敏(たかとし), 敞夫(たかお).

③ ひろ : 敞史(ひろふみ), 敞子(ひろこ).

愴 창	訓読	いたむ
	音読	ソウ

訓読풀이

• いたむ : 愴然(창연)은 슬퍼서 가슴 아파하는 것을 뜻한다.
아픈 것을 뜻하는 '앓다'에서 '아다–이다–いたむ'로 이어진다. 또한 '앓다'에서 '알음–아다음(받침 ㄹ–'다'로 분절)–이담–이다무–いたむ'로 이어진다.

彰 창	訓読	あきら·あらわす
	人名訓読	あや·てる
	音読	ショウ

訓読풀이

① あきら : 彰(창)은 밝히는 것을 뜻한다.
'밝히다'에서 '바키라–아키라(ㅂ–ㅇ으로 변음)–あきら'로 이어진다.

② あらわす : 彰은 밝혀서 널리 알리는 것을 뜻한다.
'알리다'에서 '알리어–아라아–あらわす'로 이어진다.

③ あや : ㉮ 아름다운(어여쁜) 무늬, 문체(文彩)를 뜻한다. '어여쁘다'에서 '어여–아여–아야–あや'로 이어진다. ㉯ 아름답게 엮어진 무늬, 문체를 뜻한다. '엮다'에서 '역어–여어–아어–아야–あや'로 이어진다.

④ てる : 彰은 빛을 쬐어 밝히는 것을 뜻한다.
照(て)る와 마찬가지로 '쬐다'에서 '제라–제루–데루–てる'로 이어진다.

人名訓読例

① あきら · あや : 彰(외자 名).

② あき : 彰康(あきやす), 彰啓(あきひろ), 彰文(あきふみ), 彰常(あきつね), 彰仁(あきひと), 彰布(あきのぶ).

③ あや : 彰夫(あやお · あきお).

④ てる : 彰久(てるひさ · あきひさ), 彰男(てるお · あきお), 彰孝(てるたか).

漲 창	訓読	みなぎる
	音読	チョウ

訓読풀이

• みなぎる : 漲(창)은 물이 넘쳐 흐르는 것, 힘 · 의지 등 기세가 넘치는 것을 뜻한다.
'물이 넘다'에서 '물넘구–밀나구–미나기–みなぎる'로 이어진다.

暢 창	訓読	のびる·のべる
	人名訓読	いたる·とうる·とおる·のぶ·のぶる·のぼる·みつる
	音読	チョウ

訓読풀이

① のびる · のべる : 暢(창)은 널리 펴는 것, 넓히는 것을 뜻한다.
'넓히다'에서 '너피라–노피루–のびる · のべる'로 이어진다.
〔参考〕 伸 · 延(の)びる, 伸 · 延(の)べる와 이음을 같이한다.

② いたる : 暢은 어느 곳으로 잇따라 넓혀 나가는 것을 뜻한다.
'잇따라' 또는 '잇닿다'에서 '잇다–이다–いたる'로 이어진다.

③ とうる · とおる : 暢은 사방으로 두루 뚫어져 있음을 뜻한다〈暢於四支 : 易經(창어사지 : 역경)〉.
'뚫어지다'에서 '둘어–도어–도우–とうる · とおる'로 이어진다. 또한 '두루'에서 とうる · とおる로 이어진다.

④ のぶ · のぶる · のぼる : ①에서와 같이 '넓히다'에서 '넓–널부–너부–노부–のぶ · のぶる · のぼる'로 이어진다.

⑤ まさ : 暢達(창달)은 올바르게 순리에 맞게 자라는 것을 뜻한다.
'맞다'에서 '마자–まさ'로 이어진다.

⑥ みつる : 暢은 물이 가득히 차는 것처럼 참을 뜻한다.
'물 차'에서 '밀차–미추–みつる'로 이어진다.
〔参考〕 充 · 満(み)ちる와 이음을 같이한다.

⑦ よう · よし : ⑤의 '올바르다'에서 '올(아)–오(우)–요우–よう'로 이어지고, '올–오시(받침 ㄹ–'시'로 분절)–よし'로 이어진다.

人名訓読例

① いたる · とうる · とおる · のぶ · のぶる · のぼる · みつる : 暢(외자 名).

② のぶ : 暢年(のぶとし), 暢民(のぶたみ), 暢保(のぶやす), 暢洋(のぶひろ), 暢陽(のぶはる), 暢俊(のぶとし).

③ まさ : 暢久(まさひさ · のぶひさ), 暢男(まさお · のぶお), 暢一(まさもと).

④ みつ : 暢明(みつあき · のぶあき).

⑤ よう : 暢三(ようぞう), 暢弍(ようじ), 暢子(ようこ · のぶこ).

⑥ よし : 暢朗(よしろ).

槍 창	訓読	やり
	音読	ソウ

訓読풀이

• やり：槍(창)에는 날이 붙어 있다
'날'에서 '날–알(ㄴ–ㅇ으로 변음)–아리–やり'로 이어진다.
〔参考〕 창(鎗)과 이음(やり)을 같이한다.

艙 창	訓読	ふなぐら
	音読	ソウ

訓読풀이

• ふなぐら：艙(창)은 선창(船艙), 즉 배(舟)를 대는 곳(倉)을 뜻한다.
배(舟)를 뜻하는 ふな와 곳(倉)을 뜻하는 ぐら가 합성되어 ふなぐら가 된다〈舟(주), 船(선), 倉(창) 참조〉.

錆 창	訓読	さび
	音読	ショウ·セイ

訓読풀이

• さび：錆(창)은 쇠붙이가 산화작용으로 빛이 변하여 녹스는 것을 뜻한다. ㉮ '쇠붙이'에서 '쇠붙–소빋–사비–さび'로 이어진다. ㉯ '쇠붙이의 빛'에서 '쇠빛–소비–사비–さび'로 이어진다.
〔参考〕 銹(수)와 이음(さび)을 같이한다.

鎗 창	訓読	やり
	音読	ソウ

訓読풀이

• やり：鎗(창)은 날로 되어 있다.
'날'에서 '날–알(ㄴ–ㅇ으로 변음)–아리–やり'로 이어진다.

人名訓読例

• やり：鎗居(やりい), 鎗本(やりもと), 鎗水(やりみず), 鎗田(やりた).

【채】

彩 채	訓読	いろとる·あや
	人名訓読	たみ
	音読	サイ

訓読풀이

① いろとる：彩(채)는 彩色(채색), 즉 색을 들이는 것을 뜻한다(色取り：いろとり).
색깔로 무늬져 있음을 얼룩이라고 한다.
'얼룩'에서 '어루–이루–이로–いろ'로 이어지고, '들이다'에서 '드러–도러–도루–とる'로 이어져, いろとる로 합성된다.

② あや：彩는 어여쁜 무늬를 뜻한다.
'어여쁘다'에서 '어여–아여–아야–あや'로 이어진다. 또한 '엮어'진 무늬에서 '엮어–여어–아야–あや'로 이어진다.

③ たみ：①의 '들이다'에서 '들임–듬–담–다미–たみ'로 이어진다.

人名訓読例

① あや：彩加(あやか), 彩美(あやみ), 彩生(あやお), 彩子(あやこ).

② たみ：彩世(たみよ).

採 채	訓読	とる
	人名訓読	たら
	音読	サイ

訓読풀이

① とる：採(채)는 따는 것을 말한다. 採集(채집)은 따서 모이는 것을 뜻하고, 採石(채석)은 석재를 따내는 것을 뜻한다.
'따다'에서 '따라–다루–도루–とる'로 이어진다.

② たら：①의 '따다'에서 '다라–たら'로 이어진다.

人名訓読例

• たら：採沢(たらさわ).

菜 채	訓読	な
	音読	サイ

訓読풀이

- な：菜(채)는 나물을 뜻한다.
  '나물'에서 '나–な'로 이어진다.

人名訓読例

- な：菜屋(なや), 菜摘み(なつみ), 菜畑(なばたけ), 菜切(なきり), 菜川(なかわ), 菜緒子(なおこ).

砦 채	訓読	とりで
	人名訓読	あざ
	音読	サイ

訓読풀이

① とりで：砦(채)는 본성(本城)에서 떨어진 요새(要塞)로 본성을 둘러싼 소규모 성터를 지칭한다. 야구에서 본루(本塁)를 본성으로 치면 1루~3루는 본성을 둘러싼 とりで에 속한다.
'둘러싼 성터'에서 '둘러터–두러더–도리더–도리데–とりで'로 이어진다.

② あざ：㉮ 砦는 울타리를 뜻한다. 옛날에는 울타리를 만드는데 바자를 썼다. 바자는 대나무, 갈대, 수수깡 따위를 발처럼 엮어 만든다. 바자가 바로 울타리가 된다. '바자'에서 '아자(ㅂ–ㅇ으로 변음)–あざ'로 이어진다. ㉯ '울타리'에서 '울–아자(받침 ㄹ–'자'로 분절)– あざ'로 이어진다.

人名訓読例

- あざ：砦部(あざえ · あざべ), 砦麻呂(あざまろ).

債 채	人名訓読	かり · はたる
	音読	サイ

訓読풀이

① かり：債(채)는 빚, 꾼 것을 뜻한다.
'꾸다'에서 '꾸라–가라–가리–かり'로 이어진다.

② はたる：'빚'에서 '빋–받–핟–하다–はた'로 이어지고 はたる로 동사화 되어, 徵(징：はた)る와 마찬가지로 빚을 재촉하는 것, 징수하는 것을 뜻한다.

綵 채	人名訓読	あや
	音読	サイ

訓読풀이

- あや：綵(채)는 비단을 뜻한다. 비단은 비단실로 어여쁘게 엮어(이어)진다. ㉮ '엮다'에서 '엮어–여어–아어–아야–あや'로 이어진다. ㉯ 비단은 어여쁘다. '어여'에서 '아여–아야–あや'로 이어진다.

人名訓読例

- あや：綵子(あやこ).

【책】

冊(册) 책	訓読	ふみ
	音読	サツ · サク

訓読풀이

- ふみ：冊(책)은 배움을 터득하는 길잡이이다.
  '배움'에서 '뱀–붐–부미–ふみ'로 이어진다.

人名訓読例

- ふみ：冊子(ふみこ).

柵 책	訓読	しからみ
	音読	サク

訓読풀이

- しからみ：柵(책)은 울짱, 목책(木柵), 성채(城砦)를 뜻한다. 이들은 외부의 침

입을 막아 집과 마을을 지킨다.

'지키다'에서 '지키라-지카라-しから'로 이어지고, 명사 어미 み가 붙어 しからみ가 된다.

人名訓読例

- しからみ : 柵(외자 名).

責 책	訓読	せめる
	音読	セキ

訓読풀이

- せめる : ㉮ 責(책)은 치거나 때리는 등 육체적 고통을 주는 것을 뜻한다. '치다'에서 '침-심-셈-세메-せめる'로 이어진다. ㉯ 責은 잘못 등을 꾸짖는 것을 뜻한다. '꾸짖다'의 '짖다'에서 '짐-젬-제메-세메-せめる'로 이어진다. ㉰ 責은 빚을 지는 것, 책임을 지는 것을 뜻한다. '지다'에서 '짐-젬-제메-세메-せめる'로 이어진다.

策 책	訓読	つえ·はかりごと·むち
	人名訓読	かず
	音読	サク

訓読풀이

① つえ : ㉮ 策(책)은 지팡이, 지팡이를 짚는 것을 뜻한다〈策杖時能出 : 杜甫 (책장시능출 : 두보)〉. '짚다'에서 '짚어-지어-주에-つえ'로 이어진다. ㉯ 지팡이는 대어서 몸을 기대게 되어 있다. '대다'에서 '대어-두어-두에-つえ'로 이어진다. ㉰ 지팡이는 때리는 매질 등으로도 쓰인다. '때리다'에서 '때려-때어-두어-두에-つえ'로 이어진다. ③의 むち와 뜻으로 연관된다.

② はかりごと : 策動(책동)은 무엇을 하게 하는(부추기는) 것을 뜻한다. 하게 하는 것의 '하다'에서 '하거라-하가리-はかり'로 이어지고, '것'에서 '걷-곧-고도-ごと'로 이어져 はかりごと로 합성된다.

③ むち : 策은 매질을 뜻한다〈策其馬 : 論語 (책기마 : 논어)〉. '매질'에서 '매지-무지-むち'로 이어진다.

④ かず : 策은 갖가지의 수효를 뜻한다. '갖'에서 '가주-かず'로 이어진다.

人名訓読例

① むち : 策牛(むちうし).

② かず : 策雄(かずお).

嘖 책	訓読	さいなむ
	音読	サク

訓読풀이

- さいなむ : 嘖(책)은 성내면서 꾸짖는 것을 뜻한다. '성내다'에서 '성냄-성내무-서나무-사이나무-さいなむ'로 이어진다.

磔 책	訓読	はりつけ
	音読	タク

訓読풀이

- はりつけ : 磔(책)은 磔刑(책형)을 뜻한다. 책형은 기둥에 대고(결박하고) 다리를 벌리어 찢어 죽이는 형벌이다. '벌리고 찢고'에서 '버리지고-바리주구-はりつく'로 이어진다. 또한 '벌리다'에서 '버리-바리-はり'로 이어지고, '기둥에 대다'에서 '대구-두게'로 이어져 はりつけ로 합성된다.

【처】

処(處) 처	訓読	おく·おる·ところ
	人名訓読	すみ
	音読	ショ

訓読풀이

① おく：処(처)는 넣어 두는 것을 뜻한다〈處器之具：管子 (처기지구：관자)〉.
'넣다'에서 '너구–노구–오구(ㄴ–ㅇ으로 변음)–おく'로 이어진다.

② おる：処는 있는 것을 뜻한다〈或出或處：易經 (혹출혹처：역경)〉.
'있다'에서 '이–오–おる'로 이어진다.

③ ところ：곳·장소를 뜻하는 '데'(가는 데, 먹을 데, 누울 데 등)에서 '데–도–と'로 이어지고, '곳'에서 '고–こ'로 이어지고, 명사 어미 ろ(어디로, 거기로 등)가 합성되어 ところ가 된다.

④ すみ：㉮ 処는 사는 것을 뜻한다〈處江湖之遠：范仲淹 (처강호지원：원중암)〉. '살다'에서 '삼–숨–수미–すみ'로 이어진다. ㉯ 処는 어느 곳에 머물러 쉬는 것을 뜻한다〈不遑啓處：詩經 (불황계처：시경)〉. '쉬다'에서 '쉼–숨–수미–すみ'로 이어진다.

人名訓読例

① ところ：処谷(ところたに), 処之助(ところのすけ).

② すみ：処直(すみなお).

妻 처	訓読	つま
	人名訓読	め
	音読	サイ

訓読풀이

① つま：한국에서 치맛바람 하면 妻(처)들이 외부적으로 나서서 일을 처리하는 것을 뜻한다.
'치마'에서 つま로 이어진다.

② め：㉮ '마누라'에서 '마–메–め'로 이어진다. ㉯ め는 여자·여성을 뜻하면서 妻를 뜻한다. 妻는 여자·여성의 표본이 된다. 엄마, 어머니, 어멈, 어미, 할매, 할머니, 할멈, 할미, 마누라, 마님, 며느리 등은 여자·여성을 일컫는 여러 말들은 모두 'ㅁ'으로 이루어지는데 이는 각각 め와 이어진다(め는 한자 女에서 유래).

人名訓読例

① つま：妻恋(つまごい), 妻廉(つまかど), 妻木(つまき·めぎ), 妻方(つまかた), 妻有(つまあり), 妻倉(つまくら).

② め：妻景(めかげ), 妻良(めら), 妻沼(めぬま), 妻我(めか·めが), 妻鳥(めとり·つまとり), 妻影(めかげ).

凄 처	訓読	すごい·すごむ·すさまじい
	音読	セイ

訓読풀이

① すごい·すごく：すごい目(め)는 무서움의 정도가 센 눈을 뜻하고, すごい美人(びじん), すごい腕前(うでまえ)는 아름다움이나 솜씨의 정도가 아주 센 것을 나타낸다. 相対(あいて)の前(まえ)ですごんで見(み)せる 하면 상대방 앞에서 아주 세게 으름장을 놓으며 위협적 태도를 보인다는 뜻이다.
'세다'에서 '세고–수고–すごい·すごむ'로 이어진다.

② すさまじい：凄(처)는 스산한 것, 차고 무서운 것을 나타낸다. すさまじい冬(ふゆ)の風(かぜ)는 스산한 겨울바람을

차

뜻한다.
'스산'에서 '수사–すさまじい'로 이어진다.

悽 처	訓読	いたむ
	音読	セイ

訓読풀이

- いたむ : 悽(처)는 슬퍼서 마음 아파하는 것 즉 가슴앓이 하는 것을 뜻한다.
  '앓다'에서 '앓음–알음–아다음(받침 ㄹ–'다'로 분절)–이담–이다무–いたむ'로 이어진다.

萋 처	訓読	しげる
	音読	セイ·サイ

訓読풀이

- しげる : ㉮ 萋(처)는 초목이 무성(茂盛)하여 꽉 차 있음을 나타낸다. 茂(しげ)る와 마찬가지로 '차다'에서 '차거라–사게루–시게루–しげる'로 이어진다. ㉯ 萋는 삼가는 모양을 나타낸다〈有萋有且 : 詩經 (유처유차 : 시경)〉. '삼가다'에서 '사가라–시가루–시게루–しげる'로 이어진다.

人名訓読例

- しげ : 萋子(しげこ).

褄 처	訓読	つま
	音読	日本国字

訓読풀이

- つま : ① 褄(つま)는 일본 国字로 일본 옷의 아랫단 좌우 끝부분을 일컫는다. 집으로 비유 하면 처마에 해당한다.
  '처마–추마–つま'로 이어진다. 端(단)이 물건의 끝부분으로 つま로 훈독되는 것과 같은 이치이다.

② 치마와 마찬가지로 褄도 여자들이 입는 옷의 아랫부분으로, 褄(つま)を取(と)る 하면 치마도 길면 손으로 들어 올리듯 褄도 길면 들어 올린다는 뜻이다.
'치마'에서 '추마–つま'로 이어진다.

人名訓読例

- つま : 褄盛(つまもり).

【척】

尺 척	訓読	ものさし
	音読	シャク·セキ

訓読풀이

- ものさし : 尺(척)은 물건(物件)을 재는 자이다. 물건을 뜻하는 もの〈物(물) 참조〉와 '재다'에서의 '재–자–さし(さす의 명사형)'가 합성되어 ものさし가 된다.
  〔参考〕 物差(물차), 物指(물지)와 이음(ものさし)을 같이한다.

斥 척	訓読	しりぞける·うかがう
	音読	セキ

訓読풀이

① しりぞける : 斥(척)은 뒤로 물리치는 것을 뜻한다(排斥 : 배척).
'뒤로'에서 '디로–디리–시리–しり'로 이어지고, '물리치다'에서 '치게–초게–ぞげ'로 이어져 しりぞける로 합성된다.

② うかがう : 斥은 염탐하여 알아내는 것, 살피는 것을 뜻한다〈斥山澤之險 : 左氏傳 (척산택지험 : 좌씨전)〉.
'알다'에서 '알고–아가–우가–うかがう'로 이어진다.
〔参考〕 窺(규), 伺(사)와 이음(うかがう)을 같이한다.

拓 척	訓読	ひらく
	人名訓読	ひろし·ひろむ
	音読	タク

訓読풀이

① ひらく : 拓(척)은 벌리는 것, 펴는 것을 뜻한다.
'벌리다'에서 '버리–비라구–ひらく', '펼치다'에서 '펄–벌–버리–비라구–ひらく'로 이어진다.
〔参考〕 開(개 : ひら)く와 이음을 같이한다.

② ひろし · ひろむ : ①의 '벌리다'에서 '버리–비리–비로–ひろし · ひろむ'로 이어진다.
〔参考〕 広(광 : ひろ)む와 이음을 같이한다.

人名訓読例

① ひらく · ひろし · ひろむ : 拓(외자 名).
② ひろ : 拓道(ひろみち), 拓民(ひろたみ), 拓士(ひろし), 拓史(ひろし), 拓章(ひろあき), 拓行(ひろゆき).

剔 척	訓読	えぐる
	音読	テキ

訓読풀이

• えぐる : ㉮ 剔(척)은 도려내는 것, 에는 것을 뜻한다. '에다'에서 '에거라–에구루–えぐる'로 이어진다. ㉯ 剔抉(척결)은 결점, 부정 따위를 베어내는(도려내는) 것을 뜻한다. '베다'에서 '베거라–에구루(ㅂ–ㅇ으로 변음)–えぐる'로 이어진다.

捗 척	訓読	はか·はかどる
	音読	チョク

訓読풀이

① はか : 捗(척)은 일의 진도를 뜻한다. 즉 이제까지 한(이루어낸) 것, 또는 하고 있는 일의 진도를 말한다.
果(はか)와 마찬가지로 '한 것' 또는 '하고'에서 '하고–하가–はか'로 이어진다.

② はかどる : 捗은 순조롭게 잘 하고 있고 열매(果)를 잘 따고 있음을 뜻한다. 果取(はかと)る와 같은 뜻을 갖는다.
위 ①의 はか와 '따다'에서의 '따라–다루–도루–とる'가 はかどる로 합성한다.

脊 척	訓読	せ
	音読	セキ

訓読풀이

• せ : ㉮ 脊(척)은 등을 뜻한다. 背(せ)와 마찬가지로 '등'에서 '두–데–세–せ'로 이어진다. ㉯ 등은 뒤에 있다. '뒤'에서 '두–데–세–せ'로 이어진다.

人名訓読例

• せ : 脊尾(せお), 脊山(せやま), 脊足(せあし), 脊戸(せと).

隻 척	訓読	ひとつ
	音読	セキ

訓読풀이

• ひとつ : 隻(척)은 외짝, 홀, 하나를 뜻한다.
'홀'에서 '힐–히도(받침 ㄹ–'도'로 분절)–히도쑤–ひとつ'로 이어진다. '꼴'에서 かたち로 이어지는 것과 같은 이치이다.

戚 척	訓読	いたむ·うれえる
	音読	セキ

訓読풀이

차

① いたむ：戚然(척연)은 슬퍼서 가슴 아파하는 것, 즉 가슴앓이 하는 것을 나타낸다.
'앓다'에서 '알음–아다음(받침 ㄹ–'다'로 분절)–아담–이담–이다무–いたむ'로 이어진다.

② うれえる：㉮ 戚은 닥쳐오는 어려움을 걱정하는 것을 나타낸다. 憂(うれ)う와 마찬가지로 '어려워'에서 '우레우–うれえる · うれう'로 이어진다. ㉯ 戚은 어려움을 울며 슬퍼하는 것을 뜻한다. '울다'에서 '우러–우레–うれえる'로 이어진다.

滌 척	訓読	すすぐ
	音読	デキ·テキ·ジョウ

訓読풀이

- すすぐ：滌浄(척쟁)은 씻어서 깨끗이 함을 뜻하고, 滌除(척제)는 씻어 없앰을 뜻한다.
  '씻다'에서 '씻구–시시구–수수구–すすぐ'로 이어진다.

瘠 척	訓読	やせる
	音読	セキ

訓読풀이

- やせる：瘠(や)せ女(おんな)는 여윈 여자를 말한다.
  '여위다'에서 '여–야–やせる'로 이어진다.

擲 척	訓読	なぐる·なげうつ
	音読	テキ·チャク

訓読풀이

① なぐる：㉮ 擲(척)은 세게 쳐서 누그러뜨리는 것을 뜻한다. '누그러'에서 '나구루–なぐる'로 이어진다. ㉯ 주먹으로 치는 것을 주먹을 날린다라고도 한다. '날리다(날게 하다)'에서 '날게–나구–나구루–なぐる'로 이어진다.
〔参考〕 殴(구), 撲(박)과 이음(なぐる)을 같이한다.

② なげうつ：㉮ 擲은 던져 넘기는 것, 버리는 것을 뜻한다〈放擲(방척), 投擲(투척)〉. 王位(おうい)をなげうって彼女(かのじょ)と結婚(けっこん)した 하면 왕위를 넘기고(던져 버리고) 그녀와 결혼했다는 말이다. '넘기다'에서 '넘겨–너게–나게–なげうつ'로 이어진다. ㉯ 擲은 내놓아 버리는 것을 뜻한다. '내다'에서 '내고–나고–나게–なげうつ'로 이어진다.
〔参考〕 抛(포：なげう)つ와 이음을 같이한다.

蹠 척	訓読	あしうら
	音読	ショ·セキ

訓読풀이

- あしうら：蹠(척)은 발바닥, 즉 발 아래를 뜻한다.
  '발'에서 '알(ㅂ–ㅇ으로 변음)–아시–あし'로 이어지고, '아래'에서 '아라–우라–うら'로 이어져 あしうら로 합성된다.

【천】

川 천	訓読	かわ
	音読	セン

訓読풀이

- かわ：川(천)은 개울, 내를 뜻한다.
  '개울'에서 '개우–가우–가와–かわ'로 이어진다.

〔参考〕 '내'는 '내－애(ㄴ－ㅇ으로 변음)－え'로 이어져 江(강)의 훈독이 된다. 河(하)도 かわ로 훈독된다.

人名訓読例

• かわ：川江(かわえ), 川崎(かわさき), 川端(かわはた · かわばた), 川上(かわうえ · かわかみ · かわのぼり), 川津(かわず · かわつ), 川波(かわなみ).

天 천		
	訓読	あま·あめ·そら
	人名訓読	たか·たかし·ひろし
	音読	テン

訓読풀이

① あま · あめ：天(천)은 땅 · 사람(大) 위에 하늘(一)을 얹은 것을 나타낸다. 즉, 사람 머리 위에 있는 하늘 · 하느님을 뜻한다〈順天者存：孟子 (순천자존：맹자)〉.
'머리 위'에서 '위머리－우머－아머－아마(아메)－あま · あめ'로 이어진다.

② そら：天은 뚫려 비어 있다.
'뚫리다(트다)'에서 '둘러－두라－도라－소라－そら'로 이어진다.

③ たか · たかし：天은 높이 떠 있다.
'뜨다'에서 '뜨고－다고－다가－たか · たかし'로 이어진다.

④ ひろし：天은 널리 펼쳐 있다.
'펼치다(벌리다)'에서 '펼(벌)－버로－비로－ひろ · ひろし'로 이어진다.

人名訓読例

① あまの · たか · たかし · ひろし：天(외자 名).

② あま：天光(あまひかり), 天宮(あまのみや · あまみや), 天寺(あまてら), 天城(あまぎ), 天明(あまあけ), 天子(あまこ).

③ あめ：天皇(あめみや · てんのう).

辿 천		
	訓読	たどる
	音読	テン

訓読풀이

• たどる：辿(천)은 더듬는 것, 더듬어 가는 것을 뜻한다. 家路(いえじ)をたどる하면 더듬어 집을 찾아간다는 말이다.
'더듬다'에서 '더도－다도－たどる'로 이어진다.

人名訓読例

• たどる：辿(외자 名).

泉 천		
	訓読	いずみ
	人名訓読	みなもと·もと
	音読	セン

訓読풀이

① いずみ：泉(천)은 샘을 뜻한다.
'샘'에서 '숨－수미－ずみ'로 이어지고, 접두어 い가 붙어 いずみ로 이어진다.

② みなもと：泉은 물이 흘러나오는 근원, 즉 水源(수원)이다.
'물'에서 '밀－미－み', 소유를 의미하는 '네'(너 네 것 등)에서 '노－나－な'로 이어지고 합쳐져 みな는 '물의(of water)'를 뜻하게 되고, '밑(바탕)'에서 이어진 もと(밑－몯－모토－もと)와 합성되어 みなもと는 源(원：みなもと)과 마찬가지로 물의 근원이 되는 샘을 뜻하게 된다.

③ もと：①에서와 같이 泉은 물의 근원, 즉 물이 흘러나오는 밑 물이 된다.
'밑'에서 '미토－모토－もと'로 이어진다.

人名訓読例

① いずみ · みなもと：泉(외자 名).

② いず · いずみ：泉名(いずな · いずみ

차

な), 泉本(いずもと · いずみもと), 泉野(いずの · いずみの), 泉谷(いずたに · いずみたに · いずや · いずみや).

③ いず : 泉岡(いずおか), 泉並(いずなみ), 泉森(いずもり).

④ いずみ : 泉国(いずみくに), 泉山(いずみやま), 泉沢(いずみさわ).

浅(淺) 천	訓読	あさい
	音読	セン

訓読풀이

• あさい : 浅(천)은 얕은 것을 말한다. 浅水(천수)는 물이 얕음을 뜻하고, 浅学(천학)은 학식이 얕음을 뜻한다.
'얕다'에서 '얏-앗-아사-あさい'로 이어진다.

人名訓読例

• あさ : 浅輪(あさわ), 浅葉(あさば), 浅平(あさひら), 浅草(あさくさ), 浅津(あさず), 浅波(あさなみ).

茜 천	訓読	あかね
	音読	セン

訓読풀이

• あかね : 茜(천)은 꼭두서니 또는 꼭두서니 뿌리에서 뽑은 빨간 물감을 뜻한다.
'빨간'에서 '발간-바간-아간(ㅂ-ㅇ으로 변음)-아가네-あかね'로 이어진다.

穿 천	訓読	うがつ·はく·ほじくる·ほじる
	音読	セン

訓読풀이

① うがつ : 穿(천)은 알기 위하여 학문을 깊이 파고 드는 것을 뜻한다〈以意穿鑿 : 漢書 (이의천착 : 한서)〉.
'알다'에서 '알고-아가-우가-うがつ'로 이어진다.

② はく : 바지를 입다(ズボンをはく), 스커트를 입다(スカートをはく), 양말을 신다 (くつしたをはく)를 모두 穿(は)く로 쓴다. 어느 경우에나 발을 박아 입거나 신는 경우를 나타낸다. ㉮ '박다'에서 '바구-はく'로 이어진다. ㉯ 위 ①에서와 같이 '파다(뚫다)'에서 '파구-하구-はく'로 이어진다.

③ ほじくる · ほじる : 穿은 부수며 뚫고 나아가는 것을 뜻한다〈引渭穿渠 : 漢書 (인위천거 : 한서)〉. ㉮ '부수다'에서 '부시거라-바시게루-はじける'로 이어진다. ㉯ '부수다'에서 '부시라-보시라-ほじる'로 이어진다.

釧 천	訓読	くしろ
	人名訓読	たまき
	音読	セン

訓読풀이

① くしろ : 釧(천)은 옛날 각종 구슬(조가비, 청동, 돌 등)로 만든 팔찌를 뜻한다.
'구슬'에서 '구수로-구시로-くしろ'로 이어진다.

② たまき : 釧은 둥근 모양으로 구슬 · 방울 등을 끈으로 꿰어 팔에 두르던 팔찌 모양 장신구(器具)이다. 구슬을 뜻하는 玉(たま)으로 만든 장신구(器具)를 뜻한다.
たま와 器의 き가 합성되어 たまき가 된다. 팔찌를 뜻하는 環 · 鐶(환)도 たまき로 훈독된다〈玉(옥) 참조〉.

人名訓読例

① くしろ : 釧(외자 名).

② くし : 釧路(くしろ).

喘 천	訓読	あえぐ
	音読	ゼン·セン

訓読풀이

• あえぐ : 喘(천)은 헉헉거리며(헐떡이며) 숨차하는 것을 뜻한다. 喘息(천식)은 기관지에 경련이 일어나 헉헉거리며 호흡이 힘든 병을 말한다.
'헉헉'에서 '억억(ㅎ-ㅇ으로 변음)-어억-아어구-아에구-あえぐ'로 이어진다.

践(踐) 천	訓読	ふむ
	音読	セン

訓読풀이

• ふむ : 践(천)은 밟는 것을 뜻한다.
踏(ふ)む와 마찬가지로 '밟다'에서 '밟음-바음-밤-바무-부무-ふむ'로 이어진다.

遷(遷) 천	訓読	うつす·うつる
	音読	セン

訓読풀이

• うつす · うつる : 遷(천)은 옮기는 것을 뜻한다.
'옮다'에서 '올-오쑤(받침 ㄹ-'쑤'로 분절)-우쑤-うつす · うつる'로 이어진다.

賤 천	訓読	いやしい
	音読	セン

訓読풀이

• いやしい : 賤(천)은 신분이 낮은 것, 천한 것, 초라한 것 등 제대로 되지 아니한 것을 나타낸다.
否(いや)와 마찬가지로 '아니야'에서 '안야-아야-이야-いやしい'로 이어진다.

擅 천	訓読	ほしいまま
	音読	ダン·セン

訓読풀이

• ほしいまま : 一国(いっこく)の政治(せいじ)をほしいままにする 하면 일국의 정치를 마음 하자는(하시라는)대로 함을 뜻한다.
'마음'에서 '맘-마마-まま'로 이어지고, '하자(하시)'에서 '하시-호시-ほしい'로 이어져 ほしいまま로 합성된다.
〔参考〕 縦(종), 恣(자)와 이음(ほしいまま)을 같이한다.

薦 천·진	訓読	すすむ·こも
	人名訓読	する
	音読	セン·シン

訓読풀이

① すすむ : 薦(천)은 사람을 천거, 추천하여 기운, 사기를 북돋아 주는 것을 뜻한다.
'돋우다'에서 '돋음-도둠-두둠-두두무-すすむ'로 이어진다.

② こも : ㉮ 薦(천)은 까는 것, 까는 자리, 거적을 뜻한다. '깔다'에서 '감-곰-고모-こも'로 이어진다. ㉯ 薦(진)은 꽂는 것, 끼우는 것을 뜻한다. 薦紳(진신)은 홀(笏)을 큰 띠에 꽂는다(낀다)는 뜻으로, 높은 벼슬아치나 행동이 점잖고 지위가 높은 사람을 지칭한다. '꽂음(끼움)'에서 '고음(기움)-곰-고모-こも'로 이어진다.

③ する : 薦(천)은 무슨 일이 줄곧, 줄지어 거듭 일어나는 것을 뜻한다〈饑饉薦臻 : 詩經 (기근천진 : 시경)〉.
'줄'에서 '주루-수루-する'로 이어진다.

人名訓読例

차

① すすむ：薦(외자 名).

② こも ：薦岡(こもおか), 薦口(こもくち), 薦野(こもの), 薦田(こもた · こもだ), 薦集(こもあつめ · こもずめ · こもつめ).

③ する：薦河(するが).

闡 천	訓読	あきらか·ひらく
	音読	セン

訓読풀이

① あきらか：㉮ 闡(천)은 여는 것을 뜻한다. '열다'에서 '열거라—여기라—아기라—あきら(か)'로 이어진다. ㉯ 闡은 밝히는 것, 분명히 하는 것을 뜻한다(闡明：천명). '밝히다'에서 '발키라—아키라(ㅂ—ㅇ으로 변음)—あきら(か)'로 이어진다. 열면 밝히게 되어 있고 무엇을 밝히려면 뚜껑을 열고 살펴보아야 한다. 그래서 '열다'와 '밝히다'는 대체로 연계되어 있다.

② ひらく：㉮ 闡은 펼친다는 뜻을 갖는다. '펼치다'에서 '펼—필—빌—비라—ひらく'로 이어진다. ㉯ 펼친다는 것은 벌어진다는 뜻이다. '벌'에서 '빌—비라—ひらく'로 이어진다.

【철】

凸 철	訓読	でこ
	人名訓読	たかし
	音読	トツ

訓読풀이

① でこ：凸(철)은 가운데가 볼록하게 들고 나온 것을 본 뜬 자(字)이다.
'들고'에서 '두고—데고—でこ'로 이어진다.
〔参考〕凹(요)는 복판이 머리가 아래로 박힌 모양을 나타내어 '박고'에서 '바고—보고—ぼこ'로 이어진다.

② たかし：凸은 가운데가 위로 뜨고(돋고 · 솟고) 있는 모습을 나타낸다.
'뜨고(도고 · 소고)— 다고—다가—たか(し)'로 이어진다.

人名訓読例

• たかし：凸(외자 名).

哲 철	訓読	あきらか·さとい
	人名訓読	かず·さとし·さとる·たか·とおる·とし·ひろ·ひろし·のり
	音読	テツ

訓読풀이

① あき · あきらか：㉮ 哲(철)은 밝은 것을 뜻한다. '밝히다'에서 '바키라—아키라(ㅂ—ㅇ으로 변음)—あきら(か)'로 이어진다. ㉯ 닫힌 것이 열리면 밝아진다. '열다'에서 '여구—아구—아기—あきらか'로 이어진다.

② さとい · さとし · さとる：㉮ 哲은 눈을 떠서 세상의 이치를 알게 됨을 뜻한다. '뜨다'에서 '떠—더더—다도—사도—さとい · さとし · さとる'로 이어진다. ㉯ 哲은 세상사의 지혜가 솟는(돋는) 것을 뜻한다. '솟—삳—사도—さとい · さとし · さとる'로 이어진다.

③ かず：哲은 여러 가지 도리에 밝음을 뜻한다.
여러 가지의 '가지'에서 '가주—かず'로 이어진다.

④ たか：哲은 높이 떠 있는(돋은) 高邁(고매)한 도리 또는 그것을 아는 사람을 나타낸다.
'뜨다(돋다)'에서 '뜨고—다고—다가—た

か'로 이어진다.

⑤ とおる : 哲은 세상사의 이치를 꿰뚫어 터득하고 있음을 뜻한다.
'뚫어'에서 '두어-도어-도오-とおる'로 이어진다.

⑥ とし : 哲은 지혜롭고 총명함이 돋보임을 뜻한다.
'돋'에서 '돗-도시-とし'로 이어진다.

⑦ ひろ・ひろし : 哲은 터득한 지식의 범위가 널리 펼쳐짐을 뜻한다.
'펼'에서 '필-빌-ひろ・ひろし'로 이어진다.

⑧ のり : 哲은 터득한 인간사의 도리가 옳은 것임을 나타낸다.
'옳다'에서 '올-오리-노리(ㅇ-ㄴ으로 변음)-のり'로 이어진다.

人名訓読例

① あき・あきら・さとし・さとる・とおる・ひろし : 哲(외자 名).
② あき : 哲寛(あきひろ), 哲徳(あきのり), 哲長(あきなが), 哲靖(あきのぶ), 哲浩(あきひろ).
③ かず : 哲子(かずこ・のりこ).
④ さと : 哲史(さとし), 哲是(さとし), 哲志(さとし).
⑤ たか : 哲之(たかゆき・のりゆき).
⑥ とし : 哲夫(としお・あきお・さとお).
⑦ ひろ : 哲晶(ひろあき).
⑧ のり : 哲彦(のりひこ・あきひこ), 哲雄(のりお), 哲致(のりよし), 哲子(のりこ), 哲与(のりよ), 哲光(のりみつ).

啜 철	訓読	すする
	音読	セツ・テツ

訓読풀이

• すする : うどんを啜る 하면 가락국수를 줄줄이 빨아 먹는 모습을 나타내고, すすり泣(な)く 하면 줄줄 눈물을 흘리며 우는 것을 나타낸다.
'줄줄'에서 '주주루-すする'로 이어진다.

掣 철	訓読	ひく
	音読	セイ

訓読풀이

• ひく : 掣(철)은 빼는 것, 뽑는 것을 뜻한다.
'빼다(뽑다)'에서 '빼구-비구-ひく'로 이어진다.
〔参考〕 引(인 : ひ)く와 이음을 같이한다.

鉄(鐵) 철	訓読	くろがね・かな・かね
	人名訓読	かぬ・かん・まがね
	音読	テツ

訓読풀이

① くろがね : 鉄(철)은 검은 색을 뜻한다〈天子駕鐵驪 : 禮記 (천자가철려 : 예기)〉. 검은 것은 그을려서 그렇다.
'그을려'에서 '글려-그려-그로-くろ(い)'로 이어지고, 돈을 뜻하는 かね와 합성되어 검은 쇠돈(鉄金)을 뜻하는 くろがね로 이어진다.

② かな・かね : 쇠돈(鉄錢)은 재화(財貨)을 갖는(갖게 하는) 매개체가 된다.
'갇다'에서 '갖는-가는-가네(가나)-かね・かな'로 이어진다〈金(금) 참조〉.

③ かぬ・かん : かね의 변음이다.

④ まがね : 鉄은 맞음, 곧음, 바름, 즉 正(정)을 뜻한다〈京師目爲鐵面御史 : 宋史 (경사목위철면어사 : 송사〉. 따라서

차

제값에 들어 맞는 かね(正貨)를 뜻하게 된다.

'맞다'에서 '마-ま'로 이어지고, かね와 합성되어 まがね로 이어진다.

人名訓読例

① くろがね・まがね：鉄(외자 名).

② かな：鉄木(かなき).

③ かね：鉄山(かねやま), 鉄指(かねさし), 鉄理(かねまさ), 鉄麿(かねまろ), 鉄門(かねと), 鉄樹(かねき).

④ かぬ：鉄工(かぬち), 鉄師(かぬち), 鉄飾(かぬち).

⑤ かん：鉄輪(かんのわ), 鉄穴(かんあな).

綴 철	訓読	つづる・とじる
	人名訓読	つづき・つづら・つづり・つづる
	音読	テイ・テツ

訓読풀이

① つづる：綴(철)은 물레 등으로 실을 잣는 것, 짜서 엮는 것을 말한다. 綴(つづ)れ織(おり)는 몇 가지 색실로 무늬를 자아(짜) 넣은 직물을 뜻하고, 綴(つづ)り合(あ)わせる는 얽어매어 하나로 잣는 것, 짜는 것을 뜻한다.

'잣다'에서 '잦-죷-주주-つづる', '짜다'에서 '쭈-주주-つづる'로 이어진다.

② とじる：綴은 꿯는 것을 뜻한다. 新聞(しんぶん)を綴(と)じる 하면 여러 개의 신문을 하나로 엇걸어 실로 꿯는 것을 뜻한다.

'꿯다'에서 '닺-돚-とじる'로 이어진다.

③ つづき・つづら・つづり・つづる：'짜다(잣다)'에서 '짜기-잦기-자즈기-즈즈기-つづき', '짜라(잣으라)'에서 '쭈라-주주라-つづら・つづり・つづる'로 이어진다.

人名訓読例

① つづき・つづら・つづり・つづる：綴(외자 名).

② つづ：綴女(つづめ), 綴喜(つづき).

③ つづり：綴貫(つづりぬき), 綴喜(つづりき).

④ つづれ：綴子(つづれこ).

徹 철	訓読	とおる・とおす
	人名訓読	あきら・いたる・おさむ・つよし
	音読	テツ

訓読풀이

① とおる・とおす：徹(철)은 길이 뚫여 있음을 뜻한다. 貫徹(관철)은 일관 되게 뚫고 나감을 뜻한다.

'뚫어'에서 '두어-도오-とおる・とおす'로 이어진다.

② あきら：㉮ 徹은 밝은 것을 뜻한다〈其何事不徹：國語 (기하사불철：국어)〉.

'밝히다'에서 '바키라-아키라(ㅂ-ㅇ으로 변음)-あきら'로 이어진다. ㉯ 문이나 덮개를 열면 밝아진다. '열다'에서 '열기라-여기라-아기라-あきら'로 이어진다.

③ いたる：徹은 잇따라 이어져 나감을 뜻한다〈撤命于執事：左氏傳 (철명우집사：좌씨전)〉.

'잇따라'에서 '이다루-いたる'로 이어진다.

④ おさむ：徹은 잘 잡아 다스림을 뜻한다〈徹田爲糧：詩經 (철전위량：시경)〉.

'잡다'에서 '잡음-자음-잠-자무-さむ'로 이어지고, 접두어 お가 붙어 おさむ

가 된다.

⑤ つよし：徹은 세게 다스림을 뜻한다.
'세다'에서 '쎄요-쑤요-つよし'로 이어진다.

人名訓読例

• あきら·いたる·おさむ·つよし·とうる·とおす：徹(외자 名).

澈 철	訓読	きよい
	音読	テツ

訓読풀이

• きよい·きよし：澈은 깨끗하고 고은 것을 뜻한다(澄澈：징철).
'깨끗'에서 '객읏-개으-기오-기요-きよい·きよし'로 이어진다. 또한 '곱다'에서 '고아-기아-기오-きよい'로 이어진다.

人名訓読例

• きよし：澈(외자 名).

撤 철	訓読	のぞく
	音読	テツ

訓読풀이

• のぞく：撤(철)은 없애다, 치우다는 말이다. 撤除(철제)는 제거(除去), 즉 없애는 것을 뜻하고, 撤廢(철폐)는 없애고 모든 것을 닫아 버리는 것을 뜻한다.
'없애다'에서 '업세-어소-오소-노조(ㅇ-ㄴ으로 변음)-のぞく'로 이어진다.

轍 철	訓読	わだち
	音読	テツ

訓読풀이

• わたち：轍(철)은 수레바퀴 자국을 뜻한다. 즉 둥글게 에워싸인 바퀴가 지나가면서 땅에 닿았던(대었던) 자국이다. 輪(윤), 環(환), 鐶(환) 등과 마찬가지로 '에워'에서 '아워-와-わ'로 이어지고, '닿다(대다)'에서 '닿지(대지)-たち'로 이어져 わたち로 합성된다.

人名訓読例

• わだち：轍(외자 名).

【첨】

尖 첨	訓読	とがり·とがる
	音読	セン

訓読풀이

• とがり·とがる：尖(첨)은 끝이 뾰족하게 돋아난 것을 말한다. 神經(しんけい)が尖る 하면 신경이 돋아 날카로워지는 것을 뜻하고, 尖り声(こえ)는 가시 돋힌 목소리를 뜻한다.
'돋다'에서 '돋거라-도가라-도가루-とがる'로 이어진다.

添 첨	訓読	そえる·そう·そわせる
	人名訓読	きょう
	音読	テン

訓読풀이

① そえる·そう：添(첨)은 좇아 붙는 것을 말한다. 添(そ)い嫁(よめ)는 시집갈 때 신부를 좇아가는 여성을 뜻하고, 添(そ)え柱(ばしら)는 곁에 보조로 좇아 세운 기둥을 뜻한다.
'좇다'에서 '좇아-조아-조우-そう'로 이어진다.

② そわせる：添은 결혼시켜준다는 뜻도 갖는다. 相愛(そうあい)の二人(ふたり)をそわせる 하면 사랑하는 두 사람을 결혼시켜 서로 좇도록 함을 말한다.

차

위 ①과 마찬가지로 '좇다'에서 '좇아-조아-そわせる(타동사)'로 이어진다.

③ きょう : 添은 곁들여 맛을 더하는 것을 말한다〈添味益也 : 集韻 (첨미익야 : 집운)〉. 그래서 안주 · 반찬도 뜻하게 된다. 위 ①, ②의 좇다 · 붙이다도 곁들인다는 뜻을 갖는다.

'곁'에서 '겨-기요-きょう'로 이어진다.

人名訓読例

① そえ : 添野(そえの), 添田(そえた · そえだ), 添畑(そえはた), 添川(そえかわ).

② きょう : 添子(きょうこ · そえこ).

甛 첨	訓読	あまい
	音読	テン

訓読풀이

• あまい : 甛(첨)은 단맛을 뜻한다. 나무 열매나 음식 등은 무르익으면 단맛이 나게 되어 있다.

'익다'에서 '익음-이음-임-암-아마-あまい'로 이어진다.

〔参考〕甘(감 : あま)い와 이음을 같이한다.

僉 첨	訓読	みな
	音読	セン

訓読풀이

• みな : 僉(첨)은 모두, 몽땅을 뜻한다. '몽땅'에서 '몽-밍-민-みな'로 이어진다.

〔参考〕皆(개)와 이음(みな)을 같이한다.

人名訓読例

• みな : 僉山(みなやま), 僉川(みなかわ), 僉子(みなこ).

諂 첨	訓読	へつらう
	音読	テン

訓読풀이

• へつらう : 諂(첨)은 잘 보이려고 붙어 아첨하는 것을 뜻한다.

'붙다'에서 '부투라우-베투라우-へつらう'로 이어진다.

瞻 첨	訓読	みる
	音読	セン

訓読풀이

• みる : 瞻星(첨성)은 별을 보는 것을 뜻한다.

'눈매'에서 '매-미-みる'로 동사화 된다.

〔参考〕見(견 : み)る와 이음을 같이한다.

籤 첨	訓読	くじ
	音読	セン

訓読풀이

• くじ : 籤(첨)은 제비, 추첨을 뜻한다. 제비를 뽑을 때는 꼬치(꼬챙이)나 대오리(댓개비)를 뽑아 승부나 차례를 정한다.

'꼬치'에서 '고치-구치-구지-くじ'로 이어진다.

〔参考〕籤引(くじびき)는 제비뽑기를 뜻한다. 꽂아 있는 것(꼬치 · 대오리 등)을 뽑는다는 말이다. '꼬치뽑(빼)기'에서 くじびき로 이어진다.

【첩】

捷 첩	訓読	かつ·はやい
	人名訓読	すぐる·とし
	音読	ショウ

訓読풀이

① かつ：大捷(대첩)은 싸움에 크게 이김을 뜻한다. 勝者(승자)는 전리품, 노획품을 갖게 된다. 그래서 捷은 싸움에 이겨 갖게 된 戰利品(전리품)도 뜻한다〈齊候來獻戎捷：左氏傳 (제후래헌융첩：좌씨전)〉.
'갖다'에서 '갖–가주–かつ'로 이어진다.

② はやい：捷은 빠른 것을 뜻한다〈事業捷成：荀子 (사업첩성：순자)〉.
'빠르다'에서 '발아–바아–하야–はや(い)'로 이어진다.

③ すぐる：捷給(첩급)은 빠르게 供給(공급)한다는 뜻으로, 말이나 응대(應待)에 뛰어남을 뜻한다.
'뛰어나다'에서 '뛰구–두구–수구–すぐる'로 이어진다.

④ とし：위 ③에서 말이나 응대에 뛰어남은 그 능력이나 재주가 돋보임을 뜻한다.
'돋'에서 '돗–도시–とし'로 이어진다.

人名訓読例

① かつ・すぐる・はやし：捷(외자 名).
② かつ：捷広(かつひろ), 捷年(かつとし), 捷利(かつとし), 捷世(かつよ), 捷義(かつよし), 捷子(かつこ・としこ).
③ はや：捷郎(はやお・としお), 捷朗(はやお), 捷夫(はやお・かつお・としお), 捷雄(はやお・かつお・としお).
④ とし：捷郎(としお), 捷房(としふさ), 捷朗(としお), 捷雄(としお), 捷泰(としやす), 捷行(としゆき・かつゆき).

喋 첩	訓読	しゃべる
	音読	チョウ

訓読풀이

• しゃべる：喋(첩)은 재잘거리는 것, 씨부렁거리는 것을 뜻한다.
'씨부렁'에서 '시부러–사베러–샤베루–しゃべる'로 이어진다.

畳(疊) 첩	訓読	たたむ・たたみ
	音読	ジョウ

訓読풀이

• たたむ・たたみ：㉮ 石(いし)をたたんだ井戸(いど) 하면 돌을 쌓아 올린 우물을 뜻하고, 布団(ふとん)をたたむ 하면 이부자리를 개어 쌓는 것을 뜻한다. '쌓다'에서 '쌈–사사무–たたむ'로 이어진다. ㉯ 店(みせ)をたたむ 하면 가게를 닫아 장사를 그만 둔다 또는 장사를 접는다는 뜻이다. '닫다'에서 '닫음–다두무–다다무–たたむ', 그만 '두다'에서 '두다–다다–다다무–たたむ', '접다'에서 '저다–더다–다다–다다무–たたむ'로 이어진다.

人名訓読例

• たたみ：畳岡(たたみおか), 畳部(たたみべ).

貼 첩	訓読	はる
	音読	チョウ・テン

訓読풀이

• はる：貼(첩)은 풀 등을 바르는 것, 붙이는 것을 뜻한다. 貼り壁(はりかべ)는 표면에 종이나 천을 발라 마무리한 벽을 말한다.
'바르다'에서 '바루–はる'로 이어진다.

睫 첩	訓読	まつげ
	音読	ショウ

訓読풀이

• まつげ：睫(첩)은 속눈썹을 뜻한다. ㉮

속눈썹은 눈가장자리(눈시울)에 대고(붙어) 있는 털을 뜻한다. 눈을 뜻하는 ま(눈매-매-마-ま), '대다'에서의 つ(대구-두구-つく), 털을 뜻하는 げ(깃털-기-개-げ)가 합성되어 まつげ가 된다. ㉯ ま와 '대다'에서의 '대-두-つぐ · つげ'가 합성되어 まつげ가 된다.

諜 첩	訓読	さぐる
	音読	チョウ

訓読풀이

- さぐる : 諜(첩)은 상대방 또는 적의 소재나 상황 등을 찾아내거나 알아내는 것을 뜻한다(諜者 : 첩자).
  '찾다'에서 '찾거라-사구라-사구루-さぐる'로 이어진다.
  〔参考〕 探(탐 : さぐ)る와 이음을 같이한다.

【청】

清(淸) 청	訓読	きよい·きよまる·すます·すむ·すみ·すが·すがやか
	人名訓読	あきら·きよ·きよし·さや·し·しず·よし
	音読	ショウ·セイ

訓読풀이

① きよい · きよ · きよし : ㉮ 清은 깨끗함을 뜻한다. '깨끗'에서 '객읏-개오-기오-기요-きよい(きよ · きよし)'로 이어진다. ㉯ 清明(청명)한 날씨는 맑고 갠 날씨를 뜻한다. '개다'에서 '개어-기어-기오-きよ'로 이어지고, きよまる로 동사화 된다. ㉰ 清은 고움을 나타낸다. 清心(청심)은 고운 마음을 뜻하고, 清吟(청음)은 고운 목소리로 읊는 것을 뜻한다. '곱다'에서 '고아-기아-기오-きよ'로 이어진다.

② すます · すむ · すみ : 口(くち)や手(て)をすます 하면 입이랑 손을 씻어 깨끗이 함을 뜻하고, 心(こころ)がすます 하면 마음이 씻기어 맑아지는 것을 뜻한다.
'씻다'에서 '씻음-씸-심-숨-수마-すます'로 이어진다.

③ すが · すがやか : ㉮ 清은 막힘이 없이 일이 쓱쓱 또는 척척 잘 진행되는 것을 나타낸다. '쓱쓱'에서 '숙숙-수가-すが · すがやか'로 이어진다. '숙숙-수가수가-すがすが'는 清清으로 표기된다. ㉯ 清은 앞이 트이어 막힘이 없는 것을 뜻한다. 透(す)かす와 마찬가지로 '트다'에서 '트고-트가-수가-すが · すがやが'로 이어진다.

④ あき · あきら : 清은 밝게 하는 것을 뜻한다〈清目而不以視 : 淮南子 (청목이불이시 : 회남자)〉. ㉮ '밝히다'에서 '발키라-바키라-아키라-あきら'로 이어진다. ㉯ 열면 밝혀진다. '열다'에서 '열거라-어기라-아기라-あきら'로 이어진다.

⑤ さや : 清(さや)かは 시원한 모양을 나타낸다. 月(つき)はさやかに照(て)り 하면 달은 시원하게 비치고라는 말이다.
'시원'에서 '시어-사어-사야-さや'로 이어진다.

⑥ し · しず : 清은 조용함을 뜻한다〈太清之始 : 淮南子 (태청지시 : 회남자)〉. 가라앉으며 조용해지는 것을 잦아진다고 한다(바람이 잦아지다, 물결이 잦아지다).
'잦다'에서 '잦-자주-지주-しず'로 이어

진다. 또한 '잔잔하다'에서 '자자-지자-지주-しず'로 이어진다. し는 しず의 준말이다.

⑦ よし : 맑고 깨끗하고 곱고 조용함을 뜻하는 清은 옳음을 상징한다.
'옳다'에서 '올-오시(받침 ㄹ-'시'로 분절)-よし'로 이어진다.

人名訓読例

① きよ · きよし · すが : 清(외자 名).
② きよ : 清国(きよくに), 清島(きよしま), 清沢(きよさわ), 清寛(きよとも), 清基(きよもと), 清文(きよふみ · きよぶみ).
③ すみ : 清登(すみと · きよすみ · きよと), 清夫(すみお), 清人(すみと).
④ すが : 清宮(すがのみや · すがみや · きよみや), 清男(すがお · きよお), 清城(すがき), 清音(すがね).
⑤ あき · あきら : 清明(あきら), 清朗(あきら).
⑥ さや : 清子(さやこ · きよこ · すかこ · すがこ).
⑦ し : 清水(しみず · きよみず), 清水谷(しみずたに · しみずや), 清水石(しみずいし), 清水川(しみずがわ).
⑧ しず : 清夫(しずお · きよふ · きよお · すがお · すみお · よしお), 清雄(しずお · きよお · すがお · すみお).
⑨ よし : 清夫(よしお · きよお · しずお · すがお · すみお).

晴(晴) 청	訓読	はれ·はれる·はらす
	人名訓読	はる·てる·きよし
	音読	セイ

訓読풀이

① はれ · はれる · はらす : ㉮ 晴(청)은 혐의 등이 풀리는 것, 불쾌한 기분 등을 푸는 것을 뜻한다. '풀다'에서 '푸러서-하라서-하라수-はらす'로 이어진다. ㉯ 晴은 마음이 밝아지는 것, 구름이 없어지고 비가 그치어 하늘이 밝아지는 것을 나타낸다. '밝다'에서 '발-바라-はらす'로 이어진다.
② はる : ①의 ㉮의 '풀다'와 ㉯의 '밝다'에서 '풀' · '밝'이 되고, '팔(발)-바루-하루-はる'로 이어진다.
③ てる : 晴은 해(日)가 푸른(青) 하늘에 드러나 햇빛을 쬐어 세상을 밝히는 것을 나타낸다.
'쬐다'에서 '쬐라-되라-대루-てる'로 이어진다.
④ きよし : 清(청)과 마찬가지로 ㉮ '깨끗'에서 '객읏-개우-기오-기요-きよ(し)' ㉯ '개다'에서 '개어-기어-기오-きよ(し)' ㉰ '곱다'에서 '고아-기아-기오-きよ(し)'로 이어진다.

人名訓読例

① きよし · はる · はれ · はれし : 晴(외자 名).
② はる : 晴寛(はるひろ), 晴国(はるくに), 晴文(はるふみ · はるぶみ), 晴誓(はるちか), 晴純(はるずみ), 晴豊(はるとよ).
③ てる : 晴彦(てるひこ · はるひこ).

請(請) 청	訓読	うける·こう
	音読	セイ·シン·ショウ

訓読풀이

① うける : 請(청)은 얻는 것을 말한다. 工事(こうじ)を請(う)ける 하면 도급을 얻

차

음을 뜻하고, 質入(しちい)れのカメラをうける 하면 전당잡혔던 카메라를 도로 찾아 얻음을 뜻한다.

受(う)ける와 마찬가지로 '얻다'에서 '얻거라-어거루-우게루-うける'로 이어진다.

② こう : 請은 그리워 하는 것을 말한다. 請願(청원)은 그리워 원하는 것을 뜻하고, 請婚(청혼)은 그리워 혼인을 청하는 것을 뜻한다.

'그리워'에서 '글이어-그어-고우-こう'로 이어진다.

人名訓読例

• うけ : 請地(うけじ · うけち), 請川(うけかわ · うけがわ).

聴(聽) 청	訓読	きく·ゆるす
	人名訓読	あき
	音読	チョウ·テイ

訓読풀이

① きく : 聴(청)은 듣는 것을 뜻한다.

눈매의 '매'에서 동사화 되어 見(み)る가 되고, '코'에서 동사화 되어 嗅(형 : か)む가 되듯이, '귀'에서 동사화 되어 聞(き)く와 마찬가지로 聴(き)く로 이어진다.

② ゆるす : 聴은 남의 말을 잘 들어 어루어 주는 것, 즉 상대방을 즐겁게 해주려고 잘 따라주는 것을 뜻한다〈姑慈婦聽 : 晏子 (고자부청 : 안자)〉.

'어르다'에서 '어루-우루-ゆるす'로 이어진다.

③ あき : 聴은 남의 말을 들어 밝히는 것을 뜻한다〈王何不聽乎 : 戰國策 (왕하불청호 : 전국책)〉.

'밝히다'에서 '발키-바키-아키(ㅂ-ㅇ으로 변음)-あき'로 이어진다.

人名訓読例

① きく : 聴濤(きくなみ).

② あき : 聴子(あきこ), 聴則(あきのり).

【체】

体(體) 체	訓読	からだ
	人名訓読	なり
	音読	タイ·テイ

訓読풀이

① からだ : 体(체)는 몸, 신체, 체구를 뜻한다.

사람의 겉모양을 나타내는 '꼴'이 하나는 '골-갈-가다(받침 ㄹ-'다'로 분절)-かた(形)'가 되고, 다른 하나는 '골-갈-가라-から(柄)'로 이어지고, 이들 두 개가 합성되어 からだ로 이어진다.

② なり : ㉮ 体는 인물이나 사물의 본래 타고난 본성(本性), 본체(本体)를 뜻한다〈凡禮之體主於敬 : 論語 · 注 (범례지체주어경 : 논어 · 주)〉. '낳다'에서 '나-なり(る)'로 이어진다. ㉯ 体은 形態(형태)를 갖추는 것, 즉 낳는 것을 뜻한다. '낳다'에서 '나-나리-なり'로 이어진다.

〔参考〕成(성 : な)り(る) 및 形(형), 態(태)와 이음(なり)을 같이한다.

人名訓読例

• なり : 体子(なりこ).

剃 체	訓読	そり·そる
	音読	テイ

訓読풀이

• そり · そる : 剃(체)는 자르는 것, 깎은 것을 뜻한다.

'자르다'에서 '잘-자리-조리-そり · そる'로 이어진다.

人名訓読例

• そり：剃金(そりかね).

涕 체	訓読	なみだ
	音読	テイ

訓読풀이

• なみだ：涕(체)는 눈물을 뜻한다.
'눈물'에서 '난물-나밀-나미다(받침 ㄹ-'다'로 분절)-なみだ'로 이어진다.
〔参考〕涙(루)와 이음(なみだ)을 같이한다.

逓(遞) 체	訓読	かわる
	音読	テイ

訓読풀이

• かわる：逓(체)는 갈마드는 것, 번갈아 가면서 바꾸는 것을 뜻한다(逓送：체송).
'번갈아'에서 '갈아-가아-かわる'로 이어진다.
〔参考〕代(대), 換(환), 替(체)와 이음(かわる)을 같이한다.

逮 체	訓読	およぶ·とらえる
	音読	タイ

訓読풀이

① およぶ：逮(체)는 어디에 이르는 것, 미치는 것을 뜻한다〈恐不逮事也：禮記(공불체사야：예기)〉.
'이르다'에서 '이르어-일어-이요-오요-およぶ'로 이어진다.
〔参考〕及(급：およ)ぶ와 이음을 같이한다.
② とらえる：逮는 좇아 따라가 잡는 것을 뜻한다(逮捕：체포). ㉮ '따라가다'에서 '따라-도라-とらえる'로 이어진다. ㉯ '잡다'에서 '자-다-도-と(らえる)'로, '잡아라'에서 '자아라-다아라-다라-도라-とらえる'로 이어진다.
〔参考〕捕(포：とら)える와 이음을 같이 한다.

替 체	訓読	かえる·かわる
	音読	タイ

訓読풀이

• かえる・かわる：替(체)는 바꾸는 것, 갈아치우는 것을 뜻한다(代替：대체).
'갈다'에서 '갈어라-가에라-가에루-かえる'로 이어진다.

人名訓読例

① かい(かえ의 변음)：替門垣内(かいもんかきうち), 替前(かいま), 替戸(かいと).
② かえ：替地(かえち).

滞(滯) 체	訓読	とどこおる
	音読	タイ

訓読풀이

• とどこおる：㉮ 滞(체)는 물(氵)을 대(帶)로 둥그렇게 닫아(막히게 하여) 고이게 하는 것을 나타낸다. 滞水(체수)는 닫혀서 흐르지 않고 고여 있는 물을 뜻한다. '닫아 고이다'에서 '다다고여-도도고오-とどこおる'로 이어진다. ㉯ 滞는 더듬거리는 것, 구물거리는 것을 뜻한다. '더듬거리다'에서 '더듬걸이-도돔거오-도도고오-とどこおる'로 이어진다.

蔕 체	訓読	へた·ほぞ
	音読	タイ·テイ

訓読풀이

① へた：蔕(체)는 감이나 가지 등의 꼭지처럼 어떤 사물의 뾰족한 부분을 나타낸다.
'뾰족'에서 '보조-베자-베다-へた'로 이

차

어진다.

② ほぞ : 위 ①의 '뾰족'에서 '보조-ほぞ'로 이어진다.

締 체	訓読	しまる·しめる·むすぶ
	音読	テイ

訓読풀이

① しまる · しめる : 締(체)는 죄는 것을 말한다. 締(し)め金(がね)는 죔쇠를 뜻하고, 締(し)め殺(ころ)す는 목을 죄어 죽임을 뜻한다.
'죄다'에서 '죔-짐-지메-しめる'로 이어진다.

② むすぶ : 締는 끝을 맺는 것, 매듭을 짓는 것을 뜻한다(締結 : 체결).
'맺다'에서 '맺-뭇-무수-むすぶ'로 이어진다. 또한 '매듭'에서 '매두부-무수부-むすぶ'로 이어진다.
〔参考〕結(결 : むす)ぶ와 이음을 같이한다.

人名訓読例

• しめ : 締木(しめき).

諦 체	訓読	あきらめる· つまびらかにする
	人名訓読	あきら·まこと
	音読	テイ

訓読풀이

① あきら · あきらめる : 諦(체)는 明確(명확)히 살피어 알고 있음을 뜻한다〈不諦於心 : 新論 (불체어심 : 신론)〉. ㉮ '알다'에서 '알거라-아기라-あきらまる'로 이어진다. ㉯ 알게 된다는 것은 밝혀진다는 뜻이다. 明(あきら)める와 마찬가지로 '밝히다'에서 '바키라-아키라(ㅂ-ㅇ으로 변음)-あきら · あきらめる'로 이어진다. ㉰ 살펴 알기 위하여는 닫힌 것을 열어야 한다. 明(あきら)める와 마찬가지로 '열다'에서 '여거라-아거라-아기라-あきら · あきらめる'로 이어진다.
㉱ 諦는 소리쳐 우는 것을 뜻한다〈號哭(호곡), 哭泣諦號 : 荀子 (곡읍체호 : 순자)〉. 그래서 諦念(체념)은 자세하게 알고 있다는 뜻과 희망을 버리고 斷念(단념)한다는 뜻도 갖는다. '울다'에서 '울거라-아기라-あきらめる'로 이어진다.

② つまびらかにする : 諦는 참(진리)을 밝히는 것을 뜻한다.
'참'에서 '춤-추마-つま'로 이어지고, ①의 ㉯ 및 ㉰의 '열고(밝혀)'에서 '발가-빌가-비라가(또는 '벌리어 열고'에서 '벌리고-바리고-비라가)-びらか'로 이어져 つまびらかにする로 동사화 된다.

③ まこと : 諦는 真理(진리)를 뜻한다〈第一義諦 : 梁武帝(제일의체 : 양무제)〉. 즉 도리에 맞는 것을 뜻한다.
'맞것-마걷-마고도-まこと'로 이어진다.

人名訓読例

① あきら · まこと : 諦(외자 名).

② あき : 諦広(あきひろ), 諦子(あきこ), 諦弘(あきひろ).

嚏 체	訓読	くさめ·くさみ· くしゃみ·はなひる
	音読	テイ

訓読풀이

① くさめ · くさみ · くしゃみ : 嚏(체)는 재채기를 뜻한다. 재채기도 기침과 마찬가지로 코나 입 안 점막 신경이 자극을 받아 일어나는 세찬 호흡 운동이다.
'기침'에서 '구참-구차메-구사메-くさ

め'로 이어진다. 嚔는 くさみ, くしゃみ로도 훈독된다.

② はなひる : 재채기는 특히 코 안 점막신경이 자극받아 숨을 내뿜는 현상으로, 그때는 코가 벌어지게 마련이다.
코를 뜻하는 はな('훤'히 뚫린 '코'에서 '훤-한-하나-はな')와 '벌려'에서 '벌-빌-ひる'가 합성되어 はなひる가 된다.

薙 체	訓読	なぐ
	音読	チ·テイ

訓読풀이

• なぐ : 薙(체)는 칼 따위로 옆으로 후려쳐 베거나 깎아 누그러지게 하는 것을 뜻한다.
凪(な)ぐ, 和(な)ぐ와 마찬가지로 '누그러지다'에서 '누구-나구-なぐ'로 이어진다.

【초】

艸 초	訓読	くさ
	音読	ソウ

訓読풀이

• くさ : 艸(초)는 草(초)와 同字(동자)로 풀을 뜻한다. 말이나 소에게 주는 풀을 꼴이라 한다.
'꼴'에서 '골-굴-구사(받침 ㄹ-'사'로 분절)-くさ'로 이어진다.

人名訓読例

• くさ : 艸林(くさばやし), 艸野(くさの).

抄 초	訓読	すく
	音読	ショウ

訓読풀이

• すく : 抄(초)는 뜨는 것을 뜻한다. 抄(す)く는 종이를 뜨는 것(かみをすく), 漉(す)く는 김을 뜨는 것(のりをすく), 結(す)く는 그물을 뜨는 것(あみをすく)으로 모두 すく로 훈독된다.
'뜨다'에서 '두구-수구-すく'로 이어진다.

肖 초	訓読	あやかる·にる
	音読	ショウ

訓読풀이

① あやかる : ㉮ 肖(초)는 감화되어 닮아감을 뜻한다. 말하자면 줄에 이어져 줄줄 끌려가 듯 닮아간다는 뜻이다. '이어 끌려'에서 '이어그러-아아가라-あやかる'로 이어진다. ㉯ 肖는 같이 엮어 닮은 것을 뜻한다. '엮다'에서 '역어-여아-아야-あやかる'로 이어진다.

② にる : ①의 '이어'에서 '이라-이루-니루(ㅇ-ㄴ으로 변음)-にる'로 이어진다.

初 초	訓読	はじめ·はつ·ぞめ·そめる·うい·うぶ
	人名訓読	みか·もと
	音読	ショ

訓読풀이

① はじめ · はつ : ㉮ 햇곡식, 햇보리, 햇나물 등 처음을 뜻하는 '햇'에서 '핫-하지-はじめ'로 이어진다. ㉯ '햇'에서 '핫-하쑤-はつ'로 이어진다. はつ는 접두어로 初雪(초설 : はつゆき), 初恋(초련 : はつこい), 初訪問(초방문 : はつほうもん) 등으로 쓰인다.

② ぞめ · そめる : 初는 처음을 뜻한다.
'처음'에서 '첨-촘-초메-조메-ぞめ'로 이어진다. ぞめ에서 そめる(初める)로

차

동사화 된다. 또한 ぞめ · そめる는 동사의 연용형에 붙어 처음으로 무엇을 한다는 뜻의 합성어를 만든다. 食(た)べ初(ぞ)め는 처음 먹어 본다는 뜻이고, 子供(こども)が歩(ある)き初(そ)める는 어린 아이가 처음으로 걸음마를 한다는 뜻이다.

③ うい · うぶ : ㉮ うい(初)는 初産(ういざん), 初孫(ういまご)처럼 명사 앞에 붙어 처음, 첫이라는 뜻을 나타낸다. 한국어에서 '애'가 명사 앞에 붙어 애호박, 애벌레, 애송이 등 어린(여린), 앳된, 처음의 뜻을 나타내는 것과 대응된다. '애'에서 '애－우－우이－うい'로 이어지며, '어린(여린)'에서 '얼인－어이－우이－うい'로도 이어진다. ㉯ うぶ(初 · 初心)는 어떤 사람의 순진함, 어림, 여림 등을 나타낸다. 웃음보, 울음보 등의 '보'는 어떤 사람의 특성을 나타낸다. そんなことをそのまま信(しん)ずるほどうぶではない 하면 그런 일을 그대로 믿을 만큼 어리숙한 '어린보', '순보'는 아니라는 뜻이다. '어린보'에서 '얼이보－어이보－우이부－우부－うぶ'로 이어진다.

④ みか : 初는 묵은 일, 옛일을 뜻한다〈伯父帥乃初事 : 儀禮 (백부수내초사 : 의례)〉.
'묵은'에서 '묵－믹－미가－みか'로 이어진다.

⑤ もと : 初는 후에 이루어지는 일의 진행에 밑바탕이 되는 시초가 된다.
'밑'에서 '몯－모토－もと'로 이어진다.

人名訓読例

① はじめ · はつ : 初(외자 名).

② はつ : 初島(はつしま), 初本(はつもと), 初山(はつやま), 初川(はつかわ), 初熊(はつくま), 初世(はつよ).

③ はじ · はし : 初鹿(はじか · はしか · はつか · はつしか).

④ うい : 初生谷(ういだに), 初治(ういじ · うじ).

⑤ うぶ : 初湯川(うぶゆがわ).

⑥ みか : 初月(みかずき).

⑦もと : 初万(もとかず).

招 초	訓読	まねく
	音読	ショウ

訓読풀이

• まねく : 招(초)는 부르는 것, 초대(招待)를 뜻한다. 초대는 만나자고 부르는 것이다.
'만나다'에서 '만나－마네－まねく'로 이어진다.

人名訓読例

• まねき : 招(외자 名).

杪 초	訓読	こずえ
	音読	ショウ·ビョウ

訓読풀이

• こずえ : ㉮ 杪(초)는 나무의 끝을 뜻한다. 나아가 사물 · 시간 · 철 등의 끝을 뜻한다. '끝'에서 '끝에－긏에－곶에－고주에－こずえ'로 이어진다. ㉯ 杪는 작은(少) 나무(木)의 끝을 뜻한다. '꼬마(작은)'의 '고－こ'와 '끝에'와 같은 뜻의 '뒤에'에서 '두에－수에－ずえ'가 합성되어 こずえ가 된다. ㉰ 나무를 뜻하는 'き－こ'와 위 ㉯의 ずえ가 합성되어 こずえ로 이어진다.

炒 초	訓読	いためる·いる
	音読	ショウ

訓読풀이

① いためる：炒(초)는 음식물을 뜨겁게 데워 튀기거나 볶는 것을 뜻한다.
'데우다'에서 '뎀–담–다메–ためる'로 이어지고, 접두어 い가 붙어 いためる가 된다.
〔参考〕 煠(いた)める와 이음을 같이하는데, 煠(잡)은 데치는 것, 삶는 것을 뜻한다.

② いる：炒는 豆(まめ)をいる, 卵(たまご)をいる처럼 콩이나 달걀을 볶거나 지지는 것을 뜻한다. 어느 것이나 익는 것, 익히는 것을 말한다.
'익다'에서 '익–이–いる'로 이어진다.

俏 초	訓読	にる·やつす
	音読	ショウ

訓読풀이

① にる：俏(초)는 서로가 이어져 같게 되는 것을 뜻한다〈人俏天地之類：列子(인초천지지류：열자)〉.
'이어'에서 '이라–이루–니루(ㅇ–ㄴ으로 변음)–にる'로 이어진다.

② やつす：俏는 애태우는 것, 번민하는 것을 뜻한다. かなわぬ恋(こい)に身(み)をやつす 하면 이룰 수 없는 사랑으로 애태움을 말한다.
'애타서'에서 '아타수–아투수–やつす'로 이어진다.

草 초	訓読	くさ
	音読	ソウ

訓読풀이

• くさ：草(초)는 풀을 뜻한다. 말이나 소에게 주는 풀을 꼴이라 한다.
'꼴'에서 '골–굴–구사(받침 ㄹ–'사'로 분절)–くさ'로 이어진다.

人名訓読例

• くさ：草島(くさじま), 草木(くさき), 草原(くさはら), 草森(くさもり), 草飼(くさかい), 草山(くさやま).

迢 초	訓読	はるか
	音読	チョウ

訓読풀이

• はるか：迢(초)는 길(辶)이 멀리 펼쳐지는 풍경을 나타낸다〈漫漫三千里迢迢：潘岳 (만만삼천리초초：반악)〉.
'펼'에서 '팔–할–하루–はるか'로 이어진다.
〔参考〕 遥(요：はる)か와 이음을 같이한다.

哨 초	訓読	みはり
	音読	ショウ

訓読풀이

• みはり：哨(초)는 망보는 것을 뜻한다. 哨所(초소)는 망보는 곳, 哨兵(초병)은 망보는 병사를 말한다. 망본다는 것은 눈을 부릅뜨고(크게 벌려) 사방을 살피는 행동이다.
'눈'을 뜻하는 め(目：'눈매'에서 매–め)에서 본다는 뜻으로 이어진 みる(見る)의 み와 '벌린다'에서 '벌–발–바리–はり(張り)'가 합성되어 みはり가 된다. 哨(みはり)는 見張り(みはり)가 된다.

峭 초	訓読	きびしい·けわしい
	音読	ショウ

訓読풀이

① きびしい：㉮ 峭(초)는 높고 험한 것을 뜻한다. 峭壁(초벽)은 높은 곳에서 밑

차

으로 깊숙이 뻗어 내린 험한 낭떠러지를 뜻한다. '깊다(깊숙하다)'에서 '깊－기피－きびしい'로 이어진다. ㉯ 峭는 지형(산 또는 언덕)이 위에서 밑으로 가파르게 뻗어 내림을 나타낸다. '가파'에서 '기파－기피－きびしい'로 이어진다.

② けわしい : 峭는 지형이 높고 험준함, 즉 고약한 것을 뜻한다.
'고약'에서 '괴약－개야－개와－けわしい'로 이어진다.

梢 초	訓読	こずえ
	音読	ショウ

訓読풀이

• こずえ : ㉮ 梢(초)는 나무의 끝을 뜻한다. '끝'에서 '끝에－긋에－곳에－고주에－こずえ'로 이어진다. ㉯ 梢는 나무 끝 중에서도 나무의 잔가지(꼬마 가지) 끝을 뜻한다. '꼬마 가지'의 '꼬－고－こ'와 '끝에'와 같은 뜻의 '뒤에'에서 '두에－수에－ずえ'가 합성되어 こずえ가 된다. ㉰ 나무를 뜻하는 き－こ와 ㉯의 ずえ가 합성되어 こずえ 가 된다.

人名訓読例

• こずえ : 梢(외자 名).

鈔 초	人名訓読	きよし
	音読	ショウ

訓読풀이

• きよし : 鈔(초)는 깨끗함, 아름다움, 좋은 쇠를 뜻한다.
'깨끗'에서 '객읏－개으－기오－기요－きよし'로 이어진다. 또한 '곱다'에서 '고아－기아－기요－きよ(し)'로 이어진다.

人名訓読例

• きよし : 鈔(외자 名).

焦 초	訓読	あせる·こがす· こげる·じらす·じれる
	音読	ショウ

訓読풀이

① あせる : ㉮ 焦(초)는 애태움을 뜻한다〈勞身焦思 : 史記 (노신초사 : 사기)〉.
'애태움'에서 '애태－아세－あせる'로 이어진다. ㉯ 事(こと)を焦(あせ)る 하면 일이 잘 안 되어 안달함을 뜻한다. '안달'에서 '아다－아데－아세－あせる'로 이어진다. ㉰ 焦는 焦燥(초조)처럼 일이 어서어서 빨리 되기를 기다리는 것을 뜻한다.
'어서'에서 '아세－あせる'로 이어진다.

② こがす · こげる : 焦는 검게 타는 것, 그을리는 것을 뜻한다. ㉮ '검게'에서 '거게－고게－こげる'로 이어진다. ㉯ '그을리다'에서 '그을고서－글고서－그가－고가수－こがす'로 이어진다.

③ じらす · じれる : ㉮ 焦는 조르는 것을 뜻한다. そうじらさないでくれ 하면 그렇게 조르지 말라는 말이다. '조르다'에서 '졸라서－조라수－지라수－じらす'로 이어진다. ㉯ 焦思(초사), 焦心(초심)은 마음 졸이는 것을 뜻한다. '졸이다'에서 '조려서－지라서－じらす'로 이어진다.

酢·醋 초·작	訓読	す·すい
	音読	ソ·サク

訓読풀이

• す · すい : 酢 · 醋(초)는 초, 식초를 뜻한다. 초는 시다.
'시다'에서 '시－수－す', '시어'에서 '수어－수이－すい'로 이어진다.
〔参考〕 酢 · 醋이 작 · サク로 음독될 때는 술자리에서 술잔을 돌리는 것을 뜻한다.

人名訓読例

- す：酢谷(すや), 酢小星(すこぼし), 酢田(すだ).

貂 초	訓読	てん
	音読	チョウ

訓読풀이

- てん：貂(초)는 담비를 뜻한다. '담비'에서 '담-뎀-덴-てん'으로 이어진다.

超 초	訓読	こえる·こす
	人名訓読	こゆる·すすむ·たかす·まさる·わたる
	音読	チョウ

訓読풀이

① こえる · こす：超(초)는 보통 기준을 뛰어 건너는 능력를 나타낸다. 超能力(초능력)은 보통 능력을 뛰어 건너는 비상한 능력을 뜻하고, 超人(초인)은 보통 사람을 뛰어 건너 초능력을 가진 사람을 뜻한다.
'건너다'에서 '건어-거어-고에-こえる'로 이어진다.

② こゆる：위 ①의 こえる의 변음.

③ すすむ：超는 뛰어넘는 것, 달음질치는 것을 뜻한다.
'뛰다'에서 '뛰-뚬-두두무-수수무-すすむ'로 이어진다.

④ たかし：超는 超人처럼 위에 높이 떠 있는(돋아있는, 솟아있는) 것을 나타낸다.
'뜨다'에서 '뜨고-드가-다가-たかし'로 이어진다.

⑤ まさる：超는 다른 것에 비하여 나은 것, 뛰어난 것, 도리에 맞는 것을 나타낸다.
'맞다'에서 '마자-마사-まさる'로 이어진다.

⑥ ゆき：超는 앞으로 나아가는 것을 뜻한다.
'오다'에서 '오다-오기-유기-ゆき'가 되고 뜻은 '간다'는 뜻으로 反意語化된 경우이다〈行(행) 참조〉.

⑦ わたる：超는 보통 정도를 뛰어 넘어 저 건너에 닿는 능력을 뜻한다(超越：초월).
'닿다'에서 '다-たる'로 이어지고, 접두어 わ가 붙어 わたる가 된다.

人名訓読例

① こゆる · すすむ · たかし · まさる · わたる：超(외자 名).

② ゆき：超子(ゆきこ).

鈔 초	訓読	かすめる·うつす
	音読	ショウ

訓読풀이

① かすめる：鈔(초)는 노략질, 도둑질, 즉 남의 것을 빼앗아 감추는 것을 뜻한다〈攻鈔郡縣：後漢書 (공초군현：후한서)〉.
'감추다'에서 '감춤-가추메-가수메-かすめる'로 이어진다.
〔参考〕掠(략：かす)める와 이음을 같이 한다.

② うつす：鈔는 그대로 옮겨 베끼는 것을 뜻한다〈手自鈔寫：晋書 (수자초사：진서)〉.
'옮기다'에서 '옮-올-오쑤(ㄹ-'쑤'로 분절)-おつす'로 이어진다.

蛸 초	訓読	たこ
	音読	ショウ

차

訓読풀이

- たこ：蛸(초)는 문어, 낙지를 뜻한다. 문어, 낙지는 달구질한 것처럼 납작하다. 연을 뜻하는 凧(궤)와 마찬가지로 '달구'에서 '다구–다고–たこ'로 이어진다.

人名訓読例

- たこ : 蛸島(たこしま), 蛸路(たこち), 蛸井(たこい), 蛸足(たこたり).

憔 초	訓読	やつれる
	音読	ショウ

訓読풀이

- やつれる : 憔(초)는 마음(忄)이 애타서(焦) 파리해지는 것을 뜻한다〈憔悴(초췌)〉.
  '애타다'에서 '애타–아타–야투–やつれる'로 이어진다.

樵 초	訓読	きこり
	音読	ショウ

訓読풀이

- きこり : 樵(초)는 땔(焦) 나무(木)을 뜻하고, 나아가 또한 땔나무(樵)를 베는 나무꾼(樵夫)을 뜻한다.
  나무를 뜻하는 き(木)와 나무를 '가르는(베는)'에서 '갈–가리–고리–こり'가 합성되어 きこり가 된다.

人名訓読例

- きこり：樵(외자 名).

鍬 초	訓読	くわ·すき
	人名訓読	かま
	音読	シュウ·ショウ

訓読풀이

① くわ : ㉮ 鍬(초)는 괭이를 뜻한다. '괭이'에서 '괘이–고이–구이–구아–くわ'로 이어진다. ㉯ 鍬는 가래를 뜻한다. '가래'에서 '갈애–갈아–가아–구아–くわ'로 이어진다. ㉰ 鍬는 밭을 갈거나 흙을 고르는데 쓰인다. '갈다'에서 '갈아–가아–구아–くわ'로 이어진다.

② すき : 鍬는 흙을 뜨는데 쓰인다. '뜨다'에서 '뚜기–두기–수기–すき'로 이어진다.

③ かま : ①의 ㉰ '갈다'에서 '감–가마–かま'로 이어진다.

人名訓読例

① くわ : 鍬方(くわかた), 鍬守(くわもり), 鍬田(くわた), 鍬初(くわぞめ), 鍬塚(くわつか), 鍬形(くわがた).

② かま：鍬田(かまた · くわた).

礎 초	訓読	いしずえ
	音読	ソ

訓読풀이

- いしずえ：礎(초)는 밑에 세운 주춧돌을 뜻한다. ㉮ '돌'을 뜻하는 いし('너설'에서 '니설–니서–이시(ㄴ–ㅇ으로 변음)–いし')와 '세우다'에서 '세워–수어–수에–ずえ'로 이어져 いしずえ로 합성된다. ㉯ '밑에 세워진 돌'은 뒤에 세워진 돌이라는 뜻이기도 하다 '뒤에'에서 '두에–ずえ'로 이어지고 いし와 합성되어 いしずえ로 이어진다.
  〔参考〕 石(いし)を据(す)えるの 뜻이 된다〈石(석) 및 据(거) 참조〉.

【촉】

促 촉	訓読	うながす
	音読	ソク·ショク

訓読풀이

• うながす : 返事(へんじ)を促(うなが)す 하면 대답을 얼른 하라는 뜻이다.
'얼른'에서 '얼는-어난-우나-うながす'로 이어진다.

触(觸) 촉	訓読	さわる·ふらす·ふれる·ふれ
	音読	ショク·ソク

訓読풀이

①さわる : 触覺(촉각)은 피부에 닿거나 대서 생기는 감각을 뜻한다.
'닿다(대다)'에서 '다아-사아-さわる'로 이어진다.

② ふらす : 触らす는 고어(古語)로 널리 퍼뜨려(펼쳐) 알리는 것을 뜻한다.
'퍼(펼)'에서 '펴라-푸라-후라-ふらす'로 이어진다.

③ ふれる : ㉮ 触은 접촉(接触), 즉 붙는 것, 닿는 것을 뜻한다. '붙다'에서 부-후-ふれる'로 이어진다. 붙는 것은 부딪치는 것, 저촉(抵触)하는 뜻도 갖는다. 法(ほう)にふれる 하면 법에 부딪친다는 뜻이다. ㉯ 触れる는 触らす와 마찬가지로 널리 퍼뜨려(펼쳐) 알리는 것을 뜻한다. '퍼(펼)'에서 '펴라-후라-후라-ふる · ふれる'로 이어진다. ㉰ 触은 사실대로 불다처럼 말하는 것을 뜻한다. '불다'에서 '불-부레-ふれる'로 이어진다. ㉱ 触은 밝히는 것을 뜻한다. '밝'에서 '발-불-부레-ふれる'로 이어진다.

④ ふれ : 널리 일반에게 고시(告示)사항을 퍼뜨리는 것, 방(榜), 포고(布告)를 뜻한다. 布令(포령)으로도 표기된다. '펼(쳐)'에서 '펼-풀-푸레-ふれ'로 이어진다.

人名訓読例

• ふれ : 触坂(ふれさか).

嘱(囑) 촉	人名訓読	たのむ
	音読	ショク

訓読풀이

• たのむ : ㉮ 嘱(촉)은 부탁, 즉 도움을 청하는 것을 뜻한다. 頼(뢰)와 마찬가지로 '도움'에서 '도움-돔-담-담무-다노무-たのむ'로 이어진다. ㉯ 嘱은 누구에게 기대는 것을 뜻한다. '(기)대다'에서 '대는-다는-다노-たのむ'로 이어진다.

燭 촉	訓読	ともしび
	音読	ショク·ソク

訓読풀이

• ともしび : 燭(촉)은 등불을 뜻한다. 등불은 나무나 기름등을 태워 만들어지는 불이다.
'태우다'에서 '태움-탬-톰-토모-ともし'로 이어지고, '불'에서 '부-비-び'로 이어져 ともしび로 합성된다.

矗 촉	人名訓読	なおみ·のぶ·ひとし
	音読	チク

訓読풀이

① なおみ : 矗(촉)은 곧게 나아짐을 뜻한다.
直(なお)し와 마찬가지로 '나아지다'에서 '나음-나옴-나오미-なおみ'로 이어진다.

② のぶ : 矗立(촉립)은 높이 솟아 있음을 나타낸다.
'높다'에서 '노파-노푸-のぶ'로 이어진다.

③ ひとし : 矗然(촉연)은 한 줄(홀)로 길게 곧은 모양을 나타낸다.
'홀'에서 '힐-히도(받침 ㄹ-'도'로 분

차

절)－ひと(し)'로 이어진다.

人名訓読例

① なおみ・のぶ・ひとし：矗(외자 名).

② なお：矗江(なおえ), 矗人(なおと).

③ のぶ：矗男(のぶお), 矗大(のぶひろ), 矗昶(のぶてる).

【촌】

寸 촌	訓読	わずか
	音読	スン

訓読풀이

• わずか：寸(촌)은 하찮은 것, 조금을 뜻한다. ㉮ '하찮은 것(하찮고)'에서 '아찬고(ㅎ－ㅇ으로 변음)－아차고－아주가－わずか'로 이어진다. ㉯ '조금'에서 '조그－주가－ずか'로 이어지고, 접두어 わ가 붙어 わずか가 된다.

村 촌	訓読	むら
	音読	ソン

訓読풀이

• むら：村(촌)은 마을을 뜻한다.
'마을'에서 '말－물－무라－むら'로 이어진다.

人名訓読例

• むら：村国(むらくに), 村崎(むらさき), 村本(むらもと), 村山(むらやま), 村上(むらかみ), 村沢(むらさわ・むわざわ).

邨 촌	訓読	むら
	音読	ソン

訓読풀이

• むら：邨(촌)은 村(촌)과 同字(동자)로 이음을 같이한다.
'마을'에서 '말－물－무라－むら'로 이어진다.

人名訓読例

• むら：邨居(むらい), 邨野(むらの), 邨田(むらた), 邨井(むらい), 邨次(むらじ).

【총】

冢 총	訓読	つか
	音読	チョウ

訓読풀이

• つか：冢(총)은 무덤을 뜻한다. 무덤은 흙이나 돌을 쌓아 만든다.
'쌓다'에서 '싸고－싸가－쑤가－つか'로 이어진다.

人名訓読例

• つか：冢田(つかだ).

塚(塚) 총	訓読	つか
	音読	チョウ

訓読풀이

• つか：塚(총)은 흙더미, 둔덕을 뜻하는데, 흙으로 쌓인 더미와 같다고 해서 무덤도 뜻한다.
'쌓다'에서 '싸고－싸가－쑤가－つか'로 이어진다.
〔参考〕 흙을 파서 만든 무덤은 墓(はか)이다. '파다'에서 '파고－파가－하가－はか'로 이어진다.

人名訓読例

• つか：塚谷(つかたに), 塚島(つかしま), 塚林(つかばやし), 塚本(つかもと), 塚山(つかやま), 塚原(つかはら).

楤 총	訓読	たら·たらのき
	音読	ソウ

訓読풀이

- たら · たらのき : 楤(총)은 두릅나무를 뜻한다.
  '두릅'에서 '두루–다루–다라–たら'로 이어진다. 두릅나무는 일반적으로 たら(楤)のき(木)로 표기된다.

葱 총	訓読	ねぎ
	音読	ソウ

訓読풀이

- ねぎ : 葱(총)은 파를 뜻한다. 파는 땅에서 뽑아 낸다.
  '내다'에서 '내기–ねぎ'로 이어진다.
  〔参考〕 한국어 파는 파내기에서 '파'가 되고, 일본어 ねぎ는 파내기의 '내기'에서 ねぎ가 되었다고 본다.

人名訓読例

- ねぎ : 葱大(ねぎたち).

総(總) 총	訓読	すべる·ふさ
	人名訓読	あげ·あつむ· すぶる·のぶ
	音読	ソウ

訓読풀이

① すべる : 総(총)은 다스리는 것을 뜻한다. 総理(총리)나 総督(총독)은 권력을 잡아 나라를 다스리는 벼슬을 말한다.
'잡다'에서 '잡–자베–주베–수베–すべる'로 이어진다.

② ふさ : 総은 모음을 뜻한다. 그것은 하나하나가 붙어(모아) 모든 것을 모으는 것〈萬物之總 : 淮南子 (만물지총 : 회남자)〉, 즉 총체(総體), 총계(総計)를 이루는 것〈執其總 : 周禮 (집기총 : 주례)〉을 뜻한다.
'붙다'에서 '붙–붓–부사–ふさ'로 이어진다.

③ あげ : 総은 모두를 하나로 이어 묶음(단)을 만드는 것을 뜻한다〈総合(총합)〉.
'잇다'에서 '이고–이게–아게–あげ'로 이어진다.
〔参考〕 あげまき(総角)는 옛날 미혼의 아이들 머리를 두 갈래로 갈라 양쪽 귀 위에서 '이고(이게–아게–あげ)' 동여 맨(매다–매기–마기–まき) 쌍 상투를 뜻한다. 지금은 総角(총각)을 チョンガー으로 표기해 총각을 뜻한다.

④ あつむ : 総은 하나하나 쌓아 모으는 것을 뜻한다(総計 : 총계).
'쌓다'에서 '쌈–씀–쑤무–つむ'로 이어지고, 접두어 あ가 붙어 あつむ로 합성된다.

⑤ すぶる : ①의 すべる의 변음.

⑥ のぶ : 総은 높은 자리에 앉아 무리를 거느리는 것을 뜻한다.
'높아'에서 '노푸–노부–のぶ'로 이어진다.

人名訓読例

① あつむ · すぶる · ふさ : 総(외자 名).
② ふさ : 総島(ふさじま), 総山(ふさやま), 総明(ふさあき), 総堅(ふさかた), 総長(ふさなが), 総子(ふさこ).
③ あげ : 総角(あげまき).
④ のぶ : 総明(のぶあき · ふさあき).

聡(聽) 총	訓読	さとい·さとし
	人名訓読	あきら·とし
	音読	ソウ

訓読풀이

① さとい · さとし : ㉮ 聡(총)은 총명(聡明)해서 똑똑한 것을 뜻한다. '똑똑'에서 '도도−다도−사도−さとい'로 이어진다. ㉯ 聡은 지혜 · 슬기 · 재주가 다른 사람에 비하여 출중하게 돋보임을 뜻한다. '돋다'에서 '돋−도도−다도−사도−さとい'로 이어진다. ㉰ 総은 눈이 뜨이고 귀가 뚫려 聡明해짐을 뜻한다. '뜨다(뚫리다)'에서 '뜨−또−도도−다도−사도−さとい'로 이어진다. ㉱ 聡은 지혜가 솟는 것을 뜻한다. '솟다'에서 '솓−삳−사도−さとい'로 이어진다.

② あきら : ㉮ 위 ①의 ㉰에서 눈이 뜨이고 귀가 뚫린다 함은 눈 · 귀가 열리어 총명해짐을 뜻한다. '열리다'에서 '여거라−아거라−아기라−あきら'로 이어진다. ㉯ 눈 · 귀가 열리면 진리 등을 밝히는 聡察力(총찰력)이 생긴다. '밝히다'에서 '바키라−아키라(ㅂ−ㅇ으로 변음)−あきら'로 이어진다.

③ とし : 위 ①의 ㉯ 돋보임에서 '돗−도시−とし'로 이어진다.

人名訓読例

① あきら · さとし · とし : 聡(외자 名).

② あき : 聡宏(あきひろ), 聡夫(あきお · としお), 聡男(あきお · としお).

③ さと : 聡明(さとあき · としあき), 聡昭(さとあき · としあき), 聡寿(さとひさ), 聡彦(さとひこ · としひこ), 聡子(さとこ · としこ).

④ とし : 聡徳(としのり), 聡信(としのぶ), 聡裕(としひろ), 聡長(としなが), 聡哲(としあき), 聡総(としふさ).

〔参考〕 人名에서 聡長(ふさなが), 聡雄(ふさお)처럼 聡이 ふさ로 訓読되는 例를 볼 수 있는데, 이는 聡을 総(총)과 같은 뜻으로 쓴다고 풀이하여 ふさ로 훈독한 것으로 보인다〈総(총) 참조〉.

銃 총	訓読	つつ
	音読	ジュウ

訓読풀이

• つつ : つつ는 본래 筒(통)을 뜻한다. 통은 그 속에 물건을 쑤셔 넣게 되어 있다. 銃身(총신), 砲身(포신)도 つつ라 하는데, 그 속에 총알이나 화약을 쑤셔 넣고 쏘게 된다. 여기서 뜻이 확대되어 銃 특히 小銃(소총), 대포(大砲)도 つつ라 한다.
'쑤셔'에서 '쓰수−つつ'로 이어지고, 또한 '쏘다'에서 '쏘−쑤−수수−つつ'로도 이어진다.

叢 총	訓読	くさむら · むら · むらがる
	音読	ソウ

訓読풀이

① くさむら : 叢(총)은 풀이 무리지어 난 곳, 즉 풀숲을 뜻한다. 말이나 소에게 주는 풀을 꼴이라 한다.
'꼴'에서 '골−굴−구사(받침 ㄹ−'사'로 분절)−くさ'로 이어지고, '무리'에서 '무리−무라−むら'가 이어져 くさむら로 합성된다.

② むら · むらがる : 叢은 무리, 떼를 뜻한다. むらすずめ는 참새 떼, 竹(たけ)むら는 대나무 숲을 뜻한다.
'무리'에서 '무라−むら'로 이어진다. むら에서 むらがる로 동사화된다. 広場(ひろば)にむらがる群衆(ぐんしゅう)는 광장에 무리지어 몰려있는 군중이라는 뜻이다.

人名訓読例

① くさむら : 叢(외자 名).

② むら : 叢人(むらと).

寵 총	人名訓読	うつく
	音読	チョウ

訓読풀이

• うつく : 寵(총)은 寵臣(총신)처럼 행실이 옳고 좋은 사람을 특별히 사랑하거나, 寵兒(총아)처럼 옳은 일로 하여 여러 사람에게서 높이 우러름을 받는 것을 뜻한다.
'옳다'에서 '옳구-울구-우쑤구(받침 ㄹ-'쑤'로 분절)-うつく'로 이어진다. 美(うつく)しい와 이음을 같이한다.

人名訓読例

• うつく : 寵(외자 名).

【촬】

撮 촬	訓読	つまむ·とる
	音読	サツ

訓読풀이

① つまむ : ㉮ 撮(촬)은 손으로 쥐는 것, 잡는 것, 집는 것을 뜻한다. '쥐다'에서 '짐-줌-주마-つまむ', '잡다'에서 '잡음-잠-줌-주마-つまむ', '집다'에서 '집음-짐-줌-주마-つまむ'로 이어진다. ㉯ 撮은 사진을 찍는 것을 뜻한다. '찍다'에서 '찍음-짐-줌-주마-つまむ'로 이어진다. ㉰ 撮은 요점을 따는(집어내는) 것을 뜻한다. '따다'에서 '담-둠-줌-주마-つまむ'로 이어진다.

② とる : 撮은 따는 것, 뜨는 것을 말한다. 撮要(촬요)는 요점을 따는 것을 뜻하고, 書類(しょるい)の控(ひか)えを撮る 하면 서류의 사본을 뜬다는 뜻이다.
'따다(뜨다)'에서 '따(뜨)-다-다루-도루-とる'로 이어진다.

【최】

崔 최	訓読	たかい
	音読	サイ

訓読풀이

• たかい・たかし : 崔(최)는 山(산)이 높고 크게(隹)을 솟음을 뜻한다〈南山崔崔 : 詩經 (남산최최 : 시경)〉
높이 '뜨다(돋다・솟다)'에서 '뜨고-다고-다가-たかい(たかし)'로 이어진다.

人名訓読例

① たかし : 崔(외자 名).

② たか : 崔宗(たかむね).

最 최	訓読	もっとも·も
	人名訓読	かなめ·たかし·まさる·ゆたか
	音読	サイ

訓読풀이

① もっとも : ㉮ 最(최)는 무엇도 당할 수 없을 정도로 으뜸, 제일이라는 뜻이다. 즉, 무엇보다 제일 낫다는 말이다. '무엇도'에서 '멋도-못도-もっと(も)'로 이어진다. ㉯ 最는 모두를 뜻한다〈最從高帝 : 史記 (최종고제 : 사기)〉. '모두'에서 '모도-못도-もっと(も)'로 이어진다. ㉰ 最는 모이는 것을 뜻한다〈最萬物 : 管子 (최만물 : 관자)〉. 제주방언에 모이는 것을 '모도다(모두다)'라고 한다. '모도'에서 '못도-もっと(も)'로 이어진다. ㉱ 제일 먼저, 제일 큰 것을 나타내는 접두어로 '맏(맏이)'이 쓰인다(맏아들, 맏딸, 맏

차

손자 등). '맏'에서 '마도-모도-못도-もっと(も)'로 이어진다. もっとも重要(じゅうよう)な問題(もんだい) 하면 맏이가 되는 중요한 문제라는 뜻이고, クラスでもっとも背(せ)が高(たか)い 하면 키에 관한 한 학급에서 맏이가 된다는 뜻이다.

② も：もっとも의 준말.

③ かなめ：最는 끝나는 것, 끊어지는 것을 뜻한다〈秦之水泔最而稽：管子 (진지수감최이계：관자)〉.
'끝나다'에서 '끝남-그남-가남-가나메-かなめ'로 이어진다.

④ たかし：最는 으뜸으로 가장 위에 떠 있음을 뜻한다.
'뜨다'에서 '뜨고-다고-다가-たか(し)'로 이어진다.

⑤ まさる：最는 가장 도리에 맞는 것을 뜻한다.
'맞다'에서 '맞-마자-まさ(る)'로 이어진다.

⑥ ゆたか：最는 모든 것이 다 있어 풍족함을 뜻한다.
'있다'에서 '있다구-이다가-유다가-ゆたか'로 이어진다.

⑦ よし：最는 가장 뛰어나게 옳은 행실을 보이는 것을 뜻한다.
'옳다'에서 '올-오시(받침 ㄹ-'시'로 분절)-よし', '옳지'에서 '올지-오지-오시-よし'로 이어진다.

人名訓読例

① かなめ・たかし・まさる・ゆたか：最(외자 名).

② も：最寄(もより), 最上(もがみ), 最中(もなか), 最地(もち), 最誉子(もよこ).

③ よし：最信(よしのぶ), 最一(よしかず).

催 **최**	訓読	もよおす
	音読	サイ

訓読풀이

• もよおす：催(최)는 모임행사, 회합, 주최를 뜻한다.
'모이다'에서 '모여서-모요오서-もよおす'로 이어진다.

摧 **최**	訓読	くじく・くだく
	音読	サイ

訓読풀이

① くじく：摧(최)는 기세가 꺾이는 것, 멸하는 것, 즉 꺼지는 것을 뜻한다〈何敵不摧：唐書 (하적불최：당서)〉.
'꺼지다'에서 '꺼지구-거지구-구지구-くじく'로 이어진다.
〔参考〕 挫(좌：くじ)く와 이음을 같이한다.

② くだく：摧는 꺾이는 것, 깨지는 것을 뜻한다〈寒風摧樹木：古詩 (한풍최수목：고시)〉.
'꺾다(깨다)'에서 '거다-구다-くだく'로 이어진다.
〔参考〕 砕(쇄：くだ)く와 이음을 같이한다.

【추】

抽 **추**	訓読	ぬく・ひく
	人名訓読	ゆう
	音読	チュウ

訓読풀이

① ぬく：抽(추)는 뽑아(빼어)내는 것을 뜻

한다(抽出 : 추출).

抜(ぬ)く와 마찬가지로 '내다'에서 '내구―누구―ぬく'로 이어진다.

② ひく : 抽는 뽑는 것, 빼는 것을 뜻한다(抽籤 : 추첨).

引(ひ)く와 마찬가지로 '뽑다(빼다)'에서 '빼구―비구―ひく'로 이어진다.

③ ゆう : 抽는 뽑아 없애는 것을 뜻한다〈言抽其棘 : 詩經 (언추기극 : 시경)〉.

'없어'에서 '어어―우어―유우―ゆう'로 이어진다.

人名訓読例

① ぬき : 抽那(ぬきな), 抽冬(ぬきふゆ · ぬきとう), 抽原(ぬきはら).

② ゆう : 抽尺(ゆうじゃく).

追 추	訓読	おい·おう
	音読	ツイ

訓読풀이

- おい · おう : 先生(せんせい)のあとを追(お)う 하면 선생의 뒤를 이어 가겠다는 뜻이고, 理想(りそう)をおう 하면 이상을 이어간다는 뜻이다.

  '잇다'에서 '이어―이우―오우―おう'로 이어진다.

  〔参考〕 逐(축 : お)う와 이음을 같이한다.

人名訓読例

- おい : 追立(おいたて), 追木(おいき), 追別(おいわけ), 追田(おいだ), 追着(おいつき), 追風(おいかぜ).

秋 추	訓読	あき·とき
	人名訓読	おさむ·みのる
	音読	シュウ

訓読풀이

① あき : ㉮ 秋(추)는 벼 · 곡물(禾)이 불(火)에 익은 형상을 나타낸다. 추수의 계절인 가을에는 산이나 들에 있는 모든 곡물이나 초목이 온통 누렇게 익는다.

'익다'에서 '익어―이거―아거―아기―あき'로 이어진다. 또한 가을에는 온 산이 단풍 등으로 빨갛게 변한다. '빨갛다'에서 '발가―바기―아기(ㅂ―ㅇ으로 변음)―あき'로 이어진다.

② とき : 秋는 때 · 시기를 뜻한다〈此誠危急存亡之秋也 : 諸葛亮 (차성위급존망지추 : 제갈량)〉.

때를 적이라고도 한다(어릴 적, 만난 적 등). '적'에서 '적―저기―조기―도기―とき'로 이어진다.

③ おさむ : 가을은 秋收(추수)의 계절이다. 즉 곡식을 거두어 곡간에 가득 담는 계절이다.

収(おさ)める와 마찬가지로 '담다'에서 '담―다무―사무―さむ'로 이어지고, 접두어 お가 붙어 おさむ가 된다.

④ みのる : 가을은 곡물이 열매 맺는 계절이다.

'맺는'에서 '매는―미는―미노―みのる'로 이어진다. 또한 '열매(実)'의 '매―미―み'에서 동사화 되어 みのる로 이어진다.

人名訓読例

① あき · おさむ · みのる : 秋(외자 名).

② あき : 秋山(あきやま), 秋時(あきとき), 秋実(あきみ), 秋野(あきの), 秋足(あきたり), 秋平(あきひら).

③ とき : 秋男(ときお · あきお), 秋夫(ときお · あきお).

酋 추	訓読	おさ·かしら
	音読	シュウ

訓読풀이

① おさ : ㉮ 酋(추)는 조직의 웃어른을 뜻한다. '웃'에서 '우수-오수-おさ'로 이어진다. ㉯ 酋는 우두머리(웃머리)를 뜻한다. '우두'에서 '우수-오수-오사-おさ'로 이어진다. ㉰ 酋는 어른을 뜻한다. '어른'에서 '얼은-얼-올-오사(ㄹ-'사'로 분절)-おさ'로 이어진다.

〔参考〕 長(장)과 이음(おさ)을 같이한다.

② かしら : 酋는 웃어른으로 제일 큰 어른을 지칭한다.

'크다'에서 '크지라-카지라-かしら'로 이어진다. 고래가 커서 くじら, 百濟 땅이 커서 くたら, 나라(国)가 커서 くに(크네)가 되는 것과 같은 이치이다.

〔参考〕 頭(두)와 이음(かしら)을 같이한다.

芻 추	訓読	まぐさ
	音読	スウ

訓読풀이

- まぐさ : 芻(추)는 말에게 주는 꼴을 뜻한다.

  '말'에서 '마-ま'로 이어지고, '꼴'에서 '골-굴-구사(받침 ㄹ-'사'로 분절)-くさ'로 이어져 まぐさ로 합성된다.

惆 추	訓読	うらむ
	音読	チュウ

訓読풀이

- うらむ : 惆(추)는 울면서 애통해 하는 것을 뜻한다.

  '울음'에서 '우름-우람-우라무-うらむ'로 이어진다.

  〔参考〕 恨(한), 怨(원)과 이음(うらむ)을 같이한다.

推 추	訓読	おす
	音読	スイ

訓読풀이

- おす : ① 推(추)는 밀어서 앞으로 또는 위로 옮기거나 움직이는 것을 말한다. 推移(추이)는 일이나 형편이 일정한 방향으로 옮기거나 움직이는 것을 뜻한다.

  '옮다'에서 '올-오수(받침 ㄹ-'수'로 분절)-おす'로 이어지고, 또한 '옴(움)'에서 '오-おす'로 이어진다.

② 推는 推戴(추대), 推尊(추존)처럼 위로 올려 받드는 것을 뜻하고, ロケトを推(お)す 하면 로케트를 위로 쏘아 올리는 것을 뜻한다.

'올리다'에서 '올-오수(받침 ㄹ-'수'로 분절)-おす'로 이어진다.

③ 推는 미루어 아는 것을 나타낸다. 推論(추론)은 미리 아는 것을 기초로 다른 사실을 논급하는 것을 뜻한다.

'알다'에서 '알-올-おす'로 이어진다.

人名訓読例

- おし : 推尾(おしお · おしび), 推会(おしあい).

啾 추	訓読	なく
	音読	シュウ

訓読풀이

- なく : 啾啾(추추)는 낮은 소리로 훌쩍이며 우는 모양을 나타낸다.

  '울다'에서 '울구-우구-아구-나구(ㅇ-ㄴ으로 변음)-なく'로 이어진다.

萩 추	訓読	はぎ
	音読	ショウ

訓読풀이

- はぎ : 萩(추)는 식물의 일종으로 싸리를

뜻한다. 콩과의 낙엽 활엽관목으로 이파리가 많은 나무이다.

'이파리'의 '파'에서 は로 이어지고, 나무(木)를 뜻하는 ぎ와 합성되어 はぎ가 된다.

人名訓読例

• はぎ : 萩山(はぎやま), 萩本(はぎもと), 萩上(はぎかみ), 萩野谷(はぎのや), 萩原(はぎはら · はぎわら), 萩村(はぎむら).

棰 추	訓読	たるき
	音読	スイ

訓読풀이

• たるき : 棰(추)는 서까래를 뜻한다. 서까래는 목조건물의 마룻대에서 들보 또는 도리에 걸쳐 달려 있는 통나무(椽木 : 연목)를 말한다.

'달려(垂) 있는 나무(木)'에서 '다라-다루-たる'와 나무를 뜻하는 き가 합성되어 たるき가 된다.

人名訓読例

• たる(たるき의 준말) : 棰井(たるい).

麁 추	訓読	あらい
	音読	ソ

訓読풀이

• あらい : 麤(추) 참조.

〔参考〕麁(추)는 麤(추)의 異體字.

人名訓読例

あら : 麁玉(あらたま), 麁鹿火(あらかび).

槌 추	訓読	つち
	音読	ツイ

訓読풀이

• つち : 槌(추)는 망치, 마치를 뜻한다. 망치 · 마치는 단단한 물건이나 달군 쇠 따위를 두드려 치는 연장이다.

'두드려 치다'에서 '두치-つち'로 이어진다. 또한 '두드(리다)'에서 '두드-두디-つち'로도 이어진다.

人名訓読例

• つち : 槌谷(つちや), 槌本(つちもと), 槌野(つちの), 槌田(つちだ), 槌重(つちしげ), 槌之助(つちのすけ).

墜(墜) 추	訓読	おちる
	音読	ツイ

訓読풀이

• おちる : 墜(추)는 떨어지는 것을 뜻한다.

'떨어지다'에서 '떨-떠러-띠루-ちる'로 이어지고, 접두어 お가 붙어 おちる가 된다.

〔参考〕落(락 : お)ちる와 이음을 같이한다.

皺 추	訓読	しわ · しわむ
	音読	シュウ · スウ

訓読풀이

• しわ · しわむ : 皺(추)는 주름을 뜻한다. 顔(かお)が皺(しわ)む 하면 얼굴이 주름지는 것을 말한다.

'주름'에서 '줄음-주움-주우무-지와무-しわむ'로 이어진다. '씨름'에서 すも, '구름'에서 くも로 이어지는 것과 같은 이치이다.

縋 추	訓読	すがる
	音読	ツイ

訓読풀이

• すがる : ㉮ 腕(うで)に縋(すが)って歩

차

(ある)く 하면 팔에 달라 붙어(팔짱끼고) 걷는 것을 뜻한다. '달다'에서 '달거라-다거라-다가루-두가루-수가루-すがる'로 이어진다. ㉯ 縋(추)는 줄에 매다는 것을 뜻한다〈夜縋而出 : 左氏傳 (야추이출 : 좌씨전)〉. '줄'에서 동사화 되어 '줄-주-수-すがる'로 이어진다. 또한 '줄걸다'에서 '주거러-주가루-すがる'로 이어진다.

錘 추	訓読	いわ·おもり·つむ
	音読	スイ·ツイ

訓読풀이

① いわ : 錘(추)는 어망에 이어져 있는(달린) 추를 뜻한다.
'이어져'에서 '이어-이아-いわ'로 이어진다.

② おもり : 錘는 무게를 더하기 위하여 다는 추(저울 추, 낚시 봉)를 뜻한다.
重(おも)い에서 동사화 되어 'おもる-おもり'로 이어진다〈重(중) 참조〉.

③ つむ : 錘는 방추(紡錘)를 뜻한다. 방추는 물레로 실을 잘 때 실이 감기는 추(물렛가락)를 뜻한다.
'잣다'에서 '자음-잠-줌-つむ'로 이어진다.
〔参考〕 紡(방 : つむ)ぐ와 이음을 같이한다.

錐 추	訓読	きり
	音読	スイ

訓読풀이

• きり : 錐(추)는 송곳 등 구멍을 뚫는 연장을 지칭한다. 끌도 같은 역할을 한다.
'끌'에서 '끄리-끼리-きり'로 이어진다.

趨 추	訓読	おもむく
	音読	スウ

訓読풀이

• おもむく : 趨(추)는 어느 방향으로 가는 것을 뜻한다. 즉 어느 곳을 맞고(마주하고, 향하고) 움직여 나아감을 뜻한다.
'움직여'에서 '움-옴-오모-おも'로 이어지고, '맞고'에서 '맞구-마구-무구-むく'로 이어져 おもむく로 합성된다. むく는 向(む)く로 볼 수 있다.

醜 추	訓読	みにくい·しこ
	音読	シュウ

訓読풀이

① みにくい : 醜(추)는 보기 싫은 것, 즉 보기 역겨운 것, 보기가 느끼한 것을 나타낸다. ㉮ 보기를 뜻하는 み(눈매에서 '매-미-み')와 '느끼'에서의 '니끼-니꾸-にくい'가 합성되어 みにくい가 된다. ㉯ み와 '역겹다'가 '여겨워-녀거이(ㅇ-ㄴ으로 변음)-니구이-にくい'로 이어져 みにくい로 합성된다.
〔参考〕 見悪い(みにく)い, 見難(みにく)い와 이음을 같이한다.

② しこ : 醜는 싫어함, 미워함을 뜻한다〈惡直醜正 : 左氏傳 (악직추정 : 좌씨전)〉.
'싫다'에서 '싫고-시고-しこ'로 이어진다.

人名訓読例

• しこ : 醜茶(しこちゃ), 醜男(しこお).

鎚 추	訓読	つち
	音読	ツイ

訓読풀이

• つち : 鎚(추)는 망치, 마치를 뜻한다. 망

치, 마치는 단단한 물건이나 달군 쇠 따위를 두드려 치는 연장이다.

'두드려 치다'에서 '두치-つち'로 이어진다. 또한 '두드리다'에서 '두드-두디-つち'로 이어진다.

人名訓読例

• つち : 鎚之助(つちのすけ), 鎚夏(つちか).

雛 추	訓読	ひな
	音読	スウ

訓読풀이

• ひな : 雛(추)는 병아리, 새 새끼를 뜻한다.

'병아리'에서 '빙아-빈아-비나-ひな'로 이어진다.

人名訓読例

• ひな : 雛屋(ひなや), 雛元(ひなもと), 雛田(ひなた), 雛鳥(ひなどり), 雛子(ひなこ), 雛助(ひなすけ).

鞦 추	訓読	しりがい
	音読	シュウ

訓読풀이

• しりがい : 鞦(추)는 껑거리, 밀치끈을 뜻한다. 껑거리는 말이나 소의 궁둥이 뒤로 막대를 가로 걸고 그 두 끝에 줄을 매어 길마 뒷가지에 좌우로 잡아매게 된 물건을 말한다.

'(궁둥이) 뒤로 (가로) 걸고'에서 '뒤로걸어-디로거어-시리가이-しりがい'로 이어진다.

麤 추	訓読	あらい
	音読	ソ

訓読풀이

• あらい : 麤(추)는 날림으로 해서 제대로 되어 있지 않은 거친 상태를 나타낸다.

荒(あら)い와 마찬가지로 '날'에서 '알(ㄴ-ㅇ으로 변음)-아라-あら'로 이어진다.

人名訓読例

• あら : 麤郎(あらお), 麤鹿火(あらかび).

【축】

丑 축	訓読	うし
	音読	チュウ

訓読풀이

• うし : 丑(축)은 지지(地支)로는 둘째, 띠로는 소(牛)이다. 丑年(축년)은 소띠 해를 말한다.

牛(うし)와 마찬가지로 '소'에서 '시-し'로 이어지고, 접두어 う가 붙어 うし가 된다.

人名訓読例

• うし : 丑木(うしき), 丑山(うしやま), 丑子(うしこ), 丑丸(うしまる), 丑徳(うしのり), 丑之助(うしのすけ).

竺 축	訓読	あつい
	音読	シク·チク

訓読풀이

• あつ : ㉮ 竺(축)은 두터움을 뜻한다. '두터워'에서 '둗어-두어-두이-つい'로 이어지고, 접두어 あ가 붙어 あつい가 된다. ㉯ 두터움은 속이 차고 있음을 뜻한다. '차다'에서 '차-추-つ'로 이어지고 접두어 あ가 붙어 あつい로 이어진다.

人名訓読例

① あつし : 竺(외자 名).

② あつ：竺子(あつこ).

祝(祝) 축	訓読	いわい·いわう·ほぐ·のる
	人名訓読	のり
	音読	シュク·シュウ

訓読풀이

① いわい · いわう ：㉮ 祝(いわ)う는 축하, 축하의 말을 하는 것, 신에게 말이나 글을 아뢰는 것(祝文 : 축문)을 뜻한다. '아뢰다'에서 '알외-아아-이아-いわい · いわう'로 이어진다. 말하는 것을 이르다라고도 한다. 공자가 이르기를, 부모에게 이르다라는 꼴로 쓰인다. 曰(いわ)く와 마찬가지로 '이르다'에서 '일어-이어-이아-いわう'로 이어진다. ㉯ 祝(축)은 경사(慶事), 좋은 일, 옳은 일을 축하하는 것을 뜻한다〈犀首跪行 爲儀千秋之祝 : 戰國策 (서수궤행 위의천추지축 : 전국책)〉. '옳다'에서 '올아-오아-이아-いわ'로 이어지고 いわう로 동사화 된다.

② ほぐ：祝은 비는 것, 기원함을 뜻한다. '빌다'에서 '빌구-볼구-보구-ほぐ'로 이어진다.

③ のり · のる ：㉮ 祝은 지금은 고어이나 옛날에는 제사 때 말이나 글(祝文 : 축문)로 아뢰는 것을 뜻하였다. '아뢰다'에서 '알-날(ㅇ-ㄴ으로 변음)-놀-노루-のる'로 이어진다. ㉯ 위 ①의 ㉮처럼 '이르다'에서 '일-올-놀-노루-のる'로도 이어진다. ㉰ 말을 함부로 하는 것을 (입을) 놀린다고 한다. '놀리다'에서 '놀-노루-のる'로 이어진다. ㉱ のる(祝る · 宣る · 告る)는 오늘날에는 名のる(名乗る · 名告る)의 형태로 남아 있다. 名(な)をなのってから話(はなし)を切(き)り出(だ)す 하면 이름을 아뢰고(말하고) 이야기를 꺼낸다는 뜻이다. ㉲ のり는 のる의 명사형으로도 볼 수 있고 위 ①의 ㉯의 '옳다'에서 '올-놀(ㅇ-ㄴ으로 변음)-노리-のり'로도 이어진다.

人名訓読例

① いわい：祝原(いわいはら), 祝前(いわいさき), 祝迫(いわいざこ · いわさこ), 祝薗(いわその), 祝夫(いわお · のりお), 祝生(いわお · のりお).

② のり：祝男(のりお), 祝夫(のりお), 祝秀(のりひで), 祝稔(のりとし), 祝子(のりこ), 祝典(のりすけ).

逐(逐) 축	訓読	おい·おう
	音読	チク

訓読풀이

• おい · おう ：逐(축)은 좇아가는 것, 즉 끊기지 않고 이어감을 말한다. 逐年(축년)은 매년 해가 이어감을 뜻하고, 逐次(축차)는 순서에 따라 이어감을 뜻한다. '잇다'에서 '이어-오이-오우-おう'로 이어진다.

人名訓読例

• おい：逐沼(おいぬま).

舳 축	訓読	へさき
	音読	ジク

訓読풀이

• へさき ：舳(축)은 배의 고물(船尾 : 선미), 이물(船首 : 선수)을 뜻한다. 배의 앞 뒤 저기에 있는 부분들이다.
'배의 저기'에서 '배저기-배자기-へさき'로 이어진다.

筑 축	訓読	つい·つか·つき·つく
	音読	チク

訓読풀이

① つい：ついは つきの 音便이다.

② つか · つき · つく：筑(축)은 줍는 것을 뜻한다. 叔(숙), 拾(습)과 같은 뜻으로 쓰인다.

'줍다'에서 '줍—주—つか · つき · つく'로 이어진다.

〔参考〕 筑은 대나무로 만든 거문고 비슷한 악기 이름이기도 하다〈上擊筑：漢書(상격축：한서)〉. 이 경우에는 음독으로 ちく라고 한다.

人名訓読例

① つい：筑城(ついき).

② つか：筑摩(つかま · つくま), 筑摩地(つかまち).

③ つき：筑比地(つきひじ).

④ つく：筑摩(つくま), 筑木(つくき), 筑紫(つくし), 筑田(つくだ), 筑波(つくば), 筑井(つくい).

蓄 축	訓読	たくわえる
	音読	チク

訓読풀이

• たくわえる：㉮ 蓄(축)은 쌓아 두는 것을 말한다. 蓄力(축력)은 힘을 쌓아 두는 것을 뜻하고, 蓄財(축재)는 재물을 쌓아 두는 것을 뜻한다. '쌓다'에서 '싸구—다구—たくわえる'로 이어진다. ㉯ 蓄은 간직하여 두는 것을 말한다. 蓄妾(축첩)은 첩을 두는 것을 뜻한다. '두다'에서 '두구—다구—たくわえる'로 이어진다.

築 축	訓読	きずく·つき·つく
	音読	チク

訓読풀이

① きずく：築(축)은 構築(구축), 즉 무엇을 갖추는 것을 말한다. 富(とみ)をきずく 하면 부를 갖추는 것을 뜻하고, 幸(しあわ)せ家庭(かてい)をきずく 하면 행복한 가정을 갖추는 것을 뜻한다.

'갖추다'에서 '가추구—기추구—きずく'로 이어진다.

② つき · つく：築城(축성)은 성을 쌓는 것을 뜻하고, 石垣(いしかき)を築(つ)く 하면 돌담을 쌓는 것을 뜻한다.

'쌓다'에서 '싸구—쓰구—つく'로 이어진다.

人名訓読例

① きずき · きずく · つき：築(외자 名).

② つき：築島(つきしま), 築藤(つきふじ), 築林(つきばやし), 築山(つきやま), 築地(つきじ · つくじ), 築添(つきぞえ).

③ つく：築館(つくだて), 築根(つくね), 築地(つくじ).

縮 축	訓読	ちぢむ·ちぢまる·ちぢめる
	人名訓読	ちじみ·しじ
	音読	シュク

訓読풀이

• ちぢむ · ちぢまる · ちぢめる：㉮ 縮(축)은 짧아지는 것을 뜻한다. '짧다'에서 '짧음—짜음—짬—찜—지지무—ちぢむ · ちぢまる · ちぢめる'로 이어진다. ㉯ 縮은 줄어지는(줄어드는) 것을 뜻한다. '줄어짐—주어짐—주짐—지짐—지지무—ちぢむ'로 이어진다. 또는 '줄어듬—주어딤—주딤—지딤—지디무—ちぢむ'로 이어진다.

차

人名訓読例

① ちじみ(ちぢみの 변음) : 縮(외자 名).

② しじ(ちぢの 변음) : 縮見(しじみ).

蹙 축	訓読	しじまる·しかめる·せまる
	音読	シュク

訓読풀이

① しじまる : ㉮ 蹙(축)은 짧아짐을 뜻한다. '짧음'에서 '짜음-짬-찜-지지-しじまる'로 이어진다. ㉯ 蹙은 줄어드는(줄어지는) 것을 뜻한다. '줄어짐 -주어짐-주짐-지잠-しじまる'로 이어진다.

② しかめる : ㉮ 蹙은 쭈그러지는 것을 뜻한다. '쭈그러지다'에서 '주구-지가-しかめる'로 이어진다. ㉯ 蹙은 찡그리는 것을 뜻한다. '찡그리다'에서 '지구-지가-しかめる'로 이어진다.

③ せまる : 蹙은 폭이 조여서 좁아지는 것을 뜻한다. ㉮ '죄다'에서 '죔-셈-세마-せまる'로 이어진다. ㉯ '좁다'에서 '좁음-좀-죔-제마-せまる'로 이어진다.

蹴 축	訓読	けり·ける
	音読	シュウ·シュク

訓読풀이

• けり · ける : 蹴(축)은 공을 굴리며 차는 것을 뜻한다.
'굴리다'에서 '굴-구리-게리-けり · ける'로 이어진다.

人名訓読例

• けり : 蹴揚(けりあげ), 蹴場(けりば · けば).

• け(けり의 준말) : 蹴速(けはや), 蹴場(けば).

【춘】

春 춘·준	訓読	はる
	人名訓読	かす
	音読	シュン

訓読풀이

① はる : 春(춘)은 만물이 소생하는 밝은 계절이다. わが世(よ)のはる 하면 내 생애에서 가장 밝고 희망찬 시절이라는 뜻이다.
밝다의 '밝'에서 '발-바루-はる'로 이어진다.

② かす : 봄은 만물이 꿈틀거리기 시작하는 계절이다. 春(준)은 蠢(잠)과 같은 뜻으로 쓰이는데, 蠢動(잠동)은 봄(春)에 벌레들(虫虫)이 꿈틀거리는 것을 나타낸다〈張皮侯而棲鵠 則 春以功 : 周禮 (장피후이서곡 즉 준이공 : 주례)〉.
'꿈틀거리다'에서 '꿈틀-구두-가두-가수-かす'로 이어진다.
〔参考〕 영어에서 봄을 뜻하는 spring이 용수철도 뜻하는 것은 봄이 오면 만물이 용수철처럼 위로 꿈틀거리며 튀어 오르는 것을 시사한다. 春은 봄(春 : 춘)도 뜻하며, 꿈틀거리는 것(春 : 준)도 뜻한다.

人名訓読例

① はる : 春日原(はるひばら · かすがはら), 春川(はるかわ), 春秋(はるあき), 春風(はるかぜ).

② かす : 春見(かすみ · はるみ), 春日部(かすかべ · かすがべ), 春日富士(かすがぶじ), 春日屋(かすがや), 春田(かすだ · はるた).

【출】

出 출	訓読	でる·だす· いでる·いず
	人名訓読	すぐる
	音読	シュツ·スイ

訓読풀이

① でる : ㉮ 船(ふね)がでる 하면 배가 떠나는(뜨는) 것을 뜻한다. '떠나다'에서 '떠-더-데-でる'로 이어지고, '뜨다'에서 '뜨-때-데-でる'로 이어진다. ㉯ 星(ほし)がでる 하면 별이 뜨는 것을 뜻한다. '뜨다'에서 '뜨-데-でる'로 이어진다. ㉰ 釘(くぎ)のでた靴(くつ) 하면 못이 돋아(솟아) 나온 구두를 뜻한다. '돋다(솟다)'에서 '도(소)-데-でる'로 이어진다. ㉱ 出衆(출중), 出凡(출범), 出群(출군)은 뭇사람 중에서 뛰어남을 뜻한다. '뛰어나다'에서 '뛰-떼-데-でる'로 이어진다(뛰어나다는 것은 다른 것보다 위에 떠 있음을 뜻함). ㉲ 芽(め)がでる 하면 싹이 트는 것을 뜻한다. '트다'에서 '트-테-でる'로 이어진다.

② だす : 出(だ)すは 자동사 出(で)る의 타동사이다. ㉮ 자동사 떠나다가 떠나게 하다, 출발시키다의 뜻으로 바뀐다. 子供(こども)を使(つか)いにだす 하면 아이를 심부름으로 떠나게 하는(보내는) 것을 뜻한다. '떠나게'에서 '떠-더-다-だす'로 이어진다. ㉯ 자동사 '뜨다'가 '띄우다'의 뜻으로 바뀐다. 船(ふね)をだす 하면 배를 뜨게 하는 것, 즉 띄우는 것을 뜻한다. '띄우다'에서 '띄-따-다-だす'로 이어진다. ㉰ 자동사 '나타나다'가 '띄우다(나타내다)'의 뜻으로 바뀐다. 怒(いか)りをすぐ顔(かお)にだす 하면 노여움을 금방 얼굴에 띄운다는 뜻이다. '띄우다'에서 '띄-따-다-だす'로 이어진다. ㉱ 자동사 '돋다'가 '돋게 하다, '띄우다'의 뜻으로 바뀐다. 元気(げんき)をだす 하면 원기를 돋게 하는 것, 띄우는 것을 뜻한다. '돋다(띄우다)'에서 '돋-도-다-だす'로 이어진다. ㉲ 자동사 '떠나다'에서 '떠나게 하다', 즉 '내어놓다 · 대다(제공하다)'의 뜻으로 바뀐다. 酒(さけ)をだす 하면 술을 대는 것을 뜻하고, 学資(がくし)をだす 하면 학비를 대준다는 뜻이다. '대다'에서 '대-다-だす'로 이어진다.

③ いでる : 出(い)でるは 出(で)る의 문어체로, 현재 나타나 있음을 뜻한다.
'있다'에서 '이다-이데-いでる'로 이어진다.

④ いず(いづ) : 出(い)ずは 生(で)る의 고형(古形)으로 위 ③과 같이 숨겨져 있던 것이 현재 새로이 나타나 있음을 뜻한다.
'있다'에서 '이쑤-いず'로 이어진다.

⑤ すぐる : 出은 ①의 ㉱에서처럼 뭇사람 중에서 뛰어남을 뜻한다〈出衆(출중)〉.
'뛰어나다'에서 '뛰고-두구-수구-すぐる'로 이어진다.

人名訓読例

① いず · いずし · いずる · いで · すぐる · で : 出(외자 名).

② いず : 出本(いずもと · いでもと), 出雲(いずも), 出原(いずはら · いではら · いはら · ではら), 出野(いずの · いでの · での), 出世(いずよ), 出掘(いずほり).

③ いで : 出光(いでみつ), 出森(いでもり), 出月(いでずき · いでつき), 出田

(いでた · いずた), 出浦(いでうら · でうら), 出丸(いでまる).

④ で : 出開(でばり), 出口(でくち · でぐち · いでくち), 出島(でじま), 出山(でやま), 出張(ではり · でばり), 出塚(でずか · いでつか).

黜 출	訓読	しりぞく
	音読	チュツ

訓読풀이

- しりぞく : 黜(출)은 뒤로 쫓아 내는 것을 뜻한다.
  '뒤로'에서 '디로–시리ー しり'로 이어지고, '쫓다'에서 '쪼구–조구–ぞく'로 이어져 しりぞく로 합성된다.
  〔参考〕 退(퇴 : しりぞ)く와 이음을 같이 한다.

【충】

充 충	訓読	あてる·みたす·みちる·みつ
	人名訓読	あつる·みつる·むつ
	音読	ジュウ

訓読풀이

① あてる : 充(충)은 물자 등을 대는 것, 充當(충당)하는 것을 뜻한다. アルバイトをして学費(がくひ)にあてる 하면 아르바이트를 해서 학비에 댄다는 말이다. '대다'에서 '대–てる'로 이어지고, 접두어 あ가 붙어 あてる가 된다.

② みたす : ㉮ 充은 물이 차는 것을 말한다. 瓶(びん)に水(みず)をみたす 하면 병에 물을 채우는 것을 뜻하고, 欲望(よくぼう)をみたす도 물을 채우듯 욕망을 채우는 것을 뜻한다. 満(み)たす와 마찬가지로 '물 차다'에서 '무차–미차–미다–みたす'로 이어진다. ㉯ 充은 가득 차서 充分(충분)한 양에 미치는 것을 뜻한다. '미치다'에서 '미차–미다–みたす'로 이어진다.

③ みちる : 充(み)ちる도 充(み)たす와 마찬가지로 '물 차다'에서 '무차–미차–미치–みちる'로 이어진다. 또한 充分한 양에 '미치다'에서 '미치–みちる'로 이어진다.

④ みつ : 充(み)つ도 차는 것, 충분한 것을 뜻한다.
② 및 ③과 마찬가지로 '물 차다'에서 '물–무–미–みつ'로 이어진다.

⑤ あつる : '차다'에서 '추–つる'로 이어지고, 접두어 あ가 붙어 あつる가 된다.

⑥ みつる : '물 차다'에서 '미차–미추–みつる'로, '미치다'에서 '미치–미추–みつる'로 이어진다.

⑦ むつ : '물 차다'에서 '물차–무차–무추–むつ'로 이어진다.

人名訓読例

① あつる · みちる · みつる : 充(외자 名).

② あつ : 充広(あつひろ), 充文(あつのり · みつふみ), 充美(あつみ · みつみ), 充実(あつみ), 充雄(あつお · みちお), 充子(あつこ · みちこ · みつこ).

③ みち : 充代(みちよ · みつよ), 充洋(みちひろ), 充祐(みちまさ · みつすけ), 充人(みちと), 充治(みちはる · みつはる), 充弘(みちひろ · みつひろ).

④ みつ : 充悳(みつよし), 充徳(みつのり), 充博(みつひろ), 充邦(みつくに), 充正(みつまさ), 充憲(みつのり).

⑤ むつ : 充洽(むつひろ).

虫(蟲) 충	訓読	むし
	音読	チュウ

訓読풀이

• むし : ㉮ 虫(충)은 벌레를 뜻한다. 벌레는 대부분 해충으로 사람에게는 못된 존재이다. 못된의 '못'에서 '모시-무시-むし'로 이어진다. ㉯ 대부분의 벌레들이 사람을 문다. '물다'에서 '물-무시(받침 ㄹ-'시'로 분절)-むし'로 이어진다.

人名訓読例

• むし : 虫明(むしあき · むしあけ), 虫本(むしもと), 虫人(むしひと), 虫幡(むしはた), 虫吉(むしよし), 虫太郎(むしたろう).

沖 충	訓読	おき
	人名訓読	のぼる·ふかし
	音読	チュウ

訓読풀이

① おき : ㉮ 沖(충)은 바다(氵) 가운데(中) 아래로 깊숙이 내려간 곳을 뜻한다(深沖 : 심충). '아래로 깊숙이'에서 '아래'의 '아-오-お'와 '깊숙이(깊이)'의 '깊-기-き'가 합성되어 おき가 된다. ㉯ 沖은 앞바다의 깊숙한 곳을 뜻한다. '앞'에서 '아-오-お'와 '깊이'의 き가 합성되어 おき가 된다. ㉰ '앞바다'의 '아-お'와 깊숙한 '곳'의 '고-기-き'가 합성되어 おき가 된다.

② のぼる : 沖은 높이 솟아오르는 것을 뜻한다〈忠飛沖天 : 史記 (충비충천 : 사기)〉.
'높다'에서 '노파-노포-のぼる'로 이어진다.

③ ふかし : 沖은 아래로 푹 깊이 늘어진 모양을 나타낸다. 深(ふか)い와 마찬가지로 '푹'에서 '푸가-ふかし'로 이어진다.
〔参考〕 冲(충 : おき)은 沖의 異體字임.

人名訓読例

① おき · のぼる · ふかし : 沖(외자 名).

② おき : 沖谷(おきたに), 沖島(おきしま), 沖浜(おきはま), 沖塩(おきしお), 沖津(おきつ), 沖波(おきなみ).

忠 충	訓読	まごころ
	人名訓読	あつし·きよし·すなお·ただし·ただす·ほどこす·まこと
	音読	チュウ

訓読풀이

① まごころ : 忠(충)은 도리에 맞고 곧은 마음가짐을 뜻한다.
'맞다'에서의 '맞-마-ま'와 '곧다'에서의 '곧거라-고고라-고고로-こころ'가 합성되어 まごころ가 된다.

② あつし : 忠의 會意(회의)는 알맹이가 가득 차서(中) 빈틈없는 마음(心)을 뜻한다.
'차다'에서 '차-추-つ'로 이어지고, 접두어 あ가 붙어 あつ(し)가 된다.

③ きよし : 忠節(충절), 忠貞(충정), 忠義(충의)의 마음은 곧고 깨끗하다.
'깨끗'에서 '객읏-기읏-기옷-きよし'로 이어진다. 또한 '곱다(곧다)'에서 '고아-기아-기오-きよ(し)'로 이어진다.

④ すなお : 忠誠(충성), 忠直(충직), 忠信(충신) 등은 거짓이 없는 숫된 마음으로 항상 나아지려고 애쓰는 데서 우러난다.
'숫 나아'에서 '수나오-すなお(素直)'로 이어진다.

⑤ ただし · ただす : 忠은 사람에게 충의를 지키며 떳떳한 삶을 살 것을 가르친다.

차

'떳떳'에서 '더덧–다다시–ただし'로 이어진다.

⑥ ほどこす：忠은 임금에 대하여 忠誠(충성)을 다할 뿐 아니라 빈자(貧者)에 대하여도 忠厚(충후)하여 인정을 배풀 것을 요구한다. 필요하면 지갑을 풀어 금품도 건네 주어야 한다.

'풀다'에서 '풀–폴–포도(받침 ㄹ–'도'로 분절)–ほど(解)'로 이어지고, '건네다'에서 '건–거–고–こす(越す)'로 이어져 ほどこす(解越す)로 합성된다.

〔参考〕施(시：ほどこ)す와 이음을 같이 한다.

⑦ まこと：忠과 어우르는 말은 모두 맞는 것을 뜻한다.

'맞는 것'에서 '마걷–마곧–마고도–まこと'로 이어진다.

人名訓読例

① あつし · きよし · すなお · ただし · ただす · ほどこす · まこと：忠(외자名).

② あつ：忠子(あつこ · ただこ), 忠行(あつゆき · ただゆき).

③ ただ：忠基(ただもと), 忠烈(ただやす), 忠武(ただたけ), 忠正(ただまさ), 忠豊(ただとよ · ただもり), 忠清(ただきよ).

衷 충	人名訓読	あつ·ただし·まこと
	音読	チュウ

訓読풀이

① あつ：衷(충)은 정성이 가득 찬 속마음을 뜻한다.

'차다'에서 '차–추–つ'로 이어지고, 접두어 あ가 붙어 あつ가 된다.

② ただし：衷은 도리에 맞고 마음이 올바르고 곧아 인품이 떳떳함을 뜻한다.

'떳떳'에서 '더덧–다닷–다다시–ただし'로 이어진다.

③ まこと：衷은 맞는 것을 뜻한다.

'맞는 것'에서 '마걷–마곧–마고도–まこと'로 이어진다.

人名訓読例

① ただし · まこと：衷(외자 名).

② あつ：衷子(あつこ).

衝 충	訓読	つき·つく
	音読	ショウ

訓読풀이

• つき · つく：衝(충)은 뚫고 나아가는 것을 뜻한다. 意気(いき)天(てん)を衝(つ)く 하면 의기충천의 기세로 하늘을 뚫고 나아간다는 뜻이다.

'뚫다'에서 '뚫기–두기–つき'로 이어진다.

人名訓読例

• つぎ：衝夫(つぎお).

【췌】

悴 췌	訓読	やつれる
	音読	スイ

訓読풀이

• やつれる：悴(췌)는 근심하고 걱정하고 괴로워하는 것, 즉 애타는 것을 뜻한다〈百姓窮悴：魏書 (백성궁췌：위서)〉.

'애타다'에서 '애타–애투–야투–やつれる'로 이어진다.

〔参考〕窶(구：やつ)れる와 이음을 같이 한다.

惴 췌	訓読	おそれる
	音読	ズイ

訓読풀이

- おそれる : 惴惴(췌췌)는 놀라(무서워) 벌벌 떠는 모양을 나타낸다.
  '놀라'에서 '올레-오소레(받침 ㄹ-'소'로 분절)-おそれる'로 이어진다.

揣 췌	訓読	はかる
	音読	シ

訓読풀이

- はかる : 揣(췌)는 헤아리는 것을 뜻한다. 揣摩臆測(췌마억측)은 근거 없이 억측해서 헤아림을 말한다.
  '헤아리다(헤다)'의 명령형 '헤거라'에서 '하가라-하가루-はかる'로 이어진다.
  〔参考〕 計(계), 測(측)과 이음(はかる)을 같이한다.

萃 췌	訓読	あつまる·あつむ·しげる
	音読	スイ

訓読풀이

① あつまる · あつむ : 萃(췌)는 많이 모여 가득 참을 뜻한다.
  '차다'에서 '참-춤-추무-つむ'로 이어지고, 접두어 あ가 붙어 あつむ가 된다.
② しげる : 萃る는 초목(艹) 등이 가득 차는 것을 뜻한다.
  '차다'에서 '차거라-사개라-시개루-しげる'로 이어진다.
  〔参考〕 繁(しげ)る, 茂(しげ)る와 이음을 같이한다.

人名訓読例

- あつまる · あつむ · しげる : 萃(외자 名).

贅 췌	訓読	むだ·いぼ·こぶ
	音読	ゼイ

訓読풀이

① むだ : 贅(췌)는 쓸모없는 것, 즉 못된 것을 뜻한다.
  '못되'에서 '몯-묻-무다-むだ'로 이어진다.
  〔参考〕 徒(도)와 이음(むだ)을 같이한다.
② いぼ : 贅는 군더더기, 혹을 뜻한다.
  '혹'에서 '호-보-ぼ'로 이어지고 접두어 い가 붙어 いぼ로 된다.
  〔参考〕 疣(우)와 이음(いぼ)을 같이한다.
③ こぶ : 贅는 불필요하게 겹겹이 쌓인 군더더기를 뜻한다.
  '겹'에서 '겁-곱-고부-こぶ'로 이어진다.
  〔参考〕 瘤(유)와 이음(こぶ)을 같이한다.

【취】

吹 취	訓読	ふき·ふく
	音読	スイ

訓読풀이

- ふき · ふく : ㉮ 吹(취)는 바람이 부는 것, 피리 등을 부는 것을 뜻한다. '불다'에서 '불구-부구-ふく'로 이어진다. ㉯ 吹(취)는 吹(ふ)っ의 형태로 동사 앞에 붙어 그 동작이 '푹 · 팍' 힘차게 이루어짐을 나타낸다. 吹(ふ)っ飛(と)ばす 하면 팍 날려 버리는 것을 뜻하고, 吹(ふ)っ掛(か)ける 하면 푹 내뿜는 것을 뜻한다. '푹 · 팍'에서 '푸-ふっ'로 이어진다.

人名訓読例

- ふき : 吹上(ふきあげ), 吹野(ふきの), 吹原(ふきはら), 吹田(ふきたふきだ), 吹春(ふきはる), 吹浦(ふきうら),

차

炊 취	訓読	かしぐ·たく
	人名訓読	い(る)
	音読	スイ

訓読풀이

① かしぐ : 炊(취)는 굽는 것, 익히는 것을 뜻한다. 炊事(취사)는 쌀을 구어 밥 짓는 것을 뜻한다.
'구어 짓다'에서 '궈짓구-거지구-가지구-かしぐ'로 이어진다. 또한 '굽다'에서 '궂다-궂-구시-가시-かしぐ'로 이어진다.

② たく : 炊는 불을 때 밥을 짓는 것을 뜻한다.
'때다'에서 '때구-다구-たく'로 이어진다.

③ い(る) : 炊는 익히는 것을 뜻한다.
'익히다'에서 '익-이-い(る)'로 이어진다.

人名訓読例

① かしぎ : 炊江(かしぎえ), 炊村(かしぎむら).
② たき : 炊江(たきえ · かしきえ).
③ い : 炊殿(いどの).

取 취	訓読	とる
	音読	シュ·シュウ

訓読풀이

• 取(취)는 쥐다(잡다)를 기본 의미로 하여, '쥐다'에서 '쥐-주-두-도-とる'로 이어진다. ㉮ 手(て)にとってみる 하면 손에 들고 본다는 뜻이다. 든다와 쥔다는 거의 같은 행동이다. '들다'에서 '드러-도루-とる'로 이어진다. ㉯ 学位(がくい)をとる 하면 학위를 딴다는 뜻이다. 딴다는 말은 따서 쥔다는 뜻과 같다. '따다'에서 '다라-도루-とる'로 이어진다. ㉰ 筆(ふで)をとる 하면 붓을 드는 것을 뜻한다. 든다는 것은 쥔다와 뜻이 같다. '들다'에서 '드러-도루-とる'로 이어진다. 이 경우는 執る로도 쓰인다. ㉱ 栄養(えいよう)をとる 하면 영양을 드는(먹는) 것을 뜻한다. '들다'에서 '드러-도루-とる'로 이어진다. 이 경우는 摂る로도 쓰인다. ㉲ 猫(ねこ)がねずみをとる 하면 고양이가 쥐를 잡는 것을 뜻한다. '잡다'에서 '자-다-도-とる'로 이어진다. 이 경우는 捕る · 獲る로도 쓰인다. ㉳ 泥棒(どろぼう)が金(かね)をとる 하면 도둑이 돈을 떼어가는(빼앗아 쥐는) 것을 뜻한다. '떼다'에서 '데라-도루-とる'로 이어진다. 이 경우는 盗る로도 쓰인다. ㉴ 社員(しゃいん)をとる 하면 사원으로 두는(잡아 두는) 것을 뜻한다. '두다'에서 '두라-도루-とる'로 이어진다. 이 경우는 採る로도 쓰인다.

人名訓読例

• とり : 取枡(とります), 取越(とりこし), 取違(とりちかい), 取替(とりかえ), 取出(とりで).

臭(臭) 취	訓読	くさい·におい
	音読	シュウ

訓読풀이

① くさい : 臭氣(취기)는 궂은(구린 · 나쁜) 냄새를 뜻한다.
'궂다'에서 '궂어-구저-구사-くさい'로 이어진다. くさい에서 腐(くさ)す, 腐(くさ)る 등 동사가 파생된다.

② におい : 臭는 냄새를 뜻한다. 냄새를 내음이라고도 한다.
'내음'에서 '내으-니오-におい'로 이어진다.

脆 취	訓読	もろい
	音読	ゼイ

訓読풀이

- もろい : 脆(취)는 무른 것을 뜻한다(脆弱 : 취약). 情(じょう)にもろい 하면 정에 무르다는 뜻이다.
  '무르다'에서 '무로-모로-もろい'로 이어진다.

娶 취	訓読	めとる·めあわせる
	音読	シュ

訓読풀이

① めとる : 娶(취)는 여자(女)를 취(取)하는 것, 즉 장가 드는 것, 여자를 얻는 것을 뜻한다. 女子(여자)를 뜻하는 め와 취(取)하는 것을 뜻하는 とる가 합성되어 めとる가 된다〈女(여) 및 取(취) 참조〉.

② めあわせる : めあわせる(娶わせる)는 결혼시키는 것을 뜻한다. ①에서의 め와 아우(어우)르는 것을 뜻하는 あわす(合わす)가 합성되어 짝지어 주는 것(결혼)을 뜻하게 된다. 女合(めあ)わせる인 셈이다〈合(합) 참조〉.

人名訓読例

- めとり : 娶川(めとりかわ).

酔(醉) 취	訓読	よう
	音読	スイ

訓読풀이

- よう : 酔(취)는 술을 마시고 얼근하게 오르는 것을 나타낸다. 酔氣(취기)는 술에 취하여 얼근하게 오른 술기운을 뜻하고, 酔興(취흥)은 술기운이 올라 얼근하게 느끼는 흥겨움을 뜻한다. ㉮ 술이 '오르다'에서 '오-요-요우-よう'로 이어진다. ㉯ '얼근'에서 '얼-어-오-요-よう'로 이어진다.

就 취	訓読	つく·つける·なす·なる
	音読	シュウ·ジュ

訓読풀이

① つく · つける : 就(취)는 일자리를 얻는 것, 즉 취직(就職), 취업(就業)을 뜻하나 옛날에는 벼슬자리 즉 관직(官職)을 (머리에) 쓰는 것을 뜻했다.
'쓰다'에서 '쓰구-つく'로 이어진다.
〔参考〕 即(즉 : つ)く와 이음을 같이한다.

② なす · なる : 就는 成就(성취)하여 결과를 낳는 것을 뜻한다〈可以就大事 : 蘇軾 (가이취대사 : 소식)〉.
'낳다'에서 '나-なす · なる'로 이어진다.

人名訓読例

- なり : 就方(なりかた), 就時(なりとき), 就安(なりやす), 就長(なりなが), 就直(なりただ), 就忠(なりただ).

毳 취	訓読	けば·むくげ
	音読	ゼイ

訓読풀이

① けば : ㉮ 毳(취)는 천이나 피륙의 겉에 일어나는 괴깔 · 보풀(보푸라기)을 뜻한다. 괴깔의 '괴'에서 '개-け'로 이어지고, '보풀'에서 '보-바-ば'로 이어져 けば로 합성된다. ㉯ 털을 뜻하는 け(깃털-기-개-け)와 보풀의 ば가 합성되어 けば로 이어진다.

② むくげ : 毳는 텁수룩하게 뭉게구름처럼 뭉키어 있는 털을 뜻한다.
'뭉키다'에서 '무케-무쿠-むく'로 이어지고, げ와 합성되어 むくげ가 된다.

차

〔参考〕 尨毛(방모 : むくげ)로도 표기된다.

聚 취	訓読	あつむ
	音読	シュウ

訓読풀이

• あつむ : 聚(취)는 모여서 한 곳이 가득 참을 뜻한다.
'참'에서 '차무–추무–つむ'로 이어지고, 접두어 あ가 붙어 あつむ가 된다.

人名訓読例

① あつむ : 聚(외자 名).
② あつ : 聚岩(あつたか).

翠 취	訓読	みどり
	人名訓読	あきら·みす
	音読	スイ

訓読풀이

① みどり : ㉮ 翠(취)는 물총새의 암컷을 뜻한다. 물총새는 몸길이 17cm가량으로 물가에 살며 총알처럼 날쎄게 물속으로 들어가 먹이를 잡아먹는다. 물총새의 수컷은 翡(비)라 하며 암 수컷 모두 등은 청색(青色), 녹색(綠色)으로 되어 있기에 翡翠色(비취색)–綠色(녹색), 푸른색을 뜻하게 된다.
물총새는 물새다. '물(水)'에서 '물–무–미–み'로 이어지고, 새를 뜻하는 '닭'에서 '닭–달–돌–도리–とり로 이어져 みどり'로 합성된다.

② あきら : 翠는 翡翠(비취)를 뜻한다. 비취는 밝고 아름다운 녹색의 경옥(硬玉)을 말한다.
'밝다'에서 '발가–바가–바기–아기(ㅂ–ㅇ으로 변음)–あきら'로 이어진다.

③ みす : ㉮ 물총새의 '물'에서 '물–밀–미수(받침 ㄹ–'수'로 분절)–みず'로 이어진다. みず의 변음이 된다. ㉯ 물총새의 준말 '물새'에서 '무새–무수–미수–みす'로 이어진다.

人名訓読例

① あきら · みす · みどり : 翠(외자 名).
② みす : 翠尾(みすお), 翠田(みすだ · みどりだ).
③ みどり : 翠田(みどりだ), 翠川(みどりかわ).

趣 취	訓読	おもむく·おもむき
	人名訓読	こし
	音読	シュ

訓読풀이

① おもむく : 趣(취)는 어느 방향으로 가는 것을 뜻한다. 즉 어느 곳을 마주 하고(맞고, 향하고) 움직여 나아감을 뜻한다.
'움직여'에서 '움–옴–오모–おも', '맞고'에서 '맞구–마구–무구–むく'로 이어져 おもむく로 합성된다.
〔参考〕 趨(おもむ)く와 이음을 같이한다.

② おもむき : 趣는 趣向(취향), 趣味(취미)를 뜻한다. 趣의 會意는 가고 싶은 곳으로 마주 하고(맞고) 움직여 가면서(走) 자기가 원하는 것을 取하는 것이라고 풀이된다.

③ こし : 趣는 어느 방향으로 건너가는 것을 뜻한다.
越(こ)し와 마찬가지로 '건너'에서 '건–거–고–こし'로 이어진다.

人名訓読例

• こし : 趣山(こしやま).

橇 취	訓読	そり
	音読	キョウ

訓読풀이

• そり：橇(취)는 썰매를 뜻한다.
'썰매'에서 '써리–서리–소리–そり'로 이어진다.

嘴 취	訓読	はし
	音読	シ

訓読풀이

• はし：嘴(취)는 부리, 주둥이를 뜻한다.
'부리'에서 '불–발–바시(받침 ㄹ–'시'로 분절)–はし'로 이어진다.

【측】

仄 측	訓読	かたむく·ほの·ほのか
	音読	ソク

訓読풀이

① かたむく：仄(측)은 옆 · 곁 · 한쪽 끝을 말한다. 그래서 한쪽 곁 · 끝으로 기울어진다는 뜻도 갖는다.
'곁 · 끝'에서 '같–가다–かたむく'로 동사화 된다. かたむく의 かた는 片, むく는 向く(片向く)로도 볼 수 있다.
〔参考〕 傾(경：かたむ)く와 이음을 같이 한다.

② ほの · ほのか：仄은 어렴풋한 것, 부연한(부옇게 보이는) 것을 뜻한다.
'부연'에서 '분–본–혼–호노–ほの'로 이어진다.

側 측	訓読	かわ·がわ·はた
	人名訓読	ほとり
	音読	ソク·ショク

訓読풀이

① かわ · がわ：㉮ 側(측)은 물가, 냇가의 가를 뜻한다. '가'에서 '가아–かわ'로 이어진다. ㉯ 側은 곁을 뜻한다. '곁'에서 '겨–가–가아–かわ'로 이어진다.

② はた：道(みち)の側(はた)는 길가를 뜻한다. 길가는 길의 끝에 붙어 있는 부분이다.
'붙다'에서 '붙–받–바다–はた'로 이어진다.

③ ほとり：村(むら)のほとり는 마을에 붙어 있는 곳, 즉 마을 부근을 뜻한다.
'붙다'에서 '부다–보다–보도–ほと(り)'로 이어진다. 辺(あた)り가 '잇따라'에서 이어지는 것과 맥을 같이한다.

人名訓読例

① かわ · がわ · ほとり：側(외자 名).
② かわ：側島(かわしま), 側瀬(かわせ · がわせ).

厠 측	訓読	かわや
	音読	シ

訓読풀이

• かわや：厠(측)은 뒷간 · 변소를 뜻한다. 뒷간은 통상 집 가나 끝에 만든다.
'가(곁 · 끝)'에서 '가–가아–かわ'로 이어지고, 집의 や(屋)가 합성되어 かわや가 된다. 側屋(かわや)인 셈이다.
〔参考〕 옛날에는 側屋라고도 표기하고, 개울(川) 위에 설치했다고 하여 川屋라고도 표기했다.

測 측	訓読	はかる
	音読	ソク

訓読풀이

• はかり：測(측)은 헤아리는 것, 재는 것을 뜻한다.

차

'헤아리다(헤다)'에서 '헤거라-하거라-하가루-はかる'로 이어진다.

〔参考〕 計(계), 量(량)과 이음(はかり)을 같이한다.

人名訓読例

- はかり : 測(외자 名).

【츤】

櫬 츤	訓読	はだぎ
	音読	シン

訓読풀이

- はだぎ : 櫬(츤)은 속옷, 내의(内衣)를 뜻한다. 속옷은 피부에 붙게 끼어 입는 옷이다.
  '붙다'에서 '부다-바다-はだ'로 이어지고, '끼워' 입다에서 '끼-기-ぎ'로 이어져 はだぎ'로 합성된다. はだぎ는 肌着(기착), 膚着(부착)으로도 표기된다〈肌(기), 膚(부), 着(착) 참조〉.

【층】

層(層) 층	訓読	かさなる
	音読	ソウ

訓読풀이

- かさなる : 層(층)은 여러 층으로 거듭 겹치면서 올려 지은 집을 뜻한다.
  '거듭'에서 '거드-거다-가다-가사-かさなる'로 이어진다.

【치】

侈 치	訓読	おこる
	音読	シ

訓読풀이

- おこる : 侈(치)는 奢侈(사치), 즉 남에게 뻐기는 것을 뜻한다.
  '뻐기다'에서 '버기라-보기라-보고루-오고루(ㅂ-ㅇ으로 변음)-おこる'로 이어진다.
  〔参考〕 奢(사), 傲(오), 倨(거)와 이음(おこる)을 같이한다.

治 치	訓読	いさお·おさめる·なおる
	人名訓読	おさむ·おさめ·ただし·ただす·はる
	音読	ジ·チ·ヂ

訓読풀이

① いさお : 治(치)는 功(공), 功績(공적), 治績(치적)을 뜻한다〈以叙進其治 : 周禮 (이서진기치 : 주례)〉. 功績은 功을 쌓는(績) 것을 말한다.
'쌓다'에서 '싸-사아-사오-さお'로 이어지고, 접두어 い가 붙어 いさお가 된다.

② おさめる · おさむ · おさめ : 治國(치국), 治家(치가)는 나라나 집안의 기틀을 잘 잡아 다스려 나아감을 뜻하고, 天下(てんか)をおさめる 하면 천하의 질서를 잘 잡아 안정시킴을 뜻한다.
'잡다'에서 '잡음-자음-잠-자무-さむ'로 이어지고, 접두어 お가 붙어 おさむ가 된다.

③ なおる : 治는 바로 잡아 나아지는 것을 뜻한다(治療 : 치료).
'나아지다'에서 '나아-나오-なおる'로 이어진다.

④ ただし · ただす : 治는 正道(정도)를 뜻한다〈是以與治雖走 : 荀子 (시이여치수주 : 순자)〉. 正道는 바르고 떳떳한 길이다.

'떳떳'에서 '더덧-더더시-다다시-ただし'로 이어진다.

⑤ はる : 治는 바로 잡는 것, 바른 길(正道)을 뜻한다.

'바르다'에서 '바루-はる'로 이어진다.

人名訓読例

① いさお・おさむ・おさめ・ただし・ただす・なおる・はる : 治(외자 名).

② おさ : 治麿(おさまろ), 治節(おさのり・はるのり), 治虫(おさむ).

③ はる : 治国(はるくに), 治宝(はるとみ), 治世(はるよ), 治豊(はるとよ), 治直(はるなお), 治憲(はるのり).

値 **치**	訓読	あたい・あたいする・ね
	音読	チ

訓読풀이

① あたい・あたいする : 値(치)는 값, 값어치를 뜻한다. 값, 값어치는 어떤 사물・사실과 교환 할만한 것, 바꿈을 할만한 것을 뜻한다(대가 : 代價). 称賛(しょうさん)にあたいする 하면 칭찬 할만한 값어치가 있다는 말이고, 一読(いちとく)にあたいする 하면 일독 할만한 값어치가 있다는 말이다.

'할'에서 '알(ㅎ-ㅇ으로 변음)-아다(받침ㄹ-'다'로 분절)-あたい'로 이어진다.

② ね : 値는 價値(가치), 價格(가격), 數値(수치) 등 값이 나는 것, 제값을 내는 것을 뜻한다.

'값나다(값내다)'에서 '나-내-ね'로 이어진다.

恥 **치**	訓読	はじ・はじる・はじらう・はずかしい
	人名訓読	はつる
	音読	チ

訓読풀이

① はじ・はじる・はじらう・はずかしい : 恥(치)는 부끄러운 것, 제주방언으로는 '부치러운' 것을 뜻한다.

'부치'에서 '바치-はじ'로 이어지고 동사형 恥(は)じる, 恥(は)じらう와 형용사형 恥(は)ずかしい 등이 파생된다.

② はつる : はじる의 변음이다.

人名訓読例

① はつる : 恥(외자 名).

② はず : 恥風(はずかぜ)

致 **치**	訓読	いたす・いたる
	人名訓読	とも・むね・のり・よし
	音読	チ

訓読풀이

① いたす・いたる : 致(치)는 어느 장소・시간에 잇따라 이르는(닿는) 것을 말한다. ㉮ 悲喜(ひき)こもごもいたる 하면 희비가 잇따라 닥치는 것을 뜻한다. '잇따르다'에서 '잇따라-이다라-いたる'로 이어진다. ㉯ 会場(かいじょう)にいたる 하면 회장에 닿는 것을 뜻한다. '닿다'에서 '다-たる'로 이어지고 접두어 い가 붙어 いたる가 된다.

② とも : 致는 동무하여 함께 모이는 것을 뜻한다〈以致萬民 : 周禮 (이치만민 : 주례)〉.

'동무'에서 '도무-도모-とも'로 이어진다.

차

③ むね : 致는 마음을 다하여(정성껏) 모시는 것을 뜻한다〈其致之一也 : 老子 (기치지일야 : 노자)〉.
'마음'에서 '마-무-むね(ね는 접미어)'로 이어진다. 한편 '마음-맘-뭄-문-무네-むね'로도 이어진다.
〔参考〕胸(흉), 旨(지)와 이음(むね)을 같이한다.

④ のり : 致는 옳은 것을 뜻한다〈致喪三年 : 禮記 (치상삼년 : 예기)〉.
'옳다'에서 '올-오리-노리(ㅇ-ㄴ으로 변음)-のり'로 이어진다.

⑤ よし : ④의 '옳다'에서 ㉮ '올-오시-(받침 ㄹ-'시'로 분절)-よし'로 이어진다. ㉯ '옳치'에서 '오치-오시-よし'로 이어진다.

人名訓読例

① いたす · いたる : 致(외자 名).
② とも : 致寛(ともひろ).
③ むね : 致高(むねたか), 致広(むねひろ), 致信(むねのぶ), 致長(むねなが), 致和(むねかず), 致也(むねなり).
④ のり : 致美(のりよし).
⑤ よし : 致公(よしただ), 致子(よしこ), 致陳(よしのぶ).

歯(齒) 치	訓読	は·よわい
	音読	シ

訓読풀이

① は : 歯(치)는 이 · 이빨을 뜻한다.
이빨의 '빨'에서 '빠-바-は'로 이어진다. 나무 '잎팔(이팔)'의 '팔'에서 '파-は'로 이어지는 것과 같은 이치이다.

② よわい : 歯는 나이를 뜻한다. 歯徳(치덕)은 나이와 덕행을 뜻하고 歯宿(치숙)은 나이가 많음을 뜻한다.
'나이'에서 '나아이-노아이-요아이(ㄴ-ㅇ으로 변음)-よわい'로 이어진다. 歯(よわい)する는 よわい가 동사화 되어 나이가 같은 무리끼리 패거리 짓는 것을 뜻한다.

人名訓読例

• は : 歯黒(はぐろ).

痴(癡) 치	訓読	おこ·おろか·しれる
	音読	チ

訓読풀이

① おこ : 痴(치)는 어리석은 사람, 얼간이를 뜻한다.
'얼간이'에서 '어가-오가-오고-おこ'로 이어진다.

② おろか : ㉮ '얼간이'에서 '얼가-올가-오로가-おろか'로 이어진다. ㉯ 痴는 어리석은 것, 어린 것을 뜻한다. '어리'에서 '어리고-오리고-오로가-おろか'로 이어진다.

③ しれる : 痴(치)는 정신을 차릴 수 없을 만큼 질려 있는 상태를 나타낸다.
'질리다'에서 '지레-しれる'로 이어진다.

稚 치	訓読	おさない·わかい
	音読	チ

訓読풀이

① おさない : 稚(치)는 어린 것, 즉 稚子(치자)를 뜻한다. 稚子는 어린 사나이다.
'어린 사나이'에서 '어사나이-오사나이-おさない'로 이어진다.

② わかい : ㉮ 稚는 어린 것을 뜻한다. '어린 것'에서 '어것-어거-아가-わかい'로 이어진다. ㉯ 어리다는 것은 아가와 같다는 뜻이다. '아가'에서 '와가-わかい'로 이어진다.

人名訓読例

- わか：稚見(わかみ), 稚成(わかなり), 稚彦(わかひこ), 稚媛(わかひめ), 稚子(わかこ).

置 치		
	訓読	おき·おく
	人名訓読	へき
	音読	チ

訓読풀이

① おき・おく：置(치)는 置(お)き所(どころ), 置(お)き場(ば)처럼 물건 놓아두는 것을 뜻한다.
'놓다'에서 '노구–오구(ㄴ–ㅇ으로 변음)–おく'로 이어진다.

② へき：㉮ 置는 풀어 놓는 것을 말한다. 그래서 용서한다는 뜻도 갖는다〈無有所置：史記 (무유소치：사기)〉. '풀다'에서 '풀기–푸기–페기–へき'로 이어진다. ㉯ 置는 베푸는 것을 뜻한다〈置酒大會耆老：晉書 (치주대회기로：진서)〉. '베풀다'에서 '베(푸)–베–へき'로 이어진다.

人名訓読例

① へき：置(외자 名).

② おき：置本(おきもと), 置始(おきそめ), 置塩(おきしお), 置田(おきた), 置鮎(おきあゆ).

馳 치		
	訓読	はせる
	音読	チ

訓読풀이

- はせる：㉮ 馳(치)는 말을 달리게 한다는 뜻이다. 달리기는 발로 한다. 走(달릴 주)와 마찬가지로 '발'에서 '바세(받침 ㄹ–'세'로 분절)–はせる'로 이어진다〈走(주) 참조〉. ㉯ 名声(めいせい)を馳せる 하면 명성을 뻗치는(펼치는) 것을 뜻한다. '뻗치다(펼치다)'에서 '버쳐–바서–바세–はせる'로 이어진다.

人名訓読例

- はせ：馳間(はせま), 馳尾(はせお), 馳川(はせかわ), 馳出(はせだし).

緇 치		
	訓読	くろ·くろむ
	音読	シ

訓読풀이

- くろ：緇(치)는 검은색을 뜻한다. 緇衣(치의)는 승려가 입는 검은 옷을 말한다. '그을려'에서 '글려–구러–구로–くろ'로 이어진다. くろ가 くろむ로 동사화 된다.

人名訓読例

- くろ：緇川(くろかわ).

幟 치		
	訓読	のぼり
	人名訓読	たか
	音読	シ

訓読풀이

① のぼり：幟(치)는 標旗(표기)로서 標로 높이 세우는 旗이다. 보통 좁고 긴 천의 한 끝을 장대에 높이 매달아 놓는다.
'높이다'에서 '노펴라–노포리–のぼり'로 이어진다.

② たか：幟는 장대에 매인 旗가 높이 띄운 旗幟(기치)이다.
높이 '뜨다(솟다·돋다)'에서 '뜨고–드가–다가–たか'로 이어진다.

人名訓読例

① たか・のぼり・のぼる：幟(외자 名).

② たか：幟人(たかひと).

③ のぼり：幟立(のぼりだて).

차

褫 치	訓読	はぐ
	音読	チ

訓読풀이

- はぐ：褫(치)는 옷을 벗기는 것을 뜻한다.
  '벗다'에서 '벗구-바구-はぐ'로 이어진다.
  〔参考〕剝(박：は)ぐ와 이음을 같이한다.

熾 치	訓読	おき·おこる
	人名訓読	たる
	音読	シ

訓読풀이

① おき·おこる：㉮ 熾火(치화：おきび)는 이글이글 타는 잉걸불을 뜻한다. '이글'에서 '이그-오그-오기-おき'로 이어진다. 또한 '잉걸'에서 '이거-이기-오기-おき'로 이어진다. ㉯ 熾는 불을 세게 일구는(피우는) 것을 뜻한다. '일구다'에서 '이구-오고-おこる'로 이어진다.
〔参考〕興(흥), 起(기)와 이음(おこる)을 같이한다.

② たる：熾는 불이 세게 타는 것을 뜻한다. '타다'에서 '타-たる'로 이어진다.

人名訓読例

- たる：熾人(たるひと).

縒 치	訓読	よる
	音読	シ

訓読풀이

- よる：糸(いと)がよれる 하면 실이 얽히어 있는 것을 뜻한다.
  '얽히다'에서 '얽-얼-올-오루-よる'로 이어진다.
  〔参考〕撚(년：よ)る와 이음을 같이한다.

緻 치	訓読	こまかい
	音読	チ

訓読풀이

- こまかい：緻(치)는 緻密(치밀)함, 즉 꼼꼼하고 자상함을 뜻한다.
  '꼼꼼'에서 '꼼-꼬마-こまかい'로 이어진다.
  〔参考〕細(세：こま)かい와 이음을 같이한다.

薙 치·체	訓読	なぐ
	人名訓読	かる
	音読	チ·テイ

訓読풀이

① なぐ：薙(치)는 칼이나 낫으로 풀을 베거나 쳐서 옆으로 누그러뜨리는 것을 뜻한다.
凪(な)ぐ, 和(な)ぐ와 마찬가지로 '누그러'에서 '누구-나구-なぐ'로 이어진다.

② かる：㉮ 풀을 벤다는 것은 풀을 가르는 것을 뜻한다. '가르다'에서 かる로 이어진다. ㉯ 베는 것은 깎은 것을 뜻한다. '깎이다'에서 '까-かる'로 이어진다.

人名訓読例

① なぎ：薙沢(なぎさわ).
② かる：薙渚(かるな).

【칙】

則 칙·즉	訓読	すなわち·のり
	人名訓読	す·ただ·つく·つね
	音読	ソク

訓読풀이

① すなわち：則(즉)은 곧·바로·이를테면이라는 뜻을 갖는다. 即(즉：すなわ

ち)과 마찬가지로 언제나 이르지만(말하지만) 그러하다라는 뜻으로 풀이된다.
'(이제나 그제나) 언제나(常 : つね) 이르다'에서 '제나일다-주나왈(曰)-주나와치(받침 ㄹ-'치'로 분절)-すなわち'로 이어진다.

② のり : 則(칙)은 天理(천리), 法則(법칙), 制度(제도) 등을 일컫는다. 모두 옳은 것을 내용으로 한다.
'옳다'에서 '올-오리-노리(ㅇ-ㄴ으로 변음)-のり'로 이어진다.

③ す : 인명훈독에서 すなわち의 준말.

④ ただ : 옳은 것은 떳떳하다.
'떳떳'에서 '더더-다다-ただ'로 이어진다.

⑤ つく : 則(즉)은 곧, 곧 좇다라는 뜻을 갖는다.
'좇다'에서 '조구-주구-つく'로 이어진다.

⑥ つね : 天理나 法則은 언제나 옳은 것을 가리킨다.
'이제나 · 저제나 · 언제나'에서 '제나-주나-주네-つね'로 이어진다.

人名訓読例

① すなわち · のり : 則(외자 名).
② す : 則内(すない · すのうち · つくうち · のりうち).
③ ただ : 則子(ただし · のりこ).
④ つく : 則内(つくうち).
⑤ つね : 則麿(つねまろ · のりまろ).
⑥ のり : 則元(のりもと), 則年(のりとし), 則昭(のりあき), 則次(のりつぐ), 則秋(のりあき), 則春(のりはる).

【친】

親 친	訓読	おや·したしい· したしむ· みずから
	人名訓読	いたる·ちかい· ちかし·もと
	音読	シン

訓読풀이

① おや : 親(친)은 어버이, 부모를 뜻한다. 父親(부친)은 ちちおや, 母親(모친)은 ははおや라고 한다. ㉮ '어버이'에서 '어버-오바-오아(ㅂ-ㅇ으로 변음)-おや'로 이어진다. ㉯ '아버지'에서 '아바지-오아(ㅂ-ㅇ으로 변음)지-おやじ'로 이어진다.

② したしい : ㉮ 親은 사이 좋음을 뜻한다. '좋다'에서 '조다-지다-したしい'로 이어진다. ㉯ 親은 항상 서로 좇아 다니며 가까이함을 뜻한다. '좇다(조차)'에서 '조다-지다-したしい'로 이어진다.

③ みずから : 親書(친서)는 몸소 글을 쓰는 것을 뜻하고, 親兵(친병)은 임금이 몸소 거느리는 군사를 뜻한다〈自(자) 참조〉.
'몸소'에서 '모소-미수-みず'로 이어지고, から와 합성되어 みずから가 된다.

④ いたる : 親은 잇따라 마주하면서 항상 같이 가까이 함을 뜻한다.
'잇따라'에서 '이다루-いたる'로 이어진다.

⑤ ちかい · ちかし : ㉮ 親은 항상 가까이 '조곧에(제주방언)' 있음을 뜻한다. '조곧에-조고이-지가이-ちかい'로 이어진다. ㉯ 가까이 있다 함은 짧은 거리에 있음을 말한다. '짧다'에서 '짤고-자가-지

차

가–ちかい'로 이어진다.

⑥ もと : ㉮ 위 ③의 '몸소'에서 '모소–모도–もと'로 이어진다. ㉯ 親家(친가)는 本家(본가)이다. 本과 마찬가지로 '밑바탕'에서 '밑–몯–모토–もと'로 이어진다.

人名訓読例

① いたる · ちか · ちかし : 親(외자 名).

② おや : 親崎(おやさき), 親里(おやさと), 親泊(おやどまり), 親松(おやまつ · ちかまつ), 親川(おやかわ).

③ ちか : 親康(ちかやす), 親基(ちかもと), 親民(ちかたみ · ちかひと), 親善(ちかよし), 親友(ちかとも), 親子(ちかこ).

④ もと : 親音(もとね).

【칠】

七 칠	訓読	なな · なの
	音読	シチ · シツ

訓読풀이

- なな · なの : 《三國史記地理志(삼국사기지리지)》에 七이 難隱(난은)으로 표기되어 있다.
  '난은'에서 '나는–나나(나노)–なな(なの)'로 이어진다.

人名訓読例

- なな : 七宮(ななみや), 七森(ななもり), 七熊(ななくま), 七子(ななこ), 七重(ななえ), 七谷(ななたに).

漆 칠	訓読	うるし
	人名訓読	ぬり
	音読	シツ · シチ

訓読풀이

① うるし : 漆(칠)은 옻나무, 옻을 뜻한다. ㉮ 옻은 몸에 닿으면 피부가 부르터 오르는 것을 속성으로 한다('옻' 하면 '오르는' 것을 연상). '오르다'에서 '올라서–오라시–우루시–うるし'로 이어진다. ㉯ '불러(오르다)'에서 '부루–우루(ㅂ–ㅇ으로 변음)–うる(し)'로 이어진다.

② ぬり : ㉮ 위 ①의 '오르다'에서 '오리–우리–누리(ㅇ–ㄴ으로 변음)–ぬり'로 이어진다. ㉯ 漆은 옻칠, 즉 옻으로 바른다는 뜻을 갖는다. 바른다는 것은 옻으로 눌러 문지른다는 뜻이다. 塗(ぬ)り와 마찬가지로 '눌러'에서 '누리–ぬり'로 이어진다.

人名訓読例

① うるし · ぬり : 漆(외자 名).

② うるし : 漆間(うるしま), 漆谷(うるしだに), 漆山(うるしやま), 漆原,(うるしはら), 漆川(うるしかわ), 漆沢(うるしざわ).

③ ぬり : 漆島(ぬりしま · ぬるしま), 漆部(ぬりべ · ぬるべ), 漆土(ぬりど), 漆戸(ぬりこ).

【침】

沈 침	訓読	しずむ
	音読	チン · シン · ジン

訓読풀이

- しずむ : ㉮ 沈(침)은 물속, 생각 등에 잠겨 드는 것을 뜻한다. '잠겨 들다'에서 '잠겨듦–잠둠–자둠–지둠–시두무–시주무–しずむ'로 이어진다. ㉯ 沈은 물속으로 물건을 던져 넣는 것을 뜻한다. '던지다'에서 '던짐–더줌–디줌–시줌–시주무–しずむ'로 이어진다. ㉰ 잠겨 든다는

것은 스며드는 것을 뜻한다. '스며듦'에서 '스듦−시둠−시줌−시주무−しずむ'로 이어진다. ㉱ 沈은 물이 차 들어 옴을 뜻한다. '차 들다'에서 '차듬−사둠−시줌−しずむ'로 이어진다.

枕 침	訓読	まくら
	音読	チン

訓読풀이

• まくら : 枕(침)은 베개를 뜻한다. 베개는 천이나 헝겊으로 둘둘 말아서 만든다.
'말다'에서 '말거라'에서 '마구라−まくら'로 이어진다.

人名訓読例

• まくら : 枕木(まくらぎ).

侵 침	訓読	おかす
	音読	シン

訓読풀이

• おかす : 侵(침)은 법이나 규정을 어기는 것을 뜻한다. 侵攻(침공)은 국제법을 어기고 타국을 공격함을 말하고, 侵入(침입)은 주인 허락 없이 남의 집에 쳐들어가 법을 어기는 것이다.
'어기다'에서 '어겨서−오가서−오가수−おかす'로 이어진다.
〔参考〕犯(범 : おか)す와 이음을 같이한다.

浸 침	訓読	つく·つかる·つける·ひたる·ひたす
	音読	シン

訓読풀이

① つく · つかる · つける : ㉮ 浸漬(침지)는 물에 담그는 것을 뜻한다. '담다'에서 '다구−두구−つく'로 이어진다. 또한 '적시다'에서 '적−죽−주구−つく'로 이어진다. ㉯ 浸水(침수)는 홍수 등으로 논, 밭, 가옥 등이 물이 차서 잠기는 것을 뜻한다. '차다'에서 '차구−추구−つく'로 이어진다. 또한 '잠기다'에서 '잠겨−자구−주구−つく'로 이어진다. ㉰ 浸染(침염)은 차츰 물드는 것을 뜻한다. '들다'에서 '둘구−두구−つく'로 이어진다.

② ひたる · ひたす : 浸(침)은 빠져드는 것을 말한다. 水(みず)にひたる 하면 물에 빠지는 것을 뜻하고, 女(おんな)と酒(さけ)にひたる 하면 주색에 빠지는 것을 뜻한다.
'빠지다'에서 '빠져라−바저루−바다루−비다루−ひたる'로 이어진다.

針 침	訓読	はり
	音読	シン

訓読풀이

• はり : ㉮ 針(침)은 바늘을 뜻한다. '바늘'에서 '반을−바을−발−바리−はり'로 이어진다. ㉯ 針形(침형)은 끝이 새 부리처럼 뾰족한 모양을 말한다〈針峰(침봉), 針葉(침엽) 등〉. '부리'에서 '바리−はり'로 이어진다.

人名訓読例

• はり : 針本(はりもと), 針山(はりやま), 針原(はりはら), 針場(はりば), 針屋(はりや), 針子(はりこ).

寝(寢) 침	訓読	ねる·ねかす
	音読	シン

訓読풀이

• ねる · ねかす : 寝(침)은 누워서 자는 것을 뜻한다.

'눕다'에서 '누라–내라–ねる'로 이어진다.

人名訓読例

• ね : 寝上(ねがみ), 寝屋(ねや), 寝屋川(ねやがわ), 寝占(ねじめ).

鍼 침	訓読	はり
	音読	シン

訓読풀이

① はり : 鍼(침)은 바늘, 침을 뜻한다. ㉮ '바늘'에서 '반을–바을–발–바리–はり'로 이어진다. ㉯ 바늘 · 침의 끝은 새 부리처럼 뾰족하다. '부리'에서 '부리–바리–はり'로 이어진다.

〔参考〕 針(침)과 이음(はり)을 같이한다.

駸 침	人名訓読	すすむ
	音読	シン

訓読풀이

• すすむ : 駸(침)은 말이 빨리 뛰어가는 모양을 나타낸다.
'뛰다'에서 '뜀–두둠–두두무–すすむ'로 이어진다.

人名訓読例

• すすむ : 駸(외자 名).

【칩】

蟄 칩	訓読	かくれる
	音読	チツ

訓読풀이

• かくれる : 蟄(칩)은 벌레(虫)가 땅속에 이것저것으로 몸을 감고 들어박히는 것을 뜻한다(蟄居 : 칩거).
'감고'에서 '가고–가구–かくれる'로 이어진다.

〔参考〕 隠(은 : かく)れる와 이음을 같이 한다.

【칭】

称(稱) 칭	訓読	たたえる·となえる
	人名訓読	かな·かのう·よし
	音読	ショウ

訓読풀이

① たたえる : 称(칭)은 称讚(칭찬)을 뜻한다. 칭찬은 남을 다독거려 주는 것, 돋우어 주는 것을 말한다. ㉮ '다독거리다'에서 '다독–다도–다다–たたえる'로 이어진다. ㉯ '(북)돋우어주다'에서 '돋우–도두–다두–다다–たたえる'로 이어진다.

〔参考〕 讃(찬 : たた)える와 이음을 같이 한다.

② となえる : ㉮ 称은 呼称(호칭), 즉 이름을 대는 것을 뜻한다. '댄다'에서 '대는–대나–도나–となえる'로 이어진다. ㉯ 称은 얼굴을 들다〈賓稱面 : 儀禮 (빈칭면 : 의례)〉, 들어 올리다 〈稱爾戈 : 書經 (칭이과 : 서경)〉의 뜻을 갖는다. '들다'에서 '드는–드나–도나–となえる'로 이어진다.

③ かな : 어떤 두 사물이 對称(대칭) 관계 있다고 하면, 그 둘은 크기나 모양이 같은 꼴임을 나타낸다.
'같다'에서 '같네–가네–가나–かな'로 이어진다.

④ かのう : ③의 '같다'에서 '같노–가노우–かのう'로 이어진다.

⑤ よし : 称은 옳음, 맞음을 뜻한다.
'옳다'에서 '올–오시(받침 ㄹ–'시'로 분절)–よし'로 이어진다. 또한 '옳지'에서 '오시–よし'로 이어진다.

人名訓読例

① かのう : 称(외자 名).

② かな : 称美(かなみ).

③ よし : 称仁(よしひと).

秤 칭	訓読	はかり
	音読	ショウ·ヒョウ·ビン

訓読풀이

- はかり : 秤(칭)은 저울을 뜻한다. 저울은 물건을 헤아리는(셈하는) 도구이다. '헤아리다'(헤다)에서 '헤거라－하가라－하가리－はかり'로 이어진다.
〔参考〕計(계), 測(측), 量(량)과 이음(はかる)을 같이한다.

人名訓読例

- はかり : 秤谷(はかりや), 秤屋(はかりや).

카

【쾌】

快 쾌	訓読	こころよい
	人名訓読	し·はや·やす·よし
	音読	カイ

訓読풀이

① こころよい：快(쾌)는 마음(こころ)이 상쾌하고 기분이 좋음(よい)을 말한다. 좋다는 것은 옳다는 뜻이다.
곧은 마음을 뜻하는 こころ(곧다—곧거라—고고로)와 옳음을 뜻하는 よい가 합성되어 こころよい로 이어진다〈心(심) 참조〉.

② し：快는 시원스러움을 나타낸다. 快感(쾌감)은 시원한 감정을 뜻하고, 快男兒(쾌남아)는 사내답고 시원한 남자를 일컫는다.
'시원'에서 '시—し'로 이어진다.

③ はや：快는 빠름을 나타낸다〈當其下手風雨快：杜甫 (당기하수풍우쾌：두보)〉.
'빠르다'에서 '발아—바아—はや'로 이어진다.

④ やす：快는 마음이 편안하여 쉬는 기분을 나타낸다(快適：쾌적).
'쉬다'에서 '수—す'로 이어지고, 접두어 や가 붙어 やす가 된다.

⑤ よし：위 ①에서와 같이 '옳다'에서 '올—오시(받침 ㄹ—'시'로 분절)—よし'로 이어지고, '옳지'에서 '오시—よし'로 이어진다.

人名訓読例

① し：快長(しながぃ).
② はや：快溫(はやあつ).
③ やす：快彦(やすひこ・よしひこ), 快之(やすゆき).
④ よし：快宏(よしひろ), 快子(よしこ), 快一(よしかず), 快哉(よしや), 快彰(よしただ), 快春(よしはる).

他 타	訓読	あだ·ひと·ほか
	音読	タ

訓読풀이

① あだ : 他(타)는 다름, 딴 것임을 뜻한다. '다름 · 딴것'에서 '다-だ'로 이어지고, 접두어 あ가 붙어 あだ가 된다.
〔参考〕 異(이)와 이음(あだ)을 같이한다.

② ひと : 他는 他人(타인), 즉 나 이외의 다른 사람을 뜻한다.
사람을 뜻하는 ひと(人)와 이음을 같이 한다〈人(인) 참조〉.

③ ほか : 他(ほか)の人(ひと), 他の場所(ばしょ)는 그 밖의 사람, 장소를 뜻한다.
'밖'에서 '바가-보가-ほか'로 이어진다.

人名訓読例

• ほか : 他彦(ほかひこ).

打 타	訓読	うち·うつ·ぶつ
	音読	ダ·チョウ

訓読풀이

① うち · うつ : 打つ · 討つ · 撃つ는 모두 うつ로 훈독된다. 이들은 각각 누르는 것을 공통 의미로 한다. 頭(あたま)を打つ 하면 머리를 때린다는 뜻인데 그것은 상대방의 머리를 눌러 때린다는 뜻이다. 敵(てき)を討つ도 적을 누른다는 뜻이고, ビストルを撃つ 하면 권총을 쏘는 것인데 쏘기 위해서는 방아쇠를 눌러야 함을 뜻한다.
'누르다'에서 '누-우(ㄴ-ㅇ으로 변음)-うつ'로 이어진다.

② ぶつ : 打倒(타도), 打破(타파) 등은 상대방을 쳐부수는 것을 뜻한다.
'부수다'에서 '부-ぶつ'로 이어진다.
〔参考〕 撃(격), 撲(박)과 이음(ぶつ)을 같이한다.

人名訓読例

① うち : 打開(うちあけ), 打橋(うちはし), 打浪(うちなみ), 打本(うちもと), 打上(うちかみ), 打田(うちだ).

② うつ : 打木(うつぎ · うちき), 打海(うつみ).

朶 타	訓読	えだ
	人名訓読	いだ·へび
	音読	ダ

訓読풀이

① えだ : 朶(타)는 나뭇가지를 뜻한다. 가지는 나무의 본체에서 이어져 뻗어 나온 부분이다. ㉮ '잇다'에서 '읻-엗-에다-えだ'로 이어진다. ㉯ '뻗다'에서 '버더-베다-에다(ㅂ-ㅇ으로 변음)-えだ'로 이어진다.

② いだ : えだ의 변음.

③ へび : 朶는 나뭇가지가 휘휘 늘어진 것을 나타낸다. 그 늘어진 모습이 뱀들이 가지처럼 엉켜 늘어진 것과 흡사한 모습을 나타낸다.
'뱀'에서 '배-へ'로 이어지고, 접미어 び가 붙어 へび가 된다.

人名訓読例

① いだ · えだ : 朶(외자 名).

② えだ : 朶子(えだこ).

③ へび：栥の原(ひべのはら).

佗 타	訓読	ほか·わびる· わび·わびしい
	人名訓読	あつ
	音読	タ

訓読풀이

① ほか：佗(타)는 他(타)와 마찬가지로 그 밖의 다른 것을 뜻한다.
'밖'에서 '바가-보가-ほか'로 이어진다.

② わびる·わび·わびしい：㉮ 佗는 짐을 업는(지는) 것을 뜻한다. '업'에서 '어버-아비-와비-わび(る)'로 이어진다.
㉯ 佗는 혼자 짐을 업고(지고) 가는 쓸쓸하고 초라한 모습을 나타낸다. 失恋(しつれん)の身(み)をわびる 하면 실연당한 초라한 몸을 업고(지고) 가는 슬픈 신세를 나타낸다.

③ あつ：佗는 부족한 것을 보태어 채우는(차는) 것을 뜻한다.
'차다'에서 '차-추-つ'로 이어지고 접두어 あ가 붙어 あつ가 된다.

人名訓読例

① あつ：佗美(あつみ).
② わび：佗介(わびすけ).

妥 타	訓読	やすらか
	音読	ダ

訓読풀이

• やすらか：妥(타)는 편안하게 쉬는 것을 뜻한다〈以妥以侑：詩經 (이타이유：시경)〉.
'쉬다'에서 '수-す'로 이어지고, 접두어 や가 붙어 やす(らか)가 된다.

人名訓読例

• やす：妥江(やすえ).

柁 타	訓読	かじ
	音読	ダ

訓読풀이

• かじ：舵(타：かじ)와 마찬가지로 柁(타)도 배의 방향을 조정하는 키를 뜻한다. '키'는 배의 앞, 뒤에 나뭇가지처럼 달려있다.
'가지'에서 かじ로 이어진다. 배의 노(楫：즙)도 かじ로 훈독되는데, 이것 역시 가지처럼 배의 옆 또는 뒤에 붙어 배를 저어간다.

人名訓読例

• かじ：柁谷(かじたに·かじや), 柁山(かじやま), 柁原(かじわら), 柁川(かじかわ).

唾 타	訓読	つば·つばき· つばきする
	音読	ダ

訓読풀이

• つば·つばき·つばきする：唾(타)는 침, 침 뱉기를 뜻한다.
'침 뱉기'에서 '치배기-추바기-つば(き)'로 이어지고, つばきする로 동사화 된다.

舵 타	訓読	かじ
	音読	ダ

訓読풀이

• かじ：舵(타)는 배의 방향을 조정하는 '키'로 배의 앞, 뒤에 나뭇가지처럼 달려있다.
배의 노(楫：즙)도 かじ로 훈독되는데 이것 역시 '가지'처럼 배의 옆 또는 뒤에 붙어 배를 저어간다.
'가지'에서 かじ로 이어진다.

堕(墮) 타	訓読	おちる·おろす
	音読	ダ

訓読풀이

① おちる : 堕(타)는 떨어지는 것을 뜻한다.
'떨어지다'의 '떨'에서 '떠러–띠루–ちる'로 이어지고, 접두어 お가 붙어 おちる가 된다.

② おろす : ㉮ 堕는 아래로 떨어지는 것을 뜻한다. 아래로에서 '아래'가 동사화 되어 '오래–오로–おろす'로 이어진다. ㉯ 堕는 아래로 내려가는 것을 뜻한다. '내려'에서 '노려–노로–오로(ㄴ–ㅇ으로 변음)–おろす'로 이어진다.
〔参考〕 降(강), 下(하)와 이음을 같이한다.

惰 타	訓読	おこたる
	音読	ダ

訓読풀이

• おこたる : ㉮ 惰性(타성)은 종래의 습관에 굳어 새로운 것에 맞추어 움직이지 않으려는 인성(人性) 또는 물체의 성질을 말한다. '굳다'에서 '구다–고다–こたる'로 이어지고, 접두어 お가 붙어 おこたる가 된다. ㉯ 고달픈 사람은 매사가 귀찮아 게을러지기 마련이다. '고달프다'에서 '고달–고다루–こたる'로 이어지고, 접두어 お가 붙어 おこたる가 된다. ㉰ 게으르다는 것은 무슨 일을 끝까지 하지 않고 중간에서 그만두는 것을 뜻한다. '그만두다'에서 '관두라–과두루–고다루–こたる'로 이어지고, 접두어 お가 붙어 おこたる가 된다.

詫 타	訓読	わびる
	人名訓読	つぐ·つげ
	音読	タ

訓読풀이

① わびる : 詫(타)는 비는 것, 사죄하는 것을 뜻한다.
'빌다'에서 '빌–비루–びる'로 이어지고, 접두어 わ가 붙어 わびる가 된다.

② つぐ · つげ : 詫는 고(告)하는 것, 알리는 것을 뜻한다. 告할 때는 반드시 누구에게 대고 해야 한다. 告訴(고소), 告發(고발)은 사법기관에 대고 하며, 告示(고시), 告知(고지)는 여러 사람에 대고 알리는 행위이다.
告(つ)ぐ와 마찬가지로 '대다'에서 '대구–두구–つぐ'로 이어진다.

人名訓読例

• つぐ · つげ : 詫(외자 名).

躱 타	訓読	かわす
	音読	タ

訓読풀이

• わかす : 躱(타)는 身(몸 신)과 朶(움직일 타)가 합쳐진 한자이다. 身(み)を躱(かわ)す 하면 몸을 굴려(돌려) 움직이며 피하는 것을 뜻한다.
'굴려'에서 '굴여서–구아서–가와수–かわす'로 이어진다.

【탁】

卓 탁	訓読	すぐれる
	人名訓読	たか
	音読	タク

訓読풀이

① すぐれる : 卓(탁)은 뛰어남을 뜻한다.

卓見(탁견)은 식견이 남보다 한수 높이 떠 있음을 말하는 '뛰어나다–뜨다'에서 '뚜고–두고–두구–수구–すぐれる'로 이어진다.

② たか : 위 ①에서와 같이 높이 '뜨다(솟다 · 돋다)'에서 '뜨고–다고–다가–たか'로 이어진다.

人名訓読例

- たか : 卓幹(たかもと), 卓徳(たかのり), 卓昭(たかあき), 卓義(たかよし), 卓子(たかこ), 卓俊(たかとし).

拆 탁	訓読	さく·ひらく
	音読	タク

訓読풀이

① さく : 拆(탁)은 쪼개는 것을 뜻한다.
'쪼개다'에서 '쪼고–자고–사구–さく'로 이어진다.

② ひらく : 위 ①에서 쪼개면 벌어지게 되어 있다.
'벌어'에서 '버러–비라–ひらく'로 이어진다.

倬 탁	人名訓読	あきら·ひろし·たか
	音読	タク

訓読풀이

① あきら : 倬(탁)은 밝음을 뜻한다〈有倬其道 : 詩經 (유탁기도 : 시경)〉. ㉮ '밝다'에서 '발키라–바키라–아기라(ㅂ–ㅇ으로 변음)–あきら'로 이어진다. ㉯ 열면 밝아진다. '열다'에서 '여거라–아거라–아기라–あきら'로 이어진다.

② ひろし : 倬은 밝음이 널리 펼쳐짐(벌려짐)을 뜻한다.
'펼쳐(벌려)'에서 '벌–빌–비로–ひろし'로 이어진다.

③ たか : 倬은 높은 것, 남보다 뛰어난 것을 나타낸다.
'(높이) 뜨다 · 뛰어나다'에서 '뜨고–다고–다가–たか'로 이어진다.

人名訓読例

① あきら · ひろし : 倬(외자 名).

② あき : 倬男(あきお).

③ たか : 倬史(たかし · たかぶみ).

啄(啄) 탁	訓読	ついばむ·つつく
	音読	タク

訓読풀이

① ついばむ : 啄(탁)은 小鳥(ことり)が木(き)の実(み)をついばむ처럼 쪼아 먹는 것을 뜻한다.
'쪼다'에서 '조아–주아–주이–つい'로 이어지고, '배'에서 동사화 되어 먹는 것을 뜻하는 はむ(食む)와 합성되어 ついばむ가 된다.

② つつく : ㉮ '쪼다'에서 '쪼구–쭈구–주주구–つつく'로 이어진다. ㉯ 啄은 똑똑 쪼는 것을 뜻한다. '똑똑'에서 '도독–두두구–つつく'로 이어진다.
〔参考〕 啄木(탁목 : たくぼく)은 새이름으로 딱따구리를 뜻하며, つつく가 '똑똑'(딱따)에서 이어짐을 시사한다.

託 탁	訓読	かこつ·かこつける·ことづける
	人名訓読	つく
	音読	タク

訓読풀이

① かこつ · かこつける : ㉮ 託(탁)은 무엇을 걸고 핑계 · 구실로 삼는 것을 뜻한

다. '걸고'에서 '거고–가고–かこつ'로 이어진다. ㉯ 핑계로 삼는다는 것은 핑계를 대는 것을 뜻한다. 다른 말로 둘러댄다고 한다. ㉮의 '걸고'와 '대다'(대거라–두거라–두게루–つける)가 합성되어 かこつける가 된다.

② ことづける : 핑계를 대는 것은 핑계의 말을 댄다는 뜻이 된다. 둘러댄다는 말은 이 말 저 말로 핑계를 댄다는 뜻이다. 말을 뜻하는 こと(言 : 골더라–고더–고도–こと)와 '대다'에서의 づける가 합성되어 ことづける가 된다.

③ つく : '대다'에서 '대구–두구–つく'로 이어진다.

人名訓読例

• つく : 託馬野(つくまの).

琢(琢) 탁	訓読	みがく
	人名訓読	かた·しげ·たか
	音読	タク

訓読풀이

① みかく : 琢(탁)은 밀고 가는 것을 뜻한다(琢磨 : 탁마).
'밀다(문지르다)'에서 '밀–미–み'로 이어지고, '갈다'에서 '갈구–かく'로 이어져 みかく로 합성된다.

② かた : ①의 '갈다'에서 '가다–かた'로 이어진다. 또한 '갈'에서 받침 ㄹ이 '다'로 분절되어 かた로 이어진다.

③ しげ : 琢은 쪼는 것, 쪼개는 것을 뜻한다.
'쪼개다'에서 '조게–지게–しげ'로 이어진다.

④ たか : 밀다, 갈다는 닦는 것을 뜻한다. '닦다'에서 '닥–다가–たか'로 이어진다(切磋琢磨 : 절차탁마).

人名訓読例

① みがく : 琢(외자 名).
② みがき : 琢町(みがきまち).
③ かた : 琢禅(かたよし · たかよし).
④ しげ : 琢子(しげこ).
⑤ たか : 琢禅(たかよし), 琢之(たかゆき).

濁 탁	訓読	にごす·にごる
	音読	ダク·ジョク

訓読풀이

• にごす · にごる : 濁(탁)은 물을 일구어서 흐리게 하는 것을 뜻한다.
'일구다'에서 '일구–이구–니고(ㅇ–ㄴ으로 변음)–にごる'로 이어진다.

人名訓読例

• にごり : 濁川(にごりかわ), 濁沢(にごりさわ).

濯(濯) 탁	訓読	あらう·すすぐ·そそぐ
	人名訓読	あろう·ひかる
	音読	タク

訓読풀이

① あらう : 濯(탁)은 빠는 것을 뜻한다.
'빨다'에서 '빨아–바라–아라(ㅂ–ㅇ으로 변음)–あらう'로 이어진다.

② すすぐ · そそぐ : ㉮ 濯은 씻는 것을 뜻한다. '씻다'에서 '씨수구–쑤수구–すすぐ · そそぐ'로 이어진다. ㉯ '씻다'에서 '씻구–쏫구–소소구–そそぐ · すすぐ'로 이어진다.

③ あろう : あらう의 변음.

④ ひかる : 濯은 빛깔이 나는(빛나는) 것, 아름다운 것을 뜻한다〈鉤膺濯濯 : 詩經(구응탁탁 : 시경)〉.

타

'빛깔'에서 '비갈-비가루-ひかる'로 이어진다.

人名訓読例

• あろう, すすぐ · ひかる : 濯(외자 名).

擢 탁	訓読	ぬく
	音読	テキ

訓読풀이

• ぬく : 擢(탁)은 뽑아 내는 것, 빼어 내는 것을 뜻한다(擢用 : 탁용).
抜(ぬ)く와 마찬가지로 '내다'에서 '내구-누구-ぬく'로 이어진다.

人名訓読例

• ぬき : 擢沢(ぬきざわ).

鐸 탁	訓読	すず
	音読	タク

訓読풀이

• すず : 鐸(탁)은 소리를 내는 쇠로 만든 방울을 뜻한다.
'쇠소리'에서 '쇠소-수소-수수-すず'로 이어진다.

人名訓読例

• すず : 鐸木(すずき), 鐸男(すずお).

【탄】

呑 탄	訓読	のむ
	人名訓読	ふくむ
	音読	ドン

訓読풀이

① のむ : 呑(탄)은 넣는 것을 뜻한다. 입에 넣는 경우에는 먹고 마시는 것을 말하는데, 담배를 피우는 것도 입에 넣는 것이므로 煙草(たばこ)をのむ라고 한다. 입에 넣지 않더라도 呑併(탄병)처럼 타국의 영토를 빼앗아 자국 영토에 넣는 경우에도 쓰인다.
'넣다'에서 '넘-너무-のむ'로 이어진다.

② ふくむ : 呑은 품는 것, 감추는 것을 뜻한다〈江呑天際白吹潮 : 吳師道 (강탄천제백취조 : 오사도)〉.
'품다'에서 '품구-푸구-ふくむ'로 이어진다.

人名訓読例

① ふくむ : 呑(외자 名).

② のみ : 呑口(のみくち), 呑山(のみやま), 呑原(のみはら), 呑田(のみた · のむた), 呑次(のみつぐ), 呑安(のみやす).

坦 탄	訓読	たいら
	人名訓読	あきら·ひろ·やす
	音読	タン

訓読풀이

① たいら : 坦(탄)은 평평한 것을 뜻한다. たいらな道(みち)는 울퉁불퉁하지 않고 고르게 잘 다져진 길이라는 말이고, たいらな石(いし)는 오랜 기간 풍상을 겪으면서 모나지 않게 또는 멋지게 잘 다져진 돌이라는 말이다.
'다지다'에서 '다지라-닺이라-다이라-たいら'로 이어진다.

② あきら : 坦은 앞길이 뚜렷하게(탄탄하게 · 밝게) 열려 있음을 뜻한다〈履道坦坦 : 易經 (이도탄탄 : 역경)〉. ㉮ '밝다'에서 '발키라-바기라-아기라-あきら'로 이어진다. ㉯ '열다'에서 '여거라-아거라-아기라-あきら'로 이어진다.

③ ひろ : 坦은 너그러운 것, 즉 크게 벌리어(펼쳐) 있는 군자의 도량을 나타낸다〈君子坦蕩蕩 : 論語 (군자탄탕탕 : 논

어)〉.

'벌리다(펼치다)'에서 '벌려-버로-비로-ひろ'로 이어진다.

④ やす : 平坦(へいたん)な人生(じんせい)는 平坦(평탄)한 인생으로 편안히, 쉽게 사는 인생을 말한다. ㉮ 평안히 '쉬다'에서 '수-す'로 이어지고, 접두어 や가 붙어 やす가 된다. ㉯ '쉽다'에서 '쉬-수-す'로 이어지고, 접두어 や가 붙어 やす가 된다.

人名訓読例

① あきら・たいら・ひろ・ひろし・やす・やすし : 坦(외자 名).

② ひろ : 坦路(ひろみち), 坦邑(ひろさと), 坦子(ひろこ), 坦之(ひろゆき・やすし), 坦治(ひろはる), 坦孝(ひろたか).

③ やす : 坦男(やすお), 坦郎(やすお), 坦雄(やすお), 坦之(やすし).

炭 탄	訓読	すみ
	音読	タン

訓読풀이

• すみ : 炭(탄)은 숯을 뜻한다. 숯은 구워서(태워서) 만들고(炭を焼く), 지펴서 태운다(炭をおこす). 즉 숯은 타는 기능을 하면서 무엇을 태워 만든다.

'타다'에서 '탐-툼-둠-숨-수미-すみ'로 이어진다.

〔参考〕 墨(묵)과 이음(すみ)을 같이한다.

人名訓読例

• すみ : 炭吉(すみよし), 炭本(すみもと), 炭山(すみやま), 炭野(すみの), 炭元(すみもと), 炭田(すみた).

弾(彈) 탄	訓読	たま・はじく・はずむ・ひく
	人名訓読	ただ
	音読	ダン・タン

訓読풀이

① たま : 弾(탄)은 탄알을 뜻한다. 탄알은 둥글다. 둥근 것은 상하좌우가 닮았다.

'닮다'에서 '달마-다마-たま'로 이어진다.

〔参考〕 玉(옥), 珠(주), 球(구) 등과 이음(たま)을 같이한다.

② はじく : 弾은 팽팽하게 버티는 것을 뜻한다.

'버티다'에서 '버디구-바디구-はじく'로 이어진다.

③ はずむ : 弾은 힘이 벋치는 것, 붙는 것을 뜻한다. ㉮ '벋치다'에서 '버춤-바춤-바주무-はずむ'로 이어진다. ㉯ '붙다'에서 '부툼-부투무-바주무-はずむ'로 이어진다.

④ ひく : 弾은 악기를 치는 것, 연주하는 것을 뜻한다. ギターを弾く 하면 기타를 친다는 말로, 기타줄을 뽑으면서(빼면서) 기타를 친다는 뜻이 된다. 한국어에서는 노래를 부를 때 '한곡 뽑으라(빼라)'고 한다.

'뽑다(빼다)'에서 '뽀구-비구-ひく'로 이어진다.

〔参考〕 引(인 : ひ)く와 이음을 같이한다.

⑤ ただ : 弾은 바로잡는 것, 규탄하는 것을 뜻한다〈弾劾(탄핵), 弾正(탄정), 糾弾(규탄)〉. ㉮ 따져서 바로잡는다. '따지다'에서 '따져-다더-다다-ただ'로 이어진다. ㉯ 바로잡아 떳떳해짐을 뜻한다. '떳떳'에서 '더더-다다-ただ'로 이어진다.

타

人名訓読例

① ただ：弾男(ただお).

② ひき：弾塚(ひきずか).

嘆(嘆) 탄	訓読	なげく
	音読	タン

訓読풀이

• なげく ： 友人(ゆうじん)のしをなげく 하면 친구의 죽음을 울며 슬퍼한다는 뜻이다.
'울게 하다'에서 '울게-누게(ㅇ-ㄴ으로 변음)-나게-なげく'로 이어진다.

綻 탄	訓読	ほころびる
	音読	タン

訓読풀이

• ほころびる ： 綻(탄)은 실밥이 풀리어 벌어지는(터지는) 것을 뜻하고, 梅(うめ)がほころびる 하면 봉오리가 피면서 벌어지는 것을 뜻한다.
'풀다 · 피다'에서 '푸(피)거라-포고로-ほころ'로 이어지고, '벌리다'에서 '벌-빌-비루-びる'로 이어져 ほころびる로 합성된다.

憚 탄	訓読	はばかる
	音読	タン

訓読풀이

• はばかる：㉮ 憚(탄)은 삼가는 것, 내빼는 것을 뜻한다. 過(あやま)ちを改(あらた)めるのにはばかる事(こと)はない 하면 잘못을 고치는데 내뺄(삼가할) 이유가 뭐 있느냐라는 말이다. '빼다'에서 '빼거라-빠가루-바바가루-はばかる'로 이어진다. ㉯ 憚은 위세를 부풀리는 것, 부풀리어 욕심을 부리는 것을 뜻한다. 憎(にく)まれっ子(こ)世(よ)にはばかる 하면 미운 자식이 세상에서는 위세를 부풀려 다닌다는 뜻이다. '부풀다'에서 '부푸-바푸-바바-はばかる'로 이어진다.

誕 탄	訓読	うむ·うまれる·いつわる
	人名訓読	ひろし
	音読	タン

訓読풀이

① うむ · うまれる：㉮ 努力(どうりょく)が成功(せいこう)をうむ 하면 노력이 성공을 움트게(나게) 한다는 뜻이다. '움트다'에서 '움-우무-うむ'로 이어진다.
㉯ '낳다'에서 '남-눔-움(ㄴ-ㅇ으로 변음)-우무-うむ'로 이어진다.

② いつわる ： 誕(탄)은 속이는 것, 거짓말하는 것도 뜻한다〈多聞而難誕：孔子家語 (다문이난탄：공자가어)〉.
'속이다'에서 '속여라-속아라-소와라-수와루-つわる'로 이어지고, 접두어 い가 붙어 いつわる가 된다.

③ ひろし：誕은 넓은 것, 넓게 벌려 있음을 뜻한다〈誕告萬邦：書經 (탄고만방：서경)〉
'벌'에서 '버로-비로-ひろ(し)'로 이어진다.

人名訓読例

• ひろし：誕(외자 名).

灘 탄	訓読	なだ
	人名訓読	はやせ
	音読	ダン·タン

訓読풀이

① なだ ： 灘(탄)은 여울을 뜻한다. 여울은 강이나 바다의 바닥이 얕거나 폭이 좁아

서 물살이 빨리 세차게 흐르는 곳이다.
'얕다'에서 '야다-나다(ㅇ-ㄴ으로 변음)-なだ'로 이어진다.

② はやせ : ①에서와 같이 물살이 빨리 흐른다고 하여 '빨라-발아-바야-はや'로 이어지고, '좁음'을 뜻하는 せまい(狭い)의 せ와 합성되어 はやせ가 된다.
〔参考〕急流(급류)를 뜻하는 早瀬(조뢰)와 이음(はやせ)을 같이한다.

人名訓読例

① なだ · はやせ : 灘(외자 名).
② なだ : 灘岡(なだおか), 灘光(なだみす), 灘吉(なだよし), 灘本(なだもと), 灘山(なだやま), 灘友(なだとも).

【탈】

脫 탈	訓読	ぬぐ·ぬげる·ぬける
	音読	ダツ

訓読풀이

• ぬぐ · ぬげる · ぬける : 脫(탈)은 (벗어)내는 것, 나오는 것을 뜻한다. 帽子(ぼうし)を脱ぐ 하면 모자를 벗어 내는 것이고, 洋服(ようふく)を脱ぐ 하면 양복을 벗어 내는 것이다.
'내다'에서 '내구-누구-ぬく'로 이어진다.
〔参考〕抜(발), 拭(식)과 이음(ぬく)을 같이한다.

奪 탈	訓読	うばう
	音読	ダツ

訓読풀이

• うばう : 行人(こうじん)の財布(さいふ)をうばう 하면 행인의 지갑을 빼앗는 것을 뜻한다.
'빼앗다'에서 '뺏어-배어-바우-ばう'로 이어지고, 접두어 う가 붙어 うばう가 된다.

【탐】

眈 탐	訓読	にらむ
	音読	タン

訓読풀이

• にらむ : 虎視眈眈(호시탐탐)은 범이 노려보는 모양을 나타낸다.
'노리다'에서 '노림-니람-니라무-にらむ'로 이어진다.
〔参考〕睨(예 : にら)む와 이음을 같이한다.

耽 탐	訓読	ふける
	音読	タン

訓読풀이

• ふける : 読書(どくしょ)に耽る 하면 독서에 푹 빠지는 것을 뜻한다.
'푹'에서 '푸게-후게-ふける'로 이어진다.
〔参考〕深(침 : ふか)い와 이음을 같이한다.

探 탐	訓読	さがす·さぐる
	人名訓読	もとむ
	音読	タン

訓読풀이

① さがす : 人(ひと)を探(さが)す 하면 사람을 찾는다는 뜻이다.
'찾다'에서 '차고서-차가수-사가수-さがす'로 이어진다.
② さぐる : ①의 '찾다'에서 '찾거라-사거라-사구루-さぐる'로 이어진다.

③ もとむ : ㉮ 探(탐)은 찾아 묻는 것, 구(求)하는 것을 뜻한다. '묻다'에서 '묻-몯-모도-もとむ'로 이어진다. ㉯ 探은 찾아 모도는(모으다의 옛말) 것을 뜻한다. '모도다'에서 '모도-もとむ'로 이어진다.

貪 탐	訓読	むさぼる
	音読	タン·ドン·トン

訓読풀이

• むさぼる : 貪(탐)은 먹자 보자는 식으로 貪慾(탐욕), 貪食(탐식)하는 것을 나타낸다. むさぼるように食(た)べる 하면 먹자 보자는 식으로 게걸스럽게 먹는 것을 뜻한다.
'먹자 보자'에서 '머자보라-무자보루-むさぼる'로 이어진다.

【탑】

搭 탑	訓読	のる
	音読	トウ

訓読풀이

• のる : 搭(탑)은 올라타는 것을 뜻한다. 乗(승)과 마찬가지로 '오르다'에서 '오루-노루(ㅇ-ㄴ으로 변음)-のる'로 이어진다.

搨 탑	訓読	する
	音読	トウ

訓読풀이

• する : 搨(탑)은 베끼는 것, 탁본(拓本)을 만드는 것을 뜻한다. 탁본은 잉크나 물감 등을 묻히고 그 위에 종이를 깔고 빗질하듯이 손(扌)이나 부드러운 것(羽)으로 쓸어서 만든다.
'쓸다'에서 '술-수루-する'로 이어진다.
〔参考〕 刷(쇄), 摺(접)과 이음(する)을 같이한다.

【탕】

湯 탕	訓読	ゆ
	音読	トウ

訓読풀이

• ゆ : ㉮ 湯(탕)은 온천, 목욕, 목욕탕을 뜻한다. 옛날에는 목욕탕, 특히 온수(溫水) 목욕탕이 따로 없고 온천이 훌륭한 목욕탕의 역할을 했다고 보며, 주로 시냇물 또는 바닷가로 나가 여울(목)에서 목욕을 했으리라고 본다. 일본에는 수많은 온천지역이 있으며 더불어 여울(목)이 형성되어 훌륭한 대중목욕탕을 제공해 준다. '여울'에서 '여-유-ゆ'로 이어진다. ㉯ 옛날에는 우물(가)에서 우물물로 목욕했으리라고 본다. '우물'에서 '우-유-ゆ'로 이어진다. 한편 '우물'의 '우'에서 '이-い(井 : 정)'로 이어진다.

人名訓読例

• ゆ : 湯山(ゆやま), 湯上谷(ゆがみだに), 湯原(ゆはら), 湯之上(ゆのうえ), 湯川(ゆかわ · ゆがわ), 湯浅(ゆあさ).

蕩 탕	訓読	とろかす·とろける
	音読	トウ

訓読풀이

• とろかす · とろける : ㉮ 蕩(탕)은 쓸어버리는 것을 말한다. 蕩盡(탕진)은 재산을 쓸어 없애는 것을 뜻하고, 人(ひと)の心(こころ)をとろかすような音楽(おんがく)는 사람의 마음을 쓸어버리는 듯한(황홀한) 음악이라는 뜻이다. '쓸다'에

서 '쓰러–쓰로–쏘로–도로–とろかす'로 이어진다. ㉯ 蕩은 재물 등을 다 털어 없애는 것을 말한다. '털다'에서 '털–톨–토로–とろかす'로 이어진다.

盪 탕	訓読	あらう·うごく·とろかす
	音読	トウ

訓読풀이

① あらう : 盪(탕)은 빨아서(씻어) 깨끗이 하는 것을 뜻한다.
'빨아'에서 '발아–바라–아라(ㅂ–ㅇ으로 변음)–あらう'로 이어진다.

② うごく : 盪(탕)은 움직여 옮겨 다니는 것을 뜻한다.
'옮기다'에서 '옴겨–오고–우고–うごく'로 이어진다.

③ とろかす : ㉮ 盪은 마음을 쓸어내리듯이 넋을 빼앗는 것을 뜻한다. '쓸다'에서 '쓰러–쓰로–쏘로–도로–とろかす'로 이어진다. ㉯ 盪은 황홀하여 넋을 다 털어 없애는 것을 뜻한다. 蕩(탕 : とろかす)과 마찬가지로 '털다'에서 '털–톨–토로–とろかす'로 이어진다.

【태】

太 태	訓読	ふとい·ふとる
	人名訓読	おお·とおる·はじめ·もと·ひろ
	音読	タイ·タ·ダイ·ダ

訓読풀이

① ふと · ふとる : ㉮ 太는 불어나는 것, 커지는 것을 뜻한다. 財産(ざいさん)が ふとる 하면 재산이 불어남을 말한다. '불다'에서 '불–부도(받침 ㄹ–'도'로 분절)–ふとる'로 이어진다. ㉯ 太는 붙어서 커지는 것을 뜻한다. '붙다'에서 '붙–부도–ふとる'로 이어진다.

② おお : 太는 많은 것, 큰 것을 뜻한다.
많다, 크다를 뜻하는 '하다'에서 '하아–아아–오오–おお'로 이어진다.
〔参考〕 大(おお)와 이음을 같이한다.

③ とおる : 太는 뚫리어 통하는 것을 뜻한다〈命險太其靡常 : 陸雲 (명험태기미상 : 육운)〉.
'뚫리어'에서 '뚫어–두어–도오–とおる'로 이어진다.

④ はじめ : 太는 처음, 최초를 뜻한다〈太初者氣之始也 : 列子 (태초자기지시야 : 열자)〉.
처음을 뜻하는 '햇'(햇밥, 햇보리 등)에서 '핫–하지–はじめ'로 이어진다.

⑤ もと : 太는 太極(태극)으로 우주만물의 근원, 밑바탕을 나타낸다.
'밑'에서 '몯–모토–もと'로 이어진다.

⑥ ひろ : 太는 넓은 것, 즉 널리 벌어져 있음을 뜻한다.
'벌어져'에서 '벌–빌–비로–ひろ'로 이어진다.

人名訓読例

① おお · とおる · はじめ · ふと · ふとし · ふとり · ふとる : 太(외자 名).

② おお : 太貫(おおぬき), 太山(おおやま), 太原(おおはら), 太子(おおし), 太田(おおた), 太平(おおたいら).

③ ふと : 太中(ふとなか), 太見(ふとみ), 太首(ふとくび), 太彦(ふとひこ · もとひこ), 太木(ふとき · もとき), 太賢(ふとかた).

④ もと : 太木(もとき), 太彦(もとひこ),

太雄(もとお), 太泰(もとやす).

⑤ ひろ : 太次(ひろつぐ), 太海(ひろみ), 太氏(ひろうじ) .

兌 태	訓読	かえる
	人名訓読	あつまる·とおる·なおし·みつ
	音読	ダ·タイ

訓読풀이

① かえる : 兌(태)는 가는 것을 뜻한다.
'갈다'에서 '갈아라-가에루-かえる'로 이어진다.
〔参考〕 代(대), 換(환), 替(채), 変(변) 등과 이음(かえる)을 같이한다.

② あつまる : 兌는 채우는(차는) 것을 뜻한다.
'차다'에서 '참-춤-추마-つまる로 이어지고, 접두어 あ가 붙어 あつまる가 된다.
〔参考〕 集(집 : あつ)まる와 이음을 같이한다.

② とおる : 兌는 뚫리어 서로 통함을 뜻한다.
'뚫리다'에서 '뚤어-두어-도오-とおる'로 이어진다.
〔参考〕 通(통 : とお)る와 이음을 같이한다.

③ なおし : 兌는 바르게 되는 것, 나아지는 것을 뜻한다. 兌는 64괘의 하나로 심신(心身)을 나아지게(바르게) 하면 모든 일이 성공할 것을 나타낸다.
'나아지다'에서 '나아-나오-なおし'로 이어진다.

④ みつ : 兌는 물(み)이 모여 차듯이 차는 것을 뜻한다.
'물 차다'에서 '물차-무차-미츠-みつ'로 이어진다.
〔参考〕 満(만), 充(충)과 이음(みつ)을 같이한다.

人名訓読例

① あつまる · とおる · なおし : 兌(외자 名).
② みつ : 兌子(みつこ).

汰 태	訓読	ゆる·よなげる
	音読	タ·タイ

訓読풀이

① ゆる : 汰(태)는 물로 일어 가려내는 것을 뜻한다. 砂金(さきん)を汰(ゆ)る 하면 사금을 이는 것을 말한다.
'일다'에서 '이러-우러-유러-ゆる'로 이어진다.
〔参考〕 揺(요), 淘(도)와 이음(ゆる)을 같이한다.

② よなげる : ①의 '일다'에서 '이는-이나-요나-よなげる'로 이어진다.
〔参考〕 淘(도 : よな)げる와 이음을 같이한다.

人名訓読例

• ゆり : 汰上(ゆりあげ).

怠 태	訓読	おこたる·なまける
	音読	タイ·ダイ

訓読풀이

① おこたる : 怠(태)는 게으름을 뜻한다〈惰(타) 참조〉.

② なまける : 仕事(しごと)を怠(なま)ける 하면 일을 게을리 하고 놀기만 한다는 뜻이다.
'놀다'에서 '놈-남-나마-なまける'로 이어진다.
〔参考〕 懶(나 : なま)ける와 이음을 같이한다.

胎 태	訓読	はらむ
	音読	タイ

訓読풀이

- はらむ：胎む는 아이를 배는 것을 뜻한다.
  '배다'에서 '배라–바라–はらむ'로 이어진다. 한편 腹(はら)에서 はらむ로 동사화 된다〈腹(복) 참조〉.
  〔参考〕孕(잉：はら)む와 이음을 같이한다.

人名訓読例

- はら：胎田(はらだ).

殆 태	訓読	あやうい·ほとほと·ほとんど
	音読	タイ

訓読풀이

① あやうい：あやういところを助(たす)ける 하면 위태로운 고비에서 살아남을 뜻하는데, 위태롭다는 것은 어려운 것을 의미한다. あやうく間(ま)にあった 하면 어렵게(간신히 · 겨우) 시간에 대었다는 뜻이고, あやうくそれに耐(た)えた 하면 어렵게 그것을 견디어 내었다는 뜻이다.
'어렵다'에서 '얼여워–어여워–아야우–あやうい'로 이어진다.
〔参考〕危(위：あや)うい와 이음을 같이한다.

② ほとほと：殆(태)는 같은 행동, 결과를 여러 번 하다 보니 몹시 지치고 질린 모양을 나타낸다. ほとほと閉口(へいこう)した 하면 하도 해서(해도 해도 너무 해서) 정말 질렸다는 뜻이고, ほとほと愛想(あいそう)がつきた 하면 하도 해서 정 떨어졌다는 뜻이다.
'하도 하도(해도 해도)'에서 '호도호도–ほとほと'로 이어진다.

③ ほとんど：ほとほと의 변한 말.

泰 태	訓読	やすい·やすらか
	人名訓読	あきら·とおる·たか·ひろ·ひろし·ゆたか·よし
	音読	タイ

訓読풀이

① やすい · やすらか：泰(태)는 편안히 쉬는 것(天下泰平)을 뜻한다.
'쉬다'에서 '수–す'로 이어지고 접두어 や가 붙어 やすい · やすらか로 이어진다.
〔参考〕安(안：やす)い와 이음을 같이한다.

② あきら：泰는 사방이 열리어 잘 통함을 뜻한다〈泰者通也：易經 (태자통야：역경)〉.
'열리다'에서 '열거라–어기라–아기라–あきら'로 이어진다.
〔参考〕開(개), 明(명)과 이음(あける)을 같이한다.

③ とおる：泰는 사방이 뚫리어 잘 통함을 뜻한다.
'뚫리다'에서 '뚫어–두어–도오–とおる'로 이어진다.
〔参考〕通(통：とお)る와 이음을 같이한다.

④ たか：泰는 높은 것을 뜻한다.
높이 '뜨다'(솟다 · 돋다)에서 '뜨고–다고–다가–たか'로 이어진다.
〔参考〕高(고：たか)い와 이음을 같이한다.

⑤ ひろ · ひろし：泰는 너그러워 마음이 펼쳐(벌어져) 있음을 뜻한다.

'펼(벌)'에서 '필(벌)-비로-ひろ(し)'로 이어진다.

〔参考〕 広(광 : ひろ)い와 이음을 같이한다.

⑥ ゆたか : 泰는 넉넉하게 있음을 뜻한다. '있다'에서 '잇다고-이다가-유다가-ゆたか'로 이어진다.

〔参考〕 豊(풍)과 이음(ゆたか)을 같이한다.

⑦ よし : 泰는 음양이 조화를 이루는 옳은 상(象)을 나타낸다.

'옳다'에서 '올-오시(받침 ㄹ-'시'로 분절)-よし'로 이어진다.

〔参考〕 義(의)와 이음(よし)을 같이한다.

人名訓読例

① あきら · とおる · ひろ · ひろし · やす · ゆたか : 泰(외자 名).

② たか : 泰光(たかみつ · ひろみつ · やすてる · やすみつ).

③ ひろ : 泰啓(ひろたか · やすのり · やすひろ), 泰賢(ひろまさ), 泰明(ひろあき · やすあき · よしあき), 泰敏(ひろとし · やすとし · やすはる), 泰義(ひろよし · やすよし), 泰一(ひろかず · やすかず).

④ やす : 泰寛(やすひろ), 泰国(やすくに), 泰基(やすもと), 泰南(やすなみ), 泰世(やすよ), 泰平(やすひら).

⑤ よし : 泰明(よしあき), 泰人(よしと · やすと · やすひと), 泰和(よしかず · やすかず).

笞 태	訓読	むち
	音読	チ

訓読풀이

• むち : 笞(태)는 매질(채찍질)을 뜻한다. '매질'에서 '매지-무지-むち'로 이어진다.

〔参考〕 鞭(편)과 이음(むち)을 같이한다.

態 태	訓読	さま·わざと
	音読	タイ

訓読풀이

① さま : 態(태)는 모습 · 모양을 뜻한다. 즉 사물의 됨됨이를 나타낸다. 静(しず)かな態(さま)는 됨됨이가 조용함을 나타내고, ひどいさま는 됨됨이가 지독함을 나타낸다.

'됨'에서 '댐-담-삼-사마-さま'로 이어진다.

〔参考〕 様(양)과 이음(さま)을 같이한다.

② わざと : 態는 세상에 일어나는 여러 일을 가리킨다〈世態(세태), 千態萬象(천태만상)〉. わざと(態と)こわす 하면 일부러(일 때문에, 일로써) 부순다는 뜻이 된다.

'일'에서 '알-아자-わざ'로 이어지고, 부사어미 と(때문의 '때', 일로써의 '써' 등에서 と)가 붙어 わざと가 된다.

【택】

宅 택	訓読	いえ
	人名訓読	かた
	音読	タク

訓読풀이

① いえ : 宅은 집을 뜻한다. 家(いえ)와 이음을 같이한다〈家(가) 참조〉.

② かた : 존경어로 사람을 지칭할 때 '이댁(宅 : 택의 속음)'이라 하는데, 일본어에서는 このかた라고 한다. 이 경우 かた는 方(방)의 훈독으로, このかた는 '이

곳에 계신 분'의 '곳'에서 '갓–갇–가다–かた'로 이어지고 宅의 人名訓読으로도 쓰이고 있다고 본다.

人名訓読例

① いえ : 宅原(いえはら).

② かた : 宅佐(かたさ).

沢(澤) 택	訓読	さわ·つや
	人名訓読	おも
	音読	タク

訓読풀이

① さわ : 沢(택)은 물이 얕게 괴고 풀이나 잡목이 나있는 저습지(低濕地), 늪을 말한다. 제주도에는 이와 같은 さわ가 상당히 넓게 분포되어 있다. 제주방언으로 자왈, 혹은 곶자왈이라고도 한다.
'자왈'에서 '자와–さわ'로 이어진다.

② つや : 沢은 윤기(潤氣), 광택(光沢)이 돋는 것〈車甚澤 : 左氏傳 (차심택 : 좌씨전)〉을 뜻하고, 활력이 돋아(솟아) 윤택(潤沢)해 지는 것〈潤澤萬物 : 風俗通 (윤택만물 : 풍속통)〉을 뜻한다.
'돋아(솟아)'에서 '돋아–도아–두야–つや'로 이어진다.
〔参考〕艶(염 : つや)와 이음을 같이한다.

③ おも : ㉮ 沢은 물이 한(많은) 못을 뜻한다. 多(おお)い와 마찬가지로 '하다'에서 '하–아–오–お'로 이어지고, '못'에서의 '모–も'가 합성되어 おも가 된다. ㉯ '못'에서 も로 이어지고, 접두어 お가 붙어 おも로 이어진다.

人名訓読例

① さわ : 沢頭(さわがしら), 沢本(さわもと), 沢山(さわやま), 沢原(さわはら), 沢畠(さわはた), 沢村(さわむら).

② おも : 沢潟(おもだか), 沢瀉(おもだか).

択(擇) 택	訓読	える·えらぶ
	人名訓読	きそな·えり
	音読	タク

訓読풀이

① えり · える · えらぶ : 択(택)은 選択(선택)을 뜻한다. 선택은 여럿 중에서 좋은 것을 골라 얻는 것을 말한다.
'얻다'에서 '어–에–える'로 이어진다.
〔参考〕選(선 : え)る와 이음을 같이한다.

② きそな : 択은 여럿 중에서 좋은 것을 고름을 뜻한다. 択日(택일), 択言択行(택언택행) 등 모두 좋은 것을 고름을 말한다.
'고르다(가리다)+좋은 것'에서 '고좋은–고존–기조나–きそな'로 이어진다.

人名訓読例

① きそな : 択(외자 名).

② えり : 択田(えりた).

【토】

土 토	訓読	つち
	人名訓読	くに·は·はし·はじ·ひじ
	音読	ド·ト

訓読풀이

① つち : 土(토)는 땅 · 평지 · 들(뜰) · 밭을 뜻한다〈降丘宅土 : 書經 (강구택토 : 서경)〉.
'들'에서 '드지(ㄹ받침–'지'로 분절)–つち'로 이어진다.

② くに : 土는 나라, 고향을 뜻한다〈年老

思土：後漢書 (연로사토：후한서〉.

'큰' 나라에서 '쿠네–쿠니–くに'로 이어진다.

〔参考〕国(くに)와 이음을 같이한다.

③ は · はし · はじ：土는 흙을 뜻한다. ㉮ '흙'에서 '흐–하–は'로 이어진다. ㉯ '흙'에서 '할–하시(받침 ㄹ–'시'로 분절)–はし · はじ'로 이어진다.

〔参考〕일본 고분(古墳)시대부터 헤이안(平安)시대에 걸쳐 사용된 土師器(토사기：はじき)는 흙으로 구어 만든 土器(토기)이다. '흙'에서 '흘–할–하지(받침 ㄹ–'지'로 분절)–はじ(土師)'로 이어지고, とき(土器)의 き가 붙어 はじき로 훈독된다. 한편 5세기 이후 쓰이기 시작한 須恵器(수혜기：すえき)는 쇠나 흙을 고온에서 구워 쇠처럼 단단하게 만든 토기라는 뜻에서 '쇠–수–수에(須恵)–すえ'로 이어지고, き(器)가 붙어 すえき로 훈독된다.

④ ひじ：'흙'에서 '힐–히지(받침 ㄹ–'시'로 분절)–ひじ'로 이어진다.

人名訓読例

① くに · つち：土(외자 名).

② つち：土橋(つちはし · つちばし), 土本(つちもと), 土釜(つちかま), 土山(つちやま), 土子(つちこ), 土川(つちかわ).

③ は：土岐(はき), 土生(はぶ), 土赤(はせき), 土下(はした), 土師原(はしはら), 土師萌(はじめ).

④ はし：土崎(はしさき), 土部(はしべ).

⑤ はじ：土野(はじの · つちの · ひじの).

⑥ ひじ：土方(ひじかた), 土原(ひじはら · つちはら), 土川(ひじかわ · つちかわ), 土形(ひじかた), 土取(ひじとり · つちとり), 土屋(ひじや · つちや).

吐 토	訓読	はく · つく · ぬかす
	音読	ト

訓読풀이

① はく：吐(토)는 뱉는 것을 말한다. つばを吐(は)く 하면 침을 뱉는 것을 뜻하고, 血(ち)をはく 하면 피를 뱉어내는 것을 뜻한다.

'뱉다'에서 '배구–바구–はく'로 이어진다.

② つく：ため息(いき)を吐(つ)く 하면 숨을 쉰다는 뜻이다.

'쉬다'에서 '쉬구–수구–つく'로 이어진다.

③ ぬかす：何(なに)を吐(ぬ)かす 하면 무슨 소리를 내느냐라는 뜻이다.

'내다'에서 '내구서–누가서–누가수–ぬかす'로 이어진다.

人名訓読例

① は：吐師(はし · はじ · はぜ), 吐山(はじ · はやま), 吐生(はぶ), 吐合(はけ).

② はき：吐田(はきた), 吐前(はきまえ).

③ はく：吐山(はくやま · はやま).

④ はん(변음)：吐崎(はんざき), 吐田(はんだ · はきた), 吐生(はんぶ · はぶ).

兎 · 兔 토	訓読	うさぎ
	音読	ト

訓読풀이

• うさぎ：㉮ 兎(토)는 토끼를 뜻한다. 삼국사기지리지에 신라 경덕왕이 옛 백제 지명인 烏斯含達(오사함달 · 오사함산)을 兎山(토산：토끼산)으로 한역한 것을 통하여 학계에서는 백제어로는 토끼가 '오사함'이었으리라고 본다. '오사함–오

사-우사-うさ(ぎ)'로 이어진다. ㉯ '토끼'에서 '타기-사기-さぎ'로 이어지고, 접두어 う가 붙어 うさぎ가 된다.

人名訓読例

① うさ：兎(외자 名).

② う(うさぎ)의 준말：兎濃(うの), 兎茶(うさ), 兎道(うじ), 兎束(うずか), 兎田(うた).

討 토	訓読	うつ·たずねる
	音読	トウ

訓読풀이

① うつ：㉮ 討(토)는 적을 쳐서 누르는 것을 뜻한다(討伐：토벌). '누르다(눌)'에서 '누-우(ㄴ-ㅇ으로 변음)-うつ'로 이어진다. 또한 '눌'에서 '울-우쓰(받침 ㄹ-'쓰'로 분절)-うつ'로 이어진다. ㉯ 討는 적을 쳐서 부수는 것을 뜻한다. '부수다'에서 '부수-우수(ㅂ-ㅇ으로 변음)-うつ'로 이어진다.

② たずねる：㉮ 討는 적을 쳐서 다스림을 뜻한다〈其君無日不討國人而訓之：左氏傳 (기군무일불토국인이훈지：좌씨전)〉. '다스리다'에서 '다수-たずねる'로 이어진다. ㉯ 討論(토론), 討究(토구)는 사물의 이치를 찾아내는 것을 뜻한다. '찾아내다'에서 '차자-다자-다주-たずねる'로 이어진다. ㉰ 討는 찾아가는 것, 방문을 뜻한다. 위 ㉯에서와 같이 '찾아가다'에서 '차자-다자-다주-たずねる'로 이어진다.

【통】

恫 통	訓読	いたむ
	音読	トウ·ドウ

訓読풀이

• いたむ：㉮ 恫(통)은 傷心(상심), 속앓이 하는 것을 뜻한다. '앓다'에서 '알음-일음-이다음(받침 ㄹ-'다'로 분절)-이담-이다무-いたむ'로 이어진다. ㉯ 恫은 상대방의 으름장에 두려워하는 것을 뜻한다. '으름'에서 '을음-일음-이다움-이담-이다무-いたむ'로 이어진다.

通(通) 통	訓読	とおす·とおる·かよう
	人名訓読	あけ·ひらく·みち·ゆき
	音読	ツウ·ツ

訓読풀이

① とおす·とおる：㉮ '뚫려'에서 '뚤어-두어-도오-とおる'로 이어진다. ㉯ '두루 통하다'에서 '둘우-두오-도우-とおる'로 이어진다.

② かよう：通은 가는 것, 가고 오는 것을 뜻한다(往來：왕래). ㉮ '가다'에서 '가요-かよう'로 이어진다. ㉯ '가고 오다'에서 '가오다-가요-かよう'로 이어진다.

③ あけ：㉮ 通은 앞이 훤히 열리어 뚫리어 있음을 뜻한다. '열다'에서 '열고-여게-아게-あけ'로 이어진다. ㉯ 通은 새로 여는 것을 뜻한다〈開設(개설), 通三公官：漢書 (통삼공관：한서)〉. '열다'에서 '열고-여게-아게-あけ'로 이어진다. ㉰ 通은 두루 아는 것을 뜻한다〈聖人以通天下之志：易經 (성인이통천하지지：역경)〉. '알다'에서 '알게-아게-あけ'로 이어진다.

④ ひらく：通은 널리 퍼지는 것, 벌려서 여는 것을 뜻한다.
'벌리다'에서 '벌-빌-비라-히라-ひら

타

く'로 이어진다.

⑤ みち：通은 사람이 오고 가는(②의 かよう) 길을 뜻한다. 마을이 있으면 반드시 길이 있고 길 자체가 마을이다.
'마을'에서 '말－밀－미찌(받침 ㄹ－'찌'로 분절)로 이어진다.

⑥ ゆき：通은 오고 가는 것을 뜻한다.
'가다'에서 반의어화(反意語化) 되어 '오다'에서 '오기－우기－ゆき'로 이어지고, 뜻은 '가다'가 된다〈行(행) 참조〉.

人名訓読例

① とおり・とおる・ひらく：通(외자 名).

② かよ：通生(かよお), 通世(かよお), 通地(かよいじ).

③ あけ：通草(あけび).

④ みち：道川(みちかわ), 通古(みちふる), 通貫(みちつら), 通教(みちのり), 通基(みちもと), 通信(みちのぶ).

⑤ ゆき：通雄(ゆきお), 通子(ゆきこ・みちこ).

桶 통	訓読	おけ
	音読	トウ・ツウ

訓読풀이

- おけ：桶(통)은 물이나 물건을 넣게 만든 통을 뜻한다. 水桶(みずおけ)는 물을 넣게 만든 물통, つけものおけ는 김치를 넣게 만든 김치통을 뜻한다.
'넣게'에서 '너게－노게－오게(ㄴ－ㅇ으로 변음)－おけ'로 이어진다.
〔参考〕 麻笥(おけ)는 가늘게 찢어 길게 이은 삼을 넣게 만든 그릇을 뜻한다. 桶과 마찬가지로 '넣게'에서 おけ로 이어진다.

人名訓読例

- おけ：桶谷(おけたに), 桶口(おけぐち), 桶本(おけもと), 桶成(おけなり), 桶野(おけの), 桶村(おけむら).

痛 통	訓読	いたい・いたみ・いたむ
	音読	ツウ

訓読풀이

- いたい・いたみ・いたむ：痛(통)은 아픔, 즉 앓음을 말한다. 心(こころ)のいたみ는 마음의 앓음을 뜻하고, 良心(りょうしん)のいたみ는 양심의 앓음을 뜻한다. ㉮ '앓다'에서 '알－아다(받침 ㄹ－'다'로 분절)－이다－いたい'로 이어진다.
㉯ '앓음'에서 '알음－일음－이다음(받침 ㄹ－'다'로 분절)－이담－이다미－いたみ'로 이어진다.
물건의 경우에는 의인화(擬人化)해서 傷(いた)み, 傷(いた)む를 쓰는데 台風(たいふう)で屋根(やね)がいたむ라고 할 때의 いたむ는 痛む가 아니라 傷む로 표기한다.
〔参考〕 悼(도：いた)む와 이음을 같이한다.

筒 통	訓読	つつ
	人名訓読	たけ
	音読	トウ

訓読풀이

① つつ：筒(통)은 한국어에서는 고유어 없이 한자음 그대로 통이라 한다. 竹(たけ)の筒는 대로 만든 통으로 물건을 그 속에 쑤셔 넣는다. 나아가 총신(銃身), 포신(砲身)도 つつ라 하는데 그 속에 총알이나 화약을 쑤셔 넣어 사용한다.
'쑤셔'에서 '쓰수－つつ'로 이어진다.

② たけ：筒은 대나무(竹)로 만들어진 통이다. 대나무를 뜻하는 竹(죽)과 이음을 같

이한다〈竹(죽) 참조〉.

人名訓読例

① つつ：筒見(つつみ), 筒木(つつき), 筒本(つつもと), 筒原(つつはら), 筒井村(つついむら), 筒浦(つつうら).

② たけ：筒石(たけいし · たけし).

統 통	訓読	すべる
	人名訓読	おさむ·かね·すぶる·すめる·とおる·のり·はじめ·むね·もと
	音読	トウ

訓読풀이

① すべる：天下(てんか)をすべる 하면 천하를 다스리는 것, 즉 천하를 손안에 쥐어 잡는 것을 뜻한다. 総統(총통)은 대만에서 정권을 잡고 있는 최고 통치자(統治者)이다.

'잡다'에서 '자브라－주베라－すべる'로 이어진다.

〔参考〕 総(총：すべ)る와 이음을 같이한다.

② おさむ：'잡다'에서 '잡음－자음－잠－자무－さむ'로 이어지고, 접두어 お가 붙어 おさむ가 된다.

③ かね：統은 거느리는 것을 뜻한다.

'거느리다'에서 '거느－가네－かね'로 이어진다.

④ すぶる · すめる：㉮ '잡다'에서 '자부라－주부루－すぶる'로 이어진다. ㉯ '쥐다'에서 '쥠－줌－주매－すめる'로 이어진다.

⑤ とおる：統은 뚫리는 것을 뜻한다.

'뚫어'에서 '두어－도오－とおる'로 이어진다.

⑥ のり：統은 법 · 기강을 뜻한다. 법이나 기강은 좇아야 할 옳은 규범을 뜻한다.

'옳다'에서 '올－오리－노리(ㅇ－ㄴ으로 변음)－のり'로 이어진다.

⑦ はじめ：統은 처음, 본시(本始)를 뜻한다〈大一統也：公羊傳 (대일통야：공양전)〉.

처음을 뜻하는 '햇'에서 '핮－하지－하지메－はじめ'로 이어진다.

⑧ むね：㉮ 統治者는 맨 위에서 다스린다(宗主 : 종주). '맨'에서 '매내－무내－むね'로 이어진다. ㉯ 統治者는 제일 먼저 으뜸가는 지위를 차지한다. '먼저'에서 '먼－문－무내－むね'로 이어진다. ㉰ 統治者는 모든 권력을 잡는다. 모든을 몬(제주방언) · 몽땅이라 한다. '몬'에서 '몬－문－무내－むね'로 이어진다. 또는 '몽땅'에서 '몽－몬－문－무내－むね'로 이어진다.

⑨ もと：統은 근본, 밑바탕을 뜻한다.

'밑'에서 '몯－모토－もと'로 이어진다.

人名訓読例

① おさむ · すぶる · すめる · とおる · はじめ · むね · もと：統(외자 名).

② おさ：統夫(おさお).

③ かね：統雄(かねお · むねお).

④ のり：統督(のりまさ), 統子(のりこ), 統聞(のりさと).

⑤ むね：統景(むねかげ), 統理(むねまさ), 統範(むねのり), 統永(むねなが), 統治(むねはる), 統朝(むねとも).

⑥ もと：統明(もとあき), 統夫(もとお · おさお), 統嗣(もとつぐ), 統一(もとかず).

慟 통	訓読	なげく
	音読	ドウ

訓読풀이

• なげく : 慟(통)은 서러워 울게 만드는 것을 뜻한다.
'울게'에서 '우게–아게–나게–なげく'로 이어진다.

樋 통	訓読	ひ
	音読	トウ

訓読풀이

• ひ : 樋(통)은 물을 흘려보내기 위해 나무나 대나무로 만든 홈(통)을 뜻한다. 칼날에 피를 흘려보내기 위해 새겨진 가늘고 긴 홈도 樋이라 한다.
'홈'에서 '호–히–ひ'로 이어진다.

人名訓読例

• ひ : 樋笠(ひかさ・ひがさ), 樋本(ひもと), 樋山(ひやま), 樋上(ひかみ・ひがみ・ひのうえ), 樋勝(ひかつ), 樋原(ひはら).

【퇴】

退(退) 퇴	訓読	しりぞく・すさる・どかす・どく・のく・のける・ひく
	音読	タイ

訓読풀이

① しりぞく : 退(퇴)는 뒤로 물러서는 것, 뒤로 좇아내는 것을 뜻한다. ㉮ '뒤로 서다'에서 '디로서구–시리소구–しりぞく'로 이어진다. ㉯ '뒤로 좇다'에서 '디로조구–시리조구–しりぞく'로 이어진다.

② すさる : 退는 뒤로 처지는 것을 뜻한다. '처져'에서 '추자–수사–すさる'로 이어진다.

③ どかす・どく : その席(せき)を退(ど)く 하면 자리를 뜨는 것을 뜻한다. '뜨다'에서 '뜨구–도구–どく'로 이어진다.

④ のく・のける : 戸口(とぐち)からのく 하면 출입구에서 옮겨 놓는다는 뜻이다. '옮기다'에서 '옮겨라–오게라–노게루(ㅇ–ㄴ으로 변음)–のける'로 이어진다.

⑤ ひく : 会社(かいしゃ)を退(ひ)く 하면 회사에서 몸을 빼서 그만둔다는 뜻이다. '빼다(뽑다)'에서 '빼구–비구–ひく'로 이어진다.
〔参考〕 引(인 : ひ)く와 이음을 같이한다.

堆 퇴	訓読	うずたかい
	音読	タイ・ツイ

訓読풀이

• うずたかい : 堆(퇴)는 무엇이 수북하게 쌓아 높이 뜨게 된 것을 뜻한다. うずたかいごみの山(やま)는 쌓아 높이 뜬 쓰레기더미라는 말이다.
うずめる의 うず('채우다・쌓다'에서 '추(수)–ず'로 이어지고, 접두어 う가 붙어 うず가 됨)와 たかい(뜨고–드가–다가–たかい로 이어짐)가 합성되어 うずたかい가 된다. 埋高い인 셈이다.

褪 퇴	訓読	あせる・さめる
	音読	タイ

訓読풀이

① あせる : ㉮ 褪(퇴)는 褪色(퇴색), 즉 빛이 바래어 없어지는 것을 뜻한다. '없애다'에서 '업세라–어세루–아세루–あせる'로 이어진다. ㉯ 褪는 옷(衣)을 벗는 것(退)을 뜻한다. '벗다'에서 '버서라–바세라–아세루(ㅂ–ㅇ으로 변음)–あせる'로 이어진다.

② さめる：묻은 색깔이 닦이거나 씻기어 없어지는 것. 위 ①의 ㉮에서 빛이 바래어 없어지는 것을 진다고 한다.
'지다'에서 '짐-잠-삼-사매-さめる'로 이어진다.

頽 퇴	訓読	くずれる
	音読	タイ

訓読풀이

- くずれる：頽(퇴)는 기력, 사고력이 쇠약해지는 것, 즉 꺼지는 것을 뜻한다.
'꺼지다'에서 '거저-구주-くずれる'로 이어진다.
〔参考〕崩(붕：くず)れる와 이음을 같이 한다.

【투】

投 투	訓読	なげる
	人名訓読	ねず
	音読	トウ

訓読풀이

① なげる：㉮ 投(투)는 내놓는 것을 말한다. ボールを投げる 하면 볼을 내놓는(내던지는) 것을 뜻하고, 政界(せいかい)に身(み)をなげる 하면 정계에 몸을 내놓는 것을 뜻한다. '내다'에서 '내거라-나게라-나게루-なげる'로 이어진다. ㉯ 내놓는(던지는) 것은 다른 곳으로 넘기는 것을 뜻한다. 首投(くびなげ)는 씨름에서 한 팔을 상대방의 목을 감아서 넘기는 것을 말한다. '넘겨라'서 '너게루-나게루-なげる'로 이어진다.

② ねず：㉮ 投는 내주는 것을 뜻한다. '내주다'에서 '내주-ねず'로 이어진다. ㉯ '내치다'에서 '내추-내주-ねず'로 이어진다.

人名訓読例

① なげ：投石(なげいし), 投埜(なげの), 投野(なげの).
② ねず：投松(ねずまつ).

妬 투	訓読	ねたむ
	音読	ト

訓読풀이

- ねたむ：妬(투)는 嫉妬(질투)를 뜻한다. 仲間(なかま)の出世(しゅっせ)をねたむ 하면 동료의 출세를 질투한다는 뜻으로, 그만큼 애타는 심정을 나타낸다.
'애타다'에서 '애탐-애타무-내타무(ㅇ-ㄴ으로 변음)-ねたむ'로 이어진다.
〔参考〕嫉(질：ねた)む와 이음을 같이한다.

透(透) 투	訓読	すく·すかす·すける·とおる
	人名訓読	すみ·ゆき
	音読	トウ

訓読풀이

① すく·すかす·すける：透(투)는 무엇이 뚫려 트여 있는 상태를 나타낸다. 戸柱(とはしら)の間(あいだ)か透く 하면 문과 기둥 사이가 틈이 나 있다는 뜻이다.
'트다(뚫다)'에서 '두구-すく'로 이어진다.

② とおる：透는 ①에서와 같이 뚫려 트여 있음을 뜻한다.
'뚫려'에서 '뚤어-두우-도오-とおる'로 이어진다.

③ すみ：위 ①의 '틈'에서 '숨-수미-すみ'로 이어진다.

④ ゆき：透는 ①, ②, ③의 틈 사이를 뚫고 간다는 뜻이다.

'오다'에서 '오기-우기-ゆき'로 이어지고, 간다는 뜻으로 反意語化 된다〈行(행) 참조〉.

人名訓読例

① とおる：透(외자 名).

② すみ：透子(すみこ).

③ ゆき：透修(ゆきのぶ), 透雄(ゆきお).

套 투	訓読	かさねる
	音読	トウ

訓読풀이

- かさねる：套(투)는 덮개, 겹치는 것을 말한다. 封套(봉투)는 거듭 씌우는 것을 뜻하고, 外套(외투)는 겉옷 위에 거듭(덧)입는 옷을 뜻한다.

  '거듭'에서 '가드-가다-가사-かさねる'로 이어진다.

  〔参考〕重(중：かさ)ねる와 이음을 같이 한다.

偸 투	訓読	ぬすむ
	音読	トウ·チュウ

訓読풀이

- ぬすむ：偸(투)는 남의 것을 빼앗아 감을 뜻한다. 빼앗거나 없어지게 하는 것을 앗아간다고 한다.

  '앗아가다'에서 '아숨-우숨-누수무(ㅇ-ㄴ으로 변음)-ぬすむ'로 이어진다.

  〔参考〕盜(도：ぬす)む와 이음을 같이한다.

骰 투	訓読	さい·さいころ
	音読	トウ

訓読풀이

- さい·さいころ：㉮ 骰(투)는 주사위를 뜻한다. 주사위는 짐승의 뼈(骨：골) 등 단단한 것으로 만들어진 놀이 또는 점치는 도구이다. 賽(새)도 さい라 하는데 이 경우의 さい는 賽의 음독으로 骰의 訓読 さい는 賽의 音読 さい를 따른 것으로 본다. 賽도 역시 주사위로 점치는 것을 뜻한다. ㉯ さいころ는 さい(骰·賽)를 굴려(던져) さい의 위쪽에 나타나는 점의 수로 우열을 가리고, 점을 치는 것을 뜻한다. 'さい(賽) 굴려'에서 'さい구러-さい고로-さいころ'로 이어진다.

  〔参考〕さい·さいころ는 骰子(투자), 賽子(새자)로도 표기된다.

鬪(鬭) 투	訓読	たたかう
	音読	トウ

訓読풀이

- たたかう：鬪(투)는 다투는 것을 뜻한다.

  '다투다'에서 '다투고-다타가-たたかう'로 이어진다.

  〔参考〕戦(전：たたか)う와 이음을 같이 한다

巴 파	訓読	ともえ
	音読	ハ

訓読풀이

• ともえ : 巴는 물이 원을 그리며 소용돌이치는 것 같은 모양, 또는 그것을 도안화(圖案化) 한 것을 뜻한다. 그 도안은 한 원안에 올챙이 모양을 한 것을 꼬리가 바깥으로 돌게 배치되어 있다. 올챙이 모양 수에 따라 二(ふた)つ巴(どもえ), 三(み)つ巴(どもえ)로 부른다.
'돌다'에서 '돔-도모-とも'로 이어지고, 도안 · 그림을 뜻하는 え(에다-에-え)와 합성되어 ともえ가 된다.

人名訓読例

• ともえ : 巴潟(ともえがた), 巴川(ともえがわ), 巴子(ともこ), 巴え助(ともえすけ), 巴絵(ともえ).

把 파	訓読	とる·にぎる·たば
	音読	ハ

訓読풀이

① とる : 把(파)는 드는 것, 잡는 것, 쥐는 것을 뜻한다(把握 : 파악).
'들다'에서 '드-도-とる'로 이어진다. 또한 '잡다'에서 '자-조-도-とる'로도 이어진다.
〔参考〕 取(취 : と)る와 이음을 같이한다.

② にぎる : 把는 손에 넣는 것을 뜻한다.
'넣다'에서 '넣거라-니기라-니기루-にぎる'로 이어진다.
〔参考〕 握(악 : にぎ)る와 이음을 같이한다.

③ たば : 把는 묶음을 세는 말로 다발을 뜻한다. 三把(さんば)는 세 다발, 十把(じっぱ · じゅうわ)는 열 다발을 말한다.
'다발'에서 '다바-たば'로 이어진다.

人名訓読例

• たば : 把田(たばた).

波 파	訓読	なみ
	音読	ハ

訓読풀이

• なみ : 波는 파도, 물결, 너울을 뜻한다. 큰 물결이 움직이는 것을 너울진다, 너울거린다고 한다.
'너울'에서 '널-날-남-나미-なみ'로 이어진다. '날것(生)'에서 '날-나마-なま'로 이어지는 것과 같은 이치이다.
〔参考〕 2004년 12월 인도네시아, 2011년 일본 동북지역에서 일어난 대형 つなみ(津波)는 둑(津 : つ)으로 몰려오는 큰 너울(波 : なみ)이라는 뜻으로, つ(둑-두-つ)와 なみ의 합성어가 된다.

人名訓読例

• なみ : 波島(なみしま), 波山(なみやま), 波田(なみた), 波川(なみかわ), 波平(なみのひら · なみひら), 波形(なみかた · なみがた).

爬 파	訓読	かく
	音読	ハ

訓読풀이

• かく : 爬(파)는 손톱으로 긁는 것, 가

파

려운 데를 긁는 것을 뜻한다. 거북·악어·뱀 등의 爬蟲類(파충류)는 바닥에 몸을 대고 각질(角質)의 비늘로 땅을 긁어 기어 다닌다.

'긁다'에서 '글거－그구－가구－かく'로 이어진다.

派(派) 파	訓読	わかれる
	音読	ハ

訓読풀이

- わかれる：派(파)는 강물이 본류에서 갈려 나오는 것을 뜻한다〈百川派別歸海而會：左思 (백천파별 귀해이회：좌사)〉. ㉮ '갈리다'에서 '가려라－가레루－かれる'로 이어지고, 접두어 わ가 붙어 わかれる가 된다. ㉯ 가르는 것을 빠갠다라고 한다. '빠개다'에서 '바개라－바가레－아가레(ㅂ－ㅇ으로 변음)－わかれる'로 이어진다.

破 파	訓読	やぶる·やぶれる·やれ·わる
	音読	ハ

訓読풀이

① やぶる·やぶれる：強敵(きょうてき)をやぶる 하면 강적을 엎어 항복을 받는 것을 뜻한다.
'엎다'에서 '어퍼라－아푸라－아부루－やぶる'로 이어진다.

② わる：破는 가르는 것, 쪼개는 것을 뜻한다. 벌리거나 열면 갈리거나 쪼개진다. ㉮ 벌리다의 '벌'에서 '발－바루－아루(ㅂ－ㅇ으로 변음)－わる'로 이어진다. ㉯ '열다'에서 '열－알－아루－わる'로 이어진다.

③ やれ：위 ②의 '벌려지다'에서 '버려－바레－아레－やれ'로 이어진다. ふつまの破(や)れは 미닫이 장지의 벌려진 데, 즉 찢어진 데를 뜻한다.

人名訓読例

① やぶ：破磯(やぶいそ).
② わり：破籠井(わりごい).
③ われ：破石(われいし).

跛 파	訓読	あしなえ·ちんば·びっこ
	音読	ハ

訓読풀이

① あしなえ：跛(파)는 절름거림, 절름발이를 뜻한다. あしなえ는 足萎え로도 표기된다. 다리(足)가 낡아 걸음걸이가 나른하게 지친 모양을 나타내 절름거림·절름발이를 말하게 된다. ㉮ 足(족)에서 '발－알(ㅂ－ㅇ으로 변음)－아시(받침 ㄹ－'시'로 분절)－あし'로 이어지고, '낡아'에서 '나아－나에－なえ'로 이어져 あしなえ로 합성된다. ㉯ '나른'에서 '날은－나으－나에－なえ'로 이어지고, あしなえ로 합성된다.

② ちんば：'절름발이'에서 '절음발－저음바－점바－짐바－ちんば'로 이어진다.

③ びっこ：절름발이는 한쪽 다리가 짧거나 고르지 못하여 비뚝거리거나 비틀거리며 걷는 모양을 나타낸다. ㉮ '비뚝'에서 '비뚜고－びつこ(びっこ)'로 이어진다. ㉯ '비틀거리다'에서 '비트거－비트고－びつこ(びっこ)'로 이어진다.

播 파	訓読	まく
	人名訓読	はた·はり·ひろ
	音読	ハ·バン

訓読풀이

① まく : 播(파)는 씨 등을 뿌려 땅에 묻는 것을 뜻한다.
'묻다'에서 '묻구－무구－마구－まく'로 이어진다.
〔参考〕 蒔(시 : ま)く와 이음을 같이한다.

② はた : 播는 퍼뜨리는 것을 뜻한다.
'퍼뜨리다'에서 '퍼드－파다－하다－はた'로 이어진다.

③ はり : 播는 씨 등을 뿌리는 것을 뜻한다.
'뿌리다'에서 '부리－바리－はり'로 이어진다.

④ ひろ : 播는 널리 펼치는 것, 벌려 놓는 것을 뜻한다(傳播 : 전파).
'펼(벌)'에서 '필(빌)－비로－ひろ'로 이어진다.

人名訓読例

① はた : 播文(はたぶみ · はたあや · はたむ), 播上(はたがみ).

② はり : 播間(はりま), 播谷(はりや), 播磨(はりま), 播本(はりもと), 播野(はりの), 播田(はりた).

③ ひろ : 播州(ひろくに).

罷 파·피	訓読	まかる·やめる
	音読	ハイ·ヒ

訓読풀이

① まかる : 罷(파)는 물러나는 것, 퇴출을 뜻한다. 다른 고유어 표현으로는 무슨 일을 하다가 마는 것을 뜻한다.
'말다'에서 '말거라－마거루－마가루－まかる'로 이어진다.

② やめる : ㉮ 教師(きょうし)をやめる, 会社(かいしゃ)をやめる 하면 교사일이나 회사일을 더 하지 않음을 말한다. '않음'에서 '안음－아음－암－얌－야메－やめる'로 이어진다. ㉯ 罷士(피사)는 병들고 지친 병사, 즉 앓는 병사를 뜻한다〈罷士無伍罷女無家 : 國語 (피사무오피녀무가 : 국어)〉. '앓음'에서 '알음－아음－암－얌－やめる'로 이어진다.
〔参考〕 病(병 : や)める와 이음을 같이한다.

擺 파	訓読	ひらく
	音読	ハイ

訓読풀이

• ひらく : 擺(파)는 벌려 놓는 것, 여는 것을 뜻한다.
'벌리다'에서 '버리구－비라구－ひらく'로 이어진다.
〔参考〕 開(개 : ひら)く와 이음을 같이한다.

簸 파	訓読	ひる
	人名訓読	み
	音読	ハ

訓読풀이

① ひる : 簸(파)는 키로 차나 곡식을 까부리는 것을 뜻한다.
'까불다'에서 '불－빌－ひる'로 이어진다.

② み : 簸는 물로 흔들어 가리는(이는) 것을 뜻한다〈沙灘淨如簸 : 梅堯臣 (사탄정여파 : 매요신)〉.
み는 물을 뜻하는 みず의 준말이다.

人名訓読例

① ひ : 簸川(ひのかわ).

② み : 簸浦(みのうら).

파

【판】

判 판	訓読	わかる
	音読	ハン・バン

訓読풀이

- わかる : 音楽(おんがく)がわかる 하면 음악을 안다는 뜻이고, 犯人(はんにん)がわかる 하면 범인이 알려짐을 뜻한다. '알다'에서 '알거라−아가라−아가루−わかる'로 이어진다.
  〔参考〕 分(분 : わ)かる, 解(해 : わか)る와 이음을 같이한다.

坂 판	訓読	さか
	音読	ハン・バン

訓読풀이

- さか : ㉮ 坂(판)은 언덕, 고개, 산비탈 등을 뜻한다. 이들은 자연적으로 돌과 흙이 쌓여 만들어진 것이다. '쌓다'에서 '싸고−싸가−さか'로 이어진다. ㉯ 홍수를 막거나 길을 트기 위한 축조물인 둑도 흙이나 돌을 높이 쌓아 만든다. '쌓다'에서 '싸고−싸가−さか'로 이어진다.
  〔参考〕 阪(판)과 이음(さか)을 같이한다.

人名訓読例

- さか : 坂巻(さかまき), 坂端(さかばた), 坂輪(さかわ), 坂本(さかもと), 坂岸(さかぎし), 坂田(さかた・さかだ).

阪 판	訓読	さか
	音読	ハン・バン

訓読풀이

- さか : 坂(판)과 이음을 같이한다〈坂(판) 참조〉.

人名訓読例

- さか : 阪谷(さかたに), 阪元(さかもと), 阪中(さかなか), 阪倉(さかくら), 阪川(さかかわ), 阪秋(さかあき).

板 판	訓読	いた
	音読	ハン・バン

訓読풀이

- いた : ㉮ 板(판)은 널빤지, 널판을 뜻한다. '널'에서 '얼−일−이다(받침 ㄹ−'다'로 분절)−いた'로 이어진다. 板場(いたば)는 요릿집에서 도마가 놓인 주방, 즉 널판을 말한다. '널판'에서 いたば로 이어진다. ㉯ 널은 조각나무로 이어진다. '잇다'에서 '이다−いた'로 이어진다.

人名訓読例

- いた : 板橋(いたはし), 板本(いたもと), 板寺(いたでら), 板原(いたはら), 板子(いたこ), 板波(いたなみ).

版 판	訓読	いた・ふだ
	音読	ハン・バン

訓読풀이

- いた : 版(판)은 널・널빤지를 뜻한다. '널'에서 '닐−일−이다(받침 ㄹ−'다'로 분절)−いた'로 이어진다.
  〔参考〕 板(판)과 이음(いた)와 을 같이한다.

② ふだ : 版은 궁정의식에서 여러 신하들의 지위에 따라 설자리를 나타내기 위하여 붙인 표지를 뜻한다(版位 : 판위).
'붙다'에서 '붙−부다−ふだ'로 이어진다.

販 판	訓読	ひさぐ
	音読	ハン

訓読풀이

- ひさぐ : 販(판)은 파는 것을 뜻한다. 古本(ふるほん)をひさぐ 하면 헌책을 파

는 것이고, 春(はる)をひさぐ, 色(いろ)をひさぐ 하면 몸을 판다는 뜻이다.
'팔다'에서 '필-힐-히사(받침 ㄹ-'사'로 분절)-ひさぐ'로 이어진다.

鈑 판	人名訓読	たたら
	音読	ハン

訓読풀이

• たたら : 鈑(판)은 금박(金箔)을 뜻한다. 금박은 얇게 두들겨(두드려) 펴서 만든다. '두드려'에서 '두다려-두다라-다다라-たたら'로 이어진다.
〔参考〕 발풀무를 뜻하는 たたら(踏鞴 : 답비)는 '(발로) 디디다'에서 '디디라-다다라-たたら'로 이어진다.

人名訓読例

• たたら : 鈑戸(たたらと).

【팔】

八 팔·배	訓読	や·やつ·やっつ
	人名訓読	わかつ·ひらく·よう
	音読	ハチ

訓読풀이

① や・やつ・やっつ : ㉮ 여덟의 '여'에서 '야-や'로 이어진다. ㉯ '여덟'에서 '여더-여두-야두-やつ'로 이어진다. ㉰ '여덟'에서 '여덜-야둘-야두쑤(받침 ㄹ-'쑤'로 분절)-やっつ'로 이어진다.

② わかつ : 八(배)는 좌우양쪽으로 나누는 모양을 나타낸다. 나눈다는 뜻의 '빠개다(뻐개다)'에서 '바(버)개-바가-아가(ㅂ-ㅇ으로 변음)-わかつ'로 이어진다.
나누어진다는 것은 갈라선다, 즉 배반한다는 뜻이 있다 해서 이 경우 八은 배로 음독된다〈八音背分異也 : 六書本義 (배음배분이야 : 육서본의)〉.

③ ひらく : 八(배)는 양쪽으로 벌어지는 모양을 나타낸다.
'벌어지다'에서 '벌-빌-비라-ひらく'로 이어진다. 이 경우의 八은 ②에서와 같이 배로 음독된다.

④ よう : '여덟'에서 '여어-요오-요우-よう'로 이어진다.

人名訓読例

① ひらく・わかつ : 八(외자 名).
② や : 八九十三(やくとみ), 八木原(やぎはら), 八民(やたみ), 八百(やお), 八重(やえ), 八国(やくに).
③ やつ : 八浪(やつなみ・やなみ), 八星(やつぼし), 八城(やつしろ・やしろ・やぎ), 八田(やつだ・やた), 八島(やつしま・やしま), 八波(やつなみ・やなみ).
④ よう : 八鹿(ようか), 八日市(ようかいち).

捌 팔	訓読	さばく·さばける·はかす·はける
	音読	ハツ·ヘツ·ハチ

訓読풀이

①さばく : 山(やま)のような仕事(しごと)を一人(ひとり)で捌(さば)く 하면 산더미 같은 일을 혼자서 잘 풀어나간다는 뜻이다.
'잘 풀다'에서 '자푸구-자파구-사바구-さばく'로 이어진다.
〔参考〕 裁(재 : さば)く와 이음을 같이한다.

② さばける : 捌(さば)ける는 ①의 捌く와 마찬가지로 잘 풀어 가는 것을 뜻하면서 잘 팔리는 것도 뜻한다. もつれた糸(い

と)がさばける 하면 얽힌 실이 잘 풀린다, 一日(いちにち)に百個(ひゃっこ)もさばける 하면 하루에 백 개나 잘 팔린다, 全部(ぜんぶ)さばけて在庫(ざいこ)がない 하면 전부 잘 팔려 재고가 없다는 뜻이다.

'잘 팔리다'에서 '잘팔거라–자파거라–사바게루–さばける'로 이어진다.

〔参考〕 잘 팔리는 것을 뜻하는 捌(さば)ける는 はける(捌ける)로도 훈독된다. 이 경우에는 '잘(さ)'이 탈락되어 잘 팔리는 것이 아니라 그런대로 팔린다는 뜻이 된다.

③ はかす · はける : ㉮ 浴槽(よくそう)の水(みず)をはかす 하면 욕조의 물을 뺀다는 뜻이다. 빼다의 '빼고서'에서 はかす로 이어지고, '빼거라'에서 はける로 이어진다. ㉯ 一日(いちにち)ではける 하면 하루에 다 팔린다는 뜻이고, 在庫(ざいこ)をはかす 하면 재고를 다 팔아치운다는 뜻이다. '팔다'의 '팔고서'에서 '파가수–하가수–はかす'로 이어지고, '팔거라'에서 '파거루–하게루–はける'로 이어진다.

【패】

佩 패	訓読	はく
	音読	ハイ

訓読풀이

- はく : 佩(패)는 칼을 허리에 차는 것을 뜻한다. 太刀(たち)をはく 하면 큰 칼을 허리에 찬다는 말로, 칼을 허리에 찬 칼집에 박아 넣는 것을 나타낸다.
  '박다'에서 '바구–はく'로 이어진다.

唄 패	訓読	うたう
	音読	バイ

訓読풀이

- うたう : ㉮ 唄(패)는 노래 부르는 것, 즉 노래를 읊으는 것을 뜻한다. '읊다'에서 '읊–울–우다(받침 ㄹ–'다'로 분절)–うたう'로 이어진다. ㉯ 노래가 '놀다'에서 온 것처럼 '놀–눌–울–우다(받침 ㄹ–'우다'로 분절)–うたう'로 이어진다. ㉰ '부르다'에서 '불–울–우다–うたう'로 이어진다.
  〔参考〕 歌(가), 謡(요)와 이음(うたう)을 같이한다.

人名訓読例

- うた : 唄野(うたの), 唄貝(うたがい), 唄子(うたこ).

悖 패	訓読	もとる
	音読	ハイ·ボツ

訓読풀이

- もとる : 悖(채)는 원칙, 도리 등에 어긋나는 것, 즉 못된 짓을 뜻한다. 理(り)にもとる 하면 도리에 어긋나는 못된 짓이라는 말이고, 人間性(にんげんせい)にもとる 하면 못된 인간성을 말한다.
  '못되다'에서 '모되–모도–もとる'로 이어진다.

敗 패	訓読	やぶれる
	音読	ハイ

訓読풀이

- やぶれる : 敗(패)는 싸움에 지는 것, 즉 엎어 눌려 패배하는 것을 뜻한다.
  '엎어 눌리다'에서 '어퍼–아푸–야부–やぶれる'로 이어진다.
  〔参考〕 破(파 : やぶ)れる와 이음을 같이

한다.

牌 패	訓読	ふだ
	音読	ハイ

訓読풀이

- ふだ : 牌(패)는 팻말을 뜻한다. 팻말은 이름 · 신분 · 특징 따위를 알리기 위한 패를 붙인 나무조각을 뜻한다.
  '붙다'에서 '붙–부다–ふだ'로 이어진다.
  〔参考〕 札(찰)과 이음(ふだ)을 같이한다.

稗 패	訓読	ひえ
	音読	ハイ

訓読풀이

- ひえ : 稗(패)는 피를 뜻한다. 피는 볏과의 일년초로 논밭이나 습한 곳에 자란다.
  '피'에서 '피–피에–히에–ひえ'로 이어진다.

人名訓読例

- ひえ : 稗貫(ひえぬき), 稗島(ひえじま), 稗方(ひえかた), 稗縫(ひえぬい), 稗田(ひえだ · ひだ).

【팽】

烹 팽	訓読	にる
	音読	ホウ

訓読풀이

- にる : 烹(팽)은 익히는 것, 삶는 것, 삶아 죽이는 것〈狡兎死 走狗烹 : 史記 (교토사 주구팽 : 사기)〉을 뜻한다.
  '익다'에서 '이–니(ㅇ–ㄴ으로 변음)–にる'로 이어진다.
  〔参考〕 煮(자 : にる)와 이음을 같이한다.

彭 팽	訓読	かたわら
	人名訓読	さか·さかい·ささ·みちる·みつる
	音読	ホウ·ボウ

訓読풀이

① かたわら : 彭(팽)은 곁 · 옆을 뜻한다.
'곁'에서 '같–가타–かたわる'로 이어진다.
〔参考〕 傍(방), 旁(방), 側(측) 등과 이음(かたわら)을 같이한다.

② さか · さかい : 彭은 사람이 가득 차 盛(성)한 모양을 나타낸다〈彭彭盛也 : 廣雅 (팽팽성야 : 광아)〉.
'차다'에서 '차고–사고–사가–さか(い)'로 이어진다.
〔参考〕 盛(성 : さか)る와 이음을 같이한다.

③ みちる · みつる : ㉮ 彭(팽)은 물이 차듯 가득히 차는 것을 뜻한다〈行人彭 : 詩經 (행인팽 : 시경)〉.
물을 뜻하는 み와 '차다'의 '차–치–ち'가 합성되어 みちる가 된다.
〔参考〕 滿(만), 充(충)과 이음(みちる)을 같이한다.
㉯ みつる : 지금은 쓰이지 않고 ㉮의 みちる로 쓰인다.

人名訓読例

① みつる : 彭(외자 名).
② みち : 彭雄(みちお).
③ さか · さかい : 彭城(さかき · さかいき).

膨 팽	訓読	ふくらす·ふくらむ·ふくれる
	音読	ボウ

訓読풀이

• ふくらす · ふくらむ · ふくれる : 澎(팽)은 불거지는 것, 부풀어 커지는 것을 뜻한다〈膨脹(팽창), 膨大(팽대)〉. '불거지다'에서 '불구-부구-ふくらす · ふくらむ · ふくれる'로 이어진다.

【편】

片 편	訓読	かた·きれ
	音読	ヘン

訓読풀이

① かた : 片(편)은 한 쌍의 한 쪽을 지칭한다. 한 쌍이 한 쪽씩 갈라져 있으니 서로가 반대쪽 곁(끝)에 있기 마련이다.
'곁(끝)'에서 '같-가타-かた'로 이어진다. 또한 '곁'은 '갓'을 뜻하기도 하므로 '갓-갇-가다-かた'로도 이어진다.

② きれ : 片은 한 쌍이 한 쪽씩 갈라져 있는 모양을 나타낸다.
'갈라'에서 '길레-기레-きれ'로 이어진다.

人名訓読例

• かた : 片歌(かたうた), 片道(かたみち), 片山(かたやま), 片岩(かたいわ), 片町(かたまち), 片平(かたひら · かたびら).

扁 편	訓読	ひらたい
	音読	ヘン

訓読풀이

• ひらたい : 扁(편)은 납작하게 벌어진 것, 즉 현판 · 액자 같은 것을 말한다.
'벌어지다'에서 '벌-빌-비라-ひらたい'로 이어진다.
〔参考〕 平(평 : ひら)たい와 이음을 같이 한다.

便 편	訓読	たより
	音読	ベン·ビン

訓読풀이

• たより : 便(편)은 편지(便紙), 인편(人便)을 통하여 소식을 알리는 것, 즉 소식을 들려주는 것을 뜻한다.
'들리다'에서 '들여라-드여리-다요리-たより'로 이어진다.

偏 편	訓読	かたよる·こずむ·ひとえに
	音読	ヘン

訓読풀이

① かたよる : 偏(편)은 한쪽으로 치우치는 것, 즉 한쪽 곁(끝, 갓)으로 기울어진다는 뜻이다.
'곁(끝, 갓)'에서 '같-가타-かた'로 이어지고, '으로'가 동사 어미화 되어 '오루-よる'로 이어져 かたよる로 합성된다.
〔参考〕 偏る는 片寄る(かたよる)로도 쓰인다.

② こずむ : ㉮ 肩(かた)が偏む 하면 어깨가 한쪽으로 치우쳐 그쪽 밑으로 꺼지게 됨을 말한다. '꺼짐'에서 '고줌-고주무-こずむ'로 이어진다. ㉯ '갓(곁)'에서 동사화 되어 '갖-가주-고주-こずむ'로 이어진다.

③ ひとえに : 偏은 한쪽으로 치우쳐 있음을 나타낸다〈偏見(편견), 偏愛(편애), 偏食(편식)〉. '한쪽으로'에서 '하조으-히조에-히도에-ひとえ(に)'로 이어진다.

遍(徧) 편	訓読	あまねく·あまねし
	音読	ヘン

訓読풀이

• あまねく · あまねし : 遍(편)은 아무(아문)데고, 아무(아문) 데서(나) 두루 통하

고 미치는 것을 뜻한다. あまねく天下(てんか)に士(し)を求(もと)める 하면 아무(아문) 데고 (널리) 천하에 인재를 구한다는 뜻이다.
'아문 데고(아무 데서)'에서 '아문-아무네-아마네-あまねく·あまねし'로 이어진다.
〔参考〕普(보 : あまね)く와 이음을 같이 한다.

褊 **편**	訓読	せまい
	音読	ヘン

訓読풀이

- せまい : 褊狭(편협)은 토지나 사람의 도량이 좁음을 뜻한다.
  '좁음'에서 '조음-좀-젬-제마-せまい'로 이어진다.
  〔参考〕狭(협 : せま)い와 이음을 같이한다.

篇 **편**	訓読	ふみ
	音読	ヘン

訓読풀이

- ふみ : 篇(편)은 책(冊)을 뜻한다. 인간은 책에서 모든 학문과 지식을 배운다.
  '배운다'에서 '배움-뱀-붐-부미-ふみ'로 이어진다.
  〔参考〕文(문), 冊(책)과 이음(ふみ)을 같이한다.

編 **편**	訓読	あむ
	音読	ヘン

訓読풀이

- あむ : 編輯(편집)은 책, 신문, 잡지 등을 엮는 것을 뜻하고, 編者(편자)는 책을 엮은 사람을 뜻한다.
  '엮다'에서 '엮음-여음-염-암-아무-あむ'로 이어진다.

鞭 **편**	訓読	むち
	音読	ベン

訓読풀이

- むち : 鞭(편)은 매질(채찍질)을 뜻한다.
  '매질'에서 '미지-무지-むち'로 이어진다.
  〔参考〕笞(태)와 이음(むち)을 같이한다.

人名訓読例

- むち : 鞭馬(むちうま·むちま), 鞭目(むちめ), 鞭子(むちこ).

騙 **편**	訓読	かたる·だます
	音読	ヘン

訓読풀이

① かたる : 金品(きんぴん)を騙(かた)る 하면 남을 꾀어 속임술로 금품을 騙取(편취)하는 것을 뜻한다.
'꾀다'에서 '꼬다-가다-かたる'로 이어진다.

② だます : ㉮ 騙(편)은 속임수로 남의 금품을 가로채는 것을 뜻한다. '채다'에서 '챔-담(ㅊ-ㄷ으로 변음)-다마-だます'로 이어진다. ㉯ 泣(な)く子(こ)をだます 하면 우는 꼬마를 달랜다는 뜻이다. '달래다'에서 '달램-달앰-다앰-담-다마-だます'로 이어진다. ㉰ '속이다'에서 '속임-소임-솜-삼-담-다마-だます'로 이어진다.

【폄】

貶 **폄**	訓読	おとす·おとしめる·けなす·さげすむ
	音読	ヘン

파

訓読풀이

① おとす : ㉮ 貶(폄)은 品位(품위)를 떨어뜨리는 것을 뜻한다. '떨어'에서 '더-도-とす'로 이어지고, 접두어 お가 붙어 おとす가 된다. ㉯ 貶은 남을 헐뜯는 것을 뜻한다. '뜯다'에서 '드-도-とす'로 이어지고 お가 붙어 おとす로 이어진다.
〔参考〕 落(낙 : おと)す와 이음을 같이한다.

② おとしめる : 貶(おとし)める는 남을 멸시하는 것, 즉 남을 떨어뜨리는 것을 뜻한다.
'떨어'에서 '덜-돌-도시(받침 ㄹ-'시'로 분절)-とし'로 이어지고, 접두어 お가 붙어 おとし, 동사어미 める가 붙어 おとしめる가 된다.

③ けなす : 貶은 남을 깎아내리는(낮추는) 것을 뜻한다〈貶毁(폄훼), 貶下(폄하)〉.
'깎다'에서 '깎는-까는-가나-게나-けなす'로 이어진다.

④ さげすむ : 貶은 업신여기는 것, 즉 없는 것처럼 작게 보는 것을 뜻한다.
'작아짐'에서 '자게심-사게숨-さげすむ'로 이어진다.
〔参考〕 蔑(멸 : さげす)む와 이음을 같이한다.

【평】

平 평	訓読	たいら·ひら
	人名訓読	おさむ·ただ·つね·なり·なる·ひとし·ひろし·まさる·やすし
	音読	ヘイ·ビョウ·ヒョウ

訓読풀이

① たいら : たいらな道(みち)는 평평한 지면을 뜻하고, たいらな石(いし)는 납작한 돌을 뜻한다. 평평한 길은 돌을 뽑고 잘 다진 길이고, 납작한 돌이란 오랜 풍상을 겪으면서 다져진 돌이다.
'다지다'에서 '닺이라-다이라-たいら'로 이어진다.

② ひら : ㉮ 平(평)은 울퉁불퉁한 것, 구겨진 것을 쭉 펴서 바르게 하는 것을 뜻한다. '펴다'에서 '펴라-피라-히라-ひら'로 이어진다. ㉯ 平仮名(ひらかな)는 초서체(草書體)로 또박또박 쓰지 않고 행서(行書)를 풀어서(펴서) 물 흐르듯 흘려 쓴 가나(仮名)이다. '풀다(펴다)'에서 '풀-푸라-피라-히라-ひら'로 이어진다. 또한 '흘려'에서 '흐려-히라-ひら'로 이어진다.

③ おさむ : ㉮ 平亂(평란)은 亂을 잡아 질서를 세우는(잡는) 것을 뜻한다. '잡다'에서 '잡음-자음-잠-자무-사무-さむ'로 이어지고, 접두어 お가 붙어 おさむ가 된다. 또한 '세우다'에서 '세움-셈-삼-사무-さむ'로 이어지고, お가 붙어 おさむ가 된다. ㉯ 治國平天下(치국평천하)는 나라와 천하를 손에 담아(잡아) 다스림을 뜻한다. '담다'에서 '담-삼-사무-(お)さむ'로 이어진다. ㉰ 위의 ㉮에서 亂을 잡는다는 것은 亂을 잠잠하게 잠재움을 말한다. '재우다'에서 '재움-잼-잠-자무-(お)さむ'로 이어진다.
〔参考〕 治(치 : おさ)まる와 이음을 같이한다.

④ ただ : 平은 따져서 바로 잡는 것을 뜻한다.
'따지다'에서 '다저-다자-다다-ただ'로 이어진다.

⑤ つね : 平은 언제나 · 늘 · 平常(평상) · 平素(평소)대로 있음을 나타낸다.
언제나, 그제나, 저제나의 '제나'에서 '주나–주네–つね'로 이어진다.
〔参考〕 常(상 : つね)와 이음을 같이한다.

⑥ なり · なる : ⑤에서의 '늘'에서 '느리–나리–なり(なる)'로 이어진다.

⑦ ひとし : ㉮ 平은 하나같이 같음을 뜻한다(平等 : 평등).
하나를 뜻하는 '홀'에서 '힐–히도(받침 ㄹ–'도'로 분절)–ひと(し)'로 이어진다.
'꼴'에서 かたち(형 : 形)로 이어지는 것과 같은 이치이다. ㉯ 같음은 비슷함을 뜻한다. '비슷'에서 '비듯–비드시–ひとし'로 이어진다.
〔参考〕 等(등 : ひと)しい와 이음을 같이한다.

⑧ ひろし : 平은 널리 펼쳐짐(벌려 짐)을 뜻한다〈平野(평야), 廣野(광야)〉.
'펼(벌)'에서 '빌–비로–ひろし'로 이어진다.
〔参考〕 広(광 : ひろ)い와 이음을 같이한다.

⑨ まさる : 平은 바로 잡아 맞게 하는 것을 뜻한다.
'맞'에서 '마자–마사–まさ'로 이어진다.

⑩ やすし : ㉮ 平은 편안(便安)한 것, 즉 쉬는 것을 뜻한다〈天下平 : 大學 (천하평 : 대학)〉. '쉬다'에서 '쉬–수–す'로 이어지고, 접두어 や가 붙어 やす(し)가 된다. ㉯ 平은 쉬운 것을 뜻한다(平易 : 평이). '쉽다'에서'숩–수–す'로 이어지고, 접두어 や가 붙어 やす(し)가 된다.
〔参考〕 安(안), 易(이)와 이음(やす)을 같이한다.

人名訓読例

① おさむ · たいら · ひとし · ひろし · まさる · やすし : 平(외자 名).
② たいら : 平子(たいらこ · ひらこ), 平館(たいらだて · ひらだて).
③ たい : 平等(たいら), 平楽(たいらく), 平良(たいら · ひらなが · ひらよし · ひらら).
④ ひら : 平安(ひらやす), 平野(ひらの), 平原(ひらはら · ひらばら), 平昌(ひらまさ), 平和(ひらわ · ひらかず), 平地(ひらち · さかなし).
⑤ ただ : 平康(ただやす).
⑥ つね : 平也(つねや), 平生(つなお · ひらお · ひらぶ).
⑦ なり · なる : 平之(なりゆき), 平林(なるしげ · ひらもり).

坪 평	訓読	つぼ
	音読	ヘイ

訓読풀이

• つぼ : 坪(평)은 가로 세로의 길이가 같은 평평한 모양의 땅, 즉 들판을 말한다. 坪은 옥편(玉篇)에서 벌평, 들평으로 풀이되는데 들평은 들판을 뜻한다.
'들판'에서 '드판–드파–드포–つぼ'로 이어진다.

人名訓読例

• つぼ : 坪島(つぼしま), 坪本(つぼもと), 坪山(つぼやま), 坪上(つぼがみ), 坪子(つぼこ), 坪村(つぼむら).

評 평	訓読	はかる
	音読	ヒョウ

訓読풀이

• はかる : 評價(평가), 評決(평결), 評論

파

(평론), 評議(평의) 등 評은 헤아리는 것을 기본 의미로 한다.

'헤아리다(헤다)'에서 '헤거라-하가루-はかる'로 이어진다.

〔参考〕 計る(계), 測(측), 議(의) 등과 이음(はかる)을 같이한다.

人名訓読例

- はかり · はかる : 評(외자 名).

【폐】

吠 폐	訓読	ほえる
	音読	ハイ·ベイ

訓読풀이

- ほえる : ㉮ 吠(폐)는 개가 울부짖는 것, 즉 울고불고 짖는 것을 뜻한다. '울고'에서 '울어라-우어라-호에루(ㅇ-ㅎ으로 변음)-ほえる'로 이어지고, '불고'에서 '불어라-부어라-보에루-ほえる'로 이어진다. ㉯ 吠는 개(犬)가 입(口)을 벌리고 짖는 모양을 나타낸다. '벌리다'에서 '벌여라-보에라-보에루-ほえる'로 이어진다.

  〔参考〕 吼(후), 咆(포)와 이음(ほえる)을 같이한다.

人名訓読例

- ほえ : 吠崎(ほえざき).

陛 폐	訓読	のぼる·のり
	音読	ハイ

訓読풀이

① のぼる : 陛(폐)는 섬돌을 뜻한다. 섬돌은 높은 곳을 오르내리게 만든 돌층계를 말한다. '높다'에서 '높-놉-노보-のぼる'로 이어진다.

② のり : '오르는' 층계에서 '오르-오리-노리(ㅇ-ㄴ으로 변음)-のり'로, '내리는' 층계에서 '내리-노리-のり'로 이어진다.

人名訓読例

① のぼる : 陛(외자 名).

② のり : 陛一(のりかず).

閉 폐	訓読	とざす·とじる· しまる·しめる·たてる
	音読	ヘイ

訓読풀이

① とざす · とじる : 口(くち)を閉(と)ざして語(かた)らない 하면 입을 닫고서 말하지 않는다는 뜻이고, 目(め)を閉(と)じる 하면 눈을 닫는(감는) 것을 뜻한다.

'닫다'에서 '닫-다다-도다-도자수-とざす'로 이어진다.

② しまる · しめる : 窓(まど)を閉(し)める 하면 창문을 잠그는(닫는) 것을 뜻한다.

'잠그다'에서 '잠-짐-지메-しめる'로 이어진다.

〔参考〕 締(체 : し)める와 이음을 같이한다.

③ たてる : ふつまを閉(た)てる 하면 미닫이를 닫는 것을 뜻한다.

'닫다'에서 '닫-다데-たてる'로 이어진다.

人名訓読例

- とじ : 閉野(とじの), 閉川(とじかわ).

廃(廢) 폐	訓読	すたれる·すたる·よす
	音読	ハイ

訓読풀이

① すたれる · すたる : ㉮ 廃物(폐물)은 쓸

모없어 던져 버림 받은 물건을 뜻하고, 廃止(폐지)는 종전의 제도·법규 등을 던져 버리는 것을 뜻한다. '던지다'에서 '던저–더더–서다–수다–すたる'로 이어진다. ㉯ 廃는 쓸모없이 된 것, 즉 다 써서 쓸 수 없게 된 것을 뜻한다. '쓰다'에서 '수다–すたれる·すたる'로 이어진다.

〔参考〕捨(사 : す)てる와 이음을 같이한다.

② よす : 廃校(폐교)는 학교를 없애다, 廃品(폐품)은 쓸모없는 물건을 없애다를 뜻한다.

'없애다'에서 '업세–어세–요세–요수–よす'로 이어진다.

〔参考〕止(지 : よ)す와 이음을 같이한다.

弊 폐	訓読	つかれる·やぶれる
	音読	ヘイ

訓読풀이

① つかれる : 弊衣(폐의)는 오래 써서 해어진 옷을 뜻한다.

'쓰다'에서 '쓰고–쓰가–つかれる'로 이어진다.

② やぶれる : 弊는 엎어지는 것, 쓰러지는 것을 뜻한다.

'엎어지다'에서 '어퍼–아프–やぶれる'로 이어진다.

蔽 폐	訓読	おおう
	音読	ヘイ

訓読풀이

• おおう : 真相(しんそう)をおおう 하면 진상을 숨긴다는 뜻으로, 그것은 거짓을 입혀(입어) 사실을 숨긴다는 뜻이다.

'입혀'에서 '입어–이어–오오–おおう'로 이어진다.

斃 폐	訓読	たおれる
	音読	ヘイ

訓読풀이

• たおれる : 斃死(폐사)는 사고 따위로 갑자기 떨어져 죽는 것을 뜻한다.

'떨어지다'에서 '더어–다오–たおれる'로 이어진다.

〔参考〕倒(도 : たお)れる와 이음을 같이 한다.

【포】

包(包) 포	訓読	つつむ·くるみ·くるむ
	人名訓読	かね·さぎ
	音読	ホウ

訓読풀이

① つつむ : 包(포)는 싸는 것을 뜻한다.

'싸다'에서 '쌈–씀–수수무–つつむ'로 이어진다.

② くるみ·くるむ : ㉮ 包는 하나로 꾸려 싸는 것을 뜻한다. '꾸리다'에서 '구림–구리무–구루무–くるむ'로 이어진다. ㉯ 包는 꾸러미를 뜻한다. '꾸러미'에서 '구루미–くるみ'로 이어진다.

〔参考〕くるみ는 접미어로 쓰이어 '한 꾸러미로, 몽땅, 합쳐서'라는 뜻을 나타낸다. 家族(かぞく)ぐるみ出(で)かける 하면 온 가족이 한 꾸러미가 되어 외출한다는 말이고, 政党(せいとう)ぐるみの選挙違反(せんきょいはん) 하면 정당이 한 꾸러미가 되어(정당 차원에서) 부정 선거를 저질렀다는 뜻이다.

③ かね：包는 같이 싸서 넣는 것을 뜻한다. 包攝(포섭)은 끌어 들여 같은 노선, 같은 목표를 향하여 같은 행동을 취함을 뜻한다.
'같다'에서 '같네-가네-かね'로 이어진다.
〔参考〕 兼(겸：か)ねる와 이음을 같이한다.

④ さぎ：'싸다'에서 '싸기-사기-さぎ'로 이어진다.

人名訓読例

① かね·かねる·つつみ·つつむ：包(외자 名).

② かね：包国(かねくに), 包子(かねこ), 包明(かねあき), 包博(かねひろ), 包正(かねまさ), 包昭(かねあき).

③ さぎ：包坂(さぎさか).

布 포	訓読	ぬの·しく
	人名訓読	のぶ
	音読	フ·ホ

訓読풀이

① ぬの：㉮ 布(포)는 누벼 만든(누빈) 피륙, 직물을 뜻한다. '누비다'에서 '누빈-눕인-누인-눈-누노-ぬの'로 이어진다. ㉯ 布는 건축에서 수평·가로·평형을 나타내는 접두어 역할을 한다. 수평·가로·평형은 누운 모습을 나타낸다. 布丸太(ぬのまるた)는 발판 등에서 가로로 건너지른 통나무를 뜻하고, 布竹(ぬのだけ)는 대울타리에 가로로 뉘어 댄 대나무를 뜻한다. '누운'에서 '눈-누노-ぬの'로 이어진다.

② しく：㉮ 布는 陳(진)을 치는 것을 뜻한다(布陣：포진). '치다'에서 '치구-しく'로 이어진다. ㉯ 위 ①의 ㉮에서 누비는 것은 짜는 것을 뜻한다. '짜다'에서 '자구-사구-시구-しく'로 이어진다.

③ のぶ：包는 넓게 까는 것, 넓게 알리는 것을 뜻한다〈布教(포교), 布告(포고)〉. '넓다'에서 '널버-너부-노부-のぶ'로 이어진다.

人名訓読例

① ぬの：布本(ぬのもと), 布山(ぬのやま), 布沢(ぬのさわ), 布川(ぬのかわ), 布子(ぬのこ), 布村(ぬのむら).

② のぶ：布高(のぶたか), 布政(のぶまさ).

咆 포	訓読	ほえる
	音読	ホウ

訓読풀이

• ほえる：㉮ 咆(포)는 짐승이 울부짖는 것, 즉 울고불고 짖는 것을 뜻한다. '울고'에서 '울어라-우어라-호에루(ㅇ-ㅎ으로 변음)-ほえる'로 이어지고, '불고'에서 '불어라-부어라-보에루-ほえる'로 이어진다. ㉯ 咆는 짐승의 입(口)을 벌리고 짖는 모양을 나타낸다. '벌리다'에서 '벌여라-보에라-보에루-ほえる'로 이어진다.
〔参考〕 吼(후), 吠(폐)와 이음(ほえる)을 같이한다.

怖 포	訓読	こわい·おそれる·おじける·おめる
	音読	フ

訓読풀이

① こわい：㉮ 怖(포)는 공포스러운 것을 뜻한다. 다른 한국어로는 고약할 정도로 무서운 것을 나타낸다. こわい目(め)にあう 하면 고약한 꼴을 당한다는 뜻

이다. '고약'에서 '고야―고와―こわい'로 이어진다. ㉯ 怖는 겁나는 것을 뜻한다. '겁나'에서 '건아―거아―고아―こわい'로 이어진다.

〔参考〕 恐(공 : こわ)い와 이음을 같이한다.

② おそれる : 怖는 두려움, 놀라움을 뜻한다. おそれて口(くち)もきけない 하면 놀라서(두려워서) 말도 못한다는 뜻이다. ㉮ '놀라'에서 '놀―올(ㄴ―ㅇ으로 변음)―오소(받침 ㄹ―'소'로 분절)―おそれる'로 이어진다. ㉯ '두렵다'에서 '두레―도래―소래―それ'로 이어지고 접두어 お가 붙어 おそれ로도 이어진다.

③ おじける : 怖(お)じけてこない 하면 놀라서 나오지 못한다는 뜻이다.

'놀'에서 '올(ㄴ―ㅇ으로 변음)―오지(받침 ㄹ―'지'로 분절)―おじける'로 이어진다.

〔参考〕 おそれる는 '놀'의 받침 ㄹ이 '소―そ'로 분절되고, おじける의 경우에는 '지―じ'로 분절된다.

④ おめる : ㉮ 놀라게 하는 것을 뜻한다. '놀람'에서 '놀암―노암―놈―옴―오메―おめる'로 이어진다. ㉯ 큰소리를 치면서 상대방에게 엄포를 놓는 것을 뜻한다. '엄포'에서 '엄―옴―오메―おめる'로 이어진다. ㉰ 상대방에게 큰소리로 으르는 것(으름장)을 뜻한다. '으르다'에서 '으름―음―옴―오메―おめる'로 이어진다.

抛 포	訓読	なげうつ·ほうる·ほる
	音読	ホウ

訓読풀이

① なげうつ : ㉮ 내놓는 것을 뜻한다. 王位(おうい)をなげうって彼女(かのじょ)と結婚(けっこん)した 하면 왕위를 내놓고 그녀와 결혼했다는 뜻이고, 国(くの)のため命(いのち)をなげうつ 하면 나라를 위해 목숨을 내놓는 것을 뜻한다. '내놓다'에서 '내고오―나고오―나개우―なげうつ'로 이어진다. ㉯ 내놓는 것은 넘기는 것을 뜻한다. '넘기다'에서 '넘겨어―너개우―나개우―なげうつ'로 이어진다.

〔参考〕 擲(척 : なげう)つ와 이음을 같이 한다.

② ほうる · ほる : 내놓는다는 것은 버린다는 뜻이다.

'버리다'에서 '버(어)려―보(오)루―ほうる · ほる'로 이어진다.

抱(抱) 포	訓読	かかえる·だく·いだく
	音読	ホウ

訓読풀이

① かかえる : 抱(포)는 껴안는 것을 뜻한다.

'껴안다'에서 '껴어―까아―가가아루―かかえる'로 이어진다.

② だく : 抱는 싸(안)는 것을 뜻한다. 赤(あか)ん坊(ぼう)をだく 하면 아기를 싸안는 것을 뜻한다.

'싸(안)다'에서 '싸구―다구―だく'로 이어진다.

③ いだく : 抱(いだ)く는 안아 싸는 것, 에워싸는 것을 뜻한다. ㉮ おさな子(ご)を胸(むね)にいだく 하면 아이를 가슴에 안아 싸는 것을 말한다. '안싸다'에서 '아싸구―이다구―いだく'로 이어진다. ㉯ 山(やま)にいだかれた村(むら) 하면 산으로 에워싸인 마을이라는 말이다. '에워싸다'에서 '에워싸구―에싸구―이다구―いだく'로 이어진다.

人名訓読例

① かか：抱江(かかえ · だきえ), 抱井(かかい).

② だき：抱江(だきえ · かかえ).

泡 포	訓読	あわ·あぶく
	音読	ホウ

訓読풀이

① あわ：㉮ 泡(포)는 거품을 뜻한다. 泡(あわ)が出(だ)す 하면 거품이 이는 것을 뜻하는데 거품은 액체 속에 공기가 들어가 둥근 氣泡(기포)가 일어 생기는 현상을 말한다. 일다에서 '일어－이어－아어－あわ'로 이어진다. ㉯ 거품은 둥글어 알처럼 생겼다. '알'에서 '아알－아아－あわ'로 이어진다.

〔参考〕沫(말)과 이음(あわ)을 같이한다.

② あぶく：㉮ 거품은 본래의 실체보다 불어난 것을 나타낸다. '불다'에서 '불구－부구－ぶく'로 이어지고, あわ의 あ와 합성되어 あぶく가 된다. ㉯ '불다'에서 '불구－부구－ぶく'로 이어지고, 접두어 あ와 합성되어 あぶく 가 된다.

人名訓読例

• あわ：泡淵(あわぶち), 泡坂(あわさか).

匍 포	訓読	はう
	音読	ホ

訓読풀이

• はう：匍(포)는 덩굴이 기어가듯이 뻗는 것, 기는 것을 뜻한다(匍匐：포복).
'뻗다'에서 '뻗어－버우－바우－はう'로 이어진다.
〔参考〕這(저：は)う와 이음을 같이한다.

胞(胞) 포	訓読	えな
	音読	ホウ

訓読풀이

• えな：胞(포)는 胞衣(포의), 삼을 뜻한다. 胞衣는 태아를 싼 막과 태반으로서, 태아의 배꼽 부분에서 탯줄로 잇는 부분이다. 胎衣(태의)라고도 한다.
'잇다'에서 '잇는－이는－에는－에나－えな'로 이어진다.

苞 포	訓読	つつむ·つと
	人名訓読	すぼ·しげ·しげる·もと
	音読	ホウ

訓読풀이

① つつむ：苞(포)는 싸는 것을 뜻한다.
'싸다'에서 '쌈－씀－수수무－つつむ'로 이어진다.
〔参考〕包(포：つつ)む와 이음을 같이한다.

② つと：'싸다'에서 '싸도－쑤도－つと'로 이어진다.

③ すぼ：口(くち)のすぼんたびん 하면 아가리가 좁은 병이고, 傷口(きずくち)がすぼむ 하면 상처 구멍이 아물어 좁아진 것을 뜻한다.
'좁다'에서 '좁－조보－주보－すぼ'로 이어진다.
〔参考〕苞는 봉우리도 뜻하는데 산봉우리나 꽃 봉우리나 다 같이 위로 갈수록 좁아진다. 또한 조롱박도 뜻하는데 조롱박(호리병박이라고도 함) 역시 가운데 부분이 잘록하게 좁은 모양이다.

④ しげ · しげる：苞는 초목이 무성히 자라 땅이 찬 것을 나타낸다〈草木漸苞：書經 (초목점포：서경)〉.

'차다'에서 '차거라–사거라–시게루–しげる'로 이어진다.

⑤ もと : 苞는 밑둥, 뿌리를 뜻한다〈苞有三蘖 : 詩經 (포유삼얼 : 시경)〉.
'밑둥'에서 '밑–몰–모토–もと'로 이어진다.

人名訓読例

① しげ · しげる : 苞(외자 名).
② しげ : 苞竹(しげたけ).
③ すぼ : 苞木(すぼき).
④ つつ : 苞山(つつやま · つとやま).
⑤ つと : 苞山(つとやま · つつやま).
⑥ もと : 苞子(もとこ).

圃 포	訓読	はた·はたけ
	人名訓読	その
	音読	ホ

訓読풀이

① はた · はたけ : 圃(포)는 밭을 뜻한다.
'밭'에서 '바다–はた(け)'로 이어진다.
〔参考〕 畑 · 畠와 이음(はた · はたけ)을 같이한다.

② その : 圃는 정원을 뜻한다〈園(원) 참조〉.

人名訓読例

① はた : 圃田(はただ · そのだ), 圃洲(はたす).
② その : 圃田(そのだ · はただ), 圃子(そのこ).

哺 포	訓読	ふくむ
	音読	ホ

訓読풀이

• ふくむ : 哺(포)는 새끼를 품고 젖을 먹여 기르는 것을 뜻한다〈哺育(포육), 哺乳(포유)〉.
'품다'에서 '품구–푸구–ふくむ'로 이어진다.
〔参考〕 含(함 : ふく)む와 이음을 같이한다.

捕 포	訓読	つかむ·とる
	音読	ホ

訓読풀이

① つかむ : 雲(くも)をつかむような話(はなし)는 뜬구름 잡는(쥐는) 듯한 허황한 이야기라는 뜻이고, 機会(きかい)をつかむ 하면 기회를 잡는다(쥔다)는 뜻이다.
'잡다(쥐다)'에서 '자(주)구–주가–つかむ'로 이어진다.
〔参考〕 攫(확 : つか)む와 이음을 같이한다.

② とる : '잡다(쥐다)'에서 '쥐라–두라–도루–とる'로 이어진다.
〔参考〕 獲(획 : と)る와 이음을 같이한다.

浦 포	訓読	うら
	音読	ホ

訓読풀이

• うら : 浦(포)는 포구(浦口), 강의 입구를 뜻한다. 포구, 항구는 강의 아래(하류 · 입구)에 위치한다.
'아래'에서 '우래–우라–うら'로 이어진다.

人名訓読例

• うら : 浦口(うらぐち), 浦里(うらざと), 浦山(うらやま), 浦浪(うらなみ), 浦風(うらかぜ), 浦浜(うらはま).

晡 포	訓読	ひぐれ
	音読	ホ

訓読풀이

- ひぐれ : 晡(포)는 해가 가려 어둑어둑해지는 저녁을 뜻한다. 晡時(포시)는 申時(신시)로 오후 3시에서 5시 사이를 말한다.
  '해 가려'에서 '히가레-히구레-ひぐれ'로 이어진다.

脯 포	訓読	ほじし
	音読	ホ

訓読풀이

- ほじし : 脯(포)는 말린 고기 脯肉(포육)를 뜻한다. 말리기 위하여는 물기를 뽑아(빼어)낸다.
  '뽑다(빼다)'에서 '보-ぼ'로 이어지고, 고기의 다른 말인 '살'(肉)에서 '살-사시(받침 ㄹ-'시'로 분절)-시시-しし'로 이어져 ほじし로 합성된다.
  〔参考〕 干肉(간육 : ほしじし), 乾肉(건육 : ほしじし)로도 표기된다.

逋 포	訓読	にげる
	人名訓読	とおる
	音読	ホ

訓読풀이

① にげる : ㉮ 逋(포)는 달아나가는 것, 벗어나가는 것, 빠져나가는 것을 뜻한다.
'나가다'에서 '나가라-니게라-니게루-にげる'로 이어진다. ㉯ 逋는 체포망, 단속망을 넘어서 피해가는 것을 뜻한다.
'넘다'에서 '넘거라-니거라-니게루-にげる'로 이어진다.
〔参考〕 逃(도 : に)げる와 이음을 같이한다.

② とおる : 逋는 체포망, 단속망 등을 뚫어 나가는 것을 뜻한다.
'뚫어'에서 '두어-도오-とおる'로 이어진다.

人名訓読例

- とおる : 逋(외자 名).

跑 포	訓読	あがく·だく
	音読	ホウ

訓読풀이

① あがく : 跑(포)는 짐승이 발(앞발 · 발톱)로 땅을 긁어 파는 것을 뜻한다〈是夜二虎跑地作穴 : 臨安新志 (시야이호포지작혈 : 임안신지)〉.
'발'에서의 '발-알(ㅂ-ㅇ으로 변음)-아시(받침 ㄹ-'시'로 분절)-あし'로 이어지고, '긁다'에서의 '그구-가구-がく'로 이어져 あしがく · あがく(し가 탈락)로 합성된다.
〔参考〕 あがく는 足掻く로 표기되어 발버둥치다, 애쓰다 등의 뜻도 갖는다.

② たぐ : 跑足(たぐあし)는 말이 앞다리를 높이 들고 좀 빨리 걷는 것을 뜻한다.
㉮ '들다'에서 '들구-달구-다구-たぐ'로 이어진다. ㉯ '달리다'에서 '달리구-다이구-다구-たぐ'로 이어진다. ㉰ 跑는 발로 차는 것을 뜻한다〈跑蹴也 : 集韻 (포축야 : 집운)〉. '차다'에서 차-다-たぐ'로 이어진다.

鉋 포	訓読	かんな
	音読	ホウ

訓読풀이

- かんな : 鉋(포)는 대패를 뜻한다. 대패는 나무를 밀어 깎는 연장이다.
  '깎는'에서 '가는-간나-なんな'로 이어진다.

飽(飽) 포	訓読	あきる·あく
	音読	ホウ

訓読풀이

• あきる · あく : ㉮ 飽(포)는 역겨울 정도로 飽和(포화) 된 상태를 나타낸다. あくことを知(し)らない 하면 역겨워 하지도 않고 계속해서 먹어대거나 욕심을 채운다는 뜻이고, 派手(はで)なものはあきがはやい 하면 겉만 화려한 것은 빨리 역겨워진다. 즉 빨리 싫증난다는 뜻이다. '역겹다'에서 '역–여구–아구–あく'로 이어진다. ㉯ 역겨운 것은 느끼한 것을 뜻한다. '느끼하다'에서 '느끼–늑기–낙기–나기–아기(ㄴ–ㅇ으로 변음)–あきる · あく'로 이어진다.

人名訓読例

① あき : 飽間(あきま · あくま), 飽本(あきもと), 飽田(あきた · あくた).

② あく : 飽間(あくま), 飽等(あくら), 飽富(あくとみ), 飽田(あくた), 飽浦(あくうら), 飽海(あくみ).

靤 포	訓読	かばん
	音読	ホウ

訓読풀이

• かばん : 靤(포)는 가방을 뜻한다. 가방은 일본어와 한국어 모두 같은 발음이다.
'가방'에서 かばん으로 이어진다.

舗·鋪 포	訓読	しく·みせ
	人名訓読	のぶ
	音読	ホ

訓読풀이

① しく : 舗 · 鋪(포)는 敷(부)와 마찬가지로 치는(까는) 것, 늘어놓는 것을 뜻한다. 舗装(포장)은 길에 돌, 콘크리트로 치는 것을 말한다.
'치다'에서 '치구–시구–しく'로 이어진다.

② みせ : 舗 · 鋪는 가게, 점포(店鋪)를 뜻한다. 가게는 물건들을 펼쳐 놓고 손님에게 이들을 보여줌으로써 장사를 한다.
'보여주다'의 みせる에서 みせ로 이어진다〈점(店) 참조〉.

③ のぶ : 舗 · 鋪는 ②처럼 물건을 널리 펴서 손님이 이를 보고 사도록 하는 상점을 말한다. 舗 · 鋪는 玉篇(옥편)에서 펼 포로 풀이한다.
'넓혀'에서 '너버–노부–のぶ'로 이어진다.
〔参考〕 鋪(포)는 舗의 異體字.

人名訓読例

① しき : 舗野(しきの), 舗田(しきた).

② のぶ : 舗綱(のぶつな), 鋪綱(のぶつな), 鋪猪(のぶい).

褒 포	訓読	ほめる
	人名訓読	よし
	音読	ホウ

訓読풀이

① ほめる : 褒(포)는 남을 칭찬하여 뽐내게 하는 것을 뜻한다.
'뽐내다'에서 '봄–홈–호메–ほめる'로 이어진다.
〔参考〕 誉(예 : ほ) める와 이음을 같이 한다.

② よし : 남을 칭찬한다는 것은 그의 언행이 옳다고 치켜 주는 것을 말한다.
'옳다'에서 '올–오시(받침 ㄹ–'시'로 분절)–よし'로 이어지고, '옳지'에서 '오시–よし'로 이어진다.

人名訓読例

• よし : 褒子(よしこ).

髱 포	訓読	たぼ·つと
	音読	ホウ

訓読풀이

① たぼ : 髱(포)의 본래 뜻은 수염이 많음, 즉 털보를 뜻한다. 뜻이 변하여 일본 전래의 여자 머리 모양에서 뒤로 나온 부분, 즉 머리털이 수북이 나온 부분을 나타낸다. 또한 젊은 부인, 여자도 머리숱이 많아 たぼ라 한다. すごいたぼ가 行(い)くぜ 하면 굉장한 여자가 가는데라는 뜻이다.
'털보'에서 '더보-다보-たぼ'로 이어진다.

② つと : 髱는 일본식 머리의 양쪽이나 뒤에 머리털을 덧댄 것 처럼 불룩하게 나온 부분을 뜻한다.
'덧대다'에서 '덛-둗-두도-つと'로 이어진다.

【폭】

幅 폭	訓読	はば
	音読	フク

訓読풀이

• はば : 幅(폭)은 폭, 너비를 뜻하고 나아가 위세, 세력을 말한다. 川(かわ)のはばが広(ひろ)い 하면 강물이 불어 강의 너비가 부풀어졌음을 뜻하고, はばがきく 하면 세력이 부풀어 위세가 있음을 뜻한다.
'부풀다'에서 '부푸-부부-바바-はば'로 이어진다.
〔参考〕 憚(탄 : はばけ)る와 이음을 같이 한다.

人名訓読例

• はば : 幅崎(はばさき), 幅寺(はばでら), 幅上(かばかみ), 幅屋(はばや), 幅田(はばた).

暴 폭·포	訓読	あばく·あばれる· あらい·さらす
	音読	バク·ボウ

訓読풀이

① あばく : 秘密(ひみつ)をあばく 하면 비밀을 뒤엎어 폭로한다는 뜻이고 古寺(ふるでら)の墓(はか)をあばく 하면 무덤을 엎어 파헤친다는 뜻이다.
'엎다'에서 '엎구-어파구-아바구-あばく'로 이어진다.
〔参考〕 発(발 : あば)く와 이음을 같이한다.

② あばれる : 酒(さけ)に酔(よ)ってあばれる 하면 술에 취해서 이것저것 엎으면서 소란을 피운다는 뜻이다.
'엎다'에서 '어퍼라-아파라-あばれる'로 이어진다.

③ あらい : 暴(포)는 행동이 거칠어 길길이 날뛰는 성격을 나타낸다(暴悪 : 포악).
'날뛰다'에서 '날-알(ㄴ-ㅇ으로 변음)-아라-あらい'로 이어진다.
〔参考〕 荒(황 : あら)い와 이음을 같이한다.

④ さらす : 暴(폭)은 햇볕에 쬐어 말리는 것을 뜻한다.
'쬐다'에서 '쬐라-자라-さらす'로 이어진다.
〔参考〕 曝(폭 : さら)す와 이음을 같이한다.

人名訓読例

• あら：暴代(あらしろ).

瀑 폭·포·팍	訓読	たき
	音読	ボウ·ホウ·バク

訓読풀이

• たき：㉮ 瀑(폭)은 瀑布(폭포)를 뜻한다. 한국어에서는 달리 고유어가 없으므로 풀어 말한다면 떨어지는 물이라 할 수 있다. 떨어지다의 '떨'에서 '덜－달－たき'로 이어진다. 달(月)이 つき, 술(酒)이 さけ, 밀(麦)이 むぎ가 되는 것과 같은 이치이다. ㉯ 瀑(포)는 거품, 물보라를 뜻한다〈拊拂瀑沫：郭璞 (부불포말：곽박)〉. 물이 떨어지면서 거품, 물보라가 일어난다. 떨어지다의 '떨'에서 '덜－달－たき'로 이어진다. ㉰ 瀑(팍)은 물결이 들끓는 모양을 나타낸다(濆瀑：분팍). '들끓다'에서 '드그－다그－다기－たき'로 이어진다.

人名訓読例

• たき：瀑布川(たきかわ).

曝 폭	訓読	さらす·される
	音読	バク

訓読풀이

• さらす · される：曝(폭)은 햇볕을 쬐거나 비바람에 쐬는 것을 말한다. 古(ふる)い本(ほん)を日(ひ)にさらす 하면 헌책이 햇볕을 쬐는 것을 뜻하고, 佛像(ぶつぞう)は風雨(ふうう)にさらされて立(た)っている 하면 불상은 비바람에 쐬며 서 있다는 뜻이다.
'쬐다(쐬다)'에서 '재라(새라)－사라－さらす'로 이어진다.
〔参考〕 晒(쇄：さら)す와 이음을 같이한다.

人名訓読例

• さらし：曝野(さらしの).

爆 폭	訓読	はぜる
	音読	バク

訓読풀이

• はぜる：爆(폭)은 터져 벌어지는 것, 펼쳐지는 것을 뜻한다.
'펼치다'에서 '파쳐라－바서라－바세루－はぜる'로 이어진다. 또한 '벌어지다'에서 '벌－발－바제(받침 ㄹ－'제'로 분절)－はぜる'로도 이어진다.

【표】

表 표	訓読	あらわす· あらわれる·おもて
	人名訓読	あき·うえ·うわ· きぬ·こずえ
	音読	ヒョウ

訓読풀이

① あらわす · あらわれる：表(표)는 밖으로 알리는 것을 뜻한다. 善行(ぜんこう)を世(よ)にあらわす 하면 선행을 세상에 알린다는 말이다.
'알리다'에서 '알려－아려어－아라와－あらわす'로 이어진다.

② おもて：表는 表面(표면), 즉 겉모습을 뜻한다. 겉모습은 거죽의 위(우)에 있는 모습이다.
'위(우) 모습'에서 '우모－오모－おも'로 이어지고, 장소를 나타내는 '데'(가운데, 올데, 갈데 등)가 붙어 おもて로 합성된다.

③ あき：表는 밝히는 것을 뜻한다〈君子表微：禮記 (군자표미：예기)〉.

'밝히다'에서 '발기–바기–아기(ㅂ–ㅇ으로 변음)–あき'로 이어진다.

④ うえ · うわ : 表는 사물의 위(우) 부분을 뜻한다.

'위(우)'에서 '우에(우와)–うえ(うわ)'로 이어진다.

⑤ きぬ : 表는 웃옷 등을 입는 것을 뜻한다 〈必表而出 : 論語 (필표이출 : 논어)〉. 옷 입는 것을 끼어 입는다고 한다.

'끼다'에서 '낀다–낀–긴–기누–きぬ'로 이어진다.

〔参考〕 衣(의)와 이음(きぬ)을 같이한다.

⑥ こずえ : 表는 나뭇가지의 끝, 우듬지 끝을 뜻한다. 나무를 뜻하는 こ(き–こ)와 끝 · 뒤를 뜻하는 ずえ(뒤에–두에–ずえ)가 합성되어 こずえ가 된다.

〔参考〕 杪(초) · 梢(초)와 이음(こずえ)을 같이한다.

人名訓読例

① うえ · うわ · おもて · こずえ : 表(외자 名).

② あき : 表美(あきよし).

③ うえ : 表原(うえはら · おもてはら).

④ うわ : 表門(うわと), 表方(うわかた), 表野(うわの).

⑤ おもて : 表原(おもてはら), 表田(おもだ).

⑥ きぬ : 表子(きぬこ).

俵 **표**	訓読	たわら
	音読	ヒョウ

訓読풀이

• たわら : 俵(표)는 쌀이나 숯 등을 담는 섬 또는 짚으로 만든 자루를 뜻한다. 즉 담는 도구이다.

'담다'에서 '담아라–다아라–たわら'로 이어진다.

人名訓読例

• たわら : 俵谷(たわらや), 俵山(たわらやま), 俵積田(たわらつみだ), 俵田(たわらだ), 俵屋(たわらや).

彪 **표**	訓読	とら
	人名訓読	あきら·あや·たけ(し)·つよし
	音読	ヒョウ

訓読풀이

① とら : 彪(표)는 호랑이를 뜻한다. 호랑이는 아름다운 털로 상징된다.

'털'에서 '톨–토라–とら'로 이어진다.

〔参考〕 虎(호)와 이음(とら)을 같이한다.

② あきら : 彪는 밝게 하는 것, 깨우쳐 주는 것을 뜻한다.

'밝히다'에서 '바기라–아기라(ㅂ–ㅇ으로 변음)–あきら'로 이어진다.

③ あや : ㉮ 彪는 호랑이 가죽의 아름다운(어여쁜) 무늬를 뜻한다. '어여쁘다'에서 '어여–아야–あや'로 이어진다. ㉯ 호랑이 무늬는 어여쁘게 엮어져 있다. '엮어'에서 '여어–아야–あや'로 이어진다.

④ たけ(し) : 호랑이는 힘차게 뛰는 모습으로 상징된다.

'뛰다'에서 '뛰게–다게–たけ(し)'로 이어진다.

⑤ つよし : 호랑이는 센 힘으로 상징된다.

'세다'에서 '쎄어–쑤어–쑤요–つよ(し)'로 이어진다.

人名訓読例

① あきら · たけし · つよし : 彪(외자 名).

② とら : 彪吉(とらきち).

③ あや : 彪夫(あやお), 彪生(あやお), 彪雄(あやお).

④ たけ : 彪夫(たけお), 彪秀(たけひで), 彪二(たけじ), 彪好(たけよし).

票 표	訓読	ふだ
	音読	ヒョウ

訓読풀이

• ふだ : ㉮ 票(표)는 불똥이 붙어 튀는 것을 뜻한다. 熛(표)와 같은 뜻으로 쓰인다 〈見票如素明 : 太玄經 (견표여소명 : 태현경)〉. '붙다'에서 '부다-ふだ'로 이어진다. ㉯ 票는 관람표, 물표 등 증거가 될 만한 쪽지를 뜻한다. 관람표, 물표 등 票는 보이게 밖에 붙인다. '붙다'에서 '부다-ふだ'로 이어진다.

漂 표	訓読	ただよう·さらす
	音読	ヒョウ

訓読풀이

① ただよう : 漂客(표객)은 떠돌아다니는 사람을 뜻한다.
'떠돌다'에서 '더돌아-더도오-다다오-ただよう'로 이어진다.

② さらす : 漂白(표백)은 햇볕에 쬐어 빛깔이 희게 바래지는 것을 뜻한다.
'쬐다'에서 '쬐라-자라-さらす'로 이어진다.
〔参考〕 晒(쇄), 曝(폭)과 이음(さらす)을 같이한다.

標 표	訓読	しめ(し)·しるし·しるべ
	人名訓読	こずえ
	音読	ヒョウ

訓読풀이

① しめ(し) : ㉮ 標木(표목)은 표시로 말뚝을 세우는 것을 뜻하고, 標石(표석)은 표시로 돌을 세우는 것을 뜻한다. '세우다'에서 '세움-셈-심-시메-しめ(し)'로 이어진다. ㉯ 標示(표시)는 표를 하여 증거 등으로 대는 것을 뜻한다. '대다'에서 '댐-딤-심-시메-しめ(し)'로 이어진다.
〔参考〕 示(시 : しめ)す와 이음을 같이한다.

② しるし : 地図(ちず)に丸(まる)を標(しる)す 하면 지도에 동그라미를 표한다는 뜻으로, 동그라미를 표하려면 뾰족한 것으로 찔러서 그려야 한다.
'찌르다'에서 '질러서-지러시-지루시-しるし'로 이어진다.

③ しるべ : 標는 목표를 위한 길잡이 역할을 한다. 길잡이는 길을 잘 살펴 이끌어야 한다.
'살펴'에서 '사르펴-시루페-しるべ'로 이어진다.
〔参考〕 導(도 : しる)べ와 이음을 같이한다.

④ こずえ : 標는 우듬지 끝, 나뭇가지의 끝을 뜻한다.
나무를 뜻하는 こ(き-こ)와 끝 · 뒤를 뜻하는 ずえ(뒤에-두에-ずえ)와 합성되어 こずえ가 된다.
〔参考〕 表(표)와 이음(こずえ)을 같이한다.

人名訓読例

①しめ · しめし · しるべ · こずえ : 標(외자 名).

② しめ : 標野(しめの), 標葉(しめは).

鰾 표	訓読	ふえ
	音読	ヒョウ

訓読풀이

• ふえ : 鰾(표)는 물고기의 배 속에 있는

파

공기주머니 즉 부레를 뜻한다.
'부레'에서 '불에-부에-ふえ'로 이어진다.

【품】

品 품	訓読	しな
	人名訓読	とも
	音読	ヒン·ホン

訓読풀이

① しな : 品(품)은 물품, 용품, 상품을 말한다. 한국어에는 고유어가 없고 한자어로만 쓰인다. ㉮ あの店(みせ)にはしながそろっている 하면 저 가게에는 물품이 이것저것 갖추어져 있다는 뜻이다. 이 경우 물품은 일상적으로 쓰는 용품(用品)을 말한다. '쓰다'에서 '쓰는-스는-시는-시나-しな'로 이어진다. ㉯ 高価(こうか)で品物(しなもの)を買(か)う 하면 고가로 물건을 산다는 뜻이다. 이 경우 물품은 돈 주고 사는 상품(商品)이다. '산다'에서 '사는-시는-시나-しな'로 이어진다.

② とも : 品은 어느 位階(위계) 중 같은 위치의 사람이 동무, 패거리가 되어 한 무리를 이루는 것을 나타낸다. 예컨대 9품위(品位)의 위계에서 각 品의 구성원은 같은 동무가 되어 한패가 된다.
'동무'에서 '도무-도모-とも'로 이어진다.

人名訓読例

① しな : 品野(しなの), 品田(しなだ), 品一(しないち), 品川(しながわ), 品子(しなこ), 品吉(しなきち).
② とも : 品部(ともべ · しなべ).

稟 품	訓読	うける
	音読	ヒン·リン

訓読풀이

• うける : 天(てん)からうけた才能(さいのう) 하면 하늘에서 얻은 천부의 재능이라는 뜻이다.
'얻다'에서 '얻거라-어게루-우게루-うける'로 이어진다.
〔参考〕 受(수 : う)ける와 이음을 같이한다.

人名訓読例

• うくる(うける의 변음) : 稟(외자 名).

【풍】

風 풍	訓読	かぜ·かざ
	音読	フウ·フ

訓読풀이

① かぜ : ㉮ 바람을 뜻한다. 바람은 감추어져(감춰져) 누구에게도 보이지 않는다. '감춰져'에서 '감처-감저-가저-가제-かぜ'로 이어진다. 霞(하 : かすみ)가 감춤에서 이어지고, 霧(무 : きり)가 '가려(가리다)'에서 이어지는 것과 같은 이치이다. ㉯ 낌새 · 눈치를 뜻한다. 접미어로서 상태 · 태도 · 티 등 낌새의 뜻을 나타낸다. かぜを食(く)らって逃(に)げる 하면 낌새를 알고 도망간다는 뜻이고, 役人(やくにん)かぜ, 学者(がくしゃ)かぜ는 관리 낌새(관리티), 학자 낌새(학자티)를 보임을 뜻한다. '낌새'에서 '기제-가제-かぜ'로 이어진다. ㉰ かぜ는 감기를 뜻한다. 감기를 뜻할 경우에는 보통 風邪로 표기한다. 한국에서는 기침 몇 번 하면 감기 걸린 것으로 알고 기침감기를 조심할 것을 당부한다. 즉 기침이

감기인 셈이다. '기침'에서 '기지-기제-가제-かぜ'로 이어진다.

② かざ : かぜ의 변음이다.

人名訓読例

① かぜ : 風木(かぜき), 風神(かぜかみ · かざかみ), 風張(かぜはり), 風川(かぜかわ), 風下(かぜした), 風丸(かぜまる).

② かざ : 風巻(かざまき), 風林(かざばやし), 風山(かざやま), 風早(かざはや), 風見(かざみ), 風野(かざの).

颪 풍	訓読	おろし
	音読	日本国字

訓読풀이

• おろし : 颪(おろし)는 산에서 아래로(下) 부는 바람(風), 즉 下風을 나타낸다. ㉮ '아래로'에서 '아래-오래-오로-おろ(し)'로 이어진다. ㉯ '내리다'에서 '내려서-노로서-오로시(ㄴ-ㅇ으로 변음)-おろし'로 이어진다.

人名訓読例

• おろし : 颪部(おろしべ).

楓 풍	訓読	かえで
	音読	フウ

訓読풀이

• かえで : 楓(풍)은 단풍(丹楓)나무를 뜻한다. 단풍나무는 잎이 늦가을이 되면 붉은색으로 갈아지면서 변한다.
'갈아져'에서 '가아저-가에데-かえで'로 이어진다.

人名訓読例

• かえで : 楓麻呂(かえでまろ).

豊 풍·례	訓読	とよ·ゆたか
	人名訓読	あつ·かつ·のぼる·ひろし·みつ·みのる·よし
	音読	ホウ·ブ·レイ

訓読풀이

① とよ : 豊(풍)은 豊富(풍부)한 것을 뜻한다. 풍부하다는 것은 항아리 속에 먹을 것이 가득 담겨 있고 장롱 속에 돈이 가득 담겨 있는 상황을 말한다.
'담다'에서 '담아-다아-도아-도오-とよ'로 이어진다.
〔参考〕 富(부)와 이음(とよ)을 같이한다.

② ゆたか : 豊은 재물이 넉넉하게 있고, 자식들이 여럿 있어 생활이 豊足(풍족)함을 뜻한다.
'있다'에서 '있다고-이다가-유다가-ゆたか'로 이어진다.

③ あつ : 豊은 재물이나 곡식이 가득 차 있음을 뜻한다〈其五穀豊滿 : 管子 (기오곡풍만 : 관자)〉.
'차다'에서 '차-추-つ'로 이어지고, 접두어 あ가 붙어 あつ로 이어진다.

④ かつ : 豊은 재물 등을 가득 가졌음을 뜻한다. ㉮ '가득'에서 '가두-かつ'로 이어진다. ㉯ '갖다'에서 '갖-가주-かつ'로 이어진다.

⑤ のぼる : 豊(례)는 굽이 높은 그릇으로 儀式(의식) 때 쓰였다. 이 경우 豊은 禮(례)의 古字(고자)로서, レイ로 음독된다.
'높다'에서 '높-노포-のぼる'로 이어진다.

⑥ ひろし : 豊은 재산이 불어남을 뜻한다.
'불다'에서 '불-빌-비로-ひろし'로 이어진다.

⑦ みつ：豊은 재물이 물 차듯 넉넉함을 뜻한다.
'물 차'에서 '물–밀–みつ'로 이어진다.
〔参考〕 満(만：み)つ, 満(만：み)ちる와 이음을 같이한다.

⑧ みのる：豊은 오곡 열매가 맺어 풍년이 듬을 뜻한다.
'맺다'에서 '맺는–매는–미는–미노–みのる'로 이어진다. 또한 '열매'의 '매'에서 み로 이어지고 みのる로 동사화 된다.
〔参考〕 実(실：みの)る와 이음을 같이한다.

⑨ よし：農은 풍년이 들고 재물이 넉넉하여 매사가 옳고 좋아짐을 뜻한다.
'옳지'에서 '오시–요시–よし'로 이어진다.

人名訓読例

① とよ・のぼる・ひろし・みのる・ゆたか：豊(외자 名).
② とよ：豊臣(とよとみ・とよおみ), 豊富(とよとみ), 豊田(とよた・とやだ), 豊国(とよくに), 豊寛(とよひろ), 豊年(とよとし).
③ ゆたか：豊山(ゆたかやま・とやま・とよやま).
④ あつ：豊子(あつこ・とよこ).
⑤ かつ：豊成(かつしげ・とよしげ・とよなり).
⑥ ひろ：豊恵(ひろよし).
⑦ みつ：豊行(みつゆき・とよゆき).
⑧ よし：豊親(よしちか).

諷 풍	人名訓読	うとう
	音読	フウ・フ

訓読풀이

• うとう：諷(풍)은 에둘러 꼬집는 것을 말한다. 諷諫(풍간)은 에둘러 간하는 것을 뜻하고, 諷示(풍시)는 에둘러 암시하는 것, 諷諭(풍유)는 에둘러 깨닫게 하는 것을 뜻한다.
'에둘러'에서 '에두어–우두우–우도우–うとう'로 이어진다.

人名訓読例

• うとう：坂(うとうざか).

【피】

皮 피	訓読	かわ
	音読	ヒ

訓読풀이

• かわ：皮(피)는 껍질을 뜻한다. 껍질은 본체의 겉(가)에 있다. ㉮ '겉'에서 '거에–가아–かわ'로 이어진다. ㉯ '가'에서 '가아–かわ'로 이어진다.
〔参考〕 革(혁)과 이음(かわ)을 같이한다.

人名訓読例

• かわ：皮籠石(かわごいし), 皮治(かわじ).

彼 피	訓読	か・そ
	音読	ヒ

訓読풀이

① か：彼(피)는 그, 그 사람을 가리킨다. 彼我(피아)는 그와 나를 뜻한다.
'그'에서 '그–가–か'로 이어진다.
② そ：彼는 저, 저 사람을 가리킨다. 彼等(피등)은 저 사람들이라는 뜻이고, 彼岸(피안)은 저편의 강기슭을 뜻한다.
'저'에서 '조–소–そ'로 이어진다.

人名訓読例

① か：彼谷(かや), 彼島(かのしま), 彼末(かのすえ).

② そ：彼杵(そうき・そのき).

披 피	訓読	ひらく·わける
	音読	ヒ

訓読풀이

① ひらく：披(피)는 책 등을 펼치는(벌리는) 것을 뜻한다〈手不停披於百家之編：韓愈 (수부정피어백가지편：한유)〉.
'펼치다(벌리다)'에서 '펼－벌－빌－비라－ひらく'로 이어진다.
〔参考〕開(개：ひら)く와 이음을 같이한다.

② わける：㉮ 披는 쪼개서 나누는 것, 즉 빠개는 것을 뜻한다〈披其木：史記 (피기목：사기)〉. '빠개다'에서 '바개루－아개루－わける'로 이어진다. ㉯ 披는 열어서 펼치는 것을 뜻한다. '열다'에서 '열게－여게－아게－わける'로 이어진다.

疲 피	訓読	つかれる
	音読	ヒ

訓読풀이

• つかれる：㉮ 生活(せいかつ)につかれる 하면 궁핍 등으로 사는 게 지겨움(지쳤음)을 뜻한다. '지겹다'에서 '지겨－주겨－주가－つかれる'로 이어진다. ㉯ つかれた洋服(ようふく)는 너무 오래 써서 낡은 양복을 뜻한다. '쓰다'에서 '쑤구－쑤가－つかれる'로 이어진다. ㉰ からだがつかれる 하면 체력이 적어짐을 뜻한다. '적다'에서 '적고－저가－주가－つかれる'로 이어진다.

被 피	訓読	おおう·かずく· かぶる·こうむる
	音読	ヒ

訓読풀이

① おおう：被(피)는 옷을 입는 것, 은혜를 입는 것을 뜻한다.
'입다'에서 '입어－이어－오어－오오－おおう'로 이어진다.

② かずく：㉮ 옷 등을 걸치는(입는) 것을 뜻한다. '걸치다'에서 '거치구－가치구－가추구－가주구－かずく'로 이어진다. ㉯ 머리에 쓰는 것을 뜻한다. 笠(かさ)をかずく 하면 갓을 쓴다는 말로, '갓 쓰다'에서 '가쑤구－かずく'로 이어진다. ㉰ 씌워서 감추는 것을 뜻한다. '감추다'에서 '가추－かずく'로 이어진다.

③ かぶる：被는 꺼풀로 덮는 것을 뜻한다. '꺼풀'에서 '거부루－가부루－かぶる'로 이어진다.

④ こうむる：恩恵(おんけい)をこうむる 하면 은혜를 입는 것을 뜻한다. 은혜를 입는 것은 은혜를 꾼 것이나 다름없다. '꾸다'에서 '꿈－구음－구우무－고우무－こうむる'로 이어진다.
〔参考〕蒙(몽：こうむ)る와 이음을 같이한다.

避(避) 피	訓読	さける·さる·よける
	音読	ヒ

訓読풀이

① さける：避(피)는 삼가는 것, 피하는 것을 뜻한다. そんな批評(ひひょう)はさけたほうがよい 하면 그런 비평은 삼가는(피하는) 것이 좋다는 말이다.
'삼가다'에서 '사게라－사게루－さける'로 이어진다.

② さる：避하는 것은 사라지는 것, 떠나는 것, 없어진다는 말이다. 故郷(こきょう)をさる 하면 고향에서 사라지는 것, 고

향을 떠나는 것을 뜻한다. ㉮ '사라지다'에서 '사라-사루-さる'로 이어진다. ㉯ '떠나다'에서 '떠-더-사-さる'로 이어진다.

③ よける : 避는 없애거나 피하는 것을 뜻한다. 被害(ひがい)をよける 하면 피해를 없게 하는 것을 말한다.
'없게 하다'에서 '없게-어게-요게-よける'로 이어진다.
〔参考〕除(제 : よ)ける와 이음을 같이한다.

【필】

匹 필	訓読	たぐい
	音読	ヒツ·ヒキ

訓読풀이

• たぐい : 匹(필)은 짝(配匹 : 배필), 한 쌍의 한 쪽을 뜻한다(獨無匹兮 : 독무필혜). '짝(쪽)'에서 '닥-다구-たぐい'로 이어진다.

必 필	訓読	かならず
	人名訓読	さだ
	音読	ヒツ

訓読풀이

① かならず : 必(필)은 꼭, 오로지, 반드시라는 뜻이다. かならず成功(せいこう)するだろう 하면 꼭 성공하리라라는 말로, 오로지 성공만이 있으리라는 뜻이다.
'꼭 오로지'에서 '고오라주-고아라주-가나라주(ㅇ-ㄴ으로 변음)-かならず'로 이어진다.

② さだ : ㉮ 질서 등을 꼭 잡아 일을 반듯하게(반드시) 해낸다는 뜻이다〈且漢王不可必 : 漢書(차한왕불가필 : 한서)〉. '잡다'에서 '자다-さだ'로 이어진다. ㉯ 잘 되리라고 믿는 것, 기대(期待)하는 것을 뜻한다〈期必(기필)〉. '잘'에서 '자다(받침 ㄹ-'다'로 분절)-さだ'로 이어진다.
〔参考〕定(정 : さだ)め와 이음을 같이한다.

人名訓読例

• さだ : 必典(さだのり).

畢 필	訓読	おわる·ことごとく
	音読	ヒツ

訓読풀이

① おわる : 畢(필)은 모든 것을 (다)하는 것을 말한다. 兵役畢(병역필)은 병역을 (다)하는 것을 뜻하고, 畢生(필생)은 생명이 (다)할 때까지라는 뜻이다.
'하다(하였다)'에서 '하아-호아-오아(ㅎ-ㅇ으로 변음)-おわる'로 이어진다.
〔参考〕終(종 : お)わる와 이음을 같이한다.

② ことごとく : 畢은 이것, 저것, 모든 것을 뜻한다.
'것것'에서 '곧곧-고도고도-ことごとく'로 이어진다.
〔参考〕尽(진), 悉(실)과 이음(ことごとく)을 같이한다.

弼 필	訓読	すけ·たすく
	人名訓読	おさむ·ただし
	音読	ヒツ

訓読풀이

① すけ : ㉮ 弼(필)은 돕는 것을 뜻한다. '돕다'에서 '돕게-도게-두게-수게-すけ'로 이어진다. ㉯ 돕는 것은 무엇을 준

다는 것을 뜻한다. '주다'에서 '주구–すく · すけ'로 이어진다

② たすく : '돕다'에서 '도아서–돠서–다수–たすく'로 이어진다.

③ おさむ : 弼은 바로잡는 것을 뜻한다〈予違汝弼 : 書經 (여위여필 : 서경)〉.
'잡다'에서 '잡음–자음–잠–삼–사무–さむ'로 이어지고, 접두어 お가 붙어 おさむ로 이어진다.

④ ただし : 弼은 잘못을 따져서 바로 잡는 것을 뜻한다(弼違 : 필위).
'따져서'에서 '다다서–다다시–ただし'로 이어진다.

人名訓読例

① たすく · ただし : 弼(외자 名).

② おさむ : 弼成(おさむ · すけなり).

③ すけ : 弼美(すけよし), 弼成(すけなり), 弼一(すけかず).

筆 필	訓読	ふで
	音読	ヒツ

訓読풀이

• ふで : 筆(필)은 붓을 뜻한다.
'붓'에서 '붇–부데–ふで'로 이어진다.

人名訓読例

• ふで : 筆谷(ふでたに), 筆内(ふでうち), 筆保(ふでやす), 筆屋(ふでや), 筆子(ふでこ), 筆之助(ふでのすけ).

【핍】

乏 핍	訓読	とぼしい
	音読	ボウ

訓読풀이

• とぼしい : 乏(핍)은 떫은 것(逼迫 : 핍박), 덜된 것, 모자란 것을 뜻한다. '떫다'에서 '덟–덜버–더버–도보–とぼしい'로 이어진다.

逼 핍	訓読	せまる
	音読	セツ·ヒョク

訓読풀이

• せまる : 逼(핍)은 죄는 것, 그래서 좁아지는 것을 뜻한다. ㉮ '죄다'에서 '죔–젬–셈–세마루–せまる'로 이어진다. ㉯ '좁아지다'에서 '좁음–조음–좀–젬–셈–세마루–せまる'로 이어진다.

파

下 하	訓読	おりる·おろす· ください·くださる· くだる·さがる· さげる·した· しも·もと
	人名訓読	あ·あさ
	音読	カ·ゲ

訓読풀이

① おりる · おろす : 山(やま)を下(お)りる 하면 산에서 아래로 내려온다는 뜻이다.

아래로 내려오다에서 아래로를 강조할 때는 '아래로'에서 '아리루-오리루-おりる'로 이어지고, 내리다를 강조할 때는 '내리라'에서 '노리라-노리루-오리루(ㄴ-으로 변음)-おりる'로 이어진다.

〔参考〕 降(강 : お)りる와 이음을 같이한다.

② ください · くださる : 윗사람이 아랫사람에게 거드시는 것을 나타낸다. 教(おし)えてくださる方(かた) 하면 가르침으로 거들어 주시는 분이라는 뜻이다.

'거드시다'에서 '거다시-구다사-くださる'로 이어진다. ください는 '거드시다'의 높임말 명령형으로 '거드세요'에서 '구다사요-구다사이-ください'로 이어진다.

③ くだる : 항복(降伏)하거나 관직을 그만두는 경우를 나타낸다. 敵(てき)の軍門(くんもん)にくだる 하면 적에게 굽혀 항복함을 뜻한다.

'굽다'에서 '구다-くだる'로 이어진다.

〔参考〕 降(항 : くだ)る와 이음을 같이한다.

④ さがる · さげる : 熱(ねつ)が下(さ)がる 하면 열이 사그라지는 것을 뜻하고, 頭(あたま)がさがる 하면 머리가 수그러지는 것을 뜻한다. 사그라지는 것은 내리는 것을 말하므로 物価(ぶっか)がさがる, 成績(せいせき)がさがる로도 쓰인다.

'사그라지다', 또는 '수그러지다'에서 '사그라(수그러)-さがる'로 이어진다.

⑤ した : 下는 아래 · 밑 · 뒤를 뜻한다.

아래를 뜻하는 下는 下(お)りる처럼 '아래'와 이어지고, 밑을 뜻하는 下(もと)는 '밑-미도-모도-もと'로 이어지며, 뒤를 뜻하는 下는 '뒷(쪽)'에서 '뒫-딛-싣-시다-した'로 이어진다.

⑥ しも : 下는 뒷부분과 밑 부분을 가리킨다. 下半身(しもはんしん)은 몸의 밑 부분을 뜻하고 下半期(しもはんき)는 1년 중 뒷분기를 뜻한다.

'뒤'에서 '디-시'로 이어지는 し와 '밑'에서 '미-모'로 이어지는 も가 합성되어 しも가 된다.

⑦ もと : 下는 밑을 뜻한다. '밑'에서 '몯-모토-もと'로 이어진다.

〔参考〕 本(본), 基(기), 原(원), 元(원), 素(소) 등과 이음(もと)을 같이한다.

⑧ あ : ㉮ 下는 아래를 뜻한다. '아래'에서 '아-あ'로 이어진다. ㉯ 下는 낮은 곳을 뜻한다. '낮'에서 '나-아-あ'로 이어진다.

⑨ あさ : 下는 낮은 곳, 낮아지는 것을 뜻한다.

'낮'에서 '낮–앗(ㄴ–ㅇ으로 변음)–아사–あさ'로 이어진다. 또한 '낮아'에서 '나자–아자–あさ'로 이어진다.

人名訓読例

① しも : 下(외자 名).
② おり : 下井(おりい · しもい), 下津(おりず · しもず), 下戸(おりと · しもと).
③ おろ : 下石(おろし · くだいし · しもいし).
④ くだ : 下石(くだいし), 下り(くだり).
⑤ した : 下屋(したや · しもや), 下程(したほど), 下中(したなか · しもなか), 下火(したび · しもび), 下見(したみ · しもみ · あさみ), 下森(したもり).
⑥ さが : 下里(さがり · しもさと · しもざと).
⑦ しも : 下関(しもせき · しもぜき), 下釜(しもがま), 下原(しもはら), 下邑(しもむら), 下許(しももと), 下野(しもの).
⑧ あ : 下米宮(あめのみや).
⑨ あさ : 下見(あさみ · したみ · しもみ).

何 하	訓読	いず·いつ(か)·なに
	音読	カ

訓読풀이

① いず : 何(하)는 소위 세상사(世上事)에 일어나는 六何原則(육하원칙)을 나타낸다. ㉮ 何爲者(하위자), 何者(하자)는 어떤 자인가라는 뜻이다〈客何爲者 : 史記(객하위자 : 사기)〉. '어떤'에서 '어더–어두–이두–이주–いず'로 이어진다. ㉯ 何時(하시)는 어떤(어느) 때, 즉 언제를 뜻한다. '언제'에서 '어제–이제–이주–いず'로 이어진다. ㉰ 何處(하처)는 어느 곳, 즉 어디를 뜻한다. '어디'에서 '어두–이두–이주–いず'로 이어진다. ㉱ 何事(하사)는 어떠한 일, 무슨 일을 뜻한다. '어떠'에서 '어더–어두–이두–이주–いず'로 이어진다. ㉲ 如何(여하)는 어찌(어떻게) 할 것인가를 뜻한다〈爲之如何 : 史記 (위지여하 : 사기)〉. '어찌(어떻게)'에서 '이지–이주–いず'로 이어진다. ㉳ 何故(하고)는 어찌 된 연고(緣故)냐라는 뜻이다〈何不去也 : 禮記 (하불거야 : 예기)〉. '어찌'에서 '이지–이주–いず'로 이어진다.
〔参考〕 六何原則은 기사작성의 여섯 가지 필수조건, 즉 '누가, 언제, 어디(서), 무엇을, 어떻게, 왜'의 여섯 가지 조건을 일컫는다.

② いつか : この道(みち)はいつか来(き)た道(みち) 하면 이 길은 언젠가 왔던 길이라는 뜻이다.
'언젠가'에서 '어제가–이주가–いつか'로 이어진다.

③ なに : 위 ①의 いず와 마찬가지로 六何原則에 나타나는 여섯가지 의문 조건은 なに로 대치(代置)하여서도 한국어와 이어진다. 즉 누가, 언제, 어디서, 무엇을, 어떻게, 왜에 대한 의문은, 어느 누가, 어느 때, 어느 곳에서, 어느 것을 노리고, 어느 수단으로, 어느(어떤) 이유를 대고 저지른 일인가라고 풀이할 수 있다.
'어느'에서 '아느–아니–나니(ㅇ–ㄴ으로 변음)–なに'로 이어진다.
〔参考〕 なぜ(何故)는 '어째'에서 '어제–나제(ㅇ–ㄴ으로 변음)–なぜ'로 이어지고, なぞ(謎 : 미)도 '어째 · 어디 · 언제 · 어떤'에서 이어져 의문, 미스터리를 뜻한다.

하

人名訓読例

① いつか・なに：何(외자 名).

② いず ： 何森(いずもり), 何原(いずはら), 何恵(いずえ).

③ い(いつか・いずの 준말) ： 何鹿(いるか), 何束(いつか).

④ なに ： 何樫(なにがし), 何屋(なにのや), 何熊(なにくま), 何川(なにかわ).

河 하	訓読	かわ
	音読	カ·ガ

訓読풀이

- かわ：河(하)는 개울・내・강(江) 등 유수(流水)의 총칭이다.
  '개울'에서 '개우―가우―かわ'로 이어진다.
  〔参考〕川(천)과 이음(かわ)을 같이한다.

人名訓読例

- かわ ： 河端(かわばた), 河森(かわもり), 河岸(かわぎし), 河野(かわの), 河崎(かわさき), 河路(かわじ).

夏 하	訓読	なつ
	音読	カ·ゲ

訓読풀이

- なつ：夏(하)는 여름을 뜻한다.
  '여름'에서 '열음―열―알―아쑤(받침 ㄹ―'쑤'로 분절)―나쑤(ㅇ―ㄴ으로 변음)―なつ'로 이어진다.

人名訓読例

- なつ ： 夏掘(なつぼり), 夏山(なつやま), 夏原(なつはら), 夏足(なつあし), 夏川(なつかわ), 夏村(なつむら).

荷 하	訓読	に·になう
	音読	カ

訓読풀이

- に・になう ： ㉮ 荷(하)는 짐, 즉 이는 것을 뜻한다. '이'에서 '니(ㅇ―ㄴ으로 변음)―に'로 이어진다. ㉯ 짐을 '이는'에서 '이느―이나―니나(ㅇ―ㄴ으로 변음)―になう'로 이어진다.
  〔参考〕担(담：にな)う와 이음을 같이한다.

人名訓読例

- に ： 荷口(にぐち), 荷福(にふく), 荷田(にた), 荷川取(にかわどり), 荷出(にで).

賀 하	訓読	よろこぶ
	人名訓読	いわい·いわう·しげ·のり·よし
	音読	ガ

訓読풀이

① よろこぶ：賀(하)는 옳은 것을 기뻐하는 것, 축하(祝賀)하는 것을 뜻한다.
'옳다'에서 '올―오로―よろ'로 이어지고, '기뻐'에서 '고부―こぶ'로 이어져 よろこぶ로 합성된다.
〔参考〕喜(희), 悦(열), 慶(경) 등과 이음(よろこぶ)을 같이한다.

② いわい・いわう ： ①의 '옳다'에서 '올아―오아―이아―いわう'로 이어진다.
〔参考〕祝(축：いわ)う와 이음을 같이한다.

③ しげ：賀는 보태서(加) 재물(貝)을 채우는 것을 뜻한다〈賀之結于後：儀禮 (하지결우후：의례)〉.
'차다'에서 '차게―사게―시게―しげ'로 이어진다.

④ のり ：① 및 ②의 '옳다'에서 '올―오리―노리(ㅇ―ㄴ으로 변음)―のり'로 이어진다.

⑤ よし : '옳다'에서 '올-오시(받침 ㄹ-'시'로 분절)-よし'로 이어지고, '옳지'에서 '오시-よし'로 이어진다.

人名訓読例

① いわい · いわう · よし : 賀(외자 名).

② しげ : 賀計(しげかず), 賀興(しげおき).

③ のり : 賀一(のりいち), 賀子(のりこ · よしこ), 賀之(のりゆき).

④ よし : 賀広(よしひろ), 賀隆(よしたか), 賀世(よしつぐ), 賀勝(よしかつ), 賀典(よしすけ), 賀訓(よしのり).

廈 하		
	訓読	いえ
	人名訓読	ひさし
	音読	カ

訓読풀이

① いえ : 家(가) 참조.

② ひさし : 廈(하)는 큰 집, 큰 건물을 뜻한다. 클 뿐만 아니라 지붕이 길게 아래로 붙어서 차양(遮陽) 역할을 하게 되어 있다.
'붙어서'에서 '부서서-비서시-비사시-ひさし'로 이어진다.
〔参考〕 庇(비), 廂(상)과 이음(ひさし)을 같이한다.

人名訓読例

• ひさし : 廈(외자 名).

瑕 하		
	訓読	きず
	音読	カ

訓読풀이

• きず : 瑕(하)는 흠, 티, 허물, 잘못을 뜻한다. 茶碗(ちゃわん)にきずがある 하면 밥공기가 깨져서(까져서) 흠이 생겼다는 말이다.
'깨져(까져)'에서 '개저-기주-きず'로 이어진다.
〔参考〕 傷(상)과 이음(きず)을 같이한다.

遐 하		
	訓読	とおい·はるか
	音読	カ

訓読풀이

① とおい : 遐(하)는 멀리 떨어져 있음을 뜻한다.
'떨어'에서 '더어-도오-とおい'로 이어진다.
〔参考〕 遠(원 : とお)い와 이음을 같이한다.

② はるか : 遐는 멀리 구름 · 바다 · 길 등이 펼쳐져 있음을 나타낸다.
'펼'에서 '팔-파루-はるか'로 이어진다.
〔参考〕 遥(요 : はる)か와 이음을 같이한다.

蝦 하		
	訓読	えび
	音読	カ·ガ

訓読풀이

• えび : 蝦(하)는 새우를 뜻한다. 새우는 늙은 할아비(할애비)의 등처럼(새우등으로 비유) 굽어 있다. えびのように腰(こし)の曲(ま)がった老人(ろうじん)たち 하면 새우처럼 허리가 굽은 할애비들이라는 뜻이다.
'(할)애비'에서 '에비-えび'로 이어진다.
〔参考〕 海老(해로 : えび)로도 표기된다.

罅 하		
	訓読	ひび
	音読	カ

訓読풀이

• ひび : 罅(하)는 틈, 금, 구멍 등을 뜻한다. ㉮ 틈, 금, 구멍은 사이가 벌어졌음을 말한다. カラスのひびは 유리에 금

하

이 가 사이가 벌어졌음을 뜻하고, 友情(ゆうじょう)にひびが入(はい)る 하면 우정에 금이 가 사이가 벌어졌다는 뜻이 된다. '벌어'에서 '벌허-비히-비비-ひび'로 이어진다. ㉯ 틈이나 구멍은 비벼 쑤시면 생긴다. '비비다'에서 '비비-히비-ひび'로 이어진다.

嚇 하·혁	訓読	おどす·おどかす
	音読	カク

訓読풀이

- おどす · おどかす：嚇(혁) 및 脅(협) 참조.

霞 하	訓読	かすみ·かすむ
	音読	カ

訓読풀이

- かすみ · かすむ ： 霞(하)의 원래 뜻은 안개가 끼인 것처럼 희미하게 보임을 말한다. 月(つき)がかすむ 하면 달이 흐릿하게 보인다는 뜻이고, 煙(けむり)でかすむ 하면 연기로 인해 앞이 잘 안 보인다는 뜻이다. 달이 흐릿하게 보이는 것은 안개와 같은 것으로 감싸(감추)여서 흐릿해진 것이고, 연기로 인해 잘 안 보이는 것은 안개 같은 연기가 감싸기 때문이다.

  '감싸(감춤)'에서 '감사무-가사무-かさむ'로 이어지고, かすむ의 명사 かすみ는 안개(霞)가 된다.

人名訓読例

① かす：霞流(かすがた · かすはた · かする), 霞上(かすかみ).

② かすみ ： 霞堂(かすみどう), 霞鳥(かすみどり).

【학】

学(學) 학	訓読	まなび·まなぶ
	人名訓読	さとし·さとる·たか·のり·ひさ·みち
	音読	ガク

訓読풀이

① まなび · まなぶ ： まなぶ는 まねぶ의 변한 말이다. まねぶ는 맛(ま：真)을 흉내 내는 것('내다'에서 '내-ね')을 뜻한다. 흉내 내는 것 자체가 배움(学)의 기본이 된다는 말이다. 先人(せんじん)の言行(げんこう)にまなぶ 하면 선인의 언행을 본받아(흉내 내면서) 배운다는 뜻이다.

'맛 (흉)내'에서 '맛내('흉' 탈락)-마내-まね(まな)ぶ'로 이어진다.

② さとし · さとる：㉮ 학문을 배워 세상사에 눈 뜨는 것(開眼：개안)을 뜻한다. '뜨다'에서 '떠-더더-다도-사도-さとる(さとし)'로 이어진다. ㉯ 지혜가 '솟다(돋다)'에서 '솓-삳-사도-さとし'로 이어진다.

③ たか：学은 높이 떠 있는 진리를 찾는 학문이다〈學者如登山：中論 (학자여등산：중론)〉.

'뜨다'에서 '뜨고-다고-다가-たか'로 이어진다.

④ のり：学은 올바른 진리를 추구한다.

'올'에서 '오리-노리(ㅇ-ㄴ으로 변음)-のり'로 이어진다.

⑤ ひさし：学은 햇살처럼 밝은 진리를 비추는 것을 상징한다. ㉮ '햇살'에서 '힛살-히사시(받침 ㄹ-'시'로 분절)-しさし'로 이어진다. ㉯ '비추다'에서 '비쳐

서-비사시-ひさし'로 이어진다.

⑥ みち : 学은 옳은 길(道)을 추구한다. 길은 마을로 이어지고, 마을 즉 길이다.
'마을'에서 '말-밀-미찌(받침 ㄹ-'찌'로 분절)-みち'로 이어진다.

人名訓読例

① さとし · さとる · ひさし · まなび · まなぶ : 学(외자 名).
② まなび : 学門(まなびのと).
③ さと : 学文(さとふみ · さとぶみ).
④ たか : 学俊(たかとし).
⑤ のり : 学宙(のりおき).
⑥ ひさ : 学夫(ひさお · みちお).
⑦ みち : 学夫(みちお).

虐(虐) 학	訓読	しいたげる
	音読	ギャク

訓読풀이

• しいたげる : 虐(학)은 학대, 남을 시달리게 하는 것을 뜻한다.
'시달리다'에서 '시다-시이다-しいたげる'로 이어진다.

涸 학	訓読	からす · かれる
	音読	コ

訓読풀이

• からす · かれる : 涸(학)은 가물어 땅이 갈라지고 물이 마르는 것을 뜻한다.
'갈라'에서 '가라-からす'로 이어진다.
〔参考〕 枯(고 : か)らす와 이음을 같이한다.

人名訓読例

① から : 涸沢(からさわ).
② かれ : 涸沼(かれぬま).

瘧 학	訓読	おこり
	音読	ギャク · ガク

訓読풀이

• おこり : 瘧(학)은 瘧疾(학질)을 뜻한다. 학질은 발작적인 고열이 주기적으로 일어나는 전염성 열병이라 할 수 있다. 熱病(ねつびょう)の起(おこ)り, 즉 열병이 일어나는 것이라고 할 수 있다.
'일다'에서 '일고-이고-오고-おこり'로 이어진다.

謔 학	訓読	たわける · たわむれる
	音読	ギャク

訓読풀이

• たわげる · たわむれる : 謔(학)은 웃으며 농하는 것, 장난치는 것을 뜻한다.
'장난'에서 '장나-자아(ㄴ-ㅇ으로 변음)-다아-たわける · たわむれる'로 이어진다.
〔参考〕 戯(희 : たわ)ける, 戯(たわむ)れる와 이음을 같이한다.

鶴 학	訓読	つる
	音読	カク

訓読풀이

• つる : 鶴(학)은 두루미를 뜻한다. 鶴見(つるみ)가 인명이나 지명에 나타나는데 바로 두루미를 가리킨다.
'두루미'에서 '두루-つる'로 이어진다.

人名訓読例

• つる : 鶴見(つるみ · つるが), 鶴橋(つるはし), 鶴島(つるしま), 鶴峰(つるみね), 鶴山(つるやま), 鶴川(つるかわ).

【한】

扞 한	訓読	ふせぐ
	音読	カン

訓読풀이

- ふせぐ : 扞(한)은 손(扌)으로 붙잡고 막는 것을 뜻한다.
  '붙잡다'에서 '부잡구-부자구-부제구-ふせぐ'로 이어진다.
  〔参考〕 防(방), 禦(어)와 이음(ふせぐ)을 같이한다.

汗 한	訓読	あせ
	音読	カン

訓読풀이

- あせ : 汗(한)은 땀, 땀방울, 물방울을 뜻한다. 땀방울이나 물방울은 다 같이 알처럼 생겼다.
  '알'에서 '아세(받침 ㄹ-'세'로 분절)-あせ'로 이어진다.

人名訓読例

- あせ : 汗見(あせみ), 汗石(あせいし), 汗入(あせり).

旱 한	訓読	ひでり
	音読	カン

訓読풀이

- ひでり : 旱(한)은 비는 오지 않고 햇빛만 너무 쬐어 가뭄이 드는 것을 뜻한다.
  '해(빛) 쬐다'에서 '히쬐리-히데리-ひでり'로 이어진다.
  〔参考〕 日照り(일조 : ひでり)로도 표기된다.

恨 한	訓読	うらむ·うらめしい
	音読	コン

訓読풀이

- うらむ · うらめしい : 天(てん)をうらんでも始(はじ)まらない 하면 하늘을 원망해 본들 소용없다는 뜻으로, 울음이 터질 만큼 한(恨)스러운 일을 당했음을 나타낸다. わたしをだました人(ひと)がうらめしい 하면 나를 속인 사람을 생각하면 울음이 나도록 원망(怨望)스럽다는 뜻이다.
  '울음'에서 '우름-우람-우라무-うらむ'로 이어진다.
  〔参考〕 怨(원), 憾(감)과 이음(うらむ)을 같이한다.

限 한	訓読	かぎり·かぎる·きり
	人名訓読	さか
	音読	ゲン

訓読풀이

① かぎり · かぎる : ㉮限(한)은 限定(한정), 制限(제한), 區分(구분) 짓는 것, 境界(경계) 짓는 것을 뜻한다. 고유어로 풀이 하면 끝(가)을 짓는(맺는) 것을 말한다. 끝(가)를 짓는다는 것은 어느 곳, 어느 선, 어느 점을 갈아내어(잘라내어 · 끊어) 그것을 끝(가)으로 삼고, 그 이상을 제한하는 것을 뜻한다. 定員(ていいん)を100名(ひゃくめい)にかぎる 하면 정원을 100명으로 갈라(자르고 · 끊고) 그것을 끝(가)으로 더 이상 뽑지 않는다는 뜻이다. '끝(가) 가르다'에서 '가가루-가기루-かぎる'로 이어진다. 또한 '가끊다'에서 '가그-가기-かぎる'로 이어진다. ㉯ '끝짓다(맺다)'의 '끝'이 동사화 되어 '끄-끼-기기-가기-かぎる'로 이어진다.

② きり : '가르다'에서 '가리-기리-きり'로 이어진다. 또한 '끊다'에서 '그-기-きり'로 이어진다.

〔参考〕 切(절 : き)り와 이음을 같이한다.

③ さか : ㉮ 문턱을 뜻한다〈漁陽千里道近如門中限 : 孟郊 (어양천리도 근여문중한 : 맹교)〉. 일반적으로 문턱 등 턱은 갑자기 높아져 경계(境界), 한계(限界)를 만든다. '턱'에서 '덕-닥-삭-사가-さか'로 이어진다. ㉯ 구분, 한계를 지을 때는 흙이나 돌 등을 높이 쌓아 경계를 만든다. '쌓다'에서 '싸고-싸가-さか'로 이어진다.

〔参考〕 堺·界(계 : さかい) 및 坂·阪(판 : さか)와 이음을 같이한다.

人名訓読例

- さか : 限井(さかい).

悍 한	訓読	あらい·おぞましい
	人名訓読	たけ(し)
	音読	カン

訓読풀이

① あらい : 悍(한)은 사나운 것, 거친 것, 날랜 것을 뜻한다. 한국어에서 날은 날강도, 날도둑, 날뛰다 등 사나운 것, 거친 것을 뜻하는 접두어이다.
'날'에서 '알(ㄴ-ㅇ으로 변음)-아라-あらい'로 이어진다.

〔参考〕 荒(황)과 이음(あらい) 을 같이한다.

② おぞましい : ㉮ 悍은 사나움을 나타낸다. '사나움'에서 '사남-산암-사암-삼-솜-소마-ぞま'로 이어지고, 접두어 お가 붙어 おぞましい가 된다. ㉯ 悍은 무서움을 나타낸다. '무서움'에서 '무섬-모솜-모소마-오소마(ㅁ-ㅇ으로 변음)-おぞましい'로 이어진다.

③ たけ(し) : 悍은 날뛰는 것을 뜻한다.
'뛰다'에서 '뛰게-다게-たけ(し)'로 이어진다.

人名訓読例

① たけし : 悍(외자 名).

② たけ : 悍二(たけし).

捍 한	訓読	ふせぐ
	人名訓読	まもる
	音読	カン

訓読풀이

① ふせぐ : 捍(한)은 손(扌)으로 붙잡고 막는 것을 뜻한다.
'붙잡고'에서 '부자구-부제구-ふせぐ'로 이어진다.

② まもる : ㉮ '막다'에서 '막음-마음-맘-마모-まもる'로 이어진다. ㉯ 捍은 말도록 지키는 것을 뜻한다. '말다'에서 '말임-마임-맘-마모-まもる'로 이어진다.

人名訓読例

- まもる : 捍(외자 名).

寒 한	訓読	さむい
	人名訓読	さ·さわ·し·そう
	音読	カン

訓読풀이

① さむ·さむい : 寒(한)은 참, 찬 것을 뜻한다.
'참'에서 '삼-사무-さむ(い)'로 이어진다.

② さ·さわ : '차다'는 말이다. ㉮ '차-사-さ'로 이어진다. ㉯ '차아-사아-さわ'로

이어진다.

③ し : 寒은 식혀서 차지는 것을 뜻한다. '식히다'에서 '식–시–し'로 이어진다.

④ そう : '차다'에서 '차아–사아–소우–そう'로 이어진다.

人名訓読例

① さむ : 寒田(さむだ · さわだ), 寒川(さむかわ · さがわ), 寒沢(さむざわ), 寒河(さむかわ).

② さ : 寒川(さがわ · そうがわ), 寒河江(さかえ · さがわえ).

③ さわ : 寒田(さわだ).

④ し : 寒水(しみず · そうず).

⑤ そう : 寒水(そうず), 寒川(そうがわ).

閑 한	訓読	しずか·ひま
	音読	カン

訓読풀이

① しずか : ㉮ 쓸쓸하게 조용히 있는 것을 나타낸다. '쓸쓸'에서 '스쑤–시쑤–しず(か)'로 이어진다. ㉯ 잠자코 가만히 있는 것을 나타낸다. '잠자코'에서 '자주고–지주가–시주가–しずか'로 이어진다. ㉰ '쓸쓸'에서의 '쓸–스–시–し'와 '조용'에서의 '조–주–ず'가 합성되어 しず(か)'가 된다. ㉱ 잔잔함을 나타낸다. '잔잔'에서 '지자–시주–しずか'로 이어진다.

② ひま : 閑은 쉴 틈을 뜻한다. ㉮ 틈은 홈처럼 비어 있는 것을 뜻한다. '홈'에서 '힘–히마–ひま'로 이어진다. ㉯ 틈은 빈 공간 · 시간을 말한다. '비다'에서 '빔–비마–ひま'로 이어진다. ㉰ '쉬다'에서 '쉼–심–시마–히마(ㅅ–ㅎ으로 변음)–ひま'로 이어진다.

人名訓読例

① しずか : 閑(외자 名).

② しず : 閑谷(しずたに), 閑屋(しずや), 閑妻(しずま), 閑男(しずお), 閑子(しずこ), 閑照(しずてる).

澣 한	訓読	すすぐ·あらう
	音読	カン

訓読풀이

① すすぐ : 澣(한)은 발을 씻는 것을 뜻한다.

'씻다'에서 '싯구–시수구–수수구–すすぐ'로 이어진다.

〔参考〕 濯(탁), 漱(수)와 이음(すすぐ)을 같이한다. 이 중 漱ぐ는 입을 씻는 것, 즉 양치질을 뜻한다. 그래서 くちすすぐ라고도 훈독된다.

② あらう : 澣은 빨래하는 것을 뜻한다.

'빨다'에서 '빠라우–바라우–아라우(ㅂ–ㅇ으로 변음)–あらう'로 이어진다.

〔参考〕 洗(세), 濯(탁)과 이음(あらう)을 같이한다.

翰 한	訓読	ふで·ふみ
	音読	カン

訓読풀이

① ふで : 翰(한)은 붓, 글, 문서, 편지 등을 뜻한다.

'붓'에서 '붇–부데–ふで'로 이어진다.

〔参考〕 筆(필 : ふで)와 이음을 같이한다.

② ふみ : 붓으로 글을 쓰며 학문을 배운다.

'배우다'에서 '뱀–붐–부미–ふみ'로 이어진다.

〔参考〕 文(문)과 이음(ふみ)을 같이한다.

人名訓読例

• ふみ : 翰淤(ふみお), 翰靖(ふみやす).

瀚 한	訓読	ひろし
	音読	カン

訓読풀이

• ひろし : 瀚(한)은 넓게 펼쳐진 모양을 나타낸다.
'펼치다(벌어지다)'에서 '펼(벌)-필(빌)-비로-ひろ(し)'로 이어진다.

人名訓読例

• ひろし : 瀚(외자 名).

【할】

割 할	訓読	さく·わり·わる·われる
	音読	カン

訓読풀이

① さく : 전쟁터에서 지고 상대방에게 배상으로 영토를 할양(割讓)하는 것을 領土(りょうと)を割(さ)く라고 한다. 즉 영토를 쪼개(찢어) 준다는 뜻이다. ㉮ '쪼개다'에서 '쪼구-조구-자구-さく'로 이어진다. ㉯ '찢다'에서 '지구-자구-さく'로 이어진다.
〔参考〕裂(열 : さ)く와 이음을 같이한다.

② わり·わる·われる : 割은 벌리는 것, (빼)앗는 것, 빼는 것, 빠개는 것을 뜻한다. ㉮ 足(あし)を割(わ)る 하면 다리를 벌리는 것, どうしても口(くち)を割(わ)らない 하면 아무리 해도 입을 벌리지 않는다는 뜻이다. '벌리다'에서 '버려-바루-아루(ㅂ-ㅇ으로 변음)-わる'로 이어진다. ㉯ 나누어 일부분을 빼앗는 것을 뜻한다〈然後王可以多割地 : 戰國策 (연후왕가이다할지 : 전국책)〉. '앗다'에서 '아-아루-わる'로 이어지고, '빼앗다'의 '빼'에서 '배-바-아(ㅂ-ㅇ으로 변음)-わる'로 이어진다. ㉰ 割引(할인)은 나누어 어느 비율만큼 빼는 것을 뜻하고, 割譜(할보)는 족보에서 이름을 빼어 친족관계를 끊는 것을 뜻한다. '빼다'에서 '배-바-아(ㅂ-ㅇ으로 변음)-わら'로 이어진다. ㉱ 割은 빠개는 것, 나누는 것을 뜻한다. '빠개다'에서 '바개라-박애루-바애루-바루-아루-わる'로 이어진다. ㉲ '나누다'에서 '나-아(ㄴ-ㅇ으로 변음)- わる'로 이어진다.

人名訓読例

① さき : 割田(さきた·わりた·わりでん).
② わり : 割石(わりいし), 割田(わりた), 割鞘(わりさや), 割沢(わりさわ).

轄 할	訓読	くさび
	音読	カツ

訓読풀이

• くさび : 轄(할)은 바퀴가 벗어나지 않게 굴대머리 구멍에 꽂는 비녀장(큰못)을 말한다. 그래서 못을 꽂아 단단히 죄듯이 지배·관장함을 뜻한다(管轄 : 관할).
'꽂다'에서의 '곶-굿-구사-くさ'와 '비녀장'의 '비-び'가 합성되어 くさび로 이어진다.

【함】

含 함	訓読	ふくむ·ふくめる
	音読	カン

訓読풀이

• ふくむ·ふくめる : 含(함)은 품고 있는 것을 말한다. 悪意(あくい)を含(ふく)んだ顔(かお) 하면 악의를 품은 얼굴을 뜻

하고, 税金(ぜいきん)を含んだ価額(かがく)는 세금을 포함한(품은) 가격을 뜻한다.
'품다'에서 '품구–푸구–후구–ふくむ'로 이어진다.

函 함	訓読	はこ
	人名訓読	すすむ
	音読	カン

訓読풀이

① はこ：函(함)은 상자, 바구니를 뜻한다.
'바구니'에서 '바구–바고–はこ'로 이어진다.

② すすむ：函은 겉으로 싸는 것을 뜻한다.
'쌈'에서 '쑴–수수무–すすむ'로 이어진다.

人名訓読例

• すすむ：函(외자 名).

咸 함	訓読	ことごとく·みな
	人名訓読	しげ·はやし·ひとし
	音読	カン

訓読풀이

① ことごとく：咸(함)은 매사(每事), 사사건건(事事件件)을 나타낸다. 즉 하는 것것(것들)마다 모두라는 뜻을 나타낸다.
'것것'에서 '곧곧–고도고도–ことごとく'로 이어진다.
〔参考〕 尽(진), 悉(실)과 이음(ことごとく)을 같이한다.

③ みな：咸은 전부, 모두를 뜻한다.
제주방언에 모두를 뜻하는 '몽땅 · 몬'에서 '몬–민–미나–みな'로 이어진다.
〔参考〕 皆(개 : みな)와 이음을 같이한다.

③ しげ：咸은 모두가 한 곳으로 차는 것을 나타낸다.
'차다'에서 '차게–치게–시게–しげ'로 이어진다.
〔参考〕 茂(무 : しげ)와 이음을 같이한다.

④ はやし：咸은 영향 등이 널리 빨리 미치는 것을 뜻한다〈小賜不咸 : 國語 (소사불함 : 국어)〉.
'빨리'에서 '바알–바아–はやし'로 이어진다.

⑤ ひとし：咸은 마음이 하나같이 같음을 뜻한다〈周公弔二叔之不咸 : 左氏傳(주공조이숙지불함 : 좌씨전)〉.
하나를 뜻하는 '홀'에서 '힐–히도(받침ㄹ–'도'로 분절)–ひと(し)'로 이어진다.

人名訓読例

① はやし · ひとし：咸(외자 名).

② みな：咸生(みなお), 咸人(みなと), 咸子(みなこ).

③ しげ：咸男(しげお), 咸夫(しげお).

陥(陷) 함	訓読	おちいる·おとしいれる
	人名訓読	はざ
	音読	カン

訓読풀이

① おちいる：陥(함)은 아래로 떨어져 빠져들어 가는(넣어지는) 것을 뜻한다. ㉮ '아래로'의 '아'에서 お로 이어지고, '떨어'의 '떨'에서 '떠–더–디–ち'로 이어지며, 빠져 '넣어지는'에서 '넣–너–니–이(ㄴ–ㅇ으로 변음)–いる'로 이어져, おちいる로 합성된다. 落(락 : お)ち入(입 : い)る가 된다. ㉯ '떨어지다'에서 '더어–디이–ちいる'로 이어지고, 접두어 お가 붙어

おちいる로 합성된다.

② おとしいれる : おとしいれる는 落(お)とし와 入(い)れる의 합성어가 된다.

③ はざ : 陥은 떨어져 빠져 들어가는 것을 말한다〈表不明則陷 : 荀子 (표불명즉함 : 순자)〉.
'빠져'에서 '바자-はざ'로 이어진다.

人名訓読例

• はざ : 陥間(はざま).

涵 함	訓読	ひたす
	音読	カン

訓読풀이

• ひたす : 涵(함)은 물에 잠기는 것, 즉 빠지는 것을 뜻한다. 涵養(함양)은 물에 빠져들듯이(스미듯이) 저절로 학문 등이 터득되도록 양성하는 것을 말한다.
'빠지다'에서 '바저서-바다서-비다수-ひたす'로 이어진다.
〔参考〕 浸(침 : ひた)す와 이음을 같이한다.

菡 함	訓読	つぼみ
	音読	ガン

訓読풀이

• つぼみ : 菡(함)은 꽃봉오리를 뜻한다. ㉮ 꽃봉오리는 꽃이 피기 전 접혀 있는 상태이다. 장래가 촉망되나(꽃필 것으로 보이나) 아직 성숙지 못한(아직은 피지 못한) 젊은이를 가리키기도 한다. '접다'에서 '저붐-주봄-주보미-つぼみ'로 이어진다. ㉯ 피기 전 꽃봉오리는 끝이 좁게 오무라져 있다. '좁다'에서 '조붐-주붐-주보미-つぼみ'로 이어진다.
〔参考〕 蕾(뢰 : つぼみ), 窄(착 : つぼ)む와 이음을 같이한다.

人名訓読例

• つぼみ : 菡(외자 名).

喊 함	訓読	さけぶ
	音読	カン

訓読풀이

• さけぶ : 喊(함)은 큰 소리로 부르짖는 것을 뜻한다(高喊 : 고함).
'짖다'에서 '지게-자게-さけぶ'로 이어진다.
〔参考〕 叫(규 : さけ)ぶ와 이음을 같이한다.

銜 함	訓読	くくむ·くくめる·くつわ·くわえる·ふくむ
	音読	カン·ガン

訓読풀이

① くくむ · くくめる : 銜(함)은 뭔가를 입속에 끼어 넣는 것, 마음속에 끼어 두는 것을 뜻한다.
'끼다'에서 '낌-꿈-꾸무-구구무-くくむ'로 이어진다.

② くつわ : 銜은 재갈을 뜻한다. 재갈은 입같은 것을 물리어 말이나 소리를 내지 못하도록 입 자체를 가두어 버리는 것을 가리킨다.
'가두어'에서 '구두어-구두와-くつわ'로 이어진다.
〔参考〕 轡(비 : くつわ)와 이음을 같이한다.

③ くわえる : 銜은 입에 끼어 무는 것을 뜻한다. 猫(ねこ)が魚(さかな)をくわえて逃(に)げた 하면 고양이가 생선을 입에 끼어 물고 도망쳤다는 뜻이다.
'끼우다'에서 '꿰어-꾸어-구아-くわえ

하

る'로 이어진다.
〔参考〕 加(가 : くわえる)와 이음을 같이한다.

④ ふくむ : 銜은 원한 등을 마음속에 품는 것을 뜻한다.
'품다'에서 '품구-푸구-ふくむ'로 이어진다.
〔参考〕 含(함 : ふくむ)와 이음을 같이한다.

緘 함	訓読	とじる
	人名訓読	いと
	音読	カン

訓読풀이

① とじる : 緘口(함구)는 입을 닥치고(닫고 · 다물고) 아무 말도 하지 않음을 뜻한다.
'닥치다'에서 '다치-도치-とじる'로 이어진다. 또한 '닫다'에서 '닺-돚-도지-とじる'로 이어진다.
〔参考〕 閉(폐 : とじ)る와 이음을 같이한다.

② いと : 緘은 文書緘(문서함)이나 관(棺)을 이어 묶는 끈, 줄을 뜻한다.
'잇다'에서 '읻-이도-いと'로 이어진다.

人名訓読例

• い(いと의 준말) : 緘藤(いとう).

頷 함	訓読	あご·うなずく
	音読	カン·ガン

訓読풀이

① あご : 頷(함)은 턱을 뜻한다. ㉮ 턱은 본래 물고기의 아가미에 해당한다. '아가미'에서 '아가-아고-あご'로 이어진다. ㉯ 입을 아가리라고도 하는데, 입과 턱은 붙어 있어 아가리가 턱이라고 볼 수도 있다. '아가리'에서 '아가-아고-あご'로 이어진다.
〔参考〕 顎(악), 頤(이)와 이음(あご)을 같이한다.

② うなずく : 頷은 끄덕이는 것이다. 턱(あご)을 위로 올렸다 아래로 낮추면서 옳다고 수긍(首肯)하는 행동을 나타낸다.
'위'에서의 '위-う'와 '낮추구'의 '나주구-なずく'가 합성되어 うなずく가 된다.
〔参考〕 首肯く(수긍 : うなず)く로도 훈독된다.

醎·鹹 함	訓読	しおからい·からい
	音読	カン

訓読풀이

① しおからい : 醎(함)은 음식 등이 짜서 먹기 괴로운 것을 뜻한다(醎苦 : 함고).
'짜다'에서 '짜아-지아-지오-しお'로 이어지고, '괴롭다'에서 '괴로워-가로어-가라이-からい'로 이어져 しおからい로 합성된다.

② からい : ①의 '괴로워'에서 からい로 이어진다.
〔参考〕 醎은 鹹의 異體字(이체자).

人名訓読例

• から : 醎瀬(からせ).

檻 함	訓読	おり
	音読	カン

訓読풀이

• おり : 象(ぞう)の檻(おり)는 코끼리 우리를 뜻한다.
'우리'에서 '오리-おり'로 이어진다.

人名訓読例

• おり：檻田(おりた).

【합】

合 합	訓読	あい·あう
	人名訓読	ねぶ·ねむ
	音読	ゴウ·ガツ·カツ

訓読풀이

① あい·あう：合(합)은 어울리는 것을 뜻한다.
'어울리다(아우르다)'에서 '아우－あう'로 이어진다.

② ねぶ·ねむ：合歡(합환)은 남녀가 어울려 함께 자는 것, 즉 눕는 것을 뜻한다.
㉮ '눕다'에서 '누버－내부－ねぶ'로 이어진다. ㉯ '눕다'에서 '눕－누무－내무－ねむ'로 이어진다.
〔参考〕眠(면：ねむ)る와 이음을 같이한다.

人名訓読例

① あい：合原(あいはら), 合月(あいずき), 合場(あいば), 合田(あいだ·あうだ), 合曾川(あいそがわ), 合沢(あいざわ).
② あう：合田(あうだ·あいだ).
③ ねぶ：合歓川(ねぶかわ).
④ ねむ：合歓(ねむ), 合歓川(ねむかわ).

呷 합	訓読	あおる
	音読	コウ

訓読풀이

• あおる：呷(합)은 (술 따위를) 고개를 버쩍 올리면서 단숨에 들이키는 것을 나타낸다.
'올리다'에서 '오오려－아오루－あおる'로 이어진다.

閤 합	訓読	くぐりど
	音読	コウ

訓読풀이

• くぐりど：閤(합)은 대문 곁에 달린 작은 문, 쪽문을 뜻한다. 이는 몸을 구부리고 다닐 정도로 작은 문이었을 것이다.
'구부리다'에서 '굽거라－구거라－구구리－くぐり'로 이어지고, '덧문'의 '더－도－ど'가 합성되어 くぐりど가 된다.
〔参考〕潜戸(잠호)도 くぐりど로 훈독되는데, 潜(くぐ)り는 몸을 구부리고 어떤 곳의 밑으로 빠져나가는 것을 뜻한다.

【항】

亢 항	訓読	たかぶる·のど
	音読	コウ

訓読풀이

① たかぶる：亢竜(항룡)은 하늘 높이 떠오르는 용을 뜻한다〈亢竜有悔：易經(항룡유회：역경)〉.
'뜨다'에서 '뜨고－다고－다가－たかぶる'로 이어진다.
〔参考〕昂(앙：たか)ぶる와 이음을 같이한다.

② のど：亢은 목, 목구멍을 뜻한다. 飲(の)み戸(ど)의 준말이다.
'넘(넣는 것)'에서의 '너－노－の'와 '덧문'에서의 '더－도－ど'가 합성되어 のど가 된다.

人名訓読例

• たか：亢宥(たかひろ).

伉 항	訓読	たぐい
	人名訓読	つよし
	音読	コウ

하

訓読풀이

① たぐい：伉(항)은 짝, 배우자를 뜻한다(伉配：항배).
'짝'에서 '자구－다구－たぐい'로 이어진다.
〔参考〕 比(비), 類(류)와 이음(たぐい)을 같이한다.

② つよし：伉은 세다는 뜻이다(伉厲：항려).
'세다'에서 '쎄어－쑤요－つよ(し)'로 이어진다.

人名訓読例

• つよし：伉(외자 名).

吭 항	訓読	のど
	音読	コウ

訓読풀이

• のど ：吭(항)은 목, 목구멍을 뜻한다. 飮(の)み戸(ど)의 준말이다.
'넘(넣는 것)'에서의 '너－노－の'와 '덧문'에서의 '더－도－ど'가 합성되어 のど가 된다.
〔参考〕 亢(항), 咽(인), 喉(후)와 이음(のど)을 같이한다.

抗 항	訓読	あげる·あたる·あらがう·さからう·ふせぐ
	音読	コウ

訓読풀이

① あげる ：抗(항)은 抗拒(항거)하여 반란 등을 일으키는(일구는) 것을 뜻한다. 兵(へい)をあげる 하면 군사를 일으켜 항거하는 것을 말한다.
'일구다'에서 '이구－아구－아게－あげる'로 이어진다.
〔参考〕 挙(거：あ)げる와 이음을 같이한다.

② あたる ：抗은 맞서(맞대어) 對抗(대항)하는 것을 뜻한다. ㉮ '맞대다'에서 '마대－마다－아다(ㅁ－ㅇ으로 변음)－あたる'로 이어진다. ㉯ '대다'에서 '대－다－たる'로 이어지고 접두어 あ가 붙어 あたる가 된다.
〔参考〕 当(당：あ)たる와 이음을 같이한다.

③ あらがう ：抗은 날뛰며 항거하는 것, 겨루는 것을 뜻한다. ㉮ '날뛰다'에서 '날－알(ㄴ－ㅇ으로 변음)－あらがう'로 이어진다. ㉯ '날뛰며 겨루다'에서 '날겨루다－날겨－알가－아라가－あらがう'로 이어진다.
〔参考〕 争(쟁：あら)そう와 이음을 같이한다.

④ さからう ：抗은 등을 돌려 反抗(반항)하는 것을 뜻한다.
'돌다'에서 '돌고－도고－다가－さからう'로 이어진다.
〔参考〕 逆(역：さか)らう, 倒(도：さか)와 이음을 같이한다.

⑤ ふせぐ：抗은 붙잡고 막는 것을 뜻한다.
'붙잡다'에서 '부자구－부세구－ふせぐ'로 이어진다.
〔参考〕 防(방), 禦(어)와 이음(ふせぐ)을 같이한다.

杭 항	訓読	くい
	音読	コウ

訓読풀이

• くい ：杭(항)은 말뚝을 뜻한다. 말뚝은 무엇을 받치거나 푯말로 하기 위하여 꽂아 놓은 기둥 모양의 물건을 가리킨다.

'꽂아-고아-고이-구이-くい'로 이어진다.

〔参考〕杙(익 : くい)와 이음을 같이한다.

人名訓読例

• くい : 杭瀬(くいぜ), 杭迫(くいせこ), 杭全(くいぜ · くいまた), 杭ノ瀬(くいのせ).

巷 항	訓読	ちまた
	音読	コウ

訓読풀이

• ちまた : 巷(항)은 마을 안의 좁은 길, 길 모퉁이, 갈림길 등을 뜻한다.
'길 모퉁이'에서 '길'을 뜻하는 ち(길-질-지-ち)와 '모퉁이'에서의 '모투-마타-また'가 합성되어 ちまた가 된다.

恒 항	訓読	つね·つねに
	人名訓読	のぶ·ひさ(し)·ひとし·ひろ·よし
	音読	コウ

訓読풀이

① 恒 : 恒(항)은 이제나, 저제나, 언제나 변하지 아니함을 뜻한다〈恒星不見 : 左氏傳 (항성불견 : 좌씨전)〉.
'제나'에서 '주나-주네-つね'로 이어진다.

② のぶ : 恒은 恒山(항산)을 가리킨다. 중국 5악(嶽)의 하나로 北嶽(북악), 常山(항산)이라고도 한다.
'높은 산'에서 '높-노푸-のぶ'로 이어진다.

③ ひさ(し) : 恒은 널리 뻗치는 것, 미치는 것을 뜻한다〈恒以年歲 : 漢書 (항이년세 : 한서)〉.
'뻗쳐'에서 '버처-비서-비사-ひさ(し)'로 이어진다.

④ ひとし : 恒은 하나 같이 변하지 아니하고 같음을 나타낸다.
하나를 뜻하는 '홀'에서 '힐-히도(받침 ㄹ-'도'로 분절)-ひと(し)'로 이어진다.

⑤ ひろ : ③에서 널리 뻗친다는 것은 널리 펼쳐짐을 뜻한다.
'펼'에서 '벌-빌-비로-ひろ'로 이어진다.

⑥ よし : 恒은 일정불변의 옳은 것을 가리킨다(恒德 : 항덕).
'옳다'에서 '올-오시(ㄹ-'시'로 분절)-よし'로 이어지고, '옳지'에서 '오시-よし'로 이어진다.

人名訓読例

① つね · ひさ · ひさし · ひとし : 恒(외자 名).

② つね : 恒康(つねやす), 恒健(つねたけ), 恒徳(つねのり · つねよし), 恒博(つねひろ), 恒文(つねふみ), 恒長(つねなが).

③ のぶ : 恒俊(のぶとし · つねとし).

④ ひさ : 恒彦(ひさひこ · つねひこ), 恒子(ひさこ · つねこ), 恒次(ひさつぐ · つねつぐ), 恒充(ひさみ).

⑤ ひろ : 恒祐(ひろつぐ).

⑥ よし : 恒恵(よしえ).

降 항·강	訓読	くだる
	音読	コウ·ゴウ

訓読풀이

• くだる : 降(항)은 항복(降伏)을 뜻한다.
敵(てき)の軍門(ぐんもん)にくだる 하면 적 앞에 목을 떨어뜨려 허리를 굽혀(伏) 패전을 인정하는 것이다.

'굽다'에서 '굽더라–구다루–くだる'로 이어진다.

〔参考〕 내리는 것을 뜻하는 降(강)은 降(お)りる · 降(ふ)る로 훈독된다〈降(강) 참조〉.

航 항	訓読	わたる
	音読	コウ

訓読풀이

- わたる : 航(항)은 배(舟)를 타고 바다를 건너가는 것을 뜻한다. ㉮ 바다가 동사화 되어 '바다'에서 '아다(ㅂ–ㅇ으로 변음)–わたる'로 이어진다. ㉯ 건너가 잇닿는 것을 뜻한다. '잇닿다'에서 '이다–아다–わたる'로 이어진다.
  〔参考〕 渡(도 : わたる)와 이음을 같이한다.

人名訓読例

- わたる : 航(외자 名).

港 항	訓読	みなと
	人名訓読	つ
	音読	コウ

訓読풀이

① みなと : 港(항)은 물(み)이 드나드는 문(門)을 뜻한다.
물을 뜻하는 み와 문을 뜻하는 と(덧문에서의 '덧–더–도–と')가 합성되어 'みのと–みなと'로 이어진다. 水の門가 된다.

② つ : 港은 둑으로 쌓인 항구(港口)이다. 뚝 자체가 항구가 된다.
'둑'에서 '두–つ'로 이어진다. 일본에서 제일 큰 호수가 琵琶湖(びわこう)이고 그 주변에 있는 도시 중 제일 큰 시가 大津(おおつ)이다. 大津의 津(진)도 '둑'에서 '두–つ'로 이어진다.

人名訓読例

① みなと : 港崎(みなとさき), 港道(みなとみち), 港野(みなとの).

② つ : 港本(つもと), 港元(つもと).

項 항	訓読	うなじ
	音読	コウ

訓読풀이

- うなじ : 項(항)은 목의 뒷부분, 즉 목덜미를 뜻한다. 목(首)은 몸에서 위에 있는 부분을 말한다.
  '위'에서 위–우–う로, 소유격을 나타내는 の의 변음 な(너 네 것, 김가네 것 등에서의 '네'에서 の · な로 이어짐)와 합성되어 うな로 이어지고, 뒤(後)를 뜻하는 しり('뒤로'에서 '디로–디리–시리–しり)의 준말 し(じ)와 합성되어 うなじ가 된다.

【해】

咳 해	訓読	せき · しわぶき
	音読	ガイ

訓読풀이

① せき : 咳(해)는 기침을 뜻한다. 다른 말로는 재채기이다.
'재채기'에서 '재기–せき'로 이어진다.

② しわぶき : 기침을 할 때 주름살이 불어난다.
'주름 불구'에서 '주움부기–지우부기–지아부기–しわぶき'로 이어진다.
〔参考〕 皴(준), 皺(추)와 이음(しわ)을 같이한다.

孩 해	訓読	あかご · ちのみご
	音読	ガイ

訓読풀이

① あかご : 孩(해)는 어린아이 · 꼬마아이를 뜻한다. 어린아이의 피부는 익은 과일처럼 발간빛을 띤다. ㉮ '익다'에서 '익-악-아가-あか'로 이어지고, '꼬마'의 꼬-ご와 합성되어 あかご가 된다. ㉯ '발간'에서 '발가-바가-아가(ㅂ-ㅇ으로 변음)-あか'로 이어지고, ご와 합성되어 あかご가 된다.

② ちのみご : 孩는 젖먹이를 뜻한다.
'젖'에서 '저-지-ち'로, 먹는 것을 뜻하는 のみ(입으로 '넣음'에서 '넘-놈-노미-のみ)로 이어져 ちのみ로 합성되고, '꼬마'의 ご가 붙어 ちのみご로 이어진다.

海(海) 해	訓読	うみ
	人名訓読	えび
	音読	カイ

訓読풀이

① うみ : ㉮ 海(해)는 바다를 뜻한다. 바다는 파도(波濤)가 너울 거리는 곳이다. '너울'에서 '넘-눔-움(ㄴ-ㅇ으로 변음)-우미-うみ'로 이어진다. 너울은 うみ로 이어지는 것 외에 '남-나미-なみ'로도 이어져 파도가 되고, '너울-너우-니와-にわ'로도 이어져 지명 難波(なにわ)에도 남아 있다. ㉯ 바다는 물이다. '물'에서 '무-미-み'로 이어지고, 접두어 う가 붙어 うみ가 된다.

② えび : 海老(해로)는 えび로 훈독된다. 새우는 늙은 '할아비(할애비)'의 등처럼(새우등이라 함) 굽어 있다. えびのように腰(こし)の曲(ま)がった老人(ろうじん)たち 하면 새우처럼 허리가 굽은 할애비들이라는 뜻이다.
'(할)애비'에서 '에비-えび'로 이어진다.
〔参考〕 蝦(하 : えび)와 이음을 같이한다.

人名訓読例

① うみ : 海林(うみはやし), 海岸(うみぎし), 海田(うみた), 海際(うみきわ), 海住(うみすみ), 海川(うみかわ).

② えび : 海老谷(えびたに), 海老島(えびしま), 海老名(えびな), 海老原(えびはら), 海老田(えびた), 海老沢(えびさわ).

害 해	訓読	そこなう
	音読	ガイ

訓読풀이

• そこなう : ㉮ 害(해)는 죽이는 것을 뜻한다(殺害 : 살해). '죽이다'에서 '죽-족-속-소고-そこなう'로 이어진다. ㉯ 飲(の)み過(す)ぎは健康(けんこう)をそこなう 하면 과음은 건강을 害친다 즉 건강을 썩게 한다는 뜻이다. '썩다'에서 '쏙-소고-そこなう'로 이어진다.
〔参考〕 損(손 : そこ)なう와 이음을 같이한다.

偕 해	訓読	とも
	音読	カイ

訓読풀이

• とも : 偕(해)는 함께 동무하는 것을 뜻한다. 偕老(해로)는 부부가 동무해서 함께 늙어감을 뜻한다.
'동무'에서 '도무-도모-とも'로 이어진다.

人名訓読例

• とも : 偕宣(とものぶ), 偕爾(ともじ), 偕子(ともこ), 偕充(ともみつ), 偕幸(ともゆき).

楷 해	人名訓読	ただし·のり
	音読	カイ

訓読풀이

① ただし : 楷(해)는 떳떳하고 방정(方正)하여 본보기가 됨을 뜻한다.
'떳떳'에서 '더더－다다시－ただし'로 이어진다.

② のり : 楷는 올바름을 뜻한다.
'올'에서 '올－오시(받침 ㄹ－'시'로 분절)－よし'로 이어진다.
〔参考〕 楷書(해서)는 書體(서체)의 하나로, 글자 모양이 가장 반듯(떳떳)하고 올바른 正書(정서)라는 뜻이다.

人名訓読例

① ただし : 楷(외자 名).
② のり : 楷子(のりこ).

解 해	訓読	とかす·とく·とける·ほぐす·ほぐれる·ほつれる·ほどく·ほどける·わかる
	人名訓読	さとる·ひろ
	音読	カイ·ゲ

訓読풀이

① とかす · とく · とける : 解(해)는 뜯는 것, 뜯어 털어 내는 것을 뜻한다. 包(つつ)みをとく 하면 보따리를 뜯어내는 것, 뜯어서 속에 있는 것을 털어(풀어)내는 것을 뜻한다. ㉮ '뜯다'에서 '뜯게－드게－도게－とける'로 이어진다. ㉯ '털다'에서 '털게－터게－토게－とける'로 이어진다.

② ほぐす · ほぐれる : 解는 굳어진 것 등을 푸는 것을 뜻한다. 緊張(きんちょう)をほぐす 하면 긴장을 푸는 것이고, 肩(かた)の凝(こ)りをほぐす 하면 빼근한 어깨를 주물러서 풀어 주는 것이다.
'풀다'에서 '풀구－푸구－포구－ほぐす'로 이어진다.

③ ほつれ · ほつれる : 髪(かみ)がほつれる 하면 머리가 풀려 흐트러지는 것을 뜻한다.
'흐트러'에서 '호투레－ほつれ'로 이어진다.

④ ほどく · ほどける : 帯(おび)をほどく 하면 띠를 푸는 것, 荷物(にもつ)をほどく 하면 짐을 푸는 것을 뜻한다.
'풀다'에서 '푸도(받침 ㄹ－'도'로 분절)－보도－ほどく'로 이어진다.

⑤ わかる : 音楽(おんがく)がわかる 하면 음악을 알게 됨을 뜻한다.
'알게'에서 '아게－아가－わかる'로 이어진다.
〔参考〕 分(분), 判(판)과 이음(わかる)을 같이한다.

⑥ さとる : 解는 눈이 뜨이어 깨닫는 것을 뜻한다(開眼 : 개안).
'뜨다'에서 '떠－더더－다도－사도－さとる'로 이어진다.

⑦ ひろ : 解(해)는 벌려(열어) 푸는 것을 뜻한다. ㉮ '벌려'에서 '벌－빌－비로－ひろ'로 이어진다. ㉯ '풀다'에서 '풀－불－빌－ひろ'로 이어진다.

人名訓読例

① とき · さとる : 解(외자 名).
② とき : 解部(ときべ), 解子(ときこ · ひろこ).
③ ひろ : 解子(ひろこ · ときこ).

該 해	訓読	あたる·かねる
	音読	ガイ

訓読풀이

- あたる : ㉮ 該(해)는 바로 그것(其)이 들어맞는 것을 뜻한다. '맞다'에서 '마다-아다(ㅁ-ㅇ으로 변음)-あたる'로 이어진다. ㉯ 該는 마땅히 들어맞음을 뜻한다. '마땅'에서 '마다-아다-あたる'로 이어진다. ㉰ '들어맞다'에서 '들-드루-다루-たる'로 이어지고, 접두어 あ가 붙어 あたる가 된다. 한국어에서 '들다'와 '맞다'는 같은 뜻을 갖는다. 즉 맞아야 들어가게 된다.

  〔参考〕当(당 : あ)たる와 이음을 같이한다.

② かねる : 該는 같이하는 것, 겸(兼)하는 것을 뜻한다〈旁該終始 : 太玄經 (방해종시 : 태현경)〉.
'같다'에서 '같네-가네-かねる'로 이어진다.
〔参考〕兼(겸 : か)ねる와 이음을 같이한다.

懈 해	訓読	おこたる
	音読	カイ·ケ·ゲ

訓読풀이

- おこたる : 懈(해)는 마음(忄)이 풀리어(解) 게으르고 고달퍼짐을 나타낸다.
  '고달'에서 '고다루-こたる'로 이어지고, 접두어 お가 붙어 おこたる가 된다.
  〔参考〕台(태), 타(惰), 만(慢), 라(懶)와 이음(おこたる)을 같이한다.

諧 해	訓読	かなう·ととのう·やわらぐ
	人名訓読	かのう
	音読	カイ

訓読풀이

① かなう : 諧(해)는 모두 같이 되어 화합을 이룸을 뜻한다.
'같다'에서 '같네-가네-가나-かなう'로 이어진다.
〔参考〕適(적), 叶(협)과 이음(かなう)을 같이한다.

② とどのう : 諧는 잘 다듬어 고르는 것을 뜻한다.
'다듬다'에서 '다듬-다드는-도도는-도도노-とどのう'로 이어진다.
〔参考〕調(조), 整(정)과 이음(とどのう)을 같이한다.

③ やわらぐ : 諧는 어울려 화합함을 뜻한다.
'어울려'에서 '아우러-아아라-やわらぐ'로 이어진다.
〔参考〕和(화 : やわら)ぐ와 이음을 같이한다.

④ かのう : ①의 かなう의 변음.

人名訓読例

- かのう : 諧(외자 名).

駭 해	訓読	おどろく
	音読	ガイ

訓読풀이

- おどろく : 駭(해)는 놀라는 것을 뜻한다(駭魄 : 해백).
  '놀라다'에서 '놀라-올라(ㄴ-ㅇ으로 변음)-오도라(받침 ㄹ-'도'로 분절)-おどろく'로 이어진다.
  〔参考〕驚(경), 愕(악)과 이음(おどろく)

하

을 같이한다.

骸 해	訓読	むくろ
	音読	ガイ

訓読풀이

- むくろ : 骸(해)는 몸에서 살이 벗겨서 밀려나가 肉脫(육탈)하여 뼈만 남은 骸骨(해골)을 뜻한다.
  '밀다'에서 '밀거라-미구라-무구로-むくろ'로 이어진다.

蟹 해	訓読	かに
	音読	カイ

訓読풀이

- かに : 蟹(해)는 게를 뜻한다. 제주방언에서 게를 '깅이'라 한다.
  '깅이'에서 '긴이-기니-가니-かに'로 이어진다.

人名訓読例

- かに : 蟹江(かにえ), 蟹谷(かにたに), 蟹池(かにいけ), 蟹守(かにもり), 蟹子丸(かにこまる), 蟹助(かにすけ).

【핵】

核 핵	訓読	さね
	人名訓読	もと
	音読	カク

訓読풀이

① さね : 核(핵)은 씨를 뜻한다.
'씨'에서 '시-사-さ'로 이어지고, 접미어 ね가 붙어 さね로 된다. 種(종)이 '씨'에서 '시-사-다-た'로 이어지고 접미어 ね가 붙어 たね로 이어지는 것과 같은 이치이다.
〔参考〕実(실)과 이음(さね)을 같이한다.

② もと : 核은 씨를 뜻하면서 뿌리 등 사물의 核心(핵심), 즉 사물의 밑바탕을 뜻한다.
'밑'에서 '몯-모토-もと'로 이어진다.

人名訓読例

- もと : 核太郎(もとたろう).

【행】

行 행	訓読	いく·ゆく·おこなう
	人名訓読	なめ·なす·なる·みち·むか·すすむ·つとむ·とおる·まこと·よし
	音読	コウ·ギュウ·アン

訓読풀이

① いく・ゆく : ㉮ 行く(いく・ゆく)人(ひと)는 가는 사람, 来る(くる)人(ひと)는 오는 사람을 뜻한다. 명령형으로 いけ 하면 '가라'는 뜻이고 こい 하면 '오라'는 뜻이다. 여기 '있게' 하면 가지 말고 여기 있으라는 말이고, '가' 하면 오지 말고 가라는 뜻이다. 유사한 음을 어간으로 하는 한국어와 일본어가 그 의미에서는 완전히 바뀐다. '간다'는 뜻의 行く(いく・ゆく)는 도착지에서 보면 온다는 뜻이 되고 '온다'는 뜻의 来る(くる)는 출발지에서 보면 간다는 뜻이 된다. 영어에서도 May I come to your house next Sunday처럼 도착지에서 보아 go를 안 쓰고 온다는 뜻의 come을 써서 come은 온다는 뜻이 아니라 간다는 뜻으로 바뀐다. '오다'에서 '오구-이구-いく(ゆく)'로 이어지지만 그 뜻은 '가다'로 反意語化되고, '가다'에서 '가라-구라-구루-

くる'로 이어지지만 그 뜻은 '오다'로 반의어화 된다. ㉯ 行은 옮기는 것을 뜻한다〈氣不行 : 素門 (기불행 : 소문)〉. '옮기다'에서 '옴구-오구-이구-いく(ゆく)'로 이어진다. ㉰ 行은 나(아)가는 것을 뜻한다. '나가다'에서 '나가-아가(ㄴ-ㅇ으로 변음)-아구-이구-いく(ゆく)'로 이어진다.

② おこなう : ㉮ 行은 무슨 일이 일어나는 것을 뜻한다. '일다'에서 '일고-이고-오고-おこなう'로 이어진다. ㉯ '일어나다'에서 '나다-나고-노고-오고(ㄴ-ㅇ으로 변음)-おこなう'로 이어진다. ㉰ 무슨 일을 行하는 것, 즉 하는 것을 뜻한다. '하다'에서 '하고-아고(ㅎ-ㅇ으로 변음)-오고-おこなう'로 이어진다.

③ なめ · なす · なる : ㉮ 行은 무슨 일이 일어나는 것을 뜻한다. '일어나다'에서 '나다-남-나메-なめ'로 이어진다. ㉯ '일어나는 것'은 어떤 결과, 변화가 일어나는 것을 뜻한다. '나다'에서 '나서-나수-なす'로 이어지고, 또한 '나라-나루-なる'로 이어진다.

〔参考〕 生(생) · 成(성)과 이음(なす · なる)을 같이한다.

④ みち : 行은 道路(도로), 道理(도리), 즉 길(道)을 뜻한다〈行有死人 : 詩經 (행유사인 : 시경), 女子有行 : 詩經 (여자유행 : 시경)〉. 길이 있으면 마을이 있고, 마을 있는 곳에 길이 있다. 즉 길은 마을이 된다.

'마을'에서 '말-밀-미찌(받침 ㄹ-'찌'로 분절)-みち'로 이어진다.

⑤ むか : 行은 빈객(賓客)을 맞이하던 벼슬이름이다.

'맞고'에서 '마가-무가-むか'로 이어진다.

⑥ すすむ : 行은 뛰어나감을 뜻한다(進行 : 진행).

'뛰다'에서 '뜀-뚬-두둠-수숨-수수무-すすむ'로 이어진다.

〔参考〕 進(진 : すす)む와 이음을 같이한다.

⑦ つとむ : 行은 애쓰는 것, 힘쓰는 것을 뜻한다.

'쓰다'에서 '스도-つとむ', 또는 '씀'에서 '씀-수수무-수도무-つとむ'로 이어진다.

〔参考〕 勤(근), 務(무), 努(노), 勉(면)과 이음(つとむ)을 같이한다.

⑧ とおる : 行은 어느 한 곳을 뚫어 나감을 뜻한다(通行 : 통행).

'뚫어'에서 '두어-도오-とおる'로 이어진다.

〔参考〕 通(통 : とおる)와 이음을 같이한다.

⑨ まこと : 行은 바른 행위, 즉 맞는 것을 행함을 말한다.

'맞는 것'에서 '마겆-마곧-마고도-まこと'로 이어진다.

⑩ よし : 行은 옳은 일을 행함을 뜻한다.

'옳다'에서 '올-오시(받침 ㄹ-'시'로 분절)-よし'로 이어지고, '옳지'에서 '오시-よし'로 이어진다.

人名訓読例

① すすむ · つとむ · とおる · なめ · まこと · ゆき : 行(외자 名).

② いき : 行形(いきなり · なめかた).

③ いく : 行吉(いくよし · ゆきよし · ゆくよし), 行男(いくお · ゆきお), 行野(いくの), 行子(いくこ · みちこ · ゆきこ · ゆくこ).

④ ゆき : 行広(ゆきひろ), 行待(ゆきま

하

ち), 行本(ゆきもと), 行山(ゆきやま), 行安(ゆきやす), 行友(ゆきとも).

⑤ ゆく : 行基(ゆくもと), 行田(ゆくた · ゆきた · なめた), 行生(ゆくお · ゆきお · ゆきのり), 行也(ゆくや · ゆきや), 行子(ゆくこ · ゆきこ · みちこ · いくこ), 行造(ゆくぞう · ゆきぞう).

⑥ なめ : 行岡(なめおか · ゆきおか · ゆくおか), 行沢(なめさわ), 行川(なめかわ), 行形(なめかた · いきなり), 行方(なめかた · ゆくかた · なすかた), 行貝(なめかい).

⑦ なす : 行方(なすかた · なめかた).

⑧ なる : 行木(なるき · なめき · ゆきき).

⑨ みち : 行雄(みちお · いくお · ゆきお), 行子(みちこ · いくこ · ゆきこ), 行虎(みちたけ), 行人(みちと · ゆきと).

⑩ むか : 行縢(むかはぎ).

⑪ よし : 行蔵(よしぞう).

⑫ おくな(おこな의 변음) : 行田(おくなた · なめた · ゆきた · ゆくた).

幸 행	訓読	さいわい·さち·しあわせ·みゆき
	人名訓読	ゆき·よし
	音読	コウ

訓読풀이

① さいわい : 不幸中(ふこうちゅう)のさいわい는 불행 중 다행이라는 말로, 다른 표현으로는 액(厄)을 면해 정말 좋다는 뜻이다.
'좋다'에서 '조아-자아-사이아이-さいわい'로 이어진다.

② さち : ①의 '좋다'에서 '조치-자치-사치-さち'로 이어진다.

③ しあわせ : ①의 '좋다'에서 '조아아서-지아아세-しあわせ'로 이어진다.

④ みゆき : ㉮ みゆき(御幸 : 어행)는 천황 · 임금의 행차를 뜻한다<設壇場望幸 : 漢書 (설단장망행 : 한서)>. かみ(神), 君(きみ)의 み와 옮겨 가는 것을 뜻하는 ゆき('옮기다'에서 '오기-유기-ゆき')가 합성되어 みゆき가 된다. ㉯ '오다'에서 '오게-우게-유기-ゆき'로 이어지고(뜻은 반대로 '가다'로 반의어화(反意語化) 됨), み와 합성되어 みゆき로 이어진다<行(행) 참조>.

⑤ ゆき : ④의 みゆき의 준말.

⑥ よし : 幸은 옳은 행복, 은총을 뜻한다.
'옳다'에서 '올-오시(받침 ㄹ-'시'로 분절)-よし'로 이어지고, '옳지'에서 '오시-よし'로 이어진다.

人名訓読例

① さいわい · さち · みゆき · ゆき · よし : 幸(외자 名).

② さ · さい(さいわい의 준말) : 幸崎(さいさき), 幸島(さしま · ゆきしま), 幸神(さいのかみ).

③ さち : 幸原(さちはら), 幸風(さちかぜ), 幸丸(さちまる), 幸有(さちあり), 幸子(さちこ · ゆきこ), 幸翰(さちぶみ).

④ ゆき : 幸村(ゆきむら), 幸田(ゆきた), 幸健(ゆきやす), 幸基(ゆきもと), 幸徳(ゆきのり), 幸守(ゆきもり).

⑤ よし : 幸亮(よしすけ), 幸明(よしあき · ゆきあき), 幸成(よしなり · ゆきなり · ゆきしげ), 幸信(よしのぶ · ゆきのぶ), 幸長(よしなが), 幸行(よしゆき).

倖 행	訓読	さいわい
	音読	コウ

訓読풀이

• さいわい : 幸(행 : さいわい)과 이음을 같이한다〈幸(행) 참조〉.

絎 행	訓読	くける
	音読	コウ

訓読풀이

• くける : 絎(행)은 공그르는 것을 뜻한다. 공그르는 것은 헝겊의 시접을 접어 맞대고 바늘을 번갈아 넣어가며 실땀이 겉으로 나오지 않도록 속으로 떠서 꿰매는 것을 말한다.
'공구르다'에서 '공그루–고구루–구게루–くける'로 이어진다.

【향】

向 향	訓読	むかう·むく·むける·むこう·さきに
	音読	コウ·キョウ

訓読풀이

① むかう : 向(향)은 무엇을 맞대고(마주하고) 있음을 나타낸다. 風(かぜ)にむかう 하면 바람을 맞대고(마주하고) 있음을 뜻하고, 敵(てき)にむかう 하면 적을 맞아 싸울 참이라는 뜻이다.
'맞고'에서 '마가–무가–むかう'로 이어진다.

② むく · むける : 向은 두 가지 뜻으로 쓰이는데, 그것은 한국어 '맞다'가 두 가지 뜻으로 쓰이는 것과 상통한다. ㉮ 어느 쪽을 마주하여(맞대어) 있거나 보는 것을 나타낸다. 南(みなみ)に向(む)いた家(いえ) 하면 남쪽으로 마주한 집으로 남향집을 말한다. '맞다'에서 '맞구–마구–무구–むく'로 이어진다. ㉯ 어울리는 것을 뜻하는 '맞다'라는 의미도 갖는다. 女性(じょせい)に向く職業(しょくぎょう) 하면 여성에게 맞는 직업이라는 뜻이다. '맞다'에서 '마구–무구–むく'로 이어진다.

③ むこう : 맞은편을 뜻한다. むこうの家(いえ) 하면 마주하고 있는 맞은편 집을 뜻한다.
'맞다'에서 '맞고–마고우–まこう'로 이어진다.

④ さきに : 向은 저기로 가는 向方(향방)을 말한다.
'저기'에서 '자기–사기–さきに'로 이어진다. ③의 맞은편 집이란 저기 있는 집이라는 말과 같다.
〔参考〕 先(선)과 이음(さき)을 같이한다.

人名訓読例

① むかう · むこう : 向(외자 名).

② むかい : 向谷(むかいや · むかいだに), 向面(むかいずら · むかいつら), 向山(むかいやま · むこうやま), 向原(むかいはら · むこうはら), 向田(むかいだ · むこうだ), 向平(むかいひら).

③ むか : 向江(むかえ), 向笠(むかさ), 向野(むかの), 向日(むかひ), 向左(むかさ).

④ むこう : 向口(むこうぐち), 向島(むこうじま), 向嶋(むこうじま), 向里(むこうざと), 向川(むこうがわ · むかいがわ), 向原(むこうはら).

⑤ むこ : 向吉(むこよし), 向畑(むこはた).

⑥ さき : 向久(さきひさ), 向坂(さきさか · むかいさか · むこうさか), 向意(さきお).

하

享 향	訓読	うける·すすむ·すすめる
	人名訓読	たか
	音読	キョウ

訓読풀이

① うける : 享(향)은 얻는 것, 받는 것을 뜻한다〈享其生祿 : 左氏傳 (향기생록 : 좌씨전)〉. '얻다'에서 '얻거라-어게라-우게루-うける'로 이어진다.

〔参考〕 受(수 : う)ける와 이음을 같이한다.

② すすむ·すすめる : 享은 대접을 하면서 의지, 기운 등을 북돋아 주는 것을 뜻한다〈享以訓共儉 : 左氏傳 (향이훈공검 : 좌씨전)〉.

'돋아주다'에서 '도둠-두둠-수숨-수수무-すすむ'로 이어진다.

③ たか : 享은 神(신), 天子(천자), 祖上(조상) 등 높이 떠받드는 분들에게 제사드리고 진헌(進獻)하는 것을 뜻한다.

'뜨다'에서 '뜨고-다고-다가-たか'로 이어진다.

人名訓読例

• たか : 享久(たかひさ), 享詳(たかよし), 享秀(たかひで), 享徳(たかやす), 享英(たかふさ), 享一(たかかず).

香 향	訓読	か·かおり·かおる·におう
	人名訓読	にお
	音読	コウ·キュウ

訓読풀이

① か·かおり·かおる : 香(향)은 향료를 불에 은근히 그을려 태웠을 때 나는 향긋한 좋은 냄새 또는 향로나 제전(祭典) 등에 피우는 향냄새 나는 물건을 뜻한다. 焚香(분향), 燒香(소향), 薰香(훈향)은 香이 불에 그을려 태웠을 때(焚·燒·薰) 나는 냄새임을 말해준다.

'그을려'에서 '그으리-그오리-가오리-かおり'로 이어진다.

〔参考〕 薰(훈 : かおり)과 이음을 같이한다.

② にお·におう : 香은 좋은 냄새·내음이다.

'내음'에서 '니음-니으-니오-'にお'로 이어진다.

人名訓読例

① か(かおり의 준말) : 香山(かやま), 香林(かもり), 香中(かなか), 香川(かがわ), 香村(かむら), 香春(かはる).

② にお : 香方(におかた), 香芳(におかた).

郷(鄕) 향	訓読	さと
	人名訓読	くに
	音読	キョウ·ゴウ

訓読풀이

① さと : 鄕(향)은 故鄕(고향)을 뜻한다. ㉮ 고향은 어느 개인, 가족의 삶터가 있는 곳이다. '삶터'에서 '사터-사토-さと'로 이어진다. ㉯ 고향을 떠난, 예컨대 失鄕民(실향민)에게는 고향은 옛날 살던 곳, 살던 터로 鄕愁(향수) 속에 남는다. '살던 터'에서 '살터-사터-사토-さと'로 이어진다. 또한 '살던'에서 '사더-사도-さと'로 이어진다.

② くに : 故鄕은 鄕國(향국)으로 불리우기도 한다. 고향나라로 이해할 수 있다〈鄕國不知何處是 : 張祜 (향국부지하처시 : 장호)〉.

国이 큰 나라로 일컬어지는데서 '크네-

크니-구니-くに'로 이어진다.

〔参考〕国(국 : くに)와 이음을 같이한다.

人名訓読例

① さと : 郷成(さとなり), 郷子(さとこ), 郷弘(さとひろ), 郷宮(さとみや), 郷頭(さとがしら), 郷家(さといえ)

② くに : 郷義(くによし), 郷康(くにやす).

餉 향	訓読	かれい
	音読	ショウ

訓読풀이

• かれい : 餉(향)은 건량(乾糧), 즉 말린 음식을 뜻한다. 말렸기 때문에 쉽게 변하지 않아 軍糧(군량)으로 쓰이게 된다. 말린 음식은 갈라지기 쉽다. 枯れ(かれ)色(いろ)는 마른 빛깔, 枯れ木(き)는 마른 나무를 이른다. 색깔이나 나무나 마르면 갈라지게 되어 있다.
'갈라'에서 '가라-가레-かれい'로 이어진다.
〔参考〕枯(고), 涸(고)와 이음(かれる)을 같이한다.

人名訓読例

• かれい : 餉沢(かれいざわ).

響(響) 향	訓読	ひびく
	音読	キョウ

訓読풀이

• ひびく : ㉮ 響(향)은 소리, 반향, 영향, 소문 등이 멀리까지 뻗는 것을 뜻한다. 喜(よろこ)びの声(こえ)天(てん)にひびく 하면 환성이 하늘까지 뻗는다는 뜻이다. '뻗다'에서 '뻗구-버버구-비비구-ひびく'로 이어진다. ㉯ 響은 펴져나가는 것을 뜻한다. 山(やま)にひびく 하면 소리가 산에 울려 펴져 메아리친다는 뜻이다. '펴다'에서 '펴구-피구-히히구-ひびく'로 이어진다.

人名訓読例

• ひびき : 響(외자 名).

【허】

虛(虚) 허	訓読	むなしい·うつけ· うつける·うつろ·うろ
	音読	キョ·コ

訓読풀이

① むなしい : 虛(むな)しい生活(せいかつ)는 공허(空虛)한 생활이라는 뜻인데, 다른 말로 풀이 하면 사람이 못나서 겪는 헛된, 보람 없는 생활이라는 것이 된다. わたしの青春(せいしゅん)はむなしく過(す)ぎ去(さ)ったは 나의 청춘은 내가 못나서 헛되이 지나갔다는 뜻이다.
'못나서'에서 '모나서-무나시-むなしい'로 이어진다.

② うつけ · うつける · うつろ · うろ : 속이 열려 텅 비어 있음을 뜻한다. 속이 비어있다는 멍청함을 말한다. うつけ · うつろ는 바보, 멍청이도 뜻하고, うつ에서 동사화 되어 うつける는 속이 비는 것, 멍청해지는 것을 뜻하게 된다.
'열다'에서 '열-울-우쓰(받침 ㄹ-'쓰'로 분절)-うつ'로 이어진다.
〔参考〕空(공 : うつ)け, 空(うつ)ける, 空(うつ)ろ, 空(うろ)와 이음을 같이한다.

人名訓読例

• うつ : 彦(うつひこ).

하

許 허	訓読	もと·ゆるす
	音読	キョ

訓読풀이

① もと : 許(허)는 맡기는 것을 뜻한다〈老母在 政身未敢以許人也 : 史記 (노모재정신미감이허인야 : 사기)〉.
'맡기다'에서 '맡-뫁-모토-もと'로 이어진다.

② ゆるす : ㉮ 入学(にゅがく)を許(ゆる)す 하면 입학을 허가한다. 즉 학생 신분을 누린다는 뜻이고, 営業(えいぎょう)をゆるす 하면 영업허가를 받아 장사할 권리를 누린다는 뜻이다. '누리다'에서 '누려-누루-유루(ㄴ-ㅇ으로 변음)-ゆるす'로 이어진다. ㉯ 허가하는 것은 허가 기준을 느슨하게(느릿하게) 한다는 뜻이다. '느리다'에서 '누려-누루-유루(ㄴ-ㅇ으로 변음)-ゆるす'로 이어진다. ㉰ 허가는 묶었던 것(규제 등)을 놓아주는 것을 뜻한다. '놓다'에서 '노라-누라-누루-유루(ㄴ-ㅇ으로 변음)-ゆるす'로 이어진다.

人名訓読例

• もと : 許山(もとやま), 許田(もとだ), 許子(もとこ).

噓 허	訓読	うそ·ふく
	音読	キョ

訓読풀이

① うそ : 噓(허)는 거짓말을 뜻한다. 거짓말은 헛말, 헛소리이다.
'헛'에서 '엇(ㅎ-ㅇ으로 변음)-웃-우소-うそ'로 이어진다.

② ふく : 噓은 허풍을 부는 것을 뜻한다.
'불다'에서 '불구-부구-ふく'로 이어진다.

〔参考〕 吹(취 : ふ)く와 이음을 같이한다.

【헌】

軒 헌	訓読	のき
	音読	ケン

訓読풀이

• のき : 軒(헌)은 처마를 뜻한다. 처마는 지붕의 끝 부분으로 밖으로 늘어져 나와 있다.
'늘다'에서 '늘고-누고-노고-노기-のき'로 이어진다.

人名訓読例

• のき : 軒(외자 名).

憲 헌	訓読	のり
	人名訓読	あきら·さだ·さとし·ただし·ただす·とし·まこと·よし
	音読	ケン

訓読풀이

① のり : 憲(헌)은 법규 · 규정 · 모범 등을 뜻한다. 모두 옳음을 전제로 한다.
'옳다'에서 '올-오리-노리(ㅇ-ㄴ으로 변음)-のり'로 이어진다.

② あきら : 憲은 옳음을 밝혀내는 것을 나타낸다〈文武是憲 : 詩經 (문무시헌 : 시경)〉.
'밝히다'에서 '바키라-아키라(ㅂ-ㅇ으로 변음)-あきら'로 이어진다.

③ さた : 법규 · 규정 등은 나라와 사회의 질서를 잘 잡아 정의(옳음)를 실현한다. ㉮ '잘'에서 자다(받침ㄹ-'다'로 분절)-さた'로 이어진다. ㉯ '잡다'에서 '자다-

さた'로 이어진다.

〔参考〕定め(정 : さため)와 이음을 같이 한다.

④ さとし : 憲은 눈을 뜨게 하여(開眼) 옳음을 가르친다.

'뜨다'에서 '떠-따-다다-사도-さと(し)'로 이어진다.

⑤ ただし · ただす : ㉮ 憲은 옳고 그름을 따지는 정의의 척도(尺度)가 된다. '따지다'에서 '따저서-다다서-ただし'로 이어진다. ㉯ 행실을 옳게, 바르게 갖는 자는 떳떳하다. '떳떳'에서 '더덧-다닷-다다시-ただし'로 이어진다.

⑥ とし : 본보기(憲)가 되는 자는 다른 모든 사람에게 그 인품이 돋보인다.

'돋'에서 '돗-도시-とし'로 이어진다.

⑦ まこと : 憲은 도리에 맞는 것을 규정한다.

'맞는 것-마것-마곧-마고도-まこと'로 이어진다.

⑧ よし : ①에서의 '옳다'에서 '올-오시(받침 ㄹ-'시'로 분절)-よし'로 이어지고, '옳지'에서 '오시-よし'로 이어진다.

人名訓読例

① あきら · さとし · ただし · ただす · とし · まこと : 憲(외자 名).

② のり : 憲基(のりもと), 憲道(のりみち), 憲文(のりふみ), 憲章(のりあき · のりゆき), 憲政(のりまさ), 憲子(のりこ).

③ さだ : 憲夫(さだお · としお · のりお).

④ とし : 憲久(としひさ · のりひさ), 憲紀(としのり), 憲信(としのぶ), 憲雄(としお · のりお), 憲正(としまさ · のりまさ), 憲治(としはる · のりはる).

⑤ よし : 憲明(よしはる · のりあき), 憲彦(よしひこ).

【험】

険(險) 험	訓読	けわしい
	音読	ケン

訓読풀이

- けわしい : 険(험)은 고약스러움을 나타낸다. 険(けわ)しい目(め)つき 하면 고약스러운(険悪 : 험악) 눈매라는 뜻이다. '고약'에서 '고야-개야-개와-けわしい'로 이어진다.

験(驗) 험	訓読	ためす
	音読	ケン

訓読풀이

- ためす : 人物(じんぶつ)をためす 하면 인물의 됨됨이를 요리조리 뜯어 보는 것을 뜻한다(試験 : 시험).

'뜯다'에서 '뜸-담-다메-ためす'로 이어진다.

〔参考〕試(시 : ため)す와 이음을 같이한다.

【혁】

革 혁	訓読	あらためる · かわ
	音読	カク

訓読풀이

① あらためる : 革(혁)은 새로 고치는 것, 즉 改革(개혁)하는 것을 뜻한다〈天地陰陽不革而成 : 呂覽 (천지음양불혁이성 : 여람)〉. 개혁한다는 것은 다시 새롭게 구태(舊態)의 때에 묻지 않는 생생한 날것으로 고친다는 뜻이다.

'날'에서 '알-아라-あら'로 이어지고, '되다'에서 '됨-댐-담-다메-ためる'로 이어져 あらためる로 합성된다.

하

〔参考〕 改(개 : あらた)める와 이음을 같이한다.

② かわ : 革은 껍질 · 가죽 · 피부를 뜻한다. 껍질(가죽)은 몸통의 겉(가)에 있다. '가'에서 '가아-かわ'로 이어진다.

人名訓読例

① あらた : 革(외자 名).

② かわ : 革島(かわしま), 革伊(かわい), 革張(かわはり).

赫 혁	訓読	あかい·かがやく
	人名訓読	あかし·あきら·てらし·てる
	音読	カク

訓読풀이

① あかい · あかし : 赫(혁)은 붉은 색(발간색), 밝은 모양을 뜻한다. ㉮ '발갛다(붉다)'에서 '발가서-바가시-아가시(ㅂ-ㅇ으로 변음)-あかし'로 이어진다. ㉯ 赫은 불에 구워 익히는 것을 뜻한다. 익으면 발갛게 된다. '익다'에서 '익어-이거-아거-아가-あかし'로 이어진다.

② かがやく : ㉮ 赫은 불이 켜져 환하게 밝아지는 것을 뜻한다. '켜다'에서 '카-가가-かがやく'로 이어진다. ㉯ '켜다'에서 '카-가가-かが'로 이어지고, ①의 ㉯의 '익다'에서 '익-악-やく'로 이어져 かがやく로 합성된다.

③ あきら : 赫은 밝은 것을 나타낸다. '밝히라'에서 '바키라-아키라(ㅂ-ㅇ으로 변음)-あきら'로 이어진다.

④ てらし · てる : 赫은 햇빛 또는 불에 쬐어 발갛게 되는 것을 뜻한다. '쬐다'에서 '쬐라-대라-てらし', 또한 '대루-てる'로 이어진다.

人名訓読例

① あかし · あきら · てらし : 赫(외자 名).

② てる : 赫内(てるうち).

嚇 혁·하	訓読	おとす·おどかす
	音読	カク·カ

訓読풀이

• おどす · おどかす : 威嚇(위하)는 위협(威脅)하는 것, 嚇怒(혁노)는 격노(激怒)하는 것을 뜻한다. ㉮ 威嚇(위하), 嚇怒(혁노)는 다 같이 사람을 놀라게 함을 뜻한다. '놀라다'에서 '놀-올-오도(받침 ㄹ-'도'로 분절)-おどす · おどかす'로 이어진다. ㉯ 嚇(하 · 혁)은 으르는 것을 뜻한다. '으르다'에서 '을으다-을-올-오도(받침 ㄹ-'도'로 분절)-おどす'로 이어진다. ㉰ 嚇(하)는 큰 소리로 웃는 것을 뜻한다〈田公笑嚇嚇 : 稱謂錄 (전공소하하 : 칭위록)〉. '웃다'에서 '욷-옫-오도-おどす'로 이어진다. ㉱ 嚇(하)는 입(口)을 여는 것(赫)을 뜻한다. '열다'에서 '열-올-오도-おどす'로 이어진다.

鬩 혁	訓読	せめぐ
	音読	ゲキ

訓読풀이

• せめぐ : 鬩墻(혁장)은 울타리 안에서의 싸움, 즉 형제끼리 치고 싸우는 것을 뜻한다. ㉮ '치다'에서 '침-심-시메-세메-せめぐ'로 이어진다. ㉯ '싸우다'에서 '쌈-셈-세메-せめぐ'로 이어진다.

〔参考〕 攻(공), 責(책)과 이음(せめる)을 같이한다.

【현】

玄 현	訓読	くろ·くろい
	人名訓読	しず·しずか·とう·とお·はじめ·はる·はるか·ひかる·ひろ·ひろし·ふか·ふかし·みち·もと·つね
	音読	ケン

訓読풀이

① くろ・くろい：㉮ 그을려 검게 된 검은 색을 뜻한다〈天地玄黃：千字文 (천지현황：천자문)〉. '그을려'에서 '글려－구려－구로－くろ(い)'로 이어진다. ㉯ 무엇에 가리면 검게, 어둡게 된다. '가리다'에서 '가러－구 로－くろ(い)'로 이어진다.
〔参考〕黒(흑：くろ)い와 이음을 같이한다.

② しず・しずか：玄은 잠자코 조용히 있음을 뜻한다〈以玄黙爲神：漢書 (이현묵위신：한서)〉.
'잠자코'에서 '자주가－지주가－시주가－しずか'로 이어진다.

③ とう・とお：玄은 뚫어 통함을 뜻한다〈睿哲玄覽：張衡 (예철현람：장형)〉.
'뚫다'에서 '뚤어－두우－도우(도오)－とう(とお)'로 이어진다.

④ はじめ：玄은 만물의 시초, 처음을 뜻한다〈玄之又玄：老子 (현지우현：노자)〉.
'처음'을 뜻하는 '햇'에서 '핮－하지－はじめ'로 이어진다.

⑤ はるか：玄은 시간과 거리가 멀리 벌어져(떨어져) 있음을 뜻한다〈在天爲玄：素門 (재천위현：소문)〉.
'벌어지다'에서 '버러－바루－はる(か)'로 이어진다.

⑥ ひかる：玄은 빛(빛깔)나는 것을 뜻한다〈采色玄耀：漢書 (채색현요：한서)〉.
'빛갈'에서 '비가루－ひかる'로 이어진다.

⑦ ひろ・ひろし：⑤의 '벌리다'에서 '벌－빌－비로－ひろ(し)'로 이어진다.

⑧ ふか・ふかし：玄은 사물의 이치가 푹 깊은 곳에 있음을 뜻한다〈名實玄紐：荀子 (명실현유：순자)〉.
푹(깊이) 빠지다, 푹(깊이) 자다 등의 '푹'에서 '푸가－부가－ふか(し)'로 이어진다.

⑨ みち：玄은 道家(도가)에서 道(길)을 뜻한다〈玄之又玄衆妙之門：老子 (현지우현중묘지문：노자)〉. 길은 마을로 통하고 마을 즉 길이다.
'마을'에서 '말－밀－미찌(발음ㄹ－'찌'로 분절)－みち'로 이어진다.

⑩ もと：道家에서 玄은 천지만물의 근원으로 풀이한다.
근원 즉 '밑바탕'에서 '밑－뫁－모토－もと'로 이어진다.

⑪ つね：⑨의 道(みち)나 ⑩의 根源(もと)은 이제나, 저제나, 언제나 변치 않는다.
'제나'에서 '주나－주네－つね'로 이어진다.

人名訓読例

① しずか・はじめ・はるか・ひかる・ひろし・ふかし：玄(외자 名).

② くろ：玄山(くろやま), 玄岩(くろいわ), 玄田(くろだ), 玄理(くろまさ・くろまろ), 玄武(くろたけ), 玄上(くろかみ・はるうら・はるまさ).

③ しず：玄教(しずのり).

④ とう・とお：玄綱(とうつな・とおつな).

하

⑤ はる(はるか) : 玄道(はるみち), 玄明(はるあきら), 玄子(はるこ · みちこ), 玄之(はるゆき · もとゆき), 玄則(はるのり), 玄永(はるなが).
⑥ ひろ : 玄正(ひろまさ · みちまさ), 玄道(ひろみち).
⑦ ふか : 玄夫(ふかお · もとお), 玄通(ふかみち).
⑧ みち : 玄子(みちこ), 玄正(みちまさ), 玄忠(みちただ).
⑨ もと : 玄夫(もとお), 玄雄(もとお · はるお), 玄之(もとゆき).
⑩ つね : 玄洋(つねひろ), 玄雄(つねお), 玄治(つねはる).

呟 현	訓読	つぶやく
	音読	ケン

訓読풀이

• つぶやく : 呟(현)은 중얼거리며 소리 내는 것, 즉 시부렁거리는 것을 말한다. 訳(わけ)の分(わ)からぬことをつぶやく 하면 영문 모를 소리를 시부렁거린다는 뜻이다.
'시부렁'에서 '씨불엉-씨부어-쑤부아-つぶやく'로 이어진다.

弦 현	訓読	つる
	音読	ゲン

訓読풀이

• つる : 弦(현)은 활의 팽팽한 줄(활시위), 현악기(弦樂器)의 줄을 뜻한다.
'줄'에서 '주루-つる'로 이어진다.
〔参考〕 鉉(현), 蔓(만), 絃(현)과 이음(つる)을 같이한다.

人名訓読例

• つる : 弦間(つるま), 弦巻(つるまき), 弦桐(つるきり), 弦牧(つるまき), 弦屋(つるや), 弦田(つるた).

炫 현	訓読	かがやく · てらう
	人名訓読	あき
	音読	ケン · ゲン

訓読풀이

① かがやく : 炫(현)은 켜서 빛나게 하는 것을 뜻한다.
'키다'에서 '켜어-카아-가가아-かがやく'로 이어진다.
② てらう : 炫은 빛을 쬐어 밝히는 것을 뜻한다.
'쬐다'에서 '쪠라-데라-てらう'로 이어진다.
③ あき : 炫은 밝히는 것, 빛나게 하는 것을 뜻한다.
'밝히다'에서 '발키-바키-아키(ㅂ-ㅇ으로 변음)-あき'로 이어진다.

人名訓読例

• あき : 炫隆(あきたか).

哯 현	訓読	はく
	音読	ケン

訓読풀이

• はく : 哯(현)은 아이가 젖을 뱉는 것을 뜻한다.
'뱉다'에서 '뱉구-배구-바구-はく'로 이어진다.
〔参考〕 吐(토 : は)く와 이음을 같이한다.

眩 현	訓読	くらむ · くるめく · まぶしい
	音読	ゲン

訓読풀이

① くらむ : 眩(현)은 눈앞이 캄캄해지는 것을 뜻한다. 캄캄해진다는 것은 뭔가가 눈앞을 가린다는 뜻이다. 金(かね)にくらむ 하면 돈 앞에서는 허영과 욕심이 눈을 가려 어둡게 해 판단을 흐리게 한다는 뜻이 된다.
'가리다'에서 '가림-구람-구라무-くらむ'로 이어진다.
〔参考〕暗(암 : くら)む와 이음을 같이한다.

② くるめく : 眩은 눈알이 빙빙 구르면서 현기증(眩氣症)이 일어남을 뜻한다〈患眩疾 : 後漢書 (환현질 : 후한서)〉.
'구르다'에서 '구룸-구루메-くるめく'로 이어진다.
〔参考〕転(전 : くるめ)く와 이음을 같이한다.

③ まぶしい : 眩(まぶ)しいほど美(うつく)しい女(おんな) 하면 눈부실 정도로 아름다운 여인이라는 뜻이다.
'눈부시어'에서 'め(눈'매'에서 め)부시어-まぶしい'로 이어진다.

衒 현	訓読	てらう
	音読	ゲン

訓読풀이

• てらう : 衒(현)은 드러내는 것, 자랑하는 것을 뜻한다. 学才(がくさい)をてらう 하면 학문을 드러내 뽐내는 것이고, 奇(き)をてらう 하면 진기함을 드러내 보이며 뽐내는 것이다.
'드러내다'에서 '드러-데러-데라-てらう'로 이어진다.

莧 현	訓読	ひゆ
	音読	カン·ゲン

訓読풀이

• 莧(현)은 비름과의 일년초를 말한다.
'비름'에서 '빌음-비움-비우-비유-ひゆ'로 이어진다.

現 현	訓読	あらわす·あらわれる
	音読	ゲン

訓読풀이

• あらわす · あらわれる : 現(현)은 무엇이 나타나 주위나 세상에 알려지는 것을 뜻한다. 善行(ぜんこう)を世(よ)にあらわす 하면 선행을 세상에 알린다는 말이고, 真価(じんか)が世(よ)にあらわれる 하면 진가가 세상에 알려진다는 말이다.
'알리다'에서 '알려어-아라아-あらわす'로 이어진다.

人名訓読例

• あら : 現影(あらかげ), 現原(あらはら).

絃 현	訓読	いと·つる
	音読	ゲン

訓読풀이

① いと : 絃(현)은 밧줄을 뜻한다. 밧줄은 잇는 역할을 한다.
'잇다'에서 '읻-이도-いと'로 이어진다.
〔参考〕사(糸)와 이음(いと)을 같이한다.

② つる : 絃은 악기 줄, 밧줄 등 줄을 뜻한다.
'줄'에서 '주루-つる'로 이어진다.
〔参考〕弦(현), 鉉(현), 蔓(만) 등과 이음(つる)을 같이한다.

人名訓読例

① いと : 絃原(いとはら), 絃枝(いとえ).
② つる : 絃巻(つるまき), 絃夫(つるお).

舷 현	訓読	ふなばた
	音読	ゲン

訓読풀이

- ふなばた : 舷(현)은 뱃전 양측에 붙어 있는 널빤지를 뜻한다.
  '붙다'에서 '부다－바다－ばた'로 이어지고, 배를 뜻하는 ふな와 합성되어 ふなばた가 된다.

晛 현	人名訓読	あき
	音読	ケン

訓読풀이

- あき : 晛(현)은 밝히는 것, 빛나게 하는 것을 뜻한다.
  '밝히다'에서 '발키－바키－아키(ㅂ－ㅇ으로 변음)－あき'로 이어진다.

人名訓読例

- あき : 晛宏(あきひろ).

絢 현·순	訓読	あや
	音読	ゲン·シュン

訓読풀이

- あや : ㉮ 絢(현)은 문채(文彩) 즉 예쁜 광채 · 무늬를 뜻한다(絢爛 : 현란). '예쁘다'에서 '어여쁘다－아여－아야－あや'로 이어진다. ㉯ 絢은 예쁘게 엮어진 무늬를 뜻한다. '엮다'에서 '여어－아어－아야－あや'로 이어진다.
  〔参考〕 絢이 노끈을 뜻할 때는 순(シュン)으로 음독된다.

人名訓読例

- あや : 絢夫(あやお), 絢彦(あやひこ), 絢音(あやね), 絢子(あやこ).

鉉 현	訓読	つる
	音読	ゲン

訓読풀이

- つる : 鉉(현)은 냄비, 주전자 등에 달린 활시위 모양의 줄로 된 손잡이를 뜻하고, 경우에 따라 되를 잴 때 정확을 기하기 위하여 되 위쪽에 걸쳐 놓은 쇠줄을 뜻한다.
  '줄'에서 '주루－つる'로 이어진다.
  〔参考〕 弦(현), 絃(현), 蔓(만) 등과 이음(つる)을 같이한다.

人名訓読例

- つる : 鉉子(つるこ).

賢 현	訓読	かしこい·さかしい
	人名訓読	かた·たか·たけ·ただ·とし·のり·まさ·まち
	音読	ケン

訓読풀이

① かしこい : 賢(かしこ)い少年(しょうねん) 하면 현명한 소년이라는 뜻이다. 현명하다는 것은 곧고 슬기로움을 전제로 한다.
'곧다'에서 '곧고－곳고－갓고－가시고－かしこい'로 이어진다.

② さかしい : ㉮ 착함을 뜻한다. '착하다'에서 '착－삭－사가－さかしい'로 이어진다.
㉯ 슬기로움을 뜻한다. '슬기'에서 '살기－사가－さかしい'로 이어진다.

③ かた : ①의 '곧다'에서 '곧－갇－가다－かた'로 이어진다.

④ たか : 賢人은 聖人(성인)에 버금갈만한 才德(재덕)을 갖추고 있어서 모든 사람이 떠받든다〈賢者亞聖之名 : 荀子 (현자아성지명 : 순자)〉.
'뜨다'에서 뜨고－다고－다가－たか'로 이어진다.

⑤ たけ : 賢은 모든 면에서 뛰어남을 뜻한다.
'뛰다'에서 '뛰게–따게–たけ'로 이어진다.

⑥ ただ : 賢人은 곧고 슬기롭게 재덕을 갖추고 있으므로 떳떳할 수 밖에 없다.
'떳떳'에서 '더더–다다–ただ'로 이어진다.

⑦ とし : 賢人에게는 돋보이는 재지(才智)와 덕행(德行)이 있다.
'돋보이다'에서 '돗–도시–とし'로 이어진다.

⑧ のり : 賢人은 항상 옳은 진리를 추구한다.
'옳다'에서 '올–놀–노리(ㅇ–ㄴ으로 변음)–のり'로 이어진다.

⑨ まさ : 賢人의 생각이나 행동은 항상 규범과 이치에 맞는다.
'맞다'에서 '맞–마자–まさ'로 이어진다.

⑩ ます : 賢은 많음을 뜻한다〈賢於千里之地 : 呂覽 (현어천리지지 : 여람)〉.
'많다'에서 '마–ます'로 이어진다.

⑪ よし : ⑧의 '옳다'에서 '올–오시(받침ㄹ–'시'로 분절)–よし'로 이어지고, 또한 '옳지'에서 '오시–よし'로 이어진다.

人名訓読例

① かし・かしこ : 賢島(かしこしま), 賢児(かしこ), 賢子(かしこ・かたこ・たかこ・まさこ).

② さか(さかしい의 준말) : 賢木(さかき).

③ かた : 賢明(かたあき・かたあきら・たかあき・よしあき・よしみつ), 賢文(かたぶみ), 賢秀(かたひで), 賢之(かたゆき), 賢忠(かたただ), 賢弘(かたひろ).

④ たか : 賢明(たかあき), 賢子(たかこ), 賢章(たかあき), 賢幸(たかゆき), 賢男(たかお・よしお).

⑤ たけ : 賢紀(たけのり).

⑥ ただ : 賢芳(ただよし), 賢石(ただあつ), 賢使(ただし).

⑦ とし : 賢一(としかず・よしかず).

⑧ のり : 賢彦(のりひこ・よしひこ).

⑨ まさ : 賢江(まさえ), 賢光(まさみつ), 賢博(まさひろ), 賢俊(まさとし), 賢陳(まさのぶ), 賢享(まさゆき).

⑩ ます : 賢夫(ますお・まさお), 賢城(ますき), 賢親(ますちか).

⑪ よし : 賢礼(よしのり), 賢昭(よしあき・かたあき), 賢信(よしのぶ), 賢裕(よしひろ), 賢精(よしあき), 賢浩(よしひろ).

顕(顯) 현	訓読	あきらか·あらわす·あらわれる
	音読	ケン

訓読풀이

① あきらか : 顕(현)은 분명히 밝히는 것을 뜻한다.
'밝히다'에서 '바키라–아키라(ㅂ–ㅇ으로 변음)–あきら(か)'로 이어진다.

② あらわす・あらわれる : 顕은 나타내어 세상에 널리 알리는 것을 뜻한다.
'알리다'에서 '알려어–아라아–あらわす'로 이어진다.
〔参考〕 現(현 : あら)わす와 이음을 같이 한다.

人名訓読例

① あき(あきらか의 준말) : 顕康(あきやす), 顕基(あきもと), 顕文(あきふみ), 顕正(あきまさ), 顕彰(あきてる・あきら), 顕忠(あきただ).

② あら(あらわす의 준말) : 顕木(あらき).

懸 현	訓読	かかる·かける
	音読	ケン·ケ

訓読풀이

• かかる · かける : 懸(현)은 거는 것, 매다는 것을 말한다. 懸賞金(현상금)은 상금을 걸어 찾거나 모으는 것을 뜻하고, 懸垂幕(현수막)은 선전 · 홍보를 위하여 거리 같은 곳에 걸어 놓은 막을 뜻한다.
'걸다'에서 '걸거라-거거라-가가루-かかる'로 이어진다.
〔参考〕 掛(괘 : かか)る와 이음을 같이한다.

人名訓読例

• かけ : 懸田(かけた · かけだ), 懸樋(かけい · かけとい).

【혈】

穴 혈	訓読	あな
	音読	ケツ

訓読풀이

• あな : 穴(혈)은 구멍을 뜻한다. 구멍은 안에 있기 마련이다.
'안'에서 '아네-아나-あな'로 이어진다.
〔参考〕 孔(공)과 이음(あな)을 같이한다.

人名訓読例

• あな : 穴山(あなやま), 穴石(あないわ), 穴場(あなば), 穴田(あなだ), 穴畑(あなばた), 穴吹(あなふき · あなぶき).

血 혈	訓読	ち
	音読	ケツ·ケチ

訓読풀이

• ち : 血(혈)은 피, 핏줄(血管 : 혈관)을 뜻한다.
핏줄의 '줄'에서 '주-지-ち'로 이어진다. 이빨의 '빨'에서 は(歯 : 치)가 되고 잎팔의 '팔'에서 は(葉 : 엽)가 되는 것과 같은 이치이다.

人名訓読例

• ち : 血沼(ちぬま), 血矢(ちや), 血桜(ちざくら), 血也(ちや), 血脇(ちわき).

頁 혈	訓読	かしら
	音読	ケツ·ヨウ

訓読풀이

• かしら : 頁(혈)은 머리를 뜻하며, 首(수)의 古字(고자)이다. 신체의 윗자리를 차지한 머리는 어느 집단에서 가장 큰 역할을 하는 우두머리로 상징된다.
'크다'에서 한국어의 사투리식 말투인 '크지라-구지라-가시라-かしら'로 이어진다. 고래가 커서 くじら가 되고, 백제 땅이 커서 百濟를 くたら라 하고, 나라가 커서 国을 '크네-쿠니-くに'라 하는 것과 맥을 같이한다.
〔参考〕 頭(두)와 이음(かしら)을 같이한다.

【혐】

嫌 혐	訓読	きらう·いや
	音読	ケン·ゲン

訓読풀이

① きらう : 嫌忌(혐기)는 꺼리고 싫어하는 것, 嫌老感(혐로감)은 노인을 가까이 하기 꺼리고 싫어하는 느낌을 뜻한다.
'꺼리다'에서 '거리-기라-きらう'로 이어진다.

② いや : いや는 '아냐'라고 싫음을 나타낸다.

'아냐'에서 '안야–아야–이야–いや'로 이어진다.

〔参考〕 否(부)와 이음(いや)을 같이한다.

【협】

叶 협	訓読	かない·かなう·かなえ
	音読	キョウ

訓読풀이

• かない · かなう · かなえ : 叶(협)은 같음, 맞음, 화합을 뜻한다.

예컨대 신발을 고를 때 '그거 발 사이즈와 같나?'라고 하면 맞느냐라는 말인데, 이 경우 '같나'의 소리 나는대로의 발음 '갇나–간나'를 仮名로 표기 하면 かなう로 이어진다.

〔参考〕 適(적 : かな)う와 이음을 같이한다.

人名訓読例

① かな : 叶宮(かなみや), 叶内(かなうち), 叶井(かない).

② かなえ : 叶田(かなえだ).

③ かのう(かなう의 변음) : 叶谷(かのうや), 叶多(かのうだ), 叶沢(かのうざわ).

夾 협	訓読	はさむ
	人名訓読	ちかし
	音読	キョウ

訓読풀이

① はさむ : 夾(협)은 사람(人) 양쪽으로 붙어 있는 것, 한 사람(人)이 양쪽 두 사람(人人) 사이에 끼어 있음을 나타낸다. 夾門(협문)은 대문 옆에 붙은 작은 문 또는 삼문(三門) 중 좌 우 양쪽에 붙은 문을 뜻하고, 夾室(협실)은 당(堂)의 안방 양옆에 붙은 夾房(협방)을 뜻한다.

'붙다'에서 '부틈–바탐–바삼–바사무–はさむ'로 이어진다.

② ちかし : ①에서 양쪽으로 붙어 있다는 것은 바로 옆, 조곹에(제주방언) 있음을 뜻한다.

'조곹'에서 '지고–지가–ちか(し)'로 이어진다.

〔参考〕 近(근 : ちか)い와 이음을 같이한다.

人名訓読例

① ちかし : 夾(외자 名).

② はさみ : 夾石(はさみいし).

協 협	訓読	かなう·かのう·ひろむ
	音読	キョク

訓読풀이

① かなう · かのう : 協(협)은 여럿이 화합하여 같은 마음으로 협력하여 나가는 것을 뜻한다.

'같다'에서 '같네–가네–가나(가노)–かなう(かのう)'로 이어진다.

〔参考〕 適(적), 叶(협)과 이음(かなう)을 같이한다.

② ひろむ : 協은 힘을 합하여 일을 벌려 나아감을 나타낸다.

'벌리다'에서 '벌림–버롬–비로무–ひろむ'로 이어진다.

人名訓読例

• かなう · かのう · ひろむ : 協(외자 名).

峡(峽) 협	訓読	はざま·かい
	音読	キョウ

訓読풀이

① はざま : 峡(협)은 골짜기를 뜻한다. 골

짜기는 두 개의 산이 양쪽에 붙은 형상이기도 하다. 두 개의 산이 붙어 마주하여 생긴 공간(空間)이 골짜기가 된다.
'붙다'에서 '부틈-바탐-바삼-바사마-はざま'로 이어진다.

② かい : 골짜기를 골이라고도 한다.
'골'에서 '골-가-가이-かい'로 이어진다.

人名訓読例

• かい : 峡関(かいせき), 峡夫(かいお).

挟(挾) 협	訓読	はさむ·はさまる
	音読	キョウ

訓読풀이

• はさむ · はさまる : 挟(협)은 붙어 끼는 것을 뜻한다〈挾天子以令諸後 : 蜀志(협천자이령제후 : 촉지)〉.
'붙다'에서 '부틈-바탐-바삼-바사무-はさむ'로 이어진다.

人名訓読例

• はさ : 挟間(はざま), 挟田(はさだ).

狭(狹) 협	訓読	せまい·せばめる·せばまる
	人名訓読	はざま·さ
	音読	キョウ

訓読풀이

① せまい : 狭(협)은 좁은 것을 뜻한다.
'좁다'에서 '좁음-조음-좀-젬-제마-せまい'로 이어진다.

② せばめる · せばまる : '좁다'에서 '조붐-조밤-제밤-제바메-せばめる'로 이어진다.

③ はざま : 狭은 좌우 양쪽에서 가깝게 붙어 와 좁아지는 것을 뜻한다.
'붙다'에서 '부툼-바탐-바잠-바자마-はざま'로 이어진다.
〔参考〕 峡(협 : はざま)와 이음을 같이한다.

④ さ : 狭은 작은 것을 뜻한다.
'작다'에서 '작-자-사-さ'로 이어진다.

人名訓読例

① はざま : 狭(외자 名).
② せば : 狭口(せばぐち), 狭戸(せばと).
③ せま : 狭戸毛(せまとう).
④ はざ · はさ : 狭間(はざま), 狭田(はさだ).
⑤ さ : 狭山(さやま), 狭身(さみ), 狭野(さの), 狭川(さがわ), 狭沢(さざわ), 狭衣(さころも).

脅 협	訓読	おどかす·おどす·おびえる·おびやかす
	音読	キョウ

訓読풀이

① おどかす · おどす : ㉮ 脅(협)은 위협해서 놀라게 함을 뜻한다. '놀라다'의 '놀'에서 '올(ㄴ-ㅇ으로 변음)-오도(받침 ㄹ-'도'로 분절)-おどす'로 이어진다. ㉯ 脅은 으르는 것을 뜻한다. '으르다'에서 '을으다-을-올-오도-おどす'로 이어진다.
〔参考〕 嚇(하 · 혁 : おどす)와 이음을 같이한다.

② おびえる · おびやかす : 脅(おび)える는 무서워서 벌벌 떠는 것을 뜻한다.
'벌벌'에서 '버버-보비-오비(ㅂ-ㅇ으로 변음)-비-おび'로 이어져 おびえる로 동사화 된다.
おびやかす는 타동사로서, ピストルで人(ひと)をおびやかす 하면 벌벌 떨게 하는 것, 즉 협박, 공갈을 뜻하게 된다.

脇 협	訓読	わき
	音読	キョウ

訓読풀이

- わき : 脇(협)은 옆구리, 겨드랑이를 뜻한다.
  '옆구리'에서 '여구-와구-와기-わき'로 이어진다.

人名訓読例

- わき : 脇島(わきしま), 脇本(わきもと), 脇森(わきもり), 脇為(わきため), 脇川(わきかわ), 脇村(わきむら).

篋 협	訓読	はこ
	音読	キョウ

訓読풀이

- はこ : 篋(협)은 바구니 · 상자를 뜻한다.
  '바구니'에서 '바구-바고-はこ'로 이어진다.

鋏 협	訓読	はさみ·はさむ
	音読	キョウ

訓読풀이

- はさみ · はさむ : 鋏(협)은 가위를 뜻한다. 가위는 쇠(金)가 양옆으로 붙어 있어 벌어졌다가 다시 붙을 때 자르는 기능을 한다.
  '붙다'에서 '부틈-바탐-바타미-바사미-はさみ'로 이어진다.

頬 협	訓読	ほお
	音読	キョウ

訓読풀이

- ほお : 頬(협)은 볼 · 뺨을 뜻한다.
  '볼'에서 '보-ほお'로 이어진다.

人名訓読例

- ほ(ほお의 준말) : 頬垂(ほたる).

【형】

亨 형·팽	訓読	とおる·にる
	音読	コウ·ホウ·キョウ

訓読풀이

① とおる : 亨(형)은 아래 위로 뚫리어 잘 통함을 뜻한다(亨通 : 형통).
'뚫어'에서 '두우-도오-とおる'로 이어진다.
〔参考〕 通(통 : とお)る와 이음을 같이한다.

② にる : 亨(팽)은 익는 것, 익히는 것을 뜻한다(亨魚 : 팽어).
'익다'에서 '익-이-니(ㅇ-ㄴ으로 변음)-にる'로 이어진다.
〔参考〕 煮(전), 烹(팽)과 이음(にる)을 같이한다.

人名訓読例

- とおる : 亨(외자 名).

形 형	訓読	かた·かたち·なり
	音読	ケイ

訓読풀이

① かた · かたち : ㉮ 形(형)은 꼴, 모양, 모습 등 외형을 나타낸다. 꼴 좋다, 꼴 사납다라고 할 때의 形을 뜻한다. '꼴'에서 '고다(받침 ㄹ-'다'로 분절)-가다-かた'로 이어진다. ㉯ 型(형)과 마찬가지로 틀을 뜻한다. '꼴'에서의 '꼬-가-か', '틀'에서의 '틀-탈-다찌(받침 ㄹ-'찌'로 분절)-たち'가 합성되어 かたち로 이어진다.

② なり : ㉮ 形은 모양을 낳는 것, 나타내는 것을 뜻한다〈喜怒不形色 : 蜀志 (희로불형색 : 촉지)〉. '나타(낳다), 나타내다'의 '나'에서 '나-なる(なり)'로 이어진

하

다. ㉯ 形은 형태를 이루는 것을 뜻한다〈天地未形而爲之征 : 國語 (천지미형이위지정 : 국어)〉. '이루다'에서 '일우다–일–알–날(ㅇ–ㄴ으로 변음)–なり'로 이어진다.

人名訓読例

① かた : 形見(かたみ), 形田(かただ), 形浦(かたうら), 形井(かたい), 形名(かたな), 形言(かたこと).

② なり : 形川(なりかわ).

型 형	訓読	かた
	音読	ケイ

訓読풀이

• かた : 型(형)은 靴(くつ)の型(かた)처럼 기본 틀, 골을 뜻한다.

'골'에서 '갈–가다(받침 ㄹ–'다'로 분절)–かた'로 이어진다.

〔参考〕 形(형 : かた · かたち)은 외형을 나타내는 것으로, '꼴 좋다' 할 때의 形을 뜻한다〈形(형) 참조〉.

炯 형	訓読	あきら
	人名訓読	かま
	音読	ケイ

訓読풀이

① あきら : 炯은 밝히는 것, 밝은 것을 뜻한다.

'밝히다'에서 '바카라–아키라(ㅂ–ㅇ으로 변음)–あきら'로 이어진다.

② かま : 炯은 지조가 굳음을 뜻한다〈炯介在明叔 : 顔延之 (형개재명숙 : 언연지)〉.

'굳음'에서 '구움–굼–감–가마–かま'로 이어진다.

人名訓読例

① あきら : 炯(외자 名).

② かま : 炯田(かまた).

桁 형	訓読	かせ·けた
	音読	コウ

訓読풀이

① かせ : ㉮ 桁(형)은 옛날 形具(형구)의 일종으로 손이나 발에 걸어 채운 고랑, 자물쇠 등을 말한다. 手(て)かせ는 손에 걸어 차게 한 手匣(수갑)을 뜻하고, 足(あし)かせ는 발에 걸어 차게 한 족쇄(足鎖)를 뜻한다. '걸다'에서 '걸–갈–가세(받침 ㄹ–'세'로 분절)–かせ'로 이어진다. ㉯ 桁은 옷걸이를 뜻한다(衣桁 : 의형). ①과 마찬가지로 '걸다'에서 '걸–갈–가세–かせ'로 이어진다.

〔参考〕 枷(가 : かせ)와 이음을 같이한다.

② けた : 桁은 수판의 꿸대를 뜻한다. 다리(橋)의 도리도 꿸대와 비슷하여 けた라 한다.

'꿸대'에서 '께대–게다–けた'로 이어진다.

人名訓読例

• けた : 桁(외자 名).

蛍(螢) 형	訓読	ほたる
	音読	ケイ

訓読풀이

• ほたる : 蛍(형)은 반딧불을 뜻한다.

'반디'에서 '바디–보다–ほたる'로 이어진다.

人名訓読例

• ほたる : 蛍雪(ほたるゆき).

衡 형	訓読	はかり·はかる
	人名訓読	つき·つく· ひとし·ひら· ひろ·まもる
	音読	コウ

訓読풀이

① はかり・はかる : 저울(衡)로 헤아리는(세는) 것을 뜻한다. 시간이나 날짜를 세어 보는 것을 손꼽아 헤아려 본다 하고, 사람의 마음을 이해하는 것도 헤아린다고 한다.
'헤아리다(헤다)'에서 '헤거라-하가루-はかる'로 이어진다.
〔参考〕 計(계), 測(측), 量(량)과 이음(はかる)을 같이한다.

② つき・つく : 저울에 다는 것을 뜻한다(銓衡 : 전형).
'달다'에서 '달구-다구-두구-つく'로 이어진다.

③ ひとし : 저울에 달 때는 일(一) 자가 되도록 수평을 맞춘다.
하나(一)를 뜻하는 '홀'에서 '힐-히도(받침 ㄹ-'도'로 분절)-ひと(し)'로 이어진다.

④ ひら・ひろ : ㉮ 구겨진 것, 높고 낮은 것을 펴서 일(一) 자처럼 고르게 하는 것을 뜻한다(平衡 : 평형). '펴다'에서 '펴라-피라-ひら(ひろ)'로 이어진다. ㉯ 바른 것을 뜻한다〈朝有定度衡儀 : 管子 (조유정도형의 : 관자)〉. '바르다'에서 '발라-빌라-비라-ひら'로 이어진다.
〔参考〕 平(평)과 이음(ひら)을 같이한다.

⑤ まもる : 衡은 쇠뿔의 가름대, 멍에, 관계(冠笄)처럼 무슨 일이 일어나지 말도록(않도록) 억제하는 것을 뜻한다. ㉮ '말다'에서 '맘-마모-まもる'로 이어진다.
㉯ '막다'에서 '막음-마음-맘-마모-まもる'로 이어진다.
〔参考〕 守(수 : まも)る와 이음을 같이한다.

人名訓読例

① ひろし・まもる : 衡(외자 名).
② つき・つく : 衡原(つきはら・つくはら).
③ ひら : 衡田(ひらた).
④ ひろ : 衡志(ひろし).

擤 형	訓読	かむ
	音読	コウ

訓読풀이

• かむ : 擤(형)은 코 푸는 것을 뜻한다.
귀에서 きく, 눈매에서 みる가 되듯이 '코'에서 '고-가-かむ'로 동사화 된다.

馨 형	訓読	かおり·かおる
	人名訓読	よし
	音読	ケイ

訓読풀이

① かおり・かおる : 香(향) 참조.
② よし : 馨(형)은 올바른 명성(名聲), 덕화(德化)가 멀리 미치는 것을 뜻한다〈明德惟馨 : 書經 (명덕유형 : 서경)〉.
'올'에서 '올-오시(받침 ㄹ-'시'로 분절)-よし'로 이어지고, '옳지'에서 '오지-오시-よし'로 이어진다.

人名訓読例

① かおり・かおる : 馨(외자 名).
② かおる : 馨子(かおるこ).
③ よし : 馨邦(よしくに).

【혜】

惠(惠) 혜	訓読	めくまれる·めくみ·めくむ
	人名訓読	あや·しげ·やす·よし
	音読	ケイ·エ

訓読풀이

① めくまれる · めくみ · めくむ : ㉮ 恵(めく)まれた才能(さいのう) 하면 타고난 재능을 뜻하는데, 다른 말로 풀이하면 여러 가지 재능이 타고날 때에 이미 매겨졌음을 말한다. '매김'에서 '매기무−매구무−めくむ'로 이어진다. ㉯ 惠(혜)는 恩惠(은혜), 特惠(특혜) 등을 얻는 것, 맡는 것을 말한다. 대통령직을 맡는다는 것은 대통령직이라는 특혜를 얻게 됨을 뜻하고, 허가를 맡는다는 것은 사업 등을 할 혜택을 얻게 됨을 뜻한다. '맡게 되다 · 맡기다'에서 '맡김−마김−매금−매구무−めくむ'로 이어진다.

② あや : 惠(혜)는 예쁜(어여쁜) 것, 아름다운 것을 뜻한다.
'어여쁘다'에서 '어여−아야−あや'로 이어진다.

③ しげ : 惠는 은혜, 혜택을 듬뿍 차게 내려주는 것을 뜻한다.
'차게'에서 '치게−시게−しげ'로 이어진다.

④ やす : 惠는 은혜를 듬뿍 받아 쉴 수 있게 됨을 뜻한다.
'쉬다'에서 '수−す'로 이어지고, 접두어 や가 붙어 やす로 이어진다.

⑤ よし : 惠는 옳은 일, 착한 일을 뜻한다〈節以壹惠 : 禮記 (절이일혜 : 예기)〉.
'옳다'에서 '올−오시(받침 ㄹ−'시'로 분절)−よし'로 이어지고, '옳지'에서 '오지−오시−よし'로 이어진다.

人名訓読例

① しげる · めくみ · めくむ : 惠(외자 名).
② めく : 惠美(めぐみ), 惠生(めぐみ), 惠実(めぐみ).
③ あや : 惠寛(あやひろ), 惠仁(あやひと).
④ しげ : 惠康(しげやす · よしやす), 惠規(しげのり), 惠民(しげたみ), 惠昭(しげあき · よしあき · よしてる), 惠子(しげこ · やすこ · よしこ), 惠博(しげひろ · よしひろ).
⑤ やす : 惠教(やすのり · やすみち · しげのり), 惠由(やすよし), 惠裕(やすひろ), 惠重(やすしげ).
⑥ よし : 惠江(よしえ), 惠明(よしあき), 惠文(よしふみ), 惠山(よしたか).

慧 혜	訓読	さとい·さかしい
	人名訓読	あきら·さとる·とし
	音読	ケイ·エ

訓読풀이

① さとい : ㉮ 눈을 떠 깨닫는 것을 뜻한다(慧眼 : 혜안). '뜨다'에서 '떠−더더−다도−사도−さとい'로 이어진다. ㉯ 총명(聰明)함이 솟는(돋는) 것을 뜻한다(慧聰 : 혜총). '솟다(돋다)'에서 '솟−삳−사도−さとい'로 이어진다. ㉰ 慧는 산뜻함, 시원스러움을 나타낸다〈慧然獨立 : 素問 (혜연독립 : 소문)〉. '산뜻'에서 '사드−사도−さとい'로 이어진다.
〔参考〕 聡(총), 敏(민)과 이음(さとい)을 같이한다.

② さかしい : 慧는 슬기로움을 뜻한다〈聰

慧質仁：國語 (총혜질인：국어)〉.
'슬기'에서 '스기-사기-사가-さかしい'로 이어진다.

③ あきら：慧는 불교에서 마음을 열고 눈을 떠 사리를 밝히는 것을 뜻한다. ㉮ '열다'에서 '여기라-아기라-あきら'로 이어진다. ㉯ '밝히다'에서 '바키라-아기라(ㅂ-ㅇ으롭 변음)-あきら'로 이어진다.

④ さとる：①의 さとい에서 さとる로 동사화 된다.

⑤ とし：慧는 총명하고 슬기로워 타에 비하여 돋보이는 것을 말한다.
'돋'에서 '돗-도시-とし'로 이어진다.

人名訓読例

① あきら・さとし・さとる・とし：慧(외자 名).

② とし：慧雄(としお).

蹊 혜	訓読	こみち
	音読	ケイ

訓読풀이

• こみち：蹊(혜)는 좁은 길, 즉 꼬마 길을 뜻한다.
'꼬마'에서 '고-こ'로 이어지고, 길을 뜻하는 みち(道)와 합성되어 こみち로 이어진다〈道(도) 참조〉.

【호】

互 호	訓読	たがい・かたみ
	音読	ゴ

訓読풀이

① たがい：互(たが)いの理解(りかい), 互(たが)いの利益(りえき)는 상호이해, 상호이익을 뜻하는데 그것은 서로 다 같이 이해하고, 다 같이 이익을 도모한다는 뜻이다.
'다 같이'에서 '다가이-たがい'로 이어진다.

② かたみ：かたみに別(わか)れを惜(お)しむ 하면 같이(함께) 이별을 아쉬워 한다는 뜻이다.
'같이'에서 '같음-가탐-가타미-かたみ'로 이어진다.
〔参考〕かたみ(互)는 たがい의 예스러운 표현이다.

人名訓読例

① たが：互井(たがい).

② たがい：互野(たがいの).

戸 호	訓読	と
	音読	コ

訓読풀이

• と：戸(호)는 보통 문(門)을 뜻하나 옛날 한식집에서는 덧문을 지칭한다.
'덧문'에서 '더-도-と'로 이어진다.

人名訓読例

• と：戸国(とくに), 戸根川(とねがわ), 戸島(としま), 戸山(とやま), 戸野村(とのむら), 戸津川(とつかわ).

号(號) 호	訓読	さけぶ
	音読	ゴウ

訓読풀이

• さけぶ：号(호)는 소리 짖는 것(号令：호령), 울부짖는 것(号叫：호규)을 뜻한다.
'짖다'에서 '짖게-지게-자게-さけぶ'로 이어진다.
〔参考〕叫(규：さけ)ぶ와 이음을 같이한다.

好 호	訓読	このみ·このむ·すく·よし·よしみ·よしむ
	音読	コウ

訓読풀이

① このみ · このむ : 好(호)는 고은 것을 좋아함을 뜻한다.
'고은'에서 '곤-고노-このむ'로 이어진다.

② すく : 好는 좋아하는 것을 뜻한다.
'좋다'에서 '조구-주구-수구-すく'로 이어진다.

③ よし · よしみ · よしむ : 好는 올바른 것을 좋아하는 것을 뜻한다.
'올'에서 '오시(받침 ㄹ-'시'로 분절)-よし'로 이어지고, よしむ로 동사화 된다.

人名訓読例

① このみ · このむ · すく · よし · よしみ · よしむ : 好(외자 名).

② すき : 好町(すきまち).

③ よし : 好寛(よしひろ), 好富(よしとみ), 好純(よしずみ), 好延(よしのぶ), 好子(よしこ), 好正(よしただ · よしまさ).

冱 호	訓読	さえる·いてる
	音読	ゴ·カク

訓読풀이

① さえる : 冴(호) 참조.

② いてる : 冱(호)는 어는 것을 뜻한다. ㉮ '얼다'에서 '어다-이데-いてる'로 이어진다. ㉯ '얼다'에서 '얼-일-이데(받침 ㄹ-'데'로 분절)-いてる'로 이어진다.

冴 호	訓読	さえる
	音読	ゴ

訓読풀이

• さえる : さえた冬(ふゆ)の夜(よる)는 추워지는 것, 쌀쌀해지는 것을 뜻한다.
'춥다'에서 '추워-수어-사에-さえる'로 이어진다. 또한 '차다'에서 '차아-사에-さえる'로 이어진다.
〔参考〕 冱(호 : さえる)와 이음을 같이한다.

人名訓読例

• さえ : 冴島(さえじま), 冴木(さえき), 冴葉(さえば), 冴女(さえじょ), 冴子(さえこ), 冴花(さえか).

呼 호	訓読	よび·よぶ
	音読	コ

訓読풀이

• よび · よぶ : ㉮ 物売(ものうり)のよぶ声(こえ) 하면 손님을 부르는 장사꾼의 소리인데, 한국에서는 사람을 부를 때 여보세요, 여보, 여보야 등으로 말한다. '여보'에서 '요부-よぶ'로 이어진다. ㉯ 呼(호)는 외치는 것을 뜻한다. '외치다'에서 '외-오-요-よぶ'로 이어진다. ㉰ 呼는 일컫는 것, 이르는 것을 뜻한다. '일컫다'에서 '일-이-요-よぶ'로, '이르다'에서 '이-요-よぶ'로 이어진다. ㉱ 呼는 날숨이 입(口)밖으로 야, 아 하고 뻗치어 나가는 모습, 야, 아 하고 부르는(외치는) 것을 나타낸다〈城上不呼 : 禮記(성상불호 : 예기)〉. '야 · 아 부르다'에서 '야부-요부-よぶ'로 이어진다. ㉲ '부르다'에서 '부-보-오(ㅂ-ㅇ으로 변음) -よぶ'로 이어진다.

人名訓読例

① よび · よぶ : 呼(외자 名).

② よび : 呼続(よびつぎ), 呼野(よびの), 呼子(よびこ).

③ よぶ：呼子(よぶこ).

虎 호	訓読	とら
	音読	コ

訓読풀이

• とら：虎(호)는 호랑이를 뜻한다. 호랑이는 맹수이면서 그 아름다운 털가죽으로 상징된다〈虎生而文炳：蜀志 (호생이문병：촉지)〉. 호랑이가 날때부터 문채(文彩), 즉 아름다운 무늬의 털을 가졌다는 뜻이다.
文彩는 あや로 훈독되고, 그것은 '어여쁘다(예쁘다)'에서 '어여−아야−あや'로 이어진다.

人名訓読例

• とら：虎島(とらしま), 虎頭(とらかじら), 虎岩(とらいわ), 虎沢(とらさわ), 虎年(とらとし), 虎成(とらなり).

胡 호	訓読	えびす
	音読	コ·ゴ·ウ

訓読풀이

• えびす：胡(호)는 오랑캐를 업신여겨 부르는 말이다.
'업신여기다'에서 '업신−어비시−에비수−えびす'로 이어진다.
〔参考〕夷(이), 戎(융), 狄(적), 蠻(만) 등과 이음(えびす)을 같이한다.

人名訓読例

① えびす：胡明(えびすあき), 胡屋(えびすや), 胡田(えびすだ · えびた).
② えび：胡子(えびす), 胡田(えびた).

浩 호	訓読	ひろい
	人名訓読	いさむ·おおい·ひろ·ひろし·ゆたか
	音読	コウ

訓読풀이

① ひろ · ひろい：浩(호)는 하늘 등이 광대하게 펼쳐져 있음을 나타낸다〈浩浩其天：中庸 (호호기천：중용)〉.
'펼쳐'에서 '펼−필−피로−히로−ひろい'로 이어진다.
② いさむ：맹자는 浩然之氣(호연지기)를 주창하면서 그것은 도의에 뿌리를 박고 공명정대하여 조금도 부끄러움이 없이 도덕적 용기가 솟아 오르는 지대지강(至大至剛)의 氣라고 하였다.
'솟다'에서 '솟음−소음−솜−삼−さむ'로 이어지고 접두어 い가 붙어 いさむ가 된다.
〔参考〕勇(용：いさ)む와 이음을 같이한다.
③ おおい：浩는 넉넉하게 많음을 뜻한다〈喪祭有餘曰浩：禮記 (상제유여왈호：예기)〉. 많은 것을 하다, 하영(제주방언)이라 말한다.
'하다'에서 '하아−오오−おおい'로 이어진다.
④ ゆたか：浩는 넉넉히 있음을 뜻한다.
'있다'에서 '있다고−이다가−유다가−ゆたか'로 이어진다.

人名訓読例

① いさむ · おおい · ひろ · ひろし · ゆきか：浩(외자 名).
② ひろ：浩寧(ひろやす), 浩理(ひろまさ), 浩直(ひろなお), 浩憲(ひろのり), 浩文(ひろふみ), 浩靖(ひろやす).

하

扈 호	訓読	つきそう
	音読	コ

訓読풀이

• つきそう : 扈從(호종)은 임금의 행차를 좇아가며 옆에서(옆에 대고) 모시는 것을 뜻한다.
'좇아'에서 '조아－조우－そう'로 이어지고, '대고'에서 '대기－두기－つき'로 이어져 つきそう로 합성된다.
〔参考〕 付(부 : つ)き添(첨 : そ)う로도 표기된다.

毫 호	訓読	ほそげ·わずか
	音読	ゴウ

訓読풀이

① ほそげ : 毫(호)는 가는 털, 즉 홀쭉한 털을 뜻한다.
'홀쭉'에서 '호주－호조－ほそ'로 이어지고, '깃털'에서 '깃－기－게－げ'로 이어져 ほそげ로 합성된다.
〔参考〕 細(세 : ほそ)い와 이음을 같이한다.

② わずか : 毫는 아주 적은 것, 즉 하찮은 것을 뜻한다.
'하찮고'에서 '아자고－아주가－わずか'로 이어진다.
〔参考〕 僅(근), 纔(재)와 이음(わずか)을 같이한다.

壷 호	訓読	つぼ
	音読	コ

訓読풀이

• つぼ : 壷(호)는 단지, 종지, 항아리를 말한다. 炭壷(すみつぼ)는 숯불을 담고 뚜껑을 덮어 보관하는 종지를 뜻하고, 墨壷(すみつぼ)는 먹물을 담고 뚜껑을 덮어 보관하는 종지를 뜻한다.
'덮어'에서 '덮－둪－두포－つぼ'로 이어진다.

人名訓読例

• つぼ : 壷内(つぼうち), 壷屋(つぼや), 壷田(つぼた), 壷井(つぼい), 壷坂(つぼさか), 壷阪(つぼさか).

湖 호	訓読	みずうみ·うみ
	人名訓読	みず·しお· いずみ·ひろし
	音読	コ

訓読풀이

① みずうみ : 湖(호)는 호수(湖水)를 뜻한다.
물을 뜻하는 みず(물－밀－미주－みず)와 바다를 뜻하는 うみ가 합성되어 みずうみ가 된다. 水海(みずうみ)의 뜻을 갖는 것이다.

② うみ : 文語(문어)에서 큰 늪이나 큰 호수를 바다(海)와 마찬가지로 うみ라고 한다. 일본에서 제일 큰 호수인 琵琶湖(びわこ)를 琵琶の海(びわのうみ)라고도 한다〈海(해) 참조〉.

③ いずみ : いずみ는 '샘(泉)'에서 '숨－줌－주미－ずみ'로 이어지고, 접두어 い가 붙어 いずみ로 이어진다. 샘도 큰 샘은 호수로 보아 人名訓読으로 쓰인 것으로 보인다.

④ みず : みずうみ의 준말.

⑤ しお : しおうみ(潮海)의 준말〈潮(조) 참조〉.

⑥ ひろし : 호수는 물이 넓게 펼쳐져 있는 육지 안의 내수(内水)를 뜻한다.
'펼쳐'에서 '펼－필－힐－히로－ひろ(し)'로 이어진다.

人名訓読例

① いずみ · みずうみ · ひろし : 湖(외자 名).

② みず : 湖奈美(みずなみ), 湖本(みずもと), 湖穂(みずほ).

③ しお : 湖山(しおやま).

皓 호	訓読	しろい
	人名訓読	あきら·きよし·ひろし·てる
	音読	コウ

訓読풀이

① しろい : 皓(호)는 센 머리, 白髮(백발)을 뜻한다. 皓首(호수)는 백발의 머리, 늙은이를 뜻한다.
'셀'에서 '실-시로-しろい'로 이어진다.

② あきら : 皓는 밝은 것, 밝히는 것을 뜻한다〈月出皓兮 : 詩經 (월출호혜 : 시경)〉.
'밝히다'에서 '바키라-아키라(ㅂ-ㅇ으로 변음)-あきら'로 이어진다.

③ きよし : 皓는 곱고 깨끗한 것을 뜻한다.
㉮ '곱다'에서 '고와서-기와시-기요시-きよし'로 이어진다. ㉯ '깨끗이'에서 '객으시-개요시-기요시-きよし'로 이어진다.

④ ひろし : 皓는 하늘, 물이 널리 펼쳐 있는 것을 나타낸다.
'펼쳐'에서 '펄-필-힐-히로-ひろし'로 이어진다.

⑤ てる : 皓는 햇빛이 쬐는 모양을 나타낸다.
'쬐다'에서 '재라-대라-대루-てる'로 이어진다.

人名訓読例

① あきら · きよし · しろし · ひろし : 皓(외자 名).

② あき : 皓久(あきひさ), 皓生(あきお · てるお), 皓彦(あきひこ · てるひこ).

③ てる : 皓年(てるとし), 皓文(てるふみ · ひろふみ), 皓生(てるお), 皓彦(てるひこ), 皓子(てるこ), 皓正(てるまさ).

④ ひろ : 皓明(ひろあき), 皓文(ひろふみ), 皓秀(ひろひで), 皓子(ひろこ), 皓之(ひろゆき), 皓章(ひろあき).

犒 호	訓読	ねぎらう
	音読	コウ

訓読풀이

• ねぎらう : ㉮ 犒饋(호궤), 즉 군사에 음식을 보내어 기운 내도록 위로하는 것을 뜻한다. 기운 '내거라'에서 '내기라-내기라우-ねぎらう'로 이어진다. ㉯ ねぎらいの言葉(ことば)を掛(か)ける 하면 위로의 말을 해서 마음을 누그러지게 하는 것을 뜻한다. '누그러'에서 '누그라-내기라-ねぎらう'로 이어진다.

豪 호	訓読	えらい·つよい
	人名訓読	たかし·たけし·つよし·とし·ひで
	音読	ゴウ

訓読풀이

① えらい : 豪(호)는 훌륭함을 뜻한다.
'훌륭'에서 '후루-우라(ㅎ-ㅇ으로 변음)-에라-えらい'로 이어진다.
〔参考〕 偉(위 : えら)い와 이음을 같이한다.

② つよい : 豪는 힘이 센 것을 뜻한다.
'세다'에서 '쎄어-쑤어-쓰요-つよい'로 이어진다.

③ たかし : 지위나 신분이 높은 것, 즉 높이 떠 있는 것을 뜻한다.
'뜨다'에서 '뜨고-다고-다가-たか(し)'로 이어진다.

④ たけし : 豪는 날쌔게 뛰어다니는 용감성을 나타낸다.
'뛰다'에서 '뛰게-따게-たけ(し)'로 이어진다.

⑤ とし : 豪는 지위나 신분, 강건, 용감성 등이 타인에 비하여 돋보임을 나타낸다.
'돋'에서 '돗-도시-とし'로 이어진다.

⑥ ひで : '빼어나다'에서 '빼어-비이-ひいでる'로 이어지고, ひで로 준말이 된다.
〔参考〕 秀(수 : ひい)でる와 이음을 같이 한다.

人名訓読例

① たかし · たけし · つよし · とし : 豪(외자 名).

② たけ : 豪康(たけやす), 豪秀(たけひで), 豪彦(たけひこ), 豪章(たけあきら), 豪和(たけかず), 豪夫(たけお · ひでお).

③ つよ : 豪雄(つよお · ひでお).

④ ひで : 豪見(ひでみ), 豪紀(ひでとし), 豪徳(ひでのり), 豪洋(ひでひろ), 豪人(ひでひと), 豪一(ひでかつ).

皞 호	訓読	あきらか
	音読	コウ

訓読풀이

• あきらか : 皞(호)는 밝은 것을 뜻한다.
'밝히다'에서 '바키라-아키라(ㅂ-ㅇ으로 변음)-あきらか'로 이어진다.

糊 호	訓読	のり
	音読	コ

訓読풀이

• のり : 糊(호)는 풀을 뜻한다. ㉮ 옛날에 풀은 밥알을 눌러 만든 밥풀이었고, 풀이란 눌러 붙이는 기능을 갖는다. '눌러'에서 '눌-놀-노리-のり'로 이어진다.
㉯ '밥알'에서 '알-올-오리-노리(ㅇ-ㄴ으로 변음)-のり'로 이어진다.

人名訓読例

• のり : 糊田(のりた).

縞 호	訓読	しま
	音読	コウ

訓読풀이

• しま : ㉮ 縞(호)는 비단, 특히 주름 비단을 뜻한다. '주름'에서 '줄음-줌-숨-심-시마-しま'로 이어진다. ㉯ 縞는 줄무늬를 말한다. 縞馬(호마)는 줄무늬가 있는 말을 뜻하고, 縞物(호물)은 줄무늬 있는 천을 뜻한다. '줄무늬'에서 '줄무-주무-지마-しま'로 이어진다.

人名訓読例

• しま : 縞の(しまの).

壕 호	訓読	ほり
	音読	ゴウ

訓読풀이

• ほり : 壕(호)는 땅을 파서 만든 수로, 垓字(해자)를 뜻한다. 塹壕(참호)도 땅을 파서 만든 대피호이다.
'파다'에서 '파라-포리-ほり'로 이어진다.

人名訓読例

• ほり : 壕越(ほりこし).

濠 호	訓読	ほり
	音読	ゴウ

訓読풀이

- ほり：濠(호)는 땅을 파서 만든 수로, 해자(垓字)를 뜻한다.
  파다'에서 '파라–포리–ほり'로 이어진다.

人名訓読例

- ほり：濠(외자 名).

護 호	訓読	まもる
	人名訓読	もり
	音読	ゴ

訓読풀이

① まもり・まもる：㉮ 護(호)는 지키는 것, 즉 침범하지 말도록, 가해(加害)하지 말도록 지키는 것을 뜻한다. '말다'에서 '맘–마모–まもる'로 이어진다. ㉯ 護는 침범을 막아 보호하는 것을 뜻한다. '막다'에서 '막음–마음–맘–마모–まもる'로 이어진다.
〔参考〕守(수：まも)る와 이음을 같이한다.

② もり：'말다'에서 '말–몰–모리'로 이어진다.

人名訓読例

① まもる：護(외자 名).
② もり：護国(もりくに), 護山(もりやま), 護永(おりながり), 護文(もりふみ), 護成(もりなり), 護子(もりこ).

顥 호	人名訓読	あきら
	音読	コウ

訓読풀이

- あきら：顥(호)는 밝혀서 빛나는 모양을 나타낸다.
  '밝히다'에서 '바키라–아키라(ㅂ–ㅇ으로 변음)–あきら'로 이어진다.

人名訓読例

- あきら：顥(외자 名).

【혹】

或 혹	人名訓読	ある
	音読	ワク

訓読풀이

- ある：ある人(ひと)는 어떤 사람을 뜻한다(或者：혹자). 한국 방언에 어떤을 어떠런이라고도 한다. ある女(おんな)のことを思(おも)い出(だ)す 하면 어떠런 여자의 일이 생각난다는 말이다.
  '어떠런'에서 '떠'가 탈락, '어런–어러–아루–ある'로 이어진다.

人名訓読例

- ある：或巣(あるす).

惑 혹	訓読	まどう
	音読	ワク

訓読풀이

- まどう：㉮ 惑(혹)은 정신이 헷갈려 망설이는 것을 뜻한다. 返答(へんとう)にまどう 하면 회답을 할까 말까 망설임을 뜻한다. '망설이다'에서 '마서–마소–마도–まどう'로 이어진다. ㉯ 惑은 말면서 둥글게 도는 것을 뜻한다. 惑星(혹성)은 태양을 중심으로 그 둘레를 멍석 말듯이 도는 천체를 일컫는다. '말다'에서 '말–마도(받침 ㄹ–'도'로 분절)–まどう'로 이어진다. 또한 '말고 돌리다'에서 '말돌–마도–まどう'로 이어진다. 말고 돌리면 정신을 잃고 헷갈리게 되어 惑은 迷惑(미혹)을 뜻하기도 한다〈持惡而不改謂之惑：新書 (지악이불개위지혹：신서)〉. ㉰ 惑은 말려 들어가는 것, 즉 현

하

혹(眩惑), 탐닉(耽溺)을 뜻한다〈莊公惑於嬖妾 : 詩經 (장공혹어폐첩 : 시경)〉. '말리다'에서 '말-마도-まどう'로 이어진다.

酷 혹	訓読	ひどい·むごい·きびしい
	音読	コウ

訓読풀이

① ひどい : ひどい寒(さむ)さ, ひどい暑(あつ)さ 하면 호되게 춥고 호되게 더운 것을 뜻한다.
'호되다'에서 '호대어-호도이-히도이-ひどい'로 이어진다.

② むごい : むごく責(せ)める 하면 무거운 책임을 매긴다는 뜻이다.
'무거워'에서 '무고이-むごい'로 이어진다.
〔参考〕 惨(참 : むご)い와 이음을 같이한다.

③ きびしい : きびしい生活(せいかつ) 하면 어려움이 깊이 서린 생활이라는 뜻이고, きびしい国際情勢(こくさいじょうせい) 하면 혹독함이 깊이 깔린 국제정세라는 뜻이다.
'깊다'에서 '깁-기비-きびしい'로 이어진다.
〔参考〕 厳(엄 : きび)しい와 이음을 같이한다.

【혼】

昏 혼	訓読	くらい
	人名訓読	くれ
	音読	コン

訓読풀이

① くらい : ㉮ 昏(혼)은 그을려 있는 것처럼 어두운 상태를 나타낸다. '그을려'에서 '글려-그라-くらい'로 이어진다. ㉯ 무엇에 가리면 어두워진다. '가리다'에서 '가려-구려-구라-くらい'로 이어진다.
〔参考〕 暗(암 : くら)い와 이음을 같이한다.

② くれ : くら의 변음.

人名訓読例

- くれ : 昏石(くれいし), 昏中(くれなか).

混 혼	訓読	まざる·まじる·まぜる
	音読	コン

訓読풀이

- まざる・まじる・まぜる : 混(혼)은 마주, 맞이 해서 섞이는 것, 합치는 것을 말한다〈人之生也善惡混 : 法言 (인지생야선악혼 : 법언)〉. ひざをまじえて語(かた)り合(あ)う 하면 무릎을 마주 하고 이야기하는 것을 뜻하고, 男(おとこ)にまじって練習(れんしゅう)する 하면 남자를 맞이해서(섞여서) 연습한다는 뜻이다.
'마주', '맞이'에서 '마지-まじる'로 이어진다.

焜 혼	訓読	かがやく
	音読	コン

訓読풀이

- かがやく : 焜(혼)은 불을 켜(어) 밝히는 것을 뜻한다.
'켜어'에서 '카아-가가아-かがやく'로 이어진다.

魂 혼	訓読	たま·たましい
	音読	コン

訓読풀이

- たま・たましい：魂(혼)은 혼, 넋, 정신, 마음, 얼 등 다양한 뜻을 갖는데 기본 의미는 참마음, 참 정신, 참 얼을 뜻한다.
  '참'에서 '담-다마-たま・たましい'로 이어진다.

【홀】

忽 홀	訓読	たちまち・ゆるがせ
	人名訓読	ぬ
	音読	コツ

訓読풀이

① たちまち：忽(홀)은 忽然(홀연), 갑자기를 뜻한다. 즉 무슨 행동이 이루어지자마자(되자마자) 갑자기 다른 행동이 뒤따름을 나타낸다. 口論(こうろん)はたちまち殴(なぐ)り合(あ)いに変(か)わった 하면 말다툼이 되자마자 갑자기 주먹싸움으로 변했다는 뜻이고, たちまち起(お)こる拍手(はくしゅ)는 연사나 가수가 무대 위로 등장하자마자(되자마자) 갑자기 일어난 박수라는 뜻이다.
'되자마자'에서 '대지마지-다지마지-たちまち'로 이어진다.

② ゆるがせ：忽은 일을 허술・소홀・등한히 하는 것을 말하는데, 행동을 신속히 하지 못하고 느리게(느릿하게) 처리하여 결과적으로 소홀히 하게 됨을 뜻한다.
'느리게'에서 '누루게-유루가(ㄴ-ㅇ으로 변음)-ゆるがせ'로 이어진다.

③ ぬ：②의 '느리게'에서 '누-ぬ'로 이어진다.

人名訓読例

- ぬ：忽滑谷(ぬかりや・ぬかるや).

惚 홀	訓読	ほれる・ほうける・ぼける・とぼける
	音読	コツ

訓読풀이

① ほれる：惚(ほ)れた目(め)には痘痕(あばた)もえくぼ 하면 남녀 간에 홀리면 마마 자국도 보조개로 보인다는 뜻이다.
'홀려'에서 '호려-호래-ほれる'로 이어진다.

② ほうける・ぼける：遊(あそ)びに惚(ほう)けている 하면 노는데 홀려 있다는 뜻이다.
'홀리다'에서 '홀여-호어-호우-ほうける'로 이어지고, '홀-호-ぼける'로 이어진다.

③ とぼける：惚(홀)은 얼빠진 것, 멍청한 것, 정신 나간 것, 즉 덤벙거리는 것을 뜻한다. 彼(かれ)はよくとぼけて人(ひと)を笑(あら)わせている 하면 그는 곧잘 '덤벙거리'는 짓을 해서 남을 웃긴다는 말이다.
'덤벙거려'에서 '더버-도보-とぼける'로 이어진다.

【홍】

弘 홍	訓読	ひろい・ひろがる・ひろむ・ひろめる
	音読	コウ

訓読풀이

- ひろい・ひろがる・ひろむ・ひろめる：弘(홍)은 벌어져서 넓어지는 것, 학문・이념・세력 등을 널리 펼치는 것을 뜻한다. ㉮ 裾(すそ)のひろがったズボ

ン은 자락이 벌어진 바지이고, 事業(じぎょう)をひろげる 하면 사업을 벌이는 것을 뜻한다. '벌이다(벌리다)'에서 '벌-빌-비로-ひろがる'로 이어진다. ㉯ 勢力(せいりょく)をひろめる 하면 세력을 널리 펼치는 것이고, 弘益人間(홍익인간)은 널리 인간에게 이로움을 펼치는 것을 뜻한다. '펼치다'에서 '펄-필-힐-히로-ひろめる'로 이어진다.

人名訓読例

- ひろ : 弘兼(ひろかね), 弘国(ひろくに), 弘明(ひろあき), 弘文(ひろぶみ), 弘信(ひろのぶ), 弘訓(ひろのり).

哄 홍	訓読	どよむ·どよめく
	音読	コウ

訓読풀이

- どよむ · どよめく : 哄(홍)은 여럿이 함께(共) 입을 벌리고(口) 시끄럽게 떠드는 것을 뜻한다(哄然 : 홍연).
  '떠들다'에서 '떠듬-덛음-도옴-도욤-도요무-どよむ'로 이어진다.

洪 홍	訓読	おおみず
	人名訓読	ひろ
	音読	コウ

訓読풀이

① おおみず : 洪(홍)은 물이 한쪽으로 많아짐을 뜻한다.
많은 것을 뜻하는 '하다'에서 '하오-아오(ㅎ-ㅇ으로 변음)-오오-おお'로 이어지고, 물을 뜻하는 みず(물-밀-미주-みず)와 합성되어 おおみず가 된다.

② ひろ : 洪(홍)은 벌어져 넓어지는 것, 널리 펼쳐(퍼져) 나가는 것을 뜻한다. ㉮ '벌어져'에서 '빌-비로-ひろ'로 이어진다. ㉯ '펼쳐'에서 '펄-필-힐-히로-ひろ'로 이어진다. ㉰ 洪(홍)은 물이 불어나 한 곳으로 모임을 뜻한다. '불어'에서 '불-빌-비로-ひろ'로 이어진다.

人名訓読例

- ひろ : 洪川(ひろかわ), 洪章(ひろあき), 洪之(ひろゆき).

紅 홍	訓読	べに·くれない·あかい
	音読	コウ·ク·グ

訓読풀이

① べに : 紅(홍)은 붉은색, 연지(臙脂)색을 뜻한다. 紅花(홍화)는 べにばな로 붉은 꽃, 잇 꽃을 일컫는다.
'붉은'에서 '부은-베은-벤-베니-べに'로 이어진다.

② くれない : 紅은 잇꽃, 붉은 꽃(べにばな)을 뜻한다. 잇꽃은 국화과의 이년초로 높이는 1미터가량 된다. べにばな의 옛 이름으로 풀이된다. ㉮ '불그레(붉은)'에서 '구레('불'이 탈락)-くれ'로 이어지고, 형용사어미 ない가 붙어 くれない가 된다. ㉯ くれ에 형용사어미 な(ない)가 붙어 くれな가 되고, 잇꽃의 '잇-이'와 합성되어 くれない가 된다.

③ あかい : ㉮ '발갛'에서 '바가-아가(ㅂ-ㅇ으로 변음)-あかい'로 이어진다. ㉯ 익으면 발갛게 된다. '익'에서 '악-아가-あか'로 이어진다.
〔参考〕 赤(적)과 이음(あか)을 같이한다.

人名訓読例

① くれない · べに : 紅(외자 名).
② べに : 紅谷(べにたに · べにや), 紅山(べにやま), 紅沢(べにさわ), 紅村(べにむら), 紅屋(べにや), 紅吉(べによし).
③ くれ : 紅林(くればやし · べにばやし),

紅床(くれとこ).

④ あか：紅江(あかえ·べにえ), 紅良(あから), 紅弥(あかや).

虹 홍	訓読	にじ·みだす·みだれる
	音読	コウ

訓読풀이

① にじ：虹(홍)은 무지개를 뜻하면서 어지럽다는 뜻도 갖는다.
'어지'에서 '이지–니지(ㅇ–ㄴ으로 변음)–にじ'로 이어진다.

② みだす·みだれる：虹은 어지러워 못된 상태를 뜻한다. 이 경우 虹은 訌(홍)과 같은 뜻으로 쓰인다.
訌(홍), 亂(란)과 마찬가지로 '못되'에서 '모대–미다–みだす·みだれる'로 이어진다.

人名訓読例

• にじ：虹貝(にじかい), 虹男(にじお), 虹子(にじこ).

訌 홍	訓読	みだれる
	音読	コウ

訓読풀이

• みだれる：訌(홍)은 분란(紛亂)이 일어나 내부에서 무너지는 못된 상황을 뜻한다.
'못되'에서 '모대–미다–みだれる'로 이어진다.
〔参考〕 乱(란：みだ)れる와 이음을 같이 한다.

鬨 홍	訓読	とき·たたかう
	音読	コウ

訓読풀이

① とき：㉮ 鯨波(경파：とき)로도 표기되는데 고래(鯨)가 큰 몸둥이를 들어 솟구칠 때 일어나는 파도소리(波)가 싸움터에서의 함성처럼 들린 것으로 풀이된다. 이 경우에는 '들으다'에서 '들기–두기–도기–とき'로 이어진다. ㉯ 옛날 싸움터에서 많은 병사가 사기를 돋우기 위하여 일제히 지르는 함성을 뜻한다. '돋다'에서 '돋기–도기–とき'로 이어진다.
〔参考〕 人名訓読에서 鯨(경)이 とき로 훈독되는 것과 이음을 같이한다. 鯨津(경진)도 くじらつ가 아니라 ときつ로 훈독된다.

② たたかう：㉮ 다투는 것을 뜻한다〈鄒與魯鬨：孟子 (추여로홍：맹자)〉. '다투다'에서 '다투–다다–たたかう'로 이어진다. ㉯ 떠드는 것, 함성을 뜻한다〈笑鬨(소홍), 屯鬨(둔홍)〉. '떠들다'에서 '더두–다두–다다–たたかう'로 이어진다.

人名訓読例

• とき：鬨也(ときや).

【화】

化 화	訓読	ばかす·ばける·かわる
	音読	カ·ケ·ゲ

訓読풀이

① ばかす·ばける：化(화)는 바꾸는 것, 바뀌는 것을 말한다〈變則化：中庸 (변즉화：중용)〉. きつねが女(おんな)に化(ば)ける 하면 여우가 여자로 바뀌는 遁甲(둔갑)을 뜻하고, 学生(がくせい)に化(ば)ける 하면 학생으로 (변장하여) 바꾸는 것을 뜻한다. 化의 타동사 ばかす는 무엇을 다른 것으로 바꾸는 것이므로 속여서 흐리게 한다는 뜻도 갖는다.
'바꾸다'에서 '바가–ばかす'로 이어진다.

하

② かわる：①에서 바꾼다는 것은 다른 것으로 가는 것을 뜻한다.
'갈다'에서 '갈아–가아–かわる'로 이어진다.

火 화	訓読	ひ·ほ
	音読	カ

訓読풀이

① ひ：火(화)는 불을 뜻한다.
'불'에서 '부–비–ひ'로 이어진다.

② ほ：'불'에서 '부–보–ほ'로 이어진다.

人名訓読例

① ひ：火脚(ひあし), 火山(ひやま), 火田(ひだ), 火切(ひきり), 火村(ひむら), 火浦(ひうら).

② ほ：火口(ほぐち · ひぐち), 火作(ほっくり).

禾 화	訓読	あわ·いね·のぎ
	音読	カ

訓読풀이

① あわ：禾(화)는 벼 · 벼의 열매를 뜻한다. 벼의 열매를 찧으면 쌀알이 된다. 벼의 열매나 쌀알은 알처럼 생겼다.
'알'에서 '아알–아아–あわ'로 이어진다.
〔参考〕泡(포), 沫(말), 粟(속)과 이음(あわ)을 같이한다.

② いね：벼는 쌀을 만들어낸다. 쌀을 입쌀이라 하고 입쌀로 만든 밥을 이밥이라 한다.
'이밥(입쌀)'에서 '이–い'로 이어지고, 접미어 ね가 붙어 いね가 된다〈稲(도) 참조〉.

③ のぎ：벼 껍질에는 까끄라기가 남겨 있어 피부에 닿으면 깔끄럽다.
'남겨'에서 '남기–나기–노기–のぎ'로 이어진다.
〔参考〕芒(망)과 이음(のぎ)을 같이한다.

人名訓読例

① あわ：禾生(あわお), 禾田(あわた), 禾几(あわき).

② いね：禾本(いねもと), 禾子(いねこ).

③ いな(いね의 변음)：禾津(いなつ).

④ のぎ：禾野(のぎの), 禾麿(のぎまろ), 禾太郎(のぎたろう).

花 화	訓読	はな
	音読	カ·ケ

訓読풀이

- はな：㉮ 훤(환)하게 아름다운 꽃을 뜻한다. '훤(환)'에서 '한–하나–はな'로 이어진다. ㉯ 훤하게 불 밝힌 것을 뜻한다〈洞房花燭明：庾信 (동방화촉명：유신)〉. '훤(환)'에서 '한–하나–はな'로 이어진다. ㉰ 밝은 것을 나타낸다. '밝은'에서 '발은–바은–반–한–하나–はな'로 이어진다.

人名訓読例

- はな：花道(はなみち), 花菱(はなびし), 花笠(はながさ), 花神(はながみ), 花熊(はなくま), 花簇(はなむれ).

画(畵) 화·획	訓読	えかく·かく
	音読	カ·カク

訓読풀이

① えかく：画(화)는 그림 그리는 것을 뜻한다. 옛날 암석이나 갑골(甲骨)에 조각하거나 그림 그릴 때에는 칼처럼 뾰족한 것을 사용하여 에어내거나 긁어내 그렸다. 그래서 한국어의 글이나 그림은 '긁다'에서 연유했다고 본다.
'에다'에서의 え와 '긁다'에서 '글거–갈

구–가구–かく'가 합성되어 えかく가 된다.

〔参考〕 画이 획 · かく로 음독되는 것은 画数(획수 · かくすう), 画策(획책 · かくさく) 등으로 쓰는 경우이다.

② かく : ①에서와 같이 '긁다'에서 '글거–갈구–가구–かく'로 이어진다.

〔参考〕 描(묘 : か)く와 이음을 같이한다.

人名訓読例

① えがき : 画(외자 名), 画部(えがきべ).

② え(えがき의 준말) : 画問(えどい), 画星(えぼし).

③ かき : 画安(かきやす).

和 화	訓読	あえる·なぐ·なごむ·なごやか·にぎ·やわらぐ·やわらげる
	人名訓読	かず·まさ·やす·よし·より
	音読	ワ·オ·カ

訓読풀이

① あえる : 和(あ)える는 채소, 생선, 조개 등을 된장, 식초, 깨, 겨자 등으로 잘 아울러(어울려) 버무리는 무침을 뜻한다. 즉 여러 가지를 잘 아울러서(어울려서) 만든다는 뜻이다〈胡紛白石灰等以水和之 : 博物志 (호분백석회등이수화지 : 박물지)〉.

'아우르다'에서 '아우–아에–あえる로 이어진다.

② なぐ · なごむ · なごやか : 和는 누그러지는 것을 뜻한다. 心(こころ)が和(な)ぐ, 気持(きもち)が和(なご)む 하면 마음, 기분이 누그러진다는 말이다.

'누그러지다'에서 '누구–나구–なぐ'로 이어진다.

③ にぎ : にぎみたま(和御魂)는 느긋한 덕을 갖춘 영혼이라는 뜻이다.

'느긋'에서 '느그–니기–にぎ'로 이어진다.

④ やわらぐ · やわらげる : ㉮ 약해지는 것, 유순해지는 것을 나타낸다. 즉 여리어짐을 뜻한다. '여리다'에서 '열어–여어–야아–やわらぐ'로 이어진다. ㉯ 모든 것이 잘 어우(아우)러져 調和(조화)로워짐을 뜻한다. '어우(아우)르다'에서 '어우려–아아려–야와라–やわらぐ'로 이어진다.

〔参考〕 柔(유 : やわ)らか와 이음을 같이 한다.

⑤ かず : ㉮ 골고루 調和(조화)를 이루는 것을 뜻한다. '골고루'에서 '골–갈–가주(받침 ㄹ–'주'로 분절)–かず'로 이어진다. ㉯ 모두를 고루 같게 함을 뜻한다. '같다'에서 '갖–가주–かず'로 이어진다.

⑥ まさ : 절도(節度)에 맞음을 뜻한다〈和也者天下之達道也 : 中庸 (화야자천하지달도야 : 중용)〉.

'맞다'에서 '마자–まさ'로 이어진다.

⑦ やす : 편안히 쉬는 것을 뜻한다.

'쉬다'에서 '수–す'로 이어지고, 접두어 や가 붙어 やす가 된다.

⑧ よし : ⑥에서와 같이 맞다는 것은 옳은 것을 뜻한다.

'올'에서 '오시(받침 ㄹ–'시'로 분절)–よし'로 이어지고, '옳지'에서 '오시–よし'로 이어진다.

⑨ より : '옳다'에서 '올–오리–より'로 이어진다.

人名訓読例

① かず : 和山(かずやま), 和基(かずも

と), 和聖(かずまさ), 和順(かずより), 和信(かずのぶ), 和平(かずひら · まさひら).

② にぎ : 和田(にぎた), 和太(にぎた), 和合(にぎあい).

③ まさ : 和光(まさみつ · かずてる · よしみつ), 和満(まさみつ · かずみち), 和也(まさや), 和彦(まさひこ · かずひこ), 和平(まさひろ), 和子(まさこ · やすこ · やわこ · よりこ).

④ やす : 和明(やすあき), 和永(やすなが), 和義(やすよし · かずよし), 和子(やすこ), 和正(やすまさ · かずまさ), 和厚(やすひろ).

⑤ やわ : 和気(やわき), 和子(やわこ).

⑥ よし : 和光(よしみつ), 和治(よしはる), 和則(よしのり), 和夫(よしお), 和男(よしお).

⑦ より : 和健(よりたけ), 和子(よりこ), 和志(よりゆき), 和夫(よりお).

華 화	訓読	はな
	音読	カ·ケ·ゲ

訓読풀이

• はな : 華(화)는 훤하게 밝고 빛나는 것(華燭 : 화촉), 훤하게 아름다운 것(華麗 : 화려)을 뜻한다.

'훤'에서 '한-하나-はな'로 이어진다. 또한 '밝다'에서 '밝은-바은-반-한-하나-はな'로 이어진다.

〔参考〕 花(화)와 이음(はな)을 같이한다.

人名訓読例

• はな : 華広(はなひろ), 華山(はなやま), 華城(はなぎ), 華村(はなむら), 華表(はなおもて), 華子(はなこ).

禍 화	訓読	わざわい
	音読	カ

訓読풀이

• わざわい : 禍(화)는 화(禍), 재앙(災殃), 재액(災厄) 등, 풀이 하면 나쁜 일 또는 나쁜 일이 일어남(나쁜 일이 일어나 禍를 입는 것)을 뜻한다. 본래 わざ(業 : 업)는 불교에서 전세에 지은 일(業 : 주로 악행)으로 말미암아 현세에서 일어나는(입는) 應報(응보), 즉 재앙을 뜻한다.

'(나쁜) 일'에서 '알-아자(받침 ㄹ-'자'로 분절)-わざ'로 이어지고, '일어나다(입다)'에서 '이어-아어-아이-わい'로 이어져 わざわい로 합성된다.

〔参考〕 災(재 : わざわ)い와 이음을 같이한다.

話 화	訓読	はなし·はなす
	音読	ワ

訓読풀이

• はなし · はなす : ㉮ 말하는 것을 뜻한다. 말한다는 것은 속의 생각을 밖으로 풀어내는(펴내는) 것을 뜻한다. 속에 있던 것을 풀고나니 속이 후련하다는 표현이 있다. '풀어내다(펴내다)'에서 '펴내서-파내수-하나수-はなす'로 이어진다. ㉯ 한국어에서는 말하는 것을 한다라고도 한다. '무엇이라고 (말)하느냐'라는 식으로 '말'을 생략하고 말할 때도 많다. '한다'에서 '한-하나-はなす'로 이어진다. '말하다'에서의 '말'은 '말-몰-모수(받침 ㄹ-'수'로 분절)-もす(申す)로 이어진다. ㉰ 말하는 것을 말을 내뱉는다고 한다. '(내)뱉는'에서 '배는-바는-반-하나-はなす'로 이어진다.

〔参考〕 放(방 : はな)す와 이음을 같이한다.

【확】

拡(擴) 확	訓読	ひろがる·ひろげる
	音読	カク

訓読풀이

- ひろがる · ひろげる : 拡(확)은 (접은 것을) 펴다, 펼치다, 벌어지다를 뜻한다. '펼치다'에서 '펼-필-힐-ひろがる'로 이어지고, 또한 '벌어지다'에서 '벌-빌-비로-ひろがる'로 이어진다.

人名訓読例

- ひろ : 拡光(ひろみつ), 拡也(ひろや), 拡子(ひろこ), 拡充(ひろみつ), 拡憲(ひろのり).

確 확	訓読	たしか·たしかめる·かたい
	人名訓読	あきら·つよし
	音読	カク

訓読풀이

① たしか · たしかめる: 確(확)은 確實(확실)함, 正確(정확)함을 뜻한다. 고유어로 표현하면 틀림없음을 다짐할 수 있음을 나타낸다. 彼(かれ)の仕事(しごと)ならたしかだ는 그가 하는 일이라면 좋은 결과를 다짐할 수 있다는 뜻이다.
'다지다'에서 '다지고-다시가-たしか'로 이어지고, たしかめる로 동사화 된다.

② かたい : 確은 굳음을 뜻한다. 確信(확신)은 굳은 신념을 말한다.
'굳다'에서 '굳-갇-가다-かたい'로 이어진다.

③ あきら : 確은 분명히 하는 것, 밝히는 것을 뜻한다.
'밝히다'에서 '바키라-아키라(ㅂ-ㅇ으로 변음)-あきら'로 이어진다.

④ つよし : 確은 굳센 것을 뜻한다.
'세다'에서 '쎄어-쑤요-つよし'로 이어진다.

人名訓読例

① あきら · たかし · たしか · つよし : 確(외자 名).

② かた : 確子(かたこ).

廓 확	訓読	くるわ
	人名訓読	かまえ·ひろ
	音読	カク

訓読풀이

① くるわ : 廓(확)은 曲輪(곡윤 : くるわ)으로도 표기되며, 성(城)이나 성채(城砦)의 둘레에 흙이나 돌로 울타리를 쳐 놓은 지역을 뜻한다. 그 지역의 모습이 둥글게 구부러져(曲) 굴러 가는 수레바퀴(輪)의 테가 에워싸인 부분과 비슷하다
'굴러'와 '에워싸인'이 합성되어 '굴러에워-구루에워-구루와-くるわ'로 이어진다.

② かまえ : 廓은 성이나 성채의 둘레에 감은 듯이 둘러싸인 지역에 모여 있는 집들을 가리킨다.
'감다'에서의 '감-가마-かま'와 집을 뜻하는 いえ의 준말 え가 합성되어 かまえ가 된다. かまえ 지역에는 遊女屋(ゆうじょや)가 모여 있으므로 遊郭(유곽), 또는 遊里(유리)를 뜻하기도 한다.

③ ひろ : 廓은 사방으로 널리 펼쳐진 넓은 곳을 뜻한다〈廓四方 : 淮南子 (확사방 : 회남자)〉.
'펼'에서 '필-힐-ひろ'로 이어진다.

人名訓読例

① かまえ：廓(외자 名).

② ひろ：廓髄(ひろなか).

籰 **확**	訓読	いとわく
	人名訓読	もく·わく
	音読	ワク

訓読풀이

① いとわく：籰(확)은 연줄, 낚싯줄 등의 실을 얽어매는(감는) 얼레, 자새를 뜻한다.
실을 뜻하는 いと('잇다'에서 '읻-이도-いと')와 '얽다'에서의 '억-악-아구-わく'가 합성되어 いとわく로 이어진다.

② もく：얼레는 실을 묶는(감는) 기능을 한다.
'묶다'에서 '무꺼-무구-むく'로 이어진다.

③ わく：①에서와 같이 '얽다'에서 '억-악-아구-わく'로 이어진다.

人名訓読例

① もく：籰田(もくだ·わくだ).

② わく：籰本(わくもと), 籰田(わくだ).

穫 **확**	訓読	かる
	人名訓読	おさむ·みのり·みのる
	音読	カク

訓読풀이

① かる：穫(확)은 벼를 베는 것을 뜻한다〈八月其穫：詩經 (팔월기확：시경)〉. 벤다는 것은 가른다는 뜻이다.
'가르다'에서 '가루-かる'로 이어진다.
收穫(수확)은 베어진 벼, 갈라진 벼를 거두어들이는 것을 뜻한다.

② おさむ：㉮ 穫은 얻는 것, 거두어들이는 것을 뜻한다. '얻다'에서 '얻음-엇음-어삼-오사무-おさむ'로 이어진다. ㉯ 穫은 거둔 벼를 쌓는 것·담는 것을 뜻한다. '쌓다'에서 '쌈-싸무-さむ'로 이어지고 접두어 お가 붙어 おさむ가 된다. 또한 '담다'에서 '담-삼-사무-(お)さむ'로 이어진다.
〔参考〕收(수), 納(납)과 이음(おさむ)을 같이한다.

③ みのり·みのる：穫은 맺어진 열매를 수확하는 것을 뜻한다. ㉮ '열매'의 '매'에서 '매-미-み'로 이어지고 みのる로 동사화 된다. ㉯ 열매 맺다의 '맺다'에서 '맺는-매는-미는-미노-みのる'로 이어진다.

人名訓読例

• おさむ·みのり·みのる：穫(외자 名).

攫 **확**	訓読	さらう·つかむ
	音読	カク

訓読풀이

① さらう：財布(さいふ)を攫(さら)う 하면 지갑을 채 가는 것을 뜻한다.
'채다'의 명령형 '채라'에서 '차라-사라-さらう'로 이어진다.
〔参考〕拐(괴：さら)う와 이음을 같이한다.

② つかむ：攫은 잡는 것, 쥐는 것을 뜻한다(一攫千金：일확천금).
'잡다(쥐다)'의 연용형 '잡구(쥐구)'에서 '주구-주가-つかむ'로 이어진다.

【환】

丸 **환**	訓読	まる·まるい·まるめる·まろい·たま
	人名訓読	わ
	音読	ガン

訓読풀이

① まる · まるい · まるめる · まろい : ㉮ 丸(환)은 둥근 것을 나타낸다. 둥근 모양은 여러 가지로 만들 수 있는데, 그 중 하나가 종이나 옷감 등을 둘둘 말아서 둥글게 만드는 것이다. 丸襟(まるえり)는 천 끝을 말아서 둥글게 만든 것이고, 丸髷(まるまげ)는 머리를 말아 올려 둥글게 만든 일본여자 머리 모양이다. '말다'에서 '마라-마루-まる'로 이어진다. ㉯ まる는 수사, 명사 앞에 붙어 전부, 전체를 말하기도 한다. 利益(りえき)の丸取(まるとり)는 이익을 혼자 말아 먹는 것을 뜻하고, 蛇(へび)が蛙(かえる)を丸呑み(まるのみ)する 하면 뱀이 개구리를 통째로 말아 삼키는 것을 뜻한다.

〔参考〕 円(원)과 이음(まる)을 같이한다.

② たま : 둥근 모양은 어디에서 보나 닮았다.

'닮다'에서 '달마-다마-たま'로 이어진다.

〔参考〕 玉(옥), 球(구) 등 둥근 것은 たま로 훈독된다.

③ わ : ㉮ 丸은 원형, 테(테두리)처럼 둥글게 에워싸는 것을 뜻한다. '에워'에서 '에-아-わ'로 이어진다. ㉯ 丸은 알 또는 알처럼 작고 둥근 것을 뜻한다(丸薬 : 환약). '알'에서 '아-わ'로 이어진다.

〔参考〕 輪(윤), 環(환)과 이음(わ)을 같이한다.

人名訓読例

① まる : 丸谷(まるたに · まるや), 丸島(まるしま), 丸宝(まるとみ), 丸山(まるやま), 丸野(まるの), 丸野内(まるのうち).

② わ : 丸邇(わに).

幻 환	訓読	まぼろし
	音読	ゲン

訓読풀이

• まぼろし : 幻(환)은 한국어에서 幻覺(환각), 幻想(환상), 幻影(환영) 등 한자어로만 풀이되고 고유어는 안 보인다. ㉮ 幻은 있지도 않은 것을 있는 듯 봄, 즉 맞는 것(사실)을 버려서 맞지 않는 것을 좇는다는 뜻이라 할 수 있다. まぼろしに見(み)る 하면 맞는 것을 버려서 환상으로 본다는 말이고, まぼろしの世(よ)는 맞는 것이 버려진 덧없는 세상이라는 뜻이다. '맞(을) 버려서'에서 '마버려서-마보로서-마보로시-まぼろし'로 이어진다. ㉯ 幻은 맞는 것처럼 홀려 생각하고(幻覺 · 幻想), 보고(幻影 · 幻視), 듣는 것(幻聽)을 뜻한다. '맞다'의 '마'와 '홀려서'의 '호로시-ぼろし'가 합성되어 まぼろし가 된다.

人名訓読例

• まぼ : 幻中(まぼなか).

宦 환	訓読	つかえる
	音読	カン

訓読풀이

• つかえる : 宦(환)은 옛날 궁중에서 천자나 후궁을 섬기는 벼슬 · 관직을 뜻한다〈宦官(환관), 宦女(환녀)〉.

'섬기다'에서 '섬겨-서가-수가-つかえる'로 이어진다.

桓 환	訓読	たけ
	音読	カン

訓読풀이

• たけ：桓(환)은 굳세고 용맹하여 여기저기 뛰고 다니는(날뛰는) 것을 뜻한다〈환환우정：시경 (桓桓于征：詩經)〉.
'뛰다'에서 '뛰고–뛰게–다게–たけ(しい)'로 이어진다.
〔参考〕猛(맹)과 이음(たけ)을 같이한다.
• たけ：桓夫(たけお), 桓彦(たけひこ), 桓千代(たけちよ), 桓虎(たけとら).

患 환	訓読	わずらう·うれえる
	音読	カン

訓読풀이

① わずらう：患(환)은 앓는 것, 병드는 것을 뜻한다.
'앓다'에서 '앓–알–아주(받침 ㄹ–'주'로 분절)–わずらう'로 이어진다.

② うれえる：患은 어려움을 근심, 걱정하는 것을 말한다. 国(くに)の前途(ぜんと)を患(うれ)える 하면 나라의 앞날의 어려움을 걱정한다는 뜻이다.
'어려워하다'에서 '어려워–우레워–うれえる'로 이어진다.

喚 환	訓読	よび·よぶ·わめく
	音読	カン

訓読풀이

① よび·よぶ：㉮ 喚(환)은 외치는 것을 뜻한다. '외치다'에서 '외–오–요–よぶ'로 이어진다. ㉯ 喚은 부르는 것을 뜻한다. 부를 때 여보·여보게·여보세요라고 한다. '여보'에서 '요부–よぶ'로 이어진다.
〔参考〕呼(호：よ)ぶ와 이음을 같이한다.

② わめく：大声(おおごえ)で喚(わめ)く 하면 큰소리로 외치는 것을 뜻한다. 제주방언에서 외치는 것을 '왼다'라고 한다.
'외다(외치다)'에서 '왼–암–아메–わめく'로 이어진다.

人名訓読例

• よび：呼山(よびやま).

換 환	訓読	かえる·かわる
	音読	カン

訓読풀이

• かえる·かわる：換(환)은 가는 것, 바꾸는 것을 뜻한다.
'갈다'에서 '갈아라–가아루–かわる'로 이어진다.
〔参考〕変(변), 替(채)와 이음(かえる)을 같이한다.

皖 환	訓読	あきら·きよし
	音読	カン

訓読풀이

① あきら：皖(환)은 밝은 모양, 밝히는 것을 뜻한다.
'밝히다'에서 '바키라–아키라(ㅂ–ㅇ으로 변음)–あきら'로 이어진다.

② きよし：皖은 고운 모양, 밝은 모양, 샛별을 뜻한다.
'고와서'에서 '기오시–기요시–きよし'로 이어진다.

人名訓読例

① あきら·きよし：皖(외자 名).

② きよ：皖司(きよし), 皖是(きよゆき), 皖庸(きよのぶ), 皖惟(きよただ).

焕 환	訓読	あきら
	音読	カン

訓読풀이

• あきら：煥(환)은 불꽃, 밝히는 것을 뜻한다.
'밝히다'에서 '발키라–아키라(ㅂ–ㅇ으로 변음)–あきら'로 이어진다.

人名訓読例

① あきら：煥(외자 名).
② あき：煥光(あきみつ).

歓(歡) 환	訓読	よろこぶ
	人名訓読	よし
	音読	カン

訓読풀이

① よろこぶ：歓(환)은 일이 옳게 되어 감을 보고 기뻐하고 좋아하는 것을 뜻한다. 父(ちち)のよろこぶ顔(かお)が見(み)たい 하면 부친이 옳거니 하고 기뻐하는 모습을 보고 싶다는 말이다.
'옳다'에서 '올–오로–よろ'로 이어지고, '기쁘다'에서 '기부–고부–こぶ'로 이어져 よろこぶ로 합성된다.
② よし：'옳다'에서 '올–오시(받침 ㄹ–'시'로 분절)–よし'로 이어지고, '옳지'에서 '오지–よし'로 이어진다.
〔参考〕人名訓読에서 歓이 よし로 훈독되는 것은 よろこぶ도 마찬가지로 '옳다'에서 이어짐을 말해준다.

人名訓読例

• よし：歓嶺(よしみね), 歓明(よしあき), 歓洋(よしひろ), 歓子(よしこ), 歓真(よしさね).

還(還) 환	訓読	かえす·かえる
	音読	カン

訓読풀이

• かえす·かえる：還(환)은 지금까지의 것을 갈아치우고 도로 돌아간다는 말이다. 還郷(환향)은 지금까지의 객지 생활을 갈아치우고(청산하고) 고향으로 돌아간다는 뜻이고, 還俗(환속)은 이제까지의 승려 생활을 갈아치우고 속인으로 귀속(歸俗)한다는 뜻이다.
'갈다'에서 '갈아서–가에서–가에수–かえす'로 이어진다.

環(環) 환	訓読	たま·たまき·めぐる·わ
	音読	カン

訓読풀이

① たま·たまき：環(환)은 環玉(환옥), 둥근 옥을 뜻한다. 環玉은 어디로 보나 둥글어 닮게 되어 있다.
玉(たま)과 마찬가지로 '닮다'에서 '달마–다마–たま'로 이어지고, '닮은 것'에서 '달마거–다마기–たまき'로 이어진다.
② めぐる：環은 둥글게 말면서 도는 것을 뜻한다.
'말다'에서 '말거라–마거루–메구루–めぐる'로 이어진다.
〔参考〕巡(순), 回(회), 廻(회)와 이음(めぐる)을 같이한다.
③ わ：環은 원형, 테(테두리)처럼 둥글게 에워싸는 것을 뜻한다.
'에워'에서 '에–아–わ'로 이어진다.
〔参考〕輪(윤), 丸(환)과 이음(わ)을 같이한다.

人名訓読例

① たま·たまき：環(외자 名).
② たま：環江(たまえ), 環伎(たまき), 環世(たまよ), 環樹(たまき).

鍰 환	訓読	からみ
	音読	カン

하

訓読풀이

- からみ : 鍰(환)은 고리를 뜻한다. 고리는 서로 걸어 매는 것을 뜻한다.
  '걸다'에서 '걸림－거람－가람－가라미－からみ'로 이어진다.
  〔参考〕 絡(락 : からみ)와 이음을 같이한다.

鰥 환	訓読	やもお·やもめ
	音読	カン

訓読풀이

- やもお · やもめ : 옛날에는 やもお는 홀아비(鰥夫 : 환부, 寡男 : 과남)를 뜻하고, やもめ는 홀어미(寡婦 : 과부, 孀 : 상)를 뜻하였다. 홀아비나 홀어미는 다 같이 처나 남편을 여의고(잃어) 홀로 살아간다. ㉮ '여의다(잃다)'에서 '여임(잃음－이음－여음)－염－얌(임－얌)－やも', 홀아비의 '아'에서 '아－오－お'가 합성되어 やもお가 된다. ㉯ やも와 여성을 지칭하는 め가 합성되어 やもめ 가 된다. 지금은 홀아비, 홀어미를 모두 やもめ(鰥)라 한다.
  〔参考〕 寡(과 : やもめ)와 이음을 같이한다.

人名訓読例

- やもめ : 鰥(외자 名).

【활】

活 활	訓読	いかす·いきる·いける
	音読	カツ

訓読풀이

① いかす : 活(い)かす는 살려둔다, 소생시킨다는 타동사이다. 즉 있게 해 주는 것을 뜻한다.
'있다'에서 '있게－이게－이가－いかす'로 이어진다.
〔参考〕 生(생 : い)かす와 이음을 같이한다.

② いきる : 活(い)きる는 자동사로 살아 있는 것을 뜻한다.
'있다'에서 '(살아)있거라－이기라－이기루－いきる'로 이어진다.
〔参考〕 生(생 : い)きる와 이음을 같이한다.

③ いける : 活(い)ける는 타동사로, 살아 있게 함을 뜻한다. 活(い)け花(はな)는 꽃꽂이를 말하는데, 꽃을 병에 꽂아 살아 있게 한다는 뜻이다.
'있게'에서 '이게－いける'로 이어진다.
〔参考〕 生(생 : いけ)る와 이음을 같이한다.

人名訓読例

① いき : 活魚(いきうお), 活田(いきた · いくた · いけだ).
② いく : 活田(いくた), 活井(いくい), 活都(いくと).
③ いけ : 活田(いけだ).

滑 활·골	訓読	すべる·なめらか·ぬめる
	音読	カツ·コツ

訓読풀이

① すべる : 足(あし)が滑(활 : すべ)る 하면 발이 미끄러워 자빠진다는 뜻이다.
'자빠지다'에서 '자바－주베－수베－すべる'로 이어진다.

② なめらか : 滑(활 : なめ)らかな肌(はだ)는 부드러운 살결이라는 뜻이다. 부드럽게 만드는 데는 여러 가지 방법이

있겠으나 옛날에는 명주, 무명, 모시 등을 잿물에 삶아 누여 부드럽게 하였다.
'누이다'에서 '누임-눔-남-나메-なめらか'로 이어진다.

③ ぬめる : ②의 '누이다'에서 '누임-눔-누메-ぬめる'로 이어진다. 滑革(활혁 : ぬめかわ)는 타닌 산(酸) 등으로 부드럽게 누인 가죽을 뜻한다.
〔参考〕 滑이 골 · コツ로 음독되는 것은 滑稽(골계 : こっけい)처럼 그르치다라는 뜻을 나타내는 경우이다.

人名訓読例

① なめら · ぬめり : 滑(외자 名).

② なめ : 滑良(なめら), 滑石(なめいし), 滑田(なめた), 滑津(なめず), 滑川(なめかわ · なめりかわ · なめらかわ).

濶 활	訓読	ひろい
	音読	カツ

訓読풀이

• ひろい : 濶(활)은 널리 펼쳐짐을 뜻한다.
'펼'에서 '필-힐-히로-ひろい'로 이어진다.

人名訓読例

① ひろし : 濶(외자 名).

② ひろ : 濶夫(ひろお), 濶子(ひろこ), 濶志(ひろし).

豁 활	訓読	ひろい
	人名訓読	とうる·とおる·ひらく·ひろし
	音読	カツ

訓読풀이

① ひろい · ひろし : 豁(활)은 널리 펼쳐진(탁트인) 골짜기를 뜻한다.
'펼'에서 '필-힐-히로-ひろい'로 이어진다.

② とうる · とおる : 豁은 널리 뚫린 골을 뜻한다.
'뚫리다'에서 '뚜우러-도오루-とうる · とおる'로 이어진다.

③ ひらく : 豁은 벌리어 여는 것을 뜻한다.
'벌리다'에서 '벌-버라-비라-ひらく'로 이어진다.

人名訓読例

① とうる · とおる · ひらく · ひろし : 豁(외자 名).

② ひろ : 豁夫(ひろお), 豁通(ひろみち), 豁行(ひろゆき).

闊 활	訓読	ひろい
	音読	カツ

訓読풀이

• ひろい : 闊(활)은 널리 펼쳐짐을 뜻한다.
'펼'에서 '필-힐-히로-ひろい'로 이어진다.

人名訓読例

① ひろし : 闊(외자 名).

② ひろ : 闊子(ひろこ).

【황】

恍 황	訓読	とぼける
	音読	コウ

訓読풀이

• とぼける : 彼(かれ)はよくとぼけて人(ひと)を笑(あら)わせている 하면 그는 곧잘 덤벙거리는(얼빠진) 짓을 해서 남을 웃긴다는 뜻이다.
'덤벙거려'에서 '더버거려-도보게루-と

ぼける'로 이어진다.

〔参考〕惚(홀 : とぼ)ける와 이음을 같이 한다.

荒 황	訓読	あらい·あらす·あれる·すさぶ·すさむ
	音読	コウ

訓読풀이

① あらい · あらす · あれる : ㉮ 荒(황)은 가공하지 않았거나, 익지 않았거나, 마르지 아니한 날것대로임을 나타낸다(날고기, 날감자, 날가죽 등). 荒玉(황옥 : あらたま)은 캐낸 채 가공하지 아니한 날옥돌을 뜻하고, 荒皮(황피 : あらかわ)는 무두질하지 않은 날가죽을 뜻한다. '날'에서 '알(ㄴ-ㅇ으로 변음)-아라-あら'로 이어진다. ㉯ 荒은 날강도, 날도둑, 날뛰다 처럼 거칠고 사나운 것, 악독한 것을 나타낸다. '날'에서 '알-아라-あら'로 이어진다. ㉰ 荒造り(あらづくり)는 끝손질을 하지 않고 대충 날림으로 만드는 것을 뜻한다. '날림'에서 '날-알-아라-あら'로 이어진다.

〔参考〕粗(조 : あら)와 이음을 같이한다.

② すさぶ · すさむ : すさんだ世相(せそう) 하면 스산한 세상이라는 뜻이고, 風(かぜ)が吹(ふ)きすさむ 하면 바람이 스산하게 휘몰아치는 것을 뜻한다.

'스산'에서 '스삼-스사무-すさむ'로 이어진다. 荒ぶ는 荒む의 고어(古語)이다.

人名訓読例

① あらし · すさむ : 荒(외자 名).

② あら : 荒関(あらぜき), 荒山(あらやま), 荒野(あらの), 荒金(あらかね), 荒玉(あらたま), 荒川(あらかわ).

皇 황	訓読	きみ
	人名訓読	ただす·み·はな
	音読	コウ·オウ

訓読풀이

① きみ : ㉮ 皇(황)은 임금, 군주, 천자, 상제 등으로 불리운다. 어느 왕보다 공덕이 높고 위엄과 위덕이 가장 큰 임금으로 일컫는다. 즉 皇王(황왕), 皇上帝(황상제)를 뜻한다. 皇은 크다는 뜻을 나타낸다〈皇王維辟 : 詩經 (황왕유벽 : 시경), 惟皇上帝 : 書經 (유황상제 : 서경)〉. 크다'에서 '큼-킴-키미-きみ'로 이어진다. ㉯ 神(かみ)이 곰과 이어지듯이 皇(きみ)도 옛날 신의 상징이었던 '곰'에서 '고무-고미-きみ'로 이어진다. 皇이 신의 상징인 熊(くま)을 대신하는 것으로 보고 유사한 부름을 붙인 것으로 풀이된다. ㉰ 임금의 '금'에서 '기미-きみ'로 이어진다.

② ただす : 皇은 따져서 바로 잡는 것을 뜻한다. 또한 바로잡고 떳떳해짐을 뜻한다〈四國是皇 : 詩經 (사국시황 : 시경)〉.

'따지다'에서 '따저-다다-ただす'로 이어지고, '떳떳'에서 '더더-다다-ただす'로 이어진다.

〔参考〕匡(광 : ただ)す와 이음을 같이한다.

③ み : きみ에서 み로 준말이 된다.

④ はな : 皇은 꽃(花), 화려함(華)을 뜻한다.

'훤하다'에서 '훤-한-하나-はな'로 이어진다. 또한 '밝은'에서 '발은-바은-반-하나-はな'로 이어진다.

人名訓読例

① ただす : 皇(외자 名).

② はな : 皇恵(はなえ).

③ み：皇子代(みこしろ).

洸 황·광	人名訓読	あきら·たかし·たけし·つよし·ひかる·ひろし·ふかし·みつ
	音読	コウ

訓読풀이

① あきら：洸(황)은 물(氵)이 빛(光)을 밝히는 것을 나타낸다.
'밝히다'에서 '바키라-아키라(ㅂ-ㅇ으로 변음)-あきら'로 이어진다.

② たかし：洸(광)은 물이 높게 솟는 것, 솟아 뜨는 것을 뜻한다〈武夫洸洸：詩經 (무부광광：시경)〉. ㉮ '뜨다'에서 '뜨고-다고-다가-たか(し)'로 이어진다.
㉯ '솟다(돋다)'에서 '돋고-도고-다가-たか(し)'로 이어진다.

③ たけし：洸(광)은 물이 힘 있게 위로 튀어(뛰어) 오르는 것을 뜻한다.
'튀다(뛰다)'에서 '투고-타고-타게-たけ(し)'로 이어진다.

④ つよし：洸(광)은 물이 위로 힘세게 솟는 것을 뜻한다.
'세다'에서 '쎄어-쑤어-쑤요-つよ(し)'로 이어진다.

⑤ ひかる：洸(황)은 밝히는 것, 빛깔을 내는 것을 뜻한다.
'빛깔'에서 '비가루-ひかる'로 이어진다.
〔参考〕 光(광：ひか)る와 이음을 같이한다.

⑥ ひろし：洸(황)은 물이 널리 펼쳐 있음을 뜻한다.
'펼'에서 '필-힐-히로-ひろ(し)'로 이어진다.

⑦ ふかし：洸(황)은 물이 푹 깊이 모여 있음을 나타낸다.
'푹'에서 '푸가-후가-ふか(し)'로 이어진다.

⑧ みつ：洸(황)은 물이 흘러와 꽉 찬 것을 뜻한다.
'물 차다'에서 '무차-미츠-みつ'로 이어진다.
〔参考〕 満(만：み)つ와 이음을 같이한다.

人名訓読例

① あきら · たかし · たけし · つよし · ひかる · ひろし · ふかし：洸(외자 名).
② たけ：洸彦(たけひこ).
③ ひろ：洸江(ひろえ), 洸夫(ひろお).
④ みつ：洸世(みつよ).

晃 황	訓読	あきらか·ひかる
	人名訓読	あつし·てる·みつ
	音読	コウ

訓読풀이

① あきらか：晃(황)은 밝은 것, 밝히는 것을 뜻한다.
'밝히다'에서 '바키라-아키라(ㅂ-ㅇ으로 변음)-あきら'로 이어진다.

② ひかる：晃은 빛깔을 내어 밝히는 것을 뜻한다.
'빛깔'에서 동사화 되어 '비가루-ひかる'로 이어진다.

③ あつし：晃은 빛을 많이 쬐어 더워지는 것을 뜻한다.
'더워'에서 '더-두-つ'로 이어지고, 접두어 あ가 붙어 あつ(し)로 이어진다.

④ てる：晃은 빛을 많이 쬐는 것을 뜻한다.
'쬐다'에서 '째라-대루-てる'로 이어진다.

⑤ みつ：晃은 光과 같은 뜻으로, 빛난다는

것은 그 빛이 널리 미친다는 뜻이다.
'미치다'에서 '미추–みつ'로 이어진다.
〔参考〕 光(광 : みつ)와 이음을 같이한다.

人名訓読例

① あき · あきら · あつし · てる · ひかる · みつる : 晃(외자 名).
② あき : 晃啓(あきひろ), 晃大(あきひろ · てるひろ), 晃範(あきのり), 晃昇(あきのり), 晃才(あきとし), 晃正(あきまさ · てるまさ).
③ てる : 晃令(てるのり), 晃明(てるあき), 晃世(てるよ), 晃章(てるあき), 晃充(てるみつ), 晃昌(てるまさ).
④ みつ : 晃司(みつし), 晃治(みつはる · あきはる), 晃弘(みつひろ · あきひろ · てるひろ).

慌 황	訓読	あわただしい·あわてる
	音読	コウ

訓読풀이

• あわただしい · あわてる : あわただしい는 분주해서 경황이 없고 어수선한 것을 나타낸다. 입에 거품(あわ : 泡)이 일고, 온몸에 소름(あわ : 粟)이 돋을 정도면 그러한 사람의 주위는 경황이 없고 어수선할 수 밖에 없다. 즉 泡立つ(あわだつ)하거나 粟立つ(あわだつ)할 정도이면 慌ただしい일 수 밖에 없다.
㉮ 거품이나 소름은 작은 알맹이로 되어 있다. '알'에서 '아알–아아–あわ'로 이어지고, 돋는(일어나는) 것을 뜻하는 てる와 합성되어 あわてる가 된다. ㉯ 거품이나 소름은 일어나는 것을 속성으로 한다. '일다'에서 '일어–이어–아어–아아–あわ'로 이어지고 てる와 합성된다.

惶 황	訓読	おそれる
	音読	コウ

訓読풀이

• おそれる : 惶(황)은 놀라는 것을 뜻한다.
'놀라'에서 '올라–오소라(받침 ㄹ–'소'로 분절)–오소레–おそれる'로 이어진다.

湟 황	人名訓読	ほり
	音読	コウ

訓読풀이

• ほり : 湟(황)은 皇宮(황궁) 옆에 판 垓字(해자), 城池(성지), 파 내려간 우묵한 곳을 뜻한다.
'파다'에서 '파라–파리–포리–호리–ほり'로 이어진다.
〔参考〕 堀(굴), 濠(호)와 이음(ほり)을 같이한다.

人名訓読例

• ほり : 湟野(ほりの), 湟打(ほりうち).

幌 황	訓読	とばり·ほろ
	人名訓読	あきら
	音読	コウ

訓読풀이

① とばり : 幌(황)은 장막, 포장을 뜻한다.
夜(よる)のとばりが下(お)りる 하면 밤의 장막이 덮어 날이 어두워진다는 뜻이다.
'덮어라'에서 '더버라–도바리–とばり'로 이어진다.
〔参考〕 帳(장), 帷(유)와 이음(どばり)을 같이한다.

② ほろ : 장막이나 포장은 펴서 덮는 기능을 한다.
'펴다'에서 '펴라-포라-호로-ほろ'로 이어진다.

③ あきら : 큰 장막이나 포장을 펴서 둘러칠 때에는 등불을 매달아 불을 밝힌다.
'밝히다'에서 '바키라-아키라(ㅂ-ㅇ으로 변음)-あきら'로 이어진다.

人名訓読例

① あきら : 幌(외자 名).
② ほろ : 幌内(ほろない), 幌子(ほろこ).

滉 황	訓読	ひろい
	音読	コウ

訓読풀이

• ひろい : 滉(황)은 깊고 널리 펼쳐진 바다, 호수 등의 모양을 나타낸다.
'펼'에서 '필-힐-히로-ひろい'로 이어진다.

人名訓読例

① ひろし : 滉(외자 名).
② ひろ : 滉子(ひろこ).

煌 황	訓読	きらめく
	人名訓読	あきら
	音読	コウ

訓読풀이

① きらめく : 煌(황)은 불빛 등을 켰을(비추었을) 때 번쩍번쩍 빛나는 것을 뜻한다.
'켜다'에서 '켜라-키라-きらめく'로 이어진다.

② あきら : 煌은 번쩍번쩍 빛나 밝히는 것을 뜻한다.
'밝히다'에서 '바키라-아키라(ㅂ-ㅇ으로 변음)-あきら'로 이어진다.

人名訓読例

① あきら : 煌(외자 名).
② あき : 煌子(あきこ).

遑 황	訓読	いとま
	音読	コウ

訓読풀이

• いとま : 遑(황)은 틈, 여가를 뜻한다.
'틈'에서 '트마-토마-とま'로 이어지고, 접두어 い가 붙어 いとま가 된다.
〔参考〕 暇(가 : いとま)와 이음을 같이한다.

潢 황	訓読	みずたまり
	音読	コウ·オウ

訓読풀이

• みずたまり : 潢(황)은 물이 가득 담겨 있음을 뜻한다. 그래서 웅덩이, 나루터도 이른다.
'물 담아라'에서 '물다마라-밀다마리-미즈(받침 ㄹ-'즈'로 분절)다마리-みずたまり'로 이어진다.

篁 황	訓読	たかむら
	音読	コウ

訓読풀이

• たかむら : 篁(황)은 대(竹)가 무리지어 있는 대숲을 뜻한다.
'대'를 뜻하는 たか와 '무리'에서의 '무라-むら'가 합성되어 たかむら가 된다〈竹(죽) 참조〉.
〔参考〕 竹叢(죽총 : たかむら)으로 표기되기도 한다.

【회】

会(會) 회	訓読	あい·あう
	音読	カイ·エ

訓読풀이

- あい·あう：会(회)는 모여서 함께 어우르는 것, 아우르는 것을 뜻한다.
  '아우(어우)'에서 あう로 이어진다.
  〔参考〕合(합), 逢(봉), 遭(조), 遇(우) 등과 이음(あう)을 같이한다.

人名訓読例

- あい：会見(あいみ), 会場(あいば), 会田(あいた·あいだ), 会津(あいず), 会川(あいかわ), 会沢(あいざわ).

回 회	訓読	まわす·まわる·めぐる
	音読	カイ·エ·ウイ

訓読풀이

① まわす·まわる：回는 도는 것을 뜻한다. 돈다는 것은 마는 것을 뜻하고, 또한 말면 돌게 되어 있다. 마는 것(巻く：まく), 즉 도는 것(回る：まわる)을 뜻하게 된다.
'말다'에서 '말아라–마아루–まわる'로 이어진다.

② めぐる：①에서와 같이 めぐる도 '말다'에서 '말거라–마게라–まげる'로 이어진다.

人名訓読例

① まわる·めぐる：回(외자 名).
② まわり：回道(まわりみち).
③ めぐり：回木(めぐりき), 回田(めぐりだ).

廻 회	訓読	まわす·まわる·めぐる
	人名訓読	はざ
	音読	カイ·エ

訓読풀이

① まわす·まわる·めぐる：回(회) 참조.
② はざ：廻(회)는 퍼지는 것을 뜻한다〈徳廻乎天地：呂覧 (덕회호천지：여람)〉.
'퍼지다'에서 '퍼저–파자–하자–はざ'로 이어진다.

人名訓読例

① まわり·めぐり：廻(외자 名).
② まわり：廻立(まわりだて), 廻門(まわっと), 廻田(まわりだ·めぐりだ).
③ めぐり：廻谷(めぐりや), 廻田(めぐりだ).
④ はざ：廻間(はざま), 廻戸(はざまど).

悔(悔) 회	訓読	くい·くいる·くやしい·くやむ
	音読	カイ·ゲ

訓読풀이

① くい·くいる：悔(회)는 저지른 잘못을 뉘우치며 고치는 것을 뜻한다.
'고치다'에서 '곷어–고어–구어–구이–くい'로 이어진다.
〔参考〕杭(항：くい)가 '꽂다'에서 '곶어–고어–구어–구이–くい'로 이어지는 것과 같은 이치이다.

② くやしい·くやむ：悔(くや)しい는 실패나 치욕 등 고약한 경험을 당하여 분한 것, 억울한 것 등을 나타낸다. あんなやつにばかにされてくやしい 하면 저런 자에게 멸시당해서 고약스럽게 되었다고 억울해 함을 뜻한다.
'고약'에서 '고야–구야–くやしい'로 이

어진다.

人名訓読例

• くい：悔安(くいやす).

恢 회	訓読	ひろい
	音読	カイ

訓読풀이

• ひろい : 恢(회)는 널리 펼쳐진 모양을 나타낸다.
'펼'에서 '필-힐-히로-ひろい'로 이어진다.

人名訓読例

① ひろし：恢(외자 名).
② ひろ：恢子(ひろこ).

晦 회	人名訓読	くらます· つごもり·みそか
	音読	カイ

訓読풀이

① くらます : 晦(くら)ます는 감추는 것, 가리는 것, 숨기는 것을 뜻한다. 跡(あと)をくらます 하면 종적을 가리고 나타나지 않는 것이고, 身分(みぶん)をくらます 하면 신분, 정체를 가리는 것을 말한다.
'가리다'에서 '가림-구람-구라마-くらます'로 이어진다.
② つごもり : 晦는 월말(30日), 그믐을 뜻한다.
'달(月)'에서 '다-두-つ'로 이어지고 '그믐'에서 '그모-고모-ごも(り)'로 이어져 つごもり로 합성된다.
〔参考〕 그믐에는 달이 보이지 않는데, 위 ①에서와 같이 무엇에 가리어 보이지 않는 것으로 생각할 수 있다.
③ みそか : 晦는 30日, 그믐날을 뜻한다. 三十을 뜻하는 みそ와 日을 뜻하는 か가 합성되어 みそか로 이어진다〈三(삼 : みつ), 十(십 : とう), 日(일 : か) 참조〉.

人名訓読例

• みそか：晦日(みそか).

賄 회	訓読	まかない·まかなう· まいない·まいなう
	音読	ワイ

訓読풀이

① まかない・まかなう : 賄(회)는 먹을 것 또는 물건(貝)을 내어 있게(有) 하거나 조달함을 뜻하고, 나아가 뇌물(賂物)을 뜻한다. 賄(まかな)い方(かた)는 먹을 것을 내어 차리는 사람, 賄い付き(まかないつき)는 하숙집에서 먹을 것도 댄다(대기-두기-つき)는 뜻이다.
'먹을 것 내어'에서 '머거내우-마가나우-まかない・まかなう'로 이어진다.
② まいない・まいなう : '먹여 내다'에서 '먹여나우-머어나우-마이나우-まいない・まいなう'로 이어진다. 賄(まいない)는 사례로 주는 것, 뇌물을 뜻한다.

誨 회	訓読	おしえる
	音読	カイ

訓読풀이

• おしえる : ㉮ 誨諭(회유)는 알게 해서 깨우치는 것을 뜻한다. '알'에서 '올-오시(받침 ㄹ-'시'로 분절)-おしえる'로 이어진다. ㉯ 誨는 일러 주어 알게 하는 것을 뜻한다. '일'에서 '올-오시-おしえる'로 이어진다.
〔参考〕 教(교 : おし)える와 이음을 같이 한다.

懐(懷) 회	訓読	いだく·なつかしい·なつく·ふところ
	人名訓読	かね·きたす·もち·やす·ちか
	音読	カイ·エ

訓読풀이

① いだく : ㉮ 懷(회)는 싸는 것, 에워싸는 것을 뜻한다. '싸다'에서 '싸구-다구-だく'로 이어지고, 접두어 い가 붙어 いだく가 된다. ㉯ おさな子(ご)を胸(むね)にいだく 하면 아기를 가슴에 안아 싸는 것, 또는 에워싸는 것을 뜻한다. '안(아)싸다'에서 '아사구-아다구-이다구-いだく'로 이어진다. 또한 '에(워)싸구-이다구-いだく'로도 이어진다.
〔参考〕 抱(포 : いだ)く와 이음을 같이한다.

② なつかしい · なつく : 懷는 사람이나 생각을 마음속에 넣고 그리워하는 것을 나타낸다(懷抱 : 회포). なつかしい人(ひと)는 항상 마음속에 넣고 그리워하는 사람이라는 뜻이다.
'넣다'에서 '넣고-넛고-낫가-나수가-なつかしい'로 이어진다.

③ ふところ : 懷는 품, 품는 것, 가슴을 말한다. 財布(さいふ)をふところに入(い)れる 하면 지갑을 품에 넣는다는 뜻이고, ふところが深(ふか)い 하면 모든 것을 품어 도량이 넓음을 뜻한다.
'품'에서 '푸-ふ'로 이어지고, 장소를 뜻하는 ところ가 합성되어 '품는 곳'이라는 뜻의 ふところ가 된다.

④ かね : 懷는 생각이나 마음을 품속에 갖는 것을 뜻한다〈懷萬物 : 淮南子 (회만물 : 회남자)〉.
'갖다'에서 '갖네-가네-かね'로 이어진다.
〔参考〕 金(금 : かね)와 이음을 같이한다.

⑤ きたす : 懷는 길들이는 것, 따라오게 하는 것을 뜻한다(懷柔 : 회유).
'길들이다'에서 '길드-기다-きたす'로 이어진다.

⑥ もち : 懷는 맡아 가지고 있는 것을 뜻한다.
'맡다'에서 '맡-몯-모티-もち'로 이어진다.
〔参考〕 持(지 : もち)와 이음을 같이한다.

⑦ やす : 懷는 편안히 쉼을 뜻한다.
'쉬다'에서 '쉬-수-す'로 이어지고 접두어 や가 붙어 やす가 된다.

⑧ ちか : 懷는 가까이 옴을 뜻한다〈曷又懷止 : 詩經 (갈우회지 : 시경)〉. 또는 저쪽 가까이로 보내어 위로함을 뜻한다〈懷之好音 : 詩經 (회지호음 : 시경)〉.
'가까이'를 뜻하는 '조곧에'(제주방언)에서 '조고-지고-지가-ちか'로 이어진다. 또한 '짧은 곳(가까운 곳)'에서 '자고-조가-지가-ちか'로 이어진다.

人名訓読例

① きたす · ふところ : 懐(외자 名).
② かね : 懐良(かねながく), 懐子(かねこ).
③ もち : 懐国(もちくに), 懐世(もちよ).
④ やす : 懐之(やすゆき), 懐春(やすはる).
⑤ ちか : 懐通(ちかみち).

膾 회	訓読	なます
	音読	カイ

訓読풀이

• なます : 膾(회)는 날 생선으로 회(膾) 치는 것, 또는 날생선회를 뜻한다.
'날'에서 '남-나마-なます'로 이어진다.

鱠 회	訓読	なます
	音読	カイ

訓読풀이

• なます : 膾(회) 참조.

人名訓読例

• なます : 鱠谷(なますだに).

【획】

獲 획	訓読	える
	音読	カク

訓読풀이

• える : 獲(획)은 얻는 것을 뜻한다.
'얻다'에서 '얻-어-에-える'로 이어진다.
〔参考〕 得(득 : え)る와 이음을 같이한다.

【횡】

横(橫) 횡	訓読	よこ
	音読	オウ

訓読풀이

• よこ : 横(횡)은 옆(側面)을 뜻한다. 사람의 신체 부위를 볼때 가슴을 중심으로 해서 위는 머리이고, 옆은 옆구리가 된다. 옆구리는 겨드랑이의 밑으로 바로 가슴의 옆 부분이다.
'옆구리'에서 '여구-요구-요고-よこ'로 이어진다. 横書(よこがき)는 가로쓰기인데, 이는 오른쪽 옆구리에서 가슴을 질러 왼쪽 옆구리를 향해 쓰는 서양식 쓰기로 이해할 수 있다.

人名訓読例

• よこ : 横関(よこせき · よこぜき), 横島(よこしま · よこじま), 横浜(よこはま), 横山(よこやま), 横田(よこた), 横塚(よこずか · よこつか).

【효】

孝 효	人名訓読	たか·のり·よし
	音読	コウ

訓読풀이

① たか : 孝(효)는 자식(子)이 늙은이(耂 : 어버이)를 높이 떠받쳐 모심을 나타낸다.
'뜨다'에서 '뜨고-다고-다가-たか'로 이어진다.

② のり : 孝行(효행)은 사람이 따라야 할 올바른 德行(덕행)의 근본이다〈孝百行之本 (효백행지본)〉.
'올'에서 '올-오리-노리(ㅇ-ㄴ으로 변음)-のり'로 이어진다.

③ よし : ②의 '옳다'에서 '올-오시(받침 ㄹ-'시'로 분절)-よし'로 이어진다.

人名訓読例

① たか · たかし : 孝(외자 名).

② たか : 孝基(たかもと), 孝徳(たかのり), 孝範(たかのり), 孝子(たかこ), 孝正(たかまさ), 孝宗(たかむね).

③ のり : 孝明(のりあき · たかあき), 孝和(のりかず · たかかず), 孝顕(のりあき).

④ よし : 孝高(よしたか), 孝信(よしのぶ · たかのぶ), 孝福(よしとみ · たかよし), 孝惟(よしただ), 孝一(よしかず · たかかず), 孝文(よしふみ · たかふみ).

効(效) 효	訓読	きく
	音読	コウ

訓読풀이

- きく : 頭痛(ずつう)にようきく薬(くすり)는 두통에 효력을 거두는 약이라는 뜻이고, 顔(かお)がきく는 얼굴이 통하여 말발을 거둔다는 뜻이다.
  '거두다(걷다)'에서 '걷구-거구-기구-きく'로 이어진다.
  〔参考〕 利(이 : き)く와 이음을 같이한다.

肴 효	訓読	さかな
	音読	コウ

訓読풀이

- さかな : 肴(효)는 술안주를 말한다〈玉盤佳肴萬姓膏 : 春香傳 (옥반가효만성고 : 춘향전)〉. 본래는 酒(술)을 뜻한다. 肴는 술안주이기 때문에 짐승, 물고기 등의 익힌 고기도 뜻하며 채소절임도 뜻한다〈雜肴蔬兮進侯堂 : 韓愈 (잡효소혜진후당 : 한유)〉.
  さけ와 菜(나물)을 뜻하는 な가 합성되어 'さけな-さかな'로 이어진다.
  〔参考〕 酒(주 : さけ), 菜(채 : な) 참조.

人名訓読例

- さかな : 肴屋(さかなや), 肴町(さかなまち), 肴倉(さかなくら).

哮 효	訓読	ほえる·たける
	音読	コウ

訓読풀이

① ほえる : ㉮ 哮(효)는 입을 벌리고 울부짖는 것을 뜻한다. '벌리다'에서 '벌여라-보에라-보에루-ほえる'로 이어진다. ㉯ 울부짖는 것은 울고 불고 짖는 것을 뜻한다. '불다'에서 '불어라-부에라-보에루-ほえる'로 이어진다.
〔参考〕 吠(폐), 吼(후), 咆(포)와 이음(ほえる)을 같이한다.

② たける : 哮는 사납게 날뛰며 울부짖는 것을 뜻한다.
'(날)뛰다'에서 '뛰게-다게-たける'로 이어진다.
〔参考〕 猛(맹 : たけ)る와 이음을 같이한다.

暁(曉) 효	訓読	あかつき
	人名訓読	あき·あきら·あけ·とし
	音読	ギョウ

訓読풀이

① あかつき : 暁(효)는 동틀 무렵, 새벽을 뜻한다.
동틀 무렵이면 동녘하늘에 빨간색(赤 : 발가-바가-아가-あか, 익어-어거-아가-あか)이 들면서(付 : 두고-두구-つく) 천천히 해가 솟는다. あか와 つく(つき)가 합성되어 あかつき가 된다.

② あき · あきら : ㉮ 暁는 밝히는 것을 뜻한다. '밝히다'에서 '바키라-아키라(ㅂ-ㅇ으로 변음)-あきら'로 이어진다. ㉯ 아침이 열리면 밝아진다. '열다'에서 '열거라-아거라-아기라-あきら'로 이어진다.

③ あけ : 동틀 무렵이라 함은 동이 트임, 열림을 뜻한다.
'열다'에서 '열게-여게-아게-あけ'로 이어진다.

④ とし : 暁는 해가 솟으며(돋으며) 동이 트임을 뜻한다.
'솟다(돋다)'에서 '돋-돗-도시-とし'로

이어진다.

人名訓読例

① あかつき：暁(외자 名).

② あか(あかつき의 준말) : 暁霞(あかつか).

③ あき : 暁光(あきみつ), 暁史(あきふみ), 暁世(あきよ), 暁子(あきこ), 暁枝(あきえ), 暁春(あきはる · としはる).

④ あけ : 暁烏(あけがらす), 暁美(あけよし · あきよし), 暁生(あけお · あきお), 暁雄(あけお · あきお).

⑤ とし：暁春(としはる).

皛 효	人名訓読	あきら
	音読	キョウ

訓読풀이

• あきら : 皛(효)는 온통 흰색(白이 3개)으로 밝히는 것을 뜻한다〈皛皛川上平 : 陶潛 (효효천상평 : 도잠)〉.
'밝히다'에서 '바키라–아키라(ㅂ–ㅇ으로 변음)–あきら'로 이어진다.

人名訓読例

• あきら：皛(외자 名).

嘵 효	訓読	さけぶ
	音読	コウ

訓読풀이

• さけぶ：哮(효)는 소리 지르는 것, 외치는 것을 뜻한다.
'소리 짓다'에서 '짓거라–지거–자거–사게–さけぶ'로 이어진다.
〔参考〕叫(규 : さけ)ぶ와 이음을 같이한다.

【후】

朽 후	訓読	くちる
	人名訓読	くた·くつ
	音読	キュウ

訓読풀이

① くちる：朽(후)는 썩는 것, 궂어지는 것을 뜻한다. 不朽(불후)는 썩지 않음, 궂어지지 않음, 훌륭한 모습이 그대로 이어짐을 말한다.
'궂다'에서 '궂–구지–くちる'로 이어진다.
〔参考〕腐(부 : くさ)る와 이음을 같이한다.

② くた · くつ : '궂다'에서 '구다–くた', '궂어–구주–くつ'로 이어진다.

人名訓読例

① くち：朽木(くちき · くだき · くつき), 朽津(くちず · くちつ · くたつ), 朽葉(くちは).

② くた：朽見(くたみ), 朽納(くたみ), 朽綱(くたみ), 朽木(くたぎ), 朽津(くたつ).

③ くつ：朽名(くつな), 朽木(くつき · くつぎ).

吼 후	訓読	ほえる
	音読	コウ

訓読풀이

• ほえる：사자 등이 입을 벌려 울부짖는 것을 뜻한다(獅子吼 : 사자후). ㉮ '벌리다'에서 '벌여–버에–보에–ほえる'로 이어진다. ㉯ '울부짖다(울고 불고 짖다)'에서 '불다–불어–부에–보에–ほえる'로 이어진다.
〔参考〕吠(폐), 咆(포), 哮(효)와 이음(ほ

하

える)을 같이한다.

厚 후	訓読	あつい
	音読	ゴ·コウ

訓読풀이

• あつい : 厚(후)는 두꺼운 것, 두터운 것, 두께를 뜻한다.
두꺼 · 두터 · 두께 등에서의 '두'에서 つ로 이어지고, 접두어 あ가 붙어 あつい가 된다.

人名訓読例

• あつ : 厚芝(あつしば), 厚川(あつかわ), 厚基(あつもと), 厚博(あつひろ), 厚徳(あつのり), 厚丸(あつまる).

後 후	訓読	あと·うしろ·おくれる·しり·のち
	音読	ゴ·コウ

訓読풀이

① あと : 後(후)는 시간적으로 지난 옛날, 옛일을 뜻한다. 話(はなし)を二年(にねん)あとに戻(もと)す 하면 이야기를 2년 전 옛날로 되돌린다는 말이다.
'옛'에서 '앋-아도-あと'로 이어진다.
〔参考〕 跡(적), 迹(적)과 이음(あと)을 같이한다.

② うしろ : 後는 뒤로 하는 것을 뜻한다〈居室爲後 : 禮記 (거실위후 : 예기)〉.
'뒤로'에서 '디로-시로-しろ'로 이어지고, 접두어 う가 붙어 うしろ가 된다.

③ おくれる : 後는 일정한 때 보다 늦게 되는 것을 뜻한다〈戒于後時 : 漢書 (계우후시 : 한서)〉.
'늦게'에서 '느게-노게-노구-오구(ㄴ-ㅇ으로 변음)-おくれる'로 이어진다.

④ しり : 後는 엉덩이, 궁둥이, 즉 뒤로 있는 것을 말한다. 荷車(にぐるま)のしりについて行(い)く 하면 짐수레의 뒤로 좇아가는 것을 뜻한다.
'뒤로'에서 '디로-시로-시리-しり'로 이어진다.

⑤ のち : ㉮ のちに余興(よきょう)がある 하면 나중에 여흥이 있다는 뜻이고, 堅(かた)くのちを約束(やくそく)をした 하면 굳게 나중을 약속했다는 뜻이다.
'나중'에서 '나주-나지-노지-のち'로 이어진다. ㉯ 위 ③의 '늦게'에서 '늦-놎-노지-のち'로 이어진다.

人名訓読例

① あと : 後宮(あとみや · うしろく), 後山(あとやま · うしろやま), 後野(あとの), 後田(あとだ · うしろだ), 後川(あとかわ · うしろかわ), 後河(あとかわ · うしろかわ).

② うしろ : 後家(うしろや · のちや), 後谷(うしろだに · のちや), 後迫(うしろさこ), 後沢(うしろざわ), 後戸(うしろど), 後部(うしろべ · あとべ).

③ しり : 後谷(しりや), 後米(しりよね), 後月(しりずき), 後志(しりじ · しりべし).

④ のち : 後家(のちや), 後谷(のちや), 後出(のちいで · のちで), 後房(のちふさ), 後生(のちなり).

候 후	訓読	うかがう
	音読	コウ

訓読풀이

• うかがう : 候(후)는 무엇을 알고자 살피는 것을 뜻한다.
'알다'에서 '알고-아고-우고-우가-うかがう'로 이어진다.

〔参考〕 窺(규), 伺(사)와 이음(うかがう)을 같이한다.

喉 후	訓読	のど
	音読	コウ

訓読풀이

• のど : 喉(후)는 목구멍, 목을 뜻한다. のど는 飲(の)み門(と)의 音便으로 のんど의 준말이다.
한국어로 풀이 하면 '넘'과 '덧(문)'이 합성되어 '넘덧-넌더-논도-のど'로 이어진다.

嗅 후	訓読	かぐ
	音読	キュウ

訓読풀이

• かぐ : ㉮ においを嗅(か)ぐ 하면 냄새를 맡는다는 말로, 냄새를 맡는 것은 짐승의 경우 먹을 것을 찾아 이곳저곳을 캐고 다님을 뜻한다. 犯人(はんにん)の隠(かく)れ家(が)をかぎつける 하면 범인이 숨은 곳을 캐낸다는 뜻이다. '캐다'에서 '캐고-카구-かぐ'로 이어진다. ㉯ 냄새 맡는 것은 코이다. '귀'에서 聞(き)く, '(눈)매'에서 目(み)る, '발'에서 走(はし)る로 이어지듯이 '코'에서 '고-가-かぐ'로 이어진다.
〔参考〕 코를 푼다고 하면, 같은 코라도 擤(형 : か)む라 하여 嗅(か)ぐ와 구별된다.

【훈】

訓 훈	訓読	おしえる·よむ
	人名訓読	のり
	音読	クン·キン

訓読풀이

① おしえる : ㉮ 訓(훈)은 가르치는 것, 즉 알리는 것을 뜻한다〈訓諸理 : 法言 (훈제리 : 법언)〉. '알다(알리다)'에서 '알여라-알에라-올에루-오시(받침 ㄹ-'시'로 분절)에루-おしえる'로 이어진다. ㉯ 訓은 여쭈어서 알게 되는 것, 여쭈어 알아 순종함을 뜻한다〈于帝是訓 : 書經 (우제시훈 : 서경)〉. '여쭈어'에서 '어주어-오지어-おしえ'로 이어진다.

② よむ : ㉮ 訓은 읽어서 풀이함을 뜻한다〈訓読(훈독)〉. '읽다'에서 '읽음-이음-임-욤-요무-よむ'로 이어진다. ㉯ 訓은 배워서 아는 것을 뜻한다. '알다'에서 '암-욤-요무-よむ'로 이어진다.
〔参考〕 読(독 : よ)む와 이음을 같이한다.

③ のり : 訓은 옳은 이치를 알려주고 가르친다.
'옳다'에서 '올-오리-노리(ㅇ-ㄴ으로 변음)-のり'로 이어진다.

人名訓読例

• のり : 訓光(のりみつ), 訓明(のりあき), 訓史(のりふみ), 訓常(のりつね), 訓子(のりこ), 訓彰(のりあき).

焄 훈	人名訓読	くみ
	音読	クン

訓読풀이

• くみ : 焄(훈)은 김 쐬는 것, 태워서 연기나 냄새를 피게 하는 것을 뜻한다.
'김'에서 '굼-구미-くみ'로 이어진다.

人名訓読例

• くみ : 焄子(くみこ).

하

暈 훈	訓読	かさ·ぼかす·ぼける
	人名訓読	ひがさ·ひのかさ·ひかり
	音読	ウン

訓読풀이

① かさ : 暈(훈)은 햇무리, 달무리를 뜻한다. ㉮ 무리는 해나 달의 갓(둘레)에 생긴 둥근 테 모양의 빛을 말한다. '갓'에서 '가사-かさ'로 이어진다. ㉯ 무리는 해나 달이 갓을 쓴 모양을 나타낸다. 무리는 대기 가운데 아주 가는 물방울이 떠 있을 때 빛의 굴절로 생긴다. '갓'에서 '가사-かさ'로 이어진다.

〔参考〕 笠(립)과 이음(かさ)을 같이한다.

② ぼかす · ぼける : 暈은 영상 · 색조 · 윤곽이 흐려지는 것, 바래지는 것을 뜻한다. ㉮ '흐리다'에서 '흐-호-ぼける'로 이어진다. ㉯ '바래다'에서 '바-보-ぼける'로 이어진다.

〔参考〕 惚(홀), 呆(보)와 이음(ぼける)을 같이한다.

③ ひがさ · ひのかさ · ひかり : 위 ①의 '햇무리'에서 ひかさ, '해의 무리'에서 ひのかさ, '빛깔'에서 '비가리-ひかり'로 이어진다.

人名訓読例

• ひがさ · ひのかさ · ひかり : 暈(외자名).

勲(勳) 훈	訓読	いさお
	人名訓読	のり·ひろ
	音読	クン

訓読풀이

① いさお : 勲(훈)은 勲功(훈공), 功勲(공훈)을 뜻한다. ㉮ 勲은 임금을 위하여, 功은 나라를 위하여 세우는 공로, 즉 옳은 일, 훌륭한 일, 좋은 일을 세우는 것을 말한다. '일(공로) 세우다'에서 '일세워-이사오-いさお'로 이어진다. ㉯ 勲은 쌓아(세워) 올린 功을 뜻한다. '쌓다'에서 '싸아-싸오-さお'로 이어지고, 접두어 い가 붙어 いさお가 된다.

② のり : 勲은 옳은 일로 공훈을 세우는 것을 뜻한다.

'옳다'에서 '올-놀(ㅇ-ㄴ으로 변음)-노리-のり'로 이어진다.

③ ひろ : 勲은 널리 퍼져(펼쳐져) 알려지게 된다.

'펼쳐'에서 '펄-필-히로-ひろ'로 이어진다.

人名訓読例

① いさ : 勲光(いさみつ), 勲男(いさお · のりお), 勲夫(いさお), 勲矢(いさや), 勲宗(いさむね), 勲子(いさこ · ひろこ).

② のり : 勲男(のりお), 勲信(のりのぶ).

③ ひろ : 勲子(ひろこ).

薫 훈	訓読	かおり·かおる·たく
	人名訓読	しげ·ただ·にお·のぶ·よし
	音読	クン

訓読풀이

① かおり · かおる : 薫(훈)은 향 풀, 향초(香草)를 뜻한다. 향기는 향초(艹)를 은근하게 그을려(熏) 태울 때 나는 냄새이다.

'그을려'에서 '그으리-가오리-かおり'로 이어진다.

〔参考〕 香(향), 馨(형)과 이음(かおり)을

같이한다.

② たく：香(こう)を薫(た)く 하면 향을 태우는(피우는) 것을 뜻한다.

'타다(태우다)'에서 '타구－たく'로 이어진다.

〔参考〕炷(주 : たく)와 이음을 같이한다.

③ しげ：しげ는 향냄새가 가득 차는 것을 뜻한다.

'차다'에서 '차게－치게－시게－しげ'로 이어진다.

④ ただ：薫은 떳떳한 마음가짐을 갖도록 선도하는 것, 감화시키는 것을 뜻한다〈薫其德 : 韓愈 (훈기덕 : 한유)〉.

'떳떳'에서 '더더－다다－ただ'로 이어진다.

⑤ にお：薫은 향기로운 내음(냄새)를 뜻한다.

'내음'에서 '내으－니오－にお'로 이어진다.

⑥ のぶ：薫은 넓게, 높게 퍼지게 되어 있다.

'넓어'에서 '너버－노부－のぶ'로 이어지고, '높아'에서 '노파－노푸－노부－のぶ'로 이어진다.

⑦ よし：薫은 옳은 길로 선도하는 것을 뜻한다.

'옳'에서 '올－오시(ㄹ－'시'로 분절)－よし'로 이어지고, '옳지'에서 '오지－요시－よし'로 이어진다.

人名訓読例

① かお・かおる：薫理(かおり), 薫子(かおるこ・しげこ・におこ).

② しげ：薫明(しげあき), 薫文(しげふみ), 薫範(しげのり), 薫順(しげのり), 薫正(しげまさ), 薫丸(しげまる).

③ ただ：薫久(ただひさ・しげひさ), 薫美(ただよし), 薫夫(ただお).

④ にお：薫子(におこ).

⑤ のぶ：薫甫(のぶよし), 薫秀(のぶひで).

⑥ よし：薫顕(よしあき).

燻 훈	訓読	いぶす・いぶる・ くすぶる・くすべる・ くゆらす・くゆる・ ふすぶる・ふすべる
	音読	クン

訓読풀이

① いぶす・いぶる：燻(훈)은 연기를 내는 것, 즉 불(모깃불 등)을 피우는 것을 뜻한다. ㉮ '불'에서 동사화 되어 '부－ぶす'로 이어지고, 접두어 い가 붙어 いぶす로 이어진다. ㉯ '피우다(피다)'에서 '피라－푸라－부루－ぶる'로 이어지고 접두어 い가 붙어 いぶる로 이어진다.

② くすぶる・くすべる：燻은 그슬리는 것을 뜻한다.

'그슬다'에서 '구수－くすぶる・くすべる'로 이어진다.

③ くゆらす・くゆる：燻은 연기나 냄새가 날 정도로 살짝 그을리는 것을 말한다.

'그을려'에서 '구우러－구유루－くゆる'로 이어진다.

④ ふすぶる・ふすべる：㉮ 燻(ふす)ぶる는 활활 타지 않고 연기만 부스스 내면서 타는 모양 또는 그 소리를 나타낸다. '부스스(부지지)'에서 '부수－ふすぶる'로 이어진다. ㉯ ぶすぶす燃(も)える 하면 부스스(부지지) 탄다는 뜻이다. ぶすぶす에서 동사화 되어 ふすぶる, ふすべ

る로 이어진다.

【훤】

喧 훤	訓読	やかましい
	音読	ケン

訓読풀이

• やかましい : ㉮ 階段(かいだん)にやかましい足音(あしおと)が聞(き)こえる 하면 계단에서 와글거리는 시끄러운 소리가 들린다는 뜻이다. '와글거리다'에서 '와글－와그－와가－야가－やかましい'로 이어진다. ㉯ やかましい는 잔소리가 심하고 까다로운 것, 즉 앙칼스러운 것을 뜻한다. やかましい要求(ようきゅう)는 앙칼스러운(까다로운) 요구를 뜻하고, やかましいしゅうとめに良(よ)く仕(つか)える 하면 앙칼스러운(잔소리가 심한) 시어머니를 잘 모신다는 뜻이다. '앙칼맞다'에서 '아카마짐－야카마지－やかましい'로 이어진다.

【훼】

毀 훼	訓読	こぼつ·こわす·こわれる
	音読	キ

訓読풀이

① こぼつ : 楽器(がっき)をこぼつ 하면 악기를 깨부수는 것을 뜻한다.
'깨부셔'에서 '개부서－고부수－こぼつ'로 이어진다.

② こわす·こわれる : 計画(けいかく)をこわす 하면 계획을 깨는 것이고, 縁談(えんだん)をこわす 하면 혼담을 깨는 것이다.
'깨다'에서 '깨어서－개어서－고아서－こわす'로 이어진다.

【휘】

揮 휘	訓読	ふるう
	音読	キ

訓読풀이

• ふるう : 腕(うで)をふるう 하면 솜씨를 부린다는 뜻이다.
'부리다'에서 '부려어－부루우－ふるう'로 이어진다.
〔参考〕 振(진), 奮(분)과 이음(ふるう)을 같이한다.

人名訓読例

• ふる : 揮旗(ふるはた).

彙 휘	訓読	あつめる
	人名訓読	しげ
	音読	イ

訓読풀이

① あつめる : 彙(휘)는 모아서 채우는 것을 뜻한다.
'차다(채우다)'에서 '참－춤－추메－つめる'로 이어지고, 접두어 あ가 붙어 あつめる가 된다.

② しげ : ㉮ 위 ①의 '차다'에서 '차거라－치게라－시게루－しげる'로 이어진다. ㉯ '쌓아' 채우다에서 '쌓게－사게－시게－しげ'로 이어진다.

人名訓読例

• しげ : 彙邇(しげちか).

暉 휘	訓読	ひかる
	人名訓読	あきら·てる
	音読	キ

訓読풀이

① ひかる：暉(휘)는 빛나는 것을 뜻한다. '빛깔'에서 동사화 되어 '비까루–ひかる'로 이어진다.
〔参考〕光(광：ひか)る와 이음을 같이한다.

② あきら：暉는 밝히는 것을 뜻한다. '밝히다'에서 '발키라–바키라–아키라(ㅂ–ㅇ으롭 변음)–あきら'로 이어진다.

③ てる：暉는 햇빛이 쬐는 것을 뜻한다. '쬐다'에서 '째라–대라–대루–てる'로 이어진다.

人名訓読例

① あきら·てる·ひかる：暉(외자 名).

② あき：暉男(あきお), 暉昌(あきまさ·てるまさ).

③ てる：暉隆(てるたか), 暉茂(てるしげ), 暉昭(てるあき), 暉樹(てるき), 暉子(てるこ), 暉浩(てるひろ).

輝 **휘**	訓読	かがやく
	人名訓読	あきら·てる·ひかる
	音読	キ

訓読풀이

① かがやく：㉮ 輝(휘)는 깜박깜박 반짝이는 것을 나타낸다. '깜박깜박'에서 '까바까바–가아가아(ㅂ–ㅇ으로 변음)–가가아–かかやく'로 이어진다. ㉯ 불을 켜면 밝아진다. '켜다'에서 '켜–카–가가–かがやく'로 이어진다.

② あきら：輝는 밝히는 것을 뜻한다. '밝히다'에서 '바키라–아키라(ㅂ–ㅇ으로 변음)–あきら'로 이어진다.

③ てる：輝는 빛을 쬐는 것을 뜻한다. '쬐다'에서 '째라–데라–데루–てる'로 이어진다.

④ ひかる：'빛깔'에서 '비까루–ひかる'로 동사화 된다.

人名訓読例

① あきら·かがやき·てる·ひかる：輝(외자 名).

② てる：輝綱(てるつな), 輝国(てるくに), 輝基(てるもと), 輝年(てるとし), 輝世(てるよ), 輝勝(てるかつ).

徽 **휘**	訓読	うつくしい·よい
	人名訓読	しろし
	音読	キ

訓読풀이

① うつくしい：徽(휘)는 아름다움, 올바름을 뜻한다.
'옳다'에서 '올구–울쿠–우쑤쿠(받침 ㄹ–'쑤'로 분절)–うつく'로 이어지고, 형용사어미 しい가 붙어 うつくしい가 된다.

② よい：'옳다'에서 '올아–오아–요이–よい'로 이어진다.

③ しるし：徽는 표지(標識)를 뜻한다. 표지는 뾰족한 것으로 찔러서 표시한다.
'찔러서'에서 '지루시–しるし'로 이어진다.

人名訓読例

• しるし：徽(외자 名).

【휴】

休 **휴**	訓読	やすみ·やすむ·やむ
	人名訓読	よし
	音読	キュウ

訓読풀이

하

① やすみ · やすむ : 休(휴)는 쉬는 것을 뜻한다.
'쉬다'에서 '쉼-숨-수미-すみ'로 이어지고, 접두어 や가 붙어 やすみ로 이어진다.

② やむ : 休는 계속되던 일을 어느 단계에 이르러 그만두는 것, 더 계속하지 않음을 뜻한다〈官應老病休 : 杜甫 (관응노병휴 : 두보)〉.
'않음'에서 '안음-아음-암-얌-야무-やむ'로 이어진다. '앓음'에서 '알음-아음-암-얌-야무-やむ(病む)'로 이어지는 것과 이치를 같이한다.
〔参考〕 止(지), 已(이)와 이음(やむ)을 같이한다.

③ よし : 休는 옳음, 좋음, 선미(善美)함을 뜻한다. 休德(휴덕)은 옳고 훌륭한 美德(미덕)을 뜻하고〈奉至尊之休德 : 史記(봉지존지휴덕 : 사기)〉, 休命(휴명)은 하늘, 천자의 大命(대명)으로 누구나 좇아야 할 옳은 이치를 말한다.
'옳다'에서 '올-오시-よし'로 이어지고, 또한 '옳지'에서 '오지-오시-よし'로 이어진다.

人名訓読例

① やすみ · やすむ : 休(외자 名).
② やす : 休波(やすなみ), 休場(やすんば), 休広(やすひろ), 休子(やすこ · よしこ).
③ やすみ : 休場(やすみば), 休塚(やすみつか).
④ よし : 休広(よしひろ), 休郎(よしろ), 休一(よしかず), 休子(よしこ).

畦 휴	訓読	あぜ·うね
	音読	ケイ

訓読풀이

① あぜ : 畔(반) 참조.
② うね : 畝(묘) 참조.

携 휴	訓読	たずさえる·たずさわる
	音読	ケイ

訓読풀이

• たずさえる · たずさわる : 携(휴)는 손에 들고 잡아(쥐어) 있음을 뜻한다. つえをたずさえる 하면 지팡이를 들고 잡아 있다는 말이다.
'들고 잡아'에서 '들자아-달자아-다주사아(받침 ㄹ-'주'로 분절)-たずさわる'로 이어진다.

【휼】

恤 휼	訓読	あわれむ·めぐむ
	音読	ジュツ

訓読풀이

① あわれむ : 恤(휼)은 가엾이 여겨 울며 동정하는 것을 뜻한다.
'울다'에서 '우우름-아아렘-아와레무-あわれむ'로 이어진다.
〔参考〕 哀(애), 憐(련)과 이음(あわれむ)을 같이한다.

② めぐむ : 恤은 가엾이 여겨 먹여 살리는 것을 뜻한다〈恤民(휼민), 恤兵(휼병)〉.
'먹이다'에서 '머김-매굼-매구무-めぐむ'로 이어진다.

【흉】

凶·兇 흉	訓読	わるい
	音読	キョウ

訓読풀이

• わるい : ㉮ 凶(兇)惡(흉악)은 생각하기 어려울 정도로 악한 것, 좋지 않은 것을 뜻한다. '어려워'에서 '어러-아루-わるい'로 이어진다. ㉯ 날은 접두어로 나쁜 짓, 지독함을 나타낸다(날강도 · 날도둑 · 날불한당 등). '날'에서 '날(ㄴ-ㅇ으로 변음)-아루-わるい'로 이어진다.
〔参考〕 悪(악 : わる)い와 이음을 같이한다.

胸 흉	訓読	むね·むな
	音読	キュウ

訓読풀이

• むね · むな : ㉮ 胸(흉)은 마음, 가슴을 뜻한다. '마음'에서 '마-무-む'로 이어지고, 접미어 ね(な)가 붙어 むね · むな로 이어진다. '뫼'에서 '매-み'로 이어지고 접미어 ね가 붙어 みね(峰 · 嶺)가 되는 것과 같은 이치이다. ㉯ '마음'에서 '맘-뭄-문-무네-むね'로 이어진다.
〔参考〕 旨(지 : むね)와 이음을 같이한다.

人名訓読例

① むね : 胸像(むねかた · むなかた), 胸幅(むねはば), 胸形(むねかた · むなかた), 胸一(むねかず), 胸治(むねはる), 胸喜(むねき).
② むな : 胸像(むなかた), 胸元(むなもと), 胸組(むなぐみ), 胸形(むなかた).

【흑】

黒(黑) 흑	訓読	くろ·くろい
	音読	コク

訓読풀이

• くろ · くろい : 黒(흑)은 검은 색, 검은 것을 뜻한다. ㉮ 그을리면 검게 된다. '그을려'에서 '글려-그로-くろ'로 이어진다. ㉯ 黒은 어두움을 뜻한다〈日黒大風起天 : 漢書 (일흑대풍기천 : 한서)〉. 불을 끄면 검게 어두워진다. '끄다'에서 '끄라-구라-구로-くろ'로 이어진다. ㉰ 黒은 눈앞이 캄캄해지는 것을 나타낸다. 눈을 가리면 캄캄해진다. '가리다'에서 '가려-구러-구로-くろ'로 이어진다.

人名訓読例

• くろ : 黒橋(くろはし), 黒金(くろがね), 黒釜(くろかま), 黒星(くろぼし), 黒田(くろた · くろだ), 黒沢(くろさわ · くろざわ).

【흔】

欣 흔	人名訓読	よし·よろこぶ
	音読	キン

訓読풀이

① よし : 欣(흔)은 옳은 일을 보고 기뻐함을 뜻한다.
'옳다'에서 '올-오시(받침 ㄹ-'시'로 분절)-よし'로 이어지고, 또한 '옳지'에서 '오지-오시-よし'로 이어진다.
② よろこぶ : '옳다'에서 '올-요로-よろ'로 이어지고, '기뻐'에서 '기부-고부-こぶ'가 합성되어 よろこぶ가 된다.
〔参考〕 喜(희), 悦(열), 慶(경)과 이음(よろこぶ)을 같이한다.

人名訓読例

• よし : 欣徳(よしのり), 欣博(よしひろ), 欣史(よしふみ), 欣延(よしのぶ), 欣昭(よしてる), 欣厚(よしひろ).

【흘】

吃 흘	訓読	どもる
	音読	キツ

訓読풀이

- どもる：吃(흘)은 말을 더듬는 것을 뜻한다.
  '더듬다'에서 '더듬－덛음－돔－도모－どもる'로 이어진다.

屹 흘	訓読	そばたつ
	人名訓読	たかし
	音読	キツ

訓読풀이

① そばたつ：屹(흘)은 산이 깎아지른 듯이 우뚝 솟아 있음을 뜻한다. 한국어 '주뼛(쭈뼛)'은 산 정상이 좁아지면서 뾰죽하게 솟은 모양을 나타낸다.
'주뼛(하게) 뜨다(솟다)'에서 '주버떠－조바다－そばたつ'로 이어진다.
〔参考〕 한국어 漢字玉篇에서는 '쭈뼛할 흘(屹)'이라고 풀이한다.

② たかし：屹은 구름위로 높이 떠 있는(돋아있는 · 솟아있는) 산을 말한다.
'뜨다'에서 '뜨고－다고－다가－たか(し)'로 이어진다.

人名訓読例

- たかし：屹(외자 名).

迄 흘	訓読	まで
	音読	キツ

訓読풀이

- まで：㉮ 迄(흘)은 동작 · 행위를 마치는, 또는 미치는 한계를 나타낸다. 明日(あす)まで提出(ていしゅつ)せよ 하면 내일이 서류 제출을 마치는 날임을 나타내고(즉 내일이 마침내 서류 제출 마감날이라는 뜻), 地球(ちきゅう)から月(つき)までの距離(きょり) 하면 지구에서 달이 미치는(도달하는) 거리라는 뜻이다. '마치(마침내) · 미치'에서 '마디－마데－まで'로 이어진다. ㉯ 迄은 ~마저 포함한다는 뜻을 갖는다. ぼくにまで隠(かく)すか 하면 나한테마저 숨기려는가라는 말이다. '마저'에서 '마제－마데－まで'로 이어진다. ㉰ 失敗(しっぱい)するまでも, もう一度(いちど)やってみよう 하면 실패할 망정 한번 더 해보자는 뜻이다. '망정'에서 '마저－마제－마데－まで'로 이어진다.

【흠】

欽 흠	訓読	うやまう
	人名訓読	よし · のり
	音読	キン

訓読풀이

① うやまう：欽(흠)은 欽慕(흠모), 즉 스승이나 어른을 우러러 모신다는 뜻이다.
'우러름'에서 '울엄－우엄－우어무－우야마－うやまう'로 이어진다.
〔参考〕 敬(경：うやま)う와 이음을 같이 한다.

② よし：欽은 옳음을 나타낸다. 欽命(흠명)은 절대선을 전제로 하며, 欽命文思(흠명문사：堯임금의 덕을 기린 말)에서 欽은 심신을 올바로 갖는 것을 뜻한다.
'올'에서 '오시(받침 ㄹ－'시'로 분절)－よし'로 이어진다.

③ のり：'옳다'에서 '올－놀－노리－のり'로 이어진다.

人名訓読例

① よし：欽夫(よしお), 欽史(よしちか), 欽勇(よしお), 欽一(よしかず), 欽幸(よしゆき).
② のり：欽雄(のりお).

【흡】

吸 흡	訓読	すう
	音読	キュウ

訓読풀이
- すう：空気(くうき)を吸(す)う, たばこをすう처럼 吸은 숨 쉬듯이 속으로 들이마시는 것을 뜻한다.
  '쉬다'에서 '수어–すう'로 이어진다.

人名訓読例
- すい：吸谷(すいたに).

恰 흡	訓読	あたかも
	音読	コウ·チョウ

訓読풀이
- あたかも：恰(흡)은 마침, 용케, 알맞게, 옳게라는 뜻을 갖는다. よし와 같이 쓰여, あたかもよし友軍機(ゆうぐんき)が現(あらわ)れた 하면 때마침(옳게 되느라고, 옳거니, 옳지) 우군기가 나타났다라는 뜻이다.
  '옳게'에서 '올게–알가–아다가(받침 ㄹ–'다'로 분절)–あたか(も)'로 이어진다.
  〔参考〕宛(완)과 이음(あたかも)을 같이 한다.

洽 흡	訓読	ひろ
	音読	コウ

訓読풀이
- ひろ：洽(흡)은 널리 퍼지는(펼쳐지는) 것을 뜻한다(博學洽聞：박학흡문).
  '펴다(펼쳐)'에서 '펼–필–힐–히로–ひろ'로 이어진다.

人名訓読例
- ひろ：洽嘉(ひろよし), 洽威(ひろい).

翕 흡	訓読	あつまる
	人名訓読	さかり
	音読	キュウ

訓読풀이
① あつまる：翕(흡)은 모여서 가득 차는 것을 뜻한다.
  '차다'에서 '참–춤–추마–つまる'로 이어지고, 접두어 あ가 붙어 あつまる가 된다.
  〔参考〕集(집：あつ)まる와 이음을 같이 한다.
② さかり：翕은 사람이나 물건이 가득 차 盛(성)한 것을 나타낸다.
  '차다'에서 '차거라–사가리–さかり'로 이어진다.
  〔参考〕盛(성：さか)り와 이음을 같이한다.

人名訓読例
① さかり：翕(외자 名).
② あつ：翕子(あつこ).

【흥】

興 흥	訓読	おこる·おこす
	人名訓読	たつ
	音読	コウ·キョウ

訓読풀이
① おこす·おこる：興(흥)은 일어나는 것, 일구는 것, 일으키는 것을 뜻한다. 国(くに)をおこす 하면 나라를 일으키는 것이고, 産業(さんぎょう)をおこす

하

하면 산업을 일구는 것이다.

'일구다(일다 · 일으키다)'에서 '일궈서-이거서-오고수-おこす'로 이어진다.

② たつ : 興業(흥업)은 산업을 뜨게 만드는 것이고, 興奮(흥분)은 기분을 뜨게 하는 것을 나타낸다.

'뜨다'에서 '따-たつ'로 이어진다.

人名訓読例

① おき : 興国(おきくに), 興基(おきもと), 興文(おきのり · おきふみ), 興盛(おきもり), 興元(おきもと), 興行(おきゆき).

② たつ : 興馬(たつま), 興史(たつし · おきひろ).

【희】

希 희	訓読	こいねがう·まれ
	人名訓読	のぞみ
	音読	キ·ケ

訓読풀이

① こいねがう : こいねがう는 乞(こ)い와 願(ねが)う의 복합어이다. 乞い는 그리워 바라는 것, 願う는 우긴다 싶을 정도로 원하는 것을 말한다. 예컨대 無事(ぶじ)をこいねがう 하면 간절히 바란다는 뜻이 된다.

'그리다'에서 '글이-그이-고이-こい'로 이어지고, '우기다'에서 '우기-우가-에가-네가(ㅇ-ㄴ으로 변음)-ねがう'로 이어져 こいねがう로 합성된다.

② まれ : 希는 드문 것, 희박함을 뜻한다. 희박하다는 것은 밀도나 농도에 있어 묽은 것을 말한다. 밥이 묽다 하면 있어야 할 쌀은 드문드문 얼마 없고 물기만 잔뜩 있음을 뜻한다.

'묽다'에서 '물-무레-마레-まれ'로 이어진다.

〔参考〕 稀(희 : まれ)와 이음을 같이한다.

③ のぞみ : 希는 바라는 것, 希望(희망)을 뜻한다. 희망이란 나아짐을 바라는 것이다. 平和(へいわ)な社会(しゃかい)をのぞむ 하면 평화로운 사회로 나아짐을 바란다는 뜻이다. '나아짐'에서 '나짐-나좀-노좀-노조미-のぞみ'로 이어진다.

〔参考〕 望(망 : のぞ)み와 이음을 같이한다.

人名訓読例

① のぞみ : 希(외자 名), 希望(のぞみ).

② まれ : 希代子(まれよこ), 希明(まれあき), 希世(まれよ), 希信(まれのぶ), 希次(まれつぐ), 希通(まれみち).

喜 희	訓読	よろこぶ
	人名訓読	このむ·たのし·のぶ·よし
	音読	キ·ケ

訓読풀이

① よろこぶ : 喜(희)는 옳은 것을 보고 기뻐하는 것을 뜻한다.

'옳다'에서 '올-오로-よろ'로 이어지고, '기뻐'에서 '기버-고버-고부-こぶ'로 이어져 よろこぶ로 합성된다.

② このむ : 喜는 고운 것을 좋아하고 즐기는 것을 뜻한다.

'고운'에서 '곤-고노-この'로 이어지고, このむ로 동사화 된다.

〔参考〕 好(호 : この)む와 이음을 같이한다.

③ たのし : 좋아한다는 것, 즐긴다는 것은 그 대상을 달게 여긴다는 뜻이다.

'달다'에서 '단―다노―たのし(い)'로 이어진다.

〔参考〕楽(악：たの)しい와 이음을 같이 한다.

④ のぶ：喜는 옳고 기쁜 일이 생겨 즐거운 마음이 드높아지는 것을 나타낸다.

'높아'에서 '노파―노푸―노부―のぶ'로 이어진다.

⑤ よし：'옳다'에서 '올―오시(받침 ㄹ―'시'로 분절)―よし'로 이어지고, 또한 '옳지'에서 '오지―오시―よし'로 이어진다.

人名訓読例

① このむ · たのし · よし：喜(외자 名).

② のぶ：喜光(のぶひろ · よしみつ), 喜徳(のぶのり · よしのり), 喜福(のぶとみ), 喜彦(のぶひこ · よしひこ), 喜重(のぶしげ · よししげ), 喜子(のぶこ · よしこ).

③ よし：喜鑑(よしのり), 喜寛(よしひろ), 喜国(よしくに), 喜富(よしとみ), 喜崇(よしたか).

稀 희	訓読	まれ
	音読	キ · ケ

訓読풀이

• まれ：稀(희)는 드문 것, 희박(稀薄)함을 뜻한다. 희박하다는 것은 밀도나 농도에 있어 묽은 것을 말한다.

'묽다'에서 '물―무레―마레―まれ'로 이어진다.

人名訓読例

• まれ：稀彦(まれひこ), 稀雄(まれお), 稀一(まれかず).

嬉 희	訓読	うれしい
	音読	キ

訓読풀이

• うれしい：嬉(희)는 즐거움과 기쁨을 나타내는 말이다. 한국에서는 自古(자고)로 흥겹게 떠들 때, 얼씨구라는 추임새를 넣는다.

'얼씨구'에서 '어루시구―우루시―우레시―うれしい'로 이어진다.

人名訓読例

• うれし：嬉(외자 名), 嬉野(うれしの).

戯(戲) 희	訓読	おどける · ざれる · じゃれる · たわけ · たわける · たわぶれる · たわむれる
	音読	ギ · ゲ

訓読풀이

① おどける：おどげ(戯け)는 익살맞음, 장난기, 농담, 우스개를 말한다.

おどけぐち는 우습게 말하는 것을 뜻하고, おどけばなし는 우스운 이야기를 뜻한다. '우스개'에서 '오수개―오소개―오도개―おどげ'로 이어진다.

② ざれる：戯(ざ)れる는 장난질 치는 것, 해롱거리는 것을 뜻하며, 속되게 표현하면 지랄하는 것을 말한다.

'지랄'에서 '자라―자래―ざれる'로 이어진다.

③ じゃれる：위 ②의 ざれる의 변음이다. 특히 작은 동물들이 달라붙어 장난치는 것을 뜻한다.

④ たわけ · たわける：たわけ(戯け)는 장난치는 것, 장난기를 뜻한다.

'장난기'에서 '장나기―자아기―다아게―たわけ'로 이어진다. '장난'을 뜻하는 たわ에서 たわける, たわぶれる, たわむれる 등으로 동사화 된다.

하

熙 희	訓読	ひかる
	人名訓読	てる·ひろし· ひろむ·よし
	音読	キ

訓読풀이

① ひかる：熙(희)는 빛나는 것, 즉 빛깔을 내는 것을 뜻한다.
'빛깔'에서 '비갈-비가루-ひかる'로 이어진다.

② てる：熙는 빛을 쬐는 것을 뜻한다.
'쬐다'에서 '쩨라-데라-てる'로 이어진다.

③ ひろし · ひろむ：熙는 그 빛남이 널리 펼쳐지는 것을 뜻한다.
'펼쳐'에서 '펼-필-힐-히로-ひろ'로 이어진다.

④ よし：熙는 옳은 일을 보고 기뻐하는 것을 뜻한다.
'옳다'에서 '올-오시(받침 ㄹ-'시'로 분절)-よし'로 이어지고, 또한 '옳지'에서 '오시-よし'로 이어진다.

人名訓読例

① ひかる · ひろし · ひろむ：熙(외자 名).

② てる：熙康(てるやす), 熙明(てるあき · ひろあき), 熙延(てるのぶ).

③ ひろ：熙光(ひろみつ), 熙文(ひろふみ), 熙敏(ひろとし), 熙子(ひろこ), 熙章(ひろあき), 熙通(ひろみち).

④ よし：熙永(よしなが).

【힐】

詰 힐	訓読	つまる·つむ·つめる· なじる
	音読	キツ

訓読풀이

① つまる · つむ · つめる：詰(힐)은 가득 차 있는 상태를 나타낸다. 道路(どうろ)が車(くるま)でつまっている 하면 도로가 자동차로 꽉 차 있다는 것이며, 瓶(びん)に油(あぶら)をつめる 하면 병에 기름을 채우는 것을 뜻한다.
'차다'에서 '참-차마-추마-つまる'로 이어진다.

② なじる：怠慢(たいまん)をなじる 하면 태만을 힐책, 힐문하는 것을 뜻한다. 태만의 정도에 따라 힐책(詰責), 힐문(詰問)의 강도도 다르겠지만, 통상적으로는 주먹을 내지르거나 소리를 내지른다고 볼 수 있다.
'내지르다'에서 '내지러-나지루-なじる'로 이어진다.

人名訓読例

• つめ：詰田(つめた).

일본어 한자 훈독訓讀 우리말로 풀이하다

1판 1쇄 발행일 2015년 11월 20일

지은이 | 김세택
펴낸이 | 안병훈
펴낸곳 | 도서출판 기파랑
디자인 | 표지 디자인 황은경, 본문 조희정
등 록 | 2004년 12월 27일 제300-2004-204호
주 소 | 서울특별시 종로구 대학로8가길 56(동숭동 1-49) 동숭빌딩 301호
전 화 | 02-763-8996(편집부) 02-3288-0077(영업마케팅부)
팩 스 | 02-763-8936
메 일 | info@guiparang.com

ISBN 978-89-6523-852-2 03700